U0658837

国家卫生健康委员会"十三五"规划教材

专科医师核心能力提升导引丛书

供专业学位研究生及专科医师用

临床药物治疗学

Clinical Drug Therapeutics

主　编　孙国平

副主编　吴德沛　蔡广研　赵荣生　高　建　孙秀兰

人民卫生出版社

·北京·

版权所有，侵权必究！

图书在版编目（CIP）数据

临床药物治疗学 / 孙国平主编. —北京：人民卫生出版社，2021.3

ISBN 978-7-117-31345-2

Ⅰ.①临… Ⅱ.①孙… Ⅲ.①药物疗法 Ⅳ.①R453

中国版本图书馆 CIP 数据核字（2021）第 039191 号

| 人卫智网 | www.ipmph.com | 医学教育、学术、考试、健康，购书智慧智能综合服务平台 |
| 人卫官网 | www.pmph.com | 人卫官方资讯发布平台 |

临床药物治疗学
Linchuang Yaowu Zhiliaoxue

主　　编：孙国平
出版发行：人民卫生出版社（中继线 010-59780011）
地　　址：北京市朝阳区潘家园南里 19 号
邮　　编：100021
E - mail：pmph @ pmph.com
购书热线：010-59787592　010-59787584　010-65264830
印　　刷：三河市潮河印业有限公司
经　　销：新华书店
开　　本：850×1168　1/16　印张：44　插页：2
字　　数：1242 千字
版　　次：2021 年 3 月第 1 版
印　　次：2021 年 7 月第 1 次印刷
标准书号：ISBN 978-7-117-31345-2
定　　价：175.00 元
打击盗版举报电话：010-59787491　E-mail：WQ @ pmph.com
质量问题联系电话：010-59787234　E-mail：zhiliang @ pmph.com

编 者 （按姓氏笔画排序）

丁雪鹰　上海交通大学附属第一人民医院
王晓霞　山西医科大学第二医院
王耀丽　陆军特色医学中心
白　鹰　大连大学附属新华医院
刘加涛　安徽医科大学第一附属医院
刘安昌　山东大学齐鲁医院
刘琳娜　空军军医大学第二附属医院
孙秀兰　南京医科大学
孙国平　安徽医科大学第一附属医院
李　卓　中南大学湘雅二医院
李亚明　中国医科大学附属第一医院
李晓宇　复旦大学附属中山医院
杨　红　中国医学科学院北京协和医院
杨　勇　电子科技大学医学院附属四川省人民医院
杨锦林　四川大学华西医院
吴德沛　苏州大学附属第一医院

张锦林　南通大学附属肿瘤医院
陈　孝　中山大学附属第一医院
陈阳静　西安交通大学第一附属医院
周陶友　四川大学华西医院
赵　轶　浙江大学医学院附属妇产科医院
赵荣生　北京大学第三医院
柴　怡　南京医科大学第一附属医院
徐　戎　华中科技大学同济医学院基础医学院
徐　峰　上海交通大学附属第六人民医院南院
高　建　上海交通大学医学院附属上海儿童医学中心
郭向阳　北京大学第三医院
曹　钰　四川大学华西医院
葛卫红　南京大学医学院附属鼓楼医院
蔡　艳　西安交通大学第二附属医院
蔡广研　中国人民解放军总医院
魏继福　南京医科大学第一附属医院

3

主 编 简 介

孙国平　博士、二级教授，一级主任医师，博士研究生导师，享受国务院政府特殊津贴，安徽省江淮名医。从事高等教育教学和临床诊疗工作30余年，积极探索临床医学教学规律，积累了丰富的教学经验，培养了大批人才。获安徽省高校系统"十五"拔尖人才、安徽省卫生梯队人才和"安徽省教学名师"等荣誉称号，获安徽省教学成果二等奖2项。担任教育部、国家卫生健康委员会第三轮全国高等学校医学专业研究生国家级规划教材评审委员会委员，国家卫生和计划生育委员会"十二五"规划教材《药理学》（第3版）和《临床药物治疗学各论》副主编，并在《肿瘤学》等5部规划教材中担任编委。从事临床肿瘤学和肿瘤药理学研究，主持国家自然科学基金项目6项，省部级科研项目10余项，发表论文300余篇，其中SCI论文90余篇，多次入选高被引论文和热点论文。获得国家发明专利一项，安徽省自然科学一等奖1项，安徽省科学技术进步奖二等奖1项。

现任安徽医科大学第一附属医院副院长、高新医院院长，安徽省肿瘤防治所副所长（兼），安徽医科大学肿瘤研究所所长。兼任中国药理学会临床药理学专业委员会常务委员，中国医药生物技术协会精准医疗分会常务委员，世界华人肿瘤医师协会常务委员，中国抗癌协会抗癌药物专业委员会委员，安徽省医师协会肿瘤（化疗）学医师分会主任委员，安徽省医学会肿瘤学分会主任委员、心身医学分会副主任委员，安徽省预防医学会肿瘤预防与控制专业委员会主任委员，安徽省抗癌协会副理事长，安徽省环境致突变研究协会副理事长，安徽省医学会肿瘤内科学会常务委员，安徽省生物工程学会常务委员，安徽省药学会临床药理专业委员会常务委员。

副主编简介

吴德沛　主任医师,教授,博士研究生导师。现任苏州大学附属第一医院血液科主任、国家血液系统疾病临床医学研究中心常务副主任、江苏省血液研究所副所长、苏州大学造血干细胞移植研究所所长,第十三届全国政协委员,中华医学会血液学分会主任委员兼全国实验诊断学组组长,欧洲血液和骨髓移植学会(EBMT)全球委员会委员,中国医师协会血液科医师分会副会长,中国造血干细胞捐献者资料库专家委员会副主任委员,中华医学会内科学分会常务委员,《中华血液学杂志》总编辑、*J Hematol Onool* 副主编。中央保健会诊专家。

从事教学工作至今 38 年。作为通信作者发表 SCI 收录论文 165 篇,主编首部血液内科住院医师规范化培训教材,主编专著 13 部,参编《内科学》等规划教材 6 部。培养博士研究生 42 名,硕士研究生 60 名。作为第一完成人获国家科学技术进步奖二等奖 2 项、第四完成人获国家科学技术进步奖二等奖 1 项。获第十八届吴阶平 - 保罗·杨森医学药学奖、2020 年何梁何利基金科学与技术进步奖以及圣安东尼 –EBMT 成就奖。荣获全国先进工作者、全国优秀科技工作者、中国好医生等称号。

蔡广研　教授,主任医师,博士研究生导师。现任中国人民解放军总医院肾脏病医学部主任,中华医学会肾脏病学分会候任主任委员,中国医师协会肾脏内科医师分会副会长兼总干事长,解放军肾脏病学专业委员会主任委员,《中华肾脏病杂志》与《中华肾病研究电子杂志》副总编辑,4 本 SCI 收录期刊编委。中央保健会诊专家。

担任国家重点研发计划项目首席科学家,曾任国家重点基础研究发展计划(973 计划)、国家高技术研究发展计划(863 计划)课题与国家科技支撑计划课题组组长,承担多项国家自然科学基金项目。获国家科学技术进步奖创新团队奖,作为第二完成人获国家科学技术进步奖一等奖 1 项、二等奖 2 项。获求是杰出青年奖、中国青年科技奖,入选国家"百千万人才工程"并被评为有突出贡献中青年专家。获国务院政府特殊津贴。

副主编简介

赵荣生　教授,主任药师,博士研究生导师,北京大学第三医院药剂科主任,北京大学药学院药事管理与临床药学系副主任,英国曼彻斯特大学荣誉教授。现任中国药学会医院药学专业委员会副主任委员、循证药学专业委员会副主任委员,中国药理学会治疗药物监测研究专业委员会副主任委员,中国医院协会药事管理专业委员会副主任委员,海峡两岸医药卫生交流协会医院药学专业委员会副主任委员,中国非处方药物协会自我药疗教育专业委员会主任委员,北京药学会药剂专业委员会主任委员;*American Journal of Health-system Pharmacy*(中文版)主编、《临床药物治疗杂志》《中国医院用药评价与分析杂志》和《中国药业》副主编。

从事临床药学理论和实践教学工作,主讲"临床药理学""医院药学概论"。主要研究领域包括循证药学、临床药物治疗评价、治疗药物监测和个体化治疗、药学人工智能应用等。主持国家自然科学基金、科技部国家科技重大专项子课题、科技部国家重点研发计划子课题、国家临床重点专科建设项目子课题、国家卫健委课题等,荣获中国药学会科学技术奖、第四届药师紫晶奖,在国内外专业学术期刊发表论文190余篇,编写出版著作20余部,获国家发明专利6项。

高建　教授,主任药师,博士研究生导师,青年岐黄学者。历任大连医科大学附属第二医院学科建设与科研管理部主任、药学部副主任、器官纤维化研究中心主任,现任上海交通大学医学院附属上海儿童医学中心临床医学研究中心副主任、药物临床试验机构办公室主任。兼任美国药理学和实验治疗学会委员(ASPET),中国药理学会补益药药理专业委员会常务委员,中华中医药学会中药实验药理分会常务委员,中国民族医药学会药理与毒理分会常务理事;*Frontiers in Pharmacology* "Topic Editor"、*Acta Pharmaceutica Sinica B* 青年编委、国家药监局药物临床试验机构资格认定和数据核查专家。

从事药学和中药学教学科研工作。研究方向为脏器纤维化的分子机制及其防治基础,先后主持国家自然科学基金项目5项,获国家发明专利2项,荣获中国药理学会"优秀青年药理学工作者奖"、省科学技术进步奖二等奖和中华中医药学会中青年创新人才奖,多次应邀在世界基础与临床药理学大会、世界天然药物药理学大会等国际会议上作报告。

孙秀兰　教授,博士研究生导师。江苏省神经退行性疾病重点实验室学术带头人,江苏省"六大人才高峰(A)类"培养对象、"333高层次人才培养工程"第三层次培养对象、教育工作先进个人和"巾帼建功标兵"。兼任江苏省学位和研究生教育学会理事、副秘书长兼咨询部主任、课程建设专业委员会委员,中国药理学会神经精神药理学专业委员会委员,江苏省药理学会常务理事、教学专业委员会副主任委员等。

主要研究方向为神经精神类疾病的病理损伤机制和神经保护靶标的研究。主持国家级和省部级课题20多项;作为通信或第一作者发表SCI收录论文30余篇;申请/获得发明专利8项;获得北京市科学技术奖一等奖和军队科技进步奖一等奖等科研奖励。

全国高等学校医学研究生"国家级"规划教材第三轮修订说明

进入新世纪,为了推动研究生教育的改革与发展,加强研究型创新人才培养,人民卫生出版社启动了医学研究生规划教材的组织编写工作,在多次大规模调研、论证的基础上,先后于2002年和2008年分两批完成了第一轮50余种医学研究生规划教材的编写与出版工作。

2014年,全国高等学校第二轮医学研究生规划教材评审委员会及编写委员会在全面、系统分析第一轮研究生教材的基础上,对这套教材进行了系统规划,进一步确立了以"解决研究生科研和临床中实际遇到的问题"为立足点,以"回顾、现状、展望"为线索,以"培养和启发读者创新思维"为中心的教材编写原则,并成功推出了第二轮(共70种)研究生规划教材。

本套教材第三轮修订是在党的十九大精神引领下,对《国家中长期教育改革和发展规划纲要(2010—2020年)》《国务院办公厅关于深化医教协同进一步推进医学教育改革与发展的意见》,以及《教育部办公厅关于进一步规范和加强研究生培养管理的通知》等文件精神的进一步贯彻与落实,也是在总结前两轮教材经验与教训的基础上,再次大规模调研、论证后的继承与发展。修订过程仍坚持以"培养和启发读者创新思维"为中心的编写原则,通过"整合"和"新增"对教材体系做了进一步完善,对编写思路的贯彻与落实采取了进一步的强化措施。

全国高等学校第三轮医学研究生"国家级"规划教材包括五个系列。①科研公共学科:主要围绕研究生科研中所需要的基本理论知识,以及从最初的科研设计到最终的论文发表的各个环节可能遇到的问题展开;②常用统计软件与技术:介绍了SAS统计软件、SPSS统计软件、分子生物学实验技术、免疫学实验技术等常用的统计软件以及实验技术;③基础前沿与进展:主要包括了基础学科中进展相对活跃的学科;④临床基础与辅助学科:包括了专业学位研究生所需要进一步加强的相关学科内容;⑤临床学科:通过对疾病诊疗历史变迁的点评、当前诊疗中困惑、局限与不足的剖析,以及研究热点与发展趋势探讨,启发和培养临床诊疗中的创新思维。

该套教材中的科研公共学科、常用统计软件与技术学科适用于医学院校各专业的研究生及相应的科研工作者;基础前沿与进展学科主要适用于基础医学和临床医学的研究生及相应的科研工作者;临床基础与辅助学科和临床学科主要适用于专业学位研究生及相应学科的专科医师。

全国高等学校第三轮医学研究生"国家级"规划教材目录

1 医学哲学（第2版）　　　　　　　　　　　　　主　编　柯　杨　张大庆
　　　　　　　　　　　　　　　　　　　　　　　　副主编　赵明杰　段志光　边　林　唐文佩

2 医学科研方法学（第3版）　　　　　　　　　　主　审　梁万年
　　　　　　　　　　　　　　　　　　　　　　　　主　编　刘　民　胡志斌
　　　　　　　　　　　　　　　　　　　　　　　　副主编　刘晓清　杨土保

3 医学统计学（第5版）　　　　　　　　　　　　主　审　孙振球　徐勇勇
　　　　　　　　　　　　　　　　　　　　　　　　主　编　颜　艳　王　彤
　　　　　　　　　　　　　　　　　　　　　　　　副主编　刘红波　马　骏

4 医学实验动物学（第3版）　　　　　　　　　　主　编　秦　川　谭　毅
　　　　　　　　　　　　　　　　　　　　　　　　副主编　孔　琪　郑志红　蔡卫斌　李洪涛
　　　　　　　　　　　　　　　　　　　　　　　　　　　　王靖宇

5 实验室生物安全（第3版）　　　　　　　　　　主　编　叶冬青
　　　　　　　　　　　　　　　　　　　　　　　　副主编　孔　英　温旺荣

6 医学科研课题设计、申报与实施（第3版）　　　主　审　龚非力　李卓娅
　　　　　　　　　　　　　　　　　　　　　　　　主　编　李宗芳　郑　芳
　　　　　　　　　　　　　　　　　　　　　　　　副主编　吕志跃　李煌元　张爱华

7 医学实验技术原理与选择（第3版）　　　　　　主　审　魏于全
　　　　　　　　　　　　　　　　　　　　　　　　主　编　向　荣
　　　　　　　　　　　　　　　　　　　　　　　　副主编　袁正宏　罗云萍

8 统计方法在医学科研中的应用（第2版）　　　　主　编　李晓松
　　　　　　　　　　　　　　　　　　　　　　　　副主编　李　康　潘发明

9 医学科研论文撰写与发表（第3版）　　　　　　主　审　张学军
　　　　　　　　　　　　　　　　　　　　　　　　主　编　吴忠均
　　　　　　　　　　　　　　　　　　　　　　　　副主编　马　伟　张晓明　杨家印

10 IBM SPSS 统计软件应用　　　　　　　　　　　主　编　陈平雁　安胜利
　　　　　　　　　　　　　　　　　　　　　　　　副主编　欧春泉　陈莉雅　王建明

11	SAS 统计软件应用（第4版）	主　编	贺　佳		
		副主编	尹　平	石武祥	
12	医学分子生物学实验技术（第4版）	主　审	药立波		
		主　编	韩　骅	高国全	
		副主编	李冬民	喻　红	
13	医学免疫学实验技术（第3版）	主　编	柳忠辉	吴雄文	
		副主编	王全兴	吴玉章　储以微　崔雪玲	
14	组织病理技术（第2版）	主　编	步　宏		
		副主编	吴焕文		
15	组织和细胞培养技术（第4版）	主　审	章静波		
		主　编	刘玉琴		
16	组织化学与细胞化学技术（第3版）	主　编	李　和	周德山	
		副主编	周国民	肖　岚　刘佳梅　孔　力	
17	医学分子生物学（第3版）	主　审	周春燕	冯作化	
		主　编	张晓伟	史岸冰	
		副主编	何凤田	刘　戟	
18	医学免疫学（第2版）	主　编	曹雪涛		
		副主编	于益芝	熊思东	
19	遗传和基因组医学	主　编	张　学		
		副主编	管敏鑫		
20	基础与临床药理学（第3版）	主　编	杨宝峰		
		副主编	李　俊	董　志　杨宝学　郭秀丽	
21	医学微生物学（第2版）	主　编	徐志凯	郭晓奎	
		副主编	江丽芳	范雄林	
22	病理学（第2版）	主　编	来茂德	梁智勇	
		副主编	李一雷	田新霞　周　桥	
23	医学细胞生物学（第4版）	主　审	杨　恬		
		主　编	安　威	周天华	
		副主编	李　丰	吕　品　杨　霞　王杨淇	
24	分子毒理学（第2版）	主　编	蒋义国	尹立红	
		副主编	骆文静	张正东　夏大静　姚　平	
25	医学微生态学（第2版）	主　编	李兰娟		
26	临床流行病学（第5版）	主　编	黄悦勤		
		副主编	刘爱忠	孙业桓	
27	循证医学（第2版）	主　审	李幼平		
		主　编	孙　鑫	杨克虎	

28	断层影像解剖学	主　编	刘树伟　张绍祥
		副主编	赵　斌　徐　飞
29	临床应用解剖学（第2版）	主　编	王海杰
		副主编	臧卫东　陈　尧
30	临床心理学（第2版）	主　审	张亚林
		主　编	李占江
		副主编	王建平　仇剑崟　王　伟　章军建
31	心身医学	主　审	Kurt Fritzsche　吴文源
		主　编	赵旭东
		副主编	孙新宇　林贤浩　魏　镜
32	医患沟通（第2版）	主　审	周　晋
		主　编	尹　梅　王锦帆
33	实验诊断学（第2版）	主　审	王兰兰
		主　编	尚　红
		副主编	王传新　徐英春　王　琳　郭晓临
34	核医学（第3版）	主　审	张永学
		主　编	李　方　兰晓莉
		副主编	李亚明　石洪成　张　宏
35	放射诊断学（第2版）	主　审	郭启勇
		主　编	金征宇　王振常
		副主编	王晓明　刘士远　卢光明　宋　彬
			李宏军　梁长虹
36	疾病学基础	主　编	陈国强　宋尔卫
		副主编	董　晨　王　韵　易　静　赵世民
			周天华
37	临床营养学	主　编	于健春
		副主编	李增宁　吴国豪　王新颖　陈　伟
38	临床药物治疗学	主　编	孙国平
		副主编	吴德沛　蔡广研　赵荣生　高　建
			孙秀兰
39	医学3D打印原理与技术	主　编	戴尅戎　卢秉恒
		副主编	王成焘　徐　弢　郝永强　范先群
			沈国芳　王金武
40	互联网＋医疗健康	主　审	张来武
		主　编	范先群
		副主编	李校堃　郑加麟　胡建中　颜　华
41	呼吸病学（第3版）	主　编	王　辰　陈荣昌
		副主编	代华平　陈宝元　宋元林

42　消化内科学（第3版）

主　审　樊代明　李兆申
主　编　钱家鸣　张澍田
副主编　田德安　房静远　李延青　杨　丽

43　心血管内科学（第3版）

主　审　胡大一
主　编　韩雅玲　马长生
副主编　王建安　方　全　华　伟　张抒扬

44　血液内科学（第3版）

主　编　黄晓军　黄　河　胡　豫
副主编　邵宗鸿　吴德沛　周道斌

45　肾内科学（第3版）

主　审　谌贻璞
主　编　余学清　赵明辉
副主编　陈江华　李雪梅　蔡广研　刘章锁

46　内分泌内科学（第3版）

主　编　宁　光　邢小平
副主编　王卫庆　童南伟　陈　刚

47　风湿免疫内科学（第3版）

主　审　陈顺乐
主　编　曾小峰　邹和建
副主编　古洁若　黄慈波

48　急诊医学（第3版）

主　审　黄子通
主　编　于学忠　吕传柱
副主编　陈玉国　刘　志　曹　钰

49　神经内科学（第3版）

主　编　刘　鸣　崔丽英　谢　鹏
副主编　王拥军　张杰文　王玉平　陈晓春
　　　　吴　波

50　精神病学（第3版）

主　编　陆　林　马　辛
副主编　施慎逊　许　毅　李　涛

51　感染病学（第3版）

主　编　李兰娟　李　刚
副主编　王贵强　宁　琴　李用国

52　肿瘤学（第5版）

主　编　徐瑞华　陈国强
副主编　林东昕　吕有勇　龚建平

53　老年医学（第3版）

主　审　张　建　范　利　华　琦
主　编　刘晓红　陈　彪
副主编　齐海梅　胡亦新　岳冀蓉

54　临床变态反应学

主　编　尹　佳
副主编　洪建国　何韶衡　李　楠

55　危重症医学（第3版）

主　审　王　辰　席修明
主　编　杜　斌　隆　云
副主编　陈德昌　于凯江　詹庆元　许　媛

56	普通外科学（第3版）	主 编	赵玉沛			
		副主编	吴文铭	陈规划	刘颖斌	胡三元
57	骨科学（第3版）	主 审	陈安民			
		主 编	田 伟			
		副主编	翁习生	邵增务	郭 卫	贺西京
58	泌尿外科学（第3版）	主 审	郭应禄			
		主 编	金 杰	魏 强		
		副主编	王行环	刘继红	王 忠	
59	胸心外科学（第2版）	主 编	胡盛寿			
		副主编	王 俊	庄 建	刘伦旭	董念国
60	神经外科学（第4版）	主 编	赵继宗			
		副主编	王 硕	张建宁	毛 颖	
61	血管淋巴管外科学（第3版）	主 编	汪忠镐			
		副主编	王深明	陈 忠	谷涌泉	辛世杰
62	整形外科学	主 编	李青峰			
63	小儿外科学（第3版）	主 审	王 果			
		主 编	冯杰雄	郑 珊		
		副主编	张潍平	夏慧敏		
64	器官移植学（第2版）	主 审	陈 实			
		主 编	刘永锋	郑树森		
		副主编	陈忠华	朱继业	郭文治	
65	临床肿瘤学（第2版）	主 编	赫 捷			
		副主编	毛友生	沈 铿	马 骏	于金明
			吴一龙			
66	麻醉学（第2版）	主 编	刘 进	熊利泽		
		副主编	黄宇光	邓小明	李文志	
67	妇产科学（第3版）	主 审	曹泽毅			
		主 编	乔 杰	马 丁		
		副主编	朱 兰	王建六	杨慧霞	漆洪波
			曹云霞			
68	生殖医学	主 编	黄荷凤	陈子江		
		副主编	刘嘉茵	王雁玲	孙 斐	李 蓉
69	儿科学（第2版）	主 编	桂永浩	申昆玲		
		副主编	杜立中	罗小平		
70	耳鼻咽喉头颈外科学（第3版）	主 审	韩德民			
		主 编	孔维佳	吴 皓		
		副主编	韩东一	倪 鑫	龚树生	李华伟

71	眼科学（第3版）	主　审	崔　浩　黎晓新
		主　编	王宁利　杨培增
		副主编	徐国兴　孙兴怀　王雨生　蒋　沁
			刘　平　马建民
72	灾难医学（第2版）	主　审	王一镗
		主　编	刘中民
		副主编	田军章　周荣斌　王立祥
73	康复医学（第2版）	主　编	岳寿伟　黄晓琳
		副主编	毕　胜　杜　青
74	皮肤性病学（第2版）	主　编	张建中　晋红中
		副主编	高兴华　陆前进　陶　娟
75	创伤、烧伤与再生医学（第2版）	主　审	王正国　盛志勇
		主　编	付小兵
		副主编	黄跃生　蒋建新　程　飚　陈振兵
76	运动创伤学	主　编	敖英芳
		副主编	姜春岩　蒋　青　雷光华　唐康来
77	全科医学	主　审	祝墡珠
		主　编	王永晨　方力争
		副主编	方宁远　王留义
78	罕见病学	主　编	张抒扬　赵玉沛
		副主编	黄尚志　崔丽英　陈丽萌
79	临床医学示范案例分析	主　编	胡翊群　李海潮
		副主编	沈国芳　罗小平　余保平　吴国豪

全国高等学校第三轮医学研究生"国家级"规划教材评审委员会名单

顾　问

　　韩启德　桑国卫　陈　竺　曾益新　赵玉沛

主任委员（以姓氏笔画为序）

　　王　辰　刘德培　曹雪涛

副主任委员（以姓氏笔画为序）

　　于金明　马　丁　王正国　卢秉恒　付小兵　宁　光　乔　杰
　　李兰娟　李兆申　杨宝峰　汪忠镐　张　运　张伯礼　张英泽
　　陆　林　陈国强　郑树森　郎景和　赵继宗　胡盛寿　段树民
　　郭应禄　黄荷凤　盛志勇　韩雅玲　韩德民　赫　捷　樊代明
　　戴尅戎　魏于全

常务委员（以姓氏笔画为序）

　　文历阳　田勇泉　冯友梅　冯晓源　吕兆丰　闫剑群　李　和
　　李　虹　李玉林　李立明　来茂德　步　宏　余学清　汪建平
　　张　学　张学军　陈子江　陈安民　尚　红　周学东　赵　群
　　胡志斌　柯　杨　桂永浩　梁万年　瞿　佳

委　员（以姓氏笔画为序）

　　于学忠　于健春　马　辛　马长生　王　彤　王　果　王一镗
　　王兰兰　王宁利　王永晨　王振常　王海杰　王锦帆　方力争
　　尹　佳　尹　梅　尹立红　孔维佳　叶冬青　申昆玲　田　伟
　　史岸冰　冯作化　冯杰雄　兰晓莉　邢小平　吕传柱　华　琦
　　向　荣　刘　民　刘　进　刘　鸣　刘中民　刘玉琴　刘永锋
　　刘树伟　刘晓红　安　威　安胜利　孙　鑫　孙国平　孙振球
　　杜　斌　李　方　李　刚　李占江　李幼平　李青峰　李卓娅
　　李宗芳　李晓松　李海潮　杨　恬　杨克虎　杨培增　吴　皓

15

吴文源	吴忠均	吴雄文	邹和建	宋尔卫	张大庆	张永学
张亚林	张抒扬	张建中	张绍祥	张晓伟	张澍田	陈 实
陈 彪	陈平雁	陈荣昌	陈顺乐	范 利	范先群	岳寿伟
金 杰	金征宇	周 晋	周天华	周春燕	周德山	郑 芳
郑 珊	赵旭东	赵明辉	胡 豫	胡大一	胡翊群	药立波
柳忠辉	祝墡珠	贺 佳	秦 川	敖英芳	晋红中	钱家鸣
徐志凯	徐勇勇	徐瑞华	高国全	郭启勇	郭晓奎	席修明
黄 河	黄子通	黄晓军	黄晓琳	黄悦勤	曹泽毅	龚非力
崔 浩	崔丽英	章静波	梁智勇	谌贻璞	隆 云	蒋义国
韩 骅	曾小峰	谢 鹏	谭 毅	熊利泽	黎晓新	颜 艳
魏 强						

前　　言

　　临床药物治疗学是一门集药理学、诊断学、内科学为一体,研究药物预防、治疗疾病理论和方法的科学,是医学与药学之间的桥梁,是一门实践性很强的应用型学科。但是,目前我国临床医学专业课程设置中没有专门的临床药物治疗学教材,即使在近年来开展的住院医师规范化培训和全科医师规范化培训相关课程中也未将临床药物治疗学课程纳入培训的范畴之内。因此,在医学院校的临床医学课程中或医师的毕业后教育中设置临床药物治疗学具有十分重要的意义。

　　本书在编写的过程中强调实用性、先进性和系统性,始终坚持"系统全面、关注发展、科学合理、结合专业、注重实用、助教助学"的原则,注重理论与实践相结合,紧跟医学发展动向,融入了一些临床医学和药物治疗学新知识、新技术和新理念,使本教材更有利于夯实能力基础、激发创新思维、培养合格的医学应用型人才。

　　全书共分二十六章,其中第一章至第五章主要介绍与药物治疗相关的基础理论和基本概念,第六章至第二十六章以各个系统的常见病为纲,简要介绍疾病的临床表现、诊断和一般治疗原则,重点介绍基本治疗药物及治疗方案。为了突出临床药物治疗学的特点及让学生对该疾病的治疗历史和未来的方向有一定的了解,同时激发学生的创新思维和学习兴趣,本书概括性地介绍了该疾病的药物治疗历史沿革和药物治疗展望,特别强调了临床问题导向的药物治疗。

　　本教材为临床医学研究生的教科书,也可作为住院医师规范化培训、全科医师规范化培训以及临床、预防和口腔等医药专业人员的参考书。

　　本书邀请了 32 位来自医学院校或其附属医院的资深教授和临床专家,他们均长期工作在医、教、研第一线,有着丰富的临床及教学经验,保证了本教材的权威性和代表性。

　　虽然全体编写人员在编写过程中付出了辛勤的劳动,但由于编写时间仓促、篇幅所限,加上编者水平有限,书中一定存在不尽完备的地方,恳请药物治疗学前辈、专家同行和读者赐教和指正。

孙国平

2021 年 1 月

目　录

第一章　绪　论

第一节　药物治疗学概述

药物治疗学（pharmacotherapeutics）是运用药学专业基础知识（包括药理学、临床药理学、生物药剂学等），针对疾病的发病机制和临床发展过程，依据患者的病因、病理生理、心理和遗传特征，制订合理的个体化给药方案，以获得最佳治疗效果的学科。临床药物治疗学（clinical drug therapeutics）是一门集药理学、诊断学和临床医学为一体的，研究药物预防、治疗疾病理论和方法的学科，是医学与药学之间的桥梁，是一门实践性很强的应用型学科。

随着人民生活水平的提高及健康意识的增强，公众对医疗保健服务的要求越来越高。药物作为疾病治疗的主要手段之一，在发挥防治疾病作用的同时，又不可避免地影响或损害机体功能。如何安全合理地应用药物，已经成为备受关注的焦点。临床药物治疗学综合应用基础医学、临床医学和药学的基本理论，利用患者的临床资料，研究临床治疗实践中如何安全、有效地进行药物治疗，目的是指导临床医师制订和实施合理的个体化药物治疗方案，以获得最佳疗效并最大限度地降低治疗风险。随着 20 世纪 90 年代，药学服务（pharmaceutical care）这一理念的提出及推广，临床药物治疗学已被部分药学院校列入必修课程之列。

一、开设临床药物治疗学课程的必要性

医学是一门不断发展的学科，随着新的治疗技术、治疗方法和治疗药物的不断涌现以及疾病谱的变化，为药物的临床应用和管理都带来了极大的挑战。不合理的使用药物不仅造成疾病治疗的延误，引起不良反应甚至危害生命，还会造成医疗资源的严重浪费，给患者和社会带来沉重负担。据世界卫生组织（WHO）估计，超过一半的药物处方、配药或销售不当，约有 50% 的患者未得到最佳的药物治疗。尤其是在卫生条件相对薄弱的发展中国家，不合理使用药物的问题更为严重。不合理用药在我国各级医疗机构中也是普遍存在的现象，据保守估计，不合理用药占实际用药总量的 30% 左右。造成这种现象的原因有很多，其中最主要的是广大医务人员尤其是开具处方的临床医生不能全面、系统地掌握《药理学》《临床药物治疗学》和《内科学》等相关内容，不能根据患者的病情变化处方最合适的药物，对联合使用的药物间可能出现的相互作用及常见的不良反应不能预知并加以避免，以及药物剂量大小和疗程长短的不合理等。

当前，我国医学高等教育的教学课程体系主要是由通用基础课程、专业基础课程和专业课程等内容所构成。对于临床医学专业的学生来说，其课程设置主要倾向于临床医学及相关基础学科，而对于与疾病药物治疗相关的课程涉及较少，即使在近年来开展的住院医师规范化培训和全科医师规范化培训相关课程中也未将临床药物治疗学课程纳入培训的范畴之内。随着疾病谱的改变，新的治疗方法和治疗药物层出不穷，导致学生毕业后在面对千差万别的患者和复杂的病情时不知该怎样选择和合理地使用具体的药物进行治疗。对他们进行不同疾病状态下的临床合理用药培训是提高临床合理用药水平的关键。有学者对美国药物治疗学课程群进行研究，得到以下信息：①参考教材覆盖面广；②药物治疗学的授课时间跨度长、学时充足；③教材模块更细化；④各院校对各个模块的选择不一。通过以上信息可以看出，美国药物治疗学的课程设置上与我国大多数

院校相比具有内容更系统全面、授课重点突出、模块组合更合理、授课时间跨度长、学时更充足等特点。因此,在当前医学院校的临床医学课程中或医师的毕业后教育中设置临床药物治疗学课程具有十分重要的意义。

二、临床药物治疗学课程的任务

临床药物治疗学的重点是利用对于疾病和药物的全面认识,研究可能影响药物治疗效果和毒副作用的药物或机体因素,并通过这些研究结果指导临床医生合理地选择并正确地进行药物治疗,而不是研究具体药物的药理作用机制以及疾病的病因和病理生理机制等。临床药物治疗学的主要任务是综合应用基础医学、临床医学与药理学等相关学科的基本理论、基本知识和基本技能,根据患者的病理生理特点和遗传学特征,综合分析判断疾病的发病原因、临床表现、分型(或分期)和预后,指导临床医务工作者(主要是临床医生)为患者制订和实施个体化的药物治疗方案,目的是获得最佳的治疗效果并将治疗风险降到最低。

三、临床药物治疗学与其他相关课程的关系

临床药物治疗学是研究药物预防、治疗疾病理论和方法的学科,是医学与药学之间的桥梁,它与上述学科既有紧密的联系又具有显著的区别。药理学根据药物的作用机制将药物分类,主要介绍药物的作用、具体机制、用途及不良反应等药学知识,为使用药物防病、治病提供理论依据,很少介绍疾病状态下的药物治疗;而临床药物治疗学以疾病为纲介绍治疗疾病的临床用药,主要是应用基础医学、临床医学和药理学基本理论和知识,根据患者的具体情况制订个体化的药物治疗方案,以获得最佳疗效和最低治疗风险,强调在不同疾病状态下该选什么药、怎样使用、注意事项等临床治疗中亟待解决的问题。

临床药物治疗学也不同于临床药理学,临床药理学通常根据药物的作用机制分类介绍具体药物的药理作用、药代动力学、临床应用和不良反应,很少或基本不介绍疾病的病理生理、临床表现和治疗等相关知识;而临床药物治疗学则多是以系统的疾病为纲,通过有针对性地介绍具体疾病的病因、发病机制、临床表现和分型(或分期)等信息,重点描述疾病状态下治疗方案的制订和实施策略,目的是促进临床合理用药。临床药理学侧重于新药的临床研究以及用药后人体药代动力学参数变化等药学信息的获得,而临床药物治疗学则主要关注药物单药或联合其他药物对某一个体的具体疾病的药物治疗。

此外,临床药物治疗学虽然也关注具体疾病,但区别于临床医学中的其他学科。内科学等临床医学学科通常是在系统性描述疾病的流行病学、病因学、病理生理学和发病机制的基础上,重点阐述疾病的临床表现、诊断(包括诊断措施和诊断标准等)、鉴别诊断、疾病发展过程中可能出现的并发症以及治疗原则等。其中治疗原则的阐述不仅包括了药物治疗,也包括了手术、放疗和/或介入等非药物治疗方式,而对于如何在不同的疾病状态下合理地选择和使用药物的关注不够。临床药物治疗学虽然也介绍疾病的病因、发病机制和临床表现等相关信息,但侧重于描述不同疾病状态下治疗方案的制订和药物的合理使用。

第二节 药物治疗的基本原则

一、药物治疗的基本过程

1. **确定诊断,明确用药目的** 合理用药的前提条件是疾病的诊断明确,临床医师在制订治疗方案前首先应明确疾病的诊断和病情严重程度,明确当前需要解决的核心问题,并以此选择合适的药物,制订合理的用药方案。诊断一时难以明确,但症状又必须及时处理时可给予相应的对症处理,并进一步完善相关检查以明确诊断。

2. **制订详细的用药方案** 根据患者的诊断,在综合考虑拟选用药物的药效学、药代动力学和其他可能影响药物效果的机体或药物因素后,制订详细的包含给药剂量、给药途径、给药频次、给药疗程和是否联合用药及联用药选择等信息的用药方案。

3. **及时完善用药方案** 在具体的药物治疗过程中既要严格执行前期制订的药物治疗方案,又要随时根据患者病情和相关实验室指标的变化

适当调整治疗方案。在治疗过程中要密切关注患者用药后的疗效和毒副作用，及时修改和不断完善先前制订的治疗方案，必要时采取新的治疗措施。

4. 个体化药物治疗　古人云"是药三分毒"，任何药物在发挥治疗疾病作用的同时，也可能造成不良反应。并且在疾病的不同状态下，机体对于药物反应的敏感性也存在较大的差别，这就使得采用同一剂量的同一药物难以满足临床治疗疾病的需要。此外，药物在体内常存在复杂的相互作用，好的相互作用可能会提高治疗效果，而不好的相互作用则可能会增加药物的毒副作用，导致机体的损伤。因此，在药物治疗过程中需要对患者的用药方案进行个体化制订。

二、合理用药的定义

临床药物治疗学的核心是综合运用药学、医学及相关学科的知识为患者制订最优的治疗方案，达到合理用药的目的。1985年世界卫生组织在肯尼亚首都内罗毕召开的合理用药专家会议上将合理用药定义为："合理用药要求患者接受的治疗药物适合其临床需要，药物的剂量满足其个人需要，疗程足够并且药价对患者个人及其所在的社区最低"。这句话常常被简化为五个"合适"，即对于合适的患者，在合适的时间，通过合适的途径，给予合适剂量的合适药物。如果处方过程中包含以下步骤，则有望达到合理用药的要求：①明确患者的问题（即诊断明确）；②确定安全和有效的治疗（包括药物和非药物治疗）；③选择适当的药物、剂量和疗程；④开一个明确的处方；⑤向患者提供充分的信息和咨询；⑥对治疗反应进行评估。

三、不合理用药的现状及促进合理用药的措施

现实情况是，处方开具并不总是符合理想的合理用药模式，并且常常会出现一些不合理的处方。据估算，全世界50%左右的药品处方、配药或销售不当，50%左右的患者没有达到合理用药的标准。此外，约有三分之一的世界人口无法获得基本治疗药物。在美国，每年大约有12.5万名患者因为没有正确服用药物而死亡。常见的不合理处方包括：①在不需要药物治疗的情况下使用药物治疗，如使用抗生素治疗病毒性上呼吸道感染；②在需要药物治疗的特定情况下使用错误的药物，例如使用抗生素治疗需要口服补液盐的儿童病毒性腹泻；③使用疗效可疑或未经证实的药物，例如使用胃肠动力调节药治疗急性感染性腹泻；④正确的药物，但不正确的给药途径、剂量或持续时间，例如当口服甲硝唑合适时使用甲硝唑静脉滴注；⑤非必要使用昂贵药物，例如一线用窄谱抗菌药物就足够的情况下使用第三代广谱抗菌药物；⑥联合使用多种维生素和营养品等辅助用药。

促进合理用药的教育措施包括印刷材料、研讨会、简报和面对面的干预。促进合理用药的管理方法是指对处方的开具进行各种限制，如限制每张处方的最大药品数量、最大处方金额或住院处方的最长期限等。促进合理用药的经济策略旨在促进积极的财政激励，同时消除对处方者的不当激励。促进合理用药的监管措施包括严格评价药物上市的临床研究和临床前研究数据（如数据表、患者信息单）和药物不同销售水平的调度（如柜台、药房或处方）等。

四、合理用药的原则

概括地说，合理用药的基本原则主要包括"安全、有效、经济、方便"，应在确保患者安全的前提下使用有效的药物，然后是尽可能经济和方便地选择合适的药物。

（一）安全性原则

合理用药首先是要确保安全性，这是合理用药的前提。安全用药的目的是获得最佳疗效的同时尽可能降低药物治疗相关的损害。引起药物治疗安全性问题的常见原因主要包括：药物自身的理化性质，药品的质量问题以及不合理的使用药物。为保证安全用药，临床治疗过程中应尽可能避免选择毒副作用较大的药品。此外，在多种药物联合使用时还需要注意配伍禁忌，尽量避免毒性叠加，如顺铂和氨基糖苷类药物都有肾脏毒性，这两类药物应避免联合使用。

（二）有效性原则

用药的有效性是指根据患者的病症，因病施治、对症下药，选择安全有效的治疗药物。有效用

药是合理用药的关键。常用的判断药品有效性的指标包括治愈、显效、好转和无效等。影响药物治疗有效性的因素包括药物因素(如药物的理化性质、剂型、给药途径、给药剂量以及药物相互作用等)和机体自身因素(患者的年龄、性别、体重、遗传背景和疾病状态等)。临床用药时,要结合两方面因素,综合考虑。

(三)经济性原则

在保证安全、有效用药的前提下,还应考虑患者的经济承受能力。通俗地讲,用药的经济性就是在获得最佳治疗效果的同时付出最小的药物经济成本。药物治疗的经济性原则并不是一味地只用廉价的药品,其真正的含义是在获得相同或相似治疗效果的情况下尽可能减少用药成本,从而达到减轻患者经济负担和节约社会医疗资源的目的。药物的经济性原则主要包括以下三方面的内容:①避免盲目追求新药、高价药,控制不合理的药物需求;②对有限的药物资源进行合理的配置,避免医药卫生资源的浪费;③减少商业利益驱动的不合理药物治疗。此外,刚上市的新药临床疗效和不良反应还需要大规模的临床观察,一些罕见但严重的不良反应可能还没有被发现,因此临床医生也不必盲目地追求新药。

(四)方便性原则

用药依从性是患者对既定药物治疗方案的执行程度,它也是影响药物治疗效果的重要因素。药物治疗方案过于复杂或治疗相关不良反应是导致患者依从性差的主要原因。因此,医生在制订治疗方案时应符合方便性的原则,提高患者对治疗的依从性。在处方时应尽可能做到能外用不口服,能口服不注射,并尽可能少地使用药物,且选择合适的剂型和给药方案。

（孙国平）

参 考 文 献

1. 李俊.临床药理学.第6版.北京:人民卫生出版社,2018.
2. 姜远英.临床药物治疗学.第4版.北京:人民卫生出版社,2016.
3. 程德云,陈文彬.临床药物治疗学.第4版.北京:人民卫生出版社,2012.
4. ÇELİKEsra, ŞENCAN Nazlı, CLARK, M.Philip.Factors affecting rational drug use(RDU), compliance and wastage.Turkish Journal of Pharmaceutical Sciences, 2013, 10(1): 151-169.
5. Natalya R, Tatiana O.Rational use of drugs: pharmaceutical aspects of the drug selection.International Journal of Biomedicine, 2012, 2(3): 237-241.
6. Priyanka S, Vijay T.Rational Use of Medicine: A Pressing Need.J Rational Pharmacother Res, 2013, 1(1): 10-14.

第二章　药物治疗的临床药理学基础

第一节　临床药物代谢动力学

临床药物代谢动力学（clinical pharmacokinetics）简称临床药动学，其应用动力学原理和数学模型，定量地描述药物的吸收（absorption）、分布（distribution）、代谢（metabolism）和排泄（elimination）过程（简称 ADME 过程）随时间变化的动态规律，以及各种临床条件对体内过程的影响，根据计算出的药动学参数制订最佳给药方案，指导临床合理用药。

临床药物代谢动力学是在药物代谢动力学的基础之上发生、发展和壮大起来的，是药物代谢动力学的分支。药物代谢动力学的历史可追溯至 1841 年，苏格兰学者 Alexander 进行了第一个人体药物代谢试验。1913 年，德国学者 Michaelis 及 Menten 提出了以米氏方程式描述酶动力学，为非线性药物代谢动力学奠定了理论基础。1937 年瑞典学者 Teorell 提出以二室模型分析血浆与组织中的药物浓度，由于他为药物代谢动力学多室模型的发展做出的重要贡献，因此被公认为是现代药物代谢动力学理论的奠基人。1953 年，Dost 首先将"Pharmacokinetics"这一概念引入这门学科，这也标志着临床药物代谢动力学形成独立的分支。1965 年，Beckett 等发现苯丙胺的消除取决于尿液 pH，因此在临床上采用改变尿液 pH 的方法而加速或减慢药物经尿的排出。从此，医学界开始认识到药物代谢动力学在制订合理给药方案及个体化用药的重大意义，临床药物代谢动力学应运而生。

一、药物的体内过程

（一）药物的吸收及影响因素

1. 吸收　药物由给药部位进入血液循环的过程称为吸收。

除静脉注射和静脉滴注给药是直接进入血液循环之外，其他血管外给药途径都存在药物跨血管壁进入血液的吸收过程，不同给药途径吸收快慢顺序依次为：吸入 > 舌下 > 直肠 > 肌内注射 > 皮下注射 > 口服 > 透皮。临床常用的血管外给药途径分为消化道给药、注射给药、呼吸道给药及皮肤黏膜给药。

（1）消化道内吸收：分为口腔、胃、小肠及直肠吸收等。

1）口腔吸收：药物经口腔黏膜吸收为被动吸收。唾液和咀嚼可以促进药物吸收，唾液流速一般为 0.6ml/min，每日分泌 1~2L，pH6.2~7.2，能降低弱碱性药物的解离度和提高弱酸性药物的解离度，促进弱碱性药物吸收而不利于弱酸性药物吸收。口腔吸收的优点是吸收迅速，作用快，药物吸收完全，如防治心绞痛急性发作的硝酸甘油舌下含片。

2）胃吸收：胃液的 pH 对药物吸收影响较大。通常胃液的 pH 在 3 以下，弱酸性药物在此环境中多不解离，容易吸收，如水杨酸、丙磺舒等；相反，弱碱性药物如茶碱、地西泮、麻黄碱等在此环境中大部分解离而难以吸收。

3）小肠吸收：由于小肠吸收面积大、血流量丰富、药物在肠道中存留时间长，小肠成为消化道药物吸收的主要部位。肠腔内 pH 由十二指肠到回盲部越来越高，pH 变化范围较大，对弱酸性药物和弱碱性药物均适宜吸收。

由胃和小肠吸收的药物都要经门静脉进入肝脏，经首过消除再进入体循环。

4）直肠吸收：栓剂或溶液剂经直肠给药后由直肠黏膜吸收，虽然吸收面积不大，但血流丰富，药物吸收较快，且 2/3 的药量不经过肝门静脉而直达体循环，可以减轻药物首过消除现象。

（2）注射部位吸收：常用的肌内注射和皮下注射给药后，药物先沿结缔组织向周边扩散，然后通过毛细血管壁被吸收。毛细血管壁细胞间隙较宽大，药物分子常以简单扩散或滤过方式转运，吸收快且完全。

（3）呼吸道吸收：某些脂溶性、挥发性的药物通过喷雾或气雾给药方式由呼吸道黏膜或肺泡上皮细胞吸收。粒径较大的颗粒（10μm）大多滞留在支气管黏膜而发挥局部抗菌、消炎、止喘和祛痰作用；粒径较小的微粒（2μm）可直接通过肺泡吸收而发挥全身作用。

（4）皮肤黏膜吸收：通常情况下完整皮肤的吸收能力很差，皮肤薄的部位略强于皮肤厚的部位，可将药物和促皮吸收剂制成贴剂，称为经皮给药，产生局部或全身作用。黏膜的吸收能力强于皮肤，除了口腔黏膜、支气管黏膜以外，还有鼻黏膜和阴道黏膜也可吸收药物。

2. 影响药物吸收的因素

（1）药物的理化性质和剂型：既不溶于水也不溶于脂肪的药物极难吸收。甘露醇不能被吸收，静脉快速滴注可产生组织脱水作用，消化道给药可导泻。同是注射剂型，水溶液吸收迅速，而混悬剂、油剂吸收缓慢，在局部形成药物储库，故作用持久。

（2）首过消除（first-pass elimination）：指某些药物在首次通过肠黏膜和肝脏时，部分被代谢灭活而使进入体循环的药量减少，又称首过效应（first-pass effect）。如硝酸甘油的首过消除可达90% 以上，因此口服疗效差，而采用舌下含服、静脉滴注、吸入和经皮给药。

（3）吸收环境：包括胃肠蠕动和排空、胃肠液酸碱度、胃肠内容物和血流量等。

（二）药物的分布及影响因素

1. 分布 药物吸收后随血液循环分配到各组织中称为分布。

药物分布有明显的规律性：一是药物先向血流量相对大的器官组织分布，然后向血流量相对小的器官组织转移，这种现象称为再分布（redistribution）。如静脉麻醉药硫喷妥钠先向血流量相对大的脑组织分布，迅速产生麻醉效应，然后向脂肪组织转移，效应又迅速消失；二是药物在体内分布有明显的选择性，多数是不均匀分布，

如碘集中分布在甲状腺组织中，甘露醇集中分布在血浆中，链霉素主要分布在细胞外液，还有的药物分布在脂肪、毛发、指甲和骨骼中；三是给药后经过一段时间的平衡，血液循环中和组织器官中的浓度达到相对稳定，这时血浆药物浓度水平可以间接反映靶器官的药物浓度水平，后者决定药效强弱，因此，测定血药浓度可以预测药效强弱。

2. 影响药物分布的因素

（1）药物 - 血浆蛋白结合：血浆中与药物结合的蛋白包括①白蛋白：有三个结合位点，主要结合弱酸性药物；②α1- 酸性糖蛋白：有一个结合位点，主要结合弱碱性药物；③脂蛋白：结合脂溶性强的药物。此外，还有 β 和 γ 球蛋白，主要结合内源性生物活性物质。

血浆中的蛋白含量相对稳定，与药物的结合部位和结合容量有限，随着药量增加，结合部位达到饱和后，增加药量就可使血中游离药物浓度剧增，导致药效增强或产生毒性反应。如服用血浆蛋白结合率为 99% 的双香豆素后，再服用结合率为 98% 的保泰松，保泰松与双香豆素出现蛋白结合竞争现象，可使血中双香豆素游离浓度成倍增加，其抗凝作用增强而导致渗血甚至出血不止。血浆蛋白含量降低（如老年人或肝硬化、慢性肾炎患者）或异常（如尿毒症）均可改变血中游离药物浓度，使药效增强或出现不良反应。

（2）体内特殊屏障：机体中有些组织对药物的通透性具有特殊的屏障作用，主要有血脑屏障（blood brain barrier）、胎盘屏障（placental barrier）和血眼屏障（blood eye barrier）等。①血脑屏障：是血液与脑组织、血液与脑脊液、脑脊液与脑组织三种屏障的总称。因为脑毛细血管内皮细胞间连接紧密，间隙较小，同时基底膜外还有一层星状细胞包围，大多数药物较难通过，只有脂溶性强、分子量较小的水溶性药物可以通过血脑屏障进入脑组织，因此，脑脊液中的药物浓度常低于血浓度。临床由于治疗需要，有时将一定容量的药液注入脑脊液，但在注射前应将等容脑脊液放出，避免颅内压增高引起头痛。新生儿以及在患脑膜炎时血脑屏障的通透性可增加。②胎盘屏障：是胎盘绒毛与子宫血窦间的屏障，对胎儿是一种保护性屏障。所有药物均能通过胎盘进入胎儿体内，仅是程度、快慢不同。在妊娠期禁止使用对胎儿发育

成长有影响的药物。③血眼屏障：是血液与视网膜、血液与房水、血液与玻璃体屏障的总称，可影响药物在眼内的浓度，脂溶性药物及分子量小于100的水溶性药物易于通过。全身给药时，药物在眼内难以达到有效浓度，可采取局部滴眼或眼周边给药，包括结膜下注射、球后注射及结膜囊给药等。

（3）其他因素：包括局部器官血流量、组织亲和力、细胞内液及外液的 pH 等。

（三）药物的代谢和影响因素

1. 代谢　药物作为外源性物质在体内发生化学结构改变称为代谢。

（1）药物代谢的部位及其催化酶：药物代谢的主要部位是肝，肝外组织如胃肠道、肾、肺、皮肤、脑、肾上腺、睾丸、卵巢等也能不同程度地代谢某些药物。药物在体内的代谢必须在酶的催化下才能进行，这些催化酶又分为两类：一类是专一性酶，如胆碱酯酶、单胺氧化酶等，它们只能转化乙酰胆碱和单胺类等一些特定的药物或物质；另一类是非专一性酶，它们是一种混合功能氧化酶系统，一般称为"肝脏微粒体细胞色素 P450 酶系统（cytochrome P450，CYP）"，简称"肝微粒体酶"。此酶存在于肝细胞内质网上，由于该酶能促进数百种药物的转化，故又称"肝药酶"，现已在人体中分离出 70 余种肝药酶。

（2）药物代谢的时相和类型：代谢过程分为两个时相 4 种类型。Ⅰ相包括氧化、还原及水解反应，主要由肝微粒体酶以及存在于细胞质、线粒体、血浆、肠道菌丛中的非肝微粒体酶催化，使药物分子结构中引入或暴露出极性基团，如产生羟基、羧基、巯基、氨基等。Ⅱ相为结合反应，使药物分子结构中的极性基团与体内化学成分如葡萄糖醛酸、硫酸、甘氨酸、谷胱甘肽等经共价键结合，生成极性大易溶于水的结合物排出体外。

（3）药物代谢的意义：药物经转化后其药理活性发生改变。大多数药物失去活性（减弱或消失）的过程，称为灭活。少数药物需要被活化而出现药理活性，如可待因在肝脏去甲基后变成吗啡而生效，这种需经活化才能产生药理效应的药物称为前药（pro-drug）。有些药物经转化后生成的代谢产物，具有药理活性或毒性，如普萘洛尔的代谢物 4-OH 普萘洛尔仍然具有 β 受体拮抗效

应，但较原型药弱，非那西丁的代谢物醋氨酚具有较原型药强的药理活性，而异烟肼的代谢物乙酰异烟肼对肝脏有较强毒性。因此，将药物的代谢称为"解毒"并不确切。

2. 影响药物代谢的因素

（1）遗传因素：遗传因素对药物代谢影响很大，最重要的表现是遗传决定的氧化反应及结合反应的遗传多态性。根据人体对某些药物代谢的强度与速度不同，有时可将人群分为强（快）代谢者与弱（慢）代谢者。遗传因素所致药物代谢差异将改变药物的疗效或毒性。

（2）环境因素：环境中存在的许多化学物质可以使肝药酶活性增强或减弱，改变代谢速度，进而影响药物作用的强度与持续时间。

1）酶的诱导：某些化学物质能提高肝药酶的活性，从而提高代谢速率，此现象称酶的诱导。具有肝药酶诱导作用的化学物质称酶的诱导剂，能促进自身代谢，连续用药可因自身诱导而使药效降低。

2）酶的抑制：某些化学物质能抑制肝药酶的活性，使其代谢药物的速率减慢，此现象称酶的抑制。具有肝药酶抑制作用的化学物质称为酶的抑制剂，在体内灭活的药物经酶的抑制剂作用后，代谢减慢，作用增强，作用时间延长。

常见的酶诱导剂和酶抑制剂及其相互作用见表 2-1-1。

（3）生理因素与营养状态：年龄不同，肝药酶活性不同。胎儿和新生儿肝药酶活性很低，对药物的敏感性比成人高，常规剂量就可能出现很强的毒性，而老年人肝代谢药物的能力亦明显降低。食物中不饱和脂肪酸含量增多，可增加肝 CYP 含量，而食用缺乏蛋白质、维生素 C、钙或镁的食物，可降低肝脏对某些药物的代谢能力，此外，高碳水化合物饮食可使肝转化药物的速率降低。

（4）病理因素：疾病状态能影响肝药酶活性，如肝炎患者的葡萄糖醛酸结合反应和硫酸结合反应受阻，有研究发现肝炎患者对乙酰氨基酚的半衰期比正常人长 33%。

（四）药物的排泄和影响因素

1. 排泄　排泄是指药物及其代谢产物经机体的排泄或分泌器官排出体外的过程。机体的排泄或分泌器官主要是肾脏，其次是胆道、肠道、唾液腺、乳腺、汗腺及肺等。

表 2-1-1　常见的酶诱导剂和酶抑制剂及其相互作用

	药物名称	受影响的药物
诱导剂	巴比妥类	巴比妥类、氯霉素、氯丙嗪、可的松、香豆素类、洋地黄毒苷、地高辛、阿霉素、雌二醇、保泰松、苯妥英钠、奎宁、睾酮
	灰黄霉素	华法林
	保泰松	氨基比林、可的松、地高辛
	苯妥英钠	可的松、地塞米松、地高辛、氨茶碱
	利福平	双香豆素、地高辛、糖皮质激素类、美沙酮、美托洛尔、口服避孕药
抑制剂	异烟肼	安替比林、双香豆素类、丙磺舒、甲苯磺丁脲
	西咪替丁	地西泮、氯氮䓬、华法林
	双香豆素类	苯妥英钠
	口服避孕药	安替比林
	去甲替林	苯妥英钠、甲苯磺丁脲
	保泰松	华法林、氢化可的松、磺酰脲类降糖药

（1）肾脏：药物及代谢物经肾脏排泄时有三种方式：肾小球滤过、肾小管主动分泌和肾小管被动重吸收。①肾小球毛细血管网的基底膜通透性较大，对分子量小于 20 000 的物质皆可滤过，因此，除了血细胞成分、较大分子的物质以及与血浆蛋白结合的药物外，绝大多数游离型药物和代谢物均可滤过，排入肾小管腔内。②按照被动转运规律，脂溶性大、极性小、非解离型的药物和代谢产物经肾小管上皮细胞重吸收入血，此时改变尿液 pH 可以明显改变弱酸性或弱碱性药物的解离度，从而改变药物的重吸收程度。如苯巴比妥、水杨酸中毒时，碱化尿液使药物解离度增大，重吸收减少，增加排泄。③经肾小管分泌而排泄的药物遵循主动转运的规律，肾小管上皮细胞有两类转运系统：有机酸和有机碱转运系统，前者转运弱酸性药物，后者转运弱碱性药物。分泌机制相同的两类药物合用时，经同一载体转运可发生竞争性抑制，如丙磺舒可抑制青霉素的主动分泌，依他尼酸可抑制尿酸的主动分泌等，对临床治疗产生有益或有害的影响。

（2）胆汁：部分药物经肝脏转化形成极性较强的水溶性代谢物，经胆汁排泄。能经胆汁排泄的药物，必须具有一些特殊化学基团，分子量在 300~5 000。有的药物在肝细胞内与葡萄糖醛酸结合后分泌到胆汁中，随后排泄到小肠中被水解，游离药物再吸收进入体循环，这种在肝、胆汁、小肠间的循环称为肝肠循环（hepato-enteral

circulation）。洋地黄毒苷、地高辛、地西泮等药物因肝肠循环使血药浓度维持时间延长，还有些药物的代谢产物在小肠重吸收，经肾排出体外。

（3）肠道：经肠道排泄的药物主要来源于口服后肠道中未吸收的部分、随胆汁排泄到肠道的部分和肠黏膜分泌排入肠道的部分。

（4）其他途径：许多药物可通过唾液、乳汁、汗液及泪液排出。非解离型药物依赖于从腺上皮细胞扩散到分泌液中的量，解离型的药物则依赖于局部 pH。唾液中的药物浓度与血浆中的浓度有良好的相关性，由于唾液容易采集、无创伤性等优点，现在临床常以此代替血液标本进行血药浓度监测。乳汁的 pH 略低于血浆，弱碱性药物较弱酸性药物更容易通过乳汁排泄，在婴儿体内产生药理作用。挥发性药物、全身麻醉药可通过肺排出体外。

2. 影响药物排泄的因素

（1）体液流量：当肾血流量增加时，主要经肾小球滤过和肾小管主动分泌排泄的药物量都将随之增加。当胆汁流量增加时，主要经胆汁排泄的药物量增加。

（2）体液 pH：当肾小管液、唾液、胆汁等细胞外液 pH 升高时，会使弱酸性药物解离增加，排泄增多，使弱碱性药物解离减少，重吸收增加，排泄减少。反之，pH 降低时，会使弱碱性药物解离增加，排泄增多，使弱酸性药物解离减少，重吸收增加，排泄减少。

二、药动学参数计算及意义

药物动力学又可分为吸收动力学、分布动力学和消除动力学，可分别计算各自的参数，定量描述药物的体内过程，以下列举几个重要参数：

1. 峰浓度（C_{max}）和达峰时间（T_{max}） 指血管外给药后药物在血浆中的最高浓度值及其出现时间，分别代表药物吸收的程度和速度。血管外给药途径、药物制剂均可影响药物吸收的程度和速度。

2. 曲线下面积（AUC） 指药物浓度 - 时间曲线和横坐标围成的区域，表示一段时间内药物在血浆中的相对累积量，是计算生物利用度的重要参数。公式为：

$$AUC=\int_0^\infty Cdt=\frac{A}{\alpha}+\frac{B}{\beta}$$

3. 生物利用度（bioavailability，BA 或 F） 指药物的活性成分从制剂释放吸收进入体循环的程度和速度。通常以绝对生物利用度表示，公式为：

绝对生物利用度 F=A（吸收入血的量）/D（给药量）×100%=AUC（血管外给药）/AUC（血管内给药）×100%

通常以血管内（如静脉注射）给药所得 AUC 为百分之百，再以血管外给药（如口服、肌内注射、舌下、吸入等）所得 AUC 相除，可得到经过吸收过程而实际到达全身血液循环的绝对生物利用度，以此评价不同给药途径药物的吸收效果。

4. 生物等效性（bioequivalence，BE） 指比较同一种药物的相同或者不同剂型，在相同试验条件下，其活性成分吸收程度和速度是否接近或等同。通常主要以相对生物利用度表示，公式为：

相对生物利用度 F'=AUC（供试药）/AUC（对照药）×100%

相对生物利用度可用于评价药品制剂之间、生产厂商之间、批号之间的吸收药物量是否相近或等同，如果有较大差异将导致药效方面的较大改变。相对生物利用度是新型药物制剂生物等效性评价的重要参数。

5. 表观分布容积（apparent volume of distribution，V_d） 指理论上药物以血药浓度为基准均匀分布应占有的体液容积，单位是 L 或 L/kg。

$$V_d=\frac{D}{C_0}$$

式中 D 为体内总药量，C_0 为药物在血浆与组织间达到平衡时的血浆药物浓度。它并非指药物在体内占有的真实体液容积，所以称为表观分布容积。通过此数值可以了解药物在体内的分布情况，如一个 70kg 体重的正常人，V_d 在 0.05L/kg 左右时表示药物大部分分布于血浆；V_d 在 0.6L/kg 时则表示药物分布于全身体液中；V_d 大于 0.6L/kg 时则表示药物分布到组织器官中；V_d 大于 1.0L/kg 时则表示药物集中分布至某个器官内或深部范围组织内，前者如碘集中于甲状腺，后者指骨骼或脂肪组织等。一般来说，分布容积越小的药物排泄越快，在体内存留时间越短；分布容积越大的药物排泄越慢，在体内存留时间越长。

6. 消除速率常数（K_e） 指单位时间内消除药物的分数，如 K_e 为 0.18/h，表示每小时消除前一个小时末体内剩余药量的18%。K_e 是体内各种途径消除药物的总和，对于正常人来说，K_e 基本恒定，其数值大小反映药物在体内消除的速率。K_e 的大小变化只依赖于药物本身的理化性质和消除器官的功能，与剂型无关。

7. 半衰期（half-life，$t_{1/2}$） 指血浆中药物浓度下降一半所需要的时间。绝大多数药物在体内属于一级速率变化，其 $t_{1/2}$ 为恒定值，且与血浆药物浓度无关。其公式为：

$$t_{1/2}=0.603/K_e（一室模型）$$
$$t_{1/2}=0.693/\beta（二室模型）$$

$t_{1/2}$ 的意义在于：①反映药物消除快慢的程度，也反映机体消除药物的能力；②$t_{1/2}$ 与药物转运和转化的关系为，一次用药后经过 4~6 个 $t_{1/2}$ 后体内药量消除93.5%~98.4%；同理，若每隔 1 个 $t_{1/2}$ 用药一次，则经过 4~6 个 $t_{1/2}$ 后体内药量可达稳态水平的93.5%~98.4%；③按 $t_{1/2}$ 的长短不同常将药物分为 5 类，超短效为 $t_{1/2} \leq 1h$，短效为 $1<t_{1/2} \leq 4h$，中效为 $4<t_{1/2} \leq 8h$，长效为 $8<t_{1/2} \leq 24h$，超长效 $t_{1/2}>24h$；④肝肾功能不全者 $t_{1/2}$ 改变，绝大多数药物的 $t_{1/2}$ 延长。可通过测定患者肝肾功能调整用药剂量或给药间隔。

8. 清除率（clearance, CL_S） 指单位时间内多少毫升血浆中的药物被清除，是肝清除率（CL_H）、肾清除率（CL_R）和其他消除途径清除率的总和。即 $CL_S=CL_H+CL_R+\cdots$，其计算公式为：

$$CL_S=V_d \times K_e=F \times D/AUC$$

式中 V_d 为表观分布容积，K_e 为消除速率常数，F 为生物利用度，D 为体内药量，AUC 为血药浓度曲线下面积。清除率以单位时间的容积（ml/min 或 L/h）表示。

9. 稳态血药浓度与平均稳态血药浓度 如按固定间隔时间给予固定药物剂量，在每次给药时体内总有前次给药的存留量，多次给药形成多次蓄积。随着给药次数增加，体内总药量的蓄积率逐渐减慢，直至在剂量间隔内消除的药量等于给药剂量，从而达到平衡，这时的血药浓度称为稳态血药浓度（steady-state plasma concentration, C_{ss}），又称坪值（plateau）。假定按半衰期给药，则经过相当于 5 个半衰期的时间后血药浓度基本达到稳定状态。

稳态血药浓度是一个"篱笆"形的药时曲线，它有一个峰值（稳态时最大血药浓度，$C_{ss,max}$），也有一个谷值（稳态时最小血药浓度，$C_{ss,min}$）。由于稳态血药浓度不是单一的常数值，故有必要从稳态血药浓度的起伏波动中，找出一个特征性的代表数值，来反映多剂量长期用药的血药浓度水平，即平均稳态血药浓度（$C_{ss,av}$）（图 2-1-1）。所谓 $C_{ss,av}$ 是指达到稳态时，在一个剂量间隔时间内，血药浓度曲线下面积除以给药间隔时间的商值，其计算式为：

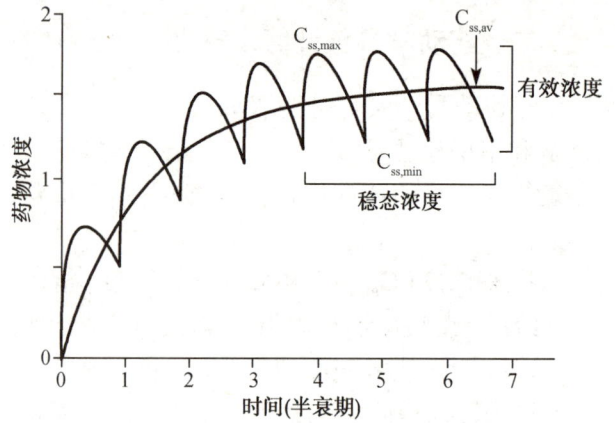

图 2-1-1 多次给药后的药 - 时曲线

$$C_{ss,av}=AUC_{0-\tau}/\tau$$

或

$$C_{ss,av}=FD/K_e\tau V_d$$

式中，τ 为两次给药的间隔时间，AUC 为血药浓度曲线下面积，F 为生物利用度，D 为给药剂量，K_e 为消除速率常数，V_d 为表观分布容积。

达到 C_{ss} 的时间仅决定于半衰期，与剂量、给药间隔及给药途径无关，但剂量与给药间隔能影响 C_{ss}。剂量大，C_{ss} 高；剂量小，C_{ss} 低。给药次数增加能提高 C_{ss}，并使其波动减小，但不能加快到达 C_{ss} 的时间（图 2-1-2A）；增加给药剂量能提高 C_{ss}，但也不能加快到达 C_{ss} 的时间（图 2-1-2B）；首次给予负荷剂量（loading dose），可加快到达 C_{ss} 的时间（图 2-1-2C）。临床上首量加倍的给药方法即为了加快到达 C_{ss} 的时间。对于以一级动力学消除的一室模型药物来说，当 τ 等于消除半衰期时，负荷剂量等于 2 倍的维持剂量，即首剂加倍量。

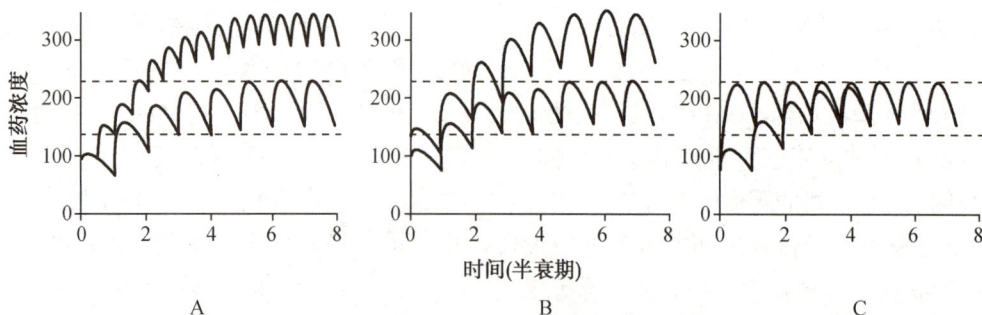

图 2-1-2 给药方式与到达稳态浓度时间的关系
A. 缩短给药时间；B. 增加给药剂量；C. 负荷量给药

20世纪80年代以后，新的分析检测手段和分子生物学技术的应用，使药物代谢动力学和临床药物代谢动力学的发展日新月异。气相色谱-质谱联用法（GC-MS）、液相色谱-质谱联用法（LC-MS）等检测手段在微量药物浓度分析和代谢物鉴定中显示出强大的优势，已经成为现阶段药物代谢动力学研究常规和普遍应用的方法。高效毛细管电泳技术（high performance capillary electrophoresis，HPCE）在药物和代谢物分离、微透析技术在体内药物分布试验、磁共振（magnetic resonance，MR）技术的快速测定和高分辨率、飞行时间质谱（time of flight mass spectrometer，TOF-MS）对生物大分子和代谢产物的分析优势、正电子发射断层显像（positron emission tomography，PET）技术用于痕量药物代谢动力学筛选等，均使药物代谢动力学及药物安全性的研究登上了更高台阶。此外，分子生物学技术的发展，使重组CYP酶广泛运用于药物代谢动力学、临床药物代谢动力学及遗传药物代谢动力学研究。蛋白质克隆技术、细胞转染技术及转基因和基因敲除动物等基因工程技术已经渗入到药物转运体与药物代谢动力学的深入研究中，使药物在体内的吸收、分布、代谢和排泄过程的解析向分子水平、基因水平迈进。遗传药理学、遗传药物代谢动力学研究的迅猛发展，使得药物"因异给药"的临床应用指日可待。

近年来，中药药物代谢动力学领域也取得了重大进展，目前国外对中草药药物代谢动力学的研究主要是研究其单一成分的药物代谢动力学，而我国在这方面的研究除了单一成分外，还体现了中药的整体观思想。采用指纹图谱技术研究其多组分的药物代谢动力学，并结合血清药理学研究药动（PK）-药效（PD）关系，重点研究中草药的活性成分或组分，体现了中医药的特点，为中医药走出国门做出了贡献。

第二节　临床药物效应动力学

临床药物效应动力学（clinical pharmacodynamics）简称临床药效学，是研究临床用药过程中药物对机体的作用、机制及"量"的规律的科学，其内容包括药物与靶点之间相互作用所引起的生理生化反应、药物作用的分子机制等。研究临床药效学的目的是指导临床合理用药，避免药物不良反应和为新药研究提供依据。

临床药物效应动力学是药物效应动力学的分支，1906年，Langley发现烟碱和箭毒作用于既非神经又非肌肉的某些物质，称之为"接受物质"；1910年Ehrlich根据抗体对抗原性物质具有高度特异性提出"受体"这个概念；1979—1982年，由Segre首次提出、Sheiner等以效应室而改进的药动-药效连接模型使直接拟合血药浓度与效应之间的关系成为可能，并逐渐发展为如今的临床药效学。

一、药物作用与药理效应

药物作用是指药物对机体的初始作用，是动因。药理效应是药物作用的结果，是机体反应的表现。由于二者意义接近，通常并不严加区别，但当二者并用时，应体现先后顺序。药物作用改变机体器官原有功能水平，功能提高称为兴奋，功能降低称为抑制。例如，肾上腺素升高血压、呋塞米增加尿量均属兴奋；阿司匹林退热以及吗啡镇痛均属抑制。

多数药物是通过化学反应而产生药理效应的，这种化学反应的专一性使药物的作用具有特异性（specificity）。例如，阿托品特异性地阻断M-胆碱受体，而对其他受体影响不大。药物作用特异性取决于药物的化学结构，这就是构效关系。药理效应的选择性（selectivity）是指在一定的剂量下，药物对不同的组织器官作用的差异性。有些药物可影响机体的多种功能，有些药物只影响机体的一种功能，前者选择性低，后者选择性高。药物作用特异性强并不一定引起选择性高的药理效应，即二者不一定平行。

二、治疗作用与不良反应

药物对机体产生的作用总是会有两个方面，一方面是对机体有利的作用，即药物作用的结果有利于改变患者的生理、生化功能或病理过程，使患病的机体恢复正常，称为治疗作用（therapeutic effect）；另一方面则是对机体不利的作用，即与用药目的无关，并为患者带来不适或痛苦，统称为药物不良反应（adverse drug reaction）。

1. 药物的治疗作用 根据治疗作用的效果，可将治疗作用分为：

（1）对因治疗（etiological treatment）：用药目的在于消除原发致病因子，彻底治愈疾病，称为对因治疗，如用抗生素杀灭体内致病菌。

（2）对症治疗（symptomatic treatment）：用药目的在于改善症状，称为对症治疗。对症治疗不能根除病因，但对病因未明而暂时无法根治的疾病却是必不可少的。对某些重危急症如休克、惊厥、心力衰竭、心跳或呼吸暂停等，对症治疗可能比对因治疗更为迫切。有时严重的症状可以作为二级病因，使疾病进一步恶化，如高热引起惊厥、剧痛引起休克等，此时的对症治疗（如退热或止痛）对惊厥或休克而言，又可看成是对因治疗。

2. 药物的不良反应 多数药物不良反应是药物固有的效应，在一般情况下是可以预知的，但不一定是能够避免的。少数较严重的不良反应较难恢复，称为药源性疾病（drug-induced disease），例如庆大霉素引起的神经性耳聋，肼屈嗪引起的红斑狼疮等。药物的不良反应主要有以下几类：

（1）副作用（side reaction）：是由于药物作用选择性低，药理效应涉及多个器官，当某一效应用作治疗目的时，其他效应就成为副作用（通常也称副反应）。例如，阿托品用于治疗胃肠痉挛时，往往引起口干、心悸、便秘等副作用。副作用是在治疗剂量下发生的，是药物本身固有的作用，多数较轻微并可以预料。

（2）毒性反应（toxic reaction）：是指在剂量过大或药物在体内蓄积过多时发生的危害性反应，一般比较严重。毒性反应一般是可以预知的，应该避免发生。短期内过量用药引起的毒性称急性毒性反应，多损害循环、呼吸及神经系统功能。长期用药时由于药物在体内蓄积而逐渐发生的毒性称为慢性毒性，多损害肝、肾、骨髓、内分泌等功能。致癌、致畸胎和致突变反应也属于慢性毒性范畴。

（3）后遗效应（residual effect）：是指在停药后，血药浓度已降至阈浓度以下时残存的药理效应。例如服用巴比妥类催眠药后，次日凌晨出现的乏力、困倦等现象。

（4）停药反应（withdrawal reaction）：是指患者长期应用某种药物，突然停药后出现原有疾病

加剧的现象，又称反跳反应（rebound reaction）。例如长期服用可乐定降血压，突然停药，次日血压明显升高。

（5）继发反应（secondary reaction）：是继发于药物治疗作用之后的不良反应，是治疗剂量下治疗作用本身带来的间接结果。例如，长期应用广谱抗生素，使敏感细菌被杀灭，而耐药葡萄球菌或真菌大量繁殖，造成二重感染。

（6）变态反应（allergic reaction）：是药物引起的免疫反应。非肽类药物作为半抗原与机体蛋白结合为抗原后，经过接触10日左右的敏感化过程而发生的反应，也称过敏反应。常见于过敏体质患者，反应性质与药物原有效应和剂量无关，用药理性拮抗药解救无效。临床用药前虽常做皮肤过敏试验，但仍有少数假阳性或假阴性反应，可见这是一类非常复杂的药物反应。

（7）特异质反应（idiosyncratic reaction）：少数特异体质患者对某些药物反应特别敏感，反应性质也可能与常人不同，但与药物固有的药理作用基本一致，反应严重程度与剂量成比例，药理性拮抗药救治可能有效。这种反应不是免疫反应，故不需预先敏化过程。现已知道特异质反应是一类先天遗传异常所致的反应，例如，先天性葡萄糖 -6- 磷酸脱氢酶缺乏的患者服用伯氨喹后，容易发生急性溶血性贫血和高铁血红蛋白血症。

三、药物与受体

药物作用机制可分为非特异性和特异性两种。少部分药物可以通过改变细胞内外环境的理化性质而发挥非特异性作用，如腐蚀、抗酸、脱水等；而大多数药物则是参与或干扰靶器官（细胞）的特定生化过程而发挥特异性作用。药物特异性作用的靶点包括受体、酶、离子通道、核酸、载体、基因等，其中受体学说是药物作用的理论基础。

1. 作用于受体的药物 受体（receptor）是一类存在于细胞膜、细胞质或细胞核内，具有识别和结合细胞外特定化学物质（配体）、介导细胞信号转导并产生生物学效应的功能蛋白质。药物作为配体，只能与其相应的受体结合，这是药物作用特异性的基础。药物的特异性作用起始于药物与受体结合，进而改变受体的蛋白构型，引发一系列细胞内变化，完成信号向下游转导，并使原始

信息逐级放大,最终产生药理效应。评价药物与受体作用的指标为亲和力(affinity)和内在活性(intrinsic activity),亲和力指药物与受体的结合能力,内在活性指配体与受体结合后产生效应的能力。

(1)受体激动剂(agonist):既有亲和力又有内在活性,能与受体结合并激动受体产生效应的药物。

(2)受体拮抗剂(antagonist):这类药物有亲和力但无内在活性,与受体结合后不能产生效应,反而会妨碍受体激动剂的作用。受体拮抗剂分为两类:

1)竞争性拮抗剂(competitive antagonist):与受体的结合是可逆的,只要增加激动剂的剂量,就能与拮抗剂竞争结合部位,最终仍能使量效曲线的最大效应达到原来的高度。在应用一定剂量的拮抗剂后,激动剂的量效曲线平行右移(图 2-2-1)。

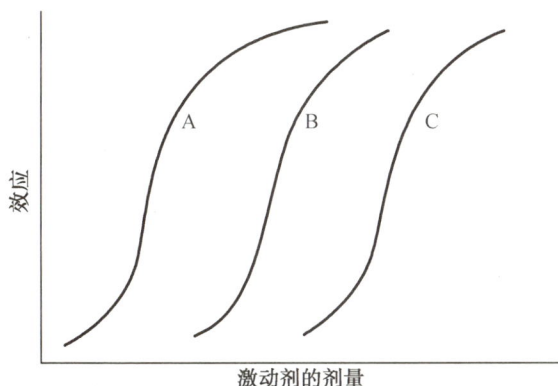

图 2-2-1 竞争性拮抗剂对激动剂量效曲线的影响
A. 单用激动剂;B、C. 浓度依次增加的
竞争性拮抗剂 + 激动剂

2)非竞争性拮抗剂(non-competitive antagonist):与受体的结合是不可逆的,或者能引起受体的构型改变,从而干扰激动剂与受体正常结合,而且激动剂不能竞争性地克服此种干扰。增大激动剂的剂量也不能使量效曲线的最大效应达到原来的水平,如增加此类拮抗剂的剂量,激动剂的量效曲线下移(图 2-2-2)。

(3)部分激动剂(partial agonist):受体的亲和力与激动剂相似,但其内在活性很小,与受体结合后只产生弱的效应,但在有别的强激动剂存在时,这种药物与受体的结合反而妨碍了强激动剂的作用,起到受体拮抗剂的作用。

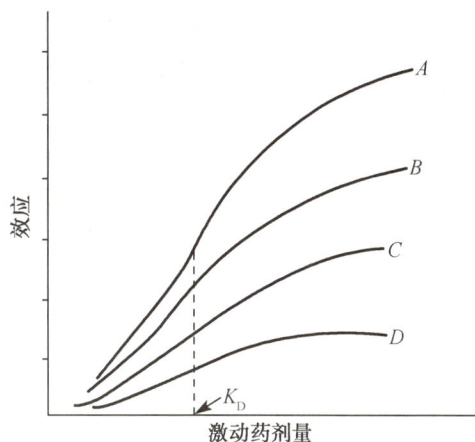

图 2-2-2 非竞争性拮抗剂对激动剂量效曲线的影响
A. 单用激动剂;B~D. 浓度依次增加的
非竞争性拮抗剂 + 激动剂

(4)反向激动剂(reverse agonist):这类药物与受体结合后可引起受体构型的变化,引起与原来激动剂相反的效应。

2. 受体的调节 受体虽是遗传获得的固有蛋白,但并不是固定不变的,而是经常代谢转换处于动态平衡状态,其数量、亲和力及效应力经常受到各种生理及药理因素的影响。受体的调节是维持机体内环境稳定的一个重要因素,其调节方式有脱敏和增敏两种类型。

(1)受体脱敏:是指在长期使用一种激动剂后,组织或细胞对激动剂的敏感性和反应性下降的现象。如仅对一种类型的受体激动剂的反应性下降,而对其他类型受体激动剂的反应性不变,则称之为激动剂特异性脱敏;若组织或细胞对一种类型受体激动剂脱敏,对其他类型受体激动剂也不敏感,则称为激动剂非特异性脱敏。前者可能与受体磷酸化或受体内移有关,后者则可能是由于所有受影响的受体有一个共同的反馈调节机制,也可能受到调节的是它们信号转导通路上的某个共同环节。

(2)受体增敏:是与受体脱敏相反的一种现象,可因受体激动剂水平降低或长期应用拮抗剂而造成。如长期应用 β 受体拮抗药普萘洛尔时,突然停药可致"反跳"现象,这是由于 β 受体的敏感性增高所致。

若受体脱敏和增敏只涉及受体密度的变化,则分别称之为下调和上调。

第三节 影响药物治疗的因素

药物进入机体产生效应时往往要受到机体内外各方面因素的影响,从而使药效增强或减弱,甚至发生质的改变,产生不良反应。了解和掌握这些影响因素的规律,可以更好地发挥药理效应,取得最佳的治疗效果。

一、药物因素

(一)药物理化性质

药物的溶解性使药物在水和油溶液中的分配比例不同,有机酸、有机碱在水溶液中不溶,制成盐制剂后可溶于水。每种药物都有保存期限,超过期限的药物发生性质改变而失效,如青霉素 G 在干粉状态下有效期为 3 年,而在水溶液中极不稳定,需要临用前现配。药物需在常温下干燥、密闭、避光保存,个别药物还需要在低温下保存,否则易挥发、潮解、氧化和光解。如乙醚易挥发、易燃;维生素 C、硝酸甘油易氧化;肾上腺素、去甲肾上腺素、硝普钠、硝苯地平易光解等。

(二)药物剂型

每种药物都有与其相适宜的剂型,采用不同途径给药可产生不同的药效,同种药物的不同剂型对药效发挥也有影响。如片剂、胶囊、口服液等均可口服给药,但药物崩解、溶解速率不同,吸收快慢与量各异。注射剂中水剂、乳剂、油剂在注射部位释放速率不同,药物起效快慢、维持时间长短也不同。不同厂家生产的同种药物制剂由于制剂工艺不同,药物吸收和药效也有差别。因此,为保证药物吸收和药效发挥的一致性,需要用生物等效性作为比较标准对上述药物制剂予以评价。

(三)给药方法

1. **给药剂量** 剂量指用药量。随着剂量加大,效应逐渐增强,不但程度增强还能改变效应性质。如镇静催眠药在小剂量时出现镇静效应,随着剂量增加,可依次出现催眠、麻醉甚至导致死亡。

2. **给药途径** 选择不同给药途径可以影响药物的吸收和分布,从而影响药物效应的强弱,甚至出现效应性质的改变(如硫酸镁)。

(1)消化道给药

1)口服:是大多数药物最常用的给药方法。其优点为方便、经济,较注射给药相对安全。其缺点为许多药物易受胃肠内容物影响而延缓或减少吸收,有些可发生首过消除,甚至有些药物几乎不吸收,如硝酸甘油片。另外口服不适合用于昏迷、呕吐、抽搐和急重症患者。

2)口腔给药:口腔速崩片、口腔速溶片、口腔分散片、口腔速释片、口腔膜剂、滴丸和咀嚼片在咀嚼后均可通过口腔黏膜下丰富的毛细血管吸收,可避免胃肠道刺激、吸收不完全和首过消除。如硝酸甘油片舌下给药缓解心绞痛急性发作。

3)直肠给药:将药栓或药液导入直肠内由直肠黏膜血管吸收,可避免胃肠道刺激及药物被破坏。此法成年人使用很不方便,对小儿较适宜,可以避免小儿服药困难及胃肠道刺激,目前国内适于小儿直肠给药的药物栓剂很少,限制了其使用。

(2)注射给药

1)肌内注射:药物在注射部位通过肌肉丰富的血管吸收入血,吸收较完全,起效迅速,其中水溶液 > 混悬液 > 油溶液。

2)皮下注射:药物经注射部位的毛细血管吸收,吸收较快且完全,但对注射容量有限制。另外仅适合水溶液药物,如肾上腺素皮下注射抢救青霉素过敏性休克。

3)静脉注射或静脉滴注:药物直接进入血液而迅速起效,适用于急重症的治疗,但静脉给药对剂量、配伍禁忌和给药速度有较严格的规定。

4)椎管内给药:将药物注入蛛网膜下腔的脑脊液中产生局部作用,如有些外科手术需要做椎管麻醉(腰麻),也可将某些药物注入脑脊液中产生疗效,如抗生素等。

(3)呼吸道给药:某些挥发性或气雾性药物常采用吸入给药方法。挥发性药物主要是通过肺泡扩散进入血液而迅速生效,如全身麻醉药用于外科手术。气雾性药物主要是通过微小的液滴附着在支气管和细支气管黏膜,发挥局部作用,如沙丁胺醇气雾剂治疗支气管哮喘急性发作等。吸入给药的缺点是对呼吸道有刺激性。

(4)皮肤黏膜用药:将药物置于皮肤、黏膜局部发挥局部疗效,如外用擦剂、滴眼剂和滴鼻剂等。另外还有些药物虽然应用局部却发挥全身疗效,如硝酸甘油贴膜剂贴敷于心前区,药物透皮缓慢吸收,从而达到预防心绞痛发作的作用。

(四)用药时间与疗程

不同的药物有不同的用药时间规定。有的药物对胃刺激性强,应于餐后服用,催眠药应在临睡前服用,而胰岛素应在餐前注射,有明显生物节律变化的药物应按其节律用药。对于一般疾病,症状消失后即可停止用药,对于某些慢性病及感染性疾病应按规定的时间持续用药,以避免疾病复发或加重。

(五)给药间隔

一般以药物的半衰期为参考依据,但有些药物例外,如青霉素的 $t_{1/2}$ 为 30min,由于该药对人几乎无毒性,大剂量给药后经过数个 $t_{1/2}$ 后血药浓度仍在有效范围以内,加之大部分抗菌药物有抗生素后效应(post antibiotic effect,PAE),在此时间内细菌尚未恢复活力,因此给药间隔可适当延长。另外肝、肾功能不良者可适当调整给药间隔时间,给药间隔时间短易致累积中毒,反之,给药间隔时间长则血药浓度波动大。

(六)停药

医生应根据治疗需要和患者对药物的反应停止用药,大致分为中止用药和终止用药,前者是治疗期间中途停药,后者是治疗结束停药。对如何停药有具体要求,临时用药和短期用药可以立即停药,而有些药物长期使用后立即停药会引起停药反应,如长期应用肾上腺皮质激素突然停药不但产生停药症状(肌痛、关节痛、疲乏无力、情绪消沉等),还可使疾病复发或加重,称为反跳现象,故临床上应采取逐渐减量停药的方法以避免发生停药症状和反跳现象。

(七)药物相互作用

肝药酶和转运体对药物在体内转化过程的影响是临床上出现药物相互作用所致的不良反应的主要原因。大部分的药物在肠道或肝脏都要经过 CYP 酶代谢,CYP 酶系被抑制或者诱导,都会影响其他药物的代谢过程,引起药物相互作用。几种药物联合用药时作为抑制剂的药物会抑制 CYP 酶的活性,使作为底物的药物的代谢速率降低,使得本应灭活的药物浓度增加,产生毒性反应;相反,作为诱导剂的药物则增加了产生毒性物质的底物药物的代谢,产生毒性反应。如乙醇

是 CYP2E1 的诱导剂,对乙酰氨基酚与酒精同时服用而产生毒性代谢引起药物性肝损害,严重者可致肝昏迷甚至死亡。酮康唑与特非那定合用,由于酮康唑是 CYP3A4 的抑制剂,导致特非那定的血药浓度增高,造成致命性心律失常的严重后果。吉非贝齐是有机阴离子转运体的抑制剂,使得与其联用的西立伐他汀在肝脏中摄入量降低,代谢清除降低,血药浓度升高,造成横纹肌溶解综合征,严重的甚至导致死亡。

二、机体因素

机体对药理效应的影响既有机体自身方面的直接因素,又有机体适应外界变化而表现的间接因素。

(一)年龄

《中华人民共和国药典》规定用药剂量应用在 14 岁以下为儿童剂量,14~60 岁为成人剂量,60 岁以上为老人剂量。儿童和老人的剂量应以成人剂量为参考酌情减量。这主要是因为儿童和老人的生理功能与成人相比有较大差异。

(二)体重

体重除了在不同年龄有明显差别外,在同年龄段内也有一定差别,这主要是体型对药物作用的影响。如果服药者的胖瘦差别不大而体重相差较大时,若给予同等剂量药物则轻体重者血药浓度明显高于重体重者;反之,当体重相近而胖瘦差别明显时,则水溶性和脂溶性药物二者在体内的分布就有差别。因此科学的给药剂量应以体表面积为计算依据,既要考虑体重因素,又要考虑体形因素。

(三)性别

虽然不同性别对药物的反应无明显差别,但女性在用药时应考虑"四期"即月经期、妊娠期、分娩期和哺乳期对药物的反应。在月经期子宫对泻药、刺激性较强的药物及能引起子宫收缩的药物较敏感,容易引起月经过多、痛经等。在妊娠期有些药物容易引起流产、早产等,且有些药物能通过胎盘进入胎儿体内,对胎儿生长发育和活动造成影响,严重的可导致畸胎,故妊娠期用药应十分慎重。在分娩期用药更要注意其对产妇和胎儿或新生儿的双重影响,在分娩前用药应注意药物在母体内的维持时间,一旦胎儿离开母体,则新生儿

体内药物无法被母体消除,引起药物滞留而产生药物反应。哺乳期的妇女服药后药物可通过乳汁进入哺乳儿体内引起药物反应。

(四) 精神因素

患者的精神因素包括精神状态和心理活动两个方面,对药物疗效具有很大影响。如精神振奋和情绪激动时可影响降压药、镇静催眠药的效果,过度的精神振奋和情绪激动还会诱发心脑血管疾病的发作。相反,精神萎靡和情绪低落可影响抗肿瘤药、抗菌药的治疗效果,严重者甚至可引起机体的内分泌失调,降低机体抵抗力,导致或加重疾病。新近研究表明,慢性应激导致的抑郁可改变药物的代谢。

(五) 遗传因素

遗传因素对药物反应的影响比较复杂,因为体内的药物作用靶点、药物转运体和药物代谢酶等是在特定基因指导下合成的,基因的多态性使作用靶点、转运体和肝药酶呈现多态性,其性质和活性不同,影响了药物反应。所以,遗传基因的差异是构成药物反应差异的决定因素,这种差异主要表现为种属差异、种族差异和个体差异,造成这些差异的因素既有先天因素,又有后天因素。

三、疾病因素

(一) 肝功能不全

1. **药物的吸收**　肝脏疾病,如肝硬化伴门静脉高压时,胃肠黏膜淤血、水肿,会改变小肠黏膜的吸收功能,使药物的吸收出现异常。此外,肝功能不全时导致胆汁的形成或排泄障碍,使脂肪不能形成微粒而发生脂肪泻,引起无机盐(铁、钙)、维生素(叶酸、维生素 B_{12}、A、D 及 K)及一些脂溶性高的药物(如地高辛)吸收障碍,但对水溶性药物无明显影响。

2. **药物的分布**　在慢性肝功能不全,尤其是严重肝功能不全时,肝脏蛋白质合成减少,血浆中内源性抑制物(如脂肪酸、尿素及胆红素等)蓄积,使得药物与血浆蛋白结合率降低,血浆中游离型药物明显增加,而游离型药物的增加又使药物的组织分布范围扩大,半衰期延长。例如肝硬化时,甲苯磺丁脲的游离型可增加 115%、苯妥英钠可增加 40%、奎尼丁可增加 300%、保泰松能增加 400%,若不调整给药方案,则易导致药物在体内

蓄积,出现毒副反应。

3. **药物的代谢**　肝脏疾病时肝实质细胞受损可致多种肝药酶的活性明显下降,药物半衰期延长,但肝脏疾病对肝内不同药物转化反应的影响是不同的。如苯二氮䓬类药物中,地西泮的转化是氧化反应,而奥沙西泮则是葡萄糖醛酸结合反应。前二者的消除可受肝硬化及肝炎等疾病的影响,而后者则不会,所以慢性肝病必须应用此类药物时,应首选奥沙西泮。有些药物须先经肝药酶催化后活化才能发挥作用,如可的松和泼尼松均须先经肝脏分别转化为氢化可的松和泼尼松龙,才能起效。故肝功能不全时,宜直接选用氢化可的松和泼尼松龙。此外,肝硬化时门静脉高压和侧支循环建立,会使肝脏对一些药物的首过消除受阻,从而增加了它们的生物利用度,使血药浓度增高。已知肝脏对哌唑嗪、普萘洛尔、吗啡、利多卡因、异丙肾上腺素、氯丙嗪等有很强的首过消除作用。

4. **药物的排泄**　肝脏疾病可影响一些药物经胆汁的排泄,如地高辛在健康者 7d 内的胆汁排出量为给药量的 30%,而在肝病患者可减至 8%。肝功能减退时经胆汁排出减少的药物有:螺内酯、四环素、红霉素、利福平及甾体激素等,但有资料表明在肝功能衰竭时,肝外器官如肾、肠道等对丙泊酚的清除呈显著的代偿性增强,从而使丙泊酚的清除率增加,可能不会出现药物蓄积和作用时间延长。

(二) 肾功能不全

1. **药物的吸收**　慢性肾功能不全时许多因素可导致药物吸收减少、生物利用度降低。主要影响因素有:①胃肠道功能紊乱出现恶心、呕吐和腹泻使药物在胃肠道内的停留时间缩短;②自主神经病变和腹膜透析患者合并腹膜炎等使肠蠕动减弱,造成胃排空延缓;③胃内尿素酶分解尿素产生氨使胃内 pH 升高,引起弱酸类药物吸收减少;④肝脏降低了对某些药物摄取率使其首过效应改变,如普萘洛尔在尿毒症时首过效应显著降低,使血药浓度明显增高。

2. **药物的分布**　药物在体内的分布状况常用表观分布容积表示。慢性肾功能不全使许多药物的血浆蛋白结合率产生变化,通常酸性药物与血浆蛋白的结合率降低,而某些碱性药物的蛋白

结合率增加或不变,仅少数下降。药物血浆蛋白结合率的下降使具有活性的游离型药物浓度增加,影响了游离型药物和药物总量在血浆中的比值,因而较低的总血药浓度即可达到一定的治疗效果。此外,肾功能不全时因肾小球滤过率降低造成水钠潴留出现的水肿、体腔积液可增加药物的表观分布容积。代谢性酸中毒时,血 pH 降低引起弱酸性药物的非解离性部分增加形成细胞内药物蓄积,同时使细胞外液中碱性药物含量增加,从而间接影响药物的分布。

3. 药物的代谢 肾脏是仅次于肝脏的药物代谢的重要场所,肾小管上皮细胞中含有细胞色素 P450 等酶类,在正常情况下参与某些药物的分解转化。肾功能不全时肾脏的药物代谢功能下降,药物的代谢过程发生变化,如奎尼丁的乙酰化反应减慢、外源性胰岛素的降解减少以及苯妥英钠氧化代谢速率明显增快等。肾衰时由于肾脏排泄药物或药物代谢产物的作用减退,某些具有药理作用的药物或其代谢产物可在体内潴留(如别嘌醇、普鲁卡因胺等)。因此,临床上应根据肾功能不全时的药物代谢特点,进行相应的药物剂量和使用方法的调整。

4. 药物的排泄 肾功能不全时药物的肾脏排泄速度减慢或清除量降低,主要经肾脏排泄的药物及其活性代谢产物易在体内蓄积,使药物的血浆半衰期延长,导致药物的毒副作用发生率明显增高。此时,药物的肾脏清除主要取决于肾脏损害状态下的肾小球滤过功能和肾小管转运功能。肾功能不全时肾小管正常的药物转运和有机酸分泌,因机体积聚的内源性有机酸竞争性地抑制酸性药物排泄而受到影响,通过肾小管有机酸途径分泌的酸性药物如青霉素类、头孢菌素类、磺胺类抗微生物药以及甲氨蝶呤、丙磺舒等药物由于排泄减少引起血药浓度升高。

(三)心脏疾病

心力衰竭时药物在胃肠道的吸收减少、分布容积减小、消除速率减慢。如普鲁卡因胺的达峰时间由正常时的 1h 延长至 5h,生物利用度减少,分布容积减小,血药浓度相对升高,清除率由正常时的 400~600ml/min 降至 50~100ml/min,$t_{1/2}$ 由 3h 延长至 5~7h。

(四)胃肠疾病

胃肠道 pH 改变可影响弱酸性和弱碱性药物的吸收。胃排空时间延长或缩短也可使在小肠吸收的药物作用延长或缩短。腹泻时常使药物吸收减少,而便秘可使药物吸收增加。

(五)营养不良

如血浆蛋白含量下降可使血中游离药物浓度增加,引起药物效应增加。

(六)酸碱平衡失调

主要影响药物在体内的分布。当呼吸性酸中毒时,血液 pH 下降,可使血中苯巴比妥(弱酸性药)解离度减少,易于进入细胞内液。

(七)电解质紊乱

钠、钾、钙、氯是细胞内、外液中主要的电解质,当发生电解质紊乱时它们在细胞内、外液的浓度将发生改变,影响药物效应。如当细胞内缺钾时,使用强心苷类药物易产生心律失常。Ca^{2+} 在心肌细胞内减少时,将降低强心苷类药物加强心肌收缩力的作用;Ca^{2+} 在心肌细胞内浓度过高时,该类药物易致心脏毒性。胰岛素降低血糖时也需要 K^+ 协助,使血中葡萄糖易于进入细胞内。

(八)发热

解热镇痛药可使发热者体温下降,而对正常人则无降温作用;氯丙嗪不但可使发热者体温下降,还可使正常人体温下降,这主要是药物作用机制不同。

四、其他因素

(一)食物

食物的种类繁多、成分复杂,其对药物作用的影响也是多种多样的,主要表现在饮食成分、饮食时间和饮食数量。一般来说,药物应在空腹时服用,有些药物因对消化道有刺激,在不影响药物吸收和药效的情况下可以饭后服用,否则须饭前服用或改变给药途径。食物成分对药物也有影响,如高蛋白饮食可使氨茶碱和安替比林代谢加快,而低蛋白饮食可使肝药酶含量降低,多数药物代谢速率减慢,还可使血浆蛋白含量降低,血中游离药物浓度升高。菜花和圆白菜中的吲哚类化合物和烤肉中的多环芳香烃类化合物均可使氨茶碱和安替比林代谢加快。头孢类抗生素与酒精同服可产生双硫仑样反应，导致乙醛或乙醇在体内蓄积，发生面色潮红、头痛、心悸、恶心、呕吐、胸腹疼痛不适以及低血压等现象。富含钙、铝、镁、铁、锌的食物使喹诺酮类药物溶出减少，疗效下降。葡萄汁、橙汁、果汁等饮料中含有丰富的黄酮类、柑橘苷类化合物，这种成分可抑制细胞色素 CYP3A4，从而抑制药物在胃肠道内的代谢。如葡萄柚汁与他汀类药物合用使其血药浓度大大提高，药物高浓度时导致横纹肌溶解、肌肉疼痛、急性肾衰竭等不良反应的发生率增加。

（二）环境

人类生活与工作环境中的各种物质对机体的影响越来越明显，如食品、饮料中的各种添加剂，农作物中的杀虫剂，水中的重金属离子、有机物，空气中的粉尘、尾气排放物、燃烧物等长期与人接触，最终都会使肝药酶的活性改变，使药物活性受到一定影响。

第四节　治疗药物监测

治疗药物监测（therapeutic drug monitoring，TDM）又称临床药动学监测（clinical pharmacokinetic monitoring，CPM），是一门研究个体化药物治疗机制、技术、方法和临床标准，并将研究结果转化应用于临床治疗以达到最大化合理用药的药学临床学科。通过测定患者体内的药物暴露、药理标志物或药效指标，利用定量药理模型，以药物治疗窗为基准，制订适合患者的个体化给药方案。其核心是个体化药物治疗。

TDM 萌芽开始于 20 世纪 50 年代末 60 年代初的药物治疗研究，70 年代中期在欧美兴起，80 年代确定了"治疗药物监测"的专业术语，对药物的个体化治疗进行了深入广泛的开展，并逐渐发展为一门多学科交融的临床药学边缘学科。我国 TDM 兴起于 20 世纪 70~80 年代，在 1979 年全国范围内开展了以 TDM 为主要内容的临床药学研究工作，地高辛的治疗药物监测是国内最早开展的项目。经过 30 多年的发展，TDM 如今已成为指导临床合理用药的重要工具。根据国家卫生健康委员会的规定，我国三级甲等医院药学部均已设立治疗药物监测室，并在临床开展 TDM 工作。

一、需要监测的药物

血药浓度只是药效的间接指标。尽管 TDM 的实施对合理用药十分必要，但需要进行 TDM 的药物仅占很小的比例，而这些药物也并非在任何情况下都需要进行 TDM。当药物本身具有客观而简便的效应指标时，就不必进行血药浓度监测。例如，血压值变化是评价降压药疗效高低的客观指标，观察血压下降的程度，即可知抗高血压药物作用的强弱及剂量是否合适。同理，降血糖药、利尿药、抗凝血药等一般也不需测定其血药浓度，因为一个良好的临床指标总是优于血药浓度监测。

（一）需进行 TDM 的药物

在下述情况下或使用下列药物时，通常需要进行 TDM。

（1）单凭临床指征难以判断或缺乏明确参数判断治疗效应与毒性效应的药物：如普鲁卡因胺治疗心律失常时，过量也会引起心律失常；苯妥英钠中毒引起的抽搐与癫痫发作不易区别。

（2）药动学呈非线性特征的药物：这类药物血药浓度高低与给药剂量大小缺乏相关性，随剂量增大血药浓度可不成比例地猛增，并伴以消除半衰期明显延长，如苯妥英钠、阿司匹林等。

（3）药物的有效血药浓度范围狭窄：此类药物多数治疗指数较小，如强心苷类，其有效剂量与中毒剂量接近，而 TDM 有助于合理设计和调整给药方案，保障治疗安全有效。

（4）血药浓度个体差异大：如三环类抗抑郁药。

（5）肝肾功能不全或衰竭的患者使用主要经肝代谢消除（如利多卡因、茶碱等）或肾排泄消除（如氨基糖苷类抗生素等）的药物时：心衰患者由于肝、肾血流量减少而影响药物的消除时，以及胃肠道功能不良的患者口服某些药物时，应进行血药浓度监测，随时调整给药方案。

（6）长期用药的患者用药依从性下降、某些药物长期使用后产生耐药性、诱导（或抑制）肝药酶的活性而引起药效降低（或升高）以及原因不明的药效变化。

（7）合并用药产生相互作用而可能影响疗效时：由于药物的相互作用而引起药物的吸收、分布或代谢的改变，通过血药浓度的监测，可以有效地做出校正。

目前在临床上常进行监测的药物见表 2-4-1。

表 2-4-1　临床常需进行 TDM 的药物

作用类别	药物
强心苷类	洋地黄毒苷、地高辛
抗心律失常药	普鲁卡因胺、丙吡胺、利多卡因、奎尼丁、胺碘酮
抗癫痫药	苯妥英钠、苯巴比妥、丙戊酸钠、乙琥胺、卡马西平
三环类抗抑郁药	阿米替林、去甲替林、丙米嗪、地昔帕明
抗躁狂药	锂盐
抗哮喘药	茶碱
氨基糖苷类	庆大霉素、妥布霉素、卡那霉素
其他抗生素	氯霉素、万古霉素
抗肿瘤药	甲氨蝶呤
免疫抑制剂	环孢素、他克莫司
抗风湿药	水杨酸

（二）决定是否进行 TDM 的原则

TDM 是保障临床个体化用药、合理用药的手段，但没有必要进行常规化监测。在有以下临床指征时，TDM 才是合理和有意义的。

（1）患者已使用了适合其病症的最佳药物，但治疗无效或出现中毒反应。

（2）药效不易判断。

（3）血药浓度与药效相关。

（4）药动学参数因患者内在的变异或其他因素干扰而不可预测。

（5）血药浓度测定的结果可显著改变临床决策并提供更多的信息。

（6）患者在治疗期间可受益于 TDM。

二、治疗药物检测的方法

（一）TDM 方法的选择

（1）药物暴露是 TDM 基础指标，是优化药物治疗方案的物质基础。血药浓度、生物标志物、药物基因等，在明确定量药理学关系的基础上，才能作为个体化用药参考指标。

（2）测定生物样本中药物浓度（血药浓度、尿药浓度、其他组织液或匀浆药物浓度）的分析技术主要有光谱分析、色谱分析、液相色谱 - 质谱联用技术、免疫学检测技术等技术方法，从药物专

属性上推荐采用液相色谱 - 质谱联用技术和高效液相色谱技术。

（3）测定药物功能蛋白质（酶）推荐使用免疫学技术、凝胶色谱技术和液相色谱 - 质谱联用技术等分析技术。

（4）检测药物相关基因推荐使用荧光定量聚合酶链式反应、荧光原位杂交、基因芯片、基因测序技术以及飞行时间质谱技术。

（二）常用检测方法的特点

（1）色谱分析法：应用于 TDM 的色谱方法有高效液相色谱法（HPLC）、液质联用法（LC-MS 或 LC-MS/MS）、超高效液相色谱法（UPLC）、超高效液相色谱串联质谱法（UPLC-MS/MS）、气相色谱法（GC）、气质联用（GC-MS）、薄层色谱法（TLC）等。色谱分析法具有发展快、适用性强、能快速设计出新的方法、灵活性好、定量准确、选择性好、灵敏度高、精密度高等优点。对不适合用免疫分析法或无商品试剂盒供应时，也可用于临床常规监测。但此方法也有一些不足：如仪器设备价格较高，技术掌握较难，检测时间较长以及样品需要预处理等。

1）紫外分光光度法（UV）：经济、简单、省时，但需样本量大，对于多个成分混合样品不易分离、定量，专属性较差，有一定局限性。

2）TLC：能同时对体内几种药物进行分离、定量，但不如 HPLC 精密度高，操作步骤烦琐。

3）GC：分离是在物质能被气化的状态下进行的，即样品必须有挥发性，并耐热。所以其使用受到限制，且操作复杂。

4）HPLC：能同时对体内药物进行分离、定量，其选择性、精密度和准确度都较高。缺点：样品要预处理；色谱柱不能频繁拆卸更换；测定速度不如免疫法快；缺乏通用的检测器。

（2）免疫分析法：应用于 TDM 的免疫方法有放射免疫法（RIA）、酶免疫法（EIA）、化学发光免疫法（LIA）、荧光免疫法（FIA）、免疫比浊法及其他免疫方法如标记抗体磁性免疫分析法（AC-MIA）、乳胶免疫抑制法、干化学测定法等。虽然色谱法因众多优势成为应用最广泛的 TDM 分析方法，但临床上更需要能短时间处理大批样品的操作简便的方法，免疫分析法因其具备快速简便的优势在临床应用中得到了较快发展。目

前,免疫分析法在TDM中的应用仅次于HPLC。目前免疫分析法在免疫抑制剂、抗癫痫药、抗肿瘤药物中应用较多。

免疫分析法的优点有:①检测周期短;②样本需求量少,且可不经过提取,自动化程度高;③有试剂盒,操作简单方便;④有合适的灵敏度、准确性、专一性和精密度。因此,采用免疫分析法进行TDM,能满足临床样品批量大和及时监测的特点,帮助临床快速分析大量样本。但免疫分析法也有一定的缺点:①目前市场上具有检测试剂盒的药物种类有限,限制了其应用范围;②试剂盒的价格昂贵,目前依赖进口,成本/效益比低;③可能与原药代谢产物发生交叉反应,干扰测定;④需针对每一种药物研制相应的试剂盒,不适用于新药研究。

（3）其他分析方法:微生物法、光谱分析法、微透析法、高效毛细管电泳法、热生物传感分析法以及生物传感分析法等。

（三）TDM常用的体液样本

一般多采取血液样品（含血清和血浆）,特殊情况下亦可测定唾液、尿液或脑脊液等其他体液样品。近年也有不少研究用干血斑作为样品进行检测。

（四）TDM的采样时间

1. **稳态浓度（C_{ss}）** 一般认为开始用药后4个$t_{1/2}$血药浓度可达稳态浓度的94%,经5个$t_{1/2}$血药浓度可达稳态浓度的97%,经7个$t_{1/2}$血药浓度可达稳态浓度的99%。因此,在给药后经5个$t_{1/2}$取血,可认为已达稳态浓度。

2. **稳态峰浓度（$C_{ss,max}$）** 一般在静脉滴注给药后15~30min、肌内注射给药后1h、口服给药后1~2h取血,可测得稳态峰浓度。

3. **稳态谷浓度（$C_{ss,mix}$）** 下一剂量给药前取血可测得稳态谷浓度。

4. **取样时间** 根据具体情况选择取样时间,以取血液样本为例。①长期服用的药物:应在5~6个$t_{1/2}$达稳态后取血。②消除缓慢的药物:即峰、谷值差异小的药物（如苯妥英钠、苯巴比妥、地高辛）,可在稳态的任意时间取血,但谷值时间（即下次给药前的时间）好掌握,所以一般都在谷值取血。如地高辛应在给药后6~8h取血,取血过早不能反映心肌地高辛的水平。③消除快的药

物:即$t_{1/2}$短、有效浓度范围小的药物（如氨茶碱、氨基糖苷类抗生素）,在给药间隔期,血药浓度波动大,最好峰、谷值均测。④已出现毒性反应的患者:应在出现症状时取血。⑤怀疑浓度高所致中毒:应在峰值时取血。⑥怀疑治疗失败:可能患者未按医嘱服药,或怀疑药物的生物利用度低,或是患者可能有较高的清除率时,取$C_{ss,mix}$为重要指标。

（五）TDM用药方案的调整

一般情况下,首先根据患者的临床诊断,选择合适的治疗药物,设计用药方案,并通过测定血药浓度,考察方案是否合理。当血药浓度在治疗浓度范围内,临床治疗有效,该用药方案为合适;当血药浓度小于最低有效浓度,临床疗效不佳,该用药方法需修改;当血药浓度小于最低有效浓度,而临床治疗有效,该用药方案则不必修改;当血药浓度大于治疗浓度范围,应注意药物不良反应,如临床治疗无效,则需修改。

1. **峰-谷浓度法** 可按表2-4-2调整给药剂量或给药间隔。

表2-4-2 峰-谷浓度法调整给药剂量

测定结果与期望值比较		方案调整	
峰浓度	谷浓度	给药剂量	给药时间间隔
达预期	达预期	不变	不变
达预期	高	不变	增加
达预期	低	不变	减少
高	高	减少或不变	增加
高	低	减少	减少
高	达预期	减少	不变
低	高	增加	增加
低	低	增加或不变	减少
低	达预期	增加	不变

2. **药物动力学分析法**

（1）对大多数药物来说,可根据药物的$t_{1/2}$确定给药间期,最好间期等于$t_{1/2}$。

（2）根据平均稳态浓度,即希望达到的有效浓度来计算用药剂量:$X_0 = C_{ss,av} \times t \times Cl/F$。

（3）对于治疗浓度范围窄,$t_{1/2}$又很短的药物,为减少血药浓度的波动,给药要频繁一些,最

好采用缓释剂型。

3. 肾功能损害患者的 TDM　可根据内生肌酐清除率调整剂量：$CC_{r(男)}=[(140-年龄)/血清肌酐]\times(体重/72)$，$CC_{r(女)}=CC_{r(男)}\times0.85$。剂量调整方案见表 2-4-3。

表 2-4-3　肾功能损害患者用药剂量的调整
（血肌酐测定为比色法参考值）

	轻度损害	中度损害	重度损害
肌酐清除率 / （ml·min^{-1}）	>50~80	10~50	<10
血肌酐 / （μmol·L^{-1}）	<133~177	177~442	>442
尿素氮 / （mmol·L^{-1}）	7.1~12.5	12.5~21.4	>21.4
剂量调整	2/3~1/2	1/2~1/5	1/5~1/10

4. 肝功能不全患者的 TDM　有些药物如普萘洛尔、利多卡因、奎尼丁、苯妥英、丙戊酸、茶碱等，主要通过肝脏进行消除，这些药物的肝清除率几乎相当于药物的总清除率。肝功能不全患者抗感染药物的选择应遵循下述原则：对主要由肝脏排泄的药物如红霉素、克林霉素、林可霉素等应谨慎应用，必要时可减量，但由于这几种药物没有严重的毒性反应，即便肝功能减退时清除明显减少，也不会造成明显的不良后果。对主要经肝脏代谢或清除但有毒性的药物如氯霉素、四环素、磺胺药、异烟肼、两性霉素 B、酮康唑、咪康唑、红霉素酯化物等药物，在严重肝病患者应避免应用。

需要说明的是，目前临床上没有一个确定的方法能适用于所有药物，常需根据具体情况而变化。

（六）TDM 的发展方向

1. 群体药动学　群体药动学（population pharmacokinetics，PPK）是把经典药动学的基本原理与群体统计学模型相结合，研究药物体内过程中群体规律的药动学研究方法。群体药动学定量考虑患者群体中药物浓度的决定因素，其中包含固定效应参数、群体典型值、个体自身变异以及个体间变异，研究采取常规剂量给药方案时药动学特点在个体间的变异性。

目前国内 PPK 研究主要集中在神经系统药物、免疫抑制剂、抗菌药、心血管系统药物、抗肿瘤药等方面。与经典方法相比，PPK 应用于 TDM 具有独特的优越性：所需取样点由经典药动学中的 10 个以上简化到 4 个以下甚至 1~2 个，在特殊群体（老人、儿童）中可定量考察生理、病理等因素对 PK 参数的影响，同时可获取群体中有显著意义的个体间变异和残差变异，考察药物间相互作用等。PPK 能更好地将血药浓度控制在治疗浓度范围内，明显延长给药后药效持续时间，使临床个体化给药方案设计变得更加简便、合理、有效，从而在提高疗效的同时减少不良反应的产生。

相关实践研究表明，群体药动学在 TDM 当中具有非常重要的意义。例如，有研究显示，在淋巴瘤化疗患者中建立一个大剂量的 MTX（甲氨蝶呤）的 PPK 模型，评价其病理、生理以及临床因素对药物分布和消除的影响。临床结果显示，血清肌酐以及体重分别对甲氨蝶呤的体内清除率以及表观分布容积具有较大影响。目前常用于 PPK 分析的多为商业化软件，将数据收集和检测方法标准化，能更加方便地指导个体化给药设计。

2. 活性代谢物、游离药物、对映体监测　目前 TDM 方法基本上都是对血浆或血清中药物的总浓度进行监测，通过基本恒定的血浆蛋白结合率推算游离药物浓度。然而，许多因素如活性代谢物、手性药物对映体、受体对药物的反应性等均可能影响血药浓度与药效之间的关系，还有许多因素会影响血浆蛋白结合率，导致血药浓度与药效不平行。

例如，抗心律失常药普鲁卡因胺在体内代谢为活性产物乙酰卡尼（NAPA），实际上药物的部分抗心律失常功效来自活性代谢产物，但原型药和活性产物的药动学特征有很大差异。NAPA 半衰期较长，主要由肾排泄。给药两天后，肾衰竭患者体内原型药已低于有效浓度，而 NAPA 严重蓄积，故仍有抗心律失常作用。所以在心律失常的 TDM 中，普鲁卡因胺和 NAPA 都需要监测。例如，丙戊酸的血浆蛋白结合率具有饱和性，当药物总浓度达稳态时，其游离型药物浓度仍有较大波动，故药物总浓度难以预测临床疗效，应监测游离药物浓度作为调整剂量的依据。此外，新型抗癫痫药氨己烯酸的药理活性与毒性主要来自 S- 对映体，而儿童体内 S-、R- 对映体血浓度比值随时间变化很大，故测定消旋体血浓度不能反映真实药效。目前区分对映体的检测方法发展有限,故未来活性对映体监测有待进一步发展。

因此,测定血药浓度指导临床用药有导致治疗失败的风险,为了更加精确地提供与药效相关的血药浓度,开展活性代谢物、游离药物和对映体监测具有重要的现实意义。

3. 药物基因组学 药物基因组学是从基因组水平出发,研究基因序列多态性与药物效应多样性之间相互关系的学科。临床上,药物反应个体化差异现象非常普遍,如患者诊断、一般状况相同,给药相同且血药浓度均在治疗范围内,可是产生的疗效、毒副作用却可能完全不同,有的患者显示给药不足,有的却出现严重的不良反应。常规TDM 不能很好地解释和解决这些问题,而药物基因组学的出现为临床用药个体差异带来了更深入的解释和前瞻性的指导。

只要单基因突变(即同一基因位点上多个等位基因引起的突变)发生率大于 1%,即可称为遗传多态性,主要包括药物代谢酶、药物转运蛋白和药物作用靶点的多态性。随着药物基因组学的发展,人们发现基因多态性在药物敏感性、药物代谢和毒性反应中起到重要作用,因此近年来,对于个体差异大的药物,需要及时监测药物浓度及代谢情况,并结合基因检测来制订更加精准的合理化给药方案。药物基因组学研究本质上属于精准医学范畴,为患者进行基因检测可避免卡马西平、华法林、氯吡格雷、MTX 等药物所致的死亡等严重不良事件,减少这些药物的无效使用,指导临床医生及时调整剂量或者换用其他的药物。总的来说,药物基因组学可通过研究影响药物吸收、分布、代谢、排泄等个体差异的基因特性,以及基因多态性导致的药物效应多样性,来减少不良反应的发生、提高疗效,达到个体化给药的目的。

(高 建 司 绒)

参 考 文 献

1. 李俊.临床药理学[M].第6版.北京:人民卫生出版社,2018.
2. 杨宝峰,陈建国.药理学[M].第3版.北京:人民卫生出版社,2015.
3. 李俊.临床药物治疗学[M].北京:人民卫生出版社,2007.
4. 苗佳,梁德荣.治疗药物监测与个体化用药[J].现代临床医学,2007,33(01):76-78.
5. 曾苏.药物代谢学[M].杭州:浙江大学出版社,2015.
6. 王亦流,陈刚.临床药效学概述[J].中国医院药学杂志,1993(11):40-42.
7. Hardman J G, Limbird L E. Goodman & Gilman's The Pharmacological Basis of Therapeutics[M]. 12th ed. New York:McGraw-Hill, 2011.
8. Bertram GK. Basic & clinical pharmacology[M]. 11th ed. New York:McGraw-Hill, 2009.
9. Dhavendra K. Genomic Medicine:Principles and Practice[M].2nd ed. Oxford:Oxford University Press, Inc. 2014.
10. Michael C. Human Drug Metabolism:An Introduction[M]. Oxford:Wiley-Blackwell. 2010.

第三章 遗传药理学

第一节 概 述

遗传药理学(pharmacogenetics)是研究遗传因素对药效学和药物代谢动力学影响的学科,是药理学与遗传学、生物化学、分子生物学等学科相结合而发展起来的交叉学科。其主要研究各种基因突变与药物代谢、药物效应和毒性反应之间的关系,以弥补常规检测无法解释的异常药物代谢动力学和药效学现象。广义的遗传药理学是研究任何有生命的物种因先天性遗传变异而发生的对外源性物质反应异常的学科,而狭义的遗传药理学是指个体遗传变异对药物反应个体差异影响的学科。虽然遗传药理学和药物基因组学(pharmacogenomics)这两个术语通常可以互换使用,但遗传药理学通常指的是单个遗传标记对药物个体差异的影响,而药物基因组学则常指整个基因组的变异性对个体药物反应谱的总体影响。

遗传因素对药物作用具有复杂的影响,总体上说主要表现在两个方面,即对药物代谢动力学和药物效应的影响。随着科学技术的进步和研究的不断深入,已发现遗传变异不仅是导致某些药物发生严重不良反应的重要因素,也是引起药物反应性异常的重要原因。通过对个体遗传变异因素的研究,建立个体的基因档案,从基因水平为患者用药开具"基因处方",真正做到"个体化用药",为患者提供安全、有效、经济的药物治疗方案。

一、遗传药理学的发展历程

19世纪末,英国医生 Archibald Garrod 首次提出药物反应具有"先天决定性",并在孟德尔遗传定律理论的基础上提出异常的药物反应可能与个体的单基因遗传变异有关,这被认为是遗传药理学的起源。20世纪初,另一位英国生物学家 Bateson W 证实了 Garrod 发现的药物异常反应性具有隐性遗传特征。1908 年 Garrod 首次提出"化学异质性",并高度预见性地描述了"某些人对于多数人可耐受的常规剂量药物表现出毒副反应,还有些人对于多数人效果良好的药物剂量表现出超乎寻常的耐受性",这是对个体遗传因素导致药物反应性差异的形象描述。

自20世纪50年代以来,遗传药理学迎来了快速发展的历史时期,研究者们发现了许多与药物反应性异常密切相关的遗传变异因素,如1953—1954年 Bönicke 等首次提出根据异烟肼乙酰化代谢速度的快慢将患者分为异烟肼快代谢者和慢代谢者;1956年发现伯氨喹引起的溶血与红细胞葡萄糖-6-磷酸脱氢酶缺乏有关;1957年 Monstusky 首次提出不同个体遗传变异与其对某药物的特异质反应有关;1959年 Friedrich Vogel 首先提出"遗传药理学"的概念;1962年 Kalow 编写了第一部遗传药理学著作 *Pharmacogenetics-Heredity and the Response to Drugs*;1973年世界卫生组织(WHO)发布了"遗传药理学"专题技术报告;1985年 PCR 技术问世为遗传药理学研究提供了可靠的方法和技术手段;1997年首次提出"药物基因组学"的概念并于2001年绘制出第一张人类基因组序列草图;2004年人类基因组图谱精确版完成并发表在 *Nature* 上。

近年来,遗传药理学作为临床药理学的分支,发展迅速,研究者不仅能找出影响药物作用的相关基因或受体,而且可通过检测影响药物反应的相关基因或受体筛选药物治疗对象,调整药物剂量,从而达到提高治疗效果,降低毒副作用的目的。其中研究最多的是药物代谢酶,此外也有关于药物转运蛋白、药物效应基因以及药物不良反应方面的研究。但对于大部分药物来说,当前的遗传药理学研究结果,在临床实践中的应用相对缓慢,其中一个重要的原因是将基因检测结果转化为临床行实践证据的缺乏。

二、遗传药理学的研究内容和研究目的

遗传药理学的研究内容十分丰富,包括遗传变异对药物反应性的影响,基因调节大分子(包括药物代谢酶)对药物代谢动力学和药效动力学的影响,药物异常反应的遗传因素预测,药物作用对基因的影响(包括致癌、致畸等作用),药物受体敏感性等方面存在的种族性、区域性差异以及遗传病的药物或基因治疗等。其中研究较多的是遗传因素对药物代谢和药物反应的影响。

遗传药理学主要目的是寻找导致药物反应个体差异的、有功能作用的候选蛋白以及引起药物反应个体差异性的基因多态性,通过构建体内外模型和计算机模型,或通过对患者家系和/或本人以及人群的遗传学、分子生物学等方面进行研究,探讨他们在个体药物反应差异性中的作用,进而达到根据患者特定的遗传药理学信息,选择合适的药物及其剂量,真正实现个体化治疗,甚至达到预防疾病发生的目的。

三、遗传药理学的临床应用

药物遗传学生物标志物的临床应用越来越多,并且关于基因突变重要性的信息已分别被纳入190种美国食品药品监督管理局(FDA)和155种欧洲药物管理局(EMA)批准的药物说明书中。药物遗传学生物标志物临床应用的一个核心问题是其能在多大程度上增加患者的临床获益。到目前为止,仅在数量非常有限的药物上开展了遗传变异的前瞻性随机试验。由欧盟资助的泛药物基因组学项目发起了一项名为PREPARE(预防药物不良反应的事先药物基因组测试)的大型前瞻性试验,旨在7个欧洲临床中心实施和评估药物基因组测试对治疗结果的影响,计划纳入8 100例患者,分析13个重要药物基因的40个临床相关药物遗传学生物标志物。对照组患者将根据生理和临床参数接受标准的治疗,而试验组患者将根据遗传学指导接受药物治疗,这项研究预期将在2020年取得相关成果。由美国国立

卫生研究院支持的eMERGE项目已经进入到最后阶段,其旨在分析罕见的遗传变异对患者表型的影响,开发技术和管理解决方案并将基因信息整合到电子健康记录中去,评估医生和患者对药物基因组学数据价值的态度,开发教育项目,增加对基因突变的认知。当前,遗传药理学的临床应用主要采用以下两种方式,即候选基因法和全基因组关联研究法。

传统的候选基因法是识别个体间药物反应的变异性,确认这种变异不能归因于明显的患者参数(例如分布体积改变),然后在单核苷酸多态性(single nucleotide polymorphism,SNP)中寻找解释参与处置该特定药物的基因编码的蛋白质。一旦发现SNP,就需要基于人群分层的基因突变频率对特定患者中的等位基因进行测试。如果特定等位基因确实存在突变,则应对患者治疗的临床有效性进行评估,因为临床有效性是特定基因型预测表型的能力。因此,如果存在以下情况时,可认为等位基因突变具有重要的临床意义:①显著的突变频率;②灵敏度和特异性足够的SNP;③SNP能可靠地预测药物反应(效果或毒性)。在这种"反应性"背景下,可以在药物治疗之前进行特定基因突变的检测。

另一种方法是进行全基因组关联研究,比较患有或不患有某种疾病者的人群基因组概况,并与已确定的和疾病相关的基因进行比较。随后,在确诊的患者群体中研究可能的候选基因,并将获得的基因信息用于患者临床治疗中,建立根据多态性鉴定基因组结果进而"先发制病"的治疗方式。最近已有报道使用这种方法前瞻性地对计划进行冠状动脉造影的患者进行基因检测的研究,将患者的基因信息进行全基因组关联研究,在处方氯吡格雷时,如果患者有SNP多态性如*CYP2C19*2*,则应考虑到药物相互作用对治疗的影响。

这两种方法理论上可以改善患者的预后,因为它们可以尽量减少无效的、潜在有害的和错误剂量的药物使用,并且减少达到药物治疗浓度的时间,减少体内蓄积,提高药物的利用效率,有助于改善患者的治疗结局并减少不良事件相关的护理成本。

四、遗传药理学研究的意义

患者对药物治疗反应的个体差异是医师用药经常遇到的棘手问题，个体差异不仅表现在疗效上，也表现在毒副作用上。为避免个体差异对治疗的影响，必须了解造成个体差异的原因，才能做到用药个体化。药物代谢动力学、药效学或免疫反应相关蛋白的基因多态性是不同个体药物疗效和不良反应风险差异的重要原因。遗传药理学已经明确了多种基因与药物反应性差异间的关联性，以研究结果为基础的基因指导治疗和剂量调整一定程度上提高了药物治疗的成功率，降低了严重毒副作用的发生率。此外，遗传药理学还发现某些药物反应的个体差异性与基因亚型之间的关系，这有助于临床医生预测特定药物治疗的反应性，区分对药物有反应和无反应的患者群体，并有助于医生为患者选择最佳的药物和给药剂量。遗传药理学不仅可以弥补血药浓度监测结果对个体化治疗方案选择或调整的缺陷，也为探索一些原因不明的药效学现象打开了新局面。同时，科学技术的快速发展使分子诊断成为可能，通过分离和克隆不同个体的突变基因，建立分子诊断水平的基因分型方法，将使医生能够更准确地为患者选择治疗方案。检测患者的基因多态性并依此为患者开具"基因处方"，让患者获得最合适的处方，从而达到真正的"个体化用药"目的。

第二节　影响药物代谢动力学的遗传药理学因素

药物代谢的遗传变异可以改变特定底物（即药物）的生物转化能力。尽管药物代谢酶等位基因的不同组合的功能性后果可能根据变体的性质（例如完全无活性的酶或改变的酶表达）而略有不同，但以下五种情况通常被认为与临床相关：①慢代谢型（很少或没有酶活性）；②中间代谢型（酶活性降低并介于正常代谢型和慢代谢型之间）；③正常代谢型（无代谢酶基因改变，也可称为泛代谢型）；④快速代谢型（与正常代谢型相比酶活性增加但低于超代谢型）；⑤超代谢型（与快速代谢型相比酶活性增加）。"活性"是指酶的总体代

谢能力，包括催化活性（由于酶的结构变化）和酶丰度（由于基因表达、翻译或基因拷贝数的变化）。

遗传药理学研究开始于药物代谢差异的临床观察，这种代谢差异是由于母体药物生物转化过程中需要的重要酶的编码基因的突变所导致的。临床使用的药物大部分均经过肝脏代谢，已知许多编码Ⅰ相（氧化）和Ⅱ相（结合）反应的药物代谢酶的基因存在遗传多态性并影响其编码的代谢酶活性。此外，肝脏等部位表达的转运蛋白也可改变某些药物的分布，从而改变其药代动力学特性。目前临床上与遗传药理学最相关的代谢酶是参与Ⅰ相代谢的细胞色素P450（CYP）酶系统（特别是CYP2C9，CYP2C19和CYP2D6）以及参与Ⅱ相代谢的UDP-葡糖醛酸基转移酶（UGT）、儿茶酚-O-甲基转移酶（COMT）和硫嘌呤甲基转移酶（TPMT）。P-糖蛋白药物转运体蛋白也与许多药物代谢处置过程密切相关。虽然还有许多其他代谢酶和转运蛋白在药物转化和/或转运中发挥重要作用，但本节重点关注上述临床最常见的实例。

一、CYP 对药物代谢动力学的影响

CYP酶超家族被认为是药物生物转化过程中最重要的酶系统。CYP不仅负责许多常用药物的Ⅰ相氧化，在多种内源性物质如类固醇和维生素的氧化中也发挥着重要作用。在CYP超家族中CYP1、CYP2和CYP3被认为是最重要的药物代谢酶家族，这些酶遍布全身各个组织，尤其是肝脏，它们的氨基酸同源性在不同物种中具有高度的保守性。

CYP2D6是一种重要的药物代谢酶，据估计在美国超过20%的市售药物代谢与此酶有关。此外，也有许多药物可能是CYP2D6的抑制剂，这是药物相互作用的重要考虑因素。CYP2D6基因位于染色体22q13.1，由于其遗传学上的复杂性，使其在技术上难以检查和评估。CYP2D6基因突变可引起许多遗传变异，包括蛋白质构象/截短改变（如CYP2D6*4）、表达变化（如CYP2D6*17）、拷贝数变化（如CYP2D6*2XN）以及与CYP2D7或CYP2D8基因融合等相关的酶活性增加或降低。然而，CYP2D6决定的代谢表型是根据等位基因组合的功能活动评分做出的。

遗传决定的代谢表型在不同人群中存在显著的差异,高加索人群的慢代谢型者最多(7%~10%),而超快代谢型在一般人群中的发生率常 <5%(除了一些北非人群,其 CYP2D6 超快代谢型者可能超过 20%)。CYP2D6 代谢状态是当前药物说明书中最常被引用的药物遗传信息来源,其在神经和精神疾病治疗药物、免疫抑制剂中均有典型的例子。

CYP2C9 基因位于染色体 10q23.33 上,其在治疗窗较窄的药物如苯妥英和华法林的代谢中发挥重要作用。华法林的药品说明书以及疾病治疗相关临床指南均为应用 *CYP2C9* 基因型检测提供了帮助。CYP2C9 最常见的等位基因突变是 *rs1799853*(又名 *CYP2C9*2*, Arg144Cys)和 *rs1057910*(又名 *CYP2C9*3*, Ile359Leu),二者都在苯妥英和华法林的药品说明书和给药剂量换算中被特别提及。这些等位基因变化在高加索人中最常见,如高加索人的 *CYP2C9*2* 和 *CYP2C9*3* 的最小等位基因频率(MAF)分别为 0.13 和 0.07,而非洲和亚洲人群的 MAF 均 <0.05。然而,最近的研究已经确定了包括 *CYP2C9*5*、*CYP2C9*6*、*CYP2C9*8* 和 *CYP2C9*11* 等在内的其他 *CYP2C9* 等位基因的临床重要性,这些等位基因突变主要发生在非洲人群,而在高加索人群中则很少见。*CYP2C9* 基因突变对酶功能的影响最常见的是氨基酸序列变化,并且这种变化可能表现出一定的底物特异性。目前,已可根据患者临床资料和基因型信息来估算华法林的剂量。此外,对于每携带一个 *CYP2C9*2* 或 *CYP2C9*3* 等位基因突变的患者,目前指南推荐苯妥英的剂量减少 25%。

CYP2C19 基因位于 *CYP2C9* 上游约 176kb 处。许多质子泵抑制剂、抗感染药物以及中枢神经系统(CNS)活性药物都可经 CYP2C19 酶代谢。典型的例子是三环类抗抑郁药、氯吡格雷和某些选择性 5-羟色胺再摄取抑制剂,其中一些遗传药理学信息已被纳入药品说明书。CYP2C19 的代谢表型包括慢、中间、广泛/正常、快速和超快代谢。*CYP2C19* 有大量的 SNP,已经报道了近 40 个 *CYP2C19* 等位基因,最常见的非功能性等位基因包括 *CYP2C19*2* 和 *CYP2C19*3*,这两种等位基因突变在高加索人群中均 <5%,而在亚洲人群中则常 >15%。*CYP2C19*2* 剪接改变产生一个截短的和无功能的酶,而 *CYP2C19*3* 等位基因则产生一个终止密码子和非功能性 CYP2C19 酶。*CYP2C19* 基因另一个常见的等位基因是 *CYP2C19*17*,其可增加酶活性。研究表明,*CYP2C19*17* 单基因拷贝足以对一些选择性 5-羟色胺再摄取抑制剂和氯吡格雷的药物代谢产生显著的临床影响,因此在给予这些药物时需要考虑 *CYP2C19*17* 突变。

除此之外,许多 I 相药物代谢酶也显示出遗传上的药物代谢活性差异,包括 CYP1A2、CYP2A6、CYP2B6、CYP2C8、CYP2E1、CYP3A4、CYP3A5 和 CYP3A7 等。但目前,这些基因突变并未在药品说明书或遗传药理学的指南中被明确参考,并且其临床重要性不如 CYP2C9、CYP2C19 和 CYP2D6。

二、UGT 对药物代谢动力学的影响

UGT 家族酶主要表达在肝脏,由 *UGT1*(染色体 2q37.1)、*UGT2*(染色体 4q13.2)和 *UGT8*(染色体 4q26)基因编码,其中 *UGT1* 和 *UGT2* 研究最深入。这两个基因都含有多个启动子和 mRNA 转录本,产生多个亚家族成员。非甾体抗炎药、拉莫三嗪和丙戊酸等药物都是 UGT 酶的底物,但是遗传变异对这些药物代谢动力学的影响似乎不如年龄和合并用药等临床因素。目前,较少基于 *UGT* 基因型或等位基因的指南指导临床医师选择药物或调整给药方案,但 *UGT1A1*28* 基因纯合突变的患者使用伊立替康后更容易发生 3~4 度腹泻和血液系统毒性。

三、TPMT 对药物代谢动力学的影响

TPMT 是 6-巯基嘌呤、6-硫鸟嘌呤和硫唑嘌呤等硫基嘌呤类抗肿瘤和免疫抑制剂代谢至关重要的酶。TPMT 是一种"经典"的药物基因,在 300 名高加索人群中发现其活性呈现出三峰分布,88.6% 的个体酶活性较高,11.1% 的个体酶中间活性,仅有 0.3% 的个体无法检测到酶活性,这种表型分布与常染色体共显性一致。目前已报道的 *TPMT* 等位基因突变至少有 40 个,其中大多数为可引起酶活性降低的非同义 SNP。*TPMT* 杂合的个体其最常见的非功能性等位基因(**3A* 或

Ala80Pro 和 *3B 或 Ala154Thr）编码的酶活性较高属于中间代谢型，而 *TPMT* 纯合子的个体多是弱代谢型，几乎没有酶活性。*TPMT* 基因分型在儿科肿瘤中相对常见，TPMT 代谢受限的患者使用标准剂量的化疗药物可能出现严重的毒副作用。临床药物遗传学实施联盟已发布指南以帮助临床医生解释和利用 *TPMT* 基因分型。以使用硫唑嘌呤为例，杂合子患者（中间代谢型）使用的药物起始剂量应比正常量低 30%~60%，而对于纯合子患者（慢代谢型）应考虑替代治疗方案或者在治疗需要的情况下使用标准剂量的十分之一，并且每周仅服用三次而不是通常的每日剂量。*TPMT* 遗传变异的临床表现是明确的，因此在制订治疗方案时应加以考虑。

四、COMT 对药物代谢动力学的影响

COMT 在儿茶酚类药物的 Ⅱ 相甲基化中发挥着重要的作用。有趣的是，它对包括多巴胺和去甲肾上腺素在内的神经递质代谢以及对具有相似结构的药物的代谢具有一定的影响。在某些情况下，*COMT* 也可被认为是一种药效学基因，因为它是某些药物（COMT 抑制剂）的直接靶标。COMT 与多种神经、精神疾病和人格特征有关，但一般而言，COMT 与疾病风险（如抑郁症、帕金森病和精神分裂症等）的关联并不强。相比之下，COMT 和依赖于多巴胺代谢的前额叶功能（例如工作记忆）之间的关系已经被证明与该基因的突变有关。COMT 参与前额皮质中 60% 的多巴胺代谢过程。此外，COMT 的重要遗传变异与神经生理过程密切相关，对药物反应也有一定的影响。常见的 COMT 突变 *rs4680*（又称 Val158Met）可增加该酶的热不稳定性，具有 Met/Met 纯合子的患者其酶活性降低 1/4~1/3 倍。这种酶活性降低可导致多巴胺在前额叶皮质浓度增加，并且增强相关的大脑活动。*Val158Met* 等位基因共显性导致三种 COMT 酶活性水平变化（Val/Val>Val/Met>Met/Met）。

COMT 与抗帕金森病药物（如左旋多巴和 COMT 抑制剂如恩他卡朋和托卡朋）的代谢有关。基于 *COMT Val158 Met* 基因型，对左旋多巴的药代动力学的研究尚不能十分可靠地揭示其药代动力学特征。然而有证据表明，具有 *Val158Val* 基因型的人可能需要更大剂量的左旋多巴才能控制症状。此外，当同时使用左旋多巴和 COMT 抑制剂时，纯合子高功能等位基因和低功能等位基因的患者的药代动力学参数明显不同。恩他卡朋的治疗效果在 *Val158Val* 纯合子患者中明显增强。然而，在研究 COMT 与抗抑郁药和抗精神病药的遗传药理学关系时却得到了不一致的结果，这可能是由于缺乏对前额皮质特异性的临床表型评估。尽管如此，一些商业性的遗传药理学测试平台已包含了 *COMT* 的 SNP 检测。

五、ABCB1 对药物代谢动力学的影响

腺苷三磷酸结合盒亚家族 B 成员 1（*ABCB1*）基因编码 P-糖蛋白（P-gp）药物转运体蛋白。*ABCB1* 位于染色体 7q21.12 上，也被称为多药耐药基因（*MDR1*）。P-gp 在全身各个组织中均可表达，尤其是在肠、肝、肾和血脑屏障中。P-gp 可清除体内的外源性异物，因此，从人类进化的角度来看，P-gp 可保护身体免受摄入的有毒物质的侵害。然而，许多抗肿瘤药物、抗生素、免疫抑制剂、抗高血压药和中枢神经系统活性药物（即抗抑郁药、抗精神病药、抗癫痫药）都是 P-gp 的底物，P-gp 可将其底物迅速清除，进而降低其临床疗效。一项正在进行的抗惊厥药物研究发现，P-gp 过表达与癫痫治疗耐受相关。ABCB1 的遗传变异与某些药物的治疗效果和底物的药代动力学特征相关，但常见 *ABCB1* 基因 SNP（如 *rs1128503/C1236T*，*rs2032582/G2677T/A* 和 *rs1045642/C3435T* 等）的功能基础及其性质尚存在一些不确定性。这些变异和相关的单倍体与抗惊厥药物的耐药性、抗抑郁药治疗反应和副作用以及抗精神病药的治疗反应和副作用有关。肿瘤细胞中的 P-gp 表达增加与其多药耐药性相关，然而，沉默这些 SNP 的"功能"效应可能只与其蛋白质折叠和稳定性的改变有关。

第三节 影响药效学的遗传药理学因素

早在两千多年前，希腊哲学家毕达哥拉斯就已经描述了不同个体对外源性物质反应的差异，不同的人食用蚕豆的反应非常不同，有些人可能

出现严重的溶血性贫血。随着技术的不断进步，直到最近几十年才揭示了葡萄糖-6-磷酸脱氢酶（G-6-PD）的遗传多态性是造成这种个体间毒性差异的分子机制。到目前为止，已经发现了大量的基因突变，这些基因的突变可导致其产物结构或功能的改变并最终引起药物反应或毒性的差异。另外，受体或药物的其他生物学靶标发生的遗传多态性也是导致一些药物治疗反应和耐受性差异的重要原因。例如，$β_1$ 受体单倍型可作为美托洛尔抗高血压疗效的预测指标；血管紧张素Ⅱ1型受体（AT1R）基因 A1166C 多态性与个体对血管紧张素Ⅱ的反应性及多数降压药物的治疗效果有关；载脂蛋白 E 的突变与阿尔茨海默病患者对四氢氨基吖啶的反应性有关等。遗传药理学生物标志物大多位于药物代谢酶、转运蛋白、药物靶点或人类白细胞抗原（HLA）等的等位基因区域，他们在预测药物疗效或发现药物不良反应风险中具有重要作用。突变基因编码的蛋白质可导致药物暴露过多或过少，有毒代谢物增加，与药物靶点的相互作用增加或减少等多种机制导致特征性药物毒性作用。虽然这些情况相对少见，但它们与某些药物的潜在毒性作用有关。此外，基因生物标记已经彻底改变了囊性纤维化等疾病的治疗。本节重点介绍一些在临床实践中常见的影响药物反应性的遗传药理学实例。

一、DPYD 突变和氟尿嘧啶毒性

氟尿嘧啶、卡培他滨、替加氟、氟尿苷等氟尿嘧啶类药物可抑制胸苷酸合成酶，而胸苷酸合成酶是催化脱氧胸腺嘧啶核苷酸生物合成的限速酶，从而抑制 DNA 复制。氟尿嘧啶治疗窗狭窄，基于治疗药物监测（TDM）的剂量调整可提高反应率，降低毒性。DPYD 基因编码二氢嘧啶脱氢酶（DPD），其可代谢约80%的5-FU。DPYD 基因多态性与不同个体间氟尿嘧啶治疗反应和毒性差异密切相关。最近一项针对2 038名患者的研究表明，以前瞻性 DPYD*2A 功能等位基因分型指导下的5-FU 给药剂量调整，与历史对照（73%）相比可显著降低严重毒性反应的发生率（以基因分型指导给药组28%），并且可降低患者的医疗成本。因此，建议将 DPYD 基因分型

常规应用于5-FU 的临床治疗中，有助于在降低患者严重毒副作用的同时，更有效地配置医疗资源。

二、CYP2D6 基因型对可待因疗效和毒性的影响

可待因是一种具有止咳、镇痛作用的阿片生物碱类药物，其在体内需经 CYP2D6 脱甲基生成吗啡后产生镇痛作用。CYP2D6 活性是可待因药代动力学的决定因素。CYP2D6 功能缺失的单倍体纯合子（包括 *4、*5 和 *6 等位基因）患者，服药后体内代谢生成的吗啡显著减少，且缺乏镇痛作用。因此，在这些 CYP2D6 慢代谢型的患者中，应该考虑不经 CYP2D6 代谢的替代药物，如丁丙诺啡、吗啡、芬太尼、美沙酮或非阿片类镇痛药。相反，在那些超快代谢的患者中，活化的 CYP2D6 明显增加，导致吗啡显著增加。此时给予标准剂量的可待因会导致血清吗啡水平超过治疗范围，进而产生严重的毒性反应。在扁桃体或腺样体切除术的儿童中使用可待因镇痛的风险最高，已有大量可待因治疗后发生危及生命的呼吸抑制或死亡的病例报道。这些严重的药物不良反应（adverse drug reaction, ADR）促使美国 FDA 要求在所有含可待因的药物上都加框警告，以突出该药对儿童患者的风险。此外，这些严重不良反应也直接导致扁桃体切除术后疼痛治疗药物选择从可待因转向其他不存在此类灾难性事件风险的止痛剂（如对乙酰氨基酚、罗非昔布和氢可酮）。

三、华法林遗传药理学

华法林是治疗和预防血栓栓塞事件最常用的口服抗凝剂。然而，狭窄的治疗窗以及华法林药代动力学和药效学的个体间差异，给临床用药带来了严峻的挑战。华法林抑制氧化还原酶的 VKORC1 亚基，进而降低维生素 K 依赖的凝血因子形成。华法林是 R- 和 S- 对映体的消旋混合物，后者的效力约为前者的5倍。S- 华法林经 CYP2C9 代谢灭活，主要通过尿液排出体外。

VKORC1 和 CYP2C9 基因突变与华法林给药剂量差异有重要关系。VKORC1（主要是 VKORC1*2）和 CYP2C9（尤其是 CYP2C9*2 和

*3）功能减弱的多态性与达到正常治疗效果的华法林剂量需求降低有很大的关系（每个等位基因突变每日减少 1~2mg）。此外，*CYP4F2* 基因的 *rs2108622* 突变引起维生素 K 的代谢减弱，对华法林药代动力学和药效学个体差异也有一定的影响。

虽然对华法林遗传药理学的分子机制已进行了大量的研究，但事先检测基因突变进而指导临床药物调整的优势仍不完全确定，并且多中心、随机、对照试验的结果也存在差异。CoumaGen-II 和 EU-PACT 试验结果表明，基因型指导下的华法林治疗能显著改善患者在国际标准化比值（INR）范围内的时间百分比和达到治疗 INR 的时间，而 COAG 试验结果显示基因里指导下的华法林治疗对 INR 或出血并发症的发生率均无显著影响。导致结果差异的可能原因包括，给药标准不同（EU-PACT 采用常规剂量 vs COAG 根据临床指标给药）和研究人群不同（EU-PACT 研究全部是欧洲人 vs COAG 研究中有 27% 是非洲人和 6% 是拉美裔）。此外，EU-PACT 研究给予患者负荷剂量，而 COAG 研究没有给患者负荷剂量。尽管所有的试验都表明，基因型指导下给药有一定的益处，但这种作用并不显著，临床应用华法林基因分型事先干预的作用仍有待进一步明确。

四、*HLA* 等位基因在阿巴卡韦超敏综合征中的作用

抗逆转录病毒药阿巴卡韦通常用于治疗成人和 3 个月以上儿童的 HIV 感染。虽然该药耐受性较好，但约 4% 的患者会发生超敏综合征（HSS），表现为发热、胃肠道和呼吸道症状以及从皮疹到史 - 约综合征（Stevens-Johnson syndrome）或中毒性表皮坏死崩解症的皮肤症状。前瞻性研究表明，HSS 与 *HLA-B*57：01* 等位基因突变存在强烈的相关性，其机制是未经修饰的阿巴卡韦与 HLA-B*57：01 发生非共价结合活化阿巴卡韦特异性的 CD8$^+$T 细胞进而引起 HSS。随着该生物标志物的鉴定和临床应用，阿巴卡韦的临床应用急剧增加，这个生物标志物可能是突变基因分型防止化合物毒性反应发生最好的例子。目前，FDA、临床药物基因学实施联盟（CPIC）和荷兰药物基因学工作组（DPWG）均建议在阿巴卡韦治疗前对 *HLAB*57：01* 等位基因进行筛查，如果发现该等位基因突变，则要求进行其他替代治疗。

五、*TPMT* 基因型与硫嘌呤毒性的关系

6- 巯基嘌呤（6-MP）及其前药硫唑嘌呤（AZA）可用于治疗急性淋巴细胞白血病，由于其免疫抑制作用也被广泛用于治疗克罗恩病和溃疡性结肠炎。硫唑嘌呤在肝脏中快速代谢为 6-MP，6-MP 可由次黄嘌呤鸟嘌呤磷酸核糖转移酶（HPRT）生物活化形成 6- 硫鸟嘌呤核苷酸，也由硫嘌呤 -S- 甲基转移酶（TPMT）或黄嘌呤氧化酶失活生成甲基硫嘌呤或 6- 硫尿酸。骨髓抑制是硫唑嘌呤治疗最常见的不良反应，并且 TPMT 活性降低的患者发生骨髓抑制的风险显著增加。*TPMT* 基因型是 TPMT 活性的一个强预测因子，即使是 *TPMT* 功能缺失等位基因 *2A* 或 *3* 杂合的患者，由于毒性而导致剂量减少的发生率也明显更高。由于大量证据表明，*TPMT* 基因型与硫唑嘌呤治疗结果和不良事件有关，*TPMT* 基因型已广泛应用于临床实践。然而，治疗前事先进行 *TPMT* 基因分型检测的成本 - 效益仍无定论，目前缺乏随机、对照试验的数据。

六、*SLCO1B1* 突变在辛伐他汀诱导肌病中的作用

3- 羟基 -3- 甲基戊二酰辅酶 A 还原酶（HMG-CoA）是胆固醇生物合成的限速酶，有报道 HMG-CoA 抑制剂辛伐他汀治疗血脂异常的患者可能发生严重的毒性反应。SNP *rs4149056* 位于 *SLCO1B1*（*SLCO1B1*5*），它编码肝脏辛伐他汀转运体 OATP1B1，可导致肝脏中的药物转运受损，阻碍药物与肝内的 HMG-CoA 还原酶相互作用，并由于肝脏清除受损导致血浆浓度增加。当患者分别服用正常剂量（40mg/d）或高剂量（80mg/d）辛伐他汀时，每个等位基因突变会导致患者罹患肌病的风险增加 2.6 倍或 4.5 倍。由于这种风险的存在，尤其是在高剂量组，FDA 发出警告称，辛伐他汀的高剂量方案只应用于已接受高剂量治疗超过 12 个月且无肌肉相关不良反应的患者。

七、罕见遗传变异和种群特异性

基于遗传变异在总人口中的发生率可将其分为常见遗传变异（≥1% 等位基因频率，也称为遗传多态性）或罕见遗传变异（<1%）。最近，在双胞胎中进行的研究表明，遗传因素对药物反应的影响在不同的药物之间有很大的差异。虽然遗传因素对他林洛尔药代动力学的影响很小，但80%~90% 的美托洛尔和托拉塞米药代动力学差异是由遗传因素造成的，重要的是常见的遗传多态性只能解释这种差异的40% 左右。上述结果表明，其他因素，如罕见遗传变异可能是药物代谢动力学的重要调控因素。最近，基于人群的大规模测序项目发现大量与药物代谢过程相关的罕见基因突变，而这些突变在传统基因分型检测中很少评估。与最小等位基因频率 >0.5% 的突变相比，罕见突变更有可能产生有害的影响，其优势比约为 4.2。

基因突变频率和单倍型频率在不同种群之间具有较大的差异。因此，有些突变在全球范围内可能很罕见，但在特定人群中的频率可能很高。一个典型的例子是，功能降低的等位基因 CYP2C8*2 在欧洲或东亚血统的个体中尚未发现，但在非洲人群中却很常见（MAF=15.9%）。同样，导致对紫杉醇等药物不良反应风险增加的功能缺失等位基因 CYP3A4*20 在亚洲、非洲、南美和大多数欧洲人群中尚未发现，但在西班牙的某些地区出现的频率达到 3.8%。这些结果表明，种族起源是药物基因组学研究的一个重要参数，了解遗传变异的地理分布是建立精确的公共卫生方法的基础。抗逆转录病毒药物在津巴布韦的使用为此方法的益处提供了一个令人印象深刻的案例：当津巴布韦卫生部门执行 WHO 的建议，将抗艾滋病毒的一线治疗改为依法韦伦时许多津巴布韦人发生了与依法韦伦过量相关的不良反应，这是由于在津巴布韦有 20% 的人等位基因 CYP2B6*6 是功能降低的纯合子型，导致依法韦伦血药浓度超过推荐的治疗水平，导致全球建立的剂量方案在局部地区治疗失败。因此，为了预防这类公共卫生危机，在选择一线治疗时应考虑到区域的特定遗传背景，并对每个人群分别进行评估。

遗传多态性是导致药物代谢和反应性个体差异的重要原因。遗传药理学研究结果为患者分层、选择最佳药物和剂量方案提供了重要工具。然而，遗传药理学生物标志物在临床实践中的常规应用目前很少，主要原因是缺乏令人信服的数据支持。目前，欧盟和美国都在进行大规模的前瞻性研究，试图为阐明如何实施药物遗传学指导临床药物治疗提供答案。然而，在评估药物遗传学与临床治疗关联性时，也应该考虑到其中的某些缺陷，如研究人群的种族差异或疾病分类、数据来源于不同的研究体系、不恰当的遗传变异检测方法等。随着遗传分析的成本持续下降和检测技术不断提高，遗传药理学检测将变得更加容易，这需要临床医生更好地了解特定药物与基因的基础科学和临床相关性，权衡治疗方案的收益和风险，为患者提供安全、有效、经济的个体化药物治疗。

（刘加涛）

参 考 文 献

1. Lauschke V M, Milani L, Ingelman-Sundberg M. Pharmacogenomic Biomarkers for Improved Drug Therapy-Recent Progress and Future Developments［J］. AAPS J, 2017, 20（1）: 4.

2. Sim S C, Kacevska M, Ingelman-Sundberg M. Pharmacogenomics of drug-metabolizing enzymes: a recent update on clinical implications and endogenous effects［J］. Pharmacogenomics J, 2013, 13（1）: 1-11.

3. Zhou Y, Ingelman-Sundberg M, Lauschke V M. Worldwide distribution of cytochrome P450 alleles: a meta-analysis of population-scale sequencing projects［J］. Clin Pharmacol Ther, 2017, 17（4 Pt 2）: 688-700.

4. Bousman C A, Hopwood M. Commercial pharmacogenetic-based decision-support tools in psychiatry［J］. Lancet Psychiatry, 2016, 3（6）: 585-590.

5. Lauschke V M, Ivanov M, Ingelman-Sundberg M. Pitfalls and opportunities for epigenomic analyses focused on disease diagnosis, prognosis, and therapy［J］. Trends

Pharmacol Sci, 2017, 38（9）: 765-770.

6. van der Wouden C H, Cambon-Thomsen A, Cecchin E, et al. Implementing pharmacogenomics in Europe: design and implementation strategy of the ubiquitous pharmacogenomics consortium［J］. Clin Pharmacol Ther, 2017, 101（3）: 341-358.

7. Lauschke V M, Ingelman-Sundberg M. Requirements for comprehensive pharmacogenetic genotyping platforms［J］. Pharmacogenomics, 2016, 17（8）: 917-924.

8. 周宏灏. 遗传药理学［M］. 第2版. 北京: 科学出版社, 2013.

第四章　特殊人群临床用药

用药安全日益受到重视,尤其是对于新生儿、婴幼儿、儿童、妊娠期和哺乳期妇女、老年人等特殊人群,因其生理、生化和病理等机制与普通人群存在较大差异,有着不同的药代动力学和药效学特征,用药安全形势更严峻。

回顾人类历史上有名的药害事件,有数件与特殊人群密切相关,发生于 20 世纪 50~60 年代的"反应停(沙利度胺)致婴儿畸形事件"是最为著名的一起,从反应停 1956 年进入市场至 1962 年撤市,全世界 30 余个国家和地区共报告了 1 万余例"海豹肢畸形儿",均因为母亲在怀孕期间服用了沙利度胺用于减轻孕期呕吐,而沙利度胺具有强烈的致畸作用。1966—1969 年,美国波士顿市妇科医院在短时间里遇到 8 个十多岁的女患者患阴道癌,比同龄组 20 世纪以来报道的阴道癌总数还多,流行病学调查显示,该情况与患者的母亲在怀孕期服己烯雌酚保胎有关,服药妇女所生的女儿患此癌的危险性比不服此药的大 132 倍。1937 年秋天,美国田纳西州 Massengill 公司用工业溶剂二甘醇代替乙醇生产一种磺胺酏剂用于治疗感染性疾病,同年 9~10 月,该地区发现肾功能衰竭的患者大量增加,经调查,由于服用这种磺胺酏剂而发生肾功能衰竭的有 358 人,死亡 107 人,其中大部分是儿童,究其原因,主要是二甘醇在体内经氧化代谢成草酸致肾损害所致。因此,了解特殊人群用药特点有助于提高临床用药的安全性和有效性。

第一节　新生儿与儿童临床用药

小儿处于生长发育时期,且生长发育是一个循序渐进的过程,各组织器官系统逐渐长大并发育完善,各项生理功能逐步成熟,不同年龄段儿童在解剖、生理、生化、病理、免疫等方面各有特点,尤其是新生儿和婴幼儿,并非缩小的成人,对药物的吸收、分布、代谢和排泄与成人不同,不能完全照搬成人。根据生长发育特点,临床将儿科年龄划分为以下几个分期:

新生儿期(neonatal period):从胎儿娩出、脐带结扎到出生后 28 日内,包括新生儿早期,指出生 7 日内;新生儿晚期,指出生 7~28 日,该期小儿的患病率和死亡率均较高。

婴儿期(infancy):出生后 1 月 ~1 岁。

幼儿期(toddler's age):1~3 岁。

学龄前期(preschool age):3~6 岁或 7 岁。

学龄期(school age):又称青春期前,女:6/7~11/12 岁;男:6/7~13/14 岁。

青春期(adolescence):又称少年期,女:11/12~17/18 岁;男:13/14~18/20 岁。

一、新生儿合理用药

胎儿从子宫内来到子宫外,首次独立面对外界的生存环境,身体各系统要经历巨大的、适应性的生理变化,例如血液循环的改变、肺呼吸功能的建立、消化及排泄功能的启动等,在这个时期新生儿的各项变化均非常迅速。

(一)新生儿药动学特点

新生儿的药代动力学与成人有较大不同,第一,新生儿的肝肾发育尚不完全,药物代谢及排泄功能较差,但随着体重、日龄的增加,药物代谢及排泄功能日臻完善;第二,药物作用的个体差异大,所用药物剂量及用法不能按成人量机械折算,也不能套用年长儿用量;第三,血脑屏障功能不佳,药物相对容易进入脑内;第四,皮肤黏膜体表面积大,血液丰富,某些外用药、透皮制剂容易吸收。

1. 药物的吸收　根据给药途径和给药部位的不同,新生儿对药物的吸收表现有所不同。

（1）口服给药对药物吸收的影响：药物经口、胃、小肠毛细血管进入肝门静脉，再进入血液循环，新生儿口服药物吸收的量较难预测，胃肠道吸收功能存在很大差异，某些药物较成人吸收增加，某些则吸收减少，这是由于新生儿自身的特点所决定的，首先新生儿的胃呈横位，容量小，胃排空时间长，胃肠蠕动慢，且易发生溢乳或呕吐现象，从而导致口服给药失败，降低药物的生物利用度；其次，新生儿胃酸低，且出生后 10 日内无胃酸，2~3 岁才能达到成人水平，故新生儿口服对酸不稳定或弱碱性药物吸收增加。

（2）注射途径给药对吸收的影响：新生儿注射途径给药，如皮下、肌内注射及静脉给药药物的吸收特点和对药物的影响也存在一定差异。新生儿肌肉和皮下脂肪少，局部血流量少，皮下注射吸收不良，而增加药物剂量或浓度又可能损害相邻组织，故不宜皮下注射；较大新生儿局部血流丰富，可肌内注射，但不宜较大剂量多次注射，且遇到刺激，周围血管收缩，循环受阻，影响药物吸收。静脉给药是新生儿较为适宜的给药途径，静脉途径给药较口服而言吸收快且药效稳定，对于急症、危重、需要监护的新生儿首选静脉给药。但仍应注意如下两点：①不能通过脐静脉（可导致肝坏死）和脐动脉（可导致肾或肢体坏死）给药；②给予高渗液体时，可能导致医源性高渗血症，给药前应了解药液渗透压，尽量避免短期内重复、大剂量使用多种高渗药物，有条件应监测血渗透压。

（3）其他给药途径对药物吸收的影响：对于新生儿而言，除口服和注射途径外，皮肤或黏膜给药也是常用的给药途径，所用剂型包括透皮贴剂、喷雾剂、栓剂、灌肠剂等，对于新生儿而言，皮肤娇嫩、角质层薄，黏膜血管丰富，口腔、喷雾、直肠栓剂等给药，吸收迅速且充分，但也易过量甚至中毒，尤其是皮肤黏膜有炎症或破损时。如地西泮溶液直肠给药数分钟即可达有效血药浓度，疗效确切；硼酸（皮肤和黏膜的清洁消毒药）大面积使用治疗湿疹可引起呕吐和肾损伤；先天葡萄糖 -6- 磷酸脱氢酶缺乏的新生儿，穿戴用樟脑球保存的衣物，通过皮肤吸收亦可导致溶血性贫血的发生；长期外用糖皮质激素类药物，可影响生长发育；阿托品滴眼液可致全身严重反应（面色发红、出汗、心跳加速）；新霉素软膏治疗烫伤可致严重听力减退。

2. 药物的分布　影响药物分布的因素包括药物的脂溶性、体液的 pH、组织器官的血流量等。新生儿体液量大（77% 左右），细胞外液占体重的比例大（50% 左右），且皮下脂肪少（占体重的12% 左右），故水溶性药物的表观分布容积（apparent volume of distribution，V_d）较大，达峰浓度（C_{max}）降低、药物最大效应减弱；消除减慢，药物作用时间延长、细胞内药物浓度高；脂溶性药物血浆中游离药物浓度增多，易于中毒；脑组织富含脂肪，血脑屏障未发育完全，脂溶性药物易于进入脑部，导致中枢神经系统不良反应。新生儿血浆蛋白少，与药物亲和力低，体内存在由母体经胎盘进入新生儿体内的大量游离脂肪酸、激素、胆红素等与药物竞争血浆蛋白结合位点的内源性物质，故游离药物浓度高，药理作用强，易引发不良反应和毒性。此外，新生儿血脑屏障功能不完善，通透性高，药物容易进入中枢，该特点有助于细菌性脑膜炎的治疗，但对于全麻药、镇静催眠剂、吗啡等药物，可造成中枢神经系统的损害。

3. 药物的代谢　药物代谢的主要器官是肝脏，药物在肝内代谢所涉及的反应包括两大类：Ⅰ相反应，包括氧化、还原和水解；Ⅱ相反应，即结合反应。苯巴比妥、地西泮、苯妥英钠、利多卡因等需在肝内发生氧化代谢，故新生儿对上述药物的代谢慢，半衰期长，产前母体或给予新生儿苯巴比妥可防治新生儿黄疸，因上述药物具有肝酶诱导作用，可加速胆红素代谢；新生儿的葡萄糖醛酸转移酶活性仅为成人的 1%~2%，吲哚美辛、水杨酸盐、氯霉素等在体内需要与内源性甘氨酸、葡萄糖醛酸结合的药物易于蓄积中毒。

4. 药物的排泄　新生儿肾脏发育尚未完全，肾清除率低下，肾有效血流量仅为成人 20%~40%，肾小球滤过率仅为成人 25%~40%，肾小管排泄能力仅为成人 20%~30%，故经肾排泄的原型药，如地高辛、氨基糖苷类、磺胺类、青霉素 G 等，清除减慢，$t_{1/2}$ 延长；新生儿肾对酸、碱与水、盐代谢调节能力较差，故应用利尿药时，易出现酸碱及水盐平衡失调。

（二）新生儿用药特有的反应

新生儿由于药动学和成人有较大差别，用药

后会产生某些特有的反应，主要包括超敏反应、新生儿溶血、黄疸和核黄疸、出血、神经系统毒性反应、灰婴综合征等。

1. 超敏反应 超敏反应是由于新生儿自身发育特点所决定的，例如中枢神经发育不全，应用吗啡致出现呼吸抑制；肾排泄能力低下，肾功能未完全建立，应用洋地黄制剂易中毒；慎用水杨酸盐、碳酸氢钠、利尿药；应用糖皮质激素易诱发急性胰腺炎。

2. 新生儿溶血、黄疸和核黄疸 生理性黄疸是新生儿中最常见的临床问题，与新生儿胆红素代谢特点有关，包括胆红素生成相对较多、肝细胞对胆红素的摄取能力不足、血浆白蛋白联结胆红素的能力差、胆红素排泄能力缺陷以及肠肝循环增加。某些药物使新生儿体内游离胆红素升高，加重黄疸，甚至诱发胆红素脑病或核黄疸。

胆红素脑病是指高非结合胆红素血症时，游离胆红素通过血脑屏障，沉积于基底神经核、丘脑、丘脑下核、顶核、脑室核、尾状核以及小脑、延髓、大脑皮质及脊髓等部位，抑制脑组织对氧的利用，导致脑损伤。

核黄疸是指出生数周以后出现的胆红素神经毒性作用所引起的慢性、永久性损害及后遗症，包括锥体外系运动障碍、感觉神经性听力丧失、眼球运动障碍和牙釉质发育异常，其原因为血清中游离胆红素水平升高和血脑屏障的不完善。新生儿应慎用的药物，如脂肪乳、头孢曲松、头孢哌酮等药物，因其可竞争白蛋白结合位点，可用羧苄西林、哌拉西林、头孢唑林、头孢噻肟、头孢唑肟、头孢他啶；新生儿快速静脉滴注高渗葡萄糖或碳酸氢钠，可使患儿血浆渗透压≥345mmol/L，该数值的渗透压可致胆红素沉积于脑组织引发胆红素脑病，应选用5%葡萄糖作为溶媒。

3. 出血 由于新生儿肝功能尚未发育完全，凝血功能不健全，用药不当易致出血，如应用非甾体抗炎药、抗凝血药、糖皮质激素、静脉高渗溶液等，可能导致消化道出血、颅内出血、出血性坏死性肠炎。

4. 灰婴综合征 氯霉素血液浓度过高致机体重要器官微循环衰竭，生物氧化磷酸化障碍，临床表现为呕吐、腹胀，因氯霉素损害心肌组织致循环衰竭，导致患儿出现全身青灰、体温降低和休克，故称"灰婴综合征"，该病死亡率高，如必须使用氯霉素，有条件应监测血药浓度，使血药浓度保持在10~20mg/L。

5. 神经系统毒性反应 新生儿神经系统正处于发育阶段，血脑屏障未发育成熟，药物易透过血脑屏障，引发中枢神经系统的不良反应，如吗啡易导致呼吸抑制，抗组胺药、茶碱、阿托品等易使新生儿发生昏迷和惊厥，糖皮质激素易导致手足抽搐，氨基糖苷类抗菌药易导致第八对脑神经的损伤，呋喃妥因易引发多发神经根炎，四环素类、维生素 A 易致颅内压增高、囟门隆起。

二、婴幼儿合理用药

婴幼儿期生长迅速，肝肾发育逐渐完善，代谢及排泄功能加强，该时期的小儿易发生消化道功能紊乱或习惯性腹泻、便秘以及呼吸系统疾病，药物的毒性或过敏反应早期不易辨识，某些药物可通过乳汁进入幼儿体内，造成不良后果。

（一）婴幼儿药动学特点

1. 药物吸收 婴幼儿胃内 pH 在 3 个月左右逐渐接近成人，3 个月之前，弱酸性药物如苯巴比妥、苯妥英钠口服吸收少，弱碱性药物如青霉素类口服吸收增加。胃容量有所增加，胃排空较新生儿期加快，但该阶段的小儿吞咽能力较差，易造成呛咳及气管异物，故在口服剂型的选择方面应尽量选择口服溶液、糖浆剂等，少选片剂、胶囊剂等。

2. 药物分布 婴幼儿的体液量及组织中水的比例虽然低于新生儿，但仍高于成年人，故水溶性药物的分布容积仍高于成人，但随着年龄增加而逐渐降低。脂肪含量增加，脂溶性药物分布容积高于新生儿。血浆蛋白含量依然较低，高蛋白结合率的药物血中游离型增加，血脑屏障功能仍不完善。

3. 药物代谢 肝脏相对重量是成人的 2 倍，药物代谢酶系统（肝药酶、葡萄糖醛酸转移酶等）趋于成熟，肝代谢速率较新生儿期加快，某些药物甚至高于成人，使主要经肝代谢的药物（茶碱、地西泮、苯妥英钠等）$t_{1/2}$比成人短。

4. 药物排泄　肾功能迅速发育，肾小球滤过率、肾血流量达到甚至超过成人水平（6~12个月），肾小管排泄能力接近成人水平（7~12个月）。某些以肾清除为主的药物，排泄较成人快，$t_{1/2}$比成人短。

（二）婴幼儿的用药特点

婴幼儿生长迅速，某些药物可影响婴幼儿发育，如四环素类药物影响牙齿和骨骼发育，氟喹诺酮类药物影响软骨发育。该时期的小儿易发生消化道疾病，如腹泻时不宜过早使用止泻药，以免毒素吸收增加，引发全身中毒症状；发生便秘时应着重从改善膳食、改变生活习惯入手，必要时使用缓泻剂，禁用峻泻剂。此外，该期的小儿多处于哺乳期，而几乎所有的药物均能通过血浆乳汁屏障进入乳汁，故应重视哺乳期母亲服用药物对婴幼儿的影响。

三、儿童用药原则

（一）明确诊断，选择合适药物

1. 根据婴幼儿年龄、发育情况选择药物　新生儿禁用磺胺类、柳氮磺吡啶等，因易引起溶血和黄疸，加重甚至导致核黄疸；对于儿童癫痫的治疗，一线用药为卡马西平、丙戊酸钠等，苯巴比妥、苯妥英钠为二线用药，因为该类药物易引起牙龈增生、多毛、粉刺等不良反应，且毒性反应为癫痫发作频率增加，如果没有进行血药浓度监测，不了解血药浓度情况，认为是药物剂量不足导致的癫痫症状未被控制，再增加剂量，则症状更为显著；新生儿和婴儿禁用吗啡，儿童慎用，因其可导致新生儿出现戒断症状，小儿由于消除慢，易引起呼吸抑制；对于退热药物，世界卫生组织（World Health Organization, WHO）推荐2个月以上婴儿和儿童高热时首选对乙酰氨基酚，布洛芬则适用于6个月以上儿童。此外，2岁以内的幼儿用药应慎重，很多药品说明书以2岁为界限，缺乏2岁以下儿童的安全性数据，故新上市药物更应谨慎选择。

2. 避免使用对婴幼儿生长发育有不良影响的药物　如氟喹诺酮类影响幼小动物软骨发育，18岁以下儿童禁用；哌甲酯6岁以下儿童不宜使用，因使用过久可导致发育迟缓，WHO不推荐5岁以下儿童使用中枢兴奋剂。

3. 注意对药物的敏感性与成人不同　儿童对于各种中枢神经兴奋剂、阿片类、利尿药等较成人敏感，而对于中枢神经镇静剂、阿托品、洋地黄等又不敏感，应注意观察患儿的反应。

4. 慎用或禁用有明显毒性的药物　例如多潘立酮，1岁以下儿童慎用，因可透过婴儿血脑屏障，导致锥体外系反应的发生；氨茶碱新生儿慎用，如果必须使用，则应加以监测，因其治疗浓度范围窄；儿童慎用奥曲肽，尤其是2岁以下小儿，使用后易发生严重致命性不良反应，如组织缺氧和坏死性小肠炎。

（二）选择合适剂量

随着月龄、年龄的增长，小儿的体重增长迅速，小儿剂量计算公式较多，但基本思路均以成人剂量为标准进行换算，常采用根据小儿的年龄、体重和体表面积进行折算的方法。

1. 按小儿体重计算用药量

儿童用药量 = 儿童体重（kg）× 成人剂量 ÷ 60

儿童体重最好实测，也可采用估算法，具体估算方法如下：

（1）≤1岁

1~3个月体重（kg）= 出生时体重 + 月龄 × 0.7

4~6个月体重（kg）= 出生时体重 + 月龄 × 0.6

7~12个月体重（kg）= 出生时体重 + 月龄 × 0.5

（2）>1岁

体重（kg）= 实足年龄 × 2+8

但根据体重计算的小儿用药量对于年幼儿而言剂量偏小，对于年长儿而言剂量偏大。此外，对于有营养不良的患儿，应根据营养状况对计算所得药物用量进一步折算：Ⅰ度营养不良，减少15%~25%；Ⅱ度营养不良，减少25%~40%；Ⅲ度营养不良，减少40%以上。

2. 按小儿体表面积计算用药量　体重30kg及以下的小儿，体表面积（m^2）= 体重（kg）× 0.035+0.1，则小儿用药量 = 成人剂量 × 某体重小儿体表面积 ÷ 1.7（成人70kg体表面积）；体重在30kg以上的小儿，体重每增加5kg，体表面积增加0.1m^2。

3. 按成人剂量折算小儿用药量　可根据成人用量和小儿日龄、月龄或年龄折算用药剂量，具体如表4-1-1所示。

表 4-1-1　根据成人用药量折算小儿用药量

年龄	成人用量的比例	年龄/岁	成人用量的比例
新生儿~1个月	1/18~1/14	2~4	1/4~1/3
1~6 个月	1/14~1/7	4~6	1/3~2/5
6 个月~1岁	1/7~1/5	6~9	2/5~1/2
1~2 岁	1/5~1/4	9~14	1/2~1/3

4. 按药动学参数计算小儿用药量　按药动学参数计算给药方案是较为科学和合理的给药方法,其原理是根据血药浓度监测结果计算出药动学参数,再计算达到有效血药浓度所需的剂量,计算公式如下:

$$D_{儿童} = C \cdot V_d \cdot K_e \cdot \tau/F$$

式中:D 为给药剂量,C 为血药浓度,τ 为给药间隔,V_d 为表观分布容积,K_e 为消除速率常数。

(三)选择合适的给药途径

1. 根据病情轻重选择合适的给药途径　急症、重症首选注射给药,尤其是静脉注射;轻症首选口服。

2. 根据药物的性质和特点选择合适的给药途径　例如地西泮直肠给药较肌内注射给药吸收快,可迅速控制惊厥症状。

3. 根据年龄选择合适的给药途径　新生儿一般不选择口服给药,对于仅能口服的药物,可选择鼻饲给药;皮下注射可损害周围组织且吸收不良,故不适用于新生儿;儿童皮肤黏膜用药易于被吸收,可导致全身反应或中毒。

(四)选择合适的剂型

1. 尽量选择有小儿剂型的药物,避免由剂量分割造成的不便或不良后果。

2. 尽量选择小儿易于接受的剂型,如颗粒剂、糖浆剂、滴剂、口服液等,减少喂药困难。

3. 如无小儿剂型的药物,需严格按照儿童用量准确分割,避免药物过量造成的毒性反应。

(五)个体化给药和治疗药物浓度监测

治疗药物监测(therapeutic drug monitoring,TDM)是指通过检测患者血液或其他体液中的药物浓度,获取有关药动学参数,应用药代动力学理论,协助临床进行用药方案的制订和调整,或为药物中毒的诊断和治疗提供依据,保证药物治疗的有效性

和安全性。对于小儿而言,下列情况进行 TDM 具有较大的临床意义:①某些药物安全范围窄,剂量略增加即可发生中毒,例如苯妥英钠;②中毒反应与原发疾病症状类似,难以甄别;③慢性病的患儿,需要长期给药;④婴幼儿生长发育迅速,随年龄、体重的增加,药物代谢及药物反应性差异大。

第二节　老年人临床用药

老年人一般指年龄超过 65 岁以上的人群,随着经济的发展、科技的进步,老年人群体将进一步扩大,预计 2026 年,我国老年人口将达 3.04 亿。随着年龄的增长,脏器功能下降、免疫力降低,老年人合并疾病增多,用药品种增加,据统计,国内同时使用 3 种及以上药物的老年人占老年患者总数的 25%~50%,加之老年人在病理、生理等方面存在其特殊性,老年人的临床用药问题应引起足够的重视。

一、老年人的生理特点

老年人生理生化功能改变较大的方面包括神经系统、心血管系统、内分泌系统、呼吸系统、消化系统、免疫系统、肾脏功能及脂肪组织与非脂肪组织含量的变化等。

在神经系统方面,老年人大脑重量较一般正常人减少 1/5~1/4;在心血管系统,老年人心脏的脂肪与结缔组织增加,心脏充盈受限,心肌收缩力减弱,心肌耗氧量和能量需求增加;随着年龄的增长,呼吸系统功能逐渐下降,肺组织弹性下降、顺应性降低、呼吸肌肌力下降,肺活量减少,残气量增加;消化道黏膜萎缩,肝血流减少,肝微粒体酶氧化功能降低;老年人胸腺萎缩,血清中胸腺激素水平降低,免疫球蛋白降低;此外,自身免疫性抗体增加,因此,老年人自体免疫性疾病的发生率较年轻人高。老年人肾脏组织进行性萎缩,肾血流量减少,肾小球滤过率降低,肾小管分泌和重吸收能力降低,肾脏清除率降低。老年人体内脂肪组织所占比重增加,而非脂肪组织,如肌肉、体液等所占比重下降。

二、老年人的药动学特点

1. 药物的吸收　口服给药是最为常用的给药方式,口服水溶性药物可经被动扩散或主动转运

两种方式吸收,脂溶性药物则主要经被动转运吸收。

老年人整个消化道黏膜细胞减少,胃肠道腺体分泌减少,胃腺萎缩,壁细胞功能减退,胃酸分泌减少,胃肠活动功能减弱、胃肠血流量下降。因而,老年人有胃酸减少、胃排空减慢、胃肠及肝脏血流减少、肠肌张力增加、胃肠活动减慢以及胃肠道内液体量减少的问题。

胃排空减慢:临床上所用的大多数药物均为经小肠吸收的固体药物,胃排空减慢会使药物进入小肠的时间推迟,影响药物的吸收,影响药物开始作用的时间、血药浓度达峰时间以及药物的作用强度,最终影响药物的作用。如左旋多巴在胃内停留时间长,会使有效吸收减少,而在近端小肠吸收的药物,胃排空减慢又会使其吸收增加。胃内 pH 降低,需要在胃的酸性环境中水解从而起效的前体药物或是必须在胃的酸性环境中吸收的药物,如伊曲康唑,生物利用度会受到影响。

虽然胃肠道功能的减退可影响某些以主动转运为主要吸收形式的药物的吸收,如葡萄糖、Ca^{2+}、Fe^{2+}、维生素 B、吲哚美辛、哌唑嗪和地高辛等,但研究表明,绝大多数药物口服后被动吸收过程在老年人体内几无影响。

2. 药物的分布　影响药物分布的因素有血流量、机体组织的成分、体液的 pH、药物与血浆蛋白的结合、药物与组织的结合等。随着年龄增长,机体脂肪增加,在脂肪中分布的药物(如利多卡因、地西泮)在老年人中有特殊意义,该类药物在体内滞留时间延长,故不能按体重或体表面积给药,否则会出现较高血浓度;血浆蛋白总量下降,某些血浆蛋白结合率高的药物,如华法林,老年人按常规剂量给药,由于游离型药物浓度增高,可增加出血的危险性;应用糖皮质激素类药物时,在体内约 90% 的氢化可的松以与皮质激素转运蛋白(corticosteroid-binding globulin, CBG)结合的形式存在,老年人体内合成 CBG 减少,CBG 浓度降低,游离型糖皮质激素的含量上升,不良反应增加。

3. 药物的代谢　大多数药物都是通过肝脏代谢,老年人肝脏重量减少,肝细胞减少,肝细胞内药物代谢酶活性降低,肝血流量减少,肝脏对药物代谢能力明显下降,使主要通过肝脏代谢的药物在体内代谢减慢。有资料报道,利多卡因、咖啡因、对乙酰氨基酚、普萘洛尔、利福平、异烟肼、洋地黄毒苷等药物在老年人体内代谢减慢,导致血药浓度升高或消除延缓,从而出现更多的不良反应;对于某些需要经肝脏代谢活化的药物而言(如可的松在肝内转化为氢化可的松),应考虑换用其他药物。

4. 药物的排泄　肾脏是药物排泄的重要器官,老年人肾组织、肾血流量、肾小球过滤、肾小管分泌等有较大变化。有资料报道,65 岁老年人肾血流量仅为青年人的 40%~50%,肾小球滤过率在 50~90 岁间可下降 50%。老年人的这些生理变化,大大影响药物自肾脏排泄,使药物血浓度增高,药物在体内清除缓慢,$t_{1/2}$ 延长,易引起药物在体内蓄积而发生不良作用,甚至发生中毒。为此,老年人在使用某些主要从肾脏排泄的药物,如地高辛、普鲁卡因胺、氨基糖苷类抗菌药时,要根据肾功能减退情况,充分了解患者的肌酐清除率,调整用药剂量与给药间隔时间。在老年人体内代谢或排泄减慢的药物如表 4-2-1 所示。

表 4-2-1　老年人体内代谢或排泄减慢的药物

药物类别	在肝内代谢减少	经肾脏排泄减少
中枢镇痛药和非甾体抗炎药	萘普生 哌替啶 吗啡 布洛芬	—
抗菌药	—	呋喃妥因 庆大霉素 环丙沙星 链霉素 妥布霉素
心血管药物	氨氯地平 地尔硫草 奎尼丁 硝苯地平 普萘洛尔 利多卡因 维拉帕米	地高辛 卡托普利 赖诺普利 依那普利 普鲁卡因胺
利尿药	—	阿米洛利 呋塞米 氢氯噻嗪 氨苯蝶啶
其他	氯氮草 西酞普兰	金刚烷胺 西咪替丁

三、老年人合理用药的基本原则

1. 采取小剂量和个体化给药的原则 安全性是合理用药的基本要求,《中华人民共和国药典》(简称《中国药典》)规定,老年人用量为成人用量的 3/4,为了稳妥起见,提倡老年人用药从小剂量开始。目前药品说明书的剂量主要为成人剂量,并不完全适合老年人,仅部分药物提示老年人具体的用法用量。成人剂量对老年人可能较高,但要注意老年人对药物反应的个体异质性。目前,老年人用药剂量并没有统一的准则,应根据体质量和肾脏排泄功能合理调整药量,尤其是主要经肾脏以原型排泄的药物或其活性代谢产物主要由肾脏排泄、且治疗指数较小的药物,剂量调整的公式如下:

$$剂量调整因数 =1/[F(K_f-1)+1]$$

式中 F 为药物原型经肾脏排出的比率,K_f 为相对肾脏排泄功能(以肌酐清除率正常值 120ml/min 除以实测得到或推算得到的患者肌酐清除率即得)。

$$老年人剂量 = 成人剂量 × 剂量调整因数$$
$$给药间隔时间调整值 = 正常给药间隔$$
$$时间 / 剂量调整因数$$

若同时调整剂量和给药间隔时间,则可根据剂量调整或给药间隔时间调整所得的结果按比例进行。此外,有条件时,应进行治疗药物浓度监测优化给药方案。

2. 根据肝、肾功能调整给药方案 老年人肝、肾功能存在不同程度的减退,因此临床用药时应根据肝、肾功能调整给药方案。肝脏疾病本身导致其代谢能力下降,药物代谢也减弱,消除时间延长,易发生毒性反应,故老年人应选用经肝脏代谢少或不需肝脏转化的药物,尽可能减少肝脏负担。肾功能直接影响药物的疗效和毒性,一方面排泄减少易引起药物蓄积;另一方面肾功能不全时常出现低蛋白血症,与蛋白结合的药物少,游离、有活性的药物相应增加。因此,临床给药时必须慎重考虑老年人肾功能状况。

3. 明确用药目的,严格掌握适应证,尽量减少合并用药种类 临床对老年人用药前须进行严格评估,尽可能减少药物种类,明确最需药物治疗的疾病,选择主要药物进行治疗,凡疗效不明显、耐受性差的药物尽可能不用,减少辅助用药,重视非药物治疗,例如老年人便秘较为常见,与长期使用缓泻剂相比,调整生活习惯、增加活动量和膳食纤维摄入、培养定时排便的习惯更有助于改善便秘且大大减少不良反应的发生;优先选用缓释剂、控释剂或某些药物的固定组合。

4. 确定最佳的给药时间和给药途径 根据时辰药理学原理,选择最佳的给药时间,如降压药、降糖药、糖皮质激素等;在病情允许的情况下,尽可能选择口服剂型。

5. 注意监测不良反应的发生并及时采取相应措施 部分药物可加重某些慢性疾病,如 β 受体拮抗药、钙通道阻滞剂引起心力衰竭出现;导致认知功能障碍的药物会引起人与社会脱节;老年人应用利尿药、抗高血压药物和抗精神症状的药物时,常出现直立性低血压、痴呆、兴奋等不良反应,临床应予以重视。故老年人合理用药应遵守受益原则,即获益高于风险;遵守小剂量原则,即老年人用药从低剂量开始;遵从观察用药,即用药时密切观察患者有关不良反应情况,并及时调整剂量或停药;患者异常表现疑为某种药物所致时,暂停该药;使用必需药物,老年人用药最好不要超过 5 种,此外,要加强患者教育,只有老年人改变了错误的用药观念,与医生紧密配合,真正意识到安全用药的重要性,才能减少药物不良反应的发生。

6. 使用风险筛查工具,优化药物治疗方案 老年患者大多存在多病共存、多重用药的现象,因多重用药所引发的潜在不适当用药(potentially inappropriate medication, PIM)情况较为突出,全球多个国家颁布了针对老年人 PIM 的评价标准,使用较为广泛的包括美国老年医学会(The American Geriatrics Society, AGS)Beers 标准(AGS Beers Criteria)和英国老年医学会(The British Geriatrics Society, BGS)发布的老年人不适当处方筛查工具(screening tool of older persons' prescriptions, STOPP)/老年人处方遗漏筛查工具(screening tool to alert to right treatment, START)标准,我国也于 2018 年 2 月首次发布了符合中国国情的《中国老年人潜在不适当用药判断标准(2017 年版)》(简称"中国 PIM 标准"),其涵盖了两个部分,分别为中国老年人潜在不适当用药判断标准和中国老年人疾病状态下潜在不适当用药判断标准。

AGS Beers 现行的是 2019 版，该标准列出了 PIM 的明确列表，建议在大多数情况下或一些特定情况下（例如某些疾病或病症），老年人应避免使用这些 PIM，Beers 标准的目标在于改善用药选择，指导临床医师、药师和患者用药，通过减少老年人接触 PIM 来减少药品不良反应的发生，从而改善对老年人的护理，也可作为评估老年人护理质量、费用和药物使用模式的工具。STOPP/START 标准现行的是 2014 年 10 月发表的第 2 版，该版提供了最新循证医学证据，同时覆盖老年人不适当处方和老年人处方遗漏两个方面，能较好地筛查老年人 PIM。"中国 PIM 标准"则是借鉴国外老年人 PIM 标准，参考国家药品不良反应监测中心、全军药品不良反应监测中心和北京市药品不良反应监测中心的老年人严重不良反应所涉及药物情况以及北京市参与"医院处方分析合作项目"的 22 所三甲医院 60 岁以上老年患者的用药数据，采用三轮德尔菲专家咨询法进行遴选，将遴选出的药物按照专家评分的高低分为高风险和低风险药物，并按照用药频度的高低分为 A 级警示和 B 级警示药物，最终形成"中国老年人潜在不适当用药判断标准"。包括两部分内容，第一部分为老年人 PIM 判断标准，包含神经系统用药、精神药物、解热镇痛抗炎抗风湿药物、心血管系统用药等 13 个大类 72 种 / 类药物，其中 28 种 / 类为高风险药物，44 种 / 类为低风险药物；24 种 / 类为 A 级警示药物，48 种 / 类为 B 级警示药物；每种药物附有 1~6 个用药风险点。第二部分为老年人疾病状态下 PIM 标准，包含 27 种疾病状态下 44 种 / 类药物，其中 25 种疾病状态下 35 种 / 类药物为 A 级警示药物，9 种疾病状态下 9 种 / 类药物为 B 级警示药物，与国外同类标准相比，更适合中国老人，更贴近中国用药实际，该标准实用性强，临床工作中可以参考上述标准帮助识别老年患者用药中的风险。上述标准为临床评估老年人用药情况、减少药物不良事件的发生提供了指导工具。

7. 及时就诊和协助原则 应教育患者，出现身体不适或原有疾病症状的加重或是出现并发症，要及时就诊，不要自我药疗或是听信病友的推荐、盲目相信"偏方""验方"；同时，做好老年患者家属的教育，老年人记忆力减退，容易多服、误服或漏服药物，教育患者药品最好原包装存放，学会使用方便药盒。

第三节 妊娠期用药和哺乳期用药

妊娠期和哺乳期是女性的特殊时期，在该时期用药，其风险往往大于一般人群，但在许多情况下，由于治疗的需要，依然需要在权衡利弊的情况下进行药物治疗。研究显示，在该时期用药情况较为普遍，美国的研究表明，44%~99% 的女性在妊娠期使用过处方药，妊娠期患者的药代动力学特征与未妊娠时有明显差异，且某些药物会通过胎盘屏障进入胎儿体内，对胎儿产生不良影响；哺乳期患者在用药后，某些药物可通过母乳进入婴儿体内，同样对婴儿产生不良影响，故哺乳期和妊娠期的用药安全应予以重视。

一、妊娠期用药

妊娠期是指受孕后至分娩前的生理时期，自成熟卵受精后至胎儿娩出，一般为 266 日左右。据调查，我国约半数妊娠为计划外妊娠，妊娠期平均使用 4 种药物，妊娠期用药可能引起的伤害应从两个方面考虑：一是药物对妊娠女性的影响，二是药物透过胎盘屏障进入羊水和胎儿循环，从而对胎儿产生影响，因此，妊娠期用药在临床上具有其特殊性，不仅要考虑药物在母体的代谢，还应牢记胎儿也是药物的接受者，故临床用药时既要权衡药物对母亲治疗的获益，也要考虑药物对发育中胎儿的潜在危害。

（一）孕妇的药代动力学特点

妊娠时机体除母体本身外，还有胎盘和胎儿的存在，故妊娠期女性有其特殊的药代动力学特征。

1. 吸收 妊娠期孕激素和雌激素分泌增多，可导致孕妇胃酸分泌减少，胃 pH 升高，在该时期，还存在胃肠道平滑肌张力减弱，胃排空时间延长；此外，由于该时期某些孕妇可有妊娠反应，出现恶心、呕吐现象，上述因素导致口服药物吸收减少。对于注射途径给药的药物而言，孕中期女性心脏每搏输出量增加,外周血管扩张,血管阻力下降,血流量和组织灌注量增加,故肌肉或皮下给药可使药物的吸收增加。对于呼吸道给药,妊娠期由于孕妇的耗氧量增加,肺潮气量和肺泡交换增加,通过吸入途径给药的药物,如吸入性糖皮质激素、麻醉气体、吸入性支气管扩张剂等,吸收量较正常人增加。

2. 分布 影响药物分布的因素主要包括血容量和血浆蛋白浓度,妊娠期,孕妇血容量明显增加,且随着子宫、胎儿、乳腺的增加,体液总量增加,尤其是细胞外液,故水溶性药物的分布容积增大,药物浓度降低,对于分布容积较小的药物,靶器官的血药浓度往往达不到有效浓度,故孕妇的用药量需较正常情况下升高。

妊娠期孕妇体内血浆蛋白浓度降低,且蛋白结合部位还会被血浆中较多的内源性物质,如甾体激素和肽类激素占据,导致药物与蛋白结合减少,游离性药物增多,尤其是蛋白结合率高的药物,如地西泮、苯妥英钠、地塞米松、利多卡因等,游离药物浓度增高,可使药物进入胎儿体内的量增加,对胎儿造成较大伤害。

3. 代谢 药物代谢的主要器官是肝脏,妊娠时,肝脏血流量增加,但肝微粒体酶活性降低,影响药物的代谢,使药物清除减慢,半衰期延长;此外,妊娠期胆汁分泌减少,胆汁淤积,对经胆汁排泄和具有肝肠循环的药物,如利福平、红霉素、洋地黄毒苷、地高辛、地西泮等,排出减慢。

4. 排泄 肾脏是药物排泄的主要器官,妊娠期肾血流量增加,肾小球滤过率增加,肌酐清除率升高,药物的清除率亦随之增加。主要经肾清除的药物,如碳酸锂、地高辛、氨苄西林等肾脏清除率明显增高;但在妊娠晚期,由于体位因素或妊高征等疾病状态,肾功能降低,药物排泄减慢,可导致药物体内蓄积。

(二)胎儿的药代动力学特点

母体与胎儿之间的物质转运是通过胎盘实现的,包括气体、营养物质以及药物,因此,当孕妇用药的时候,一方面药物可通过胎盘进入胎儿体内对胎儿造成直接的损伤,另一方面,药物亦可作用于母体,通过影响胎盘的功能间接损害胎儿。

1. 吸收 一方面,药物可经胎盘进入胎儿体内,另一方面,药物也可经羊膜进入羊水从而被胎儿吞饮,进入胎儿体内;从胎儿尿中排出的药物也可因胎儿吞饮羊水进入胎儿体内,形成羊水-肠道循环。

2. 分布 与成年人相比,胎儿的肝、脑等组织血流丰富,所占身体比重大,药物经脐静脉进入肝脏,肝内药物分布较多;妊娠12周前,胎儿体内体液含量较脂肪含量高,水溶性药物分布容积大;此外,胎儿的血脑屏障功能较差,药物容易进入脑内,影响中枢神经系统的功能。胎儿血浆蛋白与组织蛋白结合能力较弱,且一种药物与蛋白结合后,可阻碍其他药物或内源性物质与蛋白结合,如孕妇使用磺胺类药物后,可阻碍胎儿蛋白与胆红素结合,从而导致胎儿体内游离胆红素的增高。

3. 代谢 胎儿的药物代谢依然依赖于肝脏,与成人相比,胎儿肝脏代谢能力较弱,尤其是妊娠早期,胎儿肝内缺乏多种酶,如葡萄糖醛酸转移酶活性仅为成年人的1%,故某些药物胎儿体内的浓度高于母体。

4. 排泄 胎儿的肾小球滤过率非常低,故肾脏对药物的排泄功能较差,药物排泄较慢,即使药物被排泄至羊膜腔内,还可通过羊水-肠道循环再次进入体内,故通过胎盘向母体转运是胎儿体内药物排泄的最终途径,某些经代谢后原有脂溶性降低的药物,如地西泮等,不易通过胎盘屏障而使转运至母体血中的速度降低,导致药物在胎儿体内蓄积。

(三)药物对胎儿发育的影响

妊娠期妇女如果发生疾病可能危及胎儿的生长和发育,故妊娠期用药在治疗孕妇疾病的同时也可以间接使胎儿获益,但某些药物会影响胎儿的生长发育,尤其是在妊娠早期用药。

1. 药物对妊娠早期的影响 药物对不同时期胚胎(胎儿)的影响不同,在受精后1周内,受精卵刚刚形成,胚胎尚未着床,所以药物对胎儿的影响很小;受精后第8日至第17日,受精卵开始种植于子宫内膜,胚层尚未分化,该期对药物高度敏感,这个时期药物对胚胎的影响是"全"或"无"的关系,即要么胚胎因为受药物的影响而死亡(流产),要么胎儿未受到药物的影响,一般不会导致胎儿畸形;妊娠3~12周属"致畸敏感期",这个时期是胎儿器官分化时期,如中枢神经系统(脑)、循环系统(心脏)、感觉系统(眼、耳)、肌肉骨骼系统(四肢)等,在这个时期,胚胎对药物最敏感,易发生严重畸形,因此,在这个时期用药要特别谨慎,应权衡利弊,确需用药的,要选择同类别药物中安全性最高的,某些药物应禁用,如抗肿瘤药(甲氨蝶呤、硫唑嘌呤、顺铂、柔红霉素、阿霉素、氟尿嘧啶等)、锂盐、雌二醇、氢氯噻嗪、可的松、孕激素、卡那霉素、新霉素、链霉素、米诺环素等。

2. 药物对妊娠中、晚期的影响 妊娠中晚期,即怀孕56日至出生前,该期胎儿的各器官已分化完成,孕妇用药对胎儿致畸的影响大幅度降低,属胎儿对药物的低敏感期,但这个时期骨骼、牙齿、神经系统、女性生殖系统还在继续分化发育,故某些药物可能影响上述组织的生长和功能,这些药物应避免使用,如四环素类抗菌药会沉积在胎儿的骨骼和牙齿,导致牙釉质发育不全,氨基糖苷类抗菌药物对第八对脑神经的损害,吲哚美辛等强前列腺素合成抑制剂可导致胎儿动脉导管过早闭合,甲状腺素片会导致新生儿甲状腺功能低下。

(四)妊娠期用药的基本原则

妊娠期用药危险性分级系统(pregnancy risk category system)是现有评估药物在妊娠期使用危险性的重要工具。1978年,瑞典颁布了全球第一个使用临床及动物试验对妊娠用药进行分类的危险性分级系统,简称FASS(Swedish Catalogue of Approved Drugs);1979年,美国食品药品监督管理局(Food and Drug Administration, FDA)也推出了分级系统,根据药物对胎儿的危险性,FDA将药品的安全性分为A、B、C、D、X 5个等级;1989年,澳大利亚药品评估委员会(Australian Drug Evaluation Committee, ADEC)综合了FASS及FDA的分级系统,颁布了新的妊娠期用药危险性分级。其中,FDA的分级系统成为世界卫生组织和多数国家采用的参考标准,这种等级化的药物安全性理念为临床选药用药提供框架性的指导,FDA妊娠期用药安全性5级分类及代表药物如表4-3-1所示。

表4-3-1 美国FDA妊娠期用药安全性5级分类

类别	药物安全性定义	代表药物
A	在有对照组的研究中,妊娠3个月的妇女未见到对胎儿危害的迹象(也没有对其后6个月内危害性的证据),可能对胎儿的影响甚微	氯化钾、维生素D、甲状腺素、制霉菌素(阴道用)等
B	在动物繁殖性研究中未见到对胎儿的不良影响,但未在妊娠妇女中进行对照研究或在动物繁殖性研究中发现有副作用,但并未在妊娠3个月的妇女中得到证实(也没有对其后6个月危害性的证据)	青霉素、阿莫西林、阿卡波糖、对乙酰氨基酚、二甲双胍、克拉霉素、利多卡因、美罗培南等
C	动物实验证明对胎儿有危害性(致畸或胎儿死亡等),但并未在妊娠妇女中进行;或尚未对妊娠妇女及动物进行研究。只有在权衡对孕妇的益处大于对胎儿的危害之后,方可选用	阿司匹林、氨氯地平、奥美拉唑、贝那普利、地塞米松、骨化三醇等
D	有对人类胎儿危害性的明确证据,但在孕妇用药后有绝对益处时(如严重疾病或死亡威胁且选用其他药物无效),仍然要用	地西泮、环磷酰胺、黄体酮、四环素、秋水仙碱等
X	在动物或人类的研究表明其可致胎儿异常,应用这类药物显然是无益的	沙利度胺、利巴韦林、华法林、阿托伐他汀、艾司唑仑等

在等级化的安全性理念基础上,同时衍生出妊娠期用药的基本原则:①用药必须有明确的指征,孕期可用可不用的药物尽量少用,单药有效时避免联合用药,用疗效肯定的老药而不用安全性未知的新药;②根据孕周时间决定是否用药,妊娠早期不用C、D类药物,如果治疗能推迟,应推迟至妊娠早期之后;③小剂量有效时不用大剂量,应通过调整剂量降低药物可能的损害程度;④严格注意用药疗程,注意及时停药;⑤如果妊娠早期使用过明显致畸的药物,或病情急需不得不使用肯定对胎儿有危害的药物时,应考虑终止妊娠。具体药物可参考《陈新谦新编药物学》第18版附录五"某些对胎儿有影响的药物"。

二、哺乳期用药

几乎所有的药物均可通过由毛细血管、内皮 - 间质、基膜、细胞膜和腺上皮细胞组成的血浆乳汁屏障，对于处于哺乳期的小儿而言，每日母乳的摄入量在 800~1 000ml 之间，且处于哺乳期的乳儿各组织器官尚处于完善阶段，对药物的代谢和排泄能力均较低，故哺乳期母亲用药需重视。药物向乳汁中转运主要通过被动扩散和主动转运两种方式。

对于被动扩散而言，血浆中游离性低分子量（分子量小于 200）的脂溶性药物，如酒精、吗啡、四环素等可从血浆向乳汁转运，而肝素、胰岛素等分子量较大的药物难以向乳汁转运。

对于主动转运而言，药物需要与血浆蛋白结合，蛋白结合率高的药物，如磺胺、苯唑西林等，难以向乳汁转运。

对于临床医生而言，如何在促进合理用药和母乳喂养之间权衡，需要通过获取科学、可靠的药物信息来进行支撑。2002 年，WHO 将哺乳期用药做了如下推荐：

（1）可用于哺乳期：如果没有已知的和理论上的用药禁忌且对母亲是安全的并能继续哺乳的药物；

（2）可用于哺乳期，但须监测新生儿不良反应；

（3）尽量不用；

（4）禁用。

美国著名临床药理学家、儿科学教授 Hale 提出的"哺乳期药物危险系统（L1~L5）"是被世界范围接受最广泛的分类方法，其所著的 *Medications and Mothers' Milk* 一书中收录了 1 300 余种药物、疫苗、植物药、活性物质等，附录中还列出了放射性药物和复方非处方药（over the counter, OTC）药物的详细数据，将哺乳期用药按其危险性分为 L1~L5 五个等级：L1 最安全，许多哺乳母亲服药后未观察到对婴儿的不良反应，在对照研究中没有证实对婴儿有危险，可能对婴儿的危害甚微，或该药物不能被婴儿口服吸收；L2 较安全，在有限数量的对哺乳母亲用药研究中没有证据显示不良反应增加；L3 中等安全；L4 可能危险；L5 禁忌。

此外，还有不同的分类方法的外国专著，如德国 Christor Schaefer 等所著的 *Drugs during Pregnancy and Lactation* 将药物的哺乳期危险等级分为 5 级，依次是 1 级（首选）、2 级（次选）、S 级（可能耐受的单次或低剂量给药）、T 级（仅当出现必须使用的指征时使用）和 C 级（禁用）；美国 Gerald G.Briggs 等所编著的 *Drugs in Pregnancy and Lactation* 将哺乳期药物的危险等级分为适用、暂停哺乳、无人类数据或数据有限（可能适用、对乳母或乳儿潜在毒性）、潜在毒性和禁用；美国 Carl P.Weiner 等所编著的 *Drugs for Pregnant and Lactating Woman* 将药物哺乳危险等级分为安全（S）、不安全（NS）和未知（U），上述权威书籍可作为临床用药参考。

目前临床上已知某些药物可随乳汁进入乳儿体内并对乳儿造成伤害，应禁用或慎用：

（1）降血糖药物：甲苯磺丁脲等磺脲类降糖药可能导致乳儿出现黄疸。

（2）抗甲状腺素药：可引起甲状腺功能低下，智力发育迟缓。

（3）锂盐：碳酸锂可引起中枢和心血管系统障碍。

（4）解热镇痛抗炎药：吲哚美辛可致婴儿惊厥；水杨酸类大量长期服用可致代谢性酸血症、面部潮红。

（5）苯二氮䓬类：地西泮可在婴儿体内蓄积，引起过度镇静并成瘾。

（6）抗菌药：氯霉素可能抑制骨髓，引起拒食、呕吐；四环素类影响骨骼、牙齿发育；氟喹诺酮类影响骨骼发育；磺胺类增加核黄疸的危险；异烟肼引起维生素 B_6 缺乏和神经损害；硝基咪唑类药物可损害中枢和造血系统。

（7）其他类：如西咪替丁可导致乳儿胃酸减少，中枢神经系统兴奋；溴化物可引起面部潮红、衰弱；麦角胺可引起呕吐、腹泻、惊厥；烟酸大剂量应用可致不安、休克等。

哺乳期妇女用药应遵循以下原则：

1. 乳母用药应具有明确指征。

2. 如果可能，尽量避免使用药物。

3. 在不影响治疗效果的情况下，选用进入乳汁最少，对新生儿影响最小的药物，尽可能选择已明确对乳儿安全无不良影响的药物。

4. 最好根据正规文献发表的数据选择药物，

应选用半衰期短、蛋白结合率高、口服生物利用度低或分子量高的药物。

5. 评估婴儿用药风险，对于早产儿和新生儿应更谨慎。

6. 乳母用药时间可选在哺乳刚结束后，并尽可能将下次哺乳时间相隔4h或以上。在使用放射活性化合物时需要停止哺乳数小时或数天。为有利于乳儿吸吮母乳时避开药物高峰期，还可根据药物的半衰期来调整用药与哺乳的最佳间隔时间。

7. 乳母应用的药物剂量较大或疗程较长，有可能对乳儿产生不良影响时，应检测乳儿的血药浓度。

8. 若乳母必须用药，又不能证实该药对新生儿是否安全时可暂停哺乳。

9. 若乳母应用的药物也能用于治疗新生儿疾病的，一般不影响哺乳。

10. 应评估婴儿处理小剂量药物的能力。

（刘琳娜）

参 考 文 献

1. 陈新谦，金有豫，汤光．陈新谦新编药物学［M］．第18版．北京：人民卫生出版社，2019.

2. 山丹．孕期与哺乳期用药指南（中文版）［M］．北京：科学出版社，2010.

3. 李家泰．临床药理学［M］．北京：人民卫生出版社，2010.

4. 印晓星，张庆柱．临床药理学［M］．北京：中国医药科技出版社，2016.

5. 国家药典委员会．中华人民共和国药典临床用药须知化学药和生物制品卷2015版［M］．北京：中国医药科技出版社，2017.

6. 杨慧霞，段涛，译．妊娠期和哺乳期用药［M］．北京：人民卫生出版社，2008.

7. 肖坚，黄娅敏，刘可可，等．美国老年医学会2019版潜在不适当用药的Beers标准解读［J］．药物流行病学杂志，2019，28（5）：341-350.

8. 郭珩，胡磊，张韶辉，等．哺乳期用药咨询策略与实践案例分析［J］．药物流行病学杂志，2019，28（8）：538-542.

9. 张川，张伶俐，王晓东，等．全球妊娠期用药危险性分级系统的比较分析［J］．中国药学杂志，2016，51（3）：234-238.

10. 单海燕，刘鹜，何旖旎，等．老年人合理用药及安全性［J］．中国全科医学，2015，18（35）：4362-4364.

第五章　药物相互作用

第一节　概　　述

随着医药科技的飞速发展以及人类疾病谱的改变,研发上市的新药越来越多,临床用药的品种和数量大大增加,联合用药的现象比比皆是。联合用药(drug combination)是指同时或相隔一定时间使用两种或两种以上的药物。临床上常采用联合用药,例如以氢氯噻嗪作为基础降压药和各类降压药配伍治疗各期高血压,其意义主要表现在:①治疗多种疾病;②提高药物的疗效,减少单一药物的用量;③减少药物不良反应;④延缓机体耐受性或病原微生物耐药性的产生,缩短治疗疗程,提高药物治疗效果。但不合理的联合用药不仅不能提高疗效,还会由于药物相互作用的结果导致不良反应的发生。掌握药物相互作用,对于避免联合用药所致不良反应,获得预期治疗效果极为重要,越来越受到医药工作者和普通民众的关注。

药物相互作用(drug-drug interactions,DDI)是指某一种药物由于其他药物的存在而改变了药物原有的理化性质、体内过程或组织对药物的敏感性等,从而改变了药物效应的现象。药物相互作用广义上是指同时或间隔一定时间内使用两种或两种以上药物,其中一种药物的作用受另一种药物的影响,作用加强或作用减弱。从临床角度考虑,作用加强可表现为疗效提高,也可表现为毒性加大;作用减弱可表现为疗效降低,也可表现为毒性减轻。而狭义的药物相互作用是指两种或两种以上药物在患者体内共存时产生的不良影响,可以是药效降低或丧失,也可以是毒性增加,这种不良影响是单独应用一种药物时所没有的。不良反应的发生率可随联用药物种数的增加而增加(表5-1-1)。

表 5-1-1　联用药物种数与药物不良反应发生率的关系

联用药物 / 种数	药物不良反应发生率 /%
2~5	4
6~10	10
11~15	28
16~20	54

药物相互作用主要发生在体内,少数情况下发生在体外。因此,药物相互作用可能有三种方式:①药动学方面相互作用(pharmacokinetic interactions);②药效学方面相互作用(pharmacodynamic interactions);③体外药物相互作用。

第二节　药代动力学方面药物相互作用

药代动力学方面的药物相互作用是指一种药物能使另一种合用的药物在体内的药代动力学(吸收、分布、代谢和排泄)过程发生改变,从而影响后一种药物的血浆浓度,进而改变药物在其作用靶位的浓度,使其作用强度改变(加强或减弱)。药代动力学方面药物相互作用只改变药物的药理效应大小及作用持续时间,不会改变药理效应类型。

一、影响药物的吸收

药物通过不同的给药途径被吸收入血液循环,因此,在给药部位及吸收过程中的药物相互作用将会影响其吸收。口服是最常用的给药途径,药物在胃肠道吸收时相互影响的因素有:

(一)胃肠道酸碱度的影响

药物在胃肠道主要通过被动扩散方式吸收。

药物的脂溶性是决定被动扩散的重要因素。非解离型药物脂溶性好，容易透过生物膜吸收，而解离型药物则相反。大多数药物呈弱酸性或弱碱性，这些药物通过生物膜的难易与其解离度有关，而药物的解离度大小又取决于其所处环境的 pH。酸性药物在酸性环境中解离度低，易透过生物膜，吸收多；同理，碱性药物在碱性环境易吸收。对于弱酸性或弱碱性药物，当联用药物改变了胃肠道 pH，可能会导致此类药物解离度改变而影响其吸收。弱酸性药物（如阿司匹林、呋喃妥因、保泰松、苯巴比妥等）在酸性环境中吸收较好，因而不宜与弱碱性药物（如碳酸氢钠、碳酸钙、氢氧化铝等）同服。服用抗酸药将提高胃肠道 pH，使弱酸性药物解离增多，导致吸收减少，生物利用度降低。胃肠道 pH 变化还可引起药物溶解度和溶出速度改变，从而影响药物吸收，这对难溶的弱酸或弱碱性药物影响尤其大。例如，抗酸药碳酸氢钠与酮康唑同服，可降低后者的溶出，减少吸收。必须合用时，应注意至少在口服酮康唑前 2h 服用抗酸药。

（二）离子的影响

某些药物（如四环素类、氟喹诺酮类）可与含二价或三价金属离子（Ca^{2+}、Fe^{2+}、Mg^{2+}、Al^{3+}、Bi^{3+}、Fe^{3+}）的药物（如碳酸钙、硫酸亚铁、氢氧化铝、枸橼酸铋钾等）在胃肠道内形成难溶或难以吸收的络合物，导致药物吸收变差、疗效降低。因此，该类药物不宜与含金属离子药物联用。

（三）吸附作用的影响

药用炭与对乙酰氨基酚、卡马西平、地高辛等药物合用时，因其吸附作用可明显减少后者在胃肠道的吸收，从而影响其疗效。高岭土可减少林可霉素、丙米嗪的胃肠吸收。考来烯胺系季铵类阴离子交换树脂，对酸性分子具有很强的亲和力，可与巴比妥类、噻嗪类利尿药、阿司匹林、普萘洛尔、地高辛、甲状腺素、华法林等多种酸性药物结合，影响它们的吸收。为避免此类不良药物相互作用的发生，应在服用考来烯胺前 1h 或服用 4~6h 后再服用其他药物。

（四）胃肠道吸收功能的影响

一些药物如非甾体抗炎药（如对氨基水杨酸、阿司匹林、吲哚美辛）、抗肿瘤药（如环磷酰胺、长春碱）以及新霉素等能损害肠黏膜的吸收功能，使地高辛、利福平等药物的吸收减少，血药浓度降低。例如，对氨基水杨酸可使合用的利福平血药浓度降低一半。临床上如必须联合应用时，两者服用间隔至少 6h。

（五）胃肠道运动功能的影响

凡是影响胃排空或肠蠕动的药物均可影响合用药物到达小肠吸收部位和小肠滞留时间，进而影响其口服吸收速率和吸收程度。例如：甲氧氯普胺、多潘立酮、西沙必利可加速胃排空和肠蠕动，虽使某些药物（如地高辛）的吸收加快，但也缩短了药物在小肠的滞留时间，导致吸收减少、疗效降低。相反，胃肠蠕动减慢，药物经胃到达小肠的时间延长，药物起效减慢，但药物在肠道的停留时间延长，可能吸收完全。例如，抗胆碱药溴丙胺太林与地高辛合用，使胃排空速率减慢、肠蠕动减弱，延长了地高辛在小肠的停留时间，使其吸收增加，容易引起中毒。建议临床上两种药物分开服用。

（六）肠道菌群的影响

长期服用四环素、氯霉素和新霉素可干扰肠道菌合成维生素 K（缺乏会引起凝血障碍），使其来源减少，从而增强抗凝剂（如肝素、华法林、双香豆素）的作用，因此合用抗凝剂时应适当减少上述药物剂量。

（七）药物转运体的影响

药物转运体（drug transporter）介导的药物相互作用影响吸收过程表现为：①两种药物竞争同一转运体，从而减少药物的吸收或者外排；②一种药物作为转运体的诱导剂，使转运体活性及数量增加，从而使另一药物吸收或外排增多；③一种药物作为转运体的抑制剂，使转运体活性及数量减少，从而使另一药物吸收或外排减少。例如，当 P 糖蛋白（P-glycoprotein，P-gp）的底物地高辛与 P-gp 的抑制剂（如维拉帕米、奎尼丁）合用时，可使地高辛外排受抑，生物利用度增加，易致地高辛中毒。

二、影响药物的分布

药物在分布环节的相互作用可表现为竞争血浆蛋白结合部位、改变药物在某些组织的分布量等。

（一）竞争血浆蛋白结合部位

药物吸收进入体循环后，大部分药物可不同程度地与血浆蛋白产生可逆性结合。当两种药物合用时，两者可在血浆蛋白结合部位发生竞争性置换现象。结合力强的药物能从蛋白结合部位上置换出结合力弱的药物，使后者成为游离型药物。游离型药物浓度增加，会使药效和毒性反应增强，其影响程度可因被置换药物的作用强弱、体内表观分布容积不同而异。只有结合率高（>90%）且表观分布容积小（<0.15L/kg）的药物，游离型药物浓度才会明显增加，使药理活性增强，甚至发生严重不良后果。如口服抗凝药华法林的血浆蛋白结合率达 97% 以上，表观分布容积小，如有 1%~2% 被置换出来，则血浆中游离型药物浓度可增加 1~2 倍，易引起严重出血。苯妥英钠表观分布容积大，当少量从蛋白结合部位被置换出来，因能立即分布到其他组织，药效和毒性不会明显增强。与血浆蛋白结合率高的药物有水杨酸类、磺吡酮、二氮嗪、保泰松、丙磺舒、依他尼酸、香豆素类、替尼酸、甲芬那酸、苯妥英钠、青霉素、氟芬那酸、硫喷妥钠、磺胺类、吲哚美辛、甲苯磺丁脲、甲氨蝶呤、氯磺丙脲、氯贝丁酯等；表观分布容积小的药物有甲苯磺丁脲、甲氨蝶呤等。这类药物联合应用时应注意加强药物监测，及时调整给药剂量，确保治疗安全有效。表 5-2-1 列举了一些药物在这方面的相互作用及后果。

表 5-2-1　因血浆蛋白置换而引起的药物相互作用

被置换药	置换药	结果
磺酰脲类降糖药	水杨酸类、保泰松、磺胺药	低血糖
华法林	水杨酸类、氯贝丁酯、水合氯醛	出血
甲氨蝶呤	水杨酸类、磺胺类	粒细胞缺乏症
硫喷妥钠	磺胺类	麻醉时间延长
奎宁	乙胺嘧啶	金鸡纳反应、粒细胞减少

（二）改变药物的组织分布量

药物向组织的转运除了取决于血液中游离型药物浓度外，也与该药物与组织的亲和力有关。当合并用药导致某一药物的组织结合程度降低时，会引起其体内药动学参数的一系列改变，导致药物效应改变和不良反应产生。例如，地高辛可与骨骼肌、心肌组织结合，当同时给予奎尼丁时，奎尼丁可将地高辛从组织结合部位置换下来，导致地高辛血药浓度明显增高，许多患者的地高辛血药浓度升高可达 1 倍。因此，两药合用时应减少地高辛用量 30%~50% 并密切监测血药浓度。某些作用于心血管系统的药物能改变组织血流量，进而影响药物在组织的分布量。如去甲肾上腺素能减少肝血流量，使利多卡因在代谢部位肝的分布量降低，从而使其代谢减少，血药浓度增高。反之，异丙肾上腺素能增加肝血流量，从而增加利多卡因的肝分布量和代谢，导致其血药浓度降低。

三、影响药物的代谢

两种或两种以上药物同时或序贯用药后，通过促进药物代谢酶的合成、抑制代谢酶降解或竞争代谢酶结合，改变联用药物的代谢，结果使疗效增强甚至产生毒副作用，或疗效减弱甚至治疗失败，这种在代谢环节发生的药物相互作用称为代谢性药物相互作用。

（一）酶诱导

一些药物反复应用可加速肝药酶合成或减慢其降解，诱导肝药酶活性增加，即酶诱导作用。由于大多数药物在体内经过生物转化后，其代谢产物失去药理活性。因此肝药酶诱导将使该药本身或其他药物的代谢加速，导致药效减弱或作用时间缩短（表 5-2-2）。例如患者在口服抗凝血药双香豆素时加服苯巴比妥，后者使前者血药浓度降低、抗凝作用减弱，表现为凝血酶原时间缩短。因此，如果这两种药物合用，必须增加双香豆素剂量方能维持其单用正常剂量下的治疗效应。个别情况下，药物代谢后转化为毒性代谢物，如异烟肼产生肝毒性代谢物，若与卡马西平合用，后者的酶诱导作用将加重异烟肼的肝毒性。肝药酶诱导剂停用后，肝药酶活性需经几周才能恢复正常，这与诱导剂强度、半衰期及其代谢周期有关。药物与肝药酶诱导剂合用，应充分考虑药物的剂量和使用间隔，有条件应进行血药浓度监测，及时调整药量，以保证有效血药浓度。

表 5-2-2 酶促作用引起的药物相互作用

酶促药物	药效减弱、作用时间缩短的药物
巴比妥类	香豆素类、糖皮质激素、洋地黄毒苷、苯妥英钠、睾酮、黄体酮、灰黄霉素
利福平	糖皮质激素、奎尼丁、香豆素类、口服避孕药、酮康唑、环孢素、茶碱、地高辛、地西泮、维拉帕米、维生素 D、西咪替丁、苯妥英钠
苯妥英钠	糖皮质激素、维生素 D、香豆素类
格鲁米特、灰黄霉素	香豆素类
乙醇（长期）、卡马西平	苯妥英钠、甲苯磺丁脲、雌二醇、氢化可的松、雄甾烷二酮、戊巴比妥、茶碱、香豆素类、口服避孕药、糖皮质激素

（二）酶抑制

某些药物可减少肝药酶合成或加快其降解，抑制肝药酶活性，称为酶抑制作用。肝药酶被抑制可减慢其他药物的代谢，导致药效增强或作用时间延长，并可能引起中毒（表 5-2-3）。例如，口服甲苯磺丁脲的患者同服氯霉素后发生低血糖休克。氯霉素与双香豆素合用，则明显增强双香豆素的抗凝作用，引起出血。需要注意的是，肝药酶被抑制后是否可引起合用药物产生明显临床效果，取决于肝药酶是否参与该药的主要代谢途径。如异烟肼可抑制药物氧化，当其与主要代谢途径为氧化的卡马西平合用时，后者血浆总清除率降低 45%，血药浓度提高 85%，可引起中毒；对乙酰氨基酚的主要代谢途径为结合而不是氧化，与异烟肼合用时，血浆总清除率只降低 15%，不会引起毒性反应。

表 5-2-3 酶抑作用引起的药物相互作用

酶抑药物	药效增强、作用时间延长的药物
西咪替丁	华法林等抗凝血药、苯二氮䓬类（氯硝西泮、奥沙西泮除外）、茶碱、乙醇（急性）、环孢素、苯妥英钠、卡马西平、普萘洛尔
乙醇（短期）	地西泮、氯氮䓬、劳拉西泮、对乙酰氨基酚
氯霉素、异烟肼	苯妥英钠、甲苯磺丁脲等口服降糖药、口服抗凝血药
口服避孕药	哌替啶、氯丙嗪
红霉素	糖皮质激素、茶碱
保泰松	甲苯磺丁脲、口服抗凝血药
异烟肼	苯妥英钠（慢乙酰化者）、卡马西平
对氨基水杨酸	异烟肼、苯妥英钠
胺碘酮	地高辛、钙通道阻滞药、苯妥英钠、华法林
别嘌醇	硫唑嘌呤、巯嘌呤

四、影响药物的排泄

肾脏是药物排泄的主要器官。一般药物及其代谢产物大部分通过肾脏由尿液排出。药物及其代谢产物在肾脏的排泄是肾小球滤过、肾小管主动分泌和肾小管重吸收的综合作用结果。

1. **影响肾小球滤过** 除血细胞、血浆蛋白以及与之结合的药物等较大分子的物质之外，绝大多数游离型药物及其代谢产物都可经肾小球滤过，进入肾小管管腔内。合用影响血浆蛋白结合的药物，可使游离型药物浓度增加，经肾小球滤过进入原尿，影响药物从肾脏的排出，但通常无明显的临床意义。另外，减少肾脏血流量的药物（如环加氧酶抑制剂吲哚美辛）可影响肾小球滤过率而妨碍合用药物经肾脏的排泄，但这种情况在临床上也不多见。

2. **影响肾小管分泌** 很多药物（包括代谢物）通过肾小管主动转运系统分泌后由尿排出体外。经肾小管主动分泌排泄药物是主动转运的过程。弱酸性药物主要由有机酸主动转运载体分泌后排出体外，而弱碱性药物主要由有机碱主动转运载体分泌后排出体外。当两种酸性或碱性药物联用时，由于它们同时经肾小管的相同主动转运系统分泌，且与转运载体的亲和力存在差异，因此会发生竞争性抑制现象，使其中一种药物不能被分泌到肾小管腔，从而减少该药的排泄，使血药浓度升高，导致疗效增强或毒性增加。例如，临床上将丙磺舒与青霉素、头孢菌素类抗生素合用，通过抑制后者的主动分泌而提高其血药浓度、达到增强抗菌作用的目的。

3. **影响肾小管重吸收** 肾小管的重吸收分为被动重吸收和主动重吸收，但主要是被动重吸收。改变尿液 pH 可明显改变弱酸性或弱碱性药物的解离度，从而调节药物重吸收程度。如弱酸性药物苯巴比妥中毒时，给予碳酸氢钠碱化尿液使药物解离度增大，重吸收减少，排泄增加；而酸化尿液则可增加吗啡、氨茶碱、抗组胺药等药物的排泄。

应充分利用有益的药动学相互作用，提高治疗效果。而对于那些安全范围小、需要保持一定血药浓度的药物，特别是在吸收、分布、代谢和排泄环节容易发生不良药物相互作用的药物，我们应注意加强治疗药物监测,及时调整给药方案,避免或减少毒副作用的发生。

第三节　药效学方面药物相互作用

药效学方面药物相互作用是指一种药物增强或减弱了另一种药物的生理作用或药理效应,但对药物的血药浓度无影响。药物可通过影响靶位、作用于同一生理系统或生化代谢途径、改变药物输送机制或电解质平衡等多种方式产生作用。各种方式的作用结果可表现为药物效应的协同或拮抗作用。

一、药物效应协同作用

药理效应相同或相似的药物,如同时合用可能发生协同作用(synergism),表现为联合用药的效果等于或大于各药单用效果之和,并且药物的主要药理作用及副作用均可相加。包括:①相加作用(addition):联合用药的作用强度等于各药单独应用的作用强度之和。如果合用具有相同药理作用的两种药物,药物的主要作用和不良反应均可相加。②增强作用(potentiation):联合用药的作用强度大于各药单独应用的作用强度之和。最常见的协同作用类型是对同一系统、器官、细胞或酶的作用。例如乙醇具有非特异性中枢神经系统抑制作用,在应用治疗剂量的巴比妥类药物、苯二氮䓬类药物、抗精神病药、镇吐药、镇静药、阿片类镇痛药、抗抑郁症药、抗组胺以及其他具有中枢神经系统抑制作用的药物时,饮少量酒则即可引起昏睡。表5-3-1为相加或协同作用产生的严重不良反应。

表5-3-1　相加或协同作用产生的严重不良反应

A 药	B 药	相互作用结果
抗胆碱药	抗帕金森病药、丁酰苯类、吩噻嗪类、三环类	抗胆碱阻断作用、麻痹性肠梗阻、中毒性精神病
抗高血压药	抗心绞痛药、吩噻嗪类	降压作用增强、直立性低血压
地高辛	维拉帕米、地尔硫䓬、β受体拮抗药	窦性心动过缓、房室传导阻滞、心搏骤停
中枢神经抑制剂	乙醇、镇吐药、抗组胺药、镇静催眠药、抗惊厥药	损害神经运动功能、降低灵敏性、困倦、木僵、呼吸抑制、昏迷、死亡

续表

A 药	B 药	相互作用结果
甲氨蝶呤	复方磺胺甲噁唑、乙胺嘧啶	巨幼红细胞贫血
神经肌肉阻断药	氨基糖苷类、多黏菌素类、全麻药、静脉滴注硫酸镁	增强神经肌肉阻滞、延长窒息时间
补钾药	氨苯蝶啶、螺内酯、血管紧张素转换酶抑制剂(ACEI)、血管紧张素Ⅱ受体拮抗药	高血钾

二、药物效应拮抗作用

两种或两种以上药理效应相反的药物,合用产生竞争性或生理性拮抗作用,表现为联合用药的效果小于单用效果之和(表5-3-2),即为药理效应的拮抗作用(antagonism)。按其机制不同可分为①生理性拮抗作用:是基于两药具有相反作用,合并用药后可以相互抵消作用。如吗啡中毒引起的呼吸抑制可用呼吸中枢兴奋药尼可刹米对抗。②药理性拮抗作用:主要是指受体上的阻断作用。如静脉滴注去甲肾上腺素时,药液外漏引起局部组织缺血,可用α受体拮抗药酚妥拉明局部浸润注射。③生化性拮抗作用:主要指两种药物由于药代动力学方面的相互影响而使作用减弱。如苯巴比妥诱导肝药酶活性,使其他药物代谢增加而减弱这些药物的作用。④化学性拮抗作用:是两种药物通过化学反应而相互抵消作用。如肝素带大量负电荷,甲苯胺蓝和鱼精蛋白带正电荷,能中和肝素的负电荷,从而对抗其抗凝作用,治疗肝素过量引起的出血。

表5-3-2　药物效应拮抗作用

受影响药物	影响药物	相互作用结果
抗凝药	维生素K	抗凝作用下降
甘珀酸	螺内酯	妨碍溃疡愈合
降糖药	糖皮质激素	影响降糖作用
催眠药	咖啡因	阻碍睡眠
左旋多巴	抗精神病药	抗震颤麻痹作用下降

第四节　体外药物相互作用

体外药物相互作用是指患者用药之前（即药物尚未进入机体以前），药物相互间发生化学或物理性相互作用，而使药物性质或药效发生变化，又称为化学配伍禁忌或物理配伍禁忌。

一、配伍禁忌

本类相互作用多发生于液体制剂。向静脉输液中加入药物是临床常用的治疗措施，但并不是任何药物都可以随意加入静脉输液中。这些药物之间或药物与输注液之间有可能发生相互作用，引起药物性质改变。如①酸性药液与碱性药液混合：酸性药物盐酸氯丙嗪注射液同碱性药物异戊巴比妥钠注射液混合，能引起沉淀反应；②输注液体 pH 改变：20% 磺胺嘧啶钠注射液（pH 为 9.5~11）与 10% 葡萄糖注射液（pH 为 3.5~5.5）混合后，由于溶液 pH 的明显改变，可使磺胺嘧啶析出结晶，这种结晶由静脉进入微血管，可能造成栓塞；③药物溶解度的改变：药物注射剂加到某些静脉输液中时，可因增溶剂浓度被稀释而析出药物结晶。如氢化可的松注射液是 50% 乙醇溶液，当与其他水溶性注射液混合时，由于乙醇浓度被稀释，药物溶解度下降而发生沉淀。因此，在静脉输液中加入药物时，必须重视可能由于药物相互作用而产生的沉淀反应。特别是形成的沉淀不明显时，易被忽视，注入血管可能引起意外，这可看作为药物中毒的特殊例子，应力求避免发生。

当两种药物在静脉输注液中或同一注射器内混合，可能其中一种药物会使另外一种药物失效而达不到预期治疗效果。例如由于一些酸性不稳定药物在氨基酸营养液中易被降解，因此各种氨基酸营养液中不得加入任何药物。此外，氨基酸营养液有可能与青霉素或其他药物形成变态反应性免疫复合物。

二、药物与包装容器相互作用

包装材料的选用应考虑药物的稳定性，应以排除光、湿度、空气等因素为目的，同时也要注意包装材料与药物制剂的相互作用。现已明确塑料容器可对地西泮、胰岛素、硝酸甘油等药物产生具有临床意义的吸附作用。

三、赋形剂对药物作用的影响

赋形剂虽不具有药理活性，但却是药物制剂中不可缺少的成分。药物在固体剂型（如片剂、胶囊剂）中有可能与赋形剂发生相互作用，使药物生物利用度因其固体剂型的不同配方而改变。如 20 世纪 60 年代后期，澳大利亚暴发了苯妥英钠中毒事件。究其原因是药厂将苯妥英钠胶囊的赋形剂由硫酸钙改为乳糖，提高了苯妥英钠生物利用度，使一批服用该制剂的癫痫患儿出现苯妥英钠毒性反应。所以赋形剂对药物作用的影响也是极其重要的，这种相互作用既可引起不良反应，也可导致药效降低或治疗失败。

第五节　药物相互作用引起的严重不良反应

临床上一些药物配伍应用后，由于药物之间发生了药理效应或毒副作用的协同、相加或拮抗作用，容易引起严重的不良反应，甚至出现致死性后果，危及生命。

一、心血管系统

1. **心力衰竭**　β 受体拮抗药不宜与维拉帕米合用，两者均可减弱心肌收缩力，其效应发生相加，使心输出量急剧减少，心脏储备能力下降者可诱发心力衰竭。

2. **心律失常**

（1）强心苷与其他药物的合用：强心苷与排钾利尿药、糖皮质激素合用，因后两药可促进钾离子排出，引起低血钾，使心脏对强心苷敏感性增加，易发生心律失常。如需合用，应严密观察强心苷早期中毒表现，监测血钾和血镁浓度，积极预防低血钾，或加用保钾利尿药螺内酯。强心苷不宜与钙剂合用（特别是钙注射剂），因为血钙升高同样增加心脏对强心苷敏感性，发生心律失常。强心苷与维拉帕米或奎尼丁合用时，地高辛和洋地黄毒苷的血药浓度明显增加，引起心律失常。

（2）奎尼丁与其他药物合用：氯丙嗪对心脏具有奎尼丁样作用，与奎尼丁合用易致室性心动过速。与氢氯噻嗪、某些抗酸药、碱性盐类合用，由于尿液碱化，可促进奎尼丁由肾小管重吸收，提高其血药浓度，引起心脏毒性反应。

（3）β受体拮抗药与维拉帕米合用：普萘洛尔与维拉帕米合用易出现心动过缓、房室传导阻滞、血压下降或心衰。

（4）茶碱与其他药物的合用：茶碱与红霉素、H_2 受体拮抗剂西咪替丁、钙通道阻滞剂合用，可使茶碱消除速度减慢，血药浓度升高，加之茶碱安全范围窄、易中毒，可引起心动过速，甚至呼吸、心跳停止。

3. 高血压危象　单胺氧化酶抑制剂与三环类抗抑郁药、间羟胺、麻黄碱、胍乙啶及左旋多巴合用，可引起去甲肾上腺素大量堆积，出现高血压危象。三环类抗抑郁药与胍乙啶合用时，三环类抗抑郁药能抑制神经末梢上的胺泵，阻碍胍乙啶进入神经元内，减弱其降压作用，使血压迅速升高。

4. 严重低血压反应　氯丙嗪与氢氯噻嗪、呋塞米等合用时，由于利尿药减少血容量，可明显增强氯丙嗪的降压作用，引起严重低血压。普萘洛尔与哌唑嗪、氯丙嗪合用时，普萘洛尔可阻断β受体，哌唑嗪与氯丙嗪可阻断α受体，协同产生降压作用，导致严重低血压。

二、血液系统

1. 严重的骨髓抑制　甲氨蝶呤不宜与水杨酸类、磺胺类、呋塞米合用，后者可将与血浆蛋白结合的甲氨蝶呤置换出来，使游离型甲氨蝶呤血药浓度升高，增强甲氨蝶呤的骨髓抑制作用，尤其不宜与非甾体抗炎药合用，因非甾体抗炎药可抑制前列腺素 E2 生成，使肾血流量减少，导致甲氨蝶呤由肾小球滤过减少。保泰松和水杨酸盐可竞争性抑制甲氨蝶呤在肾小管的分泌，上述两种机制使甲氨蝶呤的清除大大减少而在体内蓄积。此外，保泰松与甲氨蝶呤均可抑制骨髓，若同时使用，可因副作用相加而引起严重的骨髓抑制。别嘌醇不宜与硫唑嘌呤、巯嘌呤合用，因别嘌醇可抑制黄嘌呤氧化酶，使后两药代谢减慢，血药浓度提高，对骨髓抑制作用加强。

2. 出血　香豆素类抗凝药与阿司匹林、广谱抗生素、保泰松、奎尼丁、甲苯磺丁脲、甲硝唑、西咪替丁等合用时，后者与香豆素类竞争血浆蛋白结合部位，使香豆素类血药浓度增加，增强其抗凝作用，导致出血。

三、呼吸系统

1. 呼吸抑制　吗啡与水合氯醛、喷他佐辛、苯妥英钠、苯海拉明、乙醇、全身麻醉药、吩噻嗪类、三环类抗抑郁药、巴比妥类合用，可增强麻醉及镇痛效果，使中枢抑制作用加强，引起呼吸抑制，应谨慎合用。

2. 呼吸肌麻痹　全身麻醉药（乙醚、硫喷妥钠等）、琥珀酰胆碱、硫酸镁、普鲁卡因胺不宜与氨基糖苷类抗生素合用，两者合用使神经肌肉传导阻滞作用增强，引起呼吸肌麻痹。林可霉素、多黏菌素类不宜与氨基糖苷类抗生素或肌肉松弛药合用，合用时易导致肌无力和呼吸肌麻痹。氯霉素不宜与氨基糖苷类抗生素合用，因前者抑制呼吸中枢，加重后者的呼吸肌麻痹。利多卡因可加强琥珀酰胆碱的骨骼肌松弛作用，合用时可引起呼吸肌麻痹。环磷酰胺能抑制假性胆碱酯酶活性，提高琥珀酰胆碱血药浓度，加强琥珀酰胆碱的骨骼肌松弛作用，合用时可导致呼吸肌麻痹。

四、神经系统

卡马西平与红霉素、异烟肼合用可导致运动失调、眩晕、困倦、失眠、精神错乱、复视等中毒症状。红霉素对代谢卡马西平的酶有高亲和力，而异烟肼为肝药酶抑制剂，可使卡马西平的代谢受到抑制，引起卡马西平血药浓度增加，出现中毒症状。单胺氧化酶抑制剂与哌替啶合用可引起中枢兴奋、肌强直、高热、面部潮红、出汗和神志不清等症状，甚至出现呼吸抑制和低血压，主要与中枢5-羟色胺浓度增加有关。依他尼酸、呋塞米、万古霉素与氨基糖苷类抗生素合用，可使耳聋发生率明显增高，尤其对肾功能不良者，危险性更大。氨基糖苷类抗生素不宜与抗组胺药（特别是苯海拉明、茶苯海明）合用，因为抗组胺药可掩盖氨基糖苷类抗生素的听神经毒性症状，不易及时发现。红霉素与阿司匹林均可引起耳鸣，常用剂量单独应用时不易出现，但两药合用，耳毒性增强，易引起耳鸣。

五、消化系统

可引起药物性肝损害的药物有抗生素、抗真菌药、解热镇痛药、抗结核药、抗肿瘤药、降糖药、中枢神经系统药物、性激素药物等，此类药物合用会使肝毒性相加或协同，引起肝损伤，甚至肝功能衰竭。如利福平与异烟肼合用容易引起严重肝损害。

六、泌尿系统

氨基糖苷类抗生素与两性霉素 B、头孢菌素、万古霉素、呋塞米、依他尼酸合用可明显增加氨基糖苷类抗生素的肾毒性，甚至导致急性肾衰竭。

七、内分泌系统

磺酰脲类口服降糖药不宜与长效磺胺类、保泰松、呋塞米等合用，这些药物可置换与血浆蛋白结合的磺酰脲类而使其降糖作用明显增强，引起低血糖反应。

临床医师和药师在治疗疾病时，应熟练掌握所选药物特点，明确药物治疗可能造成的危害，了解药物相互作用及其发生机制，对治疗窗窄的药物应提高警惕，牢记肝药酶诱导剂和抑制剂等，以防发生严重不良反应。此外，应遵循"能用一种药物就不用两种药物"的原则。联合用药时，注意避免有害相互作用。详细询问患者既往史、现病史和用药史，避免重复使用已发生过不良相互作用的联合用药。尤其对老年人、合并肝肾疾病、急性疾病（如哮喘、心力衰竭、肺炎等）、不稳定疾病（如心律失常、糖尿病、癫痫等）以及需长期用药（如器官移植者等）的患者更应慎重。

第六节 不良药物相互作用的预测

在联合用药时，应力求避免疗效降低和/或毒性加大等不良药物相互作用。为有效预测不良药物相互作用，研究人员在新药研发阶段即开始对可能的药物相互作用进行筛查。而临床医务工作者应在充分掌握药物性质的基础上，根据疾病情况制订合理的治疗方案，有效规避有害的药物相互作用。

目前药物相互作用的预测方法包括以下几种：

一、体外筛查方法

通过体外评估方法预测药物在体内的相互作用情况，已成为决定候选药物开发前途的一种有效方法。以往药物相互作用的临床前研究多采用哺乳动物整体筛查的方法，近年来陆续建立了一些体外试验方法，如肝细胞、肝组织薄片、微粒体、重组人 CYP450、CaCo2 细胞筛选体系、肝细胞或肝组织代谢体系以及计算机辅助系统等，用以评估候选药物能否通过 CYP450 等代谢酶而影响合用药物的代谢。

二、群体药代动力学筛查

在大规模临床研究中，通过稀疏或密集采集血样所获数据，进行群体药动学分析，有助于揭示已知或新发现的相互作用，并可作为受试药剂量调整的依据。若通过临床研究数据分析发现药物暴露量的重要变化，可为药物相互作用提供参考信息。群体药代动力学评价有可能发现非预期的药物相互作用。

三、生理药代动力学模型预测

生理药代动力学模型是根据药物的理化性质和生物学性质、机体的解剖生理学、生物化学知识，模拟机体循环系统的血液流向，将与药物处置相关的组织器官连接成一个整体，并遵循质量平衡原理来研究药物在体内的处置过程。使用该模型可预测和评估合并用药产生的潜在药物相互作用，包括对 CYP450 酶的抑制和诱导。

四、患者个体的药物相互作用预测

药物相互作用能否产生有临床意义的效应，与药物特性及患者个体差异密切相关。

（一）药物特性

临床上发生药物相互作用最明显的几乎都是药效强、量效曲线陡的药物，如细胞毒药物、地高辛、华法林、降血糖药等。这些药物的安全范围小，药物相互作用易使其血药浓度处于治疗窗外，导致疗效下降或出现毒性。应熟悉影响 CYP 酶的主要药物类别，包括各亚族的主要底物、酶诱导剂和酶抑制剂。也要注意药物相互作用的发生时间不同,有的短时间即可发生,有的则需治疗数日甚至数周才出现。应全面了解患者的用药情况,熟悉药物的特性,有效预测甚至避免严重有害相互作用的发生。

(二)患者个体间的差异

临床上,不同个体对同一药物治疗方案反应存在差异,这与遗传、年龄、营养、重要脏器功能和疾病状态等因素有关。例如,老年人及肝硬化、肝炎患者受酶诱导的影响较小。长期吸烟、嗜酒对肝 CYP1A2、CYP2E1 酶有诱导作用。肝、肾等重要脏器功能状况也对药物的代谢、排泄有影响。遗传基因差异也是影响药物反应差异的关键因素。应在充分了解患者个体差异的基础上选择合适药物和治疗方案,进行个体化用药,将有效降低不良药物相互作用的发生率。

(徐　戎)

参 考 文 献

1. 李俊,刘克欣,袁洪,等.临床药理学[M].6版.北京:人民卫生出版社,2018.
2. 吴永佩,蒋学华,蔡卫民,等.临床药物治疗学总论[M].北京:人民卫生出版社,2017.
3. 刘治军,韩红蕾.药物相互作用基础与临床[M].北京:人民卫生出版社,2015.
4. Palleria C, Di Paolo A, Giofrè C, et al. Pharmacokinetic drug-drug interaction and their implication in clinical management[J]. J Res Med Sci, 2013, 18(7): 601-610.
5. Min J S, Bae S K. Prediction of drug-drug interaction potential using physiologically based pharmacokinetic modeling[J]. Arch Pharm Res, 2017, 40(12): 1356-1379.
6. Safdari R, Ferdousi R, Aziziheris K, et al. Computerized techniques pave the way for drug-drug interaction prediction and interpretation[J]. Bioimpacts, 2016, 6(2): 71-78.

第六章 感染性疾病

第一节 感染性疾病药物治疗总论

一、感染性疾病的概述

感染性疾病是指由病原生物侵入人体导致健康受到损害的各种疾病。感染是病原体与人体之间相互作用、相互斗争的过程。感染性疾病的首要特点是必须由特定的病原体引起。能引起感染的病原体种类繁多,以细菌、真菌和病毒为主。其共同临床特点是程度不一的感染中毒症状,表现各异的不同器官系统临床症状和体征。常见的感染症状与体征有:

(一)发热

大多数感染性疾病可引起发热。发热的程度可分为低热:体温为37.5~38℃;中度发热:体温为38~39℃;高热:体温为39~41℃;超高热:体温41℃以上。

(二)皮疹

许多感染性疾病在发热的同时伴有皮疹。出疹时间、部位和先后次序对诊断和鉴别诊断有重要价值。特异性皮疹往往对缩小鉴别诊断的范围有帮助。

(三)感染中毒症状

病原体在侵入机体的局部引起炎症反应,表现出红、肿、热、痛及相应功能障碍等局部症状。当病原体数量多和/或毒力强,机体免疫力降低时,病原体入血繁殖、释放毒素,引起毒血症状,病原体的各种代谢产物,包括细菌毒素在内,可引起除发热以外的多种症状,如疲乏、全身不适、厌食、头痛、肌肉关节和骨骼疼痛等。严重者可有意识障碍、谵妄、呼吸衰竭及休克等表现,有时还可引起肝、肾损害。

(四)单核巨噬细胞系统反应

在病原体及其代谢产物的作用下,单核巨噬细胞系统可出现充血、增生等反应,临床上表现为肝、脾和淋巴结肿大,但肿大的程度和质地在急性和慢性感染病中有所不同。急性感染时,因急性充血和炎性细胞浸润引起的肝脾大常为轻度或中度肿大,质地较软,可有轻度触痛或压痛;慢性感染者因增生反应所致的肝大常为中度,脾大可为中度或重度,质地较韧或偏硬。病毒感染常见的疾病有传染性单核细胞增多症;细菌性疾病中,伤寒、副伤寒及败血症等均可出现肝脾大;螺旋体疾病中,钩端螺旋体病、回归热等可有轻度肝脾大。

二、感染性疾病的治疗原则

感染性疾病的治疗涉及机体、病原体、药物三个方面,三者之间的实际情况决定了抗感染治疗的难易程度,须综合考虑各方面因素,设计出个体化的治疗方案。

(一)病原治疗

抗病原体治疗是治疗感染性疾病的根本措施,应用抗感染药物是最主要的手段。但由于感染的复杂性与抗感染药物的多样性,要做到合理用药必须综合考虑患者、病原体与药物三方面的因素。

临床诊断为感染,方可应用抗感染药物。根据临床感染特征判断可能的病原体,不同的病原体选择不同的抗感染药物。因此,尽早明确感染病原体极其重要。这就要求在感染性疾病早期,特别是在应用抗感染药物之前,及时并正确地进行标本采集和送检。有了病原学依据,可进一步通过体外药物敏感试验了解病原体的药物敏感情况,使抗菌药物的选用更为合理有效。根据感染的严重程度、病原菌及感染部位,结合抗感染药物的理化特征选择适宜的药物,再根据所选药物的药动学/药效学特征和患者的生理、病理情况,制订抗感染药物适当的给药方案,并对治疗方案适时评估。

(二)感染灶的处理

感染灶是指人体的某一局部发生感染性病变,其本身可有一定症状,感染灶内的病原体还可通过血液或淋巴液到达远端的器官和组织,造成新的感染。虽然病原治疗是处理的关键,但有时恰当的病灶处理亦十分重要。彻底及时的清创、引流不仅可以大大加强病原治疗的效果,甚至可以取得单独病原治疗无法达到的效果。例如对于较大的脓肿,单用抗感染药物治疗难以奏效,适时地进行必要的外科干预去除感染灶,可以缩短抗感染药物疗程,提高患者的存活率。

(三)对症支持治疗

对症治疗不仅可以减轻患者痛苦,而且可通过支持患者各系统的功能,达到减少机体消耗、使损伤降至最低的目的。如高热时采取降温措施,休克时采取改善微循环措施等。虽然有效的病原治疗仍是治疗这些并发症的关键,但及时的对症治疗能使患者度过危险期,为病原治疗争取到宝贵的时间。同时,对感染性疾病患者采取合理的支持治疗,能够维持机体内环境的稳态,提高机体的抗感染能力,促进患者康复。支持治疗包括根据疾病的不同阶段而采取的基础、营养和器官功能支持等。

(四)基础疾病的治疗

受微生物侵犯的宿主常常具有基础性疾病(如糖尿病)和/或诱发因素(如吸烟),以及诸多医源性因素(创伤性检查等),可使宿主皮肤、黏膜屏障受损,免疫功能降低而成为感染的易发人群。由于基础疾病造成患者自身免疫功能差,容易发生各种感染,在适当控制患者基础疾病后,患者的免疫功能得以恢复,将有助于病原治疗。例如糖尿病患者长期处于高血糖状态,机体免疫应答能力失调,一旦发生感染,常是极为严重和难于控制的,有时甚至是致命的。

三、常用药物分类及作用机制

抗感染药物是治疗感染性疾病最主要的手段,主要包括抗细菌药、抗真菌药、抗病毒药及抗寄生虫药,其中,抗细菌药物和抗真菌药又并称为抗菌药物。抗菌药物和抗病毒药的分类及作用机制介绍如下。

(一)抗细菌药

1. β-内酰胺类 β-内酰胺类抗菌药物作用机制是与青霉素结合蛋白活性位点通过共价键结合,阻止肽聚糖的合成,导致细胞壁缺损,菌体失去渗透屏障而膨胀、裂解,同时还可增加细菌细胞壁自溶酶活性,引起细菌死亡。

β-内酰胺类抗菌药物包括青霉素类、头孢菌素类、碳青霉烯类、头霉素类、氧头孢类、单环-β内酰胺类以及β-内酰胺酶抑制剂合剂。

(1)青霉素类:按照青霉素的来源、抗菌谱、对青霉素酶的稳定性以及是否可以口服(耐酸)等特性,可以分为:①主要作用于革兰氏阳性菌的青霉素,如青霉素G;②耐青霉素酶青霉素,如苯唑西林;③广谱青霉素,包括:对部分肠杆菌科细菌有抗菌活性,如氨苄西林、阿莫西林;对多数革兰氏阴性杆菌包括铜绿假单胞菌具抗菌活性,如哌拉西林。

(2)头孢菌素类:根据抗菌谱、抗菌活性、对β-内酰胺酶的稳定性以及肾毒性的不同,头孢菌素类目前分为五代。第一代头孢菌素常用的有头孢唑啉、头孢拉定;第二代头孢菌素常用的有头孢呋辛、头孢替安;第三代头孢菌素常用的有头孢噻肟、头孢曲松、头孢他啶和头孢哌酮;第四代头孢菌素常用者为头孢吡肟;第五代头孢菌素如头孢洛林,对部分革兰氏阴性杆菌和多重耐药革兰氏阳性菌如耐甲氧西林葡萄球菌、耐青霉素肺炎链球菌均具有较强抗菌活性。前四代头孢菌素类抗菌药物的简要特点比较如表6-1-1所示。

表6-1-1 前四代头孢菌素类抗菌药物的简要特点比较

	一代	二代	三代	四代
革兰氏阳性球菌	++++	+++	+	++
革兰氏阴性杆菌	+	++	+++	++++
铜绿假单胞菌	无效	无效	部分有效	有效
厌氧菌	多无效	一定	一定	一定
肾毒性	++	+	±	±

(3)头霉素类:头霉素类品种包括头孢西丁、头孢美唑、头孢米诺等。头霉素类多数抗菌谱和

抗菌作用与第二代头孢菌素相仿,但对脆弱拟杆菌等厌氧菌抗菌作用较头孢菌素类强,对革兰氏阴性菌产生的青霉素酶和头孢菌素酶高度稳定。

（4）单环β-内酰胺类:常用品种为氨曲南。氨曲南对需氧革兰氏阴性菌具有良好抗菌活性,对需氧革兰氏阳性菌和厌氧菌无抗菌活性。

（5）碳青霉烯类:碳青霉烯类抗菌药物分为具有抗非发酵菌和不具有抗非发酵菌两组,前者包括亚胺培南/西司他丁（西司他丁具有抑制亚胺培南在肾内被水解作用）、美罗培南、帕尼培南/倍他米隆（倍他米隆具有减少帕尼培南在肾内蓄积中毒作用）、比阿培南和多立培南,对多种革兰氏阳性球菌、革兰氏阴性杆菌（包括铜绿假单胞菌、不动杆菌属）和多数厌氧菌具强大抗菌活性,对多数β-内酰胺酶高度稳定;后者为厄他培南,对铜绿假单胞菌、不动杆菌属等非发酵菌抗菌作用差。

（6）β-内酰胺酶抑制剂合剂:目前,临床上应用的β-内酰胺酶抑制剂有克拉维酸、舒巴坦、他唑巴坦3种。目前临床应用的β-内酰胺酶抑制剂合剂主要品种有:阿莫西林/克拉维酸、氨苄西林/舒巴坦、头孢哌酮/舒巴坦、替卡西林/克拉维酸和哌拉西林/他唑巴坦。

2. 氨基糖苷类　氨基糖苷类抗菌药物作用机制如下:①可特异性结合到细菌核糖体30S亚基,进而干扰蛋白质合成;②竞争性置换细胞生物薄膜中连接脂多糖分子的Ca^{2+}和Mg^{2+},在外层细胞膜形成裂缝,使膜通透性增加,导致细胞内物质外漏及药物的摄取增加;③刺激菌体产生致死量的羟自由基,导致细菌死亡。

临床常用的氨基糖苷类抗菌药物主要有:①对肠杆菌科和葡萄球菌属细菌有良好抗菌作用,但对铜绿假单胞菌无作用者,如链霉素、卡那霉素等;②对肠杆菌科细菌和铜绿假单胞菌等革兰氏阴性杆菌、葡萄球菌属均有良好作用者,如庆大霉素、阿米卡星、依替米星;③抗菌谱与卡那霉素相似,由于毒性较大,现仅供口服或局部应用者,有新霉素与巴龙霉素。

3. 大环内酯类　大环内酯类抗菌药物能透过细胞膜可逆性结合于细菌核糖体50S亚基,导致蛋白质合成减少而抑制细菌生长。由于大环内酯类抗菌药物在细菌核糖体50S亚基上的结合点与林可霉素类抗菌药物和氯霉素相同或相近,故当与这些药合用时可因竞争结合而发生拮抗作用。临床常用的有阿奇霉素、克拉霉素、红霉素等。

4. 四环素类和甘氨酰环素类　四环素类抗菌药物如四环素、米诺环素、多西环素,抑菌作用机制为经被动扩散或主动转运的方式进入细菌细胞内,与细菌核糖体30S亚基在A位上特异性结合,抑制肽链延长和细菌蛋白质的合成。四环素类抗菌药物也能造成细菌细胞膜通透性增加,使细菌细胞内核苷酸和其他重要物质外漏,抑制细菌DNA的复制。甘氨酰环素类抗菌药物如替加环素,同样是通过抑制细菌蛋白质合成发挥抗菌作用。

5. 糖肽类　糖肽类抗菌药物通过与敏感菌细胞壁前体肽聚糖五肽末端的D-丙氨酰-D-丙氨酸紧密结合,抑制参与肽聚糖合成的转糖基酶、转肽酶及D,D-羧肽酶活性,致细菌因细胞壁缺陷而破裂死亡。另外,糖肽类抗菌药物还能通过损伤细菌细胞膜和抑制细菌核糖核酸（ribonucleic acid, RNA）合成发挥抗菌作用。糖肽类抗菌药物有万古霉素、去甲万古霉素和替考拉宁等。

6. 林可酰胺类　林可酰胺类抗菌药物作用机制与大环内酯类抗菌药物相同,能与细菌核糖体50S亚基结合,从而抑制细菌蛋白质合成;还可调理机体免疫系统,清除细菌表面的A蛋白和绒毛状外衣,增强多型核白细胞的吞噬作用和杀菌功能,使细菌易被吞噬和杀灭。林可酰胺类有林可霉素及克林霉素。

7. 多黏菌素类　多黏菌素类抗菌药物为两性化合物,主要作用于细菌细胞膜,其亲水基团与细胞外膜磷脂上的磷酸基形成复合物,而亲脂链则可插入膜内结合于脂多糖的脂质A,竞争性置换作为膜稳定剂的Mg^{2+}和Ca^{2+},导致革兰氏阴性菌细胞膜破裂和细胞质成分外漏而杀死细菌。

多黏菌素类临床使用制剂有多黏菌素B及多黏菌素E。之前因肾毒性较明显,主要供局部应用。但近年来多重耐药革兰氏阴性菌对多黏菌素类药物耐药率低,因此本类药物重新成为多重耐药革兰氏阴性菌感染治疗的选用药物之一。

8. 环脂肽类 达托霉素为环脂肽类抗菌药物,通过与细菌细胞膜结合、引起细胞膜电位的快速去极化,最终导致细菌细胞死亡。达托霉素对葡萄球菌属(包括耐甲氧西林菌株)、肠球菌属(包括万古霉素耐药菌株)、链球菌属(包括青霉素敏感和耐药肺炎链球菌等)、艰难梭菌等具有良好抗菌活性。

9. 磷霉素 磷霉素可使磷酸烯醇丙酮酸转移酶灭活,阻断细菌细胞壁的合成。磷霉素有口服制剂磷霉素钙和磷霉素氨丁三醇,注射剂磷霉素钠。

10. 喹诺酮类 喹诺酮类药物的抗菌机制主要是抑制细菌脱氧核糖核酸(deoxyribonucleic acid,DNA)拓扑异构酶,从而抑制其切口和封口功能而阻碍细菌 DNA 复制、转录,最终导致细胞死亡。

喹诺酮类抗菌药第一代以吡哌酸为代表,抗菌谱较窄,仅对大肠埃希菌、变形杆菌属、沙门菌属和志贺菌属的部分菌株有抗菌作用。第二代在喹诺酮母核的 6 位引入氟原子,即氟喹诺酮类药物,代表药物环丙沙星等,对肠杆菌属的抗菌活性增强,同时对革兰氏阳性球菌也有抗菌作用,对非典型病原体也有较好疗效。第三代除保留 6 位氟取代外,于 5 位或 8 位引入氨基或甲基及甲氧基的衍生物,主要包括左氧氟沙星、莫西沙星等,对革兰氏阳性球菌、厌氧菌、衣原体、支原体、军团菌均有较强作用。近年来,出现新一代无氟喹诺酮苹果酸奈诺沙星,对耐甲氧西林金黄色葡萄球菌具有更好的抗菌活性。

11. 磺胺类 磺胺类药物可与对氨基苯甲酸竞争二氢叶酸合成酶,阻止细菌四氢叶酸的合成,而四氢叶酸是细胞分裂增殖所必需的辅酶,从而抑制细菌的生长繁殖。

根据药代动力学特点和临床用途,本类药物可分为:①口服易吸收可全身应用者,如复方磺胺甲噁唑(磺胺甲噁唑与甲氧苄啶)、复方磺胺嘧啶(磺胺嘧啶与甲氧苄啶)等;②口服不易吸收者如柳氮磺吡啶;③局部应用者,如磺胺嘧啶银等。

12. 噁唑烷酮类 利奈唑胺是该类药物中唯一一用于临床的品种。利奈唑胺为细菌蛋白合成抑制剂,通过与细菌 50S 亚基上核糖体 RNA 的 23S 位点结合,抑制细菌蛋白质合成发挥抗菌作用。

利奈唑胺对金黄色葡萄球菌(包括耐甲氧西林金黄色葡萄球菌)、凝固酶阴性葡萄球菌(包括耐甲氧西林凝固酶阴性葡萄球菌)、肠球菌属(包括耐万古霉素肠球菌)、肺炎链球菌(包括青霉素耐药株)、A 组溶血性链球菌等均具有良好抗菌作用。肠杆菌科细菌、假单胞菌属和不动杆菌属等非发酵菌对该药耐药。

13. 硝基咪唑类 硝基咪唑类药物主要通过分子中的硝基,在无氧环境中还原成氨基或通过形成自由基成为细胞毒药物,抑制细菌的脱氧核糖核酸的合成,从而抑制细菌的生长、繁殖,导致死亡。

硝基咪唑类有甲硝唑、替硝唑和奥硝唑等。硝基咪唑类对拟杆菌属、梭菌属等厌氧菌均具高度抗菌活性,对滴虫、阿米巴等原虫亦具良好活性。

14. 硝基呋喃类 硝基呋喃类药物抗菌机制在于敏感菌可以将本药还原成活性产物抑制乙酰辅酶 A 等多种酶,从而干扰细菌糖代谢并损伤 DNA。

国内临床应用的呋喃类药物包括呋喃妥因、呋喃唑酮和呋喃西林,代表药物呋喃妥因。

15. 抗结核病药物

(1)异烟肼:作用机制尚未完全阐明,可能通过抑制分枝菌酸的合成,使细菌丧失耐酸性、疏水性和增殖力而死亡。异烟肼对结核分枝杆菌具高度选择性,而对其他细菌无作用。

(2)利福平:利福平能特异性地抑制细菌 DNA 依赖性 RNA 多聚酶,阻碍信使核糖核酸(messenger ribonucleic acid,mRNA)合成。利福平有广谱抗菌作用,对结核分枝杆菌、麻风杆菌和革兰氏阳性球菌特别是耐甲氧西林金黄色葡萄球菌都有很强的抗菌作用,对革兰氏阴性菌、沙眼衣原体也有抑制作用。

(3)乙胺丁醇:抗菌机制可能是与 Mg^{2+} 结合,干扰菌体 RNA 的合成。对细胞内、外结核分枝杆菌有较强杀菌作用,对链霉素或异烟肼等有耐药性的结核分枝杆菌也有效,主要与利福平或异烟肼等合用。

（4）吡嗪酰胺:作用机制可能与吡嗪酸有关,在结核分枝杆菌菌体内转化为吡嗪酸而发挥抗菌作用。另可通过取代烟酰胺而干扰脱氢酶,阻止脱氢作用,妨碍结核分枝杆菌对氧的利用,而影响其正常代谢。

（二）抗真菌药

抗真菌药是一类具有杀灭或抑制真菌生长、繁殖药物的统称,以结构分类最为常见,可分为多烯类、吡咯类（可分为咪唑类、三唑类）、核苷嘧啶类、丙烯胺类、棘白菌素类以及其他合成抗真菌药等。临床上常将真菌感染性疾病分为浅部真菌感染和深部真菌感染。浅部真菌感染多侵犯皮肤、毛发、指（趾）甲等人体浅表部位,常用药物为多烯类、咪唑类、核苷嘧啶类、丙烯胺类。深部真菌感染主要侵犯深部组织和内脏器官,常用药物为多烯类、三唑类、棘白菌素类。

1. 浅表真菌感染常用治疗药物的分类与作用机制 浅表真菌感染常用治疗药物的分类与作用机制见表6-1-2。

表 6-1-2 浅表真菌感染常用治疗药物的分类与作用机制

分类	常用药物	作用机制
多烯类	制霉菌素	与真菌细胞膜上的甾醇相结合,致细胞膜通透性改变,以致重要细胞内容物漏失而发挥抗真菌作用
核苷嘧啶类	灰黄霉素	通过干扰真菌核酸的合成而抑制其生长
丙烯胺类	萘替芬 特比萘芬 布替萘芬	通过抑制真菌细胞膜中的角鲨烯环氧化酶发挥抗真菌作用,其选择性地抑制真菌合成和繁殖过程,从而达到杀灭和抑制真菌的作用
咪唑类	克霉唑 咪康唑 益康唑 酮康唑 联苯苄唑 舍他康唑	通过抑制真菌细胞膜依赖细胞色素 P450 酶系（cytochrome P450, CYP）的 14-α- 去甲基酶阻止真菌细胞膜主要成分麦角甾醇的合成,从而发挥抗真菌作用

2. 深部真菌感染常用治疗药物及其作用机制 深部真菌感染常用治疗药物及其作用机制见表6-1-3。

表 6-1-3 深部真菌感染常用治疗药物及其作用机制

分类	常用药物	作用机制
多烯类	两性霉素 B 两性霉素 B 脂质体	与真菌细胞膜上的麦角固醇相结合,在真菌细胞膜上形成孔洞,导致胞内重要物质外漏从而发挥抗真菌作用
三唑类	伊曲康唑 氟康唑 伏立康唑 泊沙康唑	抑制 CYP3A 依赖性酶 14α- 固醇去甲基化酶作用,从而抑制真菌细胞膜麦角固醇合成,影响细胞膜通透性从而杀灭真菌
棘白菌素类	卡泊芬净 米卡芬净 阿尼芬净	抑制 β-1,3-D- 葡聚糖合成酶,导致多聚葡聚糖的合成受阻,细胞生长周期停滞,真菌细胞壁的完整性被破坏,最终导致真菌细胞溶解死亡

（三）抗病毒药

病毒是一类由贮存遗传基因的核酸和蛋白质外壳组成的微生物。病毒分为 RNA 病毒和 DNA 病毒两大类,前者核酸为核糖核酸,后者核酸为脱氧核糖核酸。它通过感染宿主,在宿主细胞中生存、复制和传播。目前,临床应用的抗病毒药主要是针对流感、疱疹、人类免疫缺陷和肝炎等病毒感染。常用药物作用机制如下:

1. 抗流感病毒药物 抗流感病毒药物分类及其作用机制如表6-1-4所示。

表 6-1-4 抗流感病毒药物分类及其作用机制

分类	代表药物	作用机制
M₂ 蛋白抑制剂	金刚烷胺	通过抑制 M₂ 蛋白阻止病毒脱壳及其 RNA 的释放,干扰病毒进入细胞,中断病毒早期复制,也可以改变血凝素（hemagglutinin, HA）的构型而抑制病毒装配
神经氨酸酶（neuraminidases, NA）抑制剂	奥司他韦 扎那米韦	抑制病毒神经氨酸酶,阻止新形成的病毒颗粒从被感染细胞中向外释放
广谱抗病毒药	利巴韦林	进入细胞,在细胞酶作用下转变为单、二、三磷酸,能竞争性地抑制肌苷 5′- 单磷酸脱氢酶,从而抑制多种 RNA、DNA 病毒的复制,也可抑制病毒 mRNA 的合成

2. 抗疱疹病毒药 抗疱疹病毒药物分类及其作用机制如表 6-1-5 所示。

表 6-1-5 抗疱疹病毒药物分类及其作用机制

代表药物	作用机制
碘苷	取代病毒 DNA 前体胸腺嘧啶,将异常的嘧啶掺入新合成的子代病毒 DNA,从而干扰病毒的复制
阿昔洛韦、更昔洛韦	在感染细胞内,被特异性胸苷激酶磷酸化,抑制疱疹病毒 DNA 多聚酶和掺入病毒 DNA 中,抑制病毒的 DNA 合成
阿糖腺苷	在细胞内磷酸化,掺入到宿主细胞和病毒 DNA 中,通过抑制 DNA 聚合酶而抑制病毒 DNA 的合成
膦甲酸钠	可能通过与病毒多聚酶的焦磷酸盐解离部位结合,抑制焦磷酸从三磷酸脱氧核苷上解离,从而抑制病毒生长

3. 抗逆转录病毒药物 抗逆转录病毒药物分类及其作用机制见表 6-1-6。

表 6-1-6 抗逆转录病毒药物分类及其作用机制

分类	代表药物	作用机制
核苷类逆转录酶抑制剂	齐多夫定、阿巴卡韦、替诺福韦、恩曲他滨	模拟天然的二脱氧核苷底物,进入细胞后,经过磷酸化成为三磷酸盐,竞争性抑制 RNA 逆转录酶的活性,作用于人类免疫缺陷病毒(human immunodeficiency virus,HIV)复制的早期,抑制病毒 DNA 的合成并终止病毒 DNA 链的延伸
非核苷逆转录酶抑制剂	奈韦拉平	在体内直接、特异性与 HIV-1 病毒逆转录酶的催化中心结合,使酶蛋白构象改变而失去活性
入胞抑制剂	恩夫韦地	与 HIV-1 病毒转膜糖蛋白 gp41 亚单位的 HR1 相结合,阻止病毒膜和宿主靶细胞膜融合,阻断病毒入侵宿主细胞而阻止感染
HIV 整合酶抑制剂	雷特格韦、埃替格韦、多特格韦	抑制 HIV 整合酶的催化活性,防止未整合的单链 HIV-DNA 共价插入宿主细胞的基因内,阻止前病毒的产生,从而抑制病毒复制

续表

分类	代表药物	作用机制
HIV 蛋白酶抑制剂	第一代:沙奎那韦、茚地那韦、利托那韦、奈非那韦、安谱那韦 第二代:洛匹那韦、安扎那韦、替拉那韦和达如那韦	通过阻止病毒前体蛋白的切割,导致不成熟、无功能病毒颗粒的堆积,阻断病毒复制的晚期而抗病毒

4. 抗肝炎病毒药物 抗肝炎病毒药物分类及其作用机制见表 6-1-7。

表 6-1-7 抗肝炎病毒药物分类及其作用机制

代表药物	作用机制
α- 干扰素	不能直接灭活病毒,主要作用于靶细胞受体,使细胞内产生抗病毒蛋白,阻断细胞内病毒复制。抑制病毒蛋白质合成、转录、装配和释放等多环节而产生抗病毒作用
拉米夫定、替比夫定、恩替卡韦	在细胞内磷酸化,选择性抑制病毒 DNA 聚合酶,从而抑制病毒 DNA 复制和终止 DNA 链的延长
阿德福韦酯	通过抑制逆转录酶阻断病毒的复制,诱导内生性 α- 干扰素,增加自然杀伤细胞的活力和刺激机体的免疫反应

四、药物不良反应管理

(一)抗菌药物和抗病毒药的常见不良反应

随着抗菌药物的广泛应用,抗菌药物的滥用和不合理应用越来越常见。随之而来的药物不良反应和耐药菌的产生,特别是药物不良反应给患者、家庭和社会带来的不良后果,必须引起人们的高度重视,并予以积极的防范。抗菌药物和抗病毒药常见的不良反应总结见表 6-1-8、表 6-1-9。

表 6-1-8 抗菌药物常见不良反应

抗菌药物	常见不良反应
青霉素类	过敏反应,皮疹(氨苄西林、阿莫西林尤为常见),腹泻(氨苄西林尤为常见)
头孢菌素类	静脉炎,腹泻(头孢哌酮、头孢克肟尤为常见);肌内注射时臀部疼痛
其他 β 内酰胺类	
氨曲南	嗜酸性粒细胞增多
亚胺培南	消化道反应:恶心、呕吐

续表

抗菌药物	常见不良反应
美罗培南	腹泻,恶心,头痛,皮疹
氨基糖苷类	肾功能损害:与合用肾毒性药及脱水有关
红霉素	胃肠道反应,静脉炎
阿奇霉素	胃肠道反应
氟喹诺酮类	胃肠道反应,中枢神经系统反应(头痛、头昏、失眠、坐立不安),过敏反应,腹泻,光敏反应,肝酶升高,Q-T间期延长
四环素类	胃肠道反应,8岁以下儿童牙齿黄染及影响骨骼生长,眩晕,负氮平衡及氮质血症,阴道炎
克林霉素	腹泻
复方磺胺甲噁唑	药物热,粒细胞减低或缺乏,皮疹,胃肠道反应(剂量相关)
万古霉素	静脉炎
氯霉素	白细胞及中性粒细胞减低、贫血及皮疹
磷霉素	腹泻,头痛,阴道炎,恶心
甲硝唑	胃肠道反应,口腔金属味,头痛
利福平	尿液,眼泪,汗液呈橘黄色
异烟肼	肝功能损害
酮康唑	胃肠道反应,一过性肝酶升高
氟康唑	胃肠道反应(腹胀、恶心、呕吐),可出现一过性脱发
伊曲康唑	头痛,胃肠道反应(恶心、呕吐),皮疹,大剂量给药可出现低血钾、肾上腺功能不全,肝炎
两性霉素 B	发热,寒战,肾小管酸中毒,肾功能损害,低钾血症,贫血,静脉炎及静脉滴注局部疼痛

表 6-1-9 抗病毒药常见不良反应

抗病毒药	常见不良反应
拉米夫定	上呼吸道感染样症状、头痛、恶心、身体不适、腹痛和腹泻
阿德福韦酯	常见不良反应为虚弱、头痛、腹痛、恶心、胃肠气胀、腹泻、消化不良、白细胞减少(轻度)、脱发;个别患者有肾损害
恩替卡韦	谷丙转氨酶升高、疲劳、眩晕、恶心、腹痛、腹部不适、上腹痛、肝区不适、肌痛、失眠和风疹
替比夫定	磷酸肌酸激酶升高、恶心、腹泻、疲劳、肌痛和肌病

续表

抗病毒药	常见不良反应
恩夫韦肽	注射部位局部反应,表现为注射部位轻至中等严重
沙奎那韦	腹泻、恶心和腹部不适
恩曲他滨	头痛、腹泻、皮肤色素沉着、恶心和皮疹,程度从轻到中等严重
重组人干扰素 α-2b、聚乙二醇干扰素 α-2a、聚乙二醇干扰素 α-2b	发热:治疗第一针常出现高热现象,以后逐渐减轻或消失 感冒样综合征:多在注射后24h出现 骨髓抑制:出现白细胞及血小板减少 神经系统症状:如失眠、焦虑、抑郁等 干扰素少见的不良反应有:如癫痫、肾病综合征等 诱发自身免疫性疾病:如甲状腺炎、血小板减少性紫癜、溶血性贫血、风湿性关节炎、红斑狼疮样综合征、血管炎综合征和1型糖尿病等
利巴韦林	溶血性贫血、乏力等,停药后即消失。疲倦、头痛、失眠、食欲减退、恶心、呕吐、轻度腹泻、便秘等少见,并可致红细胞、白细胞及血红蛋白下降。长期大量使用有可能导致可逆性免疫抑制
奥司他韦	轻度消化道反应、呼吸系统反应;也有过敏反应与转氨酶升高的报道;神经精神系统反应有失眠、头晕、头痛、眩晕等,幻觉、行为异常、精神错乱的报道
金刚烷胺、金刚乙胺	常见眩晕、失眠和神经质,恶心、呕吐、厌食、口干、便秘。偶见抑郁、焦虑、幻觉、精神错乱、共济失调、头痛,罕见惊厥,少见白细胞减少、中性粒细胞减少
阿昔洛韦、伐昔洛韦、泛昔洛韦、喷昔洛韦、更昔洛韦	常见头痛和恶心,此外尚有: 神经系统:头晕、失眠、嗜睡、感觉异常等 消化系统:腹泻、腹痛、消化不良、厌食、呕吐、便秘、胀气等 全身反应:疲劳、疼痛、发热、寒战等 其他反应:皮疹、皮肤瘙痒、鼻窦炎、咽炎等
碘苷	可有畏光、局部充血、水肿、瘙痒或疼痛等不良反应,也可发生过敏反应眼睑水肿。长期外用可引起接触性皮炎、点状角膜病变、滤泡性结膜炎、泪点闭塞等
阿糖腺苷	可见注射部位疼痛。极少情况下出现神经肌肉疼痛及关节疼痛,偶见有血小板减少、白细胞减少或骨髓巨细胞增多现象

续表

抗病毒药	常见不良反应
酞丁安	少数病例有局部瘙痒刺激反应,如皮肤红斑、丘疹及刺痒感
膦甲酸钠	肾功能损害是最主要不良反应,可引起急性肾小管坏死、肾源性尿崩症及出现膦甲酸钠结晶尿等。还可有低钙或高钙血症、血磷过高或过低、低钾血症等 中枢神经系统症状:头痛、震颤、易激惹、幻觉、抽搐等 血液系统:贫血、粒细胞减少、血小板减少等 代谢及营养失调:低钠血症和下肢水肿、乳酸脱氢酶、碱性磷酸酶或淀粉酶升高 心血管系统:心电图异常、高血压或低血压、室性心律失常 其他反应:恶心、呕吐、食欲减退、腹痛、发热、肝功能异常及静脉炎等

(二)抗感染药物常见不良反应的管理

1. 开展宣传活动,普及合理使用抗菌药物知识 加强合理使用抗菌药物的政策性指导,普及抗菌药物合理使用知识,提高各界对合理使用抗菌药物和药品不良反应的认知,引导公众在医生指导下合理使用抗菌药物。

2. 加强对从业人员专业培训 药品生产、经营企业和医疗机构要加强工作人员合理使用抗菌药物、药品分类管理和药品不良反应知识的专业培训,逐步成为医疗机构和药品生产经营企业的自觉行动。

3. 合理使用抗菌药物 合理使用抗菌药物是减少不良反应的重要措施。医疗机构要严格执行《抗菌药物临床应用指导原则》,开展临床用药监测,按照抗菌药物的使用指征,合理应用抗菌药物。零售药店和连锁门店要严格执行药品分类管理规定,正确介绍药品的性能、用途、禁忌及注意事项,指导顾客安全、合理用药。

4. 开展药品分类管理的监督检查 各级食品药品监督管理部门开展流通领域中抗菌药物凭处方销售的检查,重点检查处方审核员资质、执业医师处方、驻店药师在岗及处方审查签字等情况。

5. 开展药品不良反应监测和报告 各药品生产、经营企业和医疗机构要建立专门机构,落实专(兼)职人员负责药品不良反应监测和报告工作,密切监测抗菌药物不良反应,一旦发生或发现可疑药品不良反应,要按规定报告。

(程 萌 刘安昌)

第二节 常见感染性疾病的药物治疗

一、病毒性肺炎

病毒性肺炎(viral pneumonia)是多种不同种类的病毒侵犯肺实质引起的肺部炎症,导致肺换气功能障碍的疾病。近几年因严重急性呼吸综合征(severe acute respiratory syndrome, SARS)和禽流感病毒的暴发流行,病毒性肺炎越来越引起人们的重视。本病好发于冬春季节,在免疫力正常或低下的儿童及成人中均可发生,多见于婴幼儿、老年人和原有慢性心肺疾病的患者。在社区获得性肺炎中,病毒感染占 5%~15%。非细菌性肺炎中,病毒性肺炎占 25%~50%。近年来由于免疫抑制剂的广泛应用,以及艾滋病患者数量的增多,病毒性肺炎的发病率逐渐增多,而 SARS 的流行使得病毒性肺炎显得尤为重要。

大多数呼吸道病毒都可引起病毒性肺炎,临床常见有甲、乙型流感病毒、副流感病毒、腺病毒、呼吸道合胞病毒、巨细胞病毒、麻疹病毒等。新近发现人类免疫缺陷病毒(human immunodeficiency virus, HIV)、汉塔病毒、尼派病毒以及 SARS 冠状病毒也可引起肺炎。病毒性肺炎的发生除与病毒本身的毒力、感染途径及感染量有关外,宿主的年龄、呼吸道局部及全身的免疫功能状态等也是重要的影响因素。一般儿童发病率高于成人,婴幼儿高于年长儿。病毒性肺炎常为吸入性感染,主要传染源是患者,通过飞沫或与患者的直接接触传染,常伴气管 - 支气管炎,亦有通过输血、器官移植途径、母婴间的垂直传播等感染。患者可同时受两种或两种以上病毒感染,并可继发细菌感染,免疫抑制宿主还常继发真菌感染。

(一)临床表现与诊断

1. 临床表现 本病临床表现与病毒种类、机体免疫状况等有关,常见的病毒性肺炎起始症状各异。起病一般较缓慢,临床症状通常较轻,可有发热、乏力、头痛、咽痛、鼻塞、流涕等上呼吸道感染症状,亦有少数病例起病较急,肺炎进展迅速。病变进一步发展累及肺实质,出现咳嗽、咳少量白色黏痰、气促等呼吸道症状。由于肺泡间质和肺泡内水肿,严重者会出现急性呼吸窘迫综合征。如并发细菌感染,病情严重,病死率较高。小儿、老年人以及存在免疫缺陷的患者,临床症状常较严重,表现为持续高热、心悸、气急、发绀、意识障碍,甚至休克、呼吸衰竭、心力衰竭等。除水痘 - 带状疱疹病毒性肺炎、麻疹病毒性肺炎有特征性皮疹出现外,大多数病毒性肺炎常无明显的体征,部分患者可闻及细湿啰音。病情严重者有呼吸频率加快、发绀、肺部干湿啰音,甚至可见三凹征及鼻翼扇动。

2. 诊断 在病毒感染的流行季节,根据急性呼吸系统感染的症状和体征,胸部 CT 呈斑片状阴影或弥漫间质性肺炎改变(图 6-2-1),外周血白细胞正常,并排除其他病原体引起的肺炎,应考虑病毒性肺炎。确诊则有赖于病原学检查,包括病毒分离、血清学检查以及分子病毒学检查等。呼吸道分泌物中细胞核内的包涵体可提示病毒感染,但并非一定来自肺部,需早期进一步收集肺活检标本或经纤支镜采集的下呼吸道分泌物、支气管肺泡灌洗液标本作培养分离病毒。血清学检测是目前临床诊断病毒感染的重要方法,可检测病毒特异性 IgG、IgM,双份血清病毒抗体滴度升高 4 倍以上有诊断意义,但早期诊断价值不大。

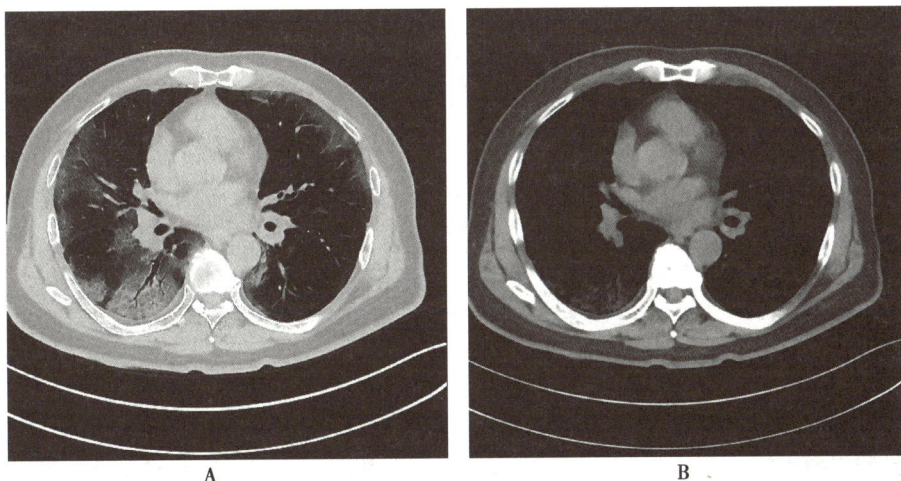

图 6-2-1 病毒性肺炎
A、B. 双肺多发斑片状磨玻璃影,部分实变,双肺间质改变,病灶主要位于肺外带
(资料来源:图片由重庆西南医院放射科陈伟副教授提供)

(二)一般治疗原则

卧床休息,加强支持治疗,保持室内空气流通,环境安静整洁,注意隔离消毒,预防交叉感染。多饮水,给予足够的营养支持,适当补充维生素及蛋白质。保持呼吸道通畅,清除呼吸道痰液,可给予雾化或湿化气道,祛痰药物治疗,并行体位引流。对有喘息症状者适当给予支气管扩张剂治疗,并早期进行持续氧疗,如出现严重低氧血症,应行面罩吸氧或机械通气。

病毒性肺炎的治疗应遵循综合治疗原则,主要包括 4 个方面:①抗病毒治疗;②对症治疗;③提高机体免疫力;④通过药物、理疗等方法调节机体和呼吸道的反应性。

(三)基本治疗药物及治疗方案

目前对多数病毒缺乏有效的特异性治疗,但病毒性肺炎首先应进行积极的抗病毒治疗,此外,还需采取综合治疗措施,包括一般对症处理和支持疗法等,特别应预防继发细菌、真菌感染和并发症的发生。

1. 抗 RNA 病毒药物

(1)M2 离子通道阻滞剂:包括金刚烷胺和金刚乙胺,可通过阻止病毒脱壳及其核酸释放,抑制病毒复制和增殖。M2 蛋白为甲型流感病毒所特有,因而此类药物只对甲型流感病毒有抑制作用,用于甲型流感病毒的早期治疗和流行高峰期预防用药。

（2）神经氨酸酶抑制剂:主要包括奥司他韦、扎那米韦和帕拉米韦,此类药物可通过黏附于新形成病毒微粒的神经氨酸酶表面糖蛋白,阻止宿主细胞释放新病毒,并促进已释放的病毒相互凝聚、死亡。

（3）帕利珠单抗:是一种呼吸道合胞病毒（respiratory syncytial virus, RSV）的特异性单克隆抗体,可用于预防呼吸道合胞病毒感染,目前应用于高危易感儿童。

2. 抗 DNA 病毒药物

（1）阿昔洛韦:在体内可干扰病毒 DNA 聚合酶从而抑制病毒复制,主要用于治疗单纯疱疹病毒及水痘 - 带状疱疹病毒感染,也可用于治疗 EB 病毒及巨细胞病毒感染。

（2）更昔洛韦:其作用机制及抗病毒谱与阿昔洛韦相似,对巨细胞病毒具有高度特异性抑制作用,尤其适用于巨细胞病毒感染的免疫缺陷患者,需静脉给药,不良反应主要为骨髓抑制。

（3）西多福韦:具有较强抗疱疹病毒活性,对巨细胞病毒感染疗效尤为突出,可用于免疫功能低下患者巨细胞病毒感染预防和治疗。

3. 广谱抗病毒药

（1）利巴韦林:可抑制肌苷单磷酸脱氢酶、流感病毒 RNA 聚合酶和 mRNA 鸟苷转移酶,阻断病毒 RNA 和蛋白质合成,进而抑制病毒复制和传播。用于治疗呼吸道合胞病毒、腺病毒、流感病毒性肺炎。

（2）膦甲酸钠:主要通过抑制病毒 DNA 和 RNA 聚合酶发挥其生物效应。主要用于免疫功能抑制患者并发巨细胞病毒、水痘 - 疱疹病毒,尤其对单纯疱疹病毒且对阿昔洛韦耐药者常可作为首选。

4. 辅助抗病毒药
干扰素可调节体液和细胞免疫功能,增强其抗病毒。他汀类药物、贝特类药物及格列酮类药物,可减轻感染时过度的炎症免疫反应对机体的损伤。

5. 中药治疗
双黄连口服液,以及金银花、贯众、板蓝根、大青叶和具有抗病毒作用的中药方剂等对病毒感染有一定疗效。

6. 抗生素的应用
无细菌感染证据的患者,一般无需抗菌药物治疗。一旦并发细菌感染或不能除外细菌感染,应选用敏感抗生素治疗,避免盲目或不恰当使用抗生素。

（四）临床问题导向的药物治疗

儿童患者中病毒性肺炎期间吸入利巴韦林可减少住院时间和机械通气时间,但不会显著降低总死亡率。儿童免疫球蛋白的使用与单独的支持治疗对儿童患者没有任何益处。美国儿科指南中不建议广泛使用支气管扩张剂、皮质类固醇或抗生素。对于伴合并症或近期使用过抗菌药物的患者,添加或不添加大环内酯的 β- 内酰胺单药治疗都是最佳选择。氟喹诺酮类药物被列为替代选择,但要取决于医生的临床判断,需基于患者的个体状况。对免疫抑制患者,及时确定可能的病原微生物对于治疗和确定治疗持续时间是至关重要的。

肾移植后肺炎容易发展成 ARDS,使肾移植患者面临较高的死亡率。较高的肺炎发病率可能是由于患者卫生条件差、使用更强的免疫抑制剂,以及巨细胞病毒和卡氏肺孢子虫的常规化学预防。强效免疫抑制剂的使用使肾移植患者长期生存概率增加。脓毒血症是肾移植受者入住 ICU 的主要原因,其次是心血管疾病。早期诊断、预防和积极治疗肺炎,积极营养支持和降低 ARDS 发病率对于降低这些免疫功能低下患者的死亡率至关重要。

（五）药物治疗展望

新型抗病毒药正在研发,阿比多尔是近年来新研制出来的新型广谱抗病毒药,属于非核苷类,体内外实验研究结果显示此类药物对呼吸道合胞病毒、流感病毒、副流感病毒、腺病毒、人鼻病毒等多种病毒都有着抑制作用。阿比多尔对呼吸道合胞病毒的主要抑制作用是直接杀伤病毒,也可制约病毒生物的合成,并且随着药物和细胞作用时间的延长,细胞对呼吸道合胞病毒感染的抗性越强,治疗指数也就越大,是一种值得深入研究的抗病毒药。

接种灭活疫苗仍然是减少流感病毒相关的发病率和死亡率的重要措施。但是除了流感病毒,目前还没有批准的其他病毒的疫苗。免疫治疗和免疫预防仍然是未来研究的重要方向。有报道称，免疫球蛋白接种，如RSV-1G1V、帕利珠单抗可以预防呼吸道合胞病毒感染。所以早期诊断、早期治疗才能达到较好的预后，未来需要科学家与临床医生共同努力，更好的治疗和预防病毒性肺炎。

二、脓毒血症

脓毒血症是机体受到病原微生物（如细菌、病毒、真菌、寄生虫）感染引起的全身炎症反应。脓毒血症是内、外科危重病患者常见的并发症，可进一步导致脓毒症休克和多器官功能障碍综合征，是危重病患者主要死亡原因之一。统计资料显示，全球每年有超过1 800万严重脓毒症病例，且患者数目每年以1.5%的速度增长，地球上每天大约有14 000人死于脓毒症，欧洲和美国每年死于此病者超过35万人，治疗费用高达250亿美元，美国每年有75万例脓毒症患者，其中约21.5万人死亡，并呈逐年上升趋势，为良性疾病的第一死因，脓毒血症已成为一个全球性的医疗保健问题。脓毒血症定义是由宿主对感染的反应失调引起的威胁生命的器官功能障碍。脓毒性休克是脓毒症患者经过充分的液体复苏后仍持续的低血压和低灌注，其诊断标准为经过充分的液体复苏后平均动脉压≤65mmHg和乳酸≥2mmol/L。目前已经提出了一种新的脓毒症筛查工具（qSOFA），其中包括格拉斯哥昏迷评分为13或更低、呼吸频率为22次/min或更高、收缩压≤100mmHg。qSOFA评分为2分或更高可确定患者的预后风险较高。

（一）临床表现与诊断

1. 临床表现

（1）全身表现：脓毒血症发生后常伴有体温的明显升高，出现寒战、高热，如果没有能够及时、综合的治疗，病情进一步发展临床上可以出现呼吸、循环方面的改变，例如：可以出现呼吸急促、意识障碍，有的甚至出现血压降低，以至于休克血压等，少数的患者还可以出现消化道出血的临床表现。

（2）局部表现：脓毒血症临床上一般是发生于严重的创伤之后，发生于各种化脓性的感染，所以常可以有局部的感染性病灶。例如：开放性的骨折局部出现红肿、化脓；大面积烧伤后创面的感染；急性化脓性的胆管炎引起右上腹痛、胆绞痛；各种腹部疾病引起的急性弥漫性腹膜炎的症状如全腹痛、恶心呕吐；给予静脉导管穿刺术后出现局部的化脓性感染等。

2. 诊断 体温>38 ℃ 或者<36 ℃，心率>90次/min，呼吸>20次/min或PCO_2<4.25kPa，白细胞计数>$12×10^9$/L 或者<$4×10^9$/L 或者不成熟的中性粒细胞数>10%。具有以上2项以上即可诊断为全身炎症反应综合征（systemic inflammatory response syndrome，SIRS）。在不显著延迟抗菌药物使用的前提下，对疑似脓毒血症或脓毒性休克的患者建议使用抗菌药之前进行合理的常规微生物培养。在不久的将来，分子诊断学方法可能比现有技术更快且更准确地确诊感染。此外，易感性检测可能需要在可预测的未来进行存活病原体分离和直接检测。

（二）一般治疗原则

脓毒血症综合治疗应尽快（1h、3h、6h内）完成：①检测乳酸水平；②在应用抗生素前获得血液病原培养；③管理广谱抗生素；④采用30ml/kg晶体用于低血压或乳酸≥4mmol/L，在6h内完成；⑤使用血管加压剂（对初始液体复苏无反应的低血压），以维持平均动脉压（mean arterial pressure，MAP）≥65mmHg；⑥如果在初始液体给药后持续出现低血压（MAP<65mmHg）或初始乳酸盐≥4mmol/L，则重新评估容量状态；⑦如果初始乳酸盐升高，重新测量乳酸，初始液体复苏后重复进行包括生命体征、心肺、毛细血管再充盈时间、脉搏和皮肤检查结果在内的检查，或者以下两种情况：测量CVP、测量$ScvO_2$、进行床边心血管超声检查、通过被动抬腿试验或补液试验对容量反应性进行动态评估，最重要是在诊断脓毒血症后1h内给予抗生素治疗，针对病原菌精准的抗生素治疗、感染源的控制以及血流动力学指导下的脏器功能支持是脓毒血症治疗三个关键原则。

（三）基本治疗药物及治疗方案

脓毒血症是最常见的、致命的、治疗费用高昂的疾病，老龄人口中尤其常见，且不同程度地影响患有癌症和潜在免疫抑制的患者；严重脓毒血症可导致多种器官功能障碍,以致产生以严重的免疫功能和分解代谢障碍为特征的慢性危重状态;目前为此,很难找到一个单一的适合所有脓毒血症的方法。

《2012 拯救脓毒症运动:严重脓毒症和脓毒症休克管理指南》主要变化是去除早期目标导向治疗建议[复苏目标中心静脉压(CVP)≥8mmHg,中心静脉血氧饱和度(ScVO$_2$)≥70%,以及乳酸正常化]。《2016 拯救脓毒运动:脓毒症和脓毒性休克的管理国际指南》建议对容量状态和组织灌注进行连续重新评估,并对液体反应性进行动态评估,包括评估组织灌注、床旁心脏超声、被动抬腿试验。《2016 拯救脓毒运动:脓毒症和脓毒性休克的管理国际指南》也认识到我们处于"个性化"医学的时代,"一种尺寸并不适合所有人"。例如,患有严重低氧血症和急性呼吸窘迫综合征或心力衰竭的脓毒症患者,30ml/kg 的液体复苏可能不合适,可能需要使用血管加压药或强心药物来优化组织灌注。新指南中最重大的变化是,对于初始液体复苏,不再推荐使用早期目标导向治疗的协议治疗。

在脓毒血症诊断最初的 3h 内以 30ml/kg 体重的晶体液进行液体复苏,晶体作为初始复苏的首选液体;需要血管加压剂的脓毒性休克的初始目标 MAP 为 65mmHg,去甲肾上腺素作为一线血管加压药;诊断脓毒症后 1h 内针对可能的病原体给予广谱抗菌治疗;血红蛋白 <70g/L 时需要输血;ARDS 的目标潮气量为 6ml/kg,平台压力上限为 30cm H$_2$O,在成人脓毒症诱发的 ARDS 患者中使用高频振荡通气(high frequency oscillatory ventilation, HFOV),需抬高床头 30°~45°;通过针对血糖 <180g/dl 的方案进行血糖控制;普通或低分子量肝素预防深静脉血栓;对有胃肠道出血危险因素的患者应进行溃疡预防;早期肠内营养,在适当的情况下,使用姑息治疗原则将护理目标纳入治疗计划。

(四)临床问题导向的药物治疗

尽快对感染源进行控制:①建议在脓毒血症或脓毒性休克患者中尽快识别,并且在诊断后尽快实施任何所能的措施进行感染源控制;②建议在建立其他血管通路后,及时移除血管内通路装置,这些装置可能是脓毒血症或脓毒性休克的原因。

在确认脓毒症或脓毒性休克后推荐 1h 内尽快启动静脉抗菌药物治疗;尽管在管理脓毒症或脓毒性休克患者时,建立血管通路和启动积极的液体复苏非常重要,但快速抗菌药静脉滴注也是重中之重。另外,现已获批并上市多种一线 β- 内酰胺肌内注射剂,包括亚胺培南/西司他丁、头孢吡肟、头孢曲松和厄他培南。没有血管和骨内通路时,紧急情况下也可肌内注射几种其他的一线 β- 内酰胺药物,但是此类药物尚未获得监管批准进行肌内注射给药,只有在不能及时建立血管通路的情况下才考虑肌内给药。

针对脓毒症或脓毒性休克患者,推荐经验性使用一种或几种抗菌药进行广谱治疗,以期覆盖所有可能的病原体。一旦微生物确认,药敏结果明确和/或临床症状体征充分改善,推荐降级经验性抗菌药物。脓毒性休克最常见的病原体是革兰氏阴性菌、革兰氏阳性菌和混合细菌微生物。特定条件会使患者面临感染非典型或耐药性病原体的风险。例如,中性粒细胞减少的患者容易感染较广泛的病原体,包括耐药性革兰氏阴性杆菌和念珠菌属。院内感染患者容易发生耐甲氧西林金黄色葡萄球菌(methicillin resistant staphylococcus aureus, MRSA)和耐万古霉素肠球菌脓毒症。

脓毒性休克的初始治疗推荐经验性联合用药(至少 2 种不同抗微生物种类的抗生素)以针对最可能的病原体。对于大多数其他严重的感染,包括菌血症和不合并休克的脓毒症,不常规使用联合治疗。临床医生必须评估感染耐药病原体的风险,包括长期住院和居住在慢性病护理机构、近期使用抗菌药、既往住院和既往多种耐药性微生物定植或感染。由于大多数严重脓毒症和脓毒性休克的患者有一种或多种形式的免疫抑制,初始经验性方案应足够广泛,以覆盖卫生保健相关感染中分离的多数病原体。最常见的是使用广谱碳青霉烯或超广谱青霉素/β- 内酰胺酶抑制剂组合。但也可使用第三代或更高代头孢菌素,特别是用于多药方案。当然,具体的方案可以并应该根据感染的部位和当地微生物流行病学进行调整。

临床医生应认识到在一些社区和医疗机构中

存在革兰氏阴性杆菌对广谱 β- 内酰胺类和碳青霉烯类药物耐药的风险。对于此类病原体感染高风险的危重症脓毒症患者，推荐在经验性方案中加入抗革兰氏阴性杆菌药物，以增加给予药物中的至少一种有效的可能性。同样地，在其他耐药性或非典型性病原体风险较大的情况下，应加入病原体特异性药物以扩大覆盖范围。

存在 MRSA 感染风险因素时，可使用万古霉素、替考拉宁或其他抗 MRSA 药物。军团菌属感染风险较高时，应加入大环内酯或氟喹诺酮。侵袭性念珠菌感染的风险因素包括免疫抑制状态、长期侵入性血管装置、全肠外营养、坏死性胰腺炎、最近进行大手术、长期给予广谱抗生素、长期住院 / 入住 ICU、近期真菌感染和多处定植。如果念珠菌脓毒症风险足以需要进行经验性抗真菌治疗，应根据疾病严重程度、当地病原体谱和任何最近服用的抗真菌药来选择特异性药物。大多数重症患者，特别是脓毒性休克患者，如果近期进行了其他抗真菌药治疗或根据早期培养结果怀疑光滑念珠菌或克柔念珠菌感染，多经验性使用棘白菌素类。既往没有接触过三唑类抗真菌药的血流动力学较稳定且病情较轻的患者，可使用三唑类药物。对于有棘白菌素不耐受或毒性的患者，两性霉素 B 脂质体制剂可作为棘白菌素的合理替代方案。当地抗真菌药的耐药谱可在真菌药敏试验结果出来前指导药物选择。采用 β-D- 葡聚糖的快速诊断性检测或快速聚合酶链反应测定用以指导抗真菌治疗。

脓毒性休克后外周坏疽是一种罕见的并发症，外周坏疽幸存者报告基于调查的生活质量受损，阴部疼痛是生活质量受损的主要原因。长期功能结果的评估不应该指导临终决定，疼痛管理策略可能会进一步改善这一特定人群的。

（五）药物治疗展望

早期识别和干预对于脓毒症患者的生存至关重要，包括早期液体复苏、抗生素、活化蛋白 C、强化胰岛素等治疗措施，以及针对内毒素、过度炎症反应、凝血级联反应等靶向治疗，使脓毒症的药物治疗有了新的进展。一种有希望的方法是使用基于细胞的疗法，例如同种异体的间充质干细胞或基质细胞，其具有很强的免疫调节作用，这些细胞目前正在针对 ARDS Ⅱ 期试验和脓毒血症 Ⅰ 期试验进行测试。随着科学的发展，可开发新的治疗策略，优化宿主对感染的反应。同时，必须全世界加倍努力，更有效地部署已证实的感染预防措施，包括获得安全饮用水和卫生设施、公共卫生系统监测、媒介控制和疫苗接种。

三、腹腔感染

腹腔感染是指各种病原菌引起的腹腔内感染，包括原发与继发性腹膜炎、腹腔内脓肿（图 6-2-2）、腹膜透析相关腹膜炎等浆膜腔感染以及阑尾炎（图 6-2-3）、胆囊炎、胆管炎、急性胰腺炎或胰腺脓肿（图 6-2-4）、肝脓肿、脾脓肿（图 6-2-5）、胃、肠道、肾脏等腹腔器官感染。根据感染途径可分为社区获得性腹腔感染和医院获得性腹腔感染。据有无复杂因素分为非复杂性及复杂性腹腔感染。社区获得性腹腔感染根据其病情轻重可分为轻度、中度、重度。轻度腹腔感染指发病时间在 12h 以内，感染较局限；中度腹腔感染指发病时间在 12~48h 以内，有感染中毒症状；重度腹腔感染是弥漫性腹腔感染，发病时间 >48h，有严重的感染中毒症状或合并器官功能障碍。通常，腹腔感染本质上是多微生物的，涉及许多肠微生物，包括肠杆菌科（例如肺炎克雷伯菌、大肠埃希菌）、肠球菌属、链球菌和拟杆菌属（特别是脆弱拟杆菌）。抗菌药物的使用是治疗腹腔感染的关键，抗菌药物的使用应结合腹腔感染的具体部位、严重程度、细菌与药物敏感状态的流行病学现状和抗菌药物的药效学和药代动力学特点等因素，选择合理的品种和正确的给药方法。

（一）临床表现与诊断

1. 临床表现 由于感染的部位及发展过程不同，腹腔感染的临床表现各不相同。典型的临床表现是发热、呕吐、腹痛、腹泻、腹部压痛及反跳痛、腹肌紧张、腹腔脓性引流物等。由特定部位疾病所引起的腹腔感染常产生特有的征象：如憩室炎患者常有左下腹部疼痛及便秘，发热和白细胞增多，有时可触及包块；阑尾炎的典型症状为脐周或上腹部疼痛，且常为绞痛，疼痛转移到右下腹；如果阑尾穿孔形成弥漫性腹膜炎，则有腹膜炎表现。

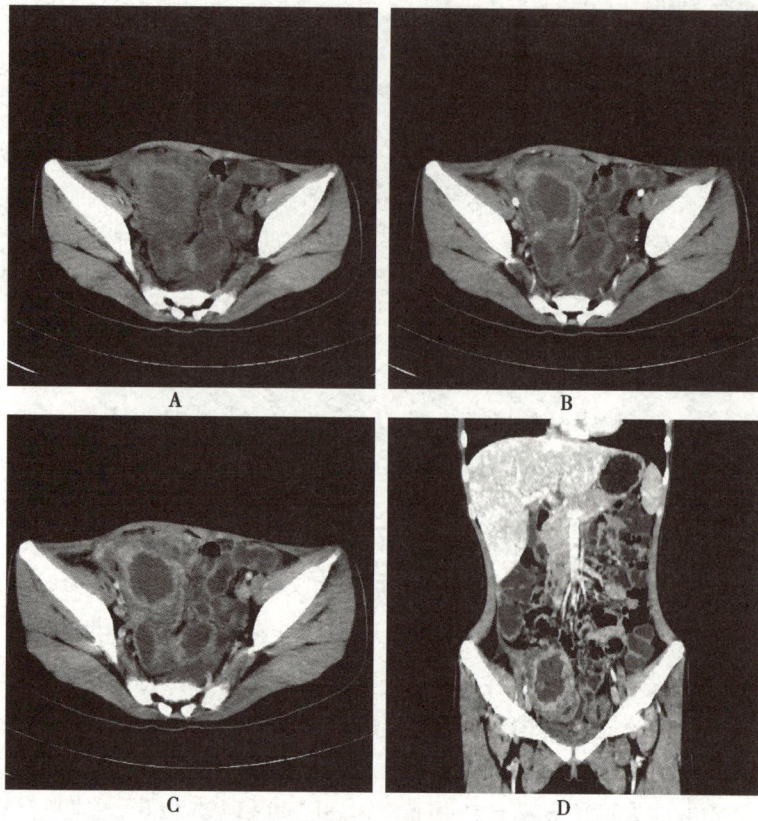

图 6-2-2 腹腔脓肿影像学表现
右下腹肿块,其内见大片状液性密度影及少许积气,周围软组织壁较厚,可见壁结节,
增强扫描呈明显环形强化,边界模糊

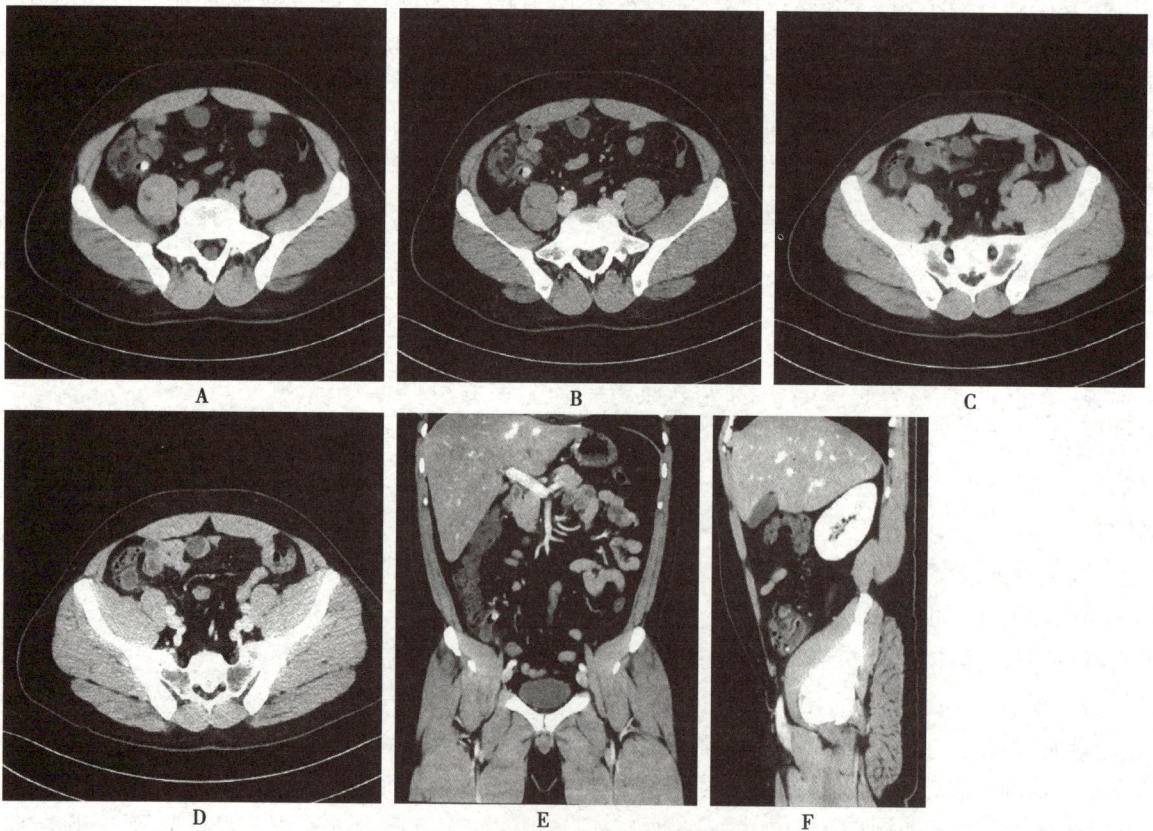

图 6-2-3 急性化脓性阑尾炎影像学表现
阑尾增粗、扩张,腔内积液及结石,增强扫描管壁强化,阑尾周围密度增高并模糊渗出液

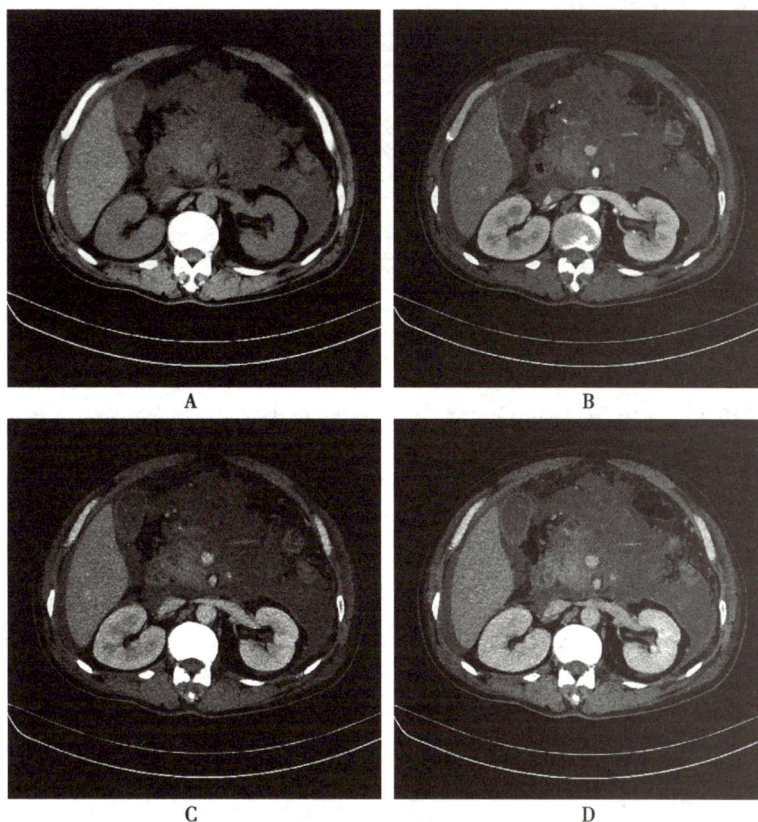

图 6-2-4　急性胰腺炎影像学表现

胰腺体积增大、密度降低，胰腺边缘模糊，液体渗出形成胰周、左肾前间隙积液，增强扫描胰腺均匀强化

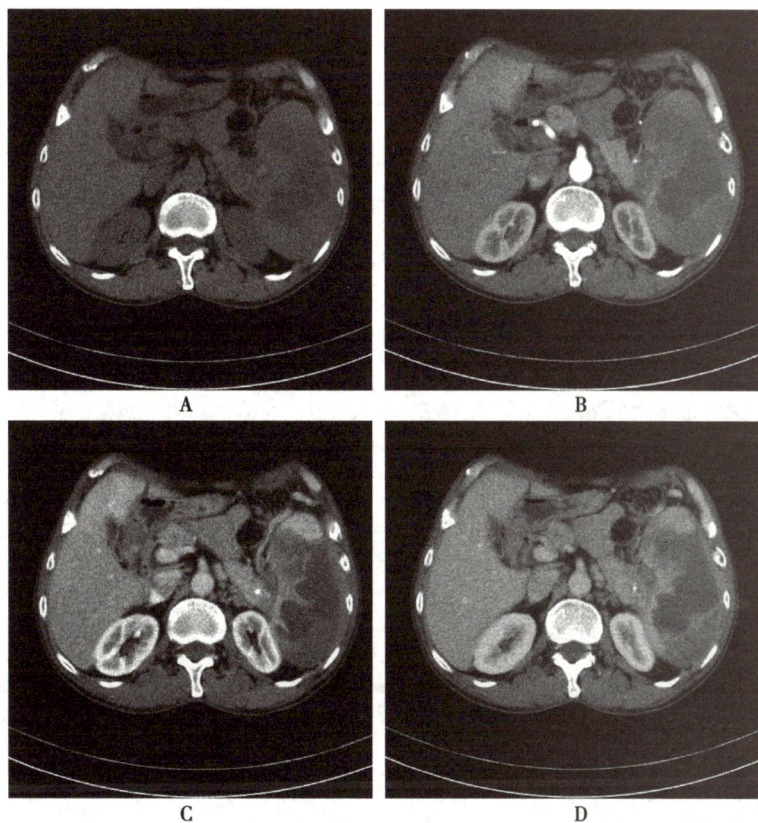

图 6-2-5　脾脓肿影像学表现

脾脏增大，CT 平扫内见斑片状混杂密度灶，增强扫描呈不均匀强化，内见少许出血灶、大片液化坏死区及梗死区

（资料来源：图片由重庆西南医院放射科陈伟副教授提供）

2. 诊断 根据腹膜刺激征、发热等临床表现，结合白细胞计数及中性粒细胞比例升高、穿刺液细菌培养阳性，以及影像学检查结果即可诊断。

（二）一般治疗原则

腹腔感染治疗原则：①在给予抗菌药物治疗之前应尽可能留取标本送培养，进行药敏试验，作为调整用药的依据。②尽早开始抗菌药物的经验治疗，包括碳青霉烯类、超广谱头孢菌素、氟喹诺酮类、替加环素和组合药物如β-内酰胺/β-内酰胺酶抑制剂（哌拉西林/他唑巴坦）。治疗的选择取决于多种因素，包括特定病原体的区域/局部抗菌药物耐药率、感染部位、患者特征（年龄、合并症的存在、药物过敏）和偏好以及药物的性质（安全性、药物相互作用的可能性、成本）。③急性胰腺炎本身为化学性炎症，无应用抗菌药物的指征，继发细菌感染时需用抗菌药物。④必须保持病灶部位引流通畅，有手术指征者应进行外科处理，并于手术过程中采集病变部位标本做细菌培养及药敏试验。⑤初始治疗时需静脉给药，病情好转后可改为口服或肌内注射。

（三）基本治疗药物及治疗方案

复杂性腹腔感染时，选择恰当的初始抗菌药物治疗，对预后意义极大。恰当的起始治疗的标准是能够覆盖腹腔感染最常见的病原菌，即肠杆菌科细菌和厌氧类杆菌，必要时还要兼顾非发酵菌；有足够强的杀菌活性；并且掌握恰当的用药时机和用药剂量。对严重腹腔感染更需要强调恰当的起始抗菌药物治疗，贯彻"全面覆盖、重拳出击、一步到位"的方针，不宜常规逐步升级。在选择药物上，要考虑药物的药效学和药代动力学特点，以及我国当前细菌的耐药流行状况。在常用抗菌药物中，抗菌谱广、杀菌活性强、细菌较少耐药的药物依次是碳青霉烯类的亚胺培南、β-内酰胺酶抑制剂的混合制剂头孢哌酮-舒巴坦和哌拉西林-他唑巴坦、第四代和某些第三代头孢菌素，以及氟喹诺酮类。在我国，肠杆菌科细菌尤其是大肠埃希菌对氟喹诺酮类药物耐药率高，因此不宜选用环丙沙星、左氧氟沙星等治疗腹腔感染。但莫西沙星由于抗菌谱广，杀菌活性高，对腹膜和腹腔内器官渗透性强，可以考虑使用。

部分腹腔感染需外科干预，如肝脓肿、脾脓肿、肾脓肿、急性化脓性胆囊炎或胆管炎、急性阑尾炎、消化道穿孔引起的弥漫性腹膜炎等。在开始经验性抗菌治疗前，应尽早获得可靠的病原学及药敏依据；在获得病原学结果前，针对腹腔感染进行经验性抗菌药物治疗，是控制腹腔感染的关键。对于腹腔感染的经验性治疗应遵循如下原则：①抗菌药物覆盖腹腔感染的常见病原菌；②选择在腹腔组织浓度中较高的药物；③抗菌药物有较强的抗菌活性；④早期、及时开始抗菌治疗。有报道称同时服用口服药物，以抑制肠道细菌，减少肠道细菌渗透或移位，有助于腹腔感染的控制。抗感染药物的使用应结合腹腔感染的发病时间、具体部位、严重程度、细菌与药物敏感状态的流行病学现状和抗感染药物的药效学和药代动力学特点等，合理选择药物，并制订用药方案。仅对革兰氏阴性需氧菌有效的药物有抗假单胞氨基糖苷类抗菌药物、二、三、四代头孢菌素、氨曲南、抗假单胞青霉素、环丙沙星及左氧氟沙星；仅对革兰氏阴性厌氧杆菌有效的抗菌药物有克林霉素、甲硝唑；对革兰氏阴性需氧菌和厌氧菌都有效的抗菌药物有头孢西丁、头孢替坦、替卡西林-克拉维酸、哌拉西林-他唑巴坦、氨苄西林-舒巴坦、亚胺培南、美罗培南、莫西沙星等。

（四）临床问题导向的药物治疗

对于无基础疾病、无弥漫性腹膜炎且感染病灶得到有效控制或清除的腹腔感染，抗菌药物的使用疗程通常为4~7d。研究表明延长抗菌药物治疗时间对远期预后没有影响。

对于有复杂因素或有严重基础疾病、免疫缺陷、并发多器官功能衰竭或感染病灶没有得到有效控制或清除的患者，可延长疗程，待腹腔感染的症状和体征消失再停止抗菌治疗。目标治疗就是针对培养出来的细菌，选用敏感的抗菌药物进行治疗。细菌培养及药敏结果是指导临床使用抗菌药物的直接依据，但值得注意的是，判断抗菌药物是否有效应以临床疗效为准，如果当时经验抗菌治疗方案有效，即使细菌培养及药敏报告与目前所用抗菌药物不符，也应继续目前的经验治疗方案。

对于社区获得腹腔感染的经验治疗，抗菌药物应覆盖革兰氏阴性需氧菌、兼性厌氧菌和革兰氏阳性链球菌。对于远端小肠、结肠、阑尾等来源的腹腔感染，抗菌药物还应覆盖专性厌氧菌。轻中度的腹腔感染患者,可单用替卡西林-克拉维酸、头孢西丁、厄他培南(适于中度感染)、莫西沙星或替加环素(适于多重耐药菌感染)。也可采用甲硝唑与头孢唑啉、头孢呋辛、头孢曲松、头孢噻肟、左氧氟沙星、环丙沙星等联合治疗。氨基糖苷类对社区获得性腹腔感染的病原菌有较高的敏感率,但由于其显著的耳毒性、肾毒性等副反应,在社区获得的腹腔感染治疗中,不作为首选及单独使用,常选作联合用药。轻中度社区获得性腹腔感染无需经验性抗肠球菌治疗。

对于重度社区获得性腹腔感染的经验性治疗,应选用针对革兰氏阴性菌的广谱抗菌药物,如美罗培南、亚胺培南、哌拉西林–他唑巴坦;环丙沙星、左氧氟沙星、头孢拉定、头孢吡肟可与甲硝唑联合使用,氨曲南和甲硝唑联合治疗重度社区获得性腹腔感染时,需同时联合使用一种抗革兰氏阳性菌的药物。一般不使用氨基糖苷类药物,除非有确切证据表明病原菌对其他药物耐药。重度社区获得性腹腔感染应经验性抗肠球菌治疗。近年来,社区获得性腹腔感染分离出的肠球菌以粪肠球菌多见,多数对氨苄西林、哌拉西林、(去甲)万古霉素等药物敏感。葡萄球菌和真菌在社区获得的腹腔感染中分离率较低,所以,若无确切依据,无需经验性抗 MRSA 及抗真菌治疗。

由于不同地域的院内感染病原菌不尽相同,对医院获得性腹腔感染的经验治疗方案应结合当地院内感染微生物监测结果制订。治疗医院获得性腹腔感染需选择抗菌谱广、抗菌力强的药物。如美罗培南、亚胺培南、哌拉西林-他唑巴坦、头孢拉定、头孢吡肟可与甲硝唑联合使用。必要时可使用氨基糖苷类药物、多黏菌素或替加环素。医院获得性腹腔感染需经验性抗真菌治疗,氟康唑首选,若治疗无效,可换用棘白菌素或伏立康唑、伊曲康唑;对于危重患者,可直接使用棘白菌素类、伏立康唑或伊曲康唑治疗;两性霉素 B 由于毒性太大,不作首选。医院获得性腹腔感染患者,还应经验性抗肠球菌治疗,特别是对术后感染者、以及长期使用头孢菌素或其他广谱抗菌药物的患者、免疫缺陷患者、或有其他严重基础疾病的患者。可使用氨苄西林、哌拉西林-他唑巴坦、(去甲)万古霉素等。

(五)药物治疗展望

在 B 超及 CT 引导下脓肿穿刺引流术是当前较为推崇的微创手术,但是导管细和引流不畅是至今尚未解决的问题。以替加环素为基础的抗菌药物治疗是目前比较常选的治疗方案。多黏菌素对各类临床高度耐药革兰氏阴性菌具良好体外抗菌活性,与碳青霉烯类、喹诺酮类、哌拉西林/他唑巴坦、替加环素、多西环素等抗菌药联合多表现为协同抗菌作用,该类药物的肾毒性及神经系统不良反应发生率高,对于老年人、肾功能下降等患者特别需要注意肾功能的监测。

新型抗生素头孢他啶/阿维巴坦于 2015 年在美国上市,在治疗成人复杂性腹腔内感染、复杂性尿路感染以及医院获得性肺炎等疗效不劣于美罗培南和多尼培南等碳青霉烯类药物,是一种固定剂量的复方药物,由头孢菌素类抗菌药物头孢他啶(ceftazi-dime)和新型 β- 内酰胺酶抑制剂阿维巴坦(avibactam)的钠盐组成。对头孢他啶耐药的感染患者,头孢他啶/阿维巴坦同碳青霉烯类治疗效果相当;对碳青霉烯类耐药的感染患者,头孢他啶/阿维巴坦治愈率高,在体外试验中,对耐药的各类菌株,特别产 ESBLs 酶、AmpC 酶和 CRE 酶的大肠埃希菌、肺炎克雷伯菌和铜绿假单胞菌株等,头孢他啶/阿维巴坦的抗菌活性优于美罗培南等碳青霉烯类药物。总之,头孢他啶/阿维巴坦为革兰氏阴性杆菌感染,尤其是对耐药革兰氏阴性杆菌导致的感染,如产 ESBLs 酶、AmpC 和碳青霉烯类耐药导致的多重耐药和泛耐药的治疗带来了新的突破。

四、感染性心内膜炎

感染性心内膜炎(infective endocarditis, IE)呈高死亡率,是继脓毒血症、肺炎和腹腔脓肿后,第四种最常见的威胁生命的感染。IE 指因细菌、真菌及立克次体等所致的心脏瓣膜或心壁心内膜的感染,伴赘生物形成,若未给予抗感染治疗或联合抗感染及手术治疗,呈致死性。细菌是导致感染性心内膜炎的主要病原体,其中以链球菌及葡萄球菌最为常见,约占 80%。近年来,由于各种抗生素的广泛使用及大量耐药菌的产生,该病的病原学已经发生变化。感染性心内膜炎的潜伏期长短不一,从各种病因引起菌血症到出现临床症状,时间多在 2 周以内,但不少患者无明确细菌进入途径可寻。大多数患者可见发热、80%~85% 患者可闻及心脏杂音、周围体征包括皮肤黏膜瘀点、指(趾)甲下线状出血、罗特斑(Roth spot)(为视网膜的卵圆形出血斑,其中心呈白色,多见于亚急性感染)、奥斯勒结节(Osler node,为指和趾垫出现的豌豆大的红或紫色痛性结节,较常见于亚急性者)及詹韦损害(Janeway lesion)(为手掌和足底处直径 1~4mm 无痛性出血红斑,主要见于急性患者)。

(一)临床表现与诊断

1. 临床表现 感染性心内膜炎的发生发展可分为三个阶段:菌血症、黏附反应和细菌定植。根据病程、有无全身中毒症状和其他临床表现常将感染性心内膜炎分为急性和亚急性,但两者有重叠。常见症状包括:

(1)感染症状:常以发热为主要表现,但高龄、抗生素治疗、免疫抑制状态、病原体毒力弱或不典型可无发热。

(2)心脏体征:新出现的反流性心脏杂音。

(3)栓塞症状:不明来源的栓塞。

2. 诊断 感染性心内膜炎的诊断仍推荐改良的 Duke 标准,同时强调需根据临床表现、血培养和超声心动图检查等综合分析做出诊断。

主要标准:

(1)血培养阳性,符合下列至少 1 项标准:①2 次不同时间的血培养检出同一典型 IE 致病微生物;②多次血培养检出同一 IE 致病微生物(2 次至少间隔 >12h 的血培养阳性、所有 3 次血培养均为阳性、4 次或 4 次以上的多数血培养阳性);③伯纳特立克次体一次血培养阳性或第一相免疫球蛋白 G(IgG)抗体滴度 >1:800。

(2)心内膜受累的证据,符合以下至少 1 项标准:

1)超声心动图异常(赘生物、脓肿、人工瓣膜裂开)。

2)新发瓣膜反流。

次要标准:

1)易感因素:易患 IE 的心脏病变:静脉药物成瘾者。

2)发热:体温 ≥38℃。

3)血管征象:主要动脉栓塞、化脓性肺栓塞、真菌性动脉瘤、颅内出血、结膜出血、詹韦损害。

4)免疫性征象:肾小球肾炎、Osler 结、Roth 斑、类风湿因子阳性等。

5)微生物证据:血培养阳性但不满足以上的主要标准或与感染性心内膜炎一致的急性细菌感染的血清学证据。

确诊感染性心内膜炎的临床标准:符合 2 项主要标准或 1 项主要标准 +3 项次要标准或 5 项次要标准。可能的感染性心内膜炎:1 项主要标准 +1 项次要标准或 3 项次要标准。经胸超声心动图(transthoracic echocardiography, TTE)与经食管超声心动图(transesophageal echocardiography, TEE)依然是 IE 成像诊断的基石。当 TTE 结果为阳性或非诊断性、怀疑存在并发症或感染与心脏内装置导线相关时可使用 TEE。当超声心动图对患者解剖结构描述不清时,心脏 CT 是一种重要的辅助成像手段。血培养是诊断菌血症和感染性心内膜炎的最重要方法,切除的瓣膜组织或是栓子片段的病理学检查仍然是诊断感染性心内膜炎的"金标准",可通过特殊的染色和免疫组织化学技术发现致病菌,超声心动图发现赘生物、瓣周并发症等支持心内膜炎的证据,可帮助明确感染性心内膜炎诊断。

(二)一般治疗原则

感染性心内膜炎的成功治疗有赖于抗菌治疗清除病原菌,必要时外科清除感染组织及引流脓肿,约有 50% 的病例需要手术治疗,手术目的主要为控制感染和重建心脏的形态功能。

抗生素选择原则为:①应用杀菌剂;②联合应用,包括至少 2 种具有协同作用的抗菌药物;③大剂量;④静脉给药;⑤长疗程:一般为 4~6 周,人工瓣膜心内膜炎需 6~8 周或更长。

外科手术:欧美指南对早期手术的推荐存在差异。欧洲心脏病协会(European Society of Cardiology, ESC)指南将手术治疗分为了急诊手术(24h 内)、紧急手术(数天内)与择期手术(抗生素治疗 1~2 周后);而美国心脏协会(American Heart Association, AHA)指南推荐的早期手术是指"首次住院期间和完成抗生素治疗之前"。中国共识建议活跃期即在抗生素治疗期间的患者如伴有心力衰竭或感染无法控制 >7 日者,以及预防栓塞事件,要考虑外科手术,主要适用对象为左心瓣膜 IE。

（三）基本治疗药物及治疗方案

心内膜炎的治疗需要通过传染病、心脏病学和心脏外科的多学科方法来管理抗菌治疗并评估可能的外科手术干预。大约 50% 的心内膜炎患者需要外科手术干预。由于与治疗心内膜炎相关的许多细微差别，应在开始经验性抗生素治疗之前咨询传染病专家。每种抗生素具有不同的药理学性质，其影响抗生素的扩散、分布和能力的效率，这最终决定了杀菌效力。治疗持续时间可为 2~6 周，心内膜炎的治疗应该是病原体导向的，并由血培养和微生物药敏试验结果指导。因此，在使用抗生素之前，必须从两个不同的采血部位获得至少两个单独的血液培养物用于指导抗生素治疗。理想情况下，血液培养应每 24~48 小时重复一次，直到它们为阴性。

由于血培养结果往往滞后，对于疑似 IE、病情较重且血流动力学不稳定的患者积极启动经验抗感染治疗策略：自体瓣膜 IE 轻症患者可选用青霉素、阿莫西林或氨苄西林联合庆大霉素，青霉素过敏者可使用头孢曲松。人工瓣膜 IE 未确诊且病情稳定者，建议停止所有抗生素，复查血培养。病原体可能为葡萄球菌属者，宜选用万古霉素 + 庆大霉素 + 利福平，万古霉素无效、不耐受或耐药株感染者，可用达托霉素代替。

（四）临床问题导向的药物治疗

1. 葡萄球菌心内膜炎　根据是否为甲氧西林耐药株而确定治疗方案，获知药敏结果前宜首选耐酶青霉素类，如苯唑西林或氯唑西林等联合氨基糖苷类。病原菌药敏显示属甲氧西林敏感葡萄球菌（methicillin sensitive staphylococcus，MSS）者，首选苯唑西林，初始治疗不需常规联合庆大霉素，青霉素类抗生素过敏者可选用头孢唑啉，β 内酰胺类过敏者，可选万古霉素联合利福平。耐甲氧西林葡萄球菌（methicillin resistant staphylococcus，MRS）所致心内膜炎宜选用万古霉素联合利福平，万古霉素治疗无效、不能耐受或耐药葡萄球菌感染者，选用达托霉素。耐甲氧西林金黄色葡萄球菌所致心内膜炎的抗菌治疗方案为万古霉素或达托霉素静脉滴注。

2. 链球菌心内膜炎　敏感株首选青霉素，1 200 万 ~1 600 万 U/d。相对耐药菌株所致 IE，

须增加青霉素剂量，2 400 万 U/d，或头孢曲松联合庆大霉素，耐药株所致 IE 按肠球菌心内膜炎方案治疗，给予万古霉素或替考拉宁联合庆大霉素。

3. 肠球菌心内膜炎　青霉素联合阿莫西林或氨苄西林，均为 24h 内持续或分 6 次静脉滴注，并联合氨基糖苷类抗生素。青霉素类过敏或高度耐药者，可选用万古霉素或替考拉宁联合氨基糖苷类。耐青霉素和万古霉素的肠球菌可选用达托霉素或利奈唑胺。

4. 需氧革兰氏阴性杆菌心内膜炎　应选用哌拉西林联合庆大霉素或妥布霉素，或头孢他啶联合氨基糖苷类。

对于 MRSA 感染的心内膜炎患者如果对氨基糖苷类敏感可以联合使用万古霉素和庆大霉素，但庆大霉素使用不应该超过 3~5 日，静脉应用抗生素 4~6 周的疗程结束后继续口服抗生素的获益不大。自体瓣膜 MRSA 感染的 IE 患者常规治疗疗效不佳时可考虑加用利福平。

对庆大霉素和其他氨基糖苷类耐药的菌株可以考虑氟喹诺酮类。真菌感染引起的 IE 主要发生在麻醉药品成瘾者、心脏手术后和长期静脉应用广谱抗生素者，一旦被诊断，应该采取药物和手术联合的治疗方案，当应用 1~2 周后即应该考虑手术治疗。如果仅仅是三尖瓣受累可以只行三尖瓣切除术，而左心受累者应该行瓣膜置换术。感染性心内膜炎高危患者：人工心脏瓣膜者，曾患心内膜炎者，复杂的发绀型先天性心脏病者，手术造成的体循环和肺循环之间的异常分流。感染性心内膜炎中度危险者：大部分的其他先天性心脏畸形者，获得的瓣膜功能不全，肥厚性心肌病，伴有反流或者瓣叶增厚的二尖瓣脱垂者。

5. 人工瓣膜心内膜炎　主要为凝固酶阴性葡萄球菌、革兰氏阴性杆菌和真菌。临床表现多不典型，赘生物检出率较低。感染的基本表现和超声心动图所见机械瓣结构和功能异常是确诊的重要依据，经食管超声心动图更具诊断价值。

6. 心脏植入电子装置心内膜炎　以金黄色葡萄球菌和凝固酶阴性葡萄球菌多见，亦可见革兰氏阴性菌、多重耐药菌和真菌感染。经食管超声心动图和血培养是明确诊断的基石，除抗生素

治疗外应尽可能移除整个装置。

7. 右心心内膜炎 主要见于静脉药物滥用者,常见致病菌为金黄色葡萄球菌(占60%~90%),临床表现为持续发热、菌血症及多发性肺菌栓。

8. 先天性心脏病心内膜炎 葡萄球菌及链球菌感染最常见,以右心 IE 较多见,其诊断、治疗及手术指征等均与获得性 IE 完全相同。

9. 妊娠期合并心内膜炎 必须考虑到抗生素对胎儿的影响,如药物治疗无法控制病情,可做外科瓣膜手术及终止妊娠,最佳手术时机为孕13~28 周。

我国近年来临床上对 IE 的早期发现、及时诊断、规范治疗仍差距较大。如对不明原因发热的患者,询问病史、体检及辅助检查重视度不够,常误诊为普通感冒。对具体病例要因人而异具体分析,多学科紧密协作、全面评估,才能得出客观和准确结论,个体化做出决策和制订合理的处理方案。

(五)药物治疗展望

近年上市的环脂肽类抗生素如达托霉素为革兰氏阳性球菌治疗预后带来很大改观。其作用机制独特,杀菌时间短,对 MSSA、MRSA、肠球菌、VRE 所致 IE,达托霉素均被作为首选推荐或作为补救治疗选择,其临床安全性也得到广泛证实。Fowler 等评价了达托霉素治疗金黄色葡萄球菌所致菌血症及 IE 的疗效,结果表明达托霉素对金黄色葡萄球菌性菌血症、MSSA、MRSA 及右心 IE 的疗效不亚于甚至优于传统方案。美国 FDA 基于研究结论批准使用达托霉素治疗 MSSA 或 MRSA 所致菌血症或右心 IE。近年,心脏植入性电子装置相关 IE 的发病率不断增加,且死亡率高,治疗上主要采用装置移除并使用长期有效、安全的抗生素。Durante Mangoni 等评估了高剂量达托霉素(平均 8.3mg/kg)治疗 25 例心脏植入性电子装置相关 IE 后的疗效,抗菌成功率达到 92%,虽然其中 5 例患者出现肌酸激酶升高,但未发现其他严重不良事件。对于左心 IE、人工瓣膜 IE 的治疗,达托霉素同样表现出良好疗效。需要注意的是,对这些感染,使用达托霉素时,需要维持高剂量以确保疗效,也可与其他抗菌药物联合使用以避免耐药。对于一些特殊人群,如 HIV 感染患者,达

托霉素对革兰氏阳性菌感染的疗效同样确切。高剂量达托霉素治疗 IE 的临床安全性是明确的,Durante Mangoni 等在 102 例伴有多种合并症的重症 IE 患者中对高剂量达托霉素的骨骼肌、肾脏、肝和肺部的毒性进行了全面评估,除发生 3 例嗜酸细胞性间质肺炎外,均无明显不良事件,因此,高剂量达托霉素即便在伴有多种合并症的重症 IE 患者中也可安全使用,但需要对嗜酸性粒细胞进行监测。达托霉素在儿童和青少年 IE 患者的治疗安全性同样得到肯定。其他一些药物也被报道用于治疗 IE,Lauridsen 等报道了利奈唑胺治疗 IE 的疗效不亚于传统药物的疗效,也有研究报道了与使用该药相关的一些不良事件,比如低血糖、乳酸酸中毒和急性胰腺炎三联征、血小板减少、周围神经病变。

五、艰难梭菌感染

人体胃肠道作为一个复杂的微生物生态系统存在,在宿主免疫系统发育、生理学、消化、维生素和营养物质的产生以及对病原体定植的保护中发挥核心作用。肠道微生物群组成受社区成员之间的相互作用、宿主的遗传、饮食习惯和环境的影响。艰难梭菌(clostridium difficile,CD)作为医院和社区感染性腹泻,尤其是假膜性肠炎等相关疾病的重要病原体,临床上,15%~25% 的抗菌药物相关性腹泻、50%~75% 的抗菌药物相关性结肠炎和 95%~100% 的假膜性肠炎是由艰难梭菌感染(clostridium difficile infection,CDI)引起。

(一)临床表现与诊断

1. 临床表现 CDI 主要是由产毒素 CD 过度繁殖导致肠道菌群失调并释放毒素所引起,主要临床症状为发热、腹痛、水样便腹泻。CDI 通常由长期或不规范使用抗菌药物引起,轻者引起腹泻,严重者引发假膜性肠炎,且常伴有中毒性巨结肠、肠穿孔、感染性休克等并发症,甚至最终导致死亡。

2. 诊断 CDI 诊断标准为:患者出现中至重度腹泻或肠梗阻,并满足以下任一条件:①粪便检测 CD 毒素或产毒素 CD 结果阳性;②内镜下或组织病理检查显示假膜性肠炎。艰难梭菌相关性腹泻是指腹泻患者有 3 次或更多次稀便,并

维持至少 2 日；同时，艰难梭菌产生的艰难梭菌毒素 A 基因（ *TcdA* ）和 / 或艰难梭菌毒素 B 基因（ *TcdB* ）的酶免疫分析结果为阳性；肠镜检查结果符合 CDI 的病理表现。此诊断标准是根据 CDI 的症状和体征表现，并结合粪便中产毒艰难梭菌的微生物学证据以及假膜性结肠炎的结肠镜检查或组织病理学表现，有效排除其他原因导致的假膜性结肠炎。其中微生物学证据价值较大，粪便中的毒素检测是非常重要的环节。毒素检测方法包括艰难梭菌产毒素培养、细胞毒性中和试验、毒素酶免疫分析、核酸扩增试验以及毒素基因的聚合酶链反应。另外，谷氨酸脱氢酶的酶免疫分析也可用于诊断。在这些方法中，艰难梭菌产毒素培养或细胞毒性中和试验被认为是过去 30 年诊断 CDI 的"金标准"。

（二）一般治疗原则

CDI 治疗的首要原则是尽可能停止正在使用的抗菌药物；其次为口服有效治疗药物。静脉注射甲硝唑的疗效未得到证实，静脉注射万古霉素无效；此外，根据患者感染的严重程度，给予不同的治疗方案。国内尚无万古霉素口服制剂，可用注射用万古霉素或去甲万古霉素溶入生理盐水或葡萄糖溶液，口服或胃管注入。

（三）基本治疗药物及治疗方案

目前推荐用于治疗 CDI 的抗菌药物包括甲硝唑和万古霉素。虽然这两种抗菌药物均已使用了 30 多年，但仍然是首选治疗药物。与万古霉素治疗比较，甲硝唑治疗失败率和复发率更高，尤其是对于重症患者。当万古霉素作为初始治疗药物治疗 CDI 时，并发症的发生率较低。然而，万古霉素治疗费用比甲硝唑更昂贵，且万古霉素的使用有可能增加万古霉素耐药菌的流行。

（四）临床问题导向的药物治疗

艰难梭菌感染药物治疗方案：

1. 无症状 CD 携带者　不存在腹泻、肠梗阻、结肠炎等临床症状的患者，不推荐进行 CD 实验室检测及治疗。

2. 轻 - 中度感染 CDI　患者有腹泻等肠炎样症状，但没有重症感染表现，给予甲硝唑 500mg（口服或胃管注入），每 8 小时 1 次。

3. 重症感染 CDI　患者有腹泻，且存在以下任何一项因 CDI 导致的异常：白细胞 >15 × 10⁹/L、血肌酐较基线升高 >50%、内镜发现假膜，给予万古霉素 125mg 溶液（口服或胃管注入），每 6 小时 1 次。

4. 重症感染伴并发症 CDI　患者符合重症感染诊断标准，且存在以下至少一项因 CDI 导致的异常：低血压、肠梗阻、中毒性巨结肠或弥漫性结肠炎、肠穿孔、需结肠切除、因 CDI 入住重症监护病房治疗。首先需外科、感染内科医生会诊，评估结肠切除手术指征，并给予万古霉素 500mg，每 6 小时 1 次，配伍甲硝唑 500mg（胃管注入），每 8 小时 1 次；患者一旦病情稳定，万古霉素即应减量至 125mg，每 6 小时 1 次，同时停用甲硝唑；口服给药受限或完全性肠梗阻的患者，可经 Foley 导管给予万古霉素 500mg（溶于 100ml 生理盐水）直肠保留灌肠每 6 小时 1 次，配伍甲硝唑 500mg，静脉滴注，每 8 小时 1 次，该项治疗存在结肠穿孔的风险。

5. 复发性 CDI　即使完成疗程的 CDI 患者，仍有 20% 左右的复发可能，其原因并非对甲硝唑或万古霉素耐药，而是芽孢清除失败或感染了新的 CD。第一次复发时仍可采用原治疗方案；第二次复发时应给予万古霉素并逐渐减量，配合脉冲式给药模式或粪便菌群移植。万古霉素减量方法：125mg，4 次 /d，10~14d；125mg，2 次 /d，7d；125mg，1 次 /d，7d；125mg，1 次 /2~3d，2~8 周。其他治疗方法，粪便菌群移植。

注意事项：

1. 疗程 10~14 天。

2. 以下情况可考虑万古霉素或去甲万古霉素溶液（口服或胃管注入）：服用甲硝唑治疗 5 天无效；复发性 CDI（第二次发作开始即可给予）；妊娠；≥65 岁的患者；存在其他甲硝唑治疗禁忌及显著不良反应。

3. 仍需使用广谱抗菌药物治疗其他部位感染的 CDI 患者尽可能替换在用的诱发 CDI 的抗菌药物，特别是头孢菌素、克林霉素和喹诺酮类；尽可能缩短疗程；若调整药物后 CDI 有所缓解，应给予 CDI 标准疗程 10~14 天；若诱发 CDI 的抗菌药物无法替代或停药，则抗 CDI 药物需要延长到抗菌药物疗程结束 1 周。

4. 抗 CDI 药物治疗不需要检测 CD 以确定

CDI 是否治愈。

5. 尽可能避免使用止泻剂。

6. 尽可能避免使用质子泵抑制剂,因可增加 CDI 的患病风险。

7. 对接受抗菌药物治疗基础感染病而非 CDI 的患者不需要给予甲硝唑或万古霉素进行 CDI 的预防治疗,因可能增加 CDI 的患病风险。

8. CDI 患者住院期间应进行接触隔离,使用水、肥皂进行手卫生而不能使用含乙醇手消毒剂。

临床推荐要根据艰难梭菌感染的严重程度进行抗生素使用分层:①轻度到中度病情最初治疗使用甲硝唑;②严重或复杂(定义为白细胞增多症,大于 15×10^9/L,或者血肌酐增高,大于 1.5mg/dl)的病情使用万古霉素;③其他能确定病情危重和死亡率增加的危险因素包括白细胞减少症、杆状核粒细胞增多症、心肺功能衰竭、休克、巨结肠和穿孔;④据报道,轻度到中度的甲硝唑治愈率和疾病复发率分别为 40%~75%、14%~25%,甲硝唑既可以口服也可以静脉注射,尤其是甲硝唑有益于 CDI 相关性肠梗阻。万古霉素不管推荐用于较为严重的病情,获得的严重 CDI 亚组分析的有限数据表示万古霉素与甲硝唑相比具有相似的疗效。现今尚缺乏证据说明是甲硝唑还是万古霉素更优于对方,故二选一的指南不能推荐。万古霉素灌肠也可用于首要治疗的辅助治疗,据报道成功率高达 70%~89%。

将活动性感染与艰难梭菌携带与其他原因区分开来是临床医生面临的问题。艰难梭菌感染首次复发的治疗方案取决于初次治疗,如初次治疗为甲硝唑,则复发可选择万古霉素或万古霉素延长疗法,但如初次治疗采用万古霉素,则复发时建议非达霉素的治疗。而对于多次复发的患者,则建议万古霉素延长疗法＋利福昔明治疗,或非达霉素,或粪菌移植疗法。

(五)药物治疗展望

病原体耐药性日益增强,对人类健康构成严重威胁,促使需要开发新型治疗靶标。最近,梭菌感染率以及毒力和耐药菌株的出现大幅增加。因此,迫切需要鉴定潜在的治疗靶标和开发用于治疗和预防梭菌感染的新药物。

粪菌移植(fecal microbiota transplantation, FMT)近年受到广泛关注,研究显示新鲜粪菌移植和粪便肠溶胶囊都对 CDI 治疗有效,甚至优于传统甲硝唑、万古霉素药物治疗。动物实验表明 CDI 患者粪便菌群的多样性和物种丰富性均降低,肠球菌科、肠杆菌科比例增加。FMT 可以帮助患者重建肠道正常菌群,特别是对多次复发的 CDI 患者。1958 年首次用于治疗假膜性肠炎,meta 分析显示 FMT 的治愈率接近 90%,不良反应轻微。其治疗机制被认为与改善粪便菌群结构有关,研究发现 FMT 后患者肠道菌群拟杆菌门增多、变形菌门减少,并可通过恢复次级胆汁酸水平增强对 CD 的定植抵抗能力。目前指南主要推荐 FMT 用于复发 3 次及以上的 CDI。

替加环素:虽然美国食品和药物管理局(FDA)已批准的适应证不包括用于 CDI 治疗,也缺乏随机对照研究证据,但有个案报道经过 7~24 天替加环素治疗,重症 CDI 患者获得了痊愈。此外,近年研究显示非达霉素对 CDI 治疗有效。非达霉素是一种不易被吸收的大环内酯类抗生素,对 CD 有杀菌活性,但对其他革兰氏阳性菌疗效有限。

六、病毒性脑膜炎

病毒性脑膜炎(viral meningitis)(图 6-2-6)及病毒性脑炎(viral encephalitis)均指多种病毒所致的颅内急性炎症,由于病原体的致病性及宿主反应的差异,故可形成不同类型疾病。若炎症过程主要在脑膜,则重点表现为病毒性脑膜炎。病变主要累及大脑实质时,则以病毒性脑炎为临床特征,大多数患者具有自限性。病毒性脑膜炎主要侵袭脑膜而出现脑膜刺激征,脑脊液中白细胞增多,以淋巴细胞为主,病程多在 2 周以内,一般不超过 3 周,有自限性,预后较好,多无并发症。病毒侵犯脑膜的同时若亦侵犯脑实质则形成脑膜脑炎。脑膜炎的治疗主要是抗微生物、对症及支持治疗。病毒性脑膜炎是全身病毒感染经血行播散至中枢神经系统的结果,多数病例发生于儿童和年轻人,夏秋季多见。50%~80% 的病例由肠道病毒如柯萨奇病毒、埃可病毒和非麻痹性脊髓灰质病毒引起。

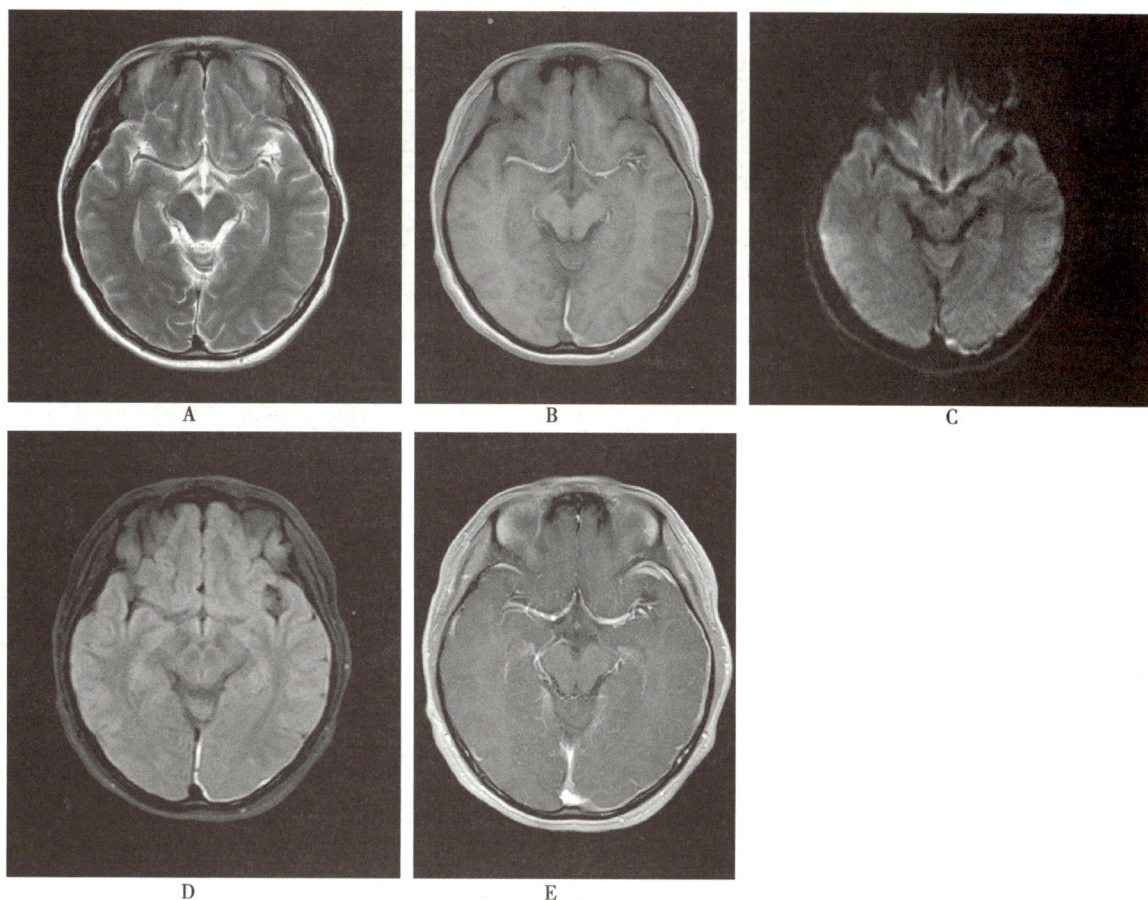

图 6-2-6 病毒性脑膜炎影像学表现

左侧颞枕叶边缘信号异常,呈短 T_1WI 长 T_2WI 信号灶,DWI 呈高信号,Flair 呈高信号,增强扫描明显强化

（一）临床表现与诊断

1. 临床表现 急性起病,一般为数小时,出现发热（38~40℃）、畏光和眼球运动疼痛、肌痛、食欲减退、腹泻和全身无力等病毒感染全身中毒症状,以及剧烈头痛、呕吐和轻度颈强直等脑膜刺激征,本病克尼格征（Kernig sign）和布鲁津斯基征（Brudzinski sign）在病毒性脑膜炎时常可缺如。患者可有一定程度的嗜睡和易激惹,但易被唤醒,唤醒后言语仍保持连贯,若出现更严重的神志障碍或神经系统局限性体征或癫痫发作则意味着脑实质受侵犯,应诊断脑膜脑炎。病毒性脑膜炎一般症状轻微,病后几天后开始恢复,多数两周内痊愈,少数患者不适和肌痛可持续数周。

2. 诊断

（1）根据急性起病的全身性感染中毒症状、脑膜刺激征、脑脊液（cerebrospinal fluid, CSF）淋巴细胞轻中度增高、血白细胞数不增高等,并排除其他病因的脑膜炎,可诊断,但确诊需 CSF 病原学检查。本病为良性自限性病程,一般情况下无

须进行病原学诊断。

（2）脑脊液检查:压力正常或轻度增高,外观无色清亮,细胞数增多达（10~500）× 10^6/L,也可高达 1 000 × 10^6/L,早期以多形核细胞为主,8~48h 后淋巴细胞为主,蛋白可轻度增高,糖正常。PCR 检查 CSF 病毒 DNA 具有高敏感性及特异性。

（二）一般治疗原则

1. 本病是自限性疾病,主要是对症治疗、支持疗法和防治并发症。对症治疗如卧床休息、降低体温和营养支持,严重头痛可用镇痛药,癫痫发作可首选卡马西平或苯妥英钠。

2. 抗病毒治疗可缩短病程和减轻症状,阿昔洛韦可治疗单纯疱疹脑膜炎,大剂量免疫球蛋白静脉滴注可暂时缓解慢性肠道病毒脑膜炎病情。

（三）基本治疗药物及治疗方案

免疫功能健全的患者应尽早给予阿昔洛韦治疗,为避免可能出现的延误,当依据患者的临床表现高度怀疑病毒性脑炎时,要立即开始治疗。

阿昔洛韦是一种核苷类似物,对于单纯疱疹

病毒及部分其他疱疹病毒敏感,剂量:每次 10mg/kg,每日 3 次。由于存在肾功能损害的风险,应保证足够的液体入量并监测肾功能,个别患者出现骨髓抑制、肝功能损伤。

(四)临床问题导向的药物治疗

阿昔洛韦常规疗程 1~21 日,尤其对于疱疹病毒脑炎患者,要注意 10 日后可能出现的病情反复;有些研究者主张:在疗程临近结束时,重复腰穿检查,如果 PCR 仍可检测出单纯疱疹病毒,则继续阿昔洛韦治疗;如果早期单纯疱疹病毒检测阴性,而其他特征符合单纯疱疹病毒脑炎,则应继续阿昔洛韦治疗,并复查腰穿,如果仍为阴性,治疗持续至少 10 日。

合并脑水肿患者,可用皮质激素和甘露醇降低颅内压。近期研究证实,即使对于没有明显脑水肿的患者,皮质激素仍然可能使患者受益。抗病毒药包括阿昔洛韦每次 5~10mg/kg,每 8 小时 1 次,或其衍生物丙氧鸟苷,每 5mg/kg,每 12 小时 1 次。两种药物均需连用 10~14 日,静脉滴注给药,主要是对单纯疱疹病毒作用最强,对其他如水痘-带状疱疹病毒、巨细胞病毒及 EB 病毒亦有抑制作用。

合并癫痫的患者,未加以控制的癫痫可以导致代谢活动增加、酸中毒和血管舒张,进而进一步增高颅内压,这一过程不断循环,造成严重脑水肿和脑疝。如果患者癫痫不能通过小剂量苯妥英钠和苯二氮䓬类药物控制,则可以进行气管插管和呼吸机辅助呼吸,在严密监测下给予大剂量抗癫痫药物治疗。

(五)药物治疗展望

对于病毒性脑膜炎患者,药物治疗进展有限,但高压氧治疗对病毒性脑炎患儿的血清神经功能相关指标、外周血 T 淋巴细胞亚群及脑氧代谢指标均有更为积极的改善作用,表现为上述指标的持续改善,且改善幅度均大于未应用高压氧治疗的患儿,而上述 3 个方面的指标改善说明患儿的疾病状态及由其导致的机体异常情况均得到有效改善,这可能与高压氧治疗对于脑部氧供及血供的全面改善有关。

七、化脓性脑膜炎

化脓性脑膜炎是全世界发病率和病死率最高的疾病之一,由各种化脓性细菌所致(图 6-2-7),

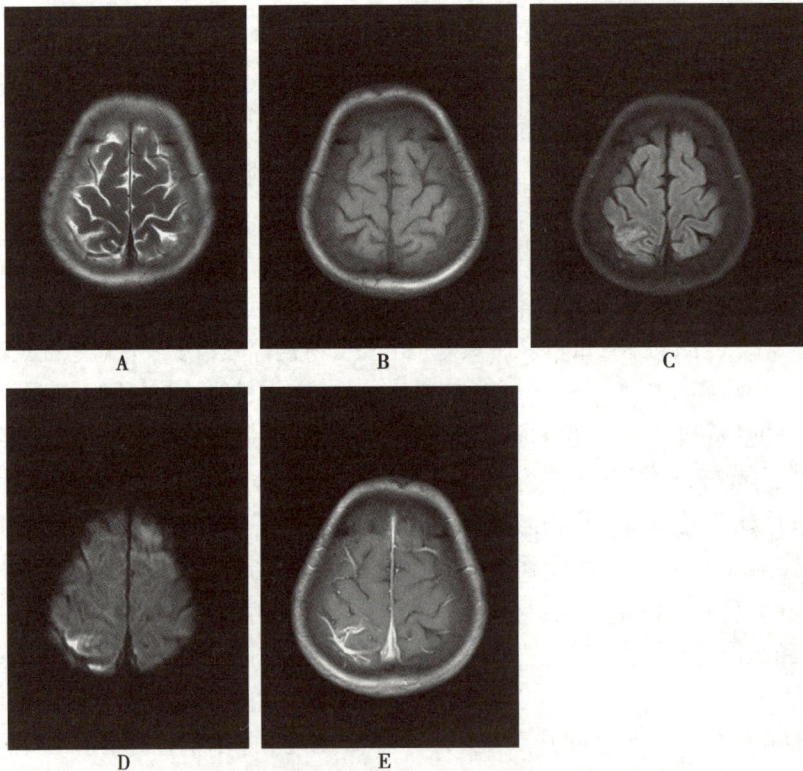

图 6-2-7 化脓性脑膜炎影像学表现
右侧顶叶皮层信号异常,MRI 平扫呈稍长 T_1WI 稍长 T_2WI 信号,Flair 呈高信号,DWI 呈高信号,
增强扫描病灶区域边缘明显强化
(资料来源:图片由重庆西南医院放射科陈伟副教授提供)

通常急性起病，好发于婴幼儿和儿童和60岁以上老年人。与非化脓性脑膜炎相比，两组鉴别在于CSF的改变，化脓性者外观混浊，细胞数 $>1 \times 10^9/L$，以多核为主，蛋白明显增高，糖显著降低；而非化脓性者CSF外观一般多清，细胞数（0.05~0.5）$\times 10^9/L$，蛋白大多正常或轻度增高，糖大多正常或轻度降低（结核性及隐球菌性脑膜炎例外）。多数化脓性细菌均可导致化脓性脑膜炎，以肺炎链球菌、脑膜炎奈瑟菌及嗜血流感杆菌最常见。

（一）临床表现与诊断

1. 临床表现

（1）感染症状：发热、寒战或上呼吸道感染表现等。

（2）脑膜刺激征：表现为颈强直，Kernig征和Brudzinski征阳性，但新生儿、老年人或昏迷患者脑膜刺激征常不明显。

（3）颅内压增高表现：表现为剧烈头痛、呕吐、意识障碍等。腰穿时检测颅内压明显升高，有的在临床上甚至形成脑疝。

（4）局灶症状：部分患者可出现局灶性神经功能损害的症状，如偏瘫、失语等。

（5）其他症状：部分患者有比较特殊的临床特征，如脑膜炎双球菌脑膜炎（又称流行性脑脊髓膜炎）菌血症时出现的皮疹，开始为弥散性红色斑丘疹，迅速转变成皮肤瘀点，主要见于躯干、下肢，偶见于手掌及足底。

2. 诊断

根据急性起病的发热、头痛、呕吐，查体有脑膜刺激征，脑脊液压力升高、白细胞明显升高，即应考虑本病。脑脊液检查是确诊本病的重要依据，包括脑脊液细菌涂片检出病原菌、血细菌培养阳性等。

脑脊液检查包括以下内容：

（1）脑脊液常规：可见典型化脓性改变，脑脊液外观混浊，压力增高，镜检白细胞增多，细胞数 $>1 \times 10^9/L$，以多核为主。

（2）脑脊液生化：糖显著降低，糖定量不但可协助鉴别细菌或病毒感染，还能反映治疗效果，蛋白定性试验多为强阳性，蛋白定量常常在1g/L以上。

（3）细菌学检查：将脑脊液离心沉淀，作涂片染色，常能查见病原菌，可作为早期选用抗生素治疗的依据。

（二）一般治疗原则

1. 加强生命体征监测。

2. 加强营养支持及维持内环境稳定。

3. 有休克或颅内压增高时，应积极采用抗休克及降颅内压处理。

4. 高热者使用物理降温或使用退热剂。

5. 癫痫发作者给予抗癫痫药物以终止发作。

（三）基本治疗药物及治疗方案

抗感染原则：及早使用抗生素，通常在确定病原菌之前使用广谱抗生素，若明确病原菌则应选用窄谱敏感抗生素。

1. 对病原菌不明确患者 三代头孢的头孢曲松或头孢噻肟常作为化脓性脑膜炎首选用药，对脑膜炎双球菌、肺炎球菌、流感嗜血杆菌及B型链球菌引起的化脓性脑膜炎疗效比较肯定。

2. 对于明确病原菌患者 应根据病原菌选择敏感抗生素。

（1）肺炎球菌：对青霉素敏感者可用大剂量青霉素，成人2 000万~2 400万U/d，儿童40万U/（kg·d），分次静脉滴注。对青霉素耐药者，可考虑用头孢曲松，必要时联合万古霉素治疗。2周为一疗程，通常开始抗生素治疗后24~36h内复查脑脊液，以评价治疗效果。

（2）脑膜炎球菌：首选青霉素，耐药者选用头孢噻肟或头孢曲松，可与氨苄西林或氯霉素联用。对青霉素或β-内酰胺类抗生素过敏者可用氯霉素。

（3）革兰氏阴性杆菌：对铜绿假单胞菌引起的脑膜炎可使用头孢他啶，其他革兰氏阴性杆菌脑膜炎可用头孢曲松、头孢噻肟或头孢他啶，疗程常为3周。

（四）临床问题导向的药物治疗

1. 新生儿化脓性脑膜炎的治疗

（1）应力求用药24h内杀灭脑脊液中致病菌，故应选择对病原菌敏感，且能较高浓度透过血脑屏障的药物。急性期要静脉用药，做到早用药、剂量足和疗程够。

（2）对病原菌不明确的新生儿应选用对肺炎链球菌、脑膜炎球菌和流感嗜血杆菌三种常见致病菌皆有效的抗生素。目前主要选择能快速在患者脑脊液中达到有效灭菌浓度的第三代头孢菌素,包括头孢噻肟或头孢曲松,疗效不理想时可联合使用万古霉素。对β内酰胺类药物过敏的患儿,可改用氯霉素。

（3）对病原菌明确的新生儿,应针对性治疗。

1）肺炎链球菌:由于当前半数以上的肺炎球菌对青霉素耐药,故应继续按上述病原菌未明确方案选药。仅当药敏试验提示致病菌对青霉素敏感,可改用青霉素。

2）脑膜炎球菌与肺炎链球菌不同,目前该菌大多数对青霉素依然敏感,故作为首选。少数耐青霉素者需选用上述第三代头孢菌素。

3）流感嗜血杆菌对敏感菌株可换用氨苄西林。耐药者使用上述第三代头孢菌素联合美罗培南,或选用氯霉素。

4）其他致病菌为金黄色葡萄球菌者应参照药敏试验选用萘夫西林、万古霉素或利福平等。革兰氏阴性杆菌者除考虑上述第三代头孢菌素外,可加用氨苄西林或美罗培南。

2. 合并颅内高压患者 目前认为肾上腺皮质激素在化脓性脑膜炎中可减少细胞因子释放,减轻脑水肿,降低颅内压。地塞米松能减少脑膜炎患者总后遗症的发生及耳聋的发生率,常用地塞米松 0.5mg/（kg·d）,分 4 次静脉注射,一般连续用 2~3 日,过长使用并无益处,一般轻型病例不用,重症患者在有效抗生素应用前或同时给药,小于 6 周的患儿不宜使用肾上腺皮质激素。

3. 合并惊厥患者 及时控制惊厥发作,并防止再发为主要原则。

（1）地西泮:见效迅速（1~3min 内见效）,对 85%~90% 发作有效;但维持疗效短暂（0.5~1h）,特异性体质可抑制呼吸。

（2）10% 水合氯醛:保留灌肠,可与地西泮交替使用。

（3）苯巴比妥钠（鲁米那）:肌内注射或静脉滴注,肌内注射 20~30min、静脉滴注 5~10min 见效。

（4）地西泮 + 苯巴比妥钠:注意呼吸抑制。

（5）其他:劳拉西泮、氯硝西泮、苯妥英钠、丙戊酸钠。

（五）药物治疗展望

在过去的 10 年间,化脓性脑膜炎的研究领域里实现了两个重要的进步:对疾病机制认识的提高和全球疫苗接种计划带来的流感嗜血杆菌脑膜炎在发达国家的消除。但是,我们还是面临着重大的挑战,我们需要开发能有效对抗耐药及耐受性的肺炎链球菌菌株的抗生素,需要进一步发展和监测能有效减少后遗症发生的辅助治疗措施,更重要的是开发能对抗最重要的脑膜炎病原菌及肺炎链球菌、脑膜炎奈瑟菌和无乳糖链球菌的疫苗,并在发达国家及发展中国家推广。

八、结核性脑膜炎

结核性脑膜炎（tuberculous meningitis,TBM）,简称结脑（图 6-2-8）是由结核分枝杆菌引起的脑膜和脊膜的非化脓性炎症性疾病,起病缓急不一,以缓慢者居多。在肺外结核中有 5%~15% 的患者累及神经系统,其中又以结核性脑膜炎最为常见,占神经系统结核的 70% 左右。近年来,因结核分枝杆菌的基因突变、抗结核药物研制相对滞后和 AIDS 病患者的增多,国内外结核病的发病率及病死率逐渐增高。

（一）临床表现与诊断

1. 临床表现 常见症状为头痛、发热、体重下降、乏力、疲惫等症状,以头痛为主。当结核分枝杆菌进入到蛛网膜下腔时,可出现脑膜刺激征,继而出现结核性脑膜炎症状,患者可以出现剧烈头痛及喷射样呕吐。结核分枝杆菌有时会侵及脑实质,出现性格改变及行为异常等精神症状,此类病例多在老年人及幼儿中出现,有的患者可出现偏瘫、截瘫等类似急性脑血管病症状。结核性脑膜炎易造成脑膜牵拉、粘连,并刺激颅内神经,造成相应神经功能障碍,多累及动眼神经、展神经、视神经,引起视力下降,复视等症状。结核性脑膜炎常造成脑水肿,进而引起颅内压升高,甚至合并脑积水,这类患者往往预后较差。当结核分枝杆菌侵及脊髓时可造成受累部位以下运动功能障碍,严重者可导致大小便失禁。

英国医学研究学会曾根据结脑的不同症状及 Glasgow 评分将结脑患者分为三期。①1 期:患者意识清楚,无神经功能障碍,Glasgow 评分 15 分;②2 期:患者神经功能轻度障碍,多为孤立性神经功能异常,Glasgow 评分 10~15 分之间;③3 期患者意识模糊,有多个脑神经功能障碍,Glasgow 评分小于 10 分。

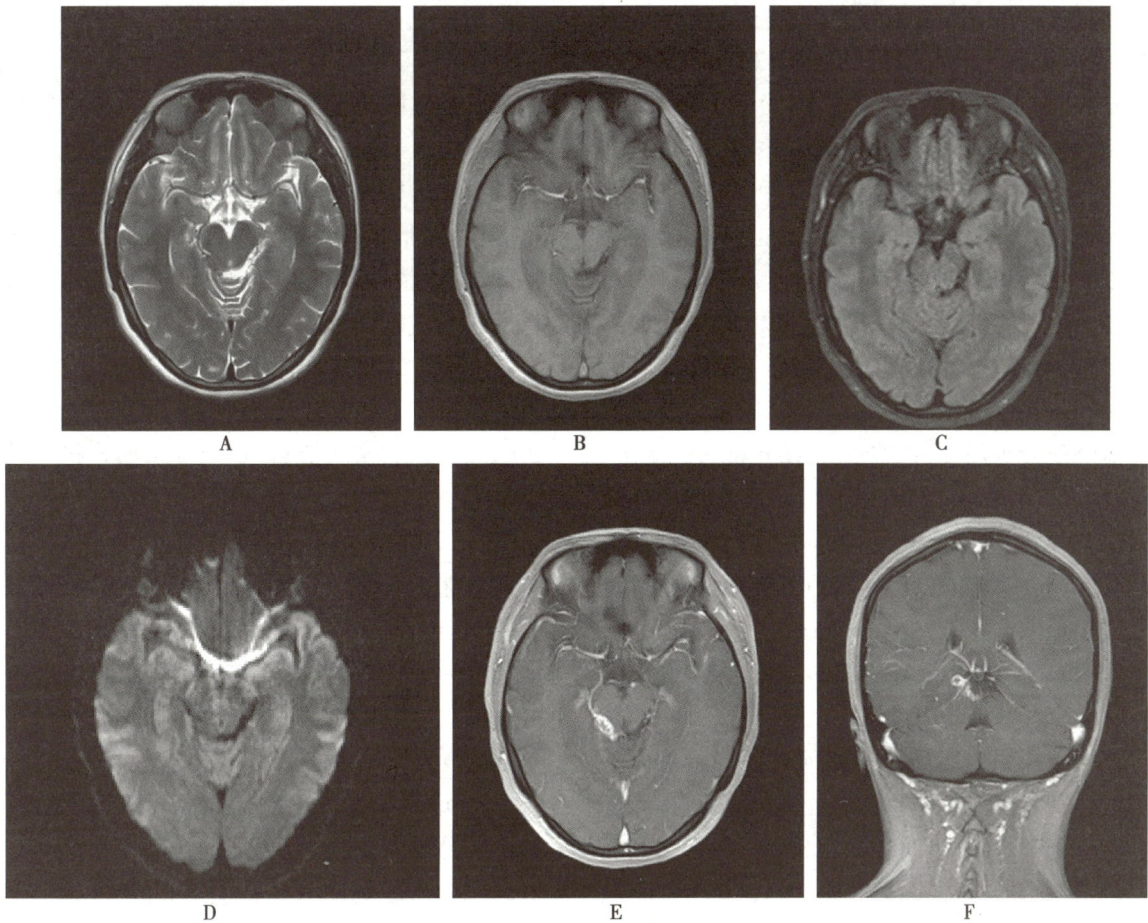

图 6-2-8　结核性脑膜炎影像学表现

右侧四叠体池区小脑幕示结节样等 T_1WI 等 T_2WI 信号灶,Flair 呈等信号,弥散不受限,
增强扫描其内可见多个环形强化灶

2. 诊断　诊断结核性脑膜炎的临床依据有:①患者的结核病史及与结核患者接触史;②病症早期出现发热、头痛、颈强直等临床症状;③行腰椎穿刺检查脑脊液出现较典型的结核性脑膜炎改变;④聚合酶链反应(PCR)检测 CSF 中结核菌的 DNA;⑤胸部 X 线片检查;⑥脑 CT 检查;⑦脑电图检查;⑧病原学的依据等。临床上主要通过影像学检查、脑脊液检查、临床表现等三个方面进行经验性诊断,而脑脊液中培养出结核分枝杆菌是诊断的"金标准",但脑脊液中结核分枝杆菌数量不足,脑脊液中结核分枝杆菌的培养阳性率很低。

(二)一般治疗原则

患者早期即应住院治疗,卧床休息,高维生素(A、D、C)和高蛋白饮食,昏迷者需鼻饲。病室要定时通风和消毒,保持室内空气新鲜,采光良好。要注意眼鼻、口腔护理、翻身、防止痔疮发生和肺部坠积性肺炎。

(三)基本治疗药物及治疗方案

直到现在,还没有一种方法能够快速、灵敏地诊断出结核性脑膜炎。然而,在结核性脑膜炎发病早期进行有效抗结核治疗可明显降低结核性脑膜炎的死亡率,并减轻不可逆的后遗症。因此,TBM 的诊断通常是根据流行病学、临床和影像学结果,随后进行标准的抗结核治疗,而不是结核分枝杆菌培养后进行治疗。

抗结核治疗:抗结核药物宜选择渗透力强、脑脊液浓度高的杀菌剂,治疗过程中要注意药物的毒副反应,尽可能避免毒副作用相同的药物联用。目前常用的联用方案:①异烟肼、链霉素和乙胺丁醇或对氨基水杨酸;②异烟肼、利福平和链霉素;③异烟肼、利福平和乙胺丁醇。

(四)临床问题导向的药物治疗

1. 结核性脑膜炎联合用药的原则与注意事项　首选杀菌药,联合抑菌药,WHO 建议至少选择 3 种药联合治疗，常用异烟肼、利福平和吡嗪酰胺。目前推荐主要一线抗结核药，对重症结核性脑膜炎，早期短程应用一定量的激素，可以减轻渗出和脑水肿，必要时可以鞘内注射，以防止并发症，但必须在抗结核前提前应用。据统计，并用激素结核分枝杆菌存活率为 45%，不用激素为 25%，疗程 6~8 周为宜。

2. 激素的使用原则　肾上腺皮质激素能抑制炎性反应，有抗纤维组织形成的作用；能减轻动脉内膜炎，从而迅速减轻中毒症状及脑膜刺激征；能降低颅内压，减轻脑水肿，防止椎管的阻塞，为抗结核药物的有效辅助治疗，一般早期应用效果较好。可选用泼尼松 1~2mg/（kg·d）口服，疗程 6~12 周，病情好转后 4~6 周开始逐渐减量停药，或用地塞米松 0.25~1mg/（kg·d），分次静脉滴注。急性期可用氢化可的松 5~10mg/（kg·d），静脉滴注，3~5 日后改为泼尼松口服。

3. 合并颅内高压时应如何处理　可按以下方法处理：① 20% 甘露醇 5~10ml/kg，快速静脉注射，必要时 4~6 小时 1 次，50% 葡萄糖 2~4ml/kg，静脉滴注，与甘露醇交替使用；②乙酰唑胺 20~40mg/（kg·d），分 2~3 次服用 3 日、停 4 日；③必要时脑室穿刺引流，每日不超过 200ml，持续 2~3 周。对晚期严重病例，颅内压高、脑积水严重、椎管有阻塞以及脑脊液糖持续降低或蛋白持续增高者，可考虑应用鞘内注射，注药前，宜放出与药液等量的脑脊液。常用药物为地塞米松：2 岁以下 0.25~0.5mg/ 次，2 岁以上 0.5~5mg/ 次，用盐水稀释成 5ml。缓慢鞘内注射，隔日 1 次，病情好后每周 1 次，7~14 次为一疗程。

（五）药物治疗展望

根据目前的临床研究显示，耐药结脑在传统治疗方案基础上，添加抗结核注射剂后治愈率为 56%，添加氟喹诺酮类药物治愈率为 40%~48%。为获得最佳治疗效果，应使用至少 6 种敏感药物，而用药加强区应持续 6~9 个月，总疗程持续 21~25 个月。根据 Gunar Günther 研究表明最新一代的氟喹诺酮类药物如加替沙星的副作用远远小于氧氟沙星，目前看来，新一代氟喹诺酮类药物是耐药型结脑的治疗关键。

九、流行性脑脊髓膜炎

流行性脑脊髓膜炎（简称流脑）是由脑膜炎奈瑟菌（neisseriameningitidis, Nm）通过呼吸道传播所引起的化脓性脑膜炎，致病菌由鼻咽部侵入血液循环，形成败血症，最后局限于脑膜及脊髓膜，形成化脓性脑脊髓膜病变。常在冬春季节引起发病与流行，患者以儿童为多见。人受 Nm 感染后大多数表现为鼻咽部带菌状态，只有少数成为流脑患者。该病传染性强，起病急，病情重，在我国曾引起数次大流行，但至今仍然未得到有效控制。

（一）临床表现与诊断

1. 临床表现　主要临床表现为突发性高热、头痛、呕吐、皮肤和黏膜出血点或瘀斑及颈强直等脑膜刺激征，脑脊液呈化脓性改变。此外，Nm 也可不侵犯脑脊髓膜，仅表现为败血症，病重者可呈暴发型发作。

2. 诊断　世界卫生组织关于细菌性脑膜炎的诊断分为疑似病例、可能病例和确诊病例。疑似病例的诊断标准为急性发热（肛温≥38.5℃或腋温≥38℃）伴有以下症状之一：颈强直、意识改变或其他脑膜刺激征；可能病例的标准为疑似病例伴有以下一项脑脊液改变：外观混浊、白细胞>100×10⁶/L、白细胞增高（10×10⁶/L~100×10⁶/L），伴蛋白≥1 000mg/L 或糖≤2.22mmol/L；确诊病例的标准为脑脊液培养阳性、革兰氏染色阳性或菌体抗原阳性，或者血培养阳性。细菌性脑膜炎及其病原确诊需要脑脊液检查和培养结果，或不能进行腰穿检查的儿童血培养结果。脑脊液培养是细菌性脑膜炎诊断的"金标准"，根据病原种类不同，阳性率可达 50%~90%，但一旦使用抗生素，阳性率即降低。对于流行性脑脊髓膜炎患儿，皮肤瘀点或脑脊液涂片阳性，或免疫学检查等也助于确诊病原菌。

（二）一般治疗原则

流行性脑脊髓膜炎一般治疗原则：

1. 一般治疗　卧床休息，流质饮食，必要时鼻饲或静脉营养。

2. 对症治疗　高热、头痛、呕吐、烦躁或惊厥等，给予相应处理。

3. 病原治疗　轻症病例首选磺胺嘧啶，疑对磺胺过敏或耐药者应改换其他药物如青霉素或氯霉素。

（三）基本治疗药物及治疗方案

敏感药物的选择和使用，对于流脑患者的救治、降低病死率和高危人群预防具有重要意义。根据我国多年的抗生素耐药监测显示，中国 A、B、C、X、W135 和 Y 群 Nm 菌株对环丙沙星、左氧氟沙星、复方新诺明等药物均有不同程度的耐药，因此在流脑密切接触者预防用药时，不建议选择磺胺类和喹诺酮类药物。建议选择头孢类、氯霉素、阿奇霉素等药物，有文献报道我国出现了对青霉素不敏感的菌株，青霉素作为治疗流脑的一线药物，应在后续的监测中对其耐药性予以密切关注。

在 Nm 所致疾病的治疗过程中，要强调尽早诊断、尽早治疗、就地隔离治疗、密切监护，一旦疑诊流行性脑脊髓膜炎，在病原学标本留取后尽早开始抗菌药物治疗，尽早、足量应用敏感并能通过血脑屏障的药物。常选用的药物包括：

1. 青霉素　青霉素不易通过血脑屏障，但在脑膜炎时，脑脊液中浓度为血中的 10%~30%，加大剂量可增加脑脊液中的有效浓度。成人剂量为 800 万 U，每 8 小时 1 次；儿童为 20 万 ~40 万 U/kg，分 3 次静脉滴注，疗程 5~7d。ESCMID 建议致病株青霉素最小抑菌浓度（minimal inhibit concentration, MIC）小于 0.1mg/L 时，可选用青霉素，或阿莫西林、氨苄西林。

2. 三代头孢菌素　容易通过血脑屏障，毒性低，对 Nm 活性强。头孢噻肟钠，成人 2g，儿童 50mg/kg，每 6 小时静脉滴注 1 次；头孢曲松，成人 2g，儿童 50~100mg/kg，每 12 小时静脉滴注 1 次，疗程 7 日。ESCMID 建议致病株青霉素 MIC ≥ 0.1mg/L 时，可选用头孢曲松或头孢噻肟钠。其他替代的抗生素还包括头孢吡肟、美罗培南、环丙沙星等。对于流行性脑脊髓膜炎暴发型的患者，需要针对抗休克治疗、针对 DIC 的肝素治疗、激素治疗、纠正脑水肿、防治呼吸衰竭、保护重要脏器功能。

（四）临床问题导向的药物治疗

1. 合并休克

（1）病因治疗　首选青霉素，剂量（20~40）万 U/（kg·d），多与氯霉素联合用药。

（2）抗休克治疗　补充血容量，可选用低分子右旋糖酐，成人 500ml 静脉滴注，24h 不超过

1 000ml，可根据中心静脉压、尿量调整补液速度。

（3）纠正酸中毒　成人先给 5% 碳酸氢钠 200ml，后根据血生化检查结果而定。

（4）血管活性药　扩充血容量和纠正酸中毒后，若休克仍未纠正，可应用血管活性药山莨菪碱，剂量 0.3~0.5mg/（kg·次）（儿童剂量酌增），每 10~20m 分钟静脉注射 1 次。待面色红润、微循环改善、尿量增加、血压回升后，即可延长给药时间。若山莨菪碱疗效不佳，病情有加重趋势，可改用多巴胺。亦可一开始即选用多巴胺 10~20mg 加入 100ml 5%~10% 葡萄糖溶液中静脉滴注。开始以 75~100μg/min 的速度静脉滴注，血压回升后逐渐调慢滴速。临床上以发绀消失、面唇转红、脉搏有力、血压平稳、尿量增多等作为停药指征。

2. 合并 DIC　当流脑合并 DIC 时病情凶险，病死率高，积极治疗原发病与继发感染，消除促凝诱因，是防治 DIC 的关键措施。在补充凝血因子基础上及早肝素抗凝治疗。DIC 又分为高凝、低凝、纤溶亢进 3 期，需在不同时期应用不同剂量的肝素治疗。在治疗 DIC 的同时，必须综合治疗。因为合并 DIC 的患者都有不同程度的休克，毛细血管渗透性增高可导致血液黏滞度增加、血流缓慢，可导致组织缺血缺氧、有氧代谢转为无氧酵解、酸中毒，促发高凝状态继而血管内广泛微血栓形成，加重了组织缺血缺氧，导致休克不可逆。所以必须扩容、纠酸、脱水、抗炎等综合治疗，抗凝效果才好，同时还要有保护血小板及疏通微循环的措施。

3. 合并脑水肿　重点为减轻脑水肿，防止脑疝和呼吸衰竭，以 20% 甘露醇为主，剂量 1~2g/（kg·次）。根据情况每 4~6 小时或 8 小时快速静脉滴注（30min 内注完）或静脉注射。脱水剂用至颅内压增高症状好转，即可逐渐减量或延长给药时间，到完全停药需 2~3d。如出现脑疝，可给呋塞米 20~40mg 加入 20% 甘露醇或 25% 山梨醇内静脉滴注。

4. 合并呼吸衰竭　用呼吸兴奋剂如山梗菜碱、尼可刹米、哌甲酯或二甲弗林等。吸氧、吸痰、保持气道通畅。如呼吸骤停，立即行气管插管，或气管切开机械通气。

（五）药物治疗展望

随着我国流脑疫苗的推进，流脑的发病率持续

下降,但可能因免疫接种原因,流行菌群特征正在变化,可能会引起非流行菌群的暴发和流行,故应加强监测。监测内容包括流行病学监测、病原学监测及健康人群的带菌率和抗体水平监测,根据监测资料进行流行预测,以有效预防和控制流脑流行。

十、新型隐球菌脑膜炎

新型隐球菌脑膜炎(图 6-2-9)系指隐球菌侵犯中枢神经系统所致的严重感染。该病多见于成年人,细胞免疫功能低下者,如 HIV 患者、恶性肿瘤、糖尿病、应用肾上腺皮质激素及器官移植等亦易感。非 HIV 感染患者隐球菌性脑膜脑炎的临床表现多种多样,大部分患者呈慢性发病,在诊断前已有症状可长达数月,常见临床表现为亚急性或慢性脑膜脑炎的症状和体征;约 50% 的患者可见发热,2~4 周出现头痛、嗜睡、人格改变与记

忆丧失。对于实体器官移植受体,约 2.8% 的患者可出现隐球菌感染,从移植到疾病发作的中位时间为 21 个月,68% 的患者发生于移植后 1 年以上。

(一)临床表现与诊断

1. 临床表现 包括发热、渐进性头痛、精神和神经症状(精神错乱、易激动、定向力障碍、行为改变、嗜睡等)。颅内压增高往往比较明显,头痛、恶心呕吐较剧烈;病情进展可能累及脑神经(动眼神经、展神经、视神经等),出现脑神经麻痹(表现为听觉异常或失聪、复视或视力模糊、眼球外展受限等)和视盘水肿,脑实质受累可出现运动、感觉障碍、脑功能障碍、癫痫发作和痴呆等临床表现,可有脑膜刺激征。与非 HIV/AIDS 的隐球菌性脑膜炎患者相比,HIV 感染患者隐球菌性脑膜炎的临床症状无明显差异,但 HIV 患者症状持续时间较非 HIV 感染者长,且更不典型。

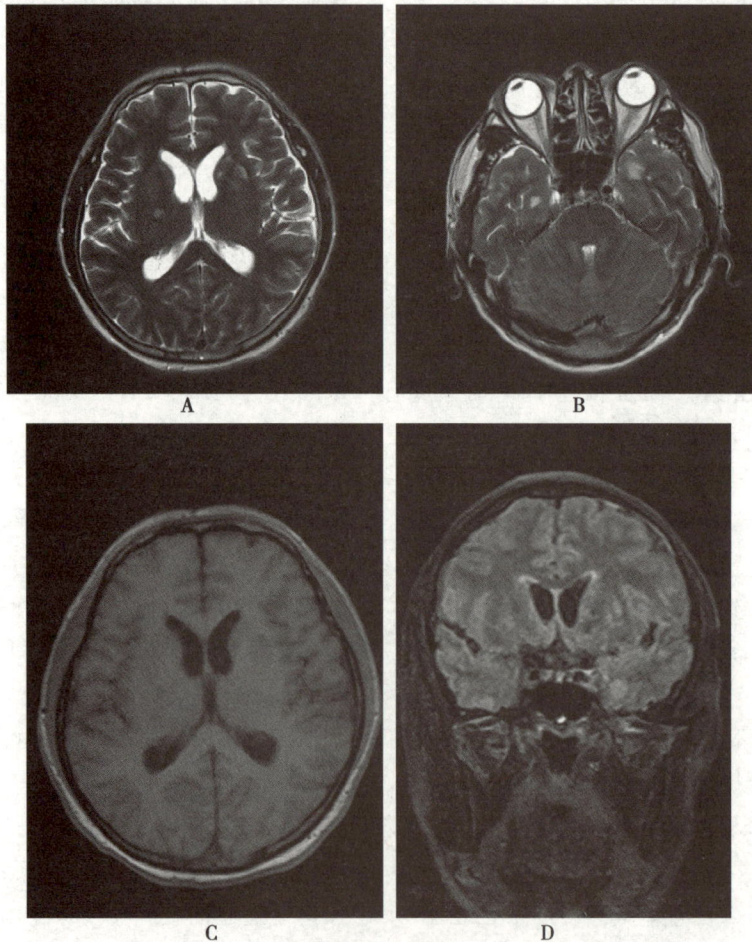

图 6-2-9 新型隐球菌脑膜炎影像学表现
左侧颞叶近颞极、双侧基底节区斑片状稍长 T_1WI 长 T_2WI 信号,Flair 呈稍高信号
(资料来源:图片由重庆西南医院放射科陈伟副教授提供)

2. 诊断 由于隐球菌性脑膜炎的亚急性发作及非特异性表现，因此及时诊断可能会有困难。对于任何伴有发热、头痛以及 CNS 相关体征或症状的免疫功能受损患者，或表现出亚急性或慢性脑膜炎的免疫功能正常个体，均应考虑新型隐球菌性脑膜炎可能，进一步行腰椎穿刺检查，若存在神经系统定位体征、视盘水肿或精神状态受损的情况下，应行放射影像学检查。通过脑脊液培养、墨汁染色和 / 或隐球菌抗原检测来对脑脊液仔细评估应能明确诊断。具体包括：

（1）隐球菌的微生物学鉴定：隐球菌的鉴定主要分为经典的真菌学鉴定和生理生化及分子鉴定。包括标本的脑脊液墨汁染色涂片、脑脊液的隐球菌培养、新型隐球菌的菌落形态、隐球菌的生理生化实验。

（2）隐球菌病免疫学诊断（血清学试验）：临床上最常用的为隐球菌荚膜抗原的检测，其方法有乳胶凝集试验、酶联免疫分析及侧流免疫层析法（lateral flow immunoassay，LFA）等，其中 LFA 因其简单、快速已成为目前国内临床上诊断隐球菌感染最常用方法之一。

（二）一般治疗原则

1. 抗真菌治疗。

2. 颅内压增高者可用脱水剂，并注意防治脑疝。

3. 有脑积水者可行侧脑室分流减压术，并注意水电解质平衡。

4. 因本病病程较长，病情重，机体慢性消耗很大，应注意患者的全身营养、全面护理、防治肺感染及泌尿系统感染。

（三）基本治疗药物及治疗方案

临床上用于治疗隐球菌性脑膜炎的药物主要有 3 类：多烯类抗生素、三唑类及其衍生物、丙烯胺类。①多烯类通过结合真菌细胞膜上的麦角固醇，使真菌细胞膜通透性增加，胞内成分外露，导致病原菌死亡。目前用于临床的该类药物有：两性霉素 B 脂质体复合物、两性霉素 B 胶态分散体、两性霉素 B 脂质体。②三唑类通过抑制真菌核酸形成而抑制真菌繁殖。氟康唑在脑脊液中浓度高、起效快，目前推荐用在急性感染早期，两性霉素 B 未达有效治疗剂量时合用氟康唑。③丙烯胺类通过抑制角鲨烯环氧化酶，致细胞膜破坏，

导致细胞死亡。氟胞嘧啶口服可达有效抑菌浓度，但易产生耐药性，不宜单独使用。

（四）临床问题导向的药物治疗

血液系统疾病患者并发隐球菌性脑膜炎：国外治疗首选两性霉素 B 脂质制剂，因为两性霉素 B 在血液病患者中不良反应会更大，但国内临床研究显示低剂量两性霉素 B 也有较好耐受性，故我们仍推荐首选两性霉素 B 治疗，并密切监测其不良反应。当诱导期治疗 4 周以上，且病情稳定后，可进入巩固期治疗，推荐巩固期选用氟康唑（600~800mg/d），若肾功能正常患者，氟康唑剂量推荐 800mg/d。肾功能不全患者，氟康唑推荐剂量为 400mg/d。隐球菌性脑膜炎疗程较长，具体疗程判定宜个体化，结合患者临床症状、体征消失，脑脊液常规、生化恢复正常，脑脊液涂片、培养阴性，可考虑停药。此外，免疫功能低下患者、脑脊液隐球菌涂片持续阳性、隐球菌特异多糖荚膜抗原检测持续高滴度，以及颅脑 MRI 示脑实质有异常病灶者疗程均宜相应延长，疗程通常 10 周以上，长者可达 1~2 年甚至更长，后期可口服氟康唑治疗。

免疫功能正常的非 HIV/AIDS 相关隐球菌性脑膜炎患者治疗仍存在一定的争议。诱导期首选两性霉素 B［0.7~1.0mg/（kg·次）］联合氟胞嘧啶［100mg/（kg·次）］，疗程在 4 周以上，病情稳定后改用氟康唑治疗。对于病情危重患者疗程适当延长（大于 10 周）可提高其疗效。因此，诱导期推荐首选低剂量两性霉素 B［0.5~0.7mg/（kg·次）］治疗非 HIV/AIDS 相关隐球菌性脑膜炎，如果没有禁忌证，必须联合氟胞嘧啶［100mg/（kg·d）分 4 次服用］治疗，也可以联合氟康唑治疗。而对于有肾功能不全等基础疾病或两性霉素 B 治疗失败患者，建议采用高剂量氟康唑（600~800mg/d）治疗；也可选用伊曲康唑（第 1~2 日负荷剂量 200mg，12 小时 1 次；第 3 日起维持剂量 200mg/d，静脉滴注），但对于肾功能不全患者（内生肌酐清除率 <30ml/min）不推荐使用静脉滴注；或选用伏立康唑静脉滴注（第 1 日负荷剂量每次 6mg/kg，12 小时 1 次；第 2 日起维持剂量每次 4mg/kg，12 小时 1 次），但肾功能不全患者（内生肌酐清除率 <50ml/min）也不推荐使用静脉滴注。

半数感染 HIV 的隐球菌患者颅内压≥25cmH$_2$O,约 1/4 患者的颅内压≥35cmH$_2$O。高颅内压与更严重的症状相关,包括头痛、恶心、第六神经麻痹继发复视以及精神状态改变等,可使用白蛋白、呋塞米、甘露醇等脱水药物控制颅内压。若检测到患者颅内压升高幅度在 2.4kPa 之上,在脱水药物使用同时予以持续腰穿脑脊液引流,使颅内压低于 2kPa 或降为原先水平的一半。

(五)药物治疗展望

有文献报道,免疫功能与深部真菌感染密切相关,单纯抗真菌药治疗效果差且复发率高,因此,近年来提出抗真菌药联合免疫治疗。动物实验和初步的临床试验显示,联合使用抗隐球菌单克隆抗体能快速清除血中隐球菌荚膜多糖抗原,并能明显降低脑水肿和死亡率,同时也表明,M-CSF、G-CSF、IFN、TNF、IL-12 等与抗真菌药具有协同作用,对耐药菌株仍有较好的杀菌效果,有望成为抗真菌药治疗的重要辅助手段。随着基础和临床医学对隐球菌性脑膜炎研究得不断深入,同时也提高了对隐球菌性脑膜炎的认识,而且新型抗真菌药的开发,使隐球菌性脑膜炎的治疗现状有所改观,但目前隐球菌性脑膜炎的治愈率仅为 50%~80%,病死率仍高达 25%~60%,说明还有待更深入的研究,如毒性因子及有关新药的研究、体外药敏试验与体内效应相关性研究、真菌耐药机制研究、治疗方案不断优化及并发症的治疗等。总之,临床上治疗隐球菌性脑膜炎任重而道远,及时识别和治疗 CNS 感染对于患者的生存至关重要。

十一、病毒性肝炎

病毒性肝炎(viral hepatitis)是由多种肝炎病毒引起的传染病,具有传染性强、传播途径复杂、流行面广泛、发病率较高等特点。按引起疾病的病原分类,目前已确定的病毒性肝炎有五型,分别为甲型病毒性肝炎、乙型病毒性肝炎、丙型病毒性肝炎、丁型病毒性肝炎及戊型病毒性肝炎。病程在 6 月之内的为急性肝炎,病程超过 6 个月者为慢性肝炎,其中甲型、戊型病毒性肝炎只表现为急性肝炎,乙型、丙型、丁型病毒性肝炎可以呈急性肝炎或慢性肝炎的表现,并有发展为肝硬化和肝细胞癌的可能,其中甲型、乙型、丙型最为常见。

大多数乙型肝炎病毒(hepatitis B virus, HBV)感染的个体既未被诊断也未被治疗。目前的治疗选择包括干扰素 α,其仅在少数患者中有效。目前慢性乙型肝炎治疗研究的主要目标是在有限疗程后实现功能性治愈。病毒性肝炎可能由许多病毒引起,尽管 5 种病毒以其引起肝脏感染的主要表现而得名。尽管病毒性肝炎的临床表现不足以确定病因,但通过血清学方法可以准确诊断急性甲型和乙型肝炎。病毒性肝炎诊断测试对于乙型、丙型和丁型肝炎的治疗开始和 / 或监测治疗反应至关重要。要实现乙型肝炎消除,需要制订全面的战略,包括基于出生剂量的疫苗接种政策和母婴传播预防计划。

(一)临床表现与诊断

1. 甲型病毒性肝炎 简称甲型肝炎、甲肝,是由甲型肝炎病毒(hepatitis A virus, HAV)引起的,以肝脏炎症病变为主的传染病,主要通过粪 - 口途径传播。

(1)临床表现:急性起病,有畏寒、发热、腹痛、腹泻、消化不良、食欲减退、恶心、疲乏、肝大及肝功能异常等。初起时往往误认为感冒,容易被人忽视,延误病情,继而引起暴发或散发流行。83% 左右的甲肝患者有发热(大多在 38~39℃之间),平均发热 3 日,但也有 15% 的患者发热超过 5 日。90% 的患者有黄疸,消化道症状较重,谷丙转氨酶(ALT)升高的幅度大,800~2 000IU/L 可占 55%。

(2)诊断:

1)发病前 1 个月左右(2~6 周)曾接触甲肝患者,或到过甲肝流行区工作、旅行或来自流行区。

2)病原学诊断具有以下任何一项阳性即可确诊为 HAV 近期感染:①急性期血清抗 -HAVIgM 阳性;②急性期及恢复期双份血清抗 -HAV 总抗体滴度呈 4 倍以上升高;③急性早期的粪便免疫电镜查到 HAV 颗粒;④急性早期粪便中查到 HAVAg;⑤血清或粪便中检出 HAV RNA。

2. 乙型病毒性肝炎 是由 HBV 引起的、以肝脏炎性病变为主并可引起多器官损害的一种传染病。乙型肝炎潜伏期为 6 周 ~6 个月(一般约 3 个月)。

（1）临床表现：肝大伴有轻度触痛及叩击痛，肝功检查主要是 ALT 单项增高。慢性活动性肝炎：既往有肝炎史，目前有较明显的肝炎症状，如倦怠无力、食欲差、腹胀、溏便、肝区痛等面色常晦暗，一般健康情况较差，劳动力减退。肝大质较硬，伴有触痛及叩击痛，脾多肿大。可出现黄疸、蜘蛛痣、肝掌及明显痤疮。

（2）诊断：肝功能长期明显异常，谷丙转氨酶持续升高或反复波动，白蛋白降低，球蛋白升高，丙种球蛋白及 IgG 增高，凝血酶原时间延长，自身抗体及类风湿因子可出现阳性反应，循环免疫复合物可增多而补体 C3、C4 可降低。既往有乙型肝炎病史或 HBsAg 阳性超过 6 个月，现 HBsAg 和 / 或 HBVDNA 仍为阳性者，可诊断为慢性 HBV 感染。根据 HBV 感染者的血清学、病毒学、生物化学试验及其他临床和辅助检查结果，可将慢性 HBV 感染诊断为：

1）慢性 HBV 携带者：多为年龄较轻的处于免疫耐受期的 HBsAg、HBeAg 和 HBV DNA 阳性者，1 年内连续随访 2 次以上均显示血清谷丙转氨酶和谷草转氨酶在正常范围，肝组织学检查无病变或病变轻微。

2）HBeAg 阳性慢性乙型肝炎：血清 HBsAg 阳性、HBeAg 阳性、HBV DNA 阳性、谷丙转氨酶持续或反复异常或肝组织学检查有肝炎病变。

3）HBeAg 阴性慢性乙型肝炎：血清 HBsAg 阳性，HBeAg 持续阴性、HBV DNA 阳性、谷丙转氨酶持续或反复异常，或肝组织学有肝炎病变。

4）非活动性 HBsAg 携带者（inactive HbsAg carrier）：血清 HBsAg 阳性、HBeAg 阴性、抗 -HBe 阳性或阴性，HBV DNA 低于检测下限，1 年内连续随访 3 次以上，每次至少间隔 3 个月，谷丙转氨酶均在正常范围。肝组织学检查显示：组织学活动指数（histological activity index，HAI）评分 ≤4 或根据其他的半定量计分系统判定病变轻微。

5）隐匿性慢性乙型肝炎：血清 HBsAg 阴性，但血清和 / 或肝组织中 HBV DNA 阳性，并有慢性乙型肝炎的临床表现。除 HBV DNA 阳性外，患者可有血清抗 -HBs、抗 -HBe 和 / 或抗 -HBc 阳性，但约 20% 隐匿性慢性乙型肝炎患者的血清学标志物均为阴性。诊断主要通过 HBV DNA 检测，有时需采用多区段套式 PCR 辅以测序确认，因常规荧光定量 PCR 检测灵敏度受限且受引物序列突变影响，可能会存在一定程度的漏检，尤其对抗 -HBc 持续阳性者。诊断需排除其他病毒及非病毒因素引起的肝损伤。

3. 丙型病毒性肝炎 是一种主要经血液传播的疾病，丙型肝炎病毒（hepatitis C virus，HCV）慢性感染可导致肝脏慢性炎症坏死和纤维化，部分患者可发展为肝硬化甚至肝细胞癌（hepatocellular carcinoma，HCC），对患者的健康和生命危害极大。

（1）临床表现：全身乏力、食欲减退、恶心和右季肋部疼痛等，少数伴低热，轻度肝大，部分患者可出现脾肿大，少数患者可出现黄疸。部分患者无明显症状，表现为隐匿性感染。

（2）诊断

1）流行病学史：有输血史、应用血液制品史或明确的 HCV 暴露史。输血后急性丙型肝炎的潜伏期为 2~16 周（平均 7 周）。

2）实验室检查：谷丙转氨酶多呈轻度和中度升高，抗 -HCV 和 HCV RNA 阳性。HCV RNA 常在谷丙转氨酶恢复正常前转阴，但也有谷丙转氨酶恢复正常而 HCV RNA 持续阳性者。

慢性丙型肝炎的诊断：HCV 感染超过 6 个月，或发病日期不明、无肝炎史，但肝脏组织病理学检查符合慢性肝炎，或根据症状、体征、实验室及影像学检查综合分析亦可诊断。

（二）一般治疗原则

甲型病毒性肝炎是自限性疾病，治疗以一般以支持治疗为主，辅以适当药物，避免饮酒、疲劳和使用损肝药物。强调早期卧床休息，至症状明显减退，可逐步增加活动，以不感到疲劳为原则。

乙型病毒性肝炎，最大限度地长期抑制 HBV 复制，减轻肝细胞炎性坏死及肝纤维化，达到延缓和减少肝功能衰竭、肝硬化失代偿、HCC 及其他并发症的发生，从而改善生活质量和延长生存时间。

丙型病毒性肝炎，抗病毒治疗的目标是清除 HCV，获得治愈，清除或减轻 HCV 相关肝损害，阻止进展为肝硬化、失代偿期肝硬化、肝衰竭或肝癌，改善患者的长期生存率，提高患者的生活质量。其中进展期肝纤维化及肝硬化患者 HCV 的清除可降低肝硬化失代偿的发生，可降低但不能避免 HCC 的发生,需长期监测肝癌的发生情况;失代偿期肝硬化患者 HCV 的清除有可能降低肝移植的需求,对该部分患者中长期生存率的影响需进一步研究;肝移植患者移植前抗病毒治疗可改善移植前的肝功能及预防移植后再感染,移植后抗病毒治疗可提高生存率。

(三)基本治疗药物及治疗方案

1. 甲型病毒性肝炎药物选择 保肝、降酶、退黄治疗,如甘草酸制剂、多烯磷脂酰类、抗氧化保护肝细胞膜药物、还原型谷胱甘肽、双环醇等。

2. 乙型病毒性肝炎药物选择 抗病毒药分为 α 干扰素、核苷类似物。

(1)α 干扰素用于 HBV 复制,HBeAg 阳性及 HBV DNA 阳性且血清谷丙转氨酶异常的患者,剂量(3~5)MU/次,推荐剂量为 5MU/次,用法:每周 3 次,皮下或肌内注射,疗程 4~6 个月,可根据病情延长疗程至 1 年。可进行诱导治疗,即在治疗开始时,每日用药 1 次,0.5~1 个月后改为每周 3 次,至疗程结束。

(2)核苷类似物可抑制病毒复制。包含的药物有拉米夫定、单磷酸阿糖腺苷、恩替卡韦、富马酸替诺福韦酯、替比夫定、阿德福韦酯。

(3)对初治患者优先推荐选用恩替卡韦、替诺福韦酯或 Peg-IFN。

(4)核苷(酸)类药物:建议总疗程至少 4 年,在达到 HBV DNA 低于检测下限、谷丙转氨酶复常、HBeAg 血清学转换后,再巩固治疗至少 3 年仍无变化者,可考虑停药,延长疗程可减少复发。

(5)普通干扰素和聚乙二醇干扰素:推荐疗程为 1 年,但治疗早期应答可帮助预测疗效。对于基因型 A 型和 D 型患者,若经过 12 周聚乙二醇干扰素治疗未发生 HBsAg 定量的下降,建议停止治疗。对于基因型 B 型和 C 型患者,若经过 12 周聚乙二醇干扰素治疗,HBsAg 定量仍大于 20 000IU/ml,建议停止治疗。无论哪种基因型,若经过 24 周治疗 HBsAg 定量仍大于 20 000IU/ml,建议停止治疗。

3. 丙型病毒性肝炎

(1)急性丙型病毒性肝炎:IFNα 治疗能显著降低急性丙型病毒性肝炎的慢性化率,因此,如检测到 HCV RNA 阳性,即应开始抗病毒治疗。目前对急性丙型病毒性肝炎治疗尚无统一方案,建议给予普通 IFNα3MU,隔日 1 次,肌内注射或皮下注射,疗程为 24 周,应同时服用利巴韦林 800~1 000mg/d。

(2)慢性丙型病毒性肝炎

1)谷丙转氨酶或谷草转氨酶持续或反复升高,或肝组织学有明显炎症坏死(G≥2)或中度以上纤维化(S≥2)者,易进展为肝硬化,应给予积极治疗。

2)谷丙转氨酶持续正常者大多数肝脏病变较轻,应根据肝活检病理学结果决定是否治疗。对已有明显纤维化(S2、S3)者,无论炎症坏死程度如何,均应给予抗病毒治疗;对轻微炎症坏死且无明显纤维化(S0、S1)者,可暂不治疗,但每隔 3~6 个月应检测肝功能。

3)谷丙转氨酶水平并不是预测患者对 IFN-α 应答的重要指标。

(四)临床问题导向的药物治疗

1. 乙型病毒性肝炎 抗病毒药联合治疗如 α-干扰素与单磷酸阿糖腺苷联合使用,有协同抗病毒作用,可增强疗效,但毒性亦增大,α-干扰素与阿昔洛韦、胶氧阿昔洛韦、或与 γ-干扰素联合应用,均可增强疗效。α-干扰素加泼尼松冲击疗法在干扰素治疗前,先给予短程(6 周)泼尼松,可提高患者对抗病毒治疗的敏感性,从而增强疗效。但在突然减停泼尼松时,有激发严重肝坏死的风险。阿糖腺苷(Ara-A)及单磷阿糖腺苷(Ara-AMP)主要抑制病毒的 DNA 聚合酶及核苷酸还原酶活力,从而阻断 HBV 的复制,抗病毒作用较强但较短暂,停药后有反跳。Ara-A 不溶于水,常用剂量为每日 15mg/kg,稀释于葡萄糖液 1 000ml 内,缓慢静脉滴注 12h,连用 2~8 周,副作用为发热、不适、纳差、恶心、呕吐、腹胀、全身肌肉及关节痛、血小板减少等。

2. 丙型病毒性肝炎 在接受 PEG IFN-α 联合利巴韦林治疗过程中应根据治疗中病毒应答进行个体化治疗(response-guided therapy, RGT)。治疗前、治疗 4 周、12 周、24 周应采用高灵敏度方法监测 HCV RNA 以评估病毒应答指导治疗。

(1)基因 1 型或基因 6 型的治疗方案

1)首先推荐使用聚乙二醇化干扰素联合利巴韦林治疗,基本疗程为 48 周。

2)普通 IFN-α 联合利巴韦林治疗方案:IFN-α3M~5MU,隔日 1 次肌肉或皮下注射,联合口服利巴韦林 1 000mg/d,建议治疗 48 周。

3）不能耐受利巴韦林不良反应者的治疗方案:可单用普通 IFN-α 或 PEGIFN-a,方法同上,或在医生指导下使用 DAAs 治疗。

（2）基因 2 型、3 型治疗方案

1）聚乙二醇化干扰素联合利巴韦林的治疗为首先推荐方案。利巴韦林给药剂量为 800mg/d,但若患者存在低应答的基线因素,如胰岛素抵抗、代谢综合征、重度肝纤维化或肝硬化、年龄较大,利巴韦林则应根据体重给药。在接受 PEG IFN-α 联合利巴韦林治疗过程中应根据不同应答给予相应处理。

2）普通 IFN-α 联合利巴韦林治疗方案:IFN-α3MU 每周 3 次,肌内注射或皮下注射,联合应用利巴韦林 800~1 000mg/d,治疗 24~48 周。

3）不能耐受利巴韦林不良反应者的治疗方案:可单用普通 IFN-α 或 PEGIFNα,或在医生指导下使用 DAAs 治疗。

（五）药物治疗展望

针对 HBV 复制周期的不同方面的直接作用抗病毒剂和免疫治疗方法作为单一疗法和 / 或与其他药剂组合是目前的研究重点。关键的分子目标是消除 HBV 共价闭合环状 DNA,这是与慢性感染相关的病毒转录物的来源,但受当前疗法的影响最小。临床研究中的直接作用抗病毒药包括核心蛋白抑制剂和 RNA 抑制剂。免疫治疗方法包括 TLR-7 和 TLR-8 激动剂,治疗性疫苗,检查点抑制剂,RIG-1 激动剂和抗 HBV 抗体。

直接消除或沉默 HBV cccDNA 的能力被认为是治疗 HBV 的突破口,一些学术团体已经证明这种方法可以成功地减少功能性 cccDNA。尽管令人兴奋,但仍有几个重要的警告:①消除需要解决脱靶效应问题;②用于分娩的载体需要接触所有感染的肝细胞以消除再激活的可能性;③尽管研究表明可能靶向整合的基因组,但这种整合体的切割具有诱导基因组不稳定性的理论风险,同时具有致癌作用的风险。

十二、肾盂肾炎

肾盂肾炎（pyelonephritis）系指多种病原体引起的肾盂、肾盏及肾实质感染性病变,多由上行感染所致,或由血行感染播散至肾,常伴有下泌尿

道感染。临床特点主要有发热、腰痛、膀胱刺激征、细菌尿等。病原菌主要为肠杆菌,其中以大肠埃希菌最常见,占 70% 以上,其他依次是变形杆菌、克雷伯杆菌、产气杆菌、沙雷杆菌、产碱杆菌、粪链球菌、铜绿假单胞菌及葡萄球菌。95% 以上由单一细菌所致,长期应用抗菌药物、长期留置尿导管的患者可出现混合感染。按病程分为急性肾盂肾炎（图 6-2-10）和慢性肾盂肾炎（图 6-2-11）。

（一）临床表现与诊断

1. 临床表现

（1）急性肾盂肾炎临床表现:一般为突发寒战、高热,体温上升至 39℃ 以上,伴有头痛、全身痛以及恶心、呕吐等。热型类似脓毒症,大汗淋漓后体温下降,后又可上升,持续 1 周左右。单侧腰痛或双侧腰痛,有明显的肾区压痛、肋脊角叩痛。由上行感染所致的急性肾盂肾炎起病时即出现尿频、尿急、尿痛等膀胱刺激症状,以及血尿,以后出现全身症状。血行感染者常由高热开始,而膀胱刺激症状随后出现,有时不明显。

（2）慢性肾盂肾炎临床表现:与急性肾盂肾炎截然不同,其发病和病程很隐蔽,其尿路感染症状表现不明显,可有乏力、低热、厌食等,间歇性出现腰酸腰痛等肾盂肾炎症状,也可伴有尿频、尿急、尿痛等下尿路感染症状,同时可有慢性间质性肾炎表现,如尿浓缩能力下降,可出现多尿、夜尿增多,易发生烦渴、脱水;肾小管重吸收能力下降可表现为低钠、低钾血症,肾功能不全时也可出现高钾血症;肾小管酸中毒常见。慢性肾盂肾炎表现以肾小管功能损害表现为主,慢性肾功能不全发展至终末期可出现肾功能不全,可有水肿、乏力、食欲不振、贫血等表现。

2. 诊断

（1）尿常规脓尿检查:(每高倍镜视野 ≥5 个白细胞)为其特征性改变,若平均每高倍镜视野中有 0~3 个白细胞,而个别视野中可见成堆白细胞,仍有诊断意义。尿中白细胞也可间歇性出现,红细胞数目多少不一,常提示合并其他肾脏疾病的可能。

（2）尿的细菌学检查:尿细胞培养及菌落计数是确诊的重要指标,目前多采用新鲜清洁中段尿培养法,尿细胞培养阳性,菌落计数 $>1×10^8$/L（10 万 /ml）,即有诊断价值,$(1~10)×10^7$/L（1 万 ~10 万 /ml）为可疑,应重复培养。

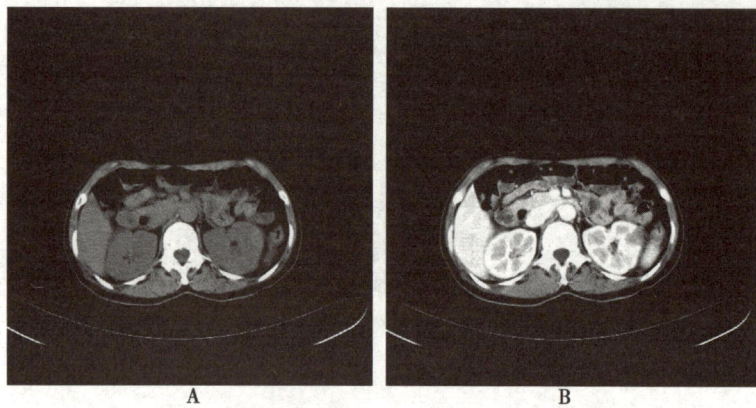

图 6-2-10 急性肾盂肾炎影像学表现

双肾形态正常,左肾实质段性缺血,表现为 CT 平扫楔形高密度区,增强扫描呈低密度,从肾乳头
向皮质表面辐射,与邻近表现正常的肾实质界限不明显

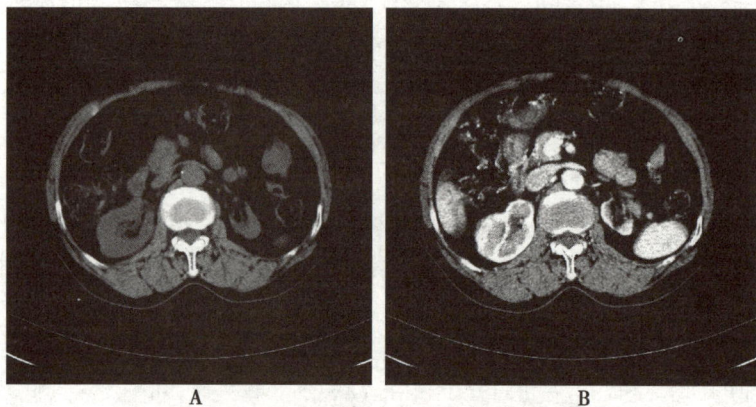

图 6-2-11 慢性肾盂肾炎影像学表现

双肾萎缩、肾实质变薄,肾表面有多发深浅不等切迹

（资料来源:重庆西南医院放射科陈伟副教授）

（3）其他检查:尿沉渣抗体包裹细菌检查,阳性时有助诊断,膀胱炎为阳性,有鉴别诊断价值。

（二）一般治疗原则

目的在于缓解症状,防止复发,减少肾实质的损害。应鼓励患者多饮水,勤排尿,以降低髓质渗透压,提高机体吞噬细胞功能,冲洗掉膀胱内的细菌。可服用碳酸氢钠片（1g,3 次 /d）碱化尿液,以减轻膀胱刺激症状;定期排空膀胱,以减轻膀胱内压力;减少残余尿量;适当锻炼,增强体质,提高机体免疫力。

（三）基本治疗药物及治疗方案

复方磺胺甲噁唑具有较高的耐药性,用于治疗耐药菌感染的急性单纯性肾盂肾炎的失败率较高,是经验性治疗的次选方案。但如果致病微生物对该药物敏感,复方磺胺甲噁唑用于治疗急性单纯性肾盂肾炎时也有很好的疗效。口服 β- 内

酰胺类药物应谨慎用于急性单纯性肾盂肾炎的治疗。只有在尿道病原菌敏感时才考虑继续给予口服 β- 内酰胺类药物。对于伴有恶心或呕吐的急性单纯性肾盂肾炎,由于口服药物受限,需要住院治疗。氨苄西林对革兰氏阴性菌耐药率的增加,该药应当限定用于可疑肠球菌感染的患者（基于既往史）,并且应该与氨基糖苷类联用。

1. 药物选择 尽可能按药敏试验结果结合临床疗效来选用敏感的抗菌药物。一般首选对革兰氏阴性杆菌敏感,在尿液和血液浓度均较高的杀菌性抗生素。

2. 疗程 急性发作期治疗同急性肾盂肾炎,轻型患者宜口服抗菌药物 14 日,常用抗生素如复方磺胺甲噁唑 0.8g,2 次 /d,氧氟沙星 0.2g,2 次 /d,环丙沙星 0.25g,2 次 /d,或氨苄西林、阿莫西林等某单一药物口服。

3. 较严重者应肌内或静脉注射抗生素,氨基糖苷类抗生素、头孢菌素类、阿莫西林等。

4. 重症应用抗生素,如半合成广谱青霉素,与氨基苷类抗生素或三代头孢菌素联合用药。

(四)临床问题导向的药物治疗

对于怀疑急性单纯性肾盂肾炎的患者,应常规进行尿培养和药敏试验。初始经验性治疗应根据所感染的病原体进行适当调整。

对于不需要住院治疗的社区患者,如尿道病原菌对氟喹诺酮类药物的耐药率小于10%,不管是否用初始治疗,均可静脉注射环丙沙星400mg/d,亦可口服环丙沙星治疗(500mg、2次/d、疗程7d)。如果需要首剂静脉注射,也可使用其他长效抗生素代替初始氟喹诺酮类静脉注射,如1g头孢曲松或24h剂量的氨基糖苷类药物。如果氟喹诺酮类药物耐药率超过10%,推荐初始使用1次长效静脉注射用抗生素,如1g头孢曲松或24h剂量的氨基糖苷类药物。

如果尿路病原菌耐药率不超过10%,对于不需要住院治疗的患者每日口服1次氟喹诺酮类药物,包括环丙沙星(缓释制剂1 000mg、连续7d)或左氧氟沙星(750mg、连续5d)。如果氟喹诺酮类耐药率超过10%,推荐初始静脉注射1次长效抗生素,如1g头孢曲松或24h剂量的氨基糖苷类药物。

如果尿道病原菌对磺胺类药物敏感,口服复方磺胺甲噁唑(甲氧苄啶160mg+磺胺甲噁唑800mg,首剂量加倍,2次/d,连续14d)。如果在敏感性未知的情况下使用复方磺胺甲噁唑,推荐初始静脉注射1次长效抗生素,如1g头孢曲松或24h剂量的氨基糖苷类药物。

用于治疗急性单纯性肾盂肾炎时,口服β-内酰胺类抗生素疗效不及其他抗生素。如果需要口服β-内酰胺类抗生素,推荐初始静脉注射1次长效抗生素,如1g头孢曲松或24h剂量的氨基糖苷类药物。

需要住院治疗的女性急性单纯性肾盂肾炎患者应该接受初始静脉注射抗生素方案,如氟喹诺酮类、氨基糖苷类联合或不联合氨苄西林、广谱头孢菌素类或广谱西林类、联合或不联合氨基糖苷类或碳青霉烯类。抗生素的选择需考虑到当地的耐药情况,并根据药敏结果进行调整。

合并败血症者宜静脉给药,最好根据尿细菌培养结果选用敏感药物。美国感染性疾病协会推荐氟喹诺酮或氨基糖苷类单用或联用阿莫西林或超广谱头孢菌素,或联用氨苄西林的方案。真菌感染可用酮康唑0.2g,3次/d,或氟康唑50mg,2次/d治疗。

新生儿、婴儿和5岁以下的幼儿患急性肾盂肾炎多数伴有泌尿道畸形和功能障碍,故不易根除,但有些功能障碍如膀胱输尿管反流可随年龄增长而消失。近年来主张用药前尽可能先做中段尿细菌培养,停药后第2周、4周、6周应复查尿培养,以期及时发现和处理。

(五)药物治疗展望

在许多国家尿路感染的常规治疗是使用抗生素如β-内酰胺类、甲氧苄啶、呋喃妥因和喹诺酮类药物。这些抗生素的广泛使用和滥用导致耐药性增加及其对人体的副作用增多,需要制订替代策略,如针对尿路感染的疫苗。开发针对尿路感染病原体的疫苗将在降低死亡率和降低经济成本方面发挥重要作用。在初级保健中面对迅速变化的抵抗模式,需要制订策略来监测尿路感染治疗方案的临床效果。

十三、皮肤和软组织感染

皮肤和软组织感染(skin and soft tissue infection, SSTI)是常见且重要的传染病,包括脓疱疮、化脓性皮肤和软组织感染、丹毒和蜂窝织炎(图6-2-12)、坏死性筋膜炎(图6-2-13)、肌萎缩炎、梭菌性肌坏死和人/动物咬伤、糖尿病足感染(图6-2-14)、手术相关感染和免疫功能低下患者的感染。根据三个临床标准建议分类:皮肤扩展(简单或复杂)、进展速度(急性或慢性)、组织坏死(坏死或非坏死)。SSTI的范围从常见的浅表皮肤感染到罕见但危及生命的感染,如坏死性筋膜炎。易患因素包括创伤、既往皮肤病、糖尿病、酒精中毒、静脉注射药物、外周血管疾病、恶性肿瘤和免疫抑制。SSTI通常由定植于皮肤的微生物引起,如金黄色葡萄球菌或A组链球菌,但也可能涉及革兰氏阴性或厌氧细菌、病毒、真菌和寄生虫。社区获得的耐甲氧西林金黄色葡萄球菌越来越被认为是SSTI的原因。治疗通常使用针对疑似病原菌的局部或全身抗感染治疗。SSTI可以是轻度自限性的或严重进行性的组织坏死。临床医生负责确定感染的存在、确定感染程度、确定致病微生物、给予适当的抗生素、并决定是否手术治疗化脓性和坏死性感染。临床医师的适当护理可以促进患者的快速恢复,同时还可以预防严重的并发症,例如皮肤变形、身体缺陷和死亡,并防止滥用广谱抗生素以及抗生素抗性细菌的表达。

（一）临床表现与诊断

常表现为红肿、皮温增高、压痛、硬结、硬块或向心性蔓延的红痛条状物,局部有无波动感、坏死、溃疡及功能障碍等,注意区域淋巴结有无肿大,躯体其他部位有无同样病灶,活动性手、足癣。根据 SSTI 病因、发病部位及病情轻重可大致分为:

（1）浅表皮肤细菌性感染:感染仅累及表皮真皮层,包括毛囊炎、疖、痈、脓疱病、蜂窝织炎、丹毒和化脓性汗腺炎等。

（2）继发性 SSTI:包括如手术切口感染、创伤感染、烧伤感染、咬伤感染、感染性囊肿及脓肿、糖尿病足溃疡及压疮感染等,感染较重,常累及表皮真皮及皮下组织。

（3）坏死性软组织感染:病变累及皮肤及深层结构,特点是皮肤、皮下组织、筋膜或骨骼肌坏死,如急性坏死性筋膜炎等。

脓疱病是一种发生在表皮上的细菌感染,表现为两种类型:大疱性和非疱疹性脓疱疮。在非疱疹的脓疱病中,囊泡变成脓疱,脓疱破裂并分泌化脓性渗出物,形成厚厚的黄色焦痂。在大疱性脓疱病中,囊泡变成含有透明渗出物的无弹性大疱;当大疱破裂时,形成薄的浅棕色焦痂。非疱疹性脓疱病是由链球菌或金黄色葡萄球菌引起的,或者是涉及这两种细菌的多微生物感染;大疱性脓疱病是由金黄色葡萄球菌引起的,且 MRSA 一直呈上升趋势。当存在脓液或渗出物时,可以通过革兰氏染色和细菌培养来鉴定致病细菌,但是可以在不进行测试的情况下处理典型的病变,用于微生物诊断。

丹毒是真皮的表面细菌感染,涉及皮肤淋巴管。它的特征是突然出现疼痛、红斑,扩散的皮疹边界清晰,通常存在全身性特征（例如发热、发冷）。大多数丹毒感染发生在下肢,非 A 组链球菌是最常见的病原菌,面部丹毒更常见于 A 组链球菌引起,已报道了由肺炎链球菌、肺炎克雷伯菌、流感嗜血杆菌、小肠结肠炎耶尔森氏菌和莫拉氏菌属引起的非典型形式。诱发因素包括皮肤病（例如湿疹、皮肤癣菌感染）、静脉淤滞、下肢瘫痪、糖尿病、肾病综合征、酒精滥用和免疫缺陷。丹毒倾向于发生在淋巴阻塞区域,并且因为它也会导致淋巴损伤,所以会再次出现。

蜂窝织炎是迅速传播深部真皮和皮下脂肪的炎症,通常由 A 组链球菌或金黄色葡萄球菌引起。由 CA-MRSA 引起的软组织感染越来越多见,且常导致皮肤脓肿。蜂窝织炎的常见病原菌包括 B、C 和 G 型链球菌（特别是淋巴管阻塞）。肺炎衣原体、肠杆菌科、假单胞菌属、多杀巴斯德氏菌、嗜水气单胞菌、创伤弧菌、布鲁氏菌属、军团菌属和脑膜炎奈瑟菌,患者常存在明显的致病性损伤或皮肤破裂。糖尿病患者并发症风险增加,如腿部溃疡、淋巴水肿、静脉曲张或外周血管疾病。蜂窝织炎常出现在腿部且几乎总是单侧,表现为红、热、肿胀、疼痛。常见的体征为血栓性静脉炎、淋巴管炎、局部淋巴结病和发热。局部脓肿可以进展,并且皮肤可能坏疽。蜂窝织炎的诊断几乎是临床诊断,皮肤拭子对诊断无帮助,血液培养、皮肤组织活检和组织抽吸很少有指导作用。影像学检查不能诊断蜂窝织炎,但可用于鉴别脓肿或潜在的骨髓炎。

坏死性筋膜炎是一种坏死性软组织感染,侵入覆盖肌肉的筋膜。坏死性筋膜炎的死亡率很高,早期诊断坏死性筋膜炎对治疗非常重要。坏死性筋膜炎的临床特征如下:①严重疼痛与体检结果不一致;②紧张水肿;③水疱;④瘀斑或皮肤坏死;⑤可触及的捻发感;⑥局部皮肤感觉减退;⑦全身毒性的表现,如脓毒血症。CT 或 MRI 可能有助于诊断坏死性筋膜炎。CT 可以观察到筋膜水肿,筋膜肥大,筋膜造影增强,脓肿和气体形成。通过 MRI T_1 加权图像上软组织的低信号强度和软组织筋膜的高信号强度,以及 T_2 图像上的对比度增强可能会出现,但由于 MRI 的特异性较低,人们担心过度诊断。确定坏死性筋膜炎的致病菌是选择合适的抗生素的关键,亦是对判断预后和改为口服抗生素所必需的。临床应进行脓肿或组织样本的培养检测,以确定坏死性筋膜炎的致病菌,血培养检查也很有帮助。

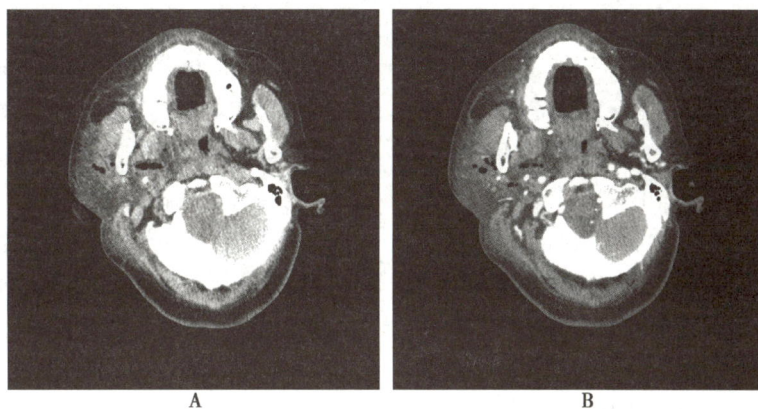

图 6-2-12 蜂窝织炎影像学表现
右侧咬肌间隙、咽旁间隙软组织肿胀,其内积气,边界不清

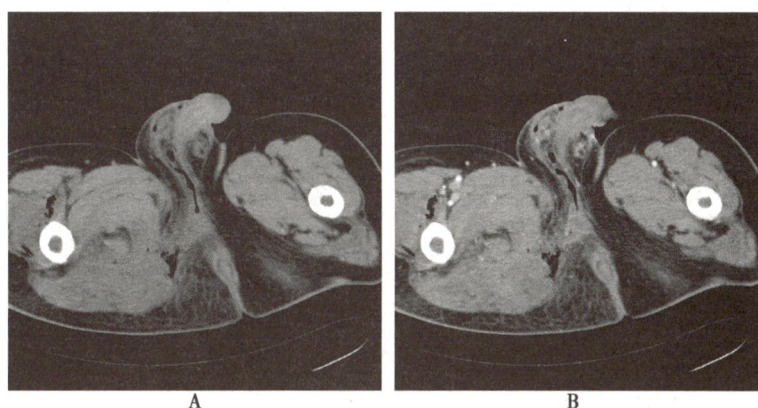

图 6-2-13 坏死性筋膜炎影像学表现
右侧臀大肌、股外侧肌肿胀充血坏死,散在多发小气泡,右侧精索、阴囊肿胀积气,
右臀及会阴部局部皮肤增厚、皮肤及皮下脂肪缺损

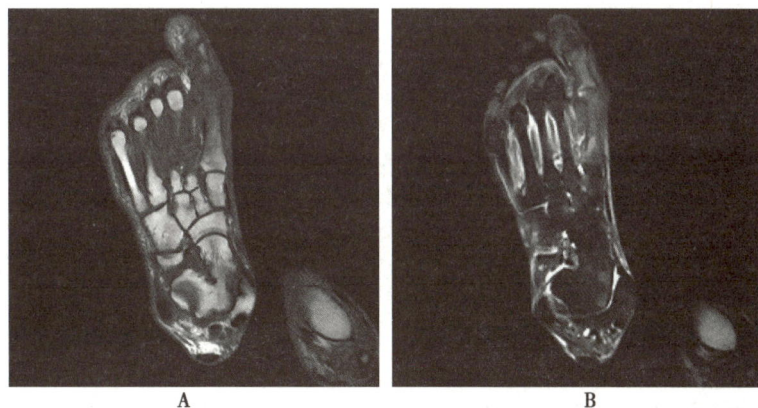

图 6-2-14 糖尿病足感染影像学表现
MRI 示右足第一跖骨、趾骨、内中外楔骨、距骨信号异常,呈长 T_1WI 长 T_2WI 信号,周围软组织肿胀
(资料来源:重庆西南医院放射科陈伟副教授)

气性坏疽,也称为梭菌性肌坏死,是一种快速进展的肌肉感染。它是由梭菌属物种引起的,产气荚膜梭菌是最常见的致病细菌,它可能发生在创伤后污染伤口区域。在免疫缺陷患者中,也

可以作为菌血症的并发症发生。在创伤相关病例中,创伤后 2~3 日开始出现肌坏死的进展。梭菌性肌坏死具有与坏死性筋膜炎相似的临床特征,症状包括严重疼痛和意识改变,以及甚至可导致

死亡的低血压、休克和器官衰竭。梭菌性肌坏死是一种暴发性感染，需要重症监护，并立即和广泛手术切除感染区域。最初的治疗应该是使用广谱抗生素，对于梭菌性肌坏死的病例，推荐使用青霉素200万~400万U，每4~6小时1次，和克林霉素600~900mg，每8小时1次的联合治疗。推荐联合治疗的原因是克林霉素加青霉素的联合治疗最有效，产气荚膜梭菌可能对克林霉素耐药。

福尼尔的坏疽（Fournier）是一种坏死性筋膜炎，影响生殖器、会阴和肛周区域。大多数病例发生在30~60岁的患者中，男女比例为10：1。危险因素包括高龄、糖尿病、酗酒、结直肠疾病/手术、恶性肿瘤、营养不良和免疫抑制。Fournier的坏疽是由需氧和厌氧细菌引起的混合微生物感染，MRSA感染的发病率似乎在增加。症状通常始于瘙痒的阴部发作和外生殖器的不适，随后是与严重疼痛和全身症状相关的生殖器/会阴区域的肿胀和红斑。

（二）一般治疗原则

应进行分层分类治疗，外用药物和系统治疗相结合，药物治疗和手术相结合。轻症皮肤软组织感染一般不需要全身应用抗菌药物，只需局部用药。局部用药以消毒防腐剂（如碘伏）为主，少数情况亦可局部应用抗菌药物。中、重症或复杂性皮肤及软组织感染需全身应用抗菌药物。抗菌药物治疗前应将感染部位标本送病原学检查，全身感染征象显著的患者应同时做血培养。慢性皮肤及软组织感染尚应送脓液作抗酸涂片及分枝杆菌培养，必要时做病理检查。获得病原检查结果后，根据治疗反应和药敏试验结果调整用药，注重综合治疗及基础疾病治疗，有脓肿形成时须及时切开引流。

外用抗生素治疗：外用抗生素在防治SSTI中占有较重要地位，这是因为：①直接作用于皮肤靶部位，对表皮或真皮浅层感染效果最佳；②根据不同部位和病变深浅选择不同的剂型；③药物在局部停留时间长，能较好地发挥抗菌作用；④减少抗生素全身用量，减轻患者经济负担；⑤外用吸收少，可避免发生系统给药的不良反应以及菌群失调等；⑥使用简单方便。

理想的外用抗菌药物应具备：①广谱、高效，尤其对常见耐药菌株如MRSA亦有很强的抗菌作用；②不易产生耐药性，尤其是具有独特的抗菌机制但无系统制剂的抗菌药物，可以有效避免交叉耐药性

产生，减少院内感染耐药菌株的发生；③局部应用可以保持较高的抗菌活性，不受局部环境因素的影响；④抗菌药物及其基质不影响创面的愈合；⑤广谱抗菌同时能有效维护皮肤微生态；⑥不易发生过敏反应。莫匹罗星软膏符合上述6条标准，是理想的外用抗菌药物。夫西地酸乳膏也有较强的抗菌作用，该药物有静脉给药剂型。传统的外用抗生素如红霉素软膏、新霉素软膏或氧氟沙星乳膏，因渗透性差、容易产生交叉或多重耐药，不宜选择或不作为首选，同时要加强对外用抗生素耐药发生情况的监测。

（三）基本治疗药物及治疗方案

脓疱疮大多数是由A组链球菌引起的，在免疫功能低下的患者中有时会出现类似的坏疽性肾小球病变，并且通常与铜绿假单胞菌菌血症相关。轻度病例可用局部莫匹罗星治疗，更严重的病例可用口服青霉素或克林霉素治疗，如有结痂可能需要对结痂进行清创。

丹毒患者可静脉注射青霉素治疗，克林霉素可用于青霉素过敏患者。葡萄球菌通常不涉及丹毒，因此通常认为抗葡萄球菌（氟氯西林、万古霉素）是不必要的，除非有特征提示葡萄球菌感染（例如大疱性丹毒）。

轻度蜂窝织炎且无全身症状的患者可口服氟氯西林治疗，克林霉素是青霉素过敏患者的替代药物。对于感染较严重或面部或眶周蜂窝织炎的患者，通常需要静脉注射抗生素治疗。如果患者患有糖尿病或腿部溃疡，则更可能是革兰氏阴性杆菌和厌氧菌，因此可以联合静脉注射用阿莫西林。对于MRSA定植的患者，应考虑使用糖肽类抗生素，可以选择利奈唑胺和达托霉素。镇痛、肢体抬高和皮下注射肝素是有用的辅助措施。如果存在周围蜂窝织炎或坏死皮肤，应寻求外科意见。预防性抗生素（通常是青霉素）仍然存在争议。重要的非药物措施包括足部护理，其中包括治疗足癣、淋巴水肿管理和溃疡伤口护理。

Fournier的坏疽是一种外科急症，需要立即进行外科清创和广谱静脉内抗生素治疗（例如联合阿莫西林、甲硝唑、庆大霉素）。如果患者已知或可能患有MRSA，则应包括糖肽类或其他合适的抗生素。如果免疫状态未知，可考虑破伤风加强剂，致命破伤风病例与Fournier坏疽相关。常见（非坏死性）SSTI抗生素经验疗法见表6-2-1。

表 6-2-1　常见（非坏死性）SSTI 抗生素经验疗法

疾病	治疗	青霉素过敏者的治疗
脓疱疮	口服：双氯西林 250~500mg，4 次 /d 或头孢氨苄 250~500mg，4 次 /d 或外用莫匹罗星	口服：克林霉素 150~300mg，4 次 /d 或红霉素 250~500mg，4 次 /d 或外用莫匹罗星
丹毒	静脉给药：乙氧萘胺青霉素 2g 每 4~6 小时 1 次或头孢唑林 1g 每 8 小时 1 次 口服：双氯西林 500mg，4 次 /d 或头孢氨苄 500mg，4 次 /d	静脉给药：克林霉素 600~900mg 每 8 小时 1 次或万古霉素 15mg/kg 每 12 小时 1 次 口服：克林霉素 300mg 每 6 小时 1 次
臁疮	口服：双氯西林 500mg，4 次 /d 或头孢氨苄 500mg，4 次 /d	口服：克林霉素 150~300mg，4 次 /d
铜绿假单胞菌引起的坏疽性臁疮	哌拉西林 3~4g 静脉滴注每 4~6 小时 1 次 + 庆大霉素或妥布霉素 1.5mg/kg 每 8 小时 1 次或头孢他啶 1~2g 静脉滴注每 8 小时 1 次 +/- 庆大霉素或妥布霉素	环丙沙星 400mg 静脉滴注或 750mg 口服每 12 小时 1 次
蜂窝织炎	静脉给药：乙氧萘胺青霉素 1~2g 每 4~6 小时 1 次或头孢唑林 1g 每 8 小时 1 次 口服：双氯西林 500mg，4 次 /d 或头孢氨苄 500mg，4 次 /d	静脉给药：克林霉素 600~900mg 每 8 小时 1 次或万古霉素 15mg/kg 每 12 小时 1 次 口服：克林霉素 150~300mg，4 次 /d
皮肤脓肿	静脉给药：乙氧萘胺青霉素 1~2g 每 4~6 小时 1 次或头孢唑林 1g 每 8 小时 1 次 口服：双氯西林 250~500mg，4 次 /d 或头孢氨苄 250~500mg，4 次 /d	静脉给药：克林霉素 600~900mg 每 8 小时 1 次或万古霉素 15mg/kg 每 12 小时 1 次 口服：克林霉素 150~300mg，4 次 /d
疖	口服：双氯西林 250~500mg，4 次 /d 或头孢氨苄 250~500mg，4 次 /d	口服：克林霉素 150~300mg，4 次 /d
痈	静脉给药：乙氧萘胺青霉素 1~2g 每 4~6 小时 1 次或头孢唑林 1g 每 8 小时 1 次 口服：双氯西林 500mg，4 次 /d 或头孢氨苄 500mg，4 次 /d	静脉给药：克林霉素 600~900mg 每 8 小时 1 次或万古霉素 15mg/kg 每 12 小时 1 次 口服：克林霉素 300mg，4 次 /d
毛囊炎	通常不需要系统抗微生物治疗	

注：推荐剂量适合于肾功能正常者；喹诺酮类药物禁用于 18 岁以下患者。

（四）临床问题导向的药物治疗

经验性抗菌治疗（empirical antibacterial therapy）应根据病史、临床表现，结合分级、分类诊断。尤其是可能的诱因或危险因素，选择针对常见致病菌的抗菌药物。坏死性 SSTI 如疑为梭状芽孢杆菌感染，首选青霉素，其他可考虑选择第 3 代头孢类药物，并注意兼顾抗厌氧菌药物的选择如甲硝唑等。

金黄色葡萄球菌感染的抗菌治疗（staphylococcus A infection antibacterial therapy）：敏感菌可选择半合成的青霉素，如新青霉素 Ⅱ、双氯西林等，或头孢氨苄、克林霉素等。MRSA 感染可选择万古霉素、利奈唑胺、达托霉素等，也可选择米诺环素或复方磺胺甲噁唑等。

特殊情况 SSTI 抗菌疗法如糖尿病足感染、手术切口感染或动物咬伤后感染，其致病菌比较复杂，应根据分离的致病菌种类，结合药物敏感试验选择抗生素，并注意使用中对抗生素耐药性进行监测。

（五）药物治疗展望

经验性抗感染治疗及根据药敏结果目标性抗感染治疗结合外科干预是皮肤软组织感染有效治疗的根本。另外，高压氧治疗也是一种新型的治疗手段，这是一种使用在 2~3 个绝对大气压下输送 100% 氧气的医疗方法，在这些参数下的氧输送实现了血液中更高浓度的溶解氧，这导致更高的组织氧张力。在这种较高的组织张力下,可以看到有益效果,包括改善的白细胞功能,抑制厌氧菌生长,抑制毒素产生和增强抗生素活性。高压氧疗法作为辅助治疗的作用一直存在争议。

十四、骨与关节感染

骨、关节是成人肌肉骨骼感染的常见部位,骨、关节感染包括骨髓炎和关节炎:①化脓性细菌侵入骨质,引起炎性反应,为化脓性骨髓炎,病变主要为骨髓腔感染。致病菌多数是金黄色葡萄球菌,其次是溶血性链球菌,其他如大肠埃希菌、肺炎双球菌等也可引起。细菌侵入途径大多为血源性,但也可从外界直接侵入。临床表现可分为急性和慢性,慢性化脓性骨髓炎大多是因急性化脓性骨髓炎没有得到及时、正确、彻底治疗而转变的。慢性骨髓炎患者窦道流出液中分离出的微生物不一定能准确反映感染的病原体。②化脓性关节炎是具有一个或多个热肿胀的关节。这些应被视为急症,因为化脓性关节炎虽然不是最常见的疾病,但却具有严重的发病率和死亡率。如果治疗延迟,结果可能是不可逆转的关节破坏。急性化脓性关节炎多见于儿童,外伤性引起者多属开放性损伤,细菌侵入关节后,先有滑膜炎和关节渗液,关节有肿胀及疼痛。病情发展后,积液由浆液性转为浆液纤维蛋白性,最后则为脓性,最后发生关节僵硬。关节化脓后,可穿破关节囊及皮肤形成窦道,或蔓延至邻近骨质,引起化脓性骨髓炎,并可引起病理性脱臼,关节呈畸形,丧失功能。

(一)临床表现与诊断

1. 急性化脓性骨髓炎 儿童多见,以胫骨上段和股骨下段最多见,其次为肱骨与髂骨,脊柱与其他四肢骨骼都可以发病,肋骨和颅骨少见。发病前往往有外伤病史,但找到原发感染灶却不多见。

(1)急性化脓性骨髓炎临床表现:起病急骤,有寒战,继而高热,39℃以上,有明显的脓毒血症症状。儿童可有烦躁、呕吐与惊厥。重者有昏迷与感染性休克。早期只有患区剧痛,肢体半屈曲状,周围肌痉挛,因疼痛抗拒作主动与被动运动。局部皮温增高,有局限性压痛,肿胀并不明显。数天后局部出现水肿,压痛更为明显,说明该处已形成骨膜下脓肿,可以发生病理性骨折。

(2)急性化脓性骨髓炎诊断:根据病史、临床表现和局部检查,结合X线片即可确定诊断。X线片早期变化不明显,有轻微骨膜反应,晚期可见骨皮质不光滑,有小片死骨形成,或骨质增生。CT检查可查出普通X线片难以辨出的小透亮区。

2. 慢性骨髓炎 是急性化脓性骨髓炎的延续,往往全身症状消失,只在局部引流不畅时,才有全身症状表现,一般症状限于局部,顽固难治,甚至数年或十数年仍不能痊愈。

(1)慢性骨髓炎临床表现:皮肤可以出现经久不愈的溃疡,或有窦道口长期不愈合,窦道口肉芽组织突起,流出臭味脓液,窦道口可排出死骨。长期多次发作使骨骼扭曲畸形、增粗,皮肤色素沉着,因肌挛缩出现邻近关节畸形,窦道口皮肤反复受到脓液的刺激会癌变。

(2)慢性骨髓炎诊断:X线片上死骨表现为完全孤立的骨片,没有骨小梁结构,浓白致密,边缘不规则,周围有空隙。摄X线片可以证实有无死骨,了解形状、数量、大小和部位。一般根据病史和临床表现,诊断不难,特别是有经窦道排出过死骨,诊断更容易。

3. 化脓性关节炎 是一种由化脓性细菌直接感染,并引起关节破坏及功能丧失的关节炎,又称细菌性关节炎或败血症性关节炎。任何年龄均可发病,但好发于儿童、老年体弱和慢性关节病患者,男性居多。

(1)化脓性关节炎临床表现:急性期主要症状为中毒的表现,患者突有寒战高热,全身症状严重,小儿患者则因高热可引起抽搐,局部有红肿疼痛及明显压痛等急性炎症表现,关节液增加,有波动,如髌骨漂浮征。患者常将膝关节置于半弯曲位,使关节囊松弛,以减轻张力。

(2)化脓性关节炎诊断:根据病史、临床症状及体征,应作血液及关节液细菌培养及药物敏感试验。X线在早期帮助不大,仅见关节肿胀,可有骨质脱钙,关节间隙狭窄,晚期关节骨性或纤维强硬及畸形等,有新骨增生现象,但死骨形成较少。

(二)一般治疗原则

留取血、骨标本、关节腔液进行病原学检查后开始经验治疗。经验治疗应选用针对金黄色葡萄球菌的抗菌药物,获得病原检查结果后,根据治疗反应和药敏试验结果调整用药,应选用骨、关节腔内药物浓度高且不易产生耐药的抗菌药物。慢性感染患者应联合应用抗菌药物，并需较长疗程。用药期间应注意可能发生的不良反应，不宜局部应用抗菌药物。急性化脓性骨髓炎疗程4~6周，急性关节炎疗程2~4周，可采用注射和口服给药的序贯疗法。外科处理去除死骨异物以及脓性关节腔液引流极为重要。

1. 急性骨髓炎（图6-2-15）：

（1）支持疗法：充分休息与良好护理，注意水、电解质平衡，少量多次输血，预防发生褥疮及口腔感染等，给予易消化的富于蛋白质和维生素的饮食，使用镇痛剂。

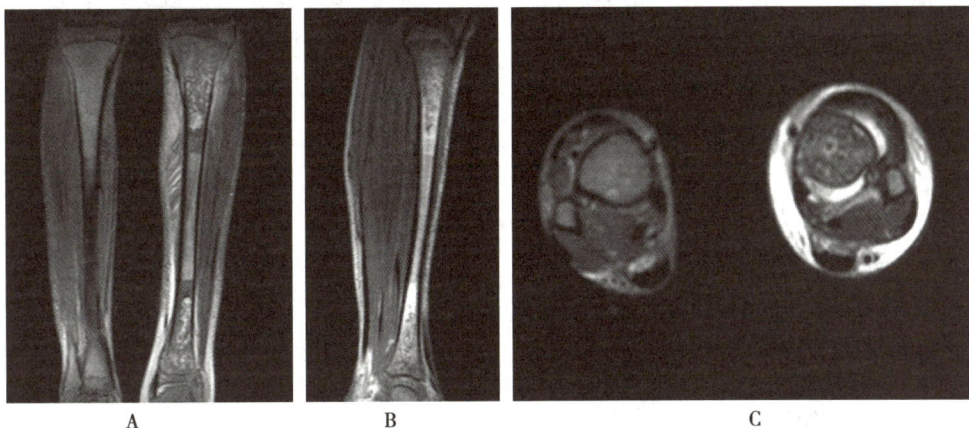

图6-2-15　急性骨髓炎影像学表现
MRI显示左侧胫骨腔内信号异常，呈混杂长T_1WI及长T_2WI信号，周围软组织水肿
（资料来源：重庆西南医院放射科陈伟副教授）

（2）药物治疗：及时、足量、广谱抗生素，据送检标本培养和药敏结果调整，抗生素应继续使用至体温正常、症状消退后2周左右。

（3）局部治疗：限制活动，抬高患肢，防止畸形，减少疼痛和避免骨折。形成脓肿时则应切开引流，钻洞开窗，闭式滴注引流。

2. 慢性骨髓炎　一般采用手术、药物的综合疗法，即改善全身情况，控制感染与手术处理，药物应根据细菌培养及药物敏感试验选用。急性发作，宜先按急性骨髓炎处理，无明显死骨，症状只偶然发作，而局部无脓肿或窦道者，宜用药物治疗及热敷理疗，一般1~2周后症状可消失，无需手术。有死骨、窦道及空洞、异物等，则除药物治疗外，应手术根治。手术应在全身及局部情况好转，死骨分离，包壳已形成，有足够的新骨，可支持肢体重力时进行。

3. 急性化脓性关节炎　治疗原则是早期诊断，及时正确处理，挽救生命与保全肢体，保持关节功能。局部治疗包括关节穿刺、患肢固定及手术切开引流等。应尽量抽出关节液，注入抗生素，每日进行一次，如为脓液或伤后感染，应及早切开引流，将滑膜缝于皮肤边缘，关节腔内不放引流物。患肢适当固定或牵引，以减轻疼痛，并保持功能位置，防止挛缩畸形或纠正已有的畸形。一旦急性炎症消退或伤口愈合，即开始关节的主动及轻度的被动活动。

（三）基本治疗药物及治疗方案

关于疑似化脓性关节炎中初始抗生素选择，依据危险因素选择抗生素：①没有非典型微生物的风险因素可静脉注射氟氯西林（250mg~1g/次，4次/d）；②如果对青霉素过敏，请使用克林霉素（450~600mg/次，4次/d）或第二代或第三代头孢菌素；③革兰氏阴性败血症高风险患者选用第二代或第三代头孢菌素（例如头孢呋辛1.5g/次，3次/d）；④疑似淋球菌或脑膜炎球菌感染则选用头孢曲松或类似物。

（四）临床问题导向的药物治疗

对于经验性治疗骨髓炎，针对葡萄球菌，可以静脉注射青霉素类如苯唑西林或一代头孢菌素如头孢唑啉等。头孢曲松钠是经验性治疗由金黄色葡萄球菌和淋病奈瑟氏菌所致关节感染的首选。治疗链球菌引起的骨与关节感染，可以静脉注射青霉素或头孢曲松钠。治疗由MRSA、凝固酶阴性葡萄球菌引起的骨与关节感染，应使用万古霉素和利奈唑胺。头孢曲松钠、头孢他啶或环丙沙星是经验治疗由革兰氏阴性菌引起的骨关节感染很好的选择。

慢性骨髓炎（图 6-2-16）常见于糖尿病足合并感染，通常需要手术清创同时进行 4~8 周的抗菌治疗。口服的抗菌药物，如甲氧苄啶/磺胺甲噁唑、甲硝唑、利奈唑胺和喹诺酮类药物可用于治疗慢性骨髓炎，其效果取决于对病原体的敏感性。使用利奈唑胺，特别是使用 2 周以上，可能会造成可逆性骨髓抑制。利福平常用于葡萄球菌所致假肢关节感染，因为其能有效清除附着于假体上的金黄色葡萄球菌；外科干预/清创或假体去除对控制感染十分必要。

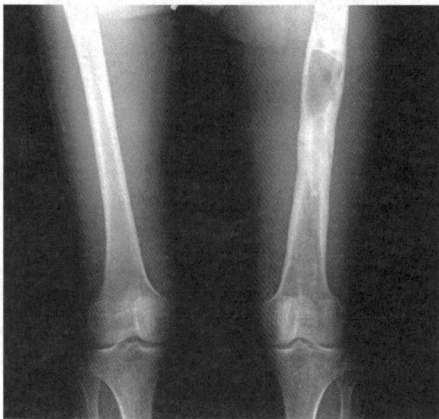

图 6-2-16　慢性骨髓炎 X 线表现
左侧股骨不规则增粗，为骨膜增生形成，
腔内有死骨和骨质缺损
（资料来源：重庆西南医院放射科陈伟副教授）

（五）药物治疗展望

感染系骨科常见并发症，各年龄段患者的任何骨骼都可发生骨关节感染。骨关节感染治疗难点有二：①抗菌治疗时，药物难入关节腔靶向部位，疗效较差；②患者常因患处炎症疼痛引起关节处粘连。骨关节感染的治法较多，但疗效不一，相信随着感染危险因素的探索、诊断手段的提高、发病机制的明确，骨关节感染的治疗将有新突破。

新的抗生素，如达托霉素和利奈唑胺，已根据皮肤和软组织感染试验的结果获得许可。没有进行随机对照试验来比较这些新型抗生素与骨关节感染的传统治疗方法，但它们正在被越来越多地使用，因为它们具有涵盖多重耐药性病原生物的广谱活性。

除抗生素治疗外，化脓性关节炎的治疗还应包括通过针吸或手术关节镜检查去除脓性物质。没有数据表明一种方法优于另一种方法，专家认为，应该重复这两种技术，直到脓液不再累积为止。

未来的发展，在怀疑或证实有脓毒性关节炎的成人中，很少有数据可用于指导抗生素治疗。已经在儿童中进行了随机对照试验，以试图确定化脓性关节炎和骨髓炎的治疗选择和持续时间，在成人中没有进行过这样的研究，并且在证据方面存在显著差距，需要通过高质量的临床试验来填补。在儿科患者中，研究表明，在肌肉骨骼感染中加入抗生素治疗的皮质类固醇治疗可能会带来额外的益处，评估使用皮质类固醇作为抗生素辅助治疗的潜在风险和益处。尚未在成人中进行等效研究，但这些工作对于了解辅助皮质类固醇治疗是否有益是有用的。根据脓毒性关节炎动物模型的结果，还可以揭示其他新型治疗剂，其中突出了潜在的免疫治疗靶标。

（王耀丽　伍正彬）

参 考 文 献

1. 胡必杰，潘珏，高晓东，译. 哈里森感染病学［M］. 上海：上海科学技术出版社，2019.
2. 吴永佩，蔡映云. 临床药物治疗学：感染性疾病［M］. 北京：人民卫生出版社，2017.
3. 范洪伟，王焕玲，周宝桐，译. 桑福德抗微生物治疗指南［M］. 北京：中国协和医科大学出版社，2016.
4. 杨宝峰，陈建国. 药理学［M］. 第 3 版. 北京：人民卫生出版社，2015.
5. 孙淑娟，张才擎. 常见疾病药物治疗要点系列丛书感染性疾病分册［M］. 北京：人民卫生出版社，2014.
6. 林果为，王吉耀，葛均波. 实用内科学［M］. 第 15
版. 北京：人民卫生出版社，2017.
7. 王辰，王建安. 内科学［M］. 第 3 版. 北京：人民卫生出版社，2015.
8. 吴永佩，蔡映云. 临床药物治疗学：感染性疾病［M］. 北京：人民卫生出版社，2017.
9. Andrew R. Surviving Sepsis Campaign：International Guidelines for Management of Sepsis and Septic Shock：2016［J］. Intensive Care Medicine，2017 45（3）：304-377.
10. 徐春英，张曼. 中国成人艰难梭菌感染诊断和治疗专家共识［A］. 协和医学杂志，2017（8）：131-138.

第七章 寄 生 虫 病

第一节 总 论

寄生虫病是一类由各种低等动物入侵机体后,造成人体组织损伤而引起疾病的统称。人体寄生虫病伴随着人类社会的活动而存在,因环境变迁而不断变化,现已成为严重危害人类健康、阻碍社会经济发展的重大公共卫生问题。我国人口众多,地跨寒、温、热三带,自然环境复杂,寄生虫病类型呈现区域性和多样性特点。临床工作者通过本章节的学习,旨在掌握人体寄生虫病的流行特征和药物治疗,进一步提高寄生虫病的防治效果。

寄生虫病主要流行于热带与亚热带。2000年联合国开发署、世界银行、世界卫生组织提出的10类主要热带病中,除麻风病、登革热和结核病以外,其余7类均为寄生虫病。我国曾是寄生虫病的高流行国家之一。全球已知可感染人体的寄生虫约300余种,其中我国发现有232种。目前我国寄生虫病的流行种类和病种出现新的趋势。2004年全国第二次流行病学调查显示,土源性线虫感染率较1990年下降63.65%,总体感染人口减少约4亿。但全国蛲虫感染率为21.38%,部分省份食源性寄生虫病发病率呈上升趋势,一些边缘地域或经济落后地区的感染率高达20.07%~56.22%,提示寄生虫病的防治形势依然严峻。

20世纪以来,我国经过多年积极有效的防治,主要寄生虫病(疟疾,血吸虫病,丝虫病,黑热病和钩虫病)得到了有效控制。我国于2007年成为首个消灭丝虫病的国家。疟疾发病率持续大幅度下降,目前疟疾在旧的流行区,如海南岛山区、云南省西南部、贵州与广西交界处及广西南部等地区,发病率已大幅度下降。在我国西北地区

和部分山区,如四川省阿坝州和甘肃省陇南等地区,仍然有黑热病新发病例,自然疫源地和中间保存宿主尚不完全清楚。截至2000年,全国12个血吸虫病流行省(区、市)中,已有上海、广东、广西、福建、浙江等5个省(区、市)、243个县(区、市)达到血吸虫病传播阻断标准,有62个县(市、区)达到血吸虫病传播控制标准。但是长江中下游沿岸(包括洞庭湖、鄱阳湖等地区)、四川及云南部分区域血吸虫防治难度较大。华支睾吸虫在我国北方相对较少,目前仍然是部分南方省份(如广东省)重点防治的寄生虫病。肝包虫病主要集中在西部地区,特别是四川省和青藏高原地区,据2010年国家卫生和计划生育委员会"防治包虫病行动计划(2010—2015)"数据,我国西部地区包虫病平均患病率为1.08%,受威胁人群约为6 600万,每年造成直接经济损失30亿元。

因此,从当前中国寄生虫病发展趋势来看,寄生虫病的防治工作具有长期性和复杂性的特点,通过科学预防、全民参与,才有可能实现将来消灭某些寄生虫病的目标。

一、寄生虫及寄生虫病的概念

各种生物在漫长的演化进化过程中相互联系、相互影响,根据两种生物之间的利害关系,可以分为共栖、共生和寄生三种关系。寄生关系是指两种生物生活在一起时,一方可以获益,而另一方受害的关系。在寄生关系中,获益的一方称为寄生物(parasite),受害的一方称为宿主(host)。寄生虫病是寄生虫作为病原体在人体或其他宿主体内生存、繁殖而导致的疾病,属于感染性疾病,具备感染性疾病的基本要素。一般认为感染性疾病和传染性疾病的定义并非完全相同,尽管两者均有传染性,但是传染病专指具有人群传播性、可构成流行危害的感染性疾病。目前寄生虫病中疟

疾、血吸虫病、丝虫病、包虫病、黑热病、阿米巴痢疾为《中华人民共和国传染病防治法》规定管理的疾病。具体的相关概念可以按照以下分类进行理解。

（一）根据寄生虫形态分类

1. **医学原虫（medical protozoan）** 属于原生动物亚界的单细胞寄生虫，如疟原虫、阴道毛滴虫和阿米巴原虫等。

2. **医学蠕虫（medical helminth）** 包括扁形动物门、线形动物门及棘头动物门，为多细胞软体动物，如肺吸虫、钩虫和棘头虫等。

3. **医学节肢动物（medical arthropod）** 常称为医学昆虫，体被外骨骼，身体分节，有成对的附肢存在，如蚊、蝇、虱等。

（二）根据寄生属性分类

分为专性寄生虫（obligatory parasite）、兼性寄生虫（facultative parasite）、机会性寄生虫（opportunistic parasite）和偶然寄生虫（accidental parasite）。专性寄生虫是指寄生虫生活史的全部阶段均需要寄生生活；兼性寄生虫指寄生虫既能营寄生生活，也能营自生生活；机会性寄生虫是指寄生虫在正常宿主呈隐伏状态，一旦宿主的免疫功能降低，可大量增殖，并诱发明显的临床症状和体征；偶然寄生虫是指由于偶然机会进入非正常宿主体内短暂寄生的寄生虫。

（三）根据寄生部位分类

可以将寄生虫分为体内寄生虫（endoparasite）和体外寄生虫（ectoparasite）；前者包括多种蠕虫或原虫，后者包括如蚤、蜱、虱等。

（四）根据寄生的器官和组织分类

可以分为肠道寄生虫、组织内寄生虫和细胞内寄生虫。前者如蛔虫、钩虫、带绦虫等；组织内寄生虫如肺吸虫、血吸虫等；细胞内寄生虫，如利什曼原虫寄生于巨噬细胞内，疟原虫寄生于红细胞内，弓形体寄生于有核细胞内等。

（五）根据寄生虫生活史是否需要中间宿主分类

可分为土源性蠕虫和生物源性蠕虫。前者如蛔虫、鞭虫；后者如丝虫、肝吸虫、血吸虫等。

（六）根据传播途径分类

可以分为食源性寄生虫和媒介寄生虫；前者是指通过生食或者半生肉类食物或其他食物、或生饮水方式经口感染的寄生虫，如旋毛虫、带绦虫、曼氏裂头蚴、肝吸虫、肺吸虫等；后者是指经节肢动物叮人吸血而传播的寄生虫，如经蚊虫叮咬传播的丝虫和疟原虫、白蛉传播的利什曼原虫，这类疾病统称为虫媒病。

（七）根据宿主类型分类

即人畜共患寄生虫和动物源性寄生虫。前者常见的包括血吸虫、肝吸虫等，后者包括如斯氏肺吸虫、棘颚口线虫等。

（八）根据寄生时间分类

可以将寄生虫分为长期寄生虫和暂时性寄生虫。前者是生活史中有一个阶段和整个生活周期均需营寄生的寄生虫，如钩虫、血吸虫、带绦虫；后者是仅需要吸血或者摄食时才到人体或动物表面寄生，饱食后离开机体的寄生虫，如蚊、蚤等。

二、寄生虫病的特点及防治原则

（一）寄生虫病的特点

1. **带虫者、隐性感染和慢性感染者多** 宿主受寄生虫感染后，如果没有出现明显临床症状和体征，仅排出病原体进行传播，称之为带虫者（carrier），如阿米巴带虫者、蛔虫带虫者等。而当寄生虫感染机体后，宿主无临床表现，且不排出病原体，这类感染者称为隐性感染（latent infection）。隐性感染者不传播病原体，不是传染源。只有当感染者免疫力低下时，才出现临床症状和体征，发生寄生虫导致的机会性感染，如弓形体、隐孢子虫等。

当一次感染寄生虫数量较多或大量寄生虫抗原进入人体后，感染者可以出现急性感染症状，如发热、过敏反应等。在机体少量多次感染寄生虫后，未经治疗可逐渐转入慢性感染状态。患者发病较慢，持续时间长，寄生虫在体内长期存在，如血吸虫流行疫区，患者多为慢性感染。发生慢性感染的原因主要有两方面，一是寄生虫感染数量少或少量多次感染，或是急性感染时治疗不彻底所致；二是寄生虫感染在体内长期存在，且宿主对于寄生虫感染不能产生完全免疫。

需要注意的是，上述感染类型与寄生虫本身的毒力、感染寄生虫的数量、宿主的免疫状态等多种因素密切相关，可因宿主免疫状态等改变而呈现不同的感染状态。比如弓形体感染在不同状态下可以出现隐性感染、急性感染和慢性感染等多种类型。

2. 存在重复感染和多重感染 重复感染（repeated infection）是指大多数寄生虫感染后，无论有无临床症状或者是否接受治疗，再次接触同一种寄生虫后再次发病，获得再次感染（re-infection）。反复感染可能进一步加重疾病进程，导致疾病进入晚期。

多重感染（polyparasitism）是指人体内同时存在两种以上的寄生虫感染。比较常见的有蛔虫、鞭虫和/或钩虫合并感染。一般来说，多重感染可能对人体致病能力更强，但也有不同寄生虫之间相互影响甚至起抑制作用。

3. 幼虫移行症和异位寄生 幼虫移行症（larva migrans）是指部分寄生虫的幼虫进入机体后，不能发育为成虫，可以长期存活于体内，保持幼虫形态在宿主体内移行，造成对机体局部或全身性病理性损伤而致病。根据受损部位，将其分为皮肤幼虫移行症和内脏幼虫移行症。皮肤幼虫移行症以损害皮肤为主，常见的是线虫和吸虫，如斯氏狸殖吸虫引起游走性皮下包块。内脏幼虫移行症以损害全身性器官为主，常见的是线虫等，如弓首线虫可以侵犯眼、脑等器官。

异位寄生（ectopic parasitism）是指一些寄生虫可以在常见寄生部位以外的组织或器官内寄生，导致异位损伤，出现相应的临床症状和体征。如卫氏并殖吸虫常寄生在肺组织，但也可以寄生在脑部，导致神经系统病变。

4. 常伴有嗜酸性粒细胞及多克隆抗体水平增高 寄生虫感染过程中，宿主在寄生虫抗原诱导下产生免疫应答，常出现嗜酸性粒细胞增多，表现为外周血嗜酸性粒细胞水平的增高和局部组织中的增多。

此外，寄生虫感染后可诱导机体的体液免疫应答，出现多克隆抗体水平增高。这些抗体既有针对感染虫体的特异性抗体，也有对抗不同种属间寄生虫的非特异性抗体。因此，寄生虫感染的免疫诊断结果不能作为确诊的依据，只能作为辅助诊断或者参考指标。

5. 机会性致病与合并感染 机会性致病是指机体感染寄生虫后，一般呈隐性感染状态，仅在宿主免疫力下降时，寄生虫感染加重，导致症状加重而致病。如果在患病早期不能及时诊断和治疗，病情进展迅速而难以临床治愈，死亡率较高。

合并感染是指发生寄生虫感染的患者易于合并其他病原体感染，如病毒、细菌等。合并感染患者往往病情较重、预后较差，临床结局不良。

（二）寄生虫病的防治原则

1. 寄生虫病的治疗

（1）一般治疗：是指用于保护和支持患者各种生理功能的治疗措施，包括隔离、护理、饮食、补液、维持电解质平衡等。在恢复期和慢性期，病原体治疗可能不占据主要地位，一般治疗往往是主要的治疗手段。

（2）对症治疗：对症治疗可以缓解患者症状、减少痛苦，是抗寄生虫病治疗不能缺少的部分。如高热给予降温治疗，抽搐患者给予对症处理，肠道微生态失衡给予微生态调节剂等。

（3）病原体治疗：病原体治疗是抗寄生虫病治疗的关键。早期启动抗寄生虫治疗，可以改善病情，控制疾病传播。根据不同的寄生虫种类，选择合适的针对抗寄生虫治疗方案。

（4）其他治疗：在药物治疗的同时或者启动抗寄生虫治疗前，部分患者可能需要进行外科或者介入等方式干预，或者需要同步处理疾病的并发症，达到更佳的治疗效果。

2. 寄生虫病的预防 针对寄生虫病的传播途径，在传染病流行的三个基本环节，以综合性防控手段为基础，认真贯彻预防为主的方针。

（1）控制传染源：人体寄生虫病的传染源主要包括寄生虫病患者、带虫者和保虫宿主。传染源是指可以持续不断排出或者能够提供在外界或其他宿主体内继续发育的寄生虫宿主。通过临床诊断、防疫部门监控及阶段性疫情普查，及时发现寄生虫病患者和带虫者，及时治疗患者及带虫者，可以阻断寄生虫病的蔓延。对于保虫宿主，根据类别采用治疗或杀灭等措施，消灭传染源。

（2）切断传播途径：传播途径是指寄生虫从传染源传播至易感宿主的过程。常见的传播途径有经口、经皮肤、接触、经胎盘感染。通过加强粪便与水源的管理，改善环境卫生和饮食卫生条件，消灭和控制媒介节肢动物，进一步切断传播途径。

（3）保护易感者：易感者是指对寄生虫缺乏免疫力的人。寄生虫病流行区的儿童和非流行区的人群相对较为易感。通过加强宣传教育，注意个人卫生，改良生活习惯，改进生活方式和生产条件，提高自我保护意识。

三、常用药物分类及作用机制

（一）抗寄生虫药的分类

抗寄生虫药是指用于驱除和杀灭体内外寄生虫的药物。根据药物主要作用特点和寄生虫分类的不同可分为三类，包括：

（1）抗蠕虫药：又称驱虫药。根据蠕虫的种类又分为驱线虫药、驱绦虫药、驱吸虫药。

（2）抗原虫药：根据原虫的种类，分为抗球虫药、抗锥虫药、抗焦虫药（抗梨形虫药）、抗滴虫药。

（3）杀虫药：杀昆虫和杀蜱螨药。

根据药物的作用机制，可以分为：①影响膜功能的药物，如伊维菌素；②影响能量代谢的药物，如苯并咪唑、阿苯达唑及甲苯达唑等；③影响蛋白质代谢的药物，如氯喹、安维赛、三氯苯哒等；④影响核苷酸合成的药物，如吡唑霉素、奥沙尼喹、海蒽醌等；⑤其他类型，如影响寄生虫的氧化呼吸链的药物。

根据药物的临床应用可分为抗疟药、抗阿米巴药、抗滴虫药、抗血吸虫药、抗丝虫药及抗蠕虫药。本书将按照最常使用的临床应用分类，对抗寄生虫药的作用进行介绍（表 7-1-1）。

表 7-1-1　抗寄生虫药的常用临床分类

药物分类	代表药物
抗疟药	乙胺嘧啶、伯氨喹、氯喹、奎宁、青蒿素等
抗阿米巴药	甲硝唑、替硝唑、奥硝唑、二氯尼特、依米丁、去氢依米丁、巴龙霉素等
抗滴虫药	甲硝唑、替硝唑、奥硝唑、乙酰砷胺等
抗血吸虫药	吡喹酮、硝硫氰胺等
抗丝虫药	乙胺嗪（海群生）、伊维菌素、呋喃嘧酮等
抗蠕虫药	甲苯达唑、阿苯达唑、吡喹酮等

（二）抗寄生虫药的主要作用机制

1. 抗疟药　疟疾是由疟原虫感染所导致的地方性传染病。寄生于人体的疟原虫主要有间日疟原虫、恶性疟原虫、三日疟原虫及卵形疟原虫四种。疟原虫生活史可分为人体内的无性繁殖阶段（红细胞外期、红细胞内期）和雌性按蚊体内的有性繁殖阶段。抗疟药根据疟原虫的不同生活周期进行使用，发挥不同的治疗作用。目前临床使用的抗疟药包括有：乙胺嘧啶、伯氨喹、氯喹、奎宁和青蒿素等。

（1）作用于无性繁殖红细胞外期阶段，病因性预防及治疗用药。通过杀灭各种疟原虫红细胞外期速发型子孢子发育、繁殖的裂殖体而达到病因治疗。临床代表药物为乙胺嘧啶（pyrimethamine）。疟原虫不能利用外界的叶酸和四氢叶酸，需要自身合成叶酸和四氢叶酸，才能在合成核酸的过程中使用。乙胺嘧啶通过与二氢叶酸还原酶结合，抑制二氢叶酸还原酶活性，阻止二氢叶酸转变为四氢叶酸，阻碍疟原虫的核酸合成过程，从而抑制疟原虫的繁殖。

（2）作用于无性繁殖红细胞内期阶段，预防和控制临床症状药物。临床代表药物为氯喹、青蒿素等。氯喹为弱碱性药物，在感染疟原虫的红细胞内聚集，升高 pH，干扰血红素非酶聚合为疟色素；此外，氯喹可形成血红素 - 喹啉复合物，进一步干扰血红素非酶聚合反应，导致血红素在疟原虫体内聚集，从而杀死疟原虫。青蒿素可以杀灭红细胞内期的疟原虫，其作用机制尚未完全阐明，抗疟作用可能与血红素或者 Fe^{2+} 催化青蒿素后形成自由基，破坏疟原虫表膜和线粒体结构有关，最终导致疟原虫死亡。

（3）作用于有性繁殖阶段，控制疟疾传播药物。临床代表药物为伯氨喹、乙胺嘧啶等。伯氨喹可以杀灭各种疟原虫的配子体，阻断各型疟疾的传播，但是其对红细胞内期的疟原虫无效，不能控制疟疾症状的发作。伯氨喹抗疟疾作用尚未完全阐明，可能的机制为伯氨喹可以在体内转化为具有抗疟作用的喹啉二醌，后者在结构上与辅酶 Q 相似，能竞争抑制辅酶 Q 的活性，阻断疟原虫线粒体电子链，从而抑制疟原虫的氧化磷酸化过程。乙胺嘧啶不能直接杀死配子体，但含药血液随着配子体被按蚊吸取后，进入按蚊体内，阻止疟原虫在按蚊体内发育，起到阻断疟原虫传播的作用。

2. 抗阿米巴药　阿米巴病是由溶组织内阿米巴原虫感染引起的一种传染病。溶组织内阿米巴存在包囊和滋养体两个发育阶段。现有抗阿米巴药主要作用于滋养体,对肠内外阿米巴滋养体有强大的杀灭作用,但对于包囊多无直接作用。

(1)主要的药物包括甲硝唑、替硝唑、奥硝唑等硝基咪唑类药物。具体作用机制可能是由于甲硝唑的甲基被还原后生成细胞毒性物质,作用于细胞中的大分子物质(DNA、蛋白质或者细胞膜结构),抑制 DNA 合成、促进 DNA 降解,从而干扰阿米巴的生长和繁殖,最终导致细胞死亡。

(2)其他药物:二氯尼特可以直接杀灭小滋养体,清除肠道内包囊,但是对肠外阿米巴无效。依米丁和去氢依米丁通过抑制肽酰基 tRNA 的移位,阻止肽链的延伸和蛋白质的合成,进而抑制阿米巴滋养体的繁殖。巴龙霉素可抑制蛋白质的合成,直接杀灭阿米巴滋养体,还可以抑制肠道内阿米巴的共生菌,间接影响阿米巴的繁殖。

3. 抗滴虫药 目前抗滴虫药主要是通过直接杀灭滴虫起作用。甲硝唑是治疗滴虫病最有效的药物,其他的药物还有替硝唑、奥硝唑、乙酰砷胺等。

4. 抗血吸虫药 血吸虫有日本血吸虫、曼氏血吸虫、埃及血吸虫等。我国流行的主要是日本血吸虫。临床使用的药物包括有吡喹酮及早期的硝硫氰胺等。

吡喹酮对日本血吸虫、曼氏血吸虫、埃及血吸虫的单一感染或者混合感染均有较好疗效,对成虫具有强效的杀灭作用。作用机制是通过增强虫体表膜对钙离子的通透性,促进钙离子内流,干扰血吸虫体内的钙平衡,一旦达到有效的浓度,可使虫体肌肉兴奋、收缩和痉挛麻痹,失去吸附能力,导致虫体从肠系膜脱落转移至肝脏,被肝网状内皮细胞吞噬灭活。此外,高浓度吡喹酮可引起虫体表膜的损伤、暴露抗原,在宿主免疫防御机制下,导致虫体破坏、死亡。

硝硫氰胺对血吸虫成虫有杀灭作用,给药后第二日可见虫体转移至肝脏;具体作用机制可能是本药可干扰虫体的三羧酸循环,使虫体缺少能量来源,在肝内逐渐死亡。

5. 抗丝虫药 我国流行的丝虫病主要为班氏丝虫和马来丝虫感染引起。丝虫寄生于人体淋巴系统,早期为淋巴管炎和淋巴结炎。随着疾病进展,晚期主要表现为淋巴管阻塞症状。

常用药物有乙胺嗪(海群生)、伊维菌素、呋喃嘧酮等。乙胺嗪的作用可能是通过改变虫体外膜对离子的通透性,引起膜超极化,导致虫体弛缓性麻痹而脱离寄生部位,迅速"肝移",被单核-巨噬细胞系统捕获;此外乙胺嗪也可以破坏微丝蚴表面的完整性,暴露抗原,受到宿主防御机制的破坏。伊维菌素的作用机制可能是增强或者直接激活谷氨酸门控氯离子通道,促进氯离子进入肌细胞,导致虫体麻痹或死亡。

6. 抗蠕虫药 肠道蠕虫分为肠道线虫和绦虫两大类,我国以肠道线虫感染最为常见。常用的药物包括甲苯达唑、阿苯达唑、吡喹酮等。

甲苯达唑是广谱驱虫药物,通过影响虫体的生活代谢途径,与虫体微管蛋白结合抑制微管聚集,进一步抑制分泌颗粒转运和其他亚细胞器的功能;还可通过抑制虫体线粒体延胡索酸还原酶的活性,抑制葡萄糖的转运,并促进氧化磷酸化脱耦联,减少 ATP 生成,抑制虫体繁殖,导致虫体死亡。

阿苯达唑抗寄生虫作用与甲苯达唑类似,通过抑制苹果酸脱氢酶活性,阻碍虫体糖酵解途径,减少能量储存;同时影响微管蛋白结构和功能,由于与微管蛋白结合过程中高亲和力和不可逆特性,导致微管蛋白结构和功能缺失,虫体死亡。

四、药物不良反应管理

抗寄生虫药的作用机制主要是通过影响虫体的代谢来起到抗寄生虫作用。某些抗寄生虫药并不具备选择性或者组织特异性,其既可以作用于寄生虫,也可以作用于宿主,不可避免产生一定的副作用。熟悉抗寄生虫药的不良反应及可能的相互作用,及时采取合理的预防和控制措施,有助于降低药物给患者带来的潜在用药风险及不良反应。

(一)抗疟药的不良反应

1. 乙胺嘧啶 治疗剂量的毒性反应小,偶见皮疹发生。长期服用可以引起巨幼红细胞贫血、粒细胞减少,停药或者补充亚叶酸可以恢复。严重肝肾功能损伤者慎用,孕妇禁用。药物过量时可引起急性中毒症状,出现恶心、呕吐、发热、发绀、惊厥,甚至死亡。

2. 氯喹 不良反应较少,常见的不良反应有头痛、头晕、胃肠道症状、耳鸣、皮肤瘙痒等,停药后可消失。长期大剂量使用时,可能影响视力,出现视觉模糊等症状,需定期眼科复查。大剂量或快速静脉给药可能导致低血压、心电图异常、心功能抑制、心脏骤停等严重不良反应。偶见导致恶心、呕吐、发热、发绀、惊厥,甚至死亡。因有致畸作用,孕妇禁用。

3. 青蒿素 不良反应少,少数出现轻度恶心、呕吐、腹泻等,偶有转氨酶轻度升高。因动物实验发现胚胎毒性,孕妇慎用。

4. 伯氨喹 治疗剂量不良反应较少,可出现恶心、呕吐、头晕、腹痛等临床症状,停药后症状可缓解。偶见轻度贫血、发绀等。大剂量使用时,上述不良反应可能加重,多数患者还可致高铁血红蛋白血症。有葡萄糖 -6- 磷酸脱氢酶(G-6-PD)缺陷症(蚕豆病)及家族史者禁用。

（二）抗阿米巴药的不良反应

1. 甲硝唑 常见不良反应为恶心、呕吐、头痛、口中金属味等,偶致腹痛、腹泻,少数出现皮疹、瘙痒、白细胞减少等表现。极少数患者还可以出现头晕、眩晕、共济失调等神经系统的严重不良反应,需立即停药。肝肾功能不全者酌情减量。妊娠早期禁用。注意服药期间应禁酒,防止出现急性乙醛中毒。

2. 二氯尼特 不良反应轻,偶有恶心、呕吐和皮疹。大剂量可导致流产,但无致畸作用。

3. 依米丁 组织选择性低,易蓄积,毒副作用大。可出现低血压、心律失常、心力衰竭、Q-T间期延长等心脏毒性表现,还可出现肌无力、肌震颤、局部组织坏死、胃肠道反应等症状。孕妇、儿童及患有心、肝、肾疾病者禁用。

4. 巴龙霉素 不良反应有贫血、乏力、口渴、腹泻、血细胞减少、皮疹等。长期口服本品的慢性肠道感染患者,尤其伴有肾功能减退或同服其他耳毒性或肾毒性药物者,尤应注意出现肾毒性或耳毒性症状的可能。妊娠期妇女慎用。哺乳期妇女在服用本品期间应暂停哺乳。早产儿与新生儿不宜应用。老年患者慎用本品。

（三）抗滴虫药的不良反应

1. 甲硝唑 见前述。

2. 乙酰砷胺 为外用药物,使用后部分患者局部有轻度刺激,可使分泌物增多,月经期间忌用。

（四）抗血吸虫药的不良反应

1. 吡喹酮 不良反应少且短暂。常见的副作用有头昏、头痛、恶心、腹痛、腹泻、乏力、四肢酸痛等,一般程度较轻,持续时间较短,不影响治疗,不需特殊处理。少数病例出现心悸、胸闷等症状,心电图显示 T 波改变和期外收缩,偶见室上性心动过速、心房纤颤。少数病例可出现一过性转氨酶升高。偶可诱发精神失常或出现消化道出血。有明显头昏、嗜睡等神经系统反应者,治疗期间与停药后 24h 内勿进行驾驶、机械操作等工作。注意,眼囊虫患者禁用,孕妇禁用。

2. 硝硫氰胺 不良反应以神经系统与消化系统反应为主,反应轻重与剂量、疗程、年龄、性别有关。神经系统症状包括头昏、头痛、记忆力减退、共济失调等,一般出现于治疗开始的第 2~3 日,持续 3~7 日消失,一般不影响治疗。其次为消化系统症状,可引起胃肠道反应,如恶心、呕吐、食欲不振、腹胀、腹泻,30%~50% 患者出现转氨酶升高,8%~12% 患者可出现黄疸,一般出现于治疗后 7~15 日,肝活检提示肝内淤胆。此外,尚有发热、皮疹等副反应。

（五）抗丝虫药的不良反应

1. 乙胺嗪（海群生） 药物本身引发的不良反应较为轻微。常见不良反应为头痛、乏力、关节痛、恶心、呕吐等,通常在几天内可消失。此外,由于杀灭大量丝虫后释出异体蛋白,可引起明显过敏反应,如畏寒、发热、皮疹、淋巴结肿大、关节肌肉酸痛、血管神经性水肿、哮喘等症状,严重者可给抗过敏药及地塞米松缓解症状。

2. 伊维菌素 主要的不良反应为微丝蚴死亡所致。临床表现为皮肤发痒、淋巴结肿大、疼痛等。偶见关节或肌肉疼痛、眩晕、发热、头痛、头晕、腹泻、水肿等。

（六）抗蠕虫药的不良反应

1. 甲苯达唑 不良反应少,偶见胃肠不适、腹泻、呕吐、头痛、头昏、皮疹、发热等。驱虫后由于大量虫体排出,可引起短暂的腹痛和腹泻。大剂量偶见转氨酶升高、粒细胞减少、脱发等。肝、肾疾病者禁用。2 岁以下儿童不宜使用。

2. 阿苯达唑 短期治疗不良反应较少,偶有轻度头痛、头昏、恶心、呕吐、腹泻、口干、乏力等不良反应,不需处理可自行消失。少数患者可出现转氨酶升高,停药后可恢复。肝功不全患者、2岁以下小儿及孕妇禁用。

3. 吡喹酮 在治疗脑囊虫病时,因虫体死亡后诱导的炎症反应可引起脑水肿、颅内压增高,需要辅以防治脑水肿和降低高颅内压(应用地塞米松和脱水药)或防治癫痫持续状态的治疗措施,以防发生意外。合并眼囊虫病时,须先手术摘除虫体,而后进行药物治疗。

第二节 常见寄生虫病的药物治疗

一、疟疾

疟疾是世界上最常见和危害最严重的一种热带疾病,也是发展中国家的主要公共卫生问题。引起疟疾的病原体称为疟原虫,包括爬行类、鸟类、哺乳类血中所发现的各种疟原虫。其中寄生于人体的疟原虫有四种:间日疟原虫(plasmodium vivax)、恶性疟原虫(plasmodium falciparum)、三日疟原虫(plasmodium malariae)和卵形疟原虫(plasmodium ovale),依次引起间日疟、恶性疟、三日疟和卵形疟。对人体危害较大的主要是恶性疟,其次是间日疟。

人疟原虫的生活周期基本一致,疟原虫的发育过程需要2个宿主,在人体内进行无性繁殖,在蚊体内进行有性繁殖。具体的生活史包括孢子生殖,即在某种按蚊体内进行有性的体外繁殖;裂体生殖,即在脊椎动物宿主体内进行的无性内繁殖。裂体生殖阶段又包含在红细胞内的发育周期,即红细胞内裂体生殖,和在肝脏实质细胞内的发育周期,即红细胞外裂体生殖,又称组织期。间日疟和卵形疟常复发,恶性疟疾发热不规则,可以引起脑型疟疾。

(一)临床表现及诊断

1. 临床表现 人感染疟原虫后,根据其在人体内的不同生活周期,将出现不同的临床症状。四种疟疾典型的临床过程相似,分为前驱期、寒战期、发热期、出汗期和间歇期。前驱期患者有疲乏、头痛、不适、厌食、畏寒和低热,此期肝细胞内疟原虫(裂殖体)发育成熟,裂殖子释放入血,但因周围血内原虫密度太低,镜检多为阴性。寒战期持续数分钟至1h,常伴头痛、恶心和呕吐,此时体温多已超过38℃,镜检疟原虫时,大部分为裂殖体和环状体。发热期一般持续3~4h,头痛加剧,体温高者超过40℃,多次复发的患者可只定时出现微寒和低热,或头晕、头痛、肌肉关节痛和三叉神经痛而无明显的高热,发热期所见的疟原虫以小滋养体为主。出汗期可微汗至大汗淋漓,此期内体温迅速恢复正常,上述各种症状逐渐消失。间歇期是指前后两次发作的间隔时间,时间长短取决于虫种和免疫力,就典型者的间歇期而言,恶性疟病例很不规则,短仅数小时,长达24~48h,间日疟和卵形疟约为48h,三日疟为72h,镜检所见原虫除恶性疟外,以大滋养体为主。对于间日疟和卵形疟还有潜伏期和复发,而恶性疟和三日疟只有复燃,没有复发。

2. 诊断 四种疟疾在临床表现、病程经过、对药物反应等方面有许多共性,又各有特殊性。因此在诊断上应明确患者的疟疾种类。疟疾的诊断包括以下两种方法:

(1)实验室诊断

1)血常规:红细胞和血红蛋白在疟疾发作多次后可以下降,恶性疟疾贫血明显。白细胞总数正常或者减少,但单核细胞可增高。

2)血细胞涂片检查:血细胞涂片查疟原虫是确诊疟疾最可靠的方法。血液涂片(厚片或者薄片)染色后进行观察,可确定疟原虫类型。恶性疟原虫在周围血内仅见环状体和配子体。在发作间歇期,多数原虫进入内脏毛细血管,如配子体尚未出现,则血检可暂时呈阴性,因此恶性疟在发作期查血最为适宜。其他三种疟疾血检不受时间限制,无论在发作期或间歇期均可见到原虫。骨髓穿刺涂片查疟原虫,阳性率较外周血细胞涂片者高。

3)血清抗体和抗原:血清疟原虫抗体阳性提示近期有疟原虫感染,但是抗体检测阴性不足以否定疟疾,应做抗原检测或涂片法查找疟原虫。此方法主要用于回顾性分析和流行病学调查。

4)肝功能检查:因红细胞破坏,可以出现胆红素升高及尿胆原增加,一般在3~7日内恢复正常。少数患者转氨酶升高。

5)尿液与肾功能检查:部分患者尿常规检

查有蛋白尿,红、白细胞管型。恶性疟患者可有肾功能损伤。

（2）临床诊断

1）流行病学要点：生活在流行疫区,在流行季节到流行区旅游或者暂时居住,近年有疟疾发作史和输血史。

2）临床表现要点：①多数病例在发热前有时间长短不一的寒战或畏寒;②体温在短时间内迅速上升,持续数小时后很快下降,继而有不同程度的出汗;③发作有定时性,发热期与无热期交迭出现,且有一定规律;④患者在发作间歇期除疲劳、无力和略感不适外,一般感觉良好;⑤发病多见于中午前后和下午,夜间开始发作者较少;⑥临床症状一次比一次严重,经多次发作后,又逐次减轻,有"自愈"的趋势;⑦有溶血性贫血的临床表现,其程度与发作次数相符;⑧脾脏肿大,其程度与病程相关,部分病例同时出现肝脏肿大。

3）下列情况者需怀疑疟疾,并做进一步检查：①生活在疫区或去过疫区,有机会感染疟疾,现有疑似疟疾症状者;②间歇性发热,每天、隔天或隔两天定时出现;③贫血,红细胞内见粗细不一的嗜碱性点彩,白细胞数接近正常或偏低,单核细胞比率增高,白细胞内查见疟色素颗粒;④病发数天后查体脾脏可触及,有时脾肿大前即有触痛,偶伴胆囊区触痛;⑤给予抗疟药后,症状很快消失。

3. 鉴别诊断 临床表现典型的疟疾诊断不难。对于占1/3以上的非典型性病例,须与以发热、肝脾肿大为特点的其他病例相鉴别。

（1）急性血吸虫病：有血吸虫流行区疫水接触史和尾蚴皮炎史。常见纳差、腹泻和黏液血便等消化系统症状和干咳。与疟疾不同的是,急性血吸虫病肝大者占90%以上,以左叶较显著,白细胞数增加,嗜酸性粒细胞增多,尾蚴膜反应、环卵沉淀实验或大便孵化阳性。

（2）丝虫病：多数有既往发作史,白细胞和嗜酸性粒细胞增多,无贫血和脾肿大,血微丝蚴多为阳性。

（3）黑热病：有黑热病流行区居住史,发热一般不规则,后期可发展为全血细胞减少,有鼻出血或齿龈出血等症状,肝脾肿大,骨髓穿刺可查到

利杜体。

（4）阿米巴肝脓肿：肝脏明显肿大和疼痛,无脾肿大,热型不规则,白细胞显著增多,以中性粒细胞为主,超声及X线检测可发现肝脓肿。

（5）伤寒：发热呈稽留热,有玫瑰疹、腹胀等胃肠道症状和其他全身中毒症状,血、骨髓、大便等细菌培养和伤寒血清凝集反应阳性。

（6）布鲁菌病：主要表现为不规则发热、多汗、乏力、关节炎、睾丸炎等,一般症状较轻。少数有失眠、抑郁、易激动等神经症状。可采用皮内和血清学试验、血培养等进行鉴别。羊为主要传染源,其次为牛和猪。

（7）钩端螺旋体病,体温多呈稽留热或弛张热,有眼结膜充血、腓肠肌痛、淋巴结肿痛、皮肤黏膜出血、肝功能损害和肺部症状等。可进行血清免疫学试验和钩端螺旋体检测确诊,青霉素治疗有效。

（二）一般治疗原则

针对疟原虫不同的生活周期,目前抗疟药物（表7-2-1）分为以下三种：

1. 保护（预防）用药 是指在感染发生或显现之前使用药物,以达到防止感染发生或其症状出现的目的。目前尚没有药物可以在受到感染的按蚊叮咬后很快杀死被注入到体内的子孢子。然而已有对仍处在肝内早期发育阶段疟原虫有作用的药物,即在释放入血之前被药物杀死。

2. 治愈（治疗）用药 治疗用药是指对已形成的感染进行治疗,包括治疗急性发病和根治。对急性即现症患者的治疗是指用杀裂殖体药打击红细胞内期的疟原虫,治疗可以使患者的症状暂时缓解,也可是永久性治愈。而对感染了可复发的疟原虫经过根治可获得永久性治愈,这需要采用抗复发的药物,其不仅作用于红细胞内的疟原虫,也可作用于组织内存活的疟原虫。

3. 预防传播用药 是指防止蚊虫获得感染,当患者服用合适的杀孢子体药后,蚊虫吸患者血时,由于宿主体内的配子体已受到药物的作用,会阻止其在蚊虫体内完成孢子生殖期的发育。

表 7-2-1　常用药物对疟原虫各发育期的作用

药物	子孢子	初发组织期	红细胞内期 无性体	红细胞内期 有性体	后发组织期	蚊体内发育的配子	抗疟药化学类别
奎宁	无作用	无作用	作用快	对间日疟即三日疟有作用	无作用	无作用	金鸡纳碱
阿的平	无作用	无作用	作用快	同奎宁	无作用	无作用	9-氨基吖啶类
氯喹 阿莫地喹	无作用	无作用	作用快	同奎宁	无作用	无作用	4-氨基喹啉类
伯氨喹	无作用	有作用但不用于预防	只中毒量才有作用	对各种疟原虫均有快速作用,特别是恶性疟	作用强	作用强	8-氨基喹啉类
氯胍	无作用	特别对恶性疟有作用	有作用,但较慢	无直接作用证据	无作用	有作用	双胍
乙胺嘧啶	无作用	同氯胍	同氯胍	同氯胍	对间日疟有一点作用	作用强	二氨基嘧啶
砜类	无作用	可能有作用,但无证据	单独用作用不全,对间日疟作用差	同氯胍	无证据	证据少	
磺胺类	无作用	同砜类	同砜类	同氯胍	同砜类	同砜类	
甲氯喹	无证据	无证据	对恶性疟有作用	无证据	无证据	无证据	甲醇喹啉类
四环素	无证据	无证据	对恶性疟有作用	无证据	有一些证据	无证据	抗菌类
青蒿素	无证据	无证据	对恶性疟有较强作用	无证据	无证据	无证据	倍半萜内酯

（三）基本药物治疗及治疗方案

为更有效地治愈患者,阻断传播,尽可能延缓流行地区恶性疟原虫产生抗药性,必须对疟疾患者进行规范治疗。按照 2016 年国家卫生和计划生育委员会发布的《抗疟药使用规范》,需根据疟原虫的虫种、株和抗药性恶性疟原虫的抗性程度,选择相应的用药方案。

氯喹、伯氨喹和咯萘啶的下列剂量均为其基础剂量和成人剂量,儿童剂量按常规法递减。

1. 间日疟和卵形疟的抗疟药使用方案（选用以下一种疗法）

首选磷酸氯喹加磷酸伯氨喹。氯喹无效时,可选用磷酸哌喹、或磷酸咯萘啶或青蒿素类复方（artemisinin-based combination therapies, ACTs）加磷酸伯氨喹。

（1）氯喹加伯氨喹 8 日疗法:氯喹口服总剂量 1.2g,分 3 日口服（常用于间日疟流行区）,第 1 日 0.6g,顿服或分 2 次服,0.3g/ 次,第 2、3 日各服 1 次,0.3g/ 次;或者口服总剂量 1.5g（常用于恶性疟或恶性疟与间日疟混合流行区）,第 1 日 0.6g,顿服或分 2 次服,0.3g/ 次,第 2、3 日各服 1 次,0.45g/ 次。伯氨喹口服总剂量 180mg,在服用氯喹的第 1 日起,同时服用伯氨喹,每日口服 1 次,22.5mg/ 次,连服 8 日。

（2）哌喹加伯氨喹 8 日疗法:哌喹口服总剂量 1.2g,分 3 日口服,第 1 日 0.6g,顿服或分 2 次服,0.3g/ 次,第 2、3 日各服 1 次,0.3g/ 次。伯氨喹口服总剂量 180mg,每日口服 1 次,22.5mg/ 次,连服 8 日。

（3）双氢青蒿素磷酸哌喹片加磷酸伯氨喹:双氢青蒿素磷酸哌喹片总剂量 8 片,每片含青蒿素 40mg、哌喹基质 171.4mg,首剂口服 2 片,8h、24h、32h 各口服 2 片。伯氨喹口服总剂量

180mg，每日口服 1 次，22.5mg/ 次，连服 8 日。

（4）青蒿琥酯阿莫地喹片加磷酸伯氨喹：青蒿琥酯阿莫地喹片总剂量 6 片，每片含青蒿素 100mg、阿莫地喹哌喹基质 270mg，每日 1 次，2 片 / 次，连服 3 日。伯氨喹口服总剂量 180mg，服用伯氨喹，每日口服 1 次，22.5mg/ 次，连服 8 日。

（5）青蒿素哌喹片加磷酸伯氨喹：青蒿素哌喹片总剂量 4 片，每片含青蒿素 62.5mg、哌喹基质 375mg，每日 1 次，2 片 / 次，连服 2 日。伯氨喹口服总剂量 180mg，每日口服 1 次，22.5mg/ 次，连服 8 日。

（6）磷酸咯萘啶片加磷酸伯氨喹：磷酸咯萘啶片总剂量 1 200mg，每片含咯萘啶基质 100mg，分 3 日口服，第 1 日口服 2 次，3 片 / 次，间隔 4~6h，第 2 日和第 3 日各口服 1 次，3 片 / 次。伯氨喹口服总剂量 180mg，每日口服 1 次，22.5mg/ 次，连服 8 日。

2. 三日疟的抗疟药使用方案

（1）磷酸氯喹三日方案：磷酸氯喹口服总剂量 1.2g，分 3 日口服，第 1 日 0.6g，顿服或分 2 次服，0.3g/ 次，第 2、3 日各服 1 次，0.3g/ 次。

（2）磷酸哌喹三日方案：磷酸哌喹口服总剂量 1.2g，分 3 日口服，第 1 日 0.6g，顿服或分 2 次服，0.3g/ 次，第 2、3 日各服 1 次，0.3g/ 次。

（3）磷酸咯萘啶三日方案：磷酸咯萘啶片总剂量 1 200mg，每片含咯萘啶基质 100mg，分 3 日口服，第 1 日口服 2 次，3 片 / 次，间隔 4~6h，第 2 日和第 3 日各口服 1 次，3 片 / 次。

（4）双氢青蒿素磷酸哌喹方案：双氢青蒿素磷酸哌喹片总剂量 8 片，每片含青蒿素 40mg、哌喹基质 171.4mg，分 2 日口服，首剂口服 2 片，8h、24h、32h 各口服 2 片。

（5）青蒿琥酯阿莫地喹方案：青蒿琥酯阿莫地喹片总剂量 6 片，每片含青蒿素 100mg、阿莫地喹哌喹基质 270mg，每日 1 次，2 片 / 次，连服 3 日。

（6）青蒿素哌喹方案：青蒿素哌喹片总剂量 4 片，每片含青蒿素 62.5mg、哌喹基质 375mg，每日 1 次，2 片 / 次，连服 2 日。

3. 恶性疟的抗疟药使用方案（选用以下一种疗法）

ACTs 或者磷酸咯萘啶；妊娠三个月内的孕妇患者首选磷酸哌喹。

（1）咯萘啶三日方案：磷酸咯萘啶片总剂量 1 200mg，每片含咯萘啶基质 100mg，分 3 日口服，第 1 日口服 2 次，3 片 / 次，间隔 4~6h，第 2 日和第 3 日各口服 1 次，3 片 / 次。

（2）双氢青蒿素磷酸哌喹方案：双氢青蒿素磷酸哌喹片总剂量 8 片，每片含青蒿素 40mg、哌喹基质 171.4mg，分 2 日口服，首剂口服 2 片，8h、24h、32h 各口服 2 片。

（3）青蒿琥酯阿莫地喹方案：青蒿琥酯阿莫地喹片总剂量 6 片，每片含青蒿素 100mg、阿莫地喹哌喹基质 270mg，每日 1 次，2 片 / 次，连服 3 日。

（4）青蒿素哌喹方案：青蒿素哌喹片总剂量 4 片，每片含青蒿素 62.5mg、哌喹基质 375mg，每日 1 次，2 片 / 次，连服 2 日。

4. 重症疟疾的抗疟药使用方案（选用以下一种疗法）

青蒿素类注射剂或磷酸咯萘啶注射液。

（1）青蒿琥酯钠：首选静脉注射青蒿琥酯，疗程不少于 7 日。首剂 120mg，在 12h 和 24h 分别再次静脉推注 120mg；以后每日静脉推注 1 次，连续 7 日。如患者 7 日内临床症状和体征缓解并能进食，可停止使用青蒿琥酯注射液，并改用口服青蒿素类复方制剂一个疗程继续治疗。

（2）蒿甲醚：肌内注射，首剂加倍，首剂 160mg（如患者昏迷或者原虫密度 ≥5%，6h 再次给予 80mg），以后每日肌内注射 1 次，80mg/ 次，连续 7 日。如患者 7 日内临床症状和体征缓解并能进食，可停止使用蒿甲醚注射液，并改用口服青蒿素类复方制剂一个疗程继续治疗。

（3）磷酸咯萘啶：每日 1 次，静脉滴注 160mg/ 次，连续 3 日。如果患者病情危重（如患者昏迷或者原虫密度 ≥5%），首剂给药后 6~8h，可静脉滴注 160mg，连续 2 日或 3 日，总剂量不超过 640mg。或者肌内注射，每日 1 次，160mg/ 次，连续 3 日。

（四）临床问题导向的药物治疗

1. 混合感染的治疗

恶性疟原虫与间日疟原虫，或恶性疟原虫与卵形疟原虫混合感染：ACTs 或磷酸咯萘啶，加磷酸伯氨喹 8 日方案。

恶性疟原虫与三日疟原虫混合感染：治疗方案同恶性疟（详见前面的恶性疟治疗方案），ACTs

或者磷酸咯萘啶；妊娠三个月内的孕妇患者首选磷酸哌喹。

2. 妊娠合并疟疾的抗疟使用方案

（1）妊娠合并间日疟、卵形疟或者三日疟

氯喹三日方案：磷酸氯喹口服总剂量 1.2g，分 3 日口服，第 1 日 0.6g，顿服或分 2 次服，0.3g/ 次，第 2、3 日各服 1 次，0.3g/ 次。或者使用哌喹三日方案：磷酸哌喹口服总剂量 1.2g，分 3 日口服，第 1 日 0.6g，顿服或分 2 次服，0.3g/ 次，第 2、3 日各服 1 次，0.3g/ 次。

（2）妊娠合并恶性疟

妊娠 3 个月之内，使用哌喹三日方案。磷酸哌喹口服总剂量 1.5g，分 3 日口服，第 1 日 0.6g，顿服或分 2 次服，0.3g/ 次，第 2、3 日各服 1 次，0.45g/ 次。

妊娠 3 个月以上，可以使用青蒿素类复方方案。双氢青蒿素磷酸哌喹方案：双氢青蒿素磷酸哌喹片总剂量 8 片，每片含青蒿素 40mg、哌喹基质 171.4mg，分 2 日口服，首剂口服 2 片，8h、24h、32h 各口服 2 片。青蒿琥酯阿莫地喹方案：青蒿琥酯阿莫地喹片总剂量 6 片，每片含青蒿素 100mg、阿莫地喹哌喹基质 270mg，每日 1 次，2 片 / 次，连服 3 日。青蒿素哌喹方案：青蒿素哌喹片总剂量 4 片，每片含青蒿素 62.5mg、哌喹基质 375mg，每日 1 次，2 片 / 次，连服 2 日。

（3）妊娠合并重症疟疾：同前重症疟疾治疗，使用青蒿素类注射剂或磷酸咯萘啶注射液。

1）青蒿琥酯钠：首选静脉注射青蒿琥酯，疗程不少于 7 日。首剂 120mg，在 12h 和 24h 分别再次静脉推注 120mg；以后每日静脉推注 1 次，连续 7 日。如患者 7 日内临床症状和体征缓解并能进食，可停止使用青蒿琥酯注射液，并改用口服青蒿素类复方制剂一个疗程继续治疗。

2）蒿甲醚：肌内注射，首剂加倍，首剂 160mg（如患者昏迷或者原虫密度 ≥5%，6h 再次给予 80mg），以后每日肌内注射 1 次，80mg/ 次，连续 7 日。如患者 7 日内临床症状和体征缓解并能进食，可停止使用青蒿琥酯注射液，并改用口服青蒿素类复方制剂一个疗程继续治疗。

3）磷酸咯萘啶：每日 1 次，静脉滴注 160mg/ 次，连续 3 日。如果患者病情危重（如患者昏迷或者原虫密度 ≥5%），首剂给药后 6~8h，可静脉滴注 160mg，连续 2 日或 3 日，总剂量不超过 640mg。或者肌内注射，每日 1 次，160mg/ 次，连续 3 日。

3. 休止期根治药物使用方案
磷酸伯氨喹：伯氨喹口服总剂量 180mg，每日口服 1 次，22.5mg/ 次，连服 8 日。

4. 预防用药的使用方案
磷酸氯喹或磷酸哌喹。

（1）恶性疟和间日疟混合流行地区：流行季节磷酸哌喹每月 1 次，口服 600mg/ 次，临睡前服用。连续服药不超过 4 个月，再次进行预防应间隔 2~3 个月。

（2）单一间日疟流行地区：流行季节磷酸氯喹每 7~10 日 1 次，口服 300mg/ 次，临睡前服用。

5. 药物使用注意事项
对葡萄糖 -6- 磷酸脱氢酶（G-6-PD 酶）缺陷地区的人群，必须在医护人员的监护下服用伯氨喹，有溶血史者及孕妇禁用；应用青蒿素类药物时，孕妇慎用，妊娠期在 3 个月以内者禁用；有磺胺过敏史者，对含有磺胺药物的治疗方案应慎用或禁用。在恶性疟流行区，不推荐集体预防服药，对进入高流行疫区的高危人群应采用适当的预防措施，可以酌情选用预防性用药。

（五）药物治疗展望

疟疾是严重危害人类健康的寄生虫病。我国自 2010 年启动消除疟疾行动计划以来，消除疟疾工作成效显著，本地感染疟疾病例数持续下降。但近年来随着我国外出务工、经商、旅游以及参与国际交流活动的人员日益增多，输入性疟疾疫情居高不下。而且对疟疾的防治仍然主要依靠传统的喹啉类、叶酸拮抗剂和青蒿素类药物，而耐药性的产生使得这些药物的疗效逐年下降。随着耐药性虫株的广泛蔓延和对杀虫剂产生耐药的蚊虫的迅速扩散，疟疾的预防与治疗面临困境。一方面，科学家通过不懈努力发展了多种抗疟疾新药的研发策略，其中将两个或两个以上药效团糅合到一个分子中的杂合策略引起了药物化学家的普遍关注，可能会获得可作用于疟原虫不同发展阶段的具有双重或多重作用机制的抗疟疾新药，以从根本上消除此疾病。此外，随着现代科技的高速发展，科学家们针对疟疾疫苗的研究正如火如荼进行着,其中红细胞前期疟疾疫苗、红细胞内期疟疾疫苗、传播阻断疫苗以及多抗原、多表位重组疟疾疫苗和多阶段融合蛋白疟疾疫苗等的相关研究已取得了重大进展。虽目前尚未有任何一种疟疾疫苗获得上市许可,未来作为可以拯救生命的优质、高效的抗疟疫苗或将成为根除疟疾不可替代的工具。

二、血吸虫病

人体血吸虫在生物界属于扁形动物门、吸虫纲、复殖目、裂体科、裂体亚科、裂体属。寄生于人体和哺乳动物的血吸虫有4个类群,约19种,其中感染人体的主要有日本血吸虫、曼氏血吸虫、埃及血吸虫、湄公血吸虫、间插血吸虫和马来血吸虫6种,以曼氏血吸虫、埃及血吸虫和日本血吸虫最重要,分布广,患者多;其次为间插血吸虫,而湄公血吸虫和马来血吸虫分布局限,患者较少,尚未形成公共卫生问题。我国主要是日本血吸虫,流行于长江流域及以南的12个省(区、市)。

(一)临床表现与诊断

1. 临床表现 感染人体的6种血吸虫的生活史基本相似,完成其生活史的基本条件均需要经历两类不同的宿主,即终宿主(人或其他哺乳动物)和中间宿主(淡水螺类)。血吸虫生活史阶段主要有成虫、虫卵、毛蚴、母胞蚴、子胞蚴、尾蚴和童虫7个不同发育期。血吸虫在人体的各个发育阶段(尾蚴、童虫、成虫和虫卵)对机体皆有致病作用。尾蚴入侵、童虫移行至虫体成熟之间的过程较为短暂,所致机体反应与组织损害较轻,属一过性病变。成虫寄生,虫卵在组织中沉积以及它们的分泌物、代谢产物和死亡后的分解物均能诱发宿主一系列免疫应答及其相应的病理变化。而虫卵是血吸虫病最主要的致病因子,虫卵肉芽肿是血吸虫病的基本病变,能造成组织持久性的结构与功能破坏,因而有重要的临床意义。

血吸虫病为人畜共患寄生虫病,终宿主患者、病畜及野生动物(保留宿主)因排出虫卵而成为传染源。粪便入水、钉螺的存在和接触疫水是本病的三个传播环节。人体通过皮肤接触含血吸虫尾蚴的疫水而感染,根据不同的感染方式和程度以及个体差异,其临床表现很不相同,大致可以分以急性、慢性、晚期及异位血吸虫病。

(1)急性血吸虫病:急性血吸虫病患者均有明显的疫水接触史,一般发生在春夏和夏秋之交,人们在流行区游泳、戏水、捕鱼、防汛、水中劳作等接触疫水而感染。急性血吸虫病常见于对血吸虫感染无免疫力的初次感染者,少数慢性和晚期血吸虫患者再次感染大量尾蚴后亦可表现急性血吸虫症状。感染后至出现临床症状的潜伏期长短不一,最短者14日,最长者84日,潜伏期长短与感染的严重程度有关,以5~6周居多。此时血吸虫已发育成熟,开始大量排卵,卵内毛蚴向宿主血液循环释放大量抗原物质,在抗原刺激下,抗体水平急剧增高,形成抗原抗体复合物,并作用于机体,引起临床急性类血清病样综合征。患者在感染血吸虫尾蚴以后可出现如下症状或体征:

1)尾蚴性皮炎:在接触疫水感染后数小时,40%~75%的患者在尾蚴侵入的部位出现尾蚴性皮炎,为点状红色丘疹,瘙痒,2~3日内自行消退。

2)发热:发热为急性血吸虫病的主要临床症状,一般发热前仅有畏寒,很少伴寒战,典型者午后体温骤升,次晨热退大汗,热型以间歇热最多见,弛张热与不规则热次之,稽留热为重型,但少见,体温持续在40℃上下波动,可伴有意识淡薄、昏睡、谵妄等。

3)消化系统症状:随着病情延长和加重,多数患者有不同程度的食欲减退、腹部不适、腹泻,少数可有恶心、呕吐。粪便次数一般每日3~5次,少数可达10余次,初为稀水样便,后常带有黏液和血液,有时腹泻和便秘交替。腹胀和腹部压痛可出现在腹部任何部位,肠鸣音常亢进。重型患者可出现麻痹性肠梗阻。

4)肝脾大:绝大多数患者有肝脏大,左叶较右叶明显,肝脏质地软,表面光滑,压痛明显。肝大一般在剑突下5cm内,1/3至半数患者有脾肿大,质软,无压痛。

5)呼吸系统症状:咳嗽为急性血吸虫病的一个特征性症状。约半数左右患者有咳嗽,多为干咳、少痰,偶有痰中带血,肺部听诊可闻及少许干啰音或湿啰音。

6)其他症状:急性血吸虫病患者尚可出现头晕、头痛、乏力、肌肉关节酸痛。眼睑面颊或口唇水肿等血管神经性水肿、荨麻疹、淋巴结肿大等。

（2）慢性血吸虫病：慢性血吸虫病主要是指无发热等急性感染症状，但有门静脉高压、侏儒症等晚期症状的血吸虫病患者。在流行区慢性血吸虫病占大多数，流行区居民由于长期接触疫水，反复少量感染后获得一定免疫力，居民对血吸虫各期抗原，特别是可溶性抗原产生耐受性。急性血吸虫病患者未作彻底治疗或未经治疗，可转为慢性血吸虫病，患者常出现隐匿型间质性肝炎或慢性血吸虫病性结肠炎，也可不出现临床症状。慢性血吸虫病可分为：

1）无症状型（隐匿型）：一般无明显自觉症状，其健康与劳动力未受影响。这类患者在流行区较为多见，尤其是轻度流行区。此外，在城市居民、工人和部队战士中的无症状患者，由于离开疫区，接触疫水的机会少，体内虫数少，病理损害较轻，粪便中虫卵少，诊断较为困难。常需要通过粪检、血清免疫检查、直肠黏膜活检找到病原依据。无症状型患者可终身无明显临床表现，但可因重复感染、过劳、营养失调等逐渐出现明显症状与体征。

2）有症状型：主要为慢性血吸虫性肉芽肿肝炎和结肠炎，最常见的症状为慢性腹泻或慢性痢疾。症状间歇性出现。轻症者每日 2~3 次稀便，粪内偶带有血丝和黏液，重症者可有腹痛，伴有里急后重，痢疾样粪便等。腹泻黏液血便常于疲劳、受凉或饮食不当出现或加重。患者一般情况尚好，能从事体力劳动，或仅轻微劳动力下降。常有肝脏肿大，表面光滑，质稍硬，无压痛，脾脏可轻度肿大，肝功能试验除血清球蛋白与丙种球蛋白可增高外，其余均在正常范围。血象可见嗜酸性粒细胞增高及轻度贫血。慢性血吸虫病患者粪便检查阳性率不高，直肠黏膜活检 90% 以上可以找到虫卵，多为近、远期变性血吸虫卵。

（3）晚期血吸虫病：晚期血吸虫病是指出现肝纤维化门静脉高压综合征、儿童时期感染严重影响发育或结肠有肉芽肿增殖的血吸虫病患者。由于反复或大量感染，未经及时治疗或治疗不彻底，虫卵肉芽肿严重损害肝脏，经较长时间（2~15 年）的病理发展过程，出现肝纤维化，临床上出现肝脾肿大，门静脉高压和其他综合征。根据主要临床表现，我国将晚期血吸虫病分为巨脾型、腹水型、结肠增殖型和侏儒型四个类型。以上几种类型的临床表现在同一患者中可单独或同时存在。

1）巨脾型：脾肿大是晚期血吸虫病的主要表现之一。根据晚期血吸虫病诊断标准，巨脾型是指脾肿大超过脐平线，或横径超过腹中线者。脾肿大达 Ⅱ 级并伴有脾功能亢进、门静脉高压、食管或胃底静脉曲张，或有上消化道出血史者亦属于此型。脾肿大后期常出现脾功能亢进，表现为白细胞、红细胞和血小板减少或其中一、二项减少，以白细胞和血小板减少较为常见。

2）腹水型：腹水型是晚期血吸虫病门静脉高压与肝功能失代偿的结果，约 1/3 的患者为首次出现腹水后才得以诊断为晚期血吸虫病。患者除有晚期血吸虫病的一般症状外，主要表现为腹部增大。常因呕血、感染、过度劳累、营养不良、手术或损害肝脏药物治疗后诱发。大量腹水者可出现进食后饱胀不适、呼吸困难、腹部膨隆、腹壁静脉曲张，重者外观呈水母状。亦可出现脐疝、股疝和下肢或阴囊水肿，部分可合并右侧胸腔积液和自发性腹膜炎。

3）结肠增殖型：结肠增殖型是以结肠病变为突出表现的临床类型，又称结肠肉芽肿型和结肠增厚型。患者除有慢性或晚期血吸虫病的表现外，主要表现为腹痛、腹泻、便秘、或腹泻与便秘交替出现，可有黏液或血便，大便后仍有便意。严重者可出现不完全性肠梗阻。大量虫卵沉积在肠壁，引起溃疡、继发感染、纤维组织增生、肠壁增厚及息肉样增生所致上述临床表现。本型有可能并发结肠癌，需定期规律随访及复查。

4）侏儒型：儿童时期反复感染血吸虫又未及时治疗，影响内分泌功能，其中以脑垂体前叶和性腺功能不全最为明显，最后发展为侏儒型。患者表现为躯体生长多停留在 11~15 岁之间，缺乏青春前期的生长加速，身材矮小，面容苍老；性器官发育不良，第二性征缺如。性格保持儿童时期的特点，但智力接近正常。患者多数有不同程度肝纤维化的症状和体征。骨髓 X 线片常显示骨骺线闭合延迟。

（4）异位血吸虫病：成虫寄生或虫卵肉芽肿病变发生于门静脉系统以外的器官或组织引起的病变，称之为异位血吸虫病。以肺与脑血吸虫虫卵沉积引起的病变相对较多。肺部病变为间质性粟粒状虫卵肉芽肿伴周围肺泡渗液。脑部虫卵肉芽肿病变以顶叶与颞叶多见,分布于大脑灰质与白质交界处。

1)脑型血吸虫病:脑型血吸虫病是由于血吸虫卵沉积于脑组织所引起的脑组织坏死和炎症反应,虫卵周围嗜酸性粒细胞炎性浸润,形成嗜酸性肉芽肿。根据临床表现分为急性和慢性脑型血吸虫病。急性脑型血吸虫病发生在大量尾蚴入侵人体后的3~4周,尾蚴发育为成虫并产卵,血吸虫及其虫卵排出毒素与代谢产物,引起全身毒血症反应和脑水肿。除表现畏寒、发热、肝区疼痛、血嗜酸性粒细胞增高等急性血吸虫病的临床表现外,尚有头痛、嗜睡、意识模糊、谵语、昏迷、抽搐、瘫痪等,查体有脑膜刺激征。慢性脑型血吸虫病多在感染数月至数年后发病,临床表现可分为癫痫型、脑瘤型、脑卒中型和脊髓压迫型。

2)肺型血吸虫病:多见于急性血吸虫病患者。急性血吸虫病约有50%可见X线肺部病变,血吸虫童虫在肺部移行,穿越肺泡毛细血管可引起点状出血、细胞浸润等反应,临床可见潜伏期时咳嗽,但时间短、消失快,不引起异位损害。异位损害主要是由于虫卵沉积引起肺间质性病变。主要表现为咳嗽,以干咳为主,或少量白色泡沫痰,偶带血丝,有时可闻及干湿性啰音。重症患者肺部病变广泛时,X线检查可见两肺弥散性云雾状、点片状、粟粒状阴影,边缘模糊,以中下肺野为主。肺部病变经病原治疗3~6个月逐渐吸收消失,发展为肺源性心脏病较为罕见。

2. 诊断

(1)流行病史:居住在血吸虫病流行区,或曾到流行区,有疫水接触史。

(2)临床特点:伴有前述的血吸虫病或者慢性血吸虫病的临床表现,如发热、肝大、腹部压痛、腹泻、便血、脾大等。

(3)实验室检查:病原学诊断仍是寄生虫病诊断的"金标准"。血吸虫病的病原学诊断是从粪便或组织内检查出血吸虫虫卵或毛蚴,提示体内曾有或现有血吸虫存在,目前血吸虫病的病原学检查主要包含粪便检查和直肠活体组织检查。免疫学检查抗原阳性提示体内有活的成虫感染。外周血可见嗜酸性粒细胞增高,特别是在急性期。

(二)一般治疗原则

自20世纪初应用酒石酸锑钾治疗埃及血吸虫病和日本血吸虫病以来,抗血吸虫病的药物发展经历了大半个世纪。20世纪70年代中期,对5种血吸虫均有效的吡喹酮问世,成为目前治疗血吸虫病的首选药物。此外,蒿甲醚和青蒿琥酯对血吸虫童虫有杀灭作用,我国一些流行区已将蒿甲醚和青蒿琥酯列为血吸虫病防治药物。

(三)基本药物治疗及治疗方案

1. 吡喹酮 吡喹酮是广谱抗蠕虫药,因其具有高效低毒的抗虫特点,已成为治疗日本血吸虫病的首选药,常规用法、剂量及疗程:

(1)急性血吸虫病:成人总剂量120mg/kg,儿童140mg/kg,4~6日分服;一般病例也可以采用每次10mg/kg,每日3次,连续4日。

(2)慢性血吸虫病:成人总剂量60mg/kg,1次口服或者40mg/kg,每次10mg/kg,每日3次,连续2日;或儿童体重<30kg者,总剂量70mg/kg,用法同成人。感染严重者可按总剂量90mg/kg,均分成每日3次,连续2日。

(3)晚期血吸虫病:总剂量40~60mg/kg,2日用完,每日剂量分成3次口服。

2. 对症治疗 除了对病原体治疗以外,各种类型的血吸虫病还需进行对症支持治疗,以及并发症的治疗。某些晚期血吸虫病可能需要进行外科治疗,特别是对患者出现巨脾、上消化道出血、腹水、肝性脑病等严重并发症。

(四)临床问题导向的药物治疗

预防急性血吸虫病或早期治疗至关重要,可采用以下方案:

(1)吡喹酮:接触疫水后30日左右顿服吡喹酮40mg/kg,如持续接触疫水,以后每30日服用1次。

注:吡喹酮治疗期间患者应休息2~3日,忌饮酒,勿从事驾驶车辆、操纵机器、高空及水下作业等。服药前应详细询问病史和进行体检,以充分掌握患者治疗前情况,对有神经官能症者尤为重要。服药期间应加强随访,注意出现的各种不良反应,并予以妥善处理。怀孕和哺乳不是服用吡喹酮的禁忌证。

(2)蒿甲醚和青蒿琥酯:蒿甲醚和青蒿琥酯为已用于临床的青蒿素类衍生物,不仅代表了一组在化学结构上全新的高效杀疟原虫红内期裂殖体药物，也有通过杀灭日本血吸虫童虫、防止血吸虫发育成熟产卵，达到预防血吸虫病的作用。其用法、剂量和疗程如下：

1）蒿甲醚胶囊（40mg及100mg/粒）：每次6mg/kg（体重超过60kg不再相应增加剂量），接触疫水期间，下水后第7日服药一剂，以后每2周给药1次，接触疫水结束后再加强1次。

2）青蒿琥酯（100mg/片）：每次6mg/kg（体重超过60kg不再相应增加剂量），接触疫水期间，下水后第7日服药一剂，以后每1周给药1次，接触疫水结束后再加强1次。

注意：对于早期孕妇，严重肝、肾功能障碍者，血液病者以及对蒿甲醚或青蒿琥酯过敏者禁用。

（五）药物治疗展望

1992年启动的世界银行贷款中国血吸虫病控制项目，有力推动我国血吸虫病防治工作的进展，日本血吸虫流行区范围大幅度缩小。同时目前已有报道，在非洲和南美洲地区发现了对吡喹酮不敏感的血吸虫株，出现吡喹酮治疗效果差或者治疗无效的现象。研发抗血吸虫新药对血吸虫病防治工作具有重要的现实意义。进一步对吡喹酮和青蒿素及其衍生物化学结构改造，发现或设计新的药效基团，大规模筛选新化合物和中草药的研究都在不断开展。加强卫生宣传教育工作，做好疾病防控，在疫区进行定期普查，积极治疗患者及带虫者，做到早期诊断、早期治疗，避免疾病进入晚期，药物治疗困难。

三、阿米巴病

由溶组织内阿米巴原虫感染所致疾病统称为阿米巴病（amoebiasis）。目前已有9个不同种属的阿米巴先后被发现，已报道的易感动物有30多种。按病变部位和临床表现不同，可分为肠阿米巴病和肠外阿米巴病。肠阿米巴病主要病变部位在结肠，感染者90%处于无症状的病原体携带状态，10%患者由于阿米巴滋养体侵袭肠壁组织引起腹痛、腹泻、黏液血便等症状，称为阿米巴痢疾；肠外阿米巴病的病变可发生在肝、肺或脑，表现为各脏器脓肿，其中阿米巴肝脓肿最常见。

（一）临床表现与诊断

1. 临床表现

（1）肠阿米巴病：肠阿米巴病是由溶组织内阿米巴寄生于结肠引起的疾病，主要病变部位在近端结肠和盲肠，典型的临床表现有果酱样大便等痢疾样症状。本病易复发，易转为慢性。溶组织内阿米巴生活史有滋养体和包囊两个期。滋养体是溶组织内阿米巴的致病形态，直径大小为10~60μm，运动较为缓慢，形态多变。运动时外质伸出，形成伪足，能做定向变形运动侵袭组织，形成病灶，有时亦可自组织内落入肠腔，逐渐形成包囊，随粪便排出。包囊是溶组织内阿米巴的感染形态，直径10~16μm，包囊抵抗力强，能耐受人体胃酸的作用，在潮湿的环境中能存活数周或数月。包囊能起传播作用，感染人体后在小肠下段受碱性消化液的作用，囊壁变薄，重新活动，并从囊壁小泡溢出形成滋养体。在回盲部黏膜褶皱或肠陷窝处分裂繁殖，重复其生活过程。

人感染溶组织内阿米巴后，潜伏期一般3周左右，亦可短至数日或长达年余。肠阿米巴病的临床表现一般分为五型：

1）无症状型（包囊携带者）：此型临床常不出现症状，多次粪检时发现阿米巴包囊。当被感染者免疫力低下时，此型可转变为急性阿米巴痢疾。

2）症状型非侵袭感染：为非侵袭性肠道感染，无吞噬红细胞的滋养体，大便潜血试验阴性，结肠镜检肠黏膜可正常，仅6%的患者在结肠活组织检查时可找到阿米巴滋养体，血清抗阿米巴抗体阳性。患者可有下腹部不适、饱胀、间歇性水样泻等非特异性症状。少数患者可发展为侵袭性结肠炎和肝脓肿。

3）急性直肠结肠炎：大多起病缓慢，临床症状有腹部不适、腹痛、腹泻，大便次数每日10次左右，大便量中等。若病变发生在盲肠附近，则临床上呈单纯性腹泻，并无脓血，但在患者的粪便镜检可发现溶组织内阿米巴滋养体，此时成为非痢疾性阿米巴结肠炎。若病变主要发生在乙状结肠和直肠，则患者出现明显的痢疾症状，大便呈果酱样糊状，带黏液及脓血、腥臭，伴有明显的里急后重感，此时即为阿米巴痢疾。病程1~3周，如未经治疗或治疗不彻底，可转为慢性。

4）暴发性结肠炎：多发生于体弱、营养不良、妊娠妇女和接受糖皮质激素治疗者。起病急骤，中毒症状显著，高热，可达40℃。患者常呈重病容，极度衰竭。临床上患者出现剧烈腹痛、腹泻，大便次数频繁高达每日15次以上，甚至出现大便失禁，大便呈水样或血水样、奇臭，伴呕吐、腹胀、里急后重。患者有不同程度的脱水与电解质紊乱，有时出现休克。粪检极易找到溶组织内阿米巴滋养体。外周血白细胞明显升高。75%的患者可发生单一或多发结肠穿孔，易并发肠出血。如不积极抢救，可于1~2周内因毒血症或并发症死亡。

5）慢性结肠炎：常为普通型未经彻底治疗的延续，病程可持续数月或数年。腹泻反复发作，或腹泻与便秘交替出现，一般腹泻次数每日不超过3~5次，大便呈黄糊状，带少量黏液及血液、有腐臭，常伴有全腹部或下腹部痛。症状可持续存在，也可间歇发作。间歇期长短不一，可为数周或数月。久病者常伴有贫血、乏力、消瘦、肝大及神经衰弱等，易并发阑尾炎及肝脓肿。偶尔也可并发阿米巴瘤，但须与直肠癌鉴别。大便检查可找到滋养体或包囊。

肠阿米巴病的并发症包括肠道并发症和肠外并发症。肠道并发症常见的有肠出血、肠穿孔、阑尾炎、增生性结肠病变、直肠-肛周瘘；肠外并发症是由阿米巴滋养体自肠道经血液或淋巴蔓延至肠外远处器官，形成相应各脏器脓肿或溃疡，如阿米巴肝脓肿、阿米巴肺脓肿、阿米巴脑脓肿、阿米巴胸膜炎等。肠阿米巴病患者如无并发症，且经有效病原治疗的预后良好。重型者预后较差。肠道内形成不可逆转的广泛病变及经不彻底治疗、病情顽固者预后差。

（2）阿米巴肝脓肿：阿米巴肝脓肿常为溶组织内阿米巴通过门静脉到达肝脏，引起细胞溶解坏死，形成脓肿，又称为阿米巴肝病。阿米巴肝脓肿也可发生在没有阿米巴痢疾的患者中，经积极有效的药物治疗和辅助措施，治愈率高。疗效欠佳或病死者多数是未经正规治疗或未及时接受治疗、病情危重或有并发症、伴有其他疾病者。

阿米巴肝脓肿临床表现的轻重与脓肿位置、大小及是否继发细菌感染等有关。起病大多缓慢，体温可逐渐升高，热型以弛张热居多，清晨体温较低，黄昏时体温最高，常夜间热退而盗汗，可持续数月。可伴食欲减退、恶心、呕吐、腹胀、腹泻及体重下降等。肝区疼痛为本病重要症状，疼痛的性质和程度轻重不一，可为钝痛、胀痛、刺痛、灼痛等，深呼吸及体位变化时疼痛加重。当肝脓肿向肝脏顶部发展时，刺激右侧膈肌，疼痛可向右肩部放射。脓肿位于右肝下部时可出现右上腹痛或腰痛。部分患者右下胸部或上腹部饱满，肝区有叩痛。体检时可发现肝大，边缘多较钝，有明显叩击痛。脓肿位于肝的中央部位时症状常较轻，靠近肝包膜者常较痛，而且较易发生溃破，左叶肝脓肿时疼痛出现早，类似溃疡穿孔样表现，或有中、左上腹部包块。脓肿压迫右下肺可发生肺炎、反应性胸膜炎，可有气急、咳嗽、右胸腔积液。少数患者由于脓肿压迫胆小管、较大的肝内胆管或肝组织受损范围过大而出现黄疸，但多为隐性或轻度黄疸。

2. 诊断

（1）实验室诊断

1）血常规：通常白细胞总数接近正常，爆发型和普通型伴有细菌感染者白细胞总数和中性粒细胞增多。病程较长者贫血明显，血沉可增快。

2）粪便检查：典型粪便呈暗红色果酱样、腥臭、含血液及黏液，生理盐水涂片镜检见大量红细胞，少量白细胞和夏科-雷登结晶。大便中查见阿米巴滋养体即可明确诊断，慢性感染者一般仅可查见包囊。

3）免疫学检查：通过检查特异性抗体和抗原，适用于反复大便检查阴性者。

4）聚合酶链反应（PCR）：近年发展起来的高效、敏感、特异的病原体核酸检测方法。标本可采用脓液、穿刺液、粪便、结肠活检组织、皮肤溃疡分泌物等，能鉴别溶组织阿米巴和其他阿米巴原虫。

5）结肠内镜检查：可以直接观察结肠病变，在病变部位采集渗出物、活检病变组织及粪便等标本，后续进行镜检、免疫学及PCR检测，可大幅度提高检测的阳性率与特异性。

（2）临床诊断：通过结合流行病学资料、临床表现及相关实验室检查，不难诊断。

1）肠阿米巴病有流行病学依据，结合典型临床症状,如在大便中查到阿米巴滋养体即可诊断。对于临床高度怀疑病例,需要反复送检粪便,必要时可以做阿米巴培养。此外,也可以通过肠镜检查,直接观察病变,镜下取标本涂片、免疫学、PCR检查。

2)肠外阿米巴有时候诊断较为困难,需要联合超声、免疫学等多种方法进行检测。对于考虑肝阿米巴脓肿,可以行穿刺术,引流脓液,并进一步做病原体检测、涂片或培养,明确诊断。考虑为阿米巴脑膜脑炎时,询问有无江河湖泊游泳等病史,有典型脑膜炎表现者进一步行脑脊液检查,如果有局部皮肤或者眼部病变者,可局部分泌物涂片或者刮片送检、查找滋养体。

(二)一般治疗原则

1. 一般治疗 包括营养、对症治疗和各种支持治疗,如输血、血浆,补充电解质、补充铁剂等。

2. 病因治疗 进行抗寄生虫药治疗。

(三)基本药物治疗及治疗方案

肠阿米巴病的治疗包括一般治疗和病原治疗。目前常用的抗溶组织内阿米巴药物有硝基咪唑类如甲硝唑、替硝唑、奥硝唑、塞克硝唑和二氯尼特。硝基咪唑类对阿米巴滋养体有强大的杀灭作用,是目前治疗肠内、外各型阿米巴病的首选药物。该类药物偶有一过性白细胞减少和头昏、眩晕、共济失调等神经系统障碍。妊娠(尤其最初3个月)、哺乳期以及有血液病史和神经系统疾病者禁用。

(1)甲硝唑:成人口服 0.6~0.8g/ 次,每日 3次,10 日为一疗程。儿童每日 50mg/kg,分 3 次服,每日最大剂量为 2 250mg,5~7 日为一疗程。重型阿米巴病可选用甲硝唑静脉滴注,成人 0.5g/次,每 8 小时 1 次,病情好转后每 12 小时 1 次,或改口服,疗程 10 日。

(2)替硝唑:成人每日 2g,1 次口服,连服 5日为一疗程。重型阿米巴病可静脉滴注。

(3)其他硝基咪唑类:成人口服奥硝唑 0.5g/次,每日 2 次,10 日为一疗程。成人口服塞克硝唑每日 2g,1 次口服,连服 5 日为一疗程。

(4)二氯尼特:又名糠酯酰胺,是目前最有效的杀包囊药物,口服 0.5g/ 次,每日 3 次,疗程10 日。

(5)抗菌药物:主要通过作用于肠道共生菌而影响阿米巴生长,尤其在合并细菌感染时效果好,可选用巴龙霉素或喹诺酮类抗菌药物。

(四)临床问题导向的药物治疗

此处重点讲述阿米巴肝脓肿的治疗。

(1)药物治疗:治疗药物同前,①甲硝唑为首选药物,治疗剂量为 600~800mg,每日 3 次,10日为一个疗程;②其他硝基咪唑类替硝唑(2g,连服 5 日为一疗程),奥硝唑也可以选择;③其次为磷酸氯喹,治疗剂量为起始剂量 0.3g(基质),每日 2 次,连服用 2 日,以后每日减为 0.15g,每日 2次,连服用 20 日为一疗程,必要时可更久;④去氢依米丁剂量为 1mg/(kg·d)(每日不超过 60mg),每日深部皮下注射 1 次,连用 4~6 日,必要时可在停药 6 周后进行第二疗程。

(2)其他治疗:阿米巴肝脓肿的治疗除了一般治疗和病原治疗之外,还包括肝穿刺引流和外科治疗。

1)肝穿刺引流:超声显示肝脓肿直径在 3cm以上,靠近体表者,可行肝穿刺引流,应于抗阿米巴治疗 2~4 日后进行。穿刺应在超声探查定位下进行。超声引导下穿刺并向脓腔内注射抗阿米巴药物比单纯内科或外科治疗更有效。脓液稠厚、不易抽出时,注入生理盐水或用 α- 糜蛋白酶 5mg 溶于生理盐水 50ml 内,抽取 1/2 量注入脓腔,可使脓液变稀。较大脓肿在抽脓后注入甲硝唑 0.5g,有利于脓腔愈合。

2)外科治疗:对肝脓肿穿破引起的化脓性腹膜炎者、内科治疗疗效欠佳者,可行外科手术引流,同时应加强抗阿米巴药物和抗菌药物的应用。

(五)药物治疗展望

阿米巴病常见于卫生条件差、缺乏洁净水和营养不良的发展中国家,是这些地区主要的腹泻疾病之一,也是发展中国家儿童死亡的主要病因之一。临床上通过使用抗阿米巴药物治疗取得了一定的疗效。但是在部分地区和国家,药物的可及性及生活卫生条件的受限,使感染不能得到及时控制,是一个重大的公共卫生问题。通过进一步研究作用于阿米巴靶蛋白(如半乳糖凝集素、溶组织内阿米巴多丝氨酸蛋白、溶组织内阿米巴29 kDa 抗原等)的疫苗,研究其在疾病中的发病机制和代谢作用,将为今后成功开发抗阿米巴感染的疫苗带来希望。

四、并殖吸虫病

并殖吸虫病（paragonimiasis）是由并殖吸虫（paragonimus）寄生于机体组织内，侵犯以胸肺为主的人兽共患病，又称为肺吸虫病（lung flukes disease）。并殖吸虫因其子宫和卵巢左右并列以及两个睾丸左右排列而得名。全世界约有近50种，中国已报道30余种。根据并殖吸虫的寄生宿主以及是否能在体内发育成熟及临床特点，将其分为两大类。一类为人兽共患的卫氏并殖吸虫，主要引起肺型肺吸虫病；第二类是感染为兽主人次的斯氏狸殖吸虫，主要引起皮肤和内脏幼虫移行症。

（一）临床表现与诊断

1. 临床特点 卫氏并殖吸虫病分布于浙江、台湾、辽宁、吉林、黑龙江等省，目前共有27个省市有病例报道。斯氏肺吸虫病分布于四川、江西、云南、福建、广东、贵州、陕西等省，流行因素与防治原则与卫氏并殖吸虫病相似。人和动物（犬、猫、猪和野生动物）是肺吸虫的终宿主。排出卫氏并殖吸虫卵至水中发育成毛蚴，经第一中间宿主（川卷螺）体内发育成尾蚴，再侵入第二中间宿主（石蟹、蝲蛄）体内发育成囊蚴。人生食石蟹、蝲蛄后，囊蚴经口感染，在胃和十二指肠内囊蚴破裂，童虫脱出并穿过肠壁进入腹腔，穿过横膈入胸腔和肺，在肺内发育为成虫。虫体进入纵隔，可沿颈内动脉入颅内侵犯脑组织。肺内病变呈炎性反应，中性粒细胞和嗜酸性粒细胞浸润，肺组织被破坏，形成脓肿和囊肿，周围有纤维包膜，囊内含胆固醇结晶、夏科雷登结晶、虫卵等。囊内多数只有1个成虫，一处形成囊肿，移行至另一处，再构成新的囊肿，旧病灶空洞可闭合，纤维化、钙化痊愈。斯氏肺吸虫的生活史与卫氏肺吸虫相似，不同的是，第一中间宿主为拟钉螺和小豆螺，第二中间宿主的淡水蟹为雅安华溪蟹、灌县华溪蟹、锯齿华溪蟹、陕西华溪蟹、毛足溪蟹等，适宜终末宿主为果子狸、豹、猫和犬，人是其非适宜宿主。

卫氏并殖吸虫病为全身性疾病，根据感染时间、程度及宿主免疫情况，可以分为潜伏期、急性卫氏并殖吸虫病、慢性卫氏并殖吸虫病。其中慢性卫氏并殖吸虫病还可进一步分为：胸肺型、腹型、中枢神经型、皮下包块型、阴囊型、眼型、亚临床型、肝型。斯氏并殖吸虫病可以分为皮肤结节型、腹型、胸肺型、心包型、脑脊髓型、眼型、多浆膜腔积液、亚临床型。二者临床特点对比见表7-2-2。

表 7-2-2 卫氏并殖吸虫病与斯氏狸殖吸虫病的临床鉴别要点

临床特点	卫氏并殖吸虫病	斯氏狸殖吸虫病
感染方式	生食或半生食淡水蟹、蝲蛄	生食或半生食淡水蟹
全身症状	轻度	常见
皮下结节与包块	少见	常见，游走性包块
荨麻疹等过敏症状	少见	常见
咳嗽、咳血痰	明显，铁锈色痰液	轻度，偶有血丝
贫血	无	轻度到中度
胸腔积液	常见	少见
肝脏受累	少见	常见
白细胞	轻度增高	增高明显
嗜酸性粒细胞	轻度增高	增高明显
胸部影像学	肺纹理加重，结节性或多房囊性阴影	正常或轻度改变，肺部阴影改变

（1）潜伏期：由于本病大多数有重复感染，故其潜伏期往往不易确定。根据文献报道最短者仅2~15日，最长者可达数年，多数为1~6个月。

（2）急性并殖吸虫病：较为少见，临床特点为潜伏期短，发病急，全身症状较明显。其初发症状为腹痛、腹泻、稀便或黏液便，伴有食欲减退，持续约数日。部分病例可出现荨麻疹，继而出现畏寒、发热，稍后出现胸痛、胸闷、气促、咳嗽等呼吸系统症状。外周血白细胞数超过 $10 \times 10^9/L$，嗜酸性粒细胞比例明显增高。胸部 X 线检查可见云絮状或片状阴影。患者常有在流行区进食生或不熟的蟹或蝲蛄史，皮内试验及血清免疫学试验对早期诊断具有重要价值。

（3）慢性并殖吸虫病：并殖吸虫病多表现为慢性经过。目前多数学者将其分为两大临床类型，即卫氏型和斯氏型并殖吸虫病。卫氏型并殖吸虫病以肺为主要的寄生部位，因此主要症状是咳嗽、咯血、胸痛等，但也可出现肺外症状；而斯氏型以"幼虫移行症"为主要临床特征,肺部症状较少。

2. 诊断 肺吸虫病的诊断标准目前尚未统一。由于本病病原学诊断困难,故应综合流行病学资料、症状、体征及实验室检查、影像学检查、免疫学检测等进行全面分析、综合诊断。

（1）肺吸虫感染应具备以下两条:

1）在肺吸虫流行区有生食、半生食溪蟹、蝲蛄等第二中间宿主或饮用流行区溪水史。

2）肺吸虫成虫抗原皮内试验阳性（除外华支睾吸虫病、血吸虫病等交叉反应）。

（2）肺吸虫病拟诊与确诊,具有以上肺吸虫感染的两个条件,又出现肺吸虫病的有关临床表现,且经肺吸虫病特异性免疫学检测阳性者,应充分考虑肺吸虫病,即拟诊为肺吸虫病。

拟诊肺吸虫病的患者,如再具备下列6条中的一条,即可确诊:

1）痰或粪便中查到肺吸虫卵。

2）皮下包块或其他活体组织、体液或脑脊液检查发现肺吸虫成虫、童虫或虫卵。

3）皮下包块或其他活体组织、痰、体液、脑脊液中虽未查到虫体或虫卵,但却发现典型的肺吸虫病病理损害或/和大量嗜酸性粒细胞与夏科雷登结晶,且抗肺吸虫病原治疗后病情迅速改善。

4）肺部X线检查发现具有特征性的肺吸虫病改变,或虽仅发现浸润性阴影及肺纹理增粗,但经严格鉴别确可排出其他疾病所致,并经抗肺吸虫病原治疗后病情迅速改善。

5）出现脑或脊髓的特征性症状体征,经严格鉴别确可排除其他疾病所致,并经抗肺吸虫病原治疗后病情迅速改善。

6）肝功能明显异常、外周血嗜酸性粒细胞显著增高,经抗肺吸虫病原治疗后症状、体征与肝功能迅速明显改善。

（二）一般治疗原则

1. 一般治疗 包括营养、对症治疗和各种支持治疗。

2. 病因治疗 进行抗寄生虫药治疗。

（三）基本药物治疗及治疗方案

1. 药物治疗方案

（1）吡喹酮:是一种广谱抗蠕虫药,最早用于治疗血吸虫病。研究表明,吡喹酮对并殖吸虫成虫、童虫及虫卵具有强大杀伤作用,疗效高,疗程短,服用方便,仅有轻微头昏、头痛、乏力等副作用。目前常用剂量和疗程推荐以下三种方案。A方案:25mg/kg,每日3次,2日为1个疗程,总剂量为150mg/kg;B方案:25mg/kg,每日3次,3日为1个疗程,总剂量为225mg/kg;C方案:30mg/kg,每日2次,3日为1个疗程。治愈率可达90%以上,必要时可以重复一个疗程。

（2）三氯苯达唑:疗效与吡喹酮相似,耐受性较吡喹酮好,推荐治疗剂量为10mg/kg,口服每日2次,连服2~3日。服药后可能出现头晕、头痛、腹痛等不良反应,但较轻微。三氯苯达唑毒性低、剂量小、疗程短,且便于生产。

（3）硫双二氯酚:治疗肺吸虫效果好,口服易吸收,近期治愈率84%~100%,远期疗效80%~90%。剂量:成人3g/d,口服每日3次,隔日服药,10~15日为1个疗程。脑型可重复2~3个疗程。副作用有头晕、头痛、消化道反应、皮疹等,偶可出现赫氏反应。发生肝脏损害时,应立即停药。有严重心脏病、肾病及妊娠时禁用。

2. 继发细菌感染时,应给予抗感染治疗

（四）临床问题导向的药物治疗

脑型并殖吸虫病缺乏特异性的临床表现,病原体检测率低,给临床诊治带来一定的困难,其主要的临床治疗方案如下。

1. 药物治疗 脑型患者每次吡喹酮25mg/kg,3次/d,口服,3~5日为一个疗程,重复2~3个疗程可取得较好效果。儿童脑型患者抗寄生虫治疗需要延长,常使用6~8个疗程,文献报道最长治疗疗程为14个疗程。

2. 手术治疗 对慢性脑型、脊髓型,合并有压迫症状,药物保守治疗效果差者,可考虑手术治疗。

（五）药物治疗展望

卫氏并殖吸虫病是我国重要的食源性寄生虫病之一,其病原体通过蝲蛄、溪蟹传播,可寄生于人体及多种哺乳动物组织、脏器内,引起肺吸虫病。加强对该病临床特点的认识,进一步应用分子检测方法,可以早期识别和诊断,为肺吸虫病提供有效的诊断方法和防治手段。目前已有少量基础研究报道筛选并殖吸虫抗原,特别是鉴别特异的、高免疫原性并殖吸虫蛋白和多肽,将为今后的疫苗开发提供一定的参考资料。

五、利什曼病

利什曼病（leishmaniasis）又称黑热病，是由杜氏利什曼原虫（Leishmania donovani）引起，经白蛉传播的慢性地方性传染病。临床上以长期不规则发热、进行性脾脏增大、消瘦、贫血、全血细胞减少及血清球蛋白增高为特征。

（一）临床表现与诊断

1. 临床特点 杜氏利什曼原虫主要侵犯内脏，寄生于单核-巨噬细胞系统，引起黑热病。杜氏利什曼原虫生活史分前鞭毛体和无鞭毛体两个阶段。前者见于白蛉消化道，在22~25℃培养基中，呈纺锤形，前端有一游离鞭毛，其长度与体长相仿；利杜体见于人和哺乳动物单核-巨噬细胞内，在37℃组织培养中呈卵圆形，无鞭毛。

患者与病犬为黑热病主要传染源，中华白蛉是我国黑热病主要传播媒介。黑热病主要通过白蛉叮咬传播，偶可经破损皮肤和黏膜、胎盘或输血传播。人群普遍易感，病后可获得较持久的免疫力。利什曼原虫感染人体后潜伏期长短不一，平均3~5个月。主要临床表现包括：

（1）发热：起病缓慢，症状轻而不典型。典型病例呈双峰热型，早期大多为不规则发热，后期可为稽留热。发热时可伴有畏寒、盗汗、食欲下降、乏力、头昏等，全身中毒症状不明显。

（2）肝、脾及淋巴结肿大：部分患者病程2~3周时脾即可触及，质地柔软，以后随病期延长，脾脏逐渐增大变硬，半年可平脐，年余时间可达盆腔。若脾内栓塞或出血，则可引起脾区疼痛和压痛。肝轻度至中度增大，质地软，偶有黄疸和腹水。淋巴结轻度至中度肿大。

（3）贫血及营养不良：病程晚期可出现精神萎靡、心悸、气短、面色苍白、水肿，皮肤粗糙和皮肤颜色可加深，故称之为黑热病。亦可因血小板减少而有鼻出血、牙龈出血及皮肤出血点等。

在病程中症状缓解与加重可交替出现，一般病后1个月进入缓解期，体温下降，症状减轻，脾缩小，血象好转，持续数周后又可反复发作，病程迁延数月。

（4）黑热病的特殊类型

1）皮肤型黑热病：皮肤损害大都发生在黑热病患者经锑剂治疗内脏感染消失之后，也有的是皮肤症状与内脏感染同时存在，极少数无典型的黑热病病史，在我国并不多见。皮肤型黑热病的皮损主要有两种。一种为褪色斑型，即在皮肤上出现色素减退的斑疹，一般见于面部、颈、前臂伸侧和大腿内侧，最后可蔓及全身。另一种为结节型，表现为皮肤上有肉芽肿样结节，以面、颈及腋窝等处多见，其次是臂、胸、背和上下肢。结节一般如黄豆或豌豆大小，但可融合成大的结节。结节上的皮肤大都发红或略呈黄色，显得薄而光滑，不痛不溃，亦无知觉障碍。

2）淋巴结型黑热病：多发生于以婴儿发病为主的黑热病流行区，是由于进入人体的利什曼原虫沿淋巴管到达淋巴结，被淋巴结内的巨噬细胞吞噬而未进一步扩散所致。患者表现为淋巴结肿大，以腹股沟和股部居多，其次是颌下、颈部、腋下和上滑车，少数发生在耳后、锁骨上和腘窝等处。淋巴结一般呈花生米或蚕豆大小，有时因多个肿大淋巴结融合而形成大似胡桃的肿块，局部无明显压痛。患者一般情况大都良好，少数可有乏力或低热，血象基本正常，嗜酸性粒细胞增多。

2. 诊断 综合流行病学资料、临床表现和实验室检查可做出黑热病的诊断。外周血可见全血细胞减少，贫血呈中度；血清球蛋白显著增高，白蛋白减少。骨髓、淋巴结或脾、肝组织穿刺涂片查见利杜体，或穿刺物培养查见前鞭毛体可确诊。血清特异性检查rK39抗体或者利什曼乳胶凝集试验检测阳性有助诊断。同时黑热病应与白血病、荚膜组织胞浆菌病等鉴别。

（二）一般治疗原则

黑热病患者预后取决于早期诊断和早期治疗及有无并发症。未经治疗的患者可于2~3年内因并发症而死亡。自采用葡萄糖酸锑钠以来，病死率显著下降，治愈率达95%以上，少数可复发。有并发症者预后差。

黑热病治疗包括一般治疗和病原治疗，对于巨脾或伴脾功能亢进，多种治疗无效时应考虑脾切除。

（三）基本药物治疗及治疗方案

药物治疗中，锑剂和两性霉素B均为内脏利什曼原虫病的一线治疗用药。对于锑剂治疗效果不佳或者耐药的患者，推荐使用两性霉素B作为补救治疗。对于缺乏药物或者不能耐受锑剂患

者,推荐使用两性霉素B(L-两性霉素B)治疗。目前常见的药物包括:

(1)葡萄糖酸锑钠:为黑热病治疗首选用药,对杜氏利什曼原虫有很强的杀灭作用,病原体清除率93%~99%。"六日方案":成人总剂量按体重120~150mg/kg,小儿总剂量按体重200~240mg/kg等分6剂,每日肌内或者静脉注射1次,一个疗程6日。

对全身情况较差者或者病情严重患者,也可以采用"三周方案":成人总剂量按体重133mg/kg,小儿总剂量按体重200mg/kg等分6剂,每周肌肉或者静脉注射2次,一个疗程3周。对新近曾接受锑剂治疗者,可减少剂量。病情危重或有心肝疾病者慎用本药或改用3周疗法。

(2)两性霉素B:静脉滴注,初次剂量为1mg,逐渐增加至0.5mg/(kg·d),共用药20日。每次输注时间应大于6小时,使用期间密切监测肾功能。

(3)L-两性霉素B(L-AmB):静脉滴注,WHO推荐治疗方案为5mg/(kg·d),疗程3~5日(累计剂量最高15mg/kg);北美推荐治疗方案为3mg/(kg·d),第1~5日、14日、21日、共给药7次(累计剂量21mg/kg)。

(4)喷他脒:对锑剂无效或有禁忌者可选用。剂量为每次4mg/kg,现配成10%浓度肌内注射,每日或间日1次,10~15次为1疗程。注射局部可有红肿硬块,可有头晕、心悸、脉搏加快,甚至血压下降,可引起肝肾损害。治愈率70%左右。

(5)米替福新:是近年来合成的一种口服治疗内脏利什曼病的新药,疗效好且安全。成人每日口服100mg,相当于2.5mg/kg,28日为1疗程,其疗效优于肌内注射葡萄糖酸锑钠,近期治愈率可达100%,但复发率较高,治疗后6个月达2%~10%。目前认为口服米替福新可作为肌内注射葡萄糖酸锑钠的替代治疗。

皮肤利什曼原虫病、黏膜利什曼原虫病包括伤口处理,局部外用药物(外涂巴龙霉素、锑剂局部注射)及系统性药物治疗(锑剂、两性霉素B),具体药物的剂量可以参考内脏利什曼原虫病的治疗方案。

(四)临床问题导向的药物治疗

1. 利什曼原虫病治愈后数月至数年内,约10%的患者可以发生黑热病后皮肤利什曼原虫病(PKDL),治疗方案可以采用锑剂或者两性霉素B。

2. 对于难治性PKDL,国外采用锑剂联合疫苗(利什曼原虫死疫苗+卡介苗)的方案,但目前国内尚无相应的药品。临床推荐方案:L-两性霉素B(L-AmB),静脉滴注,2.5mg/(kg·d),疗程20日。或者葡萄糖酸锑钠每日使用20mg/kg,用至治愈或者疗程达2个月。或者普通两性霉素B,静脉滴注,0.5mg/(kg·d),疗程20日。

(五)药物治疗展望

利什曼病是由利什曼原虫引起的一种人兽共患寄生虫病,分布于全球90多个国家,给发展中国家带来沉重的社会经济及医疗负担。目前针对利什曼病的防治措施主要为控制传染源和化学药物治疗,但不能彻底消除利什曼病。疫苗接种是最具社会经济效益的控制利什曼病的防治手段。目前,已有多种疫苗进入临床研究阶段,可以期待,新型的疫苗研发成功将为彻底消灭利什曼病提供有力支持。

六、棘球蚴病

棘球蚴病(echinococcosis),又称为包虫病(hydatid disease,hydatidosis),是由于感染棘球绦虫的幼虫引起的寄生虫病。在我国的棘球绦虫有细粒棘球绦虫和多房棘球绦虫两种。细粒棘球绦虫的幼虫寄生于人体引起囊型棘球蚴病,多房棘球绦虫的幼虫寄生于宿主引起泡型棘球蚴病,均是人兽共患的严重寄生虫病。

(一)临床表现与诊断

1. **临床表现** 棘球绦虫生活史通过哺乳动物的终宿主和中间宿主完成。细粒棘球绦虫中间宿主国内以有蹄动物为主,绵羊最适宜,大多寄生在肝脏。终宿主国内外均以犬为主。多房棘球绦虫中间宿主是啮齿动物,终宿主主要是狐、狗、狼等。棘球绦虫成虫在终宿主小肠中发育,幼虫在中间宿主肝脏或肺脏发育,形成棘球蚴。寄生在犬肠道内的成虫发育孕卵体节,内有成百个虫卵。孕卵体节可以不断地脱落,随粪便排出后释放出虫卵。成熟体节可以继续发育成孕卵体节。棘球绦虫反复在狗的肠道中生长发育,有些犬的肠道中会寄生成千上万个棘球绦虫,不断地向周围环境排放虫卵,污染土壤、饲料、牧草和饮水,牛、羊、猪和人误食虫卵后,虫卵在小肠内受到消化液、胆汁和消化酶的刺激,虫卵中的胚胎变成六钩蚴,穿透肠壁进入血管随血流首先来到肝脏,大部分六钩蚴被阻留在这里,另一部分随血流继续前进,在肺脏定居。经6~12个月发育成具有感染性的幼虫。人体内生长可延续10~13年。棘球蚴体积大,生存力强,可使周围组织萎缩和功能障碍,也易造成继发感染,包囊破裂可引起过敏反应甚至死亡。

临床表现随棘球蚴病类型和发病脏器的不同而异。

(1)囊型包虫病:由细粒棘球绦虫虫卵感染所致,临床表现取决于棘球蚴大小、数量及寄生时间、部位等。其中肝包虫病约占60%,患者可以出现肝区疼痛、腹部不适、食欲减退等症状,如棘球蚴位于肝右叶,右上腹可以触及无痛性包块,少数患者叩诊有震颤感。如肝包虫包块向下生长,压迫门静脉与胆总管,可以引起梗阻性黄疸、门静脉高压、腹水等表现。肝包虫病还可以出现继发感染、破裂、过敏性休克等并发症。棘球蚴可侵犯肺部或脑部,表现为相应的呼吸系统和神经系统症状,如胸痛、咳嗽、呼吸困难、头痛、呕吐、癫痫等。

(2)泡型包虫病:由多房棘球绦虫虫卵感染所致,主要侵犯器官为肝脏,早期可无明显症状。大约1/3患者出现梗阻性黄疸时发现,1/3患者因肝区疼痛就诊发现,1/3患者在体检时发现。部分患者有肝区不适、肝功异常、脾大。病变累及胆道及门静脉时,可以出现梗阻性黄疸和门静脉高压症状,侵犯肺部或脑部,可以出现相应的呼吸和神经系统症状与体征。

2. 诊断与分型

(1)临床诊断

1)有在流行区居住、工作、旅游或狩猎史,或与犬、牛、羊等家养动物或狐、狼等野生动物接触史;在非流行区有从事来自流行区的家畜运输、宰杀、畜产品和皮毛产品加工等接触史。

2)B超、X线检查、计算机断层扫描(CT)或磁共振成像(MRI)检查发现包虫病的特征性影像;或发现占位性病变并查出包虫病相关的特异性抗体或循环抗原或免疫复合物;或病原学检查发现棘球蚴囊壁、子囊、原头节或头钩等。

3)排除其他原因所致肝、肺等器官的占位性疾病。

包虫病的诊断标准应同时具备以上条件。

(2)临床分型

1)囊型包虫病的B超影像学分型

①囊型病灶(CL型):囊壁不清晰,含回声均匀内容物,一般呈圆型或椭圆型。

②单囊型(Ⅰ型):棘球蚴囊内充满水样囊液,呈现圆形或卵圆形的液性暗区。由于棘球蚴囊壁与肝组织的密度差别较大,故呈现界限分明的囊壁。本病的特异性影像为其内、外囊壁间有潜在的间隙界面,可出现"双壁征"。B超检测棘球蚴囊后壁呈明显增强效应,用探头震动囊肿时,在暗区内可见浮动的小光点,称为"囊沙"影像特征。

③多子囊型(Ⅱ型):在母囊暗区内可呈现多个较小的球形暗影及光环,形成"囊中囊"特征性影像。B超检测显示花瓣形分隔的"车轮征"或者"蜂房征"。

④内囊破裂型(Ⅲ型):内囊破裂后,囊液进入内、外囊壁间,出现"套囊征";若部分囊壁由外囊壁脱落,则显示"天幕征",继之囊壁塌瘪,收缩内陷,卷曲皱折,漂游于囊液中,出现"飘带征"。

⑤实变型(Ⅳ型):棘球蚴囊逐渐退化衰亡,囊液吸收,囊壁折叠收缩,继之坏死溶解呈干酪样变,B超检查显示密度强弱相间的"脑回征"。

⑥钙化型(Ⅴ型):包虫病病程长,其外囊肥厚粗糙并有钙盐沉着,甚至完全钙化。B超显示棘球蚴囊密度增高而不均匀,囊壁呈絮状肥厚,并伴宽大声影及侧壁声影。

2)肝泡型包虫病分型(表7-2-3)

表 7-2-3　肝泡型包虫病分型

分型内容	病变程度
原发病灶	P_0 肝脏无可见病灶
	P_1 周围病灶,无血管和胆道累及
	P_2 中央病灶,局限在半肝内,有血管和胆道累及
有无黄疸	P_3 中央病灶侵及左右肝脏,并有肝门部血管和胆道累及
	P_4 任何肝脏病灶伴有肝血管和胆道扩张
邻近器官累及情况	N_0 无邻近器官、组织累及
	N_1 有邻近器官、组织累及
转移病灶	M_0 无远处转移
	M_1 单个病灶远处转移

3. 鉴别诊断

(1)肝囊型包虫病的鉴别诊断见表7-2-4。

(2)肝泡型包虫病的鉴别诊断见表7-2-5。

表 7-2-4 肝囊型包虫病的鉴别诊断

鉴别病种	影像学检查	包虫病免疫学检查	血常规检查	临床表现
肝囊型包虫病	双层壁、多子囊、内囊塌陷、囊壁钙化	阳性	可有嗜酸性粒细胞增高	局部占位、压迫症状或破裂症状，可有过敏反应
肝囊肿	显示囊壁较薄，无"双层壁"囊的特征	阴性	—	可有局部占位、压迫症状
细菌性肝脓肿	无棘球蚴囊特征性影像	阴性	白细胞数明显升高	高热、寒战、肝区疼痛等全身中毒症状
右侧肾盂积水和胆囊积液	无棘球蚴囊特征影像	阴性	—	可有局部占位、压迫症状

表 7-2-5 肝泡型包虫病的鉴别诊断

鉴别病种	临床表现	影像学检查	包虫病免疫学检查	血液检查
肝泡型包虫病	肝区不适，病程较长，晚期可出现梗阻性黄疸、门静脉高压症	病灶周边为"贫血供区"，形态不规则，病灶的实变区和液化区并存，室腔壁高回声或"地图征"	阳性	可有嗜酸性粒细胞增高
肝癌	多有肝炎病史，病变发展速度快，病程相对短	病灶周边多为"富血供区"	阴性	甲胎蛋白升高，肿瘤相关标记物阳性
肝囊肿	可有局部占位、压迫症状	显示囊壁较薄，无"双层壁"囊的特征	阴性	—

（二）一般治疗原则

肝包虫病的治疗包括手术治疗和药物治疗等手段。

1. 手术治疗 为本病的首选治疗方法。常用方法是内囊摘除术。囊性肝包虫病的手术方法包括肝囊型包虫病内囊摘除术、肝囊型包虫病外囊完整剥除术、肝囊型包虫病肝部分切除术、肝囊型包虫病经皮穿刺引流囊液术和腹腔镜肝囊型包虫病切除术。泡型肝包虫病的手术方法，包括根治性切除术、姑息切除术、异体肝脏移植术、离体切除自体移植术和穿刺引流术。

2. 药物治疗 适用于无禁忌证患者。①全身状况无法耐受手术或不愿意接受手术治疗的囊型或泡型包虫病；②手术（包括移植）前后的辅助治疗；③包囊直径小于5cm的囊型包虫病；④已失去根治性切除及肝移植机会的晚期多器官泡型包虫病。

（三）基本药物治疗及治疗方案

1. 阿苯达唑片剂（规格：200mg/片），每人10~15mg/（kg·d），根据体重测算药量，早晚2次餐后服用，1个月为1个疗程，疗程间隔1周左右，连续服用6~12个月或以上。

2. 阿苯达唑乳剂（规格：12.5mg/ml），每人0.8ml/（kg·d），14岁以下儿童每日1.0ml/kg体重，早晚2次餐后服用，连续服用6~12个月或以上。

3. 阿苯达唑脂质体（药物含量10mg/ml），每人10mg/（kg·d），早晚2次餐后服用，连续服用6~12个月或以上。

4. 甲苯达唑每人每日15mg/kg体重，根据体重测算药量，早晚2次餐后服用，连续服用6~12个月或以上。

（四）临床问题导向的药物治疗

1. 药物治疗疗程

（1）术前预防用药：服用3~7日。

（2）术后预防用药：内囊摘除者术后预防性用药时间根据分型制订，囊肿实变型和钙化型定期随访，无需口服抗包虫药，而单囊型、多子囊型和内囊塌陷型服用3~12个月。

（3）治疗性用药：建议长期口服药物治疗，随访期间定期复查B超或CT，以判定疗效和用药时间。

2. 药物治疗的禁忌证及注意事项

（1）妊娠期和哺乳期的妇女、2岁以下儿童、有蛋白尿、化脓性皮炎及各种急性疾病患者禁用。

（2）有肝、肾、心或造血系统疾病、胃溃疡病史者和 HIV 感染者，应到县级或县级以上医院检查后确定治疗方案。

（3）有结核病的包虫病患者，应参照结核病治疗方案进行治疗，治愈后再进行包虫病治疗。

（4）服药期间应避免妊娠。

3. 疗效判定 疗效判定以 B 超影像为主，对腹部各脏器及腹腔包虫病进行疗效判定。

（1）治愈：临床症状和体征消失，且 B 超检查具有以下特征之一：

1）囊型包虫病：包囊消失；囊壁完全钙化；囊内容物实变。

2）泡型包虫病：病灶消失；病灶完全钙化。

（2）有效

1）囊型包虫：临床症状和体征改善，且 B 超检查具有以下特征之一者：囊直径缩小 2cm 以上；内囊分离征象；囊内容物中回声增强，光点增强增多。

2）泡型包虫病：临床症状和体征改善或 B 超检查具有以下特征之一者：病灶缩小；病灶未增大，回声增强。

（3）无效：临床症状和体征无缓解，且 B 超检查显示病灶无任何变化或进行性增大。

（五）药物治疗展望

包虫病是全球牧区内传播的寄生虫病，具有极大的危害性。对于晚期肝包虫病患者，需要根据现在的循证医学征集，进行药物和手术的个人化治疗方案制订，完成个体化的综合治疗方案，帮助患者得到康复和治愈的可能。此外，在包虫的致病机制中，免疫逃避是棘球蚴得以在宿主体内持续存在的重要因素，免疫预防是防治包虫病流行的比较理想的途径。用现代分子生物学技术对细粒棘球绦虫的有效免疫原成分进行筛选和克隆，制备基因工程疫苗，将为今后的包虫病的免疫预防和免疫诊断提供新途径。

（周陶友 吴东波）

参 考 文 献

1. UNDP, WorldBank, WHO Special Programme For Diseases.Tropical Disease Research: Progress 1999-2000［M］. Switzerland: World Health Organization Press, 2001.

2. World Health Organization.Working to overcome the global impact of neglected tropical diseases - Summary［J］. Wkly Epidemiol Rec, 2011, 86（13）: 113-120.

3. 陈理，阎正民，杨升智，等. 2004 年全国血吸虫病疾病经济负担研究［J］.现代预防医学, 2007, 34（6）: 1101-1102.

4. 中华人民共和国卫生部. 2006 年~2015 年全国重点寄生虫病防治规划［J］.中国实用乡村医生杂志, 2006, 13（11）: 1-3.

5. 中国医师协会外科医师分会包虫病外科专业委员会. 肝两型包虫病诊断与治疗专家共识（2015 版）［J］.中华消化外科杂志, 2015, 14（4）: 253-264.

6. 华海涌，孙芳，陈伟，等.世界卫生组织《重症疟疾管理实用手册》（第三版）解读［J］.中国热带医学, 2018, 18（7）: 15-17.

7. Guidelines for the Treatment of Malaria［M］. Geneva: World Health Organization, 2015WS/T 485-2016,抗疟药使用规范［S］, 2016.

8. 中华医学会.临床诊疗指南传染病学分册［M］.北京: 人民卫生出版社, 2006.

9. 邓维成，杨镇，谢慧群，等.日本血吸虫病的诊治——湘鄂赣专家共识［J］.中国血吸虫病防治杂志, 2015, 27（5）: 451-456.

10. RS van Gestel, JG Kusters, JF Monkelbaan. A clinical guideline on Dientamoeba fragilis infections［J］. Parasitology, 2019, 146（9）: 1131-1139.

11.《中华传染病杂志》编辑委员会.中国利什曼原虫感染诊断和治疗专家共识［J］.中华传染病杂志, 2017, 35（9）: 513-518.

12. 王文涛，杨先伟.四川省肝泡型包虫病消融治疗技术规范［J］.中国普外基础与临床杂志, 2018, 25（11）: 30-33.

13. 四川省包虫病诊疗专家组.四川省肝包虫病诊治规范［J］.中国普外基础与临床杂志, 2017（7）: 798-803.

第八章　心血管系统疾病

第一节　总　　论

一、心血管系统疾病概述

心血管系统又称循环系统,由心脏、血管和调节血液循环的神经体液组成,主要功能为机体各组织器官运输血液,保证组织器官所需的氧、营养物质、酶和激素等的供应,维持人体新陈代谢的正常进行。心血管疾病又称循环系统疾病,疾病种类涉及面广,凡是累及上述器官产生的疾病均可统称为心血管疾病。心血管疾病主要危险因素包括高血压、血脂异常、吸烟、糖尿病、超重/肥胖、体力活动不足、膳食结构不合理、代谢综合征及大气污染等,其中高血压是心、脑、肾和周围血管等靶器官损害的主要危险因素。心血管疾病主要包括高血压、冠状动脉粥样硬化性心脏病、心律失常、心力衰竭、心脏瓣膜病、先天性心脏病、主动脉疾病、感染性心内膜炎、心肌病、心包疾病等。自20世纪50年代以来,随着人们生活水平不断提升,平均寿命的延长,社会老龄化的不断加剧,心血管疾病患病人数和死亡率也持续升高。目前我国心血管病患病率方面,据《中国心血管病报告2018》发布的流行病学数据显示,中国心血管病(cardiovascular disease, CVD)患者数超过2.9亿,其中包括2.45亿高血压患者,1 100万冠心病患者,肺原性心脏病500万,心力衰竭450万,风湿性心脏病250万,先天性心脏病200万,心血管病所致死亡率从20世纪50年代47.2/10万上升至现在的(264~298)/10万,上升6倍;疾病死因构成比也从20世纪50年代的6.61%上升至现在的42%~45%,提示疾病所致死亡中每5例就有2例死于心血管病,心血管疾病死亡率居于首位,高于肿瘤及其他疾病,心血管疾病负担日益加重,已成为国家重大的公共卫生问题。

二、心血管系统疾病的治疗原则

考虑到心血管疾病的医疗卫生支出造成国家医疗卫生负担不断加大,国家对于心血管疾病的防治力度也日益加大。临床医学、药学研究成果不断推陈出新,基于循证医学的研究成果不断用于临床,为心血管疾病的防治奠定了坚实的基础。

心血管疾病治疗应遵循的基本治疗原则包括关注各病种最新发布指南、跟进最新临床应用成果、采取明确治疗目标、制订个体化治疗方案、对各病种实施分层治疗手段、合理选择单药或联合用药治疗途径,必要时对有些病种开展介入治疗。主要心血管系统疾病基本治疗原则如表8-1-1所示。

三、常用药物分类及作用机制

（一）抗高血压药物

人体血压的形成与心排血量及外周血管阻力有关,参与调节血压的器官包括脑、心、肾、血管等人体重要的脏器。高血压是一类临床心血管综合征,血压水平与心血管疾病危险呈正相关关系。高血压的发生与交感神经活动异常、神经体液功能紊乱、心血管自身调节功能减弱、激素失衡或电解质异常有密切关系。调整上述因素可以起到降低血压的作用。不同类型人群,启动高血压药物治疗时机不一,比如一般高血压患者当血压≥140/90mmHg时启动降压,应降至<140/90mmHg以下,耐受者进一步降至<130/80mmHg;老年高血压患者中79岁以下者血压≥150/90mmHg时启动降压,应降至<150/90mmHg以下,80岁老年人收缩压(systolic blood pressure, SBP)≥160mmHg时启动降压,应降至<150/90mmHg以下;妊娠患者,血

表 8-1-1 主要心血管疾病治疗原则

病种	治疗目标	治疗策略与原则
高血压	降低血压,改善心脑血管事件发生率。降压目标:普通患者 <140/90mmHg、肾病患者 <130/80mmHg、老年患者收缩压 <150mmHg	1. 按照低危、中危、高危和极高危分层治疗 2. 药物选用应个体化 3. 初始治疗应从小剂量有效剂量开始,关注患者安全性和耐受性 4. 必要时根据病情开展两药或多种药物联合应用有效控制血压 5. 积极开展患者药学监护
冠状动脉粥样硬化性心脏病	缓解症状和缺血发作,改善患者生活质量,预防心梗发作及死亡,改善患者生活质量	1. 对于 UA/NSTEMI 中危或高危患者,特别是 cTnT 或 cTnI 升高患者需要应强化内科治疗,包括抗缺血治疗、抗血小板治疗、抗凝治疗调脂治疗 2. 对于 STEMI 患者,应早发现、早住院,在加强监测、休息、建立静脉通道、镇痛、吸氧等一般治疗同时,应尽早进行心肌再灌注治疗和强化药物治疗,包括介入治疗、溶栓治疗及相关药物治疗 3. 积极开展患者药学监护
心力衰竭	缓解症状,提高运动耐量,改善生活质量,防止和延缓心肌重构发展,延长寿命,降低死亡率,减少住院时间和次数	1. 祛除心力衰竭诱因,预防和治疗原发病,减轻心脏负荷,改善心功能,调节神经内分泌,阻止心肌重塑 2. 开展常规治疗(联合利尿药、ACEI/ARB 或 β 受体拮抗药);袢利尿药首选使用;根据病情分级,除非禁忌证或不能耐受外,需要长期服用 ACEI 和 β 受体拮抗药 3. 积极开展患者药学监护
心房颤动(简称房颤)	寻找和纠正诱因与病因、心室率控制、预防血栓栓塞并发症和恢复窦性心律	1. 选择合适药物来进行室率控制、复律和维持窦性心律 2. 应根据血栓栓塞危险层级来选择抗凝策略 3. 药物不能控制的有症状的房颤患者首选经导管射频消融治疗 4. 积极开展患者药学监护

压 ≥150/100mmHg 时启动降压(如无蛋白尿可考虑 ≥160/110mmHg 时启动);冠心病、心衰、糖尿病和慢性肾病患者血压 ≥140/90mmHg 时启动血压治疗。根据抗高血压药物作用部位及机制,可以将抗高血压药物分为以下几类:

1. 肾素 - 血管紧张素系统抑制剂(renin-angiotensin system inhibitors,RASI) 这类药主要是通过抑制血管紧张素 I 转换酶、血管紧张素 II 转换酶及肾素活性,抑制血管收缩、减少去甲肾上腺素释放和增加肾血流量来发挥降血压作用。常用药物有卡托普利、贝那普利、依那普利、培哚普利、雷米普利、赖诺普利。

2. 钙通道阻滞药(calcium channel blocker,CCB) 这类药物通过选择性阻滞电压门控性 Ca^{2+} 通道,抑制细胞外 Ca^{2+} 内流,松弛血管平滑肌,降低外周血管阻力达到降血压作用。常用药

物有硝苯地平、尼群地平、氨氯地平、地尔硫䓬、非洛地平、尼莫地平、维拉帕米、西尼地平、阿雷地平、乐卡地平等。

3. 交感神经抑制剂 这类药物通过阻断肾上腺素受体(α、β)、神经节阻断和中枢性作用产生降压作用。常用的药物有多沙唑嗪、特拉唑嗪、哌唑嗪、普萘洛尔、美托洛尔、阿替洛尔、拉贝洛尔、卡维地洛、洛非西定、莫索尼定、胍那决尔等。

4. 利尿药 这类药物主要通过调节血容量,限制 Na^+ 摄入,改变体内 Na^+ 平衡产生降血压作用。常用药物有保钾利尿药螺内酯、噻嗪类利尿药氢氯噻嗪、强效利尿药呋塞米、非噻嗪类利尿药吲达帕胺等。

5. 血管紧张素 II 受体阻断剂(angiotensin II receptor antagonist,ARB) 这类药物作用于肾素 - 血管紧张素 - 醛固酮系统,通过抑制血管

紧张素 Ⅱ 的 AT1 受体，从而抑制血管收缩及交感神经反射。临床最常用的有氯沙坦、缬沙坦、替米沙坦、奥美沙坦、坎地沙坦等。

（二）冠状动脉粥样硬化心脏病治疗药物

冠状动脉粥样硬化性心脏病，主要发病机制是由于脂质代谢异常，胆固醇和甘油三酯等逐渐沉积于血管壁上形成动脉粥样硬化斑块，或由于冠状动脉痉挛，导致心脏冠状动脉管腔狭窄，造成心肌缺血、缺氧或坏死。根据药物的作用机制不同，主要可分为以下几类：

1. **硝酸酯类（nitric acid ester）** 扩张冠状动脉，扩张小动脉和小静脉，降低心脏前后负荷。代表药物主要有硝酸甘油、硝酸异山梨酯、单硝酸异山梨酯。

2. **抗血小板药物及抗凝药** 代表药物有阿司匹林、氯吡格雷、替格瑞洛、西洛他唑、替罗非班、肝素、低分子肝素钠。①阿司匹林可抑制血小板环氧化酶，抑制血小板凝聚，同时抑制血栓素 A_2 合成；②氯吡格雷的活性代谢产物选择性地抑制二磷酸腺苷（adenosine diphosphate，ADP）与其血小板 P2Y12 受体的结合，抑制血小板聚集。

3. **溶栓药物** 直接作用于内源性纤维蛋白溶解系统，能催化裂解纤溶酶原转化成纤溶酶，从而发挥溶栓作用。临床常用的有链激酶、尿激酶、阿替普酶、瑞替普酶。

4. **β受体拮抗药** 主要作用为减慢心率，减弱心肌收缩力，降低血压，减轻心脏负荷。临床常用的有美托洛尔、比索洛尔、卡维地洛。

5. **钙通道阻滞药** 主要作用为减慢心率，减弱心肌收缩力；扩张冠状动脉，解除冠状动脉痉挛；降低血压，减轻心脏负荷。代表药物有维拉帕米、地尔硫䓬、硝苯地平控释剂、非洛地平、氨氯地平等。

6. **肾素 - 血管紧张素系统抑制剂** 主要作用为降低血压，减轻心脏负荷；扩张冠状动脉；改善心室重塑，逆转左室肥厚；降低交感神经活性。代表药物有依那普利、福辛普利、贝那普利、培哚普利、氯沙坦钾、缬沙坦、奥美沙坦、替米沙坦、厄贝沙坦。对于能够耐受的患者长期服用有改善预后的作用。

7. **他汀类药物** 主要作用为抑制胆固醇合成，降低低密度脂蛋白；抑制炎症，改善内皮细胞功能，稳定斑块。临床常用的药物为氟伐他汀、普伐他汀、辛伐他汀、匹伐他汀、瑞舒伐他汀、阿托伐他汀。

8. **其他类型** 随着化学和制药工业的不断发展，一些能量代谢调节药如曲美他嗪，尼可地尔可增加 ATP 门控性 K^+ 通道开放，舒张平滑肌而扩张冠脉，又可作为硝酸酯类供体。除此之外特异性减慢心率药物伊伐布雷定等在临床中也发挥着重要的抗心绞痛作用。

（三）抗心力衰竭药物

心力衰竭是各种心脏结构或功能性疾病导致心室充盈和 / 或射血功能受损，一般表现为心肌收缩功能降低或障碍，导致心脏心排出量降低、机体组织供氧及代谢血液供应减少而引起心脏功能的衰竭。根据发生机制，抗心力衰竭药可以分为：

1. **正性肌力药** 这类药物通过抑制 Na^+-K^+-ATP 酶、增加心输出量降低心室充盈压和抑制磷酸二酯酶活性达到正性肌力作用。临床常用药物有强心苷类（洋地黄毒苷、地高辛、毒毛花苷 K）、β_1 受体激动剂多巴酚丁胺、磷酸二酯酶抑制剂氨力农、米力农、左西孟旦（Levosimendan）等。

2. **利尿药** 这类药物通过利尿作用减少静脉压和心室前负荷、通过抑制血管紧张素酶或阻断血管紧张素受体而降低外周阻力及水 / 钠潴留、通过血管扩张降低前后负荷而产生抗心衰作用。临床常用药物有袢利尿药、噻嗪类利尿药、保钾利尿药等。

3. **肾素 - 血管紧张素系统抑制剂** 这类药物能够抑制血管紧张素 Ⅱ 的生成并抑制缓激肽的降解，进而减低心脏负荷，抑制平滑肌增生及肥厚；同时在机体组织中 RAAS 系统上发挥功效，进而降低机体血管和心脏组织中血管紧张素受体的表达，从而改善心肌的重构。临床常用药物有 ACEI、ARB 等药物。

4. **β受体拮抗药** 主要对抗心衰患者交感神经系统过度激活引起的血管损害，降低心率，减少心肌耗氧量。目前具有治疗心衰获益循证医学证据的 β 受体拮抗药只有琥珀酸美托洛尔、比索洛尔和卡维地洛。

5. **血管紧张素受体 - 脑啡肽酶抑制药（angiotensin receptor neprilysin inhibitor，ARNI）** 通过抑制脑啡肽酶，可升高这些物质的水平,对抗神经内分泌过度激活导致的血管收缩、钠潴留和心脏重构,因此发挥利钠、利尿、舒张血管、预防和逆转心肌重构的作用。临床常用药物有沙库巴曲缬沙坦钠。

(四)抗心律失常药物

心律失常是指心动节律和频率异常。发生的机制与心肌电生理活动异常有密切关系,主要机制有自律性异常、折返和触发活动,也即冲动形成障碍、触发活动和冲动传导障碍(折返激动)。根据发生机制,抗心律失常药物(anti-arrhythmic drug, AAD)可以分为:

1. I类 钠通道阻滞药又称为膜稳定剂,主要阻滞钠离子快通道,降低心肌细胞对 Na^+ 通透性,使动作电位 0 相上升最大速率(Vmax)减慢和幅度降低,延长动作电位时程(APD)和有效不应期(ERP)。临床常用药物主要有 I_A 类药物奎尼丁、丙吡胺, I_B 类药物利多卡因、苯妥英钠, I_C 类药物氟卡尼等。

2. II类 阻断β受体药物,主要通过竞争性阻滞β受体,减慢 Vmax,抑制 4 相自动去极化,相对延长 ERP;用于治疗室上性及室性快速性心律失常。该类药物普萘洛尔、阿替洛尔、比索洛尔、卡维地洛等。

3. III类 又称钾通道阻滞药,是通过阻滞钾通道,减少 K^+ 外流,选择性延长动作电位时程而发挥抗心律失常作用。临床常用药物包括IIIa 类胺碘酮、决奈达隆、维纳卡兰、替地沙米等,用于治疗室上性和室性快速性心律失常;IIIb 类有尼可地尔、吡那地尔等;IIIc 类有 KAch、GIRK4 阻滞药。

4. IV类 钙通道阻滞药,这类药物主要通过阻断 L 型钙通道,减少钙电流,降低窦房结、房室结自律性,减慢房室结传导、延长房室结不应期而发挥抗心律失常作用。因此该类药物主要用于室上性快速性心律失常。常用药物有IVa 地尔硫卓、维拉帕米;IVb 类如普罗帕酮及IVc 类肌质网钙泵激动剂;IVd 类为膜表面离子交换阻滞药;IVe 类为磷酸激酶和磷酸化酶阻滞药等。

5. 其他类型 包括:机械敏感性通道阻滞药、瞬态受体电压通道 TRPC3/TRPC6 阻滞药(V类);缝隙链接通道阻滞药。缝隙链接蛋白(Cx)作为缝隙链接的重要组成部分,阻断 Cx 可以降低心肌传导性,代表药物为 Cx40、Cx43、Cx45 阻断剂甘珀酸(VI类);心律失常上游靶点调节剂(VII类)等。

四、药物不良反应管理

1. 强心苷类药物相关的不良反应及处理

(1)心脏反应:是强心苷最严重、最危险的不良反应,约有 50% 的病例发生各种类型心律失常。

1)快速型心律失常:最常见和最早见的是室性早搏。

2)房室传导阻滞:强心苷引起的房室传导阻滞除与提高迷走神经兴奋性有关外,还与高度抑制 Na^+-K^+-ATP 酶有关。

3)窦性心动过缓:强心苷可因抑制窦房结、降低其自律性而发生窦性心动过缓,有时可使心率降至 60 次 /min 以下。

出现以上三种不良反应一般应作为停药的指征,停药后密切监测患者的心电图及血压心率。

(2)胃肠道反应:是最常见的早期中毒症状,主要表现为厌食、恶心、呕吐及腹泻等。如有上述症状出现及时停药。

(3)中枢神经系统反应:主要表现有眩晕、头痛、失眠、疲倦和谵妄等症状及视觉障碍,如:黄视、绿视及视物模糊等。视觉异常是强心苷中毒的先兆,可作为停药的指征,一般停药后可缓解。

2. 抗心绞痛药相关的不良反应及处理

(1)心血管系统:常见直立性低血压引起的眩晕、晕厥、面颊和颈部潮红等,严重时可出现心动过速。如有上述不良反应出现及时停药,密切监测心电图及血压心律等。

(2)血液系统:使血中硝酸盐增多,变性血红蛋白也可增加。大剂量可引起高铁血红蛋白血症,表现为发绀。及时停药,密切监测血液系统的生化指标。

(3)消化系统:可见恶心、呕吐等。一般停药后可自行缓解。

(4)其他:可见头痛、烦躁、视物模糊、耳鸣、皮疹等。一般停药后可自行缓解。

3. 他汀类药物相关的不良反应及处理

（1）消化系统：偶见有无症状性转氨酶升高、肌酸磷酸激酶升高，停药后即恢复正常，换用不同种类的他汀或其他调脂类药物，密切随访肝功能及其他生化指标。

（2）肌肉系统：偶有横纹肌溶解症，以辛伐他汀引起肌病的发病率高，绝大多数是肌病，极少数发展成为横纹肌溶解症。如有该类严重不良反应发生，及时停药，密切监测肝肾功能及其他生化指标。

（3）其他：他汀类不良反应较少而轻，大剂量应用时患者偶可出现胃肠道反应、肌痛、皮肤潮红、头痛等暂时性反应；如有上述不良反应出现及时停药，密切随访观察患者的临床症状。

4. 抗心律失常药物相关的不良反应及处理

（1）盐酸普罗帕酮（propafenone hydrochloride）

1）心血管系统：可产生心动过缓、心脏停搏及各类传导阻滞，尤其原有窦房结或房室结功能障碍者、大剂量静脉给药者较易发生。有促心律失常作用，文献报道发生率为4.7%，多见于有器质性心脏病者。低血压发生率为4.4%，多见于原有心功能不全者。也可加重或诱发心力衰竭，甚至出现心源性休克。可使心电图P-R间期及QT间期延长，QRS波群增宽。如有上述症状出现停药后密切监测心电图及血压心率。

2）消化系统：味觉异常为最常见。也可引起口干或舌唇麻木。还可出现食欲减退、恶心、呕吐及便秘。

3）神经/精神系统：可有头痛、头晕、眩晕、视物模糊、精神障碍、失眠、抑郁、感觉异常、手指震颤或癫痫发作。减药或停药后可消失。

（2）利多卡因（lignocaine）：肝功不良患者静脉注射过快，可出现头昏、嗜睡或激动不安、感觉异常等，剂量过大可引起心率减慢、房室传导阻滞和低血压。如有上述症状出现停药后密切监测心电图及血压。

（3）酒石酸美托洛尔（metoprolol tartrate）：可致窦性心动过缓、房室传导阻滞，并可能诱发心力衰竭和哮喘、低血压、精神压抑、记忆力减退等。长期应用对脂质代谢和糖代谢有不良影响，故高脂血症、糖尿病患者应慎用。突然停药可产生反跳现象。如有上述症状出现减药或停药后密切监测心电图及血压心率。

（4）盐酸胺碘酮（amiodarone hydrochloride）

1）心血管系统：较其他抗心律失常药少见。常见窦性心动过缓、一过性窦性停搏或窦房传导阻滞。静脉注射可出现低血压和心源性休克。如有上述症状出现停药后密切监测心电图及血压心率。

2）内分泌系统：甲状腺功能异常为长期服药的严重并发症，发生率为2%~4%，与本药在体内脱碘和碘的释放有关。老年人较多见。如有甲状腺功能异常，及时内分泌科就诊进一步检查和治疗。

3）消化系统：可引起便秘，少数患者可出现恶心、胃肠不适、食欲缺乏。如有上述症状及时对症处理，可乳果糖通便等措施。建议患者消化科进一步就诊治疗。

5. 抗高血压药相关的不良反应及处理

（1）硝苯地平（nifedipine）

1）常见面部潮红（通常在较高剂量时），其次有心悸、窦性心动过速。一般减药或停药后可自行缓解。

2）较多见脚踝、足部与小腿肿胀，持续时间短暂，用利尿药可消退。如不能缓解可根据患者的具体血压情况更换其他种类降压药物。

3）还可见消化不良、胃部烧灼感、嗜睡、皮肤反应、感觉异常。如有发生可根据患者的具体血压情况更换其他种类降压药物，如ACEI类或ARB类。

4）牙龈增生，如有发生可根据患者的具体血压情况更换其他种类降压药物。

（2）血管紧张素转换酶抑制剂（ACEI）

1）咳嗽：无痰干咳是较常见的不良反应。可根据患者的具体血压情况更换其他种类降压药物，如ARB类或CCB类药物。

2）其他较少见，蛋白尿（尿蛋白每日>1g）、肾病综合征。眩晕、头痛、晕厥。血管神经性水肿（见于面部、手足）、面部潮红或苍白、心律不齐。如有发生可根据患者的具体血压情况更换其他种类降压药物，如ARB类或CCB类。

第二节 常见心血管疾病的药物治疗

一、原发性高血压

高血压是心脑血管病发病的独立危险因素之一,血压水平与心血管风险呈连续、独立、直接的正相关。脑卒中仍是目前我国高血压人群最主要的并发症,冠心病发病率也有明显上升,其他并发症包括心力衰竭、左心室肥厚、心房颤动、终末期肾病。因此,合理控制血压以及延缓靶器官损害的发生发展是高血压病治疗过程的首要任务。

(一)临床表现与诊断

1. 高血压的临床表现 《中国高血压防治指南 2018 年修订版》高血压分类和定义见表 8-2-1。

表 8-2-1　血压水平分类和定义

血压分类	收缩压(SBP)/mmHg		舒张压(DBP)/mmHg
正常血压	<120	和	<80
正常高值	120~139	和/或	80~89
1 级高血压(轻度)	140~159	和/或	90~99
2 级高血压(中度)	160~179	和/或	100~109
3 级高血压(重度)	≥180	和/或	≥110
单纯收缩期高血压	≥140	和	<90

2. 高血压诊断方法

(1)诊室准确测量血压:患者应在有靠背的椅子上静坐至少 5min,双脚着地、上臂置于心脏水平。特殊情况下特别是存在直立性低血压危险的患者可取站立位测量血压。为保证测量准确,须使用适当大小的袖带(袖带内的气囊应至少环臂 80%)。血压至少应测量 2 次,听到第 2 次或更多声音中的第 1 音(第 I 时相)时的水银柱高度为收缩压,而声音消失前的水银柱高度为舒张压(第 V 时相)。

(2)动态血压监测:动态血压监测能提供日常活动和睡眠时血压的情况。动态血压测值常低于诊所血压测值。通常高血压患者清醒时血压 ≥135/85mmHg,睡眠时 ≥120/75mmHg。动态血压监测值与靶器官损害的相关性优于诊所血压。动态血压监测能提供血压升高占测量总数的百分比、整体血压负荷及睡眠时血压降低的程度。大多数人在夜间血压下降 10%~20%,如果不存在这种血压下降现象,则其发生心血管事件的危险会增加。

(3)自测血压:自测血压有利于患者监测降压治疗的效果,增加患者的治疗依从性并评估白大衣高血压。在家测量的平均血压 ≥135/85mmHg 应考虑为高血压。家庭血压计应定期校准。

(4)体格检查:包括正确测量血压,比较并核实对侧血压,检查眼底,测体重指数(体重/身高²),测量腰围也非常有用;颈动脉、腹部动脉、股动脉有无杂音;甲状腺触诊;全面检查心肺;检查腹部有无肾脏扩大、肿块及动脉搏动、下肢水肿及动脉搏动;神经系统检查。

(5)实验室检查和其他诊断步骤:初始治疗前的常规实验室检查包括心电图、尿液分析、血糖、血细胞比容、血钾、肌酐(或相应的肾小球滤过率)、血钙以及血脂(禁食 9~12h 后)水平,包括高密度脂蛋白胆固醇(HDL-C)、低密度脂蛋白胆固醇(LDL-C)和甘油三酯。选择性检查包括尿白蛋白或白蛋白肌酐比。除非血压控制不佳,不需进行更多明确病因的进一步检查。

(二)一般治疗原则

高血压治疗的根本目标是降低发生心脑肾及血管并发症和死亡的总危险。在改善生活方式的基础上,应根据高血压患者的总体风险水平决定给予降压药物,同时干预可纠正的危险因素、靶器官损害和并存的临床疾病。在条件允许的情况下,应采取强化降压的治疗策略,以取得最大的心血管获益。降压目标:一般高血压患者应降至 <140/90mmHg;能耐受者和部分高危及以上的患者可进一步降至 <130/80mmHg。目前在进行降血压药物治疗时,应遵循以下治疗原则:

1. 联合用药 近年临床专家和学者认识到 70% 以上的高血压患者,需要两种或两种以上的降血压药物的治疗,才能将血压控制到靶目标。

因此建议对于血压明显升高（收缩压≥160mmHg，舒张压≥100mmHg）的患者，在治疗的一开始即可以联合应用两种降血压药物。当采用联合用药的治疗方案时，应优先考虑 ACEI/ARB 与钙拮抗药或噻嗪类利尿药的联合。

2. 选用长效制剂 为了有效地防止靶器官损害，要求每日血压稳定于目标范围内，如此可以防止从夜间较低血压到清晨血压突然升高而致猝死、卒中或心脏病发作。建议尽量选用每日给药1次或2次中、长效制剂，其标志之一是降压谷峰比值 >50%，此类药物还可增加患者的依从性。

3. 剂量原则 一般患者采用常规剂量；老年人和高龄患者初始治疗时通常采用较小的有效治疗剂量，并根据需要逐渐增加剂量。左室肥厚和微量白蛋白尿患者选用 RAAS 抑制剂时宜逐渐增加至负荷剂量。

4. 个体化原则 对高血压合并心力衰竭、冠心病、非瓣膜性房颤、糖尿病、肾脏基本、脑卒中时，根据患者合并症、药物疗效及耐受性，同时考虑患者个人意愿及长期经济承受能力，选择适合患者个体的降压药物。

（三）基本药物治疗及治疗方案

1. 基本的降血压药物

（1）利尿药：目前有三类主要的利尿药（噻嗪类、袢利尿药、保钾利尿药）。噻嗪类利尿药：氢氯噻嗪（Dihydrochlorothiazide），氯噻酮（Chlorthalidone），吲达帕胺（Indapamide）。袢利尿药有：呋塞米（Furosemide），布美他尼（Bumetanide），托拉塞米（Toresimide），依他尼酸（Etacrynic acid）。保钾利尿药有：氨苯蝶啶（Triamterene），阿米洛利（Amiloride），螺内酯（Spironolactone）。利尿药不仅具有显著的降血压疗效（在盐负荷大的患者更为如此），还能增强其他降血压药物如血管紧张素转换酶抑制药、β受体拮抗药等的疗效。利尿药长期应用可改善高血压患者的症状，对于心力衰竭的预防作用，显著优于 α 受体拮抗药；对于糖尿病和 / 或肾病患者，利尿药是实现血压达标的重要药物之一，其疗效远大于可能带来的对糖脂代谢的不良影响。利尿药的价格低廉，使用方便，噻嗪类利尿药是最常用的一类降压药，可单独应用治疗轻度高血压，也常与其他降压药合用以治疗中、重度高血压，是联合降

压治疗中经常使用的一类药。常用的制剂是氢氯噻嗪和呋塞米（后者主要用于肾功能不全患者，每日2次给药）。老年患者用利尿药时应注意防止低血钾的发生，可与保钾利尿药，如螺内酯联用，或补充钾盐。

（2）血管紧张素转换酶抑制药（ACEI）：ACEI 具有多重作用，除抑制血管紧张素转换酶、减少血管紧张素 II 的合成之外，还减少醛固酮的分泌促进水、钠的排泄、抑制交感神经的兴奋性，此外，对激肽酶的抑制作用而延缓缓激肽的降解也有利于血压的下降。临床研究还表明，长期应用 ACEI 治疗高血压，能改善左室功能异常，并降低慢性心衰病死率和心肌梗死的风险。ACEI 也能够减少蛋白质排泄，延缓糖尿病肾病和高血压肾病患者功能的进行性恶化。ACEI 制剂品种很多，常用的有卡托普利、依那普利，临床尽量选用长效制剂以提高患者依从性，临床使用易引起干咳及低血压等不良反应。

（3）交感神经抑制剂

1）α 受体拮抗药：不作为高血压治疗的首选药，适用于高血压伴前列腺增生患者，也用于难治性高血压患者的治疗。直立性低血压患者禁用。心力衰竭患者慎用。首次服用可有恶心、眩晕、头痛、嗜睡、心悸、直立性低血压，称为"首剂现象"，可于睡前服用或自半量开始服用以避免之，应用过程中应监测立位血压。

2）β 受体拮抗药：β 受体拮抗药的作用机制主要是阻断儿茶酚胺类肾上腺素能受体，目前采用选择性的 β_1 受体拮抗药，从而减轻了对糖、脂代谢的不利影响。由于阿替洛尔在临床研究中显示的心血管保护作用不如其他降压药物，一般不推荐作为首选用药。美托洛尔是较好的选择，普通片剂需日服2次。比索洛尔对 β_1 受体的选择性更高，且半衰期长，每日给药1次即可以有效控制 24h 血压，对清晨血压的升高有很好的抑制作用。需注意的是，对于 β_1 受体的选择性只是相对而言，仍然禁用于患有较重的反应性支气管病者（如哮喘），对慢性阻塞性肺病患者，仍应慎用。患有心功能不全者应与强心药或利尿药联合使用。

（4）钙通道阻滞药（CCB）：具有明确的降血压疗效，对糖、脂代谢无不良影响，副作用较少，一般均能耐受。硝苯地平是临床常用的钙通道阻

滞药，以缓释剂型（每日 2 次）或控释剂型（每日 1 次）为首选，如采用普通剂型，每日应给药 3~4 次，以获得对血压的满意控制。尼群地平的降压效果则较硝苯地平稍强，每日需给药 2~3 次。对于心力衰竭和心肌梗死后的高血压患者，钙通道阻滞药不作为首选的降压治疗用药，在使用推荐剂量的 ACEI/ARB、利尿药和 β 受体拮抗药后如仍不能满意控制血压，可以考虑加用长效钙通道阻滞药（单纯降压目的），如氨氯地平。尼莫地平等可预防由蛛网膜下腔出血引起的脑血管痉挛及脑栓塞。

（5）血管紧张素 Ⅱ 受体拮抗剂（ARB）：ARB 作用于肾素 - 血管紧张素 - 醛固酮系统，通过抑制血管紧张素 Ⅱ 的 AT_1 受体，从而抑制血管收缩及交感神经反射。其适应证与禁忌证同 ACEI。近年来研究发现，对于伴肾脏病变的高血压患者，ARB 可以减低蛋白尿，增加有效肾血流量，延缓肾脏病进展。临床最常用的是沙坦类药物，如氯沙坦、缬沙坦。

2. 高血压的一般治疗方案 应根据血压水平和心血管风险选择初始单药或联合治疗。

（1）起始剂量：一般患者采用常规剂量；老年人特别是高龄老年人从安全考虑，初始治疗可先采用小剂量，能耐受则增加至常规剂量及足剂量。

（2）长效降压药物：优先推荐可以维持 24h 的长效降压药物。如使用中、短效制剂，则需每日 2~3 次给药，以达到平稳控制血压。

（3）联合治疗：对 SBP ≥160mmHg 和 / 或 DBP ≥100mmHg、SBP 高于目标血压 20mmHg 和 / 或 DBP 高于目标血压值 10mmHg 或高危及以上患者、或单药治疗未达标的高血压患者，应进行联合降压治疗，包括自由联合或单片复方制剂。对 SBP ≥140mmHg 和 / 或 DBP ≥90mmHg 的患者，也可起始小剂量联合治疗。

（4）个体化治疗：根据患者合并症的不同和药物疗效及耐受性，以及患者个人意愿或长期承受能力，选择适合患者个体的降压药物。

（5）药物经济学：高血压需终身治疗，需要考虑成本 / 效益。

（四）临床导向的药物治疗

1. 高血压合并糖尿病 《中国高血压防治指南 2018 年修订版》指出：收缩压为 130~139mmHg 或舒张压为 80~89mmHg 的糖尿病患者，可进行不超过 3 个月的非药物治疗，包括饮食管理、减重、限钠及中等强度的规律运动，如血压不达标，应采用药物治疗。血压 ≥140/90mmHg 的患者应在非药物治疗的基础上立即开始药物治疗；伴微量蛋白尿的患者应直接接受药物治疗。

药物治疗：ACEI 和 ARB 为降压的首选药物，单药控制不佳时，优先推荐 ACEI/ARB 为基础的联合用药。ARB 可用于糖尿病伴微量蛋白尿的患者。糖尿病患者使用 ACEI/ARB 血压仍高于 140/90mmHg，可联合 CCB 或利尿药。伴静息心率 >80 次 /min 的患者，可选用高选择性 $β_1$ 受体拮抗药。

2. 高血压合并动脉血管粥样硬化 降压治疗可以降低心血管事件的发生，降低 ASCVD（动脉硬化性心血管疾病）的发生。专家共识明确了 CCB 在我国抗动脉粥样硬化中的确切地位，多项研究也证实 RAAS 抑制剂、ACEI/ARB 的抗动脉粥样硬化作用。

药物治疗：高血压伴颈动脉增厚和斑块及冠状动脉斑块推荐使用 CCB/ACEI+ 他汀类药物。

3. 高血压合并冠心病 高血压降压治疗的目标是最大限度地降低长期心血管病发病率和死亡率的总体风险。流行病学研究证实，血压水平与冠心病风险在病因学上密切相关。《2014 美国成人高血压管理指南（Eighth Joint National Committee 8，JNC8）》指出，对于 2 级或 3 级高血压合并任何水平的心血管风险和有心血管风险的 1 级高血压应立刻启动降压治疗，低至中等风险的 1 级高血压（动态血压验证）也应启动降压治疗。2015 年《AHA/ACC/ASH 冠心病患者高血压治疗的科学声明》推荐，年龄 >80 岁人群目标血压为 <150/90mmHg，其他年龄冠心病合并高血压人群、ACS 合并高血压人群及心衰合并高血压人群目标血压值为 <140/90mmHg，心梗后、卒中 /TIA、颈动脉疾病、外周动脉疾病及腹主动脉瘤合并高血压人群目标血压值为 <130/80mmHg。《中国高血压防治指南 2018 年修订版》推荐高血压合并冠心病患者目标血压值为 <140/90mmHg（Ⅰ，A），如可耐受，可降至 130/80mmHg（Ⅱa，B）。

药物治疗：JNC8 对于高血压合并冠心病的降

压治疗推荐使用 β 受体拮抗药、ACEI/ARB 为首选，心绞痛患者推荐使用 β 受体拮抗药 /CCB，不推荐使用 ACEI+ARB。心率过快对心绞痛不利，使用 α 受体拮药剂哌唑嗪或肼屈嗪时应与 β 受体拮抗药合用。预防心肌梗死的再次发作以及梗死后心肌的保护和心室重构、减少猝死的发生率都有好处，对曾发生心肌梗死的高血压患者可以考虑应用 β 受体拮抗药和 ACEI，推荐 ACEI 作为降压和改善预后的优先选择。高血压合并 ACS 推荐 β 受体拮抗药在发病 24h 内应用，至少 3 年以上。对心肌梗死后患者一般不推荐使用钙通道阻滞药（CCB）。

4. 高血压合并房颤 《中国高血压防治指南 2018 年修订版》指出，中国人群目标血压为 140/90mmHg，年龄 ≥65 岁的老年人收缩压应控制为 <150mmHg，高于此值即应启动降压治疗。

药物治疗：推荐 ACEI/ARB 用于预防房颤的发生和发展，单药控制不良时，优先推荐 ACEI/ARB 与 CCB 或噻嗪类利尿药联用。房颤患者心室率的控制推荐 β 受体拮抗药和非二氢吡啶类 CCB 作为一线药物。

抗凝治疗是高血压合并房颤的基础治疗。华法林及非维生素 K 拮抗药类新型口服抗凝药如达比加群酯（dabigatran etexilate）、阿哌沙班（apixaban）、利伐沙班（rivaroxaban）等可作为房颤血栓栓塞预防的首选治疗药。

5. 高血压合并慢性肾病（chronic kidney disease，CKD） 依据《中国高血压防治指南 2018 年修订版》，高血压合并 CKD 患者降压治疗的靶目标可以按照糖尿病、年龄、蛋白尿分层。无蛋白尿者血压控制在 140/90mmHg 以内（Ⅰ，A），有蛋白尿者血压应控制在 130/80mmHg 以内（Ⅱa，B）。建议 18~60 岁的患者在血压 ≥140/90mmHg 时启动药物降压治疗（Ⅰ，A）。60 岁以上的患者可适当放宽降压目标。血液透析患者收缩压应 <160mmHg，腹膜透析的患者血压应 <140mmHg。

药物治疗：合并糖尿病的 CKD 患者 ACEI 及 ARB 作为优先选择。可在此基础上优先选择 CCB+ACEI/ARB。尿白蛋白 ≥30mg/24h 时，ACEI 及 ARB 作为优先选择。60~79 岁的老年患者 CCB 优选，未达 140/90mmHg，可加用 ACEI/ARB。

血液透析前控制血压可选 CCB、ACEI、ARB。使用 ACEI/ARB 的时候，部分患者在治疗初期可出现肌酐的进一步升高，是药物对肾小球出球小动脉的扩张作用所致，实际上是药物发挥作用的表现，多数在一段时间后肾功能可复原。通常用药后肌酐水平的升高不超出治疗前水平的 30%，如果超出治疗前水平的 30%，应考虑减量或停药。肾功能不全者易出现血钾增高，在使用 ACEI/ARB 时应注意监测，应避免同时服用保钾利尿药或钾盐。对双侧肾动脉狭窄或单侧肾动脉狭窄的患者，禁用 ACEI/ARB。

6. 高血压合并卒中 舒张压每降低 5mmHg 或收缩压每降低 10mmHg，卒中风险降低 30%~40%。《中国高血压防治指南 2018 年修订版》与《中国缺血性脑卒中和短暂性脑缺血发作二级预防指南 2014》指出，卒中后高血压控制目标值为 140/90mmHg。

药物治疗：应全面考虑药物、卒中特点、患者三方面因素。预防卒中复发首选利尿药、ACEI 或两者联合 β 受体拮抗药不推荐作为卒中一级和二级预防的初始选择。

7. 高血压合并慢性心力衰竭 《中国高血压防治指南 2018 年修订版》对于高血压合并慢性射血分数降低的心力衰竭（HFrEF）降压目标为 130/80mmHg。

药物治疗：首先推荐应用 ACEI（不能耐受者可使用 ARB）、β 受体拮抗药和醛固酮拮抗剂（Ⅰ，A）。β 受体拮抗药对心肌的收缩性有抑制作用，但长期应用可以显著改善心脏功能和患者预后，目前已经成为心力衰竭的标准治疗，使用时应合理、谨慎给药。也可选择 β 受体拮抗药及醛固酮受体拮抗药。高血压合并射血分数保留的心力衰竭降压目标为 130/80mmHg，优先选择 ACEI/ARB 或两者联用，也可联合利尿药使用。如降压目标不达，还可增加 β 受体拮抗药及醛固酮受体拮抗药。对心力衰竭患者，一般不推荐使用钙拮抗药，只有在上述药物应用至推荐剂量后，仍然不能使患者血压得到满意控制时，可以考虑使用长效二氢吡啶类钙拮抗药氨氯地平、非洛地平。

8. 高血压药物联合治疗 90% 的患者高血压的控制考虑联合用药，如 ACEI/ARB 加钙通道阻滞药；ACEI/ARB 加利尿药；钙通道阻滞药加 β

受体拮抗药；钙通道阻滞药加利尿药等，都是很好的组合。对于重度或较顽固的高血压有时需联合应用更多的药物，可以考虑在 ACEI 和利尿药合用的基础上加用第三类药物，如 β 受体拮抗药、钙拮抗药、甲基多巴等作用于各级交感神经系统的药物。

（1）现有的临床试验结果支持以下类别降压药的组合：

1）ACEI 或 ARB+ 二氢吡啶类钙拮抗药。

2）ACEI 或 ARB+ 噻嗪类利尿药。

3）二氢吡啶类钙拮抗药 + 噻嗪类利尿药。

4）二氢吡啶类钙拮抗药 +β 受体拮抗药。

5）利尿药 +β 受体拮抗药。

（2）合并用药有两种方式：各药的按需剂量配比处方，或采用固定配比复方。前者的优点是可以根据临床需要调整品种和剂量。后者的优点是方便，有利于提高患者的依从性。近年来涌现不同类别、不同品种、不同剂量配比造成许多固定复方制剂。

联合用药也不宜使用品种过多，一般以不超过 3 种为宜，品种过多时药物间的相互作用产生的不利影响难于避免，而且患者的依从性也较差。

（3）当联合应用≥3 种降血压药物还不能满意控制血压时，在考虑增加药物剂量的同时，应注意：

1）联合用药中是否加用了利尿药，如果没有，应首先考虑加用利尿药。

2）给药剂量和给药方法是否适当，如使用短效药物，是否注意了对 24h 的血压控制，给药间隔是否合适（提倡每 12 小时或每 8 小时给药，避免每日 2 次或每日 3 次给药）。

3）患者是否按医嘱正确服药。

4）是否注意对非药物治疗的强调，如低盐饮食、戒烟、戒酒、降低体重等。

5）必要时应除外继发性高血压的可能性。

对于降压药物剂量的调整，大多数非重症或急症高血压，要寻找其最小有效耐受剂量药物，不宜降压太快，开始给小剂量药物，经治疗 1 个月后，如疗效不够而不良反应少或可耐受，可增加剂量；如出现不良反应不能耐受，则改用另一类药物。对重症高血压，需及早控制其血压，可以较早递增剂量和合并用药。随访时除患者主观感觉

外，还要做必要的化验检查，减少靶器官损伤和药物不良反应的发生。对于非重症或急症高血压，经治疗血压长期稳定达一年以上，可以考虑减小剂量。目的为减少药物的可能副作用但以不影响疗效为前提。

9. 高血压药物使用注意事项

（1）年龄因素的考虑：青年高血压患者（<45 岁）交感神经系统张力和血浆肾素水平常偏高，可首选 ACEI/ARB 或 β 受体拮抗药。老年患者（>60 岁）对钙通道阻滞药及利尿药的反应较好。老年人易出现低钾血症，使用利尿药时应加注意。直立性低血压也易在老年中出现，应尽量避免应用周围神经元阻滞药如胍乙啶等和作用强的血管扩张剂如米诺地尔等药。在一线药物中，如何确定首选的药物。对高血压药物的具体选择需结合患者的年龄、病程的长短、血压升高的情况、存在的靶器官损害和合并症以及患者的文化层次和经济水平综合考虑。

（2）降压的过程不宜过快，尤其是血压水平较高的患者和有脑卒中史的患者，降压过快可能出现心、脑血管供血不足的表现。对这些患者可以采取分步降压的方法，先将血压控制到 160/100mmHg，稳定一段时间后，如患者无不良反应，可以考虑在进一步将血压降低至目标范围。

（3）血压波动不宜过大，为了有效防止靶器官损害，要求使每日血压控制在目标范围内，最好使用 1 次 /d 给药而降血压作用可以持续 24h 的药物。

（4）药物治疗应坚持不懈，切忌随意停药及更改治疗方案，这也是治疗效果欠佳的最常见的原因。建议患者应在医生的指导下减药或更换药物。如需更换某种药物时，忌突然停药，尤其是 β 受体拮抗药，在用药时器官上的 β 受体上调，而突然停药，可能产生血压的反跳现象，诱发高血压危象。原则上高血压的治疗应该是终身性的，除一些 1 期高血压患者可停药外。

（5）对于 2、3 期高血压、或危险分层为高危或极高危的患者，单一降压药很难使血压达标，可直接采用两类药物联合使用的方案，但在联合用药时，应考虑采用适当的联合用药剂量，通常也应遵循由小到大的原则，以免血压下降过快。

（6）如果应用 ACEI、ARB 或利尿药，应监

测血肌酐及血钾水平,若血肌酐 >265μmol/L 或 eGFR<30ml/(min·1.73m²),宜选用 CCB 和祥利尿药。不推荐 ACEI 和 ARB 联用,防止高血钾、晕厥及肾功能不全发生。大剂量噻嗪类利尿药或与 β 受体拮抗药联用可能对糖脂代谢或电解质平衡有影响,不建议联用。痛风患者应禁用利尿药。妊娠期间禁用 ACEI 和 ARB 以防胎儿损伤,不推荐使用利尿药,防止因其减少孕妇血容量导致的子宫胎盘灌注不足。

(7)CCB 类药物宜选择长效制剂且长期应用。一般应避免使用短效二氢吡啶类钙通道阻滞药。长效药物如非洛地平或氨氯地平,能安全有效地治疗高血压和减少心血管事件,包括 MI。

(8)血管扩张剂使用时宜监测对心率的影响:血管扩张剂常反射性地引起心率增快,这对已有心衰、心绞痛的患者可能产生不利影响,可合并应用 β 受体拮抗药或选用其他药物。对已有心动过缓者,β 受体拮抗药及维拉帕米、地尔硫䓬等药可能使心率更慢,使用时应注意观察心率。

(五)高血压药物治疗展望

高血压病的治疗经历了漫长而曲折的过程,最终发展到个体化基因导向治疗模式。α- 内收蛋白基因(α-adducin)的 G460T 位点突变的患者对利尿药反应有更显著效果。肝药酶 CYP450 中的 CYP2D6、CYP1A2 及 CYP3A4 与 β 受体拮抗药的代谢密切相关。在 ARB 类药物代谢中,与 CYP2C9*1 野生型相比,突变体 CYP2C9*2 和突变体 CYP2C9*3 的代谢率明显降低,而 ACE 基因多态性与药物的疗效无关。目前降压药物基因多态性的研究仅是药物基因组学研究的一部分,在研究过程中,还应考虑其他与之相关的基因及多个基因联合作用的结果。药物基因组学和高血压病基因组学得到深入的研究,更多的基础研究结果可应用于临床,为制订个体化药物治疗方案提供依据,具有广泛的应用前景。

二、冠状动脉粥样硬化性心脏病

冠心病是"冠状动脉粥样硬化型心脏病"的简称。当冠状动脉的内膜由于各种原因受损后,人体血液中游离的胆固醇等脂质就会进入冠脉血管内膜下,逐渐形成黄色小米粥样脂核,外周是纤维组织和僵硬的平滑肌,甚至出现钙化,这就是冠状动脉粥样硬化。斑块附着在动脉壁上越积越多,冠状动脉就会越来越狭窄,供应心脏的血液也会减少,心脏得不到足够的血液氧气,就会出现心绞痛、胸闷等症状。若斑块发生破裂,就会形成局部血栓造成冠状动脉堵塞,相应的心肌细胞得不到血液氧气就会坏死,即发生心肌梗死。由于冠状动脉发生狭窄的部位、范围以及程度不同,除了会出现胸闷、心绞痛以及心梗外,患者还会出现各种心律失常、心力衰竭等。

(一)临床表现及诊断

临床上包括慢性心肌缺血综合征和急性冠状动脉综合征。前者表现为稳定型心绞痛,包括隐匿型冠心病、稳定型心绞痛及缺血性心肌病等。后者指冠心病急性发作,包括 ST 段抬高型心肌梗死、非 ST 段抬高型心肌梗死(non-ST-segment elevation myocardial infarction, NSTEMI)及不稳定型心绞痛(unstable angina, UA)。

血脂异常是冠心病发病的主要危险因素。血脂是血浆中脂类物质的总称,包括中性脂肪(甘油三酯和胆固醇)、类脂(磷脂、糖脂、固醇、类固醇)和游离脂肪酸。由于甘油三酯和胆固醇都是疏水性物质,不能直接在血液中被转运,也不能直接进入组织细胞中。它们必须与血液中的特殊蛋白质和极性类脂(如磷脂)一起组成脂蛋白,才能在血液中被运输,并进入组织细胞。脂蛋白绝大多数在肝脏和小肠组织中合成,并主要经肝脏进行分解代谢。位于脂蛋白中的蛋白质称为载脂蛋白(也称去辅基蛋白, Apo),它能介导脂蛋白与细胞膜上的脂蛋白受体结合并被摄入细胞内,在脂酶的作用下进行分解代谢。因而血脂代谢就是指脂蛋白代谢。

近 30 年来,中国人群的血脂水平逐步升高,血脂异常患病率明显增加。临床至今仍习惯用高胆固醇血症、高三酰甘油血症等以表示脂质代谢的异常。血胆固醇不能在周围组织细胞内进行降解,如无将其运回肝脏的机制,则胆固醇将堆集,沉着在动脉壁,形成动脉粥样硬化斑块。TC 水平为 200~220mg/dl 时,冠心病发生风险相对稳定;超过此限度,冠心病发生风险将随 TC 水平升高而增加。致动脉粥样硬化性脂蛋白为:低密度脂蛋白胆固醇(low densiy lipoprotein, LDL)、中密度脂蛋白胆固醇（intemediale density lipoprotein, IDI）和极低密度脂蛋白胆固醇（very low density lipoprotein, VLDL）。

（二）一般治疗原则

在做好一级预防基础的同时，坚持二级预防治疗，可以控制或延缓冠心病的进展，减少冠心病的并发症，使病情长期稳定并改善原有病变，降低病残率和死亡率、提高生活质量。二级预防采取的主要措施有以下两个方面：

1. 改变生活方式

（1）戒烟

（2）合理饮食：尽早启动饮食治疗，控制膳食总热量，减少饱和脂肪酸、反式脂肪酸的摄入，以低脂膳食为宜；强调多吃新鲜水果、蔬菜，同时多吃鱼肉、瘦肉、豆制品等富含不饱和脂肪酸的食物，尽量以花生油、豆油等植物油为食用油；减少酒精的摄入量，限制钠盐（钠盐摄入量不超过 6g/d）。

（3）积极运动：个体化的运动锻炼能够有效降低心血管事件的发生率，并且能够在一定程度上降低高血糖、高血脂以及高血压的指标。医生根据患者既往体力活动情况和 / 或运动试验来确定风险，指导制订运动锻炼计划，鼓励患者最好每日进行一定时间的有氧运动，例如快走、游泳、慢跑、跳绳等；同时增加日常生活的运动量。对于高危患者（例如近期刚发生的急性冠状动脉综合征或血管重建治疗、心力衰竭等），应谨慎制订锻炼计划，并在医师的监督下进行锻炼。

（4）控制体重：控制 BMI 在 18.5~24.0kg/m²，腰围 <90cm。有效的体重管理策略包括前面提到的合理饮食、适当的运动锻炼，可以控制能量的摄入，并且增加能量的消耗。

（5）保持情绪稳定。

（6）积极控制其他危险因素：高血压病、糖尿病、血脂异常者需积极控制血压、血糖、血脂的指标在合理范围内。

2. 药物治疗 药物治疗是冠心病二级预防的主要内容，直接关系到患者的病情是否能够得到控制、稳定，生活质量是否得到改善，心血管事件能否减少或避免出现。冠心病二级预防总结来说 ABDCE 法则。

（1）长期服用阿司匹林（Aspirin）和血管紧张素转换酶抑制药（ACEI）：每日常规服用阿司匹林 100mg，可以预防心肌梗死等心血管事件。阿司匹林不能耐受的患者，可以使用吲哚布芬（Indobufen）（每日 2 次，口服 100mg/ 次）或者氯吡格雷（Clopidogrel）（每日 1 次，口服 75mg/ 次）替代。

血管紧张素转换酶抑制剂（ACEI）可以改善心脏功能，对于心衰、高血压以及肾功能异常者都有帮助。

（2）应用 β 受体拮抗药（β-blocker）和控制血压（blood pressure control）：若无禁忌证的心梗后患者使用 β 受体拮抗药，可明显降低心梗复发率、改善心功能和减少猝死的发生。

高血压可以加速、加重动脉粥样硬化的发展速度和程度，血压越高，发生心肌梗死的概率就越大。因此，控制高血压一直都是防治冠心病的重要组成部分，一般来说，血压控制在不超过 130/85mmHg，冠心病的急性事件会极大降低，并且可减少高血压的并发症。

（3）降低胆固醇（cholesterol-lowering）和戒烟（cigarette quitting）：通过饮食控制血清胆固醇增高，适当服用降脂药如他汀类药（如立普妥、可定等），胆固醇降到 <4.6mmol/L，这样可以极大降低心梗的再发率。心梗患者无论血清胆固醇增高还是正常，都要长期服用降脂药。

香烟中的尼古丁进入人体后，能够刺激人体的自主神经，使心跳加速，血管痉挛，血压升高，增加胆固醇的含量，加速了动脉粥样硬化的发生。冠心病患者一定要戒烟。

（4）控制饮食（diet）和治疗糖尿病（diabetes）：心梗后的患者应当控制进食高胆固醇食物，提倡低脂饮食，多吃鱼和蔬菜，少吃肥肉和蛋黄。

糖尿病是引起血糖增高和脂质紊乱的重要原因。在同等条件下，糖尿病患者的冠心病患病率比血糖正常者要高出 2~5 倍。由此可见，控制糖尿病对冠心病患者非常重要。

（5）患者教育（education）和体育锻炼（exercise）：冠心病患者应学会一些有关心绞痛、心肌梗死等急性冠脉事件的急救知识，如发生心绞痛或出现心梗症状时可含服硝酸甘油有和口服阿司匹林等。

心梗后随着患者的逐渐康复，可根据各自条件在医生的指导下，适当参与体育锻炼以及控制体重，减少再发心梗。冠心病的三级预防是指对心绞痛和心肌梗死患者采取积极治疗，以防治心衰、栓塞、心律失常、猝死等严重并发症的发生。一般需要住院治疗，具体的措施包括通过积极抗凝、溶栓、积极开通冠脉、保护心肌用药等措施改善心肌供血。

（三）基本药物治疗及治疗方案

1. 改善缺血、减轻症状的药物 改善缺血、减轻症状的药物应与预防心肌梗死和死亡的药物联合使用。目前改善缺血、减轻症状的药物主要包括β受体拮抗药、硝酸酯类药物及钙通道阻滞药（calcium channel blocker，CCB）。

（1）β受体拮抗药：β受体拮抗药用药后要求静息心率降至55~60次/min，严重心绞痛患者如无心动过缓症状，可降至50次/min。如无禁忌证，β受体拮抗药应作为稳定型心绞痛的初始治疗药物。目前临床更倾向于使用选择性β1受体拮抗药，如美托洛尔、阿替洛尔及比索洛尔。伴严重心动过缓和高度房室传导阻滞、窦房结功能紊乱、明显支气管痉挛或支气管哮喘患者禁用β受体拮抗药。外周血管疾病及严重抑郁均为应用β受体拮抗药的相对禁忌证。慢性肺源性心脏病患者可谨慎使用高度选择性β1受体拮抗药。无固定狭窄的冠状动脉痉挛造成的缺血，如变异性心绞痛，不宜使用β受体拮抗药，此时CCB是首选药物。β受体拮抗药的使用剂量应个体化，由较小剂量开始逐渐增加，当达到上述静息心率时维持当前剂量。

（2）硝酸酯类药物：硝酸酯类药物为内皮依赖性血管扩张剂，能减少心肌耗氧量，改善心肌灌注，缓解心绞痛症状。常联合β受体拮抗药或CCB治疗心绞痛，联合用药的抗心绞痛作用优于单独用药。舌下含服或喷雾用硝酸甘油可作为心绞痛发作时缓解症状用药，长效硝酸酯药物用于降低心绞痛发作的频率和程度，但不适宜治疗心绞痛急性发作。硝酸酯类药物是首选抗心肌缺血的血管扩张剂，能够通过降低心脏前后负荷保护心脏；扩张冠状动脉，增加缺血区心肌供血量，缩小心肌梗死范围；降低心力衰竭发生率和心室颤动（简称室颤）发生率。硝酸酯类药物还可降低心绞痛发生率，缩短缺血发作的持续时间。对于稳定性冠心病，硝酸酯类药物也应长期使用，治疗

目的是预防和减少缺血事件的发生。

硝酸酯类药物连续应用24h后可发生耐药，长期使用硝酸酯类药物必须保证提供每日8~12小时的无硝酸酯或低硝酸酯浓度。硝酸酯类药物的不良反应包括头痛、面部潮红、心率反射性加快及低血压，上述不良反应以短效硝酸甘油更明显。第1次舌下含服硝酸甘油时，应注意直立性低血压发生，禁止24小时内与西地那非同时服用以避免引起低血压，甚至危及生命。

（3）钙通道阻滞药：改善运动耐量和改善心肌缺血方面，CCB和β受体拮抗药相当。二氢吡啶类（硝苯地平）和非二氢吡啶类CCB（维拉帕米）同样有效，非二氢吡啶类CCB的负性肌力效应较强。对变异性心绞痛或以冠状动脉痉挛为主的心绞痛，CCB是一线治疗药物。地尔硫䓬和维拉帕米能够减慢房室传导，常用于伴有心房颤动或心房扑动的心绞痛患者。这两种药物不宜用于已有严重心动过缓、高度房室传导阻滞及病态窦房结综合征的患者。稳定型心绞痛合并心力衰竭可选择氨氯地平或非洛地平。β受体拮抗药和长效CCB联用较单药更有效，两药联用可降低反射性心动过速。地尔硫䓬或维拉帕米和β受体拮抗药的联用能使传导阻滞和心肌收缩力的减弱更明显，老年人、已有心动过缓或左室功能不良患者应避免联用。CCB常见的不良反应包括外周水肿、便秘、心悸、面部潮红，低血压也时有发生，其他不良反应还包括头痛、头晕、虚弱无力等。

（4）其他治疗药物

1）曲美他嗪（Trimetazidine）：通过调节心肌能源底物，抑制脂肪酸氧化，优化心肌能量代谢，改善心肌缺血及左心功能，缓解心绞痛。可与β受体拮抗药等抗心肌缺血药物联用。常用剂量为60mg/d，分3次口服。

2）尼可地尔（Nicorandil）：尼可地尔可开放血管ATP敏感性钾通道从而扩张各级冠状动脉，缓解冠状动脉痉挛，显著增加冠状动脉血流量。推荐静脉制剂使用剂量为4~6mg/h，48h内持续静脉应用。口服剂量为6mg/d，分3次口服。禁止与西地那非联用。

2. 预防心肌梗死，改善预后的药物

（1）阿司匹林：抑制环氧化酶和血栓烷A_2（TXA_2）的合成，从而发挥抗血小板聚集的作

用。慢性稳定型心绞痛患者服用阿司匹林可降低心肌梗死、脑卒中或心血管性死亡的发生风险。阿司匹林的最佳剂量范围为75~150mg/d，其主要不良反应为胃肠道出血或对阿司匹林过敏。

（2）氯吡格雷：血小板P2Y12受体拮抗药，为无活性前体药物，需经肝脏活化后通过选择性不可逆地抑制血小板ADP受体而阻断P2Y12依赖激活的血小板膜糖蛋白（GP）IIb/IIIa复合物，有效减少ADP介导的血小板激活和聚集。主要用于近期心肌梗死患者、与阿司匹林联合用于ACS患者（包括支架植入后），用来预防动脉粥样硬化血栓形成事件，同时可用于对阿司匹林禁忌患者。该药起效快，顿服300~600mg负荷，常用维持剂量为75mg，每日1次口服。可用于对阿司匹林不耐受患者的替代治疗。

（3）替格瑞洛（Ticagrelor）：新型血小板P2Y12受体拮抗药，为非前体药，无须经肝脏代谢激活即可直接起效，直接作用于血小板ADP。与氯吡格雷相比，起效快、抗血小板作用强且可逆。既往1~3年前心肌梗死病史且合并至少一项以上缺血高危因素[>65岁、糖尿病、二次心肌梗死、冠状动脉多支病变、肾功能不全（肌酐清除率<60ml/min）]的患者，可考虑采用阿司匹林联合替格瑞洛（60mg，每日2次）12~30个月的长期治疗，治疗期间严密监测出血，既往有脑出血病史的患者慎用。

（4）抗凝药物：经皮冠状动脉介入治疗（percutaneouscoronary intervention，PCI）的稳定型冠心病患者需术中应用肝素，可联用华法林或新型口服抗凝药物。对于STEMI患者，比伐芦定或肝素可作为急诊PCI术中抗凝、溶栓的辅助治疗和血栓高危患者的预防。

（5）降血脂药物：常用的降血脂药物可以分为五类。

1）HMG-CoA还原酶抑制药——他汀类。

代表药物有：洛伐他汀（Loveastatin）、辛伐他汀（Simvastatin）；普伐他汀（Pravastatin）、氟伐他汀（Fluvastatin）、阿托伐他汀（Atorvastatin）、瑞舒伐他汀（Rosuvastatin）。这类药物对胆固醇合成的限速酶HMG-CoA还原酶具有竞争性抑制作用，故可抑制肝脏内胆固醇的合成。另外，他汀类药物可改善受损动脉的内皮功能，降低血液黏性，减少血小板聚集、抗炎症作用，阿托伐他汀治疗后，C反应蛋白也降低，他汀类治疗可使不稳定的动脉粥样硬化斑块稳定，心血管事件和死亡率明显减少。他汀类药物最适用于高胆固醇血症，特别是伴LDL胆固醇增高者（II型），应为首选调血脂药。也可用于混合型高脂血症III型。也可用于肾病肾功能不全或糖尿病伴有高胆固醇血症。其中，阿托伐他汀调脂作用较强，与安慰剂对照，本品每日10~80mg，使TC下降30%~46%；LDL-C下降41%~61%；apoB下降34%~50%；也使TC下降14%~33%，和HDL-C增加6%~9%。阿托伐他汀除用于各型高胆固醇血症和混合性高脂血症治疗外，还可用于冠心病和脑卒中的防治，降低心血管病的总死亡率。亦适用于心肌梗死后不稳定型心绞痛及血管重建术后；对急性冠脉综合征可显著减少心血管事件、心绞痛、脑卒中的危险性。活动性和慢性肝病者或血转氨酶持续显著增高无原因可解释者禁用。他汀类药物的不良反应一般较少，可出现胃肠不适症状及转氨酶升高的可能性，罕见严重的不良反应为横纹肌溶解，与剂量依赖相关。经细胞色素P450-3A4代谢的他汀类，如阿托伐他汀、瑞舒伐他汀等，与CYP-450抑制剂或西柚汁合用时，发生严重肌病的危险增加。

2）纤维酸衍生物及胆汁酸结合树酯

吉非贝齐（Gemfibrozil）：本品可使HDL增高20%~25%。本品可增加口服抗凝药的药效，也有轻度升高血糖作用，合用本品时，糖尿病患者的胰岛素或口服降糖药剂量需适当调整。适用于伴VLDL-甘油三酯增高的高脂蛋白血症。本品对家族性高乳微粒血症和高LDL病例无效。本品不用于胆石症。偶有胃肠道轻度反应如恶心、呕吐、食欲不振、烧心、腹泻等，与洛伐他汀等他汀类合用防止发生严重肌病。

贝特类：降低血TG的作用较强，可降低血纤维蛋白原；增加纤溶酶活性；减少血小板聚集性。可用于高甘油三酯血症，低高密度脂蛋白血症，高胆固醇血症及混合型高脂蛋白血症。不良反应较少，偶有口干，胃纳减退，大便次数增多，湿疹等。个别有谷丙转氨酶增高（停药2~4周，恢复正常），可使BUN增高。肝、肾功能不全时禁用，不宜于孕妇。代表药物主要有非诺贝特、苯扎贝特等。

胆汁酸结合树脂：考来烯胺（Cholestyramine）、考来替泊（Colestipol）、降胆葡胺（Sephadex）等。考来烯胺是伴 LDL 增高者（杂合子型家族性高胆固醇血症和多基因高胆固醇血症）的首选药物，能显著降低血 LDL 和胆固醇。家族性高胆固醇血症（纯合子型）由于缺乏功能性受体，故对此类药物不起反应；杂合子型患者则有正常针对该受体的基因，对本品反应良好。用量大时易有恶心、腹胀、消化不良、食欲减退、便秘，可致痔疮加重（如膳食中加入糠麸常可减轻便秘）。可有一过性甘油三酯增高和碱性磷酸酶增高。因考来烯胺为氯离子型，可能发生高氯性酸中毒，特别年轻低体重者，因所用剂量偏大，容易发生。剂量大时可引起或加重脂肪痢，而致影响脂溶性维生素的吸收，应及时补充这类维生素。

树脂在小肠也与其他些药物结合，如氯噻嗪类、苯巴比妥、保泰松、口服抗凝药、甲状腺素、洋地黄糖苷等应避免同时服用。一般可在服树脂前 1h 或 4h 后服用其他药物。

3）烟酸类：烟酸适用于 Ⅲ、Ⅳ、Ⅴ 型高脂蛋白血症。烟酸较大剂量迅速降低血甘油三酯和 VLDL，也减少 IDL 和 LDL。烟酸缓释制剂一般自低剂量开始，375~500mg，1 日 1 次，睡前服药，每 4 周加量；每次加量 500mg，最大剂量 2 000mg。一般耐受良好。溃疡病、肝疾病、痛风或显著高尿酸血症、糖尿病、显著心律失常禁用。烟酸产生强烈的皮肤潮红或瘙痒，使许多患者不能耐受，但如治疗坚持几周后，多数患者这种反应可减轻。烟酸缓释制剂潮红发生率低，但食欲不振、腹泻等胃肠障碍常见。大剂量烟酸可引起胆红素增高，血尿酸增高。在非糖尿病患者可产生血糖增高，糖耐量异常。如出现上述改变，应停药。烟酸可增加降压药的扩血管作用，可产生低血压。烟酸不宜在妊娠和哺乳期应用。药物相互作用：与他汀类合用，密切随访，注意发生肌病可能。烟酸与吉非贝齐合用，肌病的发生率增加约 5 倍。

4）选择性胆固醇吸收抑制剂：代表药物为依折麦布（Ezetimibe），可降低胆固醇、LDL 水平。依折麦布与他汀类合用，降脂疗效增加。可单用于家族性高胆固醇血症患儿，成人单用疗效不佳。

对大多数成人，开始用小剂量他汀类治疗，若单用他汀类降脂未达标，可加用依折麦布。依折麦布与非诺贝特合用也可增加升高 HDL-C 和降低 TG 作用。

5）其他降血脂药：代表药物有①普罗布考，可降低 LDL、胆固醇，对甘油三酯影响小。只适用于高 LDL 的高胆固醇血症，经控制膳食和常用的调血脂药物无效时。本品一般耐受良好，常见不良反应为腹痛、腹泻、恶心等胃肠症状。偶见嗜酸性粒细胞增多，感觉异常，血管神经性水肿。对儿童和孕妇的安全性尚不明确。由于它可在体内蓄积，建议妊娠前至少 6 个月即应停药。可产生 QT 延长，服用时应定期复查心电图，本品不宜用于有心肌损害或心电图有心室激惹表现者。服本药时应采用低胆固醇、低脂肪膳食。②泛硫乙胺：可降低总胆固醇、甘油三酯，增高 HDL。

他汀类药物能有效降低 TC 和 LDL-C 水平，并因此减少心血管事件。他汀类药物还有延缓斑块进展、稳定斑块及抗炎等有益作用。冠心病患者 LDL-C 的目标值应 <1.8mmol/L（70mg/dl）。选择这一治疗目标还可扩展至基线 LDL-C<2.60mmol/L（100mg/dl）的极高危患者。为达到更好的降脂效果，在他汀类药物治疗基础上，可加用胆固醇吸收抑制剂依折麦布 10mg/d。高甘油三酯血症或低高密度脂蛋白血症的高危患者可考虑联用降低 LDL-C 的药物和一种贝特类药物（非诺贝特）或烟酸类药物。高危或中度高危者接受降 LDL-C 药物治疗时，治疗强度应足以使 LDL-C 水平至少降低 30%~40%。在应用他汀类药物时，应严密监测转氨酶及肌酸激酶等生化指标，及时发现药物可能引起的肝脏损害和肌病。采用强化降脂治疗时，更应注意监测药物的安全性。

（6）血管紧张素转换酶抑制剂或血管紧张素 Ⅱ 受体拮抗剂：血管紧张素转换酶抑制剂（angiotensin converting enzyme inhibitors, ACEI）对于稳定型心绞痛患者合并糖尿病、心力衰竭或左心室收缩功能不全的高危患者均应使用 ACEI。所有冠心病患者均能从 ACEI 治疗中获益，但低危患者获益可能较小。

（四）临床问题导向的药物治疗

1. 冠心病合并高血压 JNC8 对于冠心病合并高血压的降压治疗推荐 β 受体拮抗药和 ACEI/

ARB 作为首选，降压同时可降低心肌氧耗，改善心肌重构，鉴于 CCB 具有抗心绞痛及抗动脉粥样硬化的作用，推荐心绞痛患者联用 β 受体拮抗药和 CCB。不推荐联用 ACEI 和 ARB。

2. 冠心病合并心力衰竭 对于心力衰竭合并心绞痛患者，缓解心绞痛的药物：首选β 受体拮抗药，如不能耐受，可用伊伐布雷定（Ivabradine）（窦性心律者）、硝酸酯类药物或氨氯地平，或尼可地尔。如使用 β 受体拮抗药（或其替代药物）治疗后仍有心绞痛，可加用伊伐布雷定、硝酸酯类药物、氨氯地平或尼可地尔中的1 种。如使用 2 种抗心绞痛药物治疗后仍有心绞痛，应行冠状动脉血运重建，也可以考虑从上述药物中选择加用第 3 种抗心绞痛药物。伊伐布雷定是有效的抗心绞痛药物，且对心力衰竭患者是安全的。

3. 冠心病合并房颤 《2016 年 ESC 心房颤动管理指南》指出，有卒中风险的心房颤动患者、机械性瓣膜患者和近期或者复发深静脉血栓或肺栓塞的患者，在支架置入期间和置入后应当继续口服抗凝药治疗。通常推荐短期三联治疗（口服抗凝药，阿司匹林，氯吡格雷），然后双联治疗一段时期（口服抗凝药加一种抗血小板药物）。当使用一种非维生素 K 依赖的新型口服抗凝药（non-vitamin K-dependent new oral anticoagulants，NOAC）时，共识推荐对心房颤动的卒中预防应考虑使用最低的有效剂量。目前不推荐减少剂量低于已在Ⅲ期试验中证实的、已得到批准的剂量。不推荐联合使用阿司匹林、氯吡格雷和低剂量利伐沙班（2.5mg/ 次，每日 2 次）用于心房颤动患者卒中预防。

4. 冠心病合并脑卒中 他汀治疗可显著降低冠心病和心血管高危人群的卒中风险，LDL-C每降低 10%，缺血性卒中的风险就下降 15.6%。LDL-C 降幅越大，缺血性卒中再发风险越低。因此调脂治疗将使冠心病及脑卒中患者获益。对于调脂治疗目标，AHA/ACC 建议，冠心病或脑卒中患者 LDL-C 靶目标水平 <1.8mmol/L（70mg/dl）是合理的。

5. 冠心病合并糖尿病 血脂紊乱的治疗原则：

（1）高脂血症治疗：用于冠心病预防时，若对象为临床上未发现冠心病或其他部位动脉粥样硬化性疾病者，属于一级预防，对象为已发生冠心病或其他部位动脉粥样硬化性疾病者属于二级预防。

（2）一级预防：要根据对象有无其他危险因素及血脂水平分层防治。

（3）以饮食治疗为基础，根据病情、危险因素、血脂水平决定是否或何时开始药物治疗。糖尿病伴心血管病患者为很高危状态。对此类患者 LDL-C 作为首要的治疗目标，不论基线 LDL-C 水平如何，均提倡采用他汀类治疗。

6. 高胆固醇血症的治疗

（1）原发性高胆固醇血症和混合性高脂血症的治疗：大多数患者服用阿托伐他汀钙每日 1次 10mg，其血脂水平可得到控制。治疗 2 周内可见疗效，治疗 4 周内疗效显著。长期治疗可维持疗效。

（2）杂合子型家族性高胆固醇血症：患者阿托伐他汀钙初始剂量为每日 10mg。应遵循剂量的个体化原则并每 4 周为时间间隔逐步调整剂量至每日 40mg。如果仍然未达到满意疗效，可选择将剂量调整至最大剂量每日 80mg 或以 40mg 本品配用胆酸螯合剂治疗。

（3）纯合子型家族性高胆固醇血症：对于纯合子型家族性高胆固醇血症患者，阿托伐他汀钙的推荐剂量是每日 10~80mg。

（4）调脂药的起始剂量：对大多数脂质异常患者，宜先预估合适的有效治疗量；即从所选调脂药的最低有效剂量开始，密切随访（4 周复查血脂），如未达到治疗目标值，可逐步增加剂量，直至达到治疗目标值，以后即用维持量；如属高危患者，也可开始即用较大剂量，希望缩短滴定剂量时间，尽快达到治疗目标值。

（5）血脂达标值要因人而异：统一的"合适范围值"有可能掩盖卒中、冠心病、心肌梗死等风险因素导致罹患或者再次复发心肌梗死、卒中等CVD 的概率；建议采用 SCORE 系统将患者的心血管风险分为很高危、高危、中危或低危，以此指导治疗策略的制订。干预靶点多样化，但 LDL-C仍是首要目标，HDL-C 不作为干预靶点。

（6）合并用药的原则及注意事项：他汀类药物是临床应用最多的调脂药。可与其他调脂药联合使用,提高降脂疗效,减少剂量相关的不良反应。对混合型高脂血症患者,首选他汀类或贝特类,对顽固性的混合型高脂血症,宜调脂药联用。

1)他汀和贝特类联用:他汀类/贝特类联用的调脂疗效较单一降脂药物治疗更显著;尽管联合治疗的经验逐渐增多,从安全性考虑,临床应用时仍应注意:

掌握适应证,适用于严重的混合型高脂血症患者;早发动脉粥样硬化的高危患者;无肾功能不全。在用药过程中仍应密切监测可能发生的不良反应:早期发现可逆转的肝功能损害,密切注意肌痛、乏力、CK 增高;肌痛一般为可逆性,属Ⅱ型肌肉纤维非特异性退行性改变,很少有坏死纤维和炎症,及时发现及时停药,可很快恢复。肝纤维化患者可应用他汀类药物,慢性乙型肝炎或代偿性肝硬化患者应慎用,而失代偿性肝硬化患者则禁用。慢性乙型、丙型病毒性肝炎、酒精性与非酒精性脂肪肝和代偿性肝硬化等慢性肝病患者应用他汀类药物后,若出现谷丙转氨酶或谷草转氨酶 >3×ULN,应立即停药并采取适当保肝治疗,用药期间禁饮酒。

注意药物相互作用,特别同时服用经 CYP3A4 代谢的药物,如:免疫抑制剂(环孢素等)、抗生素(红霉素、克拉霉素)、抗深部真菌药(酮康唑,伊曲康唑)、钙通道拮抗药(米贝地尔,地尔硫䓬等)、抗抑郁药(尼法唑酮)等。应密切注意,加强监测,及时采取措施。但在肾移植患者中,氟伐他汀与环孢素联用时,氟伐他汀用量可达 80mg/d,大部分患者耐受良好。

2)他汀与烟酸联用:他汀应采用能达标的最低剂量,在老年人、妇女、和肾功能不全时尤为重要,因烟酸可增加他汀的生物利用度,增加肌病危险。避免同时用经 CYP3A4 代谢的药物,如大环内酯类抗生素、抗深部真菌药、HI 蛋白酶抑制剂。密切监测肝肾功能及肌酶水平,注意发生肌病的可能。

3)他汀与依折麦布联用:可先用他汀,如疗效差,可加用依折麦布 10mg/d,降低 LDL-C、TG 和升高 HDL-C 的幅度均比单用他汀类药物明显。依折麦布可与各种他汀联用,均疗效好,安全。如阿托伐他汀 10mg 与依折麦布 10mg 联用,降低 LDL-C 达 50%,与单用阿托伐他汀 80mg 降低 51% 相似。依折麦布与他汀联用是一种疗效好,较安全的联用。依折麦布 10mg 联用非诺贝特 200mg 降低 LDL-C 幅度大于单用其中任一种。

(五)药物治疗展望

近年来在国内外已有 3 种新型调脂药被批准临床应用。

1. 微粒体 TG 转移蛋白抑制剂　洛美他派(Lomitapide,商品名为 juxtapid)于 2012 年由美国食品药品监督管理局(Food and Drug Administration,FDA)批准上市,主要用于治疗 HoFH。可使 LDL-C 降低约 40%。该药不良反应发生率较高,主要表现为转氨酶升高或脂肪肝。

2. Apo B 合成抑制剂　米泊美生(Mipomersen)是第 2 代反义寡核苷酸,2013 年 FDA 批准可单独或与其他调脂药合用于治疗 HoFH。作用机制是针对 Apo B 信使核糖核酸(messenger ribonucleic acid,mRNA)转录的反义寡核苷酸,减少 VLDL 的生成和分泌,降低 LDL-C 水平,可使 LDL-C 降低 25%。该药最常见的不良反应为注射部位反应,包括局部红疹、肿胀、瘙痒、疼痛,绝大多数不良反应属于轻中度。

3. 前蛋白转换酶枯草溶菌素 9/kexin9 型(PCSK9)抑制剂　PCSK9 是肝脏合成的分泌型丝氨酸蛋白酶,可与 LDL 受体结合并使其降解,从而减少 LDL 受体对血清 LDL-C 的清除。通过抑制 PCSK9,可阻止 LDL 受体降解,促进 LDL-C 的清除。PCSK9 抑制剂以 PCSK9 单克隆抗体发展最为迅速,其中阿利库单抗(Alirocumab)、依洛尤单抗(Evolocumab)和 Bococizumab 研究较多。研究结果显示 PCSK9 抑制剂无论单独应用或与他汀类药物联合应用均明显降低血清 LDL-C 水平,同时可改善其他血脂指标,包括 HDL-C,脂蛋白 a(lipoprotein(a),Lp(a))等。欧盟医管局和美国 FDA 已批准依洛尤单抗与阿利库单抗两种注射型 PCSK9 抑制剂上市。初步临床研究结果表明,PCSK9 抑制剂可使 LDL-C 降低 40%~70%,并可减少心血管事件。依洛尤单抗已于 2018 年在国内上市。

三、心力衰竭

心力衰竭是各种原因造成心脏结构和功能的异常改变,心室收缩射血和/或舒张功能发生障碍,从而引起的一组复杂临床综合征,主要表现为运动耐量下降(呼吸困难、疲乏)和液体潴留(肺淤血、体循环淤血及外周水肿)。心力衰竭的病理生理机制主要是血流动力学障碍和神经内分泌系统的异常激活。血流动力学障碍表现为心输出量降低和肺循环或体循环淤血。目前药物仍是治疗心力衰竭的主要手段,治疗中应考虑患者的血流动力学和病理生理特点,区分 HF-REF 和 HF-PEF、急性心力衰竭和慢性心力衰竭,从而给予恰当的治疗。

(一)临床表现与诊断

1. 临床表现 除原发病的症状和体征外,心衰主要表现为乏力和运动耐量降低、液体潴留、肺循环和体循环淤血、器官灌注不足的征象。

呼吸困难是左心衰竭的主要表现之一,随着心力衰竭疾病的进展,依次表现为劳力性呼吸困难、端坐呼吸、夜间阵发性呼吸困难、静息呼吸困难。

劳力性呼吸困难是最常见和最早出现的症状,病情加重的患者可出现夜间阵发性呼吸困难、端坐呼吸。

需要判断心衰是否是引起症状、体征的主要原因,除外其他可能情况。许多情况下,心衰的表现可能被误认为是由其他原因(如高龄,肺部、肝、肾疾病等)引起。

全面体检,特别注意生命体征、心肺异常、体重变化、水肿和容量状况、颈静脉压,根据症状、体征判断是左心、右心或全心衰竭,收缩性或舒张性心力衰竭。

2. 诊断 诊断相关的实验室检查和辅助检查有:

(1)心电图:心力衰竭患者一般均有心电图异常。可提供陈旧性心肌梗死、心肌缺血、左心室肥厚、心房扩大、心肌损伤、心律失常、心脏不同步等信息。有心律失常或怀疑存在无症状性心肌缺血时应行 24h 动态心电图监测。

(2)X 线胸片:有呼吸困难的患者均应行 X 线胸片检查,可提供心脏扩大、肺淤血、肺水肿及肺部疾病的信息,但 X 线胸片正常并不能除外心力衰竭。

(3)血浆利钠肽:利钠肽主要由心室肌合成和分泌,当心室容量和压力负荷增加时,心肌受到牵张,心肌细胞内储存的 proBNP 即被释放出来,并很快分解为无活性的 N 末端 B 型利钠肽 原(N-terminal pro-B-type natriuretic peptide, NT-proBNP)和有活性的 B 型利钠肽(B-type natriuretic peptide, BNP)。除心室壁张力增加外,其他因素如缺血、缺氧、神经激素(如血管紧张素 Ⅱ)和生理因素(年龄、性别、肾功能)亦调控其合成和分泌。50 岁以下的成人血浆 NT-proBNP>450pg/ml;50 岁以上的成人血浆 NT-proBNP>900pg/ml;75 岁以上的成人血浆 NT-proBNP>1 800pg/ml;肾功能不全[肾小球滤过率(glomerular filtration rate, GFR)<60ml/(min·1.73m^2)]患者血浆 NT-proBNP>1 200pg/ml。评估病情严重程度和预后:利钠肽水平升高与慢性心力衰竭纽约心脏病学会(NYHA)心功能分级相关。

(4)超声心动图:可用于①诊断心包、心肌或心脏瓣膜疾病。②定量分析:包括房室内径、心脏几何形状、心室壁厚度、室壁运动以及心包、心脏瓣膜疾病和血管结构,定量心脏瓣膜疾病狭窄、关闭不全程度,测量左室射血分数(left ventricular ejection fraction, LVEF),左心室舒张末期和收缩末期容量:LVEF 可反映左心室功能,初始评估心力衰竭或有可疑心力衰竭症状患者均应测量,不推荐常规反复测量,当临床情况发生变化、评估治疗效果、考虑器械治疗时,应重复测量。推荐采用改良 Simpson 法测量左心室容量及 LVEF。③区别舒张功能不全和收缩功能不全,二尖瓣环舒张早期心肌速度(e')可用于评估心肌的松弛功能,E/e' 比率则与左心室充盈压有关。左心室舒张功能降低的超声心动图参数包括 e' 减少(平均 e' <9cm/s),E/e' 比率增加(>15)、E/A 异常(>2 或 <1)。发现左心室肥厚和左心房扩大也有助于诊断左心室舒张功能不全。④估测肺动脉压。

(二)一般治疗原则

1. 积极治疗心衰的病因以及与心衰及其治疗相关的并存疾病,去除诱因,预防或延缓临床型心衰的发生。

2. 有效纠正血流动力学异常,改善症状,改善运动耐量,改善预后和生活质量。

3. 抑制神经内分泌系统过度激活长期,长期合理应用 ACEI 或 ARB、β 受体拮抗药、醛固酮受体拮抗剂,防止和延缓心肌重构,力争逆转心肌重构。

4. 监测病情进展并予以相应的处理,采取措施预防并发症,例如防治心律失常、血栓栓塞性疾病、呼吸道感染。

(三)基本治疗药物及治疗方案

20 世纪 70 年代以前,对心力衰竭的研究和认识处于解剖学阶段,认为心衰是心肌收缩力减弱的结果。治疗的核心为洋地黄强心药及利尿药。洋地黄制剂是临床治疗慢性心力衰竭的常用药物,代表药物为地高辛,已有两百多年的应用史。不仅能够有效降低心脏前后负荷,而且还有利于改善机体组织与内脏的水肿,从而改善心力衰竭症状;螺内酯亦为最早被发现的一种非选择性的利尿药,能够有效拮抗远曲小管和集合管的醛固酮受体,对于类固醇激素受体的亲和力也较高。洋地黄是最早用于心衰治疗的药物,随后出现了利尿药、血管扩张剂与非洋地黄类正性肌力药物,但这药物只能改善患者心衰症状,而无法真正延长患者生命。

随着对血流动力学的进一步深入研究,直到 20 世纪 70 年代到 90 年代认为心衰是心脏前后负荷压力、容量及阻力变化的结果,治疗核心为血管扩张剂及非洋地黄类正性肌力药物。

20 世纪 90 年代至今,认识到心衰时交感神经和肾素 - 血管紧张素 - 醛固酮系统(RAAS)的作用,认为心衰的本质是心肌重构。治疗的核心以血管紧张素转换酶抑制剂(ACEI)/血管紧张素 II 受体拮抗剂(ARB)、β 受体拮抗药等神经内分泌拮抗剂为主。自 20 世纪 90 年代以来,慢性心衰的治疗发生了重大转变:从旨在改善短期血流动力学状态转变为长期的修复性策略,以改变衰竭心脏的生物学性,从采用强心、利尿、扩血管药物转变为神经内分泌抑制剂。ACEI/ARB、β 受体拮抗药与醛固酮受体拮抗剂的应用降低了患者病死率,因此神经内分泌抑制剂治疗是心衰药物治疗中的重要里程碑。

血管紧张素受体 - 脑啡肽酶抑制剂(ARNI)在体内分解为血管紧张素 II 受体拮抗剂(缬沙坦)和脑啡肽酶抑制剂(sacubitril),ARNI 类药物的上市为心衰治疗提供了新的希望,ARNI 的代表性药物为沙库巴曲缬沙坦,由脑啡肽酶抑制剂

的前体物质沙库巴曲和缬沙坦按 1:1 组成复合物。除此之外,窦房结起搏电流(If)抑制剂(伊伐布雷定),伊伐布雷定特异地作用于窦房结,不影响其他心脏传导系统及心肌收缩,弥补了心衰治疗中对 β 受体拮抗药存在禁忌证或不能耐受的情况。在过去的三十多年,心衰治疗有了重大的突破,而随着不断研究,新型抗心衰药物不断问世,为心衰的治疗带来了新的曙光,更多药物如重组人松弛素 -2、OM(omecamtivemecarbil)、利格列汀(Linagliptin)、SER 肌浆网钙泵激活剂(CA2a activator)、非甾体盐皮质激素受体拮抗剂(Finerenone)、合成的嵌合肽(CD-NP)及尿皮素等还处于临床试验中的新型药物,将会为心力衰竭的治疗带来更多的选择。

1. 利尿药

(1)药理作用:通过抑制肾小管特定部位对钠或氯离子的重吸收,使尿量增加,从而减少血浆和细胞外液量及体内钠总量,减少血容量和静脉回流,降低心脏前负荷,在不影响心输出量的同时降低心室充盈压,从而减轻体循环和肺循环淤血,缓解水肿和呼吸困难,改善运动耐量。

(2)应用指征:无论射血分数是否降低,只要有液体潴留的证据或曾有液体潴留(例如颈静脉充盈、下肢水肿、胸腔或腹腔积液、体重在短期内明显增加),均应尽早将利尿药作为基础用药,与其他治疗心衰的药物合用。

(3)利尿药的分类

1)袢利尿药:属于强效利尿药,特别适用于有明显液体潴留或伴有肾功能受损的患者,首选药物为呋塞米或托拉塞米。静脉给药的疗效优于口服。作用于髓袢升支粗段髓质部,适用于大部分心力衰竭患者,特别适用于有明显液体潴留或伴肾功能受损的患者,包括呋塞米、托拉塞米、布美他尼。40mg 呋塞米、10mg 托拉塞米、1mg 布美他尼三者利尿效果相当。临床最常用的利尿药是呋塞米,其剂量与效应呈线性关系;由于托拉塞米、布美他尼口服生物利用度更高,对部分患者利尿效果更好。

2)噻嗪类利尿药:利尿强度中等,适用于有轻度体液潴留、伴有高血压而肾功能正常的心衰患者,主要作用于远曲肾小管,较袢利尿药弱,仅适用于有轻度液体潴留、伴高血压而肾功能正

常的心力衰竭患者。对于顽固性水肿患者,可与祥利尿药合用,常用氢氯噻嗪、苄氟噻嗪、美托拉宗。肾功能衰竭时,利尿作用明显受限,因此严重心衰(肾血流量明显减少)的患者应换用祥利尿药,或与之合用。氢氯噻嗪 100mg/d 已达最大效应(剂量 - 效应曲线已达平台期),再增量亦无效。在肾功能减退[eGFR<30ml/(min·1.73m²)]患者中,噻嗪类利尿药作用减弱,不建议使用,但在顽固性水肿患者中(呋塞米每日用量超过 80mg)噻嗪类利尿药可与祥利尿药联用。常用氢氯噻嗪、苄氟噻嗪(bendroflumethiazide)、美托拉宗(metolazone)。肾功能衰竭时,利尿作用明显受限,因此严重心衰(肾血流量明显减少)的患者应换用祥利尿药,或与之合用。

3)保钾利尿药:属于低效利尿药,不论是否使用 ACEI/ARB,仅用于伴有低血钾的患者与祥利尿药、噻嗪类利尿药合用,以防治低血钾和加强疗效。常用药物为氨苯蝶啶和阿米洛利。该类药物作用于远曲小管和集合管,抑制 Na⁺ 重吸收和减少 K⁺ 分泌,利尿作用弱。醛固酮受体拮抗剂也是保钾利尿药,最新指南已将其归入醛固酮受体拮抗剂。

4)血管升压素 V2 受体拮抗剂:新型利尿药托伐普坦(Tolvaptan)是血管升压素 V2 受体拮抗剂,选择性阻断肾小管上的精氨酸血管升压素受体,具有排水不排钠的特点,帮助多余的水分由尿液排出,能减轻容量负荷加重诱发的呼吸困难和水肿,并可纠正低钠血症。对于伴顽固性水肿或低钠血症者疗效更显著。推荐用于常规利尿药治疗效果不佳、有低钠血症或有肾功能损害倾向患者。其不良反应主要为高钠血症。

2. 血管紧张素转换酶抑制剂

(1)药理作用:抑制血管紧张素 I 向血管经张素 II 的转换,同时抑制激肽酶 II(因而可能引发刺激性干咳或血管神经性水肿),减少缓激肽等肽类物质的降解,升高缓激肽水平(具有扩张血管作用),发挥抑制肾素 - 血管紧张素 - 醛固酮系统(RAAS)的作用,降低心室前、后负荷,抑制交感神经活性及心室重构。RAAS 在心室重塑和心力衰竭的发展过程中具有重要作用。心力衰竭患者 RAAS 的激活情况与心力衰竭的严重程度相关。RAAS 激活对于短期维持循环稳态具有关键

作用。然而 RAAS 的持久激活却导致心脏功能及心脏重构的进行性恶化、肾脏及其他器官的损伤。ACEI 属神经内分泌抑制剂,通过竞争性抑制血管紧张素转换酶(angiotensin converting enzyme,ACE)而发挥作用。ACE 是一种非特异性酶,除可使血管紧张素 I(angiotensin I,Ang I)转化为血管紧张素 II(angiotensin II,Ang II)外,还催化缓激肽等肽类扩血管物质的降解。因此,在 ACE 的作用下,循环和组织中的 Ang II 浓度升高、缓激肽水平降低。

(2)应用指征:心衰的首选和基础用药。除非有禁忌或不能耐受,所有 LVEF<40% 的患者均需终身应用;也可用于射血分数正常的心衰,或考虑用于有心衰高危因素的患者,以预防和延缓发生心衰。

3. 醛固酮受体拮抗剂

(1)药理作用:螺内酯(又名安体舒通)的化学结构与醛固酮相似,可与醛固酮竞争醛固酮受体,产生抗醛固酮作用。在 ACEI/ARB 的基础上加用此类药物可进一步抑制醛固酮的有害作用,并有轻度保钾利尿作用。醛固酮对心肌重构和心脏功能有不良影响,心衰时,心室醛固酮生成及活化增加,且与心衰的严重程度呈正相关。使用 ACEI/ARB 可降低循环中的醛固酮,但是应用>3 个月,醛固酮水平却不能持续的降低,即出现"醛固酮逃逸现象"。

(2)应用指征:已经应用 ACEI/ARB、β 受体拮抗药和利尿药,仍有心衰症状;LVEF<35%、心功能为 II ~ IV 级;急性心梗患者的 LVEF≤40%,有心衰症状或既往有糖尿病史。

(3)临床应用:在上述药物的基础上加用螺内酯,从小剂量开始,逐渐加量。根据血钾水平和肾功能调整用量,如血钾 >5.5mmol/L,应减量或停药。开始用药前,患者的血钾 <5mmol/L,血肌酐 <2.5mg/dl(220μmol/L),或肾小球滤过率 ≥30ml/(min·1.73m²)。

4. 血管紧张素受体拮抗剂(ARB)

(1)药理作用:通过抑制血管紧张素 II 与血管紧张素受体结合,阻断血管紧张素 II 的诸多不良作用,如血管收缩、水钠潴留、组织增生,可抑制神经内分泌系统的激活及改善心脏重构,发挥与 ACEI 类似的血流动力学方面的作用。不具有抑

制激肽酶的作用,因此很少发生刺激性干咳或血管神经性水肿。

（2）应用指征：LVEF ≤40%,不能耐受ACEI者的替代药物,或经利尿药、ACEI和β受体拮抗药治疗后,临床改善不满意,又不能耐受醛固酮受体拮抗剂的症状性心衰患者。

（3）临床应用：从小剂量开始,逐步加量至目标剂量或可耐受的最大剂量,并根据血压和血钾水平、肾功能状况调整剂量。联合用药：可替代ACEI,与β受体拮抗药+醛固酮受体拮抗剂合用。

5. β受体拮抗药

（1）药理作用：心衰时,可发生长期持续性交感神经系统过度激活,儿茶酚胺释放增加损害心肌细胞,并使心肌的β₁受体下调和功能受损、导致心肌收缩力减弱、心肌重构,长期应用β受体拮抗药可拮抗交感神经系统和RAAS,阻断前述病理变化及血管收缩。β受体拮抗药是一种负性肌力药,在治疗初期能抑制心肌收缩力,LVEF降低;但长期治疗（>3个月时）则可改善心功能,LVEF增加;治疗4~12个月时,能延缓或逆转心肌重构。心衰症状改善常在治疗2~3个月后出现。即使症状未改善,仍可延缓疾病进展,改善患者的临床状况和心脏功能,降低住院率和死亡率。

（2）应用指征：一线治疗药物,除非禁忌或不能耐受,所有有症状或既往有症状的心功能Ⅱ~Ⅲ级、LVEF下降、病情稳定的患者应终生应用;存在结构性心脏病且LVEF ≤40%的无症状心力衰竭患者也可使用;心功能Ⅳ级患者待病情稳定后（4日内未静脉用药、无液体潴留、体重稳定）,可在严密监护下,由专科医师指导应用;尤其适用于伴有高血压、心率较快、左室肥厚、冠心病、持续性或永久性房颤需控制心室率的患者。

6. 血管紧张素受体与脑啡肽酶抑制剂（ARNI）

（1）药理作用：ARNI双重抑制血管紧张素Ⅱ受体和脑啡肽酶。脑啡肽酶是一种中性内肽酶,降解几种内源性血管活性肽,包括利钠肽、缓激肽和肾上腺髓质素。ARNI通过抑制脑啡肽酶,可升高这些物质的水平,对抗神经内分泌过度激活导致的血管收缩、钠潴留和心脏重构,因此发挥利钠、利尿、舒张血管、预防和逆转心肌重构的作用。

（2）临床应用：用于慢性症状性HFrEF（心功能Ⅱ~Ⅳ级,LVEF ≤40%）成人患者。代表药物为近期批准上市使用的新药沙库巴曲/缬沙坦（两种成分的配比大约为1:1）,可作为ACEI和ARB的替代药物,可与其他治疗心力衰竭的药物合用。根据患者的耐受情况,应该间隔2~4周将剂量倍增,直至达目标维持剂量并长期维持。

（3）注意事项：避免与ACEI合用,在从ACEI转换为ARNI时,与ACEI最后一次用药时间间隔 ≥36h。有血管性水肿病史的患者禁用。由于BNP是脑啡肽酶的作用底物,因此在使用ARNI治疗时,BNP水平会相应升高,但NTproBNP并不升高,反而可能会随着心衰病情的好转而降低。

7. 正性肌力药物 - 洋地黄制剂

（1）药理作用：抑制心肌细胞膜 Na^+/K^+-ATP酶,升高细胞内 Na^+-Ca^{2+} 交换,使细胞内 Ca^{2+} 水平提高,从而发挥正性肌力作用,使心输出量增加并降低左心室充盈压;此外,还能抑制交感神经系统的过度激活和肾素-血管紧张素系统的活性,降低窦房结的自律性,从而减慢心率;其综合作用结果为心肌总耗氧量降低,改善心肌功能和心室充盈、减轻肺淤血。

（2）应用指征：①适用于在应用利尿药、ACEI/ARB、β受体拮抗药、醛固酮受体拮抗剂后,LVEF ≤45%,仍有症状的收缩性心衰（心功能 ≥Ⅱ级）患者,尤其是伴快速型心律失常（例如房颤）的患者。②右心衰竭：适用于心输出量 <4L/min或心指数 <2.5L（min·m²）时,或合并心率 >100次/min的患者。

（3）临床应用：主要代表药物是地高辛,慢性心衰患者不需先给予负荷剂量,长期使用维持剂量,老年或肾功能受损者的剂量减半。冠心病患者应选用较低的初始剂量（较常规剂量减少25%~50%）,而用于控制房颤患者的心室率时,用量较大。在心力衰竭症状消失,恢复窦性心律,心脏收缩功能改善后,即可停用地高辛。不推荐用于无症状的左室收缩功能障碍,一般不用于射血分数正常、伴有心脏传导阻滞、梗阻性肥厚型心肌病的患者。

（4）注意事项：低氧血症、低钾血症或低镁血症、高钙血症时容易发生洋地黄中毒，这些患者慎用。用药期间需监测患者血钾、血镁浓度，避免静脉注射钙剂。临床怀疑地高辛中毒者应立即停用此类药物。老年人、肾功能不全合并使用非二氢吡啶类钙通道阻滞药患者需调整剂量并定期监测血药浓度。

8. 其他

（1）磷酸二酯酶抑制剂（phosphodiesterase inhibitor）：通过选择性抑制心肌和平滑肌的磷酸二酯酶同工酶，减少 cAMP 的降解，进而使细胞内 cAMP 浓度升高，发挥正性肌力和外周血管舒张的效应。可使心输出量和每搏输出量增加，肺动脉压、肺毛细血管压、体循环血管和肺血管阻力下降。米力农：首剂 25~75μg/kg 静脉注射（>10min），继以 0.250~0.750[μg/（kg·min）]静脉滴注。常见不良反应包括低血压和心律失常，OPTIMECHF 研究表明米力农可能增加不良反应事件和病死率。米力农、氨力农或奥普力农静脉给药，可用于急性失代偿期。

（2）左西孟旦：是一种钙离子增敏剂，通过结合心肌细胞上的肌钙蛋白 C 促进心肌收缩，通过介导 ATP 敏感的钾通道而发挥血管舒张作用，在增加心肌收缩力的同时扩张外周血管和冠状动脉，减轻心脏的前后负荷，因此具有强心、扩血管双重作用，可用于正接受 β 受体拮抗药治疗的患者。该药在缓解临床症状、改善预后等方面不劣于多巴酚丁胺，可使心力衰竭患者的 BNP 水平明显下降。

（3）伊伐布雷定：伊伐布雷定是心脏窦房结起搏电流（If）的一种选择性特异性抑制剂，以剂量依赖性方式抑制 If 电流，降低窦房结发放冲动的频率，减慢心率，而对心内传导、心肌收缩力或心室复极化无影响。窦性心律的 NYHA 心功能分级 Ⅱ~Ⅳ级慢性稳定性心力衰竭患者，LVEF≤35%，合并下列情况之一：①已使用 ACEI 或 ARB、β 受体拮抗药、醛固酮受体拮抗剂，β 受体拮抗药已达到推荐剂量或最大耐受剂量，心率仍≥70 次/min；②心率≥70 次/min，对 β 受体拮抗药不能耐受或禁忌的患者。在伊伐布雷定治疗前以及调整剂量时，应监测患者的静息心率，可考虑行心电图、动态心电图监测，尤其对心率较慢、

伴室内传导障碍的患者。注意监测有无心房颤动的发生，伊伐布雷定对心房颤动时的心室率控制无效，若患者变为持续性心房颤动，应停用伊伐布雷定，先天性长 QT 综合征或使用延长 Q-T 间期药物的患者应避免使用伊伐布雷定，因心率减慢可加重 Q-T 间期的进一步延长（虽然伊伐布雷定不影响 QTc）。

（4）儿茶酚胺类

1）多巴胺（Dopamine）：静脉给予小剂量[1~4μg/（kg·min）]时，仅作用于外周多巴胺能受体，降低外周阻力，血管舒张作用主要发生在肾脏等内脏、冠状动脉和脑血管床。在伴有肾脏血流灌注不足和肾衰的患者，这一浓度可改善肾脏血流和肾小球滤过率，增加尿量和钠排出率，并增强患者对利尿药的反应。给予中等剂量[5~10μg/（kg·min）]时，通过激动心脏 β1 受体，增加心收缩力和心输出量。给予大剂量[10~20μg/（kg·min）]时，除了上述作用，还通过激动外周 α 受体发挥血管收缩和升高血压作用，这对低血压患者可能有益，但可能增加左室后负荷、肺动脉压和肺循环阻力。通常从小剂量开始静脉给药，根据病情需要逐渐增加剂量。

2）多巴酚丁胺（Dobutamine）：主要通过激动心肌 β1 受体，产生剂量依赖性的正性肌力和变时作用，在增加心排出量的同时伴有左室充盈压的下降，并反射性降低交感神经系统张力和血管阻力。给予小剂量时，引起缓和的血管扩张，导致心脏后负荷下降而使心脏每搏输出量增加；给予大剂量可导致血管收缩。需要注意的是，老年患者对多巴酚丁胺的治疗反应性显著下降。

（四）临床问题导向的药物治疗

1. 利尿药的临床使用时机 尽管利尿药在心衰治疗中的地位极为重要，但只有合理使用利尿药才能达到预期的治疗效果。利尿药用量不足，会造成液体潴留，降低机体对 ACEI 的反应，如利尿药剂量不足造成液体潴留，会降低患者对 ACEI 的反应。另一方面，不恰当的大剂量使用利尿药则会导致血容量不足，发生低血压、肾功能不全和电解质紊乱。

利尿药能促进尿钠的排泄，消除水钠潴留，有效缓解心力衰竭患者的呼吸困难及水肿，改善心功能和运动耐量，但对心力衰竭死亡率的影响

尚不明确。对于有液体潴留的心力衰竭患者,利尿药是唯一能充分控制和有效消除液体潴留的药物。恰当使用利尿药是疗心力衰竭药物取得成功的关键和基础。如何选择利尿药、途径给药、起始剂量,通常需要医生根据患者的用药史和具体临床情况来决定。

利尿药的使用通常由小剂量开始,逐渐增加剂量至尿量增加,根据淤血症状和体征、血压、肾功能调整剂量,每日减轻体重 0.5~1.0kg 为宜。一旦症状缓解、病情控制,即以最小有效剂量长期维持,预防再次液体潴留,并根据液体潴留的情况随时调整剂量。每日体重变化是最可靠的监测利尿药效果和调整利尿药剂量的指标。应用利尿药前应首先检测患者肾功能和电解质,在开始应用或增加剂量 1~2 日后应复查血钾和肾功能。可以根据患者的病情需要(症状、水肿、体重变化)及时调整剂量。利尿药的使用可激活内源性神经内分泌系统,故应与 ACEI/ARB、β 受体拮抗药联用。

2. ACEI 的使用时机 ACEI 应尽早使用,由小剂量开始,逐渐递增,直至达到目标剂量,一般每隔 2 周剂量倍增 1 次。住院患者在严密监测下可更快上调,滴定剂量及过程需个体化。调整至合适剂量应终生维持使用,避免突然停药。ACEI 突然停药会导致临床恶化。应监测血压,在开始治疗后 1~2 周检查血钾和肾功能,并每月定期复查生化指标,尤其是低血压、低钠血症、糖尿病、氮质血症、补钾治疗的患者。

目前已有证据表明:ACEI 治疗慢性收缩性心力衰竭是一类药物的效应。在已完成的临床试验中几种不同的 ACEI 并未显示对心力衰竭的存活率和症状的改善有所不同。临床试验中,ACEI 剂量不是由患者的治疗反应决定,而是增加至预定的目标剂量。在临床实践中可根据每例患者的具体情况而定,应尝试使用在临床试验中被证明可以减少心血管事件的目标剂量,如不能耐受,也可使用中等剂量或患者能够耐受的最大剂量。临床较常见的错误是剂量偏小,即给予起始剂量后不再递增。更重要的是,切忌因不能达到 ACEI 的目标剂量而推迟 β 受体拮抗药的使用,ACEI 和 β 受体拮抗药应尽早联合使用,越来越多循证医学证据表明,ACEI 和 β 受体拮抗药的早期联合使用给患者带来获益。

3. β 受体拮抗药的使用时机 起始和维持:①起始剂量宜小,一般为目标剂量的 1/8,如患者能耐受前一剂量,每隔 2~4 周剂量可加倍,调整剂量过程需个体化。此用药方法由 β 受体拮抗药治疗心力衰竭发挥独特的生物学效应决定。这种生物学效应通常需持续用药 2~3 个月才逐渐产生,而初始用药主要产生的药理作用是抑制心肌收缩力,可能诱发和加重心力衰竭,为避免这种不良影响,起始剂量需小,递加剂量需慢。②在药物上调期间,需密切观察患者生命体征、呼吸困难及淤血的症状及体征、每日体重。患者有液体潴留或最近曾有液体潴留史,必须同时使用利尿药,预防 β 受体拮抗药治疗初期液体潴留加重。一旦出现体重增加即应加大利尿药剂量,直至恢复治疗前体重,再继续加量。如前以较低剂量治疗出现不良反应,可延迟加量至不良反应消失。③在慢性心力衰竭失代偿期,可以继续使用 β 受体拮抗药,应根据患者病情减少剂量,休克及严重低血压患者应停用,但在出院前应再次启动 β 受体拮抗药治疗。④即使 β 受体拮抗药未能改善症状,仍应长期治疗。突然停用 β 受体拮抗药会导致病情恶化,应避免突然停药。β 受体拮抗药可用于气道反应性疾病或无症状心动过缓患者,但对于有持续症状的患者应谨慎使用。

4. 洋地黄类药物的使用时机 地高辛是唯一不增加慢性心力衰竭患者远期死亡率的口服正性肌力药,如果根据血清药物浓度调整至合适的剂量,地高辛的不良反应很少。地高辛不降低血压,不影响肾功能和电解质,可与其他抗心力衰竭药物联用。适用于慢性 HF-REF 已应用利尿药、ACEI(或 ARB)、β 受体拮抗药和醛固酮受体拮抗剂、LVEF ≤45%、持续有症状的患者,伴快速心室率的心房颤动患者尤为适合。

5. 药物治疗初始治疗、联合治疗、治疗方案的调整原则

(1)ACEI 和 β 受体拮抗药联用:两药联用被称为"黄金搭档",可产生相加或协同的有益效应,使患者死亡率进一步下降。关于 ACEI 与 β 受体拮抗药的应用顺序,CIBIS Ⅲ 试验比较了先应用比索洛尔和依那普利的效益,结果显示两组疗效或安全性均相似。事实上,ACEI 与 β 受体拮抗药联合使用能发挥最大益处。在一种药物低剂量的基础上加用另一种药物,较单纯加量获益更多。在应用低或中等剂量 ACEI 的基础上,及早加用 β 受体拮抗药,既易于稳定临床症状,又可早期发挥 β 受体拮抗药降低猝死的作用和两药的协同作用。两药联用后,可根据临床情况的变化,交替和逐步递增各自的剂量,分别达到各自的目标剂量或最大耐受剂量。为避免低血压的发生,β 受体拮抗药与 ACEI 可于 1 日中不同时间段服用。

(2)ACEI 与醛固酮受体拮抗剂联用:临床研究证实联用可进一步降低慢性心力衰竭患者的病死率,较为安全,但需监测血钾水平,尤其是老年、肾功能减退者。通常与排钾利尿药联用以避免发生高钾血症。在上述 ACEI 和 β 受体拮抗药黄金搭档基础上加用醛固酮受体拮抗剂,称为"金三角",是慢性 HF-REF 的基本治疗方案。

(3)ARB 与 β 受体拮抗药或醛固酮受体拮抗剂联用:不能耐受 ACEI 的患者,可以 ARB 代替。此时,ARB 联合 β 受体拮抗药,以及在此基础上再加用醛固酮受体拮抗剂,类似于"黄金搭档"和"金三角"。

6. 并发症、合并症及不良反应的多学科管理

(1)利尿药治疗的并发症及不良反应的处理方法

1)电解质紊乱:袢利尿药及噻嗪类利尿药常见的不良反应为电解质丢失,联用时电解质紊乱的发生风险更高。利尿药导致的低钾血症和低镁血症是心力衰竭患者发生严重心律失常的常见原因。出现低钾血症和低镁血症时可增加 ACEI/ARB 剂量、加用醛固酮受体拮抗剂、补钾、补镁。低钠血症时应注意区别缺钠性低钠血症和稀释性低钠血症,后者按利尿药抵抗处理。低钠血症合并容量不足时,可考虑停用利尿药。低钠血症合并容量过多时应限制入量、考虑托伐普坦、正性肌力药及超滤治疗。

2)低血压:在开始利尿药治疗或增加剂量时易发生。出现低血压(收缩压 <90mmHg)时,应区分容量不足和心力衰竭恶化,多见于使用强利尿药治疗、限盐饮食、恶心或呕吐引起血容量不足或血钠水平过低的患者,应纠正低钠及低血容量水平。发生症状性低血压后,若无体循环

淤血的症状及体征,利尿药应减量。若仍伴有低血压症状,还应调整其他血管扩张剂(如硝酸酯、钙通道阻滞剂)的剂量。在体液丢失较多的情况下(腹泻、呕吐、出汗较多),利尿药应减量。

3)肾功能恶化:利尿药治疗中可出现肾功能损害(血肌酐/尿素氮水平上升),可能原因包括:①利尿药不良反应,如联合使用袢利尿药和噻嗪类利尿药者应停用噻嗪类利尿药;②心力衰竭恶化,肾脏低灌注和肾静脉充血均会导致肾功能损害;③容量不足;④某些肾毒性药物,如非甾体抗炎药,包括环氧合酶(COX)-2 抑制剂,影响利尿药的药效且导致肾功能损害和肾灌注下降。利尿药治疗中出现血肌酐/尿素氮水平上升,可考虑减少 ACEI/ARB 剂量,必要时可考虑行血滤/透析。

4)高尿酸血症:对于高尿酸血症患者可考虑改用袢利尿药或加用降尿酸药。痛风发作时可用秋水仙碱,避免使用非甾体抗炎药。

5)利尿药反应不佳或利尿药抵抗:轻度心力衰竭患者使用小剂量利尿药即反应良好,心力衰竭进展和恶化时常需加大利尿药剂量,最终大剂量也无反应,即出现利尿药抵抗。临床处理包括:①注意患者的依从性、液体及钠的摄入量,钠摄入过多导致利尿药疗效差;②改变袢利尿药的用量用法:增加利尿药剂量和次数,空腹服用,呋塞米改为布美他尼或托拉塞米。

(2)ACEI 的并发症及不良反应的处理方法

1)肾功能恶化:心力衰竭患者常合并肾功能不全,当肾灌注减少时,GFR 依赖于 Ang Ⅱ 介导的出球小动脉收缩,使用 ACEI 后可引起肾灌注下降使肾功能恶化,尤其是重度心力衰竭(NYHA 心功能分级 Ⅳ 级)、低钠血症者。起始治疗后 1~2 周内应监测肾功能,并定期复查。ACEI 治疗初期肌酐水平可有一定程度的升高,如肌酐水平升高 <30%,不需特殊处理,但应加强监测;如肌酐水平升高 >30%,应减量;如肌酐水平仍继续升高,应停用。肌酐水平升高 >100% 或 >310μmol/L(3.5mg/dl)[或 eGFR<20ml/(min·1.73m²)],ACEI/ARB 应停用。大多数患者停药后肌酐水平趋于稳定或降至治疗前水平。避免使用肾毒性药物如非甾体抗炎药。如无淤血表

现,可降低利尿药剂量。

2)高血钾:使用 ACEI 可能发生高钾血症,肾功能恶化、补钾、联用保钾利尿药、合并糖尿病患者易发生高钾血症。用药后 1 周应复查血钾,并定期监测,如血钾 >5.5mmol/L,应停用 ACEI。ACEI 与醛固酮受体拮抗剂联用时,应同时使用袢利尿药。通常使用 ACEI 时不应同时加用钾盐,除非存在低钾血症。

3)低血压:很常见,在治疗开始几天或增加剂量时易发生。无症状性低血压通常无需任何改变,首次剂量给药如出现症状性低血压,重复给予同样剂量时不一定再出现症状。症状性低血压的处理方法:①调整或停用其他有降压作用的药物,如硝酸酯类、CCB 和其他血管扩张剂;②如无液体潴留,考虑利尿药减量或暂时停用;③减少 ACEI 剂量。

(3)ARB 的并发症及不良反应处理方法:目前认为慢性 HF-REF 患者治疗首选 ACEI,当患者不能耐受 ACEI 时可用 ARB 替代。不良反应及处理与 ACEI 相似,ARB 可引起高钾血症、低血压、肾功能不全,监测及处理同 ACEI。与 ACEI 相比干咳少,极少数会发生血管神经性水肿。ARB 类厄贝沙坦及替米沙坦不能通过血液透析排出体外,对于心力衰竭合并肾功能不全患者慎用。

(4)β 受体拮抗药的并发症及不良反应处理方法

1)心动过缓和房室传导阻滞:如心率低于 50 次 /min,或伴头晕等症状,或出现一度或二度房室传导阻滞,应减量甚至停药。此外,应注意药物相互作用的可能性,停用其他可引起心动过缓的药物。

2)低血压:一般出现于首次剂量或加量的 24~48h 内,若无症状,通常不需处理,重复用药后常可自动消失。与 ACEI 在不同时间服用可降低低血压的发生风险。处理方法为首先考虑停用硝酸酯类药物、CCB 或其他不必要的血管扩张剂。如存在容量不足的情况,利尿药应减量。如存在低血压伴低灌注症状,则应将 β 受体拮抗药减量或停用,并重新评定患者的临床情况。

3)液体潴留和心力衰竭恶化:应告知患者每日固定时间称体重,如在 3 日内体重增加 >2kg,应增加利尿药的剂量。用药期间如心力衰竭症状有轻或中度加重,应增加利尿药剂量。如病情恶化,且与 β 受体拮抗药应用或加量相关,宜暂时减量或退回至前一剂量。如病情恶化与 β 受体拮抗药应用无关,则无需停用。应积极控制加重心力衰竭的诱因,并加强各种治疗措施,必要时可短期静脉应用正性肌力药,磷酸二酯酶抑制剂较 β 受体激动剂更合适,因后者的作用可被 β 受体拮抗药拮抗。

(5)地高辛的并发症及不良反应的处理方法:与能抑制窦房结或房室结功能的药物(如胺碘酮、β 受体拮抗药)联用时须严密监测患者心率。奎尼丁、维拉帕米、胺碘酮、普罗帕酮、克拉霉素、伊曲康唑、环孢素、红霉素等与地高辛联用时,可增加地高辛血药浓度,增加药物中毒风险,此时地高辛宜减量。

(6)心力衰竭患者应避免使用或慎用的药物

1)α 受体拮抗药(如多沙唑嗪和哌唑嗪)可能引起心力衰竭恶化。

2)抗心律失常药物:心力衰竭患者多合并各种心律失常,大部分抗心律失常药物有负性肌力作用,会导致心力衰竭恶化。抗心律失常药物还具有促心律失常作用,尤其是 I 类抗心律失常药物,应避免使用。因 β 受体拮抗药对心力衰竭治疗的有益作用,应作为一线药物使用。对于合并室上性或室性心律失常的 HF-REF 患者,可使用胺碘酮,但禁用决奈达隆,因其增加中、重度心力衰竭患者的死亡率。

3)钙通道阻滞药:大多数钙通道阻滞药(除氨氯地平和非洛地平外)有负性肌力作用,引起心力衰竭失代偿和死亡率增加,应避免使用。心力衰竭患者合并严重高血压或心绞痛时,可使用氨氯地平和非洛地平,但需注意引起腿部水肿的可能。

4)西洛他唑(Cilostazol):为扩张动脉血管作用的磷酸二酯酶抑制剂,用于治疗间歇性跛行。因其他磷酸二酯酶抑制剂的研究显示充血性心力衰竭患者应用此类药物会增加死亡率,故建议心力衰竭患者避免使用。

5)糖皮质激素:可引起水钠潴留,使用前应权衡用药的获益和水钠潴留所导致的不利作用。

6）中药治疗：一些中成药会与β受体拮抗药、地高辛、血管扩张剂、抗血栓药物、抗心律失常药物产生明显的相互作用。

7）非甾体抗炎药：非甾体抗炎药通过收缩血管引起心力衰竭症状恶化，可引起肾功能损害，增加 ACEI、ARB 或醛固酮受体拮抗剂引起肾功能异常的风险。

8）口服降糖药：噻唑烷二酮类（罗格列酮和吡格列酮）禁用于充血性心力衰竭患者。对慢性 HF-REF 患者进行指南导向的规范化药物治疗（guideline-directed medical therapy，GDMT）能改善心力衰竭患者预后，降低死亡率。

（五）药物治疗展望

1. 新药研究　在心衰新药的探索中，一直期待有直接作用于受损心肌细胞，能够改善心肌细胞结构与功能，促使心肌细胞再生，逆转心室重构的药物。重组人纽兰格林（recombinant human neuregulin-1，rhNRG-1）是直接作用于心肌细胞的药物，目前处于临床研究阶段。

rhNRG-1/ErbB 信号系统参与心肌细胞和心脏胚胎发育的分化调控，而且与成人心脏功能、心衰发生、发展乃至预后等病理过程密切相关。研究结果显示 rhNRG-1 可与心肌细胞表面的 ErbB4 受体结合，增强心肌细胞收缩能力，提高心衰患者的心泵功能、逆转心脏扩张趋势、改善其长期预后指标、降低再入院次数与Ⅱ、Ⅲ级心衰患者死亡率。

除此之外，中药治疗心力衰竭的研究也已取得一定结果，芪苈强心胶囊治疗慢性心衰临床试验结果显示芪苈强心胶囊治疗慢性心力衰竭显著降低 NTPro-BNP，改善生活质量。《中国心力衰竭诊断和治疗指南 2018》更新并优化慢性 HFrEF 的治疗流程，新增血管紧张素受体脑啡肽酶抑制剂（angiotensin receptor neprilysin inhibitor，ARNI）类药物和中医中药治疗推荐。

2. 常用介入和手术治疗

（1）体外超滤治疗：在超泵负压吸引下，利用滤器半透膜两侧的压力梯度，通过对流机制滤出水分及电解质等小分子溶质，而血浆蛋白和血细胞被留在血液中，定时、定量清除体液、排钠量更多，不造成电解质紊乱、不激活神经内分泌系统，并部分恢复患者对利尿药的敏感性。

根据患者体液潴留的程度，可控地清除过剩的体液，有效纠正水钠潴留。

应用指征：症状性心衰患者宜早期开始超滤治疗，特别是左心衰竭伴严重呼吸困难的患者，可迅速改善症状，为救治赢得时间；心衰伴利尿药抵抗或其疗效不满意，或因近期液体负荷增加导致症状加重；伴明显的液体潴留，同时具备以下 2 项以上：劳力性呼吸困难、阵发性夜间呼吸困难或端坐呼吸；肺部湿啰音；淤血性肝大或腹腔积液。

（2）机械循环支持治疗：主要包括主动脉内球囊反搏（IABP）、体外氧合膜（ECMO）、心室辅助装置。

（3）其他介入治疗：心脏再同步化治疗（CRT）用于经标准和优化的药物治疗至少 3~6 个月仍持续有症状。

四、心律失常

心律失常是指心脏激动的起源、频率、节律、传导速度和传导顺序发生异常。心律失常的治疗包括基础疾病或病因的治疗、药物治疗和非药物治疗，其中抗心律失常药物的临床合理应用是心血管疾病治疗中的一个难点。

（一）临床表现与诊断

1. 心肌电生理　心脏规律、协调的收缩和舒张活动均由心脏的电活动所激发。这类电活动源于窦房结，冲动经右心房、左心房到达房室结，沿房室束及左右束支、浦肯野纤维传导至心室肌，使心房、心室顺序收缩舒张，形成窦性心律。凡是心脏内电生理活动（冲动形成和传导）异常即为心律失常（cardiac arrhythmia）。

心肌细胞的电生理基础为经心肌细胞膜的跨膜离子流。心肌细胞膜上有电压门控通道（voltage-gated channel）和化学门控通道（chemically-gated channel），具有选择通过性功能。心肌细胞膜内外存在一定的电位差，成为膜电位（transmembrane potential），细胞膜内电位较膜外为负的现象成为极化。心肌细胞兴奋过程中产生除极和复极的一系列电位变化成为动作电位，分为 0 期（除极）、1、2、3 期（复极）和 4 期（静息期），图 8-2-1 反映了心肌细胞的动作电位、不应期和膜反应曲线。

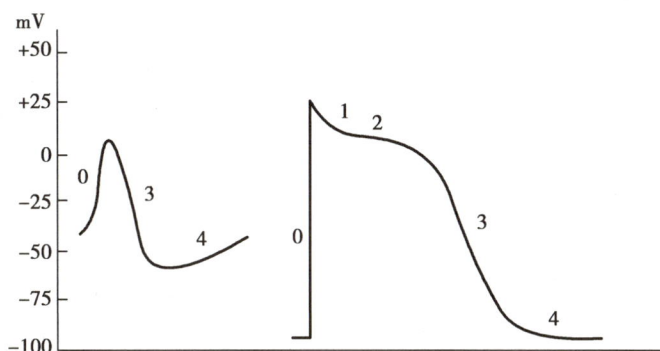

图 8-2-1 心肌细胞的动作电位、不应期（左）和膜反应曲线

2. 心律失常发生机制

（1）冲动形成异常：包括正常自律机制改变和异常自律机制形成。前者是指参与正常舒张期自动除极化的起搏电流动力学和电流大小的改变而引起的自律性变化；后者是指非自律性心肌细胞在工作肌细胞缺血、缺氧条件下出现的异常自律性。

（2）触发活动：是一种异常的细胞电活动，是动作电位复极过程中或刚刚复极完毕后出现的膜电位震荡即后除极（after-depolarization）。包括早期后除极（early after-depolarization, EAD）和迟后除极（delayed after-depolarization, DAD）。EAD常发生于 2、3 相复极中，DAD 常发生于细胞内钙超载条件下。

（3）折返激动：这是引起快速型心律失常的重要原因，产生折返激动必须具有环形通路、单向传导阻滞和折返冲动落于原已兴奋心肌的不应期之外。对于正常心脏，一次窦性激动经心房、房室结和心室传导后消失。但当心脏在解剖或功能上存在双重的传导途径时，激动可沿一条途径下传，又自另一途径返回，使在心脏内传导的激动持续存在，并于心脏组织不应期结束后再次兴奋心室或心房。

3. 心律失常诊断与表现

（1）心律失常诊断方法：心律失常的诊断手段主要依靠心电图，这是最简便、经济、准确的方法，记录时最好是 12 导联同步心电图，至少应包括较长的 II 或 V_1 导联记录，可以有助于疑难、复杂心律失常的准确诊断。长时间的心电图记录方法包括动态心电图（Holter 监测）、有线或无线心电监测及可植入型心电事件记录器等。其他评估方法还有心脏电生理检查、运动平板试验和直立倾斜试验等。仔细询问病史与患者体格检查能为心律失常诊断提供更多的线索，心音听诊可以为心律失常做出初步判断。

（2）心律失常表现

1）窦性心律失常：其中窦性心动过速表现为成人窦性心率超过 100 次 /min 一般无明显临床症状，患者有时感觉心悸、胸闷等；窦性心动过缓表现为窦性心率低于 60 次 /min，一般无明显临床症状，当心率 <50 次 /min 时有头晕、乏力、胸闷等；窦性心律不齐表现为相邻心动周期的差值 ≥120ms，有心悸感觉。

2）异位快速心律失常：其中室上性心动过速，心率在 140~160 次 /min；心房扑动的心室率在 140~160 次 /min，大多为阵发性，常突然发作、突然终止，心电图表现为 P 波消失；室性心动过速表现为 QRS 时限 >120ms，常有继发性 ST-T 段改变，心室频率在 140~200 次 /min；心房颤动，心电图上表现为 P 波消失并代之以不规则的颤动波（f 波），临床上可有或无症状，主要取决于发作时的心室率、心功能、伴随的疾病及房颤持续时间等。

3）期前收缩：又称早搏，可分为房性、房室交接性和室性三种，临床可有心悸或心跳暂停感，频发室早可致乏力、头晕等症状。心电图特征为较基本心律提早的一次或多次 P-QRS 波群。

（二）一般治疗原则

心律失常药物治疗令人关注的是它的有效性和安全性。原则是寻找和纠正诱因与病因、控制心室率、预防栓塞并发症和恢复窦性心律；药物治疗的总体原则是针对病因和诱因进行治疗，先单独用药再联合用药；以最小剂量取得满意效果；先考虑降低危险性再考虑缓解症状；减少药物不良反应及用药引起的心律失常发生。例如对于心房颤动,有以下原则需要遵守:根据危险分层个体化选择节律控制和室率控制策略;持续数周且有症状者,首选抗凝和室率控制;有潜在病因者,病因控制前暂不复律,有血流动力学不稳定者及时恢复并维持窦性心律。选择合适药物来进行室率控制、转复和维持窦性心律。应根据血栓栓塞危险因素来选择抗凝策略;积极开展患者药学监护。

(三)基本治疗药物及治疗方案

抗心律失常药物(anti-arrhythmia drug, AAD)研发经历了较为艰难曲折的过程。1914 年,奎尼丁在应用于治疗疟疾是发现有治疗房颤的作用,由此开启了第一个 AAD 的临床应用。20 世纪 50 年代普鲁卡因胺用于抗室性心律失常,60 年代,利多卡因得到较为广泛的应用。80 年代普罗帕酮、氟卡尼、恩卡尼相继用于临床,AAD 的临床应用达到了第一个高峰。1984 年科学家们根据 Vaughan Williams 改良方法,根据药物作用机制,将 AAD 分为 I 类快钠离子通道阻滞剂、II 类 β 受体拮抗药、III 类延迟整流钾通道阻滞剂、IV 类 L 型钙通道阻滞剂。1988 年,进行的一项临床研究 CAST 试验发现,氟卡尼等 I_c 类药物尽管可以控制心梗患者的心律失常,但用药组死亡率却高于安慰剂组,提出了"抗心律失常药物研发应以 III 类药物为发展方向",将抗心律失常药物研发推向了一个新的高度。临床研究结果表明,目前分类体系中 4 类抗心律失常药物的总有效率都不高,一般为 30%~60%,且都具有一定的副作用,这对抗心律失常药物的研发带来了新的挑战。1991 年,心律失常专家们根据该分类方法的局限性提出了西西里分类方法,将洋地黄苷、腺苷、肾上腺素、阿托品等常用药物纳入其中,基于药物作用靶点进行了分类,详细描述了每个药物的通道、受体和离子泵,但由于药物的复杂性,临床应用存在很大的难度。

近年来,随着离子通道研究取得的进展,为抗心律失常药物进一步研发奠定了基础。我国科学家发现 IKM3/M3R 离子通道可以作为抗缺血性心律失常潜在的药物靶标,此外 T 型钙通道、KV1.5 型钾通道分别可以作为抗高血压及抗房性心律失常药物的靶标(新靶点详见表 8-2-2),为抗心律失常临床研究提供了新的理论和基础。

随着分子生物学技术的不断发展,基因表型研究为抗心律失常提供了新的思路,例如特发性 LQTS 主要涉及心肌细胞 2 个钾通道 α 亚单位、2 个钾通道 β 亚单位和 1 个钠通道基因的异常突变,根据该基因型、患者性别及 QTc 进行危险分层来开展个体化治疗。

此外,随着科技的不断发展,抗心律失常的非药物治疗发挥了极其重要的作用,人工心脏起搏器、体外心脏电复律、经皮冠状动脉介入术等得到了广泛运用。

表 8-2-2 AAD 在治疗房颤中的新靶点

作用机制	药物靶点
兴奋性和有效不应期	缝隙链接,心房特异性离子通道调控(IK_{ur}、IK、IK_{Ach}、SK、K_2P/TASK 通道)
兴奋性和异位活性	心房选择性 INa 抑制剂,InaL 抑制剂,R_yR_2,CaMKII 抑制剂,NCX
心肌重构	Ca^{2+} 信号通路,激酶,磷酸酶,TRP 通道,miRNA

1. I 类 AAD:电压门控型离子通道阻滞剂 扩展为四类,包括:① Ia 亚类,靶点为 Nav1.5 通道开放中速解离,通过降低异位心房、心室自律性、减慢旁路传导,延长不应期,减少折返产生抗心律失常作用,临床常用药物有奎尼丁、丙吡胺等,用于室上性心律失常、房颤、室性心动过速(简称室速)、室颤等;② Ib 亚类,靶点为 Nav1.5 通道开放快速解离,通过降低异位心房、心室自律性、减低 DAD 诱导触发活动,单向或双向阻滞减少折返,临床常用药物有利多卡因等,用于室性心律失常(室速、室颤)等;③ Ic 亚类,靶点为 Nav1.5 通道非活跃状态慢速解离,通过降低异位心房、心室自律性、减低 DAD 诱导触发活动,单向或双向阻滞减少折返,临床常用药物有氟卡尼等,用于室上性心动过速(房性期前收缩、房性心动过速、心房扑动、房颤)等。

2. II 类 AAD:交感神经激动剂与抑制剂 扩展为五类,① IIa 类非选择性 β 受体拮抗药,通过降低窦房结、房室结自律性,减低异位心房、心室自律,减少早期后除极和窦房结折返,临床常用药物有卡维地洛、普萘洛尔、阿替洛尔、比索洛尔等,用于窦性心动过速、房颤、室速、室早控制及 LQTS、CPVT 等;② IIb 类非选择性 β 受体激动剂,通过增加室性逸搏节律,减少早期后除极的触发活动,临床常用药物异丙肾上腺素,用于三度房室传导阻滞是增加室性逸搏节律,获得性缓慢心律失常基础上的 Tdp 等;③Ⅱc 类 M_2 受体拮抗剂,通过增加窦房结自律性和房室传导,临床常用药物有阿托品、山莨菪碱、东莨菪碱等,用于轻中度症状窦性心动过缓、下壁心梗、迷走性晕厥等;④Ⅱd 类 M 受体激动剂,通过降低窦房结自律性和折返,临床常用药物有地高辛、毛果芸香碱、卡巴胆碱等,用于窦性心动过速或室上性心动过速;⑤Ⅱe 类腺苷 A1 受体激动剂,通过降低窦房结自律性和房室传导,终止折返,临床常用药物有腺苷、ATP、氨茶碱等,用于室性心动过速。

3. Ⅲ类 AAD:延迟整流钾通道阻滞剂

(1)Ⅲa 类电压依赖性钾通道阻滞剂,有非选择性钾通道阻滞剂胺碘酮、决奈达隆;有 $K_v11.1$ 介导的 I_{kr} 阻滞剂伊布利特、多非利特、索他洛尔等;有 $K_v7.1$ 介导的 I_{ks} 阻滞剂、K1.5 介导的 I_{kur} 阻滞剂维纳卡兰;有 $K_v1.4$ 和 $K_v4.2$ 介导的 I_{to} 阻滞剂替地沙米,这类药物临床上主要用于室性心律失常、合并预激综合征的心动过速、室颤、室早、室上性心律失常、房颤的治疗。

(2)Ⅲb 类为代谢性依赖钾通道开放剂,临床常用药物有尼可地尔、吡那地尔等,用于心绞痛和高血压治疗。

(3)Ⅲc 类有 KAch、GIRK4 阻滞剂等。

4. Ⅳ类 AAD:钙通道触控调节剂

(1)Ⅳa 类膜表面钙通道阻滞剂,包括非选择性药物苄普地尔、I_{CaL} 药物维拉帕米和地尔硫䓬,临床主要用于心绞痛和室上性心律失常治疗。

(2)Ⅳb 类细胞内钙通道阻滞剂,包括 RyR2 受体拮抗剂普罗帕酮及 IP3R 阻滞剂,临床主要用于儿茶酚胺敏感性多行室速治疗。

(3)Ⅳc 类为肌质网钙泵激动剂。

(4)Ⅳd 类为膜表面离子交换阻滞剂。

(5)Ⅳe 类为磷酸激酶和磷酸化酶阻滞剂。

5. Ⅴ类 ADD:机械敏感性通道阻滞剂、瞬态受体电压通道 TRPC3/TRPC6 阻滞剂
通过阻断 TRPC 介导的 Ca^{2+} 内流,减少早期后除极和延迟后除极引起的触发活动,发挥抗心律失常作用。

6. Ⅵ类 AAD:缝隙链接通道阻滞剂
缝隙链接蛋白(Cx)作为缝隙链接的重要组成部分,阻断 Cx 可以降低心肌传导性,代表药物为 Cx40、Cx43、Cx45 阻断剂甘珀酸。

7. Ⅶ类 AAD:心律失常上游靶点调节剂
包括 ACEIA、ARB、ω-3 脂肪酸、他汀类药物等,通过抑制心肌结构重构和电重构减少动作电位传导和折返倾向而发挥抗心律失常作用。

(四)临床问题导向的药物治疗
1. 药物治疗方案的调整原则及时机

1)室早和非持续性室速的 AAD 治疗:对于单纯性的室早,一般无结构性心脏病,不需要 AAD。非持续性室速需要综合评估心脏情况和诱发猝死的风险,大多数特发室速可采用射频消融,左室速、二尖瓣环室速,选择 β 受体拮抗药和非二氢吡啶钙通道阻滞药,如无效,可选择氟卡尼、美西律、普罗帕酮、胺碘酮等,ARVC 患者选择索他洛尔更有效。

2)房性期前收缩和非持续性房性心动过速的 AAD 治疗:无结构性心脏病患者出现房性期前收缩和非持续性房性心动过速可选择 β 受体拮抗药、索他洛尔、氟卡尼、普罗帕酮等,循证医学研究表明这类药物不能减少心血管疾病的发病率和死亡率。

3)持续性室性心律失常的 AAD 治疗:血流动力学稳定的持续性心动过速,QRS 波 ≤120ms 患者,推荐迷走刺激(Ⅰ级 B 水平证据),药物治疗可使用腺苷、维拉帕米/地尔硫䓬(Ⅰ级 A 水平证据),β 受体拮抗药、胺碘酮、地高辛(Ⅱb 级 C 水平证据);预激上传的室上速可使用伊布利特、普鲁卡因胺(Ⅰ级 B 水平证据);起源不明合并射血分数正常可使用普鲁卡因胺、索他洛尔、胺碘酮、维拉帕米、直接电复律(Ⅰ级 B 水平证据),利多卡因(Ⅱb 级 B 水平证据)、腺苷(Ⅱb 级 C 水平证据),起源不明合并射血分数降低可使用胺碘酮、直接电复律(Ⅰ级 B 水平证据)。

4)阵发性室上性心动过速治疗:对于反复发作、耐受性差、血流动力学差的房室结折返性心动过速(AVNRT)建议在导管消融(Ⅰ级 A 水平证据)前可用维拉帕米、地尔硫䓬、β 受体拮抗药转律(Ⅱa 级 C 水平证据),无效者可用普罗帕酮、索他洛尔、胺碘酮(Ⅱa 级 C 水平证据);对于耐受良好的 AVNRT,首选射频消融(Ⅰ级 A 水平证据),可用普罗帕酮、索他洛尔、胺碘酮、维拉帕米、地尔

硫䓬、β受体拮抗药转律（Ⅱa级C水平证据）。

5）心房颤动（AF）的治疗：AF是临床最常见的持续性心律失常，治疗目标是减轻症状和预防严重并发症。对血流动力学不稳定的患者及症状严重者（胸痛、肺水肿等），即刻电复律。房颤的首要治疗为抗栓治疗，根据患者血栓栓塞的危险分层进行抗凝治疗。除此之外房颤患者还应控制心室率。

①急性期心室率控制：对于血流动力学稳定患者，如果患者没有心室预激，根据心室率快慢及症状的轻重选择静脉或口服β受体拮抗药或钙离子阻滞剂（维拉帕米）（注意低血压与心力衰竭）。紧急情况下，房颤合并心力衰竭或低血压患者，应用洋地黄类（西地兰或地高辛）或胺碘酮控制心室率。急性期心室率控制目标为80~100次/min。房颤合并预激时，首选Ⅰ类抗心律失常药或胺碘酮控制心室率。

②长期心室率控制：可选用β受体拮抗药或钙离子阻滞剂及洋地黄类。遵循个体化原则。预激伴房颤，首选普罗帕酮或胺碘酮。其他措施无效或禁忌时，可用胺碘酮控制心室率。

6）心房扑动的治疗：急性期控制心室率，常用β受体拮抗药或钙通道阻滞剂及洋地黄类。长期治疗首选射频消融治疗，成功率高。

AAD种类繁多，作用机制复杂，临床应用应以控制症状、增加预后、减少致死率为终点目标，同时密切关注药物毒性反应、相互作用以及药物的致心律失常作用等。上述推荐临床治疗方案还需临床专家们在临床实践中加以判断。由于心律失常的发生机制复杂，机体多种因素将影响到药物的治疗，在抗心律失常治疗中，需要随时根据患者出现的状况，进行治疗目标、治疗方案的调整并根据不同时机选择需要的方式开展抗心律失常的治疗。

2. 常见AAD合并用药及不良反应的多学科管理

（1）合并用药及不良反应：根据药物药代动力学特性和临床治疗需要，在进行抗心律失常治疗时，由于AAD本身具有一定的致心律失常效应，因此需要慎重考虑。

临床常见的AAD药物相互作用及不良反应如下：

1）伊伐布雷定：该药仅通过CYP3A4代谢，因此CYP3A4抑制剂或诱导剂易与本品发生作用。比如，CYP3A4抑制剂酮康唑、伊曲康唑、克拉霉素、交沙霉素、奈非那韦、利托那韦、维拉帕米、地尔硫䓬、西柚汁等可使本品血药浓度大幅增加，易引起毒性反应；CYP3A4诱导剂如利福平、巴比妥类、降低本品的血药浓度，引起药效不足。本品最常见的不良反应为剂量依赖性的光幻视、视力模糊和心动过缓。此外也有头晕、头痛、血压不稳等，罕有复视、红斑、瘙痒等，偶有Q-T间期延长、肌肉痉挛等。本品禁用于心源性休克、急性心梗、重度低血压、房室传导阻滞，禁与延长Q-T间期的药物合用，如奎尼丁、丙吡胺、苄普地尔、索他洛尔、伊布利特、西沙比利、注射用红霉素等。

2）奎尼丁：本品与其他AAD合用可产生相加作用；可使地高辛肾清除率下降而增加药物浓度；与香豆素类药物合用，由于竞争性作用，会加强香豆素类药物的抗凝血作用；肝药酶诱导剂如苯巴比妥加速奎尼丁在肝中的代谢，缩短其血浆半衰期；西咪替丁和钙通道阻滞剂减慢奎尼丁代谢。本品不良反应方面可能致心律失常，恶心、呕吐、腹泻等胃肠道反应，心脏毒性、金鸡纳反应、低血压等。本品对于Ⅱ度以上房室传导阻滞、病态窦房结综合征、Q-T间期延长、低血压和严重肝肾功能损害者禁用。

3）丙吡胺：本品可增强华法林抗凝作用，苯巴比妥、苯妥英钠和利福平可诱导本药的代谢。不良反应方面，本品主要为低血压、心脏抑制；还可见口干、便秘、尿潴留、视物模糊；可见Q-T间期延长，产生尖端扭转型心律失常等。对于Ⅱ度以上房室传导阻滞、病态窦房结综合征、青光眼、尿潴留患者禁用。

4）利多卡因：西咪替丁、普萘洛尔会引起利多卡因浓度增高，与奎尼丁合用可能引起心脏停搏，与普鲁卡因胺合用有拮抗作用且可能会有精神症状，与胺碘酮合用加重传导阻滞或引起心脏停搏。不良反应方面，本品主要表现为中枢神经系统症状如眼球震颤，大剂量引起心率减慢、房室传导阻滞和低血压等。禁忌证方面，癫痫、显著心动过缓、Ⅱ度或Ⅲ度房室传导阻滞、严重低血压、严重心衰患者禁用。

5）普萘洛尔：西咪替丁显著降低普萘洛尔的清除率，易导致毒性反应。不良反应方面，本品主要表现为窦性心动过缓、诱发心衰、哮喘、低血压、精神压抑、记忆力减退、影响糖代谢、影响脂质代谢、停药反跳现象等。对于严重心动过缓、窦房传导阻滞、高度房室传导阻滞、心源性休克患者禁用，高脂血症、糖尿病患者，本品慎用。

6）胺碘酮：胺碘酮为 CYP3A4 的代谢底物，西咪替丁抑制 CYP3A4 会增加胺碘酮血药浓度，利福平诱导 CYP3A4 会降低胺碘酮血药浓度；胺碘酮增加地高辛、华法林浓度，加重心动过缓或房室传导阻滞，与排钾利尿药合用可能引起低血钾所致心律失常。不良反应方面，主要表现为窦性心动过缓、房室传导阻滞、Q-T 间期延长、角膜色素沉着、甲状腺功能亢进或甲状腺功能减退、肺间质纤维化等。严重房室传导阻滞、Q-T 间期延长、尖端扭转型室速患者禁用本品。

7）腺苷：药物相互作用方面，双嘧达莫为腺苷摄取抑制剂，合用会增加腺苷作用，茶碱抑制腺苷受体，导致腺苷效应下降。本品不良反应主要表现为短暂心动过缓、低血压、头痛、出汗、眩晕等。严重哮喘、严重 COPD 患者禁用本品。

8）决奈达隆：决奈达隆在体内经肝 CYP3A4 酶代谢，CYP3A4 酶抑制剂（抗真菌药和大环内酯类）可以使其血浆药物浓度升高 25 倍；CYP3A4 酶中度抑制剂如钙通道阻滞剂可以使其血浆药物浓度升高 1.5~1.7 倍；肝药酶诱导剂利福平，却使该药的血浆药物浓度降低 5 倍。决奈达隆（400mg，2 次 /d）与辛伐他汀、地高辛同服，可使辛伐他汀血药浓度增高 2~4 倍，地高辛浓度增高 1.7~2.5 倍，因此合用时应适当调整上述药物的剂量，以免引起毒性。决奈达隆同时是 CYP2D6 酶抑制剂，能引起美托洛尔生物利用度的中度升高，因此将该药与 CYP2D6 的底物合用时要谨慎。本品不良反应最常见为胃肠道反应，包括恶心、呕吐和腹泻，具甲状腺功能减退样效应；可引起 QTc 间期延长，增加了尖端扭转型室性心动过速的风险。用于严重心衰患者可能增加死亡率，可引起尿素和肌酐水平的升高。

（2）ADR 多学科管理机制：ADR 的科学防控管理对于减少患者机体损害、提升医疗安全、节约国家卫生医疗资源投入具有重要意义。国家在2018 年发布的《关于进一步加强患者安全管理工作的通知》中明确指出要求医疗机构应当建立患者安全不良事件报告制度，指定专门部门负责患者安全不良事件报告的收集、分析和总结工作，鼓励医务人员积极报告不良事件，从错误中学习，实现持续改进。对可能发生的患者安全重大不良事件要制订应急预案。

AAD 的临床合理使用，需要由临床、药学和护理等多学科的共同管理。通过加强用药审核、加强用药教育等途径，临床医生、药师、护理团队一起做好 AAD 的 ADR 多学科管理。由于 ADR 是药物临床治疗两重性的具体表现，是不可避免的。临床合理用药各项措施的落实将最大限度减轻 ADR 所带给患者的不适或机体损害，主要措施包括加强上市后药品安全性监测、加强临床用药过程监督（关注患者 ADR 史、严格掌握药品临床适应证、严格用法用量、严格给药途径管理）、及时处置发生的不良反应（根据病情采取停药、减少药物吸收相关措施、对症处理、严重者如过敏性休克要进行多学科联合救治）、加强 ADR 及时上报关注的规范管理（根据国家关于药品 ADR 上报相关规定，及时呈报并做出相关因果判断）。

（五）药物治疗展望

1. 治疗策略 房颤是临床上最为常见的心律失常，发病率逐年上升。抗凝是房颤治疗的基石。长期以来，华法林在我国的使用严重不足，RELY（Randomized Evaluation of Long-term Anticoagulant Therapy）登记研究显示 CHA2DS2-VASc ≥2 分患者华法林使用仅为世界平均水平（34.4%）的三分之一，主要原因在于其药理学特性的复杂性和临床医师对于患者出血风险的担心。新型口服抗凝药（NOAC）由于具有良好的耐受性和安全性，与其他药物、食物相互作用较少，固定剂量的使用为房颤患者血栓栓塞并发症的预防提供了新的选择。

AAD 药物的使用为房颤患者在心室率控制上带来重要获益，完善心脏超声检查，以控制静息心率 <110 次 /min 为初始目标，LVEF ≥40% 患者选择 β 受体拮抗药、钙通道阻滞剂、地高辛联合用药进行治疗；LVEF<40% 的患者将 β 受体拮抗药和地高辛考虑早期低剂量联合用药控制静息心率。

导管消融是房颤节律控制的重要手段,对于阵发性房颤、持续性房颤、合并器质性心脏病房颤患者的有效性和安全性优于抗心律失常药。欧美指南中将导管消融作为 AAD 无效的阵发性房颤的 I 类推荐和持续性房颤的 IIa 类推荐,导管消融对于预后的改善具有重要的意义。

2. 药物研究进展 随着抗心律失常药物研发和临床应用的进展,既往分类已经不能满足临床应用的需求。2018 年,科学家们通过全面系统回顾 AAD 发展历程,整理临床和在研的 AAD 药物分子靶点、电生理、药理机制以及临床应用现状,提出了将 AAD 分为八大类,包括钙通道触控调节剂、HCN 通道阻滞剂、电压门控型离子通道阻滞剂、交感神经激动剂与抑制剂、机械敏感性通道阻滞剂、瞬态受体电压通道 TRPC3/TRPC6 阻滞剂、缝隙链接通道阻滞剂和上游靶点调节剂几大类,在临床中发挥了重要的抗心律失常作用。

（李晓宇　柴　怡　范琳琳）

参 考 文 献

1. 林果为,王吉耀,葛均波.实用内科学[M].第 15 版.北京:人民卫生出版社,2017.
2. 国家心血管疾病中心.中国心血管病报告 2017[M].北京:中国大百科全书出版社,2017.
3. 朱依谆,殷明.药理学[M].第 8 版.北京:人民卫生出版社,2016.
4. 葛均波,方唯一.现代心脏病学进展(2019)[M].北京:科学出版社,2019.
5. 蔡卫民,吕迁洲.临床药学理论与实践[M].北京:人民卫生出版社,2012.
6. Lei M,Wu L,Terrar D A, et al. Modernized classification of cardiac antiarrhythmic drugs[J].Circulation,2018,138(17):1879-1896.

第九章　呼吸系统药物治疗

第一节　总　　论

一、呼吸系统疾病概述

呼吸系统疾病是临床常见病、多发病。近些年来，由于大气污染加重、吸烟等不良生活习惯滋长、人群结构老龄化等多种因素，全球呼吸系统疾病呈现高发态势。呼吸系统疾病的病变主要集中在患者气管、支气管和肺部、胸腔，患者轻则出现咳嗽、胸闷、胸痛等症状，重则出现呼吸急促、呼吸困难，甚至呼吸衰竭等。

呼吸系统疾病不仅发病率高，而且许多疾病起病隐袭，肺功能逐渐损害，致残率也高，给社会和国民经济带来沉重负担。

二、呼吸系统疾病的治疗原则

很多呼吸系统疾病的治疗是一个漫长的过程，部分患者甚至需要终身用药。在治疗病因的同时，采取安全有效的药物控制症状是治疗这类疾病的重要措施。对因治疗的药物，包括抗感染药物、抗过敏药物、调节机体免疫功能药物等，针对不同的靶点发挥作用。对症治疗药物按照所对应的症状主要分为镇咳药、祛痰药、平喘药三类，通过各类药物的配合应用发挥协同作用，提高疗效。每一种药物的选择取决于临床有效性和安全性，以及可及性、医疗花费的权衡。

（一）肺炎

肺炎是指发生在终末气道、肺泡和肺间质的炎症，可由病原微生物、理化因素、免疫损伤、过敏及药物所致。细菌性肺炎是最常见的肺炎，也是最常见的感染性疾病之一，患者常有发热、咳嗽、呼吸困难等典型表现。抗感染治疗是细菌性肺炎治疗的关键环节，包括经验性治疗和抗病原体目标治疗。对于冠状病毒引起的严重急性呼吸综合征（SARS）和新型冠状病毒引起的新型冠状病毒肺炎（COVID-19），临床上以对症支持治疗和针对并发症治疗为主。

抗菌药物应用的基本原则：根据患者症状、体征、实验室检查或放射、超声等影像学结果，诊断为细菌、真菌感染者方有指征应用抗菌药物；尽早查明感染病原体，根据病原体种类及药物敏感试验结果选用抗菌药物；在未获知微生物培养及药敏结果前，或无法获取培养标本时，可根据患者的感染部位、基础疾病、发病情况、发病场所、既往抗菌药物用药史及其治疗反应等推测可能的病原体，并结合当地微生物耐药性监测数据，先给予抗菌药物经验治疗。根据病原菌、感染部位、感染严重程度和患者的生理、病理情况及抗菌药物药效学和药动学证据制订抗感染治疗方案，包括抗菌药物的选用品种、剂量、给药次数、给药途径、疗程及联合用药等。

（二）支气管哮喘

支气管哮喘简称哮喘，是由多种细胞包括嗜酸性粒细胞、肥大细胞、T淋巴细胞、中性粒细胞、平滑肌细胞、气道上皮细胞等及细胞组分参与的气道慢性炎症性疾病。其临床表现为反复发作的喘息、气急、胸闷或咳嗽等症状，常在夜间及凌晨发作或加重，多数患者可自行缓解或经治疗后缓解，同时伴有可变的气流受限和气道高反应性，随着病程延长可导致一系列气道结构的改变。尽管哮喘尚不能根治，但通过有效的管理，可以实现哮喘的控制。哮喘治疗目标在于控制症状和降低风险。

严重度分级是哮喘治疗的基础。哮喘慢性持续期的治疗原则是以患者病情严重程度和控制水平为基础,选择相应的治疗方案。哮喘治疗方案的选择既要考虑群体水平,也要兼顾患者的个体差异。群体水平上,需要关注治疗的有效性、安全性、可及性和医疗花费;个体水平上,需考虑患者的临床特征或表型、可能的疗效差异、患者的喜好、吸入技术、依从性、经济能力和医疗资源等实际状况。哮喘治疗方案的调整应基于症状控制水平和风险因素水平等,按照阶梯式治疗方案进行升级或降级调整。哮喘发作的治疗取决于哮喘加重的严重程度以及对治疗的反应。

抗炎治疗是哮喘治疗的首要原则,糖皮质激素是最有效的控制哮喘气道炎症的药物。吸入治疗是哮喘治疗的主要方式,吸入方式是目前哮喘治疗的主要给药方式。

教育患者是哮喘治疗的重要内容,通过哮喘常识的教育、用药依从性和正确使用吸入装置的指导和培训、正确进行自我管理宣教等多种方式的教育,提高患者对哮喘的认识和对治疗的依从性,增强自我监测和管理能力,减少急性发作,降低住院率及病死率,提高生活质量。

(三)支气管扩张症

支气管扩张症简称支气管扩张,主要指急慢性呼吸道感染和支气管堵塞后,反复发生支气管化脓性炎症,致使支气管壁结构破坏,管壁增厚,引起支气管异常和持久性扩张的一类异质性疾病的总称。临床表现为持续或反复性咳嗽、咳痰,有时伴有咯血,可导致呼吸功能障碍及慢性肺源性心脏病。它是一种常见的慢性呼吸道疾病,病程长,病变不可逆转,由于反复感染,特别是广泛性支气管扩张可严重损害患者肺组织和功能,严重影响患者的生活质量。支气管扩张症的治疗目的包括:确定并治疗潜在病因以阻止疾病进展,维持或改善肺功能,减少急性加重,减少日间症状和急性加重次数,改善患者的生活质量。支气管扩张的治疗原则是消除病原,促进痰液排除,控制感染等,必要时可行外科手术治疗。

物理治疗可促进呼吸道分泌物排出,提高通气有效性,维持或改善运动耐力,缓解气短、胸痛症状。支气管扩张症患者出现急性加重合并症状恶化,即咳嗽、痰量增加或性质改变、脓痰增加和/

或喘息、气急、咯血及发热等全身症状时,应考虑应用抗菌药物,并依据患者咯血量,采取适宜的止血方案。

同其他慢性气道疾病一样,患者教育及管理也是支气管扩张症治疗的重要环节。

(四)慢性阻塞性肺疾病

慢性阻塞性肺疾病(chronic obstructive pulmonary disease, COPD)是一种常见的、可以预防和治疗的疾病,以持续的呼吸症状和气流受限为特征,通常是由于明显暴露于有毒颗粒或气体引起的气道和/或肺泡异常所导致。最常见的呼吸症状包括呼吸困难、咳嗽和/或咳痰。稳定期患者的治疗目标为缓解当前症状,降低未来急性加重风险;急性加重期的治疗目标为最大程度地减少当前急性加重的影响并防止随后发生的事件。

支气管扩张剂是COPD治疗的基石,该类药物可松弛支气管平滑肌、扩张支气管、缓解气流受限,是控制COPD的主要治疗措施。

稳定期患者治疗方案制订应基于个体症状评估和未来急性加重风险,其治疗不局限于药物治疗,应辅助非药物干预。

对于急性加重期,氧疗是住院患者的基础治疗,全身激素可以改善肺功能和氧合,缩短恢复时间和住院时间,治疗时间一般不超过5~7日。遵循指征使用抗菌药物,避免不规范抗菌药物使用。

患者教育管理是COPD治疗的重要保障。教育内容包括戒烟、COPD基础知识、吸入剂教育与指导等,通过教育与管理减少病情反复加重,提高生命质量。

(五)间质性肺疾病

间质性肺疾病(interstitial lung disease, ILD)是一组主要累及肺间质和肺泡腔,导致肺泡-毛细血管功能单位丧失的弥漫性肺疾病。临床主要表现为进行性加重的呼吸困难、限制性通气功能障碍伴弥散功能降低、低氧血症以及影像学上的双肺弥漫性病变。治疗目标因间质性肺疾病的临床表现而不同。许多间质性肺疾病诸如特发性肺纤维化的治疗目标是减缓或稳定疾病进展,其中有些间质性肺疾病,如呼吸性细支气管炎相关间质性肺疾病,具有自限性和潜在可逆性。

ILD 的治疗并无统一的治疗方案,大多数采用综合性而非特异性治疗,主要包括抗纤维化、糖皮质激素及免疫抑制剂、中药、对症治疗、肺移植等。

(六)呼吸衰竭

呼吸衰竭是指各种原因引起的肺通气和 / 或换气功能严重障碍,使静息状态下亦不能维持足够的气体交换,导致低氧血症伴(或不伴高碳酸血症),进而引起一系列病理生理改变和相应临床表现的综合征。其临床表现缺乏特异性,呼吸衰竭的总体治疗原则为加强呼吸支持,包括保持呼吸道通畅,改善和纠正缺氧、高碳酸血症和酸碱失衡所致的代谢功能紊乱,为治疗基础疾病和诱发因素争取时间和创造条件;呼吸衰竭病因和诱因的治疗,加强一般治疗以及对其他重要脏器功能的监测与支持。

(七)肺结核

肺结核是指发生在肺组织、气管、支气管和胸膜的结核病变。肺结核治疗的五原则:早期、规律、全程、适量、联合。整个治疗方案分为强化和巩固两个阶段。多数肺结核患者不住院治疗,同样收到良好效果。在不住院条件下要取得治疗的成功,关键在于对肺结核患者实施有效治疗管理,即目前推行的在医务人员直接面视下督导治疗,确保肺结核患者在全疗程中规律、联合、足量和不间断地实施规范化疗,减少耐药性的产生,最终获得治愈。

三、常用药物分类及作用机制

(一)平喘药

1. **抗炎平喘药**　这类药物通过抑制气道炎症反应而发挥平喘作用,可分为:糖皮质激素和磷酸二酯酶 -4 抑制剂。常用的抗炎平喘药见表 9-1-1。

2. **支气管舒张剂**　这类药物通过松弛支气管平滑肌,使支气管舒张,从而达到缓解气道阻塞的目的。目前支气管舒张剂主要有三类:β_2 受体激动剂、M 受体阻断药、甲基黄嘌呤类。常用的支气管舒张剂见表 9-1-2。

表 9-1-1　常用的抗炎平喘药

药名	作用特点	适应证
吸入糖皮质激素		
丙酸倍氯米松(Beclomethasone dipropionate)	本品具有抗炎、抗过敏、止痒等作用,能抑制支气管渗出物,消除支气管黏膜肿胀,解除支气管痉挛	适用于治疗哮喘及改善支气管阻塞症状
布地奈德(Budesonide)	本品具有抗炎作用,在保留较高亲脂性的同时,具有高亲水性,更易透过气道黏液层,其独特的酯化作用更是增加药物的呼吸道和肺部选择性和延长布地奈德的局部抗炎作用时间	可用于需使用糖皮质激素维持治疗以控制基础炎症的支气管哮喘患者,也可用于 COPD
丙酸氟替卡松(Fluticasone Propionate)	吸入本品后在肺部显示出强效的抗炎作用,并可阻止肺功能的下降	可预防性治疗哮喘
全身糖皮质激素		
泼尼松(Prednisone)	本品发挥抗炎作用的机制主要为受体介导的基因转录调控作用,还可抑制炎症细胞浸润,减少炎症因子的产生,干扰转录因子活性等	AECOPD;对于大剂量吸入糖皮质激素联合长效 β_2 受体激动剂仍不能控制的持续性哮喘和激素依赖型哮喘,可以叠加小剂量口服激素维持治疗
磷酸二酯酶 -4 抑制剂		
罗氟司特(Roflumilast)	本品可抑制磷酸二酯酶 -4 活性,增加细胞内 cAMP 水平,从而抑制症细胞聚集和活化、扩张气道平滑肌、缓解气道重塑	主要用于 COPD 的治疗

表 9-1-2 常用的支气管舒张剂

药名	作用特点	适应证
β₂ 受体激动剂		
沙丁胺醇（Salbutamol）	短效 β₂ 受体激动剂，扩张支气管的作用显著，起效迅速，对心脏 β₁ 受体的作用弱，仅为异丙基肾上腺素的 1/10	主要用于缓解哮喘或慢性阻塞性肺部疾病患者的支气管痉挛，预防运动诱发的哮喘或其他过敏原诱发的支气管痉挛
特布他林（Terbutaline）	短效 β₂ 受体激动剂，对支气管 β₂ 受体的选择性较高，扩张支气管的作用强度较沙丁胺醇稍弱、起效稍慢，但兴奋心脏的作用较沙丁胺醇少 7~10 倍，仅为异丙肾上腺素的 1%	缓解支气管哮喘、慢性支气管炎、肺气肿及其他肺部疾病所合并的支气管痉挛
丙卡特罗（Procaterol）	短效 β₂ 受体激动剂，对 β₂ 受体具有高选择性，支气管扩张作用强而持久，尚有较强的抗过敏作用，对哮喘和 COPD 引起的气流阻塞有缓解作用且耐受性的产生不明显	用于支气管哮喘、喘息性支气管炎、伴有支气管反应性增高的急性支气管炎、慢性阻塞性肺部疾病
沙美特罗（Salmeterol）	本品为部分激动药，其对 β₂ 受体的亲和力强，但内在活性较弱。与福莫特罗比较，沙美特罗起效不及福莫特罗迅速，但作用持续时间较福莫特罗长，具有一定的抗炎作用	适用于支气管哮喘；与支气管扩张剂和吸入性糖皮质激素合用，用于可逆性阻塞性气道疾病
福莫特罗（Formoterol）	本品为 β₂ 受体完全激动药，对 β₂ 受体的选择性高，内在活性也较强。该药吸入给药有两大特点，即起效迅速与作用时间持久。扩张支气管的作用是 β₂ 受体激动药中最强的，有一定的抗炎作用	用于可逆性气道阻塞
茚达特罗（Indacaterol）	本品为吸入性新一代长效 β₂ 受体激动药。与沙美特罗相比，茚达特罗可显著改善中、重度 COPD 患者的主要临床评价指标，同时其安全性和耐受性良好	COPD 的维持治疗
M 受体阻断药		
异丙托溴铵（Ipratropium）	本品为短效具有抗胆碱能特性的季铵化合物，通过拮抗迷走神经释放的乙酰胆碱而抑制迷走神经反射。治疗后 15min 内即产生显著的肺功能改善，1~2h 后达到峰值，持续 4~6h	COPD 引起的支气管痉挛的维持治疗；与 β2 受体激动剂合用治疗 COPD 引起的急性支气管痉挛
噻托溴铵（Tiotropium）	本品为长效、特异性 M 受体拮抗剂，对 M₁~M₅ 受体有相似的亲和性。在呼吸道中，本品竞争性、可逆性地拮抗 M₃ 受体导致平滑肌松弛，其支气管扩张作用呈剂量依赖性，可持续 24h 以上	适用于 COPD 的维持治疗，包括慢性支气管炎和肺气肿，伴随呼吸困难的维持治疗及急性发作的预防
甲基黄嘌呤类		
茶碱（Theophylline）	本品主要通过减少细胞内环磷酸腺苷的分解，降低支气管平滑肌张力，抑制炎性介质和细胞因子的释放，增强膈肌收缩力，改善心搏血量，扩张全身和肺血管	用于支气管哮喘、喘息型支气管炎、阻塞性肺气肿等缓解喘息症状；也可用于心源性肺气肿引起的哮喘
氨茶碱（Aminophyllinum）	本品为茶碱与乙二胺复盐，其药理作用主要来自茶碱，乙二胺使其水溶性增强	同茶碱
多索茶碱（Doxofylline）	本品是甲基黄嘌呤的衍生物，可直接作用于支气管，通过抑制平滑肌细胞内的磷酸二酯酶，松弛支气管平滑肌从而达到抑制哮喘的作用	用于支气管哮喘、喘息型慢性支气管炎及其他支气管痉挛引起的呼吸困难

3. 抗过敏平喘药　抗过敏平喘药的主要发挥抗过敏作用和轻度的抗炎作用。其平喘作用起效较慢,不宜用于哮喘急性发作期的治疗,临床上主要用于预防哮喘发作。本类药物包括过敏介质阻释剂、H_1 受体拮抗剂、白三烯受体拮抗剂等。常用的过敏平喘药见表 9-1-3。

（二）祛痰药

祛痰药主要包括痰液稀释药和痰液溶解药。前者刺激胃黏膜反射性引起气道分泌较稀黏液,稀化痰液使易于排出;后者使痰液中黏性成分分解或黏度下降,使痰易于排出。常用的祛痰药见表 9-1-4。

表 9-1-3　常用的抗过敏平喘药

药名	作用特点	适应证
过敏介质阻释剂		
色甘酸钠（Sodium Cromoglycate）	本品可稳定肥大细胞,抑制气道感觉神经末梢功能与气道神经源性炎症,阻断细胞介导的反应。本品为非脂溶性药物、口服吸收极少(仅1%),临床必须采用粉剂定量雾化器方式吸入	预防哮喘发作药物,需在接触抗原和刺激物前 7~10 日给药,可预防速发型和迟发型过敏性哮喘,亦可预防运动和其他刺激诱发的哮喘
H_1 受体拮抗剂		
酮替芬（Ketotifen）	具有 H_1 受体拮抗作用和抑制过敏介质释放作用,抗过敏作用强,药效持续时间长,对预防哮喘发作及外源性哮喘的疗效比内源性哮喘更佳	本品可用于过敏性鼻炎,过敏性支气管哮喘
白三烯受体拮抗剂		
扎鲁司特（Zafirlukast）	本品能有效预防白三烯多肽所致的血管通透性增加,抑制其引起的气道嗜酸性粒细胞浸润,具有一定的抗炎作用	适用于 12 岁及以上成人哮喘的预防和长期治疗
孟鲁司特（Montelukast）	本品能显著改善哮喘炎症指标,对Ⅰ型半胱氨酰白三烯受体有高度的亲和性和选择性	适用于 15 岁及以上成人哮喘的预防和长期治疗;对于 15 岁及以上成人过敏性鼻炎患者,可减轻其引起的症状
普仑司特（Pranlukast）	本品选择性结合白三烯受体,抑制支气管收缩、血管高渗透性、黏膜水肿和气道过敏反应	用于成人支气管哮喘的治疗和预防

表 9-1-4　常用的祛痰药

药名	作用特点	适应证
痰液稀释药		
氯化铵（Ammonium Chloride）	由于本品对黏膜的化学性刺激,反射性地增加痰量,使痰液易于排出,有利于不易咳出的黏痰的清除。本品被吸收后,氯离子进入血液和细胞外液使尿液酸化	适用于痰黏稠不易咳出者。也用于泌尿系统感染需酸化尿液时
愈创甘油醚（Guaifenesin）	本品为刺激性祛痰药,能刺激胃黏膜,反射地引起呼吸道腺体分泌增加,使痰液稀释,易于咳出	用于呼吸道感染引起的咳嗽、多痰
痰液溶解药		
溴己新（Bromhexine）	本药是从鸭嘴花碱中得到的半合成品,具有较强的黏痰溶解作用,可使痰中的多糖纤维素裂解,稀化痰液;抑制杯状细胞和黏液腺体中糖蛋白的合成;促进呼吸道黏膜的纤毛运动。本品的祛痰作用还与其具有恶心性祛痰作用有关	用于慢性支气管炎、哮喘、支气管扩张、硅沉着病（曾称矽肺）等有黏痰不易咳出

续表

药名	作用特点	适应证
厄多司坦（Erdosteine）	本品属黏液溶解剂，为一前体药物，其分子结构中含有被封闭的巯基，通过肝脏生物转化成含有游离巯基的活性代谢产物而发挥黏痰溶解作用。本品还具有增强黏膜纤毛运转功能等作用	用于急、慢性支气管炎，痰液黏稠所致呼吸道阻塞
氨溴索（Ambroxol）	本品为溴己新在人体内的代谢产物，作用较溴己新强。具有黏痰排除促进及溶解分泌物的特性，它可促进呼吸道内黏稠分泌物的排出并减少黏液的滞留，因而显著促进排痰，改善呼吸状况	用于伴有痰液分泌不正常及排痰功能不良的急、慢性肺部疾病；本药注射液可用于手术后肺部并发症的预防性治疗及婴儿呼吸窘迫综合征的治疗
乙酰半胱氨酸（Acetylcysteine）	本药为黏液溶解剂，具有较强的黏液溶解作用。其分子中所含的巯基能使痰液中糖蛋白多肽链的二硫键断裂，从而降低痰液的黏滞性，并使痰液化而易咳出。本药还能使脓性痰液中的 DNA 纤维断裂，因此不仅能溶解白色黏痰，也能溶解脓性痰。对于一般祛痰药无效的患者，使用本药仍可有效	用于治疗浓稠黏液分泌物过多的呼吸道疾病；本药注射剂 20ml 制剂静脉滴注用于在综合治疗基础上的肝衰竭早期治疗，以降低胆红素、提高凝血因子 II 活动度；本药滴眼液用于治疗点状角膜炎、单纯疱疹性角膜炎等眼病；用于对乙酰氨基酚中毒

（三）镇咳药

镇咳药主要分为中枢性镇咳药和外周性镇咳药。中枢性镇咳药直接抑制延髓咳嗽中枢而产生镇咳作用，其中吗啡类生物碱及其衍生物如可待因、福尔可定等因具有成瘾性而又称为依赖性或成瘾性止咳药，此类药物往往还具有较强的呼吸抑制作用；而右美沙芬、喷托维林等则属于非成瘾性或非依赖性中枢镇咳药，且在治疗剂量条件下对呼吸中枢的抑制作用不明显。凡抑制咳嗽反射弧中感受器、传入神经、传出神经以及效应器中的任何环节而止咳者属外周性镇咳药。常用的镇咳药见表 9-1-5。

四、药物不良反应和禁忌证

常用药物的不良反应和禁忌证见表 9-1-6。

表 9-1-5　常用的镇咳药

药名	作用特点	适应证
可待因（Codeine）	本品为阿片生物碱之一，可选择性地抑制延髓咳嗽中枢，镇咳作用强而迅速，镇咳作用为吗啡的 1/4，其呼吸抑制、便秘、耐受性及成瘾性等作用均比吗啡弱。因抑制咳嗽反射，使痰不易咳出	适用于无痰剧烈干咳
右美沙芬（Dextromethorphan）	本品为合成的吗啡类衍生物，中枢性镇咳药，是吗啡类左吗喃甲基醚的右旋异构体，同时也是 N-甲-D-天门冬氨酸受体拮抗药，其镇咳作用与可待因相等或略强。无镇痛作用，长期应用未见耐受性和成瘾性，治疗剂量不抑制呼吸	适用于无痰干咳
喷托维林（Pentoxyverine）	本品能抑制咳嗽中枢，兼有轻度局部麻醉作用及阿托品样作用，大剂量对支气管平滑肌有解痉作用。口服易吸收，在 20~30min 内起效，一次给药作用可持续 4~6h	适用于急性上呼吸道感染引起的无痰干咳
氯哌斯汀（Cloperastine）	本品为苯海拉明衍生物，非依赖性中枢性镇咳药其镇咳作用弱于可待因，但无耐受性。主要抑制咳嗽中枢，兼具组胺 H_1 受体拮抗作用	用于干咳

表 9-1-6　常用药物的不良反应和禁忌证

药物类别	药物	不良反应	禁忌证
抗炎平喘药	ICS	安全性好,不良反应发生率低于全身给予糖皮质激素 主要为局部不良反应,导致口腔念珠菌病、声音嘶哑及咽喉部不适、感染,长期使用较大剂量吸入型糖皮质激素者也可能出现全身不良反应。吸入后需立即漱口。布地奈德在肝内代谢灭活要比丙酸倍氯米松快,故前者全身不良反应少,对下丘脑-垂体-肾上腺轴的抑制作用小	妊娠期妇女若必须使用糖皮质激素,宜优先选用吸入性糖皮质激素。吸入性糖皮质激素也可由乳汁分泌,哺乳期妇女应避免使用,或在用药期间可暂停哺乳
	磷酸二酯酶-4 抑制剂	不用于 18 岁以下的患者,最常见的不良反应是腹泻、体重减轻、恶心、头痛、背痛、头晕和食欲减退,这些不良反应主要发生在治疗开始后的第一周,且大部分随着持续治疗而消失。少数患者出现精神症状包括失眠、焦虑、抑郁、情绪变化及自杀倾向,需加以监测	中度至严重肝受损(Child-Pugh 类别 B 或 C)
支气管扩张药	β₂ 受体激动剂	1. 心脏反应:β₂ 受体激动药对心脏的作用较轻,但在大剂量或注射给药时,仍可引起心脏反应,特别是原有心律失常的患者 2. 肌肉震颤:本类药物可激动骨骼肌慢收缩纤维的 β₂ 受体,引起肌肉震颤,好发部位在四肢与面颈部,轻者感到不舒服,重者影响生活与工作。气雾吸入时发生率较全身给药为低。部分患者可随着用药时间延长,肌肉震颤逐渐减轻或消失 3. 代谢紊乱:β₂ 激动药增加肌糖原分解,引起血乳酸、丙酮酸升高,并产生酮体。糖尿病患者应用时应注意引起酮酸中毒或乳酸中毒。由于 β₂ 激动药兴奋骨骼肌细胞膜上 Na^+-K^+-ATP 酶,使 K^+ 进入细胞内而引起血钾降低,过量应用时或与糖皮质激素合用时,可能引起低钾血症	对本品或其他肾上腺受体激动剂过敏者
	M 受体阻断药	头痛、恶心、口干、心动过速、心悸、眼部调节障碍、胃肠动力障碍和尿潴留等。有时可能引起咳嗽、局部刺激,极少情况下出现吸入刺激产生的支气管痉挛。偶有变态反应如皮疹、舌、唇、和面部血管性水肿、荨麻疹、喉痉挛和过敏反应	对阿托品或其衍生物过敏的患者禁用
	茶碱类	茶碱的个体差异大,安全范围窄,不良反应的发生率与其血药浓度密切相关,血药浓度超过 20mg/L 时,易发生不良反应 1. 胃肠道不良反应上腹部疼痛、恶心、呕吐、胃食管反流、食欲减退等 2. 中枢兴奋主要有失眠、震颤激动等症状,可用镇静药治疗 3. 急性中毒常见于静脉注射过快或剂量较大,出现心动过速、心律失常、血压骤降、谵妄、惊厥和昏迷等,严重可导致呼吸、心搏骤停。静脉注射时要充分稀释并缓慢注射。另外,偶见横纹肌溶解所致的急性肾衰竭,亦能致死	对茶碱不能耐受的患者、癫痫患者、严重心功能不全患者、急性心肌梗死伴有低血压患者、活动性消化道溃疡患者、未经控制的惊厥性疾病患者,不适用于哮喘持续状态或急性支气管痉挛发作的患者 茶碱类药可透过胎盘屏障,脐带血浆浓度几乎和母体血浆浓度相当,使胎儿血清茶碱浓度升高到危险水平。只有在权衡对妊娠期妇女的益处大于对胎儿的危害之后,方可使用
抗过敏平喘药	过敏介质阻释剂	不良反应少见,偶有咽喉与气管刺痛感或支气管痉挛,必要时可同时吸入受体激动药预防	对本品及赋形剂过敏者禁用

续表

药物类别	药物	不良反应	禁忌证
	H₁受体拮抗剂	短暂的嗜睡、疲倦、头晕、口干等	对本品过敏者禁用
	白三烯受体拮抗剂	常见嗜酸性粒细胞增多、血管炎性皮疹、心肺系统异常或末梢神经异常。患者用药期间还可能出现腹痛、头痛、过敏反应（荨麻疹和血管性水肿）、肢体水肿、谷草转氨酶及谷丙转氨酶升高、高胆红素血症反应一般比较轻微，无需停药，一般停药后不良反应即会消失	1. 本类药可由乳汁中分泌，哺乳期妇女不宜使用 2. 肝功能不全者禁用扎鲁司特
祛痰药	黏痰溶解药	偶见支气管痉挛、遗尿、直立性低血压、心动过速、心悸、颅内高压、异常心电图	妊娠初期和哺乳期妇女，以及胃炎、胃溃疡、过敏体质及严重肝、肾功能不全患者
	黏痰调节药	偶见上腹部隐痛、腹泻、胃肠出血、口干、轻度轻微头痛、头晕	
镇咳药	中枢性镇咳药	常见幻想；少见惊厥、耳鸣、震颤或不能自控的肌肉运动、流涕、寒战、睡眠障碍、嗜睡、多汗、疲乏、无力、情绪激动或原因不明的发热；长期应用产生依赖性，常用量所引起依赖性的倾向较其他吗啡类药为弱。呼吸系统常见呼吸微弱、呼吸缓慢或不规则；少见打喷嚏、打呵欠；偶见胸闷	1. 妊娠期妇女 2. 昏迷、呼吸困难、有精神病史的患者
	外周性镇咳药	偶见口干、口渴、胃部烧灼感、困倦、疲乏、无力、头晕、嗜睡等。苯丙哌林口服后可出现一过性口腔和咽喉部麻木感	

第二节　常见呼吸系统疾病的药物治疗

一、肺炎

肺炎按获病方式分类：

（1）社区获得性肺炎（community acquired pneumonia, CAP）：是指在社会环境中罹患的感染性肺实质炎症，包括病原体在院外感染而在入院后发病的肺炎。肺炎链球菌感染占 40%~70%，其次为金黄色葡萄球菌等。

（2）医院获得性肺炎（hospital acquired pneumonia, HAP）：是指患者入院时不存在、也不处于感染潜伏期，而是入院 48h 后在医院内发生的肺炎。我国的医院获得性肺炎发病率为 1.3%~3.4%，是第一位的医院内感染。需氧革兰氏阴性杆菌感染占 70%，其次为金黄色葡萄球菌等。

（3）免疫低下宿主肺炎（immunocompromised host pneumonia, IHP）：在社会人口中不断增加的免疫低下宿主作为一组特殊人群对病原微生物非常敏感，易罹患肺炎。免疫低下宿主肺炎可以是 HAP，也可以是 CAP，但其诊治有特殊性，有必要单独列为一种类型。

肺炎按病因分类：

（1）细菌性肺炎：

1）需氧革兰氏阳性球菌：常见的有肺炎链球菌、金黄色葡萄球菌、甲型溶血性链球菌等。

2）需氧革兰氏阴性杆菌：常见的有肺炎克雷伯杆菌、铜绿假单胞菌、大肠埃希菌、变形杆菌、军团杆菌、嗜血流感杆菌等。

3）厌氧菌：如棒状杆菌、梭状杆菌等。

（2）真菌性肺炎：致病真菌如组织胞浆菌、皮炎芽生菌等条件致病真菌如念珠菌属、隐球菌属、曲霉属等。卡氏肺孢子虫也是一种真菌，在免疫力低下的宿主中引起肺炎，是获得性免疫缺陷综合征（AIDS）患者最常见的致死原因。

（3）病毒性肺炎：病毒性肺炎多为病毒性上呼吸道感染向下蔓延所致，在非细菌性肺炎中占 25%~50%，好发于冬、春季节，儿童多见，其中以流感病毒最为常见。SARS 和 COVID-19 具有较强的传染性。

（4）非典型病原体肺炎：由嗜肺军团菌、肺炎支原体和肺炎衣原体等感染引起。

（一）临床表现与诊断

1. 临床表现　新近出现的咳嗽、咳痰，或原有呼吸道疾病症状加重，并出现脓性痰，伴或不伴有胸痛；发热，血白细胞计数增多；肺实变体征和湿性啰音；胸部 X 线检查显示片状、斑片状浸润性阴影或间质性改变，伴或不伴有胸腔积液。上述系肺炎的典型表现，但是医院获得性肺炎的临床表现往往不典型，如粒细胞缺乏、严重脱水患者并发医院获得性肺炎时 X 线检查可以阴性，卡氏肺孢子虫肺炎有 10%~20% 的患者 X 线检查完全正常。

2. 诊断　肺炎的初步临床诊断可依据：①发热；②近期出现的咳嗽、咳痰，或原有呼吸道症状加重，并出现脓痰，伴或不伴胸痛；③肺部实变体征和 / 或湿啰音；④ WBC>10×10^9/L 或 <4×10^9/L，伴或不伴核左移；⑤ X 线片上新出现或进展性肺部浸润性病变。⑤＋①~④中的任何 1 条，并除外肺结核、肺部肿瘤、非感染性间质性疾病、肺水肿、肺不张等。

老年人和免疫低下患者应用上述诊断标准时应注意，前者罹患社区获得性肺炎（CAP）其发热和呼吸道症状可以不明显，而突出表现为神志或精神状态以及心血管系统方面的改变，应及时行 X 线检查；后者并发 CAP 时发热可以是唯一表现应严密动态观察，及早做影像学和动脉血气检查。

传统非典型肺炎（肺炎支原体、肺炎衣原体和军团菌所致的肺炎）无特异性表现，单纯依据临床和 X 线表现不足以诊断。但综合症状、体征和实验室检查可以做出临床诊断，并进行经验性抗菌治疗和进一步选择实验室检查。

肺炎支原体肺炎和肺炎衣原体肺炎：患者的年龄一般 <60 岁、无基础疾病、社区或家庭中发病、剧咳少痰、胸部体征很少、血白细胞正常、X 线片显示毛玻璃状或病灶变化迅速。

军团菌肺炎：一般急性起病，发热、意识改变或脑病、腹痛或伴腹泻、相对缓脉、显微镜血尿、肾功能损害、低钠血症、低磷酸盐血症、一过性肝功能损害等，大环内酯类或氟喹诺酮类抗菌药物治疗有效，β- 内酰胺类治疗无效。

（二）一般治疗原则

肺炎的治疗主要包括抗感染治疗、支持治疗和并发症治疗。抗感染治疗又按是否根据病原学诊断及体外药敏试验结果选用抗菌药物而分为经验性治疗和特异性病原学治疗。由于肺炎的病原学检查通常需要一定时间，而肺炎的治疗应尽早，不允许等待病原学检查结果，因此，肺炎的初始治疗常是经验性治疗，即根据本地区的流行病学资料并结合患者的临床表现、年龄、获得方式、病情严重程度、肝肾功能状态等因素综合分析而采取的治疗措施。经验性抗菌治疗要求所选药物对可能的病原体有一定的覆盖面同时应尽量减少或避免抗菌药物的毒副作用，避免诱导耐药及诱发二重感染。

经验性治疗的成功率达 60%~90%，但这绝不意味着可以忽视或放弃病原学检查，尤其对院内获得性肺炎、免疫低下宿主肺炎以及经验性治疗失败的病例，病原学检查更显得重要。应在经验性治疗前留取诊断标本，一旦确定病原体时，应参考体外药敏试验结果，选用高效抗菌药物进行特异性病原学治疗。

具有较强传染性的 SARS 和 COVID-19 等尚缺少针对病因的治疗。要针对传染源、传播途径、易感人群三个环节，采取综合性防治措施，努力做到"早发现、早报告、早隔离、早治疗"，强调就地隔离、就地治疗，避免远距离传播。

（三）基本治疗药物及治疗方案

1. 常用治疗药物　国内目前青壮年 CAP 患者的常见病原体以革兰氏阳性菌为主，如肺炎链球菌；老年 CAP 患者或 HAP 患者的常见病原体以革兰氏阴性菌为主，如肺炎克雷伯杆菌，有时也存在细菌和非典型病原体混合感染的情况。肺炎常用的抗细菌药物见表 9-2-1。

2. 常用治疗方案

（1）经验性治疗：肺炎病情发展迅速，及时、准确的治疗是影响预后的关键，患者经常需要在未获得病原学诊断资料前即开始经验性治疗。但抗菌药物使用之前，应及时送微生物检查。

1）社区获得性肺炎：应根据有无基础疾病、年龄是否需住院，以及病情轻重选择相应的方案（表 9-2-2）。支气管扩张症并发肺炎，铜绿假单胞菌是常见病原体，经验性治疗应兼顾到此；疑有吸入因素时，应优选有抗厌氧菌作用的药物如阿莫西林 / 克拉维酸、氨苄西林 / 舒巴坦，或联合应用甲硝唑、克林霉素等。经验性治疗不满意者，应按病原体检查和药物敏感试验结果调整抗感染治疗方案。

表 9-2-1 肺炎常用的抗细菌药物分类

药物分类	代表药物	常规用法用量
β-内酰胺类	青霉素类	阿莫西林 1.0g,口服,每日 3 次;阿莫西林克拉维酸 625mg,口服,每日 3 次;阿莫西林克拉维酸 1.2g,静脉滴注,每 6~8 小时 1 次;氨苄西林/舒巴坦 1.5~3.0g,静脉滴注,每 6 小时 1 次;哌拉西林他唑巴坦 4.5g,静脉滴注,每 6~8 小时 1 次
	头孢菌素类	头孢拉定 0.5g,口服,每日 3 次;头孢呋辛酯 0.5g,口服,每日 3 次;头孢克洛 0.5g,口服,每日 2 次;头孢呋辛 2.25g,静脉注射,每 12 小时 1 次;头孢曲松 1.0~2.0,静脉滴注,每日 1 次;头孢噻肟 2.0g,静脉滴注,每 8 小时 1 次;头孢哌酮舒巴坦 3.0g,静脉滴注,每 8~12 小时 1 次
	碳青霉烯类	厄他培南 1.0g,静脉滴注,每日 1 次;亚胺培南西司他丁 1.0g,静脉滴注,每 12 小时 1 次或 0.5g,静脉滴注,每 6 小时 1 次;美罗培南 1.0g,静脉滴注,每 8~12 小时 1 次;帕尼培南倍他米隆 1.0g,静脉滴注,每 12 小时 1 次或 0.5g 静脉滴注,每 6 小时 1 次;比阿培南 0.6g,静脉滴注,每 12 小时 1 次或每 8 小时 1 次
多肽类	万古霉素	1.0g,静脉滴注,每 12 小时 1 次;0.5g,静脉滴注,每 6 小时 1 次
	去甲万古霉素	0.8g,静脉滴注,每 12 小时 1 次;0.4g,静脉滴注,每 6 小时 1 次
	替考拉宁	0.4g,静脉滴注,每 12 小时 1 次 ×3 次,以后 0.4g,静脉滴注,每日 1 次
氨基糖苷类	阿米卡星	0.2g,静脉滴注,每 8~12 小时 1 次
大环内酯类	克拉霉素	500mg,口服,每日 3 次
	阿奇霉素	0.5g,口服,首剂每日 3 次,以后 0.25g/d,5 日;0.5g,静脉滴注,每日 1 次
四环素类	多西环素	100mg,口服,每日 3 次
喹诺酮类	左氧氟沙星	0.5g,口服,每日 1 次;0.5g,静脉滴注,每日 1 次
	莫西沙星	0.4g,口服,每日 1 次;0.4g,静脉滴注,每日 1 次

表 9-2-2 社区获得性肺炎的初始经验性治疗参考方案

患者情况	常见病原体	抗菌药物选择
青壮年,无基础疾病,不需住院	肺炎链球菌,肺炎支原体,嗜肺军团菌,流感嗜血杆菌	①青霉素类(青霉素、阿莫西林等);②多西环素(强力霉素);③大环内酯类;④第一或第二代头孢菌素;⑤呼吸喹诺酮类(左氧氟沙星、莫西沙星等)
老年或有基础疾病,不需住院	肺炎链球菌,肺炎支原体,嗜肺军团菌,流感嗜血杆菌,革兰氏阴性杆菌,金黄色葡萄球菌类	①第二代头孢菌素(头孢呋辛、头孢丙烯、头孢克洛等)±大环内酯类;②β-酰胺类内酰胺酶抑制剂(阿莫西林/克拉维酸、氨苄西林/舒巴坦)±大环内酯类;③呼吸喹诺酮类
需住院,不需入住 ICU	肺炎链球菌,肺炎支原体,嗜肺军团菌,流感嗜血杆菌,革兰氏阳性杆菌,金黄色类葡萄球菌,混合感染(包括厌氧菌),肺炎衣原体	①静脉给药第二代头孢菌素类±静脉给药大环内酯类;②静脉给药呼吸喹诺酮类;③静脉给药 β-内酰胺类/β-内酰胺酶抑制剂±静脉给药大环内酯类;④头孢噻肟或头孢曲松±静脉给药大环内酯类
需入住 ICU,无铜绿假单胞菌感染的危险因素	肺炎链球菌,革兰氏阴性杆菌,嗜肺军团菌,肺炎支原体,流感嗜血杆菌,金黄色葡萄球菌	①头孢噻肟或头孢曲松±静脉给药大环内酯类;②静脉给药呼吸喹诺酮类联合氨基糖苷类;③静脉给药 β-内酰胺类/β-内酰胺酶抑制剂联合静脉给药大环内酯类;④厄他培南联合静脉给药大环内酯类
需入住 ICU,有铜绿假单胞菌感染的危险因素	上述常见病原体+铜绿假单胞菌	①抗铜绿假单胞菌 β-内酰胺类(头孢他啶、头孢吡肟、哌拉西林/他唑巴坦、头孢哌酮/舒巴坦、亚胺培南、美罗培南等)联合静脉给药大环内酯类,必要时再联合氨基糖苷类;②抗铜绿假单胞菌 β-内酰胺类联合静脉给药喹诺酮类;③静脉给药环丙沙星或左氧氟沙星联合氨基糖苷类

注:"±"指两组药品可以联合应用,也可以单独使用前者。

2）医院获得性肺炎：多数医院获得性肺炎为细菌感染引起，混合感染亦较常见。初始经验性治疗需要考虑患者是否存在多重耐药（MDR）菌感染的危险。无 MDR 菌感染的危险因素、早发的医院获得性肺炎的病原菌主要为肺炎链球菌、流感嗜血杆菌、甲氧西林敏感的金黄色葡萄球菌、抗菌药敏感的革兰氏阴性杆菌（大肠埃希菌、肺炎克雷伯菌、肠杆菌属、变形杆菌、黏质沙雷菌等），可选用广谱青霉素类 /β- 内酰胺酶抑制剂，如阿莫西林 / 克拉维酸钾、氨苄西林 / 舒巴坦；或第二 / 第三代头孢菌素类，如头孢曲松、头孢呋辛、头孢噻肟；或喹诺酮类，如左氧氟沙星、莫西沙星、环丙沙星、加替沙星；或窄谱碳青霉烯类如厄他培南等，晚发的医院获得性肺炎（≥5 日）、有 MDR 菌感染的危险因素（如 90 日内曾使用抗菌药物、居住在耐药菌高发的社区或特殊医疗机构、正在接受免疫抑制剂治疗或存在免疫功能缺陷）时，感染的病原菌主要为多重耐药菌，包括铜绿假单胞菌、产超广谱 β- 内酰胺酶（ESBL）的肺炎克雷伯菌、不动杆菌属、耐甲氧西林金黄色葡萄球菌（MRSA）及嗜肺军团菌等。可选用有抗铜绿假单胞菌活性的头孢菌素类，如头孢吡肟、头孢他啶、头孢哌酮；或有抗铜绿假单胞菌活性的碳青霉烯类，如亚胺培南、美罗培南；或含 β- 内酰胺酶抑制剂的复方制剂，如哌拉西林 / 他唑巴坦、头孢哌酮 / 舒巴坦，联合有抗铜绿假单胞菌活性的氟喹诺酮类，如环丙沙星、左氧氟沙星，或氨基糖苷类，如阿米卡星、庆大霉素、妥布霉素有 MRSA 危险因素或当地发生率较高，尚需联合万古霉素或替考拉宁或利奈唑胺。如疑为嗜肺军团菌感染，联合用药方案中应包括大环内酯类或氟喹诺酮类，不用氨基糖苷类。近期曾接受抗菌药治疗的患者，在选择用药时，应使用与此前不同种类的抗菌药，因近期使用过的抗菌药可能使病原菌对同类药物耐药，致使经验性治疗失败。若经上述经验性治疗后，临床好转，继续原方案治疗；若经治疗 3 日以上无好转或转恶化应进一步检查治疗无效的原因并根据细菌培养及药敏试验结果重新选择治疗药物。

（2）特异性病原学治疗：下列针对特定细菌的抗菌药物选择，依然是根据流行病学经验介绍的，临床上应该针对具体病例的细菌培养及药敏试验结果选择相应药物。

1）肺炎链球菌：若为青霉素类敏感菌株，青霉素为首选，也可选用阿莫西林、氨苄西林等，剂量及给药途径视病情轻重、有无并发症而定。其他药物如头孢菌素类、氟喹诺类可作为替代。对于成年轻症患者，可用 240 万 U/d，分 3 次肌内注射，或用普鲁卡因青霉素每 12 小时肌内注射 40 万 ~80 万 U。病情稍重者，宜用青霉素 G 240 万 ~480 万 U/d，分次静脉滴注，每 6~8 小时 1 次；重症及并发脑膜炎者，可增至 1 000 万 ~3 000 万 U/d，分 4 次静脉滴注。对青霉素过敏者，或耐青霉素或多重耐药菌株感染者，可用呼吸氟喹诺酮类、头孢噻肟或头孢曲松等药物，多重耐药菌株感染者可用万古霉素、替考拉宁等。

2）葡萄球菌：主要病原菌为金黄色葡萄球菌和表皮葡萄球菌。应早期清除原发病灶，同时选用敏感抗菌药物。对青霉素敏感菌仍可使用青霉素，量往往大于常规量，1 000 万 ~2 000 万 U/d，静脉滴注。对青霉素耐药者，若对甲氧西林敏感，可选用耐酶青霉素类，如苯唑西林、甲氧西林、氯唑西林或双氯西林、第一代头孢菌素类如头孢唑林；若对甲氧西林耐药，应选用万古霉素、去甲万古霉素、替考拉宁、利奈唑胺等，必要时联合 β- 内酰胺类或氟喹诺酮类治疗。

3）肺炎克雷伯杆菌：第三代头孢菌素、氟喹诺酮类为治疗肺炎克雷伯杆菌肺炎的首选药物，重症患者需联合氨基糖苷类药。在第三代头孢菌素广泛使用的地区，产 ESBL 菌株流行需要选择复方制剂如哌拉西林 / 他唑巴坦，也可选用碳青霉烯类如亚胺培南等。

4）其他革兰氏阴性杆菌：对铜绿假单胞菌，首选有抗铜绿假单胞菌活性的青霉素类如哌拉西林或哌拉西林 / 他唑巴坦，也可选用有抗铜绿假单胞菌活性的头孢菌素类、碳青霉烯类氟喹诺酮类或多黏菌素类抗菌药。对流感嗜血杆菌肺炎，宜用第二或第三代头孢菌素治疗，也可选用 β- 内酰胺类 /β- 内酰胺酶抑制剂、碳青霉烯类或氟喹诺酮类药。对大肠埃希菌等肠杆菌引起的肺炎，应根据体外药敏试验结果选用第三代头孢菌素、亚胺培南、美罗培南、氟喹诺酮类等药物。

5）军团菌：首选药物为大环内酯类，重症患者加用利福平。氟喹诺酮类、多西环素等也可选用。轻症患者可口服红霉素、克拉霉素、罗红霉素或阿奇霉素,较重病例可静脉滴注红霉素或同时联合利福平口服;临床缓解2~4日后改为口服红霉素。对红霉素不能耐受或治疗失败(2~3日发热不退)者,可选用环丙沙星、左氧氟沙星口服或静脉滴注。

6)肺炎支原体:红霉素是首选药物,罗红霉素、克拉霉素、阿奇霉素等也可用。也可选择四环素、多西环素或米诺环素、喹诺酮类药物。

7)肺炎衣原体:衣原体是在细胞内生长缓慢的病原体,抗衣原体药物必须具有良好的细胞穿透性。首选药物为多西环素或红霉素口服。也可选用罗红霉素克拉霉素、阿奇霉素,以及氧氟沙星等氟喹诺酮类药。

8)肺真菌病:根据疑似病原菌和病情轻重选用不同药物,白念珠菌感染一般首选氟康唑,隐球菌感染诱导期首选两性霉素B联合氟胞嘧啶、巩固期首选氟康唑,曲霉感染首选伏立康唑。其他可供选择的抗真菌药有伊曲康唑、卡泊芬净、米卡芬净、阿尼芬净等。

9)病毒性肺炎:多由上呼吸道病毒感染向下蔓延所致。抗病毒疗效常不确切,以对症治疗为主。须卧床休息,保持居室空气流通,注意消毒隔离。保持呼吸道通畅,及时清除呼吸道分泌物,酌情静脉输液和吸氧。抗病毒药利巴韦林对呼吸道合胞病毒、腺病毒、副流感病毒和流感病毒感染有效;阿昔洛韦等对疱疹病毒、水痘病毒感染有效;更昔洛韦主要用于巨细胞病毒感染;奥司他韦、扎那米韦、帕拉米韦早期使用对甲、乙型流感病毒感染有效;金刚烷胺和金刚乙胺仅对甲型流感病毒有抑制作用;阿糖腺苷具有广谱的抗病毒作用,多用于治疗免疫缺陷者的疱疹病毒与水痘病毒感染。对于氧合指标进行性恶化、影像学进展迅速、机体炎症反应过度激活状态的SARS和COVID-19患者,可以短期使用糖皮质激素,减轻全身炎症反应状态。

(四)临床问题导向的药物治疗

1. 抗菌药物剂量 根据《抗菌药物临床应用指导原则》,抗菌药物要按各种抗菌药物的治疗剂量范围给药。治疗重症感染和抗菌药物不易达到的部位的感染,抗菌药物的剂量宜加大(治疗剂量范围的高限)。抗菌药物给药时,要考虑吸收、分布容积、代谢和排泄等药代动力学(PK/PD)特性,这些因素决定了每种药物的给药剂量和间隔时间。对于时间依赖性抗菌药物,如β-内酰胺类药物,要消除细菌感染,抗菌药物的血药浓度要维持在最低抑菌浓度(MIC)以上。在给药时间间隔内,血药浓度在MIC以上>50%时,β-内酰胺类药物的治愈率可以达到满意水平。该类抗菌药物的峰浓度对提高抗菌作用并不重要,当血药浓度超过MIC值4~5倍时,其抗菌效应达到饱和。而对于浓度依赖性抗菌药物,如氨基糖苷类和氟喹诺酮类,体外实验显示,当它们的浓度超过MIC时,浓度越高,杀菌效果越好。这些抗菌药物的高水平峰浓度比低水平峰浓度治疗感染的效果要好。因此使用氨基糖苷类和氟喹诺酮类时 $Cmax/MIC$ 和 AUC_{0-24}/MIC 对判定最佳疗效更有作用。治疗革兰氏阴性菌感染时,当 $Cmax/MIC$ 为10~12.5时,通常认为氨基糖苷类已达最大疗效;对于氟喹诺酮类中左氧氟沙星治疗肺炎链球菌肺炎,当 $AUC0~24/MIC>34$ 时达到较佳疗效。体外实验已证明,要防止左氧氟沙星对肺炎链球菌耐药,AUC_{0-24}/MIC 应>50,而铜绿假单胞菌的 $AUC_{0-24}/MIC>200$ 疗效可得到保证。

2. 抗菌药物给药间隔 为保证药物在体内能发挥最大药效,杀灭感染灶病原菌,应根据药动学和药效学相结合的原则给药。青霉素类、头孢菌素类和其他β-内酰胺类、红霉素、克林霉素等消除半衰期短者,应1日多次给药;氟喹诺酮类、氨基糖苷类等可每日1次。

3. 用药疗程 根据病情轻重、感染获得来源、病原体种类和宿主免疫功能状态等确定疗程,但不宜将肺部阴影完全吸收作为停用抗菌药物的指征。轻、中度肺炎可在症状控制后3~7日停药;金黄色葡萄球菌所致的肺炎、免疫抑制宿主、老年人肺炎疗程适当延长;吸入性肺炎或伴肺脓肿形成、真菌性肺炎时,总疗程须为数周至数月;抗感染治疗2~3日后,若临床表现无改善甚至恶化,应调换抗感染药物,若已有病原学检查结果,则根据病原菌体外药敏试验结果选用敏感的抗菌药物。以下是一般的建议疗程:肠杆菌科细菌、不动杆菌14~21日,铜绿假单胞菌21~28日,金黄色葡萄球菌21~42日,其中MRSA可适当延长疗程;卡氏肺孢子虫、军团菌、支原体及衣原体14~21日。

4. 治疗药物的相互作用　抗感染治疗过程中各种抗菌药物之间、抗菌药物与其他药物之间均可能发生相互作用，甚至有配伍禁忌，应特别引起重视。

（1）抗菌药物的抗菌特性：第一类为繁殖期杀菌剂如青霉素类、头孢菌素类、碳青霉烯类等）；第二类为静止杀菌剂（如氨基糖苷类、多黏菌素类）；第三类为快效抑菌剂（如四环素类、大环内酯类等）；第四类为慢效抑菌剂（如磺胺类、环丝氨酸等）。第一和第二类合用常可获得协同作用，故临床常用 β- 内酰胺类抗菌药物与氨基糖苷类联合使用。第三类药物可使细菌基本处于静止状态，理论上与第一类合用时有导致后者活性减弱的可能性，但 β- 内酰胺类与大环内酯类联合使用可增加抗菌谱，适合化脓性细菌合并非典型病原体感染患者，同时 14 或 15 圆环大环内酯类药物有破坏生物被膜作用，与具有抗假单胞活性的 β-内酰胺类联合使用有协同作用，因此现在不再特别强调杀菌剂与抑菌剂的相互作用。第三类与第二类合用、第三类和第四类合用可获得累加或协同作用。

（2）抗菌药的肝药酶诱导或抑制作用：大环内酯类、四环素类、磺胺药、氯霉素、氟喹诺酮类等具有"酶抑"或作为"底物"竞争代谢酶作用，可提高地高辛、氨茶碱等药物的血药浓度，易出现中毒反应。氟喹诺酮类药物以依诺沙星对茶碱类的影响最突出，可使茶碱的血药浓度增高而有癫痫发作的危险。利福平具有"酶促"作用，可使其他抗菌药物如伏立康唑血药浓度明显降低，应避免联合使用。

5. 氨基糖苷类药物　氨基糖苷类药物的耳、肾毒性当与多肽抗菌药物（万古霉素、多黏菌素）、两性霉素 B、第一代头孢菌素（头孢噻吩、头孢唑林）及髓袢利尿药（如呋塞米、依他尼酸等）合用时可加重耳、肾毒性。氨基糖苷类、多黏菌素类与麻醉剂神经肌肉阻滞药（箭毒）高剂量的镁盐合用易发生肌肉麻痹性呼吸抑制。

6. 对症支持治疗　患者应卧床休息，高热患者宜用物理降温，必要时可用药物退热，同时注意补充水分，维持水、电解质和酸碱平衡。一般不用镇咳剂，但可用祛痰止咳药。老年人或慢性阻塞性肺疾病患者应注意呼吸道通畅，必要时

配合用平喘药。有缺氧表现者给予吸氧。严重病例应注意保护心、脑、肾功能，防止多器官功能衰竭。

（五）药物治疗展望

肺炎重在预防，预防接种肺炎链球菌疫苗可减少特定人群罹患肺炎的风险，流感疫苗可预防流感发生或减轻流感相关症状，对流感病毒肺炎和流感继发细菌性肺炎有一定的预防作用。肺炎的核心治疗为抗感染治疗，我国不同地区病原流行病学分布和抗菌药物耐药情况不同，应结合实际情况进行选择。近年细菌耐药问题日益突出，应加强抗菌药物的管控，避免不规范使用抗菌药物。对于传染性较强的病毒性肺炎，开发有效的药物防治方法和疫苗成为研究热点。

二、支气管哮喘

哮喘可分为急性发作期、慢性持续期和临床缓解期。

1. 急性发作期　指喘息、气急、胸闷或咳嗽等症状突然发生或症状加重，伴有呼气流量降低，常因接触变应原等刺激物或治疗不当所致。哮喘急性发作时其程度轻重不一，病情加重可在数小时或数天内出现，偶尔可在数分钟内即危及生命，故应对病情做出正确评估并及时治疗。急性发作时严重程度可分为轻度、中度、重度和危重 4 级。

轻度：步行或上楼时气短，可有焦虑，呼吸频率轻度增加，闻及散在哮鸣音，肺通气功能和血气检查正常。

中度：稍事活动感气短，讲话常有中断，时有焦虑，呼吸频率增加，可有三凹征，闻及响亮、弥漫的哮鸣音，心率增快，可出现奇脉，使用支气管舒张剂后最高呼气流量（PEF）占预计值的 60%~80%，SaO_2 91%~95%。

重度：休息时感气短，端坐呼吸，只能发单字表达，常有焦虑和烦躁，大汗淋漓，呼吸频率 >30 次 /min，常有三凹征，闻及响亮、弥漫的哮鸣音，心率增快，常 >120 次 /min，奇脉，使用支气管舒张剂后 PEF 占预计值 <60% 或绝对值 <100L/min 或作用时间 <2h，PaO_2<60mmHg，$PaCO_2$>45mmHg，SaO_2 ≤90%，pH 可降低。

危重：患者不能讲话，嗜睡或意识模糊，胸腹矛盾运动，哮鸣音减弱或消失，脉率变慢或不规

则,严重低氧血症和高二氧化碳血症,pH 降低。

2. 慢性持续期 指患者虽然没有哮喘急性发作,但在相当长的时间内仍有不同频度和不同程度的喘息、咳嗽、胸闷等症状,可伴有肺通气功能下降。可根据白天、夜间哮喘症状出现的频率和肺功能检查结果,将慢性持续期哮喘病情严重程度分为间歇性、轻度持续、中度持续和重度持续4级,但这种分级方法在日常工作中已少采用,主要用于临床研究。目前应用最为广泛的慢性持续期哮喘严重性评估方法为哮喘控制水平,这种评估方法包括目前临床控制评估和未来风险评估,临床控制又可分为良好控制、部分控制和未控制3个等级。

3. 临床缓解期 指患者无喘息、气急、胸闷、咳嗽等症状,并维持 1 年以上。

(一)临床表现与诊断

1. 临床表现 典型症状为发作性伴有哮鸣音的呼气性呼吸困难,可伴有气促、胸闷或咳嗽。症状可在数分钟内发作并持续数小时至数天,可经平喘药物治疗后缓解或自行缓解。夜间及凌晨发作或加重是哮喘的重要临床特征。有些患者尤其是青少年,其哮喘症状在运动时出现,称为运动性哮喘。此外,临床上还存在没有喘息症状的不典型哮喘,患者可表现为发作性咳嗽、胸闷或其他症状。哮喘的具体临床表现形式及严重程度在不同时间表现为多变性。

发作时典型的体征为双肺可闻及广泛的哮鸣音,呼气音延长。但非常严重的哮喘发作,哮鸣音反而减弱,甚至完全消失,表现为"沉默肺",是病情危重的表现。非发作期体检可无异常发现,故未闻及哮鸣音,不能排除哮喘。

2. 诊断

(1)典型哮喘的临床症状和体征:①反复发作喘息、气急,胸闷或咳嗽,夜间及晨间多发,常与接触变应原、冷空气、理化刺激以及病毒性上呼吸道感染、运动等有关;②发作时双肺可闻及散在或弥漫性哮鸣音,呼气相延长;③上述症状和体征可经治疗缓解或自行缓解。

(2)可变气流受限的客观检查:①支气管舒张试验阳性;②支气管激发试验阳性;③平均每日 PEF 昼夜变异率>10% 或 PEF 周变异率>20%。

符合上述症状和体征,同时具备气流受限客观检查中的任一条,并除外其他疾病所引起的喘息、气急、胸闷和咳嗽,可以诊断为哮喘。

咳嗽变异性哮喘指咳嗽作为唯一或主要症状,无喘息、气急等典型哮喘症状,同时具备可变气流受限客观检查中的任一条,除外其他疾病所引起的咳嗽。

(二)一般治疗原则

哮喘的药物治疗应坚持对因治疗、对症治疗以及预防复发相结合,最终达到哮喘症状的良好控制,维持正常的活动水平,同时尽可能减少急性发作、肺功能不可逆损害和药物相关不良反应风险的目标。虽然目前哮喘不能根治,但长期规范化治疗可使大多数患者达到良好或完全的临床控制。在给药途径方面以吸入疗法优于全身注射或口服治疗,前者的优点是气道内局部药物浓度高用药量少,无或极少有全身不良反应。在吸入疗法中,有定量型气雾剂、干粉剂和雾化溶液等给药方法。

部分患者能找到引起哮喘发作的变应原或其他非特异刺激因素,使患者脱离并长期避免接触这些危险因素是防治哮喘最有效的方法。

(三)基本治疗药物及治疗方案

1. 常用治疗药物 哮喘治疗药物分为控制性药物和缓解性药物。控制性药物指需要长期使用的药物,这些药物通过抗炎作用和长效控制气道,控制哮喘症状,防止哮喘急性发作,包括吸入型糖皮质激素(ICS)、全身性激素、白三烯调节剂、长效 β_2 受体激动剂(LABA)、缓释茶碱、色甘酸钠、抗 IgE 单克隆抗体及其他有助于减少全身激素剂量的药物等。缓解性药物指按需使用的药物,这些药物通过迅速解除气道痉挛从而缓解哮喘症状,包括吸入型短效 β_2 受体激动剂、短效吸入型抗胆碱药、短效茶碱、全身用糖皮质激素等。

2. 常用治疗方案

(1)急性发作期的治疗:急性发作的治疗目标是尽快缓解气道痉挛,纠正低氧血症,恢复肺功能,预防进一步恶化或再次发作,防治并发症。

1)轻度:轻度急性发作者可以在家庭或社区中治疗。治疗措施主要为重复吸入速效 β_2 受体激动剂,如沙丁胺醇气雾剂在第 1 小时每 20 分钟吸入 2~4 喷；随后根据治疗反应，可调整为每 3~4 小时吸入 2~4 喷。如果对吸入性 β₂ 受体激动剂反应良好（呼吸困难显著缓解，PEF 占预计值或个人最佳值 >80%），且疗效维持 3~4h，通常不需要使用其他药物。如果治疗反应不良，尤其是在控制性治疗的基础上发生急性发作，应口服激素（泼尼松龙 0.5~1mg/kg 或等效剂量的其他激素），必要时去医院就诊；也可口服茶碱类药物，尤其适用于控制夜间发作，茶碱类药物与 β₂ 受体激动剂、吸入糖皮质激素、吸入抗胆碱药如异丙托溴铵、噻托溴铵等合用有增效作用。一般病例可用氨茶碱片 0.2g，每日 3 次口服；也可采用茶碱缓释片起始剂量 0.1~0.2g，一日 2 次。

常用的吸入性 β₂ 受体激动剂有特布他林、沙丁胺醇、克仑特罗、沙美特罗、福莫特罗、妥洛特罗等。前两种属第二代短效药物，作用持续时间为 4~6h；后四种是第三代长效 β₂ 受体激动剂，作用持续时间为 8~12h，有利于夜间及清晨防治哮喘发作。喷雾时应立即用口慢慢吸气，屏息 10s 再慢慢呼气，使药物能充分到达远端支气管。每日使用短效 β₂ 受体激动剂的次数、剂量需不断增加方能控制病情时，提示哮喘加重，此时切忌过分或盲目地增加吸入次数，需要合用吸入糖皮质激素或口服茶碱类。

2）中度：中度急性发作的患者应去医院治疗。除氧疗外，应重复使用速效 β₂ 受体激动剂如沙丁胺醇，在初始治疗时间段每 20 分钟或连续雾化给药，随后根据需要间断给药（每 3~4 小时 1 次）。联合吸入性 β₂ 受体激动剂和抗胆碱能制剂（如短效异丙托溴铵、长效噻托溴铵）能够更好的支气管舒张作用。茶碱能增强短效 β₂ 受体激动剂（SABA）的作用，可口服氨茶碱缓释制剂或多索茶碱，也可静脉使用茶碱，应监测茶碱的血药浓度。也可全身使用激素，特别是对速效 β₂ 受体激动剂初始治疗反应不良或疗效不能维持，推荐使用泼尼松每日 0.5~1.0mg/kg 或等效的其他激素；口服激素不能耐受时，可采用静脉注射或滴注，如甲泼尼龙 40~80mg/d 或氢化可的松 400~1 000mg/d 分 2~3 次给药。地塞米松因半衰期较长，对肾上腺皮质功能抑制较强，一般不推荐使用。静脉给药和口服给药的序贯疗法可减少激素用量和不良反应，如静脉使用激素 2~3 日，继之以口服激素 3~5 日。

3）重度至危重度：应采用多种药物联合治疗，常是静脉给予茶碱类、全身用糖皮质激素，结合吸入性 β₂ 受体激动剂和抗胆碱药。①如患者近期未使用过茶碱类药物，可首先使用负荷量的氨茶碱（4~6mg/kg），用 5% 葡萄糖溶液 40ml 稀释后缓慢静脉注射，注射时间应 >20min；然后给予维持量 0.6~0.8mg/（g·h）静脉滴注，24h 内的总量不超过 1.0g，茶碱的有效安全血药浓度应保持在 6~15mg/L，如血药浓度超过 20mg/L，则不良反应明显增多。多索茶碱的不良反应少，可选用静脉注射（0.2g/12h）或静脉滴注（0.3g/d）。②氢化可的松琥珀酸钠、泼尼松、泼尼松龙和甲泼尼龙为推荐全身使用的糖皮质激素，应及早采用短程给药。可口服泼尼松或泼尼松龙 0.5~1mg/（kg·d），对正在使用或最近刚停用口服糖皮质激素者应改为静脉使用，氢化可的松琥珀酸钠（按游离型氢化可的松计算）10mg/（kg·d）或甲泼尼龙 40~80mg/d，分 2~3 次给予。③联合吸入性 β₂ 受体激动剂和抗胆碱药能够取得更好的支气管舒张作用。一般推荐每次沙丁胺醇 0.5mg（或特布他林 5mg）联合异丙托溴铵 0.1mg，每 6~8 小时 1 次。抗 IgE 单克隆抗体可用于血清 IgE 水平增高的哮喘患者，目前主要用于经过吸入激素和 LABA 联合治疗后症状仍未控制的严重哮喘患者。④其他治疗措施：如并发有肺部感染，应根据细菌培养及药敏试验结果选择有效抗菌药物控制肺部感染；给予氧疗，纠正缺氧；补充液体，纠正水、电解质及酸碱平衡紊乱；若痰多而黏稠不易咳出或有严重缺氧及 CO₂ 潴留者，应及时行气管插管吸出痰液，必要时行机械通气。

（2）慢性持续期的治疗：按照病情严重程度（间歇发作、轻度持续、中度持续、重度持续）进行分级治疗（1、2、3、4 和 5 级治疗），见表 9-2-3。在治疗过程中需反复评估哮喘控制水平，根据控制水平的满意程度调整（升级或降级）治疗方案。除了间歇状态外的哮喘患者，均需给予以吸入激素为主的控制性药物长期治疗，病情较重的患者需给予吸入激素联合其他药物如白三烯受体拮抗剂孟鲁司特或扎鲁司特的联合治疗方案。常用的吸入激素有丙酸倍氯米松、布地奈德、丙酸氟替卡松、环索奈德等。丙酸氟替卡松的作用最强，布地奈德次之，布地奈德比丙酸倍氯米松强1倍以上。临床证实，吸入激素以一般治疗量长期吸入，无明显的全身副作用。症状明显的患者应从3级方案开始治疗，对未控制且肺功能较差的患者（支气管舒张剂之后 FEV_1 占预计值的百分比 <80%）可

从4级方案开始治疗。"吸入糖皮质激素（ICS）+长效 β_2 受体激动剂（LABA）"是指南推荐的中、重度哮喘患者起始治疗的首选方案。目前常用的ICS+LABA 如布地奈德莫罗或氟替卡松/沙美特罗对中、重度哮喘患者的起始治疗日剂量分别为640/18μg 或 500/100μg。

表 9-2-3 哮喘长期治疗方案

治疗方案	第1级	第2级	第3级	第4级	第5级
推荐选择控制药物	不需使用药物	低剂量ICS	低剂量ICS加LABA	中/高剂量ICS加LABA	加其他治疗，如口服糖皮质激素
其他选择控制药物	低剂量ICS	白三烯受体拮抗剂 低剂量茶碱	中/高剂量ICS 低剂量ICS加白三烯受体拮抗剂 低剂量ICS加茶碱	中/高剂量ICS加LABA加LAMA 高剂量ICS加白三烯受体拮抗剂 高剂量ICS加茶碱	加LAMA 加IgE单克隆抗体 加IL-5单克隆抗体
缓解药物	按需使用SABA	按需使用SABA	按需使用SABA或低剂量布地奈德/福莫特罗或倍氯米松/福莫特罗		

注：推荐选用的治疗方案，但也要考虑患者的实际状况，如经济收入和当地的医疗资源等。低剂量ICS指每日吸布地奈德（或等效其他ICS）200~400μg，中等剂量为400~800μg，高剂量为>800~1 600μg。

对大多数未经治疗的持续性哮喘患者，初始治疗应从第2级方案开始，如果初始评估提示哮喘处于严重未控制，治疗应从第3级方案开始。从第2级到第5级的治疗方案中都有不同的哮喘控制药物可供选择。而在每一级中缓解药物都应按需使用，以迅速缓解哮喘症状。

如果使用该级治疗方案不能够使哮喘得到控制，治疗方案应该升级直至达到哮喘控制为止。当达到哮喘控制之后并能够维持至少3个月以上，且肺功能恢复并维持平稳状态，可考虑降级治疗。建议减量方案如下：①单独使用中至高剂量ICS的患者，将剂量减少50%；②单独使用低剂量ICS的患者可改为每日1次用药；③联合吸入ICS/LABA的患者，先将ICS剂量减少50%，继续使用联合治疗。

当达到低剂量联合治疗时，可选择改为每日1次联合用药或停用LABA，单用ICS治疗。若患者使用最低剂量控制药物达到哮喘控制1年，并且哮喘症状不再发作，可考虑停用药物治疗。以上方案为基本原则，必须个体化，以最小量、最简单的联合、不良反应最少、达到最佳哮喘控制为原则。

（3）缓解期治疗：哮喘缓解期治疗的目的是

防止哮喘急性发作，提高生活质量。应尽量找出变应原和各种非特异性诱因，进行病因治疗。用可疑的抗原进行皮肤试验，找出变应原后，再用有关特异性抗原从小剂量开始注射，并逐渐增大剂量，以改变机体的反应性，称为减敏（或脱敏）治疗。对反复呼吸道感染诱发哮喘者可用免疫调节剂，如哮喘菌苗、卡介苗、胸腺肽、转移因子等，提高机体免疫力，增强抗感染、抗过敏能力。

药物预防可用色甘酸钠、酮替酚等。色甘酸钠宜在好发季节前2周开始用药，吸入20mg，每日3~4次，一般对外源性哮喘效果较好，用4~6周无效者可停药。酮替酚具有很强的抗过敏作用，一般在发病季节前2周开始用药，1~2mg/次，每日2次，口服6周无效可停用。

（四）临床问题导向的药物治疗

1. 长期、规范治疗完全可以有效地控制哮喘。治疗必须个体化，以最小量、最简单的联合，不良反应最少、达到最佳哮喘控制为原则。

2. 对哮喘患者进行健康教育、有效控制环境、避免诱发因素，要贯穿于整个哮喘治疗过程中。

3. 特殊患者用药

（1）怀孕期哮喘：轻度发作者可吸入 β_2 受体

激动剂沙丁胺醇或特布他林,一般剂量下对胎儿没有损害作用。β₂受体激动剂可抑制子宫收缩,故在分娩前应停用为好。中度发作者需加吸入用糖皮质激素。重度发作的哮喘孕妇,在保护好胎儿的前提下,应全身用氨茶碱及糖皮质激素,以求尽快控制哮喘发作。血清茶碱浓度应限制在 $12\mu g/ml$ 以下。

(2)儿童哮喘:对于哮喘发作期患儿应早期使用β₂受体激动剂及糖皮质激素吸入制剂,找到能控制发作的最低有效剂量。色甘酸钠吸入粉剂具有预防哮喘发作的作用,宜在哮喘发病季节前 1~2 个月开始用药。酮替酚是一种抗过敏药物,也常用于预防,对过敏性哮喘儿童尤其有效,口服量为每日 1~2mg。

(3)老年哮喘:老年患者如并发有冠心病、高血压、心功能不全及心律失常时应慎用茶碱类药物,β₂受体激动剂亦应减量应用并加强临床观察。

4. 吸入型糖皮质激素(ICS)使用注意事项

(1)吸入型糖皮质激素仅能较低程度地起到支气管扩张作用,且给药后需要一定的潜伏期,在哮喘发作时不能立即奏效,不适宜用于急性哮喘患者,不应作为哮喘急性发作的首选药。对哮喘急性发作患者宜合并应用β₂受体激动剂,以尽快松弛支气管平滑肌。

(2)应当依据持续型哮喘的严重程度给予适当剂量,分为起始和维持剂量。起始剂量需依据病情的严重程度给予,分为轻度、中度和重度持续,维持吸入剂量应以能控制临床症状和气道炎症的最低剂量确定,分 2~4 次给予,一般连续应用 2 年。当严重哮喘或哮喘持续发作时,可考虑给予全身性激素治疗,待缓解后改为维持量或转为吸入给药。

(3)ICS 在口咽局部的不良反应包括声音嘶哑、咽部不适和念珠菌感染。吸药后应及时用清水含漱口咽部,选用干粉吸入剂或加用储雾器可减少上述不良反应。ICS 全身不良反应的大小与药物剂量、药物的生物利用度、在肠道的吸收、肝脏首过代谢率及全身吸收药物的半衰期等因素有关。哮喘患者长期吸入临床推荐剂量范围内的 ICS 是安全的,但长期高剂量吸入激素后也可出现全身不良反应,如骨质疏松、肾上腺皮质轴抑制等。

(五)药物治疗展望

一旦哮喘诊断确立,应尽早开始规律的控制治疗,这对于取得最佳疗效至关重要。开始控制治疗前需要再次确认哮喘诊断、记录哮喘患者症状和危险因素(包括肺功能)、考虑影响治疗选择的因素、确保患者正确使用吸入装置、安排适当的随访时间等。近年针对哮喘的药物治疗除了新型药物研发外,免疫治疗和基因治疗也已经成为研究的热点。

三、支气管扩张症

支气管扩张症是由各种原因引起支气管树的病理性、永久性扩张,导致反复发生化脓性感染,临床表现为持续或反复性咳嗽、咳痰,有时伴有咯血,可导致呼吸功能障碍及慢性肺源性心脏病。

(一)临床表现与诊断

1. **临床表现**　主要症状为持续或反复的咳嗽、咳痰或咳脓痰。痰液为黏液性、黏液脓性或脓性,可呈黄绿色,收集后分层:上层为泡沫,中间为混浊黏液,下层为脓性成分,最下层为坏死组织。无明显诱因者常隐匿起病,无症状或症状轻微。呼吸困难和喘息常提示有广泛的支气管扩张或有潜在的慢阻肺。随着感染加重,可出现痰量增多和发热,可仅为支气管感染加重,也可为病变累及周围肺实质出现肺炎所致。当支气管扩张伴急性感染时,患者可表现为咳嗽、咳脓痰和伴随肺炎。50%~70% 的病例可发生咯血,大出血常为小动脉被侵蚀或增生的血管被破坏所致。部分患者以反复咯血为唯一症状,称为"干性支气管扩张"。

气道内有较多分泌物时,体检可闻及湿啰音和干啰音。病变严重尤其是伴有慢性缺氧、肺源性心脏病和右心衰竭的患者可出现杵状指及右心衰竭体征。

2. **诊断**　根据反复咳脓痰、咯血病史和既往有诱发支气管扩张的呼吸道感染病史,高分辨率 CT 显示气管扩张的异常影像学改变,即可明确诊断为支气管扩张。诊断支气管扩张症的患者还应进一步仔细询问既往病史、评估上呼吸道症状、根据病情完善相关检查以明确病因诊断。

（二）一般治疗原则

支气管扩张症一般治疗原则是预防或抑制急性和慢性支气管感染，提高纤毛黏液清除率，减少结构性肺病影响。目的是确定并治疗潜在病因以阻止疾病进展，维持或改善肺功能，减少急性加重，减少日间症状和急性加重次数，改善患者的生活质量。

（三）基本治疗药物及治疗方案

1. 常用治疗药物

（1）化痰药物：包括黏液溶解剂、痰液促排剂、抗氧化剂等。N-乙酰半胱氨酸具有较强的化痰和抗氧化作用。

（2）止血药物

1）垂体后叶素：为治疗大咯血的首选药物，一般静脉注射后3~5min起效，维持20~30min。用法：垂体后叶素5~10U加5%葡萄糖注射液20~40ml，稀释后缓慢静脉注射，约15min注射完毕。继之以10~20U加生理盐水或5%葡萄糖注射液500ml稀释后静脉滴注[0.1U/（kg·h）]，出血停止后，再继续使用2~3d以巩固疗效；支气管扩张伴有冠状动脉粥样硬化性心脏病、高血压、肺源性心脏病、心力衰竭以及孕妇均忌用。

2）促凝血药：为常用的止血药物，可酌情选用抗纤维蛋白溶解药物，如氨基己酸（4~6g+生理盐水100ml，15~30 min内静脉滴注完毕，维持量1g/h）或氨甲苯酸（100~200mg加入5%葡萄糖注射液或生理盐水40ml内静脉注射，2次/d），或增加毛细血管抵抗力和血小板功能的药物如酚磺乙胺（250~500mg肌内注射或静脉滴注，2~3次/d），还可给予血凝酶1~2kU静脉注射，5~10min起效，可持续24h。

（3）其他药物：如普鲁卡因150mg加生理盐水30ml静脉滴注，1~2次/d，皮内试验阴性（0.25%普鲁卡因溶液0.1ml皮内注射）者方可应用；酚妥托明5~10mg以生理盐水20~40ml稀释静脉注射，然后以10~20mg加于生理盐水500ml内静脉滴注，不良反应有直立性低血压、恶心、呕吐、心绞痛及心律失常等。

2. 常用治疗方案

（1）治疗基础疾病：对活动性肺结核伴支气管扩张应积极抗结核治疗，低免疫球蛋白血症可用免疫球蛋白替代治疗。

（2）控制感染：支气管扩张症患者出现痰量增多及其脓性成分增加等急性感染征象时，需应用抗感染药物。

（3）清除气道分泌物：气道内雾化吸入生理盐水，短时间内吸入高渗生理盐水，或吸入黏液松解剂如乙酰半胱氨酸等，可有助于痰液的稀释和排出。药物包括黏液溶解剂，痰液促排剂，抗氧化剂等。N-乙酰半胱氨酸具有较强的化痰和抗氧化作用。

（4）免疫调节剂：使用一些促进呼吸道免疫增强的药物如细菌细胞壁裂解产物可以减少支气管扩张症患者的急性发作。部分支气管扩张症患者长期使用十四环或十五环大环内酯类抗菌药物可以减少急性发作和改善患者的症状，但需要注意长期口服抗菌药物带来的其他副作用，包括心血管、听力、肝功能的损害及出现细菌耐药等。

（5）治疗咯血：对反复咯血的患者，如果咯血量少，可以对症治疗或口服卡巴克洛、云南白药。若出血量中等，可静脉给予垂体后叶素或酚妥拉明；若出血量大，经内科治疗无效，可考虑介入栓塞治疗或手术治疗。

（6）预防：可考虑应用肺炎球菌疫苗和流感病毒疫苗预防或减少急性发作，免疫调节剂对于减轻症状和减少发作有一定帮助。

（四）临床问题导向的药物治疗

支气管扩张症患者出现痰量增多及其脓性成分增加等急性感染征象时，需应用抗感染药物。急性加重期开始抗菌药物治疗前应常规送痰培养，根据痰培养和药敏结果指导抗菌药物应用，但在等待培养结果时即应开始经验性抗菌药物治疗。无铜绿假单胞菌感染高危因素的患者应立即经验性使用对流感嗜血杆菌有活性的抗菌药物，如氨苄西林/舒巴坦、阿莫西林/克拉维酸第二代头孢菌素，第三代头孢菌素（头孢曲松钠、头孢噻肟），莫西沙星、左氧氟沙星。对于存在铜绿假单胞菌感染高危因素的患者[如存在以下4条中的2条：①近期住院；②每年4次以上或近3个月以内应用抗菌药物；③重度气流阻塞（FEV_1<30%预计值）；④口服糖皮质激素（最近2周每日口服泼尼松>10mg/d）]，可选择具有抗假单胞菌活性的β-内酰胺类抗菌药物（如头孢他啶、头孢吡肟、哌拉西林/他唑巴坦、头孢哌酮/舒巴坦）、碳青霉烯类（如亚胺培南、美罗培南）、氨基糖苷类、喹诺酮类（环丙沙星或左氧氟沙星），可单独应用或联合应用。合并变应性支气管肺曲霉病时，除一般需要糖皮质激素（泼尼松 0.5~1mg/kg）外，还需要抗真菌药（如伊曲康唑）联合治疗，疗程较长。支气管扩张症患者出现肺内空洞，尤其是内壁光滑的空洞，不论是否有合并症，都应考虑到不典型分枝杆菌感染的可能，可采用痰抗酸染色，痰培养及痰的微生物分子检测进行诊断。本病也容易合并结核，患者可以有肺内空洞或肺内结节，渗出合并增殖性改变等，可合并低热，夜间盗汗，需要在随访过程中密切注意上述相关的临床表现。支气管扩张症患者容易合并曲霉的定植和感染，表现为管腔内有曲霉球或出现慢性纤维空洞样改变，或急性、亚急性侵袭性感染。曲霉的侵袭性感染治疗一般选择伏立康唑。

（五）药物治疗展望

正确地预防病情恶化、缓解症状及提高生活质量，是治疗的关键目标。大环内酯类药物、吸入性抗菌药物及吸入性糖皮质激素在支气管扩张中的作用都已经成为支扩治疗的研究热点。

四、慢性阻塞性肺疾病

慢性阻塞性肺疾病（COPD）是呼吸系统疾病中的常见病和多发病，患病率和病死率均居高不下。在我国，慢阻肺是导致慢性呼吸衰竭和慢性肺源性心脏病最常见的病因，约占全部病例80%，因肺功能进行性减退，严重影响患者的劳动力和生活质量，慢阻肺造成巨大的社会和经济负担。

（一）临床表现与诊断

1. 临床表现 慢性阻塞性肺疾病多缓慢起病，病程较长，反复急性发作而加重。主要症状有呼吸困难、慢性咳嗽、咳痰。呼吸困难是 COPD 的特征性症状，是导致疾病致残和焦虑的主要原因，常表现为胸闷、气紧、大口喘息等，但喘息、胸闷症状可能每日变化，甚至同一天内也有起伏，同时在听诊时可能闻及广泛的呼气或吸气相哮鸣音。慢性咳嗽常常是 COPD 的首发症状，最初咳嗽可能是间断的，随后可能每日存在，并常常持续一整天。COPD 的咳嗽可以伴或不伴咳痰。痰液一般

为白色黏液，大量咳痰的患者可能存在潜在的支气管扩张，脓痰反应炎症介质的增多，可作为鉴别细菌感染存在的依据。除此之外，疲乏、体重下降、纳差是重度和极重度 COPD 患者的常见问题。

2. 诊断 慢阻肺的诊断应根据临床表现、危险因素接触史、体征及实验室检等资料，综合分析确定。任何有呼吸困难、慢性咳嗽或咳痰，且有暴露于危险因素病史的患者，临床上需要考虑慢阻肺的诊断。诊断慢阻肺需要进行肺功能检查，吸入支气管舒张剂后 $FEV_1/FVC<70\%$，即明确存在持续的气流受限，除外其他疾病后可确诊为慢阻肺。因此，持续存在的气流受限是诊断慢阻肺的必备条件。肺功能检查是诊断慢阻肺的"金标准"。凡具有吸烟史和/或环境职业污染及生物燃料接触史，临床上有呼吸困难或慢性咳嗽、咳痰病史者，均应进行肺功能检查。慢阻肺患者早期轻度气流受限时可有或无临床症状。胸部 X 线检查有助于确定肺过度充气的程度及与其他肺部疾病鉴别。

（二）一般治疗原则

慢阻肺发作期的治疗主要为控制感染、祛痰止咳、解痉平喘，防止反复感染或感染迁延不愈。缓解期治疗主要为扶正固本，增强体质，提高机体抗病能力和预防急性发作。阻塞性肺气肿一旦形成，肺组织的破坏是不可逆的，难以修复，治疗的目的主要是延缓肺气肿的发展，发挥机体代偿能力，改善呼吸功能，提高生活质量，防止呼吸衰竭和心力衰竭的发生。治疗应围绕以下几个方面进行：

1. 戒烟，避免或防止粉尘、烟雾和有害气体的吸入。

2. 解除气道阻塞中的可逆因素，减缓肺功能下降的进程。

3. 控制咳嗽和痰液的生成。

4. 预防和消除呼吸道感染。

5. 控制各种并发症，慢性阻塞性肺疾病急性发作往往出现一些并发症，如呼吸衰竭，右心衰竭，水、电解质和酸碱平衡紊乱，心律失常，肝、肾功能障碍等应采取措施处理上述并发症。

（三）基本治疗药物及治疗方案

1. 常用治疗药物 治疗慢阻肺的常用药物

有止咳祛痰药、支气管扩张药和糖皮质激素、抗菌药物和疫苗等。

（1）止咳祛痰药：对慢阻肺患者一般不单独使用止咳药，宜用祛痰药以利于痰液咳出。但过于剧烈和频繁的咳嗽，可适当应用含止咳和祛痰成分的复方制剂。止咳药中能直接抑制咳嗽中枢者为中枢性止咳药，如可待因等；抑制咳嗽反射弧中其他环节的药物为末梢性止咳药，如苯佐那酯。祛痰药分为两大，一类是恶心性祛痰药，如氯化铵；另一类是黏痰溶解药，如盐酸氨溴索、乙酰半胱氨酸等。

（2）磷酸二酯酶4（phosphodiesterase-4，PDE-4）抑制剂：PDE-4抑制剂的主要作用是通过抑制细胞内的环腺苷酸降解来减轻炎症。该类药物中罗氟司特已在某些国家被批准使用，每日1次口服罗氟司特虽无直接舒张支气管的作用，但能够改善应用沙美特罗或噻托溴铵治疗的患者的FEV_1。罗氟司特还可使需用激素治疗的中、重度急性加重的发生率下降15%~20%。罗氟司特与茶碱类都是磷酸二酯酶抑制剂，两者不应同时使用。

2. 常用治疗方案

（1）急性发作期治疗

1）控制感染：当慢阻肺患者出现发热、咳嗽咳痰增多、痰转脓性、需有创或无创机械通气疗时，应根据当地的流行病学资料进行抗菌治疗。其痰菌培养常见流感嗜血杆菌、肺炎球菌、甲型链球菌及奈瑟球菌等。初始抗菌治疗的建议：①对无铜绿假单胞菌危险因素者，主要依据急性加重的严重程度、当地的耐药状况和潜在的依从性选择药物。病情较轻者推荐使用青霉素、阿莫西林加或不加用克拉维酸、大环内酯类、氟喹诺酮类、第一或第二代头孢菌素类抗菌药物，一般可口服给药；病情较重者可用β-内酰胺类/酶抑制剂、第二代头孢菌素类、氟喹诺酮类和第三代头孢菌素类。②有铜绿假单胞菌危险因素者如能口服，则可选用环丙沙星，需要静脉用药时可选用环丙沙星、抗铜绿假单胞菌的β-内酰胺类，不加或加用酶抑制剂，同时可加用氨基糖苷类药物。③应根据患者病情的严重程度和临床状况是否稳定选择使用口服或静脉用药，静脉用药3日以上，如病情稳定可以改为口服，抗菌药物的推荐治疗疗程

为5~10日。

2）解痉平喘：轻度喘息可使用β_2受体激动剂气雾剂，如沙丁胺醇气雾剂每4~6小时喷1~2下。与支气管哮喘患者比较，慢阻肺患者应用β_2受体激动剂治疗，其支气管扩张作用稍差。症状持续者使用异丙托溴铵气雾剂，或联合使用β_2受体激动剂气雾剂。若疗效不满意或症状较明显，特别是有夜间支气管痉挛者，可加用缓释茶碱口服200~400mg，每日1~2次β_2受体激动剂、抗胆碱药及茶碱类药物联合使用其支气管舒张作用更强。如症状控制仍不理想，在上述治疗的基础上可加用口服糖皮质激素，如泼尼松（强的松）每日40mg，用1~2周，如有效可减量至维持剂量或改为吸入激素治疗。

3）改善缺氧：显著的低氧血症须给予氧疗，使动脉氧分压（PaO_2）维持在55mmHg以上，一般主张采用1~2L/min的流量吸氧。对于稳定期$PaO_2<55$mmHg或PaO_2为55~60mmHg，但血细胞比容≥55%，右心功能衰竭者需接受家庭氧疗。长期家庭氧疗可改善患者症状，延缓病情进展，延长生存时间。

4）祛痰止咳：慢阻肺应以祛痰为主，以利于痰液排出，畅通气道。可口服溴己新8~16mg，每日3次；氨溴索30mg，每日3次对一些轻度的慢阻肺患者可以服用一些具有祛痰效果的中成药，如复方甘草合剂10ml，每日3次；蛇胆川贝枇杷膏10ml，每日3次；半夏露糖浆10ml，每日3次。除刺激性干咳影响休息睡眠外，一般不宜单用止咳药物，以防痰液不能排出而加重病情。

（2）缓解期治疗：慢阻肺稳定期应根据病情的严重程度不同，选择不同的治疗方法。慢阻肺稳定期的起始治疗药物推荐方案如表9-2-4所示。

表9-2-4　慢阻肺稳定期的起始治疗药物推荐方案

组别	首选方案
A组	一种支气管扩张剂
B组	一种长效支气管扩张剂 LABA 或 LAMA
C组	LAMA
D组	LAMA 或 LAMA+LABA 或 ICS+LABA

（3）预防：戒烟、避免或防止粉尘、烟雾及有害气体的吸入。加强体育活动，进行耐寒锻炼提高机体抗病能力。积极防治感冒，及时治疗呼吸道感染。腹式呼吸锻炼有利于改善通气功能。高蛋白、高营养饮食有利于改善患者的一般情况，对稳定期慢阻肺患者一般不主张使用抗菌药物治疗或用于预防感染。

（4）疫苗：流感疫苗可减轻慢阻肺的严重程度，可每年给予1次（秋季）或2次（秋、冬）。肺炎疫苗是可促使机体产生特异性主动免疫，并可提高白细胞吞噬能力及溶菌酶的非特异性免疫作用，从而减少和防止呼吸道感染。

（四）临床问题导向的药物治疗

1. 抗菌药物

（1）严格把握抗菌药物使用指征，尽早明确细菌学诊断，分离病原微生物，做药物敏感试验，并保留细菌标本，以便需要时做联合药敏试验和血清杀菌试验，为合理应用抗菌药物确立先决条件。

（2）熟悉各种抗菌药物的抗菌活性、抗菌作用和抗菌谱、药动学特征和不良反应，结合药敏试验结果制订或调整用药方案。

（3）应按照患者的生理、病理、免疫状态而合理用药，注意特殊人群如新生儿、老年人、妊娠与哺乳期妇女、肝肾功能减退、重度营养不良、低蛋白血症与免疫缺陷者等抗感染药选用品种、剂量、疗程的特殊性，确保用药安全。

2. 糖皮质激素

（1）吸入型糖皮质激素为控制呼吸道炎症的预防性用药，起效缓慢且须连续和规律地应用3~7日以上方能充分发挥作用。

（2）吸入型糖皮质激素仅能较低程度地起到支气管扩张作用，且给药后需要一定的潜伏期，对COPD患者宜合并应用 β_2 受体激动剂，以尽快松弛支气管平滑肌。

（3）当COPD急性加重时可考虑短期给予全身性激素治疗，待缓解后改为维持量或转为吸入给药。FEV_1<50%预计值且有临床症状及反复加重的COPD患者建议长期规律吸入激素，并推荐联合应用 β_2 受体激动剂为宜。稳定期不主张应用口服或静脉激素。

（4）患有活动性肺结核者及肺部真菌、病毒感染者，儿童、妊娠及哺乳期妇女慎用吸入型糖皮质激素。

（5）鉴于少数患者在用药后可发生声音嘶哑和口腔咽喉部位的白色念珠菌感染，吸入后应立即漱口，以降低进入体内的药量和减少口腔真菌继发性感染的机会。

（6）如发生感染，则应给予抗菌药物，应用抗菌药物前宜采样进行细菌培养和药物敏感试验。

（7）联合应用茶碱等磷酸二酯酶抑制剂时，建议进行血药浓度监测。

（8）近期研究数据显示，包含ICS的治疗（ICS/LAMA/LABA 和 ICS/LABA）方案对于血液嗜酸性粒细胞大于300个/L的患者以及急性加重高风险患者（前一年中度急性加重超过2次或至少有1次急性加重导致入院）有明显获益。

3. 白三烯受体拮抗剂

（1）白三烯受体拮抗剂的起效时间慢，作用较弱，一般连续应用4周后才见疗效，且有蓄积性，仅适用于轻、中度哮喘和COPD稳定期的控制，或合并应用以减少糖皮质激素和 β_2 受体激动剂的剂量。

（2）在治疗COPD时不宜单独应用，对12岁以下儿童、妊娠及哺乳期妇女宜在权衡利弊后慎重应用。

（3）体外试验表明，高浓度的扎鲁司特可抑制CYP1A2，竞争性抑制氨茶碱的代谢，使茶碱血药浓度升高，在与茶碱合用时，应监测茶碱的血药浓度。

4. 黏痰调节剂

（1）司坦类黏痰调节剂均有可能引起消化道刺激症状，常见恶心、呕吐、腹胀、腹泻、腹痛、便秘、食欲减退、胃灼热、胃肠出血或味觉异常，有时出现头晕、头痛、皮疹等不良反应。对消化道溃疡者慎用。

（2）司坦类黏痰调节剂可能导致肝脏功能障碍或心力衰竭者病情恶化，对心、肝功能不全者谨慎应用。

（3）鉴于被稀释后的痰液需借助咳嗽反射而排出，在使用司坦类黏痰调节剂后暂缓应用强效镇咳剂，以免被稀释的痰液滞留而堵塞气道。

5. 磷酸二酯酶抑制剂

（1）多索茶碱对急性心肌梗死者禁用，不得与其他黄嘌呤类药物同时使用，与麻黄碱或其他肾上腺素类药物同时使用须慎重。如过量使用后会出现严重心律不齐、阵发性痉挛等。此为初期中毒症状，应暂停用药，监测血药浓度，在上述中毒迹象和症状完全消失后可继续使用。

（2）二羟丙茶碱对活动性消化性溃疡和未经控制的惊厥性疾病患者禁用。对哮喘急性严重发作的患者不选本药。对高血压或有消化道溃疡出血病史患者慎用。大剂量可致中枢兴奋，预服镇静药可防治。对妊娠及哺乳妇女慎用。

（3）对茶碱类药过敏者禁用茶碱缓释片和氨茶碱。对急性心肌梗死、严重心肌炎、活动性消化性溃疡者、惊厥者禁用。对心律失常、青光眼、充血性心力衰竭、肺源性心脏病者、高血压、冠心病、严重低氧血症、甲状腺功能亢进症者、妊娠期及哺乳期妇女慎用。

6. β₂受体激动剂
$β_2$受体激动剂 对心血管功能不全、高血压、甲状腺功能亢进患者及妊娠期妇女慎用；老年人及对$β_2$受体激动剂敏感者慎用；使用时应从小剂量开始，逐渐加大剂量。

7. 异丙托溴铵
对妊娠期妇女慎用；对阿托品类药过敏者禁用；患有闭角型青光眼、良性前列腺增生者（可导致急性尿潴留）慎用。为使治疗成功，应正确使用计量气雾装置。与磷酸二酶抑制剂及糖皮质激素合用可增强支气管平滑肌扩张作用。

8. 过敏介质阻释剂

（1）酮替芬对驾驶员、机械操作者、高空作业者慎用；妊娠期妇女禁用。急性哮喘者应先使用支气管舒张药控制后再使用替芬或与之合用。严重肝、肾功能不全者剂量酌减。

（2）色甘酸钠在获得疗效后，可减少给药次数，如需停药，亦应逐步减量后再停用，不能突然停药，以免哮喘复发。

（五）药物治疗展望

流感疫苗、肺炎链球菌疫苗、细菌溶解物、卡介苗多糖核酸等对防止慢阻肺患者反复感染可能有益。加强体育锻炼，增强体质，提高机体免疫力，可帮助改善机体一般状况。此外，对于有慢阻肺高危因素的人群，应定期进行肺功能监测，以尽可能早期发现慢阻肺并及时予以干预。慢阻肺的早期发现和早期干预十分重要。除了疾病的预防，在COPD治疗方面，LAMA/LABA与ICS三联复合吸入制剂上市为部分患者带来了福音，抗氧化治疗、靶向治疗等也成为研究者积极探索的方向，总之对于慢阻肺急性加重的改善、药物传递系统的创新等均是药物治疗研究热点。

五、间质性肺疾病

间质性肺疾病（ILD）亦称作弥漫性实质性肺疾病，是一组主要累及肺间质和肺泡腔，导致肺泡-毛细血管功能单位丧失的弥漫性肺疾病。临床主要表现为进行性加重的呼吸困难、限制性通气功能障碍伴弥散功能降低、低氧血症以及影像学上的双肺弥漫性病变，ILD可最终发展为弥漫性肺纤维化和蜂窝肺，导致呼吸衰竭而死亡。间质性肺疾病包括200多种急性和慢性肺部疾病，既有临床常见病，也有临床少见病，其中大多数疾病的病因还不明确。

（一）临床表现与诊断

1. 临床表现 多数隐匿起病。呼吸困难是最常见的症状，疾病早期仅在活动时出现，随着疾病进展呈进行性加重。其次是咳嗽，多为持续性干咳，少有咯血、胸痛和喘鸣。如果患者还有全身症状如发热、盗汗、乏力、消瘦，皮疹、肌肉关节疼痛、肿胀、口干、眼干等，通常提示可能存在结缔组织疾病等。

体征：

（1）爆裂音或Velcro啰音：两肺底闻及的吸气末细小的干性爆裂音或Velcro啰音是ILD的常见体征，尤其是特发性肺纤维化，可能是常见，也是早期体征。

（2）杵状指：是ILD患者一个比较常见的晚期征象，通常提示严重的肺结构破坏和肺功能受损，多见于IPF。

（3）肺动脉高压和肺心病的体征：ILD进展到晚期，可以出现肺动脉高压和肺心病，进而表现发绀，呼吸急促P2亢进，下肢水肿等征象。

（4）系统疾病体征：皮疹、关节肿胀、变形等可能提示结缔组织疾病等。

2. 诊断 临床诊断某一种ILD是一个动态的过程，需要临床、放射和病理科医生的密切合作,根据所获得的完整资料对先前的诊断进行验证或修订。

（二）一般治疗原则

IPF 不可能治愈,治疗目的是延缓疾病进展,改善生活质量,延长生存期。治疗包括抗纤维化药物治疗、非药物治疗、合并症治疗、姑息治疗。积极控制肺泡炎并使之逆转,防止发展为不可逆的肺纤维化。

（三）基本治疗药物及治疗方案

1. 抗纤维化药物　循证医学证据证明吡非尼酮和尼达尼布可以减慢 IPF 肺功能下降,为 IPF 患者带来希望。吡非尼酮是一种多效性的吡啶化合物,具有抗炎、抗纤维化和抗氧化特性。尼达尼布是一种多靶点酪氨酸激酶抑制剂,能够抑制血小板衍化生长因子受体、血管内皮生长因子受体以及成纤维细胞生长因子受体。两种药物作为抗纤维化药物,已开始在临床用于 IPF 的治疗。

2. 常用治疗方案　药物治疗糖皮质激素为首选药物,疗效不佳者可改用免疫抑制剂或联合用药。合并肺部感染者应用抗菌药物。低氧血症者可给予吸氧。大多数疾病如果早期被发现并正确诊断,而给予合理有效的治疗可减轻症状,阻止或减慢肺纤维化形成,缓解并控制病情发展。甚至很大一部分如果早期被正确诊断并给以合理有效的治疗是可以治愈的。

（四）临床问题导向的药物治疗

N-乙酰半胱氨酸作为一种祛痰药,高剂量（1 800mg/d）时具有抗氧化,进而抗纤维化作用,部分 IPF 患者可能有用。IPF 患者尽可能进行肺康复训练,静息状态下存在明显的低氧血症（$PaO_2<55mmHg$）患者还应该施行长程氧疗,但是一般不推荐使用机械通气治疗 IPF 所致的呼吸衰竭。肺移植是目前 IPF 最有效的治疗方法,合适的患者应该积极推荐肺移植。

（五）药物治疗展望

IPF 诊断后中位生存期为 2~3 年,但 IPF 自然病程及结局个体差异较大。目前 IPF 尚无肯定显著有效的治疗药物,未来的治疗策略可能是针对肺纤维化不同靶点采用多种药物的联合治疗。组织多中心的随机对照研究是评价 IPF 新的治疗药物的重要手段。

六、呼吸衰竭

呼吸衰竭（respiratory failure）是指各种原因引起的肺通气和/或换气功能严重障碍,使静息状态下亦不能维持足够的气体交换,导致低氧血症伴（或不伴）高碳酸血症,进而引起一系列病理生理改变和相应临床表现的综合征,其临床表现缺乏特异性。

（一）临床表现与诊断

1. 临床表现　呼吸衰竭的临床表现主要是低氧血症所致的呼吸困难和多脏器功能障碍。

（1）呼吸困难:呼吸衰竭最早出现的症状。多数患者有明显的呼吸困难,可表现为频率、节律和幅度的改变。较早表现为呼吸频率增快,病情加重时出现呼吸困难,辅助呼吸肌活动加强,如三凹征。中枢性疾病或中枢神经抑制性药物所致的呼吸衰竭,表现为呼吸节律改变,如潮式呼吸、比奥呼吸等。

（2）发绀:发绀是缺氧的典型表现,当动脉血氧饱和度低于 90% 时,可在口唇、指甲处出现发绀。

（3）精神神经症状:急性缺氧可出现精神错乱、躁狂、昏迷、抽搐等症状。如合并急性 CO_2 潴留,可出现嗜睡、淡漠、扑翼样震颤,甚至呼吸骤停。

（4）循环系统表现:多数患者有心动过速;严重低氧血症和酸中毒可导致心肌损害,亦可引起周围循环衰竭、血压下降、心律失常、心搏停止。

（5）消化和泌尿系统:表现严重呼吸衰竭对肝、肾功能都有影响,部分病例可出现丙氨酸氨基转移酶与血浆尿素氮升高,个别病例尿中可出现蛋白、红细胞和管型。因胃肠道黏膜屏障功能受损,导致胃肠道黏膜充血水肿、糜烂渗血或发生应激性溃疡,引起上消化道出血。

2. 诊断　除原发疾病、低氧血症及 CO_2 潴留所致的临床表现外,呼吸衰竭的诊断主要依靠血气分析,在海平面、静息状态、呼吸空气条件下,动脉血氧分压（PaO_2）<60mmHg,伴或不伴二氧化碳分压（$PaCO_2$）>50mmHg,可诊断为呼吸衰竭。而结合肺功能、胸部影像学和纤维支气管镜等检查对于明确呼吸衰竭的原因至关重要。

（二）一般治疗原则

呼吸衰竭的总体治疗原则是：呼吸支持，包括保持呼吸道通畅、纠正缺氧和改善通气等；呼吸衰竭病因和诱因的治疗；一般支持治疗以及对其他重要脏器功能的监测与支持。

1. 保持呼吸道通畅 对任何类型的呼吸衰竭，保持呼吸道通畅是最基本、最重要的治疗措施。气道不畅使呼吸阻力增加，呼吸功耗增多，会加重呼吸肌疲劳；气道阻塞致分泌物排出困难将加重感染，同时也可能发生肺不张，使气体交换面积减少；气道如发生急性完全阻塞，会发生窒息，短时间内致患者死亡。保持气道通畅的方法主要有：①若患者昏迷，应使其处于仰卧位，头后仰，托起下颌并将口打开；②清除气道内分泌物及异物；③若以上方法不能奏效，必要时应建立人工气道。

2. 氧疗 即氧气疗法，指通过不同吸氧装置增加肺泡内氧分压以纠正机体低氧血症的治疗方法。吸氧浓度确定吸氧浓度的原则是在保证 PaO_2 迅速提高到 60mmHg 或脉搏容积血氧饱和度达 90% 以上的前提下，尽量降低吸氧浓度。Ⅰ型呼吸衰竭的主要问题为氧合功能障碍而通气功能基本正常，较高浓度（>35%）给氧可以迅速缓解低氧血症而不会引起 CO_2 潴留。对于伴有高碳酸血症的急性呼吸衰竭，往往需要将给氧浓度设定为达到上述氧合目标的最低值。

3. 正压机械通气与体外膜式氧合 当机体出现严重的通气和/或换气功能障碍时，以人工辅助通气装置（有创或无创正压呼吸机）来改善通气和/或换气功能，即为正压机械通气。机械通气能维持必要的肺泡通气量，降低 $PaCO_2$；改善肺的气体交换效能；使呼吸肌得以休息，有利于恢复呼吸肌功能。机械通气过程中应根据血气分析和临床资料调整呼吸机参数。正压机械通气可分为经气管插管进行的有创正压通气及经鼻/面罩进行的无创正压通气（non-invasive positive pressure ventilation, NIPPV）。当通过常规氧疗或 NIPP 不能维持满意通气及氧合或呼吸道分泌物增多，咳嗽和吞咽反射明显减弱甚至消失时，应行气管插管使用机械通气。无创正压通气无需建立有创人工气道，简便易行，与机械通气相关的严重并发症发生率低。但患者应具备以下基本条件：①清醒能够合作；②血流动力学稳定；③不需要气管插管保护（即患者无误吸、严重消化道出血、气道分泌物过多且排痰不利等情况）；④不影响使用鼻/面罩的面部创伤；⑤能够耐受鼻/面罩。体外膜式氧合（ECMO）是体外生命支持技术中的一种，通过将患者静脉血引出体外后经氧合器进行充分的气体交换，然后再输入患者体内。ECMO 是严重呼吸衰竭的终极呼吸支持方式，主要目的是部分或全部替代心肺功能，让其充分休息，减少呼吸机相关性肺损伤的发生，为原发病的治疗争取更多的时间。

4. 病因治疗 引起急性呼吸衰竭的原发疾病多种多样，在解决呼吸衰竭本身所致危害的前提下，明确并针对不同病因采取适当的治疗措施十分必要，是治疗呼吸衰竭的根本。

5. 一般支持疗法 电解质紊乱和酸碱平衡失调可以进一步加重呼吸系统乃至其他系统脏器的功能障碍并干扰呼吸衰竭的治疗效果，因此应及时加以纠正。加强液体管理，防止血容量不足和液体负荷过大，保证血细胞比容在一定水平，对于维持氧输送能力和防止肺水过多具有重要意义。呼吸衰竭患者由于摄入不足或代谢失衡，往往存在营养不良，需保证充足的营养及热量供给。

6. 其他重要脏器功能的监测与支持 呼吸衰竭往往会累及其他重要脏器，因此应及时将重症患者转入 ICU，加强对重要脏器功能的监测与支持，预防和治疗肺动脉高压、肺源性心脏病、肺性脑病、肾功能不全、消化道功能障碍和弥散性血管内凝血等。

（三）基本治疗药物及治疗方案

1. 常用治疗药物

（1）支气管扩张药物：可选用肾上腺素受体激动剂、抗胆碱药、糖皮质激素或茶碱类药物等。在急性呼吸衰竭时，主要经静脉给药。

（2）呼吸兴奋剂：由于正压通气的广泛应用，呼吸兴奋剂的应用不断减少。常用的药物有尼可刹米和洛贝林，用量过大可引起不良反应。近年来这两种药物几乎已被淘汰，取而代之的有多沙普仑，该药对于镇静催眠药过量引起的呼吸抑制和慢阻肺并发急性呼吸衰竭者均有显著的呼吸兴奋效果。

2. 常用治疗方案　解痉平喘、祛除痰液、控制感染、应用呼吸兴奋剂和机械通气,改善通气。

（1）解除支气管痉挛:选择或者联合应用氨茶碱、肾上腺素β受体激动剂、肾上腺皮质激素等。

（2）祛除痰液:足量输液避免痰液黏稠,可雾化吸入化痰药物,鼓励患者咳嗽,采取翻身拍背体位引流等协助排痰。

（3）控制感染及时采用有效抗菌药物。

（4）应用呼吸兴奋剂。

（四）临床问题导向的药物治疗

1. 呼吸衰竭患者兴奋躁动时禁用镇静催眠药物,以免加重二氧化碳潴留,发生或加重肺性脑病。

2. 有气道痉挛者,应该先应用支气管舒张剂通畅气道,然后再用呼吸兴奋剂。

3. 多沙普仑使用原则

（1）必须保持气道通畅,否则会促发呼吸肌疲劳,加重 CO_2 潴留。

（2）脑缺氧、脑水肿未纠正而出现频繁抽搐者慎用。

（3）患者的呼吸肌功能基本正常。

（4）不可突然停药。主要适用于以中枢抑制为主、通气量不足引起的呼吸衰竭,不宜用于以肺换气功能障碍为主所致的呼吸衰竭。

（五）药物治疗展望

呼吸衰竭主要为针对病因和诱因的治疗,在改善基础情况下基于呼吸技术支持,治疗的研究热点为提升呼吸支持技术,改善患者氧合,降低病死率和致残率。

七、肺结核

肺结核（pulmonary tuberculosis）是发生在肺组织、气管、支气管和胸膜的结核病变,它是由结核分枝杆菌引起的慢性呼吸道传染病,其他脏器的结核菌感染均称肺外结核。肺结核在 21 世纪仍然是严重危害人类健康的主要传染病,是全球关注的公共卫生和社会问题,也是我国重点控制的主要疾病之一。

（一）临床表现与诊断

1. 临床表现　肺结核临床多表现为慢性过程,呈多样性,如病变轻,病灶局限或呈纤维增生型,可无任何症状。待各种临床表现出现,病变已达较重程度。全身中毒症状可有不适、长时间午后低热、乏力、食欲缺乏、体重减轻、盗汗等,呼吸道症状有咳嗽、咳痰、咯血胸痛等。病灶较大时,病灶区叩诊可有浊音,听诊闻及细湿啰音。胸部 X 线检查有助于本病的诊断,痰内找到结核菌可以确诊。结核菌素试验阳性反应仅表示曾有结核感染,但并不一定患病。诊断记录应包括结核病分类、病变范围及部位、痰菌检查、化疗史。如右上肺继发性肺结核,涂（+）,初治。

2. 诊断　结核分枝杆菌培养为痰结核分枝杆菌检查提供准确、可靠的结果,灵敏度高于涂片法,常作为结核病诊断的"金标准"。胸部 X 线检查是诊断肺结核的常规首选方法。胸部 X 线检查可以发现早期轻微的结核病变,确定病变范围、部位、形态、密度、与周围组织的关系、病变阴影的伴随影像;判断病变性质、有无活动性、有无空洞、空洞大小和洞壁特点等。结核菌素试验广泛应用于检出结核分枝杆菌的感染,而非检出结核病。结核菌素试验对儿童、少年和青年的结核病诊断有参考意义。

（二）一般治疗原则

化疗是控制结核病的最重要的手段,但高效化疗药物并不能替代机体免疫力在治愈中的作用,故近来有人主张在化疗的同时辅以免疫治疗并加强营养,以提高疗效及减少复发。结核病传染的危险主要在诊断前,对家庭不能隔离的排菌者应住院隔离治疗。在不住院的条件下要取得化疗的成功,关键在于对肺结核患者实施有效治疗管理,即目前推行的在医务人员直接面视下短程督导化疗,确保肺结核患者在全疗程中规律、联合、足量和不间断地实施规范化疗,减少耐药性的产生,最终获得治愈。一过性高血药峰浓度比低浓度持续作用疗效好。将一日剂量 1 次顿服,比分次口服可达到较高的血药峰浓度,增加疗效,且服药方便。若患者不能耐受顿服,可分次口服。对氨基水杨酸可干扰利福平的吸收两者合用时,其服药应间隔 8~12h。异烟肼、利福平、乙胺丁醇能透入空洞壁,在空洞内的药物浓度较高;链霉素卡那霉素卷曲霉素穿过空洞壁时,易与其中的核酸结合沉淀下来,降低空洞内的药物浓度。

结核病化疗的原则是早期、联用、适量、规律、全程。

（1）早期：病灶中的结核菌以 A 群菌（代谢旺盛，致病力强）为主，对药物敏感，加之病灶的血液循环丰富局部药物浓度高，可以发挥最大的杀菌或抑菌作用。对新发病例和复治排菌者，都必须及早抓紧治疗。

（2）联用：是选择 2 种或 2 种以上不同作用机制的抗结核药联合使用，可起协同增效和交叉杀灭耐药菌的作用，防止或延缓耐药性。

（3）适量：是指能发挥最大疗效而不良反应最小的治疗剂量，要避免因剂量过大或不足产生毒副作用和耐药性的弊端，保证疗效。

（4）规律：即严格按照化疗方案，有计划不间断地定期用药。随意中断或更换药物，或不按规定的疗程用药常导致耐药和化疗失败。

（5）全程：即按规定完成疗程，避免过早停药造成治疗失败或复发。结核病是慢性病，需要长期治疗。坚持合理的全程用药，一般可使痰菌阴转率达到 95% 以上，停药后复发率低于 2%。

（三）基本治疗药物及治疗方案

1. 常用治疗药物

（1）第一线药物：抗结核药物中异烟肼、链霉素、利福平、吡嗪酰胺、乙胺丁醇等疗效好而副作用少，是治疗各种结核病的首选药，所以被称作为第一线药物。

（2）第二线药物：其他抗结核药物如对氨基水杨酸钠、阿米卡星、紫霉素、卷曲霉素、环丝氨酸、氨硫脲、乙硫异烟胺、丙硫异烟胺等相对疗效较差，副作用大，多用于对第一线药物出现耐药的复治患者，故称为第二线药物。近年来发现利福霉素类药物利福定、利福喷丁等，氟喹诺酮类药物如氧氟沙星、环丙沙星、司帕沙星等，大环内酯类罗红霉素等亦有较强的抗结核作用。异烟肼、利福平、吡嗪酰胺、乙胺丁醇、环丝氨酸等可透入细胞内，对细胞内外结核菌的作用相仿。链霉素、卷曲霉素等仅少量进入细胞内，所以细胞外的菌作用大于细胞内。异烟肼、利福平、链霉素、吡嗪酰胺具有杀菌作用，其余抗结核药物只起抑菌作用。常用抗结核药物的用法用量及主要不良反应见表 9-2-5。

表 9-2-5　常用抗结核药物的用法用量及主要不良反应

药名	成人每日剂量 /g	间隔疗法一日量 /g	主要不良反应
异烟肼（INH, H）	0.3	0.5~0.6	周围神经炎、肝损害、过敏反应
利福平（RFP, R）	0.45~0.6	0.6	肝炎、黄疸、流感样症状、血小板减少
链霉素（SM, S）	0.75~1.0	0.75~1.0	前庭障碍、耳聋、肾功能损害
吡嗪酰胺（PZA, Z）	1.5~1.75	15~2.0	高尿酸血症、肝炎、关节痛
乙胺丁醇（EMB, E）	0.75~1.0	1.0~1.5	视神经炎、感觉异常
对氨基水杨酸（PAS, P）	8.0	10.0~12.0	胃肠道反应、皮疹、肝炎

2. 常用治疗方案

目前临床常用的化疗方法有标准疗法、短程疗法、间歇疗法及两阶段疗法。

（1）标准疗法（常规疗法、传统疗法）：是曾经常用的治疗方法，使用 INH、SM 和 PAS，每日用药，疗程为 12~18 个月。如能严格执行，疗效好、复发率低，但由于用药时间长，患者常不能很好坚持，过早停药或不规则服药，造成治疗失败。

（2）短程疗法：使用高效抗结核药物，将疗程缩短为 6~9 个月。INH、RFP、PZA、SM 是短程疗法的主药，它们合用不仅可以杀死生长繁殖的 A 型菌，对顽固的 B、C 型菌也起杀灭作用，其疗效、复发率与标准疗法相仿，且便于督导用药，痰菌阴转比标准疗法快，治疗 9 个月的复发率比 6 个月低。方案中最好应包括 RFP 及 PZA，一般为 INH+RFP+PZA。

（3）间歇疗法和两阶段疗法：结核菌与药物接触数小时后，可以延缓生长达数天之久，这为间歇疗法提供了理论依据。实践也证明，临床上有规律地每周 2~3 次用药（间歇用药），能够达到每日用药同样的效果，且具有毒性小、费用低、患者服药方便、耐受性好易于监督执行等优点。两阶段疗法是指在疗程开始的前 2~3 个月为强化治疗阶段，每日用药；此后为巩固治疗阶段，改为每周给药 2~3 次，直至完成全疗程。由于高血药峰浓度可提高疗效，故间歇用药可适当加大剂量，但毒副作用大的药物不宜加量，如 SM、KM、PAS 等。

（4）督导用药：抗结核治疗疗程长，患者往往不能坚持全程，常中断治疗或不规则用药，成为控制结核病的主要障碍。医护人员按时督促用药，做到直接面视患者服药入口，能大大提高治疗成功率。世界卫生组织提出，督导下（即直视下）的短程化疗是当今结核病控制的首要策略。

（四）临床问题导向的药物治疗

1. 化疗方案选择 化疗方法及制订化疗方案应根据病情轻重、痰菌检查情况、细菌耐药情况、初治或复治、安全性和药源供应等因素进行全面考量。

（1）初治病例：指未经抗结核药治疗或用药时间少于 1 个月的新发病例。可采用一线药物治疗，容易达到杀菌或抑菌作用。痰菌阴性的轻型病例，短程化疗 6 个月，常规化疗 12 个月；痰菌阳性的重症病例，短程化疗 9 个月，常规化疗 18 个月。具体方案举例如下：

1）痰菌涂阳或培养阳性的病例：可进行短程、标准或两阶段治疗，如 2HRZS（E）/4（或 7）HR、2S（E）HRZ/4（或 7）H_3R_3、2HRZ（E）/10HR、2HRZ（E）/10H_2R_2。方案中药物前的数字代表用药月数，药物右下角的数字代表每周给药次数，S（E）表示用 S 或用 E 代替 S，"/"前为强化治疗阶段，"/"后为巩固治疗阶段。

2）痰菌涂阴或培养阴性的病例：仅临床及 X 线表现提示为活动性肺结核者，WHO 推荐方案为病变广泛或有空洞，可用 2HRZ（S）4HR、2HRZ（E）/6HE；病变局限，可用 2HRZ/2HR、2HRZ/2H_3R_3、2$H_3R_3Z_3$/2H_3R_3、1HS/11HE。

为改善结核病患者治疗的依从性，减少恶化复发和耐药，现大力推荐抗结核药固定复合剂。固定复合剂必须符合 WHO、国际防结核和肺病联合会严格要求的生物利用度，又适合抗结核治疗的序贯疗法，最理想者当推卫非特（Rifater）与卫非宁（Rifinah），其处方和用法如下：①卫非特（Rifater）每片含 R120mg、H80mg、Z250mg。用量如下：体重 30~39kg，用 3 片；体重 40~49kg，用 4 片；超过 50kg，用 5 片。以上均为每日 1 次，强化期应连续治疗 2 个月。②卫非宁 150（Rifinah 150）每片含 R150mg、H100mg，用于体重低于 50kg 者，每日服 3 片。③卫非宁 300（Rifinah3

300）每片含 R300mg、H150mg，用于体重在 50kg 以上者，每日服 2 片。两者均用于巩固阶段，应连续治疗 4 个月。

（2）复治病例：复治病例的结核菌常产生继发性耐药，病变迁延反复，故应根据药物敏感试验结果选择 3 种以上的敏感抗结核药物联合使用。未获得药敏试验结果前或无药敏试验条件时，要根据患者的既往用药情况及本地区的耐药菌情况选择过去未用或可能敏感的药物组成新方案。初治失败的病例（初治规则化疗 6 个月痰菌仍阳性或病变扩大），应选取未用过的药物为主组成化疗方案，常保留 INH（或其他敏感的一线药），加上 2 种以上的未用过的药物，多为二线药，如 KM、CPM、丙硫异烟胺、喹诺酮类药等，疗程一般需 1 年。经合理化疗获得临床痊愈后复发者，或不规则化疗连续 3 个月无恶化者，复治时仍可采用原治疗方案，或用 2 SHRZEHRZE/5HRE₂ 2SHRZE/1HRZE/5$H_3R_3E_3$。如耐异烟肼乙胺丁醇或链霉素可用方案 3RTH（O）ZS（KM/AK/CPM）/6RTH（O），方案中的 T 为丙硫异烟胺、O 为氧氟沙星、CPM 为卷曲霉素、KM 为卡那霉素、AK 即 AMK。耐 SM 者用 KM 或 AK 替代耐 SM、KM 者用 CM 替代。

2. 耐多药结核病的治疗 耐多药结核病是指排出菌至少对 INH 及 RFP 耐药，或排出菌至少对 5 种基本药（H、R、E、Z、S）中的 2 种或 2 种以上耐药。长期不合理用药，通过淘汰诱导机制筛选出的继发性多重耐药菌在临床上常见。MDR-感染的难治性病例，痰菌可长期持续阳性或断续反复阳性，其治愈率低、治疗费用及病死率高，特别是人免疫缺陷病毒（HIV）感染者，MDR-Tb 发生率更高，并可引起难以控制的暴发流行。据统计耐 INH 及 RFP 者的病死率可达 37%，治疗有效率仅 56%。

对 MDR-Tb 感染，强调早期住院隔离治疗，以利于毒副作用的观察和方案的调整，防止耐药范围扩大及 MDR-Tb 的传播。WHO 建议采用"三线方案"，即含有 3 种新药或 3 种敏感药的 5 种组成药物，强化期至少 3 个月或直至菌阴，总疗程为 24 个月。耐 INH+RFP（±SM）者用 PZA+EMB+TH+OFIX+AMK，治疗 18~24 个月耐 INH+SM 者用 RFP+PZA+EMB+AMK 治疗。MDR-

Tb 经积极治疗 4 个月，痰菌无阴转或病情加重者，若病灶局限，应行手术切除治疗；对耐所有一线药者，亦应考虑手术治疗。

3. 对症治疗 重症肺结核或结核性渗出性胸膜炎伴有高热等严重中毒症状时，可在有效抗结核治疗的基础上短期使用糖皮质激素如泼尼松，每日 15~30mg，一般疗程为 4~6 周，以改善中毒症状、促进渗液吸收、防止胸膜粘连。有小量咯血时，可用小量镇静剂、止咳剂，禁用吗啡。大量咯血时应采取患侧卧位，用脑垂体后叶素 5U 加入 50% 葡萄糖液 40ml 中缓慢（15min）静脉推注；以后根据情况静脉滴注维持治疗，一般 24h 内的用量不超过 20~30U。冠心病、高血压、心力衰竭、孕妇及以往用药有严重反应者禁用。

4. 免疫治疗 合理的饮食营养、充分的休息和睡眠、良好的心理状态等均对机体的抗病能力有积极的影响。有人试用卡介苗少量多次皮上划痕法治疗肺结核，取得一定效果；有人利用卡介苗提取多糖核酸制成卡介苗多糖核酸注射剂，配合化疗治疗肺结核，发现无论初治或复治病例，PSN 可促使痰菌阴转及病灶消散；胸腺肽、干扰素、IL-2、GM-CSF 等对有免疫缺陷或免疫抑制的结核病有益。

（五）药物治疗展望

预防性化学治疗主要应用于受结核分枝杆菌感染易发病的高危人群，包括 HIV 感染者、涂阳肺结核患者的密切接触者、未经治疗的肺部硬结纤维病灶（无活动性）、硅沉着病、糖尿病、长期使用糖皮质激素或免疫抑制剂者、吸毒者、营养不良者、儿童青少年结核菌素试验硬结直径 >15mm 者等。常用异烟肼 300mg/d，顿服 6 ~ 9 个月，儿童用量为 4 ~ 8mg/kg；或利福平和异烟肼，每日顿服 3 个月；或利福喷丁和异烟肼每周 3 次 3 个月。最近研究发现异烟肼和利福喷丁每周 1 次用药共 12 次（3 个月），效果与上述方案效果一致，但尚待更多的验证。

（杨 勇 张锦林）

参 考 文 献

1. 陆再英，钟南山. 内科学［M］. 第 9 版. 北京：人民卫生出版社，2018.
2. 姜远英，文爱东. 临床药物治疗学［M］. 第 4 版. 北京：人民卫生出版社，2016.
3. 童荣生，刘跃建，杨勇. 药物比较与临床合理选择 - 呼吸科疾病分册［M］. 北京：人民卫生出版社，2014.
4. 中华医学会，中华医学会杂志社，中华医学会全科医学分会，等. 支气管哮喘基层诊疗指南（2018 年）［J］. 中华全科医师杂志，2018，17（10）：751.
5. 中华医学会，中华医学会杂志社，中华医学会全科医学分会，等. 慢性阻塞性肺疾病基层诊疗指南（2018 年）［J］. 中华全科医师杂志，2018，17（11）：856-870.
6. 蔡柏蔷，何权瀛，高占成，等. 成人支气管扩张症诊治专家共识（2012 版）［J］. 中华危重症医学杂志（电子版），2012，35（07）：485-492.
7. 中华医学会呼吸病学分会. 中国成人社区获得性肺炎诊断和治疗指南（2016 年版）［J］. 中华结核和呼吸杂志，2016，39（4）：253-279.
8. 中华医学会呼吸病学分会感染学组，中国成人医院获得性肺炎与呼吸机相关性肺炎诊断和治疗指南（2018 年版）［J］. 中华结核和呼吸杂志，2018，41（4）：255-280.
9. Pappas P G, Kauffman C A, Andes D R, et al.Clinical Practice Guideline for the Management of Candidiasis：2016 Update by the Infectious Diseases Society of America［J］.Clinical Infectious Diseases，2015，62（4）：409.
10. Patterson Thomas F.Practice Guidelines for the Diagnosis and Management of Aspergillosis：2016 Update by the Infectious Diseases Society of America.［J］.Clinical infectious diseases：an official publication of the Infectious Diseases Society of America，2016，63（4）.
11. 《抗菌药物临床应用指导原则》修订工作组. 抗菌药物临床应用指导原则（2015 年版）. 北京：人民卫生出版社，2015.
12. 李家泰. 临床药理学［M］. 第 6 版. 北京：人民卫生出版社，2018.
13. 陈新谦，金有豫，汤光. 新编药物学［M］. 第 18 版. 北京：人民卫生出版社，2018.
14. 国家药典委员会. 中华人民共和国药典临床用药须知 化学药与生物制品卷［M］. 第 9 版. 北京：中国医药科技出版社，2015.
15. 卫生部合理用药专家委员会组织，中国医师药师临床用药指南［M］. 重庆：重庆出版社，2014.
16. Yang I A, Ko F W, Lim T K, et al.Year in review 2012：asthma and chronic obstructive pulmonarydiease［J］. Respirology，2013，18（3），565-572.

第十章　消化系统疾病

第一节　总　论

一、消化系统疾病概述

消化系统疾病是严重危害全球包括我国居民健康的一类疾病，涵盖常见及罕见多个病种，累及从口腔到肛门整个消化道，以及肝、胆、胰腺等脏器，与其他学科交叉丰富。病因涉及遗传、生活饮食方式、急慢性感染、药物毒性或不良反应等多种因素。消化系统疾病在我国疾病负担排名属前位，是严重消耗我国卫生医疗资源的一类重要疾病。从2017年全球疾病负担（global burden of disease，GBD）数据我们可以了解，消化系统疾病（不包括肿瘤）患病率在我国排名第3位。

消化系统疾病不仅是我国目前门诊就诊和住院的主要疾病谱，同时某些消化系统疾病也是部分肿瘤发生、致死的重要病因，给个人、家庭和社会带来重大的经济负担。在过去的几十年中，我国消化系统疾病谱发生了显著变迁，其原因可能与社会经济发展、人们生活改善、食品卫生、诊断技术（如内镜）的提高、医保政策的改善、人们对疾病健康的认识和重视程度等密切相关。

随着我国消化系统疾病谱的变迁，新的治疗药物不断涌现，并随着对疾病的不断深入认识，消化系统疾病临床药物治疗方面也有了长足的发展。例如幽门螺杆菌（*Helicobactor Pylori*，*H.Pylori*）治疗，最初标准治疗方案是三联方案，但由于*H.Pylori*耐药率的逐步增加，传统三联方案的根除率在某些地区仅能达到70%~75%，因此近年来国际和我国共识意见提倡四联用药方案，延长疗程至14日，并结合基因多态性测定帮助减少药物代谢影响，结合药敏实验提高药物疗效

等。此外，虽然肝脏疾病发病率在我国仍然高居前位，但肝脏疾病谱也发生变化，如病毒性肝炎发病率下降、酒精性肝病和非酒精性脂肪肝发病率呈上升趋势，因此针对酒精性肝病和非酒精性肝病的药物日益受到关注。另外有一些以往发病率、患病率低的消化系统疾病，近几年发病在我国呈迅速增长的趋势，其治疗药物的发展也需要给予更多的关注，如炎症性肠病曾被称为"西方病"，近二十几年在我国发病增长速度较快，而其治疗从传统药物时代如氨基水杨酸制剂、糖皮质激素、免疫抑制剂，逐步发展至生物制剂时代，药物的不断更新给疾病的良好预后提供了必要手段。

消化系统是人体累及器官最多的系统，消化系统疾病包括了食管、胃、肠、肝、胆、胰腺等器质性和功能性疾病。消化系统疾病的药物包括抑酸药、胃黏膜保护药、胃肠解痉药、泻药、止泻药、抗呕吐药物、保肝药、抑制胰腺分泌药物等。近几年微生态制剂、免疫抑制剂、心理治疗药物等在消化系统疾病中的治疗作用日益受到关注。相信这些药物的进展，必然为改善消化系统疾病预后有重要影响。

二、消化系统疾病的治疗原则

消化系统疾病的治疗应包括一般治疗、药物治疗、内镜或外科手术治疗等。一般治疗中包括调整生活方式、进食方式和进食种类等。由于消化系统疾病谱广，因此消化系统疾病治疗的药物种类繁多，药物治疗亦发展迅速。需要结合疾病种类和临床症状予以相应的药物治疗。而消化系统疾病往往不是单一病理生理学机制，此处以胃食管反流病为例阐述消化系统疾病的治疗原则。

胃食管反流病（gastroesophageal reflux disease，GERD）的患病率呈逐年增高趋势，其治疗原则

是：①改善生活方式和饮食习惯；②药物治疗，抑制胃酸、增强胃黏膜屏障和促进胃肠道动力；③维持治疗；④手术治疗。药物治疗是胃食管反流病的主要治疗方式。

胃食管反流病是当前主要的酸相关性疾病，抑酸药给 GERD 的治疗带来重要变化。抑酸药包括质子泵抑制剂和组胺 2（H_2）受体拮抗剂，这两种药物的选择取决于患者的症状、疾病程度和经济状况。胃食管反流病的发病机制中除了酸相关之外，还包括胃食管黏膜屏障减弱、胃肠动力异常。这些药物协同作用，才能全面实现控制症状、改善预后。但是我们尚需关注改善生活方式和饮食习惯是胃食管反流病药物治疗的基础，也是治疗原则中第一位的要素，药物治疗需要和改善生活方式密切结合，才能最终达到治疗的目标，并且维持药物治疗的疗效。

总之，消化系统疾病的发病机制和致病因素是多方面、综合作用的结果，在临床实践中，要注意全面、多种联合用药，以达到全面、有效治疗的目的。

三、常用药物分类及作用机制

（一）抑酸药

抑酸药是抑制胃酸分泌的药物。胃体壁细胞制造并分泌 H^+，壁细胞膜上有三种受体，即组胺 2（H_2）受体、乙酰胆碱受体和胃泌素受体，阻断任何一个受体都可以抑制胃酸分泌。通常情况下，这些受体接受相应的刺激后会促使细胞内环磷腺苷（cAMP）水平增高，先激活蛋白激酶，继而激活碳酸酐酶，从而使胞内的 H_2CO_3 形成 H^+ 和 HCO_3^-，在壁细胞的腺腔面经质子泵，即 H^+-K^+-ATP 酶排泌到腺腔内，进入胃囊。而前列腺素及生长激素释放抑制素也可能参与 H^+ 的产生；当壁细胞制造、分泌 H^+ 增加时，胃囊内即呈现高酸状态，产生临床症状，甚至酸相关性疾病。常见的酸相关性疾病包括：消化性溃疡、胃食管反流病、慢性胃炎、功能性消化不良等。酸相关性疾病的治疗通常需要应用抑酸药。

抑酸药的主要分类和作用机制如下：

1. 质子泵抑制剂（proton pump inhibitor，PPI） 该类药物易浓集于酸性环境中，能特异性地作用于胃壁细胞顶端膜构成的分泌性微管和胞

质内的管状泡上，即胃壁细胞质子泵（H^+-K^+-ATP酶）所在部位，并转化为亚磺酰胺的活性形式，然后通过二硫键与质子泵的巯基呈不可逆性的结合，生成亚磺酸胺与质子泵的复合物，从而抑制该酶活性，使壁细胞内的 H^+ 不能转运到胃腔内，阻断了胃酸分泌的最后步骤，使胃液中的胃酸量大为减少，对基础胃酸分泌和各种刺激因素引起的胃酸分泌均有很强的抑制作用。质子泵被抑制后，其分泌胃酸的作用一般不能恢复，只有在新的质子泵生成后才能重新开始分泌胃酸。如果按照医嘱规律用药，那么新生成的质子泵也被抑制了。因此质子泵抑制剂能长期持续抑制胃酸分泌。

PPI 的副作用较少，包括消化系统症状（如口干、轻度恶心、呕吐、腹胀、便秘、轻度肝功能损害）、神经精神系统症状（如感觉异常、头晕、头痛、嗜睡、失眠、周围神经炎等）、偶尔可出现皮疹、血象改变等。此外，老年人因心脑血管病常用血小板聚集抑制剂氯吡格雷，该药与多数 PPI 一样，通过 CYP2C19 代谢，二者同时应用产生竞争抑制，影响氯吡格雷的疗效。常用的 PPI 中泮托拉唑和雷贝拉唑对 CYP2C19 的依赖性小、抑制力弱、与其他经 CYP2C19 代谢的药物相互作用少。因此，对于服用氯吡格雷的老年 FD 患者，选用 PPI 时，选择泮托拉唑或雷贝拉唑为宜。

常用的 PPI 类药物包括：奥美拉唑、艾司奥美拉唑、兰索拉唑、雷贝拉唑、泮托拉唑、艾普拉唑等。

2. H_2 受体拮抗剂（H_2 receptor antagonist，H_2RA） 可以选择性地阻断胃黏膜壁细胞 H_2 受体的作用，能够抑制由于组胺、胃泌素以及胆碱能药物刺激该受体引起的胃酸分泌，且可以抑制所有时相的胃酸分泌。H_2RA 的抑酸作用弱于 PPI，副作用亦较轻，包括头痛、头晕、恶心、腹泻、便秘等，偶有皮疹、白细胞减少、肝功能损害。

常用的 H_2RA 包括：西咪替丁（甲氰咪胍）、雷尼替丁、法莫替丁、尼扎替丁、罗沙替丁等。

3. 钾离子竞争性酸阻滞剂（potassium competitive acid blocker，P-CAB） 是一种新型的可逆性质子泵抑制剂，通过竞争性、可逆地抑制 K^+ 与质子泵的结合，阻滞质子泵的 K^+ 与 H^+ 交换，从而抑制胃酸分泌。P-CAB 与质子泵的亲和力高，结合时间长，解离慢。P-CAB 耐受性良好，

副作用较少,在三联疗法根除 Hp 的临床试验中出现的不良反应包括腹泻、鼻咽炎、味觉障碍,其中味觉障碍在克拉霉素高剂量组发生率较高。

目前临床上应用的 P-CAB 为沃诺拉赞,推荐用于消化性溃疡、糜烂性食管炎、根除幽门螺杆菌等。

(二)胃黏膜保护剂

胃黏膜保护药种类较多,是治疗慢性胃炎和消化性溃疡的"主力"药物,使用得当可收到较好的疗效。这类药物可预防和治疗胃黏膜损伤,促进黏膜修复和炎症愈合。有些胃黏膜保护药兼有抗酸作用,例如碱式碳酸铋,有的还具有杀灭幽门螺杆菌的效用,例如胶体铋剂。对于慢性胃炎,胃黏膜保护药常能缓解症状,但症状缓解并不意味着病情已完全好转,应坚持合理、规律用药,必要时在消化科就诊,接受 X 线、胃镜等检查。

常用的胃黏膜保护剂包括吉法酯、硫糖铝、枸橼酸铋钾、胶体果胶铋、替普瑞酮、瑞巴派特、米索前列醇、麦滋林、马来酸伊索拉定、醋氨己酸锌等。

(三)促胃肠动力剂

胃肠道运动受中枢神经系统、自主神经系统、肠肌间神经丛、胃肠道平滑肌功能的调节。胃肠道运动功能的正常有赖于各种神经递质和体液因子的相互协调、各种神经递质和信使与相应的受体结合,执行不同的生理功能。任何一个神经递质或受体出现异常均可能导致胃肠道动力紊乱,从而导致多种消化道症状。促胃肠动力剂可促进胃肠道运动、改善胃排空、防止胃-食管反流等,临床上主要用于治疗和预防恶心、呕吐、早饱、腹胀、嗳气、便秘等症状。由于这些受体在体内分布广泛、功能多样,这些药物除了具有促胃肠运动的作用外,还有许多其他作用及不良反应,所以必须在医师的指导下有针对性地选择药物,切勿盲目应用。

促胃肠动力剂的主要分类和作用机制如下:

1. 多巴胺受体拮抗剂 常用药物包括甲氧氯普胺和多潘立酮。其促动力作用拮抗了多巴胺激动引起的胃肠道动力的抑制作用,相对增强了乙酰胆碱的激动作用。甲氧氯普胺除了具有多巴胺 2(D_2)受体拮抗作用外,还激动了 5-羟色胺受体,产生促动力作用,可以中等强度地增强食管蠕动,改善胃排空和胃窦十二指肠协调收缩,具有抗

呕吐作用,可用于胃食管反流病、功能性消化不良以及功能性呕吐等,但长期应用可产生锥体外系副作用,临床应用很少。多潘立酮主要是外周多巴胺受体的竞争性拮抗剂,适应证与甲氧氯普胺相同,但无锥体外系副作用。

2. 5-羟色胺 4($5-HT_4$)受体激动剂 代表药物是莫沙必利,通过兴奋胃肠道胆碱能中间神经元及肌间神经丛的 $5-HT_4$ 受体,促进乙酰胆碱的释放,从而增强胃肠道运动,改善患者的胃肠道症状,但不影响胃酸分泌。过去使用的西沙比利和替加色罗均由于心脏副作用退市。

3. 胃动素受体激动剂 代表药物是红霉素,红霉素不仅具有抗菌作用,还有促胃肠动力作用,即具有胃动素受体激动作用,促进内源性胃动素的释放,促进胃肠运动,提高下食管括约肌张力,使胃肠内容物向前推进并加速结肠运动。可探索性的用于治疗糖尿病胃轻瘫、手术后胃轻瘫、化疗后胃轻瘫、老年人慢性便秘、胃食管反流病、假性肠梗阻等。

4. $5-HT_3$ 受体拮抗剂 可能通过作用于迷走神经和中枢神经系统内的 $5-HT_3$ 受体,抑制迷走神经传入纤维的兴奋,阻断向呕吐中枢的传入冲动,抑制呕吐。实验研究及临床应用均证实 $5-HT_3$ 受体拮抗剂具有高选择性和强效镇吐作用。故被广泛用于肿瘤化疗、放疗及麻醉、术后引起的恶心和呕吐,对由化疗、放疗及手术引起的恶心和呕吐具有良好的预防和治疗作用。这类药物主要包括昂丹司琼、格雷司琼、托烷司琼、阿扎司琼、雷莫司琼、多拉司琼、阿洛司琼、帕洛司琼等。

5. 多巴胺 D_2 受体拮抗剂和乙酰胆碱酯酶抑制剂 代表药物是伊托必利,是新一代促动力剂,通过双通道协同增加胃肠道乙酰胆碱浓度,加速胃排空,减少十二指肠胃反流,改善功能性消化不良的症状,耐受性和安全性好。

6. $5-H_1$ 受体拮抗剂和 $5-H_2$ 受体拮抗剂 代表药物是西尼必利,亦是新一代促动力剂、止吐剂,用于改善轻中度功能性消化不良的早饱、餐后饱胀不适、腹胀症状。由于老年患者长期应用可能引起迟发性运动障碍,需慎重;动物及人的体内研究并没有发现本药对心电图 Q-T 间期的影响。

(四)胃肠解痉药

解痉药,即抑制胃肠动力药,主要为 M 受体

拮抗剂,包括颠茄生物碱类及其衍生物和大量人工合成代用品。该类药物在消化道运动方面的作用机制包括:减弱食管、胃和小肠的蠕动,松弛下食管括约肌和幽门,从而减慢胃排空和小肠转运;减弱胆囊的收缩,松弛 Oddi 括约肌,降低胆囊内压力;减弱结肠的蠕动,减慢结肠内容物的转运。

胃肠解痉药的种类及作用机制如下:

1. 抗胆碱药 多为非特异性 M 受体拮抗剂,主要用于缓解胃肠道痉挛、胃及十二指肠溃疡引起的疼痛、胆绞痛。但这类药物容易出现口干、出汗减少、瞳孔扩大和调节麻痹、心慌、皮肤潮红、排尿困难等副作用,临床应用中应慎重。

常见的抗胆碱药包括:硫酸阿托品、颠茄、山莨菪碱、丁溴东莨菪碱等。

2. 钙通道阻滞剂 可以限制 Ca^{2+} 跨平滑肌细胞膜进入细胞内,或改变神经递质的释放,从而抑制胃肠平滑肌的运动功能,这类药物可降低食管平滑肌的收缩幅度,降低下食管括约肌压力,并能抑制胃肠蠕动以及肠运动功能,松弛胆囊平滑肌及胆道括约肌。钙通道阻滞剂主要用于肠易激综合征或胃肠道痉挛性疼痛,也可用于胆道功能障碍相关的疼痛。常用于消化道的钙通道阻滞剂包括:匹维溴铵、奥替溴铵等。

这类药物对胃肠道具有高度选择性解痉作用,对心血管平滑肌细胞亲和力极低,不会引起血压的变化。少数患者可出现腹部不适、腹泻、便秘、皮疹或瘙痒等。

(五)泻剂

便秘是临床常见的症状而不是一种疾病,主要表现为排便次数明显减少,每2~3日或更长时间一次,或粪便干结,排便费力,便意少。便秘的治疗首先是针对病因和发病机制,其次可增加摄食膳食纤维,养成定时排便习惯,以个体化治疗为原则。中重度便秘的患者可根据病情酌情应用泻剂。泻剂主要包括容积性泻剂、渗透性泻剂、刺激性泻剂、润滑性泻剂(粪便软化剂),建议首先选择容积性泻药或渗透性泻药。其他治疗便秘的新型药物还包括氯离子通道激活剂、鸟苷酸环化酶C激动剂等促分泌剂。

常用的泻剂分类及作用机制如下:

1. 容积性泻剂 代表药物有欧车前、麦麸、车前草、甲基纤维素以及聚卡波非钙等。容积性泻药在肠道内不被吸收,通过滞留粪便中的水分,增加粪便含水量和粪便体积,使粪便变得松软,从而易于排出。用药过程中应注意补充适量水分,以防肠道机械性梗阻。

2. 渗透性泻剂 常用药物有乳果糖、聚乙二醇以及盐类泻剂(如硫酸镁等)。这类药物口服后在肠道内形成高渗状态,保持甚至增加肠道水分,使粪便体积增加,同时刺激肠道蠕动,促进排便。其中乳果糖是一种益生元,有助于促进肠道有益菌群的生长,除少数患者因腹泻、胃肠胀气等不良反应需调整剂量外,一般可长期使用。盐类泻剂过量应用可能会导致电解质紊乱,老年人及肾功能减退者慎用。

3. 刺激性泻剂 包括比沙可啶、酚酞、蓖麻油、蒽醌类药物(如大黄、番泻叶及麻仁丸、木香理气片、通便宁等中成药)等。这类药物临床应用广泛,起效快,主要作用于肠肌间神经丛,刺激结肠收缩和蠕动,缩短结肠转运时间,同时可刺激肠液分泌,增加水电解质交换,起到促进排便作用。但长期应用这类药物可引起不可逆的肠肌间神经丛损害,甚至导致结肠无力、药物依赖和大便失禁。蒽醌类药物长期服用可导致结肠黑变病。因此刺激性泻剂不建议长期应用。

4. 润滑性泻剂 包括甘油、液体石蜡、多库酯钠等,可以口服或灌肠,具有软化大便和润滑肠壁的作用,使粪便容易排出。

5. 其他

(1)鲁比前列酮(Lubiprostone):属于前列腺素类药物,为局限性氯离子通道激活剂,可选择性活化位于胃肠道上皮尖端管腔细胞膜上的2型氯离子通道(CIC-2),增加肠液的分泌和肠道的运动性,从而增加排便,且不改变血浆中钠和钾的浓度。不良反应主要是:恶心、腹泻,其他少见的包括感觉异常、味觉异常、无力、面红、心悸等。

(2)利那洛肽(Linaclotide):是一种鸟苷酸环化酶C(GC-C)激动剂,通过与肠道中鸟苷酸环化酶C型受体结合,使细胞内和细胞外环鸟苷酸(cGMP)浓度升高,刺激肠液分泌,加快胃肠道运动,从而增加排便频率,此外细胞外cGMP浓度升高会降低痛觉神经的敏感度、降低肠道疼痛。不良反应轻微,主要是腹泻,其他如腹痛、腹胀、感染等与安慰剂无差异。

（六）止泻剂

腹泻是一种临床常见症状，引起腹泻的原因很多，且严重的腹泻可导致水、电解质、酸碱失衡。因此，除了针对腹泻病因的治疗，对症治疗包括止泻剂的作用也很重要，当然对于器质性疾病不能滥用止泻剂，盲目用药有时不仅无效，反而干扰治疗。

临床常用的止泻剂包括：

1. 吸附剂和收敛剂　包括白陶土、双八面体蒙脱石、药用炭、碱氏碳酸铋、鞣酸蛋白等。

2. 抗动力剂　在腹泻时通过减弱肠蠕动而达到改善腹泻症状的目的。常用的抗动力剂包括洛哌丁胺、地芬诺酯、复方樟脑酊。抗动力剂中地芬诺酯有加强中枢抑制作用，不宜与其他中枢抑制剂同时使用；洛哌丁胺较前者中枢抑制作用稍弱，安全性略优，但也需要在医生指导下使用。

3. 抗分泌剂　是腹泻治疗中单纯抑制肠道分泌的药物，目前常用者为消旋卡多曲，它通过延长消化道脑啡肽的生理活性，减少肠道过度分泌水电解质，同时不影响肠道运动和基本的分泌功能。

（七）抗呕吐药物

恶心呕吐是常见的消化道症状，引起恶心呕吐的原因包括①消化系统疾病：食物中毒、急性胃肠炎、幽门梗阻、病毒性肝炎、消化不良、肠梗阻、胆囊炎、胰腺炎、腹膜炎等；②中枢神经系统疾病：脑炎、脑膜炎、高血压脑病、急性脑血管病等；③药物：化疗药物、洋地黄类药物、某些抗生素如红霉素等；④晕动症；⑤神经性呕吐：可有家族史，女性比较多见；⑥其他：美尼尔综合征、急性青光眼、妊娠呕吐等。

恶心呕吐的治疗首先应明确原因，以便祛除病因、正确治疗。首先进行饮食调整，可少量多次的进食和饮水，或暂时停止进食。避免进食辛辣、油腻、过冷和不易消化的食物，避免饮用含二氧化碳的饮料，避免接触可能诱发症状的刺激（如刺激性气味）。如呕吐严重出现脱水，积极支持、对症治疗。

抗呕吐药物主要分类和作用机制如下：

1. 抗组胺药　作用机制是与组胺竞争效应细胞上的组胺 H_1 受体，组胺不能与受体结合，对抗组胺收缩胃肠道平滑肌的作用。这类药物的中枢抑制作用可能与阻断中枢 H_1 受体、中枢抗胆碱作用有关，可抗头晕、镇吐，并可导致镇静与嗜睡，其作用强度因个体敏感性和药物品种而异。对于晕动症引起的恶心呕吐有较好的治疗和预防作用。这类药物多有镇静作用，故用药期间不能驾车、从事机械或高空作业，以免出现严重后果。

药物包括苯海拉明、茶苯海明、美克洛嗪、异丙嗪、赛克力嗪、羟嗪等。

2. 促动力药剂　如前所述，其作用机制是通过作用于胃肠道多巴胺受体、5- 羟色胺受体、胃动素受体等，调节神经递质和体液因子，进而促进胃肠道运动、改善胃排空等。临床上可用于治疗和预防恶心、呕吐、腹胀、早饱等症状，其中 5- 羟色胺 3 受体拮抗剂可用于化放疗、术后引起的恶心、呕吐。临床常用药物包括多潘立酮、甲氧氯普胺、莫沙必利、依托必利、红霉素、昂丹司琼、西尼必利等。

3. 吩噻嗪类　包括吩噻嗪类和丁酰苯类，其中吩噻嗪类药物（包括氯丙嗪、奋乃静、丙氯拉嗪、硫乙拉嗪、三氟丙嗪等）多属精神科用药，用于治疗各种精神分裂症等。这类药物还通过抑制脑部催吐化学感受区，产生中枢性抗多巴胺效应，有较强的镇吐作用；丁酰苯类药物（如氟哌啶醇）属镇静剂，可能产生中枢性抗多巴胺能效应而具有镇吐作用，用于术后呕吐、预期性和化疗相关性恶心呕吐。两类药物对于晕动病引起的恶心呕吐效果欠佳。使用时需要注意观察有无锥体外系症状。在用药时需要从小剂量开始，逐渐增加剂量。

临床用药包括氯丙嗪、奋乃静、丙氯拉嗪、三氟拉嗪等。

4. 抗胆碱药　作用机制是通过中枢抗胆碱作用抑制前庭系统活性、扩张微血管而改善内耳循环，从而发挥止吐作用。可治疗各种原因引起的恶心呕吐，包括晕动病、消化系疾病引起的恶心呕吐等。由于这类药物可以抑制腺体分泌、扩张毛细血管，所以使用过程中可能会出现口干、瞳孔散大、皮肤潮红、心跳加快等不良反应，青光眼、严重的心脏病患者不能使用该药。东莨菪碱是抗胆碱类药物的代表，临床应用广泛。

5. 镇静剂　包括苯二氮䓬类和丁酰苯类，可用于术后呕吐、预期性和化疗相关性恶心呕吐。

6. 维生素 B_6　能有效治疗妊娠呕吐，减轻恶心症状的有效性优于控制呕吐,可单独使用,或与抗组胺药合用。

7. 其他 如四氢大麻素、地芬尼多等药物,也可用于呕吐的治疗。

(八)消化酶

助消化药物是促进胃肠道消化功能的药物,其中消化酶是消化分泌液内的正常成分,当消化分泌功能减弱时,此类药物可起到补充治疗的作用,促进食物的消化和吸收。包括胃蛋白酶、胰酶等。

1. 胃蛋白酶 系自猪、羊或牛的胃黏膜中提取制得的胃蛋白酶,能消化蛋白质,使凝固的蛋白质初步分解,起到助消化作用。可用于慢性萎缩性胃炎、消化不良、疾病恢复期消化功能减退及胃癌、恶性贫血所致的胃蛋白酶缺乏。包括含糖胃蛋白酶片、胃蛋白酶合剂、多酶片等。胃蛋白酶忌与碱性药物配伍,不宜与抗酸药物同服。

2. 胰酶 是从牛、猪或羊等动物的胰脏中得到的多种酶的混合物,主要含胰蛋白酶、胰淀粉酶和胰脂肪酶等,在中性或弱碱性条件下活性较强,在肠液中可消化淀粉、蛋白质及脂肪,从而起到促进消化和增进食欲的作用。包括胰酶肠溶片、胰酶肠溶胶囊、复方胰酶片、复方胰酶散、米曲菌胰酶片、复方阿嗪米特肠溶片等。胰酶与等量碳酸氢钠同服可增强疗效;H_2 受体拮抗剂可抑制胃酸分泌,增加胃和十二指肠内的 pH,可防止胰酶失活,增强胰酶疗效。

(九)微生态制剂

正常情况下人类胃肠道内由正常菌群、机体自身和外环境构成的微生态系统相互平衡,即肠道微生态平衡。正常肠道菌群能参与维生素合成、蛋白质代谢,能增强机体免疫力、抵抗外来病原菌的侵袭。疾病状态下,用来纠正微生态失衡、提高宿主健康状态时可应用微生态制剂,包括益生菌、益生元和合生元。

1. 益生菌 狭义上指含有特定的、充足数量活菌的制品,可改变宿主的微生物菌群,有益于宿主健康,包括双歧杆菌、枯草芽孢杆菌、地衣芽孢杆菌、蜡样芽孢杆菌、肠球菌等。广义上将活菌、死菌及其代谢产物列入益生菌范畴,如乐托尔(经热处理的嗜酸性乳杆菌的死菌及其代谢产物)。益生菌的副作用较少,部分益生菌需注意保存温度、服药水温,避免活菌失活,并注意与抗生素使用间隔。

2. 益生元 是一种膳食补充剂,益生元大部分不被消化而被肠道菌群所发酵,刺激有益菌群的生长,改善宿主健康。包括双歧因子、低聚糖(如乳果糖)。

3. 合生元 是将益生菌和益生元合并使用的制剂,兼具两者的作用。

(十)水杨酸制剂

炎症性肠病是一类病因尚未明确的慢性肠道非特异性疾病,包括溃疡性结肠炎和克罗恩病。氨基水杨酸类药物是目前治疗炎性肠病最基础的一类药物,包括柳氮磺胺吡啶和 5- 氨基水杨酸(5-aminosalicylic acid, 5-ASA)制剂,5-ASA 可抑制炎症相关物质的产生和清除导致肠道损伤的氧自由基,柳氮磺胺吡啶是 5-ASA 的前体药物,由磺胺吡啶和 5-ASA 通过偶氮键相关。

1. 柳氮磺胺吡啶 属于口服不易吸收的磺胺药,口服后约 75% 到达结肠,被肠道细菌分解为 5- 氨基水杨酸和磺胺吡啶,5- 氨基水杨酸与肠壁结缔组织络合后较长时间停留在肠壁组织中起到抗菌消炎和免疫抑制作用,磺胺吡啶只显示微弱的抗菌作用。用于治疗轻、中度溃疡性结肠炎,重度溃疡性结肠炎的辅助治疗,溃疡性结肠炎缓解期的维持治疗,也用于治疗活动期的克罗恩病,尤其是累及结肠者。磺胺类药物过敏反应较为常见,可表现为药疹,另外中性粒细胞减少、溶血性贫血、肝肾功能损害、恶心呕吐等消化道副作用均需要关注。

2. 5- 氨基水杨酸 包括美沙拉秦、奥沙拉秦、巴柳氮等,由于炎症性肠病病变部位多位于结肠和小肠,因此 5-ASA 制剂尽量减少胃肠道上部的吸收,在末段回肠或结肠具有较高的药物浓度。近年来研制成的 5-ASA 制剂,能到达结肠发挥药物疗效。美沙拉秦是原型 5-ASA,奥沙拉秦、巴柳氮属于前体药物,需要结肠中细菌的分解才能释放出 5-ASA;美沙拉秦可在空肠、回肠、结肠释放;而奥沙拉秦、巴柳氮在结肠释放。5-ASA 的不良反应与柳氮磺胺吡啶类似,但发生率和严重程度明显降低。

(十一)生长抑素及类似物

生长抑素及类似物可抑制胃酸、胃蛋白酶、胃泌素的分泌,可显著减少内脏血流,降低门静脉压力,降低侧支循环的血流和压力,可减少胰腺的内外分泌,并抑制胰腺、胆囊、胃和小肠的分泌。因此在治疗消化系统疾病方面,主要应用于严重急性上消化道出血,如食管胃底静脉曲张出血、消化性溃疡、应激性溃疡等治疗;急性胰腺炎及胰腺术后并发症的预防和治疗;胰瘘、胆瘘、肠瘘的辅助治疗等。

包括 8 肽生长抑素(奥曲肽、善宁)、14 肽生长抑素(思他宁),主要的不良反应包括消化系统症状,如食欲减退、恶心、呕吐、痉挛性腹痛、腹胀,偶有类似急性肠梗阻样表现,因使胆囊收缩功能减退,长期应用可引起胆石;生长抑素对生长激素、胰高血糖素和胰岛素有抑制作用,故可造成血糖调节紊乱;偶出现心动过缓等心血管系统不良反应。

(十二)血管升压素

血管升压素通过肾脏发挥直接的抗利尿作用,还能使内脏血管床小动脉收缩,流入消化道血流阻力增加,从而使门静脉压力降低,故可用于食管胃底静脉曲张出血、急性消化道大出血的辅助治疗。

包括鞣酸加压素、甘氨加压素,主要的不良反应是腹部绞痛、排便次数增加、头痛、冠状动脉痉挛和心绞痛,可诱发心肌梗死、心力衰竭和脑血管意外等,故相对禁用于冠心病、高血压、脑血管病、机械性肠梗阻患者。

四、药物不良反应管理

1985 年,在内罗毕国际合理用药专家研讨会上,提出了"对症开药、供药适时"等六项合理用药内容。1987 年,世界卫生组织(WHO)又提出了"处方用药应为适宜的药物"等五项关于合理用药的具体要求。当前,就全球范围来看,一般所指的合理用药包括安全、有效、经济、适当四个基本要素。

现在国内常用消化系统疾病的处方药物已达7 000 种之多,然而在当前的临床药物治疗过程中,药品浪费、药疗事故、药源性疾病等不合理用药现象时有发生,这些药品的不合理使用,在危及人类健康与生命安全的同时,也增加了社会的负担和资源的消耗。

由于消化系统疾病是我国居民常见慢性病之一,且其他系统疾病常伴有消化系统症状,因此消化系统疾病药物使用率相对较高,如 PPI,据美国 2004 年资料报道,PPI 药物占据总处方药的 50.7%,总费用的 77.3%。欧美有资料显示该类药物在一级医院和二级医院存在过度用药的问题。在全球每年 PPI 类药物花费超过 26 亿美元。针对 PPI 来说,大部分临床医生认为其相对安全,对于一些胃食管反流病患者、长期功能性消化不良的患者等,长期给予 PPI 口服的处方。但从 PPI 类药物不良反应看,其存在短期和长期不良反应需要临床医生和患者知晓,特别是其长期用药不良反应,包括骨质疏松、骨折、贫血、维生素 B_{12} 缺乏、铁缺乏、肠道感染、肺炎、胃息肉、胃癌、胃类癌、结肠癌等。因此应该给予管理,否则也会导致药品浪费、药疗事故、药源性疾病。

2010 年 12 月经卫生部审议通过《药品不良反应报告和监测管理方法》,该办法于 2011 年 7月起施行,该办法明确了药品生产企业、药品经营企业、医疗机构的职责和相应的法律法规,以期望加强药品上市后监管,规范药品不良反应报告和监测,及时、有效控制药品风险,保障公众用药安全。

而对于消化系统疾病药物而言,很多药物都是临床常用药物,因此临床医生需要了解其短期和长期不良反应,熟读药品说明书,并关注不良事件报告,尽量保证公众的用药安全是我们的责任。

第二节 常见消化系统疾病的药物治疗

一、急性胃黏膜损害

急性胃黏膜损害(acute gastric mucosal lesion,AGML)是指机体在各种应激状态下,胃黏膜发生程度不一的以糜烂、浅表溃疡和出血为标志的病理变化。又名应激性黏膜病变(stress related mucosal disease,SRMD)、急性糜烂出血性胃炎、应激性溃疡(stress ulcer,SU)。预防 AGML 是救治危重症患者不可忽视的环节。

（一）临床表现与诊断

1. 临床表现

（1）症状轻重不一：轻者的症状可被原发病症状掩盖，也可表现为腹胀、腹痛、恶心等非特异性消化不良症状。严重者起病急骤，在原发病的病程中突发呕血及黑便；出血常为间歇性，大量出血可引起晕厥和休克；发生穿孔时，可出现急腹症的症状与体征。AGML 的发生大多集中在原发疾病发生的 3~5d 内，少数可发生在 2 周左右。

（2）内镜特征：病变部位以胃底、胃体部最多，也可见于胃窦、食管、十二指肠及空肠；病变形态以多发性糜烂、溃疡为主，前者表现为多发性出血点、出血斑或斑片状血痂，溃疡深度可至黏膜下层、固有肌层，甚至达浆膜层。

2. 诊断

有应激源（如各种严重创伤、危重疾病、大型手术、严重心理障碍、服用非甾体抗炎物或大量饮酒），在原发病后 2 周内发生呕血和/或黑便，或有上消化道出血的体征及实验室检查异常，即可拟诊 AGML。确诊 AGML 有赖于急诊胃镜检查，胃镜可见胃黏膜病变以弥漫分布的多发性糜烂、出血灶和浅表溃疡为特征。需强调胃镜检查应在出血发生后 24~48h 内进行，因胃内病变（特别是非甾体抗炎药物或乙醇引起者）可在短期内消失，延迟胃镜检查可能无法确定出血病因。

（二）一般的治疗原则

1. 一般治疗

积极处理基础疾病和危险因素，消除应激源，抗感染，抗休克，纠正低蛋白血症、电解质和酸碱平衡紊乱，防治颅内高压，保护心、脑、肾等重要器官功能。对原有溃疡病史者，在重大手术前可进行胃镜检查，以明确是否合并活动性溃疡。

2. 加强胃肠道监护

可插入胃管，定期定时监测胃液 pH，必要时进行 24h 胃内 pH 监测，并定期监测血红蛋白水平及粪便隐血试验。

3. 肠内营养

临床研究发现，早期肠内营养对于危重症患者不仅具有营养支持作用，且持续的食物摄入有助于维持胃肠道黏膜完整性、增强黏膜屏障功能。故当患者病情许可时，应尽快恢复肠内营养。

（三）基本治疗药物及治疗方案

1. 基本的治疗药物

①抑酸药：主要包括质子泵抑制剂（PPI）和组胺 2 受体拮抗剂（H_2RA）：PPI 比 H_2RA 更能持续稳定地升高胃内 pH，且降低出血风险的效果明显优于 H_2RA；②抗酸药：氢氧化铝、铝碳酸镁、5% 碳酸氢钠溶液等，可从胃管内注入；③胃黏膜保护剂：常用的有胶体铋剂、前列腺素及其衍生物（米索前列醇）、硫糖铝及吉法酯等药；④其他：乌司他丁。

2. 治疗方案

（1）AGML 治疗的重点在于合理的预防，保持胃腔内高 pH 是预防的关键。研究表明，高危人群应控制胃液 pH>4，才能预防 AGML 的发生，AGML 并出血患者应控制胃液 pH>6，才能维持溃疡面血小板聚集。抑酸治疗是重点，药物首选 PPI，其次 H_2RA。

（2）一旦发现消化道出血症状及体征，须立即采取止血措施：立即补液，必要时输血；大剂量 PPI 迅速提高胃内 pH ≥6；输注血小板悬液、凝血酶原复合物等纠正凝血机制障碍的药物；药物治疗无效者应立即紧急内镜检查，并启动内镜治疗；若仍失败，可考虑放射介入及外科手术治疗。

（四）临床问题导向的药物治疗

1. 预防性药物治疗的时机

AMGL 诊疗关键在于预防 AGML 相关出血等并发症，对合并有危险因素的危重症患者，合理选用高性价比的药物进行预防性治疗是有必要的。

（1）对于危重症患者，具有以下一项高危情况者应使用预防药物：①机械通气超过 48h 或接受体外生命支持；②凝血机制障碍：国际标准化比值 >1.5，血小板 <50×10^9/L 或部分凝血酶原时间 > 正常值 2 倍或服用抗凝或抗血小板药物；③原有消化道溃疡或出血病史；④严重颅脑、颈脊髓外伤；⑤严重烧伤（烧伤面积 >30%）；⑥严重创伤、多发伤；⑦各种困难、复杂的手术；⑧急性肾功能衰竭或接受肾脏替代治疗；⑨慢性肝脏疾病或急性肝功能衰竭；⑩ARDS；⑪休克或持续低血压；⑫脓毒症；⑬心脑血管意外；⑭严重心理应激，如精神创伤等。

（2）若同时具有以下任意 2 项危险因素，也应考虑使用预防药物：①ICU 住院时间 >1 周；②粪便隐血持续时间 >3d；③大剂量使用糖皮质激素（琥珀酸氢化可的松 >250mg/d）；④合并使用非甾体抗炎药。

（3）预防性治疗的药物选择：胃黏膜损伤因子、胃酸分泌增加是 AGML 发生的直接原因和必要条件，故抑酸治疗为 AGML 治疗的基础。对危重症患者推荐经验性使用 PPI 针剂以预防 AGML 的发生。此外，对于老年和联合用药较多的患者，建议选择药物相互作用风险小的 PPI。推荐在原发病发生后以标准剂量 PPI 静脉滴注，每 12 小时 1 次，至少连续使用 3 日；PPI 也可与抗酸药、胃黏膜保护剂联合使用以提高疗效。

2. 停药的指征 一旦危重症患者病情好转或进食，应将静脉抑酸药物改为口服用药并逐渐停药，以尽量减少药物不良反应。研究表明对于已耐受肠内营养的患者继续使用药物预防 AGML，不仅不能降低出血和总体病死率，而且可能会增加医院获得性肺炎感染的风险。

3. 药物的成本效益比 发生 AGML 的危险因素不尽相同，鉴别出具有出血高危因素的患者并给予积极的预防性治疗，不仅有助于避免 AGML 并发致命性消化道大出血及穿孔等的发生，同时可避免过度治疗、减少药物不良反应的发生。基于成本效益的决策分析显示，与 PPI 相比，ICU 患者使用 H_2RA 预防 AGML 可能降低患者的整体诊疗费用；但也有相反的结论，有研究显示：与 H_2RA 相比，使用 PPI 获得的成本效益比最佳。这些差异归根于研究方法及选择病例的不同，故还需大样本、前瞻性的临床研究进一步明确何种抑酸药能获得最佳的成本效益比。

4. 注意药物的副作用 大量使用 PPI 造成继发感染，最常见的感染为肺炎及艰难梭菌相关性腹泻；此外，还有骨髓毒性、低镁血症、骨质疏松、维生素 B 缺乏等副作用。故抑酸治疗需权衡利弊，分析高危因素，明确治疗指征。

5. 合并用药的原则与注意事项 PPI 经肝脏细胞色素酶 P450 代谢途径在体内清除，具有肝酶抑制作用，因此在使用过程中应注意药物相互作用及酌情减量，特别是严重的肝肾功能不全患者应慎用。PPI 与其他药物相互作用：抗血小板药物氯吡格雷依赖 CYP2C19 代谢，而 PPI 能抑制 CYP2C19，因而能抑制氯吡格雷的活性，导致心血管事件发生率增高，使用抗凝药物的患者尽量选择对 CYP2C19 依赖小或非通过 CYP2C19 代谢的 PPI 类药物。

6. 对 AGML 高危患者的多学科管理模式，规范药物治疗 建立包括消化内科医生在内的危重患者诊治 MDT 团队，对于 ICU、心内科、呼吸科、感染科、神经外科、骨科等具有危重疾病或拟行大型手术的患者，考虑其系应激源，分析其危险因素，对高危患者采取积极的预防性治疗，避免应激性溃疡及出血等并发症的发生。同时，也要避免过度治疗。为进一步规范药物运用，医院可通过建立院内用药指南及计算机辅助决策系统，对处方医师进行定期培训和临床药师审核监督处方等多种机制有效地规范预防性药物，尤其 PPI 类药物的使用。

（五）药物治疗展望

从 AGML 的病理生理机制看，胃黏膜缺血、防御受损及胃酸增加是引发 AGML 的三大关键因素，因此，分别予改善胃黏膜缺血、使用胃黏膜保护剂及抑酸治疗在理论上可有效预防 AGML 的发生。围绕抑制各种应激因素所造成的抗炎症因子表达、氧化损伤以及保护胃黏膜等主题，从植物提取物、中药制剂中研发新的药物以及开展前瞻性的临床随机对照试验研究；对存在消化道出血高危风险的患者早期行肠内营养预防 AGML，均是今后药物研发的方向。

二、胃食管反流病

胃食管反流病（gastroesophageal reflux disease，GERD）指胃内容物反流入食管引起不适症状和/或并发症的一种疾病，是常见的消化系统疾病，其发病率有逐渐增高的趋势。GERD 的内镜下表现分为糜烂性食管炎（erosive esophagitis，EE）、非糜烂性反流病（non-erosive reflux disease，NERD）及巴雷特食管（barrett esophagus，BE）3 种类型。

（一）临床表现与诊断

1. 临床表现

（1）食管症状：烧心和反流是典型症状，常于餐后出现，卧位、弯腰或腹压增加时可加重，部分患者在入睡时发生。典型症状包括胸痛、上腹烧灼感、上腹痛、上腹胀、嗳气等症状。

（2）食管外症状：咽喉炎、慢性咳嗽和哮喘。严重者可发生吸入性肺炎，甚至出现肺间质纤维化。

（3）并发症：包括上消化道出血、食管狭窄、巴雷特食管等。

2. 诊断　GERD 的常用诊断方法主要包括症状评估、内镜检查和食管 pH 监测等,但主要还是基于临床症状。

(1)胃食管反流病问卷(GERD questionnaire, GerdQ):是目前国际上最受公认和应用最为广泛的 GERD 诊断专用量表,既可诊断 GERD,又可评估 GERD 对生活质量造成的影响并监测治疗效果。

(2)PPI 治疗性试验:简便、有效,敏感度可达 78%,但特异度较低。

(3)食管反流监测可作为辅助手段:包括食管 pH 监测、食管阻抗 pH 监测和无线胶囊监测等方法,未使用 PPI 的患者可选择单纯 pH 监测;若正在使用 PPI 治疗则需加阻抗监测以鉴别酸反流、非酸反流与气体回流。此外,食管高分辨率测压可了解食管动力状态,并作为抗反流术前的常规评估手段。

(4)推荐初诊时即行内镜检查:内镜检查可排除上消化道肿瘤,诊断 RE、反流性狭窄和巴雷特食管。

(5)食管钡剂造影检查:目前已不推荐为 GERD 的诊断方法,仅用于有吞咽困难的患者,以排除弥漫性食管痉挛、贲门失弛缓症等。

(二)一般的治疗原则

1. 一般的内科治疗　改变不良生活方式和饮食习惯是 GERD 的一线辅助治疗手段。肥胖是发展为或加重 GERD 症状的一项重要危险因素,减重似乎是一项很好地改善 GERD 症状的方法。此外,睡眠和 GERD 也呈双向关系,夜间反酸会影响睡眠质量,而睡眠质量下降又可通过增强食管腔内的刺激而加重 GERD 症状。因此,可通过抬高床头、睡前 3h 避免进食、右侧卧位等生活方式的改变来降低夜间反酸的风险,同时积极治疗失眠障碍、睡眠呼吸暂停综合征等以提高睡眠质量,从而改善睡眠对 GERD 的影响。此外,需戒烟酒、避免高脂肪食物、改善便秘、忌紧束腰带,减少摄入可以降低食管下段括约肌(LES)压力及影响胃排空的食物和药物,食物如巧克力、薄荷、咖啡、洋葱、大蒜等,药物如硝酸甘油制剂、钙通道阻滞剂、茶碱及多巴胺受体激动药等。

2. 药物治疗　分为控制发作和维持治疗 2 个阶段。控制发作阶段应足量、足疗程使用治疗药物,必要时可多种药物联合使用,并根据病情采用降阶疗法或递增疗法;维持治疗阶段则以按需治疗为主要对策。

3. 内镜治疗和抗反流手术治疗

(1)GERD 内镜治疗适合需要大剂量药物维持、药物治疗无效或不能忍受长期服药的患者,内镜治疗方法有内镜缝合(胃腔内折叠术)、射频治疗、内镜下注射治疗和 / 或置入治疗等。

(2)GERD 外科手术治疗指征:①严格内科治疗无效及相关并发症;②患者不能忍受长期服药或不能耐受药物的不良反应;③经扩张治疗后仍反复发作的食管狭窄,特别是年轻人;④存在确认由反流引起的食管外症状且影响生活质量;⑤有症状的食管旁疝。抗反流手术包括胃底折叠术(Nissen、Toupet 和 Dor 术)和磁珠 LINX 抗反流系统。手术治疗的疗效与药物治疗相当,但术后有一定并发症,且部分患者术后仍需规则用药。

4. 其他非药物治疗　包括膈肌生物反馈治疗,胃电起搏治疗,心理疗法,中医针刺疗法等。

(三)基本治疗药物及治疗方案

反流造成胃酸、胃蛋白酶及胆汁酸等反流物与食管黏膜上皮直接接触,导致食管黏膜受损,GERD 被认为是一种酸相关性疾病,因而抑酸治疗是最主要的药物治疗。同时 GERD 也被认为是一种动力障碍性疾病,多数指南推荐抑酸药联合促胃肠动力剂可提高疗效。一过性下食管括约肌松弛(TLESR)是生理性胃食管反流的主要原因,GERD 患者高达 90% 的反流与 TLESR 有关;食管高敏感性也参与了 GERD 的发病。增强 LES 张力的药物及小剂量内脏痛觉调节剂均有报道可有效控制症状,治疗 GERD。

1. 基本治疗药物

(1)抑酸剂:包括 PPI 和 H_2RA。诸多国内外指南均推荐 PPI 或 P-CAB 作为治疗 GERD 的首选药物。PPI 作用于壁细胞胃酸分泌终末步骤中的关键酶 H^+-K^+-ATP 酶,使其失活,抑酸作用强。常用的 PPI 包括奥美拉唑、泮托拉唑、兰索拉唑、雷贝拉唑、艾司奥美拉唑和艾普拉唑;通过与 H^+-K^+-ATP 酶中的半胱氨酸残基上疏基形成共价二硫键,不可逆地使 H^+-K^+-ATP 酶失活从而抑制胃酸分泌，但只能与处于活化状态的 H^+-K^+-ATP 酶结合，由肝脏内细胞色素 P 的同工酶 CYP2C19 和 CYP3A4 代谢。钾离子竞争性酸阻滞剂（potassium-competitive acid blocker，P-CAB）不需要激活转化就可与质子泵的 K^+ 区域进行离子化的竞争性结合，抑酸作用快速持久且不受进食影响；目前已上市的有沃诺拉赞（Vonoprazan，又名伏诺拉生）和瑞伐拉赞。可逆型 PPI 与不可逆型 PPI 的对比见表 10-2-1。

表 10-2-1 P-CAB 与 PPI 的对比

P-CAB（伏诺拉生）	PPI
直接活性药	前药，必须在酸性环境中活化为次磺酰胺
PKa>PPI	PKa<P-CAB
K^+- 竞争性，可逆性离子结合	不可逆性共价结合
与活性质子泵结合，也可能与静息质子泵结合	只能与活性质子泵结合
酸稳定	酸不稳定
半衰期：7~9h	半衰期：1.5~2h
（首剂后）立即起效	延迟起效（必须重复用药）
活性不依赖食物	活性依赖于食物摄入（和随后的胃酸分泌）
主要通过 CYP3A4 代谢 - 无多态性，血浆浓度在患者间变异的可能性小	主要通过 CYP2C19 代谢 - 多态性可能会影响血浆浓度和疗效
主要通过 CYP3A4 代谢，不与氯吡格雷发生相互作用	由于在 CYP2C19 肝酶存在下的相互作用，因此可能会与氯吡格雷发生相互作用

（2）促胃肠动力剂：目前促动力药不是治疗 GERD 的主要药物，只在抑酸药物治疗效果不佳时，才考虑联合应用；尤其是对于伴有胃排空障碍的患者。目前临床上常用药为多巴胺受体拮抗剂（多潘立酮）、5- 羟色胺受体激动剂（莫沙必利、伊托必利及替加色罗）和胃动素受体激动剂（红霉素、罗红霉素、克拉霉素和阿奇霉素）等。

（3）抗反流药：目前针对 TLESR 的靶向药物，通过降低 TLESR 频率减少食管远端酸暴露和弱酸反流，主要包括 γ- 氨基丁酸 β 受体激动剂（巴氯芬）和亲代谢谷氨酸盐受体 5（mG1uR5，ADX10059 及 AZD2066）拮抗剂两类，已成为抗反流药物研究的热点。

（4）内脏痛觉调节剂（神经调节剂）：可能与调控 5-HT₄ 及其代谢通路有关，已报道的常用药物包括三环类抗抑郁药和选择性 5- 羟色胺再摄取抑制剂（selective serotonin re-uptake inhibitor，SSRI）等。因该类药物选择性不高且有一定的不良反应，故建议从小剂量开始试用。

（5）黏膜保护药及抗酸药：①常用的黏膜保护药有硫糖铝、胶体铋剂、瑞巴派特、伊索拉定及藻酸盐制剂（盖胃平），后者可作为轻 - 中度 GERD 的一线治疗，或患者无法耐受 PPI 不良反应时的替代药物。②常用的抗酸药有氢氧化铝凝胶、铝碳酸镁和铝碳酸钙等。

2. 治疗方案

（1）控制发作的治疗：主要分为降阶疗法和递增疗法 2 类。①降阶疗法：适用于有并发症、有进展性症状的重度胃食管反流病患者。首先 PPI+ 促胃肠动力药 + 黏膜保护药，待溃疡愈合及症状缓解后，改用 H₂RA+ 黏膜保护药（必要时）。优点是迅速控制症状，但费用偏高。②递增疗法：先 H₂RA+ 促胃肠动力药，若无效，则 PPI+ 促胃肠动力药 + 黏膜保护药。优点是费用低。

（2）维持治疗：包括按需治疗和长期治疗。通常严重的 EE（洛杉矶分类 C~D 级）及 BE 必须长期治疗，轻度 EE（洛杉矶分类 A~B 级）及 NERD 患者可采用按需治疗，PPI 或 P-CAB 为首选药物。

（四）临床问题导向的药物治疗

1. 用药原则 PPI 或 P-CAB 是目前疗效最好的抑酸药，诸多国内外指南均将 4~8 周常规剂量的 PPI 作为初始治疗方案，而对于应答欠佳的患者，可考虑增加剂量或更换另一种 PPI 或 P-CAB。对于合并食管裂孔疝、重度食管炎（洛杉矶分类 C~D 级）患者，PPI 或 P-CAB 剂量通常需要加倍。促胃肠动力药通常作为"追加"方案添加在已有抑酸药物治疗方案之后。促胃肠动力药、黏膜保护药对轻症患者有效，对重症患者疗效较差。抗酸药仅适用于症状轻、间歇发作的患者，作为临时缓解症状用。夜间酸突破（nocturnal acid breakthrough，NAB）是指服用 PPI 后，夜间 pH<4.0 时间持续 1h 以上，控制夜间酸突破的方法有调整 PPI 用量、睡前加用 H₂RA 及换用

P-CAB。

2. PPI 不良反应管理 PPI 长期使用的安全性仍值得商榷。长期使用 PPI 可使胃窦 G 细胞产生胃泌素增加，血清促胃泌素浓度升高，目前还未见因使用 PPI 导致胃窦肿瘤的病例，但已有致萎缩性胃炎和十二指肠息肉的报道。因此，应警惕长期抑酸对上消化道肿瘤发生的影响。此外，长期使用 PPI 造成继发感染，最常见的感染为肺炎及艰难梭菌相关性腹泻、骨髓毒性、低镁血症、骨质疏松、维生素 B 缺乏等副作用。故抑酸治疗需权衡利弊，加强管理。

3. 难治性胃食管反流病（refractory gastro-esophageal reflux disease，RGERD） 采用双倍剂量的 PPI 治疗 8 周后烧心和 / 或反流等症状无明显改善。

引起 RGERD 的病因很多，主要包括：持续的酸反流（不正确的用药时间，患者的用药依从性差，病理性酸反流，PPI 快代谢，高分泌状态，解剖异常如巨大食管裂孔疝等）；持续的胃或十二指肠非酸反流；食管黏膜完整性持续被破坏；食管高敏感性等。PPI 治疗无效，首先需检查患者的依从性，优化 PPI 的使用或换用 P-CAB；若转换 PPI 治疗仍无效，则需要评估是否患有导致顽固症状或病理性反流的疾病，如卓艾综合征、胆汁酸反流、嗜酸性食管炎等，进一步安排胃镜、反流监测和高分辨率测压等检查是有必要的。若反流监测提示 RGERD 患者仍存在与症状相关的酸反流，可在权衡利弊后行外科手术治疗或加用抗反流药物，如巴氯芬；不建议对非酸反流者行手术治疗。

4. 合并用药的原则与注意事项 PPI 主要通过细胞色素 P450 系统（主要为 CYP2C19 和 CYP3A4）在肝内代谢，因此可抑制肝药酶活性，与华法林、地西泮、苯妥英钠等药合用，可使上述药物体内代谢减慢。慢性肝病有肝功能减退者，用量宜酌情减量。PPI 与抗血小板药物联用对心血管事件发生率的影响有争议，西方国家早期研究认为两者合用会增加心血管事件的发生率，抗血小板药物氯吡格雷也通过 CYP2C19 代谢，可能降低氯吡格雷的抗血小板活性，增加心血管不良事件。近期前瞻性对比研究认为无影响，我国尚无高质量的研究。故目前倾向于选择非 CYP2C19 代谢途径的 PPI，如雷贝拉唑或艾司奥美拉唑。

5. GERD 的多学科（MDT）管理 GERD 临床表现多样，牵涉到消化内科、呼吸内科、耳鼻喉科、胸外科、胃肠外科等多学科，从跨学科中找到症结所在，建立 MDT 是大势所趋。该病目前临床上仍是基于症状的诊断、再采用经验性治疗。由于引起症状的原因多样，因此如何提高诊断效率、研发新型的反流监测方法仍是未来的研究方向。内镜下抗反流手术对于不愿长期服用 PPI 的患者具有较好的疗效，其对非酸反流和食管外症状的疗效值得期待。

（五）药物治疗展望

GERD 在我国乃至全球的发病率逐年升高，治疗策略除养成良好的生活习惯外，药物治疗至关重要。目前临床主要的治疗药物仍是不可逆型 PPI，其代谢经过 CYP3A4 及 CYP2C19，考虑到 *CYP2C19* 具有基因多态性、影响 PPI 的代谢能力，故规范 PPI 的使用及对患者进行基因型检测，已成为药物治疗 GERD 的趋势。对可逆型 PPI，目前的研究发现部分使用伏诺拉生的患者血清胃泌素升高，其远期的副作用尚不明确，有待进行前瞻性的随机对照临床研究。未来期望有更多的新剂型、新型抑酸剂，其抑酸作用更强、更持久且耐受性更好。新型联合药物，为患者制订个体化的治疗方案、亦为临床治愈 GERD 提供新的思路。

三、消化性溃疡

（一）临床表现与诊断

1. 临床表现 消化性溃疡（peptic ulcer，PU）主要指发生在胃和十二指肠的慢性溃疡，因其形成和发展与胃液中胃酸和胃蛋白酶有关而得名。多数 PU 患者具有典型的临床表现，即慢性、周期性、节律性上腹痛。十二指肠溃疡（duodenal ulcer，DU）以饥饿痛为主、胃溃疡（gastric ulcer，GU）以餐后痛为主，可伴有上腹饱胀、反酸、嗳气、恶心、呕吐、食欲缺乏、失眠等症状，疼痛较剧影响进食者可有消瘦及贫血。部分患者平时缺乏典型临床表现，或以大出血、急性穿孔为其首发症状。特殊类型溃疡如幽门管、球后、复合性溃疡等，腹痛可以不典型、可有背部放射痛或夜间痛。

PU 可发生上消化道出血、穿孔、幽门梗阻和癌变等并发症。

2. 诊断　①上消化道内镜检查是 PU 最佳、最直接的确诊方法；②不能耐受内镜检查或存在内镜检查禁忌证的患者可行 X 线上消化道钡餐检查，其直接征象是突出胃壁之外的龛影，间接征象是对侧痉挛性切迹、局部压痛及激惹现象；③幽门螺杆菌（*helicobacter pylori*，Hp）的检测：分为有创检查及无创检查。前者包括快速尿素酶试验、活检组织特殊染色如吉姆萨、银染等、培养；后者包括呼气试验（^{13}C 或 ^{14}C）、粪便抗原检测及血 IgM、IgG 抗体检查。目前临床上主要采用无创的 ^{13}C 或 ^{14}C- 呼气试验检查 Hp 感染。

（二）一般治疗原则

1. 内科基本治疗　调整生活方式，工作生活劳逸结合，避免过劳和精神紧张，改变不良的生活习惯，戒烟戒酒，注意饮食，避免摄入对胃有刺激的食物，停服非甾体抗炎药、糖皮质激素等致溃疡药物。

2. 药物治疗　可选择抑制胃酸分泌的药物、胃黏膜保护药物、根除 Hp 药物、对症治疗药物、并发症防治药物等。PU 活动期的治疗首选 PPI 或 P-CAB；合并消化道出血等并发症以及其他治疗失败的病例应优先使用 PPI 治疗；腹痛明显者，在治疗开始阶段加用抗酸药物；胃溃疡患者可考虑抑酸药物和胃黏膜保护药物联合应用；合并十二指肠胃反流或腹胀症状明显时可联合使用促胃肠动力药物；预防溃疡复发，部分患者可采用"维持治疗"；伴有 Hp 感染时必须行根除 Hp 治疗。

3. 外科治疗　适用于急性穿孔、大量出血内科治疗无效、疑有癌变、伴发幽门梗阻、难治性或顽固性溃疡等。

（三）基本治疗药物及治疗方案

1910 年，Schwarz 教授提出"无酸无溃疡（No acid，no ulcer）"概念，抑酸治疗一直成为治疗消化性溃疡的重点，从 60 年代的抗酸药（小苏打，氢氧化铝，复方氢氧化铝）；到 70 年代发现 H_2RA（如西咪替丁、雷尼替丁、法莫替丁）；到 90 年代 PPI 制剂（奥美拉唑）诞生，PPI 也由一代发展到三代，由不可逆型 PPI 发展到可逆型 PPI。

1983 年 Warren 和 Marshall 提出"无 Hp，无溃疡"概念，两位教授因此获得 2005 年诺贝尔奖，促使根除 Hp 治疗已成为目前消化性溃疡的常规治疗。Tarnawski 教授提出了"溃疡愈合质量"概念，其核心是溃疡的愈合不仅需要大体上愈合，还要恢复其正常的组织学结构和功能。抑酸药物联合胃黏膜保护剂能显著增高溃疡愈合质量。

1. 治疗药物分类

（1）抑酸药：包括 PPI（奥美拉唑、兰索拉唑、泮托拉唑、雷贝拉唑、艾司奥美拉唑等）、P-CAB（伏诺拉生）、H_2RA（西咪替丁、雷尼替丁、法莫替丁、尼扎替丁等）及其他（如抗胆碱药哌仑西平、促胃液素受体拮抗剂丙谷胺）。

（2）抗酸药：铝碳酸镁、氧化镁、氢氧化铝。

（3）胃黏膜保护药：前列环素衍生物、瑞巴派特、替普瑞酮、吉法酯、硫糖铝及铋剂等。

（4）促胃肠动力药：甲氧氯普胺、多潘立酮、莫沙必利、依托必利等。

（5）抗生素：常用的抗生素主要有阿莫西林、克拉霉素、甲硝唑、四环素、呋喃唑酮、左氧氟沙星等。

2. 药物治疗方案

（1）消化性溃疡的治疗：首选抑酸药 PPI 或 P-CAB。①使用标准剂量 PPI 或 P-CAB 治疗 DU 的疗程一般为 4~6 周，胃溃疡一般为 6~8 周。②H_2RA 治疗 DU 的疗程一般为 4~6 周，GU 一般为 6~8 周。③腹痛明显者，在早期可加用抗酸药。④胃溃疡患者大多胃酸分泌正常，可考虑抑酸药和胃黏膜保护药联合使用。⑤对于合并 Hp 感染的 PU 患者，无论溃疡初发还是复发、活动与否、有无并发症，均应进行抗 Hp 治疗。抗 Hp 感染药物主要有抑酸药、铋剂、抗生素等。⑥对于合并反流或腹胀症状明显的患者，可联合使用促胃肠动力药。

（2）维持治疗：对于 Hp 阴性或根除 Hp 后仍有严重并发症、高龄或伴有严重疾病的 PU 患者，需长期服用非甾体抗炎药或抗凝药物的 PU 患者。常用药物为 H_2RA 或 PPI，给药方案为：标准剂量的半剂睡前服用，治疗时间根据具体病情决定。

（四）临床问题导向的药物治疗

1. 药物治疗达标的要求　治疗 PU，要求使胃液 pH>3 的时间超过 18h/d，以溃疡是否愈合为标准，PPI 或 P-CAB 为首选药物。根除 Hp，要求使胃液 pH>5 的时间超过 18h/d，以提高胃内 PH、减少抗生素的最低抑菌浓度（MIC），增加其敏感性。PPI 或 P-CAB 可以达标，但 H_2RA 及抗酸药均无法达到上述要求。故宜选择作用稳定、疗效高、受 *CYP2C19* 基因多态性影响较小的 PPI，如艾司奥美拉唑、雷贝拉唑或 P-CAB（伏诺拉生）可提高根除率。

2. 用药指导　治疗消化性溃疡的药物有很多种，因作用机制不同，服药的时间也不同。抑酸药最佳服药时间是餐前 30min。抗酸药最佳服药时间是餐后 60~90min；抗胆碱药最佳服药时间在餐前 15~30min；P-CAB 不受进食影响，餐前或餐后均可服用。

3. 药物不良反应的管理

（1）PPI 对孕妇及儿童的安全性尚未确立，禁用于妊娠、哺乳期妇女和儿童；对严重肝受损者日剂量应予限制；对有药物过敏史、肝功能障碍患者及高龄者慎用。

（2）H_2RA 对妊娠、哺乳期妇女禁用；对有过敏史、肝肾功能不全者和儿童慎用；对严重心脏及呼吸系统疾病者慎用；对急性胰腺炎、系统性红斑狼疮、器质性脑病者慎用。

（3）长期应用抗酸药最常见的不良反应是腹泻或便秘。

（4）胃黏膜保护药前列环素衍生物（代表药物为米索前列醇）用于防治非甾体抗炎药导致的溃疡。

4. 合并用药的注意事项

（1）注意联合用药方法：抗酸药可干扰硫糖铝的药理作用，两者不能合用。使用抗生素根除 Hp 治疗时，为避免 Hp 耐药菌株的产生，严格掌握 Hp 根除的适应证，合理选用抗生素联合用药，期间禁服对胃肠道有强烈刺激的药物，如激素类药物和解热镇痛类药物等。接受双联抗血小板治疗的心血管高危患者，在根除 Hp 的基础上至少联合 PPI 治疗 1 年。

（2）注意药物相互作用：雷贝拉唑主要的代谢途径是经非酶降解，对 CYP2C19 影响较小；

泮托拉唑的代谢主要依赖 CYP2C19 代谢，其与 CYP2C19 亲和力低且还可以经过二相代谢。因此，在抗血小板治疗中优选雷贝拉唑或泮托拉唑。注意服药时间：氯吡格雷及其活性代谢产物在血浆中的半衰期很短，在体内停留时间不超过 4~6h，而 PPI 在血浆中的半衰期也仅 0.5~2h。服用两类药物时间间隔在 12~15h，理论上可以避免两者间相互影响。临床治疗中可以错时间段给药，如早餐前服用 PPI，而将氯吡格雷安排在睡前服用，通过延长时间间隔，减少这两类药物间的相互作用。

5. 对抗血小板聚集药物相关的 PU 甚至出血时，需要分层处理

（1）对于非急性冠脉综合征（ACS）的患者发生活动性出血，则需要停用抗血小板聚集药物直至症状稳定；但对于 ACS、裸金属支架置 1 个月内、药物洗脱支架置入 6 个月内患者，因其血栓风险高，故应尽量避免完全停用抗血小板药物；如果出现严重消化道出血威胁生命时，应在消化道出血停止后 1~2 日内恢复使用氯吡格雷，然后根据消化道损伤的程度在 1~2 周内恢复使用阿司匹林；不能完全停用抗血小板药物时，应将药物改为阿司匹林 +PPI。

（2）PPI 是防治抗血小板药物所致消化道损伤的首选药物，尽量选择受 *CYP2C19* 基因多态性影响较小的 PPI。

（五）药物治疗展望

未来，随着中国的飞速发展，人口老龄化、生活方式的西化，我们的疾病谱开始逐渐靠近发达国家，心血管事件发生率升高，非甾体抗炎药、阿司匹林及抗凝药物的使用增多，非甾体抗炎药和阿司匹林相关 PU 是将会成为未来的主流。故合理权衡胃肠道风险和心血管风险，个体化分层次用药是治疗的基础，尽量选择高度选择性的 COX-2 抑制剂（如塞来昔布），必要时加用 PPI 制剂。对于非甾体抗炎药相关性溃疡伴 Hp 感染患者行 Hp 根除治疗仍有争议。

四、功能性胃肠病

（一）临床表现与诊断

1. 临床表现　功能性胃肠病（functional gastrointestinal disorders，FGIDs）是一组以慢性

胃肠道症状（腹痛、腹胀、恶心、呕吐、腹泻、便秘、嗳气等）为主要表现，经常规检查（实验室和消化道内镜检查）未发现能确切解释症状病因的一类疾病，患者多伴发焦虑、抑郁情绪及睡眠问题，对其生活质量乃至社会生产力造成较大影响。FGIDs 的患病率和就诊率呈现升高趋势，在人群中发病率为 10%~20%，占消化科专科门诊患者的40%~50%。

2. 诊断 当前对 FGIDs 的临床诊断主要依据国际公认的罗马Ⅳ诊断标准，它是根据症状学进行诊断，症状发生的频度及时间必须满足一定的时间窗，要求诊断前症状出现至少 6 个月，且近 3 个月有症状。

（二）一般治疗原则

在建立良好医患关系的基础上，根据主要症状类型和症状严重程度进行分级治疗，同时还需要注意治疗措施的个体化和综合应用。

1. 饮食生活方式的调整

（1）食物类型与消化系症状密切相关，通过饮食疗法可明显改善患者进食后的不适症状。大量随机对照试验表明可酵解的寡糖、双糖、多糖、多元醇（fermentable oligo-di-monosaccharides and polyols，FODMAP）可明显减轻肠易激综合征（irritable bowel syndrome，IBS）患者的消化道症状，而高 FODMAP 饮食可诱发或加重 IBS 患者的消化道症状。

（2）进餐方式和进餐是否规律也可能影响FGIDs 患者的临床症状。

2. 心理疗法

良好的医患沟通、彼此信任的合作治疗关系是准确发现精神心理问题、制订恰当的治疗方案以取得满意疗效的前提。治疗后定期随诊非常重要，不仅可提高依从性，而且可适时调整诊疗方案，不遗漏新发的器质性疾病。心理干预治疗是一种较好的治疗方式，其治疗手段也是多样化的。

3. 药物治疗

FGIDs 的传统药物治疗主要是针对不同症状的药物治疗。如便秘伴腹痛患者，通过改变排便习惯或改善内脏疼痛，使用如解痉药物、泻药及促胃肠动力药物等；然而，现在新兴的治疗领域，正在试图改变胃肠道微生物群及胃肠道神经调控来改善患者临床症状。

（三）基本治疗药物及治疗方案

胃肠动力异常在 FGIDs 中最突出，也最早被认为 FGIDs 的主要病理生理异常，治疗的重点在纠正胃肠动力障碍。随着对该病认识的深入，更多的异常被发现，2016 年颁布的罗马Ⅳ标准认为FGIDs 是肠 - 脑互动异常的疾病，其病理生理机制复杂，治疗需要根据患者的具体情况个体化治疗，必要时使用小剂量中枢神经调节剂以改善症状，提高生命质量。

1. 与酸分泌相关的药物

（1）抑酸药：包括 PPI、P-CAB 和 H_2RA。

（2）抗酸药。

（3）胃黏膜保护药等。

2. 5- 羟色胺受体拮抗剂

抑制非选择性阳离子通道的活化，减少肠道分泌和蠕动，有助于改善腹泻型 IBS 患者的粪便性状。

3. 氯离子通道激活剂

通过增加氯化物分泌，进而刺激肠腔内液体分泌而软化粪便。代表药物有鲁比前列酮（2 型氯离子通道激活剂）和利那洛肽（鸟苷酸环化酶 c 受体激动剂）。

4. 阿片受体药物

艾沙度林是含阿片 μ、κ 受体激动剂和阿片 δ 受体拮抗剂的混合物，降低胃肠运动性并缓解疼痛。洛哌丁胺是一种外周 M- 阿片受体激动剂，可抑制肠蠕动、增加水和离子吸收，常用于腹泻型 IBS 的治疗。

5. 解痉剂

可用于所有 IBS 亚型的腹痛和解痉的治疗。代表药物有奥替溴铵、匹维溴铵、双环维林、美贝维林及薄荷油。

6. 肠脑神经调节剂（gut-brain interaction neuromodulators）

常用于 FGIDs 的抗抑郁药有：

（1）三环类抗抑郁药（TCAs，如阿米替林、丙米嗪、地昔帕明、去甲替林）。

（2）选择性 5- 羟色胺再摄取抑制剂（SSRI，如西酞普兰、艾司草酸西酞普兰、氟西汀、帕罗西汀、舍曲林）。

（3）5- 羟色胺去甲肾上腺素再摄取抑制剂（SNRI，如度洛西汀、米那普仑、文拉法辛）。

（4）去甲肾上腺素和选择性 5- 羟色胺再摄取抑制剂（NaSSA，米氮平、米安色林、曲唑酮）。

（5）阿扎哌隆类（丁螺环酮，坦度螺酮）。

（6）非典型抗精神病药（阿立哌唑、左舒必利、奥氮平、喹硫平、舒必利）。

（7）γ配基药物（加巴喷丁、普瑞巴林）。

7. 改善胃肠道菌群 通过应用肠道微生物制剂及抗生素来改善患者症状。益生菌有金双歧、美常安、整肠生等，抗生素有利福昔明、新霉素。

（四）临床问题导向的药物治疗

1. FGIDs 患者选用神经调节剂的难点及策略 有效的沟通技巧不仅可提高患者的接受度和依从性，而且可以优化医患关系，这是落实治疗成功所必须的。

2. 低到中剂量的 TCAs 类药物在治疗慢性 GI 疼痛是证据最强的；但患者存在焦虑、腹痛不是主要临床症状时，是否可考虑使用选择性 5- 羟色胺再摄取抑制剂（SSRI）尚有争议；丁螺环酮和米氮平可用于功能性消化不良的餐后不适综合征（FD/PDS）；δ 配体药物对治疗慢性 GI 疼痛可能有效，需要研究证实；当一种药物治疗无效或剂量过大产生副作用时推荐增加第二种药物治疗（譬如：喹硫平、阿立哌唑、盐酸丁螺环酮 α2δ 配基）；治疗应当持续 6~12 月，以最大限度地预防复发。基于治疗慢性疼痛性非胃肠道疾病的已有文献和临床专家意见，推荐肠脑神经调节剂使用情况见表 10-2-2。

表 10-2-2 推荐肠脑神经调节剂治疗慢性疼痛性 FGIDs 小结

条件	推荐意见
慢性胃肠道疼痛总的原则	①首选 TCAs，其次 SNRI；从小剂量开始，逐级加量，尽快加至治疗剂量。TCAs 首选去甲替林或地昔帕明，二铵类三环类抗抑郁药。度洛西汀从 30mg，1 次 /d，逐渐加量至 90mg；文拉法辛 75~225mg，1 次 /d ②联合治疗：在原来基础上连用非典型抗精神病药，如喹硫平，加巴喷丁，普瑞巴林，盐酸美金刚片。 注意药物的肠道的副作用：SSRI 有引起腹泻的副作用（帕罗西汀除外），TCAs 中阿米替林和丙咪嗪致便秘的作用最强。故对合并便秘的腹痛患者首选 SNRI，其次选用去甲替林或地昔帕明；对合并腹泻的腹痛患者首选 SSRI，最后是阿米替林 注意患者的精神状态：合并有失眠者，可考虑喹硫平、米氮平、曲唑酮。合并嗜睡、倦怠者，可考虑盐酸安非他酮，舍曲林及氟西汀

续表

条件	推荐意见
肠易激综合征	原则上，轻度到中度、间歇性疼痛，解痉剂足够止痛了；但当疼痛重度或持续性，需要联合或以肠脑神经调节剂替代。对于 IBS-D，首选 TCAs 中的阿米替林、丙米嗪，可以减轻腹泻、改善睡眠质量；对 IBS-C 或 IBS-M，选用地昔帕明、去甲替林可以减轻其抗胆碱能或 H_1 受体引起便秘的副作用。SNRI 理论上也有改善 IBS 疼痛的作用且副作用明显少于 TCAs，但目前的证据尚不多。若 IBS 患者的腹痛腹泻症状不突出而合并严重的焦虑状态，此时建议使用 SSRI 改善焦虑
功能性烧心 / 功能性胸痛	排除了胃食管反流病的棘手的烧心或胸痛，可以考虑中枢性的神经调节剂 尽管已有文献证实 SSRI 较 TCAs 和 SNRI 治疗食管疼痛更有效，目前尚无足够证据推荐使用某一种中枢性神经调节剂
功能性消化不良（FD）	治疗 FD 时，最好先分型，根据分型选药： 当早饱、饱胀、恶心症状突出时，推荐丁螺环酮； 当慢性恶心呕吐、体重下降，推荐米氮平，可以治疗共存的腹痛； 当消化不良症状重叠 EPS，推荐 TCAs，可以一开始就使用或 PPI 治疗无效后再使用； 推荐不耐受 TCA 的 EPS 患者使用 SNRI 治疗，尽管缺乏支撑研究数据
周期性恶心呕吐综合征（CVS）	慢性恶心伴体重下降且对昂丹司琼、甲哌氯丙嗪无效者，首选米氮平 7.5mg qn 或 15mg qn，1 周后加量，最大剂量 30~45mg qn 亦可考虑奥氮平 2.5mg qn，1 周后逐渐加量，最大剂量 10mg qn

（五）药物治疗展望

全面分析 FGIDs 发病机制并抓住个体化关键环节，是提升难治性 FGIDs 药物治疗水平的必由之路。针对难治性 FGIDs，既要正确剖析胃肠动力紊乱和内脏高敏感反应的临床特点，精准选择、更恰当地使用"共识""指南"推荐的药物，又要结合机制研究（特别是"肠 - 脑互动"机制）前沿，追溯两大发病机制之间的联系，善于应用改善肠道环境、降低黏膜炎症反应程度的药物，特别是在心身消化整体医学思维的指导下应用神经调节药物。提升难治性 FGIDs 药物处置能力。

五、肝性脑病

肝性脑病（hepatic encephalopathy，HE）是由急、慢性肝功能严重障碍或各种门静脉-体循环分流（简称门-体分流）异常所致的、以代谢紊乱为基础、轻重程度不同的神经精神异常综合征。

（一）临床表现与诊断

1. 临床表现　HE 是一个从认知功能正常、意识完整到昏迷的连续性表现。目前国内外应用最广泛的是 West-Haven HE 分级标准，临床的重点是在肝硬化等终末期肝病患者中筛查轻微肝性脑病（MHE），因此目前推荐将 0 级分为无 HE 和 MHE，修订后的 HE 分级标准可操作性更强，详见表 10-2-3。

表 10-2-3　HE 的分级及症状、体征

修订的 HE 分级标准	症状	体征
无 HE	正常	神经系统体征正常，神经心理测试正常
MHE	潜在 HE，没有能察觉的人格或行为变化	神经系统体征正常，神经心理测试异常
1 级	存在琐碎轻微临床征象，如轻微认知障碍，注意力减弱，睡眠障碍（失眠、睡眠倒错），欣快或抑郁	扑翼样震颤可引出，神经心理测试异常
2 级	明显的行为和性格变化；嗜睡或冷漠，轻微的定向力异常（时间、地点、人物），计算能力下降，运动障碍，言语不清	扑翼样震颤易引出，不需要做神经心理测试
3 级	明显定向力障碍，行为异常，半昏迷到昏迷，有应答	扑翼样震颤通常无法引出，踝阵挛、肌张力增高、腱反射亢进，不需要做神经心理测试
4 级	昏迷（对言语和外界刺激无反应）	肌张力增高或中枢神经系统阳性体征，不需要做神经心理测试

2. 诊断

（1）显性肝性脑病（OHE）诊断要点：①有引起 HE 的基础疾病，严重肝病和 / 或广泛门体侧支循环分流；②有临床可识别的神经精神症状及体征；③排除其他导致神经精神异常的疾病；④特别注意寻找引起 HE 的诱因，如感染、上消化道出血、大量放腹水、过度利尿等；⑤血氨升高。

（2）轻微肝性脑病（MHE）诊断要点：①有引起 HE 的基础疾病；②传统神经心理学测试指标中至少 2 项异常（如数字连接试验、数字符号试验等）；③新的神经心理学测试方法中（动物命名测试、姿势控制及稳定性测试等）至少 1 项异常；④临界闪烁频率检测异常；⑤脑电图、视觉诱发电位、脑干听觉诱发电位异常；⑥功能性磁共振成像异常，符合上述主要诊断要点①②及③⑥中任意一条或以上，即可诊断为 MHE。

（二）一般治疗原则

1. 去除诱因　90% 以上 MHE/HE 存在诱发因素，对于肝硬化 HE 患者，常见诱因有消化道出血、感染、大量利尿放腹水、电解质紊乱、便秘、高蛋白饮食及镇静安眠药物等。考虑感染时应积极寻找感染源，并尽早开始经验性抗菌药物治疗；消化道出血应尽快止血并清除胃肠道内积血；过度利尿引起电解质紊乱应暂停利尿药并及时纠正电解质紊乱、酸碱失衡。

2. 药物治疗　减少肠道氨的生成和吸收，必要时应用镇静药物等。

3. 预防

（1）一级预防：重点在于治疗肝脏原发病，避免摄入过量高蛋白饮食。

（2）二级预防：重点是对患者及家属健康教育、控制血氨水平及调节肠道微生态。

（三）基本治疗药物及治疗方案

1. 乳果糖　常用剂量为口服 15~30ml/ 次，2~3 次 /d（根据患者反应调整剂量），必要时可配合保留灌肠治疗。对乳果糖不耐受的患者可应用乳糖醇，在灌肠时两者疗效相似。

2. L- 鸟氨酸 L- 门冬氨酸（L-ornithine L-aspartate，LO-LA）　常用剂量为 10~40g/d，静脉滴注或口服。

3. 精氨酸　常用剂量为 10~20g/ 次，根据血气分析结果调整用药次数及剂量。

4. 利福昔明 常用剂量为 800~1 200mg/d，分 3~4 次口服。

5. 微生态制剂 包括益生菌（双歧杆菌乳杆菌三联活菌片、枯草杆菌二联活菌肠溶胶囊）、益生元和合生元等。

6. 苯二氮䓬类镇静药 对于严重精神异常，如躁狂、危及他人安全及不能配合医生诊疗者，向患者家属告知风险后，可使用地西泮等苯二氮䓬类镇静药首先控制症状，注意药物应适当减量、缓慢注射。

（四）临床问题导向的药物治疗

1. 高蛋白饮食 HE 的治疗多为针对高氨血症，而蛋白质饮食是肠道产氨的主要来源，低蛋白饮食被认为可通过减少氨的产生从而有益于 HE 的治疗。但严格限制蛋白摄入可恶化 HE 患者的营养状况而不利于 HE 治疗，2004 年 Cordoba 等提出营养疗法，重在促进机体的合成代谢，抑制分解代谢，保持正氮平衡。可与营养科协作加强患者的饮食指导，对患者的能量供给、水分摄入进行严格管理。

2. 静脉滴注白蛋白 白蛋白可提高血管内的胶体渗透压、提高脏器灌注、减缓腹水的形成。但目前关于在 HE 期间是否使用白蛋白仍有争议。部分学者认为白蛋白半衰期较长，其代谢产氨的速度远比肠道来源的蛋白质缓慢，并且产生的量很少，主张肝硬化 HE 患者可以使用白蛋白帮助改善病情。

3. 血液净化治疗 HE 血液滤过/血液透析是肾脏替代疗法，可以通过去除血液中氨和其他小分子溶质来降低血氨水平。但血液滤过的降氨效果在肝病患者研究较少，有研究显示血液透析在 24h 内降低了 22% 的动脉血氨浓度，但该研究并没有对 HE 严重程度的变化做出评论；且肾脏替代疗法临床可能仅用于重症监护病房，应用较为局限，因此还需进一步研究。

4. HE 合并用药注意事项 乳果糖对于各种急、慢性 HE 均有一定效果，但因甜度太大及高渗，服用后容易产生腹胀、恶心、呕吐、腹泻等不适，长期服用不易被患者接受，而乳梨醇副反应小，患者较易接受。LOLA 适用于血氨相关性 HE，但严重肾功能不全者（血肌酐 >3mg/dl）禁用。精氨酸在 HE 并发碱中毒时可首选，但肾功能不全者禁用，且使用时注意防止酸中毒。利福昔明口服耐受性好、副反应少，尤其适用于新霉素不耐受和肾功能不全的 HE 患者，但易产生耐药性。支链氨基酸主要用于 B 型、C 型 HE 患者，同时可帮助改善各种原因引起的蛋白营养缺乏，但用药期间应注意监测电解质，且用药时间不宜太久。氟马西尼对于肝硬化和肝衰竭导致的 HE 患者有显著的催醒作用，并可使 EEG 趋向正常，但对于长期使用苯二氮䓬类药物者，氟马西尼有可能使患者产生急性停药症状，不推荐临床常规使用。

（五）药物治疗展望

1. 苯甲酸钠 既往多被用于治疗尿素循环缺陷患者的高氨血症，为其提供了除尿素循环以外的含氮废物排泄的新途径，从而减少氨的产生。

2. 磷酸二酯酶抑制剂 西地那非或扎普司特经动物实验证实有潜在的治疗 HE 作用。HE 患者存在谷氨酸-NO-cGMP 通路障碍，导致 cGMP 水平降低。口服西地那非或脑内给予扎普司特均能改善门腔分流大鼠的学习能力、增加细胞外 cGMP 浓度。西地那非还具有抗氧化特性，可通过抑制氧化应激从而发挥其保护作用，但具体机制尚未完全了解。

3. 米诺环素 在急性肝衰竭大鼠中，米诺环素降低了脑水肿、血浆和中枢氨水平，但米诺环素可以诱发致命性的肝毒性损害，将其作为 HE 患者的治疗方法时必须谨慎。

4. 粪菌移植（fecal microbial transplantation, FMT） FMT 是指将粪便悬浮液从健康个体输入患者肠道来调节肠道微生物群以治愈特定疾病。FMT 可调节肠道菌群组成、抑制病原体生长和增强肠黏膜免疫功能等，已被用于治疗炎症性肠病、糖尿病、多发性硬化症和阿尔兹海默病等多种疾病，并显示出较好疗效，但其在肝病方面的报道相对较少。有研究显示 FMT 治疗 HE 可以恢复患者肠道菌群，改善认知功能及预后，是一种潜在的有效治疗策略。

六、肝肾综合征

肝肾综合征（hepatorenal syndrome, HRS）是严重肝病患者病程后期出现的功能性肾衰竭，肾脏无明显器质性病变，是以肾功能损伤、血流动力学改变和内源性血管活性物质明显异常为特征的一种综合征。

（一）临床表现及诊断

1. 临床表现　1 型 HRS 为一种快速、进展性的肾功能损害，2 周内血肌酐增加超过 100% 或血肌酐水平超过 2.5mg/dl，临床表现为进行性尿量减少，显著的水钠潴留及低钠、高钾血症，患者多有肝功能衰竭征象，如明显黄疸、肝性脑病、凝血功能障碍；平均存活时间约为 2 周。2 型 HRS 则是一种稳定而缓慢进展的肾功能损害，表现为轻度肾小球滤过率（GFR）降低，BUN<50mg/dl，Scr<2mg/dl，主要表现为利尿药对腹水无效，其生存期较 1 型 HRS 长，但较无肾衰肝硬化腹水患者短。

2. 诊断　参照国际腹水俱乐部（International Club of Ascites, ICA）于 2015 年修订的 HRS 的诊断标准，将 HRS 归为急性肾损伤（AKI）的一种特殊形式即 HRS-AKI，剔除 Scr>133μmol/L 临界值，取消诊断 I 型 HRS 所需的 2 周时间窗以及截断值 2.5mg/dl，详见表 10-2-4。

表 10-2-4　2015 年 ICA 肝硬化 HRS-AKI 诊断标准

肝硬化合并腹水
根据 ICA-AKI 标准确诊 AKI
排除休克
停用利尿药并使用白蛋白扩容至少 2 日后肾功无持续改善（肌酐降至 ≤133μmol/L）；白蛋白推荐剂量为 1g/（kg·d），最大至 100g/d
目前或近期未使用肾毒性药物（如非甾体抗炎药、氨基糖苷类、碘化造影剂等）
无肉眼可见的结构性肾损伤征象，即尿蛋白 <0.5g/d、无微量血尿（<50 红细胞 / 高倍镜）、肾脏超声正常

（二）一般治疗原则

HRS 的治疗原则是增加动脉有效血容量和降低门静脉压力，在积极改善肝功的前提下，早期预防和消除诱发肝肾衰竭的因素，避免使用损害肾功能的药物。药物治疗的目的是增加肾血流量。

（三）基本治疗药物及治疗方案

1. 特利加压素　特利加压素联合白蛋白作为 1 型 HRS 的一线治疗，常用方法为静脉滴注，0.5mg/4h，可逐步提高剂量（每 2~3 日）至每 4~6

小时 1mg。若血肌酐降至 133μmol/L（1.5mg/dl）以下称完全反应。对于只有部分反应或无效的患者，特利加压素应在 14 日内停用。特利加压素的禁忌证包括缺血性心血管疾病，应用特利加压素治疗者应密切监测心律、内脏或肢体缺血、液体超负荷等情况，并及时处理不良反应。

2. 奥曲肽　临床多采用奥曲肽联合白蛋白、奥曲肽联合前列地尔、奥曲肽联合米多君等联合治疗方案，常用方法为皮下注射，起始剂量为每 8~12 小时 100μg，最大剂量可用至每 8 小时 200μg。

3. 去甲肾上腺素　常用方法为持续静脉滴注，起始剂量为 0.5mg/h，根据血压及尿量调整药物剂量，每 4 小时增加 0.5mg/h，最大剂量为 3mg/h。

4. 甲氧胺福林（米多君）　常用方法为口服，2.5~7.5mg，每日 3 次，有必要可增至 12.5mg，每日 3 次，同时奥曲肽皮下注射，100μg，每日 3 次，必要时可增至 200μg，每日 3 次。

5. 白蛋白　白蛋白常与其他药物联合用于治疗 HRS。血管收缩药物联合白蛋白较单纯血管收缩药物治疗可提高 I 型 HRS 患者的肾功能 40%~60%，该联合方案已成为 HRS 患者肝移植术前重要的过渡或桥梁。常用方法为静脉滴注，第 1 日 1g/kg，随后增至 20~50g/d，最大剂量为 100g/d。如果白蛋白浓度 >45g/L，应停止输注白蛋白以防止肺水肿。

6. 其他　托伐普坦、N- 乙酰半胱氨酸、内皮素拮抗剂、8- 鸟氨酸加压素及抗利尿激素也可用于治疗 HRS。

（四）临床问题导向的药物治疗

1. 早期预防、避免 HRS 发生

（1）预防细菌感染：肝硬化腹水患者尤其是静脉曲张出血者易发生细菌感染，预防性使用抗生素联合白蛋白治疗可将 HRS 的发生率降至 10%；一旦发生 SBP 则应积极寻找病原体，同时给予经验性抗菌治疗；宜选择广谱抗菌药物，并给予足剂量、足疗程治疗。

（2）改善低蛋白血症：肝硬化患者如果血总胆红素 >68.4μmol/L 和 / 或血肌酐 >88.4μmol/L 应积极补充白蛋白。

（3）避免过度利尿和大量放腹水：对血钠降低的肝硬化腹水患者，在慎用利尿药的同时，不限钠饮食,而对血钠基本正常者应先适当限钠饮食。顽固性腹水的患者可行连续治疗性腹腔穿刺术,如一次抽腹水 >4~5L,应考虑每抽取 1L 腹水输注白蛋白 6~8g。

（4）预防消化道出血:中重度静脉曲张患者首先考虑普萘洛尔,有上消化道症状,可使用 PPI 和胃黏膜保护剂,避免非甾体抗炎药。一旦发生消化道大出血第一时间快速补充血容量。

2. HRS 合并用药注意事项 重度酒精性肝硬化患者应戒酒,己酮可可碱可使 HRS 的发生率由 35% 降为 8%。对于乙型病毒性肝硬化失代偿期合并肾功能不全的患者,推荐使用核苷类似物恩替卡韦或替诺福韦进行抗病毒治疗。替诺福韦在患者肌酐清除率（CrCl）小于 15ml/min 时应避免使用。恩替卡韦可根据肾功能不全的程度调整剂量,推荐剂量如下:CrCl ≥50ml/min 时,0.5mg/d；30ml/min ≤CrCl ≤49ml/min 时,0.25mg/d 或 0.5mg/2d；10ml/min ≤CrCl ≤29ml/min 时,0.15mg/d 或 0.5mg/3d；CrCl<10ml/min 需血液透析或持续性腹膜透析时,0.05mg/d 或 0.5mg/周。

（五）药物治疗展望

HRS 患者的治疗应遵循个体化原则,目前研究证实药物联合治疗的效果优于单一药物治疗,而最优治疗方案及最佳适应证仍待更大样本研究证实。若药物治疗应答欠佳,则应及时考虑药物与血液净化治疗的联合,甚至评估手术治疗（经颈静脉肝内门体分流术、肝移植治疗）的必要性。

七、门静脉高压

门静脉高压是指各种原因导致的门静脉系统压力升高所引起的一组综合征,其最常见病因为各种原因所致的肝硬化。其基本病理生理特征是门静脉系统血流受阻和 / 或血流量增加,门静脉及其属支血管内静力压升高伴侧支循环形成。

（一）临床表现与诊断

1. 临床表现 门静脉高压可引起侧支循环开放、脾大、脾功能亢进、腹水等,通常伴有肝功能减退的表现。

（1）侧支循环开放:门静脉高压时可有食管胃底静脉曲张、腹膜后吻合支曲张、腹壁静脉曲张、痔静脉曲张、脾肾分流等侧支循环开放表现。15%~50% 患者因食管静脉下端和胃底部静脉曲张破裂发生呕血、血便等,出血量常较大且不易止血,可伴发休克并危及生命。此外,还需注意胆道、阴道、膀胱等罕见部位静脉曲张破裂造成的出血。

（2）脾大、脾功能亢进:患者外周血象呈白细胞减少、增生性贫血和血小板降低,易并发感染及出血,有脾周围炎时脾区可有触痛。

（3）腹水:是肝功能减退和门静脉高压的共同结果,是失代偿期肝硬化最突出的临床表现。患者可感明显腹胀、腹围增大,同时常有食欲下降、腹泻、尿量减少、双下肢水肿等表现。

（4）肝功能减退:患者常有黄疸、乏力、腹胀、纳差、牙龈出血等表现,晚期肝硬化患者可出现肝性脑病、肝肾综合征等严重并发症。

2. 诊断 根据患者的病史、临床表现及检查结果判断,80% 左右的门静脉高压症由肝硬化引起。按门静脉阻塞的部位不同,可分为窦前性、窦性和窦后性。窦前性门静脉高压症主要病因有血吸虫性肝纤维化、门静脉血栓形成、脾静脉血栓形成、原发性胆汁性肝硬化、先天性肝纤维化等。窦性门静脉高压症最多见,主要病因有各种类型的肝硬化、严重的肝炎和肝脏肿瘤等。窦后性门静脉高压症主要病因有布 - 加综合征、肝小静脉闭塞症、充血性心力衰竭、缩窄性心包炎和急性酒精性肝炎等。临床上常需结合不同的辅助检查来帮助明确有无门静脉高压及其具体类型。超声、CT 及 MRI 等影像检查可帮助了解肝脾形态、门静脉及其属支有无扩张、上下腔静脉有无血栓等；胃镜是诊断门静脉高压的重要手段,内镜下发现食管胃底静脉曲张则提示门静脉高压的存在；门静脉压力测量,是测量肝静脉楔入压和肝静脉自由压之间的差值即肝静脉压力梯度（hepatic venous pressure gradient, HVPG）,应用 HVPG 代表门静脉压力已经成为目前公认的"金标准"。HVPG 的正常值范围为 0~5mmHg,当 HVPG 达到 10mmHg 甚至以上时,提示存在显著门静脉高压。

（二）一般治疗原则

1. 去除病因 针对基础肝病的病因治疗可能会改善肝脏功能及结构,进而降低门静脉压力。

2. 降门静脉压治疗 传统的非选择性 β 受体拮抗药（普萘洛尔、纳多洛尔）和新型 β 受体拮抗药卡维地洛都是治疗门静脉高压的一线药物。此外根据有无食管胃底静脉曲张必要时可结合内镜治疗（套扎、硬化剂或组织胶注射）；食管胃底静脉曲张或异位静脉曲张破裂出血、门静脉血栓形成、下腔静脉狭窄等还可考虑介入或外科手术治疗。

3. 腹水的治疗

（1）注意卧床休息，此举可增加肾钠排泄及利尿作用。

（2）限制钠盐的摄取：每日不超过 0.5g，好转后稍放宽，但每日仍须在 1.0~1.5g，严格限钠可出现自发性利尿。

（3）限制水的摄取：一般总入水量限于 1 000~1 500ml/d，尽量避免静脉输液，在有低钠血症时更应严格限制水的摄取，低于 1 000ml/d，严禁给予高渗盐水。

（4）加强营养治疗，供给适量热量、蛋白质及维生素。

（5）加强监护：测量并观察体重、腹围；观察精神状态，有无扑翼样震颤等；准确记录出入量。

4. 合并症的治疗

肝硬化患者可出现肥胖、糖尿病、肿瘤、骨质疏松，以及肺、肾、心脏血管病等一系列合并症，会加快肝硬化的进展，故应注意与相应科室协作治疗。肝硬化患者常常合并营养不良、肌肉减少症，易导致肝性脑病、腹水、感染等的发生，影响患者生存。故应注意改善饮食方式，进食易消化食物、少食多餐，必要时在营养科指导下加用膳食补充剂。

（三）基本治疗药物及治疗方案

临床上用于治疗门静脉高压的药物主要有 β 受体拮抗药、钙通道阻滞剂、血管收缩/扩张药物等。传统的非选择性 β 受体拮抗药（nonselective β-blockers，NSBB）（普萘洛尔、纳多洛尔）和新型 β 受体拮抗药卡维地洛都是有效治疗门静脉高压的一线药物。目前认为卡维地洛降门静脉压力的效果优于传统 NSBB，但其疗效仍有待更深入的研究。

1. β 受体拮抗药

最常用药物为普萘洛尔和阿替洛尔，普萘洛尔起始剂量 10mg，每日 2 次，渐增至最大耐受剂量。应答达标的标准：HVPG 下降至 12mmHg 以下或较基线水平下降 >20% 或静息心率下降到基础心率的 75% 或静息心率达 50~60 次/min，一般从小剂量开始，至心率减慢达 25% 后改维持量，予长期应用。用药期间注意监测心率，缓慢调整、剂量个体化。禁用于支气管哮喘者、不稳定型糖尿病者、严重心动过缓、Ⅱ度或Ⅲ度房室传导阻滞者、急性心肌梗死、充血性心力衰竭和休克未纠正者。

2. 钙通道阻滞剂

（1）硝苯地平：10~20mg/次，3 次/d，口服或舌下含服，严重心、肝、肾功能不全者慎用，治疗中忌突然停药。

（2）维拉帕米：40mg/次，3 次/d，重度低血压、心源性休克、心力衰竭、Ⅱ度、Ⅲ度房室传导阻滞者禁用，用药期间需监测血压、肝肾功能。

3. 血管收缩药

（1）垂体后叶素：垂体后叶素 20U 加入葡萄糖液中静脉滴注，速度为 0.2U/min，可逐渐加量至 0.4U/min，出血控制后可逐渐减量至停药。用药期间注意严密观察不良反应，警惕心绞痛、心肌梗死、心力衰竭的发生，高血压、动脉粥样硬化、冠心病、孕妇、肝肾功能严重受损者禁用。

（2）特利加压素：2mg/次，4~6h/次，静脉注射。

（3）生长抑素及其类似物：目前临床常用的生长抑素为天然型十四肽（施他宁）及人工合成的八肽（奥曲肽）。

4. 血管扩张药

（1）硝酸酯类：常用的为硝酸甘油，常与血管升压素合用。

（2）其他血管扩张药：如酚妥拉明、哌唑嗪等。

5. 抑制胃酸分泌药物

PPI 及 H_2RA，门静脉高压所致食管、胃底静脉曲张破裂出血时需迅速止血、抑酸，临床首选 PPI 静脉制剂。

6. 口服止血药物

（1）去甲肾上腺素：常用方法为 8mg 去甲肾上腺素溶于冷生理盐水 100ml 中，分次口服或经胃管注入。

（2）凝血酶冻干粉。

（3）其他：如巴曲酶（立止血）、酚磺乙胺、氨甲苯酸等。

（四）临床问题导向的药物治疗

1. 门静脉高压消化道出血的一级预防

（1）原则

1）无/小静脉曲张的一级预防：目前尚无指

征表明 NSBB 可预防静脉曲张的形成；无出血和增大风险的小静脉曲张，使用 NSBB 的长期益处尚未得到证实。

2）有较大出血风险（红色征阳性或 Child-Pugh C 级）的小静脉曲张，推荐使用 NSBB。

3）中 - 大静脉曲张出血的一级预防：推荐使用 NSBB 或内镜套扎，治疗方案的选择应基于当地医疗资源、患者的意愿和特征以及各自的禁忌证、不良反应等。

4）胃曲张静脉出血的一级预防：组织黏合剂注射治疗较 NSBB 可能更有效，但仍需进一步研究。

（2）一级预防常用药物

1）NSBB：普萘洛尔。

2）硝酸酯类药物：分为短效（硝酸甘油）和长效（二硝酸异山梨酯）。

3）NSBB+ 硝酸酯类药物：联合用药不良反应更多，且不能减少出血风险，不推荐常规使用；但对 NSBB 效果不佳者可加用硝酸酯类药物．

4）其他：血管紧张素转换酶抑制剂、血管紧张素受体拮抗剂、钙通道阻滞剂、螺内酯等疗效尚不确切。

2. 食管胃底曲张静脉破裂大出血

（1）吸氧、监护及静脉补液（oxygen monitoring and intravenous infusion，OMI）：吸氧、监护及静脉补液，忌过量扩充血容量，否则会增加门静脉压力，诱发再次大出血。

（2）早期应用降门静脉压药物：①血管升压素及其类似物（0.2~0.4U/min，同时合用硝酸甘油），出血控制后维持用药 8~12 小时停药。有条件者可考虑特立加压素：首剂 2mg 静脉推注，每 4~6 小时给药 1mg，直到出血控制后维持使用 24~36 小时。②生长抑素及其类似物：生长抑素血中半衰期仅 1~3 分钟，需用微量泵持续静脉滴注，首剂 250μg 静脉注射，每小时给药 250μg；奥曲肽半衰期 90min 以上，一般首剂 100~200μg 静脉注射，每 6~8 小时注射 100μg，连续 24~48 小时。

（3）抗生素的使用：肠道来源的需氧革兰氏阴性杆菌是最常见的病原菌，但最近革兰氏阳性和喹诺酮耐药微生物越来越多，其临床意义尚不清楚。对肝硬化急性静脉曲张破裂出血的患者

应短期使用抗生素，首选头孢三代类抗生素，若过敏，则选择喹诺酮类抗生素，如左旋氧氟沙星、莫西沙星等，一般疗程 5~7d。

（4）PPI：胃液 pH>5 可以提高止血成功率。PPI 临床上常用 40~80mg/d，静脉滴注，对于难控制的静脉曲张出血患者可予 PPI 8mg/h 微量泵持续静脉滴注，但也有研究表明持续微量泵持续静脉滴注与每日 2 次静脉滴注对于控制出血及预后并无差异。临床上也可使用 H_2 受体拮抗剂，如法莫替丁 80mg/d，静脉滴注，5~7d。

（5）三腔二囊管：通过充气压迫贲门及食管下端静脉曲张的机械性止血方法，对大部分患者能起到立即而可靠的止血效果，气囊管压迫的时间通常是 24~48 小时（假如能有效控制出血），一般不宜超过 72 小时。食管气囊应每隔 8 小时放松约 5min，以避免黏膜长时间受压而糜烂。气囊管放置期间应加强护理，以减少可能出现的严重并发症如吸入性肺炎、窒息等。

（6）内镜套扎或硬化剂注射：急诊止血和预防再出血的标准治疗方法。套扎疗法比硬化疗法操作简单、安全且并发症低。胃静脉曲张出血以组织黏合剂注射较为有效。一般在出血灶上下方曲张静脉内各注射 15ml 能获得即时止血效果。

（7）经颈静脉肝内门体分流术（TIPS）：有效的止血方法，但该法操作复杂，在肝性脑病中常见，目前未能解决支架栓塞的问题。因此，该法应限制于药物和内镜治疗失败或反复再出血，但又不宜外科手术的患者。

（8）外科手术：目前不主张用外科手术预防首次出血，急诊手术死亡率可高达 50%。分流术或断流术均应在药物和内镜治疗不能控制出血后酌情选择。

3. 门静脉高压性胃病（PHG）出血的治疗

（1）药物治疗

1）抑酸药物：PPI 及 H_2RA。

2）血管升压素和生长抑素。

3）普萘洛尔：目前被认为是治疗 PHG 出血和再出血的标准治疗药物。

（2）TIPS：理论上 TIPS 既可用于 PHG 急性止血，又可防止再出血，但是由于 TPS 尚存在一些未能解决的问题，因此，应严格掌握其使用指征。

（3）手术治疗：严重的 PHC 出血患者，可采用分流手术止血和防止再出血，但不能改善患者的预后；断流手术可加重 PHG，应予避免；有报道脾栓塞能改善 PHG，但尚未得到广泛公认；对伴有终末期肝病者可采用肝移植术。

4. 胰源性门静脉高压（PPH）　不同于一般门静脉高压，是少数可以治愈的门静脉高压，PPH 的特征性表现为胃底静脉曲张，脾肿大和肝功能正常。当患者存在胰腺疾病史，胃底食管静脉曲张伴或不伴上消化道出血，脾肿大、脾功能亢进，无肝硬化表现，肝功能正常，无饮酒史和病毒性肝炎史，临床诊断应考虑 PPH。PPH 治疗的关键在于治疗原发病。

5. 门静脉高压合并用药注意事项　合并用药既要能克服收缩血管药引起的门静脉阻力增加，又需逆转其产生的不良全身血流动力学效应，以防血管过度扩张而抵消收缩血管药的治疗作用。临床常用组合药物方案：

（1）血管升压素 + 硝酸酯制剂：如垂体后叶素 + 硝酸甘油，垂体后叶素静脉滴注，而硝酸甘油可每半小时舌下含服 0.6mg/ 次，共 6 次；或硝酸甘油经皮给药 3~5mg/24h，最大量 10mg/24h；或硝酸甘油静脉滴注 10~100μg/min；最后的组合最常用，能发挥各自优势且毒副作用明显减少或消失。缺点是硝酸甘油剂量不易掌握，需在监护下精细调节用药。

（2）血管升压素 + 酚妥拉明（0.2~0.3mg/min）：需在监护下进行。

（3）血管升压素 + 硝普钠［0.5μg/（kg·min）］逐渐加量，最大剂量为 8μg/（kg·min），需监护下进行。

（4）硝酸异山梨酯（或硝酸甘油）+ 普萘洛尔：长期服药以预防并减少再出血率；可作为三腔二囊管压迫止血法或其他非手术治疗的后续处理用药。

（五）药物治疗展望

近年研究还发现许多可能具有降门静脉压作用的药物，如内皮受体拮抗剂、加压素等血管活性药物，沙利度胺等免疫抑制剂物，塞来昔布等环氧化合酶抑制剂，低分子肝素等抗凝剂，以及血管内皮生长因子、法尼醇 X 受体激动剂和血管紧张素转换酶抑制剂类药物。这些药物在动物模型中

有降低门静脉压力的作用，但其临床疗效尚待进一步研究证实。

八、炎症性肠病

炎症性肠病（inflammatory bowel disease，IBD）是慢性特发性肠道疾病，包括克罗恩病（Crohn disease，CD）和溃疡性结肠炎（ulcerative colitis，UC）。以往，IBD 在欧美多发，近几年来，亚洲 IBD 发病率呈上升趋势。中国流行病学调查数据显示，虽然 IBD 尚不属于常见病，但近 20 年来病例数迅速增加 3~4 倍。

（一）临床表现与诊断

1. 临床表现

（1）肠道表现：UC 肠道表现为持续或反复发作的腹泻、黏液脓血便，伴有腹痛、里急后重和不同程度的全身症状，病程多在 4~6 周以上。CD 则表现为持续或反复发作的腹泻、腹痛，可有（或无）血便，有不同程度全身症状，伴（或不伴）腹部鼓包。

（2）肠外表现：包括关节损伤（如外周关节炎、脊柱关节炎等）、皮肤黏膜表现（如口腔溃疡、结节性红斑和坏疽性脓皮病）、眼部病变（如虹膜炎、巩膜炎、葡萄膜炎等）、肝胆疾病（如脂肪肝、原发性硬化性胆管炎、胆石症等）、血栓栓塞性疾病等。

2. 诊断　在具有上述临床表现时可临床疑诊 UC 或 CD；若内镜检查提示具有肠道黏膜重要改变，和 / 或典型放射影像学特征者，可临床拟诊；如有病理学特征者且排除其他肠道感染性疾病、肠道淋巴瘤、肠白塞病等疾病则可做出临床诊断。对于上述条件均不典型的初发病例，则暂不确诊，予以密切随访，观察治疗反应和病情变化，若符合病程则可做出临床诊断。当 CD 与肠结核难以鉴别时，可按肠结核进行诊断性治疗 8~12 周，再综合判断。

（二）一般治疗原则

1. 一般治疗　①吸烟为 CD 患者的危险因素，应要求患者戒烟。②营养支持治疗：首选肠内营养，不足时辅以静脉营养。病变较重如血便较多、肠梗阻者应予禁食水，补液、补充电解质治疗，血红蛋白过低者可适当输注红细胞悬液。③UC 患者应注意忌用止泻剂、抗胆碱药、阿片类制剂

和非甾体抗炎药等,以避免诱发结肠扩张。

2. 药物治疗 分诱导缓解和维持缓解2个阶段。常用的诱导缓解药物包括氨基水杨酸制剂、糖皮质激素和生物制剂;维持缓解药物包括氨基水杨酸制剂、免疫抑制剂和生物制剂等。治疗过程中应根据患者对治疗的反应以及对药物的耐受情况随时调整治疗方案。决定治疗方案前应向患者详细解释方案的效益和风险,在与患者充分交流并获得同意后实施。

3. 外科手术治疗

(1)绝对指征:消化道大出血、肠穿孔、癌变以及高度疑为癌变。

(2)相对指征:①积极内科治疗无效的重度患者;②内科治疗疗效不佳和/或药物不良反应严重影响生命质量的患者。

(三)基本治疗药物及治疗方案

IBD治疗目标是诱导并维持临床缓解以及黏膜愈合,防治并发症,降低手术率和死亡率,改善患者生活质量,加强对患者的长期管理。IBD常用的药物包括氨基水杨酸制剂、糖皮质激素、免疫抑制剂、生物制剂等。

1. 氨基水杨酸制剂(aminosalicylic acid,ASA) 包括传统的柳氮磺吡啶(sulfasalazine,SASP)和各种不同制剂的5-氨基水杨酸(5-ASA),是炎症性肠病治疗的基础药物。该类药物的作用机制至今尚未完全明确,体外研究显示ASA对肠黏膜前列腺素的含量有一定影响,可清除导致肠道损伤的氧自由基,并可能对脂氧合酶起到一定抑制作用。口服给药治疗作用与直肠给药相似,主要局部作用于肠黏膜和黏膜下层组织。

因此,ASA是治疗轻中度UC的主要药物,亦可用于维持UC缓解治疗。并且适用于结肠型CD,回肠型和回结肠型CD,但需及时评估疗效。其中,SASP推荐剂量为每日3~4g、分次口服;5-ASA则为每日口服2~4g、分次口服。目前尚无证据证明不同类型5-ASA制剂之间疗效有差异;而每日1次顿服5-ASA和分次服用具有同等疗效。

常见的药物不良反应有口干、恶心、呕吐、腹泻、腹部不适感、胃肠胀气及头痛、头晕等神经系统症状。个别患者用药后可出现轻度肾功能异常、肝功能异常、皮疹、发热、支气管痉挛(类似于哮喘发作)、急性胰腺炎、间质性肾炎、心包炎和心肌炎等。其他罕见不良反应包括肌肉痛和关节痛,白细胞减少、血小板减少、贫血等。相比SASP,5-ASA副作用较为轻微,但用药期间,特别是用药初期均需监测血常规、尿常规和肝肾功能等变化。

2. 糖皮质激素类药物(以下简称激素) 是由肾上腺中间层束状带分泌的一种皮质醇,具有较强大的减轻炎症反应作用,对各种炎症均有效。在炎症早期可以抑制白细胞的浸润和吞噬,减少渗出和水肿;在炎症后期可以减少细胞增殖、减轻粘连等,同时具有调节糖、脂肪、蛋白质的合成和代谢作用。目前广泛应用于多种自身免疫性疾病。

若轻中度UC患者经足量氨基水杨酸制剂治疗2~4周后,症状仍控制不佳,尤其是病变较广泛者,应及时改用激素治疗。按泼尼松0.75~1mg/(kg·d)(其他类型全身作用激素剂量按上述泼尼松剂量折算)给药。对于重度UC患者,治疗首选静脉激素。推荐甲泼尼龙40~60mg,每日1次静脉滴注,或氢化可的松300~400mg,每日1次静脉滴注。

若CD患者病变局限于回盲部,为减少全身作用激素的相关不良反应,可考虑使用布地奈德,但该药对中度活动期CD的疗效不如全身作用激素。重度CD则建议全身作用激素,口服或静脉给药,剂量相当于泼尼松0.75~1mg/(kg·d)。布地奈德用法为3mg口服,每8小时1次,共3次。一般在8~12周临床缓解后改为3mg口服,每日2次。延长疗程可提高疗效,但超过6~9个月则再无维持作用。

较常见的药物不良反应有高血压、高血脂、类固醇性糖尿病或原有糖尿病加重;水肿、电解质紊乱如血中K^+、Ca^{2+}丢失等。较严重的不良反应包括诱发或加重感染;引起消化道溃疡,甚至出血、穿孔。长期大剂量应用超生理剂量激素患者可出现腹型肥胖、满月脸、皮肤紫纹;骨质疏松甚至股骨头坏死;皮肤萎缩变薄、痤疮;伤口不易愈合;女性多毛、月经紊乱甚至闭经不孕;影响儿童生长发育;青光眼、白内障等。少见的不良反应有精神症状如兴奋、抑郁、失眠或性格改变,严重时可诱发精神失常、癫痫发作等。

3. 免疫抑制剂 是一类通过抑制细胞及体液免疫反应,而使组织损伤得以减轻的化学或生物物质。不同免疫抑制剂分别作用于免疫反应及调节的不同环节,抑制机体异常的免疫反应,目前广泛应用于器官移植抗排斥反应和自身免疫相关疾病的治疗。

(1)硫嘌呤类药物:包括硫唑嘌呤(Azathioprine,AZA)和6-巯基嘌呤(6-Mercaptopurine,6-MP)。AZA是特异性核糖核酸合成抑制剂,在体内转变为6-MP而起作用,主要抑制T细胞的免疫反应,发挥抗炎作用。其代谢终产物硫鸟嘌呤可抑制有丝分裂活跃的淋巴细胞的增殖;通过抑制细胞毒性T细胞和自然杀伤细胞、诱导T细胞凋亡,产生直接抗炎效应。

AZA适用于激素依赖的IBD患者。欧美推荐剂量为1.5~2.5mg/(kg·d)。但对于UC患者,我国相关文献证据等级不强。临床治疗用药通常从小剂量如50mg每日1次口服开始,逐渐加至推荐剂量。该药在体内几乎全部转变成6-MP,由于其转变过程较慢,因而发挥作用缓慢。

常见药物不良反应有骨髓抑制,肝功能损害,畸胎,亦可发生皮疹,偶见肌萎缩。因此,用药期间需严格监测血常规和肝功能,已知对该药高度过敏的患者禁用,孕妇忌用,肝功能不全患者禁用。欧美的共识意见推荐在使用AZA前检查硫嘌呤甲基转移酶(thiopurinemeghyltransferase,TPMT)基因型,对基因突变者避免使用或严密监测下减量使用。研究显示,NUDT15基因多态性检测对预测亚洲人群骨髓抑制的敏感性与特异性高。

(2)甲氨蝶呤(Methotrexate,MTX):该药物是一种叶酸还原酶抑制剂,主要作用于细胞分裂的"S"期,可竞争性地抑制二氢叶酸还原酶的活性,阻止二氢叶酸转变为四氢叶酸,使DNA、RNA和蛋白质合成受到抑制而发挥细胞毒性的作用,是具有细胞毒性的抗代谢药。

目前该药对UC患者治疗效果欠佳,尚无相关应用推荐。对硫嘌呤类药物治疗无效或不能耐受的CD患者,可考虑应用MTX。国外推荐诱导缓解的MTX剂量为25mg,每周1次肌内或皮下注射。12周达到临床缓解后,可改为15mg,每周1次肌内或皮下注射,亦可改口服应用,但疗效可

能降低。疗程可持续1年,更长疗程的疗效和安全性目前尚无相关指南。

早期药物不良反应以胃肠道反应最为常见,叶酸可减轻胃肠道反应,应常规同时服用。其他常见不良反应包括口腔炎、口唇溃疡、咽喉炎、食欲减退、恶心、呕吐、腹痛、腹泻、肝功能损害等,偶见假膜性或出血性肠炎等。可以引起骨髓抑制,主要为白细胞和血小板减少,长期小剂量口服可导致明显骨髓抑制;大剂量应用时,由于本品和其代谢产物沉积在肾小管而致高尿酸血症肾病,可出现血尿、蛋白尿、尿少、氮质血症甚或尿毒症。长期用药可引起咳嗽、气短、肺炎或肺纤维化;并可引起血液中尿酸水平增多,对痛风或高尿酸血症患者应注意监测、及时调整治疗。鉴于该药有明确的致畸作用,并可随乳汁分泌,因此在该药物治疗期间,男女双方均应严格避孕,孕妇、哺乳期妇女禁用。长期服用该药有潜在继发肿瘤的风险。此外,该药物对生殖功能有一定的影响,可导致闭经和精子减少或缺乏,尤其是在长期应用较大剂量后,但一般多不严重,有时呈不可逆性。

(3)沙利度胺(Thalidomide):机制包括免疫调节、抗炎和抗血管生成,可以抑制抗肿瘤坏死因子(tumor necrosis factor α,TNF-α)、抑制血管内皮生长因子(vascular endothelial growth factor,VEGF)等,同时具有中枢抑制作用。

可用于难治性UC患者的治疗,但不作为首选治疗药物。可用于难治的CD患者,其起始剂量建议75mg或以上,每日1次口服,该药治疗疗效及毒副作用与用药剂量相关。

常见药物不良反应有口鼻黏膜干燥、头晕、乏力、恶心、腹痛、便秘、面部水肿、过敏反应及多发性周围神经炎、深静脉血栓。由于该药有很强致畸作用,用药期间应严格采取有效避孕措施。对本品过敏、孕妇及哺乳期妇女、儿童禁用该药物。

(4)环孢素A(Cyclosporin,CsA):环孢素是一种T淋巴细胞调节剂,能抑制T细胞产生IL-2,使之失去对辅助T淋巴细胞的刺激作用,还可抑制IL-3、IL-4、IL-6、γ-干扰素,抗淋巴细胞增殖,从而抑制免疫性炎症。

该药物是重度UC糖皮质激素无效时转换用药,剂量是2~4mg/kg,每日1次静脉滴注。该药起效快,短期有效率可达60%~80%,使用该药期

间需定期监测血药浓度,一般认为维持该药物的全血谷浓度 100~200ng/ml 为宜,同时严密监测不良反应。有效者待症状缓解,改为继续口服治疗(不超过 6 个月),逐渐过渡到硫嘌呤类药物维持治疗。该药物对 CD 治疗疗效欠佳。

常见药物不良反应有厌食、恶心、呕吐等胃肠道反应;牙龈增生伴出血、疼痛;对约 1/3 用药者有肾毒性,可出现血清肌酐、尿素氮增高、肾小球滤过率减低等肾功能损害;继发高血压等。牙龈增生一般可在停药 6 个月后消失。慢性、进行性肾损害多于治疗后约 12 个月发生。少见的不良反应有惊厥,其原因可能与该药的肾脏毒性及低镁血症有关。此外还包括肝毒性如引起氨基转移酶升高、胆汁淤积、高胆红素血症,高血糖、多毛症、手震颤、高尿酸血症伴血小板减少、微血管病性溶血性贫血、四肢感觉异常、下肢痛性痉挛、诱发血栓等。罕见不良反应有过敏反应、胰腺炎、白细胞减少、雷诺综合征、糖尿病、血尿等。对该药高度过敏的患者禁用。孕妇及哺乳期妇女禁用。肾功能不全、未控制的高血压或感染、恶性肿瘤患者禁用。此外,肝功能不全者慎用,1 岁以下儿童不宜使用。还应避免与含钾药物、保钾利尿药物合用。避免在用药期间注射减毒活疫苗。

4. 生物制剂 生物制剂是一类针对并干扰疾病机制中某单一成分的靶向药物。目前针对 IBD 生物制剂靶点包括:TNF-α,T 淋巴细胞,细胞因子,黏附因子等。治疗 IBD 的第一个生物制剂是抗 TNF-α 单抗,之后多种生物制剂获批在 IBD 患者中应用,如选择性阻断黏附分子维得利珠单抗是 α4 整合素的一种人源性 IgG4 单克隆抗体;以及抗 IL-12 和 IL13 细胞因子的 p40 亚基的人 IgG1k 单克隆抗体乌司奴单抗等。

TNF-α 是由单核巨噬细胞产生的一种具有多种生物学效应的炎症介质,在 IBD 的发病中起到"枢纽"样的关键作用。在 IBD 患者相关的组织和体液中均可检出高浓度 TNF-α,因此抑制 TNF-α 的生物活性成为治疗 IBD 强有力的治疗药物。目前临床上有 3 种 TNF-α 单抗,分别为英夫利息单抗(Infliximab, IFX)、阿达木单抗(Adalimumab, ADA, 或 Hunira, 修美乐)和赛妥珠单抗(Certolixumab, 或 CDP-870)。目前国家药品监督管理局批准用于临床应用治疗 IBD 的抗

TNF-α 单抗药物是 IFX 和 ADA。

IFX:对于激素和上述免疫抑制剂治疗无效或激素依赖或不能耐受免疫抑制剂的 UC 患者,可考虑 IFX 治疗。而对于 CD 患者,除上述适应证外,若有高危因素者则考虑早期积极治疗,直接予抗 TNF-α 单抗(单独应用或与 AZA 联用)。目前较为认同的预测"病情难以控制"高危因素包括:合并肛周病变、广泛性病变(病变累及肠段累计 >100cm)、食管胃十二指肠病变、发病年龄轻、首次发病即需要激素治疗等。

IFX 推荐剂量为每次 5mg/kg,静脉滴注,分别于第 0、2、6 周给予作为诱导缓解;随后每隔 8 周给予相同剂量进行长程维持治疗。

常见药物不良反应有输液反应、感染等。此外,该药物可增加机会性感染风险,并可使潜在感染复发,如潜伏性结核病、乙型或丙型肝炎,并有增加淋巴瘤发生风险的可能;并且可加重中、重度心力衰竭患者的心功能不全。另外使用药物过程中会促使自身抗体形成,罕见的有狼疮样综合征,如出现则立即停药。罕见不良反应如中枢神经系统脱髓鞘、视神经炎和癫痫发作,如出现则立即停药。

阿达木单抗:2020 年 1 月在我国获批应用于成人克罗恩病,推荐剂量为首次治疗剂量为 160mg,2 周后为 80mg,以后每 2 周 1 次 40mg,均为皮下注射。阿达木单抗总体安全性与英夫利昔单抗相似,但该药物为皮下注射用药,因此无输液反应不良事件。

维得利珠单抗(Vedolizumab):2020 年 3 月在我国获批应用于成人 IBD 患者,是重组人源化 IgG1 单克隆抗体,可以特异性地拮抗 α4β7 整合素,阻断 α4β7 整合素与肠道血管内皮细胞表达的黏膜地址素细胞黏附分子 1(mucosal addressin cell adhesion molecule-1, MAdCAM-1)的结合,从而阻止 T 淋巴细胞从血管中迁移至肠黏膜,减轻肠道局部炎症反应。该药物适应症包括对传统治疗应答不充分、失应答或不耐受的中度至重度活动性成年 IBD 患者。用药建议剂量为 300mg,静脉输注给药,第 0、2 周和 6 周诱导治疗,随后每 8 周给药 1 次维持治疗。药物不良反应包括输液反应,感染等。

乌司奴单抗(Ustekinumab, UST):2020 年 3

月在我国获批应用于成人克罗恩病，是抗白介素12和23（IL-12/23）全人源化的 IgG1 单克隆抗体，可结合 IL-12 和 IL-23 共同亚基 p40，阻断下游的 Th1 和 Th17 等效应通路，从而达到抑制炎症、治疗炎症性肠病的作用。目前在我国适应症是传统药物（皮质激素或免疫抑制剂）治疗失败或肿瘤坏死因子（TNF-α）单抗应答不足、失应答或无法耐受的成年中重度活动性克罗恩病患者。用药剂量是首次给予 UST 静脉输注（约 6mg/kg 并依据体重给药：≤55kg，UST 260mg；>55~85kg，390mg；>85kg，520mg），然后在首次给药后的第 8 周 90mg 皮下注射作为诱导缓解方案；以后建议每隔 12 周给予 90mg 皮下注射作为维持治疗方案。药物不良反应包括过敏和活动性感染等。

（四）临床问题导向的药物治疗

1. 基本治疗 在疾病发展过程中，最佳的营养状况可预防营养相关的远期不良结局。但在 IBD 患者中，营养缺乏和营养不良较为普遍，因此病情评估时应注意监测患者体质量、体质量指数（body mass index，BMI），微量元素和维生素（特别是维生素 D、维生素 B_{12}）等物质，若缺乏则作相应处理。对重症 IBD 患者，可采取营养支持治疗，首选肠内营养，不足或病情严重则采用肠外营养支持。肠内营养支持还可能有助于诱导和维持病情缓解。

2. 药物治疗的调整原则与时机

（1）用药剂型的选择：对仅累及直肠或直肠-乙状结肠的轻中度 UC 患者而言，经直肠给药的 5-ASA 栓剂和/或灌肠剂比口服制剂起效快。若病变局限于直肠远端 5~8cm，则推荐采用 5-ASA 栓剂治疗，每日 1~2 次。若累及范围超过直肠远端 8cm 或直肠、乙状结肠均受累，则在开始治疗时除 5-ASA 栓剂外，还应加用 5-ASA 灌肠剂。口服 5-ASA 联合局部 5-ASA 治疗，比单独使用这两种剂型均具有更高的缓解率，且达到缓解所需时间更短。如果不能耐受局部 5-ASA 药物治疗，且病变累及直肠远端 5~8cm，则可采用类固醇诱导缓解。如果病变累及范围超过 8cm 或累及乙状结肠，则可使用类固醇灌肠剂每日 2 次。如果治疗后症状明确改善，局部类固醇治疗可逐渐减量至每晚用药 1 次。对于局部治疗并联合

口服 5-ASA 治疗无效、或病变较为广泛的 IBD 患者，可改用口服全身作用激素。

对于病变局限在回肠末端、回盲部或升结肠的轻度活动性 CD 患者，可选择布地奈德回肠控释制剂，其疗效优于 5-ASA。

（2）IBD 患者发生激素依赖或激素无效时药物治疗调整

激素依赖定义：①虽能维持缓解，但激素治疗 3 个月后，泼尼松仍不能减量至 10mg/d；②在停用激素 3 个月内复发。

激素无效定义：经相当于口服泼尼松剂量达 0.75~1mg/（kg·d）治疗超过 4 周，疾病仍处于活动期。

激素依赖或激素无效的中度 UC 患者，可使用硫嘌呤类药物（包括 AZA 和 6-MP）治疗。国外指南推荐 AZA 目标剂量为 1.5~2.5mg/（kg·d），我国研究则表明低剂量［约 1.3mg/（kg·d）］AZA 可有效维持疾病缓解，但尚需高质量的临床研究支持。重度 UC 患者，在足量激素静脉滴注 3 日仍无效时，应进行转换治疗：CsA 2~4mg/（kg·d）静脉滴注，有效后继续口服治疗，但一般不超过 6 个月，之后逐渐过渡到硫嘌呤类药物维持治疗；亦可考虑选择他克莫司或 IFX 治疗。对于中重度 UC 患者，若激素依赖或无效，或者免疫抑制剂治疗无效或患者不能耐受，可选用抗 TNF-α 单抗治疗（剂量及疗程见上文），目前国内共识也推荐应用维得利珠单抗。

激素依赖或激素无效的中度活动期 CD 患者，可加用硫嘌呤类药物或 MTX 或沙利度胺治疗，若上述免疫抑制剂治疗无效或患者无法耐受，可选用生物制剂治疗。重度活动期 CD 若出现激素无效，则一开始就应用生物制剂。

（3）治疗过程中合并感染：IBD 患者是感染、特别是机会性感染的高危人群。首先，疾病本身会导致患者营养状况下降；其次，治疗过程中应用激素、免疫抑制剂或生物制剂均会抑制患者免疫力，增加机会感染发生率。若患者在治疗过程中出现感染，要酌情减少或停止使用免疫抑制剂或生物制剂，同时加用抗感染治疗。建议所有患者在使用免疫抑制剂或生物制剂前，需要进行 HBV 筛查，若 HBsAg 阳性则在加用激素或免疫抑制治疗前 1~2 周开始抗病毒治疗，持续至免疫抑制治

疗停止后至少 12 个月。

（五）药物治疗展望

近几年来，国内外各类新药不断涌现，生物制剂的进展最为迅猛，除 TNF 抑制剂之外，整合素拮抗剂维得利珠单抗、抗 IL12/IL23 生物制剂、JAK 抑制剂、S1P1 抑制剂等已于国内外审批应用于临床或处于临床试验研究中。免疫抑制剂物硫嘌呤类亦研发新成员——硫鸟嘌呤，可诱导活化 T 淋巴细胞凋亡，起到抗炎效应，并且已有局部药物制剂如栓剂或结肠局部释放胶囊正在研发中。还有新硫嘌呤类似物 B-ON 也处于评估阶段，其诱导 T 细胞凋亡的作用更早、更强，且骨髓毒性和肝毒性更低。因此，IBD 的药物治疗必将进入一个新的时代。另外还有一些非药物治疗手段也迅速发展，如干细胞移植、粪菌移植、内镜治疗等。但因疾病人群特点不同，我们在选择治疗方案时，需意识到个体的特异性以及 IBD 疾病本身的复杂性，制订个体化治疗方案。如何选择生物制剂类型、剂量，把握用药指征，评估用药安全性，都需要我们在临床工作中逐渐积累经验，不断总结研究成果。

九、急性胰腺炎

急性胰腺炎（acute pancreatitis, AP）是指多种病因引起的胰酶激活，继以胰腺局部炎性反应为主要特征，伴或不伴有其他器官功能改变的疾病。大多数 AP 病情较轻，病程自限，经 5~7 日保守治疗后可痊愈，但仍有 15%~20% 患者会进展为（中）重度 AP，其死亡率可高达 30%。目前尚无治疗 AP 的特异性药物。其治疗需要尽早评估疾病严重程度，根据病情轻重综合性诊疗，避免并发症出现和进展。

（一）临床表现与诊断

1. 临床表现 大部分患者均会出现中上腹及左上腹痛，少数为右上腹痛，并向腰背部放射，进食后加重。腹痛多剧烈且持续不缓解。可伴随恶心、呕吐等非特异性症状，呕吐后腹痛常无缓解。部分患者可出现发热，若出现高热、黄疸等，需警惕合并化脓性胆管炎。病情严重的患者，可有胰腺外器官受累的表现，如呼吸困难、神志改变、少尿和休克等。

2. 诊断及严重度分层 临床上符合以下 3 项特征中的 2 项，即可诊断急性胰腺炎。①与急性胰腺炎符合的腹痛（急性、突发、持续剧烈的上腹部疼痛，常向背部放射）；②血清淀粉酶和 / 或脂肪酶活性至少高于正常上限值 3 倍；③增强 CT、MRI 或腹部超声呈现急性胰腺炎影像学改变。根据有无器官衰竭和并发症，可将患者分级为轻度、中度和重度。轻度急性胰腺炎（mild acute pancreatitis, MAP）是指具备急性胰腺炎的临床表现和生化改变，不伴有器官功能衰竭及局部或全身并发症。中度急性胰腺炎（moderately severe acute pancreatitis, MSAP）是指具备急性胰腺炎的临床表现和生化改变，伴有一过性的器官衰竭（48h 内可以自行恢复）或伴有局部和 / 或全身并发症而不存在持续性的器官衰竭。重度急性胰腺炎（severe acute pancreatitis, SAP）是指具备急性胰腺炎的临床表现和生化改变，伴有持续性的器官衰竭（持续 48h 以上）。

（二）一般治疗原则

急性胰腺炎治疗的核心原则是支持治疗，主要包括疼痛控制、目标导向性静脉补液以及纠正电解质和代谢紊乱等。大部分 MAP 患者无需进一步治疗，可在数日内恢复。MSAP 和 SAP 则需要接受更为密切的监测。此外，及时的肠内营养支持、抗生素的合理应用、内镜微创干预和外科治疗对于此类患者也非常重要。最后，针对不同类型急性胰腺炎病因的处理适用于所有患者。

（三）基本治疗药物及治疗方案

1. 早期液体复苏 发病早期（12~24h 内）合理的液体调整是影响疾病进展的关键。液体复苏是急性胰腺炎初始阶段最重要的治疗手段。补液不足可能加重胰腺坏死和器官衰竭，而补液过度则可能引起呼吸衰竭和腹腔间隔室综合征。可根据尿量调整输液速度，对于部分重症患者，可建立中心静脉压评估。早期补液多以晶体液为主，多采用乳酸林格液、生理盐水等，不建议使用羟乙基淀粉补液。推荐进行目标导向性的初始液体复苏，除合并心脏功能或肾脏功能异常患者外，入院后每小时应输注 250~500ml 等渗晶体液，入院内 12~24h 补液效果最佳。可监测心率、平均动脉压、尿量、红细胞比容和血尿素氮等作为评估指标。

2. 镇痛 腹痛是急性胰腺炎患者主要症状

之一,应选择合适的镇痛药物进行治疗。未控制的疼痛可促使血流动力学不稳定。既往研究认为吗啡可引起 Oddi 括约肌压力升高,因此哌替啶在临床更受青睐,但实际上并无临床研究证实这一理论。

3. 肠内营养支持　早期恢复经口进食(入院 24~48h 内)可维护肠黏膜屏障,以避免肠源性炎症暴发和细菌移位,预防 AP 后期并发症。MAP 只需短期禁食,不需肠内或肠外营养。对于 MSAP 和 SAP 患者,早期(<48h)肠内营养可明显降低总体感染发生率、导管相关败血症、胰腺感染及器官衰竭发生率。推荐患者自主进食是首选。如不能经口营养支持,经胃管和经空肠营养管肠内治疗同样有效、安全,但前者耐受性更高。目前已有研究认为,早期无论使用哪种饮食类型,均有利于急性胰腺炎患者恢复。

4. 各器官功能的支持　当急性胰腺炎合并循环衰竭时,在充分补液治疗的基础上,应根据患者病情,积极予以血管活性药物,保持灌注。当合并肺损伤时,应给予吸氧,并动态监测血气分析,必要时应予以机械通气支持。当合并急性肾功能衰竭,积极进行肾脏替代治疗。

5. 抗生素的使用　预防性应用抗生素不能降低病死率、器官衰竭及住院时间等预后。因此,对于所有急性胰腺炎均不建议预防性应用抗生素。对于怀疑感染的患者,应在寻找感染源的同时启用抗生素。急性胰腺炎相关感染的致病菌主要为革兰氏阴性菌和厌氧菌等肠道常驻菌。抗生素的应用应遵循"降阶梯"策略,选择抗菌谱为针对革兰氏阴性菌和厌氧菌为主、脂溶性强及能有效通过血胰屏障的药物。推荐方案:碳青霉烯类,青霉素 +β- 内酰胺酶抑制剂,第三代头孢菌素 + 抗厌氧菌,喹诺酮 + 抗厌氧菌;疗程为 7~14d,特殊情况下可延长应用时间,同时根据病原学培养和药敏结果适当调整抗生素类型。目前不推荐应用预防性应用抗真菌药,若临床上无法用细菌感染来解释发热等表现时,需考虑到真菌感染的可能,可经验性应用抗真菌药,同时进行血液或体液真菌培养。

6. 胆源性胰腺炎的内镜治疗　对于不合并急性胆管炎的患者,不建议常规行急诊内镜下逆行胰胆管造影(endoscopic retrograde cholangiopancreatography, ERCP)。目前较公认的内镜干预指征为:①胆总管梗阻;②伴有胆管炎。内镜的治疗方法包括 ERCP 鼻胆管引流和内镜下括约肌切开术。

7. 并发症的处理　急性胰腺炎常见局部并发症包括急性胰周积液、胰腺假性囊肿、急性坏死物积聚和包裹性坏死。其中约三分之一胰腺坏死患者可出现感染性坏死,必须接受抗生素治疗,若病情无法改善的患者,应首先考虑微创治疗(内镜或经皮介入),外科手术治疗可作为备选。

8. 手术治疗　既往研究认为,对于胆源性 MAP 患者,应在出院前行胆囊切除术以预防急性胰腺炎的再次发作;对于伴有坏死的急性胰腺炎,应在急性炎症消退和液体积聚缓解后再行胆囊切除。2015 年 Lancet 杂志发表了 PONCHO 研究结果,该研究认为对于所有胆源性 AP 患者,均应在出院前而非出院后完善胆囊切除术,2018 年美国胃肠病协会指南也使用该建议,目前国内学界尚未达成相关共识,有待进一步研究。

9. 抑制胰酶　生长抑素及其类似物、蛋白酶抑制剂等药物可抑制胰腺外分泌功能。部分研究结果认为可改善 AP 患者病情,但均缺乏高质量的循证医学证据,临床中可根据患者病情特点,酌情使用。

(四)临床问题导向的药物治疗

高甘油三酯血症诱发的急性胰腺炎:高甘油三酯血症(hypertriglyceridemia, HTG)是急性胰腺炎最常见的病因之一。临床上尽早识别高甘油三酯血症性急性胰腺炎(HTG-induced pancreatitis, HTGP),对于后续治疗和预防至关重要。目前认为当血清甘油三酯 >11.3mmol/L 时,可将 HTG 认为是 AP 的病因。值得注意的是,在妊娠期 AP 患者中,HTGP 可多达半数以上。HTGP 患者治疗除了上文所述 AP 一般性治疗原则外,还需积极降低血清甘油三酯。目前常用的降脂方案为血浆置换和胰岛素治疗,但还缺乏相关的随机对照试验来比较两者的优劣,一般而言,如果医院硬件条件和患者经济条件允许,若病情较重,如严重低钙血症、乳酸酸中毒或器官衰竭等,可优先考虑使用血浆置换,反之,可考虑静脉泵入胰岛素治疗。具体方案为 0.1~0.3U/(kg·h)开始静脉泵入胰岛素治疗,对于血糖水平在 150~200mg/dl 的患者,需同时外周输注 5% 葡萄糖溶液以免出现低血糖反应。在降脂治疗过程中,需积极监测血清甘油三酯水平,血浆置换和静脉胰岛素治疗的目标值均是甘油三酯水平 <5.6mmol/L。对于该类患者,长期血清甘油三酯控制目标为 <2.2mmol/L,以期减少 HTGP 的复发。治疗方案包括药物控制和膳食限制。

(五)药物治疗展望

AP 尚无特效药物治疗,近年来针对性药物研发也相对较少。抑酶制剂(生长抑素制剂)、抗氧化剂(S 腺苷蛋氨酸)、蛋白酶抑制剂以及血小板激活因子抑制剂等药物在基础实验中显示出良好的效果,但在各项临床研究中,则尚无确切疗效。因此,有学者提出可考虑使用 AP 炎症反应中关键炎症因子的直接抑制剂作为治疗药物,其中核因子 kappa B(nuclear factor-kappa B,NF-κB)激活在 AP 炎症早期和发展期中起到重要作用,其不仅触发了胰腺腺泡细胞损伤,还进一步影响全身炎症状态的发生和维持。因此选择直接抑制 NF-κB 激活的药物是未来治疗 AP 的一个方向,目前已有多种抑制剂(蛋白酶体抑制剂、钙蛋白酶 I 抑制剂等)在基础实验中表现出良好的效果,尚需未来在临床中进一步明确疗效。

十、慢性胰腺炎

慢性胰腺炎(chronic pancreatitis,CP)是指胰腺进行性纤维炎性病变,可导致永久性结构损害,从而引起胰腺外分泌和内分泌功能异常。病因包括长期酗酒、胆道疾病、自身免疫因素、遗传因素、高钙血症、高脂血症和胰腺外伤等,其中以长期酗酒和胆道疾病最常见。少数患者确无病因可寻,称为特发性 CP。

(一)临床表现与诊断

1. **临床表现** 主要包括腹痛和胰腺功能不全相关表现。

(1)腹痛:可表现为阵发性或反复发作上腹痛,可放射至左、右季肋部、左肩及后背。前倾坐位、弯腰、俯卧或侧卧蜷腿可缓解疼痛。

(2)胰腺外分泌不足表现:消化不良症状,包括纳差、腹胀、脂肪泻等;吸收不良症状,包括消瘦、低蛋白血症、全身性水肿、头发枯萎等。

(3)胰腺内分泌不足表现:糖尿病或糖耐量异常。

(4)并发症相关症状:假性囊肿形成,其可压迫胆总管时可致黄疸,压迫胃、十二指肠可致肠梗阻,胰腺假性囊肿破裂可形成胰源性腹水。

2. **诊断** CP 患者的实验室检查和影像学检查可能正常,临床诊断常有难度。CP 典型三联征(即胰腺钙化、脂肪泻和糖尿病)仅在病程晚期才同时出现。临床上若 CT 发现胰腺内有钙化灶,胰腺造影提示主胰管串珠样改变或侧支扩张,或促胰液素胰腺功能异常,则可确诊 CP。

(二)一般治疗原则

CP 的主要症状是腹痛,减轻疼痛是 CP 治疗的首要问题。应循序渐进管理疼痛。先改善生活方式,后补充胰酶,然后再合理应用镇痛药。若患者持续有症状,可考虑有创治疗。另外,应积极改善胰腺内外分泌功能不足,处理 CP 相关并发症。

(三)基本药物治疗及治疗方案

1. **内科治疗**

(1)戒酒与积极治疗胆道疾病,去除病因,酒精性 CP 患者继续饮酒会导致死亡率明显增加。

(2)饮食:低脂饮食、少食多餐可能有所帮助。

(3)镇痛:补充胰酶能反馈抑制胰腺分泌而减轻疼痛。外源性补充胰酶可缓解消化不良症状、减轻疼痛和脂肪泻。目前国内临床常用的消化酶制剂包括多酶片、胰酶肠溶胶囊、复方消化酶胶囊、复方阿嗪米特肠溶片和米曲菌胰酶片等。对于 CP 而言,临床最为常用的为胰酶肠溶胶囊,具体剂量因人而异,并根据病情严重程度和饮食结构而确定,一般为每餐至少服用 2~4 粒。建议在开始进餐时,口服每次总量的 1/2 或 1/3,剩余剂量在进食期间服完。此外,每种胰酶制剂含量及特点不同,需要制订个体方案。若补充胰酶无法控制疼痛,可考虑使用镇痛药物,遵循世界卫生组织提出的疼痛三阶梯治疗原则,镇痛药物选择由弱到强,尽量口服给药。第一阶梯首选非麻醉镇痛药,包括对乙酰氨基酚或非甾体抗炎药,前者消化道不良反应发生率低;后者需慎用于 CP 患者,因 CP 合并消化性溃疡发生率较高。第二阶梯可选用弱阿片类镇痛药如曲马多、可待因;第三阶梯选用阿片类镇痛药,如吗啡、氢吗啡酮。但应注意肠麻醉综合征的发生。随着药物剂量增加,约6%的患者发展成痛觉过敏、腹痛程度加重和便秘。

(4)胰腺内分泌功能不全,糖尿病患者选用胰岛素替代治疗。

2. 内镜治疗 旨在减轻胰管压力,缓解疼痛。

(1)胆总管梗阻可置入支架,有助于减轻黄疸。

(2)胰头部胰管局限狭窄者可置入支架,有助于减轻胰管内压力,缓解疼痛。部分胰管内结石可在体外震波碎石后行胰管括约肌切开取石。

(3)胰腺假性囊肿可行超声内镜引导下经胃囊肿穿刺内引流术。

3. 外科治疗 通常用于内科治疗无效患者。

（四）临床问题导向的药物治疗

1. 胰腺外分泌功能不全（pancreatic exocrine insufficiency,PEI）的治疗 我国CP患者确诊时,PEI发生率为36%,5年后为63%,10年后为94%,晚期CP患者PEI发生率可高达100%。目前药物治疗包括:生活饮食调节和外源性胰酶替代治疗等,以改善患者消化道症状。

(1)饮食调节及微量元素补充:饮食治疗在于避免过度刺激胰腺分泌。建议戒烟、忌酒;少食、多餐、高能量饮食;每日至少进食一餐正常脂肪饮食,但应避免高纤维饮食。中链甘油三酯可用于胰腺外分泌不足的患者。建议诊断PEI后可给予维生素补充。患者应每年检测1次维生素水平,按需补充。

(2)外源性胰酶替代治疗:有症状或出现实验室吸收不良迹象的情况下,即可开始外源性胰酶替代治疗。但目前胰酶制剂的相互比较缺乏临床试验。优先选择含高活性脂肪酶的肠溶包衣胰酶制剂(具有肠衣包被的微球或小于2mm的微型微球)。可通过消化不良症状改善和营养状况评估外源性胰酶替代治疗方案效果。在临床疗效欠佳的情况下,胰酶的剂量应增加(2倍或3倍)。推荐PEI患者正餐和加餐中服用胰酶制剂,效果优于餐前或餐后服用。

2. 胰腺炎后糖尿病（post-pancreatitis diabetes mellitus,PPDM）的治疗 我国一项纳入445例CP患者的单中心随访研究发现,CP发病时糖尿病患病率为3.6%,经过内镜或手术治疗后1年PPDM患病率为7.5%,10年后约为28%,20年后约为52%。北京协和医院的回顾性研究也显示糖尿病是CP最常见的并发症,超过25%的患者在随访中出现PPDM,发生中位时间为发病后1年,酒精性与胆源性CP患者出现PPDM的中位时间无明显差异。CP引起的糖尿病为3c型糖尿病,此类患者胰岛B细胞自身抗体阴性,胰多肽基线水平下降,合并胰腺外分泌障碍。早期CP,口服降糖药被证明部分有效。怀疑存在胰岛素抵抗的患者且血糖轻度升高（$HbA_{1c}<8.0\%$）,排除禁忌后可首选二甲双胍;可也选择胰岛素分泌促进剂（磺酰脲类和格列奈类）。但二甲双胍常见消化道副作用（如恶心、腹部不适、腹泻和体重减轻等）常使CP患者不能耐受。肠促胰素基础的治疗如胰高血糖素样肽（glucagon-like peptide,GLP）-1类似物和二肽酶（dipeptidyl peptidase,DPP）-4抑制剂现仍处于探讨阶段。因GLP-1类似物具有较高的胃肠道不良反应,且GLP-1类似物和DPP-4抑制剂均有引起药物相关胰腺炎的报道,目前暂未应用于CP的血糖控制。另一种新型的降糖药钠-葡萄糖协同转运蛋白（sodium glucose cotransporter 2,SGLT2）抑制剂,同样缺乏明确的证据证实其对3c型糖尿病的有效性和安全性评估。在CP后期或失代偿期,胰岛素替代治疗是唯一解决办法,其治疗方案可参照1型糖尿病的用法制订。由于CP合并糖尿病患者对胰岛素较敏感,应注意预防低血糖的发生。

（五）药物治疗展望

目前CP的药物治疗方案相对有限,早期识别和分层CP患者成为重中之重,上海长海医院团队利用公共数据库和临床患者血标本鉴别慢性胰腺炎和早期慢性胰腺炎的差异miRNAs,发现不同miRNAs组合可很好地鉴别正常人群以及早期和晚期慢性胰腺炎患者。然而由于样本量较小,研究结果的临床可行性还需进一步验证。

（易智慧 杨锦林 杨 红 李晓青）

参 考 文 献

1. 钱家鸣,张继春.药用对了才治病消化系统疾病合理用药问答[M].北京:人民卫生出版社.2014年.

2. 国家药典委员会.中华人民共和国药典临床用药须知化学药和生物制品卷[M].北京:中国医药科技出版社.2015年.

3. 林果为,王吉耀,葛均波.实用内科学[M].第15版.北京:人民卫生出版社,2017.

4. 柏愚,李延青,任旭,等.应激性溃疡防治专家建议[J].中华医学杂志,2018,98(42):3392-3395.

5. 中华医学会消化病学分会.2020年中国胃食管反流病专家共识意见[J].中华消化杂志,2020,40(10):649-663.

6. 刘文忠,谢勇,陆红,等.第五次全国幽门螺杆菌感染处理共识报告[J].中华消化杂志,2017,37(6):364-378.

7. 方秀才,译.罗马IV:功能性胃肠病[M].北京:科学出版社,2016.

8. 徐小元,中华医学会肝病学分会.肝硬化肝性脑病诊疗指南[J].中华肝脏病杂志,2018,26(10):721-735.

9. 中华医学会肝病学分会.2018中国肝硬化腹水及相关并发症的管理指南(英文版)[J].Hepatol Int,2019,13:1-21.

10. 中国门静脉高压诊断与监测研究组.中国肝静脉压力梯度临床应用专家共识(2018版)[J].临床肝胆病杂志,2018,34(12):2526-2536.

11. 中华医学会消化病学分会炎症性肠病学组.炎症性肠病诊断与治疗的共识意见(2018年,北京)[J].中华消化杂志,2018,38(5):292-311.

12. 王兴鹏,李兆申,袁耀宗,等.中国急性胰腺炎诊治指南(2013,上海)[J].中华胰腺病杂志,2013;13:73-78.

13. 李兆申,中国医师协会胰腺病专业委员会慢性胰腺炎专委会[J].胰腺外分泌功能不全诊治规范(2018年,广州).2018,38(12):1139-1143.

第十一章 血液系统疾病

第一节 总 论

一、血液系统疾病概述

血液系统主要由造血组织和血液组成。血液病学是以血液和造血组织为主要研究对象的医学科学的一个独立分支学科。

（一）血液系统疾病的分类

血液系统疾病指原发（如白血病）或主要累及血液和造血器官的疾病（如缺铁性贫血）。血液系统疾病分类如下：

1. **红细胞疾病** 如各类贫血和红细胞增多症等。

2. **粒细胞疾病** 如粒细胞缺乏症、中性粒细胞分叶功能不全（Pelger-Huët 畸形）、惰性白细胞综合征及类白血病反应等。

3. **单核细胞和巨噬细胞疾病** 如炎症性组织细胞增多症等。

4. **淋巴细胞和浆细胞疾病** 如各类淋巴瘤、急/慢性淋巴细胞白血病、噬血细胞性淋巴组织细胞增多症、多发性骨髓瘤等。

5. **造血干祖细胞疾病** 如再生障碍性贫血、阵发性睡眠性血红蛋白尿、骨髓增生异常综合征、骨髓增殖性肿瘤以及急性髓系白血病等。

6. **脾功能亢进**

7. **出血性及血栓性疾病** 如血管性紫癜、血小板减少性紫癜、凝血障碍性疾病、弥散性血管内凝血以及血栓性疾病等。

血液病学除了血液系统疾病外，还包括输血医学及造血干细胞移植。

（二）血液系统疾病的诊断

血液病具有许多与其他疾病不同的特点，这是由血液和造血组织本身的特点所决定的。由于血液以液体形式存在，不停地在体内循环，灌注着每一个器官的微循环，因此血液病的表现多为全身性。同时由于血液是执行不同生理功能的血细胞和血浆成分的综合体，并且与造血组织共同构造一个完整的动态平衡系统，血液病的症状与体征多种多样，往往缺乏特异性；实验室检查在血液病诊断中占有突出地位；继发性血液学异常比原发性血液病更多见，几乎全身所有器官和组织的病变都可引起血象的改变，甚至有些还可引起严重或持久的血象异常，酷似原发性血液病。

1. **病史采集** 血液病的常见症状有贫血、出血、发热、骨痛、脾大、淋巴结肿大等，对每一位患者应了解这些症状的有无及特点。还应询问有无药物、毒物或放射性物质接触史，营养及饮食习惯，手术史、月经史、孕产史及家族史等。

2. **体格检查** 皮肤黏膜颜色有无改变，有无黄疸、出血点及结节或斑块，舌乳头是否正常，胸骨有无压痛，浅表淋巴结、肝、脾有无肿大，腹部有无肿块等。

3. **辅助检查**

（1）血常规及血细胞涂片：是最基本的诊断方法，常可反映骨髓造血病理变化。

（2）网织红细胞计数：反映骨髓红系造血功能。

（3）骨髓检查及细胞化学染色：包括骨髓穿刺液涂片及骨髓活检，对某些血液病有确诊价值（如白血病、骨髓瘤、骨髓纤维化等）及参考价值（如增生性贫血）。细胞化学染色对白血病、淋巴瘤等疾病的协助诊断和观察病情是必不可少的，如过氧化物酶、碱性磷酸酶、非特异性酯酶染色等。

（4）出血性疾病检查：出血时间、凝血时间、凝血酶原时间、白陶土部分凝血活酶时间、纤维蛋白原定量为基本的检查。尚可做血块回缩试验、血小板聚集和黏附试验以了解血小板功能,亦有凝血因子检测以评估体内凝血因子活性。

（5）溶血性疾病检查:常用的试验有游离血红蛋白测定、血浆结合珠蛋白测定、尿含铁血黄素试验（Rous 试验）、尿潜血（血管内溶血）、酸溶血试验、蔗糖溶血试验（阵发性睡眠性血红蛋白尿）、渗透脆性试验（遗传性球形红细胞增多症）、高铁血红蛋白还原试验（红细胞葡萄糖 -6- 磷酸脱氢酶缺乏）、抗人球蛋白试验（自身免疫性溶血性贫血）等以确定溶血原因。

（6）生化及免疫学检查:如缺铁性贫血的铁代谢检查,自身免疫性血液疾病及淋巴系统疾病常伴有免疫球蛋白的异常、细胞免疫功能的异常及抗血细胞抗体异常。应用特异性单克隆抗体进行免疫分型已成为急性白血病诊断标准之一。免疫组化是淋巴瘤诊断的必须检查。

（7）细胞遗传学及分子生物学检查:如染色体检查及基因突变检查。

（8）造血细胞的培养与测试技术

（9）影像学检查:如超声、电子计算机体层显像（CT）、磁共振显像（MRI）及正电子发射计算机体层显像（PET）等对血液病的诊断有很大帮助。

（10）放射性核素:应用于红细胞寿命或红细胞破坏部位测定、骨髓显像、淋巴瘤显像等。

（11）组织病理学检查:如淋巴结或浸润包块的活检、脾活检以及体液细胞学病理检查。淋巴结活检对诊断淋巴瘤及其与淋巴结炎、转移癌的鉴别有意义;脾活检主要用于脾显著增大的疾病;体液细胞学检查包括胸腔积液、腹腔积液和脑脊液中的瘤细胞（或白血病细胞）的检查,对诊断、治疗和预后判断有价值。

二、血液系统疾病的治疗原则

（一）一般治疗

包括饮食与营养及精神与心理治疗。

（二）去除病因

使患者脱离致病因素。

（三）保持正常血液成分及其功能

1. 补充造血所需营养　用于造血因子缺乏的血液病的治疗,如缺铁性贫血的铁剂治疗、巨幼细胞贫血应补充叶酸和 / 或维生素 B_{12}。肾性贫血补充红细胞生成素（erythropoietin,EPO）,也可以看成内分泌激素的替代治疗。

2. 补充凝血因子　遗传性或获得性凝血因子缺乏患者主要也采用补充治疗原则,目前能提供的补充凝血因子治疗的制剂有新鲜冰冻血浆、冷沉淀、纤维蛋白原、凝血因子Ⅷ浓缩物、vWF 浓缩物、凝血因子Ⅸ浓缩物、凝血酶原复合物等。成分输血实质上也是补充治疗。

3. 补充维生素 K　维生素 K 缺乏症导致的凝血功能障碍可通过补充维生素 K 得到纠正。

4. 刺激造血　如慢性再生障碍性贫血应用雄激素刺激造血;粒细胞减少应用粒细胞集落刺激因子刺激中性粒细胞释放等。

5. 脾切除　切脾去除体内最大的单核 - 巨噬细胞系统器官,减少血细胞的破坏与潴留,从而延长血细胞的寿命。切脾对遗传性球形红细胞增多症所致的溶血性贫血有确切疗效。

6. 过继免疫治疗　如给予干扰素或在异基因造血干细胞移植后行供者淋巴细胞输注。

7. 成分输血及抗生素的使用　严重贫血或失血时输注红细胞,血小板减少、有出血危险时补充血小板。白细胞减少有感染时予以有效的抗感染药物治疗,严重者可予以中性粒细胞输注。

（四）去除异常血液成分和抑制异常功能

1. 化疗　联合使用作用于不同周期的化疗药物可杀灭病变细胞。

2. 放疗　γ射线、X 射线等电离辐射杀灭白血病或淋巴瘤细胞。

3. 诱导分化　我国科学家发现全反式维A 酸（all-trans retinoic acid, ATRA）、三氧化二砷（arsenic trioxide, ATO）通过诱导分化,可使异常早幼粒细胞加速凋亡或使其分化为正常成熟的粒细胞,是特异性去除白血病细胞的新途径。

4. 治疗性血液成分单采及血浆置换　通过血细胞分离器选择性地去除血液中某一成分,可用于治疗骨髓增殖性疾病、白血病等。血浆置换可治疗巨球蛋白血症、某些自身免疫性疾病、同种免疫性疾病及血栓性血小板减少性紫癜等。

5. 免疫抑制　使用糖皮质激素、环孢素及抗淋巴 / 胸腺细胞球蛋白等,减少淋巴细胞数量,抑制其异常功能以治疗自身免疫性溶血性贫血、再生障碍性贫血及异基因造血干细胞移植后发生的移植物抗宿主病等。

6. 抗凝及溶栓治疗 如弥散性血管内凝血时为防止凝血因子进一步消耗,采用肝素抗凝。血小板过多为防止血小板异常聚集,可使用双嘧达莫等药物。一旦有血栓形成,可使用尿激酶等溶栓,以恢复血流通畅。

（五）靶向治疗

分子靶向治疗可以直接作用于靶基因或其表达产物而达到治疗目的,使治疗恶性血液病具有特异选择性。甲磺酸伊马替尼是一种高度特异的酪氨酸激酶抑制剂,是针对 Ph 染色体阳性白血病 *BCR-ABL* 融合基因产物的分子靶向药物。采用表观遗传学原理的药物,如干扰 DNA 甲基化（5- 氮杂胞苷）和 DNA 甲基转移酶抑制剂（地西他滨）用于骨髓增生异常综合征的治疗;组蛋白去乙酰化酶（histone deacetylase, HDAC）口服抑制剂西达本胺,用于治疗复发及难治性外周 T 细胞淋巴瘤都是分子靶向治疗。其他分子靶向治疗方法还有反义核酸、核酶、小干扰 RNA（small interfering RNA, siRNA）等,尚处于实验研究阶段。

（六）造血干细胞移植

造血干细胞移植（hematopoietic stem cell transplantation, HSCT）是指通过预处理,去除异常的骨髓造血组织,然后植入健康的造血干细胞（hematopoietic stem cell, HSC）,重建造血与免疫系统。HSCT 是一种可能根治血液系统恶性肿瘤和遗传性疾病等的综合性治疗方法。

（七）免疫治疗

多种具有治疗作用的细胞因子的发现以及重组 DNA 技术的成熟,促进了大批具有广泛生物学活性和抗肿瘤作用的生物制剂的诞生,如干扰素、白细胞介素、淋巴因子激活的杀伤细胞（lymphokine activated killer cell, LAK 细胞）、细胞刺激因子等。以细胞为基础的过继免疫治疗近年来成为研究热点并且进展迅速,除 LAK 细胞外,还进一步出现自然杀伤细胞、树突细胞、嵌合抗原受体 T（chimeric antigen receptor T, CAR-T）细胞治疗等,均有不同程度的效果。随着对肿瘤免疫机制的深入研究,肿瘤疫苗技术也取得了进一步发展,生物免疫疗法将成为恶性肿瘤继化疗和放疗之后的另一种有前途的治疗手段。

三、常用药物分类及作用机制

（一）血液病的抗肿瘤用药

根据抗肿瘤药物的传统分类和研究进展,将抗肿瘤药物分为:细胞毒类药物、肿瘤分子靶向和免疫治疗药物。

1. 细胞毒类药物见第十八章

2. 肿瘤分子靶向、免疫治疗药物

（1）单克隆抗体

1）利妥昔单抗:主要用于 CD20 阳性的 B 淋巴细胞型非霍奇金淋巴瘤的治疗。

2）信迪利单抗:PD-1 抑制剂,主要用于经典型霍奇金淋巴瘤的治疗。

（2）细胞分化诱导剂:ATRA 主要用于急性早幼粒细胞白血病的治疗。

（3）表观遗传学调节剂

1）阿扎胞苷、地西他滨:DNA 去甲基化药物,主要用于骨髓增生异常综合征、慢性粒 - 单核细胞白血病、急性髓细胞性白血病的治疗。

2）西达本胺:组蛋白去乙酰化酶抑制剂,主要用于外周 T 细胞淋巴瘤的治疗。

（4）细胞凋亡诱导剂

1）硼替佐米、伊沙佐米、卡非佐米:蛋白酶体抑制剂,主要用于多发性骨髓瘤的治疗。

2）亚砷酸:适用于急性早幼粒细胞白血病的治疗。

（5）免疫调节剂:沙利度胺、来那度胺可用于多发性骨髓瘤的治疗。

（6）小分子激酶抑制剂:索拉非尼、伊马替尼、伊布替尼、普纳替尼、尼洛替尼、芦可替尼等可用于急性髓细胞性白血病、慢性髓细胞性白血病、淋巴瘤及骨髓纤维化等的治疗。

（二）促凝血药、抗凝血药与促进血细胞增生药

1. 促凝血药 促凝血药可通过激活凝血过程的某些凝血因子而加快血液凝固。目前,促凝血药是临床广泛应用的药物之一,在（出血）创伤中也有重要的应用价值。

（1）促进凝血因子活性的促凝血药:维生素 K 广泛存在于自然界中,是脂溶性维生素中含有 2- 甲基 -1,4 萘醌的同系物,主要有 K_1、K_2、K_3、K_4 等四种。其中,维生素 K_1 和维生素 K_2 作用快、维

持时间长；作为脂溶性物质，维生素 K_1 和维生素 K_2 经肠道吸收需胆盐帮助，故须注射给药。维生素 K_3 和维生素 K_4 为人工合成品，是水溶性化合物，吸收不需胆盐。维生素 K 主要用于阻塞性黄疸和胆瘘、新生儿出血及长期口服抗菌药物所继发的维生素 K 缺乏症；也可用于治疗双香豆素类抗凝药和水杨酸过量引起的出血。

（2）抑制纤溶系统的促凝血药

1）氨基己酸：对纤维蛋白溶酶原的激活因子产生竞争性抑制，使纤维蛋白溶酶原不能被激活为纤维蛋白溶酶，可使已形成的血凝块不致被溶解和破坏，达到防止由于纤维蛋白溶解增强所致的出血，从而抑制纤维蛋白的溶解而达到止血目的。常用于外科手术出血、妇产科出血及肝硬化出血等。

2）氨甲苯酸：具有抗纤维蛋白溶解作用，其作用机制与 6- 氨基己酸相同，但其作用较之强 4~5 倍。口服易吸收，生物利用度为 70%。经肾排泄，$t_{1/2}$ 为 60min。毒性较低，不易生成血栓。适用于纤维蛋白溶解过程亢进所致出血，如肺、肝、胰、前列腺、甲状腺、肾上腺等手术时的异常出血，妇产科和产后出血以及肺结核咯血或痰中带血、血尿、前列腺肥大出血、上消化道出血等，对一般慢性渗血效果较显著，但对癌症出血以及创伤出血无止血作用。

（3）作用于血管的促凝血药

1）卡巴克络：肾上腺素缩氨脲与水杨酸的复合物。它可减慢 5-HT 分解，从而促进毛细血管收缩，降低毛细血管通透性，增进断裂毛细血管断端的回缩作用。常用于因毛细血管通透性增高引起的出血，如鼻出血、咯血、血尿、颅内出血、视网膜出血等。

2）垂体后叶素：兴奋子宫平滑肌，并能使血管平滑肌收缩，对小动脉和微循环尤为明显，通过血管收缩作用，可使血管破损部位易于发生凝血过程，达到止血目的。可用于肺血管破裂的咯血及门静脉高压时的上消化道出血。

3）二乙酰胺乙酸乙二胺：新型止血药。作用迅速，毒性低，一般无不良反应。个别有头昏、无力、口干、腹痛的现象出现，停药后可自行消失。用于各种出血，如消化道出血、呼吸道出血、妇科出血、眼鼻出血等。

（4）局部止血药——凝血酶：凝血酶为牛血或猪血中提取的凝血酶原。用于手术中不易结扎的小血管止血、消化道出血及外伤出血等。

2. **抗凝血药** 抗凝血药是一类通过影响凝血过程不同环节，阻止血液凝固的药物，主要用于血栓栓塞性疾病的预防与治疗。

（1）肝素：一种由葡萄糖胺、L- 艾杜糖醛苷、N- 乙酰葡萄糖胺和 D- 葡萄醛酸交替组成的黏多糖硫酸脂。制剂分子量在 1 200~40 000，抗血栓与抗凝血活性与分子量大小有关。肝素具有强酸性，并高度带负电荷。肝素是一种酸性黏多糖，主要是由肥大细胞和嗜碱性粒细胞产生。肺、心、肝、肌肉等组织中含量丰富，生理情况下血浆中含量甚微。无论在体内还是体外，肝素的抗凝作用都很强，故临床把它作为抗凝剂广泛使用。低分子肝素是由普通肝素解聚制备而成的一类分子量较低的肝素的总称。由于分子量小、组合相对均一，皮下注射吸收比肝素快而规则，药代动力学特征更具可预见性，安全性也较普通肝素更高。

（2）香豆素类：一类含有 4- 羟基香豆素基本结构的物质，是维生素 K 拮抗剂，在肝脏抑制维生素 K 由环氧化物向氢醌型转化，从而阻止维生素 K 的反复利用，影响含有谷氨酸残基的凝血因子 Ⅱ、Ⅶ、Ⅸ、Ⅹ 的羧化作用，使这些因子停留于无凝血活性的前体阶段，从而影响凝血过程。

3. **促造血药** 在临床治疗中根据血细胞减少症的发病机制不同，使用的促进血细胞增生的造血药物不同。对由于造血功能低下者，采用兴奋骨髓造血功能的药物或直接补充造血生长因子，促进血细胞的增生。

（1）造血生长因子：造血生长因子是促进骨髓造血细胞分化、增殖和定向成熟的一系列活性蛋白，临床使用的均为基因重组注射剂，主要包括：集落刺激因子（colony stimulating factor，CSF），如粒细胞集落刺激因子（granulocyte colony stimulating factor，G-CSF）和粒细胞 - 巨噬细胞集落刺激因子（granulocyte-macrophage colony stimulating factor，GM-CSF）；白细胞介素 -11（interleukin-11，IL-11）；EPO；血小板生成素（thrombopoietin，TPO）。

1）G-CSF：分为长效（非格司亭）和短效制剂，主要用于：①干细胞移植后促进中性粒细胞生成；恶性实体肿瘤、白血病化疗后的中性粒细胞减少；骨髓增生异常综合征、再生障碍性贫血伴发的中性粒细胞减少；先天性、特发性中性粒细胞减少症等；②治疗性用药：放疗、化疗后中性粒细胞数量降低时使用，剂量较大，时间较长；③严格选择后的预防性用药：个别骨髓造血功能较差者，在中性粒细胞尚未明显下降时使用本药，可避免由于化疗或放疗引起严重骨髓抑制。

2）GM-CSF：分为长效（如沙格司亭）和短效制剂，作用于巨核细胞分化的早期阶段。主要用于干细胞移植后、化疗放疗后骨髓严重抑制时中性粒细胞减少的患者。基本用药原则与 G-CSF 相同。

3）IL-11：适合多种原因导致的血小板减少症。在肿瘤化疗中可做预防或治疗用药。基本用药原则与 CSF 相同，二者可同时使用。

4）EPO：肾性贫血是 EPO 的首选适应证；也可在一定程度上纠正由恶性肿瘤及化疗引起的贫血；还可减少手术中的输血量。对失血性贫血及铅中毒等所致贫血无效。肿瘤患者应用 EPO 须符合如下条件：红细胞比容（HCT）<30% 或血红蛋白浓度（Hb）<90g/L，再加上以下 5 项中任何一项：①正在接受化疗或放疗；②肿瘤侵及骨髓；③骨髓增生异常综合征；④转铁蛋白饱和率 <20%；⑤血清铁 >100ng/ml。

5）TPO：系我国享有自主知识产权、首先研究的肝脏合成的促血小板生成因子，可全程调控巨核细胞分化、成熟、释放。主要用于：①实体瘤化疗后所致的血小板减少症，血小板低于 50×10^9/L，且医生认为有必要进行升高血小板治疗的患者；②恶性实体瘤化疗预计可能引起血小板减少及诱发出血时，可于化疗结束后 6~24h 使用；③化疗伴发白细胞严重减少或贫血时，可与 CSF 或 EPO 联用。

（2）兴奋骨髓造血功能药

1）小檗胺：可促进造血功能，增加末梢血白细胞数量。

2）利可君：能增强造血系统的功能，用于防治各种原因引起的白细胞减少、再生障碍性贫血。

3）艾曲波帕、罗米司亭：TPO 受体激动剂，用于纠正机体血小板减少的状态。

4）罗沙司他：小分子低氧诱导因子 - 脯氨酰羟化酶抑制剂类治疗肾性贫血的药物。低氧诱导因子的生理作用不仅使红细胞生成素表达增加，也能使红细胞生成素受体及促进铁吸收和循环的蛋白表达增加。

四、药物不良反应管理

（一）血液病的抗肿瘤用药

1. 细胞毒类药物　分为近期毒性和远期毒性，详见第十八章。

2. 肿瘤分子靶向和生物治疗药物

（1）单克隆抗体

1）利妥昔单抗：①治疗过程中，可发生暂时性低血压和支气管痉挛；②对有心脏病病史的患者（如心绞痛、心律不齐或心衰）使用本药时应密切监护；③患者在静脉给予蛋白制品治疗时，可发生过敏样或高敏感性反应；④治疗期间应注意定期观察全血细胞数，包括血小板计数；⑤需高度警惕病毒，尤其是乙肝病毒活化风险。

2）信迪利单抗：①治疗过程中，有可能发生免疫相关性不良反应，需密切监测；②治疗期间应注意定期观察全血细胞数，包括血小板计数；③注意监测肝功能。注意根据各项指标调整治疗计划，必要时使用激素等药物对症治疗。

（2）细胞分化诱导剂——ATRA：①本品内服可产生头痛、头晕、口干、皮肤脱屑等副作用，注意控制剂量；②可引起肝损害，肝、肾功能不全者慎用；③请勿与四环素、维生素 A 同时使用；④可用于急性早幼粒细胞白血病患者，需警惕诱导分化综合征；⑤禁忌：对该药品或其任一组成分过敏者禁止使用。

（3）表观遗传学调节剂

1）阿扎胞苷、地西他滨：①在治疗过程中，会发生中性粒细胞减少和血小板减少，必须定期进行血常规检查；②肝肾功能不良患者慎用，在开始治疗前检测肝脏生化和血清肌酐；③孕妇及哺乳期妇女慎用；④禁忌：禁用于已知对药物过敏的患者。

2）西达本胺：①在治疗过程中，会发生中性粒细胞减少和血小板减少，必须定期进行血常规检查；②肝肾功能不良患者慎用，在用药期间监测肝肾功能，并根据检测指标调整用药方案；③少数患者会出现 Q-T 间期延长，有病史者或正在服用可能延长 Q-T 间期药物的患者慎用；④注意血栓事件的发生，对于有活动性出血、咯血或新发血栓性疾病的患者应避免使用该药物。

（4）细胞凋亡诱导剂

1）硼替佐米、伊沙佐米、卡非佐米：①治疗过程中会导致周围神经病变,主要是感觉神经;②可导致低血压和心力衰竭,应密切监测;③治疗期间应密切监测全血细胞计数。

2)亚砷酸:①主要不良反应为皮肤干燥、丘疹、红斑或色素沉着、恶心、胃肠胀满、指尖麻木、血清转氨酶升高;②有肝、肾功能损害者慎用;③禁忌:孕妇及哺乳期妇女禁用。

(5)免疫调节剂——沙利度胺、来那度胺:①主要副作用为头昏、倦怠、瞌睡、恶心、腹痛、便秘、面部水肿、面部红斑、过敏反应及多发性神经炎等;②孕妇及哺乳期妇女、儿童、对本品过敏者及驾驶员、机器操作者禁用。

(6)小分子激酶抑制剂——索拉非尼、伊马替尼、伊布替尼、普纳替尼、尼洛替尼、芦可替尼等:①最常见的不良反应通常发生在手足皮肤、血液系统、消化系统及呼吸系统;②心脏及血管不良事件可见,注意监测,必要时调整用药方案;③与P450酶激动剂或诱导剂联用时注意监测各项机体指标。

(二)促进血细胞增生药

1. 造血生长因子

(1)G-CSF:①限中性粒细胞减少患者使用。②骨髓幼稚细胞未充分降低或外周血存在未成熟细胞的髓细胞性白血病患者慎用。③对本类药物或其他基因重组制品有过敏反应者禁用,肝、肾、心、肺功能重度障碍者慎用。④避免与化疗或大面积放疗同步使用:化疗结束后24~48h使用;停药至少48h后,方可进行下一疗程放、化疗。⑤首选皮下或肌内注射,除非紧急情况下,不主张静脉注射。⑥儿童应用剂量目前尚无明确规定,一般与成人相同。⑦常见不良反应:发热、头痛、肌肉疼痛、皮疹、骨痛等,多可耐受。少见不良反应有低血压、恶心、水肿、过敏、毛细血管渗漏综合征、呼吸困难等;偶见休克、间质性肺炎、急性呼吸窘迫综合征。罕见并发症有脾大甚至脾破裂出血,均应即刻停药及时处理。少数患者周围血中出现幼稚粒细胞,应停药观察。⑧用药期间定期检查血象(一般隔日一次),当中性粒细胞升至5.0×10^9/L(白细胞总数升至10.0×10^9/L)以上时应及时停药。

(2)GM-CSF:①常见不良反应是发热、皮疹,少见低血压、恶心、水肿、胸痛、骨痛和腹泻。罕见变态反应、支气管痉挛、心力衰竭、室上性心律失

常、脑血管疾病、精神错乱、惊厥、呼吸困难、肺水肿和晕厥等。可伴发多浆膜炎综合征,如胸膜炎、胸膜渗液、心包炎和体重增加,可用非甾体抗炎药控制,常与超剂量用药有关。②有过敏史者慎用,自身免疫性血小板减少性紫癜患者禁用。③避免与放、化疗同步使用。④偶尔引起血浆白蛋白降低,如同时使用血浆白蛋白结合率较高的药物,应注意调整药物剂量。注射丙种球蛋白者,应间隔1个月以上再使用本类药物。⑤对某些肿瘤细胞尤其是髓系白血病细胞有刺激作用,用药过程中若肿瘤进展或周围血中原始细胞增多应停用。⑥老年患者用药应注意剂量和间隔,慎重给药;儿童、孕妇、高血压患者及有癫痫病史者慎用。⑦治疗反应和耐受性个体差异较大,用药期间定期检查血象。

(3)IL-11:①IL-11的大部分不良反应为轻中度,停药后能迅速消退。约10%患者有不良事件出现,主要为水肿、发热、结膜充血,呼吸困难及心律失常等,使用期间应注意毛细血管渗漏综合征的监测,如体重增加、水肿、胸腹腔积液等。②对IL-11过敏者禁用,对血液制品及大肠埃希菌表达的其他生物制剂有过敏史者慎用。③器质性心脏病,尤其充血性心力衰竭和有房颤、心房扑动病史者以及血液高凝状态疾病、近期发生血栓事件者慎用。④避免与放、化疗同步使用。⑤使用期间应定期检查血象,血小板升至100×10^9/L时应及时停药。

(4)EPO:①血清EPO>200mg/L者不推荐使用;难以控制的高血压患者、孕妇、有感染者及对本品过敏者禁用。②不良反应为血压升高、心悸、头痛等,可随剂量增加而加重。偶尔诱发脑血管意外或癫痫发作、过敏反应、转氨酶升高、高血钾等,有可能促进血栓形成。③治疗中应每周检查血象,如2周内HCT增加4%,则剂量减少50%;如4~6周后HCT增加少于50%,应提高剂量50%;最大剂量不超过300U/kg。若HCT>30%或Hb ≥ 120g/L,可考虑停药。④若血清铁<100ng/ml,给予EPO时应补铁,使转铁蛋白饱和度维持在20%以上。⑤用药后2~4周起效,如果连续用药12周仍无效,可以停用。

(5)TPO:①偶有发热、肌肉酸痛、头晕等"类感冒症状",对症处理后,多可自行恢复;②过敏、严重心脑血管疾病、血液高凝状态、近期发生血栓

事件者禁用；合并严重感染者，应控制感染后再使用；对孕妇及哺乳妇女的用药安全性尚未确定，原则上不宜应用；③个别特异体质者常规应用即可造成血小板过度升高，须有经验的临床医师指导；④隔日一次检查血象，血小板计数达到所需指标时及时停药。

2. 兴奋骨髓造血功能药　这类药物的典型不良反应为偶见胃部不适、轻度腹泻、阵发性腹痛、腹胀、便秘、口干、肠鸣音亢进、皮疹。少见头痛、无力、发热、肝功能异常。禁忌证是：①严重肝、肾、心、肺功能障碍者；②骨髓中幼稚细胞未显著减少或外周血中存在骨髓幼稚细胞的髓细胞性白血病患者；③艾曲波帕需和其他药物、食物或多价阳离子添加剂间隔使用。

（葛卫红　刘梦颖）

第二节　常见血液系统疾病的药物治疗

一、缺铁性贫血

当机体对铁的需求与铁的供给失衡，导致体内贮存铁耗尽，继之红细胞内铁缺乏，最终引起缺铁性贫血（iron deficiency anemia, IDA），表现为缺铁引起的小细胞低色素性贫血及其他异常。缺铁性贫血可分为三个阶段：铁缺乏（iron deficiency, ID）期、缺铁性红细胞生成（iron deficiency erythropoiesis, IDE）期及 IDA，IDA 是缺铁的最终阶段。

IDA 是最常见的贫血，其发病率在发展中国家、经济不发达地区、婴幼儿、育龄期妇女中明显增高。上海地区人群调查显示：铁缺乏症的年发病率在 6 个月 ~2 岁婴幼儿中为 75.0%~82.5%、妊娠 3 个月以上妇女为 66.7%、育龄期妇女中为 43.3%、10~17 岁青少年中为 13.2%；以上人群 IDA 患病率分别为 33.8%~45.7%、19.3%、11.4% 和 9.8%。

（一）临床表现与诊断
1. 临床表现

（1）缺铁原发病表现：如消化性溃疡、肿瘤或痔疮导致的黑便、血便或腹部不适，肠道寄生虫感染导致的腹痛或大便性状改变；妇女月经过多；肿瘤性疾病的消瘦；血管内溶血的血红蛋白尿等。

（2）贫血表现：乏力、易倦、头晕、眼花、耳鸣、心悸、气短等。

（3）组织缺铁表现：精神行为异常、儿童生长发育迟缓、智力低下等。

2. 辅助检查

（1）血象：呈小细胞低色素性贫血。平均红细胞体积（MCV）低于 80fl，平均红细胞血红蛋白量（MCH）小于 27pg，平均红细胞血红蛋白浓度（MCHC）小于 320g/L。血片中可见红细胞体积小、中央淡染区扩大。网织红细胞计数多正常或轻度增高。白细胞和血小板计数可正常或轻度减低，也有部分患者血小板计数升高。

（2）骨髓象：轻度或中度增生活跃，以红系增生为主，粒系、巨核系无明显异常；红系中以中、晚幼红细胞为主，其体积小、核染色质致密、胞质少、边缘不整齐，有血红蛋白形成不良的表现，即所谓的"核老质幼"现象。

（3）铁代谢：血清铁低于 8.95μmol/L，总铁结合力升高，大于 64.44μmol/L；转铁蛋白饱和度降低，小于 15%，可溶性转铁蛋白受体（sTfR）浓度超过 8mg/L。血清铁蛋白低于 14μg/L。骨髓涂片用亚铁氰化钾（普鲁士蓝反应）染色后，在骨髓小粒中无深蓝色的含铁血黄素颗粒；在幼红细胞内铁小粒减少或消失，铁粒幼细胞少于 15%。

（4）红细胞内卟啉代谢：红细胞游离原卟啉（FEP）>0.9μmol/L（全血），锌原卟啉（ZPP）>0.9μmol/L（全血），FEP/Hb>4.5μg/g Hb（全血）。

（5）血清转铁蛋白受体测定：sTfR 测定是迄今反映缺铁性红细胞生成的最佳指标，一般 sTfR 浓度 >26.5nmol/L（2.25μg/ml）可诊断缺铁。

3. 诊断　IDA 的国内诊断标准为符合以下第 1 条和第 2~9 条中任 2 条或以上，可诊断 IDA。

（1）小细胞低色素性贫血：男性 Hb<120g/L，女性 Hb<110g/L，红细胞形态呈小细胞、低色素性表现。

（2）有明确的缺铁病因和临床表现。

（3）血清铁蛋白 <14μg/L。

（4）血清铁 <8.95μmol/L，总铁结合力 >64.44μmol/L。

（5）转铁蛋白饱和度 <0.15。

（6）骨髓铁染色显示骨髓小粒可染铁消失，铁粒幼细胞 <15%。

（7）FEP>0.9μmol/L（全血），ZEP>0.9μmol/L（全血），或 FEP/Hb>4.5μg/g。

（8）sTfR 浓度 >26.5 nmol/L（2.25mg/L）。

（9）铁治疗有效。

4. 鉴别诊断 缺铁性贫血需与铁粒幼细胞性贫血、珠蛋白生成障碍性贫血、慢性病性贫血、转铁蛋白缺乏症等疾病相鉴别。

（二）一般治疗原则

1. 输血治疗 红细胞输注适合于急性或贫血症状严重影响到生理功能的 IDA 患者，国内的输血指征是 Hb<60g/L，对于老年和心脏功能差的患者适当放宽至 ≤80g/L。

2. 铁剂治疗 无输血指征的患者常规行补铁治疗，补铁治疗需要考虑患者 Hb 水平、口服铁剂的耐受性和影响铁吸收的合并症。治疗性铁剂分为无机铁和有机铁；按应用途径分为口服铁和静脉铁。口服铁剂中无机铁以硫酸亚铁为代表，有机铁包括右旋糖酐铁、葡萄糖酸亚铁、山梨醇铁、富马酸亚铁、琥珀酸亚铁和多糖铁复合物等。静脉铁剂适应证为口服吸收不良、不能耐受口服铁剂、铁需求量超过口服铁能满足的最大量，或患者对口服铁剂的依从性不好。静脉铁剂主要有 6 种：蔗糖铁、羧基麦芽糖铁、葡萄糖醛酸铁、低分子右旋糖酐铁、纳米氧化铁和异麦芽糖铁。

3. 病因治疗 青少年、育龄期妇女、妊娠妇女和哺乳期妇女等摄入不足引起的 IDA，应改善饮食，补充含铁食物；育龄期女性可以预防性补充铁剂，补充铁元素 60mg/d；月经过多引起的 IDA 应调理月经，寻找月经增多的原因；寄生虫感染者应驱虫治疗；恶性肿瘤者应手术或放、化疗；消化性溃疡引起者应抑酸护胃治疗等。

（三）基本治疗药物及治疗方案

1. 口服铁剂 治疗缺铁性贫血优先选择口服铁剂，给药剂量是元素铁 150~200mg/d，或者 2~6mg/（kg·d），不超过 15mg/（kg·d），持续治疗 4~6 周。

常见口服铁剂的用法用量及疗程见表 11-2-1。

表 11-2-1 口服铁剂的用法用量及疗程

常用口服铁剂	含铁量/（mg·片⁻¹）	用法用量
多糖铁复合物	150	1~2 片/次，1 次/d
硫酸亚铁	60	1 片/次，3 次/d
硫酸亚铁缓释片	50	1 片/次，1 次/d
富马酸亚铁	60	1~2 片/次，3 次/d
葡萄糖酸亚铁	36	1~2 片/次，3 次/d
琥珀酸亚铁	33	2 片/次，3 次/d

2. 静脉铁剂 适应证为口服吸收不良、不能耐受口服铁剂、铁需求量超过口服铁能满足的最大量，或患者对口服铁剂的依从性不好。铁的总需量按以下公式计算：所需补铁量（mg）=［目标 Hb 浓度 − 实际 Hb 浓度（g/L）］×3.4× 体重（kg）× 0.065×1.5（3.4：每千克 Hb 含铁约 3.4 g；0.065：人每千克体重含血量约 0.065 L；1.5：将补充贮存铁考虑在内）。

（四）临床问题导向的药物治疗

1. 妊娠期女性 ID 和 IDA 的治疗 妊娠期 ID 是造成孕产妇贫血的常见原因，我国孕妇 IDA 患病率约为 17.2%。一般原则包括：铁缺乏和轻、中度贫血者以口服铁剂治疗为主，并改善饮食，进食富含铁的食物。重度贫血者口服铁剂或静脉铁剂治疗，还可以少量多次输注浓缩红细胞。但不推荐在早孕期静脉补铁。极重度贫血者首选输注浓缩红细胞，待 Hb 达到 70g/L、症状改善后，可改为口服铁剂或静脉铁剂治疗，治疗至 Hb 恢复正常后，应继续口服铁剂 3~6 个月或至产后 3 个月。

2. 非妊娠期女性 ID 和 IDA 的治疗 IDA 是女性最常见的贫血，全球非妊娠期妇女贫血的患病率约为 30%。治疗方案包括①病因治疗：积极去除病因，如由于月经量过多造成的 IDA，积极控制月经量；②补铁治疗：原则给予口服铁剂，存在不能耐受的情况或口服铁剂治疗效果欠佳时，可以给予静脉铁剂；③对症支持治疗：若 Hb <60g/L，或出现重要脏器功能受损（如心功能不全）时，可以输注悬浮红细胞。

3. 儿童 ID 和 IDA 的治疗 儿童 ID 主要以预防为主，治疗方案包括：每日补充元素铁

2~6mg/kg，餐间服用，2~3次/d。应在 Hb 正常后继续补铁 2 个月，恢复机体贮存铁水平。必要时可同时补充其他维生素和微量元素，如叶酸和维生素 B₁₂。循证医学资料表明，间断补充元素铁 1~2mg/(kg·次)，1~2次/周或 1 次/d 亦可达到补铁的效果，疗程 2~3 个月。

4. 消化系统疾病合并 ID/IDA 的治疗　消化系统疾病合并 ID/IDA 治疗包括输血及补铁治疗、病因治疗、积极治疗原发疾病（包括治疗消化道出血、根除幽门螺杆菌等）及中药治疗。

5. 慢性肾脏病合并 ID/IDA 的治疗　非透析患者及腹膜透析患者可先试用口服补铁，或根据铁缺乏状态直接应用静脉铁剂治疗；血液透析患者可根据铁缺乏情况及患者当时病情状态选择补铁方式，可优先选择静脉途径补铁。转铁蛋白饱和度 ≥50% 和/或血清铁蛋白 >600μg/L，应停止静脉补铁 3 个月，随后重复检测铁指标以决定静脉补铁是否恢复。当转铁蛋白饱和度和血清铁蛋白分别降至 ≤50% 和 ≤600μg/L 时，可考虑恢复静脉补铁，但每周剂量需减少 1/3~1/2。

6. 合并用药的原则与注意事项　口服铁剂与维生素 C 和肉类同服时会加强吸收，1g 维生素 C 增加 10% 铁剂的吸收，而 0.1g 维生素 C 的作用不显著。奶制品可降低 40%~50% 铁剂的吸收。胃动力药物，如多潘立酮、莫沙比利可减轻铁剂的胃肠道不适，但会影响铁剂的吸收，饭前给予胃动力药物而饭后给予铁剂可避免该影响。铁剂与鞣酸结合形成不溶性沉淀，不易吸收，因此忌与浓茶、咖啡同服。另外，铁剂和四环素类药物如米诺环素合并用药时，两者的吸收都会下降，给药时间应间隔 1~2h。

钙盐及镁盐亦可抑制铁的吸收，因此同时服用钙剂和抑酸药的患者应间隔开给药时间。抑酸药可以改变铁剂的吸收环境，对其影响比单纯钙剂更大。研究发现，500mg 碳酸钙可使 2h 后铁水平比对照组下降约 1/3，进一步联合应用维生素 C 时并没有显著影响铁吸收；碳酸氢钠与铁剂同时服用，2h 后铁水平比对照组下降 95%。因此铁剂应在服用碳酸氢钠等有抑酸作用的药物之前 1h 或之后 3h 给药。

7. 药物不良反应的多学科管理

（1）口服铁剂的一般不良反应：铁离子可损伤消化道黏膜，口服铁剂常见胃肠道不良反应（发生率 5%~20%），表现为恶心、上腹胀痛、食欲减退等，还可能引起黑便，造成便隐血（+）。口服铁剂宜从小剂量起始，减少胃肠道不耐受的发生，活动性胃溃疡的患者建议选择注射途径补铁。

复合铁剂对胃肠道的刺激以及消化障碍可能引起腹泻，而铁离子与多种物质螯合形成不溶物又可能造成便秘。铁剂可能在口腔留下金属异味甚至牙齿染色。

（2）注射铁剂的一般不良反应：注射铁剂之后有 5%~13% 的患者可发生注射局部肌肉疼痛、红肿、色素沉积、硬结，约有 7.2% 的患者出现胃肠道反应，以恶心为主。

全身性不良反应可有即刻反应（头痛、头晕、发热及荨麻疹等）和延迟反应（淋巴结肿大、关节痛等）。这些不良反应多为轻度及暂时的，也有出现过敏性休克的报道，故给药时应做好急救准备（肾上腺素、氧气及复苏设备等）。

应用静脉铁剂的患者，约 3.8% 出现高血压，6% 出现一过性血压升高，建议在静脉铁剂给药过程中至给药后至少 30min 内监测血压，特别是对于具有高血压基础疾病和高血压高危因素的缺铁性贫血患者。

（3）过敏反应的应对措施：在应用注射铁剂的患者中，过敏反应的发生率约 1.5%，曾有发生致死性过敏性休克的报道，发生率约 0.1%。右旋糖酐铁的过敏反应比葡萄糖酸亚铁和蔗糖铁更为常见，约 1% 患者肌内注射右旋糖酐铁之后 24~28h 会发生迟发过敏反应，症状可持续 3~7 日。

广泛应用的静脉铁剂为蔗糖铁注射液，应先以小剂量（如 25mg）作为试验剂量，5~10min 缓慢推注，对铁剂过敏的患者可能出现胸闷、头痛、冷汗、气促、喘息、焦虑，随即出现血压下降甚至意识丧失。对于出现过敏性休克的患者立即给予 0.1% 肾上腺素 0.5ml，静脉给予糖皮质激素。给予试验剂量之后观察 1h 未出现过敏反应则可足量输注，右旋糖酐铁不推荐静脉给药，若静脉给药建议第 1 日给予 50mg，以后每日或隔日给予

100mg, 直至给予足量。

（五）药物治疗展望

未来缺铁性贫血的主要研究方向包括铁调素的单克隆抗体（NOXHl94）、白细胞介素-6受体的抑制剂、信号转导及转录激活因子3（STAT3）抑制剂和骨形态发生蛋白6（BMP-6）的抑制剂，通过阻断铁调素提高口服铁剂的吸收。

二、巨幼细胞贫血

叶酸或维生素 B_{12}（Vit B_{12}）缺乏或某些影响核苷酸代谢的药物导致细胞核脱氧核糖核酸（DNA）合成障碍所致的贫血称巨幼细胞贫血（megaloblastic anemia, MA），此外，对非造血细胞的细胞核发育亦有影响，故 MA 是一种全身性疾病。本病的特点是呈大细胞性贫血，骨髓内出现巨幼红细胞系列，并且细胞形态的巨型改变也见于粒细胞及巨核细胞系列。此类贫血的幼红细胞 DNA 合成障碍，故又有学者称之为幼红细胞增殖异常性贫血。

根据缺乏物质的种类，该病可分为单纯叶酸缺乏性贫血、单纯维生素 B_{12} 缺乏性贫血、叶酸和维生素 B_{12} 同时缺乏性贫血。根据病因可分为：①食物营养不够：叶酸或维生素 B_{12} 摄入不足；②吸收不良：胃肠道疾病、药物干扰和内因子抗体形成（恶性贫血）；③代谢异常：肝病、某些抗肿瘤药物的影响；④需要增加：孕期、哺乳期；⑤利用障碍：嘌呤、嘧啶自身合成异常或化疗药物影响等。

该病在经济不发达地区或进食新鲜蔬菜、肉类较少的人群中多见。在我国，叶酸缺乏多见于陕西、山西、河南等地。而在欧美，维生素 B_{12} 缺乏或有内因子抗体者多见。

（一）临床表现与诊断

1. 临床表现

（1）血液系统表现：起病缓慢，常有乏力、头晕、心悸等贫血症状。重者全血细胞减少、反复感染和出血。

（2）消化系统表现：食欲减退、恶心、腹胀、腹泻或便秘、黄疸、舌痛、舌质色红和舌面呈"牛肉样舌"。

（3）神经系统表现和精神症状：维生素 B_{12} 缺乏者可能有神经系统表现，如周围神经病变，亚急性或慢性脊髓后侧索联合变性。小儿和老年患者常表现为精神症状，如无欲、抑郁、嗜睡或精神错乱。

2. 辅助检查

（1）血象：呈大细胞性贫血，MCV、MCH 均增高，MCHC 正常。网织红细胞计数可正常或轻度增高。重者全血细胞减少。血片中可见红细胞大小不等、中央淡染区消失，有大椭圆形红细胞、点彩红细胞等；中性粒细胞核分叶过多（5 叶核占 5% 以上或出现 6 叶以上核），亦可见矩形杆状核粒细胞。

（2）骨髓象：增生活跃或明显活跃。红系增生显著、巨幼变（胞体大，胞质较胞核成熟，"核幼浆老"）；粒系也有巨幼变，成熟粒细胞多分叶；巨核细胞体积增大，分叶过多。骨髓铁染色常增多。

（3）血清维生素 B_{12}、叶酸及红细胞叶酸含量测定：血清维生素 B_{12} 低于 75pmol/L（100ng/ml）（维生素 B_{12} 缺乏）。血清叶酸低于 6.81nmol/L（3ng/ml），红细胞叶酸低于 227nmol/L（100ng/ml）（叶酸缺乏）。

（4）其他：胃酸降低、内因子抗体及 Schilling 试验（测定放射性核素标记的维生素 B_{12} 吸收情况）阳性（恶性贫血）；尿高半胱氨酸 24h 排泄量增加（维生素 B_{12} 缺乏）；血清间接胆红素可稍增高。

3. 诊断

（1）有叶酸、维生素 B_{12} 缺乏的病因及临床表现。

（2）外周血呈大细胞性贫血，中性粒细胞核分叶过多。

（3）骨髓呈典型的巨幼样改变，无其他病态造血表现。

（4）血清叶酸和/或维生素 B_{12} 水平降低。

（5）试验性治疗有效。

叶酸或维生素 B_{12} 治疗一周左右网织红细胞上升者，应考虑叶酸或维生素 B_{12} 缺乏。

4. 鉴别诊断 巨幼细胞贫血需与引起全血细胞减少的疾病、有引起巨幼样变的其他疾病、其他原因引起的大细胞性贫血等疾病相鉴别。

（二）一般治疗原则

1. 去除病因 治疗应积极去除病因，治疗原发疾病。

2. 补充缺乏的造血原料 对于叶酸合并维

生素 B_{12} 缺乏的患者,不宜单用叶酸治疗,否则可导致维生素 B_{12} 的含量进一步降低,产生或加重神经系统症状。

（三）基本药物治疗及治疗方案

根据缺乏相应的物质补充叶酸和/或维生素 B_{12}。

1. 叶酸治疗　口服叶酸 5~10mg,每日 3 次,胃肠道吸收障碍者可肌内注射甲酰四氢叶酸钙 3~6mg,每日 1 次,应用至贫血和病因纠正。因严重肝病或抗叶酸制剂如甲氨蝶呤所致的营养性贫血可直接应用四氢叶酸治疗。

2. 维生素 B_{12}　治疗肌内注射维生素 B_{12} 100μg,每日 1 次（或200μg隔日 1 次）,有神经系统受累者可给予每日 500~1 000μg 的较大剂量长时间（半年以上）治疗。维生素 B_{12} 初始剂量连续应用两周后可改为每周 1 次,直至血象完全恢复。对全胃切除或恶性贫血患者,维生素 B_{12} 100μg,每月 1 次肌内注射,终生维持治疗。

3. 其他辅助治疗　上述治疗后如贫血改善不明显,要注意是否合并缺铁,重症病例因大量红细胞新生,可出现相对性缺铁,需及时补充铁剂。

（四）临床问题导向的药物治疗

1. 药物治疗的有效性　应用叶酸和/或维生素 B_{12} 治疗 24~48h 后,骨髓幼红细胞的形态就恢复正常,3 日后网织红细胞开始上升,7 日左右达高峰。同时血小板和白细胞计数也开始恢复正常,患者食欲恢复。血红蛋白往往在 3~6 周后恢复正常。

2. 药物不良反应的多学科管理

（1）叶酸不良反应的管理:长期大剂量服用叶酸,可能出现胃肠道反应,如恶心、腹胀等;大剂量服用叶酸时,可使尿液呈黄色,为正常现象;肾功能正常患者使用叶酸很少发生中毒反应,偶有过敏反应。若口服给药后出现剧烈恶心、呕吐等,可考虑叶酸钠或亚叶酸钙等肌内注射。

（2）维生素 B_{12} 不良反应管理:肌内注射维生素 B_{12} 偶可引起皮疹、瘙痒、腹泻及过敏性哮喘,发生概率较低,极少患者可出现过敏性休克。维生素 B_{12} 不能静脉给药,避免同一部位反复肌内注射给药,尤其是早产儿、婴幼儿。

3. 低钾血症　严重病例补充治疗后,大量的新生红细胞形成,钾离子大量进入新生的红细胞内,血钾可能突然降低。开始治疗巨幼细胞贫血的 48h 内,严重低血钾的概率发生较高。对老年患者、有心血管疾病患者,低钾可能引起严重后果,应特别注意并及时补充钾盐。

三、白细胞减少症和粒细胞缺乏症

白细胞减少（leukopenia）指外周血白细胞总数持续低于 $4.0×10^9/L$。中性粒细胞减少（neutropenia）是指中性粒细胞绝对值（absolute neutrophil count, ANC）在成人低于 $2.0×10^9/L$,≥10 岁儿童低于 $1.8×10^9/L$ 或 <10 岁儿童低于 $1.5×10^9/L$；ANC 低于 $0.5×10^9/L$ 时,称为粒细胞缺乏症（agranulocytosis）。

中性粒细胞减少的病因可为先天性和获得性,以后者多见。根据细胞动力学,中性粒细胞减少的病因和发病机制分为三大类:生成减少、破坏或消耗过多、分布异常。成人中性粒细胞减少的主要原因为生成减少和自身免疫性破坏,而分布异常很少见。

（一）临床表现与诊断

1. 临床表现　中性粒细胞减少的临床表现常随其减少程度及原发病而异。根据中性粒细胞减少的程度分为轻度 $≥1.0×10^9/L$、中度 $(0.5~1.0)×10^9/L$ 和重度 $<0.5×10^9/L$。轻度减少的患者,机体的粒细胞吞噬防御功能基本不受影响,临床上不出现特殊症状,多表现为原发病症状。中度和重度减少者易出现疲乏、无力、头晕、食欲减退等非特异性症状。中度减少者,除存在其他合并因素,感染风险仅轻度增加。粒细胞缺乏者,感染风险极大。常见的感染部位是呼吸道、消化道及泌尿生殖道,重者可出现高热、感染性休克。粒细胞严重缺乏时,感染部位不能形成有效的炎症反应,常无脓液或仅有少量脓液,如肺部感染 X 线检查可无炎症浸润阴影。

2. 诊断与鉴别　根据血常规检查的结果即可做出白细胞减少、中性粒细胞减少或粒细胞缺乏的诊断。为排除检查方法上的误差以及正常生理因素（运动、妊娠、季节等）、年龄和种族、采血部位等影响,必要时要反复检查,包括人工白细胞分类,才能确定白细胞减少或中性粒细胞减少的诊断。

鉴别中性粒细胞减少的病因对治疗很重要,

注意了解有无药物、化学物质、放射线的接触史或放化疗史,有无感染性疾病、自身免疫性疾病、肿瘤性疾病史等。注意中性粒细胞减少发病的年龄、程度、发作的速度、持续时间及周期性,是否有基础疾病及家族史等。若有脾大,注意脾功能亢进的可能。

(二)一般治疗原则

1. 对可疑的药物或其他致病因素,应立即停止接触。继发性减少者应积极治疗原发病,病情缓解或控制后,粒细胞可恢复正常。

2. 中性粒细胞减少的主要表现是感染,对这些患者应迅速完成血液与体液的取样培养,在培养结果回报前就开始经验性抗感染治疗。

3. 合理支持治疗。

4. 防治药物不良反应,注意药物选择尽量个体化。

5. 做好消毒隔离防护措施。

6. 做好基础护理,每日定期皮肤、口腔、会阴、肛周清洁消毒,病室消毒。

(三)基本治疗药物及治疗方案

1. **促进粒细胞生成** 重组人集落刺激因子可促进中性粒细胞增殖和释放,并增强其吞噬杀菌及趋化功能。目前临床上常用的是重组人粒细胞集落刺激因子(rhG-CSF)和重组人粒细胞-巨噬细胞集落刺激因子(rhGM-CSF)。rhG-CSF 较 rhGM-CSF 作用强而快,常用剂量 2~10μg/(kg·d),常见的副作用有发热、肌肉骨骼酸痛、皮疹等。依据中性粒细胞减少的病因不同,rhG-CSF应用的指征和剂量不尽相同。其他促白细胞生成药物可应用 B 族维生素(维生素 B_4、B_6)、鲨肝醇、利血生等药物。

2. **免疫调节治疗** 糖皮质激素、大剂量丙种球蛋白[400mg/(kg·d)]输注,对抗中性粒细胞抗体阳性或由 B 淋巴细胞介导的骨髓衰竭患者有效。

3. **抗菌药物治疗** 轻度减少者一般不需特殊的预防措施。中度减少者感染风险增加,应注意预防,减少出入公共场所,保持卫生,去除慢性感染灶。粒细胞缺乏者极易发生严重感染,应采取无菌隔离措施。感染者应行病原学检查,以明确感染类型和部位。在致病菌尚未明确之前,可经验性应用覆盖革兰氏阴性菌和革兰氏阳性菌的广谱抗生素治疗,待病原和药敏结果出来后再调整用药。若 3~5 日无效,可加用抗真菌治疗。病毒感染可加用抗病毒药。

(四)临床问题导向的药物治疗

1. **初始经验性抗菌药物治疗** 患者危险度分层是中性粒细胞缺乏伴发热患者治疗开始前必要的工作,对于后续经验性选择抗菌药物至关重要。

高危和低危的定义见表 11-2-2。

表 11-2-2 中性粒细胞缺乏伴发热患者的危险度分层

危险度	定义
高危	符合以下任何一项者 ● 严重中性粒细胞缺乏($<0.1 \times 10^9$/L)或预计中性粒细胞缺乏持续 >7 d ● 有以下任何一种临床合并症(包括但不限于):①血流动力学不稳定;②口腔或胃肠道黏膜炎(吞咽困难);③胃肠道症状(腹痛、恶心、呕吐、腹泻);④新发的神经系统病变或精神症状;⑤血管内导管感染(尤其是导管腔道感染);⑥新发的肺部浸润或低氧血症或有潜在的慢性肺部疾病 ● 肝功能不全(转氨酶水平 >5 倍正常值上限)或肾功能不全(肌酐清除率 <30ml/min) ● 合并免疫功能缺陷疾病 ● 接受分子靶向药物或免疫调节药物治疗
低危	● 预计中性粒细胞缺乏在 7d 内消失,无活动性合并症,同时肝肾功能正常或损害较轻且稳定

对于低危患者,其初始治疗可以在门诊或住院接受口服或静脉注射经验性抗菌药物治疗。推荐联合口服环丙沙星、阿莫西林克拉维酸、左氧氟沙星或莫西沙星。在门诊接受治疗的低危患者,应得到密切的临床观察和恰当的医疗处理,如病情加重最好能在 1h 内到达医院。不能耐受口服抗菌药物治疗或不能保证在病情变化时及时到达医院的患者应住院治疗。反复发热或出现新的感染征象而必须再次住院的患者,按静脉广谱抗菌药物经验性用药常规进行治疗。

高危患者必须立即住院治疗。根据危险度分层、耐药危险因素、当地病原菌和耐药流行病学数据及疾病的复杂性对患者进行个体化评估。高危患者静脉应用的抗菌药物必须是能覆盖铜绿假单胞菌和其他严重革兰氏阴性菌的广谱抗菌药物。鉴于耐药菌比例日益增加,在初始选择药物时还应基于体外药敏试验、已知特定病原体的最敏感药物、药物代谢动力学/药物效应动力学资料。在权衡风险获益后，也可以经验性选择替加环素、磷霉素等。既往有产超广谱β-内酰胺酶（ESBL）菌定植或感染史者，可选择碳青霉烯类；既往有产碳青霉烯酶菌（CRE）或耐药非发酵菌定植或感染史者，建议选择β-内酰胺酶抑制剂复合制剂联合磷霉素、替加环素等。

以下特定情形，初始经验性用药应选择联合用药方案，即覆盖铜绿假单胞菌和其他严重革兰氏阴性菌的广谱抗菌药物，同时联合抗革兰氏阳性菌药物：血流动力学不稳定或有其他严重血流感染证据；X线影像学确诊的肺炎；在最终鉴定结果及药敏试验结果报告前，血培养为革兰氏阳性菌；临床疑有导管相关严重感染（例如经导管输液时出现寒战以及导管穿刺部位蜂窝织炎、导管血培养阳性结果出现时间早于同时外周血标本）；任何部位的皮肤或软组织感染；耐甲氧西林金黄色葡萄球菌、耐万古霉素肠球菌或耐青霉素肺炎链球菌定植；预防性应用氟喹诺酮类药物或经验性应用头孢他啶时出现严重黏膜炎。

2. 抗菌药物的调整

（1）革兰氏阳性球菌感染：一线用药为万古霉素、替考拉宁、利奈唑胺，二线用药为替加环素、达托霉素、奎奴普丁/达福普丁。

（2）抗真菌药的加用

1）预防性抗真菌治疗：侵袭性念珠菌感染高危人群，如异基因造血干细胞移植（allo-HSCT）受者造血重建前或正在接受强烈诱导化疗或挽救诱导化疗的急性白血病患者，推荐预防念珠菌感染。可用氟康唑，此外泊沙康唑、伊曲康唑均为可选药物。血液病患者如果移植前无侵袭性真菌感染病史，移植后造血重建之前采用氟康唑预防侵袭性念珠菌病。但急性白血病患者经强烈诱导或挽救化疗后往往以侵袭性曲霉菌感染为主，这类患者应用覆盖曲霉菌药物。侵袭性曲霉菌病感染高危人群，如正在接受强烈诱导化疗或挽救化疗的急性髓细胞性白血病或骨髓增生异常综合征者、allo-HSCT、发生急性移植物抗宿主病（GVHD）或广泛型慢性GVHD患者、ANC<0.1×10⁹/L持续3周以上、ANC<0.5×10⁹/L持续5周以上、用泼尼松2mg/kg治疗时间>2周、

ANC<1×10⁹/L同时应用泼尼松>1mg/kg治疗时间>1周等。对这类高危患者推荐采用泊沙康唑预防，也可伊曲康唑口服液替代。移植前具有侵袭性真菌感染病史的血液病患者，预计移植后粒细胞缺乏期超过2周，推荐选用移植前有效抗真菌药二级预防。高危患者抗真菌预防持续时间尚无定论。急性白血病患者通常认为在髓系造血恢复后［ANC>（0.5~1）×10⁹/L］考虑停药。allo-HSCT患者应该在粒细胞缺乏期及中性粒细胞恢复后一段时间内坚持预防，至少用到移植后75d或直到停用免疫抑制剂。

2）经验性抗真菌治疗：抗真菌药在粒细胞缺乏、发热伴下列症状加用：口腔黏膜坏死性溃疡、鹅口疮；胸骨后疼痛、吞咽困难或疼痛；鼻窦区压痛、眼周蜂窝织炎、鼻部溃疡、单侧眼流泪（高危患者CT或MRI有可疑表现者加脂质体两性霉素B以覆盖曲霉菌和毛霉菌）；高危患者的肺部感染；高危患者有广泛丘疹或其他皮损。没有上述症状的高危患者经广谱抗菌药物治疗4~7d仍持续发热，或者起初有效但4~7d后再次发热且预计粒细胞缺乏持续时间>10d，应考虑经验性抗真菌治疗。患者具有宿主因素、临床表现或微生物学标准符合拟诊或临床诊断，应开始诊断驱动治疗。患者有病理学或血培养依据符合确诊，开始目标治疗。2016年美国感染病学会（Infectious Diseases Society of America，IDSA）对于中性粒细胞减少伴念珠菌血症患者有如下建议：任意一种棘白菌素类药物被推荐用于初始治疗。两性霉素B脂质体是一种有效的药物，但由于其潜在毒性不被青睐。氟康唑可用作非危重症患者和未使用唑类药物治疗患者的替代治疗，及作为持续中性粒细胞减少且病情稳定患者降阶梯治疗的选择，这些患者均为敏感菌株感染且血流的病原菌已被清除。伏立康唑可用于需要覆盖曲霉菌的情况，且患者病情稳定、念珠菌已经在血液中被清除，并且分离的念珠菌对伏立康唑敏感，伏立康唑被推荐作为降阶梯治疗。对于克柔念珠菌感染的念珠菌血症患者，棘白菌素类药物、两性霉素B脂质体或伏立康唑均被推荐。推荐无明显的转移性并发症的念珠菌血症治疗最短时间为2周，应从记录念珠菌从血液中被清除、念珠菌所致中性粒细胞减少的症状经治疗缓解后开始计算。念珠菌血症患者

的感染源并非主要来自中心静脉导管（如胃肠道来源），中心静脉导管是否拔除需依据患者个体差异而定。

（3）多重耐药菌感染

1）耐甲氧西林金黄色葡萄球菌（MRSA）：及早加用万古霉素、利奈唑胺、替加环素、达托霉素（肺部感染不宜选用）。

2）耐万古霉素肠球菌（VRE）：及早加用利奈唑胺、替加环素、达托霉素。

3）产超广谱 β- 内酰胺酶（ESBLs）细菌：及早给予碳青霉烯类药物。

4）产碳青霉烯酶（KPCs）细菌：及早给予替加环素、多黏菌素、头孢他啶阿维巴坦等药物。

5）多重耐药的铜绿假单胞菌：碳青霉烯类＋抗假单胞菌的喹诺酮类或氨基苷类；哌拉西林他唑巴坦＋抗假单胞菌的喹诺酮类或氨基苷类。

6）嗜麦芽窄食假单胞菌：复方磺胺甲噁唑片、喹诺酮类（推荐联合治疗，如联合复方磺胺甲噁唑片）、替加环素。

3. 抗菌药物治疗的疗程 对于不明原因发热的粒细胞缺乏症患者抗菌药物经验性治疗后若 ANC ≥ 0.5×10^9/L、稳定退热 48h，可考虑停用抗菌药物；若 ANC 持续 <0.5×10^9/L，抗菌药物可用至退热 7d 后停药；此外，有研究报道经验性治疗后退热 72h，血流动力学稳定，感染的症状和体征消失，但 ANC 仍 <0.5×10^9/L，可考虑停止抗菌药物经验治疗，但宜严密观察 24~48h，如果再出现发热尽早加用抗菌药物治疗。ANC 仍 <0.5×10^9/L 者如果已停用经验性抗菌药物，可考虑加用氟喹诺酮类药物预防治疗。

不同感染部位疗程：皮肤/软组织感染 7~14d；无症状性菌血症：革兰氏阴性菌 10~14d，革兰氏阳性菌 7~14d，金黄色葡萄球菌血培养转阴后至少 2 周，酵母菌血培养转阴后 2 周以上；鼻窦炎 10~21d；细菌性肺炎 10~21d；真菌感染：念珠菌感染血培养转阴后至少 2 周，曲霉菌感染至少 12 周，单纯疱疹病毒感染 7~10d。

4. 抗菌药物预防用药的指征 对于高危患者，推荐预防性用药，可选择氟喹诺酮类药物。最佳的开始给药时间和给药持续时间尚无定论，推荐从中性粒细胞缺乏开始应用至 ANC>0.5×10^9/L 或出现明显的血细胞恢复证据。需要注意的是，长期预防性应用喹诺酮类药物可能导致革兰氏阳性球菌感染，并可能导致多药耐药菌株的定植或感染增加及氟喹诺酮菌血症增加。对于低危患者及多药耐药菌定植的患者，反对预防性应用抗菌药物。CRE 定植患者不推荐预防用药。

（五）药物治疗展望

聚乙二醇化重组人粒细胞集落刺激因子（pegylated recombinant human granulocyte colony-stimulating factor, PEG-rhG-CSF）为长效 G-CSF，越来越多地应用于化疗相关中性粒细胞减少的预防及治疗，与 rhG-CSF 疗效相当，PEG-rhG-CSF 应用方便，具有经济学效应。

四、原发免疫性血小板减少症

原发免疫性血小板减少症（primary immune thrombocytopenia, ITP）是临床最常见的血小板减少性紫癜，曾被称为特发性血小板减少性紫癜。其特点为免疫介导的血小板生成减少和/或破坏增多，患者常检测出血小板抗体或存在细胞免疫异常。ITP 的发病机制尚未完全明了，既往认为与体液免疫异常产生特异性抗体有关，近年来，人们逐渐认识到细胞免疫在 ITP 致病中的作用。目前认为，ITP 与体液和细胞免疫介导的血小板破坏增加及巨核细胞异常引起的血小板生成减少有关。

ITP 可发生于各年龄阶段患者，其发病率为（5~10）/10 万，男女比例约为 1：2~3。育龄期女性及 60 岁以上人群发病率较高，老年患者出血风险增加。儿童 ITP 常急性起病，一般呈自限性，而成人中慢性 ITP 多见。

（一）临床表现与诊断

1. 临床表现 急性 ITP 起病急骤，多发生于儿童，起病前 1~3 周有病毒感染史或疫苗接种史，可伴有畏寒、寒战和发热等前驱症状，90% 以上急性 ITP 患者病程呈自限性。成人 ITP 多呈慢性隐匿性起病。出血是 ITP 最重要的临床表现，根据出血部位及血小板减低程度，临床表现不一。严重者可表现为重要脏器出血，颅脑出血是 ITP 患者的主要死因。慢性 ITP 出血倾向较为局限，但易反复发生，常表现为四肢远端皮肤紫癜,内脏出血较为少见,育龄期ITP女性常表现为月经过多。部分患者早期症状仅为乏力。感染、劳累等因素可加重ITP。ITP导致的慢性失血,可使患者出现贫血表现。ITP患者一般无脾脏肿大。

2. 诊断 根据《成人原发免疫性血小板减少症诊断与治疗中国指南(2020年版)》,ITP的诊断要点如下:

(1)至少2次血常规检查示血小板计数减少,需行血细胞涂片检查排除假性血小板减少及检查血细胞形态有无异常。

(2)脾脏一般不肿大。

(3)推荐行骨髓检查,有助于与其他疾病的鉴别诊断。骨髓检查一般提示:巨核细胞数增多或正常,产板型巨核细胞数量减少。

(4)须排除各种原因引起的继发性血小板减少症。

(5)特殊实验室检查

1)血小板抗体检测:可以鉴别免疫性和非免疫性血小板减少。

2)血小板生成素检测:有助于鉴别ITP与不典型再生障碍性贫血或低增生性骨髓增生异常综合征,但不作为常规检测项目。

(6)可根据ITP患者的年龄及出血症状进行评分,量化患者出血风险,详见相关指南。

3. 分型 根据ITP的发病时间、血小板数量及对治疗的反应效果,可对ITP进行分型。

(1)新诊断的ITP:确诊3个月以内的ITP。

(2)持续性ITP:确诊后病情持续3~12个月,包括没有自发缓解以及停止治疗后不能维持完全缓解者。

(3)慢性ITP:ITP患者血小板持续减少超过12个月者。

(4)重症ITP:血小板$<10 \times 10^9$且就诊时存在需要治疗的出血症状或常规治疗中新发出血而需加用其他治疗药物或增加原药物剂量者。

(5)难治性ITP:指对一线治疗药物及二线治疗中的促血小板生成药物及利妥昔单抗均无效,或脾切除无效/术后复发,且进行诊断再评估后仍确诊为ITP者。

4. 鉴别诊断 ITP诊断为排他性诊断,须排除其他继发性血小板减少症:如自身免疫性疾病、甲状腺疾病、淋巴系统增殖性疾病、骨髓增生异常(再生障碍性贫血和骨髓增生异常综合征)、恶性血液病、慢性肝病、脾功能亢进、常见变异性免疫缺陷病以及感染等所致的继发性血小板减少、血小板消耗性减少、药物诱导的血小板减少、同种免疫性血小板减少、妊娠期血小板减少、假性血小板减少以及先天性血小板减少等。

(二)一般治疗原则

ITP的治疗应结合患者一般情况、血小板下降程度、出血表现等综合考虑。ITP患者血小板高于30×10^9且无明显出血倾向时可仅予以观察和随访;对于有出血症状的ITP患者,均应积极治疗;对于需要行有创性检查或手术的患者,应将患者血小板提升至相应手术操作水平;对于伴有严重活动性出血、血小板低于10×10^9甚或5×10^9者,应住院紧急治疗。

(三)基本治疗药物及治疗方案

自18世纪早期ITP被首次报道以来,很快人们认识到ITP是由于体液和细胞免疫介导的血小板过度破坏/生成不足。1958年研究者发现糖皮质激素可以提升ITP患者血小板水平,随后逐渐确立了糖皮质激素作为ITP一线治疗药物的地位。泼尼松在过去很长一段时间被作为临床一线治疗药物的首选,近年来有研究者发现大剂量地塞米松治疗ITP患者的有效率和复发率可能优于泼尼松,目前部分指南已将高剂量地塞米松作为ITP一线治疗的首选。静脉用免疫球蛋白(intravenous immunoglobulin,IVIg)最早在1981年应用于儿童ITP患者,目前也是初治ITP的一线治疗药物,一般用于ITP紧急治疗、准备脾脏切除手术或等待其他药物起效前、妊娠期间或分娩前以及不能耐受糖皮质激素的患者。随着对ITP致病机制的进一步认识以及单克隆抗体药物的问世,研究者们对靶向B细胞的抗CD20单克隆抗体利妥昔单抗在ITP患者中的应用展开多项临床研究,证实了其有效性和安全性,但利妥昔单抗治疗ITP的最佳剂量和疗程尚无统一定论,目前大部分指南将其列为ITP二线治疗药物,成为不能耐受一线治疗或者难治性ITP患者治疗的有效手段。动物研究发现TPO可以促进巨核细胞增殖和发育,因此提出可通过刺激TPO来治疗ITP。近年来,促血小板生成药物成为ITP治疗的热点,其包括重组人 TPO、艾曲波帕、罗米司亭等。重组人 TPO 于 2010 年在国内获批用于 ITP 治疗。艾曲波帕和罗米司亭均于 2008 年获美国食品药品监督管理局（Food and Drug Administration, FDA）批准上市，主要用于慢性 ITP 短期治疗，2018 年艾曲波帕获批在中国上市。该类药物起效快，但往往停药后不能维持。

此外，尚有环孢素、硫唑嘌呤、达那唑、长春碱类等其他治疗药物。这类药物具有副作用大、疗效不确定、缺乏循证依据等特点，应根据患者的具体情况选用。

1. 基本治疗药物　ITP 的一线治疗药物有肾上腺糖皮质激素（包括地塞米松、泼尼松）、IVIg，二线治疗药物有促血小板生成药、抗 CD20 单克隆抗体（利妥昔单抗）、重组人 TPO 联合利妥昔单抗。三线治疗药物有 ATRA 联合达那唑、地西他滨。另外，也可根据患者具体情况选用硫唑嘌呤、环孢素、达那唑、长春碱类药物，其中促血小板生成药物主要包括重组人 TPO、艾曲波帕等。此外，ITP 二线治疗还可选择一些注册的 III 期临床试验或脾切除。

2. 治疗方案　主要分为紧急治疗、初诊患者一线治疗和二线治疗。

（1）紧急治疗：对于需要立即提升血小板计数的患者可单用或联用如下治疗措施：

1）血小板输注。

2）IVIg：0.4g/（kg·d）×5d 或 1.0g/（kg·d）×（1~2）d。

3）甲泼尼龙：1.0g/d×3d。

4）促血小板生成药物（具体见下文）。

5）其他：包括停用抑制血小板功能的药物、控制高血压、局部加压止血、口服避孕药控制月经过多以及应用纤溶抑制剂。若仍不能控制出血，可考虑使用重组人活化因子 VII。

（2）初诊 ITP 患者的一线治疗

1）地塞米松：40mg/d×4d，口服或静脉给药，无效者半个月后可重复 1 疗程。

2）泼尼松：1.0mg/（kg·d），分次或顿服，病情稳定后快速减至最小维持量（<15mg/d），4 周后无效者应迅速减量至停用。对糖皮质激素治疗不能维持疗效者，应考虑二线治疗方案。长期使用糖皮质激素药物治疗者，应充分考虑药物不良反应。

3）IVIg：剂量同上。主要用于：① ITP 的紧急治疗；②不能耐受糖皮质激素者；③脾切除术前准备；④妊娠或分娩前；⑤部分慢作用药物发挥疗效之前。IgA 缺乏和肾功能不全患者慎用。

（3）成人 ITP 的二线治疗：包括脾切除及相关药物治疗，具体药物见表 11-2-3。

表 11-2-3　成人 ITP 二线治疗常用药物

药物	用法用量	注意事项
利妥昔单抗	标准剂量 375mg/m²，每周 1 次，连用 4 周；小剂量 100mg/m²，每周 1 次，连用 4 周；或 375mg/m²，用 1 次，静脉滴注	平均起效时间 4~6 周，活动性乙肝患者禁用
重组人血小板生成素	1.0μg/（kg·d），连用 14d，皮下注射	PLT ≥ 100×10⁹/L 时停药
艾曲波帕	起始 25mg/d，顿服，最大 75mg/d	PLT ≥ 100×10⁹/L 时减量，PLT ≥ 200×10⁹/L 时停药
罗米司亭	起始剂量 1μg/kg，每周 1 次，皮下注射	PLT<50×10⁹/L 时每周加 1μg/kg，最大剂量 10μg/kg，持续两周 PLT ≥ 100×10⁹/L 时每周减 1μg/kg，PLT ≥ 200×10⁹/L 时停药

（四）临床问题导向的药物治疗

1. ITP 患者治疗后的疗效如何判断？糖皮质激素治疗无效或疗效不能维持者应如何治疗？

ITP 患者治疗的疗效判断分为①完全反应（complete response, CR）：治疗后 PLT ≥ 100×10⁹/L，无出血症状；②有效（response, R）：治疗后 PLT ≥ 30×10⁹/L，至少比基础血小板计数增加 2 倍，且无出血症状；③无效（no response, NR）：治疗后 PLT<30×10⁹/L 或者血小板计数增加不到基础值的 2 倍或有出血症状；④复发：治疗有效后血小板计数降至 30×10⁹/L 以下，或未达基础值的 2 倍，或出现出血症状；⑤持续有效：疗效维持至少 6 个月；⑥早期反应：治疗开始 1 周达到有效标准；⑦初步反应：治疗开始 1 个月达到有效标准；⑧缓解：治疗开始后 12 个月时 PLT 计数

$\geq 100 \times 10^9/L$。在判定 CR 或 R 时,应至少检测 2 次,至少间隔 7 日。定义复发时应至少检测 2 次,至少间隔 1 日。

糖皮质激素治疗后如不能维持应考虑二线治疗,若治疗 4 周仍无反应,应迅速减量至停用,并开始二线治疗。二线治疗可选用促血小板生成药物、抗 CD20 单克隆抗体、重组人 TPO 联合剂利妥昔单抗、脾切除以及 Ⅲ 期临床试验,无效者可尝试其他免疫抑制剂,如硫唑嘌呤、环孢素、达那唑等。此外,对于诸多治疗手段疗效不佳或者不能耐受副作用者,可尝试参加临床试验。

2. 重度血小板减少的 ITP 患者发生急性出血时应如何治疗?

对于该类患者应紧急入院治疗并将其血小板迅速提升至 $50 \times 10^9/L$ 以上。提升血小板的治疗方式有血小板输注、大剂量糖皮质激素冲击治疗和 / 或 IVIg。另外,还应根据出血的部位采取止血措施,比如月经过多者可采取口服避孕药止血、消化道出血者可采取质子泵抑制剂、生长抑素、介入栓塞等止血等。此外,还应该控制血压、停用抑制血小板功能的药物等。出血严重者,可考虑使用重组人活化因子 Ⅶ。

3. 妊娠合并 ITP 的患者应如何诊治?

对于妊娠期伴血小板减少的患者,首先应明确诊断。妊娠合并 ITP 患者的临床表现缺乏特异性,患者妊娠前即有 ITP 病史或者妊娠早期即出现重度血小板减少者,符合常规 ITP 诊断标准,且排除其他引起妊娠期血小板减少的疾病,考虑诊断妊娠合并 ITP。

这类患者的治疗需要血液科、产科、新生儿科医师共同完成,需综合考虑对孕妇本身及胎儿的影响。PLT $\geq 30 \times 10^9/L$、孕周 <36 周,无出血症状及急症分娩表现者可监测随访。一线治疗药物可选糖皮质激素和 IVIg,由于与地塞米松相比,泼尼松不易透过胎盘屏障,且研究表示短疗程、低剂量泼尼松对孕妇相对安全,因此妊娠合并 ITP 患者,首选泼尼松治疗。另外,当患者需要快速提升血小板或者泼尼松治疗无效时,可采用 IVIg 治疗或者血小板输注。对于上述一线单药治疗无效或不能维持的患者,可以选择大剂量泼尼松与 IVIg 联用方案、脾脏切除(孕中期)、静脉抗 D 免疫球蛋白、重组人 TPO。适用于普通患者的

环孢素、利妥昔单抗、长春新碱等其他免疫抑制剂和细胞毒性药物由于对孕妇、胎儿具有不同程度的毒性,应慎用或禁用。ITP 患者分娩时,血小板需达到一定数值才相对安全,自然分娩时血小板应 $\geq 50 \times 10^9/L$,剖宫产及硬膜外麻醉时血小板应 $\geq 80 \times 10^9/L$。

4. 糖皮质激素使用注意事项

严重的 ITP 患者往往需要长期糖皮质激素治疗,可导致多种不良反应和并发症,严重时危及生命。不良反应主要有医源性皮质醇增多症、消化性溃疡、感染、停药反应等。使用时应注意和其他药物之间的相互作用,如近期使用巴比妥酸盐、卡马西平、苯妥英、利福平等药物,可能会增强代谢并降低全身性糖皮质激素的作用,相反,口服避孕药或利托那韦可以升高糖皮质激素的血药浓度;糖皮质激素与排钾利尿药(如噻嗪类或呋塞米类合用),可以造成过度失钾,应注意检测血钾,必要时补钾;糖皮质激素和非甾体抗炎药合用时,消化道出血和溃疡的发生率会增高;长期使用糖皮质激素可导致骨质疏松,应注意补钙;激素顿服的患者服药时间应定在早晨 8 点前,饭后服用,以尽可能符合糖皮质激素的生理分泌规律并减少对胃肠道的刺激。

5. 环孢素的主要不良反应及使用注意事项

环孢素的主要不良反应为消化道症状、齿龈增生、多毛、色素沉着、肌肉震颤、肝肾功能损害、头痛和血压变化等,多数患者症状轻微,对症处理或停药后可缓解。部分一线药物治疗失败的 ITP 患者需口服环孢素维持治疗,环孢素使用时应注意详细询问患者的服用方法,提示患者采用正确的服用方法即:按时服药,整粒吞服。使用环孢素过程中,需密切监测环孢素的血药浓度:①对患者或其家属宣讲监测注意事项及有关知识,这对于维持患者环孢素的血药浓度的稳定,避免可能发生的浓度过低导致疗效不佳或浓度过量发生药物中毒反应有十分重要的意义;②关注患者的合并用药与饮食习惯:环孢素主要通过肝脏细胞色素 P450 酶系(CYP)中的 CYP3A3/4 酶代谢。临床许多药物通过抑制或诱导此酶而增加或降低环孢素的血药浓度,往往导致血药浓度波动,因此,在环孢素使用期间需注意合并用药情况。应仔细询问患者服用的每一种药物,密切注意患者服用上述药物前后血药浓度的变化,以分析可能影响血

药浓度的药物因素,及时沟通调整剂量,避免由于合并用药导致的血药浓度异常波动。另外,环孢素呈脂溶性,与某些脂溶性食物如牛奶、果汁同服时,可促进其吸收,但需注意葡萄柚及葡萄柚汁为肝药酶抑制剂,与环孢素同服可影响其代谢,使其血药浓度明显升高,增加中毒风险,需避免同时服用。

(五) 药物治疗展望

数十年来,糖皮质激素一直是ITP患者治疗的常规首选。近年来,利妥昔单抗、重组人TPO、艾曲波帕、罗米司亭等新药的涌现,让不适用糖皮质激素的患者有了更多选择。TPO类药物起效快、副作用相对较轻、耐受性好,但往往需维持用药。新药或治疗新方案临床试验的涌现,让ITP患者有了更多治疗选择,但仍有待进一步大规模临床研究的开展。

五、再生障碍性贫血

再生障碍性贫血(aplastic anemia, AA),简称再障,是一种由于物理、化学、生物或不明原因引起的骨髓造血干细胞及骨髓微环境受损的骨髓造血衰竭综合征。根据病因,AA可分为原发性和继发性,根据病情轻重和进展情况分为非重型再障(NSAA)、重型再障(SAA)和极重型再障(VSAA)。AA的发病有地区倾向,东方国家的发病率高于西方国家,我国AA年发病率为0.74/10万人,其发病也存在性别、年龄差异,我国调查统计显示,男性发病率高于女性,男女之比为1.18:1,男性发病率在中年期有较明显的下降,女性在青春期有较明显上升,男女NSAA发病率在老年期均存在明显高峰。

(一) 临床表现与诊断

1. 临床表现 AA患者主要表现为出血、贫血和感染,其临床表现与受累细胞系的种类、细胞减少的速度及程度有关。

(1) 出血:常见皮肤黏膜出血,年轻女性可出现月经过多和不规则阴道出血,严重者可发生重要脏器出血,颅内出血是主要的死因。

(2) 贫血:常为进行性,患者可出现乏力、活动后气短、心悸等症状。

(3) 感染:感染危险程度与粒细胞减少程度及持续时间、感染部位相关。

2. 辅助检查

(1) 血象:全血细胞减少,少数患者早期可仅有一系或两系减少。网织红细胞计数绝对值降低,贫血一般为正细胞正色素性,细胞形态正常,淋巴细胞比例相对升高。

(2) 骨髓象:多部位穿刺涂片增生减低或重度减低,非造血细胞增多,偶见红系轻度病态造血。骨髓活检的主要特点是有效造血面积减少,脂肪组织、网状细胞、组织嗜碱性粒细胞和浆细胞增多,骨髓间质水肿和出血,无纤维化表现。

(3) 其他:①肝肾、甲状腺功能、病毒学等检查,帮助提示AA属原发性还是继发性;②细胞遗传学检查帮助鉴别骨髓增生异常综合征(myelodysplastic syndrome, MDS);③ T细胞亚群分析显示CD4$^+$/CD8$^+$倒置,Th1/Th2倒置;④流式细胞术检测提示骨髓CD34$^+$细胞数量下降、阵发性睡眠性血红蛋白尿(paroxysmal nocturnal hemoglobinuria, PNH)克隆阴性;⑤血浆造血生长因子水平显示促红细胞生成素(erythropoietin, EPO)、粒细胞集落刺激因子(granulocyte colony stimulating factor, G-CSF)、促血小板生成素(thrombopoietin, TPO)增高;⑥核素检查可对残存的造血灶、造血组织分布情况及造血抑制程度进行评估,可直接或间接判断骨髓的整体造血功能。

3. 诊断 根据《再生障碍性贫血诊断与治疗中国专家共识(2017年版)》,诊断要点如下:

(1) 血常规:全血细胞(包括网织红细胞)减少,淋巴细胞比例增高。至少符合下列三项中的两项:①血红蛋白<100g/L;②血小板计数<50×10^9/L;③中性粒细胞绝对值(absolute neutrophil count, ANC)<1.5×10^9/L。

(2) 骨髓:穿刺显示多部位(不同平面)骨髓增生减低或重度减低;小粒空虚,非造血细胞(淋巴细胞、网状细胞、浆细胞、肥大细胞等)比例增高;巨核细胞明显减少或缺如;红系、粒系细胞均明显减少。活检示全切片增生减低,造血组织减少,脂肪组织和/或非造血细胞增多,网硬蛋白不增加,无异常细胞。

(3) 除外检查:必须除外先天性和其他获得性、继发性骨髓造血衰竭如PNH、低增生性MDS/AML、自身抗体介导的全血细胞减少等。

4. 分型 根据疾病严重程度分为NSAA、SAA和VSAA,SAA又分为SAA-Ⅰ型和SAA-Ⅱ型。

（1）SAA-I型：①骨髓细胞增生程度<正常的25%，如≥正常的25%但<50%，则残存的造血细胞应<30%；②血常规ANC<0.5×10⁹/L，网织红细胞绝对值<20×10⁹/L，血小板<20×10⁹/L，至少需具备以上血常规异常条件中的两项。

（2）VSAA：符合SAA-I型标准条件下，若ANC<0.2×10⁹/L则为VSAA。

（3）NSAA：不符合SAA诊断标准的AA患者为NSAA，若NSAA进展为SAA，则称为SAA-II型。

5. 鉴别诊断 须与其他引起全血细胞减少的疾病，如PNH、低增生性MDS/AML、自身抗体介导的全血细胞减少、意义未明的全血细胞减少、T细胞大颗粒淋巴细胞白血病、骨髓纤维化、恶性肿瘤骨髓转移、急性造血停滞等鉴别，另外还需鉴别先天性骨髓造血衰竭性疾病等。

（二）一般治疗原则

AA患者治疗的目标为通过及时和正规的治疗，降低SAA患者病死率，运用综合疗法，提高NSAA患者生存质量，改善患者预后。对于AA患者，提倡早期诊断、正规治疗、综合治疗、分严重程度治疗。对于获得性AA，应尽早寻找病因，避免与疾病诱因继续接触。

1. 支持治疗 包括保护性隔离、成分输血、预防及抗感染、祛铁治疗、心理治疗等。

2. 非重型再生障碍性贫血的治疗 包括促造血治疗、免疫抑制治疗、辅助中医中药治疗等。

3. 重型再生障碍性贫血的治疗

（1）异基因造血干细胞移植（allogeneic hematopoietic stem cell transplantation，allo-HSCT）：该方法是年龄小于35岁的SAA患者的一线治疗方法，首选同胞全相合供体，在无同胞全相合供体的情况下，根据《再生障碍性贫血诊断与治疗中国专家共识（2017年版）》，满足以下所有条件时可选用无关全相合供体移植：①有HLA全相合（在DNA水平I类抗原和II类抗原）供者；②年龄<50岁（50~60岁间，须一般状况良好）；③SAA或VSAA患者；④无HLA同胞全相合供者；⑤至少1次抗胸腺细胞球蛋白（antithymocyte globulin，ATG）/抗淋巴细胞球蛋白（antilymphocyte globulin，ALG）和环孢素治疗失败；⑥造血干细胞移植时无活动性感染和出血。然而，SAA及VSAA患者往往病情进展迅速，而

无关供体寻找时间较长，随着国内亲缘半相合移植技术的快速发展，国内多家移植中心已陆续开展亲缘半相合移植治疗SAA、VSAA患者。另外，对于儿童患者，脐血移植也成为SAA的重要有效治疗手段。

（2）免疫抑制治疗：ATG/ALG联合环孢素的免疫抑制治疗（immunosuppressive therapy，IST）适用于：①年龄>35岁或年龄虽≤35岁但无HLA同胞全相合供体的SAA或VSAA患者；②输血依赖的NSAA患者；③环孢素治疗6个月无效的患者。

（3）其他免疫抑制剂：国内外有大剂量环磷酰胺、霉酚酸酯、他克莫司、抗CD52单抗等免疫抑制剂对AA患者治疗有效的报道，但目前仍未有统一定论，仍需进一步进行多中心大样本临床研究。

（4）促造血治疗：艾曲波帕是血小板受体激动剂，美国FDA已批准其用于难治性SAA患者的治疗。随后，基于一项发表于 *The New England Journal of Medicine* 杂志的艾曲波帕I/II期临床研究数据，艾曲波帕联合IST成为2岁以上儿童及成人SAA患者的一线治疗方案。其余促造血治疗见下文。

（三）基本治疗药物及治疗方案

AA最早于1885年由Paul Ehrlich报道，1904年Vaquez提出了AA这一概念，随后Cabot等描述了AA的临床特征。经过历年来研究，人们认识到AA的发病机制主要为造血干细胞缺陷、造血微环境异常及免疫异常，其中T淋巴细胞异常活化、功能亢进在原发性获得性AA发病中起主要作用。

造血干细胞移植可使正常干细胞植入患者体内，取代原来衰竭的骨髓，现已成为年轻SAA患者一线治疗的首选。免疫异常活化是AA的重要发病机制之一，因此免疫抑制治疗对于不适用于移植的SAA患者至关重要。ATG/ALG联合环孢素是AA患者的经典免疫抑制疗法。CD52单抗是近年来出现的新型免疫抑制剂，其可有效清除淋巴细胞和抗原提呈细胞。国外临床研究显示，CD52单抗对复发难治性AA有显著疗效，可作为使用ATG/环孢素后复发或无效患者的备选方案，但仍需进一步临床研究证实。

促造血治疗也是 AA 的重要治疗手段,可改善造血微环境、促进血细胞形成。除 EPO、TPO 等,艾曲波帕等血小板生成素受体激动剂近年来得到广泛关注,最早发现其可刺激骨髓干细胞增殖和分化,提升血小板水平,2008 年被美国 FDA 批准用于慢性特发性血小板减少性紫癜的治疗。进一步研究发现,艾曲波帕在部分 AA 患者中可刺激三系造血,2014 年 8 月,其被批准用于 IST 治疗失败的 SAA 患者,2018 年 11 月美国 FDA 批准扩大其适应证,联合 IST 用于 2 岁及以上儿童和成人 SAA 患者的一线治疗。此外,尚有其他 AA 相关新药或者药物扩大适应证的临床试验正在开展。

1. 基本治疗药物

(1)NSAA:雄激素、环孢素、造血生长因子、中医中药等。

(2)SAA:ATG/ALG、环孢素、其他免疫抑制剂等。

2. 基本药物的用法用量及使用疗程

(1)雄激素:司坦唑醇 2mg,每日 3 次,口服;十一酸睾酮 40mg,每日 3 次,口服;达那唑 0.2g,每日 3 次,口服。雄激素需用药 6 个月才能判断疗效,病情缓解后不宜立刻停药,需维持治疗,总疗程在 2 年以上,以减少复发。

(2)环孢素:3~5mg/(kg·d),分 2 次口服。治疗宜维持 1 年以上,待达到最大疗效后再缓慢逐渐减量,直至停药。环孢素治疗 AA 的效果与血药浓度具有相关性。目前确切有效血药浓度并不明确,有效血药浓度窗较大,一般目标血药浓度(谷浓度)为成人 150~250ng/ml,儿童 100~150ng/ml。鉴于肾毒性和高血压的风险,建议老年再障患者的环孢素治疗血药谷浓度在 100~150ng/ml。环孢素起效较慢,一般需要 3 个月甚至更长时间才会出现疗效;疗程较长,减量过快会显著增加复发风险,因此推荐达到最大疗效后,在减药之前继续服用至少 12 个月,再缓慢减量,如每 3 个月减少 25mg。缓解常为持续性,但部分患者停药后可复发,复发后再度应用环孢素多数患者仍有效。

(3)ATG/ALG:用量根据厂家和免疫动物来源不同,一般来源于猪的 ALG 用量 20~30mg/(kg·d),来源于兔的 ATG 用量 3~4mg/(kg·d),

连用 5 日。可与环孢素组合形成强化免疫抑制方案。强化免疫抑制治疗后可能出现复发,第一次治疗无效或是复发患者推荐第二次使用,多数患者 3 个月以上才显示疗效,因此两次给药间隔一般应至少 3 个月,30%~60% 的患者第二次治疗后有效。

(4)其他

1)G-CSF:5~10μg/(kg·d),皮下注射。

2)EPO:50~100U/(kg·d),皮下注射。

3)TPO:300U/(kg·d),皮下注射。

4)IL-11:25~50μg/(kg·d),皮下注射。

5)艾曲波帕:150mg/d,口服。

(四)临床问题导向的药物治疗

1. SAA 患者的一线治疗方案如何?一线治疗失败的 SAA 患者应如何选择后续治疗?治疗后如何判断患者疗效?

根据《再生障碍性贫血诊断与治疗中国专家共识(2017 年版)》推荐,对于年龄小于 35 岁且有同胞全相合供体的患者,首选同胞全相合造血干细胞移植,对于其他患者,国内指南推荐首选 IST 治疗,近期美国 FDA 批准艾曲波帕联合 IST 用于 2 岁及以上儿童和成人 SAA 患者的一线治疗。对于免疫治疗无效的患者,可以选择进行第 2 次免疫治疗,或者行造血干细胞移植。2 次 IST 仍无效的患者,应行造血干细胞移植。随着移植技术的发展,未来替代供体移植有望成为一线治疗。

AA 患者疗效评判标准如下:

(1)基本治愈:贫血和出血症状消失,血红蛋白男性达 120g/L、女性达 110g/L,中性粒细胞达 1.5×10^9/L,血小板达 100×10^9/L,随访 1 年以上未复发。

(2)缓解:贫血和出血症状消失,血红蛋白男性达 120g/L、女性达 100g/L,白细胞达 3.5×10^9/L 左右,血小板有一定程度增加,随访 3 个月病情稳定或继续进步。

(3)明显进步:贫血和出血症状明显好转,不输血,血红蛋白较治疗前 1 个月内常见值增长 30g/L 以上,并能维持 3 个月。判定以上 3 项疗效标准者,均应 3 个月内不输血。

(4)无效:经充分治疗后,症状、血常规未达明显进步。疗效评价应根据 2 次或 2 次以上至少间隔 4 周的外周血细胞计数检查,并且在患者停用细胞因子治疗时进行。

2. 老年 AA 患者的治疗 IST 疗法是老年 SAA 患者首选,但 ATG/ALG 用于老年患者时,应权衡风险与获益。由于老年患者行造血干细胞移植的风险高,移植后并发症出现的可能性大,因此,造血干细胞移植不是老年 SAA 患者的一线治疗方案,然而,对于部分一般情况好且有同基因供体的老年 SAA 患者,可视具体情况综合考虑。

而对于老年 NSAA 患者,尽管 ATG 联合环孢素比单用环孢素疗效更好,但是,联合治疗时副反应大、风险高,因此是否联用应根据患者具体情况判断。其他治疗包括单药环孢素、雄激素及阿仑单抗。另外也可给予中医中药等支持对症治疗。

3. 妊娠 AA 患者的治疗 妊娠合并 AA 具体治疗方案的选择应该根据患者是否终止妊娠、妊娠所处的阶段等具体选择。若患者选择终止妊娠,则流产或引产过程中应加强支持治疗,防止出血、贫血和感染的加重,其余同一般 AA 治疗。若患者选择继续妊娠,除一般支持治疗外,可选择环孢素治疗,环孢素可以通过胎盘,但动物试验未见胚胎致死或致畸情况的发生,目前国内外指南认为妊娠过程使用环孢素相对安全,妊娠期间应在血液科、妇产科医师的共同指导下用药,密切监测病情及胚胎发育情况。促造血细胞因子在妊娠期的应用报道较少,对于孕中晚期 SAA 患者可考虑短期应用。ATG/ALG 在妊娠期应用的安全性尚不明确,因此不推荐使用。若本病疗效不佳,应综合考虑患者继续妊娠的风险和本病进展风险做出选择。

4. AA 患者合并感染的治疗 AA 患者中性粒细胞低下,感染风险高,长期使用抗菌药预防感染易并发真菌感染,尤其是 SAA 患者可能发生致命性的曲霉菌感染,治疗不及时可导致死亡。因此,AA 患者发热时需提高警惕,经验性治疗不宜从抗菌谱窄、级别低的药物开始,初始抗菌药物的使用应遵循"重锤出击"原则,同时,应积极寻找病原学依据,根据药敏情况选择针对性抗菌药物。抗细菌治疗无效或最初有效而再次发热者应予以抗真菌治疗。

5. AA 患者合并铁过载的治疗 因 AA 患者常需反复输血,多数患者存在铁过载,铁过载可导致重要脏器(尤其是心脏、肝脏、垂体、关节等)结构和功能障碍。目前认为当血清铁蛋白大于 1 000μg/L 时应开始祛铁治疗,目前多采用去铁胺和地拉罗司。其中,去铁胺价格低廉,已纳入医保,皮下注射去铁胺存在局部出血及感染的风险,如果患者不能耐受皮下注射去铁胺则可以考虑静脉注射,但去铁胺用药复杂,且起效时间较长,患者依从性欠佳。地拉罗司是美国 FDA 批准的第一个能够常规使用的口服祛铁剂,获准在 ≥2 岁、输血造成的慢性铁负荷过多的患者中使用,具有良好的安全性和耐受性,使用方便,患者依从性好,但药价昂贵。对于 ATG 或成功骨髓移植 AA 患者中出现的铁过载,可采用静脉放血疗法。

6. ATG/ALG 的不良反应及处理 ATG/ALG 的急性不良反应有过敏反应和其他症状,如寒战、发热、僵直、皮疹、高血压或低血压、液体潴留等,严重过敏反应罕见,但可威胁生命。迟发性不良反应包括血小板下降、血清病等。用药前应行过敏性试验,试敏阴性者方可用药,每日使用 ATG/ALG 之前给予糖皮质激素及抗组胺药预防过敏反应。ATG/ALG 有抗血小板活性,不能在输注 ATG/ALG 的同时输注血小板,使用 ATG/ALG 期间需维持血小板计数大于 10×10^9/L(英国指南推荐血小板计数大于 30×10^9/L)。患者应该被单独隔离护理,任何发热,包括考虑可能与输注 ATG 有关的发热都应该早期应用广谱抗菌药物治疗。血清病一般出现在 ATG/ALG 治疗后的 1 周左右,症状包括关节痛、肌痛、皮疹、轻度蛋白尿和血小板减少等。如果出现血清病则静脉给予肾上腺皮质激素冲击治疗,总量以泼尼松 1mg/(kg·d)换算为氢化可的松或甲泼尼龙,根据患者情况调整剂量和疗程。可以通过更换不同动物来源的 ATG/ALG 来减少发生过敏反应和严重血清病的发生风险。ATG/ALG 可使感染和出血加重,使用前应控制感染和出血。

7. 雄激素的不良反应及处理 雄激素的不良反应包括对患者生殖系统的影响和其他副反应。对生殖系统的影响有:女性长期用药可能引起闭经、阴蒂肥大、乳房缩小等;男性长期用药可能引起精子减少、精液缺乏、睾丸缩小等；儿童长期用药可能加速骨成熟及副性征早熟；另外，睾酮还可能加重前列腺癌。因此 AA 患者使用雄激素治疗时，应综合考虑，对于前列腺癌高危患者，应增加前列腺癌相关检查。

雄激素的其他副反应有肝损害、恶心、呕吐、消化不良、腹泻、水钠潴留和血脂改变等。应定期检查生化指标，加用保肝药物，根据患者情况及时调整用药，多数不良反应随着药物减量或停用可逐渐减弱或消失。

（五）药物治疗展望

AA 的传统治疗手段包括异基因造血干细胞移植、免疫抑制治疗、促造血治疗及雄激素治疗。近年来 AA 的治疗进展主要集中在造血干细胞移植过程中供体选择、预处理方案、干细胞来源等方面。而治疗药物方面，近年来热点为艾曲波帕，目前，其已被美国 FDA 批准联合标准免疫抑制疗法用于 2 岁及以上儿童和成人 SAA 的一线治疗，这使其成为美国市场十多年来用于初诊 SAA 患者的首个新药。国内也正开展血小板生成素受体激动剂治疗 AA 的相关临床研究。

六、多发性骨髓瘤

多发性骨髓瘤（multiple myeloma，MM）是一种恶性克隆性浆细胞疾病，约占所有血液肿瘤的 10%，多见于老年人，在不同地区人群中的发病率从 0.4/10 万 ~5/10 万不等。骨髓中单克隆浆细胞增生并广泛浸润，正常多克隆浆细胞及免疫球蛋白受抑是 MM 的主要特点。MM 的病因目前仍未完全清楚，可能与电离辐射、化学毒物、病毒感染、分子遗传学异常、长期抗原刺激等因素有关。目前 MM 仍无法治愈，治疗目标为延长患者生命、改善生活质量。

（一）临床表现与诊断

1. 临床表现 MM 临床表现主要分两类：骨髓瘤细胞浸润相关表现及血浆蛋白异常相关表现。前者主要包括：骨质破坏、贫血、神经系统症状、髓外浸润症状。后者主要包括感染、肾功能损害、高黏滞综合征、出凝血异常、淀粉样变性。各类临床表现中，血钙增高（calcium elevation）、肾功能不全（renal insufficiency）、贫血（anemia）和骨病（bone disease）被统称为"CRAB"症状。

2. 辅助检查

（1）血象：血常规示贫血，多为正细胞性，血细胞涂片示红细胞缗钱状排列，部分可见少量异常浆细胞。

（2）骨髓检查：骨髓涂片示异常浆细胞增多，另外骨髓活检可见破骨反应。部分患者骨髓细胞遗传学检查可发现染色体异常。

（3）生化检查：大部分患者球蛋白、总蛋白增高，部分患者血钙、β_2 微球蛋白、乳酸脱氢酶、肌酐、C 反应蛋白等可增高，通常血清碱性磷酸酶不增高。

（4）尿液检查：可有蛋白尿、管型尿、血尿等肾功能损害表现。尿蛋白电泳可有本-周蛋白。24h 尿蛋白可能异常升高。

（5）血清 M 蛋白：蛋白电泳中 M 蛋白呈单峰突起，根据免疫固定电泳鉴定的 M 蛋白类型可对 MM 进行分型。

（6）影像学检查：X 线片多见扁骨多发溶骨性骨质破坏，可有病理性骨折表现，早期表现为骨质疏松，可进一步做 CT 或 MRI 检查。

3. 诊断标准 参考 2020 年 V3 版美国国立综合癌症网（national comprehensive cancer network，NCCN）指南、2014 国际骨髓瘤工作组（international myeloma working group，IMWG）MM 诊断标准（更新版）以及《中国多发性骨髓瘤诊治指南》（2020 年版），具体诊断标准如下：

（1）冒烟型（无症状）骨髓瘤：①血清单克隆蛋白 ≥3g/dl 或者本-周蛋白 ≥500mg/24h；②骨髓中单克隆浆细胞比例达 10%~59%；③无骨髓瘤相关器官损害及淀粉样变性（如果前期骨检查结果阴性，则需进一步行全身 MRI、PET-CT 或者低剂量 CT 扫描）。诊断需满足①/②+③。

（2）活动性（有症状）骨髓瘤

1）骨髓单克隆浆细胞比例 ≥10% 或活检证实有骨/髓外浆细胞瘤。

2）血清和/或尿出现单克隆 M 蛋白。

3）骨髓瘤引起的相关表现：骨髓瘤引起的特异性终末靶器官损害表现（CRAB）：①校正血清钙 >2.75mmol/L（>11mg/dl）或者高于正常值上限 0.25mmol/L（>1mg/dl）；②肾功能不全（肌酐 >2mg/dl 或肌酐清除率 <40ml/min）；③贫血（血红蛋白 <100g/L 或者低于正常值下限 20g/L）；④骨骼 X

片、CT 或 PET-CT 提示至少 1 处溶骨性骨质破坏。

无靶细胞损害表现,但出现以下一项或多项指标异常(SLiM):①骨髓单克隆浆细胞≥60%;②受累 / 非受累血清轻链比值≥100;③MRI 检查发现 1 处以上≥5mm 的局灶性骨质破坏。满足1)+2)及 3)中任何 1 项。

4. 分型 根据增多的异常 M 蛋白类型,分为:IgG 型、IgA 型、IgD 型、IgM 型、IgE 型、轻链型(κ 轻链型、λ 轻链型)、双克隆型和不分泌型(当血尿 M 蛋白未检出、诊断为不分泌型 MM 时,需骨髓单克隆浆细胞≥30% 或活检为浆细胞瘤)。

5. 分期 目前指南多使用 ISS 和 R-ISS 分期系统,具体见表 11-2-4:

表 11-2-4 ISS 分期和 R-ISS 分期

分期	ISS	R-ISS
I	血清 β2 微球蛋白 <3.5mg/L,血清白蛋白≥3.5g/dl	ISS 为 I 期且 FISH 评估为非高危组,血清 LDH 正常
II	非 I 或 III 期	非 I 或 III 期
III	血清 β2 微球蛋白≥5.5mg/L	ISS 为 III 期;FISH 评估为高危组[del(17p),t(4;14),t(14;16)]或血清 LDH 高于正常

6. 鉴别诊断 MM 需与反应性浆细胞增多、单克隆丙种球蛋白血症、巨球蛋白血症、骨转移癌以及重链病、B 细胞淋巴瘤等其他产生 M 蛋白的疾病相鉴别。

(二)一般治疗原则

1. 冒烟型骨髓瘤不推荐立即治疗,3~6 个月评估一次观察是否进展,高危者可选择参加临床研究,进展至活动性骨髓瘤者治疗同活动性骨髓瘤。

2. 孤立性浆细胞瘤可行手术和 / 或放疗,进展至 MM 者治疗同 MM。

3. 活动性骨髓瘤应立即予以原发病治疗以及骨病治疗在内的支持治疗。

4. 年龄≤65 岁、体能状态好或虽年龄 >65 岁但全身体能状态评分良好,适合行自体造血干细胞移植(autologous hematopoietic stem cell transplantation,auto-HSCT)者,避免使用烷化剂和亚硝基脲类药物。

5. 有合适临床试验的患者,应考虑进入临床试验。

6. 对诱导治疗有效的患者,若适合 auto-HSCT,应进入 auto-HSCT 程序,继续巩固和维持治疗。Auto-HSCT 进展的患者可进行再诱导治疗或临床试验;未行移植的稳定期患者可予以维持治疗或临床试验,疾病进展时可进行再诱导、临床试验联用 / 不联用 auto-HSCT。Allo-HSCT 通常用于复发难治患者或临床试验。

7. 复发难治性 MM 需进行个体化评估后决定治疗的时机和方式,可换用其他化疗方案,或参加临床试验,或行造血干细胞移植。另外条件合适者,可考虑行嵌合抗原受体(chimeric antigen receptor,CAR)-T 细胞治疗,缺乏有效治疗手段者可予以姑息治疗。

(三)基本治疗药物及治疗方案

MM 的治疗药物及手段主要包括:细胞毒药物、免疫调节剂、蛋白酶体抑制剂、组蛋白去乙酰化酶抑制剂、单克隆抗体药物、细胞治疗、干细胞移植等。目前,临床上初始治疗基本上均采用含硼替佐米、来那度胺的方案。

马法兰和泼尼松是 MM 患者的传统治疗药物,早在 1968 年,其联合用药方案首次用于 MM 患者并取得较好疗效,随后衍生出其他联合用药方案。免疫调节剂具有加速肿瘤细胞凋亡、抑制血管新生、免疫调节及骨髓微环境调节等作用,其中沙利度胺最先于 1999 年首次被报道可用于复发难治性 MM 患者,2003 年报道了其联合地塞米松用于初治 MM 患者。2006 年二代免疫调节剂来那度胺获美国 FDA 批准用于 MM 治疗,随后三代的泊马度胺于 2013 年获美国 FDA 批准,适用于既往接受过两种药物且最近治疗进行中或完成 60 日内疾病进展的 MM 患者。蛋白酶体抑制剂也是 MM 重要治疗药物,主要有硼替佐米、卡非佐米、伊沙佐米,三者均在 2020 年 NCCN 指南中获推荐,目前国内主要应用硼替佐米,其于 2003 年获美国 FDA 批准用于复发难治性 MM 患者治疗,通过进一步临床研究,其联合用药方案成为初治患者诱导治疗的优先推荐,单药被推荐用于维持治疗。卡非佐米是第二个获美国 FDA 批准的蛋白酶体抑制剂,用于治疗前至少接受过 2 种药物治疗的 MM,目前国内未上市。伊沙佐米是首个口服、高选择性蛋白酶体抑制剂,于 2015 年获美国 FDA 批准联合来那度胺 / 地塞米松用于至少接受过一线治疗的 MM 患者。2018 年其在国内获 CFDA 批准用于同类适应证,并被纳入医保。因其每周仅需口服 1 次,大大提高了患者依从性,对改善患者生活质量有重要意义。

此外,尚有许多其他治疗手段,如 CD38 单克隆抗体达雷妥尤单抗、CAR-T 细胞治疗等,其在 MM,尤其是复发难治 MM 患者中具有广阔的应用前景。

1. 基本治疗药物 MM 的基本治疗药物包括化疗药物、骨保护剂和支持治疗药物。其中,化疗药物主要有:硼替佐米、卡非佐米、伊沙佐米、来那度胺、沙利度胺、泊马度胺、马法兰、环磷酰胺、地塞米松、泼尼松、阿霉素、长春新碱、苯达莫司汀等,另外还有一些新药,如去乙酰化酶抑制剂、信号转导调节剂、单克隆抗体、细胞靶向治疗药物、基因靶向治疗药物等;骨保护剂有:双膦酸盐、狄诺塞麦;支持治疗药物有:针对贫血的促红细胞生成素(erythropoietin, EPO)、抗感染药物、肾脏保护药物、抗凝药物等。

2. 诱导治疗方案 有症状的 MM 初始治疗前应将患者分为适合移植和不适合移植两类。具体划分标准应根据患者的年龄、重要脏器功能综合决定。根据 2020 年 V3 版 NCCN 指南,推荐诱导方案如下:

(1)适合移植者

优先推荐:来那度胺/硼替佐米/地塞米松(RVd)、硼替佐米/环磷酰胺/地塞米松(VCD)。

其他推荐:卡非佐米/来那度胺/地塞米松(KRd)、伊沙佐米/来那度胺/地塞米松(IRd)。

部分适用:硼替佐米/阿霉素/地塞米松(PAD)、卡非佐米/环磷酰胺/地塞米松(KCd)、伊沙佐米/环磷酰胺/地塞米松(ICd)、硼替佐米/沙利度胺/地塞米松(VTD)、来那度胺/环磷酰胺/地塞米松(RCD)、达雷妥尤单抗/硼替佐米/沙利度胺/地塞米松(D-VTd)、硼替佐米/沙利度胺/地塞米松/顺铂/阿霉素/环磷酰胺/依托泊苷/(VTD-PACE)。

(2)不适合移植者

优先推荐:硼替佐米/来那度胺/地塞米松(RVd)、达雷妥尤单抗/来那度胺/地塞米松(DRD)、来那度胺/低剂量地塞米松(Rd)、硼替佐米/环磷酰胺/地塞米松(VCD)。

其他推荐:KRd、IRd、达雷妥尤单抗/硼替佐米/马法兰/泼尼松(D-VMP);

部分适用:硼替佐米/地塞米松(VD)、RCD、KCd。

3. 巩固治疗方案 对于移植后未获得完全缓解以上疗效者,可用先前有效的方案巩固治疗 2~4 疗程。

4. 维持治疗方案 推荐使用来那度胺、硼替佐米或伊沙佐米单药,或硼替佐米联合来那度胺,因费用问题,国内也可选用沙利度胺或联用糖皮质激素。

(四)临床问题导向的药物治疗

1. 临床上患者使用硼替佐米后出现了治疗副反应,化疗方案应如何调整?

硼替佐米的副反应主要有恶心、呕吐、腹泻、疲劳、周围神经病变及血细胞减少。当患者发生 3 级非血液学或任何 4 级血液学毒性时,应暂停治疗。毒性缓解后,可重新开始本品治疗,但剂量应减少 1/4。如果发生与硼替佐米治疗相关的神经痛或周围感觉神经病,应按以下推荐调整剂量进行治疗:1 级(感觉异常或者反射丧失),不伴有疼痛或者功能丧失,剂量不变;1 级伴有疼痛或者 2 级(功能障碍,但不影响日常生活),剂量降至 $1.0mg/m^2$;2 级伴有疼痛或者 3 级(不影响日常生活),暂停硼替佐米的治疗直至毒性缓解后恢复使用,剂量降至 $0.7mg/m^2$,并且改为每周注射 1 次;4 级(永久性感觉丧失,功能障碍)停止本药的治疗。

2. 临床上 MM 复发的患者应如何进一步治疗?

根据复发的类型:首次复发患者可以选用含蛋白酶体抑制剂、免疫调节剂或达雷妥尤单抗的联合化疗方案,可序贯造血干细胞移植,推荐对于 6 个月内复发者,应换用其他作用机制药物联合方案;多线复发患者治疗目标为提高患者生活质量,尽可能使患者获得最大程度缓解;侵袭/症状性复发与生化复发患者需启动化疗,无症状的生化复发且受累免疫球蛋白上升缓慢的患者,可予以观察,3 个月随访 1 次,若这类患者受累免疫球蛋白上升迅速,需开始治疗。复发的治疗方案:首先推荐进入合适的临床试验,尤其是 CAR-T 临床试验;对于对既往化疗方案敏感的患者,可选择以前化疗方案再治疗；其他患者需换用不同作用机制的药物联合化疗；对硼替佐米、来那度胺均耐药的患者，可考虑使用含达雷妥尤单抗的联合化疗方案；条件合适者可行造血干细胞移植。

3. 临床上对 MM 难治患者应如何治疗？

难治患者多为原发耐药，针对这类患者应换用新的联合化疗方案，有条件者尽快进入移植程序；也可参与临床试验，包括 CAR-T 临床试验、新药临床试验等。

4. 临床上微小残留病变（minimal residual disease，MRD）转阴对 MM 患者的意义？可否用于指导多发性骨髓瘤患者停药？

MRD 是在 MM 原有疗效评价基础上提出的新的判断指标，多项临床研究数据显示，MRD 阴性对 MM 患者预后具有重要意义。Lahuerta JJ 等在 JCO 发表相关文章，认为 MRD 阴性是适合移植及老年体健 MM 患者最重要的治疗终点之一。目前，大多数中心已将 MRD 转阴作为 MM 患者治疗目标。然而能否根据 MRD 结果停药目前无统一定论，仍需进一步多中心大样本临床研究来探索。

5. MM 患者使用骨保护剂的注意事项有哪些？

双膦酸盐是国内最常见的 MM 骨保护剂，能特异的与骨质中的羟膦灰石结合，抑制破骨细胞活性，从而抑制骨质吸收。

该类药常见不良反应为感冒样症状、胃肠道症状（主要为口服制剂）、眼部不良反应、颌骨坏死、肾功能异常、贫血等。其中以肾功能损害和颌骨坏死尤应重视。①颌骨坏死：长期应用双膦酸盐治疗的 MM 患者的发生率为 1.8%~12.8%。预防措施：使用双膦酸盐期间应保持口腔卫生，尽量避免侵入性的口腔操作，治疗口腔溃疡、口腔软组织肿胀及坏死骨暴露。加用抗菌药物有利于预防颌骨坏死的发生。有人推荐在进行口腔侵入性操作前的 1~3 个月，暂时停用静脉用双膦酸盐，当口腔内伤口愈合后再继续双膦酸盐的治疗。②肾功能损害：发生率为 9%~15%。肾毒性具有剂量和时间依赖性，因此，推荐每次使用双膦酸盐前以及在用药过程中需要动态监测肾功能。尤其每次给药前要保持水化状态，根据肌酐清除率调整药物剂量。在双膦酸盐应用过程中尽量避免或少用对肾功能有损害的药物，如必须使用，最好与双膦酸盐相隔 24h。

6. MM 患者伴有肾功能不全应如何治疗？

浆细胞病合并肾功能损害的机制是多方面的，其中以免疫球蛋白的轻链损伤肾小管最为重要。其他因素包括脱水、高钙血症、高尿酸血症、淀粉样变和使用有肾毒性的药物。

若肾功能损害时间较短，经有效治疗后可能完全恢复正常，但若治疗前肾功能损害已有较长时间，则往往很难完全恢复。肾功能损害预防的措施包括：维持足够的液体摄入量，以保证每日尿量达到 2 000ml 以上，以有利于轻链、尿酸以及钙的排出。必要时进行血浆置换，以迅速清除血浆中的 M 蛋白，减少轻链对肾脏的损害。避免使用对肾有毒副作用的化疗药物和抗菌药。如化疗前患者已出现严重肾功能衰竭，应先进行血浆置换治疗。

7. MM 患者伴有高钙血症应如何治疗？

（1）轻度高钙血症：对校正后血钙在 2.6~2.9mmol/L 的患者，可以通过口服水化来降低血钙水平。应给予低钙饮食，注意保证每日钠及水的摄入量。

（2）中重度高钙血症：对校正后血钙 ≥2.9mmol/L 的患者，应尽快进行静脉水化。高钙危象常有脱水、循环血容量不足的表现，应尽快予以纠正。一般每日需要补充生理盐水 3 000~4 000ml。静脉注射利尿药可增加肾脏对钙的清除率，糖皮质激素对于 MM 合并的高钙血症有较好疗效，可静脉注射地塞米松 10~20mg/d。双膦酸盐中唑来膦酸与帕米膦酸都可用于高钙血症的治疗，但唑来膦酸疗效更佳。由于唑来膦酸有肾毒性，在使用过程中应密切观察肾功能变化。

8. MM 患者合并感染应如何治疗？

MM 患者常发生正常免疫球蛋白合成不足，机体体液免疫功能低下，易合并细菌和病毒感染，如反复应用广谱抗菌药还可导致真菌感染。患者平时及化疗期间应重视感染的预防，室内空气每日紫外线消毒，保持口腔、肛门的清洁。免疫球蛋白水平低下者，可给予适当输注静脉注射用丙种球蛋白。一旦出现感染，予以积极查找病原学依据，并先进行经验性抗感染治疗，再根据病原学及药敏结果调整抗感染药物。

9. MM 患者合并高黏滞血症应如何治疗？

化疗是改善高黏滞血症的根本手段。如情况较为紧急，可采用血浆置换术去除血液中过高的单克隆免疫球蛋白，以迅速解除症状。

10. MM 患者贫血应如何治疗？

患者 Hb<60g/L 时可考虑适当输注红细胞悬液，达雷妥尤单抗可与红细胞表面 CD38 结合，干扰输血相容性检测。因此，在开始使用达雷妥尤单抗之前，应对患者进行血型鉴定和抗体筛查。但如果患者单克隆免疫球蛋白水平高于 50g/L，输注红细胞可能诱发肺水肿。此时，应通过化疗减少浆细胞数量等措施改善贫血。因 MM 患者常合并肾功能损害，导致 EPO 分泌受到影响，故可给予 EPO 治疗，一般需数周起效。

11. MM 患者淀粉样变性应如何治疗？

心脏淀粉样变性患者应用利尿药、血管扩张剂易导致回心血量减少和心输出量进一步减少，诱发低血压。淀粉样变性的心肌对洋地黄类药物非常敏感，可引起严重心律失常而猝死。因此，充血性心力衰竭患者应慎用洋地黄类制剂。钙通道阻滞剂因负性肌力作用易使心力衰竭恶化，也应慎用。

淀粉样变性的消退是一个缓慢的过程，即使化疗有效抑制了浆细胞的增殖，临床症状的改善和器官功能的恢复仍需要数月或数年的时间，心脏淀粉样变性的恢复尤其缓慢。

（五）药物治疗展望

随着 MM 致病新机制的研究、造血干细胞移植技术的发展、新药及新治疗技术的应用，近年来 MM 患者的生存及预后得到了极大改善。但仍存在许多问题，如 MM 的精准分层诊断体系有待建立、MM 的疗效评估有待优化、MM 致病和耐药机制尚未明确、新药的有效性和安全性有待大规模临床研究确认等，这些均与未来 MM 的治疗密切相关。目前，化疗联合移植仍是 MM 患者主流治疗方案，新药、老药新用以及免疫疗法等成为复发难治性 MM 患者的有效治疗手段，多维度骨髓瘤诊疗方案的优化将为患者带来生存获益。

七、恶性淋巴瘤

淋巴瘤（lymphoma）是一组发生于淋巴结和 / 或结外淋巴组织的肿瘤。根据组织病理学特征将淋巴瘤分为霍奇金淋巴瘤（Hodgkin lymphoma，HL）和非霍奇金淋巴瘤（non-Hodgkin lymphoma，NHL）两大类。淋巴瘤的发病一般男性较女性多见，发病随着年龄的增加而增加，在不同国家淋巴瘤的发病率存在差异。我国淋巴瘤的发病率明显低于欧美各国及日本。不同地区淋巴瘤的亚型分布也存在差异，HL 的发病率以北美、北欧最高，东亚的发病率较低。我国 HL 占淋巴瘤的 8%~11%，低于国外的 25%。淋巴瘤的病因和发病机制尚不清楚，但已有研究显示 EB 病毒等病毒感染、遗传或获得性的免疫缺陷、遗传易感性以及环境因素与淋巴瘤发病之间有密切的联系。

（一）临床表现与诊断

1. 临床表现

（1）淋巴结肿大：为最常见的首发临床表现，大多数为无痛性淋巴结进行性肿大，可以活动，也可互相粘连，融合成块，触诊有软骨样感觉。少数患者仅有深部淋巴结肿大。肿大的淋巴瘤组织压迫邻近器官可出现上腔静脉综合征、脊髓压迫症以及肠梗阻等临床表现。

（2）全身症状：发热、消瘦、盗汗是淋巴瘤常见的临床症状。约 1/6 的 HL 患者出现周期性发热。皮肤瘙痒可以是淋巴瘤患者早期就诊时的唯一症状，也可以出现在疾病的其他阶段。

（3）淋巴结外器官受累表现：HL 累及淋巴结外器官较 NHL 相对少见。NHL 几乎可以累及全身任何器官而出现相应症状。骨髓受累可致全血细胞减少，表现为贫血、感染和出血。淋巴瘤也可并发各种免疫异常，如自身免疫性溶血性贫血和免疫性血小板减少症等。

2. 辅助检查

（1）血液和骨髓检查：淋巴瘤患者早期血常规检查可无异常。HL 患者常有轻到中度贫血，通常发生于疾病晚期，常为慢性病贫血；白细胞可轻度或明显增加，约 1/5 的患者嗜酸性粒细胞升高；血细胞减少常见于疾病进展期及淋巴细胞消减型 HL 患者。NHL 患者多数白细胞计数正常，但部分患者可伴有淋巴细胞绝对或相对增多。病变如累及骨髓可表现为一系或多系血细胞减少，当骨髓中淋巴瘤细胞≥20% 时，称为淋巴瘤白血病。此外，淋巴瘤患者亦可出现乳酸脱氢酶及 β2 微球蛋白等指标升高。骨髓涂片或骨髓病理检查发现淋巴瘤细胞是骨髓受累的主要依据,但免疫学、分子学检查结果同样具有一定提示意义。

（2）影像学检查:影像学检查对评估患者全身受累情况及疗效至关重要,可根据具体情况选择 PET-CT、增强 CT 或磁共振检查,其中 PET-CT 用于疾病的分期检查和治疗后残留病灶的检查灵敏度和特异度较高,能够更准确、全面地进行疾病分期,并且可以在治疗过程中或疗程完成后发现微小残留病变,为调整治疗方案提供依据,但需注意排除假阳性,必要时需行组织活检以进一步确诊。

（3）病理活组织检查:活检标本进行病理学和免疫标志检查是确诊淋巴瘤的基本方法。目前还推荐对活检组织标本进行分子学检测以期进一步明确其遗传学背景。在无浅表淋巴瘤组织可供切取时,内镜下活检或深部粗针穿刺活检亦可获得较满意的诊断率。

3. 诊断与评估　淋巴瘤的确诊依赖于病理学检查。2016 年世界卫生组织（WHO）修订的霍奇金淋巴瘤及成熟淋系肿瘤的诊断分型见表 11-2-5。

表 11-2-5　2016 版 WHO 霍奇金淋巴瘤及成熟淋系肿瘤的诊断分型

霍奇金淋巴瘤
结节性淋巴细胞为主型霍奇金淋巴瘤
经典型霍奇金淋巴瘤
结节硬化型经典霍奇金淋巴瘤
富于淋巴细胞型经典霍奇金淋巴瘤
混合细胞型经典霍奇金淋巴瘤
淋巴细胞消减型经典霍奇金淋巴瘤
成熟 B 细胞肿瘤
慢性淋巴细胞白血病（CLL）/ 小淋巴细胞淋巴瘤
单克隆性 B 细胞淋巴细胞增多症,CLL 型
单克隆性 B 细胞淋巴细胞增多症,非 CLL 型
B 细胞幼淋巴细胞白血病
脾边缘区淋巴瘤
毛细胞白血病
脾 B 细胞淋巴瘤 / 白血病,未定类
脾弥漫性红髓小 B 细胞淋巴瘤
毛细胞白血病变异型
淋巴浆细胞淋巴瘤
Waldenstrom 巨球蛋白血症
意义未明的单克隆丙种球蛋白症（MGUS）,IgM 型

续表

μ 重链病
γ 重链病
α 重链病
意义未明的单克隆丙种球蛋白症（MGUS）,IgG/A 型
浆细胞骨髓瘤
骨孤立性浆细胞瘤
骨外浆细胞瘤
单克隆免疫球蛋白沉积症
黏膜相关淋巴组织结外边缘区淋巴瘤（MALT 淋巴瘤）
淋巴结边缘区淋巴瘤
儿童淋巴结边缘区淋巴瘤
滤泡淋巴瘤
原位滤泡瘤变
十二指肠型滤泡淋巴瘤
儿童型滤泡淋巴瘤
伴 IRF4 重排的大 B 细胞淋巴瘤
原发性皮肤滤泡中心淋巴瘤
套细胞淋巴瘤
原位套细胞瘤变
弥漫性大 B 细胞淋巴瘤（DLBCL）,非特指型
生发中心 B 细胞型
活化 B 细胞型
富于 T 细胞 / 组织细胞的大 B 细胞淋巴瘤
中枢神经系统（CNS）原发 DLBCL
原发性皮肤 DLBCL,腿型
EBV 阳性 DLBCL,非特指
EBV 阳性皮肤黏膜溃疡
慢性炎症相关性 DLBCL
淋巴瘤样肉芽肿
原发性纵隔（胸腺）大 B 细胞淋巴瘤
血管内大 B 细胞淋巴瘤
ALK 阳性大 B 细胞淋巴瘤
浆母细胞性淋巴瘤
原发性渗出性淋巴瘤
HHV8 阳性 DLBCL,非特指
伯基特淋巴瘤
伴 11q 异常的伯基特样淋巴瘤
高级别 B 细胞淋巴瘤,伴 *MYC* 以及 *BCL2* 和 / 或 *BCL6* 基因重排
高级别 B 细胞淋巴瘤,非特指

续表

B 细胞淋巴瘤,不能分类,其特征介于 DLBCL 和经典型霍奇金淋巴瘤之间

成熟 T 与 NK 细胞肿瘤

　T 细胞幼淋巴细胞白血病

　T 细胞大颗粒淋巴细胞白血病

　慢性 NK 细胞淋巴增殖性疾病

　侵袭性 NK 细胞白血病

　儿童系统性 EBV 阳性 T 细胞淋巴瘤

　水痘样淋巴增殖性疾病

　成人 T 细胞白血病 / 淋巴瘤

　结外 NK/T 细胞淋巴瘤,鼻型

　肠病相关 T 细胞淋巴瘤

　单形性亲上皮性肠道 T 细胞淋巴瘤

　胃肠道惰性 T 细胞淋巴增殖性疾病

　肝脾 T 细胞淋巴瘤

　皮下脂膜炎样 T 细胞淋巴瘤

　蕈样肉芽肿

　塞扎里综合征(Sézary syndrome)

　原发性皮肤 CD30 阳性 T 细胞淋巴增殖性疾病

　　淋巴瘤样丘疹病

　　原发性皮肤间变性大细胞淋巴瘤

　原发性皮肤 γδ T 细胞淋巴瘤

　原发性皮肤侵袭性亲表皮 CD8 阳性细胞毒性 T 细胞淋巴瘤

　原发性肢体末端 CD8 阳性 T 细胞淋巴瘤

　原发性皮肤 CD4 阳性小 / 中 T 细胞淋巴增殖性疾病

　外周 T 细胞淋巴瘤,NOS 型

　血管免疫母细胞性 T 细胞淋巴瘤

　滤泡 T 细胞淋巴瘤

　伴有滤泡辅助 T 细胞表型的淋巴结外周 T 细胞淋巴瘤

　间变性大细胞淋巴瘤,ALK 阳性

　间变性大细胞淋巴瘤,ALK 阴性

　乳房植入物相关间变性大细胞淋巴瘤

注:斜体部分为暂定类型。

　　在组织学、免疫学和分子学检测基础上明确诊断后,还需根据患者初诊时本病情况进行分期评估。Ann Arbor 分期传统用于 HL 的分期,NHL 也参照使用(表 11-2-6)。在此基础上,1993 年国际 NHL 预后因素计划发表了国际预后指数

（international prognostic index, IPI）系统,用于评估本病的危险程度以判断预后（表 11-2-7）。进而又衍生出多个预后预测体系,包括年龄调整的 IPI、分期调整的 IPI、NCCN-IPI 以及适用于滤泡淋巴瘤的 FLIPI 和适用于外周 T 细胞瘤的 PIT 等,在此不作赘述。

表 11-2-6　Ann Arbor 分期

Ⅰ期	病变局限于单个淋巴结区（Ⅰ）或单个结外器官局部受累（ⅠE）
Ⅱ期	病变累及横膈同侧 2 个或多个淋巴结区（Ⅱ）,或侵犯淋巴结以外器官及同侧一个以上淋巴结区（ⅡE）
Ⅲ期	病变累及横膈两侧的淋巴结区（Ⅲ）,可伴脾累及（Ⅲs）或局灶性结外器官受累（ⅢE）,或脾脏和结外脏器均局灶性受累（ⅢE+S）
Ⅳ期	一个或多个结外器官受到广泛性或播散性侵犯,伴或不伴淋巴结受累。肝或骨髓只要受累均属Ⅳ期
全身症状	如无全身症状则为 A 组,如出现下列症状则属于 B 组:①发热 38℃以上,连续三天以上,且除外感染;②6 个月内体重减轻 10% 以上;③盗汗

表 11-2-7　IPI 评分

预后影响因素	危险程度
● 年龄 >60 岁	低危:0 或 1 个因素
● 血清 LDH 高于正常值	中低危:2 个因素
● 体能状态 2~4 分	中高危:3 个因素
● Ⅲ期或Ⅳ期	高危:4 或 5 个因素
● 结外累及部位 >1 个	

　　4. 鉴别诊断　淋巴瘤容易与具有类似症状的其他疾病相混淆,如淋巴结炎、恶性肿瘤转移、败血症、结缔组织病、传染性单核细胞增多症等。免疫病理是鉴别的主要依据,遗传学检查也具有鉴别意义。

（二）一般治疗原则

　　淋巴瘤的治疗手段大致包括放射治疗、化学治疗以及造血干细胞移植三类,一般根据疾病特点、临床分期、患者基础情况和有无 B 症状等作为治疗策略的制订原则。由于大多数 HL 预后较好,甚至可以治愈,因此,为提高患者长期生存的生活质量,选择治疗策略时除应考虑患者的近期疗效外,还应考虑最大限度地减少治疗相关远期

并发症。NHL 的肿瘤生物学行为在不同的组织学类型之间存在相当显著的差异，其病变的部位、肿块大小及患者的体能状态也影响治疗原则的制订。多数 NHL 因其多中心发生的倾向，治疗策略应以化疗为主。部分惰性 NHL 在确诊后只需观察而无需治疗，放疗常单独或与化疗联合应用于病灶局限的 NHL，亦可用于巨块型 NHL 化疗后的巩固治疗，及复发部位照射以缓解症状。对于存在感染诱发因素的淋巴瘤，清除病原体的治疗有助于提高疗效。

（三）基本药物治疗及治疗方案

在技术手段有限的年代，淋巴瘤依据形态学被分为 HL 和 NHL 两大类，其中 HL 预后良好，是最有望被治愈的恶性血液肿瘤，曾普遍应用 MOP 或 MOPP 方案化疗，药物包括氮芥、长春新碱、丙卡巴肼和泼尼松，完全缓解率达 80%，但其对生育的显著影响，以及继发二次肿瘤的风险，导致其逐渐被毒性更小、疗效同样可靠的 ABVD 方案所取代，目前 ABVD 方案已经是 HL 治疗的"金标准"。对于少数难治/复发 HL 患者，传统上应用 ICE、DHAP、ESHAP 等强度更高的化疗方案以及自体移植以提高疗效，但随着对其耐药机制的研究不断深入，靶向治疗（如 CD30 单抗）和免疫检查点药物（如 PD-1 单抗等）可能是更好的选择。

NHL 是异质性极大的一类疾病，传统应用 CHOP 方案临床疗效不一，多数患者预后不佳，尽管也有降低药物毒性方面的进展（如使用聚乙二醇化脂质体药物等），但如何提高疗效始终是 NHL 治疗的研究热点。随着免疫学、分子学检测技术的不断推广应用，NHL 的分类也越来越细，根据淋巴瘤细胞的免疫学和遗传学特点以及关键信号分子所开发的药物不断涌现，如利妥昔单抗（CD20 单抗）已成为弥漫大 B 细胞淋巴瘤、滤泡淋巴瘤等 B 系肿瘤的一线药物，显著提高了患者预后，CD30 单抗、BCL2 抑制剂、BTK 抑制剂、PI3K 抑制剂、PD-1 单抗等药物也在特定 NHL 亚型中验证了其较为满意的疗效。此外，对于难治/复发 B 系肿瘤患者，近年来出现的 CAR-T 细胞疗法已公认为一种可靠的挽救治疗方式。上述治疗新药物和新手段，使干细胞移植不再是挽救治疗的唯一选择。

1. 基本治疗药物 淋巴瘤的常用化疗药物包括蒽环类药物、烷化剂、植物碱、铂类、抗代谢类药物以及糖皮质激素等，组成联合化疗方案。

2. 治疗方案 HL 和 NHL 的常见化疗方案见表 11-2-8 及表 11-2-9。

表 11-2-8 HL 的常用化疗方案

方案	药物	剂量和用法
ABVD	阿霉素	25mg/m²，静脉滴注，第 1 日、15 日
	博莱霉素	10mg/m²，静脉滴注，第 1 日、15 日
	长春新碱	1.4mg/m²，静脉滴注，第 1 日、15 日
	达卡巴嗪	375mg/m²，静脉滴注，第 1 日、15 日
ICE	异环磷酰胺	5g/m²，静脉滴注，第 1 日
	卡铂	300mg/m²，静脉滴注，第 2 日
	依托泊苷	100mg/m²，静脉滴注，第 1~3 日
DHAP	地塞米松	40mg/d，静脉滴注，第 1~4 日
	顺铂	100mg/m²，静脉滴注 24h，第 1 日
	阿糖胞苷	2g/m²，每 12 小时 1 次，静脉滴注 2h，第 2 日

表 11-2-9 NHL 常用化疗方案

方案	剂量及用法	给药时间	给药周期
R-CHOP			每 21 日
利妥昔单抗	375mg/m² 静脉滴注	第 1 日	
环磷酰胺	750mg/m² 静脉滴注	第 2 日	
多柔比星	50mg/m² 静脉滴注	第 2 日	
长春新碱（总量不超过 2mg）	1.4mg/m² 静脉注射	第 2 日	
泼尼松（固定剂量）	100mg/d 口服	第 2~6 日	
CVP-R			每 21 日
利妥昔单抗	375mg/m² 静脉滴注	第 1 日	
环磷酰胺	750mg/m² 静脉滴注	第 2 日	
长春新碱（总量不超过 2mg）	1.4mg/m² 静脉注射	第 2 日	
泼尼松（固定剂量）	100mg/d 口服	第 2~6 日	
FCR			每 28 日
氟达拉滨	25mg/(m²·d) 静脉滴注	第 2~4 日	
环磷酰胺	250mg/(m²·d) 静脉滴注	第 2~4 日	
利妥昔单抗	375mg/m² 静脉滴注	第 1 日	

（四）临床问题导向的药物治疗

1. 霍奇金淋巴瘤的分层治疗

（1）ⅠA 期结节性淋巴细胞为主型可给予受累野或区域放疗。预后好的早期患者通常给予 2~4 周期 ABVD 方案化疗，达 CR 后，受累野 20~30Gy 放疗。预后不良的早期患者通常给予 4~6 周期 ABVD 方案化疗，后续巩固放疗（受累野或区域放疗 20~36Gy）。

（2）晚期患者一般给予 6~8 周期 ABVD 方案化疗，达 CR 后，后续 2 周期 ABVD 方案巩固化疗。伴有巨块病变者给予巩固放疗（受累野或区域放疗 20~36Gy）。

（3）初治联合化疗方案如 ABVD 不能达到 CR 的患者，或 CR 后 12 个月内短期复发病例，选择与原方案无明显交叉耐药的新方案，如 ICE、DHAP、mini-BEAM 等。对于进展期 HL 患者给予标准化疗疾病仍然进展者，可考虑大剂量化疗后自体造血干细胞移植。

2. 非霍奇金淋巴瘤的分层治疗

（1）低度恶性淋巴瘤：低度恶性淋巴瘤又称为惰性淋巴瘤，Ⅰ期或Ⅱ期患者治疗不宜太积极：可采用观察等待的原则，必要时进行治疗。Ⅲ、Ⅳ期患者以联合化疗为主，多采用 FC 或 CHOP 方案化疗，表达 CD20 的淋巴瘤可加用利妥昔单抗，必要时增加局部放疗。

（2）中度恶性淋巴瘤：初始可采用 CHOP 联合或不联合利妥昔单抗方案化疗 4 个周期，评估疗效如达到缓解，可进一步应用 2 个周期进行巩固治疗。如未达到缓解，可考虑替换其他化疗方案，或采用高剂量化疗加自体干细胞移植。对于部分局限性的顽固病灶，可联合局部放疗。

（3）高度恶性淋巴瘤：应考虑积极的联合化疗方案或急性淋巴细胞白血病样方案，取得 CR 后及时进行自体或异基因造血干细胞移植。

（4）难治/复发淋巴瘤：增加化疗药物剂量、改变药物种类、选择新化疗药物。造血干细胞移植在难治与复发患者的治疗中占有重要地位。

3. 治疗相关骨髓造血功能抑制的处理
骨髓抑制的严重程度主要取决于化疗方案中药物的种类、数量和剂量，总体上讲，淋巴瘤的化疗强度要弱于急性白血病，因此骨髓造血功能抑制也相对较轻，但随着 WHO（2008）造血与淋巴组织肿瘤分类标准的推广应用，部分新定义的疾病实体打破了原有淋巴细胞白血病与淋巴瘤之间的界限，尤其是 B 或 T 细胞起源的淋巴母细胞淋巴瘤/白血病、Burkitt 淋巴瘤/白血病分别视为同一疾病实体，急性淋巴细胞白血病和淋巴母细胞淋巴瘤的化疗方案已趋于一致。因此，化疗后骨髓可能受到较为严重的抑制，如出现粒细胞缺乏症和血小板计数危急值，需要注射 G-CSF 和紧急输注血小板悬液。骨髓造血功能抑制期间，应该密切监测血常规、有无感染及出血症状。

4. 治疗相关胃肠道反应的处理
胃肠道对化疗所产生的毒性作用的敏感性仅次于骨髓，常见表现包括恶心、呕吐、口腔黏膜炎、腹胀、腹泻等。应根据患者和所用化疗药物的致吐风险等因素，选择合适的止吐方案。中、高风险致吐药物应在化疗前常规性给予预防性止吐，常用的止吐药物为 5-HT$_3$ 受体拮抗剂、地塞米松、NK-1 受体拮抗剂，可在此基础上根据患者情况加用劳拉西泮、H$_2$ 受体拮抗剂或质子泵抑制剂。

5. 治疗相关肝肾功能损伤的处理
血液肿瘤患者常用化疗药物多数在肝内代谢，因此可引起不同程度的肝功能异常。因此，在患者化疗前、中、后都应密切监测肝功能，对已存在严重肝功能异常者禁用化疗；对肝功能轻微异常且必须化疗患者，同时应用护肝药物；对化疗过程中出现肝功能异常患者，应评估其危险程度，以便及时调整化疗药物剂量或停止继续化疗。

大剂量 MTX 可引起急性肾小管梗阻，主要由于 MTX 在肾小管沉积所致，而沉积物在 pH<7 时很难溶解，因此，通常在用药前后给予充分的水化利尿措施，保证尿量在 100~200ml/h，同时给予碳酸氢钠碱化尿液，以保证尿 pH>7。若 MTX 的排泄受阻，可引起血中 MTX 浓度持续高水平，从而加重骨髓抑制和胃肠道反应。因此，MTX 使用后应及时给予甲酰四氢叶酸解救，并密切监测 MTX 血药浓度。

大剂量 CTX 静脉滴注且缺乏有效预防措施时，可致出血性膀胱炎，表现为膀胱刺激症状、少尿、血尿和蛋白尿，系其代谢物丙烯醛刺激膀胱所致。因此，在化疗前需关注患者是否应用特异性尿路保护剂美司钠预防，同时应水化、利尿。一旦发生出血性膀胱炎，需及时停药并积极水化。

6. 治疗相关心脏毒性的处理　蒽环类药物往往引起进展性和不可逆性的心脏损伤，随着多周期化疗后药物的蓄积效应，患者可出现心律失常、左心室功能不全等症状。在患者使用蒽环类药物前，应询问患者既往是否使用过该类药物，具体为哪一种蒽环类药物，累积剂量多少等问题，并且全面评估患者心功能状态，以决定患者是否适合蒽环类药物治疗。右雷佐生（DZR）可以有效预防蒽环类药物所致的心脏毒性。

7. 治疗相关神经毒性的处理　约 10% 的患者在使用大剂量 Ara-C 会出现中枢神经系统毒性，一般表现为中枢性脑病，临床上常表现为嗜睡等症状。预防性给予糖皮质激素有助于预防。长春碱类药物易引起周围神经炎，表现为指（趾）尖麻木、四肢疼痛、肌肉震颤、腱反射消失等，多发生于用药后 6~8 周，往往与单次剂量或总剂量有关。

8. 治疗相关其他毒性反应的处理　博莱霉素的肺毒性较为突出，发生率在 2%~45% 之间，可能与剂量有关，故其最大用量应限制在 450mg 以内。对用博莱霉素治疗的患者应常规作肺功能测定。博莱霉素的肺毒性无肯定有效的治疗药物。部分纤维化患者在停药后病情可逆转。本病不宜吸氧，因氧浓度越高病损越严重。

氟达拉滨可诱发和加重自身免疫性溶血性贫血（autoimmune hemolytic anemia, AIHA），如患者治疗前就合并存在 AIHA，一般不考虑应用含氟达拉滨的化疗方案，如在治疗过程中诱发 AIHA，则应及时停用氟达拉滨。氟达拉滨应用期间，血液制品一般应经辐照后输注。氟达拉滨的另一主要不良反应是骨髓抑制和 $CD4^+ T$ 细胞受损，故机会性感染的发生率较高，尤其与糖皮质激素或利妥昔单抗联合应用时，应重视感染的预防。

利妥昔单抗是一种人源化鼠抗人单克隆抗体，存在过敏反应的风险，首次滴注的 100mg 应放慢滴速，维持在 4h 左右，并给予激素预防。此外，接受利妥昔单抗治疗患者应常规作乙肝病毒标志物检测，如 HBsAg 或 HBeAg 阳性，应检测乙肝病毒 DNA 拷贝数量，HBsAg 阳性或乙肝病毒 DNA 拷贝数 $\geq 1 \times 10^3$copies，在接受免疫抑制治疗前，应予以抗乙肝病毒治疗，如拉米夫定、阿德福韦、恩替卡韦。乙肝患者接受免疫抑制剂物治疗前应肝功能正常、乙肝病毒 DNA 拷贝数 $<1 \times 10^3$copies。化疗期间密切监测肝功能和乙肝病毒 DNA 拷贝数。如发生乙肝病毒再激活，需要及时治疗。

（五）展望

尽管仍有基于化疗药物的方案改良研究，但获得突破性进展的难度较大。随着对淋巴瘤的发病与耐药机制研究不断深入，潜在的治疗靶点也不断被发现，淋巴瘤治疗的新药和新疗法是近年来血液肿瘤领域内的热点，诸多针对基因异常或细胞通路关键分子的靶向药物正在向临床转化，CAR-T 细胞治疗也已在国外获得批准。精准医学时代，在分子学诊断和评估的基础上，应用上述药物制订个体化治疗方案将是大势所趋。

八、白血病

白血病（leukemia）是起源于造血干细胞的恶性克隆性疾病，受累细胞（白血病细胞）出现增殖失控、分化障碍、凋亡受阻，大量蓄积于骨髓和其他造血组织，从而抑制骨髓正常造血功能并浸润淋巴结、肝、脾等组织器官。根据白血病细胞的分化程度和自然病程，一般分为急性和慢性两大类。急性白血病细胞的分化停滞于早期阶段，多为原始细胞和早期幼稚细胞，病情发展迅速，自然病程仅数月。慢性白血病细胞的分化停滞于晚期阶段，多为较成熟细胞或成熟细胞，病情相对缓慢，自然病程可达数年。

根据受累细胞系，急性白血病分为急性髓系性白血病（acute myelogenous leukemia, AML）和急性淋巴细胞白血病（acute lymphoblastic leukemia, ALL）两类，而慢性白血病则传统上分为慢性髓系性白血病（chronic myelogenous leukemia, CML）和慢性淋巴细胞白血病（chronic lymphocytic leukemia, CLL）等。如今，慢性淋巴细胞白血病和其他少见类型的慢性白血病，如毛细胞白血病等，均被世界卫生组织（WHO）归为淋巴瘤，故本部分不再涉及。

我国白血病总发病率（3~4）/10 万。在恶性肿瘤病死率中，白血病在男女性别上分别居第 6 位和第 8 位，在 35 岁以下人群中居首位，以 ALL 为主。AML 随年龄增长而发病率上升，50 岁开始明显上升，中位发病年龄超过 65 岁。国内 CML 的发病率为 0.36/10 万，各年龄组均可发病，以中年多见，中位发病年龄 53 岁。

白血病病因尚不完全清楚,可能相关的因素包括物理因素(X射线、γ射线等电离辐射)、化学因素(苯、烷化剂等化学药品接触史)、生物因素(人类T淋巴细胞病毒Ⅰ型)、遗传因素(Down综合征、Fanconi贫血、Bloom综合征等疾病的患病人群白血病发病率更高)和其他血液病(某些血液病会进展成白血病,如骨髓增生异常综合征、淋巴瘤、多发性骨髓瘤、阵发性睡眠性血红蛋白尿症等)。

(一)临床表现与诊断

1. 急性白血病临床表现

(1)正常骨髓造血功能受抑表现:白血病细胞大量增殖后,抑制了正常血细胞的生成,导致白细胞、血小板减少及贫血,从而引起相关表现,主要包括感染、各部位出血,以及头晕、胸闷、心悸、耳鸣、低血压等贫血症状。

(2)白血病细胞增殖浸润表现:白血病细胞增殖可升高骨髓腔压力,导致骨骼疼痛,其累及淋巴结、肝脾、关节、口腔、皮肤、中枢神经系统、胸腺及其他部位,引起相应临床表现。白血病细胞聚集于某一部位可形成粒细胞肉瘤(granulocytic sarcoma),又称绿色瘤,常累及骨膜,尤其是眼眶部,引起眼球突出、复视或失明。

2. 慢性髓系白血病临床表现　CML的病程发展历经慢性期(chronic phase,CP)、加速期(accelerated phase,AP)最终至急变期(blastic phase,BP)。

(1)慢性期:一般持续1~4年,患者多有乏力、低热、多汗或盗汗、体重减轻等代谢亢进症状及脾大产生的腹部胀感。脾大为最显著体征,脾脏梗死可出现脾区疼痛及压痛。

(2)加速期:AP可持续数月至数年,常有发热、虚弱、进行性体重下降、骨骼疼痛,脾脏进一步肿大,并出现贫血及出血表现,原有治疗可失效。

(3)急变期:临床表现与急性白血病类似,可为急粒变或急淋变,并可出现髓外浸润,预后常较原发急性白血病更差,常在数月内死亡。

3. 辅助检查

(1)外周血检查:血常规及外周血细胞涂片检查是早期发现白血病的主要手段。白血病患者血常规中白细胞计数常异常增高,其中急性白血病患者可见原幼细胞,可伴有贫血和血小板减少;CML患者白细胞计数可超过100×10^9/L,以中性

粒细胞为主,可伴有嗜酸、嗜碱性粒细胞增多,血小板多在正常水平,部分患者增多,晚期减少并出现贫血。除血常规外,生化等指标可用于评估患者的基础情况和化疗的耐受性。

(2)骨髓检查:是诊断白血病以及评估预后的主要依据,包括形态学(M)、免疫分型(I)、细胞遗传学(C)和分子生物学(M)在内的MICM检查是当今WHO分型诊断的基石。

1)形态学:急性白血病患者骨髓中原幼细胞占全部骨髓有核细胞比例超过20%,Auer氏小体(见于髓系白血病)、细胞化学染色有助于进一步鉴别具体类型。CML慢性期原始粒细胞小于10%,加速期时可超过10%,至急变期超过20%或原始细胞+早幼粒细胞高于50%。

2)免疫分型:通过流式细胞术检测系列相关抗原来确定其系列来源,是目前鉴别急性白血病中AML和ALL的主要手段。部分急性白血病系列标志不明确或跨系列表达,称为急性未分化白血病或急性混合细胞白血病。

3)细胞遗传学与分子生物学:WHO诊断标准基于遗传学异常。半数急性白血病患者存在染色体异常,其中部分伴有特定的基因改变,此外还有部分染色体正常核型的患者存在基因突变,上述遗传学异常是急性白血病主要的预后判断依据。CML以费城染色体(9号、22号染色体易位)及BCR-ABL融合基因为特征性改变,在加速与急变期可出现附加异常。除用于诊断外,部分基因异常亦可作为疗效与残留病灶的评估标志。

(3)脑脊液检查:急性白血病可累及中枢神经系统,导致中枢神经系统白血病(central nervous system leukemia,CNSL),因此患者需常规接受腰穿检查脑脊液情况,以及鞘注化疗药物进行CNSL的预防。对于治疗过程中合并脑病的患者,脑脊液检查也具有一定鉴别意义。

(4)影像学检查:影像学检查一般用于排查髓外病灶和评估患者的基础状态,其中头颅磁共振对判断CNSL具有一定敏感性。对于治疗过程中考虑合并感染的患者,也可通过CT、B超、磁共振等相应的影像学检查辅助诊断。

(5)病理活组织检查:骨髓活检可用于骨穿失败患者的辅助诊断,同时也可评估骨髓纤维化情况。髓外浸润患者,病灶部位活检是确诊的

"金标准"。

4. 诊断与评估 根据临床表现、血象和骨髓象特点诊断急性白血病一般不难,但应尽可能完善初诊患者的 MICM 检查,进行明确的分型诊断。诊断急性白血病的外周血或骨髓原始细胞比例下限为 20%。当患者被证实有克隆性重现性细胞遗传学异常时,即使原始细胞少于 20% 也应给予诊断。2016 年世界卫生组织(WHO)修订的急性白血病诊断分型见表 11-2-10、表 11-2-11。

表 11-2-10 2016 版 WHO 急性髓系白血病及相关肿瘤诊断分型

伴有再现性遗传学异常的急性髓系白血病
AML 伴 t(8;21)(q22;q22.1);*RUNX1-RUNX1T1*
AML 伴 inv(16)(p13.1;q22)或 t(16;16)(p13.1;q22);*CBFB-MYH11*
APL 伴 *PML-RARA*
AML 伴 t(9;11)(p21.3;q23.3);*MLLT3-KMT2A*
AML 伴 t(6;9)(p23;q34.1);*DEK-NUP214*
AML 伴 inv(3)(q21.3;q26.2)或 t(3;3)(q21.3;q26.2);*GATA2, MECOM*
AML(原始巨核细胞性)伴 t(1;22)(p13.3;q13.3);*RBM15-MKL1*
AML 伴 BCR-ABL1
AML 伴 *NPM1* 突变
AML 伴 *CEBPA* 双等位基因突变
AML 伴 RUNX1 突变
伴有骨髓增生异常相关改变的急性髓系白血病
治疗相关髓系肿瘤
急性髓系白血病,非特指(NOS)
AML 微分化型
AML 未成熟型
AML 成熟型
急性髓单核细胞白血病
急性原始单核细胞/单核细胞白血病
纯红白血病
急性巨核细胞白血病
急性嗜碱粒细胞白血病
急性全髓增殖症伴骨髓纤维化
髓系肉瘤
唐氏综合征相关髓系增生
一过性髓系生成异常
唐氏综合征相关髓系白血病

注:斜体部分为暂定类型。

表 11-2-11 2016 版 WHO 急性淋巴细胞白血病及急性杂合细胞白血病诊断分型

B 淋巴母细胞白血病/淋巴瘤
B 淋巴母细胞白血病/淋巴瘤,非特指(NOS)
伴有再现性遗传学异常的急性 B 淋巴母细胞白血病/淋巴瘤
B-ALL 伴 t(9;22)(q34.1;q11.2);*BCR-ABL1*
B-ALL 伴 t(v;11q23.3);*KMT2A* 重排
B-ALL 伴 t(12;21)(p13.2;q22.1);*ETV6-RUNX1*
B-ALL 伴超二倍体
B-ALL 伴亚二倍体
B-ALL 伴 t(5;14)(q31.1;q32.3);*IL3-IGH*
B-ALL 伴 t(1;19)(q23;p13.3);*TCF3-PBX1*
B-ALL,BCR-ABL1 样
B-ALL 伴 iAMP21
T 淋巴母细胞白血病/淋巴瘤
早 T 细胞前体淋巴细胞白血病
自然杀伤细胞白血病
急性杂合细胞白血病
急性未分化白血病
急性混合表型白血病伴 t(9;22)(q34.1;q11.2);*BCR-ABL1*
急性混合表型白血病伴 t(v;11q23.3);MLL 重排
急性混合表型白血病,B/髓系,非特指(NOS)
急性混合表型白血病,T/髓系,非特指(NOS)

注:斜体部分为暂定类型。

CML 现已被归入骨髓增殖性肿瘤(myeloproliferative neoplasms, MPN)的一部分,以 *BCR-ABL* 融合基因为诊断标志。CML 诊断时多处于慢性期,加速期的诊断标准见表 11-2-12,而达到急性白血病标准时称为急变期。疾病特征符合 CML,但 *BCR-ABL* 融合基因阴性者,需考虑不典型慢性髓系白血病(atypcial CML, aCML)和慢性中性粒细胞白血病(chronic neutrophilic leukemia, CNL)等髓系肿瘤的可能。

急性白血病的预后与遗传学异常密切相关,现有的预后判断标准主要基于染色体与分子遗传学异常。目前较为公认的危险度分层见表 11-2-13。还不断有研究探索其他基因异常的意义,如 *DNMT3A*、*TET2*、*IDH1*、*IDH2*、*IKZF1* 等基因异常可能同样也具有预后判断和指导治疗的价值。除基因异常外,年龄、初诊白细胞计数、髓外浸润等因素也对白血病预后有重要影响。

表 11-2-12　CML 加速期判断标准

血液学 / 细胞遗传学标准	"暂定"的酪氨酸激酶抑制剂（TKI）反应标准
持续或进行性白细胞增多（>10×10⁹/L），治疗无效	首个 TKI 治疗发生血液学耐药（或首个 TKI 治疗后未达到完全血液学反应）
持续或进行性脾肿大，治疗无效	两个序贯 TKI 治疗后出现血液学、细胞遗传学或分子学的耐药证据
持续性血小板增多（>1 000×10⁹/L），治疗无效	*BCR-ABL* 融合基因在 TKI 治疗中出现两种或以上突变
持续性血小板减少（<100×10⁹/L），且与治疗无关	
外周血嗜碱性粒细胞达到或超过 20%	
外周血或骨髓原幼细胞达到 10%~19%*	
诊断时除费城染色体外，伴有额外的克隆性染色体异常，包括"主要通路"异常（第二个费城染色体、三体 8、等臂 17q、三体 19）、复杂核型或 3q26.2 异常	
治疗过程中 CML 细胞出现新的克隆性染色体异常	

注：达到上述一个或多个血液学 / 细胞遗传学标准，或 TKI 反应标准的，即可判断为加速期。

　*外周血或骨髓中出现淋巴母细胞，即使少于 10%，也应考虑急淋变，需要立即进行进一步的评估和干预。外周血或骨髓中原幼细胞大于 20%，或髓外出现原幼细胞浸润性增生，即为急变期。

表 11-2-13　急性白血病危险度分层

AML 危险分层	B 细胞 ALL 危险分层
低危组	低危组
t（8；21）（q22；q22.1）；*RUNX1-RUNX1T1*	超二倍体（51~65 条染色体，伴有 4、10、17 号染色体三体患者可能预后最佳）
inv（16）（p13.1q22）或 t（16；16）（p13.1；q22）；*CBFB-MYH11*	t（12；21）（p13；q22）；*ETV6-RUNX1*
NPM1 突变不伴 *FLT3-ITD* 突变，或伴低水平 *FLT3-ITD* 突变（<0.5）	
CEBPA 等位基因双突变	
中危组	
NPM1 突变伴 *FLT3-ITD* 高水平突变	
NPM1 野生型不伴 *FLT3-ITD* 突变，或伴 *FLT3-ITD* 低水平突变（无其他高危遗传学异常）	
t（9；11）（p21.3；q23.3）；*MLLT3-KMT2A*	
未归类为低危或高危的细胞遗传学异常	
高危组	高危组
t（6；9）（p23；q34.1）；*DEK-NUP214*	亚二倍体（少于 44 条染色体）
t（v；11q23.3）；*KMT2A* 重排	KMT2A 重排［t（4；11）或其他］
t（9；22）（q34.1；q11.2）；*BCR-ABL1*	t（v；14q32）/IgH
inv（3）（q21.3；q26.2）或 t（3；3）（q21.3；q26.2）；*GATA2*, *MECOM*（*EVI1*）	t（9；22）（q34；q11.2）；*BCR-ABL1*（前 TKI 时代的高危因素）
–5 或 del（5q）；–7；–17/abn（17p）	复杂核型（5 种或以上染色体异常）
复杂核型（三种以上染色体异常，除外 WHO 分型中提到的再现性异常）或单体核型（至少两种染色体单体或一种常染色体单体伴结构性异常）	Ph 样 ALL
NPM1 野生型伴 *FLT3-ITD* 高水平突变	21 号染色体内部扩增（iAMP21）
RUNX1 突变	
ASXL1 突变	
TP53 突变	

注：*RUNX1* 突变和 *ASXL1* 突变如果发生在低危组患者，则不应被视为高危因素。

（二）一般治疗原则

1. 急性白血病　急性白血病治疗的总体原则是早治、联合、充分、间歇和分阶段化疗，对于顽固性的髓外病灶，可考虑联合放疗。治疗目标是获得持续完全缓解（complete remission, CR），缓解标准见表 11-2-14。急性白血病治疗阶段大致包括初期的诱导治疗、缓解后的巩固治疗、后期的维持治疗以及复发难治患者的挽救治疗。目前认为，CR 状态下的微小残留病灶（minimal residual disease, MRD）是指导缓解后治疗的重要指标，MRD 持续阳性的患者，需高度警惕复发风险，考虑抢先干预措施。

急性早幼粒细胞白血病（acute promyelocytic leukemia, APL）是一类特殊的 AML，诱导分化治疗是典型 APL（*PML-RAR* 融合基因阳性）的主要治疗方式，多数可获得治愈，但仍有部分不典型 APL 需要采用常规 AML 的治疗方案。

表 11-2-14　急性白血病缓解标准

形态学 CR	骨髓原幼细胞少于 5% 无髓外病灶，AML 患者骨髓无 Auer 小体 外周血中性粒细胞计数大于 1×10^9/L，血小板计数大于 100×10^9/L，如外周血细胞计数未达到标准，称为 CRi
细胞遗传学 CR	诊断时有染色体异常的患者，恢复正常核型
分子学 CR	分子学检查结果阴性
部分缓解（PR）	骨髓原幼细胞下降 50% 以上，降至 5%~25% 外周血细胞计数恢复（同上）

造血干细胞移植（hematopoietic stem cell transplantation, HSCT）是白血病的有效治疗方式，既可用于中高危患者缓解后的巩固治疗，也可用于复发难治患者的挽救治疗，是多数白血病患者获得治愈的唯一手段。按供体类型分，HSCT 可分为自体移植、同基因异体移植（以同卵双胞胎为供体）和异基因移植，而异基因移植供体可进一步细分为亲缘 HLA 相合供体、无关 HLA 相合供体、亲缘 HLA 不全相合供体和脐血。移植前需要接受预处理放化疗以抑制自身造血及免疫功能，一方面进一步清除白血病细胞，另一方面保障供体细胞的植入。按预处理强度，可分为清髓性预处理和减低强度预处理，后者因毒性低、不良反应小、适用人群广，已成为预处理研究的热点，但移植后复发率高是其主要障碍。

支持治疗是急性白血病治疗的重要组成部分，包括感染、出血、药物毒性、高白细胞瘀滞及肿瘤溶解综合征等并发症的管理，以及血制品输注、心理支持等辅助手段。

2. 慢性髓系白血病　治疗着重于慢性期，以控制白细胞升高、缓解临床症状为初始目标，包括水化碱化、应用降白细胞措施等，而最终目标是获得长期的无病生存，回归正常生活。随着 TKI 时代的到来，CML 已成为一种可控的慢性疾病，其对 TKI 的治疗反应是判断预后的基础，达到持续深层缓解的患者有望获得长期的无病生存。CML 疗效判断标准见表 11-2-15。

表 11-2-15　CML 疗效判断标准

血液学缓解	完全缓解（CHR）：白细胞少于 10×10^9/L，血小板少于 450×10^9/L，血分类无不成熟的粒细胞，无疾病的症状和体征，脾脏不可触及 部分缓解（PHR）：基本同完全缓解，除外周血有不成熟细胞；血小板较治疗前下降 50% 以上，但仍大于 450×10^9/L；脾脏持续肿大，但较治疗前缩小 50% 以上
细胞遗传学缓解（至少检测 20 个中期分裂象）	完全缓解（CCyR）：Ph=0 部分缓解（PCyR）：Ph=1%~35% 主要缓解（MCyR）：CCyR + PCyR 微小缓解（minor CyR）：Ph=36%~90%
分子学缓解	完全缓解（CMR）：在可扩增 ABL1 转录水平未检测到 *BCR-ABL* 转录本 主要缓解（MMR）：BCR-ABL 转录本较治疗前下降 3 个 log 以上

（三）基本药物及治疗方案

20 世纪 70 年代建立的以蒽环类药物联合阿糖胞苷为基础的"3+7"方案至今仍是除 APL 外 AML 治疗的一线方案，而 ALL 的治疗主要建立在环磷酰胺（CTX）、长春碱、蒽环类药物、甲氨蝶呤（MTX）和激素等传统药物的基础上，门冬酰胺酶在近二十年来也成为 ALL 治疗的标准药物。尽管陆续有新的化疗方案获得指南推荐，但大多局限于化疗药物结构的优化、剂型的改良以及药物剂量与应用方案的调整。直到遗传学和分子学技术推广之后，人们对白血病的发病机制有了进一步的认识，开发了一系列靶向基因异常的药物，包括直接作用于基因突变的药物,如 *FLT3*、*IDH*、*TET* 抑制剂,作用于致病通路的 BCL2 和 SMO 抑制剂,以及调控表观遗传学异常的去甲基化药物和去乙酰化酶抑制剂等,一定程度上改善了 AML 的疗效。对于 ALL,近年来的研究进展主要聚焦在靶向白血病细胞表面抗原的治疗方法,包括针对 CD19、CD22 等表面抗原的双特异性单抗、单抗 - 药物耦联物以及 CAR-T 细胞等。

早期 CML 的治疗手段还是以控制白细胞数量为主,主要包括羟基脲、马利兰和干扰素,难以控制 CML 进展,多数患者需接受异基因 HSCT。随着费城染色体的发现和第一个靶向 *BCR-ABL* 的 TKI 药物伊马替尼的问世,颠覆了 CML 原有的诊疗模式,不仅改变了 CML 基于形态学的定义,将 *BCR-ABL* 融合基因作为诊断标志,还提出了细胞遗传学缓解和分子学缓解的概念,目前患者长期生存率可达 80%~90%,而尼洛替尼、达沙替尼以及更新一代的 TKI 药物,为伊马替尼耐药或不耐受的患者提供了替代选择,进一步提高了 CML 患者的预后。

1. 急性髓系白血病(除外 APL)的治疗

(1)诱导治疗:建议采用标准的诱导缓解方案,即含阿糖胞苷(Ara-C)和蒽环类或蒽醌类药物的方案(表 11-2-16)

表 11-2-16 AML(除外 APL)患者常用诱导化疗方案

化疗方案	具体药物剂量
标准剂量 Ara-C+ 蒽环类 / 蒽醌类	Ara-C 100~200mg/(m²·d)×7d 柔红霉素(DNR)60~90mg/(m²·d)×3d 或去甲氧柔红霉素(IDA)8~12mg/(m²·d)×3d 或米托蒽醌(MTZ)8~12mg/(m²·d)×3d
中、大剂量 Ara-C+ 蒽环类/MTZ/ 高三尖杉酯碱(HHT)	Ara-C 1~3g/m²,q12h×(4~6)次蒽环类/MTZ/ 高三尖杉酯碱(HHT)

诱导治疗亦可采用含 Ara-C 和 HHT 2mg/(m²·d)×7d 的方案(HA),或以 HA+ 蒽环类药物组成的方案,如 HAD(HA+DNR)、HAA[HA+ 阿柔比星(Acla)]等。

(2)诱导治疗失败的患者

1)标准剂量 Ara-C 诱导治疗组:①大剂量 Ara-C 再诱导;②中剂量 Ara-C 为基础的方案,如 FLAG(氟达拉滨 /Ara-C/G-CSF)或联合蒽环类、蒽醌类药物再诱导;③二线药物再诱导治疗;④临床试验;⑤配型相合的 allo-HSCT(二线方案达 CR 后再移植或直接移植);⑥无临床试验、等待供体者可行中、大剂量 Ara-C 治疗。

2)中、大剂量 Ara-C 诱导治疗组:①二线药物再诱导治疗;②临床试验;③ allo-HSCT(二线方案达 CR 后再移植或直接移植)。

(3)AML 患者获 CR 后的治疗:目前主张在 CR 后的治疗以短时间内(4~6 个月)的强烈化疗为主,即给予剂量递增和时间密集的化疗,以根除微小残留白血病。缓解后的治疗有以下方案:①中、大剂量 Ara-C 为基础的化疗方案(可联合蒽环类、蒽醌类、氟达拉滨、鬼臼类或吖啶类等药物);②自体造血干细胞移植(auto-HSCT);③ allo-HSCT;④临床试验。缓解后治疗方案和强度主要根据患者的预后因素,特别是白血病细胞的遗传学特征和 MRD 决定。

2. APL 的治疗

(1)诱导治疗:目前,全反式维甲酸(ATRA)联合以蒽环类药物(加或不加砷剂)为主的化疗已经成为新诊断 APL 患者的标准诱导方案,有助于改善 APL 患者的血凝异常,控制白细胞数升高,减少严重出血和维甲酸综合征的发生率以及减少 APL 的复发率,使 APL 的 CR 率提高达到 90%,具体方案见表 11-2-17。

表 11-2-17 APL 患者常用诱导化疗方案

危险分层	化疗方案
1. 低 / 中危组 (诱导治疗前 WBC ≤ 10×10⁹/L,低危组 PLT ≥ 40×10⁹/L;中危组:PLT<40×10⁹/L)	① ATRA+DNR/IDA ② ATRA+ 亚砷酸(ATO)/ 口服砷剂 + 蒽环类 ③ ATRA+ATO/ 口服砷剂
2. 高危组 (诱导治疗前 WBC>10×10⁹/L)	① ATRA+ATO/ 口服砷剂 + 蒽环类 ② ATRA+ 蒽环类 ③ ATRA+ 蒽环类 ± Ara-C

注:

ATRA:45mg/(m²·d),口服至 CR。

ATO:0.15mg/(m²·d),静脉滴注至 CR(28~35 日)。

IDA:6~12mg/(m²·d),静脉滴注,第 2、4、6 或第 8 日。

DNR:25~45mg/(m²·d),静脉滴注,第 2、4、6 或第 8 日。

Ara-C:100mg/(m²·d),静脉滴注,第 1~7 日。

（2）缓解后治疗：ATRA 诱导缓解后除非使用巩固强化治疗，否则数周至数月内就会出现复发，而接受 2~3 个疗程的以蒽环类药物为基础的强化治疗可使 90%~99% 的患者 PCR 转阴，这一方法已成为这一阶段治疗的标准方法。对于高危组 APL 患者，可增大蒽环类药物的剂量或采取中大剂量 Ara-C 巩固化疗。将 ATO 纳入巩固治疗有助于减少细胞毒性化疗，并协同增强其疗效。维持治疗对 APL 是必需的，目前推荐的维持治疗方案为 ATRA 45mg/（m²·d），每 3 个月用 15 日，加 6 巯基嘌呤（6-MP）50mg/（m²·d）和 MTX 15mg/m²（每周 1 次），共历时 2 年。复发后 M₃ 的治疗首选 ATO，但 ATO 再诱导的缓解一般不是持续性的，必要时需接受大剂量化疗和自体 HSCT。Allo-HSCT 目前已不作为一线治疗手段，如果进行挽救性治疗后 PCR 仍阳性，且有 HLA 全相合供者，可考虑 allo-HSCT。

3. 急性淋巴细胞白血病的治疗

（1）诱导治疗：成人 ALL 的诱导治疗基于长春碱类药物和糖皮质激素，加用蒽环类药物、CTX 和门冬酰胺酶有助于提高缓解率并延长缓解期，故多药联合化疗已成为主流，但目前尚无统一的用药方案。费城染色体阳性的 ALL 患者需早期应用 TKI 药物并监测 *BCR-ABL* 融合基因表达水平，以及时做出调整。

（2）缓解后治疗：对于大多数成人 ALL 患者，allo-HSCT 是最佳的缓解后治疗方式。在进行移植之前接受中大剂量 Ara-C（1~3g/m²）和大剂量 MTX（3~6g/m²）巩固化疗有助于控制 CNSL，但其伴随的骨髓抑制、感染风险、黏膜毒性和脏器功能损伤必须引起重视。对于不具备移植条件的患者，需定期采用联合化疗方案巩固，但 60%~70% 最终复发。费城染色体阳性的 ALL 患者需持续应用 TKI。

4. 慢性髓系白血病的治疗

TKI 药物是现代 CML 治疗的基石，一般首选伊马替尼。尼洛替尼、达沙替尼等新一代 TKI 药物常作为伊马替尼耐药患者的替代选择，但其作为一线药物能否进一步提高疗效也是 CML 治疗的研究热点之一。对于无法使用 TKI 的患者，方考虑其他药物治疗。

（1）TKI 靶向治疗

1）伊马替尼：慢性期患者建议首选伊马替尼 400mg/d，进食中口服 1 次；加速期和急变期每日剂量可增至 600~800mg。

2）尼洛替尼：慢性期患者一线治疗推荐剂量为每日 2 次，300mg/次，间隔约 12 小时，饭前至少 1 小时或饭后 2 小时服用；慢性期二线治疗或进展期推荐剂量为每日 2 次，400mg/次，用法同前。

3）达沙替尼：慢性期患者起始剂量为 100mg/d，每日 1 次口服；加速期及急变期推荐起始剂量为 70mg，每日 2 次，分别于早晚口服。

（2）干扰素α（IFN-α）：剂量为 300 万~500 万 U/（m²·d），皮下或肌内注射，每周 3~7 次持续数月至数年不等。IFN-α 起效较慢，对 WBC 显著增多者宜在初期联合羟基脲或小剂量阿糖胞苷。聚乙二醇化的干扰素α（PEG-IFN-α）每周用药 1 次，可减轻不良反应。

（3）羟基脲：起效快但持续时间短。常用剂量为 3g/d，分 2~3 次口服，待 WBC 降至 20×10⁹/L 后剂量减半，至 10×10⁹/L 左右改为小剂量（0.5~1g/d）维持。需动态监测血象以调整药物剂量。

（4）马利兰：起效慢且作用持续时间长，剂量不易掌握。初始剂量 4~6mg/d，待 WBC 降至 20×10⁹/L 左右停药，待稳定后改为 0.5~2mg/d 或更低，使 WBC 维持在（7~10）×10⁹/L。

（四）临床问题导向的药物治疗

1. 复发/难治性白血病的治疗 难治性急性白血病的治疗是一个棘手的问题，目前尚无统一的有效治疗方案。在选择化疗方案时应考虑患者的年龄、全身状况、复发时间和复发时白血病细胞的遗传学特征。总的原则主要包括加大化疗药物剂量、使用无交叉耐药的新药组成的联合化疗方案、HSCT、使用耐药逆转剂、新的靶向治疗药物或免疫生物治疗等。其中 allo-HSCT 是目前唯一可能获得长期缓解的治疗措施，移植前通过挽救方案获得缓解有利于提高移植疗效。常用的化疗方案包括中、大剂量 Ara-C 联合 IDA/MTZ/Acla/VP-16 等、FLAG 方案、CAG 预激方案、HHT+Ara-C+IDA/DNR/Acla 或进入新药试验，难以耐受化疗的患者可选择低强度治疗、临床试验或最佳支持治疗。近年来不断问世的靶向治疗方式，如相关基因突变抑制剂、单抗类药物和 CAR-T 细胞治疗等,为难治患者提供了新的希望。

2. 老年急性白血病的治疗 老年白血病患者由于基础情况差、合并症多、化疗耐受性低等特点,且由 MDS 转化而来、继发于某些理化因素、耐药、重要器官功能不全、不良核型者多见,治疗更应强调个体化。多数患者化疗需减量用药,可积极考虑应用靶向治疗,有条件的单位应鼓励患者加入临床研究。有 HLA 相合的同胞供体者可择机行 RIC 移植。近年来发现 BCL2 抑制剂联合去甲基化药物治疗老年 AML 效果较好,毒性较低,是一项有前景的治疗方案。

3. 高白细胞血症的处理 循环血液中白细胞计数过高时,可产生白细胞淤滞症(leukostasis),表现为呼吸困难、低氧血症、言语不清、颅内出血、阴茎异常勃起等。病理学显示白血病血栓梗死与出血并存,而当患者接受化疗时,化疗药物导致的大量肿瘤细胞破坏可引发肿瘤溶解综合征(tumor lysis syndrome, TLS),表现为高尿酸血症、高钾血症、高磷血症和低钙血症的"三高一低"现象,可导致严重心律失常和急性肾功能衰竭。TLS 的发生取决于肿瘤溶解速度与肾脏的功能。除化疗外,促发 TLS 的因素还包括化疗前血尿酸水平高、血乳酸脱氢酶高、存在脱水和酸性尿等。利用血细胞分离机行白细胞清除术可快速安全地降低肿瘤细胞数量,适用于 WBC>100×10^9/L 的患者,但因其可加重血凝异常,故禁忌用于 APL 患者。及早开始化疗并予水化碱化处理有助于降低白细胞淤滞风险,控制高尿酸血症、酸中毒、电解质紊乱、凝血异常等并发症。为预防 TLS 发生,化疗前可选用短期预处理方案,如 AML 患者可采用羟基脲,而 ALL 患者可采用糖皮质激素及环磷酰胺。

4. 维甲酸综合征 维甲酸综合征是 ATRA 引起的最严重的并发症,发生率为 5%~29%,死亡率 1.4%~7.8%,尤其是高白细胞型或治疗后白细胞迅速上升的患者较易发生,表现为发热、体重增加、肌肉骨骼疼痛、呼吸窘迫、肺间质浸润、胸腔积液、心包积液、皮肤水肿、低血压、急性肾功能衰竭甚至死亡。临床观察中,以上表现不仅出现在初诊 APL 经 ATRA 治疗后的患者中,也出现在经砷剂治疗的患者中,因此又称为分化综合征。建议 APL 患者治疗过程中密切监测白细胞计数及相应临床表现。由于该并发症进展迅速,一旦疑似该诊断应早期给予地塞米松治疗,同时 ATRA 与砷剂也须调整剂量或停用。

5. 合并血凝异常的处理 APL 患者常合并血凝异常,严重者可出现弥散性血管内凝血,病死率高。治疗过程中需密切监测活化部分凝血活酶时间(APTT)、凝血酶原时间(PT)、纤维蛋白原水平以及 D-二聚体等凝血相关指标,必要时给予新鲜血浆输注纠正凝血异常。

门冬酰胺酶类药物能够通过影响维生素 K 来减少由肝脏产生的纤维蛋白原和其他一些特殊凝血因子的合成,从而引起凝血功能异常,多发生于治疗的最初三周以及长期使用的患者。因此在使用三周内应密切关注患者血凝情况,积极采取纠正措施。

6. TKI 相关不良反应及其处理

(1)水肿与水钠潴留:其发生率与药物、使用剂量和年龄有关,65 岁以上患者水肿的发生率相对增高。主要表现为眼眶周围水肿、周围性或双下肢水肿,严重时可出现胸腔积液、腹腔积液和肺水肿。程度较轻者可通过下调剂量或停药、使用利尿药或其他支持疗法缓解,有胸腹腔积液患者可适当采取抽液治疗。用药期间教育患者定期监测体重,仔细评估体重的增加,对老年用药患者应定期进行随访。水潴留可以加重或导致心功能衰竭,用药前应充分评估患者心功能状态。青光眼患者应慎用。

(2)肝功能异常:伊马替尼使用期间可见氨基转移酶升高或胆红素升高,但程度轻微,一般能耐受,无须减量或停药。当氨基转氨酶和胆红素显著升高时需考虑减量或暂时停药。患者用药前应评估肝功能状态,用药过程中每月监测 1 次肝功能或根据临床情况决定,必要时调整剂量。当伊马替尼与大剂量化疗同时使用时,可见一过性的肝毒性,应适当增加监测肝功能的频率。严重肝功能衰竭的患者必须仔细评估用药风险。

(3)心功能异常:使用伊马替尼的患者可见左心室射血分数(LVEF)减少,以及充血性心力衰竭,极少数使用达沙替尼的患者(1.6%)有心肌病、充血性心力衰竭、左心室功能不全、致死性心肌梗死以及舒张功能不全的报道。因此,对有心脏疾病史、老年患者应密切监测心功能,仔细评价用药风险。用药期间若患者出现明显的心衰症状应进行全面检查，并根据临床症状进行相应治疗。达沙替尼可能会延长 Q-T 间期，应慎用于出现或可能出现 Q-Tc 延长的患者，主要包括低钾血症或低镁血症的患者、先天性 Q-T 延长综合征的患者、正在服用抗心律失常药或其他可能导致 Q-T 时间延长药物的患者，以及接受累积高剂量蒽环类药物治疗的患者。治疗前应检查患者电解质水平，及时纠正低钾血症或低镁血症。

7. 其他白血病治疗的常见不良反应及处理
门冬酰胺酶还可引起急性胰腺炎，表现为剧烈的上腹疼痛并伴有恶心、呕吐、血和尿的淀粉酶升高等，因此用药后需强调低脂饮食，并给予密切监测。

干扰素初始应用时可出现流感样症状，如寒战、发热等。随着疗程的延长，发热可逐渐减轻，一般 7 日后可停止发热。可预先使用对乙酰氨基酚避免发热。另外部分患者在注射部位可出现红斑并有压痛，24h 后可消退。

（五）展望

白血病的本质是遗传学异常，随着对其发病机制的研究不断深入，基于遗传学异常的白血病诊断分型也越来越细化。在此基础上，寻找潜在治疗靶点，开发新型治疗药物和治疗技术，是白血病转化研究的主要方向。继 APL、CML 之后，相信会陆续有新的白血病类型在将来被攻克。

（吴德沛 陈佳 范祎）

参 考 文 献

1. 葛均波，徐永健，王辰.内科学.9 版［M］.北京：人民卫生出版社，2018.

2. 缪丽燕，马满玲，吴德沛，等.临床药物治疗学血液系统疾病［M］.北京：人民卫生出版社，2017.

3. 中华医学会血液学分会红细胞疾病（贫血）学组.铁缺乏症和缺铁性贫血诊治和预防多学科专家共识［J］.中华医学杂志，2018，98（28）：2233-2237.

4. 中华医学会血液学分会，中国医师协会血液科医师分会.中国中性粒细胞缺乏伴发热患者抗菌药物临床应用指南（2016 年版）［J］.中华血液学杂志，2016，37（5）：353-358.

5. 中国侵袭性真菌感染工作组.血液病/恶性肿瘤患者侵袭性真菌病的诊断标准与治疗原则（第五次修订版）［J］.中华内科杂志，2017，56（6）：453-459.

6. Nicolle L E，Gupta K，Bradley S F，et al.Clinical Practice Guideline for the Management of Asymptomatic Bacteriuria：2019 Update by the Infectious Diseases Society of America［J］.Clin Infect Dis，2019，68（10）：1611-1615.

7. 中华医学会血液学分会止血与血栓学组.成人原发免疫性血小板减少症诊断与治疗中国指南（2020 年版）［J］.中华血液学杂志，2020，41（8）：617-623.

8. Liu X G，Bai X C，Chen F P，et al.Chinese guidelines for treatment of adult primary immune thrombocytopenia［J］.Int J Hematol，2018，107（6）：615-623.

9. George J N. Management of Immune Thrombocytopenia-Something Old，Something New［J］.N Engl J Med，2010，363（20）：1959-1961.

10. Neunert C E. Current management of immune thrombocytopenia［J］.Hematology Am Soc Hematol Educ Program，2013，2013（1）：276-282.

11. 中华医学会血液学分会红细胞疾病（贫血）学组.再生障碍性贫血诊断与治疗中国专家共识（2017 年版）［J］.中华血液学杂志，2017，38（1）：1-5.

12. Guinan E C. Diagnosis and management of aplastic anemia［J］.Hematology Am Soc Hematol Educ Program，2011，2011（4）：76-81.

13. Young N S.Aplastic Anemia［J］.N Engl J Med，2018，379（17）：1643-1656.

14. 中华医师协会血液科医师分会，中华医学会血液学分会，中国医师协会多发性骨髓瘤专业委员会.中国多发性骨髓瘤诊治指南（2020 年修订）［J］.中华内科杂志，2020，59（5）：341-346.

15. Rajkumar S V，Dimopoulos M A，Palumbo A，et al.International Myeloma Working Group updated criteria for the diagnosis of multiple myeloma.［J］.Lancet Oncology，2014，15（12）：e538-e548.

16. 陈竺，陈赛娟，译.威廉姆斯血液学（第 9 版）［M］.北京：人民卫生出版社，2018.

17. Forman S，Negrin R，Antin J，et al. Thomas' Hematopoietic Cell Transplantation［M］.5th ed.Hoboken：John Wiley & Sons，Ltd. 2016.

18. 黄晓军.血液病学［M］.北京：人民卫生出版社，2009.

19. 吴德沛，陈苏宁.白血病诊疗临床实践［M］.北京：科学技术文献出版社，2013.

第十二章 内分泌系统疾病

第一节 总 论

一、内分泌系统疾病概述

内分泌系统主要由内分泌腺（包括垂体、甲状腺、甲状旁腺、肾上腺、性腺等）和分布在心血管、胃肠、肾、脂肪组织、脑（尤其是下丘脑）的内分泌组织与细胞构成。内分泌腺有些是单独组成一个器官，有一些则存在于其他器官内，如胰腺内胰岛、卵巢内黄体、睾丸内间质细胞。机体的内分泌系统与神经、免疫系统相互协调，共同担负维持生命的重要责任。内分泌系统通过激素实现对机体的调节作用。内分泌器官和内分泌组织细胞产生、释放激素进入血液循环，转运至远距离的靶器官或靶组织，调节其功能，此为经典的激素作用方式即内分泌（endocrine）。激素亦可通过旁分泌（paracrine）即激素分泌后不经血液循环、仅经组织液扩散作用于邻近细胞。激素还可以自分泌（autocrine）即细胞所分泌的激素在局部扩散后又返回作用于分泌释出它们的器官细胞发挥作用，如睾丸释放的睾酮既分泌入血，又作用于睾丸控制精子形成。此外，激素尚可以胞分泌（intracrine）方式即细胞质内合成的激素不出细胞直接运送至细胞核，影响靶基因表达。一些具有内分泌功能的神经细胞分泌神经激素，借轴浆流动运送至末梢释放，如下丘脑神经元分泌神经激素经轴突运送至垂体后叶再分泌入血，此为神经内分泌（neuroendocrine）。激素选择性地结合于靶点的细胞表面或内部受体。与细胞表面受体结合后可调节酶活性或影响离子通道；与胞内受体结合后能调节基因的功能（如皮质类固醇、甲状腺激素）。

当内分泌系统某些环节功能亢进或减弱时可引起内分泌疾病。这些疾病可导致激素分泌过多（功能亢进）或过少（功能减退）。功能亢进的原因可以是垂体的过度刺激，但最常见的是腺体本身的增生或肿瘤。其他可能的原因包括：过多使用外源性激素；组织对激素过度敏感；周围内分泌腺毁坏导致储存激素的快速释放；机体对某种疾病状态的应激反应导致激素分泌过多。功能减退的病因有来自垂体的刺激不足，周围腺体自身的先天性或获得性疾病（如自身免疫性疾病、肿瘤、感染、血管病变）以及基因缺失或激素分子结构异常等遗传性疾病；有些激素自腺体分泌后需要转化为活性形式，一些疾病可阻断这一步骤（如慢性肾脏病时活性维生素 D 的合成减少）；疾病或药物可促进激素的清除；血液循环中的物质能阻断激素的作用；激素受体或周围内分泌组织其他部位的异常等原因亦可造成功能减退。

内分泌疾病通常根据腺体的功能分类，如甲状腺功能亢进症（hyperthyroidism，简称甲亢）、甲状腺功能减退症（hypothyroidism，简称甲减）。亦可根据其病变发生在下丘脑、垂体或周围靶腺，分为原发性（靶腺病变）和继发性（下丘脑或垂体病变），如原发性甲减、继发性甲减、三发性甲减。内分泌肿瘤依其所在腺体命名，如甲状腺癌。

二、内分泌系统疾病的治疗原则

功能亢进性疾病的治疗可用手术、放射治疗和药物来抑制激素的产生。①外科手术切除导致功能亢进的肿瘤或增生组织，如手术切除垂体腺瘤。②放射治疗破坏内分泌肿瘤或增生组织，减少激素分泌，如给予甲亢患者 ^{131}I 治疗。③药物治疗主要是抑制内分泌腺激素的合成，如甲亢患者给予咪唑类和硫脲类药物，抑制甲状腺激素合成；针对激素受体的药物治疗，如皮质醇增多症（hypercortisolism）即库欣综合征（Cushing's syndrome CS）；给予米非司酮可阻断糖皮质激素受体，缓解症状；针对内分泌肿瘤的化疗。

功能减退性疾病，不论其为原发性还是继发性，通常采用激素替代治疗（垂体性侏儒的生长激素替代治疗除外）。如果靶组织对激素作用有抵抗，可用药物减少此种抵抗。偶尔也给予刺激激素释放的药物。①外源激素的替代治疗是最常见的方法，如肾上腺皮质功能减退者补充皮质醇（氢化可的松）。替代治疗需要符合内分泌腺激素的分泌节律。②直接补充激素产生的效应物质，如甲状旁腺功能减退者补充钙与活性维生素D。③内分泌腺或组织移植，如甲状旁腺组织移植治疗甲状旁腺功能减退症。

三、常见药物分类及作用机制

（一）垂体疾病常见药物分类及作用机制

1. **溴隐亭** 溴隐亭（Bromocriptine）为多肽麦角类生物碱，能选择性地激动脑内 D_2 类（含 D_2、D_3、D_4）受体，抑制腺垂体激素催乳素（泌乳素）的分泌，不影响其他垂体激素的正常水平（但能降低肢端肥大症患者已升高的生长激素水平）。溴隐亭对 D_1 类受体（含 D_1、D_5）具有部分拮抗作用；对外周 D 受体、α 受体有较弱的激动作用。小剂量溴隐亭首先激动结节-漏斗通路 D_2 受体，抑制催乳素和生长抑素分泌，治疗泌乳闭经综合征和肢端肥大症；大剂量溴隐亭可激动黑质-纹状体多巴胺通路 D_2 受体，与左旋多巴（L-DOPA）合用时，因后者可激动 D_1 受体，故可增强治疗帕金森病的疗效。

2. **奥曲肽** 奥曲肽（Octreotide）是人工合成的天然生长抑素的八肽衍生物，其药理作用与生长抑素相似，但作用持续时间更长。可抑制生长激素、促甲状腺素；对胃酸、胰酶、胰高血糖素和胰岛素的分泌有抑制作用；降低胃的运动和胆囊排空，抑制缩胆囊素-胰酶泌素的分泌，减少胰腺分泌，对胰腺实质细胞膜有直接保护作用；减少内脏血流量，降低门静脉压力，减少肠道过度分泌，增加肠道对水和钠的吸收。

3. **重组人生长激素** 重组人生长激素（recombinant human growth hormone，r-hGH）其氨基酸序列、组成与脑垂体生长激素完全相同，具有促进组织生长、调节代谢等多种生理作用。r-hGH 可促进骨骼的生长，增加肌细胞的数量和增大肌细胞的体积，促进心肌生长，增加心肌的收缩力，促进体内蛋白质的合成，增加体内氮储量，增加脂肪氧化分解和糖异生，并提高营养物质的转换率，调节免疫系统以增强免疫能力。

4. **加压素** 加压素（vasopressin tannate）通过提高肾集合管上皮细胞的通透性而增加水的重吸收，产生抗利尿作用，还可收缩外周血管、肠、胆囊及膀胱。本品肌内注射吸收慢，具有长效抗尿崩症的作用，可减少用药次数。静脉给药仅在紧急处理消化道出血或药物诱发的出血时才采用。本品不能透过血-脑脊液屏障，不经肝脏代谢。

（二）甲状腺疾病常见药物分类及作用机制

1. **甲亢治疗药物硫脲类** 硫脲类抗甲状腺药主要作用机制：

（1）抑制甲状腺激素的合成：通过抑制甲状腺过氧化物酶，抑制酪氨酸的碘化和耦联，减少甲状腺激素的生物合成。硫脲类自身对过氧化物酶并无直接抑制作用，而是作为酶的底物被氧化。硫脲类对甲状腺摄入碘亦无影响，对已合成的甲状腺激素无效。一般须在用药 3~4 周后才有储存的 T_4 水平下降，改善症状通常需 2~3 周，基础代谢率恢复正常需 1~2 个月。

（2）抑制外周组织的 T_4 转化为 T_3：丙硫氧嘧啶能迅速控制血清中生物活性较强的 T_3 水平，是治疗重症甲亢、甲状腺危象的首选药物。

（3）减弱 β 受体介导的糖代谢：硫氧嘧啶类通过减少心肌、骨骼肌 β 受体数目，降低腺苷酸环化酶（adenylyl cyclase，AC）活性，减弱 β 受体介导的糖代谢。

（4）免疫抑制：通过轻度抑制免疫球蛋白生成，减少甲状腺刺激性免疫球蛋白水平。

2. **甲亢治疗药物碘和碘化物** 大剂量碘主要是通过抑制谷胱甘肽还原酶，减少还原型谷胱甘肽（GSH），从而使甲状腺球蛋白（TG）对蛋白水解酶不敏感，进而抑制甲状腺激素的释放。大剂量碘抗甲状腺作用迅速和强大，用药 2~7 日起效，10~15 日达最大效应。但是腺泡细胞内碘离子增高到一定程度，细胞摄碘即自动降低，胞内碘离子浓度下降，从而失去抑制激素合成的效应。这是碘化物不能单独用于治疗甲亢的原因。

3. 甲亢辅助治疗药物β受体拮抗药 无内在拟交感活性的β受体拮抗药通过阻断β受体，改善甲亢所致的心率加快、心收缩力增强等交感神经激活症状。

4. 甲减治疗药物 甲状腺激素类药物作用机制：①促进蛋白质合成及骨骼、CNS的生长发育；②促进物质氧化代谢，增加耗氧，提高基础代谢率，增多产热；③当血液中游离的T_3和T_4进入细胞核内，与甲状腺激素受体结合形成激素-受体复合物，启动靶基因转录，加速相关蛋白和酶的生成，产生生理效应。

（三）肾上腺皮质及髓质疾病常见药物分类及作用机制

1. 嗜铬细胞瘤治疗药物

（1）α受体拮抗药：甲磺酸酚妥拉明和盐酸酚苄明均为非选择性α受体拮抗药。酚妥拉明与α受体以氢键、离子键疏松地结合，易于解离，为竞争性阻断α受体，拮抗肾上腺素的α型作用，致激动剂的量效曲线右移。酚妥拉明具有阻断血管平滑肌α_1受体和直接扩张血管作用，静脉给药能使血管舒张、血压下降，静脉和小静脉扩张明显，舒张小动脉使肺动脉压下降，外周血管阻力降低。酚妥拉明还可兴奋心脏，增强心肌收缩力，心率加快，增加心输出量。这种兴奋作用部分由血管舒张、血压下降反射性兴奋交感神经引起；部分是阻断神经末梢突触前膜α_2受体，从而促进去甲肾上腺素释放，激动心脏β_1受体的结果。此外，酚妥拉明还能阻断5-HT受体，激动M胆碱受体和H_1、H_2受体，促进肥大细胞释放组胺；其兴奋胃肠道平滑肌的作用可用阿托品拮抗。

酚苄明与α受体以共价键牢固结合，为长效非竞争性α受体拮抗药，具有起效慢、作用强、时间持久的特点。在离体实验时即使给予大剂去甲肾上腺素也难以完全对抗其作用，需待其从体内清除后，α受体的阻断作用方可消失。酚苄明能舒张血管，降低外周阻力，降低血压，其作用强大与交感神经兴奋性有关。对静卧正常人，酚苄明的降压作用不明显。当伴有代偿性交感性血管收缩，如血容量减少或直立时，就会引起显著的血压下降。由于血压下降引起反射作用，以及阻断突触前膜α_2受体，可使心率加快。

（2）β受体拮抗药：嗜铬细胞瘤患者在给予α受体拮抗药后出现持续性心动过速（>120次/min）或室上性快速心律异常时，可考虑加服β受体拮抗药。不能单独或先用β受体拮抗药，以免导致严重肺水肿、心力衰竭或诱发高血压危象而加重病情。必要时在特殊情况下可考虑同时使用。一般选用普萘洛尔、阿替洛尔。

（3）钙通道阻滞剂：钙通道阻滞剂品种繁多，结构各异。从化学结构上可分为二氢吡啶类和非二氢吡啶类。前者对血管平滑肌具有选择性，较少影响心脏，以硝苯地平为代表，可作为嗜铬细胞瘤的辅助用药，选择性作用于电压依赖性的Ca^{2+}通道L亚型，从细胞膜外侧阻滞钙通道，抑制细胞外Ca^{2+}内流，降低细胞内Ca^{2+}浓度，舒张血管平滑肌降低血压。非二氢吡啶类代表药为维拉帕米，对心脏和血管均有作用。

（4）血管紧张素转换酶（ACE）抑制剂：ACE抑制剂通过抑制肾素-血管紧张素系统（renin-angiotensin system，RAS）降低血压，作为嗜铬细胞瘤的辅助用药。代表药卡托普利直接抑制ACE，抑制血管紧张素Ⅱ（AngⅡ）的生成，抑制AngⅡ收缩血管、刺激醛固酮释放、升高血压的作用，降低血压。

（5）血管扩张药：直接扩张血管平滑肌而产生降压作用，有些主要扩张小动脉，外周阻力降低而降低血压，如肼屈嗪。有些对小动脉和静脉均有扩张作用，如硝普钠。硝普钠主要用于嗜铬细胞瘤高血压危象发作或手术中血压持续升高。

2. 原发性醛固酮增多症治疗药物 对原发性醛固酮增多症（primary aldosteronism）患者的术前准备和不能手术、肾上腺增生患者的长期治疗一般是联合用硝苯地平和螺内酯（Spironolactone，又名安体舒通Antisterone）。螺内酯属竞争性醛固酮受体拮抗剂。醛固酮从肾上腺皮质释放后，进入远曲小管细胞，与胞质内盐皮质激素受体结合形成醛固酮-受体复合物，转位进入胞核诱导特异DNA转录翻译，产生醛固酮诱导蛋白，调控Na^+、K^+转运，发挥保Na^+排K^+、保水排H^+作用。螺内酯结合到胞质内盐皮质激素受体，阻止醛固酮-受体复合物核转位，产生拮抗醛固酮的作用，排Na^+保K^+、排水保H^+。

3. 皮质醇增多症治疗药物（皮质激素抑制剂）

（1）氨鲁米特（氨基导眠能）：原为镇静催眠

药格鲁米特的衍生物,曾作为抗惊厥药用于临床,早先发现氨鲁米特可抑制多种皮质醇合成酶,抑制胆固醇转变为 20-α- 羟胆固醇,从而阻断类胆固醇生物合成的第一个反应,阻止皮质醇合成,可代替肾上腺切除术或垂体切除术,术后无效者,本品仍可能有效。垂体分泌的 ACTH 能对抗本药抑制肾上腺的作用,故使用本药时应合用氢化可的松阻滞 ACTH 的这种作用。长期服用能引起肾上腺皮质功能减退。氨鲁米特还能特异性地抑制芳香化酶,阻止雄激素转变为雌激素,因此可用于治疗绝经后晚期乳腺癌,对雌激素受体阳性患者有效率更高,对他莫昔芬无效者仍有效。

（2）米托坦（密妥坦,Mitotane）:选择性作用于肾上腺皮质网状带和束状带细胞,抑制 11β- 羟化酶和胆固醇侧链断裂酶,同时直接破坏肾上腺皮质细胞使其坏死萎缩,作用持久,导致皮质醇合成减少。用药后血、尿中氢化可的松及其代谢物迅速减少。米托坦不影响肾上腺皮质球状带,故醛固酮分泌不受影响。

（3）甲吡酮（美替拉酮）:能抑制 11β- 羟化酶活性,干扰 11- 去氧皮质酮转化为皮质醇,抑制 11- 去氧氢化可的松转化为氢化可的松,降低它们的血浆水平;与氨鲁米特合用有协同作用。

（4）酮康唑:为咪唑类衍生物抗真菌药,阻断真菌类固醇的合成,可通过抑制 11β- 羟化酶和侧碳链而抑制皮质醇合成,对肾上腺肿瘤有效。由于哺乳类动物组织对其敏感性远低于真菌,因此酮康唑对人类固醇的合成的抑制作用仅在大剂量时才会出现。

（5）米非司酮:对糖皮质激素受体有高度亲和力,在受体水平拮抗糖皮质激素的作用。

（6）赛庚啶:为 5-HT 拮抗剂,可抑制下丘脑释放促皮质素释放激素（CRH）而抑制垂体 ACTH 的分泌,降低血浆 ACTH 和皮质醇水平。

（7）溴隐亭:为多巴胺受体激动剂,减少垂体前叶合成 ACTH。

4. 肾上腺皮质激素类药物

（1）ACTH 由垂体前叶嗜碱性粒细胞合成分泌,受下丘脑 CRH 的调节,对维持机体肾上腺正常形态和功能具有重要作用。在生理情况下,下丘脑、垂体、肾上腺三者处于动态平衡,ACTH 缺乏,将引起肾上腺皮质萎缩,分泌功能减退。人工合成的 ACTH 与生理性分泌的 ACTH 相比免疫原性明显降低,过敏反应显著减少。口服被胃蛋白酶破坏而失去活性,只能注射给予。一般在给药后 2 小时肾上腺皮质才开始分泌氢化可的松。临床上主要用于 ACTH 兴奋试验。

（2）肾上腺皮质激素为一类甾体激素,根据其分泌部位、主要的生理药理作用可分为 3 类:①糖皮质激素（如氢化可的松等）;②盐皮质激素（如醛固酮）;③氮皮质激素（主要为雄激素）。糖皮质激素由肾上腺皮质束状带分泌,调节糖、蛋白质和脂肪代谢,在超过生理剂量时表现出广泛而显著的药理作用,具有抗炎、抗过敏、抗病毒活性,增加机体对有害刺激的抵抗力,控制气道高反应性,还可抑制免疫,主要用于替代治疗和药物治疗。糖皮质激素适用于腺垂体功能减退症、急慢性肾上腺皮质功能减退症、先天性肾上腺皮质增生症、肾上腺皮质瘤手术后及肾上腺次全切除术后的替代治疗。急性肾上腺皮质功能不全（肾上腺皮质危象）需静脉补充氢化可的松。慢性原发性肾上腺皮质功能减退症（Addison 病）可口服氢化可的松。剂量应个体化并根据临床反应及时调整。腺垂体功能减退者,可予泼尼松或氢化可的松补充或替代治疗。除替代治疗外,糖皮质激素可治疗过敏性、炎症性与自身免疫性疾病。盐皮质激素由肾上腺皮质球状带分泌,可调节水、电解质代谢。代表药物有氟氢可的松,为氢化可的松的氟化衍生物,其糖代谢及抗炎作用为氢化可的松的 15 倍,而钠潴留作用为氢化可的松的 100 倍以上。一般与糖皮质激素合用替代治疗重症原发性肾上腺皮质功能减退。

四、药物不良反应管理

（一）垂体疾病常见药物不良反应管理

1. 溴隐亭 不良反应较多,与药物的剂量有关。用药初期,心血管系统常见症状性、直立性低血压（眩晕或头重脚轻）。消化系统常见恶心。大剂量用药者（如治疗肢端肥大症和帕金森病）可有精神错乱、异动症（如面、舌、臂、手、头及身体下部的不自主运动）、幻觉、错觉和思维混乱等。此外,尚有食欲减退、呕吐、腹痛、腹泻、便秘、鼻塞、嗜睡和疲倦、抑郁、夜间小腿痉挛、雷诺现象（遇冷时指、趾出现刺痛和疼痛感）。对消化道溃疡患者可诱发出血,亦可诱发心律失常,一旦出现应立即停药。其他不良反应包括头痛、腹膜和胸膜纤维化、红斑性肢痛。

2. 奥曲肽 主要不良反应有注射部位疼痛或针刺感,一般可于 15 分钟后缓解。消化道不良反应有厌食、恶心、呕吐、腹泻、腹部痉挛疼痛等,偶见高血糖、胆结石、糖耐量异常和肝功能异常等。注射前使药液达室温,则可减少局部不适。对过量用药者应采取对症治疗。

3. 重组人生长激素 常见有过敏、全身瘙痒、注射部位发红等反应。偶见有呕吐、腹胀气、腹痛等胃肠道反应、水肿、头痛、注射部位皮下脂肪萎缩、镜检见血尿等。有时见谷丙转氨酶和谷草转氨酶升高、肩关节痛、周期性四肢麻痹等反应。使用时用注射用水溶解粉剂,应轻轻缓慢转动,切忌振摇药液,以防止活性成分变性。应正确选择注射部位,若注射时发生剧痛或抽空针见血,应改换部位,避免在同一部位反复注射。注意每次更换注射部位,以免发生注射部位脂肪萎缩。出现血糖增高或甲状腺功能减退时,及时调整剂量。

4. 加压素注射液 经静脉或动脉给药后可出现室性心律不齐,末梢血管注射后可致皮肤坏疽。注射部位易出现血栓及局部刺激,在同一部位重复肌内注射,可引起局部严重炎症反应,故应注意更换注射部位。大剂量可引起明显的不良反应,如恶心、皮疹、痉挛、盗汗、腹泻、嗳气等,对于妇女可引起子宫痉挛。此外还可引起高钠血症、水潴留以及过敏反应,如荨麻疹、发热、支气管痉挛、神经性皮炎及休克。严重时可引起冠脉收缩、胸痛、心肌缺血或梗死等。

醋酸去氨加压素药物不良反应可见头痛、恶心、胃痛、过敏反应、水潴留及低钠血症。偶见血压升高、发绀、心肌缺血。高剂量时可见疲劳、短暂的血压降低、反射性心跳加快及面红、眩晕。注射给药时,可致注射部位疼痛、肿胀。极少数患者可引起脑血病或冠状血管血栓形成、血小板减少。大剂量给药会增加水潴留和低钠血症的危险。虽然治疗低钠血症时的用药应视具体情况而定,但应注意:对无症状的低钠血症患者,除停用去氨加压素外,应限制饮水;对有症状的患者,除上述治疗外,可根据症状输入等渗或高渗氯化钠注射液;

当体液潴留症状严重时(抽搐或神志不清),需加服呋塞米。在治疗遗尿症时应特别注意:用药前 1h 至用药后 8h 内需限制饮水量。在用于诊断检查时,用药前 1h 至用药后 8h 内饮水量不得超过 500ml。用药期间需要监测患者的尿量、渗透压和体重,对有些病例还需测试血浆渗透压。婴儿及老年患者,体液或电解质平衡紊乱及易产生颅内压增高的患者,均应慎用。急迫性尿失禁患者、糖尿病患者及器官病变导致的尿频或多尿患者不宜使用。妊娠期妇女用药应权衡利弊。1 岁以下婴儿必须在医院监护下实行肾浓缩功能试验。鼻腔用药后,鼻黏膜若出现瘢痕、水肿或其他病变时,应停用鼻腔给药法。

(二)甲状腺疾病常见药物不良反应管理

1. 硫脲类 硫脲类药物不良反应发生率为 3%~12%,以甲硫氧嘧啶发生较多,丙硫氧嘧啶和甲巯咪唑发生较少。胃肠道反应为恶心、呕吐、胃肠道不适,甲硫氧嘧啶偶尔有味觉、嗅觉改变。过敏反应最常见,斑丘疹发生率为 4%~6%,以及瘙痒、药疹,少数伴发热,应密切观察,一般不需停药亦可消失。粒细胞缺乏症为最严重不良反应,发生率为 0.1%~0.5%。一般发生在治疗后的 2~3 个月内,老年人较易发生。注意与甲亢本身引起的白细胞数偏低相区别,发生咽痛、发热时应立即停药,一般可恢复正常。长期服用硫脲类抗甲状腺药可致血清甲状腺激素水平显著下降,反馈性增加 TSH 分泌、引起腺体肿大,还可诱导甲状腺功能减退。及时发现并停药常可以恢复正常。

2. 碘和碘化物 碘的不良反应相对较少,大多数在停药后即可以恢复。一般反应为咽喉不适、口内金属异味、呼吸道刺激、鼻窦炎和眼结膜炎症状、唾液分泌增加等,停药后可消退。偶见过敏反应,一般于用药后即刻或几小时内发生,表现为发热、皮疹,严重者有喉头水肿,可致窒息,停药可消退,加服食盐和增加饮水可促进碘排泄。

3. β受体拮抗药 普萘洛尔可引起窦性心动过缓、房室传导阻滞、低血压、抑郁、记忆力减退等,并可诱发心力衰竭和哮喘。长期应用可致脂质代谢和糖代谢异常。突然停药可致反跳现象。

4. 甲状腺激素　甲状腺激素过量可引起心悸、手震颤、多汗、体重减轻、失眠等甲亢症状，重者有腹泻、呕吐、发热、脉搏快而不规则，甚至心绞痛、心力衰竭、肌肉震颤或痉挛。一旦出现上述症状应立即停药，给予 β 受体拮抗药对抗。停药 1 周后再从小剂量开始服药。

（三）肾上腺皮质及髓质疾病常见药物不良反应管理

1. 嗜铬细胞瘤治疗药物

（1）α 受体拮抗药：酚妥拉明常见的不良反应为首剂现象（低血压），一般服药数次后这种低血压现象即可消失。此外，胃肠道平滑肌兴奋可致腹痛、腹泻、呕吐和诱发溃疡病。静脉给药可引起严重的心律失常和心绞痛，因此需缓慢注射或滴注。酚苄明常见的不良反应为直立性低血压、反应性心动过速、心律失常及鼻塞；口服可致恶心、呕吐、嗜睡及疲乏等。

（2）β 受体拮抗药：普萘洛尔可引起窦性心动过缓、房室传导阻滞、低血压、精神抑郁、记忆力减退等，并可诱发心力衰竭和哮喘。长期应用可致脂质代谢异常和糖代谢异常，故血脂异常及糖尿病患者慎用。突然停药可致反跳现象。

（3）钙通道阻滞剂：相对比较安全，一般不良反应有颜面潮红、头痛、眩晕、恶心、便秘等。

（4）血管紧张素转换酶抑制剂：不良反应轻微，一般耐受良好。口服吸收快、生物利用度高的 ACE 抑制剂如卡托普利首剂低血压副作用多见。无痰干咳是 ACE 抑制剂常见的不良反应，也是被迫停药的主要原因。吸入色甘酸二钠可缓解。不同 ACE 抑制剂引起的咳嗽有交叉性，但发生率稍有差异。

（5）血管扩张药：药物不良反应较多，一般不单独用于治疗高血压，仅在利尿药、β 受体拮抗药或其他降压药无效时才加用。静脉滴注硝普钠时可出现恶心、呕吐、精神不安、肌肉痉挛、头痛、皮疹、出汗、发热等。肾功能损害的患者若大剂量或连续使用可引起血浆氰化物或硫氰化物浓度升高而中毒，导致甲状腺功能减退，需严密监测血浆氰化物浓度。

2. 原发性醛固酮增多症治疗药物　螺内酯不良反应较轻，少数患者可引起头痛、困倦与精神紊乱。久用可引起高血钾，尤其是肾功能不全时，故肾功能不全者禁用。尚有性激素样副作用，可引起男性乳房女性化和性功能障碍，停药可消失。

3. 皮质醇增多症治疗药物　氨鲁米特有轻度头痛、头晕、嗜睡、皮疹等不良反应。服药期间应同时给予口服小剂量肾上腺糖皮质激素（氢化可的松）以防止肾上腺皮质功能减退危象。不适用于绝经前患者。用药期间应检查血象和血浆电解质。米托坦不良反应有胃肠道不适、头痛、头晕、皮疹。甲吡酮不良反应较少，有轻度头痛、头晕、消化道反应。酮康唑不良反应有恶心、发热、肝功能受损，偶有患者出现急性黄色肝萎缩。米非司酮少数用药者可能发生严重出血。赛庚啶不良反应有口干、嗜睡等。溴隐亭不良反应较多，消化系统常见食欲减退、恶心、呕吐、便秘，对消化道溃疡患者可诱发出血。用药初期，心血管系统常见直立性低血压。长期用药可出现无痛性手指血管痉挛，减少剂量可缓解。亦可诱发心律失常，一旦出现应立即停药。精神系统症状常见有幻觉、错觉和思维混乱等，停药后可消失。其他不良反应包括头痛、鼻塞、腹膜和胸膜纤维化、红斑性肢痛。

4. 肾上腺皮质激素类药物

（1）促皮质素：由于促皮质素促进肾上腺皮质分泌皮质醇，因此长期使用可导致医源性肾上腺皮质功能亢进，表现为脂质代谢和水盐代谢紊乱，低血钾、高血压。促皮质素亦刺激肾上腺皮质分泌雄激素，致痤疮和多毛。长期使用促皮质素还可致皮肤色素沉着。有时产生变态反应，包括发热、皮疹、血管神经性水肿，偶可发生过敏性休克，这些反应在腺垂体功能减退、尤其是原发性肾上腺皮质功能减退者较易发生。

（2）肾上腺皮质激素：糖皮质激素在应用生理剂量的替代治疗时无明显药物不良反应。但在超过生理剂量的药物治疗时，常见明显不良反应，且与剂量、疗程、用法、给药途径明显相关。用药期间如出现高血压、糖尿病、消化道溃疡、低血钾、骨质疏松和细菌感染时，应给予相应治疗，必要时应停用糖皮质激素。盐皮质激素不良反应多见有钠潴留、水肿和低钾血症，故用药期间可给予低钠、高钾饮食，以防止钠潴留和低钾血症。

第二节 常见内分泌系统疾病的药物治疗

一、垂体疾病

垂体是人体重要的内分泌器官,分前叶(腺垂体)和后叶(神经垂体)两部分,其中前叶占80%。腺垂体分泌多种激素,如生长激素(GH)、促甲状腺激素(TSH)、促肾上腺皮质激素(ACTH)、促性腺激素(GnH)、催乳素(PRL)。神经垂体释放抗利尿激素(ADH,又称血管升压素)和催产素(OXT)。垂体激素分泌过多或过少最常见的病因为下丘脑或垂体肿瘤。①垂体前叶病变:前叶激素分泌过多(垂体功能亢进,hyperhypophysism)几乎全是选择性的,分泌过量的垂体前叶激素中最常见的GH(如肢端肥大症、巨人症)、PRL和ACTH(如垂体性CS)。前叶激素分泌过少(垂体功能减退症,hypopituitarism)可为全面性的,大多由垂体肿瘤或特发性病变引起;②垂体后叶病变:ADH缺乏造成中枢性尿崩症,分泌过多则引起ADH分泌失调综合征。OXT在女性可引起乳腺肌和子宫肌层收缩,在男性功能迄今未明。

在垂体疾病中,腺垂体功能减退症是指各种病因损伤下丘脑、下丘脑-垂体通路、垂体而导致的一种或多种腺垂体激素分泌不足所致的临床综合征。垂体肿瘤是获得性腺垂体功能减退症最常见的原因之一。垂体肿瘤是垂体组织细胞发生的肿瘤,目前发病率逐年上升,可分为功能性垂体瘤和无功能性垂体瘤。垂体肿瘤好发于中老年,青少年少见,40~60岁高发,男女比例相差无几,不同类型的垂体瘤发病有一定的年龄高峰。

(一)临床表现与诊断

1. 临床表现 腺垂体功能减退症起病隐匿,症状多变,主要表现为靶腺(性腺、甲状腺、肾上腺)功能减退,其中性腺功能减退综合征是腺垂体功能减退症最常见的表现,女性患者表现为闭经、乳房萎缩、性欲减退或消失、阴道分泌物减少等,男性患者表现为性欲减退、勃起功能障碍、胡须/阴毛/腋毛减少、睾丸萎缩、肌肉减少、脂肪

增加。男女均易发生骨质疏松。此外,腺垂体功能减退症还可表现为甲状腺功能减退综合征(如疲劳、怕冷、食欲缺乏、便秘、毛发脱落等)、肾上腺皮质功能减退综合征(皮质醇和肾上腺雄激素减少,疲劳、虚弱、食欲缺乏、恶心、体重减轻、血压偏低等)、生长激素不足综合征(儿童生长停滞,成人肌质量减少)、垂体瘤或邻近肿瘤的压迫症群。垂体瘤所致临床表现主要为激素分泌异常症群、肿瘤压迫垂体周围组织症群、垂体卒中、垂体前叶功能减退表现。

2. 诊断 功能性垂体瘤分为垂体PRL瘤、GH瘤、ACTH瘤、TSH瘤、LH/FSH瘤及混合瘤和未分类腺瘤等。PRL瘤是功能性垂体腺瘤中最常见的疾病,约占垂体腺瘤的一半以上,女性的发病率比男性高;好发于40岁以下的育龄期女性,而无功能腺瘤则好发于60岁以上的男性。PRL瘤以高催乳素(PRL)血症为特征,可出现对鞍区的占位效应,腺瘤体积增大直接压迫垂体前叶和或/下丘脑,造成下丘脑-垂体-靶腺内分泌功能紊乱。绝经前女性的高PRL血症最常见的症状是溢乳、经量减少或闭经和不孕;同时雌激素水平低下,骨量丢失加速、骨质疏松、生殖器官萎缩、性欲减低、性生活困难、多毛症状。绝经后女性的高PRL血症的症状缺乏典型特征,容易发展为较大的腺瘤,产生占位效应,压迫导水管,出现头痛、恶心、呕吐等颅内压升高症状,压迫视神经可引起偏盲,波及侧方海绵窦可引起海绵窦内走行的神经功能障碍。与女性相反,成年男性PRL腺瘤主要表现为占位效应,溢乳和乳房发育非常少见,可能会出现一些轻微的如性欲减退、勃起功能障碍、射精异常和生精障碍等,成为男性性功能障碍与不育的重要病因。儿童与青少年PRL瘤发病率低,大腺瘤居多,常伴随占位效应。

此外,GH瘤患者表现为肢端肥大症,呈特征性容貌,面容丑陋、鼻大唇厚、手足增大、皮肤增厚、多汗和皮脂腺分泌过多,随着病程延长,可出现头形变长、眉弓突出、前额斜长、下颌前突、齿疏和反咬、枕骨粗隆增大及后突、前额和头皮多皱褶、桶状胸和驼背等。ACTH瘤中超过50%为直径小于5mm的微腺瘤,只有10%的ACTH瘤产生占位效应,主要表现为垂体ACTH依赖性皮质醇增多症(见本节后续内容),多为青壮年,女性

多于男性,皮质醇分泌异常增多,典型的临床表现则包括向心性肥胖、满月脸、水牛背、多血质、皮肤紫纹、高血压等。TSH 瘤比较罕见。近年来《中国肢端肥大症诊治指南(2013 版)》《中国垂体催乳素腺瘤诊治共识(2014 版)》《中国库欣病诊治专家共识(2015)》为 GH 瘤、PRL 瘤、ACTH 瘤的规范化诊断提供了重要依据。目前仍缺乏 TSH 瘤相关诊治共识或指南。

(二)一般治疗原则

腺垂体功能减退综合征患者的治疗包括原发病治疗和激素替代,治疗目标是:①切除或缩小病变;②恢复患者视力;③减低激素异常分泌状态;④保护和恢复垂体正常功能。但临床上很难通过单一治疗方法达到上述目的,通常需要综合治疗。目前常用的治疗方法包括:药物治疗、手术治疗、放射治疗。垂体瘤的治疗手段主要包括手术治疗、药物治疗以及放射治疗。随着手术方式的进步、新药的研制、放疗定位准确性的提高,术后并发症发生率逐渐降低,病情缓解率逐渐提高。

手术治疗是许多垂体瘤的首选治疗。近年来,相较于显微镜下经鼻蝶入路手术,内镜下经鼻蝶入路手术由于视野佳、创伤小、患者依从性好、平均住院时间短而逐渐成为神经外科专家的首选。近期荟萃分析(meta-analysis)表明内镜组肿瘤全切率明显高于显微镜组,手术并发症方面鼻中隔穿孔率内镜组更低,尿崩症、脑脊液漏、垂体功能减退等并发症的发生率两组无明显差异。针对不同的垂体腺瘤,宜采取不同的手术方案,尽量全切肿瘤,避免术后复发。

放射治疗作为一种辅助治疗,主要用于术后残留、复发及无手术适应证、不耐受或拒绝手术的患者,适用于①手术未达满意全切;②部分侵袭性垂体腺瘤;③复发腺瘤;④药物难以控制的 PRL瘤、GH 腺瘤、ACTH 腺瘤且因条件所限无法手术者。对于垂体腺瘤的放射治疗需要结合临床实际情况,尽量提高患者的生存质量。放射治疗在垂体瘤治疗中为二线方案,常规放射治疗即传统的二维放疗并发症发生率高,对激素水平的控制往往需要相当长的时间,因此,近年来立体定向放射治疗(stereotactic radiotherapy, SRT)/立体定向放射外科(stereotactic radiosurgery, SRS)逐步替代了常规放疗。一般而言 SRT/SRS 在肿瘤控制率方面效果良好,对于激素水平控制也有可观的疗效,但由于放射治疗后激素水平恢复需要的时间相比于手术治疗更长,因此总体来说其在治疗无功能腺瘤方面的效果优于功能性腺瘤。

药物在垂体肿瘤治疗中的地位逐步提升。随着多巴胺受体激动剂的出现,药物治疗成为治疗PRL 瘤的一种常规手段。PRL 瘤首选药物治疗目前已达成共识。研究表明,溴隐亭对治疗 PRL 瘤效果明显,能够显著缩小肿瘤体积进而改善肿瘤压迫带来的诸如视力/视野改变、头痛、头晕等临床症状。溴隐亭应从小剂量开始,逐渐增加剂量,至临床症状消失、PRL 下降到正常水平并稳定后,维持最小剂量服用,同时定期复查 PRL 水平。对于巨大的、呈侵袭性生长的 PRL 瘤,可先用药物治疗,待肿瘤缩小后行手术治疗。对于患有肢端肥大症的 GH 瘤患者,若肿瘤未出现侵袭性生长,可予药物治疗,常用奥曲肽、左旋多巴等。其中奥曲肽应用最多,若侵袭明显,则需手术治疗。其他类型的垂体腺瘤应用药物治疗相对较少。《中国垂体催乳素腺瘤诊治共识(2014 版)》明确指出,垂体 PRL 腺瘤应首选药物治疗,标志着以 PRL 腺瘤为代表的部分垂体腺瘤从此将告别手术刀,迈入一个全新的药物治疗时代。

(三)基本治疗药物及治疗方案

很久以前临床医生即注意到巨人和侏儒是疾病状态,但当时并未将此归咎于垂体疾病或功能障碍。后来通过对巨人和肢端肥大症的骨骼进行研究才肯定其病理性质,尸检还发现患者垂体窝扩大。1909 年,美国神经外科医生和病理学家 Harvey Cushing 提出了"垂体功能亢进"和"垂体功能减退"的两个术语,来表述垂体前叶功能亢进或减退。他认为前一种情况是由于肿瘤或增殖的垂体分泌激素过多所致,而后一种则是由于肿瘤对正常垂体的压迫使垂体萎缩所致,并指出垂体功能减退可导致成人第二性征消失。1912 年奥地利神经放射学先驱 Arthur Schuller 首次描述垂体肿瘤所致蝶鞍变化以及肢端肥大症时的骨骼病变。20 世纪 20 年代,正式命名了催乳素(PRL)。1948 年,美国化学家 Edward Kendall 研制成功可的松,并与甲状腺提取物联合应用明显延长了垂体功能减退和垂体无功能患者生存期。1968 年,Edward Flückiger 发现麦角毒碱类似物溴隐亭（bromocriptine）能降低 PRL 水平,溴隐亭在临床高 PRL 血症的疗效迅速得到了认可。之后临床逐步明确引起高 PRL 血症的主要原因是垂体 PRL 瘤。因此在患有月经功能障碍的女性中,患有微腺瘤和高 PRL 血症的患者均给予溴隐亭治疗,性腺功能恢复正常。当时尚不清楚溴隐亭是否影响垂体肿瘤大小。多数患者仍进行垂体放射治疗或经蝶窦或经颅手术,但这种侵袭性治疗方法很少使 PRL 正常化。直至 1980 年美国内分泌学家 Michael Thorner 在弗吉尼亚大学遇到一名患有巨大垂体肿瘤、严重视野缺陷、严重头痛和性腺功能减退症患者,该患者拒绝标准的神经外科切除手术。在获得当时的伦理批准后,Thorner 给予他实验性治疗。幸运的是,在给予首剂溴隐亭后,患者剧烈头痛就得到改善,至第 3 日,患者视野也开始改善,到治疗 2 周时,其垂体肿瘤显示减小。自此开始了以溴隐亭为代表的多巴胺受体激动剂治疗垂体肿瘤的时代。

针对腺垂体功能减退症,一般根据患者腺垂体/靶腺激素缺乏的种类和程度予以替代治疗,予靶腺激素替代治疗,以生理分泌量为度,并尽量模拟生理节律给药。患者确诊存在继发性肾上腺皮质功能减退症后,必须尽快补充肾上腺皮质激素,一般为氢化可的松 10~20mg/d（或醋酸可的松 15~25mg/d）,最大剂量不超过氢化可的松 30mg/d。根据激素的昼夜节律在早上 8 时给予需要量的 2/3,午后 2~4 时给予需要量的 1/3。如甲状腺功能测定提示甲减,则无论有无临床症状,也需要甲状腺素替代治疗,从小剂量开始（左甲状腺素 25~50μg/d）。性激素替代治疗除了恢复正常的性功能外,对机体的组织构成有重要影响。女性雌激素应用 25d,在第 15~25 日加用孕激素。男性患者可用睾酮替代治疗。

针对垂体瘤的治疗,首先要抑制和纠正泌乳素瘤过多的 PRL 分泌,消除或减轻瘤体对鞍区的占位效应,防治肿瘤对邻近结构的损毁,尽可能保留垂体功能。如出现垂体功能低下,及时应用靶腺激素替代治疗。药物治疗一线用药为多巴胺受体激动剂,主要有溴隐亭、卡麦角林和培高利特等。由于溴隐亭已被证实安全有效,且价格相对便宜,为我国推荐治疗 PRL 瘤的首选药物。尽管多巴胺受体激动剂广泛应用于临床且取得了良好

的疗效,但给药剂量、停药时机仍是近来临床研究的热点问题,特别是停药时机目前仍未达成共识。目前指南中推荐最大剂量为 15mg/d,继续加量并不能进一步改善治疗效果。只有 21% 的微腺瘤患者和 16% 的大腺瘤患者在停药后仍能长期维持 PRL 水平在正常范围。治疗时间与治疗成功率明显相关,治疗时间超过 2 年的患者成功率最高。肿瘤大小、PRL 的基线水平以及用药时长均与复发率相关。若停药前仅用小剂量卡麦角林患者 PRL 即能维持在正常范围,且肿瘤大小用药后有明显缩小,则治疗成功率高,而与卡麦角林的用药时间并无相关性。多巴胺受体激动剂究竟何时停药需结合患者肿瘤大小、PRL 的基线水平以及用药后 PRL 下降的幅度与速度、肿瘤缩小的程度具体分析。部分患者这两种药物的疗效均不佳,可以尝试培高利特治疗。

其他的功能性垂体肿瘤在患者无法进行手术治疗、不愿意行手术治疗或术后无法达到完全缓解的情况下,亦可给予药物治疗。对于 GH 瘤,首选药物为生长抑素类似物,包括奥曲肽和兰瑞肽（及其短效或长效衍生物）。新一代生长抑素类似物帕瑞肽与奥曲肽相比具有更好的疗效。对生长抑素类似物抵抗的患者可以考虑选择生长抑素受体拮抗剂培维索孟。多巴胺类似物如卡麦角林和溴隐亭也可作为 GH 瘤的辅助用药。对于 ACTH 瘤的治疗参见本节相关内容。TSH 瘤患者通常给予生长抑素类似物治疗。临床研究证实生长抑素类似物可抑制 TSH 分泌,缩小患者肿瘤体积;可使 73%~100% 的术后残留或肿瘤复发的 TSH 瘤患者甲状腺功能正常化,同时缩小肿瘤体积达 20%~70% 不等。但是由于昂贵的费用以及长达数年的治疗时间,生长抑素类似物尚无法替代手术作为 TSH 瘤的一线治疗。

（四）临床问题导向的药物治疗

在明确腺垂体功能减退症患者存在继发性肾上腺皮质功能减退症和甲减后,由于甲状腺素可以加快肾上腺皮质激素的代谢,甲减患者补充甲状腺素后,肾上腺皮质激素的需要量增加,对肾上腺皮质功能减退症患者可能引起肾上腺危象,故需要先补充肾上腺皮质激素再补充甲状腺素。男性患者补充睾酮替代治疗后,即使不能恢复正常性功能,仍应继续性激素替代治疗,因为睾酮可减

少男性腹部和内脏脂肪、增加肌肉重量和质量、改善骨质疏松和生活质量。生长激素长期替代治疗是否可能增加肿瘤发生和肿瘤复发风险,迄今尚无定论。因此生长激素在腺垂体功能减退症的应用价值仍有待进一步评价。

治疗 PRL 瘤若需合用药应慎重,避免毒性增加。红霉素、奥曲肽、大环内酯类抗生素、多巴胺拮抗剂(如苯丁酮)与溴隐亭合用,可增加溴隐亭的血药浓度。抗高血压药物与溴隐亭合用,可致低血压。氟哌啶醇、甲基多巴、甲氧氯普胺、单胺氧化酶抑制剂(包括呋喃唑酮、丙卡巴肼、司来吉兰)、H_2 受体拮抗剂等药物可升高血清 PRL 浓度,干扰溴隐亭的作用;必须合用时需调整溴隐亭剂量。口服激素类避孕药可致闭经或泌乳,干扰溴隐亭的作用,不宜同时应用。与乙醇合用,可出现双硫仑样反应,表现为胸痛、精神错乱、心悸或心律失常、面红、出汗、恶心、呕吐等。对其他麦角生物碱过敏者,对溴隐亭也可能交叉过敏,禁用。严重心脏疾病、周围血管性疾病、严重精神病患者禁用。肝功能损害者、有高血压史、精神病患者慎用。15 岁以下儿童用药的安全性与疗效尚未确定,应限制使用。哺乳妇女不应使用。奥曲肽与酮康唑合用具有协同作用,可降低泌尿系统的皮质醇分泌。奥曲肽可减少或延缓环孢素、西咪替丁的吸收,还可影响食物中脂肪的吸收。奥曲肽对 GH 和高血糖素分泌的抑制大于对胰岛素分泌的抑制,故可能引起低血糖,应注意观察。接受胰岛素治疗的糖尿病患者给予奥曲肽后对胰岛素的需求量有改变。对奥曲肽过敏者、孕妇、哺乳期妇女、儿童禁用。肾功能、胰腺功能异常者、胰岛素瘤患者、糖尿病患者、全身感染者、老年人慎用。对糖尿病患者,应密切监测血糖。

溴隐亭常见的不良反应多发生在治疗开始阶段,约 3% 需终止用药。连续用药后可减轻。大剂量用药者(如用于肢端肥大症)停药后不良反应仍可持续 1 周以上。高 PRL 患者应用本药,停药后可出现反跳,使血中 PRL 浓度再度升高。故治疗垂体 PRL 瘤引起的高 PRL 血症时疗程应足够。因溴隐亭可引起嗜睡或眩晕,故用药期间不宜驾驶或从事有危险性的工作。用药期间如需避孕,不推荐用雌激素 - 孕激素配伍组成的复方甾体避孕药。用药后出现肝功能损害,应减量。用

药过量出现呕吐,以及因过度刺激多巴胺受体而致的其他症状,应给予对症处理,去除尚未被吸收的药物,必要时维持血压正常。急性过量可给予甲氧氯普胺,宜胃肠外给药。奥曲肽可导致血糖改变,应调整糖尿病治疗药物的剂量。注意治疗疗程,临床症状无改善应停药。肝功能不全者其药物体内半衰期延长,故应调整剂量。

(五)药物治疗展望

适宜的激素替代治疗可以提高腺垂体功能减退症患者的生活质量,减少相关的并发症和死亡率。对于疑似有腺垂体功能减退症患者,应进行腺垂体功能减退症的筛查,以便及时诊疗。但目前缺如激素替代治疗是否适宜的分子标志物。除了 IGF-1 可作为 GH 替代治疗的监测指标外,多数激素没有可靠的生物学标志物来监测、指导替代治疗,只能根据临床症状、激素水平来评估替代治疗是否恰当。

垂体瘤诊治目前面临的难题包括如何预判肿瘤侵袭性生长、肿瘤复发以及药物抵抗等。区别于传统的垂体瘤分类方法,目前国际上开始通过整合腺垂体细胞谱系特异的转录因子(Pit-1、Tpit、SF-1 及 ER)、腺垂体激素、低分子量角蛋白、Ki-67 以及 P53 的表达,将垂体瘤分为若干亚型。虽然目前数据并不充分,但现有证据表明精确的分型在一定程度上可预判肿瘤的侵袭性、复发率以及对药物的反应。如 PRL 瘤可进一步分为稀疏颗粒状 PRL 腺瘤、密集颗粒状 PRL 腺瘤以及嗜酸性干细胞腺瘤。稀疏颗粒状 PRL 腺瘤通常对多巴胺受体激动剂反应良好,而密集颗粒状 PRL 腺瘤相较而言体积更大,侵袭性更强,对多巴胺受体激动剂多表现为抵抗,嗜酸性干细胞腺瘤通常对多巴胺受体激动剂反应较差。因此,精确分型与垂体瘤临床特点之间的关系值得进一步探索,有望成为未来的诊疗常规。

针对垂体瘤发病的相关分子机制的研究为探索药物抵抗的机制以及寻找新的治疗方法提供证据。分子标志物在预测侵袭性垂体瘤药物治疗中的作用成为近年来的研究热点。基质金属蛋白酶(matrix metalloproteinases,MMPs)、p27、p21、血管内皮生长因子(vascular endothelial growth factor,VEGF)、CD34、精氨酸酶 2(arginase 2,ARG2)、*PTEN* 基因(phosphatase and tension homolog on chromosome ten）及 *sFRP4* 基因（secreted frizzled related protein 4）、生长抑素受体（somatostatin receptor, SSTR）、过氧化物酶体增殖物激活受体 -γ（peroxisome proliferator-activated receptor-γ, PPAR-γ）、视黄酸受体（retinoie acid receptor, RAR）等，可能有希望成为候选标志物，成为潜在的药物治疗靶点。但是，需要更大的样本量和更多的工作来阐明这些标志物在肿瘤侵袭中发挥的作用及其预后价值。多巴胺激动剂抵抗的 PRL 瘤细胞可表达 SSTR，故有使用新型生长抑素类似物治疗（SSTR₅ 选择性激动剂 BIM23052, BIM23268）的策略。还有一种新靶向治疗策略为设计多巴胺受体与 SSTR 双重激动剂分子结构，即在单个分子上既有多巴胺也有生长抑素的分子结构（BIM23A387），对 PRL 瘤有较好的抑制作用。PPAR-γ 和 RAR 与配体结合后可调节基因转录，人工合成的配体噻唑烷二酮衍生物（TZD）可抑制垂体肿瘤细胞，这可能是治疗垂体 PRL 瘤的又一潜在治疗手段。转化生长因子 -β（TGF-β）为已知的抑制 PRL 细胞复制以及 PRL 分泌的信号分子，越来越多的证据表明，不论是动物模型或是人体，与正常 PRL 细胞相比，垂体 PRL 瘤细胞 TGF-β 活性降低。因此，增强 TGF-β 活性、恢复 TGF-β 的抑制作用可能为多巴胺受体激动剂抵抗 PRL 瘤的治疗带来希望。与多种雌激素相关肿瘤发生发展有关的核转录因子 LRP16，被证实在垂体 PRL 瘤中的表达水平与 ERα 的表达相关，可能与垂体 PRL 瘤的发展以及治疗效果存在关系。此外治疗胶质瘤的化疗药物替莫唑胺用于多次复发的巨大侵袭性 PRL 瘤有成功的个案报告，值得进一步研究。

二、甲状腺疾病

甲状腺疾病属于一种较为常见的自身免疫性疾病。近十年来，全球甲状腺疾病流行形势不容小觑，甲状腺疾病患者已经超过 3 亿以上，其中部分患者确诊前已带病数年。我国甲状腺患者几乎占到全球一半以上，但目前能够接受规范化治疗的患者不足 5%。由于诊断标准不统一、实验室检查的灵敏度不同、纳入的人群及碘营养状态均不同，各国患病率和发病率差别很大。

总体而言，甲亢发病率与碘营养状态有关，缺碘地区地方性甲状腺肿发病率高。甲减患病率高于甲亢。经过实施食盐加碘政策，我国碘缺乏病已逐步得到控制，但仍有部分碘缺乏地区，而且随着碘缺乏病的减少，碘缺乏的防治意识开始淡化，尤其是特殊人群碘摄入不足的比例仍然较高（妊娠期妇女），碘缺乏的防治任务依然艰巨。高碘地区因碘摄入过量造成的危害也逐渐显现，因此科学正确的补碘尤为重要。需要注意的是非妊娠期甲亢患者应该限制碘摄入，但对于计划妊娠或已妊娠的甲亢患者，则应相应调整，妊娠前有甲亢并低碘饮食的患者，在拟妊娠前至少 3 个月食用加碘食盐，以保证妊娠期充足的碘储备；妊娠期甲亢患者也要摄取足够的碘，并定期监测甲状腺功能，及时调整抗甲状腺药物的剂量。对正常的妊娠期和哺乳期妇女补碘要适量，既要注意碘摄入不足对胎儿的影响，也要避免碘过量造成的危害。

（一）临床表现与诊断

甲状腺疾病主要分甲亢和甲减。血液循环中的甲状腺素过多而引起的以神经、循环、消化等系统兴奋性增高和代谢亢进为主要表现的一组临床综合征称为甲状腺毒症（thyrotoxicosis）；由于甲状腺腺体本身功能亢进，合成分泌甲状腺素增加，导致的甲状腺毒症，称为甲状腺功能亢进症（hyperthyroidism，简称甲亢）。临床上以弥漫性甲状腺肿伴甲亢（Graves 病，Graves disease, GD）最常见，约占所有甲亢患者的 85%，其次为结节性甲状腺肿伴甲亢和亚急性甲状腺炎。一般患者均有神经质、怕热多汗、皮肤潮湿、心悸乏力、体重减轻等，主诉甲状腺肿大、质软、吞咽时上下移动。病理特征有两种眼部改变：非浸润性突眼和浸润性突眼（GD 所特有）。

甲状腺功能减退症（hypothyroidism，简称甲减）是由于甲状腺激素合成分泌减少或组织利用不足导致的全身代谢减低综合征，表现为代谢率减低、交感神经兴奋性下降，其病理特征是黏多糖在组织和皮肤堆积的黏液性水肿。但病情轻的早期患者可无特异症状者。引起甲减的病因很多，治疗后甲减是成人患者的常见病因；先天性甲减源于甲状腺发育异常；暂时性甲减则发生在临床患有亚急性甲状腺炎、无痛性甲状腺炎的患者；损耗性甲减是由于肿瘤等原因引起；中枢性甲减与下丘脑 - 垂体疾病致 TSH 减少有关。中度碘

缺乏地区血清 T_4 浓度通常在正常范围的低值,重度碘缺乏地区 T_4 浓度降低,但这些地区的大多数患者却不表现为甲状腺功能低下,因为在 T_4 缺乏时 T_3 合成增加。碘过量致甲状腺肿和甲减只在一定的甲状腺功能紊乱的情况下发生,甲状腺肿和甲减两者可独立存在亦可同时存在。服用一些抗甲状腺药物也可引起甲减。

黏液水肿以前是甲减的同义词,指严重甲减下的皮肤和皮下组织表现。现今严重甲减病例已非常少见。皮肤黏液性水肿为非凹陷性,见于眼周、手和脚的背部以及锁骨上窝,可形容为虚肿面容、表情呆板、淡漠,呈"假面具样",鼻唇增厚。舌大而发音不清、言语缓慢、音调低哑。

未经治疗的甲状腺疾病会严重危及人体健康。①未经治疗的甲亢患者可以引发心血管系统疾病、不孕、妊娠不良结局、新生儿甲亢、失明等。②由于甲状腺功能减退症是甲状腺激素合成和分泌减少或组织利用不足导致的全身代谢综合征,所以未经治疗的甲状腺功能减退可以引发心血管系统疾病、生殖系统疾病,代谢异常、抑郁和焦虑、黏液性水肿昏迷等病症。

(二)一般治疗原则

虽然甲状腺疾病诱发的疾病会危及人体健康,但也并不是所有的甲状腺疾病都需要治疗。在甲状腺疾病中甲状腺结节患者数量最多,常为无症状的结节,其中约有 1/10 为恶性,多数结节无需治疗,但需要长期随访监测。甲亢、甲减、甲状腺癌等常见甲状腺疾病的诊治并不困难,但由于甲状腺疾病症状相对隐匿,许多患者将其等同于亚健康,延误了病情。

甲状腺疾病的治疗必须强调个体化原则,因为不同患者对药物的敏感性并不一样,在疾病的不同阶段,不同的机体变化也会影响病情,因此需要根据服药后甲状腺功能的变化,合理并个体化调整药物剂量。甲亢主要采用抗甲状腺药物、^{131}I 和手术治疗。甲减主要是甲状腺素的补充或替代治疗,多数患者需给予终身替代治疗。中华医学会内分泌病学分会制定了成人甲状腺功能减退症诊治指南,以规范和细化对甲减患者的管理。该指南共有 27 个推荐,涵盖了甲减诊治的常见问题,包括甲状腺激素及甲状腺自身抗体的测定方法、正常值范围、受影响因素、超出正常范围的临床意义;甲减的诊断思路;原发性甲减,采用左甲状腺素(L-T_4)治疗的起始剂量、药物调整、完全替代剂量及治疗目标;亚临床甲减、妊娠期甲减、黏液性水肿昏迷、中枢性甲减、甲状腺激素抵抗的处理原则。其中原发性甲减治疗目标为甲减的症状体征消失,血清 TSH、总甲状腺素(TT$_4$)、游离甲状腺素(FT$_4$)维持在正常范围。美国甲状腺学会甲减治疗相关指南(2014)中关于甲减的治疗目标与我国指南有不同之处,该指南对不同人群甲减治疗的 TSH 目标做了不同的推荐,指出年龄 >65 岁的老年人 TSH 目标值适当提高是合适的,指出年龄 >70~80 岁的老年人 TSH 治疗目标提升至 4~6mIU/L。无论是国内指南还是国外指南,均强调了要根据患者的病情、年龄、体重、心脏情况等给予个体化的起始剂量和完全替代剂量。

(三)基本治疗药物及治疗方案

早在 1543 年比利时解剖学家 Andreas Vesalius 第一次描述了甲状腺的解剖学特征;1654 年,英国解剖学家 Thomas Wharton 见此腺体形似盾甲而将其命名为甲状腺;但对其生理功能的认识尚处于朦胧阶段,多数认为该腺体没有功能。19 世纪对甲状腺的认识逐渐走上科学的道路。1812 年,法国化学家 Joseph Gay-Lussac 从海草灰中分离出一种物质命名为碘,并证实其能使甲状腺肿消退。1836 年,英国科学家发现手术切除甲状腺后的动物会出现人类黏液水肿的某些症状,由此提出了甲状腺是有功能的器官,其功能可能是分泌某种物质;并详细地描述了甲状腺滤泡,并对其血运和淋巴进行了观察。随后很多英国学者开始注意甲状腺功能减退的性质。1883 年 9 月,英国内科医生 Sir Felix Semon 宣称黏液水肿、呆小病这些病理情况都是甲状腺功能不足引起的。8 年之后即 1891 年 George Redmayne Murray 首次报道绵羊甲状腺的提取物成功地治愈了一位 46 岁的黏液水肿患者,此后该患者健康存活了 28 年。在当时,这是一条爆炸性的头条新闻。1 年后即 1892 年 Hector Mackenzie 和 Edward Lawrence Fox 各自报道了用粗制的动物甲状腺制剂治疗黏液水肿患者有奇效。自此开始应用甲状腺干制剂长达数十年。1927 年,化学家合成左甲状腺素(即 L-T_4),之后开始普及三碘甲状腺原氨酸(即 T_3)、T_4 以及它们的混合物。当时普遍认为甲状腺同时合成这两种激素,故在临床使用其两者混合物片剂。后来发现人体内的绝大多数的 T_3 都是由 T_4 转化而来,于是在此后的 30 多年,T_4 作为单独的药物才正式步入历史的舞台。T_4 能够提供健康所需的所有的甲状腺素。当分泌不足时,我们会感觉浑身不适。如果完全中断,估计人体也就能存活几个月。在北美,T_4 是应用第二位的处方药物。

甲亢治疗药物方面,在 20 世纪 20 年代以前,人们发现应用不同剂量的碘化物,可能引起碘甲状腺肿和黏液性水肿,或可能引起碘甲亢。因此,人们努力寻找能够调节甲状腺分泌激素的其他物质。20 世纪 20 年代,动物实验发现采用一种特殊的卷心菜(brassicae)喂养家兔可引起甲状腺增生肿大,这种特殊的卷心菜含有硫酰胺(thionamide)。之后大鼠苯硫脲(phenylthiourea)品尝试验(taste test)发现实验大鼠甲状腺功能低减,提示苯硫脲具有抗甲状腺作用。Edwin B.Astwood 等明确提出硫脲类化合物的药理活性和毒性。在临床上,丙硫氧嘧啶、甲巯咪唑、卡比马唑在美国、欧洲先后成功上市,现已作为治疗原发性甲状腺功能亢进症的首选药物。在以后的文献中,相继有观察报告,明确了上述药物使用的适当剂量,以及用药的安全性和注意点。直到目前,还没有新的抗甲状腺药物能够取代这些早期推出的药物。

1. 甲亢治疗药物硫脲类 硫脲类是最常用的抗甲状腺药,细分为两类:①硫氧嘧啶类抗甲状腺药,包括甲硫氧嘧啶(methylthiouracil,MTU)和丙硫氧嘧啶(propylthiouracil,PTU);②咪唑类抗甲状腺药,包括甲巯咪唑(thiamazole,MM;又称他巴唑 Tapazole)和卡比马唑(carbimazole,CMZ,又称甲亢平)。

2. 甲亢治疗药物碘和碘化物 不同剂量的碘化物对甲状腺功能可产生不同的作用。小剂量的碘是合成甲状腺激素的原料,可预防单纯性甲状腺肿。大剂量碘有抗甲状腺作用,主要是抑制甲状腺激素的释放。

3. 甲亢辅助治疗药物 β 受体拮抗药 无内在拟交感活性的 β 受体拮抗药如普萘洛尔、美托洛尔是甲亢及甲状腺危象的辅助用药。改善甲亢所致的心率加快、心收缩力增强等交感神经激活症状。

4. 甲减治疗药物 甲状腺激素类药物用于甲状腺功能低下(呆小病、黏液性水肿)和单纯性甲状腺肿替代疗法,主要有甲状腺片、左甲状腺素钠(sodium levothyroxine,优甲乐)和碘塞罗宁(liothyronine,三碘甲状腺原氨酸钠,sodium triiodothyronine)和甲状腺素钠(sodium thyroxine)。

(四)临床问题导向的药物治疗

为进一步规范全球甲亢的临床治疗手段,美国甲状腺协会(ATA)联合美国临床内分泌医师协会(AACE)曾发起了一项关于全球甲亢临床治疗手段应用调查。结果显示,亚太地区与北美地区在甲亢治疗的手段选择上差异较大,亚太地区仍然沿用抗甲状腺药物治疗(ATD)作为一线手段,但北美地区已经用 ^{131}I 治疗方式代替了常规的 ATD 治疗。我国目前甲亢治疗主要包括三种方式:药物治疗、手术治疗和 ^{131}I 治疗,一般来说,甲亢都可以上述三种治疗方法之一获得有效治疗,它们之间的适应证之间并无绝对界限。在实际工作中,如何选择要考虑多种因素。药物治疗主要用于初发甲亢,病情较轻、甲状腺轻度肿大、年龄小于 20 岁,严重活动性突眼,孕妇、高龄、因严重疾病不宜手术的患者。硫脲类之硫氧嘧啶类药物一般适用于妊娠合并甲亢、甲亢危象的患者,硫脲类之咪唑类药物主要适用于甲状腺轻至中度肿大患者及年轻患者,而手术治疗主要用于服药无效或者不能坚持服药者。放射治疗适用于长期药物治疗无效或停药复发、对药物治疗有严重不良反应、不愿意或不能手术或术后复发患者。^{131}I 治疗是国际上较为前沿的临床治疗技术。我国甲状腺药物治疗仍然是甲亢治疗的主要方式。

甲亢患者应用抗甲状腺药物治疗时,可能会发生药源性甲减。此时,加用左甲状腺素钠片能避免患者体内甲状腺素的快速波动,对那些抗甲状腺药物剂量难以精准调整的甲亢患者有较好的治疗的效果。切记左甲状腺素钠不能直接用于甲亢的治疗,它只能作为抗甲状腺药物的辅助用药。

要注意预防甲亢危象。甲亢危象是甲亢的严重表现,可危及生命。主要诱因有精神刺激、感染、甲状腺手术术前准备不充分等。早期表现为患者原有的甲亢症状加剧,伴中等发热、体重锐减、恶心呕吐,之后发热可高达40℃或更高,心动过速,心率常在160次/min以上,大汗、腹痛、腹泻,甚至谵妄、昏迷。多死于高热虚脱、心力衰竭、肺水肿和严重水、电解质代谢紊乱等。一旦确诊甲亢危象,应立即给予大剂量抗甲状腺药物抑制甲状腺激素(TH)合成,首选PTU,首次剂量600mg口服或经胃管注入。继之每6小时1次口服200mg,待症状缓解后减至一般治疗剂量。同时在服用PTU后加用复方碘溶液抑制TH释放,首剂30~60滴,继之每6~8小时服用5~10滴。

合并用药注意事项:甲状腺素与其他药物合并用药需要注意避免不良的药物相互作用。①甲亢者茶碱消除率升高,甲减者茶碱清除率降低,应用甲状腺素可能需要调整茶碱剂量;②甲状腺素可增强口服抗凝药作用,若两药合用,抗凝药应减小剂量;③与甲状腺制剂联用时三环类抗抑郁药作用加强,患者可发生阵发性房性心动过速,或出现甲状腺毒症;④卡马西平、苯妥英钠可降低甲状腺素血清浓度,削弱其作用;巴比妥类可使甲状腺素疗效降低;⑤考来烯胺可降低甲状腺制剂、左甲状腺素和碘塞罗宁(T₃)的肠道吸收,故合用考来烯胺应间隔4~5h;⑥利福平可能降低甲状腺激素作用;⑦皮质激素与甲状腺素联用可促发冠心病冠状动脉血管功能不全;⑧雌激素类口服避孕药、雄激素、皮质激素、苯妥英钠、水杨酸类以及肝肾疾病和营养不良患者均能干扰甲状腺素在体内的传递和代谢,影响甲状腺功能试验;⑨甲状腺素可增加强心苷作用,两药合用宜慎重;⑩洛伐他汀可使血清甲状腺激素浓度升高,导致甲状腺毒症。此外,生长激素可降低甲状腺功能。甲状腺制剂可与苯妥英钠、阿司匹林、双香豆素及口服降血糖药等竞争性结合血浆蛋白,导致后者药物血浆游离浓度增加,作用增强,不良反应加重甚至发生意外。

甲亢合并妊娠时治疗目标为孕妇处于轻微甲亢状态或甲状腺功能居正常上限,同时预防胎儿甲亢或甲减。PTU剂量不宜过大,50~100mg,1~2次/d。每月监测甲状腺功能,根据临床表现及监测结果调整剂量。务必避免治疗过度引起孕妇和胎儿甲状腺功能减退。因PTU比MM较少和较慢通过胎盘,如妊娠期甲亢优选PTU。此外,产后若需继续用药,一般不宜哺乳,因抗甲状腺药可从

乳汁分泌。如必须哺乳,应选用PTU,且剂量不宜过大。

甲减一般不能治愈,需要终生替代治疗。临床应用甲状腺素应注意:①心脏病患者和长期甲状腺功能低下者,使用甲状腺素替代治疗比较危险,可能发生心绞痛和心肌梗死。可用β受体拮抗药对抗,并立即停用甲状腺素制剂。心功能不全者慎用。②肾上腺功能不足常与甲状腺功能低下相联系,如果甲状腺素的替代治疗先于皮质激素治疗,有可能出现艾迪生病(Addison disease)危象。③甲状腺肿患者,由于甲状腺素的分泌维持在正常范围内,少量的甲状腺素制剂即可引起甲状腺功能亢进症状。④T₄特别是T₃如果静脉给药对心脏十分危险,如果这类患者同时使用多巴胺类药物则危险性更大。⑤老年患者对本药较敏感,一般从小剂量开始,缓慢增加剂量,并严密监测甲状腺激素水平。⑥本药不易透过胎盘,因此甲状腺功能减退患者在妊娠期间无需停药,但应严密监测甲状腺激素水平,避免给胎儿造成不良影响。本药可有微量经乳汁排出,对哺乳妇女用药过程中应严密监测母体甲状腺激素水平。

甲状腺素药物不良反应的临床表现如下:①急性甲状腺素中毒可导致临床甲状腺病综合征暴发以致死亡,一般中毒严重者可发生心律失常、抽搐、昏迷。一般情况下过量服用仅会出现暂时的甲亢症状。过量服用甲状腺制剂或误食猪甲状腺组织后最短1h,最长10日左右发病,多数在进食后12~48h出现症状。可表现为头痛、眩晕、恐惧不安、四肢无力酸痛、失眠、兴奋性增高、体重减轻、肌肉纤维颤动、恶心、呕吐、腹泻、心动过速、血压增高、发热、出汗过多、皮肤潮红等。病程长,一般在2~3周后方能完全恢复;亦有患者长期留有头痛、头晕、无力、心跳快速等症状。②病后10余日可有脱发,2周后可发生皮疹、水疱、手足掌侧面对称性脱皮,少数患者可发生全身性脱皮。③纯甲状腺制剂引起变态反应,甲状腺功能低下患者出现发热、肝功异常、嗜酸性粒细胞增加等,一般停药后症状即可消失。④过量甲状腺素可引起心动过速、心悸及心律失常。老年长期甲状腺功能低下患者,突然应用甲状腺素替代治疗,可使症状加重,导致严重的心绞痛、心肌梗死或心脏骤

停。对这些患者起始应用低剂量,然后逐步增加剂量,并依据心电图给予剂量调整。⑤过量甲状腺素替代治疗可导致失眠、精神兴奋、神经质、震颤等,个别引起精神症状。对于幼年的甲状腺功能低下者,T₄ 可能引起短期的假性脑瘤,如果连续使用 T₄ 治疗可导致头痛和两侧视盘水肿。⑥过量甲状腺素替代治疗可导致代谢增加,使体内增加产热量、出汗、畏热、体重下降及食欲增加等。长期用药会导致骨质疏松。正常的治疗量也会使骨髓质和皮质均减少,因此长期用药者,特别是绝经妇女,应当补充钙质。⑦实验室检查:基础代谢率增高,血中 T_3、T_4 量增加。心电图表现为窦性心动过速或有期前收缩。

甲状腺素药物不良反应的救治要点:①立即停用甲状腺激素制剂。②洗胃、催吐、导泻。③可用抗甲状腺药物如甲巯咪唑或丙硫氧嘧啶。重症者给予氢化可的松静脉滴注,200~300mg/d。④给予镇静剂、物理降温、吸氧。⑤补充足够的能量、维生素,维持水、电解质平衡。⑥给予 β 受体拮抗药如普萘洛尔。⑦严重者可做血液透析治疗或血浆置换治疗。

应同时治疗甲状腺病及其他合并症,但是需要注意的是如果患者的甲状腺功能并未完全恢复且需要进行手术的情况下尽量等到患者的甲状腺功能恢复正常之后再治疗合并症。如果遇到了亟须手术的严重合并症,可以在必要的情况下同时给予患者碘剂。

(五)药物治疗展望

当前甲状腺疾病整体发病率呈现逐年升高的明显趋势。我国甲状腺疾病治疗仍存在一定的问题。保证甲状腺疾病诊断的准确性和及时性,不能仅仅依靠一个单独的依据或者一次的影像学检查结果就完成病情诊断。药物治疗是甲状腺疾病一种常规且主要的治疗方法,需注意以下内容:①治标或者治本或者标本兼治。对甲状腺疾病的治疗应从功能和病因两方面着手,虽然对病因的治疗极为重要,但是限于目前的医疗水平,单纯的病因治疗以获得彻底的根治几乎不可能,所以应尽可能同时兼顾到功能和病因两个方面,以治标为主。②在治疗创新的过程中,不能摒弃人们惯用的一些传统治疗方法,因为这些方法大都是经过了长期的临床实践效果得到了证明。但也不应

墨守成规,要积极探索更好治疗效果的药物和方法,提高患者的生活质量。③对一些药物使用功能和使用方法存有争议观点的时候,态度不能过分绝对,坚决使用或者坚决不使用都会使一些可能有效的药物被束之高阁,对争议应进行不断的研究。④对一些可能发生的合并症是否进行预防给药要进行具体分析。如甲亢患者抗甲状腺药物治疗过程中会有一小部分患者白细胞减少和肝功能损害,有些医生未经认真研究,从治疗一开始就给予患者升白药物。⑤医生在对患者进行治疗的过程中一定要注意对即将选用的药物特性深入了解,保证所选用的药物与患者的具体病症相匹配,充分认识、了解药物的副作用。

随着国家计划生育政策的调整,妊娠期妇女增多。相应的妊娠期甲状腺疾病发病率增加,可能与孕妇甲状腺疾病筛查的普及有关。妊娠期甲状腺疾病主要包括妊娠期甲减、妊娠期甲状腺毒症、妊娠期甲状腺结节及甲状腺癌等。妊娠期间由于激素水平和碘代谢发生改变可能引起孕妇甲状腺功能紊乱,干扰正常妊娠过程,引发妊娠期不良事件,并影响胎儿或子代出生后的正常发育。妊娠期亚临床甲减的发病率约为临床甲减的 8~10 倍。正确诊断及处理对预防不良妊娠结局具有重要意义。针对妊娠期甲状腺疾病的治疗,目前首先强调适当补碘,同时提倡个体化治疗原则。妊娠期甲状腺功能状态及甲状腺自身免疫状态对妊娠结局的影响一直是临床关注的热点,有些问题如甲状腺过氧化物酶抗体(TPOAb)阳性但甲状腺功能正常的孕妇是否需要补充甲状腺激素、妊娠期促甲状腺激素的上限等尚有争议,临床实际工作中没有统一标准,不同地方、不同医院甚至一家医院的不同科室掌握的标准都不同,因此迫切需要高质量的大型临床试验结果及地区特异性参考值范围。

三、皮质醇增多症

皮质醇增多症又称库欣综合征。美国内分泌学家 Harvey Cushing 于 1912 年首次报告一例 23 岁女性肥胖、多毛、月经紊乱,并在长达 20 年后即 1932 年才经手术发现其垂体嗜碱性粒细胞瘤。当时尚不知促肾上腺皮质激素(ACTH)和皮质醇(cortisol)。之后,先后有学者报告肾上腺肿瘤引

起皮质醇增多（1934）和异位 ACTH 综合征引起皮质醇增多（1962）。皮质醇增多症可由多种病因引起，是由于肾上腺皮质长期分泌过量皮质醇所致的复杂症候群，临床上称为自发性皮质醇增多症。长期应用糖皮质激素亦可引起类似皮质醇增多症临床表现，称为医源性皮质醇增多症。此外，抑郁、神经性厌食和长期饮酒等可致下丘脑 - 垂体 - 肾上腺皮质功能紊乱，导致假性皮质醇增多症。

现代内分泌学依据病因将皮质醇增多症（hypercortisolism）分为 ACTH 依赖性和 ACTH 非依赖性两大类。① ACTH 依赖性是指垂体或垂体以外的某些肿瘤组织分泌过量 ACTH，刺激双侧肾上腺皮质增生并分泌过量皮质醇，皮质醇的分泌过多是继发的。垂体性皮质醇增多症即为库欣病（Cushing disease），库欣病患者占皮质醇增多症患者总数的 60%~70%。垂体过量分泌 ACTH 主要是存在垂体 ACTH 腺瘤。垂体以外的肿瘤组织分泌过量具有生物活性的 ACTH，使肾上腺皮质增生并分泌过量皮质醇，称为异位 ACTH 综合征（ectopic ACTH syndrome）。② ACTH 非依赖性是指由于肾上腺皮质腺瘤、肾上腺皮质腺癌、双侧肾上腺皮质大结节增生、原发性色素结节性肾上腺皮质病导致的肾上腺皮质自主地分泌过量皮质醇。

（一）临床表现与诊断

1. 临床表现　不同类型的皮质醇增多症临床表现不同：①典型病例表现为向心性肥胖、满月脸、多血质、紫纹等，多为库欣病、肾上腺腺瘤、异位 ACTH 综合征中的缓进型。②重型主要特征为体重减轻、高血压、水肿、低血钾性碱中毒，病情严重，进展迅速，摄食减少。③早期病例以高血压为主，可表现为均匀肥胖，向心性尚不明显，全身情况较好，尿游离皮质醇明显增高。④以并发症为主就诊者，容易忽略皮质醇增多症。⑤周期性或间歇性症状可反复发作，能自行缓解，机制不明。

2. 诊断　有典型症状体征者，从外观即可做出诊断，但早期以及不典型病例，特征性症状不明显或未被重视，而以某一系统症状就医者易于漏诊。各型皮质醇增多症共有糖皮质激素分泌异常，皮质醇分泌增多，昼夜分泌节律消失，且不能

被小剂量地塞米松抑制。病因诊断非常重要。确定皮质醇增多症必须有高皮质醇血症的实验室检查依据。由于皮质醇分泌是脉冲式的，且血皮质醇水平极易受情绪、静脉穿刺是否顺利等影响，单次血皮质醇测定结果诊断价值不大。24h 尿游离皮质醇测定（UFC）可以避免血皮质醇的瞬时变化，对疾病诊断有较大的价值，准确留存 24h 尿是测定可靠性的关键。美国内分泌学家 Grant Liddle（1921—1989 年）建立的小剂量地塞米松抑制试验（LDDST）是确定是否为皮质醇增多症的必需检查项目。

（二）一般治疗原则

总的治疗原则是根据不同的病因，采取不同的治疗方案。中至重度皮质醇增多症患者需要药物联合治疗，以尽量恢复皮质醇的正常化，但是不同患者治疗方案需要个体化。库欣病手术治疗术后可发生暂时性垂体 - 肾上腺皮质功能不足，需补充糖皮质激素直至功能恢复正常。应根据不同的病因作相应的治疗。理想的治疗应达到纠正高皮质醇血症，使之达到正常水平，既不过高也不过低；去除造成高皮质醇血症的原发病因。首选手术治疗，垂体放疗和药物治疗均为辅助治疗手段。双侧肾上腺切除术为最后的办法。经蝶窦手术是库欣病一线治疗方式。但在临床实践中，ACTH 依赖性皮质醇增多症的定位诊断上存在难度，部分患者无法进行手术治疗，而接受手术的患者其治疗缓解率为 80%~90%，且相当一部分患者术后仍持续存在高皮质醇血症，或者肿瘤再次复发。为了缓解高皮质醇血症对身体的损害，药物治疗作为二线治疗，适用于短期内无法手术或不能耐受手术、复发性皮质醇增多症和难治性皮质醇增多症患者。

（三）基本治疗药物及治疗方案

迄今为止，皮质醇增多症是一种疑难疾病，相关药物种类不多，虽然有些药物使用已久，但因疗效肯定仍然继续使用，而近年来研发的新药还需要更多的临床验证。最初使用从羊和猪的下丘脑提取液中分离和鉴定的一种生长激素释放抑制激素（GRIH，生长抑素），1973 年人工合成，主要抑制垂体生长激素（GH）的基础分泌，也抑制腺垂体对多种刺激所引起的 GH 分泌反应，包括运动、进餐、应激、低血糖等，也抑制 LH、FSH、

TSH、PRL 及 ACTH 的分泌。目前治疗高皮质醇血症的药物通常按照作用部位分为 3 类：①特异性作用于垂体腺瘤抑制 ACTH 分泌的垂体靶向治疗（参见本节相关内容），采用帕瑞肽和卡麦角林分别作用于生长抑素受体（SST_5R）和多巴胺受体（D_2R）；②作用于肾上腺肿瘤抑制皮质醇合成的药物肾上腺阻断剂；③作用于外周靶器官糖皮质激素受体的拮抗剂如米非司酮，通过阻断皮质醇的外周作用、缓解高皮质醇血症的临床表现。三类药物均具有显著的副作用，不宜长期治疗。

1. 作用于垂体抑制 ACTH 分泌的药物

（1）生长抑素受体激动剂也称生长抑素类似物，在人工合成的生长抑素类似物中，奥曲肽主要与生长抑素受体 $SSTR_2$ 结合，对库欣病治疗作用有限；帕瑞肽（Signifor）不仅能与多种生长抑素受体亚型结合，且功能活性强于奥曲肽。帕瑞肽（600μg 或 900μg）治疗库欣病 2 个月后患者的尿游离皮质醇（UFC）平均下降了 50% 并保持稳定直至试验结束，其中 600μg 组中 25.6% 的患者和 900μg 组 26.3% 的患者 UFC 恢复正常。欧洲药品管理署（EMA）和美国 FDA 已批准其用于治疗不能通过手术治疗的库欣病。

（2）垂体 ACTH 腺瘤表面也可以表达丰富的多巴胺受体（D_2R），多巴胺受体激动剂卡麦角林常用于治疗泌乳素（PRL）瘤，对库欣病患者应用卡麦角林也可使 ACTH 水平下降。库欣病患者给予卡麦角林 1~3mg/ 周后，60% 的患者 UFC 出现明显下降，其中 40% 的患者 UFC 降至正常，对该药的反应程度与 D_2 受体的表达相关。

（3）过氧化物酶体增殖物激活受体 γ（PPARγ）不仅在肝脏、脂肪组织中表达，在下丘脑、垂体和肾上腺组织中也有较多表达，此外在垂体 ACTH 腺瘤组织中也有较多表达。对库欣病患者（18~60 岁）应用罗格列酮 8mg/d 治疗 30~60d 后，部分患者 ACTH 水平和血皮质醇水平均下降而 UFC 水平恢复正常，但亦有患者并未出现疗效。免疫组化显示在对罗格列酮有反应和无反应的患者垂体腺瘤组织中 PPARγ 的表达均为 50% 左右，并无差别。故 PPARγ 激动剂目前尚未被广泛使用。

（4）赛庚啶是一种血清素受体拮抗剂，每日剂量 24mg，可以有效抑制库欣病患者 ACTH 和皮质醇的分泌。这种作用可以持续数月并可以在停药后逆转，但之后的研究均未显示出类似的疗效，临床对其治疗库欣病患者的疗效存有争议。

（5）丙戊酸钠是一种 γ 氨基丁酸（GABA）再摄取抑制剂，可通过增加 GABA 来抑制 CRH 的分泌，但临床对于库欣病疗效一般。

2. 作用于肾上腺抑制皮质醇合成的药物

（1）咪唑类衍生物如酮康唑和氟康唑在临床中常用于真菌感染，但若应用酮康唑 200~600mg/d，会成为性腺和肾上腺类固醇合成的抑制剂。酮康唑用于皮质醇增多症患者的长期治疗可以带来持续的 UFC 水平下降、改善高皮质醇血症的临床症状。氟康唑 200~400mg/d 对肾上腺皮质癌病患者也能有效抑制皮质醇分泌。这类药物可以用于严重高皮质醇血症患者下一步治疗，如经蝶窦手术的首选术前准备，严重高皮质醇血症患者如转移性肾上腺皮质癌或异位 ACTH 综合征患者需要剂量更大，可达 1 200mg/d。在应用酮康唑时需要调整剂量使皮质醇水平维持在正常范围，避免出现肾上腺皮质功能不全。理论上对各种类型的皮质醇增多症疗效相似，但早期报道提示酮康唑对 ACTH 非依赖性皮质醇增多症患者的疗效持续时间更长。

（2）氨鲁米特可通过抑制胆固醇侧链裂解酶从而阻碍胆固醇向孕烯醇酮转换，因此皮质醇、醛固酮和雄激素的合成都被抑制。用量为 500~2 000mg/d，用药后皮质醇水平逐渐下降，最终可能需要糖皮质激素替代治疗。对于 ACTH 依赖性皮质醇增多症患者，氨鲁米特可能一过性地抑制皮质醇的合成，但这种作用往往会被 ACTH 的刺激而逆转。目前市场基本无制造商生产，故国内外均不再使用。

（3）甲吡酮最初用于皮质醇增多症的鉴别诊断，后来也用于高皮质醇血症的治疗。剂量 4.5g/d，抑制作用出现于数小时内，维持剂量为 500~2 000mg/d。库欣病患者应用甲吡酮治疗 21 个月后，临床症状有明显改善。亦可以用于转移性肾上腺皮质癌和无法手术的异位 ACTH 综合征患者。

（4）米托坦是应用历史最长的一种口服细胞毒药物，能够选择性抑制肾上腺皮质激素合成。米托坦通常用于功能性和无功能性肾上腺皮质癌的治疗,但在小剂量时也可通过抑制肾上腺皮质激素合成用于治疗库欣病。米托坦与放射治疗联合应用可使 80% 的库欣病患者得到临床和生化上的缓解。最大剂量为 6g/d,部分肾上腺皮质癌的患者可以在短时间内耐受更高的剂量。这种药物的吸收和转运均依赖脂蛋白,故最好与含脂食物一同使用。通过测定 UFC 来进行疗效监测,治疗过程中因为米托坦会增加皮质醇与 CBG 的结合,故血清皮质醇会升高。小剂量使用(2~4g/d)时,米托坦很少影响醛固酮的合成;而大剂量使用时可能需要氟氢可的松替代治疗。

(5)依托咪酯可以剂量依赖性阻断外源性 ACTH 对皮质醇合成的刺激作用,降低血皮质醇和醛固酮浓度,但可增加血 ACTH 水平、11 去氧皮质醇和去氧皮质酮水平。重症皮质醇增多症儿童,静脉注射依托咪酯 3.0mg/h 在 24h 内血清皮质醇显著降低,联合应用依托咪酯和氢化可的松来维持稳定的皮质醇水平长达 12d。依托咪酯仅适用于有并发症的重症患者在进行下一步治疗前短期使用。

(6)曲洛司坦是胆固醇合成酶、3-β 羟类固醇脱氢酶的竞争性抑制剂,它阻断孕烯醇酮向黄体酮的转化,最终减少皮质醇、醛固酮和雄烯二酮的合成。库欣病患者应用曲洛司坦可降低类固醇水平,血清皮质醇和 17 羟类固醇可降低 50%,UFC 可降低 70%,但脱氢表雄酮水平升高,同时患者的血压、血糖也得到改善。但其治疗效果尚存在争议。

3. 糖皮质激素受体拮抗剂　米非司酮作为目前唯一的糖皮质激素受体拮抗剂,对糖皮质激素的亲和力是地塞米松的 3 倍,是内源性皮质醇的 10 倍,在慢性和复发性库欣病中的疗效确切,同时也应用于异位 ACTH 综合征和分泌皮质醇的肾上腺皮质癌的姑息性治疗。米非司酮与蛋白高度结合,多次给药平均半衰期为 85h,停药后约需 2 周才能从循环中清除。推荐的最大剂量为 1 200mg/d,但对于重度肾功能不全的患者(肌酐清除率 <30ml/min)或者轻中度肝功能不全的患者,最大剂量为 600mg/d。FDA 批准米非司酮用于治疗合并 2 型糖尿病或葡萄糖不耐受,以及不适合做手术或手术治疗无效的成人内源性皮质醇增多症患者,其常规剂量为 300mg,每日随餐服用 1 片,根据临床应答与耐受性,剂量可从每日 1 次,300mg/ 次增加至最大剂量每日 1 200mg,肾损伤与轻中度肝损伤患者每日 1 次,剂量不超过 600mg。

(四)临床问题导向的药物治疗

皮质醇增多症的治疗虽然取得了巨大进步,但仍然存在很多问题,有些患者治疗相当困难,需要因人而异、因病而异,采取多种方法综合治疗,提高疗效。临床上应该根据患者情况选择合适的药物,进行个体化的治疗。在抑制 ACTH 分泌的药物中,SSTR 激动剂、DR 激动剂均可获得不错的疗效,而 PPARγ 激动剂、赛庚啶和丙戊酸钠因疗效的不一致性,未被广泛使用。抑制皮质醇合成的药物疗效肯定且常用的为酮康唑和甲吡酮;米托坦对肾上腺皮质细胞有直接破坏作用,作用持久,被称为"药物性肾上腺切除",但因不良反应较多,仅被批准用于肾上腺皮质癌的治疗;依托咪酯作为唯一的静脉注射药物可用于重症皮质醇增多症的抢救治疗。米非司酮作为唯一的糖皮质激素受体拮抗剂,疗效持久且肯定,但缺乏监测指标,主要根据临床症状来评价疗效。

合并用药的注意事项:酮康唑与利托那韦合用生物利用度提高,故两药合用时剂量应酌减。与特非那丁、阿司咪唑、咪唑斯汀、西沙比利、多潘立酮合用时,因酮康唑抑制这些药物的代谢酶,增加其血药浓度,可能导致 Q-T 间期延长、尖端扭转型室性心动过速,临床上禁止合用。与环孢素合用可致后者血药浓度升高,肾毒性增加。与苯妥英合用可致后者代谢减慢,血药浓度升高,同时自身血药浓度降低。与酶诱导剂(利福平、利福布汀、卡马西平、异烟肼)合用,自身生物利用度降低,从而疗效降低。因可增加肝毒性,长期接受酮康唑治疗的患者应避免饮用含酒精饮料。用药后出现有关肝炎的症状和体征,应立即停药。用药过量无特效解毒药,采取对症和支持治疗。米非司酮体内主要经 CYP4503A4 酶代谢,与酮康唑、伊曲康唑等肝药酶抑制剂合用时,血药浓度增加;与利福平、苯妥英、苯巴比妥、卡马西平等肝药酶诱导剂合用时,血药浓度降低。故一般不与这两类药物合用。米非司酮用量过大时,应密切关注肾上腺衰竭征兆。

不良反应的多学科处理:帕瑞肽治疗过程中

最常见的不良反应为血糖升高,其次为胃肠道反应如腹泻、恶心、注射部位皮肤反应、疲劳、糖化血红蛋白(HbA$_{1c}$)增高等。酮康唑和氟康唑的毒性不良反应呈剂量依赖性,最常见的不良反应是恶心、呕吐、腹痛和瘙痒,也可能出现肝毒性,治疗期间需要经常监测肝功能,当转氨酶升高超过正常上限 3 倍以上应该考虑停药。氨鲁米特的不良反应包括胃肠道反应如厌食、恶心、呕吐和神经系统症状(如乏力、嗜睡和视物模糊),在服药后的 10d 内皮疹较为常见,但继续用药后会逐渐消退。由于氨鲁米特作用在类固醇合成的最初几个步骤,故对于可能同时分泌多种激素如皮质醇、醛固酮和雄激素的肾上腺皮质癌较为有效。甲吡酮不良反应为恶心、呕吐和眩晕,可能与皮质醇水平的突然下降有关。对于库欣病患者存在特殊的不良反应为痤疮和多毛,原因为阻滞了类固醇激素的合成导致 ACTH 水平升高,从而刺激雄激素旁路合成增多。对于库欣病患者,因为抑制了 11β 羟化酶活性,会导致 11 去氧皮质酮水平升高,引起高血压和低血钾。米托坦的不良反应为剂量依赖性的,早期不良反应包括厌食、恶心、嗜睡,不良反应可停药数天而逆转,再次使用药物可以从小剂量开始。罕见的不良反应为斑丘疹和剥脱性皮炎,如果出现肝毒性需要停药,因为存在潜在的致畸性,用药期间必须避孕。依托咪酯可引起急性肾上腺皮质功能不全而增加重症患者的死亡率。

(五)药物治疗展望

近 10 年来,皮质醇增多症仍然有很多问题亟待解决。不同类型皮质醇增多症的发病机制尚不清楚,ACTH 依赖性皮质醇增多症的病因鉴别诊断非常困难,临床上对库欣病的新型药物的研发进展缓慢。帕瑞肽是可注射的环肽生长抑素类似物,可通过结合生长抑素受体(SSTR)抑制 ACTH 的释放从而减少皮质醇分泌,发挥其药理活性。有五种人生长抑素受体亚型 SSTR,这些受体亚型在正常生理条件下在不同的组织中表达。不同的生长抑素类似物与不同效力的 SSTR 结合。帕瑞肽以高亲和力结合五个 SSTR 中的四个,特别是结合 SSTR$_2$ 和 SSTR$_5$ 亚型受体,这可能与抑制 GH 分泌有关。帕瑞肽还可降低肢端肥大症患者的 GH 和 IGF-1 水平。

由于库欣病的药物治疗并不是一种直接有效的治疗方式,因此长期处于辅助治疗的地位,通常用于已接受放疗但尚未起效的患者、病情严重(例如感染、重度肌无力等)患者的术前准备以及无法接受手术治疗或手术失败的患者。但随着研究的深入,人们发现了越来越多潜在的药物靶点及药物,并且取得了一定的疗效,可以说库欣病的药物治疗已经进入了一个新的时代。随着临床对库欣病发病机制了解的不断深入,未来会有越来越多有效的药物面世,辅助手术治疗提升疾病的治愈率、缓解率,降低复发率。药物治疗有可能代替手术治疗成为库欣病的一线疗法。鉴于 SSTR 和 DR 在神经内分泌肿瘤上均有丰富的表达,联合应用生长抑素类似物和 DR 激动剂从理论上讲可以提高治疗效果。最新的研究显示一种新型的 SSTR 和 DR 联合激动剂 BIM-23A760 与单用 SSTR 激动剂或 DR 激动剂相比,显示出更好的效果。

四、肾上腺皮质功能减退症

下丘脑 - 垂体 - 肾上腺轴(HPA)是维持生命基本活动的重要的内分泌轴之一。肾上腺皮质激素是维持生命的基本要素。从肾上腺提取的类固醇物质超过 50 种,其中大部分不向腺外分泌。在肾上腺静脉血中可测定 18 种类固醇物质,主要有皮质醇(cortisol)、皮质酮、11- 去氧皮质醇、11- 去氧皮质酮、皮质素(cortisone,可的松)、醛固酮(aldosterone)、黄体酮、17- 羟孕酮、脱氢表雄酮(DHEA)、硫酸脱氢表雄酮(DHEAS)等。在肾上腺皮质激素中最重要的是皮质醇、醛固酮和雄性类固醇激素。肾上腺皮质功能减退症(adrenal insufficiency, AI)是指各种原因导致的皮质激素分泌不足,如不及时治疗,会有很高的病死率及并发症发生率。该病可由肾上腺皮质本身的病变或功能障碍所致(原发性慢性肾上腺皮质功能减退症),也可因为下丘脑 - 垂体 - 肾上腺(HPA)轴功能损伤,肾上腺缺乏来自垂体或下丘脑的刺激(继发性肾上腺皮质功能减退)引起。

原发性慢性肾上腺皮质功能减退症(Addison病)是一种由于自身免疫、结核、感染、肿瘤等破坏双侧肾上腺组织、从而导致肾上腺皮质激素分泌不足和 ACTH 分泌增多。应用阻断皮质类固醇合成的药物(如酮康唑)亦可引起肾上腺皮质功能减退。继发性肾上腺皮质功能减退症由 ACTH 缺乏引起，继发于垂体瘤的全垂体功能减退、孤立性 ACTH 缺乏、长期使用皮质类固醇（超过 4 周）或在停用之后。

先天性肾上腺皮质增生（congenital adrenal hyperplasia，CAH，又称肾上腺生殖器综合征，肾上腺性男性化）是由于肾上腺皮质激素合成途径中所必需的一些酶遗传性缺陷，引起皮质醇合成不足，进而继发下丘脑 CRH 和垂体 ACTH 代偿分泌增加，导致肾上腺皮质增生的一组常染色体隐性遗传疾病。在皮质醇合成过程中的任何一种酶的缺陷都可引起本病。根据酶缺陷的种类不同，分为 21- 羟化酶缺陷症、11β- 羟化酶缺陷症、17α- 羟化酶缺陷症等。

（一）临床表现与诊断

原发性肾上腺皮质功能减退症（Addison 病）中盐皮质激素和糖皮质激素均缺乏，最具特征者为全身皮肤色素加深，暴露处、摩擦处、乳晕、瘢痕等处尤为明显，黏膜色素沉着见于牙根、舌部、颊黏膜等处。其他症状包括神经精神系统的乏力、淡漠、易疲劳，胃肠道系统的食欲降低、嗜咸、胃酸过多、消化不良，心血管系统的血压降低、心脏缩小，代谢上表现为糖异生作用减弱、可发生低血糖，肾排泄能力减弱、低血钠、高血钾，女性月经失调或闭经，男性性功能减退。诊断依据临床表现，血浆 ACTH 升高，皮质醇降低。继发性肾上腺皮质功能减退症症状和体征与 Addison 病相似，但无色素沉着，电解质和血尿素氮水平相对正常。

先天性肾上腺皮质增生症多数病例肾上腺分泌糖皮质激素、盐皮质激素不足而雄性激素过多，故临床上出现不同程度的肾上腺皮质功能减退，伴有女孩男性化，男孩性早熟，此外尚可有低血钠或高血压等多种症候群。先天性肾上腺皮质增生症以女孩多见，临床表现取决于酶缺陷的种类及缺陷的严重程度。21- 羟化酶缺乏症是最常见的一种，占病例的 90%~95%，CYP21B 是 21- 羟化酶的编码基因，基因突变可致使 21- 羟化酶部分或完全缺乏，皮质醇合成分泌不足，雄激素合成过多，致使临床出现轻重不等的症状，可表现为单纯男性化、失盐和非典型三种类型。11β- 羟化酶缺陷症占本病的 5%~8%，此酶缺乏时，雄激素和 11- 脱氧皮质酮均增多，临床表现出与 21- 羟化酶缺

乏症相似的男性化症状，但程度较轻，可有高血压和钠潴留，多数患儿血压中等程度增高，其特点是给予糖皮质激素后血压可下降，而停药后血压又回升。17α- 羟化酶缺乏症罕见，由于皮质醇和性激素合成受阻，而 11- 脱氧皮质酮分泌增加，临床出现低钾性碱中毒和高血压，由于性激素缺乏，女孩可有幼稚型性征、原发性闭经等，男孩则表现为男性假两性畸形，外生殖器女性化，有乳房发育、但患儿有睾丸。肾上腺皮质增生症诊断检查主要依据染色体检查、X 线检查、B 超或 CT 检查、基因诊断以及尿液类固醇检测、血电解质测定等。

（二）一般治疗原则

糖皮质激素对人体代谢具有多重作用，包括升高血糖、蛋白质分解代谢、激活骨代谢及免疫调节等，在应激状态下，皮质醇可迅速升高。皮质醇基础分泌具有昼夜节律性，清晨达高峰、午夜至低谷，理想的替代治疗方案应尽可能符合皮质醇的生理性分泌模式。由于血浆皮质醇正常值范围很大，所以替代治疗必须个体化，逐渐调整以达到个体的最佳剂量。明确病因对于评估患者整体状况及制订适当治疗方案至关重要。自临床使用糖皮质激素替代治疗以来，挽救了无数肾上腺皮质功能减退症患者的生命。激素替代治疗方案的不断精细化旨在改善儿童及青少年患者的当前管理、保证儿童正常生长发育及减少成人期健康问题。

先天性肾上腺皮质增生症的治疗目标是补充皮质激素的不足，避免肾上腺危象。同时抑制雄性激素、减轻男性化，改善终身高或减少脱氧皮质酮等中间产物的堆积，缓解其造成的高血压、低血钾等临床症状及其并发症。本病以药物治疗为主，其中糖皮质激素最为重要，对于不同类型的患者要加用盐皮质激素，或辅以外科手术等方式进行治疗。糖皮质激素剂型有多种选择，通常对于生长发育期的患儿宜首选氢化可的松，以避免对于生长的抑制作用，而成年患者可选择氢化可的松、泼尼松或地塞米松等，酌情加用盐皮质激素。在治疗期间应监测临床症状、血电解质及肾素活性等，同时注意多血质貌、体重增加等现象，及时调整治疗，避免医源性皮质醇增多症的发生。

为避免或减少糖皮质激素类药物不良反应的发生，使用糖皮质激素时应遵行以下原则：严格掌握适应证；慎用药物，选择适宜的剂量和用法，

给予最小有效剂量,或采用隔日疗法,尽量用局部用药代替全身用药,采用短程冲击用药;控制和预防感染;注意糖皮质激素与其他药物的相互作用;逐渐停药,避免发生危象。对患者健康用药教育对防止严重并发症的发生至关重要。

(三)基本治疗药物及治疗方案

1855 年英国医生 Thomas Addison 首次描述原发性慢性肾上腺皮质功能减退的临床表现,人们开始研究肾上腺皮质的生理作用和临床应用。1927 年有人用肾上腺皮质匀浆提取物为切除肾上腺的狗进行静脉注射使之存活,证明维持生命物质存在于肾上腺皮质。科学家根据这个实验推测存在肾上腺皮质激素,且提取物的生物活性是由单个物质引起的,但后来人们从提取物中分离出来 47 种化合物,其中就包括内源性糖皮质激素氢化可的松和可的松。

1934 年美国化学家 Edward Kendall 在成功地分离出了甲状腺素之后,开始研究肾上腺。至 1940 年一共分离、纯化出 20 多种类固醇物质,发现其中 A、B、E、F 四种类固醇会对动物生理造成影响。之后,科学家继续研究,成功地将类固醇 A 转变成类固醇 E,使 E 的大量生产成为可能。1948 年 9 月 1 日,Kendall 与风湿病专家 Philip Showalter Hench 合作,他们选择了一位 29 岁只能依靠轮椅行动的严重类风湿性关节炎患者。她接受了第一次注射。4 天后,她已经可以自己走出医院了。只用 4 天时间就让一个本来此生注定无法离开轮椅的人重获走路能力,堪称奇迹。这种神奇的物质被命名为可的松。以后逐步扩大试验范围,证实了肾上腺皮质激素对肾上腺皮质功能减退症亦有显著疗效。

早期的糖皮质激素类药物均来自动物脏器的匀浆提取物,生产成本很高,后来随着甾体化学和有机合成的发展,甾体激素的全合成实现,可以由最简单的有机化合物合成任何一种甾体激素,但考虑到实际生产的成本,人们一般采用薯蓣皂苷元作为合成的起始物。在合成氢化可的松的基础上人们继续优化糖皮质激素的结构,从一个肾癌患者的尿液中提取出一种具有 16α- 羟基的甾体化合物曲安西龙,发现它具有很好的糖皮质激素的作用,同时又不像氢化可的松那样会引起钠潴留。通过对氢化可的松的体内代谢过程的研究,

1958 年人们又发现了具有更好稳定性、更好抗炎活性和更低钠潴留的地塞米松。在地塞米松的基础上人们又通过像甾体母环上引入甲基、卤素等结构,陆续开发出了倍他米松、倍氯米松、氟轻松等药物。

对肾上腺皮质功能减退症的治疗包括应激危象时的紧急治疗和激素的替代治疗以及病因治疗。

1. 激素的替代治疗 无论病因如何,肾上腺皮质功能减退的主要治疗措施都是糖皮质激素替代治疗。对于儿童肾上腺皮质功能减退症患者,随着生长发育及病情变化而不断调整糖皮质激素剂量是药物治疗管理(MTM)的重要内容。糖皮质激素替代治疗过或不足,即使程度很小都会对患儿产生不良作用,过度治疗可引起皮质醇增多症的症状及体征,并可影响儿童生长发育;而剂量不足会使肾上腺功能减退的症状及体征得不到改善,且对应激的反应能力减退,甚至发生致命性肾上腺危象。

在制订激素替代治疗方案时应考虑到以下几个因素:

(1)肾上腺皮质功能减退症的类型:不同的类型治疗方案会有所不同。对于 Addison 病可采用治疗稍有不足的方案,这样可避免发生糖皮质激素诱发的医源性生长抑制,使垂体持续产生正常或稍高水平的 ACTH,可持续刺激残存的功能性肾上腺皮质合成类固醇。在治疗严重的、男性化先天性肾上腺皮质增生症时,应尽量抑制肾上腺类固醇的合成,糖皮质激素替代治疗剂量应偏大,但是也要避免过度治疗以免损害生长。

(2)是否存在盐皮质激素缺乏,这是采取不同治疗方案的重要因素。例如,原发性肾上腺皮质功能减退症患者一般同时存在糖皮质激素及盐皮质激素的缺乏,替代治疗需同时应用两种激素;单纯男性化先天性肾上腺皮质增生症患儿可有轻度盐皮质激素缺乏,临床上可能并没有明显盐皮质激素缺乏的症状及体征,但如果在糖皮质激素替代治疗中,ACTH 浓度轻度持续升高且血浆肾素活性(PRA)升高,则提示糖皮质激素替代治疗不足及盐皮质激素缺乏,适当的盐皮质激素治疗可有助于减少糖皮质激素剂量,从而也可降低影响成人身高的可能性。继发性肾上腺皮质功能减

退症患者由于 RAS 系统完整,不存在盐皮质激素缺乏,因此不必补充盐皮质激素。

（3）糖皮质激素制剂是治疗中应考虑的重要因素:强 - 长效糖皮质激素,如地塞米松或泼尼松多应用于成人,极少用于儿童。儿童处于不断的生长发育中,体重及体表面积在不断地变化。因此,替代治疗的药物剂量要不断调整,而相对效力较弱、半衰期较短的氢化可的松更适合小量增减调整;短效糖皮质激素可使患者在夜间保持低水平的生理性糖皮质激素活性,从而有利于患儿休息、生长以及刺激垂体。

对于仍处于生长发育中的儿童患者给予糖皮质激素替代治疗,目前推荐口服氢化可的松,其生物活性最接近生理性皮质醇,对生长的抑制作用较小,且由于半衰期及作用持续时间短,便于不断调整至最合适的剂量。在治疗肾上腺皮质功能减退症中,每日所需氢化可的松的平均剂量基于每日皮质醇的生理产生量,约为 8mg/（m² · d）,结合皮质醇的肠肝循环,推荐氢化可的松替代治疗的平均剂量为 8~10mg/（m² · d）。对于经典 21- 羟化酶缺乏的先天性肾上腺皮质增生症患儿,需抑制 ACTH 刺激的过量肾上腺雄激素。因此,所需糖皮质激素剂量常高于其他原因的肾上腺皮质功能减退症,可达 15mg/（m² · d）;但在婴儿期过量雄激素对生长速率及骨龄的影响相对较小,因此仍推荐应用较低剂量 8~10mg/（m² · d）。由于食物会延长氢化可的松的吸收半衰期,因此,建议在进食前服用。关于氢化可的松给药次数应尽可能维持皮质醇生理浓度,建议每日 3 次为宜,且总量的 50%~60% 在晨间给予,目的是模拟生理皮质醇分泌的昼夜节律。

原发性肾上腺皮质功能减退症患儿若盐皮质激素缺乏则需盐皮质激素替代治疗,氟氢可的松（9-α 氟皮质醇）是唯一可用的盐皮质激素,婴儿期由于肾小管系统发育不成熟,存在醛固酮相对抵抗,需要较高剂量,出生后第 1 年剂量通常为 150μg/（m² · d）（或初始剂量 100μg/d）。自母乳及配方乳中摄入的钠盐较低,因此需要额外补充氯化钠,未添加固体食物的乳儿需要 1~2g/d 的氯化钠。如果应用标准剂量仍持续有低钠血症,应该首先增加钠的补充量,如果血钠仍不能维持正常,再考虑增加剂量。通常到 8 个月食物摄取盐足够

时可考虑不再额外补盐。随着年龄增长,生理性盐皮质激素抵抗会有所改善,对盐皮质激素的敏感性增加,需要通过检测血压及肾素浓度而不断调整剂量。2 岁以后,100μg/（m² · d）的剂量通常足以维持正常血压及肾素;青春期及以后,每日需 100~200μg 即可,但须注意个体差异。口服一般每日 1 次,但也可分成每日 2 次,特别是生理需要量增加及有电解质丢失的情况下,应用较大剂量则分次服用对患者更有益。在盐皮质激素替代治疗期间应定期监测血压、血浆电解质及肾素活性,按照年龄、性别及身高校正参考值进行调整剂量,以避免过度治疗所造成的高血压及低钾血症。

2. 肾上腺皮质功能减退症应激状态治疗　原发性或继发性肾上腺皮质功能减退症患者在应激状态时均需补充额外的糖皮质激素,主要目的是避免发生肾上腺危象的严重后果。下列治疗方案可为患者在急性应激状态下提供足够的糖皮质激素,但如果应激持续需持续监测并治疗:患儿轻度感染和 / 或低热（咽痛、流涕、体温 ≤ 38℃）不用改变剂量;中度应激状态（如严重上呼吸道感染）可将平时剂量加倍;重度应激（如体温 >38℃ 和 / 或呕吐）则氢化可的松的剂量应增加到平时剂量的 3~4 倍。如果患儿不能耐受口服给药,则需肌内注射或静脉注射应激剂量的氢化可的松,约 50mg/m²,或应用下列按照年龄简单计算的剂量: ≤ 3 岁 25mg; >3~12 岁 50mg; >12 岁 100mg。应激剂量的氢化可的松一般可维持 6h,是否需要继续给予则依病情而定。手术全身麻醉时,无论有没有手术,正常机体的皮质醇分泌率都会明显增加,同样,肾上腺皮质功能减退症患者对糖皮质激素的需求也增加。短期手术（不超过 30~40min）及较长时间手术,补充糖皮质激素的方案不同。

3. 肾上腺危象治疗　肾上腺危象是在生理应激状态下,内源性皮质醇分泌不足和 / 或外源性糖皮质激素补充不足所致。对失盐型危象的快速识别和及时处理是挽救生命的关键,应尽快给予液体及电解质治疗。肾上腺危象最突出的表现为低血压及休克,常伴有低钠血症。患者常有厌食、恶心、呕吐、腹痛、虚弱、疲乏无力、嗜睡、思维混乱和 / 或昏迷等非特异性症状。感染、创伤、手术等为诱发肾上腺危象的常见原因。对出现危象

的患儿应尽快采取如下措施:①补充液体及电解质。给予5%葡萄糖生理盐水,20ml/kg静脉1h给入,以改善低钠血症及低血糖。如果存在低血糖应额外补充糖液。患者通常存在高钾血症,如果心电图有高钾表现,可给予胰岛素与葡萄糖、或钠-钾交换树脂。②糖皮质激素与盐皮质激素。尽快给予糖皮质激素治疗,首次应激剂量在数分钟内静脉给入,随后相同剂量持续24h静脉滴注,同时密切监测血压、水及电解质平衡,一般不需要调整氟氢可的松治疗,应激剂量的糖皮质激素可同时满足患者对盐皮质激素的额外需求。肾上腺危象纠正后计算并给予糖皮质激素维持量。③在肾上腺危象时如果需要静脉补充氯化钠,应该密切监测血钠。对于低钠血症的患者,开始纠正的速率应为0.5mmol/(L·h),血钠达120~125mmol/L即可,要持续补充48h以上使血钠值达到正常。先天性肾上腺皮质增生症患者发生低血糖的危险性增加,在肾上腺危象时尤易发生,故应密切监测血糖,一旦发生低血糖立即按照指南纠正。

4. 肾上腺皮质功能减退症患儿在青春期的治疗 皮质醇代谢在青春期会发生变化,皮质醇清除率会增加,尤其在青春期女性。在青春期皮质醇的半衰期可低至40min,而在青春期前后皮质醇的半衰期为80min。生长激素产生增多使得皮质醇的肾小球滤过及清除增加,雌激素增加皮质醇结合球蛋白的浓度,此外,在青春期生长突增时期,11β-羟化酶脱氢酶活性减低,导致可的松再活化为皮质醇能力减低,使得患儿在青春期循环血皮质醇浓度明显减低,需要不断评估并调整糖皮质激素剂量以维持下丘脑-垂体轴的稳定。建议青春期的肾上腺皮质功能减退症患者多次给药,如每日4次服用。

(四)临床问题导向的药物治疗

大多数慢性肾上腺皮质功能减退症患者需要终生进行皮质激素的替代治疗,包括长期生理剂量的替代和短期应激剂量调整。坚持长期替代治疗,尽量剂量个体化,激素用量宜适当,以达到缓解症状目的为主,避免过度增重、骨质疏松等激素不良反应。对原发性肾上腺皮质功能减退症患者必要时补充盐皮质激素。应激时应增加激素剂量。有恶心呕吐不能进食时应静脉给药。因肾上

腺结核所致的Addison病患者需要抗结核治疗。自身免疫疾病引起的Addison病,应给予相应的治疗。

先天性肾上腺皮质增生症为常染色体隐性遗传疾病,对于有先天性肾上腺皮质增生症家族史的孕妇应进行产前诊断。对于产前诊断明确为先天性肾上腺皮质增生症的孕妇,可尝试进行地塞米松抑制治疗。虽然目前对于胎儿而言,地塞米松的作用尚不十分清晰,但使用该药物仍可抑制先天性肾上腺皮质增生症胎儿的肾上腺雄激素合成,进而减少女性男性化及两性畸形等病变的发生。需要注意的是,产前服用地塞米松治疗并不改变胎儿出生后所需进行的糖皮质激素替代治疗方案。在治疗过程中,需监测孕妇及胎儿是否发生相关并发症,并严格根据治疗方案进行以降低风险。具有先天性肾上腺皮质增生症症状表现的新生儿在出生后应尽早进行先天性肾上腺皮质增生症筛查,并根据筛查结果进行分型。对明确诊断的新生儿,应及早进行治疗。

对没有明显临床症状的非经典型先天性肾上腺皮质增生症患者建议不予治疗。当患者有明显的男性化表现,阴毛过早出现或性早熟,骨龄发育过快等发生时可进行糖皮质激素药物治疗。对已接受糖皮质激素治疗的患者,当症状缓解后可停止治疗。除非出现肾上腺功能不足的表现,建议不予应激剂量的糖皮质激素。

对处于生长发育期的经典型先天性肾上腺皮质增生症患者,建议选用氢化可的松片剂进行补充治疗,不推荐长效糖皮质激素。经典型先天性肾上腺皮质增生症的治疗需要在雄激素和皮质醇水平寻找一个微妙的平衡。若激素替代不足,则会导致雄激素过多,骨龄生长过快,影响发育潜力;而若治疗过度亦会影响发育,升高血压并造成医源性皮质醇增多症。氢化可的松半衰期较短,相比长效糖皮质激素而言不良反应较少,尤其对于儿童生长的抑制作用较少。泼尼松龙对生长发育的影响是氢化可的松的15倍,而地塞米松对生长发育的影响是氢化可的松的70~80倍,虽然两药在抑制先天性肾上腺皮质增生症儿童雄激素方面有更好的作用,但由于这些药物会影响身高,故不被常规推荐。推荐在服药过程中将氢

化可的松嚼碎并通过少量水立即服用。建议在早晨和晚上给予更大的药物剂量。在新生儿期及婴儿期早期，所有患者均应使用盐皮质激素氟氢可的松进行治疗，并适量补充氯化钠。由于个体对盐皮质激素的敏感性不同，故而应定期监测患儿血电解质、血浆肾素活性（PRA）及醛固酮肾素比值（ARR），调整药物用量，并定期监测血压。对于不同患儿应进行个体化的调整。在应用糖皮质激素的治疗过程中，应随时监测有无糖皮质激素过量，或雄激素抑制不足的症状体征。对于接受治疗的儿童，应定期监测身高、体重变化，进行系统体格检查，在2周岁后每年检测骨龄。

合并用药应注意：氢氧化铝、碳酸钙、氢氧化镁与糖皮质激素合用可减少糖皮质激素的吸收，降低其作用，若需要合用应间隔2h以上以将相互作用最小化。雌激素（包括口服避孕药）能改变类固醇的代谢和蛋白结合，明显增加糖皮质激素的暴露水平，两药合用需要调整糖皮质激素剂量，监测激素过量的指标。苯巴比妥、苯妥英钠、卡马西平、利福平、利福喷丁、利福布汀、依曲韦林是CYP3A4诱导剂，可以加速糖皮质激素的代谢，降低其作用；最大作用出现在开始合用2周，在酶诱导剂停用后，诱导作用仍可持续几个星期；甲泼尼龙与抗惊厥药物合用的时候，清除增加2倍，显著减少了糖皮质激素的暴露，需要调整剂量。泼尼松和泼尼松龙受影响较小。甲泼尼龙、泼尼松、泼尼松龙和利福平合用后暴露量减少60%。利福平的影响大于利福喷丁和利福布汀。圣约翰草、克拉霉素、伊曲康唑、泊沙康唑、酮康唑、伏立康唑、异烟肼是CYP3A4抑制剂，与糖皮质激素合用减少其清除，增加其作用。甲泼尼龙和地塞米松的清除可被减少30%~50%。需监测激素过量的指标，调整激素剂量。

糖皮质药物是目前作用最强的抗炎药物及免疫抑制剂，临床上被广泛应用于各种炎症及自身免疫性疾病，如哮喘、系统性红斑狼疮、各种血管炎等。若使用得当，常可获满意疗效，但盲目滥用糖皮质激素，亦可造成危害，或使病情加重，或使原有病灶扩散。因此，要合理地使用糖皮质激素类药物，密切注意引起不良反应的各种因素。激素的抗炎作用及免疫抑制作用与其调节代谢作用是分不开的。在大多数情况下，激素的不良反应实际上是激素的超生理（或过量）反应，激素还可引起一些并发症，主要有类肾上腺皮质功能亢进症、诱发及加重感染、类固醇糖尿病、消化道溃疡、骨质疏松并发骨折、神经精神系统并发症、肌病等。激素不良反应的发生主要与剂量、剂型、疗程的长短、给药方案、患者的年龄以及疾病的性质等因素有关。严重的不良反应和并发症可引起死亡，各种死因中以细菌、真菌等引起的感染为主，其次是心血管的并发症。①类肾上腺皮质功能亢进症：外源性激素引起的皮质醇增多症与自然发生的皮质醇增多症临床表现类似。应用超生理剂量的激素后，体内蛋白质分解加快、糖异生增加、脂肪代谢异常，导致血糖升高，皮下脂肪重新分布，表现为向心性肥胖、满月脸、水牛背、痤疮、多毛、乏力、低血钾、水肿、高血压、糖尿病等，一般停药后可以自行消失。激素诱发糖尿病多见于长期接受较大剂量激素的儿童，可在用药过程中发生。早期发现取决于在疗程中定期监测血糖和尿糖，发生糖尿病后，可不必立即停用激素，但宜用胰岛素来控制病情。可的松和氢化可的松具有轻度醛固酮样作用，因而有时可引起水盐代谢失常，特别是低钾血症，应引起注意。严重的低钾血症除可引起肌无力、瘫痪等外，尚可引起缺钾性肾病和心律失常，后者可致心脏停搏。②感染：由于激素具有较强的免疫抑制作用，长期应用可降低机体的防御功能，导致抗感染能力下降，导致继发感染和潜在性病灶扩散。患者容易发生各种感染如结核病、化脓性感染、病毒以及真菌感染等。感染多发生在肺、尿路系统、肛周、腹膜及注射部位，其症状往往被激素的抗炎作用所掩盖。激素治疗可使白细胞计数明显增多，中性粒细胞亦增加，因而易与感染所致者相混淆，并贻误感染的及时诊断和治疗。感染性患者要及时进行血细菌培养，尤其是中性粒细胞减少者，如出现不明原因的发热或感染性休克，应考虑败血症。对服用激素发生严重感染者，应给予足量有效的抗生素，至感染控制后，先停激素，后停抗生素。对同时长期应用激素和抗生素者，应密切注意是否有病毒、真菌等感染，一旦发现，应及早采取措施。由于感染是激素使用中可能发生的最严重的并发症，应提高警惕。③类固醇性溃疡：因使用激素而导致的消化性溃疡称为类固醇性溃疡，可引起出血和穿孔。这是因为糖皮质激素类药物增加胃酸和胃蛋白酶的合成，减弱了胃黏膜屏障的保护功能，妨碍组织修补；同时它还改变了胃内环境，为胃幽门螺杆菌的生长创造了条件，诱发并加重消化性溃疡，甚至引起溃疡穿孔、出血。类固醇性溃疡一般发生在胃部，溃疡往往大而深，常突然发生大出血或穿孔，与大面积烧伤所致的应激性溃疡极为相似。类固醇性溃疡发生的危险因素有：激素使用总量、既往消化性溃疡病史、恶性进展性疾病、并用非甾体抗炎药。对具有两个以上危险因素的患者应给予预防治疗。④骨质疏松及骨折：骨质疏松是长期使用激素的严重不良反应之一，骨质丢失可在使用激素后立即发生，发生机制复杂，主要与成骨作用受抑、骨吸收增加有关。危险因素有吸烟、过量饮酒、停经、运动减少、慢性阻塞性肺病、炎症性肠病、男性性功能低下、器官移植等。长期给予激素治疗的患者应定期测量脊椎骨密度、尿钙、血浆 25- 羟维生素 D_3 水平，对性功能低下者应监测血清睾丸酮水平。多种药物可用来预防激素引起的骨质疏松，包括维生素 D 制剂、二磷酸盐、降钙素、氟化物、雌激素、同化激素、孕激素。高危患者或骨质疏松者应使用二磷酸盐、降钙素或活性维生素 D。⑤精神失常：以欣快症为最常见，从愉快到轻度躁狂、兴奋以致失眠，为常见的早期症状，也有表现为抑郁、焦虑，甚至有自杀倾向者。某些患者的欣快和抑郁症状常交替发生。此外，还可出现妄想、幻觉、木僵等症状。精神失常多见于女性，其发生与药物用量有关。激素诱发的精神失常往往随减量或停药而消失。也有糖皮质激素致严重癫痫样发作的报道。⑥肌病：该并发症多见于长期使用激素尤其是应用氟化类固醇激素（如去炎松、地塞米松）患者。短程大剂量使用类固醇可以导致急性肌病和肌溶解。慢性肌病临床表现为近端肌无力，实验室检查乳酸脱氢酶轻度升高，其他肌酶正常，肌活检显示骨骼肌纤维发生萎缩。可累及呼吸肌特别是膈肌。⑦此外，长期连续应用激素可影响性功能、妊娠及分娩，如性欲减退、月经失常。妊娠早期 14 周应用大量激素胎儿有发生兔唇、腭裂的危险，故在处方激素前应询问育龄妇女是否怀孕。对怀孕数月的孕妇，应尽量减少用量，以免引起早产、流产。长期连续应用激素还可抑制生长，多见于儿童，激素分解蛋白质的作用非常强，且能抑制生长激素的分泌。因此，儿童有使用激素的适应证时，为避免影响生长和发育，可采用隔日疗法或选用不抑制生长激素分泌的促肾上腺皮质激素。

（五）药物治疗展望

肾上腺皮质功能减退症的治疗一直沿用传统的替代治疗方法，少有进展。不管如何优化给药方案，目前口服氢化可的松片剂的替代治疗都无法完全模拟皮质醇的生理产生模式，每次服用氢化可的松 1~2h 后都产生一个超生理水平的皮质醇浓度。高浓度的糖皮质激素会抑制生长、升高血压、引起骨质疏松及医源性皮质醇增多症。虽然先天性肾上腺皮质增生症患者糖皮质激素剂量已经减少，但其病死率及并发症发生率并没有明显改善；但减少剂量又会增加肾上腺危象的危险，且治疗不足也会导致肾上腺雄激素产生过多。因此替代治疗仍需进一步探讨。对多次补充治疗方案仍控制不佳的患者，进行持续皮下氢化可的松输注可能有效。应用皮下输注氢化可的松可较精确地模拟皮质醇昼夜分泌模式，从而改善替代治疗效果，ACTH 及 17- 羟孕酮浓度接近正常，糖皮质激素剂量减低后也能良好地控制肾上腺雄激素。对于不能耐受口服激素的患儿（如严重胃肠炎）以及高剂量糖皮质激素治疗所造成的肥胖或高血压患儿，应用输注泵给药也不失为更好的选择，但由于设备昂贵且需长期携带，其临床应用受限。氢化可的松改良缓释制剂 Chronocort 可模拟皮质醇昼夜分泌节律、抑制 ACTH 过夜高峰以避免先天性肾上腺皮质增生症患者雄激素产生过量。Chronocort 2 期临床研究显示所需氢化可的松剂量减少。

此外还有一些试验性治疗抑制促肾上腺皮质激素释放激素（CRH），抑制 CRH 和 / 或 ACTH 的产生可降低氢化可的松的替代剂量，减少超生理剂量氢化可的松所引致的副反应。阻断雄激素合成及其作用也是新药研究的重点。雄激素受体拮抗剂（氟他米特）与芳香化酶抑制剂（睾内酯）联合可降低氢化可的松及氟氢可的松替代治疗剂量，这种四药治疗方案与传统治疗相比，使线性生长及骨成熟度达到正常，但肾上腺雄激素水平仍较高。现在有更强作用的抗雄激素药物——比卡鲁胺,正用于前列腺癌的治疗。低剂量醋酸阿比特龙与氢化可的松同时应用,可使过量的雄激素正常化。但是这种治疗的远期安全性及控制先天性肾上腺皮质增生症的效果还要进一步临床研究。

（徐　峰）

参 考 文 献

1. LAURENCE B, BRUCE A C, BJORN K. Goodman and Gilman's the pharmacological basis of therapeutics [M]. 12th ed. New York: McGraw-Hill, 2011.

2. BULIMAN A, TATARANU L G, PAUN D L, et al. Cushing's disease: a multidisciplinary overview of the clinical features, diagnosis, and treatment [J]. J Med Life, 2016, 9: 12-18.

3. CHOUDHURY S, LIGHTMAN S, MEERAN K. Improving glucocorticoid replacement profiles in adrenal insufficiency [J]. Clin Endocrinol (Oxf), 2019, 91: 367-371.

4. 宁光. 内分泌学高级教程 [M]. 北京: 人民军医出版社, 2014.

5. 卫生部合理用药专家委员会. 中国医师药师临床用药指南 [M]. 重庆: 重庆出版社, 2009.

第十三章　代谢性疾病

第一节　总　论

一、代谢性疾病概述

内分泌代谢疾病在整个人群中的患病率不低，并且随着生活环境和生活习惯的变化，患病率还在不断增加。在国内，主要的内分泌代谢病谱与欧美国家逐渐趋同，如糖尿病、痛风、骨质疏松、血脂紊乱等。40 年来，随着我国人口老龄化与生活方式的变化，糖尿病从少见病变成一个流行病，糖尿病患病率从 1980 年的 0.67% 飙升至 2013 年的 10.4%。男性高于女性（11.1% 比 9.6%）。各民族间的糖尿病患病率存在较大差异：满族 15.0%、汉族 14.7%、维吾尔族 12.2%、壮族 12.0%、回族 10.6%、藏族 4.3%。经济发达地区的糖尿病患病率明显高于不发达地区，城市高于农村（12.0% 比 8.9%）。未诊断糖尿病比例较高。2013 年全国调查中，未诊断的糖尿病患者占总数的 63%。肥胖和超重人群糖尿病患病率显著增加，肥胖人群糖尿病患病率升高了 2 倍。2013 年按体质指数（BMI）分层显示，BMI<25kg/m^2 者糖尿病患病率为 7.8%、25kg/m^2 ≤BMI<30kg/m^2 者患病率为 15.4%，BMI ≥30kg/m^2 者患病率为 21.2%。相应地，科学技术的发展也带来我们对糖尿病的认识和诊疗上的进步，血糖监测方面从只能在医院检测血糖，发展到持续葡萄糖监测、甚至无创血糖监测，治疗方面从只有磺脲类、双胍类和人胰岛素等种类很少的降糖药，到目前拥有二肽基肽酶Ⅳ（DPP-4）抑制剂、胰高糖素样肽 -1（GLP-1）受体激动剂、钠 - 葡萄糖共转运蛋白 2（SGLT2）抑制剂、多种胰岛素类似物等种类丰富、且不良反应较少的药物，还有对于肥胖 2 型糖尿病患者的代谢手术治疗等。

痛风是一种单钠尿酸盐沉积所致的晶体相关性关节病，与嘌呤代谢紊乱和 / 或尿酸排泄减少所致的高尿酸血症直接相关。痛风可并发肾脏及心血管病变，严重者可出现关节破坏与失功。不同国家的痛风发病率不同，美国 2010 年调查显示其痛风患病率约为 3.76%。2012 年英国健康档案大数据显示痛风患病率约为 2.49%。我国缺乏全国范围痛风流行病学调查资料，但根据不同时间、不同地区报告的痛风患病情况，我国痛风的患病率在 1%~3%，并呈逐年上升趋势。国家风湿病数据中心网络注册及随访研究的阶段数据显示，截至 2016 年，我国痛风患者平均年龄为 48.28 岁（男性 47.95 岁，女性 53.14 岁），逐步趋年轻化，男女比为 15：1。超过 50% 的痛风患者为超重或肥胖。首次痛风发作时的血尿酸水平，男性为 527μmol/L，女性为 516μmol/L。痛风患者最主要的就诊原因是关节痛（男性为 41.2%，女性为 29.8%），其次为乏力和发热。男女发病诱因有很大差异，男性患者最主要为饮酒（25.5%），其次为高嘌呤饮食（22.9%）和剧烈运动（6.2%）；女性患者最主要为高嘌呤饮食诱发（17.0%）。

骨质疏松症是一种与增龄相关的骨骼疾病。目前我国 60 岁以上人口已超过 2.1 亿（约占总人口的 15.5%），65 岁以上人口近 1.4 亿（约占总人口的 10.1%），是世界上老年人口绝对数最大的国家。随着人口老龄化日趋严重，骨质疏松症已成为我国面临的重要公共健康问题。早期流行病学调查显示：我国 50 岁以上人群骨质疏松症患病率女性为 20.7%，男性为 14.4%；60 岁以上人群骨质疏松症患病率明显增高，女性尤为突出。据估算 2006 年我国骨质疏松症患者近 7 000 万，骨量减少者已超过 2 亿人。尽管缺乏新近的流行病学数据，但估测我国骨质疏松症和骨量减少人数已远超过以上数字。

二、代谢性疾病的治疗原则

所有疾病都应注重对因治疗,但目前病因已经明确的代谢性疾病为数不多,或病因明了但病变已经不可逆。代谢性疾病的治疗强调早期治疗、长期治疗、综合治疗和措施个体化的基本原则,如糖尿病治疗的近期目标是通过控制高血糖和代谢紊乱来消除糖尿病症状和防止出现急性代谢并发症,糖尿病治疗的远期目标是通过良好的代谢控制达到预防慢性并发症、提高患者生活质量和延长寿命的目的。为达到这一目标,国际糖尿病联盟(IDF)提出糖尿病综合管理五个要点,即糖尿病教育、医学营养治疗、运动治疗、血糖监测和药物治疗。痛风的治疗包括痛风急性期的抗炎止痛治疗和长期降尿酸治疗,防止痛风再次发作。还需要从健康的饮食、运动、生活习惯以及控制体重等方面进行综合治疗。

骨质疏松症的防治应贯穿于生命全过程,骨质疏松症的主要防治目标包括改善骨骼生长发育,促进成年期达到理想的峰值骨量;维持骨量和骨质量,预防增龄性骨丢失;避免跌倒和骨折。骨质疏松症初级预防指尚无骨质疏松但具有危险因素者,应防止或延缓其发展为骨质疏松症并避免发生第一次骨折。骨质疏松症二级预防和治疗指已有骨质疏松症或已经发生过脆性骨折,防治目的是避免发生骨折或再次骨折。骨质疏松症的防治措施主要包括基础措施、药物干预和康复治疗。代谢性疾病实施个体化治疗,并定期追踪和评估治疗疗效,根据患者实际情况和需要调整治疗方案。

目前,人们对内分泌代谢疾病的认识有了很大的发展,研究正在不断深入,防治部分内分泌代谢疾病已成为可能,一些内分泌代谢疾病的危象只要加强对患者及其家属的教育,尽早诊断治疗,消除诱发因素等防止其发展是完全可能的。糖尿病需终身治疗,其治疗效果在很大程度上取决于患者的主动性和病情程度。糖尿病教育的内容包括对医疗保健人员和患者及其家属的宣传教育,糖尿病教育应贯穿于糖尿病诊治的整个过程,其内容包括糖尿病基础知识、心理卫生、饮食治疗、运动治疗、药物治疗、自我血糖监测及自我保健等,进而提高医务人员的综合防治水平,将科学的糖尿病知识、自我保健技能深入浅出地传授给患者,使患者了解防治不达标的危害性,只要医患长期密切合作,可以达到正常的生活质量。

三、常用药物分类及作用机制

(一)糖尿病治疗药物

高血糖的治疗药物主要分为口服降糖药、胰高糖素样肽-1(glucagon-like peptide-1,GLP-1)和胰岛素三大类。

1. 口服降糖药 口服降糖药根据作用效果的不同,可分为主要以促进胰岛素分泌为主要作用的药物如磺脲类、格列奈类、二肽基肽酶Ⅳ(dipeptidyl peptidase 4,DPP-4)抑制剂和通过其他机制降低血糖的药物如双胍类、噻唑烷二酮类、α-糖苷酶抑制剂、钠-葡萄糖共转运蛋白2(sodium-glucose transporter-2,SGLT2)抑制剂。

(1)双胍类药物:目前临床上使用的主要是盐酸二甲双胍,通过减少肝脏葡萄糖的输出和改善外周胰岛素抵抗而降低血糖。

(2)磺脲类药物:目前国内上市的主要为格列本脲、格列美脲、格列齐特、格列吡嗪和格列喹酮,通过刺激胰岛β细胞分泌胰岛素,增加体内的胰岛素水平而降低血糖。

(3)噻唑烷二酮类药物(thiazolidinediones,TZDs):国内上市的主要有罗格列酮和吡格列酮,通过增加靶细胞对胰岛素作用的敏感性而降低血糖。

(4)格列奈类药物:我国上市的有瑞格列奈、那格列奈和米格列奈,为非磺脲类胰岛素促泌剂,通过刺激胰岛素的早时相分泌而降低餐后血糖。

(5)α-糖苷酶抑制剂:国内上市的有阿卡波糖、伏格列波糖和米格列醇,通过抑制碳水化合物在小肠上部的吸收而降低餐后血糖,适用于以碳水化合物为主要食物成分和餐后血糖升高的患者。

(6)SGLT2抑制剂:目前我国批准用于临床的主要有达格列净、卡格列净和恩格列净,通过抑制肾脏肾小管中负责从尿液中重吸收葡萄糖的SGLT2,降低肾糖阈,促进尿葡萄糖排泄,从而达到降低血液循环中葡萄糖水平的作用。

(7)DPP-4抑制剂:目前国内上市的有5种,包括沙格列汀、西格列汀、维格列汀、利格列汀和阿格列汀,通过抑制 DPP-4 而减少 GLP-1 在体内的失活,使内源性 GLP-1 的水平升高,增强胰岛素分泌,抑制胰高血糖素分泌。

2. GLP-1 受体激动剂 目前国内上市的 GLP-1 受体激动剂有艾塞那肽、利拉鲁肽、利司那肽和贝那鲁肽,通过激动 GLP-1 受体而发挥降低血糖的作用。GLP-1 受体激动剂以葡萄糖浓度依赖的方式增强胰岛素分泌、抑制胰高血糖素分泌,并能延缓胃排空,通过中枢性的食欲抑制来减少进食量。GLP-1 受体激动剂可有效降低血糖,并有显著降低体重和改善甘油三酯、血压和体重的作用。

3. 胰岛素 胰岛素通过增加糖的去路与减少糖的来源,使血糖浓度降低。胰岛素能促进全身组织,特别是肝脏、肌肉和脂肪组织摄取和利用葡萄糖,促进肝糖原和肌糖原的合成,抑制糖异生,促进脂肪及蛋白质的合成,降低血糖水平。

根据来源和化学结构的不同,胰岛素可分为动物胰岛素、人胰岛素和胰岛素类似物。根据作用特点的差异,胰岛素又可分为超短效胰岛素类似物、常规(短效)胰岛素、中效胰岛素、长效胰岛素、长效胰岛素类似物、预混胰岛素和预混胰岛素类似物。胰岛素类似物与人胰岛素相比控制血糖的效能相似,但在减少低血糖发生风险方面胰岛素类似物优于人胰岛素。

(二)痛风治疗药物

痛风的治疗药物包括痛风急性发作的药物:非甾体抗炎药物、秋水仙碱和糖皮质激素类药物,降尿酸药物包括抑制尿酸合成的药物,如别嘌醇、非布司他;促进尿酸排泄的药物,如丙磺舒、苯溴马隆等;碱性药物,如碳酸氢钠等。

1. 痛风急性发作治疗药物

(1)非甾体抗炎药(non-steroidal anti-inflammatory drugs,NSAIDs):通过抑制环氧合酶(cyclooxygenase,COX),减少痛风性关节炎时关节炎症组织中前列腺素的合成,发挥镇痛、缓解炎症反应的作用,分为非选择性 COX 抑制剂如布洛芬、吲哚美辛、双氯芬酸钠等,以及选择性 COX-2 抑制剂如依托考昔、塞来昔布等。

(2)秋水仙碱:抑制痛风发作时粒细胞浸润,抑制趋化性白细胞增加,减轻尿酸盐所致的炎症反应。

(3)糖皮质激素:具有强大的抗炎作用,在炎症早期,能增加血管紧张性、减轻水肿、降低毛细血管通透性,可缓解渗出及水肿,抑制白细胞浸润及吞噬反应,减少各种炎症因子的释放,改善痛风性关节炎的红、肿、热、痛等症状。常用药物包括泼尼松、甲泼尼龙。

2. 降尿酸治疗药物

(1)抑制尿酸合成的药物:黄嘌呤氧化酶抑制剂,通过竞争性抑制黄嘌呤氧化酶,减少尿酸合成,包括别嘌醇和非布司他。

(2)促进尿酸排泄的药物,竞争性抑制肾小管对尿酸的重吸收,促进尿酸排泄,包括苯溴马隆和丙磺舒。

(3)碳酸氢钠碱化尿液,使尿酸排出增加。

(三)骨质疏松治疗药物

治疗骨质疏松的药物主要有:①骨健康基本补充剂,包括钙剂(如葡萄糖酸钙等)、维生素 D(如骨化三醇等);②骨吸收抑制剂,包括双膦酸盐类(如阿仑膦酸等)、雌激素(如替勃龙等)、雌激素受体调节剂(如雷洛昔芬等)、降钙素(如鲑鱼降钙素等);③骨形成促进剂,包括氟化物(如氟化钠等)、雄激素类(如苯丙酸诺龙)、甲状腺激素类似物(如特立帕肽)。

1. 钙剂 充足的钙摄入对获得理想的骨峰值、减缓骨丢失、改善骨矿化和维护骨骼健康有益。钙剂选择需考虑其钙元素含量、安全性和有效性。不同种类钙剂中的元素钙含量不同,其中碳酸钙含钙量高,吸收率高,易溶于胃酸。

2. 维生素 D 充足的维生素 D 可增加肠钙吸收、促进骨骼矿化、保持肌力、改善平衡能力和降低跌倒风险。维生素 D 不足可导致继发性甲状旁腺功能亢进,增加骨吸收,从而引起或加重骨质疏松症,同时补充钙剂和维生素 D 可降低骨质疏松性骨折风险。活性维生素 D 及其类似物包括阿法骨化醇($1-\alpha-OH-D_3$)和骨化三醇[$1,25-(OH)_2-D_3$]。阿法骨化醇在肝脏完成 25-羟化后能转换为活性维生素 D_3,适用于老年患者和肾功能不全者。骨化三醇不需要经过肝、肾羟化就有活性效应,故为活性维生素 D,其适用于老年、肝肾功能不全及维生素 D 代谢障碍者。

3. 双膦酸盐类 双膦酸盐类药物(bisphosphonates)能抑制破骨细胞生成和骨吸

收,主要用于骨吸收明显增强的代谢性骨病(如变形性骨炎、多发性骨髓瘤、甲状旁腺功能亢进症等),亦可用于高转换型原发性和继发性骨质疏松症(osteoporosis,OP)、高钙血症危象和骨肿瘤的治疗,对类固醇性 OP 也有良效。第一代双膦酸盐代表药物有依替膦酸二钠、氯屈膦酸二钠等,第二代双膦酸盐代表药物有阿仑膦酸钠、帕米膦酸钠和替鲁膦酸钠等,第三代双膦酸盐代表药物有奈立膦酸钠、奥帕膦酸钠、利塞膦酸钠以及伊班膦酸钠、唑来膦酸等。

4. 降钙素 降钙素(calcitonin)是一种钙调节激素,能抑制破骨细胞的生物活性、减少破骨细胞数量,减少骨量丢失并增加骨量;还能明显缓解骨痛,对骨质疏松症及其骨折引起的骨痛有效。目前应用于临床的降钙素类制剂有两种:鳗鱼降钙素类似物和鲑鱼降钙素,尤以鲑鱼降钙素最为常用。

5. 雌激素 绝经激素治疗(menopausal hormone therapy,MHT)包括雌激素补充疗法(estrogen therapy,ET)和雌、孕激素补充疗法(estrogen plus progestogen therapy,EPT),能减少骨丢失,降低骨质疏松性椎体、非椎体及髋部骨折的风险,是防治绝经后骨质疏松症的有效措施。常用雌激素类药物品种为替勃龙、复方雌激素、雌二醇、尼尔雌醇、炔雌醇、雌二醇皮贴剂等。近年推出的鼻喷雌激素制剂具有药物用量低、疗效确切等优点。

6. 雌激素受体调节剂 雌激素受体调节剂(selective estrogen receptor modulators,SERMs)雷洛昔芬在骨骼与雌激素受体结合,发挥类雌激素的作用,抑制骨吸收,增加骨密度,降低椎体骨折发生的风险。

7. 雄激素类 临床常用的雄激素类药物如苯丙酸诺龙,为睾酮的结构改造产物,雄激素活性大大减弱,蛋白质同化作用增强,因此可促进蛋白质合成,增加骨形成。

8. 甲状旁腺素类似物(parathyroid hormone analogue,PTHa) PTHa 是当前促骨形成的代表性药物,特立帕肽是重组人甲状旁腺素氨基端 1~34 活性片段,间断使用小剂量 PTHa 能刺激成骨细胞活性,促进骨形成,增加骨密度,改善骨质量,降低椎体和非椎体骨折的发生风险。

9. 锶盐 锶(strontium)是人体必需的微量元素之一,参与人体多种生理功能和生化效应。雷奈酸锶是合成锶盐,可同时作用于成骨细胞和破骨细胞,具有抑制骨吸收和促进骨形成的双重作用,可降低椎体和非椎体骨折的发生风险。

10. 人核因子κB 受体活化因子配体抑制剂 人核因子κB 受体活化因子配体(receptor activator of nuclear factor Kappa-B ligand,RANKL)抑制剂迪诺塞麦(Denosumab)为特异性 RANKL 的完全人源化单克隆抗体,能够抑制 RANKL 与其受体 RANK 的结合,减少破骨细胞形成、功能和存活,从而降低骨吸收、增加骨量、改善皮质骨或松质骨的强度。迪诺塞麦适用于有较高骨折风险的绝经后骨质疏松症。

11. 氟化物 氟化钠可刺激成骨细胞活性,促进骨形成,用于绝经后和老年性骨质疏松。若与维生素 D 和钙剂合用效果更好。

四、药物不良反应管理

患者多为老年、慢性病患者,所患疾病较多,所以用药种类也较多。合并用药的品种越多,发生不良反应的可能性也越大。由于患者对不良反应顾虑较多,经常因为不能正确认识不良反应的问题而自行停药或减少剂量,从而延误治疗。监测患者住院期间的药物治疗情况及不良反应,及时调整治疗方案,成为医生在内分泌科工作的一个重要组成部分。

(一)糖尿病治疗药物

1. 口服降糖药

(1)双胍类药物:二甲双胍的主要不良反应为胃肠道反应,从小剂量开始并逐渐加量、或餐中服用及使用缓释剂型是减少其不良反应的有效方法。单独使用二甲双胍不导致低血糖,但与胰岛素或胰岛素促泌剂联合使用时可增加低血糖风险。二甲双胍与乳酸性酸中毒发生风险间的关系尚不确定。长期使用者应注意维生素 B_{12} 缺乏的可能性。

(2)磺脲类药物:磺脲类药物使用不当可导致低血糖,特别是老年患者和肝、肾功能不全者,还可导致体重增加。

(3)噻唑烷二酮类药物:TZDs 单独使用时不导致低血糖,但与胰岛素或胰岛素促泌剂联合使用时可增加低血糖发生的风险。体重增加和水肿是 TZDs 的常见不良反应,特别与胰岛素联合使用时表现更加明显。TZDs 的使用与骨折和心力衰竭风险增加相关。有心力衰竭(纽约心脏学会心功能分级 Ⅱ 级以上)、活动性肝病或转氨酶升高超过正常上限 2.5 倍及严重骨质疏松和有骨折病史的患者应禁用。

(4)格列奈类药物:格列奈类药物的常见不良反应是低血糖和体重增加,但低血糖的风险和程度较磺脲类药物轻。

(5)α- 糖苷酶抑制剂:α- 糖苷酶抑制剂的常见不良反应为胃肠道反应如腹胀、排气等,从小剂量开始,逐渐加量可减少不良反应。单独服用通常不会发生低血糖,如果出现低血糖,治疗时需使用葡萄糖或蜂蜜,而食用蔗糖或淀粉类食物纠正低血糖的效果差。

(6)SGLT2 抑制剂:SGLT2 抑制剂单独使用时不增加低血糖发生的风险,联合胰岛素或磺脲类药物时,可增加低血糖发生风险。SGLT2 抑制剂的常见不良反应为生殖泌尿道感染,罕见的不良反应包括酮症酸中毒(主要发生在 1 型糖尿病患者)。可能的不良反应包括急性肾损伤(罕见)、骨折风险(罕见)和足趾截肢(罕见)。

(7)DPP-4 抑制剂:单独使用 DPP-4 抑制剂不增加低血糖发生的风险,DPP-4 抑制剂对体重的作用为中性或轻度增加。西格列汀、沙格列汀、阿格列汀不增加心血管病变发生风险。

2. GLP-1 受体激动剂 单独使用 GLP-1 受体激动剂不明显增加低血糖发生的风险。GLP-1 受体激动剂的常见不良反应为胃肠道症状(如恶心、呕吐等),主要见于初始治疗时,不良反应可随治疗时间延长逐渐减轻。

3. 胰岛素 胰岛素最常见的不良反应为低血糖反应,早期表现为饥饿感、出汗、心跳加快、焦虑和震颤等,可通过饮用糖水或进食缓解,严重者可出现昏迷、休克、脑损伤甚至死亡,需立即静脉注射 50% 葡萄糖。过敏反应也较多见,通常比较轻微,偶见过敏性休克,发生时需加用抗过敏药物。胰岛素还可引起脂肪萎缩局部反应,其有效防治方法为有计划顺序变换注射部位。部分患者还可能发生胰岛素抵抗。

(二)痛风治疗药物

1. NSAIDs 胃肠道刺激、溃疡甚至上消化道出血是 NSAIDs 常见的不良反应。胃肠道反应明显者可考虑使用 COX-2 类抑制剂,或联用胃黏膜保护剂。活动性溃疡不宜使用 NSAIDs。肾损害也是较为常见的不良反应,特别是充血性心力衰竭、肝硬化、慢性肾脏疾病以及低血容量者,因此上述患者需要慎用 NSAIDs,并监测肾功能。NSAIDs 也可诱发肝损害,血液学毒性包括粒细胞减少、血小板减少出血风险增加,需要注意监测肝功能、血常规。

2. 秋水仙碱 秋水仙碱常见的不良反应包括呕吐、腹泻等胃肠道反应,骨髓抑制等,具有剂量依赖性,使用时需要从小剂量启用,逐渐增加剂量。老年人、胃肠道疾病、心功能不全、肝肾功能不全应减少剂量。每个疗程间应至少停用 3 日。用药期间监测肝肾功能及血常规。

3. 糖皮质激素 长期大量使用糖皮质激素易引起皮质醇增多症,表现为满月脸、水牛背、向心性肥胖、皮肤变薄、肌肉萎缩、低血钾、水肿、多毛、痤疮、骨质疏松等,因此应控制药物的使用时间与剂量。糖皮质激素可能诱发或加重感染,需注意感染的风险。糖皮质激素还可刺激胃酸、胃蛋白酶分泌,降低胃黏膜的抵抗力,增加胃或十二指肠溃疡、出血风险,必要时可联用胃黏膜保护剂。长期较大剂量[超过泼尼松 0.5mg/(kg·d)等效剂量]使用过快或突然停药,可引起肾上腺皮质萎缩和功能不全,宜缓慢减量。

4. 抑制尿酸生成药物 别嘌醇可引起皮疹、皮肤瘙痒或荨麻疹,停药后可好转。重症则可引起剥脱性皮炎、紫癜性病变、多形性红斑、Steven-Johnson 综合征和中毒性表皮坏死溶解征,需要立刻就医。启动别嘌醇治疗前需要了解患者的别嘌醇过敏史;进行 *HLA-B*5801* 等位基因检测,阳性者不得使用别嘌醇;别嘌醇也可引起胃肠道反应如恶心、呕吐、腹泻等,白细胞减低、血小板减低及贫血。应从小剂量开始用药,根据尿酸水平逐渐增加剂量,注意监测肝肾功能、血常规。非布司他在伴有心血管疾病的痛风患者中心血管事件发生率不劣于别嘌醇,但全因死亡率和心血管死亡率较别嘌醇高,心血管疾病患者慎用。非布司他治疗过程中可能会引起转氨酶或胆红素升高等肝功能异常的表现,需要定期监测。

5. 促进尿酸排泄药物 严重肾功能不全患者不宜使用促尿酸排泄剂如丙磺舒及苯溴马隆。服药期间应摄入足量的水分（建议每日 2 500ml 左右），防止肾结石形成，必要时可同服碱化尿液的药物。服药期间定期监测尿 pH、血尿酸、尿尿酸、肝肾功能及血常规等。苯溴马隆有肝损害风险，表现为肝功能异常、肝细胞损害等，应从小剂量启用，每日剂量不宜超过 100mg，避免合用其他具有肝损害的药物。

6. 碱化尿液药物 口服碳酸氢钠在胃中产生二氧化碳，可增加胃内压，并可引起嗳气和继发性胃酸分泌增加，长期大量服用可引起碱血症，并因钠负荷增加诱发充血性心力衰竭和水肿。

（三）骨质疏松症治疗药物

1. 钙和维生素 D 碳酸钙含钙量高，吸收率高，易溶于胃酸，常见不良反应为上腹不适和便秘等。枸橼酸钙含钙量较低，但水溶性较好，胃肠道不良反应小，且枸橼酸有可能减少肾结石的发生，适用于胃酸缺乏和有肾结石风险的患者。钙和维生素 D 联合应用时，应注意高钙血症和高钙尿症时避免使用。补充钙剂和维生素 D 需适量，超大剂量补充钙剂和维生素 D 可能增加肾结石和心血管疾病的风险。

2. 双膦酸盐类 双膦酸盐类总体安全性较好，用于治疗骨质疏松症的第一代双膦酸盐依替膦酸二钠的胃肠道反应较大，第三代双膦酸盐结构类似，故药品不良反应上具有共性。阿仑膦酸钠和唑来膦酸钠在临床应用相对广泛，相关报道较多。口服使用双膦酸盐类药物如阿仑膦酸钠会对上消化道黏膜产生局部刺激，出现恶心、呕吐、上腹痛和消化不良等上消化道不良反应，已报告的食管不良事件有食管炎、食管溃疡和食管糜烂，罕有食管狭窄或穿孔的报告。静脉给双膦酸盐类常以发热为特征，可伴寒战和流感样症状如疲劳、头痛、肌肉痛、关节痛和骨痛等，在口服和静脉使用双膦酸盐后都可以发生骨骼肌肉疼痛，停用药物后骨痛症状可很快缓解。静脉给药时确实更易引起肾毒性，特别是快速静脉给药（滴注时间≤15min）造成严重肾毒性，因此，肾功能不全的骨质疏松症患者应慎用双膦酸盐类注射剂。

双膦酸盐类药物与氨基糖苷类药物同时使用能够产生降低血钙的协同作用，从而导致较长时间低血钙，因此合用时应慎重；与其他有肾脏毒性药物合用时，可能加重肾功能损害。与钙剂、抗酸剂以及含二价阳离子的口服制剂同服会影响其吸收，故建议服药后 2h 内避免食用高钙食品以及服用补钙剂或含铝、镁等的抗酸药物；此外，不宜与阿司匹林或非甾体抗炎药同服以免增加胃肠黏膜刺激作用。

3. 雌激素类 绝经妇女正确使用绝经激素治疗，总体是安全的，对有子宫的妇女长期仅补充雌激素，证实可能增加子宫内膜癌的风险。自 20 世纪 70 年代以来，大量的研究表明对有子宫妇女补充雌激素的同时适当补充孕激素，子宫内膜癌的风险不再增加。所以，有子宫的妇女应用雌激素治疗时必须联合应用孕激素。雌激素长期应用可导致乳腺癌风险，目前认为激素治疗与乳腺癌的关系主要取决于孕激素及其应用时间长短，与合成的孕激素相比，微粒化黄体酮和地屈孕酮与雌二醇联用，乳腺癌的风险更低。乳腺癌是绝经激素治疗的禁忌证。绝经后激素治疗可轻度增加血栓风险。血栓是激素治疗的禁忌证。雌激素为非同化激素，常规剂量没有增加体重的作用，大剂量使用时才会引起水钠潴留、体重增加。

4. 选择性雌激素受体调节剂类 选择性雌激素受体调节剂雷洛昔芬总体安全性良好。国外研究报告该药轻度增加静脉栓塞的危险性，国内尚未见类似报道。故有静脉栓塞病史及有血栓倾向者，如长期卧床和久坐者禁用。此外，雷洛昔芬治疗期间，最常见的子宫出血原因是内膜萎缩和良性内膜息肉，但不引起子宫内膜增生，不增加子宫癌、卵巢癌和绝经后出血方面的风险。雷洛昔芬不适用于男性骨质疏松症患者。

5. 降钙素 降钙素总体安全性良好，少数患者使用后出现面部潮红、恶心等不良反应，偶有过敏现象，可按照药品说明书的要求，确定是否做过敏试验。鉴于鼻喷剂型鲑降钙素具有潜在增加肿瘤风险的可能，鲑降钙素连续使用时间一般不超过 3 个月。

6. 甲状旁腺素类似物 甲状旁腺素类似物特立帕肽临床常见的不良反应为恶心、肢体疼痛、头痛和眩晕。特立帕肽治疗时间不宜超过 24 个月，停药后应序贯使用抗骨吸收药物治疗，以维持或增加骨密度，持续降低骨折风险。

7. 锶盐　雷奈酸锶是合成锶盐,总体安全性良好。常见的不良反应包括恶心、腹泻、头痛、皮炎和湿疹,一般在治疗初始时发生,程度较轻,多为暂时性,可耐受。具有高静脉血栓风险的患者,包括既往有静脉血栓病史的患者,以及有药物过敏史者,应慎用雷奈酸锶。

第二节　代谢性疾病的药物治疗

一、糖尿病

糖尿病是一种在遗传和环境因素共同作用下以糖代谢紊乱为主要特征的内分泌及代谢性疾病,由于胰岛素缺乏或胰岛素作用障碍,引起糖、脂肪、蛋白质、水和电解质代谢紊乱,其中以高血糖为主要标志,长期高血糖可引起多系统损害,导致器官功能障碍和衰竭,甚至致残或致死。

(一)临床表现与诊断

根据病因学证据,糖尿病主要分为1型糖尿病、2型糖尿病、特殊类型糖尿病和妊娠期糖尿病四大类。

1. 临床表现

(1)代谢紊乱症状群:血糖升高后因渗透性利尿引起多尿,继而口渴多饮;外周组织对葡萄糖利用障碍,脂肪分解增多,蛋白质代谢负平衡,渐见乏力、消瘦,儿童生长发育受阻,患者常有易饥、多食。故糖尿病的临床表现常被描述为"三多一少",即多尿、多饮、多食和体重减轻。各种类型糖尿病的代谢紊乱表现基本相同,但程度相差很大。

1)1型糖尿病:发病年龄通常小于30岁,非肥胖体型,临床表现变化大,可以是轻度非特异性症状、典型"三多一少"症状或昏迷。多数青少年患者起病较急,症状较明显,如未及时诊断治疗,可出现糖尿病酮症酸中毒。某些成年患者起病缓慢,早期临床表现不明显。

2)2型糖尿病:可发生在任何年龄,但多见于40岁以上人群,起病较缓慢,高血糖和代谢紊乱症状较轻,不少患者无任何自觉症状,到体检或出现并发症时才被确诊。首发症状表现不一,可表现为多尿、多饮,也可表现为视力减退、皮肤瘙痒、女性外阴瘙痒等。大多数患者肥胖或超重,临床上与肥胖症、血脂异常、高血压等疾病常同时或先后发生。

3)某些特殊类型糖尿病:特殊类型糖尿病是病因学相对明确的糖尿病,主要病因包括胰岛β细胞功能遗传性缺陷、胰岛素作用遗传性缺陷、胰腺外分泌疾病、内分泌疾病、药物或化学品、感染、不常见的免疫介导性糖尿病、其他与糖尿病相关的遗传综合征等,每种类型表现各有特点。其中,青少年的成人起病型糖尿病是一组高度异质性的单基因遗传病,主要临床特征有三点:三代或以上家族发病史,且符合常染色体显性遗传规律;发病年龄小于25岁;无酮症倾向,至少5年内不需使用胰岛素治疗。线粒体基因突变糖尿病临床特征为:母系遗传;发病早,β细胞功能逐渐减退,自身抗体阴性;身材多消瘦;常伴神经性耳聋或其他神经肌肉表现。糖皮质激素所致糖尿病常与激素剂量和使用时间相关,多数患者停用后糖代谢可恢复正常。

4)妊娠糖尿病:通常是在妊娠中、末期出现,一般只有轻度无症状性高血糖,分娩后血糖一般可恢复正常,但未来发生2型糖尿病的风险显著增加,故应在产后4~12周筛查糖尿病,并长期追踪观察。

(2)并发症和/或伴发病:糖尿病急性并发症主要包括糖尿病酮症酸中毒和高血糖高渗状态,慢性并发症主要包括糖尿病肾病、糖尿病视网膜病变、糖尿病神经病变、糖尿病下肢血管病变和糖尿病足等。

2. 诊断　目前国际通用的诊断标准仍是WHO(1999年)标准(表13-2-1、表13-2-2)。空腹血糖、随机血糖或口服葡萄糖耐量试验(OGTT)2h血糖是糖尿病诊断的主要依据,没有糖尿病典型临床症状时必须重复检测以确认诊断。

表 13-2-1　糖代谢状态分类(WHO,1999)

糖代谢分类	静脉血浆葡萄糖 /(mmol·L^{-1})	
	空腹血糖	糖负荷后 2h 血糖
正常血糖	<6.1	<7.8
空腹血糖受损(IFG)	≥6.1,<7.0	<7.8
糖耐量异常(IGT)	<7.0	≥7.8,<11.1
糖尿病	≥7.0	≥11.1

注:IFG 和 IGT 统称为糖调节受损,也称糖尿病前期。

表 13-2-2 糖尿病的诊断标准（WHO,1999）

诊断标准	静脉血浆葡萄糖 /（mmol·L⁻¹）
典型糖尿病症状（烦渴多饮、多尿、多食、不明原因的体重下降）加上随机血糖或加上	≥11.1
空腹血糖或加上	≥7.0
葡萄糖负荷后 2h 血糖（无典型糖尿病症状者，需改日复查确认）	≥11.1

注：随机血糖指不考虑上次用餐时间，一天中任意时间的血糖；空腹血糖指至少 8h 没有进食热量的血糖。

美国糖尿病学会（ADA）已经将 HbA_{1c} ≥6.5% 作为糖尿病的诊断标准，WHO 也建议在条件成熟的地方采用 HbA_{1c} 作为糖尿病的诊断指标。由于我国有关 HbA_{1c} 诊断糖尿病切点的相关资料尚不足，且缺乏 HbA_{1c} 检测方法的标准化，故目前在我国尚不推荐采用 HbA_{1c} 诊断糖尿病。但对于采用标准化检测方法并且有严格质量控制的单位，可开展用 HbA_{1c} 作为糖尿病诊断标准的探索研究。国内一些研究结果显示在中国成人中 HbA_{1c} 诊断糖尿病的最佳切点为 6.2%~6.4%。

评估血糖控制指标的"新锐"——血糖在目标范围的时间（time in range，TIR）引起人们重视。尽管 HbA_{1c} 已成为评估血糖控制的"金标准"，其改善大大降低了糖尿病大血管和微血管并发症的风险，但在贫血、血红蛋白病等特殊情况下并不可靠，且 HbA_{1c} 仅反映了过去 2~3 个月的平均血糖水平，不能反映血糖控制的个体模式。而动态血糖监测（continuous glucose monitoring，CGM）却能够提供 HbA_{1c} 所不能反映的血糖波动等更多有价值的信息，而 CGM 生成的指标——TIR，定义为个体在其目标血糖范围内（通常为 3.9~10.0mmol/L）所持续的时间，能够提供关于高/低血糖的频率和持续时间是否随时间的推移有所改善的信息，同时还能用于评估和对比不同降糖干预方法。目前 TIR 可独立于 HbA_{1c} 之外评估糖尿病视网膜病变风险，有望成为替代 HbA_{1c} 的最佳血糖控制指标，但 TIR 与糖尿病并发症之间的关系仍需进一步研究。

（二）一般治疗原则

糖尿病管理必须遵循早期治疗、长期治疗、综合治疗和治疗措施个体化的基本原则。针对 2 型

糖尿病强调三级预防目标和综合控制目标。

1. 2 型糖尿病的三级预防目标

一级预防目标是控制 2 型糖尿病的危险因素，预防 2 型糖尿病的发生。预防策略是在一般人群中开展健康教育，倡导合理膳食、控制体重、适量运动、限盐、控烟、限酒、心理平衡的健康生活方式，提高防治意识。

二级预防的目标是早发现、早诊断和早治疗 2 型糖尿病患者，在已诊断的患者中预防糖尿病并发症的发生。预防策略是在高危人群中开展糖尿病筛查、药物干预预防疾病发生、血糖控制、血压和血脂控制等，指导其进行自我管理。

三级预防的目标是延缓已发生的糖尿病并发症的进展、降低致残率和死亡率，并改善患者的生存质量。预防策略是强化血糖、血压、血脂控制，降低已经发生的早期糖尿病微血管病变（如非增殖期视网膜病变、微量白蛋白尿等）进一步发展的风险，对已出现严重糖尿病慢性并发症者，推荐至相关专科治疗。

2. 2 型糖尿病的综合控制目标
2 型糖尿病理想的综合控制目标视患者的年龄、合并症、并发症等不同而异（表 13-2-3）。

表 13-2-3 中国 2 型糖尿病综合控制目标

指标	目标值
血糖 /（mmol·L⁻¹）	
空腹	4.4~7.0
非空腹	<10.0
糖化血红蛋白 /%	<7.0
血压 /mmHg	<130/80
总胆固醇 /（mmol·L⁻¹）	<4.5
高密度脂蛋白胆固醇 /（mmol·L⁻¹）	
男性	>1.0
女性	>1.3
甘油三酯 /（mmol·L⁻¹）	<1.7
低密度脂蛋白胆固醇 /（mmol·L⁻¹）	
未合并动脉粥样硬化性心血管疾病	<2.6
合并动脉粥样硬化性心血管疾病	<1.8
体质指数 /（kg·m⁻²）	<24.0

（三）基本治疗药物及治疗方案

自 20 世纪 20 年代以来，胰岛素应用于糖尿

病患者取得较好效果,此后 90 多年间,胰岛素的纯度不断得到提高,免疫原性明显降低,不同作用时间、不同给药方式及基因重组合成的各类胰岛素研制出来供临床使用。20 世纪 50 年代以来,口服降糖药磺脲类如格列吡嗪、格列本脲和格列美脲等、双胍类药物二甲双胍、α- 葡萄糖苷酶抑制剂阿卡波糖及伏格列波糖、格列奈类药物及 TZDs 的罗格列酮等先后进入临床使用,罗格列酮曾因可能会增加心肌梗死的风险而使用受限。2006 年至今,ADA 和欧洲糖尿病研究学会(EASD)逐渐明确了二甲双胍在 2 型糖尿病治疗的一线地位,现已作为我国 2 型糖尿病无禁忌证和不耐受患者的首选用药。20 世纪 80 年代,肠促胰岛素的作用被发现后,GLP-1 受体激动剂类药物成为近年来降糖药物的一个热点研发方向。欧美多个糖尿病指南均将 GLP-1 受体激动剂列为二线治疗选择。随着肠促胰岛素通路的进一步阐明,西格列汀成为全球第一个上市的口服 DPP-4 抑制剂。抑制肾脏肾小管中负责从尿液中重吸收葡萄糖的 SGLT2 蛋白的 SGLT2 抑制剂作为新型口服降糖药的后起之秀,还有较好的降低心血管风险作用。

糖尿病的医学营养治疗和运动治疗是控制 2 型糖尿病高血糖的基本措施。在饮食和运动不能使血糖控制达标时应及时采用药物治疗,包括口服药物和注射制剂两大类。2 型糖尿病是一种进展性的疾病,在其自然病程中,对外源性的血糖控制手段的依赖会逐渐增大。临床上常需要口服药物间及口服药与注射降糖药间(胰岛素、GLP-1 受体激动剂)的联合治疗。治疗初期应选择单药治疗,首选二甲双胍。若无禁忌证,二甲双胍应一直保留在糖尿病的治疗方案中。不适合二甲双

胍治疗者可选择 α- 糖苷酶抑制剂或胰岛素促泌剂。如单独使用二甲双胍治疗而血糖仍未达标,则可进行二联治疗,加用胰岛素促泌剂、α- 糖苷酶抑制剂、DPP-4 抑制剂、TZDs、SGLT2 抑制剂、胰岛素或 GLP-1 受体激动剂,甚至还可选择三联治疗,即上述不同机制的降糖药物可以三种药物联合使用。如三联治疗控制血糖仍不达标,则应将治疗方案调整为多次胰岛素治疗(基础胰岛素加餐时胰岛素或每日多次预混胰岛素)。采用多次胰岛素治疗时应停胰岛素促泌剂。

1. 口服降糖药物

(1)双胍类药物:许多国家和国际组织制定的糖尿病诊治指南中均推荐二甲双胍作为 2 型糖尿病患者控制高血糖的一线用药和药物联合中的基本用药,其降糖疗效(去除安慰剂效应后)为 HbA_{1c} 下降 1.0%~1.5%,并可减轻体重。我国 2 型糖尿病人群临床研究显示,二甲双胍可使 HbA_{1c} 下降 0.7%~1.0%。二甲双胍起效最小剂量为 500mg/d,最佳有效剂量是 2 000mg/d,成人最大推荐剂量 2 550mg/d。二甲双胍每日剂量超过 2 000mg/d 时,为了更好的耐受,药物最好随三餐分次服用。双胍类药物禁用于肾功能不全[血肌酐水平男性 >132.6μmol/L(1.5mg/dl),女性 >123.8μmol/L(1.4mg/dl)或估算的肾小球滤过率(eGFR)<45ml/(min·1.73m^2)]、肝功能不全、严重感染、缺氧或接受大手术的患者。

(2)磺脲类药物:磺脲类药物可使 HbA_{1c} 降低 1.0%~1.5%(去除安慰剂效应后)。建议从小剂量开始,早餐前半小时一次服用,根据血糖逐渐增加剂量,剂量较大时改为早、晚餐前两次服药,直到血糖达到良好控制。(表 13-2-4)

表 13-2-4　常用磺脲类药物用法

药品名称	剂量范围 / (mg·d^{-1})	常用剂量 / (mg·d^{-1})	使用方法
格列喹酮	15~120	90	日剂量 30mg 以内者可于早餐前一次服用,大于此剂量可酌情分为早、晚或早、中、晚分次服用
格列吡嗪	2.5~25	15	三餐前 30min 服用
格列吡嗪控释片	2.5~20	10	早餐前 30min 服用
格列美脲	1~8	2~4	1 次 /d,顿服,建议早餐前服用
格列齐特	80~320	160	1~2 次 /d,早晚餐前 30min 服用
格列齐特缓释片	30~120	60	1 次 /d,早餐时服用
格列本脲	1.25~15	7.5	1 次 /d,早餐时服用

（3）TZDs：我国 2 型糖尿病患者临床研究结果显示 TZDs 可使 HbA$_{1c}$ 下降 0.7%~1.0%（去除安慰剂效应后）。该药服用时间与进食无关，其中，罗格列酮初始剂量通常为 4mg，最大推荐剂量为每日 8mg，每日 1 次或分 2 次口服，肾功能不全者无需调整剂量；吡格列酮初始剂量为 15mg 或 30mg，最大推荐剂量为 45mg/ 次，每日 1 次，eGFR<45ml/（min·1.73m^2）时慎用。

（4）格列奈类药物：格列奈类药物可将 HbA$_{1c}$ 降低 0.5%~1.5%，可在肾功能不全的患者中使用。其中，瑞格列奈建议餐前 30min 内服用，通常餐前 15min 内服用，推荐起始剂量为 0.5mg，最大单次推荐剂量为 4mg，最大日剂量不应超过 16mg；那格列奈建议餐前 1~5min 内服用，常用剂量为餐前 120mg，最大推荐剂量为 180mg，每日 3 次；米格列奈建议餐前 5min 内服用，通常 10mg/ 次，每日 3 次。

（5）α- 糖苷酶抑制剂：α- 糖苷酶抑制剂可将 HbA$_{1c}$ 降低 0.5%~0.8%。阿卡波糖需餐前即刻整片吞服或与前几口食物一起咀嚼服用，起始剂量为 50mg/ 次，一日 3 次，以后逐渐增加至 100mg/ 次，一日 3 次，最大可增加至 200mg/ 次，一日 3 次；伏格列波糖片建议餐前口服，服药后即刻进餐，通常成人 1 次 0.2mg，一日 3 次，最大用量为 0.3mg/ 次。

（6）SGLT2 抑制剂：SGLT2 抑制剂降低 HbA$_{1c}$ 幅度为 0.5%~1.0%，减轻体重 1.5~3.5kg，降低收缩压 3~5mmHg。达格列净需晨服，不受进食限制，推荐起始剂量为 5mg，每日 1 次，最大剂量可增至每日 10mg；卡格列净建议第一餐前服用，推荐起始剂量为 100mg，每日 1 次，最大剂量可增至每日 300mg；恩格列净可空腹或进食后给药，推荐剂量是晨服 10mg，每日 1 次，最大剂量可增至每日 25mg。SGLT2 抑制剂在中度肾功能不全的患者可以减量使用。

（7）DPP-4 抑制剂：我国 2 型糖尿病患者临床研究显示 DPP-4 抑制剂的降糖疗效（减去安慰剂效应后）为可降低 HbA$_{1c}$ 0.4%~0.9%（表 13-2-5）。该类药物服用时间不受饮食影响，可一天内固定时间服药。肾功能不全者除了利格列汀，应注意根据 eGFR 调整药物剂量。

表 13-2-5　DPP-4 抑制剂用法

药品名称	常用剂量	轻度肾功能不全	中度肾功能不全	重度肾功能不全
西格列汀	100mg，1 次 /d	不需调整剂量	50mg，1 次 /d	25mg，1 次 /d
维格列汀	50mg，2 次 /d	不需调整剂量	50mg，1 次 /d	50mg，1 次 /d
沙格列汀	5mg，1 次 /d	不需调整剂量	2.5mg，1 次 /d	2.5mg，1 次 /d
利格列汀	5mg，1 次 /d	不需调整剂量	不需调整剂量	不需调整剂量
阿格列汀	25mg，1 次 /d	不需调整剂量	12.5mg，1 次 /d	6.25mg，1 次 /d

2. GLP-1 受体激动剂　GLP-1 受体激动剂皮下注射部位可选择大腿、腹部或上臂，参见表 13-2-6。

（1）艾塞那肽：起始剂量为 5μg，每日 2 次，根据患者临床反应，在治疗 1 个月后剂量可增至 10μg，每日 2 次；注射时间在早餐和晚餐前 60min 内（或每日 2 顿主餐前；给药间隔大约 6h 或更长）。

（2）利拉鲁肽：起始剂量为 0.6mg，每日 1 次；至少 1 周后，剂量应增至 1.2mg，根据临床应答情况，为进一步改善降糖效果，可在至少 1 周后将剂量增至 1.8mg，可在任意时间注射，无需根据进餐时间给药，推荐于每日同一时间注射，建议选择每日最为方便的时间。在改变注射部位和时间时无需进行剂量调整。

（3）贝那鲁肽：起始剂量为 0.1mg/ 次，每日 3 次，餐前 5min 皮下注射，治疗 2 周后，剂量应增加至 0.2mg，每日 3 次。

（4）利司那肽：起始剂量为 10μg，每日 1 次，治疗第 15 日剂量增至 20μg，每日 1 次；注射时间在每日任何一餐前 60min 内。

（5）艾塞那肽：周制剂的剂量为 2mg，每周 1 次；可在一天中任意时间注射，无需根据进餐时间给药。

表 13-2-6　GLP-1 受体激动剂的作用特点及其在肝肾功能不全者的使用推荐

药物名称	用量	用法	肾功能不全	肝功能不全
艾塞那肽	起始 5μg, 常规 10μg	2 次 /d, 早餐和晚餐前 60min 内皮下注射	GFR<30ml/(min·1.73m²) 禁用	未知
利拉鲁肽	起始 0.6mg, 常规 1.2~1.8mg	1 次 /d, 任意时间皮下注射	终末期肾病禁用	重度肝功能损伤者禁用
贝那鲁肽	起始 0.1mg, 常规 0.2mg	3 次 /d, 餐前 5min 皮下注射	未知	未知
利司那肽	起始 10μg, 常规 20μg	每日任意餐前 60min 内皮下注射	GFR<30ml/(min·1.73m²) 禁用	肝功能受损者无需调整剂量
艾塞那肽周制剂	常规 2mg	每周 1 次, 任意时间皮下注射	GFR<30ml/(min·1.73m²) 禁用 GFR 为 30~50ml/(min·1.73m²) 慎用	未知

3. 胰岛素

（1）胰岛素的起始治疗：1 型糖尿病患者在发病时就需要胰岛素治疗，且需终身胰岛素替代治疗。新发病 2 型糖尿病患者如有明显的高血糖症状、发生酮症或酮症酸中毒，可首选胰岛素治疗。新诊断糖尿病患者分型困难，与 1 型糖尿病难以鉴别时，可首选胰岛素治疗。2 型糖尿病患者在生活方式和口服降糖药治疗的基础上，若血糖仍未达到控制目标，即可开始口服降糖药和起始胰岛素的联合治疗。在糖尿病病程中（包括新诊断的 2 型糖尿病），出现无明显诱因的体重显著下降时，应该尽早使用胰岛素治疗。根据患者具体情况，可选用基础胰岛素或预混胰岛素起始胰岛素治疗（表 13-2-7）。

1）基础胰岛素：包括中效人胰岛素和长效胰岛素类似物。当仅使用基础胰岛素治疗时，保留原有各种口服降糖药物，不必停用胰岛素促泌剂。使用方法为睡前注射，起始剂量为 0.1~0.3U/（kg·d）。根据患者空腹血糖水平调整胰岛素用量，通常每 3~5 日调整 1 次，根据血糖水平每次调整 1~4 U 直至空腹血糖达标。如 3 个月后空腹血糖控制理想但 HbA₁c 不达标，应考虑调整胰岛素治疗方案。

2）预混胰岛素：包括预混人胰岛素和预混胰岛素类似物。根据患者的血糖水平，可选择每日 1~2 次的注射方案。当 HbA₁c 比较高时，使用每日 2 次注射方案。每日 1 次预混胰岛素方案中起始胰岛素剂量一般为 0.2U/（kg·d），晚餐前注射。根据患者空腹血糖水平调整胰岛素用量，通常每 3~5 日调整 1 次，根据血糖水平每次调整 1~4U 直至空腹血糖达标。每日 2 次预混胰岛素方案中起始胰岛素剂量一般为 0.2~0.4U/（kg·d），按 1:1 比例分配到早餐前和晚餐前。根据空腹血糖和晚餐前血糖分别调整早餐前和晚餐前的胰岛素用量，每 3~5 日调整 1 次，根据血糖水平每次调整的剂量为 1~4U，直到血糖达标。

表 13-2-7　常用胰岛素制剂的作用特点

作用类型	胰岛素种类	起效时间	达峰时间	持续作用时间
速效	门冬胰岛素	10~15min	1~2h	4~6h
	赖脯胰岛素	10~15min	1~1.5h	4~5h
	谷赖胰岛素	10~15min	1~2h	4~6h
短效	常规胰岛素	15~60min	2~4h	5~8h
中效	低精蛋白锌胰岛素	2.5~3.0h	5~7h	13~16h
长效	精蛋白锌胰岛素	3~4h	8~10h	长达 20h

续表

作用类型	胰岛素种类	起效时间	达峰时间	持续作用时间
长效	甘精胰岛素	2~3h	无峰	长达 30h
	地特胰岛素	3~4h	3~14h	长达 24h
	德谷胰岛素	1h	无峰	长达 42h
预混	预混人胰岛素 70/30	30min	2~12h	14~24h
	预混人胰岛素 50/50	30min	2~3h	10~24h
	门冬胰岛素 30	10~20min	1~4h	14~24h
	门冬胰岛素 50	10~20min	1~4h	14~24h
	赖脯胰岛素 25	15min	30~70min	16~24h
	赖脯胰岛素 50	15min	30~70min	16~24h

（2）胰岛素的多次治疗

1）多次皮下注射胰岛素：在胰岛素起始治疗的基础上，经过充分的剂量调整，如患者的血糖水平仍未达标或出现反复的低血糖，需进一步优化治疗方案。可以采用餐时 + 基础胰岛素（2~4次/d）或每日 2~3 次预混胰岛素进行胰岛素强化治疗。使用方法如下：

餐时 + 基础胰岛素：根据睡前和餐前血糖的水平分别调整睡前和餐前胰岛素用量，每 3~5 日调整 1 次，根据血糖水平每次调整的剂量为 1~4U，直至血糖达标。开始使用时，可在基础胰岛素的基础上采用仅在一餐前（如主餐）加用餐时胰岛素的方案。之后根据血糖的控制情况决定是否在其他餐前加用餐时胰岛素。

每日 2~3 次预混胰岛素（预混人胰岛素每日 2 次，预混胰岛素类似物每日 2~3 次）：根据睡前和三餐前血糖水平进行胰岛素剂量调整，每 3~5 日调整 1 次，直到血糖达标。

2）持续皮下胰岛素输注（continuous subcutaneous insulin infusion，CSII）：CSII 是胰岛素强化治疗的一种形式，需要使用胰岛素泵来实施治疗。经 CSII 输入的胰岛素在体内的药代动力学特征更接近生理性胰岛素分泌模式。在胰岛素泵中只能使用短效胰岛素或速效胰岛素类似物。血糖监测方案需每周至少 3 d，每日 5~7 点血糖监测。根据血糖水平调整剂量直至血糖达标。CSII 主要适用人群有 1 型糖尿病患者、计划受孕和已孕的糖尿病妇女或需要胰岛素治疗的妊娠期糖尿病患者、需要胰岛素强化治疗的 2 型糖尿病患者。

3）短期胰岛素强化治疗方案：对于 $HbA_{1c} \geq$ 9.0% 或空腹血糖 ≥11.1mmol/L 伴明显高血糖症状的新诊断 2 型糖尿病患者可实施短期胰岛素强化治疗，治疗时间在 2 周 ~3 个月为宜，治疗目标为空腹血糖 4.4~7.0mmol/L，非空腹血糖 <10.0mmol/L，可暂时不以 HbA_{1c} 达标作为治疗目标。胰岛素强化治疗方案包括基础 - 餐时胰岛素治疗方案（多次皮下注射胰岛素或 CSII）或预混胰岛素每日注射 2 次或 3 次的方案。对治疗达标且临床缓解者，可定期（如 3 个月）随访监测；当血糖再次升高，即空腹血糖 ≥7.0mmol/L 或餐后 2h 血糖 ≥10.0mmol/L 的患者重新起始药物治疗。

（四）临床问题导向的药物治疗

1. 合并用药原则与注意事项

（1）各类降糖药的合并使用

1）口服降糖药之间的联合治疗：口服降糖药联合治疗是临床上常用的 2 型糖尿病血糖管理方案，应遵循以下原则：联合药物应作用机制互补，能针对不同的作用靶点，可同时控制空腹及餐后血糖，并能相互弥补各自的缺陷与不足。联合方案应使低血糖风险和严重程度最小化，不良反应无叠加。联合方案应考虑患者个体化情况：如合并动脉粥样硬化性心血管疾病，应优先选择联合具有明确心血管获益证据的药物如 SGLT2 抑制剂（前提 eGFR 符合条件）与二甲双胍联合；对于超重或肥胖患者，优先选择联合减重或不增加体重的药物如 SGLT2 抑制剂、α- 糖苷酶抑制剂或 DPP-4 抑制剂与二甲双胍联合治疗方案。对于二甲双胍存在禁忌证或不耐受的 2 型糖尿病患者需要联合治疗时，可以考虑其他不同作用机制的口服降糖药联合。需注意的是：磺脲类与格列奈类药物尽管结合位点有所不同，但均为胰岛素促泌剂，二者合用降糖疗效作用不明显，甚至可能相互干扰而降低疗效，故不建议联合使用；胰岛素增敏剂噻唑烷二酮类药物与胰岛素促泌剂如磺脲类、格列奈类药物合用时应注意会增加低血糖的发生风险。

2）胰岛素与口服降糖药之间的联合治疗：2型糖尿病口服降糖药与胰岛素联合治疗，一定程度上可以更好地控制血糖，应注意遵循以下原则：通常用来补充基础胰岛素的长效胰岛素和中效胰岛素可以和任何一种口服降糖药物联合使用，也可以同时使用两种或两种以上不同作用机制的口服降糖药物。用来补充餐时胰岛素的短效胰岛素或同时补充基础和餐时胰岛素的预混胰岛素可以同二甲双胍、α- 糖苷酶抑制剂、噻唑烷二酮类等口服降糖药物中的一种或两种联合使用。但是，使用每日 3 次的餐时胰岛素或预混胰岛素时一般不建议同时使用磺脲类或格列奈类促胰岛素分泌剂。需注意的是，噻唑烷二酮类药物与胰岛素联合使用时，应密切关注体重增加和水肿的发生情况，避免充血性心衰的发生。

3）注射用降糖药 GLP-1 受体激动剂与口服降糖药、胰岛素间的联合治疗：GLP-1 受体激动剂与 DPP-4 抑制剂分别通过外源性和内源性途径提高体内 GLP-1，对降低血糖并无叠加作用，且合用成本较高，故不推荐二者合用。目前 GLP-1 受体激动剂作为二线治疗选择的降糖药物，已有其与 DPP-4 抑制剂以外的其他 1~2 种口服降糖药或基础胰岛素联用的研究，结果显示联合治疗期间患者 HbA$_{1c}$ 和体重均有不同程度的降低，与已知可导致低血糖风险的降糖药如胰岛素、磺脲类、格列奈类、噻唑烷二酮类等联合使用时应注意低血糖事件，必要时应适当调整药物剂量，但研究表明 GLP-1 受体激动剂与基础胰岛素联用期间低血糖相对风险更低。目前支持 GLP-1 受体激动剂与餐时胰岛素联用的数据尚不充足。

（2）降糖药与常见合用药物使用注意事项：糖尿病患者常患多种疾病、多重用药，联合用药品种越多，药物相互作用风险越高，不良反应发生率也越高，因此避免多药联合治疗时带来的损害至关重要。

碘化造影剂可减慢二甲双胍代谢，造成急性肾损害，可能引起二甲双胍蓄积和增加乳酸酸中毒的风险。对于 eGFR>60ml/（min·1.73m^2）的患者，在检查前或检查时必须停止服用二甲双胍，在检查完成至少 48h 后且仅在再次检查肾功能无恶化的情况下才可以恢复服用；对于中度肾功能不全［eGFR 在 45~60ml/（min·1.73m^2）间］的患者，在注射碘化造影剂 48h 前必须停止服用二甲双胍，在检查完成至少 48h 后且仅在再次检查肾功能无恶化的情况下才可以恢复服用。经肾小管排泌的阳离子药物如地高辛、吗啡、雷尼替丁、万古霉素等，理论上可能与二甲双胍竞争肾小管转运系统，增加乳酸性酸中毒风险，建议密切监测，必要时调整二甲双胍或相互作用药物的剂量。

磺脲类药物在体内主要经肝药酶 CYP2C9 代谢，对 CYP2C9 产生抑制作用的常见药物包括抗真菌药（酮康唑、伏立康唑、氟康唑、咪康唑）、吉非贝齐、胺碘酮、西咪替丁、氯霉素、米非司酮、异烟肼、恩他卡朋等，合用时可能增加低血糖风险，应注意监测血糖水平。利福平、卡马西平、苯巴比妥等作为肝药酶 CYP2C9 诱导剂，合用可能升高血糖，需增加磺脲类用量。此外，波生坦与格列本脲联用会产生肝脏毒性，导致转氨酶增高，禁忌联用，同时作为 CYP2C9/3A4 诱导剂可能降低磺脲类疗效。克拉霉素可抑制肠道 P- 糖蛋白而提高格列本脲峰浓度，增加低血糖风险，合用时应谨慎。

瑞格列奈经肝药酶 CYP2C8 和 CYP3A4 代谢，CYP2C8 抑制剂吉非贝齐、CYP3A4 抑制剂伊曲康唑、克拉霉素均可抑制瑞格列奈代谢，增加低血糖风险，应注意减少该药剂量，另外氯吡格雷的酰基 β- 葡萄糖醛酸代谢物是 CYP2C8 时间依赖性的强抑制剂，显著减慢瑞格列奈代谢，需谨慎合用；而酶诱导剂利福平、卡马西平可促进瑞格列奈代谢，必要时需增加剂量。那格列奈主要经 CYP2C9 代谢，部分经 CYP3A4 代谢，与 CYP2C9 抑制剂如氟康唑、吉非贝齐联合用药时需谨慎。

阿卡波糖本身对地高辛有吸附作用，使用地高辛时，尽量不使用或停用阿卡波糖。如若必须联合使用，建议阿卡波糖每餐随餐服用，地高辛晚 9 点后服用，同时加强对地高辛血药浓度的监测。胰酶制剂中淀粉酶可使碳水化合物转化为糖，联用时可能会导致阿卡波糖的作用降低。阿卡波糖可增强华法林的抗凝血作用，应加强国际标准化比值（international normalized ratio, INR）的监测，必要时调整华法林剂量。

吡格列酮、罗格列酮主要由 CYP2C8 代谢，其次吡格列酮经 CYP3A4 代谢、罗格列酮极少部分经 CYP2C9 代谢，二者与 CYP2C8 抑制剂吉非贝齐、强诱导剂利福平、氟伏沙明联用时，应注意监测血糖水平和不良反应。

5 种 DPP-4 抑制剂的生物利用度、蛋白结合率、代谢和排泄途径各不相同。其中，沙格列汀主要经 CYP3A4/5 代谢，与强效酶抑制剂如酮康唑、伊曲康唑、克拉霉素等合用时，建议限制剂量，但与中等强度酶抑制剂地尔硫䓬、底物辛伐他汀合用时尽管 Cmax、AUC 有所增加，但临床意义不大，不推荐调整剂量，同样与酶诱导剂利福平合用时 Cmax、AUC 均有降低，但无临床意义，也无需调整剂量。利格列汀为 CYP3A4 弱到中等抑制剂，同时是一种 P- 糖蛋白底物，在高浓度下，可以抑制 P- 糖蛋白（P-glycoprotein, P-gp）介导的地高辛转运。CYP3A4 或 P-gp 的诱导剂（如利福平）会使利格列汀的暴露水平降低到亚治疗水平，很可能会降至无效的浓度。其他 3 种受肝药酶影响相对较小，与其他药物的相互作用的可能性较低。西格列汀可使地高辛浓度略有增加，合用时需适当监测。维格列汀会使血管紧张素转换酶抑制剂浓度增加，可能增加血管性水肿风险。阿格列汀主要由肾脏以原型排泄，尚无相关药物相互作用报道。

SGLT2 抑制剂中达格列净主要经尿苷二磷酸葡萄糖醛酸转移酶 UGT1A9 代谢为无活性的达格列净 3-O- 葡糖苷酸，仅有极少量经 CYP450 酶代谢，由此产生的药物相互作用较少。恩格列净在体内经 UGT2B7、UGT1A3、UGT1A8、UGT1A9 代谢为无活性的葡糖苷酸，不抑制或诱导 CYP450 酶，不抑制 UGT1A1，药物相互作用少见，与利尿药联合给药可导致尿量增加和尿频，从而可能增加血容量不足的风险。卡格列净仅有 7% 经 CYP3A4 代谢，不诱导或抑制 CYP450 酶，与 UGT 诱导剂利福平、苯巴比妥合用时会引起 AUC 下降，应注意加强血糖监测，必要时增加剂量或考虑其他降糖治疗；与地高辛合用时，地高辛 AUC、

Cmax 升高，应注意适当监测地高辛浓度。

GLP-1 受体激动剂艾塞那肽、利拉鲁肽、贝那鲁肽、利司那肽与其他药物相互作用较少，大多数无临床意义，但具有延缓胃排空的作用，可减少口服药物吸收的程度和速度，对疗效依赖于阈浓度的口服药如抗菌药物需在本类药物使用前至少 1h 服用。此外，利拉鲁肽、利司那肽与华法林联用时，建议更频繁地监测 INR 值。

（3）影响血糖的常见合用药物：糖尿病患者常用的多种药物都可能引起糖代谢紊乱，包括高血糖和低血糖，导致糖代谢异常的机制往往多样化，同一种药物也可能既导致高血糖也导致低血糖，糖尿病患者在合并使用时应注意加强监测血糖的变动，必要时调整治疗方案，以免可能造成严重临床后果。

1）主要升高血糖的药物：多种药物可导致高血糖，其机制为药物毒性直接破坏胰岛 β 细胞，减少胰岛素分泌、增加肝葡萄糖生成或导致对胰岛素的作用抵抗。报道较多的常用药物包括：糖皮质激素、口服避孕药、噻嗪类利尿药、他汀类药物，免疫抑制剂包括环孢素、他克莫司和西罗莫司，一些不典型抗精神病药尤其是氯氮平和奥氮平等，拟肾上腺素药、甲状腺素、生长激素、苯妥英钠、抗结核药异烟肼与吡嗪酰胺、奥曲肽、烟酸、沙丁胺醇、茚地那韦等。

2）主要降低血糖的药物：少数药物可诱发低血糖，其机制包括导致胰岛素代谢清除下降，肝糖生成减少，糖异生受到抑制，外周组织对葡萄糖的利用增加等。报道较多的常用药物包括：大剂量水杨酸盐如阿司匹林（常见于剂量 4~6g/d 时，但临床较少见），对乙酰氨基酚，普萘洛尔，部分血管紧张素转换酶抑制剂类药物如卡托普利（用于糖尿病患者时增高血缓激肽水平而改善外周胰岛素的作用），利多卡因，阿米替林（三环类抗抑郁药），乙醇（大剂量、空腹时常见）等。

2. 糖尿病并发症的识别与处理

（1）急性并发症

1）低血糖：如糖尿病患者出现交感神经兴奋（如心悸、焦虑、出汗等）或中枢神经系统症状（如神志改变、认知障碍、抽搐和昏迷）时应考虑低血糖的可能，及时监测血糖。只要血糖水平 ≤3.9mmol/L 就属低血糖范畴。处理：血糖

≤3.9mmol/L 即需要补充葡萄糖或含糖食物。意识清楚者给予口服 15~20g 糖类食品（葡萄糖为佳）；意识障碍者给予 50% 葡萄糖溶液 20~40ml 静脉注射。每 15 分钟监测血糖 1 次。如血糖仍 ≤3.9mmol/L，再给予 15~20g 葡萄糖口服或 50% 葡萄糖溶液 20~40ml 静脉注射；如血糖在 3.9mmol/L 以上，但距离下一次就餐时间在 1h 以上，给予含淀粉或蛋白质食物；如血糖≤3.0mmol/L，继续给予 50% 葡萄糖溶液 60ml 静脉注射。如低血糖仍未纠正，给予静脉注射 5% 或 10% 葡萄糖溶液，并在监护下及时转诊。

2）高血糖危象处理：高血糖危象包括糖尿病酮症酸中毒（diabetic ketoacidosis，DKA）和高血糖高渗状态（hyperosmolar hyperglycemic state，HHS）。

DKA 以高血糖、高血清酮体和代谢性酸中毒为主要表现。治疗原则为尽快补液以恢复血容量、纠正失水状态、降低血糖，纠正电解质及酸碱平衡失调，同时积极寻找和消除诱因，防治并发症，降低病死率。对单有酮症者，需适当补充液体和胰岛素治疗，直到酮体消失。治疗中补液速度应先快后慢，第 1 小时输入生理盐水，速度为 15~20ml/（kg·h）（一般成人 1.0~1.5L）。随后补液速度取决于脱水程度、电解质水平、尿量等。要在第 1 个 24h 内补足预估的液体丢失量，补液治疗是否奏效，要看血流动力学（如血压）、出入量、实验室指标及临床表现。当 DKA 患者血糖 ≤13.9mmol/L 时，须补充 5% 葡萄糖并继续胰岛素治疗，直至血清酮体、血糖均得到控制。小剂量胰岛素连续静脉滴注方案已得到广泛认可，推荐采用连续胰岛素静脉滴注 0.1U/（kg·h），但对于重症患者，可采用首剂静脉注射胰岛素 0.1U/kg，随后以 0.1U/（kg·h）速度持续输注。若第 1h 内血糖下降不足 10%，或有条件监测血清酮体时，血清酮体下降速度 <0.5mmol/（L·h），且脱水已基本纠正，则增加胰岛素剂量 1U/h。当 DKA 患者血糖降至 13.9mmoL/L 时，应减少胰岛素输入量至 0.05~0.10U/（kg·h），并开始给予 5% 葡萄糖液，此后需要根据血糖来调整胰岛素给药速度和葡萄糖浓度，并需持续进行胰岛素输注直至 DKA 缓解。在开始胰岛素及补液治疗后，若患者的尿量正常，血钾低于 5.2mmol/L 即应静脉补钾，一般在

每升输入溶液中加氯化钾 1.5~3.0g，以保证血钾在正常水平。治疗前已有低钾血症，尿量≥40ml/h 时，在补液和胰岛素治疗同时必须补钾，若血钾 <3.3mmol/L，应优先进行补钾治疗，当血钾升至 3.5mmol/L 时，再开始胰岛素治疗，以免发生心律失常、心脏骤停和呼吸肌麻痹。DKA 患者在注射胰岛素治疗后会抑制脂肪分解，进而纠正酸中毒，一般认为无需额外补碱。推荐仅在 pH<7.0 的患者考虑适当补碱治疗。每 2 小时测定 1 次血 pH，直至其维持在 7.0 以上。治疗中加强复查，防止过量。

HHS 以严重高血糖而无明显酮症酸中毒、血浆渗透压显著升高、脱水和意识障碍为特征。治疗主要包括积极补液，纠正脱水；小剂量胰岛素静脉滴注控制血糖；纠正水、电解质和酸碱失衡以及去除诱因和治疗并发症。24h 总的补液量一般应为 100~200ml/kg，推荐 0.9% 氯化钠作为首选，补液速度与 DKA 治疗相仿，第 1 小时给予 1.0~1.5L，随后补液速度根据脱水程度、电解质水平、血渗透压、尿量等调整。治疗开始时应每小时检测或计算血有效渗透压并据此调整输液速度以使其逐渐下降，速度为 3~8mOsmol/（kg·h）。当补足液体而血浆渗透压不再下降或血钠升高时，可考虑给予 0.45% 生理盐水。24h 血钠下降速度应不超过 10mmol/L。HHS 患者补液本身即可使血糖下降，当血糖下降至 16.7mmol/L 时需补充 5% 含糖液，直到血糖得到控制。当单纯补液后血糖仍大于 16.7mmol/L 时，开始应用胰岛素治疗。使用原则与治疗 DKA 大致相同，以 0.1U/（kg·h）持续静脉滴注。当血糖降至 16.7mmol/L 时，应减慢胰岛素的滴注速度至 0.02~0.05U/（kg·h），同时续以葡萄糖溶液静脉滴注，并不断调整胰岛素用量和葡萄糖浓度，使血糖维持在 13.9~16.7mmoL/L，直至 HHS 高血糖危象的表现消失。HHS 患者总体钾是缺失的，补钾原则与 DKA 相同。HHS 患者发生静脉血栓的风险显著高于 DKA 患者，高钠血症及抗利尿激素分泌的增多可促进血栓形成。除非有禁忌证，建议患者住院期间接受低分子肝素的预防性抗凝治疗。早期给予连续性肾脏替代治疗（continuous renal replacement therapy，CRRT），能有效减少并发症的出现，减少住院时间，降低患者病死率。但 CRRT

治疗 HHS 仍是相对较新的治疗方案，还需要更多的研究以明确 CRRT 的治疗预后。

（2）慢性并发症

1）糖尿病肾病：我国 20%~40% 的糖尿病患者合并糖尿病肾病，现已成为 CKD 和终末期肾病的主要原因。糖尿病肾病的危险因素包括年龄、病程、血压、肥胖（尤其是腹型肥胖）、血脂、尿酸、环境污染物等。诊断主要依赖于尿白蛋白和 eGFR 水平，治疗强调以降糖和降压为基础的综合治疗，规律随访和适时转诊可改善糖尿病肾病预后。

治疗应首先改变不良生活方式，如合理控制体重、糖尿病饮食、戒烟及适当运动等。营养方面，推荐蛋白摄入量约 0.8g/（kg·d），过高的蛋白摄入［如 >1.3g/（kg·d）］与尿蛋白升高、肾功能下降、心血管及死亡风险增加有关，低于 0.8g/（kg·d）的蛋白摄入并不能延缓糖尿病肾病进展，已开始透析患者蛋白摄入量可适当增加。我国 2 型糖尿病伴白蛋白尿患者补充维生素 D 或激活维生素 D 受体可降低尿白蛋白肌酐比值（urine albumin creatine ratio, UACR），但能否延缓糖尿病肾病进展尚有争议。蛋白质来源应以优质动物蛋白为主，必要时可补充复方 α- 酮酸制剂。控制血糖方面，推荐所有糖尿病肾病患者进行合理的降糖治疗。有研究显示，SGLT2 抑制剂有降糖之外的肾脏保护作用，GLP-1 受体激动剂亦可能延缓糖尿病肾病进展。部分口服降糖药物需要根据肾脏损害程度相应调整剂量。肾功能不全的患者可优选从肾脏排泄较少的降糖药，严重肾功能不全患者宜采用胰岛素治疗。控制血压方面，合理的降压治疗可延缓糖尿病肾病的发生和进展，推荐 >18 岁的非妊娠糖尿病患者血压应控制在 140/90mmHg 以下。对伴有白蛋白尿的患者，血压控制在 130/80mmHg 以下可能获益更多。舒张压不宜低于 70mmHg，老年患者舒张压不宜低于 60mmHg。有研究显示双倍剂量 ACEI/ARB 类药物，可能获益更多。治疗期间应定期检查 UACR、血清肌酐、血钾水平，调整治疗方案。用药两个月内血清肌酐升高幅度 >30% 常常提示肾缺血，应停用 ACEI/ARB 类药物。临床研究显示在血清肌酐 ≤265μmol/L（3.0mg/dl）的患者应用 ACEI/ARB 类药物是安全的。血清肌酐 >265μmol/L 时应用

ACEI/ARB 类药物是否有肾脏获益尚存争议。醛固酮受体拮抗剂可降低尿蛋白、延缓 eGFR 下降，但其存在升高血钾风险，且是否有肾脏终点事件获益尚需进一步验证。

2）糖尿病视网膜病变：糖尿病视网膜病变是糖尿病最常见的微血管并发症之一，2 型糖尿病患者也是其他眼部疾病早发的高危人群，包括白内障、青光眼、视网膜血管阻塞及缺血性视神经病变等。

治疗方案主要包括：良好地控制血糖、血压和血脂可预防或延缓糖尿病视网膜病变的进展。突发失明或视网膜脱离者需立即转诊眼科；伴有任何程度的黄斑水肿，重度非增殖性糖尿病视网膜病变及增殖性糖尿病视网膜病变的糖尿病患者，应转诊到对糖尿病视网膜病变诊治有丰富经验的眼科医师。激光光凝术仍是高危增殖性糖尿病视网膜病变患者及某些严重非增殖性视网膜病变患者的主要治疗手段。玻璃体腔内注射抗血管内皮生长因子（VEGF）适用于威胁视力的糖尿病性黄斑水肿。皮质激素局部应用也可用于威胁视力的糖尿病视网膜病变和黄斑水肿。对于糖尿病性黄斑水肿，抗 VEGF 注射治疗比单纯激光治疗更具成本效益；但在增殖性糖尿病视网膜病变治疗中，抗 VEGF 治疗结果并不理想。视网膜病变不是使用阿司匹林治疗的禁忌证，阿司匹林对视网膜病变没有疗效，但也不会增加视网膜出血的风险。非诺贝特可减缓糖尿病视网膜病变进展、减少激光治疗需求。轻中度的非增殖期糖尿病视网膜病变患者在控制代谢异常和干预危险因素的基础上，可进行内科辅助治疗和随访，但循证医学证据尚不多，目前常用的辅助治疗包括抗氧化、改善微循环类药物，如羟苯磺酸钙；活血化瘀类中成药复方丹参、芪明颗粒和血栓通胶囊等也有糖尿病视网膜病变辅助治疗的相关报道。

3. 围手术期糖尿病管理 糖尿病患者因其他原因需要进行手术治疗时应给予特别的关注。因为糖尿病患者常合并大血管和微血管并发症，增加围手术期感染的风险及术后的心血管并发症发病率和死亡率，需要外科医师、糖尿病专科医师及麻醉医师之间良好的沟通与协作。

术前准备：择期手术，应对血糖控制以及可能影响手术预后的糖尿病并发症进行全面

评估。对多数住院患者推荐血糖控制目标为 7.8~10.0mmol/L,对少数患者如低血糖风险低、拟行心脏手术者及其他精细手术者可建议更为严格的血糖控制目标 6.1~7.8mmol/L,而对重症及低血糖风险高危患者可制订个体化血糖控制目标。对于口服降糖药血糖控制不佳及接受大、中手术的患者,应及时改为胰岛素治疗。急诊手术,无需在术前严格设定血糖控制目标,应尽快做术前准备,并同时给予胰岛素治疗。

术中处理:对于仅需单纯饮食治疗或小剂量口服降糖药即可使血糖控制达标的 2 型糖尿病患者,在接受小手术时,术中不需要使用胰岛素。大中型手术术中需静脉应用胰岛素,并加强血糖监测,血糖控制的目标为 7.8~10.0mmol/L。术中可输注 5% 葡萄糖液,100~125ml/h,以防止低血糖。

术后处理:患者恢复正常饮食以前仍予胰岛素静脉滴注,恢复正常饮食后可予胰岛素皮下注射。对不能进食的患者可仅给予基础胰岛素,可正常进餐者推荐予基础胰岛素联合餐时胰岛素的治疗方案。对于术后需要重症监护或机械通气的患者,如血浆葡萄糖 >10.0mmol/L,通过持续静脉胰岛素滴注将血糖控制在 7.8~10.0mmol/L 范围内比较安全。中、小手术后一般的血糖控制目标为空腹血糖 <7.8mmol/L,随机血糖 <10.0mmol/L。在既往血糖控制良好的患者可考虑更严格的血糖控制,同样应注意防止低血糖的发生。

4. 危重症糖尿病患者血糖的管理 控制血糖可使危重患者获益,但强化降糖并未明显降低死亡率,甚至部分研究显示增加死亡风险,因此对多数危重症糖尿病患者推荐血糖控制目标为 7.8~10.0mmol/L,对低血糖易感者可以根据患者的临床状态及合并症状况给予个体化血糖控制目标。对于危重症糖尿病患者强烈建议给予静脉胰岛素输注治疗,胰岛素剂量应依据每小时血糖监测结果进行调整,并应避免发生严重低血糖。

5. 妊娠合并糖尿病管理 妊娠合并糖尿病包括孕前糖尿病(pre-gestational diabetes mellitus,PGDM)、妊娠期糖尿病(gestational diabetes mellitus,GDM)和妊娠期显性糖尿病。PGDM 指孕前确诊的 1 型、2 型或特殊类型糖尿病。GDM 指妊娠期间发生的不同程度的糖代谢异常,但未达到显性

糖尿病的水平,占孕期糖尿病的 80%~90%。妊娠期显性糖尿病,指孕期任何时间被发现且达到非孕人群糖尿病诊断标准。

PGDM 血糖控制的目标是在不出现低血糖的前提下,空腹和餐后血糖尽可能接近正常,建议 $HbA_{1c}<6.5\%$ 时妊娠。应用胰岛素治疗者可 $HbA_{1c}<7.0\%$,餐前血糖控制在 3.9~6.5mmol/L,餐后血糖在 8.5mmol/L 以下。孕前对二甲双胍无法控制的高血糖及时加用或改用胰岛素控制血糖,停用二甲双胍以外的其他类别口服降糖药。

妊娠合并糖尿病管理包括合理饮食与运动,规律血糖、血压监测以及体重管理。大多数 GDM 孕妇通过生活方式的干预即可使血糖达标。不能达标的孕妇应首先推荐应用胰岛素控制血糖。可用胰岛素包括所有人胰岛素(短效、NPH 及预混人胰岛素),还有门冬胰岛素和赖脯胰岛素等胰岛素类似物。孕期空腹及餐后血糖均升高,推荐三餐前短效 / 速效胰岛素 + 睡前中效胰岛素。由于孕期胎盘胰岛素抵抗导致的餐后血糖升高更为显著的特点,预混胰岛素应用存在局限性,不作为常规推荐。妊娠中、晚期对胰岛素需要量有不同程度的增加;妊娠 32~36 周胰岛素需要量达高峰,妊娠 36 周后稍下降,应根据个体血糖监测结果,不断调整胰岛素用量。目前口服降糖药物二甲双胍和格列本脲在孕妇中应用的安全性和有效性不断被证实,但我国尚缺乏注册适应证,但考虑对于胰岛素用量较大或拒绝应用胰岛素的孕妇,应用上述口服降糖药物的潜在风险远远小于未控制的妊娠期高血糖本身对胎儿的危害。因此在知情同意的基础上,部分孕妇可慎用。孕期血糖目标为空腹血糖 <5.3mmol/L、餐后 1h 血糖 <7.8mmol/L;餐后 2h 血糖 <6.7mmol/L,同时必须避免低血糖,孕期血糖 <4.0mmol/L 为血糖偏低,需调整治疗方案,血糖 <3.0mmol/L 必须给予即刻处理。

6. 2 型糖尿病患者的心脑血管疾病的防治 糖尿病是心脑血管疾病的独立危险因素。严格的血糖控制对减少 2 型糖尿病患者发生心脑血管疾病及其死亡风险作用有限,但对多重危险因素的综合控制可显著改善糖尿病患者心脑血管病变和死亡发生的风险。因此,对糖尿病大血管病变的预防,需要全面评估和控制心血管疾病风险因素(高血糖、高血压和血脂紊乱),并进行适当的抗血

小板治疗。

心血管病变风险因素的控制包括降压治疗、调脂治疗和抗血小板治疗。降压治疗方面，一般糖尿病合并高血压患者的降压目标应低于130/80mmHg；老年或伴严重冠心病的糖尿病患者，可采取相对宽松的降压目标值；糖尿病患者的血压水平如果超过120/80mmHg即应开始生活方式干预以预防高血压的发生；糖尿病患者的血压≥140/90mmHg者可考虑开始药物降压治疗；血压≥160/100mmHg或高于目标值20/10mmHg时应立即开始降压药物治疗，并可以采取联合治疗方案。五类降压药物（血管紧张素转换酶抑制剂、血管紧张素Ⅱ受体拮抗剂、利尿药、钙通道阻滞药、β受体拮抗药）均可用于糖尿病患者，前两类为糖尿病降压治疗药物中的核心用药。调脂治疗方面，推荐降低 LDL-C 作为首要目标，依据患者动脉粥样硬化性心血管疾病（ASCVD）危险高低，推荐将 LDL-C 降至目标值，即极高危 <1.8mmol/L，高危 <2.6mmol/L；临床首选他汀类调脂药物，起始宜应用中等强度他汀，根据个体调脂疗效和耐受情况，适当调整剂量，若胆固醇水平不能达标，需与其他调脂药物联合使用；如果 LDL-C 基线值较高，现有调脂药物标准治疗 3 个月后，难以使 LDL-C 降至所需目标值，则可考虑将 LDL-C 至少降低 50% 作为替代目标；如果空腹 TG ≥5.7mmol/L，为了预防急性胰腺炎，首先使用降低 TG 的药物。抗血小板治疗方面，糖尿病合并 ASCVD 者需要应用阿司匹林（75~150mg/d）作为二级预防，阿司匹林过敏者，可应用氯吡格雷（75mg/d）作为二级预防。

（五）药物治疗展望

随着对糖尿病病因及发病机制的深入研究，新型降糖药物不断得到开发应用。目前研发上市的新型药物如 GLP-1 受体激动剂、DPP-4 抑制剂、SGLT2 抑制剂及新型胰岛素制剂等已开始逐渐应用于临床，同时开发新靶点、不良反应少和保护胰岛 β 细胞功能的新型药物仍是当前热点。目前正研发的新靶点的降糖药包括胰淀粉样多肽类似物、羟基类固醇脱氢酶 1（11β-HSD-1）抑制剂、β₃ 受体（β₃-AR）激动剂、G 蛋白耦联受体119（GRP119）和蛋白酪氨酸磷酸酶 B（PTP-1B）抑制剂等。新型胰岛素研发以超速效、超长效胰岛素和制剂创新、复方制剂、口服给药途径创新为主。

二、痛风

痛风（gout）是嘌呤代谢障碍所致的异质性慢性代谢性疾病，表现为高尿酸血症、反复发作的痛风性急性关节炎、间质性肾炎及痛风石形成，严重者伴关节畸形或尿酸性结石。可分为原发性或继发性，其中原发性痛风占绝大多数。

（一）临床表现与诊断

高尿酸患者突发手、足等单关节红、肿、热、痛，应考虑痛风可能，长期反复发作可累及大关节，伴有痛风石形成。痛风的自然病程可分为四期：无症状高尿酸血症期、急性期、间歇期、慢性期。

1. 临床表现

（1）急性痛风性关节炎：多数患者发作前无明显征兆，典型发作常于深夜关节痛而惊醒，疼痛进行性加剧，12h 左右达高峰。受累关节及周围组织红、肿、热、痛和功能受限。多于数天或 2 周内自行缓解。首次发作常发生在第一跖趾关节，其次为足背、足跟、踝、膝、腕和肘等关节。部分患者可有发热、寒战、头痛、心悸和恶心等全身症状，可伴白细胞计数升高、红细胞沉降率增快和 C- 反应蛋白增高等。

（2）间歇发作期：痛风发作持续数天至数周后可自行缓解，进入无症状的间歇期，多数患者 1 年内复发，出现发作频繁、受累关节增多、发作持续时间延长。受累关节一般从下肢向上肢、从远端小关节向大关节发展，少数患者可累及肩、髋、骶髂、胸锁或脊椎关节，也可累及关节周围滑囊、肌腱和腱鞘等部位，症状趋于不典型。

（3）慢性痛风石病变期：皮下痛风石和慢性痛风石性关节炎是长期显著的高尿酸血症，尿酸盐晶体沉积于皮下、关节滑膜、软骨、骨质及关节周围软组织的结果。皮下痛风石典型部位是耳郭，也常见于反复发作的关节周围。外观为皮下隆起的大小不一的黄白色赘生物，破溃后排出白色粉状或糊状物，经久不愈。关节内大量沉积的痛风石可造成关节骨质破坏、关节周围组织纤维化和继发退行性改变等。临床表现为持续关节肿痛、压痛、畸形及功能障碍。慢性期症状相对缓和,但也可有急性发作。

（4）肾脏病变:①肾脏改变,尿酸盐晶体沉积于肾间质,导致慢性肾小管-间质性肾炎。表现为尿浓缩功能下降,出现夜尿增多、低比重尿、小分子蛋白尿、白细胞尿、轻度血尿及管型尿等。晚期可致肾小球滤过功能下降,出现肾功能不全。②泌尿系结石,尿酸在泌尿系统形成结石发生率在20%以上,可出现于痛风关节炎发生之前。结石较小者呈沙砾状随尿排出,可无症状;较大者可阻塞尿路,引起肾绞痛、血尿、排尿困难、泌尿系感染、肾盂扩张和积水等。③急性尿酸性肾病,血及尿中尿酸水平急骤升高,大量尿酸结晶沉积于肾小管、集合管等处,造成急性尿路梗阻。表现为少尿、无尿,急性肾功能衰竭;尿中可见大量尿酸晶体。多由恶性肿瘤放化疗等继发因素所致。

2. 相关检查

（1）关节液检查:在痛风急性期,取关节滑囊液在偏振光显微镜下可见双折光的针形尿酸钠晶体。

（2）关节B超检查:关节腔内可见典型的"暴雪征"和"双轨征"。关节内点状强回声及强回声团伴声影是痛风石常见表现。

（3）影像学:CT能特异性区分组织与关节周围尿酸盐结晶。MR的T_1和T_2影像中呈低至中等密度的块状阴影。X线:痛风在早期急性关节炎时可见软组织肿胀,反复发作后可出现关节软骨缘破坏、关节面不规则、关节间隙狭窄;痛风石沉积者可见骨质呈凿孔样缺损,边缘锐利,缺损呈半圆形或连续弧形,骨质边缘可有骨质增生反应。

3. 诊断 根据诱因、家族史、泌尿道尿酸结石史及典型的关节炎表现等,应考虑为痛风。以下检查可确定诊断,并以前三项最为重要:①血尿酸增高,但少数患者在急性痛风发作时可正常。②关节腔滑囊液旋光显微镜检查可发现白细胞内有双折光的针形尿酸盐结晶。③痛风石活检或穿刺检查可证实为尿酸盐结晶。④X线检查可见,在受累关节骨软骨缘有圆形或不整齐穿凿样透亮缺损(尿酸盐侵蚀骨质所致)。⑤CT扫描见灰度不等的斑点状痛风石影像,或在MR的T_1和T_2影像中呈低至中等密度的块状阴影。两项检查联合进行可对多数关节内痛风石做出准确的诊断。急性关节炎期诊断有困难者,可用秋水仙碱作诊断性治疗。如为痛风,服秋水仙碱后症状迅速缓解,具有特征性诊断意义。

4. 鉴别诊断 本病急性关节炎期需与风湿性关节炎、类风湿关节炎急性期、化脓性关节炎、创伤性关节炎等鉴别。慢性关节炎期需与类风湿关节炎及假性痛风等鉴别。

（二）一般治疗原则

1. 患者教育 应教育痛风患者知晓痛风是一种慢性、全身性疾病,可导致多个靶器官的损伤,应定期监测靶器官损害并及时处理相关合并症。血尿酸水平升高是痛风及其相关合并症发生、发展的根本原因,血尿酸长期达标可明显减少痛风发作频率、预防痛风石形成、防止骨破坏、降低死亡风险及改善患者生活质量,是预防痛风及其相关合并症的关键。需要终生将血尿酸水平控制在目标范围240~420μmol/L,为此可能需要长期服用降尿酸药物,加强饮食和生活管理。

2. 饮食管理 均衡饮食,限制每日总热量摄入,控制饮食中嘌呤含量,以低嘌呤饮食为主,如蔬菜、水果、蛋及奶类。大量饮水可缩短痛风发作的持续时间,减轻症状,每日饮水量2 000~3 000ml,维持尿量。避免饮用果汁、碳酸饮料、奶茶等含果糖饮料。痛风或高尿酸血症患者应限制酒精摄入。

3. 生活管理 肥胖增加痛风患者发生风险,建议痛风患者将体重控制在正常范围(BMI 18.5~23.9kg/m²)。规律运动可降低痛风发作次数,建议每周至少进行5次中等强度运动,每次30min,避免剧烈运动或突然受凉诱发痛风发作。吸烟会增加痛风的发病风险,应当戒烟、避免被动吸烟。

（三）基本治疗药物及治疗方案

痛风是一种古老的疾病,公元前1 500年古埃及已经开始使用红花属含秋水仙碱类的草药来治疗痛风。现代痛风治疗起源于19世纪,巴林·加罗德通过低嘌呤饮食来控制痛风患者的高尿酸血症,人们开始口服水杨酸盐止痛,后续NSAIDs、秋水仙碱及糖皮质激素成为痛风急性发作治疗的重要药物。19世纪40年代,欧洲的科学家发现别嘌醇能够明显降低痛风患者的血尿酸水平,随后广泛用于痛风和高尿酸血症的治疗,并取得了明显疗效。苯溴马隆自1965年研制后,在促尿酸排泄治疗痛风领域有了新的突破。2009年黄嘌呤氧化酶抑制剂非布司他在美国上市,给痛风患者的治疗带来了新的选择,但该药物可导致患者心血管死亡风险显著增加,2019年FDA对此发出了警告,建议限制该药物仅用于别嘌醇不耐受患者。今后随着对痛风发病机制认识的加深,新的治疗方案将逐步发展起来。

1. 痛风急性发作治疗药物

（1）NSAIDs

1）布洛芬:口服常释剂型常用剂量0.2~0.4g/次,可间隔4~6小时重复用药,24小时不超过4次,作为非处方药最大剂量为1.2g/d,医师指导下最大剂量可用至3.2g/d。

2）吲哚美辛:口服常释剂型常用剂量25~50mg/次,3次/d,最大剂量为200mg/d。

3）双氯芬酸钠:缓释制剂75~100mg/次,最大剂量为150mg/d,分2次服用;肠溶制剂75~150mg/d,分2~3次服用。

4）依托考昔:60~120mg/d,分1~2次服用。

5）塞来昔布:首剂400mg,必要时可再服200mg,随后根据疼痛缓解程度,可200mg/次,1~2次/d。

（2）秋水仙碱:建议使用低剂量秋水仙碱治疗痛风急性发作,即痛风关节炎急性发作12h内给予负荷剂量1.0~1.2mg,1h后再次给予0.5~0.6mg。相比于传统的高剂量方案,低剂量方案可以有效缓解痛风性关节炎,减少不良反应特别是胃肠道反应的发生。

（3）糖皮质激素:每日糖皮质激素剂量相当于泼尼松30~35mg,3~5日,疼痛缓解后应逐渐减量后停药。

2. 降尿酸治疗药物

（1）抑制尿酸合成的药物

1）别嘌醇:常释剂型,起始剂量50mg/次,1~2次/d,每周可递增50~100mg,常用量200~300mg/d,分2~3次服用,每2周检测血尿酸水平,如已达标则不再增加剂量,最大量为600mg/d。缓释剂型,250~300mg/次,1次/d,建议常释剂型滴定,稳定后再转换为缓释剂型。

2）非布司他:起始剂量40mg/次,1次/d,2周后血尿酸仍高于360μmol/L,可增加至80mg/次,1次/d。

（2）促进尿酸排泄的药物

1）丙磺舒:0.25g/次,2次/d,1周后根据血尿酸监测结果可增加至0.5g/次,2次/d,每日最大剂量2g/d。

2）苯溴马隆:起始剂量50mg/次,1次/d,早餐后服用,服药2周后监测血尿酸,可调整至100mg/d,顿服。

（3）碱化尿液药物:当尿pH6.0以下时需碱化尿液,常用药物碳酸氢钠,通常0.5~1.0g/次,3次/d。

（四）临床问题导向的药物治疗

1. 痛风药物治疗原则　痛风的药物治疗包括痛风急性发作期的快速缓解炎症疼痛的治疗,以及长期的降尿酸治疗,从而使组织中尿酸单钠盐结晶溶解,防止痛风发作。降尿酸治疗早期为防止组织尿酸水平波动所致的痛风发作,还需要抑制炎症的预防治疗。

2. 痛风急性发作期的药物治疗　痛风急性发作期治疗目的是迅速控制关节炎症状缓解疼痛,尽早启动药物治疗,一般应在24h内,越早治疗效果越佳。NSAIDs和秋水仙碱是一线治疗药物,上述药物有禁忌、严重肾功能不全或者效果不佳时可选择糖皮质激素。急性发作累及1~2个大关节,或系统治疗疗效不佳患者,可考虑关节内注射短效糖皮质激素,但避免短期内重复使用。选择药物时需考虑患者的并发症、基础情况、肝肾功能及潜在的药物相互作用。

对于严重的痛风急性发作、≥3个大关节受累或痛风所致多个关节炎发作的患者可药物联合治疗。联合方案包括:秋水仙碱联合足量的NSAIDs,秋水仙碱联合口服糖皮质激素,关节腔内注射糖皮质激素与其他系统用药联合。对于初始单药治疗反应不佳的患者,也可联合药物治疗。不建议NSAIDs与糖皮质激素联合使用,此方案有增加胃肠道不良反应的风险。

3. 降尿酸的药物治疗　确诊为痛风、已经存在痛风石、痛风发作较为频繁(每年发作>2次)、高尿酸同时伴有2期以上慢性肾功能不全或已有尿酸性泌尿系结石的患者启动降尿酸治疗,不建议无症状的高尿酸血症患者进行降尿酸药物治疗。对于大多数患者,应将血清尿酸水平降至360μmol/L以下并长期维持,可以促进尿酸单钠盐结晶的溶解,减少痛风发作。对于病情严重或者已经有痛风石形成的患者,应将血清尿酸水平降至 300μmol/L 以下并长期维持,有助于痛风石的溶解。不推荐将血尿酸长期控制在 <180μmol/L。

以前认为降尿酸治疗应该在痛风急性发作 2 周后启动,但在给予足量的抗炎及镇痛治疗情况下,痛风发作时启动降尿酸治疗不会延长或加重急性期的炎症反应。因此,在痛风急性发作时可启动降尿酸治疗,并且给予适宜的急性期炎症治疗。

不论是黄嘌呤氧化酶抑制剂还是促尿酸排泄剂,所有的降尿酸药物均应以最小剂量开始使用,根据监测血尿酸水平,逐步滴定到最大适宜剂量。肾功能正常者,首选别嘌醇,非布司他可作为别嘌醇无法耐受、禁忌或滴定后仍疗效不佳的替代方案。苯溴马隆和丙磺舒可作为二线药物或与黄嘌呤氧化酶抑制剂联用。降尿酸治疗滴定阶段,应每 2~5 周检测血尿酸水平,调整药物治疗方案,至达到治疗目标,维持治疗阶段至少每 6 个月监测 1 次血尿酸水平。肾功能不全者,应先评估肾功能,别嘌醇的最大剂量需要根据肌酐清除率水平调整,从小剂量开始滴定。非布司他轻中度肾功能不全无需调整剂量,重度肾功能不全(CKD 4~5 期)谨慎使用。苯溴马隆可用于轻中度肾功能不全,建议剂量为 50mg/d,肾小球滤过率低于 20ml/(min·1.73m²)时禁用。肾小球滤过率小于 50ml/(min·1.73m²)时不宜使用丙磺舒。

降尿酸治疗初期,由于组织与血中尿酸水平的波动可能会诱导痛风发作,因此可在降尿酸治疗的初期 6 个月预防性给予抗炎治疗,首选秋水仙碱,0.5~0.6mg/ 次,1~2 次 /d,肾功能不全时需要调整剂量。低剂量的 NSAIDs 或低剂量的糖皮质激素(≤10mg 的泼尼松等效剂量)可以作为二、三线选择。

4. 别嘌醇注意事项　启动别嘌醇治疗前需要了解患者的别嘌醇过敏史;进行 *HLA-B*5801* 等位基因检测,阳性者不得使用别嘌醇;评估肾功能,根据肌酐清除率调整别嘌醇最大剂量;避免合用增加别嘌醇超敏反应综合征风险的药物,如呋塞米;从每日 50mg 起用,根据血尿酸水平小心滴定。

5. 升高血尿酸的药物　痛风或高尿酸血症患者常合并有高血压、冠心病、糖尿病、高脂血症、慢性肾脏病等疾病,需要其他治疗药物,常见的能够引起血尿酸升高增加痛风风险的药物包括:噻嗪类利尿药如氢氯噻嗪,袢利尿药如呋塞米,钙调磷酸酶抑制剂如环孢素、他克莫司、烟酸、血管紧张素转换酶抑制剂,除氯沙坦外的血管紧张素 II 受体拮抗剂、β 受体拮抗药、吡嗪酰胺、乙胺丁醇、阿司匹林(<2g/d)、左旋多巴、果糖、甲氧氟烷、细胞毒药物等。

6. 痛风治疗药物的相互作用　①秋水仙碱:避免与 P-gp 或 CYP3A4 抑制剂同时使用;与羟甲基戊二酰辅酶 A 还原酶抑制剂和贝特类降脂药合用时,增加肌病和横纹肌溶解风险。② NSAIDs:增加地高辛浓度,减弱利尿药、β 受体拮抗药、血管紧张素转换酶抑制剂及血管紧张素 II 受体拮抗剂的降血压作用。③泼尼松:与 NSAIDs 药合用可增加消化道溃疡及出血风险。④别嘌醇和非布司他:升高硫唑嘌呤及 6- 巯嘌呤的浓度,增加骨髓抑制风险。⑤苯溴马隆:与华法林合用增加出血风险。⑥丙磺舒:增加青霉素类、头孢菌素类、呋喃妥因、磺脲类降血糖药、磺胺类药、保泰松、吲哚美辛、氨苯砜、萘普生、甲氨蝶呤等药物的血药浓度。

7. 高尿酸血症与肾脏疾病　高尿酸血症是慢性肾病的高危因素,尿酸钠结晶沉积在肾间质组织,引起炎症反应、间质纤维化等病理改变。已经出现肾功能损害(CKD 2 期以上)、尿酸性肾结石、血尿酸 >480μmol/L,需降尿酸治疗,血尿酸目标值 <360μmol/L。急性尿酸性肾病是高尿酸血症导致过量尿酸沉积并阻塞肾小管引起的急性肾损伤,常见于肿瘤溶解综合征。严格低嘌呤饮食,无禁忌证情况下每日液体摄入量约 3 000ml,保持尿量。血尿酸 <480μmol/L、肾功能无严重受损、低中度肿瘤溶解综合征发生风险者可给予别嘌醇治疗。血尿酸水平已经升高者建议选用尿酸氧化酶治疗,必要时进行血液透析。

8. 高尿酸血症与代谢综合征　代谢综合征是指人体的蛋白质、脂肪、碳水化合物等物质发生代谢紊乱的病理状态,是一组复杂的代谢紊乱症候群,包括肥胖、高血糖、高血压、血脂异常、高尿酸、脂肪肝和高胰岛素血症。这些代谢紊乱是心、脑血管病变以及糖尿病的病理基础。①肥胖:腹型肥胖与高尿酸血症关系密切。减轻体重特别是减小腹围是非药物降低尿酸水平的有效方法之一。②高血压：高尿酸血症是高血压的独立危险因素，优先考虑利尿药以外的降压药物，氨氯地平和氯沙坦钾具有促尿酸排泄的作用。③高血糖：高尿酸血症既是 2 型糖尿病的高危因素，也是诱发 2 型糖尿病的独立危险因素，因此对于合并糖尿病或者高危患者应严格控制血尿酸。糖代谢异常合并血尿酸 >480μmol/L 立即开始药物治疗。磺脲类药物可促进尿酸的排出，噻唑烷二酮类药物可能通过减轻胰岛素抵抗而降低血尿酸水平，阿卡波糖可通过减轻因蔗糖分解而导致的血尿酸水平的升高。④血脂紊乱：高甘油三酯血症是发生高尿酸血症的独立预测因素。合并高胆固醇血症或动脉粥样硬化者，优先考虑阿托伐他汀，合并高甘油三酯血症患者，优先考虑非诺贝特，上述两种药物均具有促尿酸排泄作用。

9. 高尿酸血症与心血管疾病　高尿酸血症是心血管疾病的独立危险因素。合并高血压、冠心病、心力衰竭患者，血尿酸 >480μmol/L，应开始药物治疗。NSAIDs 可增加心衰恶化与心衰住院风险，在急、慢性心衰患者中应尽量避免使用。非布司他显著增加心血管死亡风险，宜用于别嘌醇治疗失败或不耐受者。①高尿酸血症与高血压：血尿酸水平每增加 60μmol/L，高血压发生风险增加 15%~23%。降压药物的选择见高尿酸血症与代谢综合征部分。②高尿酸血症与冠心病：血尿酸水平每升高 60μmol/L，女性心血管疾病病死率和缺血性心脏病病死率增加 26% 和 30%，男性增加 9% 和 17%。阿司匹林（<2g/d）能抑制肾小管对尿酸的排泄，引起血尿酸水平升高。阿托伐他汀具有较弱的降尿酸作用可优先使用。③高尿酸血症与心衰：血尿酸水平增高与慢性心衰严重程度相关，急性失代偿性心衰患者使用袢利尿药或合并慢性肾衰竭都可能引起血尿酸升高。长期使用噻嗪类利尿药降低肾脏尿酸清除率，可诱发或加重高尿酸血症。对于合并心衰患者，首选非噻嗪类利尿药，同时摄取适量的水分并碱化尿液。呋塞米可能增加别嘌醇发生超敏反应的风险，尽量避免二者同时使用。

（五）药物治疗展望

随着病理生理学、分子生物学等基础研究

的深入，各种新颖的治疗方法不断涌现。研究发现白介素 -1（interleukin-1，IL-1）是痛风炎症期重要促炎因子，对于难治性或频繁复发的痛风性急性关节炎，IL-1 抗体卡那单抗或利纳西普，可阻断 IL-1 与受体结合，显著缓解炎症反应。IL-1 受体下游激酶（IL-1 receptor-associated kinase-4，IRAK-4），巨噬细胞 NLRP3（NACHT，leucine-rich repeat，and pyrin domain-containing protein-3）炎症小体在 IL-1 诱导的炎症反应中起到重要作用，可以作为新型药物的作用靶点。培戈洛酶是一种重组尿酸氧化酶，将尿酸代谢为水溶性更好的尿囊素，能显著降低严重痛风患者的血尿酸并减少痛风石，可作为难治性高尿酸血症的治疗方案。越来越多的新型抗炎药或降尿酸药在研或已上市，医师应根据患者的痛风表现、关节功能、心血管和肝肾功能状态，以及经济的可及性，选择合适药物，监测疗效及安全风险。

三、骨质疏松症

骨质疏松症（osteoporosis，OP）以骨量低下，骨组织微结构破坏为特征的全身性骨病，患者骨脆性增加，易骨折。目前全球骨质疏松人数超过 2 亿人，其发病率逐年升高，多发于老年人和绝经后的妇女。骨质疏松症患者骨折的危险性大为增加，即使是轻微的创伤或无外伤的情况下也容易发生骨折，尤其是髋部骨折严重影响老年的生活质量及生命安全。

骨质疏松症可分为原发性骨质疏松症、继发性骨质疏松症和特发性骨质疏松症。原发性骨质疏松症分为Ⅰ型和Ⅱ型。Ⅰ型骨质疏松症（女性绝经后骨质疏松症）多发于 50~70 岁女性；Ⅱ型骨质疏松症（老年性骨质疏松症）多发于 70 岁以上人群，男、女发病率相近。继发性骨质疏松症多由内分泌系统疾病、骨骼系统疾病、药物原因等引起。特发性骨质疏松症主要发生在青少年，病因不明。骨质疏松症的风险因素有：高龄、绝经后女性、低体重、少动、膳食中钙和 / 或维生素 D 缺乏、烟、酒、碳酸饮料、咖啡、药物因素（抗癫痫药、糖皮质激素、肝素、质子泵抑制剂等）。

（一）临床表现与诊断

1. 临床表现　原发性骨质疏松初期可无症状，有时在骨密度测量或 X 线检查时被发现。但随着病情进展,骨量不断丢失,骨微结构破坏,患者常表现为胸、背、腰、膝等部位的疼痛。初期表现为开始活动时出现腰背痛,此后逐渐发展为持续性疼痛,负荷增加时疼痛加剧,严重时患者起坐、翻身及行走困难;可出现脊柱变形,因为骨质疏松可引起骨强度减弱,易出现椎体缩短、变形,身体姿势出现驼背等。脊椎椎体内部骨小梁萎缩、疏松而脆弱的椎体受压,可导致椎体缩短、身长缩短和驼背。

可发生病理性骨折,骨质疏松性骨折属于脆性骨折,特点为日常活动或轻微外力时发生的骨折,骨折部位相对比较固定,常见胸椎、腰椎压缩性骨折,髋部、桡骨与尺骨远端、肱骨近端易发生骨折。骨质疏松性骨折发生后,再骨折的风险显著增加。骨折后患者需长期卧床,不仅会引起肌肉萎缩和失用性骨质疏松,而且下肢静脉血栓、褥疮、肺炎及泌尿系感染发生率增加。

2. 诊断 骨质疏松症的诊断基于全面的病史采集、体格检查、骨密度测定、影像学检查及必要的生化测定。临床上诊断原发性骨质疏松症应包括两方面:确定是否为骨质疏松症和排除继发性骨质疏松症。

详细的病史和查体是临床诊断的基本依据,以下情况为重要的诊断线索,包括绝经后或双侧卵巢切除后女性、不明原因的慢性腰背疼痛、身材变矮或脊椎畸形、脆性骨折史或脆性骨折家族史、存在多种骨质疏松症危险因素,如高龄、吸烟、低体重、制动、长期卧床、服用糖皮质激素等,出现上述情况均需要考虑本症可能。

骨质疏松症确诊有赖于骨密度(bone mineral density,BMD)测定或 X 线检查,并确定是低骨量[低于同性别 PBM 的 1 个标准差(SD)以上但小于 2.5SD]、OP(低于 PBM 的 2.5SD 以上)或严重 OP(OP 伴一处或多处骨折)。OP 性骨折的诊断主要根据年龄、外伤骨折史、临床表现以及影像学检查确立。

骨扫描是通过核医学放射性核素检测全身性骨骼组织的代谢,老年性的骨质疏松可以检出骨的代谢活跃,使骨扫描显示异常。正、侧位 X 线片(必要时可加特殊位置片)确定骨折的部位、类型、移位方向和程度;CT 和 MRI 对椎体骨折和微细骨折有较大诊断价值;CT 三维成像能清晰显示关节内或关节周围骨折;MRI 对鉴别新鲜和陈旧性椎体骨折有较大意义。骨代谢转换率评价一般根据骨代谢生化指标测定结果来判断骨转换状况,骨代谢生化指标分为骨形成指标和骨吸收指标两类,前者主要有血清骨源性碱性磷酸酶、骨钙素和 1 型胶原羧基前肽等;后者包括尿钙/尿肌酐比值、吡啶啉、脱氧吡啶啉和血抗酒石酸酸性磷酸酶等。

3. 鉴别诊断 骨质疏松症需与血液系统疾病、原发性或转移性肿瘤、结缔组织病、其他继发性骨质疏松症等疾病相鉴别。

(二)一般治疗原则

骨质疏松症的防治应贯穿于生命全过程,其主要防治目标包括改善骨骼生长发育,促进成年期达到理想的峰值骨量;维持骨量和骨质量,预防增龄性骨丢失;避免跌倒和骨折。骨质疏松症初级预防指尚无骨质疏松但具有危险因素者,应防止或延缓其发展为骨质疏松症并避免发生第一次骨折;骨质疏松症二级预防和治疗指已有骨质疏松症或已经发生过脆性骨折,防治目的是避免发生骨折或再次骨折。骨质疏松症的防治措施主要包括基础措施、药物干预和康复治疗。

在基础措施中,生活方式的调整非常重要,如摄入低盐、富含钙和适量蛋白质的均衡膳食,需要时适当补充钙和维生素 D,适当日照及户外活动,进行有助于骨健康的体育锻炼和康复治疗,避免嗜烟、酗酒、过量饮用咖啡及碳酸饮料,并慎用影响骨代谢的药物,采取防止跌倒的各种措施,注意是否有增加跌倒危险的疾病和药物,加强自身保护措施等。

老年性骨质疏松可选用具有骨形成促进作用的药物。绝经后骨质疏松的发生取决于骨峰值及骨丢失率这两个因素,除遗传因素外,青春期坚持户外运动,摄入足量的钙,避免大量吸烟、饮酒及浓咖啡等有利于提高骨峰值,补充性激素、应用骨吸收抑制剂则可减少骨丢失率。骨质疏松是慢性疾病,药物治疗一般 3~5 年(至少 1 年),治疗的最终目标是降低骨折发生风险,因而要求患者定期随访,建议每 3~6 个月检测 1 次骨转换指标(骨形成标志物和骨吸收标志物),每年检测 1 次骨密度。

（三）基本治疗药物及治疗方案

骨质疏松症的防治措施主要包括基础措施、药物干预和康复治疗，其中药物治疗是骨质疏松症重要组成部分。自 20 世纪 20~30 年代以来，钙、维生素 D 及活性维生素 D 在骨质疏松治疗基础作用引起人们关注，目前成为防治骨质疏松症的常规治疗手段。20 世纪 40 年代 Albright 等提出骨质疏松发病与雌激素水平降低有着密切的关系，称之为绝经后骨质疏松，为绝经后骨质疏松病因、发病机制及治疗的研究开辟了新的航程。随着研究深入，采用雌激素预防绝经后骨质疏松症应进行利弊的全面评估，主要用于绝经妇女预防骨质疏松症，不主张长期使用。1962 年以来降钙素的发现是骨质疏松症另一个重要的里程碑，可使多数骨质疏松症患者钙平衡得到改善，骨沉积率增加骨吸收率下降，起到非常好的治疗效果。20 世纪 70~80 年代，随着对骨质疏松症发病机制的研究深入，雌激素受体调节剂雷洛昔芬可作用于破骨细胞上的雌激素受体，有抑制骨吸收的作用，甲状旁腺素类似物如人工合成的特立帕肽可以促进骨形成、增加骨量，改善骨的生物力学性能。1977 年正式上市了双膦酸盐依替膦酸钠，用于治疗骨质疏松症、恶性肿瘤高钙血症和佩吉特病（Paget disease）。随着应用范围的扩大和更深入的临床观察，药物的作用强度更高、使用剂量更小、疗效更持久、不良反应更低，陆续在临床开始应用，从第一代的依替膦酸钠、氯屈膦酸钠到第二代的帕米膦酸二钠、阿仑膦酸钠及第三代的伊班膦酸钠。近 10 年来合成锶盐雷奈酸锶和 RANKL 抑制剂迪诺塞麦开始应用于临床取得较好的效果。

骨质疏松的治疗一般采用联合方案，治疗骨质疏松的药物主要有：①骨健康基本补充剂：钙剂（如葡萄糖酸钙等）、维生素 D 及类似物（如骨化三醇等）。②骨吸收抑制剂：双膦酸盐类（如阿仑膦酸等）、雌激素（如替勃龙等）、雌激素受体调节剂（如雷洛昔芬等）、降钙素（如鲑鱼降钙素等）。③骨形成促进剂：氟化物（如氟化钠等）、雄激素类（苯丙酸诺龙）、甲状腺激素类似物（如特立帕肽）。

1. 骨健康基本补充剂

（1）钙剂：我国成人每日钙推荐摄入量为 800mg（元素钙），50 岁及以上人群每日钙推荐摄入量为 1 000~1 200mg。当饮食中钙摄入不足时，可给予钙剂补充。营养调查显示我国居民每日膳食约摄入元素钙 400mg，故尚需每日补充元素钙 500~600mg。不同种类钙剂中的元素钙含量不同，其中碳酸钙含钙量高，吸收率高，易溶于胃酸，常见不良反应为上腹不适和便秘等。碳酸钙 - 维生素 D_3 600mg（以元素钙计）每日 1~3 次，碳酸钙 600mg（以元素钙计）每日 1~3 次，葡萄糖酸钙口服 1.5g，每日 3 次。

（2）维生素 D 及类似物：同时补充钙剂和维生素 D 可降低骨质疏松性骨折风险。每日推荐维生素 D 摄入量：成年人为 400U（10μg）；老年人及缺乏日照、摄入和吸收障碍者为 600U（15μg）；用于骨质疏松症防治时，剂量可为 800~1 200U/d。

活性维生素 D 及其类似物包括阿法骨化醇（1-α-OH-D_3）和骨化三醇［1, 25-（OH）$_2$-D_3］。阿法骨化醇（1-α-OH-D_3）常用剂量为 0.5μg/d。骨化三醇［1, 25-（OH）$_2$-D_3］常用剂量为 0.25μg/d，应注意个体差异和安全性，定期监测血钙、尿钙及血清碱性磷酸酶等指标浓度。

2. 抗骨质疏松症药物

（1）双膦酸盐类：国内目前双膦酸盐中主要用于治疗原发性骨质疏松的药物有：阿仑膦酸钠，70mg，每周 1 次，用一满杯水吞服药物，并且在至少 30min 内及当日第一次进食之前不要躺卧；依替膦酸二钠 0.2g，2 次 /d，两餐间服药，间歇、周期服药，服药两周后需停药十一周为一周期，然后又开始第二周期，间歇服钙剂和维生素 D；利塞膦酸钠 5mg/d，用法同阿仑膦酸钠；帕米膦酸钠 30~90mg/d，静脉滴注；唑来膦酸钠 5mg，静脉滴注，每年 1 次；但伊班膦酸钠 4mg/d，较少用于骨质疏松症的治疗；阿仑膦酸钠加维生素 D 制剂 1 粒 /d，用法同阿仑膦酸钠，被批准用于治疗男性骨质疏松；此外，双膦酸盐亦常用于糖皮质激素导致的继发性骨质疏松。

（2）降钙素：鲑鱼降钙素治疗适用于变形性骨炎（Paget 病）、绝经后骨质疏松症等，每日肌内注射 50 ~100IU 或隔日 100IU，或喷鼻，200IU，隔日 1 次，对骨质疏松患者进行治疗时，需补充钙剂，以防继发性甲状旁腺功能亢进。鉴于鼻喷剂型鲑鱼降钙素具有潜在增加肿瘤风险的可能，鲑鱼降钙素连续使用时间一般不超过 3 个月。

（3）雌激素：常用雌激素类药物适用于变形性骨炎（Paget 病）、绝经后骨质疏松症等治疗，品种为替勃龙 1.25~2.5mg/d，17β- 雌二醇或戊酸雌二醇 1~2mg/d，炔雌醇 10~20μg/d；雌二醇皮贴剂 0.05~0.10mg/d。雌孕激素合剂用量小，近年推出的鼻喷雌激素制剂具有药物用量低、疗效确切等优点。

（4）雌激素受体调节剂：雌激素受体调节剂如雷洛昔芬用于预防和治疗绝经后妇女骨质疏松症，60mg，每日 1 次，应同时补充钙和维生素 D。雷洛昔芬总体安全性良好，该药轻度增加静脉栓塞的危险性，有静脉栓塞病史及有血栓倾向者，如长期卧床和久坐者禁用。雷洛昔芬不适用于男性骨质疏松症患者。

（5）雄激素类：雄激素类一般用于男性老年性骨质疏松，宜选用雄酮类似物苯丙酸诺龙肌内注射 25mg，每周或每三周 1 次。

（6）甲状旁腺素类似物：特立帕肽是重组人甲状旁腺素氨基端 1~34 活性片段，每日皮下注射 20μg。特立帕肽治疗时间不宜超过 24 个月，停药后应序贯使用抗骨吸收药物治疗，以维持或增加骨密度，持续降低骨折风险。

（7）锶盐：雷奈酸锶治疗绝经后骨质疏松症以降低椎体和髋部骨折的危险性，2g/d，吸收较慢，本品应当在睡前服用，最好在进食 2h 之后，应当补充维生素 D 和钙。具有高静脉血栓风险的患者，包括既往有静脉血栓病史的患者，以及有药物过敏史者，应慎用雷奈酸锶，同时需要关注该药物可能引起心脑血管严重不良反应。

（8）其他药物：包括氟化物、维生素 K 类（四烯甲萘醌）、RANKL 抑制剂迪诺塞麦等。

（四）临床问题导向的药物治疗

1. 骨质疏松治疗 目标缓解患者症状、降低骨折的发生率。治疗基础措施为调整生活方式，选择富含钙、低盐和适量蛋白质的均衡膳食，注意适当户外活动，避免嗜烟、酗酒和慎用影响骨代谢的药物，采取防止跌倒的各种措施。

2. 药物治疗的适应证

（1）凡具备以下情况之一者应进行药物治疗：已诊断为骨质疏松者，即骨密度 T 值≤-2.5，无论是否有骨折；凡骨量低下（骨密度：-2.5<T 值<-1.0）并存在一项以上骨质疏松危险因素者，无论是否有过骨折。骨质疏松危险因素包括固有因素（人种、老龄、女性绝经和母系家族史）和非固有因素 [低体重、性腺功能低下、吸烟、过度饮酒和咖啡、体力活动缺乏、制动、饮食中营养失调蛋白质摄入过多或不足、高钠饮食、钙和 / 或维生素 D 缺乏、存在影响骨代谢的疾病和应用影响骨代谢药物]。

（2）无骨密度测定条件时，具备以下情况之一者，也需药物治疗：已发生脆性骨折；亚洲人骨质疏松自我筛查工具（osteoporosis self-assessment tool for Asians, OSTA）筛查为"高风险"；骨折风险预测简易工具（FRAX）计算出髋部骨折概率≥3% 或任何重要的骨质疏松性骨折发生概率≥20%。

3. 药物联合治疗原则 骨质疏松症如同其他慢性疾病一样，不仅要长期、个体化治疗，也需药物联合或序贯治疗，临床上联合治疗方案包括同时联合方案及序贯联合方案。甲状旁腺素类似物等骨形成促进剂获准使用后，药物的序贯或联合治疗更为普遍。目前已有的骨质疏松联合治疗方案，大多以骨密度变化为终点，除此之外，还应评价潜在的不良反应、治疗获益和药物经济学的影响。

（1）同时联合方案：联合用药目前仅限于基础药物与抑制骨吸收药物、或基础药物与促进骨形成药物的联合，如钙剂及维生素 D 作为基础治疗药物，可以与骨吸收抑制剂或骨形成促进剂联合使用。不建议相同机制的药物同时联合应用（如两种抑制骨吸收药物同时应用），也不建议双膦酸盐与甲状旁腺激素制剂的联合应用。个别情况为防止快速骨丢失，可考虑两种骨吸收抑制剂短期联合使用，如绝经后妇女短期使用小剂量雌 / 孕激素替代与雷洛昔芬，降钙素与双膦酸盐短期联合使用。联合使用甲状旁腺素类似物等骨形成促进剂和骨吸收抑制剂，可增加骨密度，改善骨转换水平，但缺少对骨折疗效的证据，考虑到治疗的成本和获益，通常不推荐。仅用于骨吸收抑制剂治疗失败，或多次骨折需积极给予强有效治疗时应用。

（2）序贯联合方案：序贯联合用药目前临床研究显示并无禁忌，可根据患者情况个体化选择序贯应用抑制骨吸收药和促进骨形成药。特别是如下情况要考虑药物序贯治疗：某些骨吸收抑制剂治疗失效、疗程过长或存在不良反应时；骨形成促进剂（PTH 类似物）的推荐疗程仅为 18~24 个月，此类药物停药后应序贯治疗。推荐在使用甲状旁腺激素类似物等骨形成促进剂后序贯使用骨吸收抑制剂，以维持骨形成促进剂所取得的疗效。

钙剂不能作为单独治疗骨质疏松症的药物，仅能作为基本辅助药物，钙剂无法降低那些绝经早期（绝经 5 年之内）妇女的骨丢失。钙已成为各国行政和学术专业机构推荐作为有助于骨峰值、减缓年龄相关的骨丢失和防治骨质疏松的重要营养素，但不单独作为骨质疏松症治疗药物。钙和维生素 D 及活性维生素 D 联合应用时，应注意高钙血症和高钙尿症时应避免使用。补充钙剂和维生素 D 需适量，超大剂量补充钙剂和维生素 D 可能增加肾结石和心血管疾病的风险。

4. 关于疗程的建议 抗骨质疏松药物治疗的成功标志是骨密度保持稳定或增加，而且没有新发骨折或骨折进展的证据。对于正在使用抑制骨吸收药物的患者，治疗成功的目标是骨转换指标值维持在或低于绝经前妇女水平。患者在治疗期间如发生再次骨折或显著的骨量丢失，则需考虑换药或评估继发性骨质疏松的病因；如果治疗期间发生一次骨折，并不能表明药物治疗失败，但提示该患者骨折风险高。除双膦酸盐药物外，其他抗骨质疏松药物一旦停止应用，疗效就会快速下降，双膦酸盐类药物停用后，其抗骨质疏松性骨折的作用可能会保持数年。

另外，由于双膦酸盐类药物治疗超过 5 年的获益证据有限，而且使用超过 5 年，可能会增加罕见不良反应（如下颌骨坏死或非典型股骨骨折）的风险，建议双膦酸盐治疗 3~5 年后需考虑药物假期。目前建议口服双膦酸盐治疗 5 年，静脉双膦酸盐治疗 3 年，应对骨折风险进行评估，如为低风险，可考虑实施药物假期停用双膦酸盐；如骨折风险仍高，可以继续使用双膦酸盐或换用其他抗骨质疏松药物（如特立帕肽或雷洛昔芬）。特立帕肽疗程不应超过 2 年。抗骨质疏松药物疗程应个体化，所有治疗应至少坚持 1 年，在最初 3~5

年治疗期后，应该全面评估患者发生骨质疏松性骨折的风险，包括骨折史、新出现的慢性疾病或用药情况、身高变化、骨密度变化、骨转换生化指标水平等。如患者治疗期间身高仍下降，则须进行胸腰椎 X 线检查。

5. 骨质疏松症的并发症 骨折是骨质疏松最常见并发症，骨折后患者需长期卧床，不仅会引起肌肉萎缩和失用性骨质疏松，而且下肢静脉血栓、褥疮、肺炎及泌尿系感染发生率增加。骨质疏松症性骨折对患者心理状态的危害非常大，引起老年人恐惧、焦虑、抑郁、自信心丧失等。老年患者自主生活能力下降，以及骨折后缺少与外界接触和交流，均会给患者造成巨大的心理负担。骨质疏松性骨折后应重视积极给予抗骨质疏松药物治疗，包括骨吸收抑制剂或骨形成促进剂等。迄今很多证据表明使用常规剂量的抗骨吸收药物，包括口服或静脉双膦酸类药物，对骨折愈合无明显不良影响。

6. 骨质疏松症的多学科管理 骨质疏松症患者遍布多个临床科室，患者获得的治疗仅局限于其慢性疾病本身，往往忽视了骨质疏松症的防治。骨质疏松症的防治不应仅局限在某一个学科，更需要多学科携手，积极应对多种慢性疾病导致的骨骼健康问题。骨质疏松性骨折后，应建议开展骨折联络服务（fracture liaison service，FLS）管理项目，促进多学科联合诊治骨质疏松性骨折，及时合理使用治疗骨质疏松症的药物，以降低再发骨折的风险。内分泌科、风湿病科、检验科、骨科等相关科室组成诊疗协作组，多学科诊疗模式能减少误诊误治，缩短患者诊断和治疗等待时间，增加治疗方案的可选择性，从而选择最佳治疗手段。在以骨质疏松治疗为重点的同时，又能及早的诊断筛查出其他疾病，使一些初患糖尿病、骨性关节炎等患者得到了及时的诊治，使广大骨质疏松症患者能得到早期及时的诊断和规范有效的治疗，为他们提供优质的诊疗服务。

（五）药物治疗展望

骨质疏松症是一种多发的全身性疾病，可发生于不同性别、年龄和部位，其最严重的并发症是骨折。而骨质疏松症防治的重点在于骨质疏松症的干预治疗。在临床治疗过程中应注重药物的使用方法、剂量、疗程以及药物间的相互配伍，根据骨密度、骨代谢标志物等临床指标，评定患者处于骨质疏松的哪个阶段,确定最佳治疗方案,减轻患者痛苦。在一系列干预治疗中,骨质疏松症类药物作为一线药物广泛应用。许多学者对骨质疏松症类药物和骨质疏松症的防治相关性做了大量研究,大多数证据仍表明骨质疏松症类药物对于骨质疏松症的防治具有中性的甚至积极的影响。目前骨质疏松症类药物的作用机制仍有待继续研究,进一步明确其药理作用,继而研发出药效更佳、安全性更高的药物。随着骨质疏松症研究的进展,近年来开发的促骨形成药物如他汀类药物、核因子 κB 受体活化因子配体地诺单抗、人甲状旁腺激素相关肽阿巴帕肽,为治疗骨质疏松症提供了新的治疗方法。如何科学联合应用,达到满意的治疗效果,需要大量的临床和实验室证据来支持,而这也将更好地为骨质疏松症的防治提供临床指导。近年来已经进行了许多研究以了解遗传对骨质疏松症和相关表型的影响,关于基因多态性的研究可能为疾病风险评估以及治疗干预提供更多信息,这有助于提早预防骨质疏松症的发生,并为不同人群开展新的诊疗思路和开发新的靶向药物提供一定的研究基础。

(陈 杰　陈 孝)

参 考 文 献

1. 葛均波,徐永健,王辰. 内科学[M]. 9 版. 北京:人民卫生出版社,2018.

2. 姜远英,文爱东. 临床药物治疗学[M]. 4 版. 北京:人民卫生出版社,2016.

3. 中华医学会糖尿病学分会. 中国 2 型糖尿病防治指南[J]. 中华糖尿病杂志,2018.10(1):4-67.

4. Cosentino F, Grant P J, Aboyans V, et al. 2019 ESC Guidelines on diabetes, pre-diabetes, and cardiovascular diseases developed in collaboration with the EASD[J]. Eur Heart J, 2020, 41(2): 255-323.

5. Garber A J, Abrahamson M J, Barzilay J I, et al.Consensus statement by the American association of clinical endocrinologists and american college of endocrinology on the comprehensive type 2 diabetes management algorithm-2019 executive summary[J]. Endocr Pract, 2019, 25(1): 69-100.

6. 中华医学会风湿病学分会.2016 中国痛风诊疗指南[J]. 中华内科杂志, 2016, 55(11): 892-899.

7. 中国老年学和老年医学学会骨质疏松分会等. 中国老年骨质疏松症诊疗指南(2018)[J]. 中国骨质疏松杂志, 2018, 24(12): 1541-1567.

第十四章 肾脏疾病

第一节 总 论

泌尿系统由肾脏、输尿管、膀胱、尿道组成。肾脏的基本结构和功能单位是肾单位,每个肾脏由 100 万个肾单位组成。肾单位包括肾小体和肾小管,其中肾小体由肾小球和肾小囊组成。肾小球毛细血管丛的三种主要细胞包括内皮细胞、脏层上皮细胞、系膜细胞。肾小球的滤过屏障由肾小球毛细血管壁内皮细胞、肾小球基底膜和脏层上皮细胞(足细胞)构成。肾小球系膜细胞具有支撑毛细血管丛、调节肾小球滤过率、修补基底膜、清除异物和基底膜代谢产物等作用。肾小球旁器位于肾小球的血管极,由致密斑、球旁细胞、极周细胞、球外系膜细胞构成,在管-球反馈中发挥重要作用。肾小管包括近曲小管、髓袢降支及升支、远曲小管及集合管。

肾脏接收全心输出量 25% 的血流灌注,其主要生理功能是排泄代谢产物,调节水电解质和酸碱平衡,维持机体内环境稳态。肾小球具有滤过功能,肾小球滤过率主要取决于肾小球血流量、有效滤过压、滤过膜面积和毛细血管通透性等因素。肾小管具有重吸收和分泌功能,其中近端肾小管是重吸收的主要部位,肾小管的髓袢细段对尿液的浓缩功能至关重要。肾脏还具有重要的内分泌功能,能够合成调节和分泌多种激素,参与血流动力学调节、红细胞生成、血钙磷平衡以及骨代谢等。

一、肾脏疾病概述

我国慢性肾脏病(chronic kidney disease, CKD)的患病率为 10%~13%,已成为继肿瘤、心脑血管病、糖尿病之后威胁人类健康的重要疾病。我国人口众多,罹患 CKD 的患者约有 1.2 亿之

多,如不能对其进行有效防治,CKD 患者将成为我国沉重的社会和经济负担。明确我国不同地区 CKD 患病率及危险因素,揭示我国 CKD 患者进行性发展的规律和特点,并根据危险因素制订合理的 CKD 防治策略,减少 CKD 发生,延缓 CKD 的进展,对我国 CKD 的防治有重要意义。

肾脏疾病常以某种临床综合征的形式出现,各种临床综合征之间可能有重叠。同一种临床综合征可表现为不同病理类型的肾脏疾病,同一种病理类型的肾脏疾病也可表现为不同的临床综合征。常见的临床综合征包括:急性肾炎综合征、急进性肾炎综合征、慢性肾炎综合征、肾病综合征、无症状性血尿和/或蛋白尿。

急性肾损伤(acute kidney injury, AKI)定义为各种原因引起的血肌酐在 48h 内绝对值升高 >26.5μmol/L 或已知或推测在 7 日内较基础值升高 ≥50% 或尿量 <0.5ml/(kg·h),持续超过 6h。急性肾衰竭是 AKI 的严重阶段,临床主要表现为少尿、无尿、严重氮质血症、水电解质及酸碱平衡紊乱等。一般分为肾前性、肾性及肾后性三类。

慢性肾脏病是指各种肾脏疾病肾脏损伤或肾小球滤过率 <60ml/(min·1.73m²),时间大于 3 个月。慢性肾衰竭是慢性肾脏病的严重阶段,临床主要表现为高血压、贫血、肾性骨病和心血管并发症等。

肾脏疾病的临床表现包括肾脏疾病本身的临床症状及肾脏功能受损引起的各系统症状,包括尿量异常、尿色异常、尿泡沫增多、排尿异常、水肿、高血压、乏力等。继发性肾脏病尚可见原发病及其他器官受损的表现,如皮疹、关节痛、口腔溃疡、脱发等。

肾脏系统疾病的诊断首先进行病史采集及体格检查,然后进行实验室检查、影像学检查和病理检查等。肾脏疾病的常见检测手段有,通过尿

液检查蛋白尿、血尿、管型尿、白细胞尿、脓尿和细菌尿。血尿分为肉眼血尿和显微镜下血尿。新鲜尿离心沉渣检查每高倍视野红细胞超过3个，称为镜下血尿。尿相差显微镜检查用于判别尿中红细胞的来源，棘形红细胞>5%或尿中红细胞以变异型红细胞为主，可判断为肾小球源性血尿。24h尿蛋白定量或检测随机尿白蛋白/肌酐比值评估尿蛋白定量。尿蛋白定量超过150mg/d，称为蛋白尿。通过检测血和尿肌酐，利用MDRD公式、Cockcroft-Gault公式和慢性肾脏病流行病学研究（CKD-EPI）公式等来评估肾小球滤过率。通过肾小管损伤指标评估肾小管损伤部分及肾小管功能。通过超声、静脉尿路造影、CT、MRI、肾血管造影、放射性核素检查等进行影像学和功能学评估。肾穿刺活检病理学检查对于明确各种原发性肾小球疾病、继发性肾小球疾病、遗传性肾脏病、急性肾损伤和移植肾排斥的诊断和鉴别诊断具有重要价值，有利于明确诊断、指导治疗或判断预后。肾穿刺活检组织病理检查一般包括光镜、免疫荧光和电镜检查，如需要可进行刚果红等特殊染色。

肾脏疾病的诊断一般包括病因诊断、病理诊断、功能诊断和并发症诊断，以确切反映肾脏疾病的性质和程度，为治疗方案的选择和预后判定提供依据。

1. 病因诊断 包括原发性、继发性、先天遗传性、感染、药物、毒物等对肾脏损害等。

2. 病理诊断 各种肾炎综合征、肾病综合征、急性肾损伤及原因不明的蛋白尿和/或血尿，通过活检明确病理类型，有利于明确病因、指导治疗和评估预后。可分为肾血管病变、肾小球病变、肾小管病变及肾间质病变。

3. 功能诊断 急性肾损伤和慢性肾脏病需要基于肾功能进行分期。AKI根据血肌酐和尿量分为3期。慢性肾脏病根据估算的肾小球滤过率下降水平分为5期。

4. 并发症诊断 由于肾脏疾病和肾功能减退引起的全身各系统并发症，包括循环系统、血液系统、内分泌系统、中枢神经系统等。

二、肾脏疾病的治疗原则

肾脏系统疾病治疗具有长期性特点，除了部分急性肾炎、去除病因后肾功能能够恢复正常的AKI、以及急性泌尿系感染等肾脏疾病外，绝大多数为慢性疾病，患者需要接受长期或者终身的治疗及随访。肾脏系统疾病的治疗需要综合病因诊断、临床诊断、病理诊断、功能诊断以及并发症诊断后，选择相应的治疗方案。治疗包括一般治疗、病因治疗及发病机制的治疗、针对病理和并发症的治疗和肾脏替代治疗等。

明确病因是开展有针对性治疗的重要前提，在病因治疗基础上，综合其他诊断，尽可能制订全面和合理的治疗。同一种肾脏疾病，如果临床表现和病理改变不同，其采用的治疗药物也可能完全不同。对于慢性肾脏病CKD 3期以后的患者，还需要对肾性贫血、肾性骨病、心血管事件等CKD并发症进行预防及治疗。需要明确的是，目前肾脏病领域的很多治疗手段仍然停留在经验性治疗阶段，因此开展精心设计、严谨实施、前瞻性多中心随机对照研究，探索符合中国患者特点的临床治疗方案是今后的重要任务。

（一）一般治疗

肾脏系统疾病的一般治疗包括祛除感染等诱因，避免劳累，避免接触肾毒性药物或有毒物质，饮食与生活方式的调整，包括戒烟、限酒，适量运动和控制情绪等，CKD患者应当戒烟，同时维持体重指数（BMI）在20~24。适当的运动也是必需的，建议至少每周5次、每次30min的运动量，运动程度则根据个体耐受性因人而异。合理的饮食是肾脏病治疗的重要组成部分。肾脏病饮食方案的调整和控制涉及水、钠、钾、磷、蛋白质、脂类、糖类和嘌呤等多种物质，一般应限制钠的摄入，特别是有水肿和血压增高的患者。钠摄入增多还会减弱RAS抑制剂的作用，加重蛋白尿，增加肾小球高滤过状态，加速疾病进展。KDIGO指南中建议每日食盐摄入量<5g（钠的摄入<2g）。多数CKD患者需要限制蛋白质摄入，可以延缓肾功能的减退。建议以优质蛋白为主，保证必需氨基酸的补充，同时加用复方α-酮酸以避免营养不良的发生。还需要限制高脂、高嘌呤饮食。如果患者已经达CKD 3期以后，还需要注意低钾、低磷饮食，以避免高钾、高磷血症。

（二）针对免疫发病机制的治疗

多数原发性肾小球疾病和某些继发性肾小球

疾病的主要发病机制是异常的免疫炎症反应,如狼疮肾炎和系统性血管炎等,临床常常需要使用糖皮质激素及免疫抑制剂进行治疗,常用的免疫抑制剂包括:环磷酰胺、吗替麦考酚酯、硫唑嘌呤、环孢素 A、他克莫司等,CD20 单克隆抗体等新型生物制剂也在肾脏病领域逐渐开始用于免疫性肾病的治疗。对于不同的免疫炎症性肾脏疾病,糖皮质激素和免疫抑制剂有其规范的起始用量及疗程。有些需要在起始治疗时予以规范的剂量,例如微小病变性肾病,成人一般起始用 1mg/kg 的糖皮质激素;选用钙调神经磷酸酶抑制剂,治疗膜性肾病时,CsA 起始剂量一般为 3~5mg/kg,使谷浓度(给药期间的最低浓度)达到 100~200ng/ml。如果治疗药物的浓度不够,可能起不到治疗作用。静脉滴注丙种球蛋白可以封闭抗体 Fc 段,减少免疫复合物产生,对于一些重症自身免疫性疾病所致肾脏病也有治疗效果。免疫吸附、血浆置换等血液净化治疗能有效清除体内自身抗体、抗原-抗体复合物和致病因子,可用于治疗危重的免疫相关性肾病,尤其是重症狼疮性肾炎和系统性血管炎肾损害。

对于多数原发性及继发性肾病患者,在诱导治疗病情缓解后,需要注意维持治疗。临床缓解后长时间、规范的维持治疗,有利于巩固病情、防治复发、维持肾功能的长期稳定。例如,增殖型狼疮肾炎诱导期治疗后,其维持治疗需要 1.5~2 年,部分患者需要终生维持治疗。治疗过程中需要密切监测药物副作用。特别是对于长时间使用糖皮质激素和/或免疫抑制剂的患者,都会合并有不同程度的副作用,如感染、肝功能异常、骨髓抑制等。对于高危患者密切监测是必要的。研发肾脏疾病特异性的新靶点药物,实现肾脏疾病的精准治疗,将提高治疗效果并减少副作用。

(三)针对非免疫发病机制的治疗

因为高血压、高血脂、高血糖、高尿酸血症、肥胖、肾素-血管紧张素系统激活、高凝状态、氧化应激等非免疫因素,也是各种肾脏病发生和发展的加重因素,所以针对这些非免疫发病机制的治疗也是各种肾脏病治疗、保护肾脏功能的重要内容。例如,针对高血压,KDIGO 指南建议 CKD 患者根据不同的肾功能分期及蛋白尿水平,制订不同的血压控制靶目标,CKD 患者血压控制目标为 <140/90mmHg,合并显性蛋白尿(即尿白蛋白排泄率 >300mg/24h)时血压可控制在 ≤130/80mHg。目前对于合并蛋白尿 CKD 患者严格控制血压的证据仍很有限。应评估患者血压达标的获益和风险,并相应调整治疗目标。血糖控制目标值:HbA_{1c} 目标值为 7.0%;患病时间短、预期寿命长、无心血管并发症并能很好耐受治疗者,HbA_{1c} 可更加严格控制在 6.5%;如患者预期寿命较短、存在合并症或低血糖风险者,HbA_{1c} 应放宽至 7.0% 以上。血管紧张素转换酶抑制剂(ACEI)或血管紧张素 II 受体拮抗剂(ARB),能够抑制 RAS 系统,不仅降低系统血压,通过抑制肾内过度活跃的肾素-血管紧张素系统,又能减轻肾小球囊内压及肾小球高滤过状态,减少尿蛋白排泄,同时还具有血流动力学以外的相关作用机制(如保护足细胞,减少系膜基质增生等)来减轻肾脏损伤,具有降压以外的肾脏保护作用。无论是对免疫机制为主的肾脏疾病(如 IgA 肾病、膜性肾病、狼疮肾炎等),还是非免疫机制为主的肾脏疾病(如糖尿病、高血压肾病等),ACEI 及 ARB 均可减轻蛋白尿,延缓肾功能进一步恶化。因此除了免疫抑制剂治疗外,肾素-血管紧张素系统阻滞剂是延缓肾脏病进展最重要的治疗措施之一。所以无论是 KDIGO 指南,还是各个肾脏病防治指南均建议 CKD 患者无禁忌证时首选 ACEI 或 ARB。此外,控制血糖、尿酸等代谢异常、调节血脂水平也是肾脏治疗的综合措施。肾脏疾病患者出现肾功能减退,药物经肾排泄减慢,可能导致药物蓄积,根据药物代谢特点给予延长给药间期或者减少剂量,避免出现药物蓄积带来的副作用。

(四)肾脏病并发症的治疗

肾脏病患者常存在多种合并症,如糖尿病等代谢异常、高血压病或者其他脏器疾病,如冠心病、脑血管疾病、心力衰竭等,这些合并症既是肾脏病的结果,也可能加重肾脏病进展。进展期肾脏病的并发症可涉及全身各个系统,常见的并发症包括肾性高血压病、肾性贫血、肾性骨病、感染、营养不良、高钾血症、代谢性酸中毒等水电解质和酸碱平衡紊乱、心衰、卒中、尿毒症脑病等,因此,CKD 患者从一开始就面临着尿毒症及心脑血管疾病的双重风险。这些并发症严重影响肾脏病患者的生活质量和预后,尤其是心脑血管疾病,是

CKD 的重要死亡原因,必须重视、早期积极防治。

(五)肾脏替代治疗

重症急性肾损伤和终末期慢性肾脏病,当残余肾功能不能维持机体最基本功能时,必须行肾脏替代治疗来维持内环境的稳定,主要的肾脏替代治疗方式是血液透析、腹膜透析和肾移植。通过肾脏替代治疗,终末期肾病患者的存活率和生活质量得到明显改善。

血液透析以人工半透膜为透析膜,通过弥散、对流及吸附清除体内积聚的毒性代谢产物,能够较快地清除毒素和水分,补充钙、碳酸氢根等机体必需的物质,从而部分替代肾脏功能。包括间歇性血液透析(IHD)及持续性肾脏替代方式(CRRT)。CRRT 相比于 IHD,血流动力学更稳定,更易控制液体平衡,更易保持内环境稳定,但费用较贵。对于多数患者而言,无论是 IHD 还是 CRRT 都是有效的肾脏替代治疗方式,但对于血流动力学不稳定、脓毒血症、合并脑水肿等患者则尽量选择 CRRT 治疗。随着血液透析设备的改进,透析治疗效果正在不断改善。介入肾脏病学的发展,显著提高了血管通路并发症的处理效果。

腹膜透析是以患者的腹膜替代人工半透膜作为透析膜,也是成功的肾脏替代治疗方式。腹膜透析包括连续性和间歇性腹膜透析两种,其优点在于居家治疗,操作简单,安全有效,更好保护残存肾功能,同时费用较低,但存在感染等并发症。近年来由于腹膜透析连接系统的改进,包括自动化腹膜透析机的应用,操作简便安全有效,腹膜透析相关感染等并发症减少,在肾脏替代治疗中起了重要作用。

肾移植治疗是最符合生理状态的肾脏替代治疗方法,是肾脏替代治疗的首选,不仅能够恢复肾脏滤过排泄功能,而且能够恢复内分泌和代谢功能,但移植后需要长期服用免疫抑制剂,以预防和抗排斥反应。近年来随着新型免疫制剂的应用,肾移植的存活率明显改善。

三、常用药物分类及作用机制

(一)肾上腺皮质激素类药物

糖皮质激素属于类固醇激素,是肾脏病治疗中的常用药物,糖皮质激素由肾上腺皮质合成分泌。用于抑制免疫和炎症。临床常用的本类药物包括:泼尼松、泼尼松龙、甲强龙、地塞米松等。

作用机制:本品具有抗炎及免疫抑制作用,通过干扰淋巴细胞发挥免疫抑制作用,阻碍抗原被巨噬细胞吞噬,抑制免疫细胞增殖,阻止补体活化,减弱炎症反应等。糖皮质激素还能降低毛细血管壁和细胞膜的通透性,减少炎性渗出,并能抑制组胺及其他毒性物质的形成与释放,抑制结缔组织的增生。能促进蛋白质分解转变为糖,减少葡萄糖的利用,使肝糖原增加。亦有良好的降温、抗休克及促进症状缓解的作用。

(二)免疫抑制剂

1. 环磷酰胺(Cyclophosphamide) 环磷酰胺是一种烷化剂,是现有最有效的免疫抑制疗法之一。该药已被广泛用于治疗具有严重临床表现的各种自身免疫性和炎症性疾病。环磷酰胺是一种前体药物,其在肝脏经多种细胞色素 P450 酶(主要为 CYP2B6)的作用转化为活性形式 4-羟基环磷酰胺。CYP2B6 具有高度多态性,这是患者体内药代动力学各不相同的部分原因。

作用机制:烷化剂是通过与多种大分子(包括 DNA、RNA 和蛋白质)共价结合及交联发挥其生物学作用的,为细胞周期非特异性药物。与 DNA 交联可能是此类药物最重要的生物学作用,可破坏 DNA 的复制和转录,少数与 RNA 交联而破坏细胞的转录与翻译过程。最终导致细胞死亡或细胞功能改变。本药可以减少 T 细胞和 B 细胞从而抑制细胞和体液免疫。免疫功能的抑制程度取决于治疗剂量及持续时间。

2. 钙调磷酸酶抑制剂 包括环孢素和他克莫司。二者从真菌中分离而来,并且对细胞介导免疫应答和体液免疫应答有相似的抑制作用。环孢素(Cyclosporin, CsA)由 11 个氨基酸组成的亲脂性环肽,环孢素与亲环素结合。他克莫司:是一种大环内酯类抗生素与 FK 结合蛋白结合。

作用机制:以高度亲和力分别与存在于大多数细胞中的两个细胞质蛋白家族相结合。药物-受体复合物可特异性和竞争性地结合钙调磷酸酶(一种钙调蛋白依赖性磷酸酶),并对其产生抑制作用。该过程会抑制转录因子 NF-AT 家族的易位,从而减少下列细胞因子基因的转录激活:IL-2、TNF-α、IL-3、IL-4、CD40L、粒-巨噬细胞集落刺激因子和干扰素-γ,最终减少 T 淋巴细胞的增殖。主要作用于辅助性T细胞,降低机体的免疫功能,但环孢素和他克莫司的骨髓抑制作用不强。

3. 吗替麦考酚酯 吗替麦考酚酯(mycophenolatemofetil,MMF)是一种淋巴细胞增殖的强效抑制剂。

作用机制:活化淋巴细胞取决于嘌呤核苷酸的从头合成。本品为嘌呤合成抑制剂。口服吸收后在体内水解转化为活性代谢物霉酚酸(MPA),通过非竞争性抑制嘌呤合成途径中次黄嘌呤核苷酸脱氢酶的活性,阻断淋巴细胞内鸟嘌呤核苷酸的合成,使DNA合成受阻,导致B细胞和T细胞的增殖减少。MMF还可能通过其他机制发挥免疫抑制作用,包括诱导活化T淋巴细胞凋亡、抑制黏附分子表达以及抑制淋巴细胞募集。

4. 来氟米特 来氟米特为人工合成的异噁唑衍生物类抗炎及免疫抑制剂。

作用机制:在体内迅速转化成活性代谢产物A771726,可以抑制嘧啶合成。导致活化的细胞不能从G1期进入S期。抑制T、B淋巴细胞及非免疫细胞的增殖。对免疫细胞和炎症的作用包括:抑制白细胞黏附;干扰树突状细胞的功能,破坏抗原提呈;阻断核因子(nuclear factor,NF)-κB激活引起的促炎症作用;抑制蛋白酪氨酸激酶Jak1和Jak3;减少IL-4引起的B细胞反应、抑制IL-10和IL-11的分泌,减少IL-2的合成等。

5. 硫唑嘌呤(Azathioprine,AZA) 作用机制:能够拮抗嘌呤代谢,从而抑制DNA、RNA和蛋白质的合成,从而抑制淋巴细胞的增殖,即阻止抗原敏感性淋巴细胞转化为免疫母细胞,产生免疫抑制作用。细胞内嘌呤合成的减少导致循环B和T淋巴细胞数量减少、免疫球蛋白合成减少,以及IL-2分泌减少。

6. 生物制剂 新型生物制剂主要是指以炎症过程或免疫反应中的特定分子或受体为靶目标的单克隆抗体或天然抑制分子的重组产物。迄今为止,国际上应用生物制剂探索治疗肾小球疾病的研究中,以抗CD20单抗——利妥昔单克隆抗体(Rituximab)为主,其他如B细胞激活因子(B cell activating factor,BAFF)特异性抑制剂——贝利木单克隆抗体(Belimumab)、肿瘤坏死因子α(tumor necrosis factor-α,TNF-α)拮抗剂——英夫利昔单克隆抗体(Infliximab)、补体C5的单克隆阻断剂——依库丽单克隆抗体(Eculizumab)等。

抗CD20单克隆抗体:利妥昔单抗是一种人鼠嵌合型IgG1 mAb,可消耗CD20阳性的B细胞,诱导补体介导的细胞毒作用,并刺激细胞凋亡。目前应用较广,已应用于狼疮性肾炎、ANCA相关性血管炎肾损害、膜性肾病等。

(三)利尿药

包括噻嗪类利尿药、袢利尿药、保钾利尿药等。

1. 噻嗪类利尿药 临床上常用的药物是氢氯噻嗪。

作用机制:本类药物主要作用部位是髓袢升支远端和远曲小管近端,抑制Na^+和Cl^-的重吸收而起到排钠利尿的作用。由于流入远曲小管和集合管的Na^+增多,使得钠钾的交换增多,故增加K^+的排泄。本品有利尿和轻度降压作用,利钠利尿作用较袢利尿药为弱。

2. 袢利尿药 临床上常用的有呋塞米,其他如布美他尼及托拉塞米。

作用机制:主要作用在髓袢升支粗段,干扰Na^+-K^+-$2Cl^-$共同转运系统,抑制肾小管髓袢升支髓质部及皮质部钠、氯的重吸收,使尿钠、钾与水的排出量增加。由于本段肾小管对NaCl的重吸收具有强大的能力,因而产生强大的利尿作用,为高效利尿药。

3. 螺内酯 作用机制:与醛固酮有类似的化学结构,在远曲小管和集合管的皮质段上皮细胞内与醛固酮竞争结合醛固酮受体,从而抑制醛固酮促进K^+-Na^+交换的作用。使Na^+和Cl^-排出增多,起到利尿作用,而K^+则被保留。本品为保钾排尿的弱效利尿药,利尿作用不强,对醛固酮增高的水肿患者作用较好。本品常与其他降压药合用治疗原发性高血压。

(四)纠正电解质紊乱及调节酸碱平衡的药物

碳酸氢钠的作用机制:治疗轻至中度代谢性酸中毒,以口服为宜。重度代谢性酸中毒则应静脉滴注。用于碱化尿液,预防某些类型的肾结石,减少磺胺类药物的肾毒性,及急性溶血防止血红蛋白在肾小管的沉积。

聚苯乙烯磺酸钙散剂的作用机制:降血钾药,

经口或灌肠给药后,不被消化和吸收,在肠道内特别是结肠附近,本药的钙离子和肠道内的钾离子交换,随聚苯乙烯磺酸树脂从粪便中被排泄,使肠道内的钾被清除至体外。主要用于预防和治疗急、慢性肾功能不全和肾衰患者的高钾血症。

(五)抗贫血药物

1. 红细胞生成刺激剂 是一类治疗慢性贫血的基因药物,主要包括重组人促红细胞生成素(rhuEPO)、EPO 类似物和持续性红细胞生成受体激动剂。其中 rhuEPO 是临床上治疗肾性贫血的主要药物。用于肾功能不全所致的肾性贫血、艾滋病与恶性肿瘤伴发的贫血及风湿性贫血等,还可用于外科围术期储存自体血的红细胞动员、早产儿贫血。

作用机制:rhuEPO 是一种集落刺激因子,生理功能主要是与红系祖细胞的表面受体结合,促进红系祖细胞增殖、分化,有核红细胞的血红蛋白合成以及骨髓内网织红细胞和红细胞的释放。

2. 缺氧诱导因子稳定剂 作用机制:口服小分子,是一种缺氧诱导因子脯氨酰羟化酶抑制剂(HIF-PHI),在氧分压正常的情况下,通过抑制缺氧诱导因子脯氨酰基羟化酶,使 HIF-1α 稳定存在或上调,增加内生 EPO 及铁的利用率,同时降低血清铁调素(hepcidin)水平。临床上用于治疗透析和非透析肾性贫血,且不受患者体内炎症状态影响。

3. 铁剂 口服铁剂,如琥珀酸亚铁、多糖铁复合物等。静脉铁包括蔗糖铁、右旋糖酐铁。

作用机制:铁是血红蛋白的主要成分。几乎所有的肾性贫血都需要补铁。补铁应通过血清铁蛋白和血清转铁蛋白饱和度等检查明确患者是否缺铁及其缺铁程度并以此确定补铁的途径和剂量,在 TSAT<20% 和 / 或血清铁蛋白 <100μg/L 需静脉滴注补铁。

(六)磷结合剂

磷结合剂包括氢氧化铝、碳酸钙、醋酸钙、司维拉姆、碳酸镧等。

1. 氢氧化铝 是含铝的磷结合剂,因可导致铝中毒,除非是要为短期治疗重度高磷血症(为期 4 周的单个疗程),否则不应使用。

2. 司维拉姆 作用机制:司维拉姆是首个人工合成的非铝非钙型磷结合剂,是不可吸收的阳离子多聚体,主要成分为盐酸多聚丙烯胺,高度亲水性,口服后在胃肠道内膨胀成数倍于原体积的凝胶,生理 pH 下其所含氨基几乎全部质子化,通过离子交换和氢键与磷酸盐结合,在胃肠道不被吸收而随粪便排出。

3. 碳酸镧 作用机制:镧是一种稀土元素,碳酸镧在上消化道的酸性环境下解离,与食物中的磷酸盐结合形成不溶性的磷酸镧复合物以抑制磷酸盐的吸收,从而降低体内血清磷酸盐和磷酸钙的水平,可有效降低透析患者和非透析 CKD 患者的血清磷酸盐水平。

(七)治疗继发性甲状旁腺功能亢进药物

维生素 D 及其衍生物作用机制:活性维生素 D 及其类似物主要用于治疗慢性肾脏病合并继发性甲状旁腺功能亢进(SHPT),也用于配合肾上腺皮质激素的使用,以补充丢失的骨化三醇来预防骨质疏松。活性维生素 D 及其类似物会升高血钙、血磷水平,所以使用时要注意监测血钙、血磷等指标。目前常用的治疗药物有:阿法骨化醇、骨化三醇、帕立骨化醇。

帕立骨化醇的作用机制:帕立骨化醇是一种选择性维生素 D 受体激动剂,通过选择性激活维生素 D 受体抑制甲状旁腺激素的合成和释放,降低 PTH 水平。帕立骨化醇对甲状旁腺的亲和力高于肠道,对肠道吸收钙的影响更小,因此引起的高钙血症较活性维生素发生率低。帕立骨化醇降低 PTH 的疗效与骨化三醇和阿法骨化醇相似。

钙敏感受体激动剂的作用机制:目前常用的是盐酸西那卡塞,通过调节甲状旁腺钙受体,增强受体对血钙水平的敏感性,降低甲状旁腺激素水平。盐酸西那卡塞可致钙、磷和钙-磷乘积下降,可能与骨骼高转运状态有关。

(八)延缓肾病进展药物

复方 α 酮酸:是一种含 1 种羟代氨基酸钙、4 种酮代氨基酸钙和 5 种氨基酸的复方制剂。配合低蛋白饮食,即成人每日蛋白摄入量 ≤40g,预防和治疗因慢性肾功能不全而造成蛋白质代谢失调引起的损害。通常用于 GFR<25ml/(min·1.73m²)的患者,可避免因蛋白摄入不足而发生营养不良等不良后果。

作用机制:酮或羟氨基酸本身不含有氨基,其利用非必需氨基酸的氨转化为氨基酸,因此可减少尿素合成,减少尿毒症性产物蓄积。酮或羟氨基酸不引起残存肾单位的高滤过,可降低高磷血症并改善继发性甲状旁腺功能亢进。

四、药物不良反应管理

(一)糖皮质激素的不良反应管理

糖皮质激素的副作用比较多,包括皮质醇增多症、诱发或加重感染、水钠潴留、高血压、血糖升高、诱发或加重消化道溃疡病,引起消化道出血、骨质疏松、中枢神经系统症状(如失眠、欣快、可诱发癫痫)、青光眼等。长期应用可引起肾上腺皮质萎缩和功能不全。在肾脏病治疗中不应宽泛地使用糖皮质激素,而应严格地掌握其适应证,避免长期超生理剂量使用。长期应用停药必须逐步减量,以防止停药反应。在应用糖皮质激素过程中应注意结合患者具体情况选择恰当的药物种类及剂型,并积极采取防治措施。对不良反应的管理包括:为减少对肾上腺皮质的抑制,一般选择晨起顿服。应用前需筛查有无感染,合并感染时需合并强有力抗生素。有糖耐量异常的患者需加强饮食控制与血糖检测。溃疡患者慎用,避免联用非甾体抗炎药和抗凝及抗血小板药。必要时加用胃黏膜保护剂和抑酸剂。定期检查骨密度,合用骨化三醇与钙剂预防骨质疏松。有精神病倾向及癫痫患者慎用或不用。

(二)免疫抑制剂的不良反应管理

免疫抑制剂的共性不良反应是可使患者易发生细菌感染、机会性感染、真菌感染和病毒感染,细菌性感染通常发生在白细胞减少的临床情况下,应定期进行免疫抑制状态的监测(淋巴细胞绝对计数、$CD4^+$/$CD8^+$检测等)。也有一定发生肿瘤的风险。

环磷酰胺的不良反应:作为烷化剂具有细胞毒性。常发生骨髓抑制、白细胞减少、淋巴细胞绝对数量减少、B细胞及$CD4^+$和$CD8^+$T细胞数量减少、恶心、呕吐及厌食、脱发、出血性膀胱炎、生殖毒性。可诱发肿瘤。

环孢素和他克莫司的不良反应:二者副作用大致相同。常见有肾脏毒性、肝脏毒性、高血压、中枢神经系统功能紊乱(表现为震颤、头痛等)、胃肠功能失调等。肾毒性在降低剂量后通常可逆转。环孢素治疗会引起牙龈增生和多毛症。他克

莫司还会引起葡萄糖耐受不良和糖尿病。

吗替麦考酚酯最常见的不良反应为胃肠道症状,包括恶心、腹泻和腹部绞痛,可逐渐耐受。血细胞减少需要对其进行定期监测。MMF可增加先天畸形,因此孕妇及哺乳妇女禁用。

来氟米特的不良反应可见厌食、腹泻、恶心、呕吐等胃肠道反应。还有高血压、肝毒性,使用前3个月密切监测肝功能。有胎儿和新生儿毒性风险,孕妇、哺乳期妇女禁用。

硫唑嘌呤的常见副作用包括胃肠道不耐受、骨髓抑制和感染。治疗前4周应每2周监测血常规和肝功能,以后每4周监测1次。硫唑嘌呤避免与别嘌醇或非布司他联合,避免重度骨髓毒性的风险。

(三)利尿药的不良反应管理

利尿药的主要副作用是水电解质失衡:利尿药一般不引起肾小球滤过率降低;但在肾功能受损、严重水肿、肝硬化腹水患者中,可能引起有效血容量下降加重肾功能损害。袢利尿药可能引起的电解质紊乱包括低钠血症、低钾血症;而保钾利尿药能够减少K^+的分泌导致高钾血症。噻嗪类药物可致血浆中总钙离子浓度增高。长期使用噻嗪类和袢利尿药,血清中镁浓度可降低。

代谢方面副作用:噻嗪类利尿药可损伤糖耐量,甚至引起糖尿病。使用袢利尿药或者噻嗪类利尿药能使血浆的总胆固醇、甘油三酯和低密度脂蛋白的浓度增加,而高密度脂蛋白减少。长期使用噻嗪类利尿药可以导致血清中的尿酸增加,是剂量依赖性的。

因此,长期服用应注意容量不足,应常规检查血中电解质浓度,根据病情及时补充钾盐及镁盐,纠正电解质紊乱,也可采用间歇疗法。避免与副作用有协同作用的药物合用。保钾利尿药不宜与含钾药物或其他保钾利尿药合用。

(四)纠正电解质紊乱及调节酸碱平衡药物的不良反应管理

碳酸氢钠中和胃酸时所产生的二氧化碳可能引起嗳气和继发性胃酸分泌增加。静脉滴注过量引起代谢性碱中毒、低钾血症、低钙血症,可出现异常疲倦虚弱、肌肉疼痛或抽搐、呼吸减慢、心律失常、精神症状、食欲减退、恶心呕吐等。因此,应从小剂量开始治疗,根据患者的血pH、碳酸氢根

浓度变化决定追加剂量。有下列情况应慎用,如少尿或无尿、钠潴留并有水肿,肝硬化、充血性心力衰竭、肾功能不全、妊娠高血压综合征等,因钠负荷增加可能加重病情。

治疗高钾血症主要使用聚苯乙烯磺酸钙,其主要不良反应有便秘、恶心、呕吐、胃部不适、食欲减退等消化系统症状。过量服用可引起低钾血症。服用过程中,应注意观察病情,定期测定血清钾和血清钙的浓度。

(五)治疗肾性贫血药物的不良反应管理

重组人促红细胞生成素(rhuEPO)的常见不良反应有血压升高、头痛、心动过速、高凝状态等,偶见皮疹。对未控制的高血压患者和对本品过敏者禁用。为提高其疗效,用药前及用药期间应补充铁剂、叶酸或维生素 B_{12}。注意其他引起 EPO 抵抗的各种因素,如感染、继发性甲状旁腺功能亢进等。用药过程应定期监测血细胞比容、血清铁与转铁蛋白饱和度等。

口服铁剂的不良反应为胃肠道刺激或便秘,个别患者可能出现恶心、呕吐、腹泻等胃肠道反应,故宜饭后服用。维生素 C、枸橼酸、氨基酸等可促进铁的吸收。茶叶和含鞣质较多的中药不利于铁的吸收。四环素、青霉胺等药物与铁剂形成不溶性络合物而影响吸收。

静脉滴注铁剂的不良反应主要为变态反应,常见皮肤瘙痒、呼吸困难,头痛、恶心、腹泻、低血压,偶见金属味。在给予试验剂量时间内,应密切观察,特别注意变态反应或过敏样反应的发生。已知对铁剂过度敏感、有严重肝功能不良、急慢性感染、有过敏史的患者在使用本品时应小心。注射速度太快,会引发低血压。因可降低口服铁的吸收,故不能与口服铁剂同时使用。

HIF-PHI 类药物是正在进行研究的产品,其不良反应可有腹泻、恶心、外周性水肿、心率增快、头痛及高血压、上呼吸道感染等。潜在的风险有红细胞生成过度。需要在大样本中进行观察。

(六)磷结合剂的不良反应管理

氢氧化铝不良反应:服用后容易便秘,肾功能不全患者长期应用易有铝中毒现象。

碳酸钙可引起嗳气、便秘。服用过多引起尿钙或血钙升高。正在服用洋地黄类药物者禁用。

司维拉姆主要表现为胃肠道的不良反应,表现为腹胀、恶心、便秘等,此外还可引起肝细胞损害、转氨酶升高、胆红素血症。有消化道梗阻和对药物过敏者禁用。

碳酸镧的不良反应最常见的也是胃肠道反应,包括食欲减退、腹胀、便秘、恶心、呕吐等。对药物过敏者禁用。

(七)治疗继发性甲状旁腺功能亢进药物的不良反应管理

活性维生素 D 及其类似物长期大剂量使用,可引起高钙血症,高磷酸盐血症,并可能加重血管和其他软组织钙化,因此给药期间需定期监测。帕立骨化醇对胃肠道作用比骨化三醇弱,高钙副作用相对少见,但仍应注意。此外,过度抑制甲状旁腺素可导致低转运性骨病。需对患者进行个体化剂量调整。

钙敏受体激动剂西那卡塞的常见不良反应是恶心、呕吐、食欲减退、腹泻。过量应用可引起低钙血症,并出现肌痛、抽筋、手足抽搐等症状。用药期间应监测血钙浓度,并采取对症治疗。

(八)复方 α 酮酸制剂的不良反应管理

复方 α 酮酸制剂可能发生高钙血症,需注意减少其他含钙物质或药物的摄入。必要时减少维生素 D 的摄入量。宜在用餐时服用,用药时保证足够的热卡摄入。

第二节　常见肾脏疾病的药物治疗

一、肾小球疾病

根据病因、发病机制不同一般可以分为原发性肾小球疾病、继发性肾小球疾病和遗传性肾小球疾病。病因不清者为原发性,因全身性疾病引起者为继发性,如 SLE、系统性血管炎、糖尿病等引起的肾病。因基因突变所致的为遗传性,如薄基底膜肾病、奥尔波特(Alport)综合征等。

(一)临床表现与诊断

1. **临床表现**　肾小球疾病的临床表现主要表现为血尿、蛋白尿、水肿、高血压,严重者出现肾功能损害。

(1)血尿:肾小球疾病的血尿多为无痛性全程肉眼血尿或镜下血尿。血尿以畸形红细胞为主,形态为椭圆形、哑铃状、半月状、出芽状等。尿常规检查同时有蛋白尿和/或红细胞管型,也提示血尿为肾小球源性。

（2）蛋白尿：正常肾小球滤过膜具有分子屏障和电荷屏障功能,肾小球疾病不仅导致电荷屏障,还导致分子屏障受到破坏后,中、大分子蛋白可从肾小球毛细血管裸漏出,超过近端小管重吸收能力,所以肾小球疾病的蛋白尿不仅有白蛋白,还包含其他大、中、小分子量蛋白。

（3）水肿：肾小球疾病导致水、钠排泄障碍,形成水肿;大量蛋白尿导致血浆蛋白水平降低、血浆胶体渗透压降低,血管中液体进入组织间隙形成水肿;有效循环血容量下降激活肾素-血管紧张素-醛固酮系统,肾小管重吸收水、钠增多,加重水肿。

（4）高血压：肾性高血压的原因包括水钠潴留、肾素-血管紧张素-醛固酮激活、肾内前列腺素系统和激肽释放酶-激肽系统物质减少等。

（5）肾功能损害：肾小球损害严重导致滤过功能明显降低,代谢产物潴留引起氮质血症。

2. 诊断 肾小球疾病的临床诊断一般基于其临床表现特点进行分型,一般分为5种类型:急性肾炎综合征、急进性肾炎综合征、慢性肾炎综合征、肾病综合征及无症状性血尿和/或蛋白尿。每一个临床综合征都不是独立的疾病,可包含多种肾小球疾病。

（1）急性肾炎综合征：多见于儿童。起病较急,发病前常有链球菌前驱感染的病史,如急性扁桃体炎或皮肤感染。其中以链球菌感染最常见,多在感染后1~4周内发病。临床表现为不同程度的水肿,镜下血尿或肉眼血尿,以肾小球源性血尿为主要特征,蛋白尿<3.5g/24h,常有伴水肿、血压升高,可有少尿和一过性氮质血症。病理表现为毛细血管内增生型肾小球肾炎。

（2）急进性肾炎综合征：与急性肾炎综合征相似,但病情更重、进展更迅速,短期内（数天至数周）肾功能急剧恶化,进行性血肌酐升高。多有少尿乃至无尿。常在数周至数月内进展至肾衰竭。病理表现为新月体型肾炎（crescentic glomerulonephritis）。根据血清免疫学检查及肾脏免疫病理表现,分为三型:Ⅰ型,抗GBM型（抗肾小球基底膜病）;Ⅱ型,免疫复合物型（如重症狼疮肾炎等）;Ⅲ型,寡免疫复合物型（抗中性粒细胞胞质抗体相关性血管炎）。

（3）慢性肾炎综合征：多起病隐匿,病情迁延,病程常在3个月以上。其临床表现与病理类型呈现多样化,早期患者常无明显症状,或仅有水肿、乏力等,有血尿、蛋白尿,可有水肿和高血压,迁延不愈或逐渐加重,病情后期逐渐出现氮质血症,可能发展成为尿毒症。病程中因感染等应激因素诱发,出现慢性基础上的急性加重。病理可包括各种肾小球疾病病理类型,我国最常见类型是IgA肾病。

（4）肾病综合征：临床表现为大量蛋白尿（>3.5g/24h）、低白蛋白血症（<30g/L）、水肿和高脂血症。其中前两项是诊断的必要条件。病因可为原发性肾小球疾病（如微小病变肾病、膜性肾病、局灶节段性肾小球硬化等）和继发性肾小球疾病（如糖尿病肾病、狼疮肾炎等）。

（5）无症状性血尿和/或蛋白尿：表现为轻至中度蛋白尿和/或血尿,无水肿、高血压和肾功能异常。常见于多种原发性肾小球疾病（如肾小球轻微病变）和部分肾小管-间质病变。建议随访,如出现尿蛋白增加、活动性尿沉渣、肾功能恶化等应考虑肾活检进行病理诊断。

病理诊断：肾小球疾病的病理诊断包括局灶节段性肾小球硬化、膜性肾病、系膜增生性肾小球肾炎（IgA型与非IgA型）、毛细血管内增生性肾小球肾炎、系膜毛细血管性肾小球肾炎、新月体性肾小球肾炎、硬化性肾小球肾炎等。肾小球疾病的病理诊断与临床诊断不是一一对应的。

（二）一般治疗原则

1. 基本治疗 包括去除诱因（抗感染）、生活方式调整、饮食调整、避免使用肾毒性药物等。

2. 非免疫抑制治疗 如对症治疗（利尿消肿）,控制血压,应用肾素-血管紧张素-醛固酮系统拮抗剂（ACEI、ARB、螺内酯等）,其他药物治疗（抗凝促纤溶、抗血小板治疗等）。

3. 免疫抑制治疗 由于多数原发性肾小球疾病的发病机制与异常的免疫活化诱发炎症反应有关,因此根据临床与病理表现,选择糖皮质激素与免疫抑制剂治疗。

4. 针对不同病因、病理类型的特定发病机制进行针对性的靶向治疗 临床表现为急性肾小球肾炎的患者通常以对症支持治疗,防治并发症为主。链球菌感染后肾小球肾炎是一个自限性疾病，预后良好。但老年患者预后相对较差。急进性肾小球肾炎的治疗常需甲泼尼龙冲击联合免疫抑制剂治疗，必要时进行血浆置换。慢性肾小球肾炎需结合临床表现和病理类型，进行综合防治。病因未明的无症状性血尿和/或蛋白尿应进行长期随访，必要时行肾脏穿刺明确诊断。

5. 并发症的治疗 防治心脑血管并发症、纠正血糖、血脂、血尿酸等代谢异常、纠正电解质与酸碱失衡、钙磷代谢紊乱等。

（三）治疗药物及方案

目前多数原发性肾小球疾病的病因不清，发病机制未明，其临床与病理表现多样，预后差异较大，因此尚缺乏统一的药物治疗方案。肾小球疾病的预后与临床表现、病理表现以及肾功能状况等有关，需要综合决定治疗药物的种类。最初认为多数肾小球疾病为免疫介导，因此糖皮质激素与免疫抑制剂被广泛应用。近年来随着越来越多循证医学证据的出现，包括以慢性肾炎综合征为表现的 IgA 肾病、低危型的膜性肾病、继发性 FSGS 等在内的许多肾小球疾病没有发现过度激素及免疫抑制治疗带来的益处，因此建议优先选用以足量 RAS 抑制剂为主的综合性治疗。只有临床判断病情无法自行缓解、表现为快速进展、或病理表现为新月体肾炎等活动病变，或有突出的免疫、炎症、增殖表现的肾小球疾病，优先选择糖皮质激素及免疫抑制剂治疗。

1. 利尿消肿 在低盐饮食（<3g/d）基础上，应用利尿药，例如呋塞米 20mg 口服，每日 1~2 次，减轻水肿。若口服利尿药效果不理想，必要时可使用静脉滴注利尿药或使用白蛋白后再利尿治疗。

2. 降压治疗 优先选择 RAS 抑制剂，并逐渐滴定达到最大耐受剂量。如果血压仍然没有达标，可以合并应用钙通道阻滞药或者利尿药，例如氨氯地平 5mg，1 次/d，口服。

3. 应用 RAS 抑制剂 血管紧张素转换酶抑制剂（ACEI）或血管紧张素 Ⅱ 受体拮抗剂（ARB）控制蛋白尿和高血压，这是影响肾小球疾病进展的重要因素，从而延缓肾脏病进展。例如：贝那普利 10mg，1 次/d，口服。氯沙坦 50mg，1 次/d，口服。由于 RAS 抑制剂扩张出球小动脉的作用

强于扩张入球小动脉的作用，可造成肾小球滤过率下降，对肾功能异常的患者此副作用明显，所以血肌酐超过 265μmol/L（3mg/dl）首次处方的患者一般不用 ACEI/ARB。

4. 并发症治疗 维持酸碱和电解质平衡可用碳酸氢钠 1.0g，3 次/d，口服。根据其他并发症的类型合理选择药物和治疗方案。

5. 抗感染治疗 根据感染部位、程度进行经验性治疗，或者根据病原微生物培养及药敏结果选择敏感抗生素治疗。

6. 糖皮质激素 糖皮质激素是肾小球疾病行免疫抑制治疗的最常用药物。对于临床病情无法自行缓解、表现为快速进展型及病理活动性病变明显者，应选择糖皮质激素治疗。甲泼尼龙冲击治疗一般为 1g/d 连续治疗 3 日。泼尼松是常用的口服制剂，足量治疗剂量为 1mg/（kg·d），根据病情缓解情况决定减量速度和疗程。因泼尼松在体内发挥作用首先需要在肝脏进行转化，若存在严重肝功能异常，可选择能直接发挥作用的泼尼松龙或甲泼尼龙片。

7. 免疫抑制剂 肾小球疾病如病理表现为新月体肾炎等活动病变，或有突出的免疫、炎症、增殖表现等，在糖皮质激素治疗基础上，还需要结合免疫抑制剂治疗。临床常用的细胞毒药物包括环磷酰胺、硫唑嘌呤、来氟米特、环孢素、吗替麦考酚酯和他克莫司。

（四）临床问题导向的药物治疗

1. 肾小球疾病进展危险因素的控制与用药原则 原发性肾小球疾病进展和预后的主要影响因素包括：蛋白尿的水平与持续时间、高血压水平、肾功能情况、肾脏病理的严重程度及慢性化程度。针对以上危险因素设定临床治疗靶点，包括降低蛋白尿的水平、控制血压达标、延缓肾功能减退的进展。感染、过量体液丢失引起容量不足、创伤、使用肾毒性药物等是慢性肾小球疾病病情急性加速的常见原因，要尽量避免并积极控制。

临床治疗上一般首先开始非免疫抑制治疗，常见的慢性肾炎如 IgA 肾病在充分应用 RAS 抑制剂 3~6 个月基础上，如果蛋白尿依然大于 1g，可以单用糖皮质激素治疗，因为足量激素会引发感染等副作用，建议采用半量激素治疗，对高危患者同时合用磺胺类抗生素。对于新月体肾炎等病

情严重的患者,单用糖皮质激素治疗疗效不佳,缓解率较低、复发率较高。建议糖皮质激素联合环磷酰胺等免疫抑制剂治疗。

2. 如何减少 RAS 抑制剂的副作用 ACEI 和 ARB 是慢性肾炎的常用治疗药物,当患者肾功能损伤到一定程度或合并有高钾血症则不宜继续应用,合并双侧肾动脉狭窄者需禁用,容量不足者需要给予纠正。一般而言,肌酐 >265μmol/L(3mg/dl)如使用必须严密观察,高危患者在初次使用 ACEI 和 ARB 药物,服药一周内应严密监测肾功能和血钾的变化,用药 2 个月内血清肌酐上升和/或 GFR 下降 <30% 可在严密监测下继续应用。如血清肌酐上升和/或 GFR 下降 >50% 应立即停用。如血清肌酐 >354μmol/L(4mg/dl),需慎用。RAS 抑制剂开始以小剂量服用,根据患者耐受情况,逐渐滴定增加剂量,一般应达到双倍剂量,更好的发挥降压、降低蛋白尿和保护肾功能的作用。对于老年、有心血管并发症发生风险的患者,不建议 ACEI 与 ARB 类药物联合使用,以避免发生急性肾损伤和高钾血症,可以合并应用钙通道阻滞药或利尿药。

3. 如何减少糖皮质激素的副作用 糖皮质激素冲击期间,根据患者基础胃病情况,选用制酸剂(如质子泵抑制剂等)和胃黏膜保护剂。长期应用糖皮质激素,应合并处方碳酸钙和维生素 D 以预防骨质疏松。应监测血糖,如果血糖升高,给予必要的降糖药物治疗。糖皮质激素禁用于活动性结核病、难以控制的感染、未经控制的糖尿病、活动性胃溃疡、重度骨质疏松、严重高血压、严重的精神病、癫痫等患者。

多数免疫抑制剂需要联合糖皮质激素进行治疗,可以较单用激素或免疫抑制剂获得更高的临床缓解率。但是,联合应用后副作用也相应增加。例如,足量激素联合免疫抑制剂显著增加患者感染特别是机会性感染的风险。在应用前需排查高危人群、避免感染危险因素、定期监测免疫指标,可以将激素减量,以及进行免疫抑制剂血药浓度监测。必要时合并应用预防性抗生素(如磺胺类药物预防肺孢子虫肺炎)。

4. 如何减少常用免疫抑制剂的副作用 环磷酰胺作为烷化剂有较多严重的副作用,包括发生骨髓抑制、感染风险、性腺毒性、膀胱毒性、致畸

性及恶性肿瘤的风险。CTX 的毒性与其累积剂量有关。故需避免长期大剂量使用。最大程度地降低 CTX 的长期风险,应采用减少累积剂量和暴露持续时间的治疗策略。与每日口服 CTX 治疗方案相比,采用 CTX 间歇冲击治疗方案,累积剂量可降低 60% 以上。临床缓解诱导后,将 CTX 换为副作用较小的免疫抑制剂,可减少对 CTX 的暴露。

吗替麦考酚酯(MMF)治疗肾小球疾病一般需与激素合用,单用 MMF 的疗效证据尚不充分。应充分参考已经发表的临床研究经验和指南推荐的建议,避免将 MMF 过度用于一线治疗用药。对肾功能损害、GFR<25ml/(min·1.73m²)的患者,MMF 应减量。

钙调磷酸酶抑制剂环孢素和他克莫司的代谢通路相似。两者均通过肝脏细胞色素 P450 3A 酶代谢,并经胆汁排泄。因此,影响细胞色素 P450 3A 酶代谢的药物可能与环孢素和他克莫司发生药物相互作用。地尔硫䓬能减少环孢素的代谢,使用地尔硫䓬时应立即减少环孢素或他克莫司的剂量,并监测血药浓度。肾毒性是钙调磷酸酶抑制剂的最常见的不良反应,需要定期监测并积极处理。肾血管收缩和钠潴留导致的高血压通常在用药开始几周内发生,抗高血压治疗通常首选钙通道阻滞药。地尔硫䓬也可逆转环孢素导致的急性血管收缩,但能够预防环孢素的慢性肾毒性尚不明确。钙调磷酸酶抑制剂其他不良反应还有神经毒性、代谢异常、感染,以及发生恶性肿瘤的风险等。

5. 肾小球疾病常见并发症的控制与药物治疗 急性肾炎综合征的并发症主要有:

(1)心力衰竭:不同程度的心力衰竭多发生于成年及老年患者,与循环血量急剧增加及原有潜在心脏基础疾病有关。应严格限制水钠摄入,使用利尿药,给予降压药控制血压,给予血管扩张剂。其他用药按心力衰竭处理。

(2)脑病:出现恶心、呕吐、认知障碍、癫痫发作等,与高血压、尿毒症毒素等有关,儿童比成人更突出。应快速给予镇静、扩血管、降压等治疗,以及吸氧、解痉,积极利尿,以降低容量负荷,减轻脑水肿。

(3)高钾血症:患者应用离子交换树脂或透

析,此时一些保钾利尿药不能应用。

如患者明显容量超负荷,肺水肿经利尿治疗效果不明显;出现少尿、高血钾等病情危重等情况药物治疗效果欠佳,需要行单纯超滤或者透析治疗。

急进性肾炎综合征,特别是抗 GBM 肾病,在激素联合免疫抑制剂治疗基础上,还需要强化血浆置换治疗,分离并弃去患者的血浆,以等量正常人的血浆重新输入患者体内,直至血清抗体转阴或病情好转。

(五)药物治疗展望

目前治疗肾小球肾炎的有效药物如 RAS 抑制剂、糖皮质激素和免疫抑制剂等虽可部分控制病情,但仍有部分患者的病情不能完全缓解。长期应用激素和免疫抑制剂可发生严重的副作用。因此需寻求针对性更强、毒副作用更小、更有效的新型药物。生物制剂治疗肾小球肾炎是未来的发展方向,目前有研究报道,今后需要根据不同肾小球疾病的发病机制和干预靶点,研发有针对性的生物制剂,并通过更多的临床研究证实其疗效与安全性。

二、肾病综合征

肾病综合征(nephrotic syndrome, NS)是由多种病因引起肾小球基底膜通透性增加,导致大量蛋白尿的一组临床表现相似的临床综合征。因此,肾病综合征不是一种疾病,其共有的临床表现是大量蛋白尿、低白蛋白血症、明显水肿和高脂血症。大量蛋白尿成人应 >3.5g/d,儿童 >50mg/(kg·d)。低蛋白血症是指血浆白蛋白 <30g/L。根据病因肾病综合征分为原发性、继发性和遗传性。无明确病因者为原发性肾病综合征。继发性肾病综合征的病因包括糖尿病、系统性红斑狼疮、肝炎病毒感染、肾淀粉样变、药物或毒物、肿瘤等。遗传性肾病综合征为基因突变引起。肾病综合征的发病机制尚未完全明了,目前认为大量蛋白尿是由于肾小球滤过屏障中电荷屏障与分子屏障破坏所致。

(一)临床表现与诊断

1. 临床表现 肾病综合征多急性起病,可有诱因,常见有上呼吸道感染、皮肤感染、胃肠炎、各种过敏等。不同发病年龄其临床与病理表现不同,出生后不久的婴儿(3~6 个月内)发病多为先天性肾病综合征,多与足细胞相关的基因突变有关。儿童肾病综合征的肾脏病理类型多为微小病变型肾病。老年肾病综合征的病理类型多为膜性肾病。

肾病综合征的特征性临床表现是水肿,其特点是首发于组织疏松部位,例如眼睑、颜面部、足踝部,严重可波及下肢或全身。呈现为凹陷性水肿,用手指按压可出现凹陷。水肿的性质是软且易移动。水肿严重时出现胸腔积液、腹腔积液、心包积液以及男性阴囊水肿。部分患者尽管有严重低蛋白血症但水肿可不明显。

除了大量蛋白尿外,肾病综合征根据病理类型不同,可表现为血尿、高血压及肾功能减退,其中病理为局灶性节段性肾小球硬化、系膜增生性肾小球肾炎、膜增生性肾小球肾炎者,血尿、高血压及肾功能减退的发生率较高;而病理为微小病变型肾病、膜性肾病患者,血尿、高血压及肾功能减退发生率较低。

肾脏 B 超检查显示肾脏增大,与水肿程度有关;如病情迁延和进展,可表现为皮质髓质分界不清,后期出现肾功能不全者可表现为肾脏缩小。严重低蛋白血症及病理类型为膜性肾病者,肾静脉检查可见血栓形成。同位素肾图通过检查肾的肾小球滤过率评估肾脏的损伤程度。肾病综合征明显水肿者肾小球滤过率偏低。

实验室主要检查为:24h 蛋白定量 >3.5g;血浆蛋白 <30g/L;几乎所有脂蛋白成分均增高,血浆总胆固醇、低密度脂蛋白胆固醇明显增高,甘油三酯和极低密度脂蛋白胆固醇升高,高密度脂蛋白胆固醇可以升高、正常或降低。血清蛋白电泳中 α_2 和 β 球蛋白升高,而 α_1 球蛋白正常或降低;纤维蛋白原、凝血因子 V、VII升高,抗凝血因子减少。部分病理类型患者的尿液中红细胞增多以及肾功能受损。病理类型表现为原发性膜性肾病者多数有 PLA2R 阳性;而膜增生性肾炎为持续性低补体血症。

肾病综合征的主要病理类型有微小病变型肾病、局灶性节段性肾小球硬化、系膜增生性肾小球肾炎、膜性肾病及膜增生性肾小球肾炎等,它们的病理表现各有其特征。

2. 诊断 肾病综合征诊断标准为:尿蛋白

≥3.5g/d；血浆白蛋白 <30g/L；水肿；高脂血症。其中前两项为诊断所必需。

（二）一般治疗原则

肾病综合征的治疗目标是：最大限度地降低蛋白尿，保持病情维持缓解、不复发，预防或纠正疾病或治疗药物引起的各种并发症，控制发展成为慢性进行性疾病，保持肾功能长期稳定。

治疗原则包括：

1. **综合治疗** 有严重水肿者应多注意休息。适当限水限钠。效果欠佳者，可口服利尿药治疗。蛋白的摄入量为 0.8~1.0g/（kg·d），热量需要 126~146kJ/（kg·d），水肿时应低盐饮食，每日小于 3g。

2. 应用激素和免疫抑制剂。

3. 基于肾病综合征不同的病理类型，选择不同的治疗方案。

4. **并发症处理** 血栓及栓塞、脂质代谢紊乱、感染、急性肾损伤。

5. 已经出现肾功能减退的患者，按照慢性肾功能不全一体化治疗。

（三）治疗药物及方案

肾病综合征的传统的治疗药物以糖皮质激素与环磷酰胺等免疫抑制剂为主要治疗药物。以往糖皮质激素的使用原则是：起始剂量要足、疗程要长、病情缓解后减量要慢。

近年来认识到肾病综合征的药物治疗需要结合病理类型选择药物种类，并制订相应的用药方案。鉴于糖皮质激素的诸多副作用，对于激素不敏感类型不易长期大剂量使用。对于激素敏感的类型也可以缩短疗程，甚至可以不用激素治疗。新型免疫抑制剂不断涌现，治疗靶点更加精确，副作用更小。

1. **水肿** 利尿药，如噻嗪类利尿药、袢利尿药和保钾利尿药，根据患者病情均可选用。单纯利尿药治疗反应欠佳者，可先静脉滴注白蛋白提高血浆蛋白浓度再行利尿治疗，但不作为常规治疗。

2. **降压治疗** 降压药物首选血管紧张素 Ⅱ 受体拮抗剂（angiotensin Ⅱ receptor blockers，ARB）或血管紧张素转换酶抑制剂（angiotensin-converting enzyme，ACEI），血压建议控制在 130/80mmHg 以下。

3. **糖皮质激素** 对于激素敏感型肾病综合征，治疗初期可口服足量激素，即每日晨起顿服 1mg/kg（最大剂量不超过 80mg），或者隔日晨起顿服 2mg/kg（最大剂量不超过 120mg）。观察性研究显示每日和隔日口服激素的方案两种疗效无差别。足量激素治疗诱导缓解后，一般应再持续治疗 2 周；此后每周减 5~10mg 或更少，一般后期减量速度偏慢，总疗程至少 24 周。对足量激素治疗仍未达到完全缓解者，大剂量激素治疗时间不应 >16 周。

4. **免疫抑制剂** 频繁复发／激素依赖患者口服环磷酰胺 2mg/（kg·d），共 8 周。使用环磷酰胺后仍复发和希望保留生育功能的患者，建议使用钙调磷酸酶抑制剂，环孢素 3~5mg/（kg·d），需维持血药浓度为 100~200ng/ml。他克莫司 0.05~0.1mg/（kg·d），初始治疗血药浓度为 4~8ng/ml。钙调磷酸酶抑制剂分两次口服。维持缓解 3 个月后，减量至维持缓解的最低剂量，维持 1~2 年。对于不能耐受糖皮质激素、环磷酰胺和钙调磷酸酶抑制剂的患者，建议使用霉酚酸酯每次 750~1 000mg，每日 2 次，肾功能减退需减量，联合糖皮质激素治疗。雷公藤对部分环磷酰胺、钙调磷酸酶抑制剂均不敏感的患者依然有效。雷公藤多苷片 20mg 每日 3 次，联合泼尼松治疗。

5. **血浆置换治疗** 血浆中有致病因素的经药物治疗无法缓解的肾病综合征（例如 FSGS、C3 肾病等），可以考虑应用。

6. **肾病综合征** 多合并高凝、高脂状态，需要酌情应用抗凝、抗血小板和降脂药物。详见并发症治疗。

（四）临床问题导向的药物治疗

1. **基于发病机制与病理类型制订治疗方案** 因为原发性肾病综合征的发病机制尚未完全明了。一般认为肾小球毛细血管壁电荷屏障及分子屏障的破坏是由于免疫反应激活补体、凝血纤溶系统以及基质金属蛋白酶活化等因素所致。此外，高血压、高血糖等非免疫机制也可加重屏障破坏。因此主要采用糖皮质激素、免疫抑制剂结合 RAS 抑制剂及其他非免疫抑制治疗。继发性肾病综合征的原因复杂，包括系统性红斑狼疮、糖尿病、肝炎病毒感染、药物或毒物、血液肿瘤或实体肿瘤等引起。儿童肾病综合征应该注意遗传因素;因此,继发性需要首先明确病因,积极治疗原发病。

同一种病理类型的肾病综合征其临床表现和预后亦有明显差异,例如对于病理类型为膜性肾病的肾病综合征患者,宜先进行风险评估,再选择不同治疗方案。低风险者首先选择非免疫抑制剂治疗,治疗 6 个月如无效或再加用免疫抑制剂治疗。中度风险者根据患者临床表现和肾功能状况选择非免疫抑制剂治疗或直接开始免疫抑制剂治疗。高度风险者一般起始即应进行免疫抑制剂治疗。

2. 糖皮质激素与免疫抑制剂治疗肾病综合征的合理应用 因糖皮质激素和免疫抑制剂突出的副作用,在参考国内外指南建议的基础上,具体治疗方案需要根据患者情况进行个体化制订。如果患者出现了严重的副作用或不良反应,需提前减量或缩短疗程(如未控制的糖尿病、精神并发症、消化道溃疡、股骨头坏死、重度骨质疏松症等)。尿蛋白转阴后应维持治疗多长时间尚无定论,既要减少药物副作用,还需要预防病情复发。目前没有证据显示延长糖皮质激素治疗时间可以减少病情复发。对于激素抵抗、病情反复、存在相对禁忌证或不能耐受的患者,建议口服环磷酰胺或钙调磷酸酶抑制剂等免疫抑制剂,必要时可以考虑重复肾活检重新明确病理类型。

环磷酰胺治疗后复发的患者,使用环孢素或他克莫司,给药 4~6 次后,他克莫司和环孢素即可达到稳态浓度。应在治疗开始 2~3 日后实施血药浓度监测,并适时调整剂量以减少不良反应。环孢素治疗前血肌酐升高者,若需要使用药物治疗,起始治疗剂量应小于 2.5mg/(kg·d),CsA 治疗后若血肌酐较基础值升高 30%,应减量。CsA 血药浓度正常仍有可能发生肾毒性。应当考虑钙调磷酸酶抑制剂的血药浓度可能会受很多因素的影响。

3. 治疗肾病综合征合并用药的原则与注意事项 糖皮质激素是治疗肾病综合征的主要用药,但应注意其副作用,以及合并用药可能加重其副作用。例如,因激素可加重消化道溃疡,因此有溃疡的患者避免使用,避免对高危患者应用糖皮

质激素联用非甾体抗炎药和抗凝及抗血小板药。必要时加用胃黏膜保护剂和抑酸剂。定期检查骨密度,合用骨化三醇与钙剂预防骨质疏松。

除了微小病变性肾病等激素敏感型肾病综合征,多数成人肾病综合征表现为激素依赖、激素抵抗或单用激素效果不好,需要激素联合免疫抑制剂治疗。

多数免疫抑制剂联合糖皮质激素应用后副作用也相应增加。可使患者易发生细菌感染、机会性感染、真菌感染和病毒感染,例如,足量激素联合免疫抑制剂显著增加患者感染特别是机会性感染的风险。在应用前需排查高危人群、避免感染危险因素,细菌性感染通常发生在白细胞减少的临床情况下,定期监测免疫指标(淋巴细胞绝对计数、CD4+/CD8+ 检测等),可以将激素减量,以及进行免疫抑制剂血药浓度监测。必要时合并应用预防性抗生素(如磺胺类药物预防肺孢子虫肺炎)。一旦发生感染应积极抗感染治疗。必要时停用免疫抑制剂,或激素减量。

应熟悉各类免疫抑制剂的主要副作用。糖皮质激素和他克莫司都有升高血糖的风险,因此,需要注意血糖变化。有糖耐量异常的患者需加强饮食控制与血糖检测。使用环孢素时,需要注意肾功能变化。避免同时合并应用可能引起肾损伤的药物。非甾体抗炎药可损伤利尿药的利尿、排钠和降压作用,并引起肾血管收缩和肾小球滤过率下降。硫唑嘌呤避免与别嘌醇或非布司他联合,避免重度骨髓毒性的风险。

祥利尿药和氨基糖苷类药物合用能增强耳毒性和肾毒性,利尿药所致的低钾血症会增加洋地黄的毒性。保钾利尿药螺内酯如果合并应用含钾药物、ACEI、ARBs 等可能导致高钾血症,因此尽量避免合用,尤其是有肾功能损伤的患者。

4. 肾病综合征的并发症、合并症及不良反应的多学科管理

(1)血栓及栓塞:肾病综合征因有高凝状态容易形成血栓,常见部位有肾静脉血栓、肺栓塞以及其他血管血栓。对于高危患者,例如血浆白蛋白低于 20g/L、膜性肾病患者等,应给予抗凝治疗,可予低分子量肝素或华法林治疗,使凝血指标中活化部分凝血活酶时间(APTT)达 2~3 倍,国际标准化比率(INR)控制在 1.8~2.0。还可以使用

双嘧达莫等抗血小板治疗。

（2）感染：肾病综合征的感染易患部位有呼吸道、皮肤、泌尿道感染和腹膜炎等。未发生感染者一般不预防性使用抗生素，但因肾病综合征的免疫力低，一旦发生应积极选用敏感药物抗感染治疗。必要时减量或停用激素与免疫抑制剂。

（3）急性肾损伤：肾病综合征患者因严重容量不足、合并感染、血栓、肾间质水肿、应用肾毒性药物等情况下，容易发生急性肾损伤。病理表现为微小病变性肾病的中老年患者可发生特发性急性肾衰竭，其发生与肾小管上皮细胞变性、坏死或脱落，以及肾间质水肿有关。这种类型给予胶体扩容效果欠佳，许多患者常需透析治疗，但多数肾功能可缓慢恢复。

（4）脂代谢紊乱：除饮食控制外，根据情况使用调脂药，常用为 HMG-CoA 还原酶抑制剂他汀类药物，包括辛伐他汀、普伐他汀、阿托伐他汀、瑞舒伐他汀等。对糖皮质激素治疗反应良好的青年患者，因病情可较快缓解，不推荐使用降脂药。

（5）内分泌异常：血清 25- 羟维生素 D 水平低、总结合甲状腺素减少、铜、铁或锌缺乏引起缺铁性贫血、味觉改变等，根据患者情况给予相应治疗。

（五）药物治疗展望

糖皮质激素和免疫抑制剂是目前治疗肾病综合征的有效药物，但仍有部分患者不能完全缓解或者部分缓解，新型生物制剂可针对肾病综合征的发病机制进行靶向治疗，与传统治疗药物相比，其针对性更强、治疗更有效、毒副作用更小。新型生物制剂的主要作用机制是调控 B 细胞和 T 细胞活化、T 细胞和 B 细胞间相互作用、以及细胞因子、补体的产生。例如，针对 B 细胞的药物抗 CD20 单克隆抗体（利妥昔单抗）、抗 B 细胞刺激因子（贝利木单抗）、抗 CD22 单克隆抗体（依帕珠单抗）、针对 T、B 细胞协同刺激作用的药物（阿巴西普）、针对补体 C5 的生物制剂（依库珠单抗）等。利妥昔单抗（rituximab）是抗 CD20 单克隆抗体，能与 B 细胞的 CD20 结合，并引发 B 细胞耗竭，对于激素依赖或抵抗肾病综合征，利妥昔单抗（375mg/m² 每周 1 次，连续 4 次）对部分膜性肾病患者有效，不仅可以提高缓解率，还可减少复发率。常见副作用为流感样症状、变态反应、低血压、胃肠道症状、血小板和中性粒细胞减少等。利妥昔单抗的免疫抑制作用强，因此容易继发严重感染。由于目前研究证据偏少，还需进一步研究。

三、慢性肾功能不全

慢性肾功能不全，也称为慢性肾衰竭（chronic renal failure，CRF），是指各种肾脏病进行性发展引起肾小球滤过率（glomerular filtration rate，GFR）严重下降，由此引起内环境紊乱和全身各系统器官受累的临床综合征。随着慢性肾脏病（CKD）概念的提出，已经涵盖了肾脏疾病不同肾功能的全部发展过程。目前 CRF 主要表示 CKD3 期以后，特别是 CKD4~5 期。CRF 的终末期将发展成尿毒症（或终末期肾病）。

目前慢性肾小球肾炎仍然是我国 CRF 的首位病因，随着人口老龄化和生活方式的改变，糖尿病等代谢性疾病所导致的终末期肾病逐年增加，因此，糖尿病肾病、高血压肾病将成为今后我国 CRF 的主要病因。某些患者如就诊时已达慢性肾衰竭，其病因难以确定。

（一）临床表现与诊断

1. 临床表现　CRF 的临床表现异质性较大，有些可无明显症状，有些仅表现为乏力、食欲不振、夜尿增多。疾病进行性发展，肾功能严重减退，则出现多个系统、器官的并发症。消化系统表现为食欲不振、恶心、呕吐、消化性溃疡、消化道出血、腹水等；循环系统表现为高血压、左心室肥厚、心力衰竭、心律失常和心包积液等；血液系统表现为贫血、血小板减少等；呼吸系统表现为肺水肿、胸腔积液、肺转移性钙化等；矿物质和骨代谢异常表现为低钙、高磷、继发性甲状旁腺功能亢进、肾性骨病等；水电解质酸碱失衡表现为高钾血症、代谢性酸中毒等；神经系统表现为尿毒症脑病、脑血管疾病、周围神经病变、精神异常等；皮肤并发症表现为皮肤瘙痒、色素沉着等。

2. 诊断　CRF 的诊断主要依据超过 3 个月的慢性肾脏病史，有尿毒症症状，更重要的是实验室检查血清尿素氮、肌酐、胱抑素 C 升高，估算的肾小球滤过率明显降低 [$<15ml/(min \cdot 1.73m^2)$]，超声等影像学检查显示肾脏体积明显缩小、皮质明显变薄、皮髓质界限不清等。

（二）一般治疗原则

CRF 的治疗包括保守治疗（非透析治疗）和肾脏替代治疗（透析治疗与肾移植）。

保守治疗包括：去除或控制导致肾功能恶化急剧加重的因素，低盐低蛋白饮食，禁用肾毒性药物，控制血压，延缓肾功能不全进展的速度，防治CRF 相关的各种并发症，如纠正贫血、改善钙磷代谢和 CKD-MBD、纠正酸碱失衡、纠正营养不良和代谢异常、控制心脑血管并发症等。CRF 的转归一方面是发展至终末期肾病尿毒症，还有很大比例因合并心脑血管疾病而过早死亡，因此，防治心脑血管疾病是 CRF 患者的治疗重点。

肾脏替代治疗包括血液透析、腹膜透析和肾移植治疗。CRF 患者的估算肾小球滤过率（eGFR）低于 15ml/（min·1.73m²）以下时，根据患者的年龄、原发病、症状严重程度、并发症控制情况、预后转归、个人意愿并结合医院的专业技术特点，决定肾脏替代治疗的时间，以及选择肾脏替代治疗模式。

（三）治疗药物及方案

CRF 缺少特异性的治疗药物，需要综合治疗。具体包括：①针对不同肾脏疾病的原发病的药物治疗。例如 IgA 肾病、狼疮性肾炎、糖尿病肾病等。②针对导致病情加重的诱因进行药物治疗。例如采用降压药控制高血压，应用 RAS 抑制剂控制蛋白尿等。③CRF 的营养治疗。既要限制蛋白总量的摄入，又要避免营养不良，需要进食优质蛋白。一般在低蛋白饮食的基础上合并应用复方 α 酮酸。④纠正酸中毒和水电解质紊乱的药物治疗。应用碳酸氢钠纠正酸中毒。应用排钾利尿药和降血钾树脂控制高血钾。⑤骨矿物质代谢异常的药物治疗。应用磷结合剂控制高磷血症。补充钙剂纠正低钙血症。应用活性维生素 D 和钙敏受体激动剂抑制继发性甲状旁腺功能亢进。⑥纠正肾性贫血的药物治疗。口服或者静脉补充铁剂，应用重组人促红细胞生成素，提高血红蛋白的浓度。⑦纠正其他代谢异常的药物治疗。应用调脂药治疗高脂血症。应用抑制尿酸生成药物治疗高尿酸血症。⑧清除肠道毒素的药物治疗。应用活性炭等肠道吸附剂。⑨其他系统性并发症的药物治疗。例如心脑血管并发症等的药物治疗。

慢性肾功能不全常用治疗药物如下：

1. 复方α酮酸 从 CKD 3 期［GFR<60ml/（min·1.73m²）］应开始低蛋白饮食治疗，蛋白摄入量一般为 0.6g/（kg·d），并可补充复方 α- 酮酸制剂 0.12g/（kg·d），若 GFR<25ml/（min·1.73m²），且患者对更低蛋白限制能耐受，蛋白摄入量可减至 0.4g/（kg·d）左右，并补充复方 α- 酮酸制剂 0.20 g/（kg·d）。在低蛋白饮食中，大于 50% 蛋白应为高生物价蛋白。能量摄入需维持在 35kcal/（kg·d），>60 岁活动量较小、营养状态良好者可减少至 30~35kcal/（kg·d）。

2. rhuEPO 初始剂量建议为 50~100IU/kg，每周 3 次（每周 2 次透析的患者剂量为 100~150IU/kg）；或 10 000IU 每周 1 次给药；皮下注射或静脉注射。

3. 铁剂 血液透析患者优先选择静脉使用铁剂。铁状态评估结果显示缺铁不显著的患者，也可口服补充铁制剂，包括有硫酸亚铁、枸橼酸铁、富马酸亚铁等。口服补铁：200mg/d，1~3 个月评估铁状态，未达目标值或口服不能耐受的患者，改用静脉途径补铁。若患者 TSAT<20% 和 / 或 SF<100μg/L，给予静脉铁制剂 100~125mg/ 周，连续 8~10 周，1 000mg/ 疗程；评估后不达标者重复疗程。若患者 TSAT ≥20%，SF ≥100μg/L，给予静脉铁制剂 25~125mg，每周 1 次。

4. 活性维生素 D 及其类似物 非透析患者的继发性甲状旁腺功能亢进（SHPT）治疗，常规治疗剂量：阿法骨化醇 0.25~0.5μg/d；骨化三醇 0.25~0.5μg/d；帕立骨化醇 1μg/d。冲击治疗剂量：骨化三醇 1μg/ 次，每周 3 次；帕立骨化醇 5μg/ 次，每周 3 次。静脉给药治疗的起始剂量：当全段甲状旁腺激素（iPTH）300~1 000pg/ml，骨化三醇 1μg/ 次，每周 3 次；帕立骨化醇 5μg/ 次，每周 3 次。当 iPTH 为 1 000~1 500pg/ml 时，骨化三醇 2μg/ 次，每周 3 次；帕立骨化醇 10μg/ 次，每周 3 次。当 iPTH>1 500pg/ml 时，骨化三醇 3μg/ 次，每周 3 次；帕立骨化醇 15μg/ 次，每周 3 次。

5. 磷结合剂 醋酸钙在消化道中与食物中的磷酸根结合成不易吸收的磷酸钙，减少磷的吸收，从而降低血中磷的浓度和由于血磷过高所致的甲状旁腺激素分泌过多。在餐前或餐中服用，2~4 片 / 次，每日 3 次。碳酸司维拉姆 800mg/ 片，一般每餐服用 1~2 片，每日 3 次。碳酸镧 500mg/

片,起始剂量为每餐服用 1 片,每日 3 次。

6. 西那卡塞 用于透析 CKD 患者的继发性甲状旁腺功能亢进:开始剂量为每日 1 次,每次 25mg,1 周内检测血钙和血磷水平,1~4 周检测 PTH 水平。以后逐渐调整每日剂量,时间均不得少于 2~4 周。

7. 碳酸氢钠 0.5g/ 片,1~2 片 / 次,每日 3 次。

8. 高钾血症 聚苯乙烯磺酸钠,成人每次 15~30g,事先可用水调匀,每日服 1~2 次。

(四)临床问题导向的药物治疗

1. 根据实验室检查结果调整治疗用药方案 服用复方 α 酮酸片,应当进行营养状态监测,CKD 患者从 GFR<60ml/(min·1.73m^2) 起易发生营养不良,故应从此开始对患者营养状态进行监测。对患者实施低蛋白饮食 / 优化蛋白饮食治疗后,更应规律地密切监测,治疗初或存在营养不良时推荐每月监测 1 次,以后每 2~3 个月监测 1 次。需应用下列多种方法监测,然后进行综合分析,才能对患者营养状态做出客观评估。

rhuEPO 根据患者的血红蛋白水平、年龄、临床情况、ESAs 类型决定 ESAs 初始用药剂量。应从小剂量开始使用,尤其是血压偏高、伴有严重心血管事件、糖尿病患者。在开始使用促红细胞生成剂(ESAs)治疗前,先处理所有可纠正的贫血原因(包括铁缺乏和炎症状态);对于合并活动性恶性肿瘤的 CKD 患者,应谨慎使用 ESAs 治疗。对于 Hb≥100g/L 的非透析 CKD 患者,不建议使用 ESAs 治疗。对于 Hb<100g/L 的非透析 CKD 患者,个体化决定是否开始 ESAs 治疗。对于 CKD5 期透析患者,当 Hb 为 90~100g/L 时,开始 ESAs 治疗,以免 Hb 下降至 90g/L 以下。成人 CKD 患者应用 ESAs 治疗以维持 Hb>115g/L,但不超过 130g/L。

对于未接受铁剂或 ESAs 治疗的成年 CKD 贫血患者,其转铁蛋白饱和度(TSAT)≤30%,铁蛋白≤500g/L,只用铁剂治疗,不用 ESAs 也有望使 Hb 浓度升高;在非透析 CKD 患者中,可尝试进行为期 1~3 个月的口服铁剂治疗。当患者合并系统急性感染时,应尽量避免使用静脉铁剂治疗。口服铁剂方便、安全、经济,但不能满足 EPO 治疗过程中骨髓对铁的需求量。口服补铁成人每日应

用的元素铁剂量应为 200mg,以保证红细胞生成的需要,分 2~3 次口服。口服铁剂在空腹或不与其他药物同服时吸收最好,静脉铁剂初始补充量约 1g。

应用维生素 D 治疗 SHPT 的前提条件是控制血钙和血磷水平正常或接近正常范围。对于同时伴有高钙血症、高磷血症和高 PTH 血症的患者,建议首先应用西那卡塞治疗,并积极控制血钙和血磷,待血钙和血磷水平正常或接近正常范围后,再应用维生素 D 治疗。对于已经形成三发性甲状旁腺功能亢进症、甲状旁腺形成 1cm 以上的腺瘤,iPTH≥600pg/ml,且存在高转运骨病的临床表现(骨痛、骨特异性碱性磷酸酶升高及严重骨质疏松)和 / 或进展性血管等软组织钙化,或者虽然 iPTH<600pg/ml,但存在难以控制的高钙血症和高磷血症的患者,应考虑进行甲状旁腺切除手术治疗;术后再依据临床情况应用维生素 D 治疗。

磷结合剂醋酸钙片的不良反应表现为厌食、恶心、呕吐、便秘、昏睡。醋酸钙片有降低洋地黄类药物抗心律失常的作用,应避免同时服用。服药过量可见高钙血症,用药期间建议每 2 周测定一次血钙水平,避免造成高钙血症。其他不含钙的磷结合剂,均需定期复查血液检查,根据治疗效果,滴定服药剂量。

西那卡塞因可引起低钙血症,治疗开始时应每周监测血钙水平,治疗剂量确定后每月监测一次。该药应整片吞服,不能掰开,与食物同服或餐后短时间内服用,剂量应个体化。

2. 治疗慢性肾功能不全合并用药的原则与注意事项 因复方 α 酮酸片含有钙剂,对于已经发生高钙血症或可能出现高钙血症者,应减少维生素 D 和其他含钙药物的摄入。

rhuEPO 治疗后血红蛋白目标值 >135g/L 可增加患者心血管事件和死亡风险。治疗期间应密切监测血压,如果血压升高,需调整降压药治疗方案及时控制。rhuEPO 可改善血小板功能增加血凝,需关注血管通路阻塞的发生,少数患者合并心肌梗死、脑梗死。如合并止血用药需给予注意。

静脉铁剂治疗时可能发生过敏反应,在开始 60min 内应进行监护,需配有复苏设备及药物。

合并全身活动性感染时，禁用静脉铁剂治疗。静脉铁剂治疗期间应监测铁状态，避免出现铁过载。输注过快会出现低血压。口服铁剂可引起恶心、呕吐、上腹部不适、腹痛及便秘等，如发生需减少给药剂量和餐后服用。

维生素 D 应用不当可带来高钙血症及血管钙化、肾与关节等软组织钙沉积，还可导致血压升高等。有此风险患者，需要限制含钙制剂的摄入。

醋酸钙片不宜与洋地黄类药物合用。进食大量富含纤维素的食物能抑制钙的吸收。合并应用维生素 D 能增加钙的吸收。噻嗪类利尿药因增加肾小管对钙的重吸收，与之合用易发生高钙血症。

司维拉姆和碳酸镧的不良反应为胃肠道反应，如腹胀、恶心、便秘等，此外还可引起肝细胞损害、转氨酶升高、胆红素血症。有消化道梗阻和对药物过敏者禁用。

西那卡塞的不良反应是低钙血症和对血清 PTH 水平抑制过低，因此合并用药需注意。

此外，绝大多数药物以原型或代谢物的形式经肾脏排泄，CRF 时应根据肾小球滤过率对药物剂量进行调整。对于半衰期较短的药物，可以每次给药剂量不变，延长给药间期；也可给药间期不变，但需减少每次给药剂量。或者同时改变每次剂量和给药间期。

利尿药中噻嗪类利尿药在慢性肾功能不全 eGFR 低于 $30ml/(min \cdot 1.73m^2)$ 时利尿效果差，呋塞米在肾功能不全时往往剂量需加大。

3. 慢性肾功能不全并发症、合并症及不良反应的多学科管理 慢性肾功能不全的各种并发症多需要综合管理，必要时需要多学科参与。

以肾性贫血为例，在给予促红细胞生成素（ESAs）治疗之前，首先应评估患者的铁状态，只有保证患者有充足的可利用铁和铁储备的前提下，才能获得较好的治疗效果。其中血清铁蛋白反映铁储备，即储存在肝脏、脾脏和骨髓网状细胞内的铁。转铁蛋白饱和度（TSAT）指血清铁与转铁蛋白结合能力的比值，即血清铁除以总铁结合力的百分比，反映生成红细胞可利用的铁。如果 CRF 患者的铁蛋白 100μg/L，TSAT<20%，表明绝对铁缺乏，需补足铁剂，单纯用 EPO 治疗效果欠佳。如果铁蛋白 >100μg/L，TSAT<20%，提示患者存在相对铁缺乏，可以应用 EPO 治疗，但需要同

时补充铁剂。ESAs 治疗阶段，每 3 个月评估铁状态（TSAT 和铁蛋白）一次。

例如，对于 CKD 矿物质及骨代谢异常（CKD-MBD）的治疗，需要同时兼顾血清钙、磷、PTH 及碱性磷酸酶活性水平。首先将 CRF 患者血清磷维持在正常范围或者尽量将高血磷降至接近正常范围。同时将血清钙水平维持在正常范围。如果高钙血症持续存在，出现动脉钙化和 / 或无动力性骨病和 / 或血清 PTH 水平持续过低，应限制含钙的磷结合剂和 / 或骨化三醇或维生素 D 类似物的应用。对于高磷血症的治疗，应采用药物、饮食和透析综合治疗。通过限制饮食磷的摄入，对透析患者增加透析剂量增加对磷的清除。继发性甲状旁腺功能亢进，需要通过减少饮食中磷的摄入、服用磷结合剂、补钙、使用活性维生素 D 或其类似物治疗。

（五）药物治疗展望

近年来研发的可能具有延缓肾病进展的新型药物：内皮素拮抗剂 Avosentan 和 Atrasentan，临床前研究显示可以减轻蛋白尿和改善 GFR。抗炎药物 Bardoxolone methyl 和己酮可可碱，实验研究显示可以延缓 GFR 减退。抗纤维化药物吡非尼酮通过阻断 TGF-β 通路延缓肾病进展。间充质干细胞移植也许为晚期肾病的治疗带来新的思路。这些新型的治疗肾病的药物需要在大样本临床试验中进行确证。治疗 CRF 并发症的新型药物也在不断研发。例如治疗肾性贫血的药物有二代红细胞生成素刺激剂阿法达贝泊汀（Darbepoetin alfa）、EPO 受体持续刺激剂（continuous EPO receptor activator，CERA）、结合和激活促红细胞生成素受体的合成的聚乙二醇肽 Peginesatide、HIF 脯氨酰羟化酶抑制剂（HIF-PHI）罗沙司他等。这些新型治疗药物的长期临床疗效尚有待进一步确定。

四、肾盂肾炎

肾盂肾炎（pyelonephritis）是感染性疾病，发生于肾盂和肾盏，多为细菌感染，大肠埃希菌等革兰氏阴性杆菌为最常见致病菌。根据病程长短与起病缓急分为急性肾盂肾炎和慢性肾盂肾炎。病程较长发生肾脏形态学改变或肾小管功能异常者为慢性肾盂肾炎（chronic pyelonephritis），其临床上有感染病史或细菌感染依据，有慢性间质性肾

炎的表现。慢性肾盂肾炎疾病迁延不愈,可发展至慢性肾功能不全。慢性肾盂肾炎可因反流性肾病或者梗阻性肾病引起。

(一)临床表现与诊断

1. 临床表现 慢性肾盂肾炎病程相对隐匿,其泌尿系统局部表现与全身表现均可不典型,因此临床表现较复杂。

半数以上的慢性肾盂肾炎,可有急性肾盂肾炎病史,表现为尿频、尿急、下腹部疼痛等尿路刺激症状,急性发作时可有全身症状表现,包括畏寒、高热、头痛及肌肉酸痛等。绝大多数患者非急性发作时没有特殊不适,偶尔表现为间歇性无症状性细菌尿或间歇性尿路刺激症状及低热。

慢性肾盂肾炎疾病后期可出现肾小管间质功能受损的表现,如尿浓缩稀释功能障碍,导致夜尿增多及低比重尿等;肾小管重吸收功能异常可导致电解质紊乱,如低钠血症、低钾或高钾血症;肾小管性酸中毒等;发展至 CRF,患者出现高血压,与肾功能损伤程度不成比例的贫血,最终可发展至慢性肾衰尿毒症(终末期肾病)。

慢性肾盂肾炎的病理表现为慢性间质性肾炎的病理改变,除此之外,还有肾盂、肾盏炎症、纤维化变形的表现。影像学(超声、CT、MRI)可见肾脏体积变小,肾脏轮廓改变,表面凹凸不平,肾实质不规则变薄,肾盏变形、变细,增强扫描肾实质不均匀强化,强化程度减低,部分可见肾盂积水。

2. 诊断 慢性肾盂肾炎的诊断需要结合病史、临床表现、实验室检查与影像学检查几方面。患者多有反复发作的泌尿系感染史,实验室检查尿沉渣中常有白细胞,尿细菌学检查阳性,有持续性肾小管功能损害。影像学显示肾脏外形凹凸不平,且双肾大小不等。静脉肾盂造影(IVP)可见肾盂肾盏变形或缩窄。有影像学证据与肾小管功能损伤的证据可诊断慢性肾盂肾炎。

(二)一般治疗原则

慢性肾盂肾炎治疗的关键是寻找导致感染长期不愈的易感因素并给予积极治疗,常见的情况有解除变形、梗阻等尿路复杂情况;急性期应多休息、多喝水、多排尿。感染存在时需选用有效抗生素,应对致病菌敏感,在泌尿系统浓度高、肾毒性小的抗生素足疗程使用(急性期疗程一般为10~14日),同时提高患者免疫力,避免病情复发

及再现。

(三)治疗药物及方案

急性肾盂肾炎与慢性肾盂肾炎急性发展常表现为发热、畏寒、腰痛、肋脊角触痛,伴或不伴尿路刺激症状,多有恶心和呕吐。因本病的轻重程度不等,从表现轻微不适,到出现脓毒血症。急性期有脓尿。对尿沉渣行革兰氏染色区分阳性或阴性菌,有助于经验性选择抗菌药物。95% 的尿培养菌落数超过 10^5CFU/ml。根据患者情况,初始治疗可以选择口服抗生素或者静脉滴注抗生素。病情严重无法口服药物或进食饮水差等情况下,应予静脉抗生素治疗。在留取尿液标本行细菌培养后立即予以抗生素治疗,革兰氏阴性杆菌引起的选择口服喹诺酮类、复方新诺明药物经验性治疗。肠球菌感染者加用阿莫西林、第二代头孢菌素和第三代头孢菌素。如口服抗生素后发热和其他症状无明显缓解,应及时应用广谱抗生素静脉治疗。对于轻、中度急性非复杂性肾盂肾炎患者,疗程 7 日左右。持续性感染有症状患者,应至少 10 至 14 日治疗,复发性感染应选用敏感抗生素治疗 7~14 日。

急性肾盂肾炎或慢性肾盂肾炎急性发作的致病菌,大肠埃希菌占80%~90%,其次为变形杆菌和克雷伯杆菌。5%~10% 由革兰氏阳性球菌引起,主要为粪链球菌和凝固酶阴性的葡萄球菌。存在尿路梗阻或罹患糖尿病及长期应用免疫抑制剂等免疫功能低下患者,可出现真菌及结核感染。

因革兰氏阴性菌占绝大多数,在留取尿液标本行细菌培养后,即可开始针对革兰氏阴性菌的抗生素进行治疗,治疗72h症状改善者继续治疗,否则需根据细菌培养与药敏结果,换用敏感抗生素。

对于病情较轻者可采用喹诺酮类、半合成青霉素类及头孢菌素类口服抗生素,疗程 10~14 日。若尿菌仍阳性,应参考药物敏感试验选用有效抗生素治疗 4~6 周。

对于病情较重,全身中毒症状明显者,宜采取静脉给药方式,必要时可联合用药。

常用口服药物有:喹诺酮类药物,如氧氟沙星 0.2g/ 次,每日口服 2 次。环丙沙星 0.25g/ 次,每日口服 2 次。头孢呋辛 0.25g/ 次,每日口服 2 次。阿莫西林 0.5g/ 次,每日口服 3 次。

常用静脉用药有:左氧氟沙星 0.2g/ 次,每日注射 2 次。氨苄西林 1.0~2.0g/ 次,每日注射 6 次;

头孢曲松钠 1.0~2.0g/ 次，每日注射 2 次；头孢噻肟钠 2.0g/ 次，每日注射 3 次；必要时联合用药。

（四）临床问题导向的药物治疗

1. 根据致病病原菌特点调整用药方案 肾盂肾炎需行尿培养明确致病病原菌及进行药物敏感性试验，特别是对症状持续或复发患者，这有助于确定致病病原菌，并临床开展有针对性的治疗，或进行药物治疗方案的调整。

对因同一种致病菌株的复方性感染，应积极寻找导致病情复发的危险因素，例如结石、畸形、肿瘤、前列腺肥大等梗阻性原因，并予以纠正。

病情较轻者，可口服药物治疗，疗程 10~14 日。如尿液细菌依然阳性，应参考药敏试验结果继续治疗 4~6 周。

病情严重者，需要静脉滴注治疗。经药物治疗 72h 症状改善者继续治疗，静脉治疗体温正常 48h 后或症状明显缓解后，可改为口服抗生素治疗。总疗程为 14 日左右。治疗 72h 无好转，应该根据药敏结果更换抗生素，疗程应大于 2 周。如仍有持续发热，应考虑已经存在并发症。

妊娠期感染时，多选用头孢氨苄、阿莫西林 - 克拉维甲酸、呋喃妥因常作为一线用药。静脉用药可选用广谱半合成青霉素或者第三代头孢菌素。

2. 肾盂肾炎合并用药的原则与注意事项 单一药物治疗失败，对于病情较重、混合感染、有耐药菌和全身中毒症状明显者，宜采取静脉给药和联合用药。

氨基糖苷类抗生素因存在明显肾毒性，一般不用。

合并应用碳酸氢钠，1g 口服，每日 3 次，可以碱化尿液，减轻膀胱刺激症状。

应用降糖药物，将血糖控制在理想范围有利于感染的控制。

3. 肾盂肾炎并发症、合并症及不良反应的多学科管理 肾乳头坏死为肾乳头及其邻近肾髓质发生缺血坏死，多见于伴有糖尿病或尿路梗阻的患者。高热、寒战、剧烈腰痛或腹痛和血尿等是其主要表现，有些患者同时合并革兰氏阴性杆菌败血症或急性肾衰竭。肾乳头坏死组织脱落阻塞输尿管，表现为肾绞痛。行静脉肾盂造影（IVP）见肾乳头区有特征性的"环形征"。其预防治疗原则是加强抗菌药物应用，积极治疗原发病。

肾周围脓肿都为严重的肾盂肾炎扩散发展所致，其发生的易感因素包括糖尿病、尿路结石等。革兰氏阴性菌，尤其是大肠埃希菌是常见致病菌。患者常出现明显单侧腰痛，向健侧弯腰时患者腰痛加剧。影像学检查有助于诊断。除了加强抗感染治疗外，还需要局部切开引流。

感染性结石一般为变形杆菌等含有尿素酶的细菌所引起，常为双肾受累。结石裂隙处藏有致病菌，易导致抗感染治疗失败。

（五）药物治疗展望

慢性肾盂肾炎的发病有两方面的因素，一方面尿路情况复杂、尿路梗阻情况下，细菌容易残留于泌尿道、易于繁殖而导致感染迁延不愈。另一方面与患者免疫功能低下使病原菌不容易彻底清除，导致感染反复发作。因此治疗一方面需纠正泌尿道结构功能异常，需纠正患者长期免疫力低下的原因并予以纠正病原菌对抗生素的耐药性。长期反复发作者表现为长期细菌尿使感染发展至慢性。

（蔡广研）

参 考 文 献

1. 史伟、杨敏.临床药物治疗学 - 肾脏疾病分册.北京：人民卫生出版社，2017.
2. 梅长林，余学清.国家卫生和计划生育委员会住院医师规范化培训规划教材：内科学 - 肾脏内科分册.北京：人民卫生出版社，2018.
3. 葛均波，徐永健，王辰.内科学.第 9 版.北京：人民卫生出版社，2018.
4. 杨宝峰，陈建国.药理学.第 9 版.北京：人民卫生出版社，2018.
5. 刘伏友，孙林.临床肾脏病学.北京：人民卫生出版社，2019.
6. Gilbert S J, Weiner D E. National Kidney Foundation Primer on Kidney Diseases. 7th ed. Amsterdam：Elsevier，2018.
7. Feehally J, Floege J, Tonelli M, et al. Comprehensive Clinical Nephrology. 6th ed. Amsterdam：Elsevier，2019.

第十五章　神经系统疾病

第一节　总　论

一、神经系统疾病概述

神经系统疾病是神经系统和骨骼肌由于感染、中毒、肿瘤、血管病变、外伤、免疫障碍、变性、遗传、先天发育异常、营养缺乏和代谢障碍等引起的疾病,主要临床表现包括运动、感觉、反射、自主神经以及高级神经活动功能障碍。神经系统疾病中,常见的有脑血管疾病、癫痫、帕金森病和阿尔茨海默病等。脑血管疾病是由脑血管病变所引起的脑功能障碍,可引起神经系统局灶性症状和体征;癫痫是不同病因引起脑部神经元高度同步化异常放电所导致,其临床表现可为感觉、运动、自主神经、意识、精神、记忆、认知或行为异常;帕金森病以运动迟缓、静止性震颤、肌强直和姿势步态异常为特征;阿尔茨海默病主要表现为进行性认知功能障碍和行为损害。

二、神经系统疾病治疗原则

神经系统疾病病因和发病机制复杂且大多数不明确。常见的神经系统疾病如脑血管疾病、帕金森病、癫痫和阿尔茨海默病等发病率、致残率和死亡率高,目前只能控制或缓解病情;部分神经系统疾病目前尚缺乏有效的治疗方法;很多神经系统疾病与内科疾病密切相关,亦可导致其他系统和器官功能障碍。

基于上述特点,神经系统疾病的治疗原则包括:①可治愈的神经系统疾病,应该给予积极有效的治疗;②可控制的疾病,尽早采取措施,缓解症状,延缓进展;③难治或目前尚无有效治疗方法的疾病,给予对症和支持治疗;④对于老年患者,应严格掌握药物的剂量和副作用,同时关照患者其他系统和器官的功能;⑤药物治疗要规范化、科学化、个体化和精准化,提高治愈率,降低死亡率和致残率。

三、常用药物分类及作用机制

治疗神经系统疾病的药物种类繁多,以下对神经系统常见疾病:脑血管病、癫痫、帕金森病和痴呆的治疗药物分类及作用机制进行介绍。

(一)脑血管病治疗药物的分类及作用机制

脑血管病治疗药物包括溶栓药物、抗血小板药物、抗凝药物、降纤药物、扩容药物及神经保护剂等(表 15-1-1)。

表 15-1-1　脑血管病治疗药物的分类及作用机制

代表药	作用机制
溶栓药物	
尿激酶 (Urokinase)	作用于内源性纤维蛋白溶解系统,能催化裂解纤溶酶原成纤溶酶,后者不仅能降解纤维蛋白凝块,亦能降解血液循环中的纤维蛋白原、凝血因子 V 和凝血因子Ⅷ等,从而发挥溶栓作用
rt-PA (human tissue-type plasminogen activator)	为一种糖蛋白。通过其赖氨酸残基与纤维蛋白结合,激活与纤维蛋白结合的纤维酶原转变为纤溶酶
瑞替普酶 (Reteplase r-PA)	是 t-PA 缺失突变体。它通过重组 DNA 从无活性的大肠埃希菌包涵体内获得,保留了较强的纤维蛋白选择性溶栓作用

续表

代表药	作用机制
替奈普酶 （Tenecplase TNK-tPA）	是 t-PA 的变构物，有更强的穿透血栓基质的能力，对纤维蛋白的特异性比 rt-PA 强 14 倍
抗血小板药	
阿司匹林 （Aspirin）	通过与环氧化酶（cyclooxygenase，COX-1）中的 COX-1 活性部位多肽链 530 位丝氨酸残基的羧基发生不可逆的乙酰化，导致 COX 失活，阻断了血栓烷 A_2（TXA_2）的生成，抑制血小板聚集
吲哚布芬 （Indobufen）	可逆抑制 COX-1，抑制 ADP、肾上腺素、胶原、花生四烯酸诱导的血小板聚集，发挥抗血小板作用
氯吡格雷 （Clopidogrel）	选择性抑制 ADP 与血小板受体结合（不可逆）及抑制 ADP 介导的糖蛋白 Ⅱb/Ⅲa 复合物的活化
替格瑞洛 （Ticagrelor）	是一种选择性 ADP 受体拮抗剂，作用于 P2Y12ADP 受体，抑制 ADP 介导的血小板活化和聚集。与血小板受体结合是可逆的
双嘧达莫 （Dipyridamole）	抑制血小板摄取腺苷；抑制磷酸二酯酶，使血小板内 cAMP 增多；抑制 TXA_2 形成，TXA_2 血小板活性的强力激动剂，增强性前列腺环素
西洛他唑（Cilostazol）	磷酸二酯酶抑制剂，抑制由 ADP、胶原、花生四烯酸、肾上腺素、凝血酶导致的血小板聚集
阿昔单抗 （Abciximab）	即"抗血小板凝聚单克隆抗体"。可选择性阻断血小板糖蛋白 Ⅱb/Ⅲa 受体，而防止纤维蛋白原、血小板激活因子、玻璃体结合蛋白及纤维蛋白结合素与激活的血小板结合
替罗非班（Tirofiban hydrochloride）	是一种非肽类的血小板糖蛋白 Ⅱb/Ⅲa 受体可逆性拮抗剂，Ⅱb/Ⅲa 受体是与血小板集聚有关的主要血小板表面受体
依替非巴肽 （Eptifibatide）	选择性阻断黏着蛋白与 Ⅱb/Ⅲa 的结合，同时是大多数有关受体的相对弱的抑制剂
抗凝药物	
华法林钠 （Warfarin sodium）	通过抑制维生素 K 依赖的凝血因子 Ⅱ、Ⅶ、Ⅸ 及 Ⅹ 的合成发挥作用，在治疗剂量下，华法林钠能使相关凝血因子的合成率降低 30%~50%，降低凝血因子生理活性
达比加群 （Dabigatran）	具有单靶点凝血酶抑制作用，凝血酶抑制剂
利伐沙班 （Rivaroxaban）	具有单靶点凝血酶抑制作用，Xa 因子抑制剂
阿哌沙班（Apixaban）	同上
依度沙班（Edoxaban）	同上
降纤药	
巴曲酶 （Batroxobin Injection）	分解纤维蛋白原，促使血中组织型纤溶酶原激活剂释放，降低血黏度，抑制红细胞凝集，增强红细胞的变形能力，改善微循环
降纤酶 （Defibrinogenase）	水解血纤维蛋白原分子中 α 链 N 端的肽键，除去小的肽端，降低血纤维的蛋白原；还能刺激血管内皮细胞释放组织纤溶酶原激活剂
神经保护剂	
吡拉西坦 （Piracetam）	直接作用于大脑皮质，具有激活、保护和修复神经细胞的功能

续表

代表药	作用机制
胞磷胆碱（Citicoline）	营养神经,辅酶能量合剂
依达拉奉（Edaravonelnjection）	清除自由基,抑制再灌注损伤,保护缺血脑组织
神经节苷脂（Ganglioside）	改善脑血流动力学,减轻神经细胞水肿,促进神经细胞生存及突触生长
钙通道阻滞剂	
尼莫地平（Nimodipine）	易于通过血脑屏障,选择性扩张脑血管,改善脑血液循环,保护脑功能
马来酸桂哌齐特（Cinepazide Maleate Injection）	同上
氟桂利嗪（Fluorezine）	同上
降颅压药	
甘露醇（Mannitol）	高渗性利尿,通过产生组织脱水而降低颅内压。在缺血性脑血管病中可以清除自由基,降低血液黏度,改善血液循环
甘油果糖（Glycerin ructose）	高渗性脱水,将甘油代谢生成的能量加以利用,改善代谢,对体内电解质平衡无不良影响
血容量扩充药	
右旋糖酐（Dextran）	提高血浆胶体渗透压,维持血压。抗血小板及红细胞聚集,降低血液黏滞性,从而改善微循环,预防血栓形成
止血药	
6-氨基己酸（6-aminocproic）	特异性的抗纤维蛋白溶解药,能抑制纤维蛋白溶酶原的激活因子,使纤维蛋白溶酶原不能激活为纤维蛋白溶酶,从而抑制纤维蛋白的溶解,产生止血作用。高浓度时,本药对纤维蛋白溶酶还有直接抑制作用,对于纤维蛋白溶酶活性增高所致的出血有良好疗效
氨甲苯酸（Aminomethylbenzoic）	抑制纤溶酶原激活因子
其他	
丁苯酞（Butylene phthalein）	改善急性缺血性脑卒中患者受损伤的中枢神经功能;改善缺血脑区的微循环和血流量,增加缺血区毛细血管数量;抗血小板聚集的作用
人尿激肽原酶（Urinary Kallidinogenase）	对动脉具有舒张作用,并可抑制血小板聚集、增强红细胞变形能力和氧解离能力

（二）癫痫治疗药物的分类及作用机制

癫痫治疗药物包括传统抗癫痫药物（antiepileptic drugs，AEDs）和新型 AEDs（表 15-1-2）。

表 15-1-2　癫痫治疗药物的分类及作用机制

	电压依赖性的钠通道阻滞剂	增加脑内或突触 GABA	选择性增 GABA$_A$ 介导作用	直接促进氯离子内流	钙通道阻滞剂	其他
传统 AEDs						
卡马西平（Carbamazepine）	++	?	–	–	+（L 型）	+
苯二氮䓬类（Benzodiazepines）	–	–	++	–	–	–
苯巴比妥（Phenobarbitai）	–	+	+	++	?	–
苯妥英钠（Phenytoin Sodium）	+	–	–	–	?	+
扑痫酮（Primidone）	–	+	+	++	?	–
丙戊酸（Sodium Valproate）	?	+	?	–	+（T 型）	++
乙琥胺（Acetamines）	–	–	–	–	++（T 型）	–
新型 AEDs						
非氨脂（Felbamate）	++	+	+	–	+（L 型）	+
加巴喷丁（Gabapentin）	?	?	–	–	++（P/Q，R，T 型）	?
拉莫三嗪（Lamotrigine）	++	+	–	–	++（N，P/Q，R，T 型）	+
左乙拉西坦（Levetiracetam）	–	?	+	–	+（N 型）	++
奥卡西平（Oxcarbazepine）	++	?	–	–	+（N，P 型）	+
替加宾（Tiagabine）	–	++	–	–	–	–
托吡酯（Topiramate）	++	+	–	–	+（L 型）	+
氨己烯酸（Vigabatrin）	–	++	–	–	–	–
唑尼沙胺（Zonisamide）	++	?	–	–	++（N，P，T 型）	–

注：++. 主要作用机制；+. 次要作用机制；?. 不肯定；–. 无。

（三）帕金森病治疗药物的分类及作用机制

帕金森病治疗药物包括抗胆碱药、复方左旋多巴制剂、促多巴胺释放药、多巴胺受体激动剂、单胺氧化酶抑制剂和儿茶酚胺氧位甲基转移酶抑制剂等（表 15-1-3）。

表 15-1-3　帕金森病治疗药物的分类及作用机制

药物分类	代表药物	作用机制
抗胆碱药	苯海索（Benzhexol）	拮抗胆碱受体，减弱黑质纹状体通路中乙酰胆碱的作用
复方左旋多巴制剂	多巴丝肼（Levodopa and Benserazide Hydrochloride）	左旋多巴是多巴胺的前体，直接增加脑内多巴胺浓度。外周补充的左旋多巴可透过血脑屏障，在脑内经多巴脱羧酶的脱羧转变为多巴胺，从而发挥替代治疗的作用。苄丝肼是外周脱羧酶抑制剂，可减少左旋多巴在外周的脱羧，增加左旋多巴进入脑内的含量以及减少其外周的副作用
促多巴胺释放药	金刚烷胺（Amantadine）	能促进 L-DOPA 进入脑循环，增加多巴胺的合成、释放，使突触间隙多巴胺的浓度增加；还能拮抗兴奋性氨基酸受体发挥抗 PD 作用
多巴胺受体激动剂	溴隐亭（Bromocriptine）	直接选择性作用于多巴胺受体，提高多巴胺功能

续表

药物分类	代表药物	作用机制
	培高利特（Pergott）	多巴胺 $D_{1,2}$ 受体激动剂
	吡贝地尔（Piribedil）	非麦角类 DR，可激动大脑黑质纹状体突触后的 D_2 受体及中脑皮质、中脑边缘叶通路的 D_2 和 D_3 受体，吡贝地尔可刺激大脑代谢，提高大脑皮质组织的 PaO_2，增加循环血量。对于外周循环，本药可增加股血管的血流量，这一作用机制可能是由于抑制交感神经张力所致
	普拉克索（Pramipexole）	非麦角类 DR 激动剂。对 D_2 受体的特异性较高并具有完全的内在活性，对 D_3 受体的亲和力高于 D_2 和 D_4 受体。与 D_3 受体的结合作用与帕金森病的相关性不明确。动物电生理试验显示，普拉克索可通过激活纹状体与黑质的多巴胺受体而影响纹状体神经元的放电频率
	阿扑吗啡（Apomorphine）	一种强效 DA 受体激动剂
	罗替戈汀（Rotigotine）	是一种非麦角类 DR，通过激动 $D_3/D_2/D_1$ 而产生抗帕金森病作用
单胺氧化酶抑制剂	司来吉兰（Hergilan）雷沙吉兰（Rasagiline）	可选择性抑制中枢神经系统单胺氧化酶，抑制脑内 DA 代谢，使 DA 浓度增加
儿茶酚胺氧位甲基转移酶抑制剂	托卡朋（Tolcapone）恩他卡朋（Entacapone）	抑制外周 L-DOPA 的降解，使更多的 L-DOPA 进入脑组织发挥作用

（四）痴呆治疗药物的分类及作用机制

治疗痴呆的药物主要包括胆碱酯酶抑制剂和兴奋性氨基酸受体拮抗剂（表 15-1-4），可以缓解部分痴呆症状。

表 15-1-4　痴呆治疗药物的分类及作用机制

药物分类	代表药物	作用机制
中枢乙酰胆碱酯酶抑制剂	多奈哌齐（Donepezil）	抑制乙酰胆碱酯酶，延缓 ACh 代谢，增加 ACh 功能
	卡巴拉汀（Rivastigmine）	一种假性不可逆性乙酰胆碱酯酶抑制剂，选择性抑制中枢神经系统乙酰胆碱酯酶及丁酰胆碱酯酶
	加兰他敏（Galanthamine）	一种选择性高的竞争性乙酰胆碱酯酶抑制剂，与乙酰胆碱竞争性结合乙酰胆碱酯酶
	石杉碱甲（Huperzine）	一种高选择性的胆碱酯酶竞争性和非竞争性的混合型抑制剂，增加神经突触间隙的乙酰胆碱含量
NMDA 受体拮抗剂	美金刚（Memantine）	兴奋性 N-甲基天冬氨酸（NMDA）受体拮抗剂

四、药物不良反应管理

药物治疗是神经系统疾病最基本、最常用的有效治疗方法，临床医生应该熟练掌握各类药物的临床适应证，选择正确的治疗方案，做好药物疗效监测，合理用药监护，药物不良反应监护，避免或减少药物不良反应的发生。一旦发生不良反应，立即按照药物不良反应的流程处理，积极治疗不良反应产生的症状，避免脏器功能衰竭，使患者早日恢复健康。以下对神经系统常见病脑血管病、癫痫、帕金森病和阿尔茨海默病的治疗药物不良反应及其管理进行介绍。

1. 脑血管病药物不良反应及管理 多数治疗脑血管病药物都有不同程度的不良反应（表 15-1-5），尤其溶栓药、抗血小板药及抗凝药可能会产生出血等严重的不良反应，使用前后应进行必要实验室检查，密切观察患者的用药反应，一旦发生不良反应，应立即停药，并给予相应的处理（详见脑血管病节）。

表 15-1-5　缺血性脑血管病治疗药物的不良反应

药名	不良反应
溶栓药物	
尿激酶 rt-PA	出血
抗血小板药物	
阿司匹林	胃肠道反应，凝血障碍，过敏反应，水杨酸反应等
吲哚布芬	可见上腹不适、腹胀、胃肠道出血和鼻出血
氯吡格雷	消化道出血、中性粒细胞减少、腹痛、食欲减退、胃炎、便秘、皮疹等；偶见血小板减少性紫癜
替格瑞洛	出血、呼吸困难、肌酐水平升高、尿酸水平升高、心动过缓、男子乳腺发育
双嘧达莫	胃肠道反应、头痛、眩晕、疲劳、皮疹、潮红；静脉滴注时应缓慢，否则可引起低血压，特别是高血压患者；长期大量应用可致出血倾向。低血压患者慎用，心梗的低血压患者禁用。使用本品治疗缺血性心肌病，可能发生"冠状动脉窃血"，导致症状加重
西洛他唑	有时会发生充血性心衰、心肌梗死、心绞痛、室性心动过速，发生率不明；出血、全血细胞减少、粒细胞缺乏症（发生率不明）、血小板减少（0.1% 以下）、间质性肺炎、肝功能障碍
阿昔单抗	出血、血压、恶心、呕吐、头痛、心动过缓、发热和血管功能障碍等
替罗非班	出血、恶心、发热、头痛、皮疹或荨麻疹，血红蛋白、血细胞比容、血小板数目减少，尿粪隐血发生率增加
依替非巴肽	出血
抗凝药物	
华法林钠	出血，偶有恶心、呕吐、腹泻、白细胞减少、粒细胞增高、肾病、过激反应等；丙氨酸氨基转移酶、天冬氨酸氨基转移酶、碱性磷酸酶、胆红素升高
达比加群	出血
利伐沙班	出血，可以通过胎盘屏障
阿哌沙班	出血、贫血、挫伤及恶心
降纤药	
巴曲酶	出血，一般症状轻微，如皮肤出血点、牙龈渗血，偶有尿血、咯血和消化道出血
降纤酶	注射部位出血、创面出血、头痛和头晕

续表

药名	不良反应
神经保护药	
吡拉西坦	消化道不良反应,中枢神经系统不良反应
胞磷胆碱	偶尔出现休克,有时出现失眠、皮疹,偶尔出现头痛、兴奋、痉挛,少见恶心、肝功能异常、热感、食欲不振、一过性复视
依达拉奉	急性肾功能衰竭、肝功能异常、黄疸、血小板减少、弥散性血管内凝血
神经节苷脂	过敏、皮疹
钙通道阻滞剂	
尼莫地平	血压下降、肝炎、皮肤刺痛、胃肠道出血、血小板减少,偶见一过性头晕、头痛、面部潮红、呕吐和胃肠不适
马来酸桂哌齐特	粒细胞减少、消化道功能紊乱、头痛、头晕、失眠和肝酶值升高
氟桂利嗪	常有瞌睡及倦怠,偶见锥体外系症状及抑郁症,少见不良反应有胃痛、胃灼热感、恶心、口干、失眠、皮疹、焦虑、肌痛和溢乳
血容量扩充药	
羟乙基淀粉	大剂量输注后能够抑制凝血因子特别是Ⅲ因子的活性,引起凝血障碍
右旋糖酐	量过大可致出血,如鼻出血和齿龈出血等
降颅压药	
甘露醇	可引起水、电解质紊乱,肾衰竭,酸中毒等
甘油果糖	不良反应少而轻微,滴注过快时偶见溶血
其他	
丁苯酞	多形红斑型药疹,轻微的肝肾毒性
人尿激肽原酶	偶引起血压下降

2. 癫痫药物不良反应及管理（表 15-1-6）
AEDs 的不良反应大致可分为 4 类:①急性不良反应。出现在用药初期,以中枢神经系统和胃肠道表现为主,与起始剂量大小及加量速度密切相关,一般随着用药时间延长逐渐耐受。②特异体质性反应。如过敏性皮疹、不可逆性肝坏死、再生障碍性贫血等。③慢性不良反应。如认知与行为障碍、体重增加或减少、青春期性激素影响、脱发、骨质及钙磷代谢异常等。其中肝酶诱导型抗癫痫药物如苯巴比妥、卡马西平等长期服用可能导致骨密度降低,因骨质疏松而增加骨折的危险,预防性服用钙剂和维生素 D。④胚胎致畸作用。如丙戊酸、苯巴比妥等,育龄女性服用增加胎儿畸形的风险。告知患者及家属可能的不良反应,使其了解可

能发生的风险。同时开展必要的不良反应预筛查，如基因药物遗传学筛查等。如果服药后出现严重的不良反应或癫痫发作明显加重，应尽快换药，观察症状变化，必要时予以相应的对症处理。

表 15-1-6 癫痫治疗药物的不良反应

药物	剂量相关的副作用	长期治疗的副作用	特异体质副作用	对妊娠的影响
卡马西平	复视、头晕、视物模糊、恶心、困倦、中性粒细胞减少、低钠血症	低钠血症	皮疹、再生障碍性贫血、史-约综合征（Stevens-Johnson syndrom）、肝损害	FDA 妊娠安全分级 D 级，能透过胎盘屏障，可能导致神经管畸形
氯硝西泮	常见：镇静（成人比儿童更常见）、共济失调	易激惹、攻击行为、多动（儿童）	少见，偶见白细胞减少	FDA 妊娠安全分级 D 级，能透过胎盘屏障，有致畸性及胎儿镇静、肌张力下降性
苯巴比妥	疲劳、嗜睡、抑郁、注意力涣散、多动、易激惹（见于儿童）、攻击行为、记忆力下降	少见皮肤粗糙、食欲下降、突然停药可出现戒断症状，焦虑、失眠等	皮疹、中毒性表皮溶解症、肝炎	FDA 妊娠安全分级 D 级，能透过胎盘屏障，可发生新生儿出血
苯妥英钠	眼球震颤、共济失调、厌食、恶心、呕吐、攻击行为、巨幼红细胞贫血	痤疮、齿龈增生、面部粗糙、多毛骨质疏松、小脑及脑干萎缩（长期大量使用）性欲缺乏、维生素 K 和叶酸缺乏	皮疹、周围神经病、Stevens-Johnson 综合征、肝毒性	FDA 妊娠安全分级 D 级，能透过胎盘屏障，可能导致胎儿头面部畸形，心脏发育异常、精神发育缺陷及新生儿出血
扑痫酮	同苯巴比妥	同苯巴比妥	皮疹、血小板减少、狼疮样综合征	FDA 妊娠安全分级 D 级，同苯巴比妥
丙戊酸	震颤、厌食、恶心呕吐、困倦	体重增加、脱发、月经失调或闭经、多囊卵巢综合征	肝毒性（尤其在 2 岁以下的儿童）血小板减少、急性胰腺炎（罕见）丙戊酸钠脑病	FDA 妊娠安全分级 D 级，能透过胎盘屏障，可能导致神经管畸形及新生儿出血
加巴喷丁	嗜睡、头晕、疲劳、复视异常、健忘	较少	罕见	DA 妊娠安全分级 C 级
拉莫三嗪	复视、头晕、头痛、恶心、呕吐、困倦、共济失调、嗜睡	攻击行为、易激惹	皮疹、Stevens-Johnson 综合征、中毒性表皮溶解症、肝衰竭、再生障碍性贫血	FDA 妊娠安全分级 C 级
奥卡西平	疲劳、困倦、复视、头晕、共济失调、恶心	低钠血症	皮疹	FDA 妊娠安全分级 C 级
左乙拉西坦	头痛、困倦、易激惹、感染、类流感综合征	较少	无报告	FDA 妊娠安全分级 C 级
托吡酯	厌食、注意力障碍、语言障碍、记忆障碍、感觉异常、无汗	肾结石、体重下降	急性闭角性青光眼（罕见）	FDA 妊娠安全分级 C 级

3. 帕金森病药物不良反应及管理（表 15-1-7）

帕金森病的治疗药物都有不同程度的不良反应，应用时应密切关注，为患者治疗方案的调整提供依据。

表 15-1-7　帕金森病治疗药物的不良反应

药名	不良反应
苯海索	便秘、口干、皮肤干燥、吞咽困难、神志模糊、记忆障碍
金刚烷胺	直立性低血压、失眠、抑郁、幻觉、口干、网状青斑
多巴丝肼	消化道反应,直立性低血压,以精神障碍常见的精神行为改变,剂末现象,开-关现象,异动症
普拉克索	直立性低血压、神志模糊、头晕、幻觉、恶心、嗜睡
吡贝地尔	消化道反应、焦虑、体温下降、异动症、妄想、幻视、运动障碍、心动过速、低动脉压等
阿扑吗啡	抑制呼吸中枢,低血压,引起恶心、呕吐、嗜睡、便秘、排尿困难、胆绞痛
罗替戈汀	恶心、眩晕、嗜睡和用药部位反应
司来吉兰	失眠、头晕、恶心、呕吐、口干、异动症、过量后可能发动症、心境改变;过量后可能发生高血危象
雷沙吉兰	流感综合征、消化道反应
托卡朋	腹泻、头痛、多汗、口干、氨基转移酶升高、腹痛、尿色变黄等,可能导致肝功能损害
恩托卡朋	同上,常见的为多巴胺能异动症肝功能测定

4. 痴呆药物不良反应及管理（表 15-1-8）大多数 AD 治疗药物都会产生不同程度的不良反应,在治疗的过程中应评估不良反应对患者产生的影响,决定继续治疗或者更换治疗药物。

表 15-1-8　痴呆治疗药物的不良反应

药名	不良反应
多奈哌齐	消化道反应、尿频、尿急、疲劳等
卡巴拉汀	消化道反应、头晕、头痛等
加兰他敏	消化道反应、头晕、失眠等
石杉碱甲	消化道反应、头晕、头痛等
美金刚	幻觉、意识混沌、头晕、头痛和疲倦,以及焦虑、肌张力增高、呕吐、膀胱炎、性欲增加和癫痫发作

第二节　常见神经系统疾病的药物治疗

一、脑血管疾病

脑血管疾病（cerebrovascular diseases, CVD）是指各种原因导致的脑血管病变或血流障碍所引起的脑功能障碍的一类疾病的总称。脑卒中（stroke）属于急性脑血管疾病,是急性发生的局灶性血管源性神经功能缺损综合征,以脑组织缺血或出血性损伤症状和体征为主要表现,症状多持续 24h 以上,排除其他非血管病因。

在我国脑卒中具有发病率高、致残率高、死亡率高、复发率高和经济负担高等五大特点,是我国成年人致死和致残的首位原因。根据 2017 年发表的中国卒中流行病学调查研究（Ness-China）,我国卒中发病率为 345.1/10 万人年,死亡率为 159.2/10 万人年,患病率为 1 596.0/10 万人年,每年新发病例约 240 万,每年死亡病例约 110 万。

研究表明,CVD 的危险因素与脑卒中的发生及发展有密切关系。中国目前约有高血压患者 2.7 亿,糖尿病患者 1.1 亿,血脂异常患者 1.6 亿,并且这些 CVD 的高风险人数还在持续攀升。尽管在过去 20 年里,CVD 的临床诊治技术和疗效已经有了较大的进步和提高，但由于很多脑卒中患者的脑损伤已无法完全逆转，多数患者会留下不同程度的后遗症，影响患者的工作和日常活动能力。因此，针对目前中国的现状，减少 CVD 危害和疾病负担的最有效方法是应加强和重视针对 CVD 危险因素的积极干预，即一、二级预防治疗，也是降低脑卒中发病率、复发率和死亡率的根本措施（详见《中国脑血管病一级预防指南 2019》和《中国缺血性脑卒中和短暂性脑缺血发作二级预防指南 2014》）。

《中国脑血管疾病分类（2015）》将脑血管疾病分成 13 类，本节将重点对 CVD 中的短暂性脑缺血发作、脑梗死和脑出血的临床药物治疗进行介绍。

（一）短暂性脑缺血发作

短暂性脑缺血发作（transient ischemic attack，TIA）是常见的缺血性脑血管病之一，属于非致残性缺血性脑血管事件（nondisabling ischemic cerebrovascular events，NICE），是脑、脊髓或视网膜局灶性缺血所致的、未发生急性梗死的短暂性神经功能障碍。TIA 的发病机制尚未完全阐明，一般认为血流动力学性脑动脉末梢低灌注和微血栓 - 栓塞是其主要病因与发病机制，因此分为血流动力学型 TIA 和微栓塞型 TIA（动脉源性和心源性）。

1. 临床表现和诊断

（1）临床表现：TIA 的症状依其受损的血管的不同而多种多样，通常分为颈内动脉和椎基底动脉系统两类。

颈内动脉系统的 TIA：最常见的症状为单瘫、偏瘫、偏身感觉障碍、失语、单眼视觉障碍（一过性黑矇），亦可出现同向性偏盲等。

椎基底动脉系统 TIA：主要表现为脑干、小脑、枕叶、颞叶及脊髓近端缺血的神经缺损症状，表现为共济失调、眩晕、构音障碍、复视、双侧视力丧失和跌倒发作等。椎基底动脉系统 TIA 很少伴有意识障碍，但跌倒发作较为常见。

（2）临床诊断：根据 2009 年美国心脏/卒中学会《短暂性脑缺血发作的定义和评估》、国际疾病分类 ICD-11 和 TIA 中国专家共识组《短暂性

脑缺血发作的中国专家共识更新版（2011 年）》，诊断依据：①起病突然，迅速出现局灶性神经系统症状和体征；②神经系统症状和体征多数持续十至数十分钟，但可反复发作；③除外其他非血管源性因素；④神经影像学未发现任何急性梗死病灶。

诊断步骤：①是否为 TIA；②哪个系统的 TIA；③病因发病机制分类；④ TIA 危险因素评估。

危险分层：需要对 TIA 患者的卒中发生风险进行分层，常用的工具有 ABCD 评分系统和 ESSEN 量表，其中 $ABCD^2$（ABCD 的升级版本）评分量表能很好地预测短期卒中的风险，应用最为广泛。$ABCD^2$ 评分判定标准：0~3 分为低危人群，4~5 分为中危人群，6~7 分为高危人群。

TIA 需与脑梗死、癫痫部分性发作、梅尼埃病、良性发作性位置性眩晕、偏头痛等疾病鉴别。

2. 一般治疗原则

（1）一般治疗原则：根据 TIA 中国专家共识组《短暂性脑缺血发作的中国专家共识更新版（2011 年）》、2019 年中华卒中学会《中国脑血管病临床管理指南》及《中国缺血性脑卒中和短暂性脑缺血发作二级预防指南 2014》（图 15-2-1）：

1）新发 TIA 按急症处理，对症状持续 ≥30min 者，应按急性缺血性卒中流程开始紧急溶栓评估，在 4.5h 内应考虑溶栓治疗。

2）应早期行 $ABCD^2$ 危险分层评估，预测短期卒中的风险，给予二级预防治疗。

3）尽早进行系统的病因学检查及血管评估，判断导致 TIA 的病因和可能的发病机制，制订最佳治疗策略。

4）抗血小板聚集治疗，卒中风险高者，可考虑双联抗血小板治疗。

5）如明确心源性栓塞因素所致，可应用抗凝治疗。

6）病因、危险因素和并发症的治疗，针对可能存在的脑血管病危险因素如高血压、糖尿病、

```
                              ┌─────────┐
                              │   TIA   │
                              └────┬────┘
        ┌──────────────┬───────────┴──────────┬─────────────────┐
   ┌────┴────┐    ┌────┴────┐            ┌────┴────┐      ┌──────┴──────┐
   │  心源性  │←──│ 微栓塞型 │            │ 动脉源性 │      │  血流动力学型 │
   └────┬────┘    └────┬────┘            └────┬────┘      └──────┬──────┘
```

易损斑块评价(如颈部超声/经颅彩超栓子监测/血管内超声)

血管检查(颈部超声/经颅彩超/血管成像/磁共振血管成像/必要时DSA)确定颅内外大血管狭窄

心房颤动或心源性栓子

抗凝禁忌证 —— 有 —→ 无抗血小板禁忌证
1.阿司匹林(75~150mg/d)或氯吡格雷(75mg/d)
2.强化降脂/他汀类药物(LDL-C<1.8mmol/L)

无

口服华法林INR2.5(2~3)或新型口服抗凝药INR2-3

脑灌注/血流储备检查(如全脑血管造影)

药物治疗
1.血压管理/停用降压药
2.阿司匹林或氯吡格雷(75mg/d)
3.他汀类药物降脂
4.其他危险因素控制

低血流动力性

外科及血管内治疗

颅外颈动脉狭窄

椎基底/颈内动脉狭窄

| 70%~99% | 50%~69% | <50% | <70% | 70%~99% |

年龄40~75岁/医院围手术期卒中/死亡风险<6%预期寿命>5年

药物治疗无效

药物治疗

药物治疗无效

是 → 血管内治疗

是 → 颈动脉内膜剥脱术或颈动脉支架

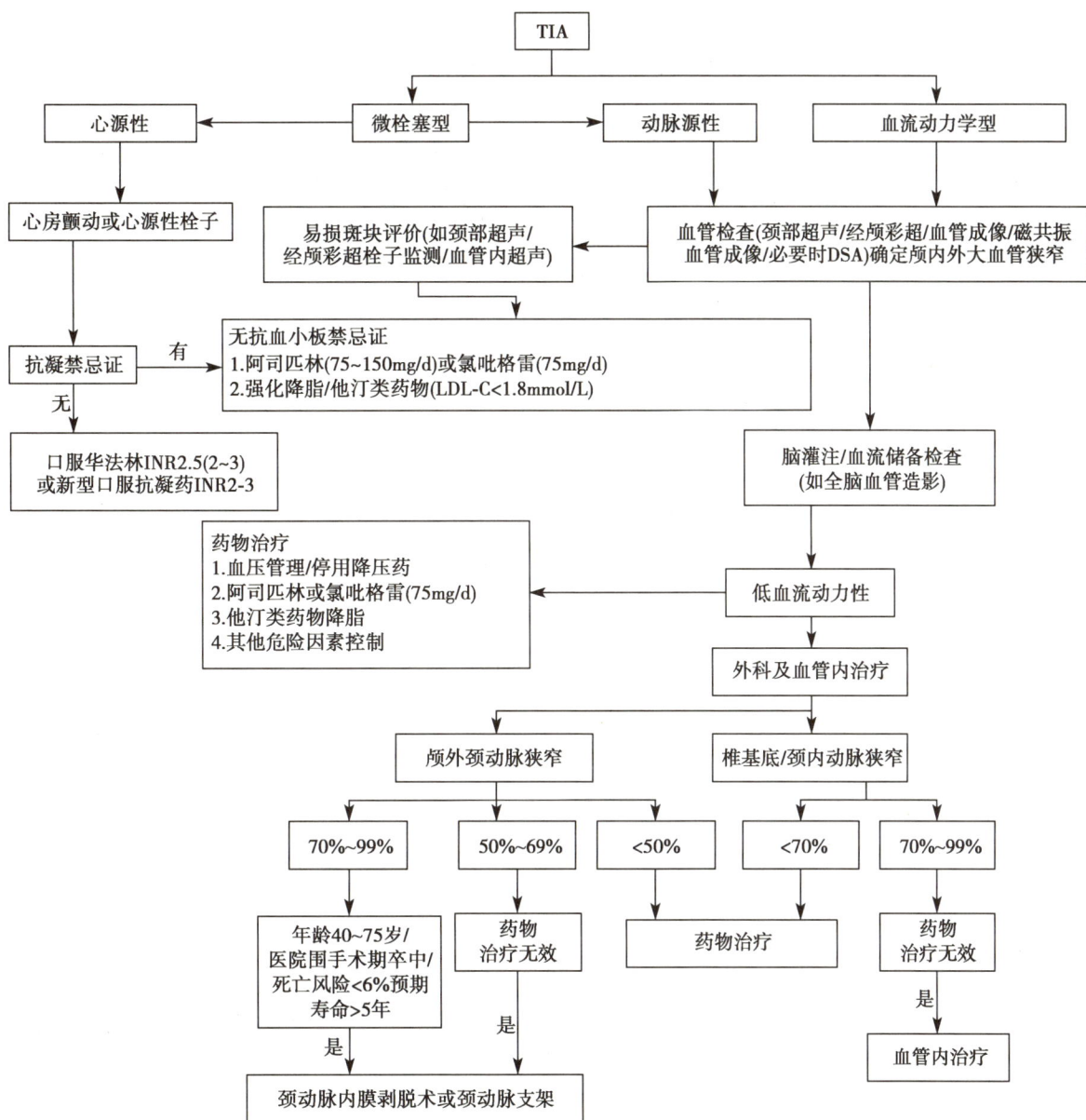

图 15-2-1　TIA 诊治流程

血脂异常、心脏疾病等进行积极有效的干预治疗。病因治疗是预防 TIA 复发和脑卒中发生的关键。

7）明确有血管狭窄并达到手术标准者可考虑手术和介入治疗（支架成形术或颈动脉内膜剥脱术）。

（2）治疗目的：控制发作、防止 TIA 的反复发作，预防其发展为脑梗死。

3. 治疗药物及方案　从 1951 年 Fisher 首次将短暂性神经功能缺失持续时间不超过 24h 命名为 TIA 之后的半个多世纪，随着对 TIA 的临床治疗和研究不断深入，到目前为止整个过程可以大致分为 3 个阶段。TIA 定义的提出到 2001 年，是时间与临床概念，这个阶段人们对 TIA 的认识仅仅停留在对其症状持续时间的长短和临床症状是否完全缓解方面，而且在这个阶段多数人认为 TIA 是一个可以自行恢复的疾病，具有良性的预后。随着神经影像技术的发展，尤其是研究发现，症状持续 1h 以上的 80% TIA 患者会出现脑梗死责任病灶，因此 2002 年对 TIA 提出新定义：TIA 是由于局部脑血管或视网膜动脉缺血引起的短暂性神经功能障碍，临床症状不超过 1h 并且没有急性梗死的证据。这个新定义借助于神经影像学技术，关注是否有组织学损伤，这是强调 TIA 与脑梗死的一个明确界定。之后有很多研究聚焦在 TIA 患者是否伴有脑梗死的影像学改变以及与预后的关系。直至 2009 年 TIA 定义又被重新修订为：由脑、脊髓或视网膜局灶性缺血引起的、未伴发急性梗死的短暂性神经功能障碍。除了在诊断中依然排除脑梗死之外，新定义在缺血部位上除了原有的脑与视网膜之外，新增加了脊髓；另外取消了 TIA 症状持续的具体时间，而是以"短暂性神经功能障碍"取而代之。更关注 TIA 的预后，强调预后评估与管理。2009 年到目前的临床流行病学研究发现，TIA 患者早期发生卒中的风险很高。TIA 患者 7d 内的卒中风险为 4%~10%，90d 卒中风险为 10%~20%（平均为 11%）。而急性卒中 90d 内卒中复发的风险为 2%~7%。此外，TIA 患者不仅易发生脑梗死，也易发生心肌梗死和猝死。90d 内 TIA 复发、心肌梗死和死亡事件总的风险高达 25%。因此，TIA 是严重的、需紧急干预的卒中预警事件，是最为重要的急症，同时也是二级预防的最佳时机，必须重视。

（1）溶栓治疗：有关 TIA 静脉溶栓治疗，目前的指南均没有明确推荐。《短暂性脑缺血发作的中国专家共识更新版（2011 年）》建议，TIA 和脑梗死是缺血性脑损伤这一动态过程的不同阶段，对症状持续≥30min 者，应按急性缺血性卒中流程开始紧急溶栓评估，在 4.5h 内应考虑溶栓治疗（详见脑梗死）。

（2）抗血小板治疗：抗血小板治疗缺血性脑血管病的临床研究是从阿司匹林二级预防开始的，首先证明了二级预防的效果，然后研究了急性期的应用，后来对一级预防的效果也通过了评价。对于非心源性 TIA，抗血小板治疗是控制其发作、预防其复发和进一步发展成脑梗死的关键，因此应尽早给予口服抗血小板药物治疗。

1）抗血小板药物：阿司匹林的抗血小板治疗始于 20 世纪 70 年代，如今抗血小板根据其作用机制不同，已经有四大类（表 15-2-1）用于缺血性脑血管病的急性期和一、二级预防治疗。

表 15-2-1　抗血小板药物

种类	药物	用法用量
环氧化酶（COX-1）抑制剂	阿司匹林	50~325mg/d
	吲哚布芬	100mg/ 次，2 次 /d，口服
血小板膜腺苷二磷酸（ADP）受体拮抗剂	氯吡格雷	75mg/d，1 次 /d，口服
	替格瑞洛	起始剂量为单次负荷量 180mg，此后每次 90mg，2 次 /d，口服
磷酸二酯酶（PDE）抑制剂	双嘧达莫	200mg 缓释，2 次 /d，联合阿司匹林 2mg，2 次 /d，口服
	西洛他唑	100mg，2 次 /d，口服
血小板糖蛋白（GP）Ⅱ b/Ⅲ a 受体拮抗剂	阿昔单抗	不推荐阿昔单抗治疗缺血性脑血管病
	替罗非班	0.1~0.2μg/（kg·min），
	依替非巴肽	持续泵入不超过 24 h

2）抗血小板治疗方案：抗血小板药应在患者危险因素、费用、耐受性和其他临床特性基础上进行个体化选择。①阿司匹林（50~325mg/d）或氯吡格雷（75mg/d）单药治疗均可以作为首选抗血小板药物。阿司匹林单药抗血小板治疗的最佳剂量为 75~150mg/d。②阿司匹林（25mg）+ 缓释型双嘧达莫（200mg）2 次 /d 或西洛他唑（100mg）2 次 /d，均可作为阿司匹林和氯吡格雷的替代治疗药物。③发病在 24h 内，具有脑卒中高复发风险（ABCD^2 评分≥4 分）的急性非心源性 TIA 应尽

早给予阿司匹林联合氯吡格雷治疗 21d，但应严密观察出血风险。此后可单用阿司匹林或氯吡格雷作为缺血性脑卒中长期二级预防一线用药。④发病 30d 内伴有症状性颅内动脉严重狭窄（狭窄率 70%~99%）的 TIA 患者，应尽早给予阿司匹林联合氯吡格雷治疗 90d，此后阿司匹林或氯吡格雷单用均可作为长期二级预防一线用药。

（3）抗凝治疗

1）抗凝药物：口服抗凝药物（oral anticoagulants，OACs）有华法林和新型口服抗凝药（new oral anticoagulants，NOACs）利伐沙班、阿哌沙班、依度沙班和达比加群（表 15-2-2）。

表 15-2-2　抗凝药物

药物	作用	用法用量
华法林	抗凝血剂（仅适用于心脏栓塞引起卒中 / TIA 的患者）	多数患者滴定目标为 INR 2.0~3.0
利伐沙班	抗凝血剂（仅适用于非瓣膜房颤性栓塞引起卒中 / TIA 的患者）	如果 CrCl>15ml/min，20mg，1 次 /d，伴晚餐
阿哌沙班	抗凝血剂（仅适用于非瓣膜房颤性栓塞引起卒中 / TIA 的患者）	5mg/ 次，2 次 /d 如果 Scr ≥1.5mg/ dl，2.5mg，2 次 /d （如果年龄 >80 岁或体重≤60kg）
依度沙班	抗凝血剂（仅适用于非瓣膜房颤性栓塞引起卒中 / TIA 的患者）	60mg/d，如果 CrCl 15~50ml/min，30mg/d CrCl>95ml/min，则不要使用
达比加群	抗凝血剂（仅适用于非瓣膜房颤性栓塞引起卒中 / TIA 的患者）	150mg，2 次 /d CrCl 15~30ml/min，75mg，2 次 /d

2）抗凝治疗方案：明确心源性因素所致 TIA 可应予抗凝治疗。一般不主张对动脉粥样硬化性血栓性 TIA 患者做短期或长期抗凝治疗。心房纤颤患者应长期口服抗凝药物，对使用抗凝药物有禁忌证的患者，推荐服用阿司匹林或氯吡格雷。

（4）他汀类药物治疗：血脂异常是 TIA 的重要危险因素，研究发现，血清总胆固醇水平升高与缺血性卒中的发生密切相关，降低胆固醇可以降低高危人群的缺血性卒中风险。他汀类药物（表 5-2-3）具有明显的调血脂作用，降低 LDL-C 的作用最强，TC 次之，降 TG 作用很小，而 HDL-C 略有升高。

表 15-2-3　常见他汀类药物

	阿托伐他汀	瑞舒伐他汀	匹伐他汀	辛伐他汀	普伐他汀	氟伐他汀
LDL-C/%	37~55	38~48	34~47	27~42	20~29	21~33
推荐剂量 /mg	10~30	5~40	1~4	10~40	10~80	20~80
半衰期 /h	14	13~20	11	3	1.5	1.2
给药时机	任何固定时间	任何固定时间	任何固定时间	晚餐时	睡前	睡前
药物相互作用	环孢素 克拉霉素 伊曲康唑	环孢素	环孢素 贝特类药物	环孢素 克拉霉素 伊曲康唑 红霉素 吉非贝齐	与其他药物无明显相互作用	氟康唑 环孢素 利福平
肾损患者	无需调整剂量	重度肾功能损害禁用	重度肾功能损害不超过 2mg	严重肾功能损害应监测	肾功能损害应监测	严重肾功能损害禁用
肝药酶	3A4	2C9、2C19	2C9	3A4	无	2C9
亲脂 / 亲水	亲水性	中性	中性	亲脂性	亲水性	亲水性
是否天然化合物	人工合成	人工合成	人工合成	半合成	半合成	人工合成
代谢产物	有活性	有活性	有活性	有活性	无活性	无活性

根据《中国成人血脂异常防治指南（2016年修订版）》《2013ACC/AHA 控制血胆固醇降低成人动脉粥样硬化心血管风险指南》和《2018ACC/AHA 版胆固醇临床实践指南》，TIA 属于 ASCVD 临床疾病谱中病种之一，按 ASCVD 10 年发病危险分层属于极高危，指南建议脑血管病风险极高危者应用高强度降脂治疗，首选他汀调脂药物，LDL-C 治疗目标为：LDL-C<1.8mmol/L，降低 LDL-C 50%~60%，LDL-C 基线在目标值以内者，LDL-C 仍应降低 30% 左右（表 15-2-4）。

表 15-2-4　降脂药物治疗剂量对照表

低强度降脂治疗 降低 LDL-C<30%	中等强度降脂治疗 降低 LDL-C 30%~49%	高强度降脂治疗 降低 LDL-C 50%~60%	超高强度降脂治疗 降低 LDL-C>60%
辛伐他汀 10mg	阿托伐他汀 10~20mg	阿托伐他汀 40~80mg	阿托伐他汀 40~80mg+ 依折麦布 10mg
普伐他汀 10~20mg	瑞舒伐他汀 5~10mg	瑞舒伐他汀 20~40mg	瑞舒伐他汀 20~40mg+ 依折麦布 10mg
洛伐他汀 10~20mg	辛伐他汀 20~40mg	辛伐他汀 20~40mg+ 依折麦布 10mg	
氟伐他汀 40mg	普伐他汀 40mg	普伐他汀 40mg+ 依折麦布 10mg	
匹伐他汀 1mg	洛伐他汀 40mg	洛伐他汀 40mg+ 依折麦布 10mg	
依折麦布 10mg	氟伐他汀 80mg	氟伐他汀 80mg+ 依折麦布 10mg	
	匹伐他汀 2~4mg	匹伐他汀 2~4mg+ 依折麦布 10mg	
	辛伐他汀 10mg+ 依折麦布 10mg	阿托伐他汀 10~20mg+ 依折麦布 10mg	
	普伐他汀 20mg+ 依折麦布 10mg	瑞舒伐他汀 5~10mg+ 依折麦布 10mg	
	洛伐他汀 20mg+ 依折麦布 10mg		
	氟伐他汀 40mg+ 依折麦布 10mg		
	匹伐他汀 1mg+ 依折麦布 10mg		

（5）病因、危险因素及二级预防治疗：TIA 发病后 2~7d 内为卒中的高风险期，对患者进行紧急评估与干预可以减少卒中的发生。

4. 临床问题导向的药物治疗

（1）非心源性栓塞性 TIA 治疗：不使用口服抗凝药物，应进行长期的抗血小板治疗。常用的药物为阿司匹林（75~150mg/d），也有资料表明氯吡格雷（75mg/d）较阿司匹林更有效。明确动脉栓塞者，治疗包括抗血小板聚集、稳定斑块及强化他汀类药物治疗。有资料表明，联合使用阿司匹林（75~150mg/d）和氯吡格雷（75mg/d）可能更有效。指南不推荐常规长期应用阿司匹林联合氯吡格雷抗血小板治疗。

（2）心源性栓塞性 TIA 治疗：持续性或阵发性心房颤动的 TIA 患者，长期口服华法林抗凝治疗（感染性心内膜炎患者除外），其目标 INR 值为 2.0~3.0。对抗凝药物禁忌的患者，使用阿司匹林（75~150mg/d），如果不能耐受阿司匹林，应用氯吡格雷（75mg/d）。若无其他心源性栓塞的高度风险，窦性节律的 TIA 患者不应使用抗凝药物。

（3）血流动力学性 TIA 治疗：除抗血小板聚集和降脂治疗外，应停用降压药，考虑血管内或外科治疗。在大动脉狭窄已经解除的情况下，可以考虑将血压控制到目标值以下。

（4）伴有主动脉弓动脉粥样硬化斑块证据的

TIA 患者治疗：指南推荐抗血小板及他汀类药物治疗。

（5）抗血小板聚集药物不良反应治疗

1）胃肠道反应：阿司匹林最常见的不良反应，表现为胃肠功能紊乱，出现恶心、呕吐、腹泻等症状。长期服用还可引起胃炎、隐性出血、加重溃疡形成和消化道出血，甚至危及生命。应用抗血小板药物应权衡利弊，结合患者年龄、既往消化性溃疡病史、消化道出血史、Hp 感染情况，综合确定是否必须同时应用质子泵抑制剂和根治 Hp 感染。对胃肠道损伤高危人群，还应加强监测，养成良好的生活习惯，每日排便后注意观察大便的颜色，监测血常规、便潜血，必要时给予 H_2 受体拮抗剂、质子泵抑制剂，预防胃肠道出血的发生。

2）过敏反应：如出现过敏反应，立即停药，必要时给予对症处置。

3）出血倾向：现有抗血小板药物最常见的不良反应，也是研发新的抗血小板药物的最大挑战。口腔、牙龈和颅内出血等，给予停药、局部压迫止血、止血药等对症治疗；颅内出血按脑出血疾病治疗。

（6）NOACs 出血并发症的处理：对非致命性出血，常规的支持治疗包括局部压迫止血、外科手术止血、输液和输血等。NOACs 半衰期较短，一般在停药后 12~24h，体内凝血系统功能恢复正常。等待药物从体内自行排出后凝血系统功能恢复，或是采用血液透析加快药物的清除，应根据患者出血的严重性、肾功能、药物清除所需时间等综合因素决定。对于 Xa 因子抑制剂，血液透析并不能明显降低血药浓度，因为它们与血浆蛋白的结合率很高。目前尚无特异性对抗剂，以逆转 NOACs 的抗凝作用。因此对致命性出血，在上述一系列支持治疗的基础上，如果仍需要迅速止血，可使用凝血酶原复合物浓缩物（prothrombin complex concetrate，PCC），活化的 PCC（aPCC）或活化的基因重组Ⅶ因子（recombinant factor Ⅶa，rF Ⅶa）对抗 NOAC 的抗凝作用。根据动物和健康志愿者试验，PCC 和 rF Ⅶa 可逆转 NOACs 的抗凝作用。

（7）他汀类药物不良反应治疗

1）他汀类药物导致肌肉综合征的治疗：他汀类药物最常见的副作用是肌肉综合征，症状包括肌病、肌肉痛、肌炎伴有 CK 升高。肌肉症状伴有 CK 升高大于 10 倍应考虑横纹肌溶解。及时中断他汀治疗，症状能缓解，且多数患者能在数周至数月内恢复正常。

2）特殊 TIA 患者他汀类药物的使用方法

①合并糖尿病 TIA 患者伴糖尿病是 TIA 复发和导致 AIS 的极高危状态，此类患者不论基线 LDL-C 水平如何，均推荐他汀治疗，LDL-C 治疗目标值 <1.8mmol/L 或 LDL-C 降低 30%~40%。

②合并肾脏疾病或肾功能异常 CKD 患者是心脑血管疾病极高危人群，降低 LDL-C 可降低 CKD 患者的心脑血管事件风险。在年龄 ≥50 岁、eGFR<60ml/（min·1.73m²）但未接受慢性透析或肾移植的缺血性患者中（G3a-G5），推荐应用他汀类药物或他汀联合依折麦布治疗。在年龄 ≥50 且 eGFR ≥60ml/（min·1.73m²）CKD 患者中（G1-G2），推荐应用他汀类药物治疗；18~49 岁且 eGFR<60ml/（min·1.73m²），未接受透析或肾脏移植的患者，合并缺血性卒中病史建议使用他汀类药物治疗。

③合并肝炎、肝硬化或其他肝损伤病史的患者，在评估其获益风险比的基础上可考虑使用他汀类药物，必要时可联用保肝药物。活动性肝脏疾病或转氨酶持续升高的患者应暂时停用他汀类药物。药物治疗时必须监测肝功能和肌酶，如谷草转氨酶超过 3 倍正常上限值，暂停给药，停药后每周复查肝功能，直至正常。当肝酶正常后可考虑重新试用原有他汀类药物或其他调脂药物。

5. 药物治疗展望　TIA 是否静脉溶栓，目前的指南均没有明确推荐，rt-PA 药品说明书中称"阿替普酶治疗轻微神经功能缺损或症状迅速改善患者的安全性和疗效尚未评估"，而且溶栓治疗约 30% 缺血性卒中患者因症状轻微而从静脉 rt-PA 治疗中排除后出现不良结局，应重视对高危非致残性缺血性脑血管事件人群的评估和关注，以筛查可能从溶栓获益的患者，同时需要大规模临床研究明确 rt-PA 静脉溶栓治疗 TIA 临床疗效。抗血小板治疗临床应用广泛，效果显著，但仍存在一定的局限性：出血风险高、副作用大、个体差异性大和半衰期短等。相信随着对其机制的深入研究，将会有越来越多毒副作用小、药效强和特异性高的新型抗血小板药物被开发利用。口服抗凝药物与阿司匹林联合氯吡格雷治疗效果的比较尚无肯定结论,需要进一步研究确定。

(二)脑梗死

脑梗死(cerebral infarction,CI)又称急性缺血性脑卒中(acute ischemic stroke,AIS),是各种脑血管病变所致脑部血液供应障碍,导致局部脑组织缺血、缺氧性坏死,而迅速出现相应神经功能缺损的一类临床综合征。AIS是最常见的卒中类型,占我国脑卒中的69.6%~70.8%。急性期的时间划分尚不统一,一般指发病后2周内。我国AIS发病率为276.75/10万,发病后1个月内病死率为2.3%~3.2%,3个月时病死率9%~9.6%,致残疾率为34.5%~37.1%,1年病死率14.4%~15.4%,致残疾率33.4%~33.8%。

1. 临床表现和诊断

(1)临床表现:本病临床表现多种多样,病变血管不同,缺血的脑组织不同,会出现相应的临床症状。①大脑前动脉血栓形成,可出现对侧偏瘫,下肢重于上肢,可有轻度感觉障碍,主侧半球病变可出现布罗卡失语症,可伴有尿失禁及对侧强握反射等。②大脑中动脉血栓形成,可出现对侧偏瘫、偏身感觉障碍和同向性偏盲,可伴有双眼向病灶侧凝视,优势半球病变可出现失语,非优势半球病变可有体象障碍,大脑中动脉主干闭塞引起大面积脑梗死时可出现不同程度的意识障碍,脑水肿严重时可导致脑疝,甚至死亡。③大脑后动脉血栓形成,可表现为对侧偏盲、偏瘫及偏身感觉障碍,丘脑综合征,优势半球病变可伴有失读,大脑后动脉深穿支闭塞可出现丘脑综合征、红核丘脑综合征、韦伯综合征(Weber syndrome)等表现。④椎动脉及基底动脉血栓形成会引起脑干梗死,临床症状较重,如延髓背外侧症状、脑桥前下部症状、闭锁症状、基底动脉尖综合征等。

(2)临床诊断

1)AIS诊断标准:①急性起病;②局灶神经功能缺损(一侧面部或肢体无力或麻木,语言障碍等),少数为全面神经功能缺损;③影像学出现责任病灶或症状体征持续24h以上;④排除非血管性病因;⑤脑CT/MRI排除脑出血。

2)病因分型:对AIS患者进行病因/发病机制分型有助于判断预后、指导治疗和选择二级预防措施。当前国际广泛使用TOAST病因/发病机制分型,将缺血性脑卒中分为:大动脉粥样硬化型、心源性栓塞型、小动脉闭塞型、其他明确病因型和不明原因型5型。

2. 一般治疗原则

根据2019年中华卒中学会《中国脑血管病临床管理指南》《中国缺血性脑卒中和短暂性脑缺血发作二级预防指南2014》和《中国急性缺血性脑卒中诊治指南2018》,AIS的急性期的时间划分尚不统一,一般指发病后2周内,轻型1周内,重型1个月内。AIS的治疗包括急性期治疗、早期预防再发(二级预防)和早期康复。有条件的医院,应该建立卒中单元,卒中患者应该收入卒中单元治疗。

(1)一般治疗原则:根据不同的病因、发病机制、临床类型、发病时间等确定治疗方案,实施以分型、分期为核心的个体化和整体化治疗原则。在治疗时间窗内有适应证者行再灌注治疗,包括溶栓和血管内治疗,在时间窗内无上述治疗适应证者和超时间窗者,给予规范化综合治疗。尽早开始二级预防和康复治疗。(图15-2-2)

1)急性期患者在进行溶栓、血管内治疗和规范化综合治疗的同时应针对患者病情给予一般支持治疗,如吸氧、心电监测、体温、血压、血糖监测等。

2)对于发病4.5h或6h以内的AIS患者,应按流程开始紧急溶栓评估,实施rt-PA(4.5h内)和尿激酶(6h内)静脉溶栓治疗。

3)对于发病6h内有静脉溶栓治疗禁忌证和发病6h后至24h内的患者均应首先推荐进行血管内治疗评估,评估合格则应迅速启动血管内治疗,不合格则进行规范化药物治疗。

4)发病24h时间窗内血管内治疗评估合格者,实施血管内治疗包括血管内机械取栓、动脉溶栓、血管成形术[急诊颈动脉内膜剥脱术(CEA)/颈动脉支架置入术(CAS)]。①发病6h内若存在静脉溶栓禁忌证符合以下标准时,首选机械取栓治疗:术前mRS评分为0~1分;缺血性卒中由颈内动脉或大脑中动脉M1段闭塞引起;年龄≥18岁;NIHSS评分≥6分;ASPECT评分≥6分。②发病6h内的大脑中动脉供血区的AIS,当不适合静脉溶栓或静脉溶栓无效且无法实施机械取栓时,严格筛选患者后实施动脉溶栓是合理的,动脉溶栓建议使用rt-PA或尿激酶。③发

患者出现急性卒中的症状和体征

初步评估
体格检查：生命体征,氧饱和度,心脏监护,记录体重
实验室检查：
(1)血糖
(2)INR/肌酐/全血细胞计数(包括血小板),若对这些异常无疑问,请勿延误行头部CT或rt-PA静脉溶栓
除非有紧急指征需要获得心电图、胸片或放置导尿管,否则不应延误行头部CT或rt-PA静脉溶栓

行急诊头部平扫CT检查,若不会导致rt-PA静脉溶栓时间延误的话,可考虑行头颈部CTA(或MRI/MRA,若可行)

出血阳性 → 出血性卒中管理

出血阴性(神经功能缺损完全恢复) → TIA评估

出血阴性(神经功能持续缺损)

症状出现时间

4.5h内或6h内 → 静脉溶栓评估

4.5h或6~24h → 血管内治疗评估

>24h

静脉溶栓评估 → 基于症状(导致的可评测神经功能缺损)是否符合rt-PA或尿激酶治疗指征,在4.5h或6h时间窗内是否可给予

是 → 是否有rt-PA或尿激酶静脉溶栓禁忌

否 →
• 建立两个静脉通路,以便给药
• 若收缩压>180mmHg或舒张压>105mmHg,则降低血压,第一个24h下降20%
• 血糖控制在3~10mmol/L
• 给予rt-PA或尿激酶静脉溶栓(标准治疗方案,避免因寻求会诊而明显延误溶栓时机)
• 静脉溶栓后监测

是(桥接) → 是否适合血管内治疗

是 → 行头部CTA,若初始影像学检查未获得相应信息 → 是否出现近端大血管闭塞伴缺血病灶

否 → 规范化综合治疗

是 → 血管内治疗

规范化综合治疗 → 抗栓治疗 | 他汀类药物治疗 | 降压治疗 | 降糖治疗 | 其他治疗 | 血管内治疗

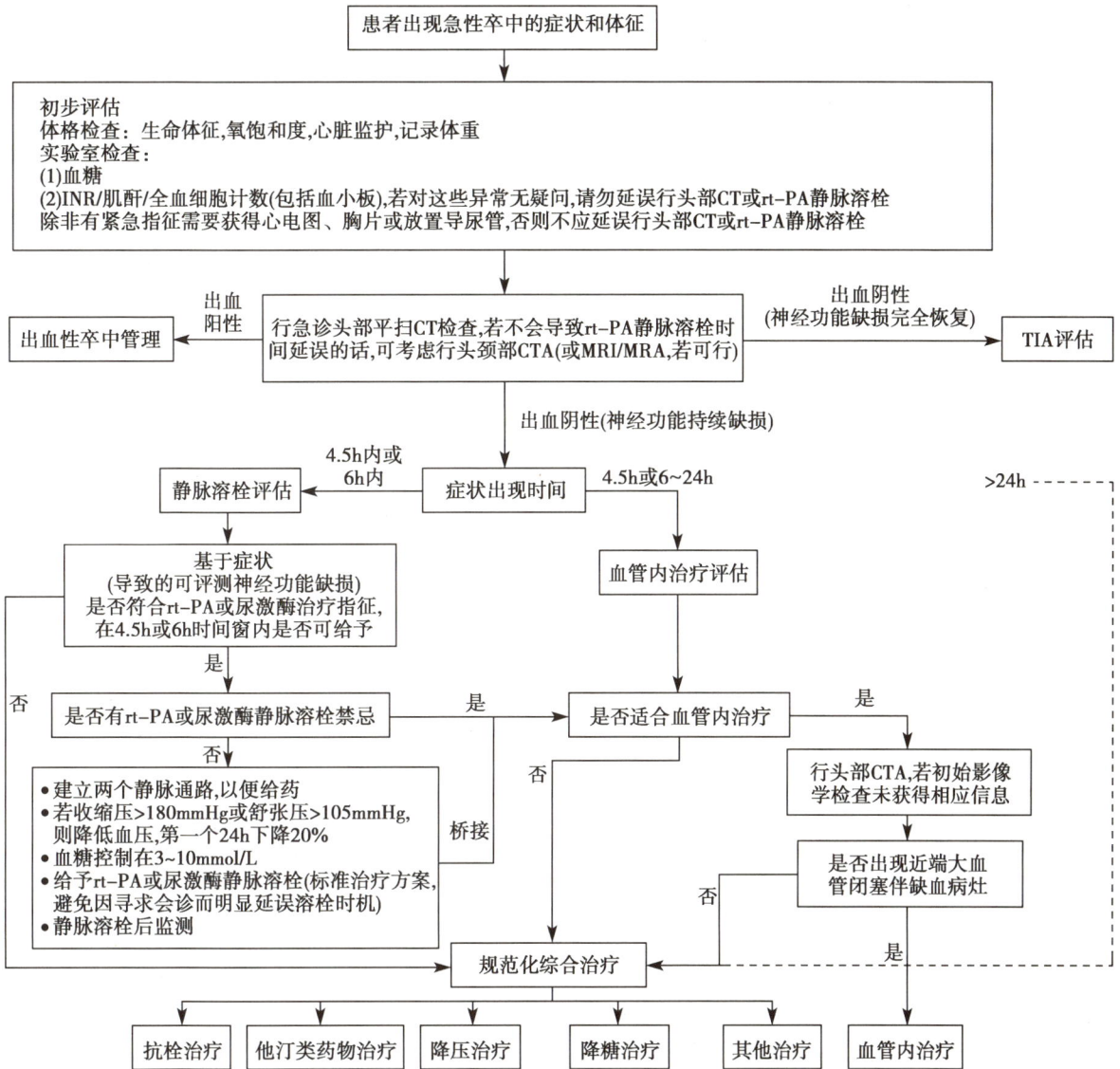

图 15-2-2 AIS 诊治流程

病6~24h 时间窗内, 符合前循环大动脉闭塞的 AIS 患者进行 CTP 或 DWI 及 PWI 后, 按照 DAWN 研究(6~24h)和 DEFUSE 3 研究(6~16h)入组标准筛选,进行血管内治疗(详见《中国急性缺血性脑卒中早期血管内介入治疗指南 2018》)。

5)急性期患者并发症的治疗,减轻脑水肿、控制继发感染(肺内和泌尿系感染、褥疮等)、应激性消化道溃疡及下肢静脉血栓形成等的治疗。

6)AIS 复发的风险很高,应早期行危险分层评估,预测卒中的风险,尽早开始二级预防。

7)AIS 致残率较高,卒中后应尽早开始康复治疗,可预防并发症,最大限度地减轻功能残疾,改善预后(详见《中国脑卒中早期康复治疗指南》)。

(2)治疗目的:积极开通血液循环,抢救缺血半暗带脑组织,降低 AIS 致残率、死亡率和再发率。

3. 治疗药物及方案 古希腊的"西医之父"希波克拉底(Hippocrates),2400 年前发明了卒中(apoplexy)一词,用来描述卒中类疾病。1599 年出版的英语大辞典 *Oxford English Dictionary* 解释了 Apoplexy,并将其翻译成英语 Stroke。在静脉溶栓及介入治疗之前,脑卒中没有有效的治疗办法。1977 年,Abtrup 提出缺血半暗带(ischemic penumbra, IP)的概念,为溶栓治疗奠定了理论基础。1985 年,Zivin 开启了卒中治疗时代,1996 年,FDA 批准 tPA 作为卒中治疗药物。1995 年 NINDS 研究得出了 3h 治疗时间窗的结论,2008

年 ECASS Ⅲ 研究确认治疗时间窗可延长至 4.5h。与此同时，随着脑缺血机制 - 缺血瀑布学说的提出，国内外开始倡导使用脑保护剂治疗。降纤、抗血小板和抗凝等个体化药物治疗，介入治疗及颈内动脉内膜切除术等治疗逐渐用于临床。2015 年到目前 DAWN 和 DEFUSE3 研究将血管内治疗时间窗从 6h 延长到 16~24h。目前缺血性脑卒中治疗重点仍是挽救缺血半暗带和脑保护，并积极提倡个体化治疗。

（1）一般处理

1）呼吸与吸氧：气道功能严重障碍者应给予气道支持（气管插管或切开）及辅助呼吸。必要时吸氧，应维持氧饱和度 >94%。无低氧血症的患者不需常规吸氧。

2）心脏监测与心脏病变处理：脑梗死后 24h 内应常规进行心电图检查，根据病情，有条件时进行持续心电监护 24h 或以上，以便早期发现阵发性心房纤颤或严重心律失常等心脏病变；避免或慎用增加心脏负担的药物。

3）体温控制：对体温升高的患者应寻找和处理发热原因，如存在感染应给予抗感染治疗。对体温 >38℃ 的患者应给予退热措施。

4）血压控制：约 70% 缺血性卒中患者急性期血压升高，原因主要包括：病前存在高血压、疼痛、恶心呕吐、焦虑、躁动等。多数患者在卒中后 24h 内血压自发降低。病情稳定、无颅内高压或其他严重并发症患者，24h 后血压水平基本可反映其病前水平。目前针对卒中后早期是否应该立即降压、降压目标值、卒中后何时开始恢复原用降压药及降压药物的选择等问题的研究进展不多，尚缺乏充分可靠研究证据。

AIS 患者血压调控应遵循个体化、慎重和适度原则。①缺血性脑卒中后 24h 内血压升高的患者应谨慎处理。应先处理紧张、焦虑、疼痛、恶心呕吐及颅内压增高等情况。血压持续升高至收缩压 ≥200mmHg 或舒张压 ≥110mmHg，或伴有严重心功能不全、主动脉夹层、高血压脑病的患者，可予降压治疗，并严密观察血压变化。可选用拉贝洛尔、尼卡地平等静脉药物，建议使用微量输液泵给予降血压药，避免使用引起血压急剧下降的药物。②准备溶栓及桥接血管内取栓者，血压应控制在收缩压 <180mmHg、舒张压 <100mmHg。对

未接受静脉溶栓而计划进行动脉内治疗的患者血压管理可参照该标准，根据血管开通情况控制术后血压水平，避免过度灌注或低灌注，具体目标有待进一步研究。③卒中后病情稳定，若血压持续 ≥140/90mmHg，无禁忌证，可于起病数天后恢复使用发病前服用的降压药物或开始启动降压治疗。④卒中后低血压的患者应积极寻找和处理原因，必要时可采用扩容升压措施。可静脉滴注 0.9% 氯化钠溶液纠正低血容量，处理可能引起心输出量减少的心脏问题。

5）血糖控制：约 40% 的患者存在卒中后高血糖，可以是原有糖尿病的表现或应激反应。目前公认应对卒中后高血糖进行控制，但对采用何种降血糖措施及目标血糖值仅有少数随机对照试验，还无最后结论。①血糖超过 10mmol/L 时可给予胰岛素治疗。应加强血糖监测，可将高血糖患者血糖控制在 7.8~10mmol/L。②血糖低于 3.3mmol/L 时，可给予 10%~20% 葡萄糖口服或注射治疗。目标是达到正常血糖水平。

6）营养支持：卒中后由于呕吐、吞咽困难可引起脱水及营养不良，导致神经功能恢复缓慢，应重视卒中后液体及营养状况评估。必要时给予补液和营养支持。提倡肠内营养支持，详细内容参见《神经系统疾病肠内营养支持操作规范共识》。

（2）特异性治疗：指针对缺血损伤病理生理机制中某一特定环节进行的干预，包括静脉溶栓、抗血小板、抗凝、降纤、扩容等方法。

1）静脉溶栓治疗：对于发病 4.5h 或 6h 以内的 AIS 患者，静脉溶栓是目前改善 AIS 结局最有效的药物治疗措施之一，治疗效果具有时间依赖性，应尽早开始，挽救缺血半暗带。

①溶栓药物：溶栓药物的研究进展经历了一个漫长的发展阶段，目前临床使用的静脉溶栓药物有三代：

第一代：尿激酶，是纤维酶原的主要激活物之一。尿激酶是从健康人尿中分离的，或从人肾脏组织培养获得的一种酶蛋白。我国"九五"攻关课题协助组研究了尿激酶治疗发病 6h 以内的急性缺血性脑卒中的疗效。尿激酶对新形成的血栓起效快、效果好，还能提高血管 ADP 酶活性，抑制 ADP 诱导的血小板聚集。由于尿激酶不具有

纤维蛋白特异性,易引起过敏反应,增加出血风险,国外已不再应用于溶栓治疗,但是,尿激酶用药时间窗为发病 6h 以内,价位低廉,目前国内仍广泛应用。

第二代:组织型纤溶酶原激活剂(tPA)为代表,具有特异性好、半衰期短、给药方便等优势。rt-PA 全身溶栓作用不明显,溶栓作用局限于血栓形成部位,具有很强的特异性。1996 年 rt-PA 被FDA 批准用于临床,美国卒中学会和欧洲卒中促进会的卒中指南均强烈推荐应用 rt-PA。荟萃分析(ATLANTIS、ECASS、MNDS)中证明 rt-PA 按照 0.9mg/kg 体重应用是有效的,国际上已经批准。《中国急性缺血性脑卒中诊治指南 2018》中推荐应用 rt-PA 静脉溶栓治疗,治疗时间窗为发病 4.5h 内。最近,墨尔本大学的 Henry Ma 和Bruce Campbell 通 过 综 合 EXTEND、ECASS4-EXTEND 以及 EPITHET 这三项研究的结果显示,超时间窗至发病后 9h 进行溶栓仍能使患者获益。

第三代:新型纤溶酶原激活剂瑞替普酶和奈替普酶等。此类药物目前适应证为急性心肌梗死的溶栓治疗,对于脑梗死的治疗仍处于临床试验阶段。瑞替普酶的用法为静脉推注,用药时间比阿替普酶短,应用更为方便,将来或许会成为临床应用的溶栓治疗药物。

②静脉溶栓方案:目前,静脉溶栓治疗已成为 AIS 早期最重要和最关键的治疗方法。我国现在正在实施 AIS 的急救体系,包括完善院外医疗急救护送、院内外医疗衔接、院内卒中快速抢救通道等,尽可能缩短患者发病到用药的时间,尤其是缩短患者到达医院到用药的时间。

对 AIS 发病 4.5h 的患者,应按照适应证、禁忌证和相对禁忌证严格筛选患者(表 15-2-5、表 15-2-6),尽快静脉给予 rt-PA 溶栓治疗。方法:rt-PA 0.9mg/kg(最大剂量为 90mg)静脉滴注,其中 10% 在最初 1min 内静脉推注,其余持续滴注 1h,用药期间及用药 24h 内应严密监护患者。AIS 发病 4.5h 内,对于出血风险高的患者,可以选择静脉给予低剂量 rt-PA。用法:rt-PA 0.6mg/kg(最大剂量为 60mg),其中总量的 15% 在最初 1min 内静脉推注,剩余的 85% 以输液泵静脉滴注,持续 1h。

表 15-2-5 3h 内 rt-PA 静脉溶栓的适应证、相对禁忌证及禁忌证

适应证
有缺血性脑卒中导致的神经功能缺损症状
症状出现 <3h
年龄 ≥18 岁
患者或家属签署知情同意书

相对禁忌证
下列情况需谨慎考虑和权衡溶栓风险与获益(即虽然存在一项或多项相对禁忌证,但并非绝对不能溶栓):
轻型非致残性卒中
症状迅速改善的卒中
惊厥发作后出现的神经功能损害(与此次卒中发生相关)
颅外段颈部动脉夹层
近 2 周内严重外伤(未伤及头颅)
近 3 个月内有心肌梗死史
孕产妇
痴呆
既往疾病遗留较重神经功能残疾
未破裂且未经治疗的动静脉畸形、颅内小动脉瘤(<10mm)
少量脑内微出血(1~10 个)
使用违禁药物
类卒中

禁忌证
颅内出血(包括脑实质出血、脑室内出血、蛛网膜下腔出血、硬膜下 / 外血肿等)
既往颅内出血史
近 3 个月有严重头颅外伤史或卒中史
颅内肿瘤、巨大颅内动脉瘤
近期(3 个月)有颅内或椎管内手术
近 2 周内有大型外科手术
近 3 个月内有胃肠或泌尿系统出血
活动性内脏出血
主动脉弓夹层
近 1 周内有在不易压迫止血部位的动脉穿刺
血压升高:收缩压 ≥180mmHg,或舒张压 ≥100mmHg
急性出血倾向,包括血小板计数低于 100×10^9/L 或其他情况
24h 内接受过低分子肝素治疗
口服抗凝剂且 INR>1.7 或 PT>15s
48h 内使用凝血酶抑制剂或 Xa 因子抑制剂,或各种实验室检查异常(如 APTT,INR,血小板计数,ECT,TT 或 Xa 因子活性测定等)
血糖 <2.8mmol/L 或 >22.22mmol/L
头 CT 或 MRI 提示大面积梗死(梗死面积 >1/3 大脑中动脉供血区)

注:rt-PA,重组组织型纤溶酶原激活剂;INR,国际标准化比率;APTT,活化部分凝血酶时间;ECT,蛇静脉酶凝结时间;TT,凝血酶时间。

发病在 6h 内,不适合 rt-PA 治疗者给予尿激酶,具有一定安全性,但有效性尚需大样本例数和高质量的 RCT 进一步证实。可根据适应证和禁忌证标准严格(表 15-2-7)选择患者,给予尿激酶静脉溶栓。使用方法:尿激酶 100 万 ~150 万 IU,溶于生理盐水 100~200ml,持续静脉滴注 30min,用药期间应严密监护患者。

对发病时间未明或超过静脉溶栓时间窗的 AIS 患者,如果符合血管内取栓治疗适应证,应尽快启动血管内取栓治疗;如果不能实施血管内取栓治疗,可结合多模影像学评估是否进行静脉溶栓治疗。

静脉滴注替奈普酶(0.4mg/kg)治疗轻型卒中的安全性及有效性与阿替普酶相似,但不优于阿替普酶。对于轻度神经功能缺损且不伴有颅内大血管闭塞的患者,可以考虑应用替奈普酶。

表 15-2-6　3~4.5h rt-PA 静脉溶栓的适应证、禁忌证及相对禁忌证

适应证
缺血性卒中导致的神经功能缺损
症状持续 3~4.5h
年龄≥18 岁
患者或家属签署知情同意书
禁忌证
同 3h 内 rt-PA 静脉溶栓禁忌证
相对禁忌证
在表 15-2-5 相对禁忌证基础上补充如下):
1. 使用抗凝药物,INR ≤1.7,PT ≤15 s
2. 严重卒中(NIHSS 评分 >25 分)

表 15-2-7　6h 内尿激酶静脉溶栓的适应证及禁忌证

适应证
缺血性卒中导致的神经功能缺损
症状出现 <6h
年龄 18~80 岁
患者或家属签署知情同意书
脑 CT 无明显早期脑梗死低密度改变
患者或家属签署知情同意书
禁忌证
同 3h 内 rt-PA 静脉溶栓禁忌证

2)抗血小板治疗

①抗血小板药物(表 15-2-1):目前循证医学证据充分的抗血小板药物包括:阿司匹林、氯吡格雷、阿司匹林和双嘧达莫复方制剂。我国临床应用较多的是阿司匹林和氯吡格雷。比较一致的意见是非心源性 AIS 患者,抗血小板治疗应该尽早开始。

②治疗方案:阿司匹林(50~325mg/d)或氯吡格雷(75mg/d)单药治疗均可以作为首选抗血小板药物治疗方法。对于绝大多数患者,可在卒中发作 24~48h 内予口服阿司匹林治疗,对于静脉 rt-PA 治疗的患者,通常推迟到 24h 后服用阿司匹林。

A. 不建议替格瑞洛(代替阿司匹林)用于轻型卒中(NIHSS 评分≤3 分)的急性期治疗。

B. 在不具备阿司匹林或氯吡格雷治疗条件时,西洛他唑可用于 AIS 患者,可作为阿司匹林的替代药物。

C. 对于阿司匹林不耐受(有胃肠反应或过敏等)及高出血风险的缺血性卒中患者,使用吲哚布芬(每次 100mg,每日 2 次)是可行的。

D. 不推荐阿昔单抗治疗 AIS。

E. 替罗非班对桥接治疗或血管内治疗围手术期安全性较好,建议剂量 0.1~0.2μg/(kg·min),持续泵入不超过 24h。

F. 对于未接受静脉溶栓治疗的轻型卒中患者(NIHSS 评分≤3 分),在发病 24h 内应尽早启动双重抗血小板治疗[阿司匹林 100mg/d 联合氯吡格雷 75mg/d(首日负荷剂量为 300mg)],并维持 21d,后可改用氯吡格雷 75mg/d,单药治疗,总疗程 90d,能显著降低发病 90d 内的卒中复发风险,但应密切观察出血风险。发病 30d 内伴有症状性颅内动脉严重狭窄(狭窄率 70%~99%)AIS 患者,应尽早给予阿司匹林联合氯吡格雷治疗 90d,此后阿司匹林或氯吡格雷单用均可作为长期二级预防一线用药。

G. 双嘧达莫单药抗栓或双嘧达莫联合阿司匹林双联抗栓是否更有利于预防缺血性卒中的复发,仍需要大量 RCT 证实。

3)抗凝治疗:缺血性脑卒中急性期抗凝治疗虽已应用 50 多年,但一直存在争议。一般不建议急性期应用抗凝治疗来预防卒中复发、阻止病情恶化或改善预后。对于缺血性卒中同侧颈内动脉严重狭窄的 AIS 患者,紧急抗凝治疗的有效性尚不明确。对于颅外血管内非闭塞性血栓的 AIS

患者,短期抗凝治疗的安全性和有效性尚不明确。但对于合并高凝状态、有形成深静脉血栓和肺栓塞风险的高危患者,可以使用预防剂量的抗凝治疗。特殊情况下溶栓后还需抗凝治疗患者,应在24h后使用抗凝剂。对于大多数合并房颤的AIS患者,可在发病后4~14日之间开始口服抗凝药物,进行卒中二级预防。

4)降纤治疗:疗效尚不明确,常用的降纤药物有巴曲酶和降纤酶等。对不适合溶栓并经过严格筛选的脑梗死患者,特别是高纤维蛋白原血症者可选用降纤治疗。

5)扩容:疗效尚不明确,适用于血流动力学机制所致的脑梗死。对大多数AIS患者,不推荐扩容治疗;对于低血压或脑血流低灌注所致的急性脑梗死如分水岭梗死可考虑扩容治疗。

6)扩张血管:目前缺乏血管扩张剂能改善缺血性脑卒中临床预后的大样本高质量随机对照试验证据,需要开展更多临床试验。对大多数缺血性脑卒中患者,不推荐扩血管治疗。

7)其他药物:AIS的治疗目的除了恢复血管再通外,脑侧支循环代偿程度与AIS预后密切相关,建议进一步开展临床研究寻找有利于改善脑侧支循环的药物或方法。丁苯酞和人尿激肽原酶是国内开发的I类化学新药,具有改善脑动脉循环作用。

丁苯酞为人工合成的消旋正丁基苯酞,与天然的左旋芹菜甲素的结构相同。丁苯酞氯化钠注射液,应在发病后48h内开始给药。静脉滴注,每日2次,每次25mg(100ml),每次滴注时间不少于50min,两次用药时间间隔不少于6h,疗程14日。

人尿激肽原酶(尤瑞克林)是自人尿液中提取得到的蛋白水解酶,能将激肽原转化为激肽(kinin)和血管舒张素(kallidin)。应在起病48h内开始用药:每次0.15PNA单位,溶于50ml或100ml氯化钠注射液中,静脉滴注30min,每日1次,3周为一疗程。

(3)他汀类药物治疗(表15-2-3、表15-2-4):他汀类药物不仅对卒中的一级、二级预防具有重要作用,而且研究显示他汀药物可改善AIS患者预后,但还有待开展高质量随机对照研究进一步证实。

1)降脂药物治疗剂量的对照(表15-2-3)。

2)治疗方案

①根据《中国成人血脂异常防治指南(2016年修订版)》《2013ACC/AHA控制血胆固醇降低成人动脉粥样硬化心血管风险指南》和《2018ACC/AHA胆固醇临床实践指南》,缺血性脑卒中属于ASCVD临床疾病谱中病种之一,按ASCVD10年发病危险分层属于极高危,指南建议脑血管病风险极高危者应用高强度降脂治疗,首选他汀调脂药物,LDL-C治疗目标为:LDL-C<1.8mmol/L,降低LDL-C 50%~60%,LDL-C基线在目标值以内者,LDL-C仍应降低30%左右(表15-2-4)。若无禁忌证,高强度的他汀类药物治疗应在女性和≤75岁的男性ASCVD患者中作为一线治疗起始或继续进行。在使用他汀类药物降脂效果不佳或难以耐受患者,可考虑在监测转氨酶和定期体检的基础上联合依折麦布降脂治疗。

②原本拟应用高强度的他汀类药物治疗,但存在禁忌证,或当倾向于发生他汀类药物的不良反应时,中等强度的他汀类药物治疗在可耐受的情况下应该作为第二种选择。在>75岁的临床ASCVD者中,在启动中度或高强度的他汀类药物时,应评估降低ASCVD风险的益处、不良反应、药物与药物的相互作用和患者意愿。

③发病前已经使用他汀类药物的患者继续使用可改善预后。虽然研究显示早期(发病后7d内)启动他汀治疗与延迟(发病后21d)启动疗效并无差异,但发病后应尽早对动脉粥样硬化性脑梗死患者使用他汀类药物开展二级预防,他汀类药物的种类及治疗强度需个体化决定。建议高强度的他汀类药物治疗。

④合并心房颤动不能成为患者不使用他汀类药物的理由。

(4)神经保护治疗药物:近二十多年来国际上进行了多种神经保护剂研究,基础研究和动物实验结果十分令人鼓舞,但临床试验尚未取得满意结果,截至目前尚没有一个公认的、被指南所推荐的药物。目前神经保护剂主要分为六大类:离子通道调节剂、作用于细胞水平的脑保护剂、自由基清除剂、兴奋性氨基酸受体拮抗剂、γ-氨基丁酸受体激动剂、其他神经保护剂。

1)离子通道调节剂:离子通道调节剂包括钙离子通道阻滞剂、钠离子通道阻滞剂和钾离子通道激活剂。临床常用的离子通道阻滞剂为钙离子通道阻滞剂,常用药物有尼莫地平、桂哌齐特和氟桂利嗪等。

2）作用于细胞水平的脑保护剂:胞磷胆碱于 1988 年开始引入中国。近年来有关胞磷胆碱的研究证实,胞磷胆碱对 AIS 患者的临床指标转归具有显著的改善作用,并可用于帕金森病和老年性痴呆症的辅助治疗。

3）自由基清除剂:自由基清除剂在保护细胞和组织免受氧化损伤中具有重要作用。依达拉奉是我国临床中广泛使用的自由基清除剂,该药分别于 2001 年和 2003 年在日本和我国批准上市,近年来已经在 AIS 治疗中普遍应用。研究表明,脑卒中患者在接受 r-PA 溶栓的同时联合依达拉奉治疗,能促进早期血管再通和神经功能恢复。

4）兴奋性氨基酸受体拮抗剂:神经节苷脂为常用的谷氨酸受体拮抗剂,研究发现神经节苷脂对由谷氨酸介导的神经毒性有很高的拮抗效应。急性期添加应用神经节苷脂可减轻患者的神经功能缺损程度。

（5）脑梗死的二级预防治疗（表 15-2-8）:AIS 复发的风险很高,为降低卒中复发率,应尽早启动卒中二级预防。首先应该对 AIS 患者进行危险分层,包括脑卒中再发危险分层如采用 Essen 脑卒中危险评分和常见危险因素的分层如血压、血糖、血脂和房颤等,然后根据不同复发风险和常见危险因素分层,制订出具有针对性的个体化的治疗方案,控制血压、血糖、抗血小板、抗凝、他汀等治疗见《中国缺血性脑卒中和短暂性脑缺血发作二级预防指南 2014》。

表 15-2-8　缺血性脑卒中和 TIA 二级预防

		推荐建议
1. 危险因素的控制	高血压	①既往未接受降压治疗的缺血性脑卒中或 TIA 患者,发病数天后如果收缩压 ≥140mmHg 或舒张压 >90mmHg,应启动降压治疗 ②由于颅内大动脉粥样硬化性狭窄（狭窄率 70%~99%）导致的缺血性脑卒中或 TIA 患者,推荐收缩压降至 140mmHg 以下,舒张压降至 90mmHg 以下。由于低血流动力学原因导致的脑卒中或 TIA 患者,应权衡降压速度与幅度对患者耐受性及血流动力学影响 ③降压药物种类和剂量的选择以及降压目标值应个体化,应全面考虑药物、脑卒中的特点和患者 3 方面因素
	糖尿病	改进生活方式,控制饮食,必要时增加降糖药物,糖化血红蛋白 <7.0%。在严格控制血糖、血压的基础上,联合他汀类调脂药降低脑卒中复发的风险
	血脂异常	①对于非心源性缺血性脑卒中或 TIA 患者,推荐予高强度他汀类药物长期治疗。有证据表明,当 LDL-C 下降 ≥50% 或 LDL ≤1.8mmoL/L 时,二级预防更为有效 ②长期使用他汀类药物治疗总体上是安全的。有脑出血病史的非心源性缺血性脑卒中或 TIA 患者应权衡风险和获益合理使用 ③他汀类药物治疗期间,如果监测指标持续异常并排除其他影响因素,或出现指标异常相应的临床表现,应及时减药或停药观察（参考:肝酶超过 3 倍正常值上限,肌酶超过 5 倍正常值上限,应停药观察）;老年人或合并严重脏器功能不全的患者,初始剂量不宜过大
2. 心源性栓塞的抗栓治疗	心房颤动	①推荐使用适当剂量的华法林口服抗凝治疗,预防再发的血栓栓塞事件。华法林的目标剂量是维持 INR 在 2.0~3.0 ②新型口服抗凝剂可作为华法林的替代药物,新型口服抗凝剂包括达比加群、利伐沙班、阿哌沙班以及依度沙班,选择何种药物应考虑个体化因素 ③若不能接受口服抗凝药物治疗,推荐应用阿司匹林单药治疗;也可以选择阿司匹林联合氯吡格雷抗血小板治疗 ④应根据缺血的严重程度和出血转化的风险,选择抗凝时机。建议出现神经功能症状 14d 内给予抗凝治疗预防脑卒中复发,对于出血风险高的患者,应适当延长抗凝时机 ⑤尽可能接受 24h 的动态心电图检查。对于原因不明的患者,建议延长心电监测时间,以确定有无抗凝治疗指征

推荐建议		
	其他心源性栓塞	①伴有急性心肌梗死的患者,影像学检查发现左室附壁血栓形成,推荐给予至少 3 个月的华法林口服抗凝治疗(目标 INR 值为 2.5;范围 2.0~3.0)。如无左室附壁血栓形成,但发现前壁无运动或异常运动,也应考虑给予 3 个月的华法林口服抗凝治疗(目标 INR 值范围 2.0~3.0) ②对于有风湿性二尖瓣病变但无心房颤动及其他危险因素(如颈动脉狭窄)的患者,推荐给予华法林口服抗凝治疗(目标 INR 值范围 2.0~3.0) ③对于已使用华法林抗凝治疗的风湿性二尖瓣疾病患者,发生缺血性脑卒中或 TIA 后,不应常规联用抗血小板治疗。但在使用足量的华法林治疗过程中仍出现缺血性脑卒中或 TIA 时,可加用阿司匹林抗血小板治疗 ④不伴有心房颤动的非风湿性二尖瓣病变或其他瓣膜病变(局部主动脉弓、二尖瓣环钙化、二尖瓣脱垂等)的患者,可以考虑抗血小板聚集治疗 ⑤对于植入人工心脏瓣膜的患者推荐给予长期华法林口服抗凝治疗 ⑥对于已经植入人工心脏瓣膜的既往有缺血性脑卒中或 TIA 病史的患者,若出血风险低,可在华法林抗凝的基础上加用阿司匹林
3. 症状性大动脉粥样硬化性缺血性脑卒中或 TIA 的非药物治疗	颈动脉颅外段狭窄	①对于近期发生 TIA 或 6 个月内发生缺血性脑卒中合并同侧颈动脉颅外段狭窄严重(70%~99%)或中度狭窄(50%~69%)的患者,如果预计围手术期死亡和卒中复发 <6%,推荐进行 CEA 或 CAS 治疗。CEA 或 CAS 的选择应依据患者个体化情况 ②颈动脉颅外段狭窄程度 <50% 时,不推荐行 CEA 或 CAS 治疗 ③当缺血性脑卒中或 TIA 患者有行 CEA 或 CAS 的治疗指征时,如果无早期再通禁忌证,应在 2 周内进行手术
	颅外椎动脉狭窄	症状性颅外椎动脉粥样硬化狭窄患者,内科药物治疗无效时,可选择支架置入术作为内科药物治疗辅助技术手段
	颅内动脉狭窄	对于症状性颅内动脉粥样硬化性狭窄 ≥70% 的缺血性脑卒中或 TIA 患者,在标准内科药物治疗无效的情况下,可选择血管内介入治疗作为内科药物治疗的辅助技术手段,但患者的选择应严格和慎重
4. 其他特殊情况下脑卒中患者的治疗	动脉夹层	颅外颈动脉或椎动脉夹层的缺血性脑卒中或 TIA 患者,至少进行 3~6 个月的抗凝或抗血小板治疗
	卵圆孔未闭(patent foramen ovale,PFO)	①伴有 PFO 的缺血性脑卒中或 TIA 患者,如无法接受抗凝治疗,可予抗血小板治疗 ②PFO 伴有静脉源性栓塞的缺血性脑卒中或 TIA 患者,推荐抗凝治疗;当存在抗凝禁忌时,可考虑放置下腔静脉过滤器
	未破裂动脉瘤	伴有小的未破裂动脉瘤(直径 <10mm)的患者,抗血小板治疗可能是安全的。
	烟雾病	烟雾病患者应首先考虑颅内外血管重建手术治疗。不能接受手术治疗者,建议口服抗血小板治疗。长期服用抗血小板药物或服用两种及以上抗血小板药物会增加出血风险。
5. 颅内出血后抗栓药物的使用		①抗栓治疗相关颅内出血发生后,应评估患者的抗栓风险及效益,选择是否继续抗栓治疗 ②在急性脑出血、蛛网膜下腔出血或硬膜下血肿后,患者如需恢复或启动抗栓治疗,建议在发病 1 周后开始 ③对于出血性脑梗死患者,根据具体临床情况和潜在的抗凝治疗指征,可以考虑继续进行抗栓治疗
6. 口服抗血小板药物在非心源性缺血性脑卒中或 TIA 二级预防中的应用		①建议给予口服抗血小板药物而非抗凝药物预防脑卒中复发及其他心血管事件的发生 ②阿司匹林(50~325mg/d)或氯吡格雷(75mg/d)单药治疗均可以作为首选抗血小板药物。阿司匹林单药抗血小板治疗的最佳剂量为 75~150mg/d。阿司匹林(25mg)+ 缓释型双嘧达莫(200mg)2 次 /d 或西洛他唑(100mg)2 次 /d,均可作为阿司匹林和氯吡格雷的替代治疗药物。抗血小板药应在患者危险因素、费用、耐受性和其他临床特性基础上进行个体化选择

推荐建议
③发病在24h内,具有脑卒中高复发风险(ABCD^{2}评分≥4分)的急性非心源性TIA或轻型缺血性脑卒中患者(NIHSS评分≤3分),应尽早给予阿司匹林联合氯吡格雷治疗21d,但应严密观察出血风险;此后可单用阿司匹林或氯吡格雷作为缺血性脑卒中长期二级预防一线用药 ④发病30d内伴有症状性颅内动脉严重狭窄(狭窄率70%~99%)的患者,应尽早给予阿司匹林联合氯吡格雷治疗90d。此后阿司匹林或氯吡格雷单用均可作为长期二级预防一线用药 ⑤伴有主动脉弓动脉粥样硬化斑块证据的患者,推荐抗血小板及他汀类药物治疗 ⑥不推荐常规长期应用阿司匹林联合氯吡格雷抗血小板治疗

7. 缺血性脑卒中或TIA复发险评估	①推荐使用ABCD^{2}评分法或ABCD^3-Ⅰ评分法对TIA患者进行卒中风险评估;由于较高的影像要求,ABCD^3-Ⅰ评分法更适用于院内神经专科医师对TIA患者的危险分层 ②推荐临床应用ESSEN量表或SPI-Ⅱ量表评估缺血性卒中患者长期复发风险,但二者的预测作用有限 ③因进一步建立和完善适合国人的缺血性脑卒中/TIA二级预防风险评估量表

4. 临床问题导向的药物治疗

(1)针对病因和发病机制的AIS治疗

1)大动脉粥样硬化性卒中抗栓治疗:对于症状性颅内动脉狭窄患者,应在发病后尽早启动抗血小板治疗,并长期应用。可供选择的抗血小板药物有阿司匹林、氯吡格雷等。轻型卒中患者合并高危颅内动脉狭窄(70%~99%),在双重抗血小板治疗90d后(阿司匹林联合氯吡格雷)改为单联抗血小板治疗,不建议联合支架治疗。颅内动脉狭窄患者发病早期,推荐阿司匹林联合氯吡格雷以降低血栓栓塞导致的早期卒中复发风险,1周后重新评估风险,决定是否继续联合治疗,联合用药时间可至发病后3个月。二级预防不推荐常规使用抗凝治疗。

2)心源性卒中的抗凝治疗

①抗凝治疗方案:对于非大面积脑梗死和未合并其他出血风险的心源性栓塞患者,建议在2周内启动抗凝治疗。对于出血风险高,栓塞面积大或血压控制不良的患者,抗凝时间应延长到2周之后。抗凝的时机要考虑卒中病灶大小和严重程度,非致残性的小面积梗死,应在3d后抗凝;中度面积梗死应在6d后使用;而大面积梗死应等待至少2~3周。对于大多数有心房颤动的AIS患者,在发病后4~14d内开始口服抗凝治疗是合理的。

②药物选择:对伴有心房颤动(包括阵发性)的缺血性卒中患者,推荐使用适当剂量的华法林口服抗凝治疗,预防血栓栓塞再发。华法林的目标剂量是维持INR 2.0~3.0。NAOCs可作为华法林的替代药物,选择何种NAOCs应考虑个体化因素。

③伴有心房颤动的缺血性卒中抗凝治疗:伴有心房颤动的缺血性卒中患者,应根据缺血的严重程度和出血转化的风险,选择抗凝时机。建议出现神经功能症状14d内给予抗凝治疗预防卒中复发,对于出血风险高的患者,应适当延长抗凝时机。伴有心房颤动的缺血性卒中患者,若不能接受口服抗凝药物治疗,可考虑单独应用阿司匹林治疗。谨慎选择阿司匹林联合氯吡格雷抗血小板治疗。

④非心房颤动心源性卒中抗凝治疗:伴有急性心肌梗死的缺血性卒中患者,影像学检查发现左室附壁血栓形成,推荐给予至少3个月的华法林口服抗凝治疗(INR范围2.0~3.0)。如无左室附壁血栓形成,但发现前壁无运动或异常运动,也应考虑给予3个月的华法林口服抗凝治疗(INR2.0~3.0)。对于有风湿性二尖瓣病变但无心房颤动及其他危险因素(如颈动脉狭窄)的缺血性卒中患者,推荐给予华法林口服抗凝治疗(INR2.0~3.0)。对于已使用华法林抗凝治疗的风湿性二尖瓣疾病患者,发生缺血性卒中,不应常规联用抗血小板治疗。但在使用足量的华法林治疗过程中仍出现缺血性卒中时,可加用阿司匹林抗血小板治疗。不伴有心房颤动的非风湿性二尖瓣病变或其他瓣膜病变(局部主动脉弓、二尖瓣环钙化、二尖瓣脱垂等)的缺血性卒中患者,可以考虑抗血小板聚集治疗。对于植入人工心脏瓣膜的缺血性卒中患者,推荐给予长期华法林口服抗凝

治疗。对于已经植入人工心脏瓣膜的既往有缺血性卒中的患者,若出血风险低,可在华法林抗凝的基础上加用阿司匹林。

3)小血管病变引起的缺血性卒中治疗:小血管病变引起的缺血性卒中机制复杂,个体化差异较大,目前建议以管理血压为主,可使用阿司匹林、氯吡格雷或西洛他唑进行抗血小板聚集治疗。脑小血管病变导致脑组织对过高血压和过低血压的变化适应能力显著下降,应该密切监测患者的血压。控制收缩压和舒张压是控制脑小血管病发病和进展的关键因素。有必要检查脑小血管病患者的24h动态血压。有条件的医院最好能够同时检测患者在直立倾斜过程中的血压变化。

4)特殊原因卒中的治疗:对于明确病因的缺血性卒中患者,需要进行针对性病因治疗。对于有颅外颈动脉或椎动脉夹层的AIS患者,抗血小板或抗凝治疗3~6个月,可能是合理的。诊断烟雾病的患者建议对基础疾病或合并疾病进行积极的药物治疗,对卒中的危险因素进行有效控制和管理。根据患者个体化评估选择合适的手术时机和手术方式。中枢神经系统血管炎性疾病诊断较困难,需在明确诊断基础上进行病因治疗。对于怀疑静脉性脑梗死患者建议完善颅内静脉系统血管成像,结合患者临床、影像给予针对病因及对症治疗。

(2)脑梗死三抗血小板治疗:目前尚不推荐三抗(阿司匹林、氯吡格雷和双嘧达莫)用于急性非心源性卒中的治疗。

(3)AIS常见并发症的治疗

1)脑水肿与颅内压增高治疗:严重脑水肿和颅内压增高是AIS的常见并发症,是死亡的主要原因之一。应对患者包括年龄、临床症状、梗死部位、病变范围、颅内压增高的程度及系统性疾病等在内的多种因素综合分析,结合患者及家属治疗意愿,确定脑水肿与颅内压增高的处理原则。①避免和处理引起颅内压增高的因素,如头颈部过度扭曲、激动、用力、发热、癫痫、呼吸道不通畅、咳嗽、便秘等。②建议对颅内压升高、卧床的脑梗死患者采用抬高头位的方式,通常抬高床头大于30°。③甘露醇和高渗盐水可明显减轻脑水肿、降低颅内压,减少脑疝的发生风险,可根据患者的具体情况选择药物种类、治疗剂量及给药次数。必要时也可选用甘油果糖或呋塞米。④对于发病

48h内、60岁以下的恶性大脑中动脉梗死伴严重颅内压增高患者,经积极药物治疗病情仍加重,尤其是意识水平降低的患者,可请脑外科会诊考虑是否行减压术。60岁以上患者手术减压可降低死亡和严重残疾,但独立生活能力并未显著改善,因此应更加慎重,可根据患者年龄及患者/家属对这种可能结局的价值观来选择是否手术。⑤对压迫脑干的大面积小脑梗死患者可请脑外科会诊协助处理。

2)肺炎治疗:约5.6%卒中患者合并肺炎,误吸是主要原因。意识障碍、吞咽困难是导致误吸主要危险因素,其他包括呕吐、不活动等。肺炎是卒中患者死亡的主要原因之一,15%~25%卒中患者死于细菌性肺炎。①早期评估和处理吞咽困难和误吸问题,对意识障碍患者应特别注意预防肺炎。②疑有肺炎的发热患者应根据病因给予抗感染治疗,但不推荐预防性使用。

3)缺血性脑卒中后癫痫的治疗:缺血性脑卒中后癫痫早期发生率为2%~33%,晚期发生率为3%~67%。目前缺乏卒中后预防性使用抗癫痫药物的研究证据。①不推荐预防性应用抗癫痫药物。②孤立发作一次或急性期痫性发作控制后,不建议长期使用抗癫痫药物。③卒中后2~3个月再发的癫痫,建议按癫痫常规治疗进行长期药物治疗。④卒中后癫痫持续状态,建议按癫痫持续状态治疗原则处理。

4)急性脑梗死后出血转化:脑梗死出血转化发生率为8.5%~30%。心源性脑栓塞、大面积脑梗死、影像学显示占位效应、早期低密度征、年龄大于70岁、应用抗栓药物(尤其是抗凝药物)或溶栓药物等会增加出血转化的风险。研究显示无症状性出血转化的预后与无出血转化相比并无差异,目前尚缺乏对其处理的研究证据;也缺乏症状性出血转化后怎样处理和何时重新使用抗栓药物(抗凝和抗血小板)的高质量研究证据。有关处理措施可参见我国脑出血诊治指南。目前对无症状性出血转化者尚无特殊治疗建议。①症状性出血转化:停用抗栓(抗血小板、抗凝)治疗等致出血药物。②恢复开始抗凝和抗血小板治疗时机:对需要抗栓治的患者,可于症状性出血转化病情稳定后10d至数周后开始抗栓治疗,应权衡利弊;对于再发血栓风险相对较低或全身情况较差者,可用抗血小板药物代替华法林。

5）深静脉血栓形成和肺栓塞：深静脉血栓形成（deep vein thrombosis, DVT）的危险因素包括静脉血流淤滞、静脉系统内皮损伤和血液高凝状态。瘫痪重、高龄及心房颤动者发生 DVT 的比例更高，症状性 DVT 发生率为 2%。DVT 最重要的并发症为肺栓塞。根据相关研究和指南建议处理如下：①鼓励患者尽早活动、抬高下肢；尽量避免下肢（尤其是瘫痪侧）静脉输液。②抗凝治疗未显著改善神经功能及降低病死率，且增加出血风险，不推荐在卧床患者中常规使用预防性抗凝治疗（皮下注射低分子肝素或普通肝素）。③对于已发生 DVT 及肺栓塞高风险且无禁忌者，可给予低分子肝素或普通肝素，有抗凝禁忌者给予阿司匹林治疗。④可联合加压治疗（交替式压迫装置）和药物预防 DVT，不推荐常规单独使用加压治疗；但对有抗栓禁忌的缺血性卒中患者，推荐单独应用加压治疗预防 DVT 和肺栓塞。⑤对于无抗凝和溶栓禁忌的 DVT 或肺栓塞患者，首先建议肝素抗凝治疗，症状无缓解的近端 DVT 或肺栓塞患者可给予溶栓治疗。

5. 药物治疗展望　在尿激酶为代表的第一代溶栓药和以 rt-PA 为代表的第二代溶栓药的基础上，出现了第三代溶栓药，代表药物是瑞替普酶、重组去氨普酶和替奈普酶，它们具有特异性高、溶栓效果佳且半衰期长的优点，但是这些药物的应用剂量以及有效的时间窗仍然有待研究。事实上 DAWN 研究、DEFUSE3 研究和 EXTEND 研究，都是基于组织窗来进行溶栓的，未来用组织窗来替代时间窗的趋势都不会改变，通过影像学的鉴别，依据组织窗决策，一定可以把静脉溶栓时间窗扩大，帮助更多的患者获益。替罗非班和依替非巴肽在 AIS 的抗血小板疗效尚未完全确定，需要进一步研究证实。

（三）脑出血

脑出血（intracerebral hemorrhage, ICH）是指非外伤性脑实质内血管破裂引起的出血，高血压是最常见的原因，最重要的独立危险因素。ICH 占全部脑卒中的 20%~30%，急性期病死率为 30%~40%。ICH 幸存者中多数留有不同程度的运动障碍、认知障碍、言语吞咽障碍等后遗症。

1. 临床表现和诊断

（1）临床表现：ICH 同缺血性脑卒中一样其病变的临床表现根据病变的血管及 ICH 的功能区位置，症状、体征和病情轻重表现不同。ICH 的典型临床表现为突然发生较为剧烈的头痛和呕吐。发病突然，有不同程度意识障碍及偏瘫、失语、神经系统局灶体征。

（2）临床诊断：根据我国 2019 年中华卒中学会《中国脑血管病临床管理指南》和中华医学会神经病学分会《中国脑出血诊治指南（2019）》，ICH 诊断可根据：①急性起病；②局灶神经功能缺损症状（少数为全面神经功能缺损），常伴有头痛、呕吐、血压升高及不同程度意识障碍；③头颅 CT 或 MRI 显示出血灶；④排除非血管性脑部病因。

2. 一般治疗原则　ICH 的治疗包括内科治疗和外科治疗，大多数患者均以内科治疗为主。如果病情危重或发现有继发原因，且有手术适应证者则应该进行外科治疗。ICH 治疗的首要原则是保持安静，稳定血压，防止继续出血；根据情况，适当降低颅内压，防治脑水肿，维持水电解质、血糖、体温平衡；同时加强呼吸道管理及护理，预防及防止各种颅内及全身并发症。

3. 治疗药物及方案

（1）降血压：应综合管理 ICH 患者的血压，分析血压升高的原因，再根据血压情况决定是否进行降压治疗。对于收缩压 150~220mmHg 的住院患者，在没有急性降压禁忌证的情况下，数小时内降压至 130~140mmHg 是安全的，其改善患者神经功能的有效性尚待进一步验证；对于收缩压 >220mmHg 的脑出血患者，在密切监测血压的情况下，持续静脉滴注药物控制血压可能是合理的，收缩压目标值为 160mmHg。在降压治疗期间应严密观察血压水平的变化，避免血压波动，每隔 5~15min 进行 1 次血压监测。目前临床常用于 ICH 患者的降血压药物及其使用方法如下：

1）静脉降压药

①乌拉地尔：静脉应用血浆清除半衰期为 2.7h，50%~70% 由肾脏排出，其余由胆道排出，故肾功能不全时可以应用。

具体用法：10~50mg 缓慢静脉注射，降压效果常在 5min 内显示；若在 10min 内效果不满意，可重复静脉注射，静脉注射的最大剂量不超过 75mg；静脉注射后可持续静脉滴注 100~400μg/min，或 2~8μg/（kg·min）持续泵入，用药时间不超过 7

日。如药物通过浅表静脉进入体内,最好不用原液泵入,应加入生理盐水或葡萄糖液泵入。

②尼卡地平:用药后5~10min即可起效,1h后血药浓度达峰,效果可持续3h左右。

具体用法:静脉滴注5mg/h,根据血压情况每5~15min后可增加滴速2.5mg/h,直到血压满意控制,最大滴速为15mg/h。

慎用钙通道阻滞剂、硝普钠等。因扩血管药物易引起颅内压升高,脑灌注压下降,加重脑水肿及神经细胞的损伤。

2)口服降压药:具体选用哪种口服药物,须根据患者的具体情况而定,做到真正的个体化治疗。推荐首选血管紧张素转换酶抑制剂和β受体拮抗药等。

(2)降低颅内压:研究表明颅内出血患者颅内压的高变异性与其不良预后相关,ICH患者早期颅内压控制在合适的水平,可以改善患者的功能预后。

1)药物选择:对于颅内压升高的患者,应当使用高渗盐水还是甘露醇,一直以来都是备受争议的话题。甘露醇是传统的治疗药物,自20世纪60年代以来一直用于脑水肿或降低颅内压的治疗,而高渗盐水已经逐渐成为治疗颅内压升高的首选方案。高渗盐水和甘露醇之间可能存在潜在的疗效和结果差异,目前仍然需要进一步的高质量研究证实。

2)药物用法

①甘露醇:给药后引起的颅内压降低具有剂量依赖性,通常发生在10~20min内,在20~60min时可观察到峰值效应,并持续4~6h。甘露醇的浓度范围为5%~25%,用于急性颅内高压的浓度一般是20%~25%。

具体用法:以0.5~1.5g/kg的剂量给药时,降低颅内压的作用最为显著和持续。临床应用时,20%甘露醇125~250ml每4~6小时给药1次,快速静脉注射,通常在20~60min内使用,对于急性颅内压升高患者则需要更快地给药。

甘露醇可以抑制肾小管中钠的重吸收,为了防止肾功能不全,当血清渗透压>320mOsm/L时,应避免使用甘露醇。由于其利尿作用,使用中经常引起低血压,因此对于血流动力学不稳定的患者应谨慎使用。急性低血压是最常见的

快速输液反应,可在5min内发生,延长输液速度(15~30min)的方法可以一定程度上缓解。

②高渗盐水:可以通过在血清和颅内隔室之间产生渗透性梯度以降低颅内压。正常的血浆渗透压范围在280~295mOsm/L之间,而根据高渗盐水的浓度不同,渗透压可以在1 026~8 008mOsm/L之间变化,使得液体发生转移。高渗盐水起效快,在5min内便可产生效果,并且持续12h而不会出现反弹性的颅内压升高。

具体用法:高渗盐水可以有各种浓度,包括常用的1.5%、3%,以及更高的10%、14.6%和23.4%等。临床应用时可以连续输注给药,也可以多次团注给药,建议优先选择中心静脉途径来给药,不过也有证据表明可以通过外周静脉途径给予≥3%的高渗盐水。

由于高渗盐水钠含量高,因此电解质紊乱和高渗状态是最值得关注的,高渗盐水引起的高钠血症、高氯血症、低钾血症,可能会导致脑桥中央髓鞘溶解、代谢性酸中毒、心脏抑制和充血性心力衰竭。此外,目前已有的文献还报道了急性肾损伤、颅内压反弹性升高、癫痫发作、精神状态改变、凝血功能问题和输注速率相关的低血压。静脉注射也会引起一些局部的不良反应,如血栓性静脉炎、组织缺血和静脉血栓等。因此,除了需要对接受高渗盐水治疗的患者进行不良反应监测,还应该留心患者同时使用的其他治疗,并监测血清钠、氯化物、钾、渗透压等实验室指标。

③其他药物:甘油果糖、白蛋白、利尿药等也有降颅内压作用,应用上述药物均应监测肾功能,电解质,维持内环境稳定;必要时可行颅内压监护。

(3)止血:临床常用止血药主要有抗纤维蛋白溶解剂6-氨基乙酸和氨甲苯酸。

1)6-氨基乙酸使用方法:因本品排泄快,需持续给药才能维持有效浓度,故一般皆用静脉滴注法。本品在体内的有效抑制纤维蛋白溶解的浓度至少为130μg/ml。初量可取4~6g(20%溶液)溶于100ml生理盐水或5%~10%葡萄糖溶液中,于15~30min滴完。持续剂量为1g/h,维持12~24h或更久,依病情而定。

2)氨甲苯酸使用方法:静脉注射或滴注0.1~0.3g/次,一日不超过0.6g。

（4）血糖管理：目前认为应对 ICH 后高血糖进行控制，但还需进一步研究明确应采用的降糖药物种类及目标血糖值。低血糖可导致脑缺血损伤及脑水肿，严重时导致不可逆损害。需密切监测，尽早发现，及时纠正。推荐意见：血糖值可控制在 7.8~10.0mmol/L 的范围内。应加强血糖监测并相应处理：①血糖超过 10.0mmol/L 时可给予胰岛素治疗；②血糖低于 3.3mmol/L 时，可给予 10%~20% 葡萄糖口服。

（5）神经保护剂：ICH 后是否使用神经保护剂尚存在争议，有临床报道神经保护剂是安全、可耐受的，对临床预后有改善作用，但缺乏多中心安慰剂对照的高质量 RCT 研究报告，因此神经保护剂的疗效与安全性尚需开展更多高质量临床试验进一步证实。

（6）一般治疗：ICH 患者在发病后的最初数天病情往往不稳定，应常规予以持续生命体征监测、神经系统评估、持续心肺监护，包括袖带血压监测、心电图监测、氧饱和度监测。脑出血患者的吸氧、呼吸支持及心脏病的处理，原则同脑梗死。

4. 临床问题导向的药物治疗

（1）痫性发作：ICH 尤其脑叶出血，更易引起痫性发作，出血后 2 周内发生率在 2.7%~17.0%。迟发型痫性发作（脑卒中后 2~3 个月）是卒中后癫痫的预测因子，大多数的痫性发作在卒中后 2 年发生。ICH 后痫性发作与较高的 NIHSS 评分、较大的 ICH 体积、既往癫痫病史、中线移位相关。①有癫痫发作者应给予抗癫痫药物治疗。②疑似为癫痫发作者，如监测到痫样放电，应给予抗癫痫药物治疗。③不推荐预防性应用抗癫痫药物。④对于 ICH 后 2~3 个月再次发生的痫样发作，建议按癫痫的常规治疗进行长期药物治疗。

（2）OACs 相关 ICH：ICH 是服用华法林或 NOACs 最严重的并发症，有 12%~14% 的 ICH 是由 OACs 所致。应停用此类药物，并以最快的速度纠正 INR，如补充维生素 K、新鲜冰冻血浆和凝血酶原复合物等，当患者接受达比加群、利伐沙班或阿哌沙班治疗 2h 内时，可考虑给予活性炭。接受达比加群治疗的患者，还可考虑进行血液透析治疗。

（3）肝素相关 ICH：关于肝素相关性脑出血目前只有流行病学资料可以参考。可以用硫酸鱼精蛋白使 APTT 恢复正常。由于肝素在体内代谢迅速，与鱼精蛋白给药的间隔时间越长，拮抗所需用量越少。推荐剂量是 1mg/100U 肝素，需要根据最后一次肝素注射量和时间进行调整。如用肝素后 30~60min，需 0.50~0.75mg 和 1mg 肝素，2h 后只需 0.250~0.375mg。

（4）溶栓治疗相关的 ICH：目前研究证实，对缺血性脑卒中患者，采用静脉 rt-PA 溶栓治疗时，症状性脑出血的发生率为 3%~9%；采用动静脉同时溶栓时为 6%；而采用动脉尿激酶溶栓时为 10.9%。溶栓治疗后出现大量脑出血，一般预后差，因为血肿有持续增大倾向，且呈多位点出血。目前推荐的治疗方法包括输入血小板（6~8U）和包含凝血因子Ⅷ的冷沉淀物，以快速纠正 rt-PA 造成的系统性纤溶状态。对于凝血因子缺乏和血小板减少症者，可给予凝血因子或血小板替代治疗。

（5）抗血小板药物相关 ICH：抗血小板药物在卒中一级二级预防中发挥重要作用，长期服用抗血小板药物的人群明显增加，但这可能增加阿司匹林纤溶状态相关 ICH 的风险。应立即停药，对症处理，目前尚无有效药物治疗抗血小板相关的 ICH。

（6）并发症防治：ICH 后可出现肺部感染、消化道出血和水电解质紊乱等多种并发症，加之患者可能有原发性高血压、糖尿病、冠心病等慢性病史，极易合并心、肺、肾等脏器功能障碍。应高度关注并发症的防治。

1）肺部感染：是 ICH 最常见的并发症之一，保持呼吸道通畅、及时清除呼吸道分泌物有助于减少肺部感染的发生。

2）消化道出血：高血压脑出血患者易发生。防治手段包括常规应用组胺 H_2 受体拮抗剂或质子泵抑制剂，避免或少用糖皮质激素，尽早进食或鼻饲营养。消化道出血量大者，应及时输血、补液，纠正休克，必要时采用胃镜下或手术止血。

3）电解质紊乱和肾功能不全：防止电解质紊乱和肾功能不全的关键是合理补液和合理应用甘露醇。

4）泌尿系统感染：与留置导尿时间较长有关，留置导尿期间严格消毒可减少感染发生。

5）DVT 和 PE 防治：在入院前几天，ICH 患者应进行间歇性充气加压治疗，鼓励患者尽早活动、腿抬高；尽可能避免下肢静脉输液，特别是瘫痪侧肢体以预防 DVT 形成。对于疾病发作 1~4d 且缺乏活动的患者，出血停止后，可皮下给予小剂量低分子量肝素或普通肝素治疗，以预防 DVT 的形成。对于有症状的 DVT 或 PE 患者，可考虑进行系统抗凝治疗或借助下腔静脉（IVC）过滤装置。

（7）抗血小板治疗：颅内出血后重启抗血小板治疗的顾虑之一就是再出血。最近，英国一项随机对照研究（RESTART 研究）发现，重启抗血小板治疗可以降低 ICH 复发风险，该结果颠覆了人们以往的认知。

（8）他汀类药物治疗：他汀类药物与脑出血的相关性一直存在较大争议。由于他汀类药物具有通过抑制血小板聚集和增强纤维蛋白溶解而发挥抗栓的作用，使用他汀类药物可能增加 ICH 的风险，同时不少学者提出 LDL-C 水平过低与出血性卒中之间存在相关性。因此推荐：① ICH 急性期不应停止先前的他汀类药物治疗。②对于有 ICH 病史或 ICH 风险较高的缺血性卒中患者，在评估风险获益比的基础上，可考虑使用他汀类药物。③动脉粥样硬化血管危险因素高者应继续他汀类药物治疗，脑叶出血、多发出血或严重小血管病比如（多发）微出血者应该停止他汀类药物治疗。④无论是 ICH 急性期（关于他汀改善脑出血预后方面）还是慢性期（除非存在严重和以前未被发现的血栓/动脉粥样硬化血管风险），基于现有证据不推荐以前未服用他汀类药物者启用他汀类药物治疗。

5. 药物治疗进展　目前出血性脑血管病的治疗以神经外科治疗为主。各种手术技术和辅助手段的提高为诊治出血性脑血管病提供了有力的技术支持，微创技术血肿清除术为 ICH 患者的治疗带来新的曙光。rFⅦa 治疗脑出血的临床疗效尚不确定，且可能增加血栓栓塞的风险，不推荐常规使用，需要进一步验证。有关神经保护剂研究显示，自由基清除剂如依达拉奉在脑出血方面的临床研究与分析，对改善脑出血患者的神经功能缺失评分起到了积极的作用，但尚缺乏采用多中心安慰剂对照的高质量 RCT 研究报告；铁螯合剂的疗效有待进一步临床研究。大部分脑出血患者认知功能上存在障碍，并且临床康复治疗不能取

得显著效果，所以，对脑出血后认知功能障碍的有关知识进行全面与系统的了解，及时进行干预治疗，对于降低心理疾病发生率，缓解患者症状意义重大。

二、癫痫

癫痫（epilepsy）是多种病因引起脑部神经元高度同步化异常放电所致的临床综合征，临床表现具有发作性、短暂性、重复性及刻板性的特点。其发病率为 5%~7%，2016 年全国有 900 余万患者。癫痫可见于各个年龄组，青少年和老年是癫痫发病的两个高峰年龄段。

根据引起癫痫的病因不同，可以分为特发性癫痫、症状性癫痫和隐源性癫痫。癫痫发病机制仍不完全清楚，离子通道学说和异常网络学说目前受到研究者们的广泛关注。

（一）临床表现和诊断

1. 临床表现　癫痫的临床表现可为感觉、运动、自主神经、意识、精神、记忆、认知或行为异常。2017 年，国际抗癫痫联盟（International League Against Epilepsy，ILAE）推出了新的癫痫发作及癫痫分类，这是继经典的 1981 年 ILAE 癫痫发作分类体系、1989 年 ILAE 癫痫综合征分类以及 2001 年 Engel 等提出的分类更改建议后的再次大幅度修改，融入了 35 年来癫痫领域的新进展及新认识。首先根据起源部位分成局灶性发作，全面性发作，不明起源的发作；局灶性发作根据是否存在意识、运动性症状进一步分类；全面性发作无需考虑意识，进一步分成运动性和非运动性发作类型。

2. 临床诊断　根据中国《临床诊疗指南 - 癫痫病分册（2015 修订版）》标准，癫痫诊断步骤如下：①明确是否癫痫；②明确发作类型；③确定癫痫及综合征的类型；④明确癫痫的病因；⑤确定残障和共患病。

（二）一般治疗原则

1. 癫痫治疗的基本原则　癫痫是一种多因素导致的、临床表现复杂的慢性脑功能障碍疾病，所以临床治疗中，既要强调遵循治疗原则，又要充分考虑个体性差异，即有原则的个体化治疗。其基本原则包括：明确诊断，合理选择治疗方案（癫痫治疗包括病因治疗、药物治疗、手术和其他治

疗），恰当的长期治疗，保持规律健康的生活方式和明确治疗的目标。

2. 癫痫治疗的目标 以控制癫痫发作为首要目标，癫痫治疗的最终目标不仅仅是控制发作，更重要的是提高患者生活质量。对于伴有精神运动障碍的患者，还应进行长期针对躯体、精神心理方面的康复治疗，降低致残程度，提高心理调节能力，掌握必要的工作生活技能，尽可能促进其获得正常的社会及家庭生活，对于儿童患者应强调通过全面的智力精神运动康复，在控制癫痫的同时，促进其正常发育。

（三）治疗药物及方案

抗癫痫的现代药物治疗起始于1857年溴化钾的临床使用，该药虽然有一定疗效，但不良反应明显。1912年发现了巴比妥类药（如苯巴比妥），逐渐取代了溴剂。但因巴比妥类有明显的镇静作用，对部分患者的认知功能有影响，以后逐渐被其他AEDs替代。1938年苯妥英钠开始用于临床，该药无明显镇静作用，可以说是抗癫痫治疗的里程碑。以后又陆续开发出扑米酮（1952年）、乙琥胺（1960年）、卡马西平（1963年）等药物，AEDs得到很大的发展。1974年广谱AEDs丙戊酸应用于临床，开创了AEDs治疗的新纪元。以上药物均属于传统AEDs。1987年以后，国外有关学者研制出一些疗效较好而不良反应相对较少的新型AEDs，如氨己烯酸（1989年）、唑尼沙胺（1989年）、拉莫三嗪（1991年）、非氨酯（1993年）、加巴喷丁（1993年）、司替戊醇（1994年）、托吡酯（1995年）、噻加宾（1997年）、奥卡西平（1999年）、左乙拉西坦（2000年）等；2005年后，多种第三代新型抗癫痫药物陆续在国外上市，如艾司利卡西平、依唑加滨、拉科酰胺（拉考沙胺2018年11月在我国上市）、吡仑帕奈（2019年12月在我国上市）、普瑞巴林、卢非酰胺等，使临床医师有了更多的选择。

癫痫药物治疗是其主要治疗，分为癫痫发作时治疗和发作间期治疗，发作时治疗又分单次发作和癫痫持续状态治疗。

1. 发作间期AEDs用药原则

（1）确定是否用药：半年内发作两次以上者，一经诊断明确，就应用药；首次发作或间隔半年以上发作一次者，可在告之AEDs可能的不良反应和不经治疗的可能后果的情况下，根据患者及家属的意愿，酌情选择用或不用AEDs。

（2）正确选择药物：根据癫痫发作类型、癫痫及癫痫综合征类型选择用药。70%~80%新诊断癫痫患者可以通过服用一种抗癫痫药物控制癫痫发作，所以治疗初始的药物选择非常关键，可以增加治疗成功的可能性；如选药不当，不仅治疗无效，而且还会导致癫痫发作加重。

（3）药物的用法：用药方法取决于药物代谢特点、作用原理及不良反应出现规律等，因而差异很大。从药代动力学角度，剂量与血药浓度关系有三种方式，代表性药物分别为苯妥英钠、丙戊酸钠和卡马西平。苯妥英钠常规剂量无效时增加剂量极易中毒，须非常小心；丙戊酸治疗范围大，开始可给予常规剂量；卡马西平由于自身诱导作用使代谢逐渐加快，半衰期缩短，需逐渐加量，1周左右达到常规剂量。拉莫三嗪、托吡酯应逐渐加量，1个月左右达治疗剂量，否则易出现皮疹、中枢神经系统不良反应等。根据药物的半衰期可将日剂量分次服用。半衰期长者每日1~2次，如苯妥英钠、苯巴比妥等；半衰期短的药物每日服3次。

（4）严密观察不良反应：大多数AEDs都有不同程度的不良反应，应用抗药物前应检查肝肾功能和血尿常规，用药后还需每月监测血尿常规，每季度监测肝肾功能，至少持续半年。不良反应包括特异性、剂量相关性、慢性及致畸性。以剂量相关性不良反应最常见，通常发生于用药初始或增量时，与血药浓度有关。多数常见的不良反应为短暂性的，缓慢减量即可明显减少。多数AEDs为碱性，饭后服药可减轻胃肠道反应。较大剂量于睡前服用可减少白天镇静作用。

（5）单一药物治疗原则：单药治疗已是国际公认的用药原则，单药治疗至少有65%以上的患者可以控制发作。

（6）合理的联合治疗：尽管单药治疗有着明显的优势，但是约20%患者在两种单药治疗后仍不能控制发作，此时应该考虑合理的联合治疗。所谓合理的多药联合治疗即"在最低程度增加不良反应的前提下，获得最大限度的发作控制"。

（7）儿童、老年人和孕妇以及慢性疾病长期应用其他药物的患者，在选用AEDs和使用剂量时,应注意药物的相互作用。

2. AEDs 种类和作用机制 20 世纪 80 年代之前,共有七种主要的 AEDs 应用于临床,称为传统 AEDs,80 年代以后,国外开发并陆续上市了多种新型 AEDs。已知的 AEDs 种类和可能的作用机制。

3. AEDs 的药代动力学特征 在临床使用中,除了考虑药物的安全性和有效性之外,还应当参考药物的药代动力学特点来选择药物,AEDs 的药代动力学特征见表 15-2-9。

表 15-2-9 AEDs 的药代动力学特征

AEDs	生物利用度 /%	一级动力学	蛋白结合率 /%	半衰期 /h	血浆达峰浓度时间 /h	活性代谢物	对肝酶的作用
卡马西平	75~85	是	65~85	25~34（初用药）8~20（4 周后）	4~8	有	诱导 自身诱导
氯硝西泮	>80	是	85	20~60	1~4	有	
苯巴比妥	80~90	是	45~50	40~90	1~6	无	诱导
苯妥英钠	95	否	90	12~22	3~9	无	诱导
扑痫酮	80~100	是	20~30	10~12	2~4	有	间接诱导
丙戊酸	70~100	是	90~95	8~15	1~4	有	抑制
非氨脂	≥80	是	30	14~25	1~4	有	抑制
加巴喷丁	<60	否	0	5~7	2~3	无	无
拉莫三嗪	98	是	55	15~30	2~3	无	无
左乙拉西坦	<100	是	0	6~8	0.6~1.3	无	无
奥卡西平	<95	是	40	8~25	4.5~8	有	弱诱导
替加宾	≥90	是	96	4~13	0.5~1.5	无	无
托吡酯	≥80	是	13	20~30	2~4	无	抑制
氨己烯酸	≥60	是	0	5~8	1~3	无	无
唑尼沙胺	≥50	是	50	50~70	2~6	无	无

4. 常用 AEDs 的用量、用法和血药浓度（表 15-2-10）

表 15-2-10 常用 AEDs 使用方法及有效血药浓度

	起始剂量	增加剂量	维持剂量	最大剂量	有效浓度	服用次数（次/d）
卡马西平	—	—	—			
成人	100~200mg/d	逐渐增加	400~1 200mg/d	1 600mg/d	4~12mg/L	2~3
儿童	<6 岁 5mg/（kg·d）	5~7 日增加 1 次	10~20mg/（kg·d）	400mg	—	2
	6~12 岁	每 2 周增加 1 次 100mg/d	400~800mg	1 000mg	—	2~3
氯硝西泮	—	—	—			—
成人	1.5mg/d	0.5~1mg/3d	4~8mg/d	20mg/d		3
儿童	10 岁以下或体重 <30kg, 0.01~0.03mg/（kg·d）	0.3~0.5mg/（kg·3d）	0.1~0.2mg/（kg·d）		20~90μg/L	2~3

续表

	起始剂量	增加剂量	维持剂量	最大剂量	有效浓度	服用次数（次/d）
苯巴比妥						
成人			90mg/d	极量250mg/次，500mg/d	15~40mg	1~3
儿童			3~5mg/（kg·d）	0	6~8	1~3
苯妥英钠						
成人	200mg/d	逐渐增加	250~300mg/d		10~20mg/L	2~3
儿童	5mg/（kg·d）	逐渐增加	4~8mg/（kg·d）	250mg		2~3
扑痫酮						
成人	50mg/d，1次晚服	逐渐增加	750mg/d	1 500mg/d		3
儿童	8岁以下50mg/d，1次服5mg/（kg·d）；8岁以上同成人	逐渐增加	375~700mg/d 或10~25mg/（kg·d）			3
丙戊酸钠						
成人	5~10mg/（kg·d）	逐渐增加	600~1 200mg/d	1 800mg/d	50~100mg/L	2~3
儿童	15mg/（kg·d）	逐渐增加	2 030mg/（kg·d）			2~3
加巴喷丁						
成人	300mg/d	300mg/d	90~1 800mg/d	2 400~3 600mg/d		3
儿童	12岁以下剂量未定，12~18岁剂量同成年人					
老人	首次剂量由肌酐清除率决定					
拉莫三嗪						
单药治疗						
成人	50mg/d	25mg/周	100~200mg/d	500mg/d		2
儿童	0.3mg/（kg·d）	0.3mg/（kg·d）	2~10mg/（kg·d）			2
与肝酶诱导类的AEDs物合用						
成人	50mg/d	50mg/2周	100~200mg/d			2
儿童	0.6mg/（kg·d）	0.6mg/（kg·d）	5~15mg/（kg·d）			2
与丙戊酸类药物合用						
成人	12.5mg/d	12.5mg/2周	100~200mg/d			2
儿童	0.15mg/（kg·d）	0.15mg/（kg·d）	1.5mg/（kg·d）			2
左乙拉西坦						
成人	1 000mg/d	500~1 000mg/2周	1 000~400mg/d			2

续表

	起始剂量	增加剂量	维持剂量	最大剂量	有效浓度	服用次数（次/d）
儿童	10~20mg/（kg·d）	10~20mg/（kg·d）/周	20~60mg/（kg·d）			2
奥卡西平						
成人	300mg/d	300mg/周	600~1 200mg/d	2 400mg/d		2
儿童	8~10mg/（kg·d）	10mg/（kg·周）	20~30mg/（kg·d）	45mg/（kg·d）		2
托吡酯						
成人	25mg/d	25mg/周	100~200mg/d			2
儿童	0.5~1mg/（kg·d）	0.5~1mg/（kg·d）	3~6mg/（kg·d）			
唑尼沙胺						
成人	100~200mg/d	100mg/1~2周	200~400mg/d			2
儿童	2~4mg/（kg·d）	100mg/1~2周 2~4mg/（kg·周）	4~8mg/（kg·d）			2

5. AEDs 的选择

（1）根据发作类型的选药原则见表 15-2-11

表 15-2-11 根据发作类型的选药原则

发作类型	一线药物	添加药物	可以考虑的药物	可能加重发作的药物
全面强直-阵挛发作	丙戊酸 拉莫三嗪 卡马西平 奥卡西平 左乙拉西坦 苯巴比妥	左乙拉西坦 托吡酯 丙戊酸 拉莫三嗪 氯巴占*		
强直或失张力发作	丙戊酸	拉莫三嗪	托吡酯 卢非酰胺	卡马西平 奥卡西平 加巴喷丁 普瑞巴林 替加宾* 氨己烯酸*
失神发作	丙戊酸 乙琥胺* 拉莫三嗪	丙戊酸 乙琥胺* 拉莫三嗪	氯硝西泮 氯巴占* 左乙拉西坦 托吡酯 唑尼沙胺	卡马西平 奥卡西平 苯妥英钠 加巴喷丁 普瑞巴林 替加宾* 氨己烯酸*
肌阵挛发作	丙戊酸 左乙拉西坦 托吡酯	左乙拉西坦 丙戊酸 托吡酯	氯硝西泮 氯巴占* 唑尼沙胺	卡马西平 奥卡西平 苯妥英钠 加巴喷丁

续表

发作类型	一线药物	添加药物	可以考虑的药物	可能加重发作的药物
				普瑞巴林 替加宾* 氨己烯酸*
局灶性发作	卡马西平 拉莫三嗪 奥卡西平 左乙拉西坦 丙戊酸	卡马西平 左乙拉西坦 拉莫三嗪 奥卡西平 加巴喷丁 丙戊酸 托吡酯 唑尼沙胺 氯巴占*	苯妥英钠 苯巴比妥	

注：*为目前国内市场尚没有的抗癫痫药。

（2）根据癫痫综合征的选药原则见表 15-2-12

表 15-2-12　根据癫痫综合征的选药原则

癫痫综合征	一线药物	添加药物	可以考虑的药物	可能加重发作的药物
儿童失神癫痫、青少年失神癫痫或其他失神综合征	丙戊酸 乙琥胺* 拉莫三嗪	丙戊酸 乙琥胺* 拉莫三嗪	氯硝西泮 唑尼沙胺 左乙拉西坦 托吡酯 氯巴占*	卡马西平 奥卡西平 苯妥英钠 加巴喷丁 普瑞巴林 替加宾* 氨己烯酸*
青少年肌阵挛癫痫	丙戊酸 拉莫三嗪	左乙拉西坦 托吡酯	氯硝西泮 唑尼沙胺 氯巴占* 苯巴比妥	卡马西平 奥卡西平 苯妥英钠 加巴喷丁 普瑞巴林 替加宾* 氨己烯酸*
仅有全面强直阵挛发作的癫痫	丙戊酸 拉莫三嗪 卡马西平 奥卡西平	左乙拉西坦 托吡酯 丙戊酸 拉莫三嗪 氯巴占*	苯巴比妥	
特发性全面性癫痫	丙戊酸 拉莫三嗪	左乙拉西坦 丙戊酸 拉莫三嗪 托吡酯	氯硝西泮 唑尼沙胺 氯巴占* 苯巴比妥	卡马西平 奥卡西平 苯妥英钠 加巴喷丁 普瑞巴林 替加宾* 氨己烯酸*

续表

癫痫综合征	一线药物	添加药物	可以考虑的药物	可能加重发作的药物
儿童良性痫伴中央颞区棘波、Panayiotopoulos综合征或晚发性儿童枕叶癫痫（Gastaut型）	卡马西平 奥卡西平 左乙拉西坦 丙戊酸 拉莫三嗪	卡马西平 奥卡西平 左乙拉西坦 丙戊酸 拉莫三嗪 托吡酯 加巴喷丁 氯巴占*	苯巴比妥 苯妥英钠	
West综合征（婴儿痉挛症）	类固醇 氨己烯酸*	托吡酯 丙戊酸 氯硝西泮 拉莫三嗪	拉科酰胺*	
Lennox-Gastaut综合征	丙戊酸	拉莫三嗪	托吡酯 左乙拉西坦 卢非酰胺* 非尔氨酯*	卡马西平 奥卡西平 加巴喷丁 普瑞巴林
Dravet综合征	丙戊酸 托吡酯	氯巴占* 司替戊醇* 左乙拉西坦 氯硝西泮		卡马西平 奥卡西平 加巴喷丁 拉莫三嗪 苯妥英钠 普瑞巴林 替加宾* 氨己烯酸*
癫痫性脑病伴慢波睡眠期持续棘慢波	丙戊酸 氯硝西泮 类固醇	左乙拉西坦 拉莫三嗪 托吡酯		卡马西平 奥卡西平
Landau- Kleffner综合征	丙戊酸 氯硝西泮 类固醇	左乙拉西坦 拉莫三嗪 托吡酯		卡马西平 奥卡西平
肌阵挛-失张力癫痫	丙戊酸 托吡酯 氯硝西泮 氯巴占*	拉莫三嗪 左乙拉西坦		卡马西平 奥卡西平 苯妥英钠 加巴喷丁 普瑞巴林 替加宾* 氨己烯酸*

注：* 为目前国内市场尚没有的抗癫痫药。

6. AEDs 的不良反应（表 15-1-6）

7. 发作期的治疗

（1）单次发作：癫痫发作有自限性，多数患者不需特殊处理。强直阵挛性发作时可扶助患者卧倒，防止跌伤或伤人。衣领、腰带解开，以利呼吸通畅。抽搐发生时，在关节部位垫上可防止发作时的擦伤；不可强压患者的肢体，以免引起骨折和脱臼。发作停止后，可将患者转向一侧，让分泌物流出,防止窒息。多次发作者,可考虑肌内注射苯巴比妥 0.2g/次,每日 2 次。

（2）癫痫持续状态（status epilepticus,SE）

1）一般处理:对癫痫持续状态的患者应做紧急处理。首先应判断呼吸道是否通畅,循环功能和其他生命体征是否稳定,并作血常规及生化检查,如有异常应做相应处理。

2）迅速控制癫痫发作:选用合适的 AEDs,原则是:①静脉用药;②可以快速通过血脑屏障进入大脑;③在脑内维持时间长。一般不用肌内注射,因吸收不稳定,难以维持有效血浓度。婴儿可以直肠用药,应一次用足够剂量达到完全控制发作的目的,切忌少量多次重复用药。

首选苯二氮䓬类药物。成人地西泮 10mg 静脉注射（每分钟不超过 2mg）可使 85% 的患者在 5min 内控制发作,儿童为 0.1~1.0mg/kg 应注意静脉注射速度过快可抑制呼吸。如无效可于 20min 后同一剂量重复用药 1 次。也可用地西泮 40mg 溶于 250ml 生理盐水中缓慢静脉滴注,先用 10ml 注射用水稀释地西泮,而后边摇荡输液瓶边缓慢加入稀释后的地西泮注射液。也可用苯妥英钠,用量为 20mg/kg,静脉注射,速度不应过快,应低于 50mg/min,可在 10~30min 内使 41%~90% 的患者控制发作。应同时监测血压及心电图。

3）发现并处理诱因或病因:在处理发作的同时就应开始积极寻找诱因或病因,并及时做相应的处理。完全控制发作后,应建立正规 AEDs 治疗方案,避免复发。

（四）临床问题导向的药物治疗

1. 特殊人群 AEDs 选择注意事项

（1）儿童癫痫患者:①儿童使用 AEDs 治疗的原则与成人基本相同,但注意以下特点:儿童生长发育快,在标准体重范围内应按千克体重计算每日给药量,对于体重高于或低于标准体重的儿童,应参照标准体重给药,并结合临床疗效和血药浓度调整给药剂量;②新生儿和婴儿肝脏和肾脏功能发育尚未完全成熟,对药物的代谢和排泄能力差,药物在体内半衰期长,容易蓄积中毒,婴幼儿到学龄前期体内药物代谢速率快半衰期短,因此应在药物血药浓度监测下,根据临床疗效调整剂量;③儿童首次发作后是否开始 AEDs 需要

考虑癫痫的病因、发作类型、癫痫综合征等因素;④儿童正处于生长发育和学习的重要阶段,在选择 AEDs 时应充分考虑到对患儿认知功能的影响,在用药过程中应注意观察,如药物对患儿认知功能产生严重影响,应权衡利弊,必要时可更换药物;⑤有些儿童特殊的癫痫性脑病（如 West 综合征等）,除了 AEDs 治疗外,可选肾上腺素,皮质激素,生酮饮食等特殊治疗方法。

（2）女性癫痫患者:①女性患者尤其关注药物对容貌的影响,长期使用苯妥英钠,可导致皮肤多毛症和齿龈增厚,应尽可能避免长期使用;②癫痫女性发生内分泌紊乱、多囊卵巢综合征的概率增加,尤其在服用丙戊酸时尤为明显,继而可能导致体重增加、月经紊乱、不育、性功能减退等,使用时应慎重;③由于女性癫痫患者特殊的生理特点,治疗措施应该充分考虑到生殖、妊娠及分娩等多方面情况;④对于尚未生育的患者,应尽量避免使用可能影响生育功能的药物,建议准备生育的患者,在医生的指导下计划妊娠;⑤病情咨询告知患者癫痫发作和 AEDs 对妊娠期胎儿风险,尤其使用 AEDs 可能对癫痫女性后代智力发育造成影响,尤其是苯巴比妥;⑥妊娠孕妇除定期进行产科检查外,还应定期就诊于癫痫专科医生共同诊疗,根据临床发作情况,及时调整 AEDs 的剂量,尽量减少和避免发作。⑦分娩过程中及分娩后,应该按时按量服用 AEDs,如果不能及时口服 AEDs,应该通过其他途径给予足量的 AEDs,在分娩过程中一旦出现癫痫发作,应该尽快采取措施终止发作,可选用地西泮或劳拉西泮静脉注射,如果发作持续,应该按照癫痫持续状态处理,同时采取措施尽快结束分娩,并做好新生儿抢救准备;⑧绝大多数 AEDs 可以通过乳汁分泌,但是乳汁中 AEDs 的浓度相对比较低,因此母乳相对是安全的,应当鼓励母乳喂养,但是应该密切注意婴儿的不良反应,如易激惹、睡眠不良、体重减轻或肌张力降低、吸吮无力、进食困难等现象。

（3）老年癫痫患者:老年期发病癫痫的治疗,包括两个方面,一是针对病因的治疗,二是 AEDs 的治疗。老年癫痫患者选择 AEDs 治疗的基本原则与青年人一致,应该特别注意以下几点:①老年人由于生理或病理变化对药效学和药代动力学的影响,通常对 AEDs 较敏感,应尽可能缓慢加量,

维持较低的有效治疗剂量,加强必要的血药浓度监测;②老年癫痫患者合并慢性病(高血压,糖尿病,心脏病,高血脂等)需服用其他药物的情况很常见,应系统性考虑患者服用的非 AEDs 与 AEDs 的相互作用,以及多种 AEDs 联合应用之间的相互作用;③老年患者,尤其是绝经后女性患者容易出现骨质疏松,建议尽量避免使用有肝酶诱导作用的 AEDs,并可补充维生素 D 和钙剂。

2. 惊厥性 SE(convulsive SE, CSE)药物治疗(表 15-2-13)

表 15-2-13　成人 CSE 药物治疗流程

SE 分期	药物治疗
早期 SE	咪达唑仑 10mg 肌内注射,或者地西泮 10~20mg 直肠给药,如持续状态未终止则 15min 后重复 1 次,如果癫痫持续状态仍未终止,治疗见后
确定性 SE	苯妥英,15~18mg/kg 以 50mg/min 速度静脉注射,和 / 或苯巴比妥 10~15mg/kg 以 100mg/min 速度静脉注射
难治性 SE*	全身麻醉 + 以下方法之一: 丙泊酚 [首剂 1~2mg/(kg·h)] 逐渐加量至有效 咪达唑仑 [首剂 0.1~0.2mg/kg,随后 0.05~0.5mg/(kg·h)] 逐渐加量至有效 硫喷妥钠 [首剂 3~5mg/kg,随后 3~5mg/(kg·h)] 逐渐加量至有效;2~3 日后需降低滴速 在最后一次临床发作或脑电图痫样放电后继续麻醉治疗 12~24h,随后开始减量

注: * 难治性 SE 即为初始治疗 60~90min 后;
　　本表参考英国 NICE 指南,根据中国临床实际修改制订。

3. 药物难治性癫痫的治疗

目前,药物难治性癫痫采取的主要治疗措施包括以下几类:①切除性外科手术;②姑息性外科手术;③生酮饮食;④神经调控包括:迷走神经电刺激、脑深部电刺激、脑皮质电刺激、经颅磁刺激等。

4. 联合药物治疗

①有多种类型的发作;②针对药物的不良反应,如苯妥英钠治疗部分性发作时出现失神发作,除选用广谱抗癫痫药外,也可合用氯硝西泮治疗苯妥英钠引起的失神发作;③针对患者的特殊情况,如月经性癫痫患者可在月经前后加用乙酰唑胺,以提高临床疗效;④对部分单药治疗无效的患者可以联合用药。联合用

药应注意:①不宜合用化学结构相同的药物,如苯巴比妥与扑痫酮,氯硝西泮和地西泮;尽量避开副作用相同的药物合用,如苯妥英钠可引起肝肾损伤,丙戊酸可引起特异过敏性肝坏死,因而在对肝功有损害的患者联合用药时要注意这两种药的不良反应;②合并用药时要注意药物的相互作用,如一种药物的肝酶诱导作用可加速另一种药物的代谢,药物与蛋白的竞争性结合也会改变另一种药物起主要药理作用的血中游离浓度。

5. 增减药物、停药及换药原则

①增减药物:增药可适当的快,减药一定要慢,必须逐一增减,以利于确切评估疗效和毒副作用;AEDs 控制发作后必须坚持长期服用,除非出现严重的不良反应,不宜随意减量或停药,以免诱发癫痫持续状态。②换药:如果一种一线药物已达到最大可耐受剂量仍然不能控制发作,可加用另一种一线或二线药物,至发作控制或达到最大可耐受剂量后逐渐减掉原有的药物,转换为单药,换药期间应有 5~7 日的过渡期。③停药:应遵循缓慢和逐渐减量的原则,一般说来,全面强直阵发性发作、强直性发作、阵挛性发作完全控制 4~5 年后,失神发作停止半年后可考虑停药,但停药前应有缓慢减量的过程,一般不少于 1~1.5 年无发作者方可停药。有自动症者可能需要长期服药。

(五)药物治疗展望

药物治疗及手术治疗方法是现如今临床使用较为广泛的癫痫治疗方法。传统抗癫痫药物的副作用通常较明显,往往成为患者不能坚持治疗的主要原因。抗癫痫新药给临床医师提供了更多的选择,给难治性癫痫患者或者不能耐受常规抗癫痫药物的患者带来了希望,已经逐渐成为一线用药(2018 AAN/AES 实践指南:新型抗癫痫药的疗效和耐受性——第一部分:新发癫痫的治疗)。但是它们对于多种发作类型及不同癫痫综合征的作用机制和疗效等方面,还有待于进一步研究与了解。对于难治性癫痫采用手术、脑刺激、迷走神经刺激等疗法,而神经干细胞移植等方法目前多处于试验性研究阶段,临床上应用较少,仍有许多问题没有解决。相信在不久的将来,这些治疗癫痫的新方法一定会取得更加重大的突破。

三、帕金森病

帕金森病（Parkinson disease，PD）是一种常见的中老年神经系统变性疾病。在我国 65 岁以上人群总体患病率为 1 700/10 万，并随年龄增长而升高。PD 的病因目前尚未明确，认为可能在遗传、环境因素、神经系统老化等因素共同作用下导致黑质多巴胺能神经元大量变性有关。

PD 存在黑质多巴胺能神经元进行性退变和路易小体形成等病理特征，表现出纹状体区多巴胺递质降低，多巴胺与乙酰胆碱递质失平衡等生化改变。多巴胺替代治疗药物和抗胆碱药对 PD 的治疗原理是基于纠正这种递质失衡（图 15-2-3）。

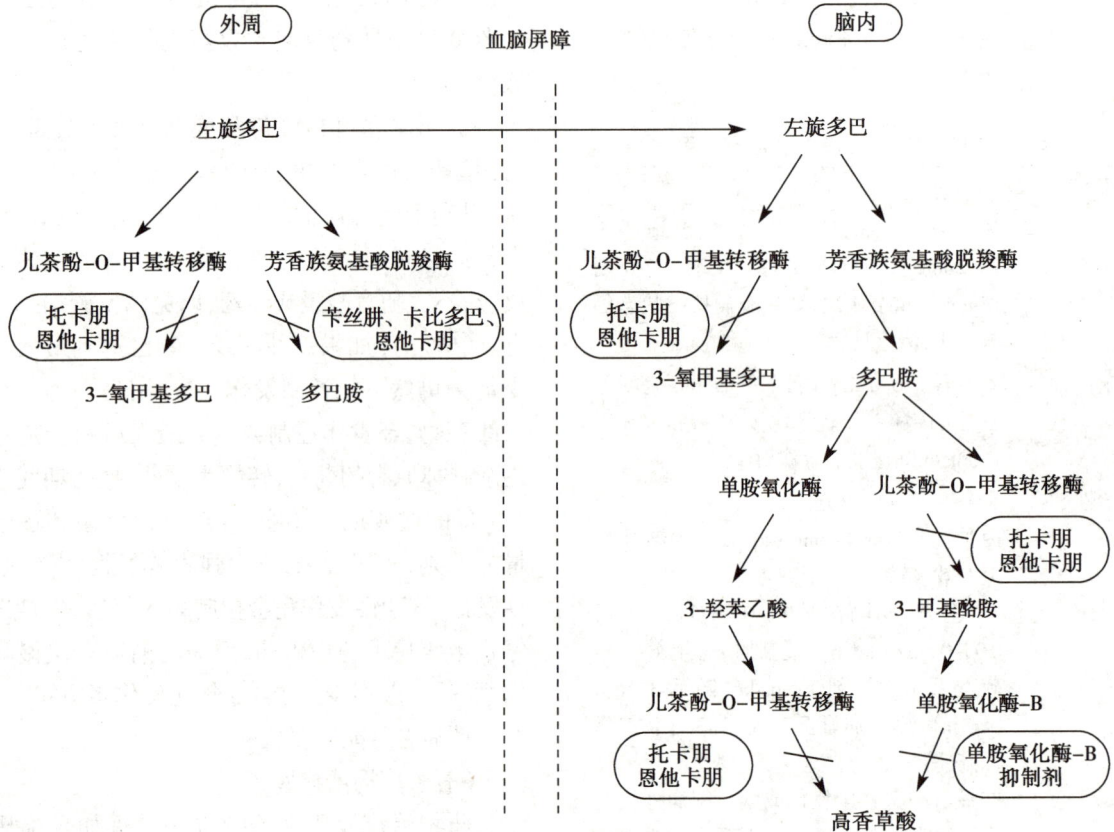

图 15-2-3 左旋多巴在体内的代谢

（一）临床表现和诊断

1. **临床表现** 静止性震颤、肌强直、运动迟缓、姿势步态异常的运动症状和嗅觉减退、便秘、睡眠行为异常和抑郁等非运动症状。根据临床症状严重度的不同，可以将 PD 的病程分为早期和中晚期，即将 Hoehn-Yahr 1~2.5 级定义为早期，Hoehn-Yahr 3~5 级定义为中晚期。

2. **临床诊断** 根据《中国帕金森病的诊断标准（2016 版）》进行诊断。帕金森病诊断的确立是诊断 PD 的先决条件。诊断帕金森病基于 3 个核心运动症状，即必备运动迟缓和至少存在静止性震颤或肌强直 2 项症状的 1 项，上述症状必须是显而易见的，且与其他干扰因素无关。对所有核心运动症状的检查必须按照统一的 PD 评估量表（UPDRS）中所描述的方法进行。值得注意的是，MDS-UPDRS 仅能作为评估病情的手段，不能单纯地通过该量表中各项的分值来界定帕金森病。PD 主要与帕金森病及帕金森病叠加综合征相鉴别。

（二）一般治疗原则

1. **综合治疗** 包括药物治疗、手术治疗、运动疗法、心理疏导及照料护理等。药物治疗为首选，是治疗过程中的主要治疗手段，手术是药物治疗的补充手段，应对运动症状和非运动症状同时治疗。目前应用的治疗手段都只能改善症状，不能有效阻止病情发展，更无法治愈。因此，治疗不仅要立足当前,而且需长期管理,以达到长期获益。

2. 用药原则 提倡早期诊断和早治疗,不仅可以更好地改善症状,而且可能延缓疾病的进展。坚持"剂量滴定"以避免产生药物的急性副作用,"尽可能以小剂量达到满意临床效果"的用药原则。治疗应遵循一般原则,也应强调个体化特点,不同患者的用药选择不仅要考虑病情特点(是以震颤为主,还是以强直少动为主)和疾病的严重度、有无认知障碍、发病年龄、有无共病、药物可能的副作用、患者的意愿、就业状况、经济承受能力等因素。尽可能避免、推迟或减少药物的副作用和运动并发症。

药物治疗的目标是延缓疾病进展、控制症状,并尽可能延长症状控制的年限,避免或降低运动并发症尤其是异动症的发生率。

(三)治疗药物及方案(表 15-2-14)

关于 PD 的记载可以追溯到数千年前,古埃及的莎草纸、圣经、古希腊的盖伦书稿均有类似帕金森病症状的描述,印度的阿育吠陀医学和悉达医学详细记载一种名为"Kampavata"的疾病,即 PD,并予以牛痒植物治疗,此种植物目前已知含有天然的左旋多巴成分。中国的《黄帝内经·素问》也曾对 PD 及其治疗进行详细描述和记载。

Parkinson 医生于 1817 年报告 6 例患者,详细描述了帕金森病的主要症状,包括静止性震颤、运动迟缓和姿势步态异常等。PD 命名后的数十年间,一直被认为是绝症,无有效治疗方法。英国医师 Nicholas Culpeper(1616—1654 年)提出应用植物药物治疗 PD。1867 年,德国神经科医师 Leopold Ordenstein(1835—1902 年)发现,PD 患者存在流涎等副交感神经兴奋症状,予以颠茄生物碱治疗,从而开创药物治疗 PD 的先河,成为此后 100 年治疗帕金森病的主要药物,代表药物有盐酸苯海索(安坦)、开马君和东莨菪碱。20 世纪 50 年代,瑞典科学家 Arvid Carlsson 和日本神经病学家 Isamu Sano 研究团队发现,帕金森病患者脑组织存在多巴胺异常,认为多巴胺本身即为一种神经递质。1967 年,Cotzias 报告口服左旋多巴使 PD 患者的症状得到戏剧性的改善,开始了左旋多巴时代,到目前为止,左旋多巴仍是治疗 PD 的"金标准"。Carlsson 教授确定多巴胺为脑组织信息传递者的贡献,使他最终获得 2000 年的诺贝尔医学奖。50% 以上的患者使用左旋多巴治疗 5 年左右,"蜜月期"后会出现症状波动,运动障碍等运动并发症,所以多巴胺受体激动剂使用于临床。目前随着 COMT 抑制剂、单胺氧化酶 B 型抑制剂、多巴胺受体激动剂不同剂型和脑深部刺激(deep brain stimulation,DBS)的应用,使 PD 患者的治疗有了更多的选择。

表 15-2-14 用于治疗帕金森病的药物

药物名称	剂量单位	滴定方法	每日剂量
抗胆碱药			
苯海索	片剂:2mg	每日 1~2mg,每 3~5 日增加 2mg	1~20mg
促多巴胺释放药			
金刚烷胺	片剂:100mg	每日 100mg,每日 2~3 次	100~200mg
多巴胺替代品			
苄丝肼 - 左旋多巴(多巴丝肼)	片剂:50/200mg	每次 12.5/50mg,每日 3 次,每周增加 12.5/50mg	37.5/150~300/1 200mg
卡比多巴 - 左旋多巴(CR)(卡左双多巴缓释片)	片剂:25/100*、50/200mg	每次 12.5/50mg,每日 2 次(间隔至少 6h),每 3~7 日增加 1 次	50/200~500/2 000mg
卡比多巴 - 左旋多巴	片剂:10/100mg、25/100mg、25/250mg	每次 25/100mg,每日 2 次,每周增加 25/100mg 以达到效果,并且耐受	30/300~150/1 500mg,每日 3~4 次

续表

药物名称	剂量单位	滴定方法	每日剂量
卡比多巴-左旋多巴（ER）*	胶囊：23.75/95mg，36.25/14mg，48.75/195mg，61.25/245mg	每次23.75/95mg，每日3次；可在第4日增加至每次36.25/145mg，每日3次并滴定至反应	多变
卡比多巴-左旋多巴（肠内悬浮液）*	在100ml盒中含有4.63/20mg/ml	连续16h输送到小肠	多变
卡比多巴-左旋多巴ODT*	片剂：10/100mg，25/100mg，25/250mg	每次25/100，每日3次，每1~2日增加1次；如果从常规转变左旋多巴<1 500mg/d，开始25/100mg 每日3~4次（如果已经>1 500mg/d的常规左旋多巴，则开始25/250mg 每日3~4次）	25/100~200/2 000，每日四次
多巴胺激动剂			
普拉克索（ER）	立即释放：片剂：0.125mg，0.25mg，0.50mg，0.75mg，1~1.5mg；ER：片剂：0.375mg，0.75mg，1.5mg，2.25mg，3mg，3.75mg，4.5mg	立即释放：每次0.375mg，每日3次；每周滴定0.125~0.25mg/剂；ER：每次0.375mg，每日1次；每周滴定0.75mg/剂	立即释放：1.5~4.5mg，每日3次；ER：1.5~4.5mg，每日1次
罗匹尼罗（XL）	片剂：0.25mg，0.5mg，1mg，2mg，3mg，4mg，5mg；XL：片剂：2mg，4mg，6mg，8mg，12mg	每次0.25mg，每日3次；每周滴定0.25mg/剂；XL：每日2mg，每周滴定2mg/d	3~12mg，每日3次；XL：每日1次 3~12mg
阿扑吗啡	注射：10mg/ml	初始2mg皮下试验剂量；以2mg开始；每隔几日增加1mg	2~6mg，每日3次
罗替戈汀	1mg，2mg，3mg，4mg，6mg，8mg/24h 透皮给药	早期：2mg/24h；晚期：4mg/24h；每周滴定2mg/24h；应用部位：应每日在腹部，大腿，臀部，侧腹，肩部或上臂之间旋转，并且在14日内不要使用同一部位	4~6mg/h
COMT 抑制剂			
恩他卡朋	片剂：200mg	每次给予卡比多巴/左旋多巴200mg，每日多达8片	每日3~8片
托卡朋	片剂：100mg	每次100mg，每日3次	300~600mg 每日3次
单胺氧化酶B型（MAO-B）抑制剂			
司来吉兰	5mg片剂，胶囊	每日早上5mg；可能会增加到5mg，每日2次（早餐5mg，午餐5mg）	5~10mg/d
司来吉兰ODT	片剂：1.25mg	每日1.25mg；在给药前后5min内避免食物或液体；6周后每日可增加至2.5mg	每日1.25~2.5mg
雷沙吉兰*	片剂：0.5，1mg	每次0.5~1mg，每日1次	0.5~1mg/d

续表

药物名称	剂量单位	滴定方法	每日剂量
联合用药			
卡比多巴-左旋多巴（普通剂型）/恩他卡朋*	片剂：12.5/50/200mg，18.75/75/200mg，25/100/200mg，31.25/125/200mg，37.5/150/200mg，50/200/200mg	首先用单独的剂型（卡比多巴/左旋多巴和恩他卡朋）滴定，然后切换到组合片剂	见个别药物

注：CR. 控释片；ER. 缓释片；XL. 缓释片；ODT. 口腔崩解片；*. 国内未上市。

1. 改善运动症状的药物治疗

（1）抗胆碱药：目前国内主要应用苯海索（安坦），剂量为1~2mg，3次/d。适用于伴有震颤的患者，而对无震颤的患者不推荐应用。<60岁的患者，长期应用本类药物可能会导致其认知功能下降，定期复查认知功能，一旦发现患者的认知功能下降则应立即停用；对≥60岁的患者尽量不应用抗胆碱药。闭角型青光眼及前列腺肥大患者禁用。

（2）金刚烷胺：可促进纹状体内DA释放，缓解患者震颤、肌肉强直等症状，抑制兴奋性递质谷氨酸的含量增加，避免神经元受损，其临床疗效优于抗胆碱药。金刚烷胺与其他抗PD药物联用，有可能增加对中枢神经系统的毒性作用。金刚烷胺常单独用于非震颤性的轻、中度运动迟缓和肌肉强直的PD患者的短期治疗，末次应在下午4时前服用。

（3）多巴胺替代药物：左旋多巴是目前PD最基本、最有效的治疗药物。由于左旋多巴易被外周脱羧酶分解而致作用下降，故加用外周脱羧酶抑制剂如苄丝肼和卡比多巴等制成复方制剂，临床常用的有苄丝肼左旋多巴和卡比多巴左旋多巴。初始用量为62.5~125.0mg，2~3次/d，根据病情而逐渐增加剂量至疗效满意和不出现副作用的适宜剂量维持。餐前1h或餐后1.5h服药，以免食物蛋白对左旋多巴吸收的影响。以往多主张尽可能推迟应用，因为早期应用会诱发异动症；现有证据提示早期应用小剂量（≤400mg/d）并不增加异动症的发生。

复方左旋多巴有常释剂、控释剂和水溶剂等不同剂型。①复方左旋多巴常释剂：有多巴丝肼和卡左双多巴缓释片；②复方左旋多巴控释剂：有多巴丝肼液体动力平衡系统和卡左双多巴缓释片，特点是血药浓度比较稳定，且作用时间较长，有利于控制症状波动，减少每日的服药次数，但生物利用度较低，起效缓慢，故将常释剂转换为控释剂时，每日首剂需提前服用，剂量应作相应增加；③弥散型多巴丝肼，为水溶剂，其特点是易在水中溶解，便于口服，吸收和起效快，且作用时间与常释剂相仿，适用于晨僵、餐后"关闭"状态、吞咽困难患者；④左旋多巴甲酯及乙酯，其特点适用于晚期伴严重运动并发症患者。

常释剂具有起效快的特点，而控释剂维持时间相对长，但起效慢、生物利用度低，在使用时，尤其是2种不同剂型转换时需加以注意。活动性消化道溃疡者慎用，闭角型青光眼、精神病患者禁用。使用左旋多巴时不能突然停药，以免发生撤药恶性综合征。

（4）多巴胺受体激动剂（dopamine receptor, DR）（表15-2-15）：模拟内源性多巴胺，直接作用于纹状体黑质突触后膜DA受体，不依赖于外源性L-DOPA脱羧降解，不产生自由基或诱导氧化应激效应，对神经细胞有保护作用。DA对早期PD的疗效较好，能够对L-DOPA类制剂治疗所带来的运动并发症起到延缓或阻滞作用，已成为目前发展最迅速的PD治疗药物。

DR激动剂的副作用与复方左旋多巴相似，不同之处是它的症状波动和异动症发生率低，而直立性低血压、脚踝水肿和精神异常（幻觉、食欲亢进、性欲亢进等）的发生率较高。DR激动剂有2种类型，麦角类包括溴隐亭、培高利特；非麦角类包括普拉克索、罗匹尼罗、罗替戈汀和阿扑吗啡。

表 15-2-15 多巴胺激动剂的药理学和药代动力学特性

	溴隐亭	普拉克索	罗匹尼罗	阿扑吗啡	罗替高汀
受体特异性	D_2, D_1, α_1, α_2, 5-HT	D_2, D_3, D_4, α_2	D_2, D_3, D_4	D_1, D_2, D_3, D_4, D_5, α_1, α_2, 5-HT$_1$, 5-HT$_2$	D_1, D_2, D_3, 5-HT$_1$
生物利用度 /%	7（首过代谢）	90	55（首过代谢）	口服 <5；100 皮下注射	NA
Tmax/min	70~100	60~180	90	10~60	15~18（h）；没有特征峰
蛋白质结合率 /%	90~96	15	10~40	>99.9	89.5
消除路线	肝	肾脏,90% 不变	肝	肝,肝外	肝
半衰期 /h	2~8	8~12	6	0.5~1	3~7

注：*A. 拮抗剂；5-HT.5- 羟色胺；NA. 不适用。

非麦角类 DR 激动剂为首选药物,尤其适用于早发型 PD 患者的病程初期。因为这类长半衰期制剂能避免对纹状体突触后膜的 DR 产生"脉冲"样刺激,从而预防或减少运动并发症的发生。激动剂均应从小剂量开始,逐渐增加剂量至获得满意疗效而不出现副作用为止。副作用与复方左旋多巴相似,而症状波动和异动症发生率较左旋多巴低。直立性低血压、脚踝水肿和精神异常（幻觉、食欲亢进、性欲亢进等）发生率较高。

普拉克索：有常释剂和缓释剂两种剂型。常释剂的用法：初始剂量为 0.125mg,每日 3 次（个别易产生副反应患者则为 1~2 次）,每周增加 0.125mg,每日 3 次,一般有效剂量为 0.50~0.75mg,每日 3 次,最大剂量不超过 4.5mg/d。缓释剂的用法：每日的剂量与常释剂相同,但为每日 1 次服用。

（5）单胺氧化酶 B 型（monoamine oxidase type B, MAO-B）抑制剂：主要有司来吉兰和雷沙吉兰,司来吉兰（常释剂）的用法为 2.5~5.0mg,每日 2 次,在早晨、中午服用,勿在傍晚或晚上应用,以免引起失眠,或与维生素 E 2 000U 合用（DATATOP 方案）。

（6）儿茶酚 -O- 甲基转移酶（catechol-O-methyltransferase, COMT）抑制剂：COMT 存在于人体大部分组织中,它促使多巴胺代谢成为 3- 氧位甲基多巴,后者无抗帕金森病的作用,而且还可减轻左旋多巴的作用。COMT 抑制剂能抑制左旋多巴在外周的代谢,维持左旋多巴血浆浓度的稳定,增加脑内纹状体多巴胺的含量,与左旋多巴合用可增加其疗效,减少症状波动。此类药物有托卡朋、恩他卡朋。与复方左旋多巴必须合用,可以增加左旋多巴的浓度,改善运动症状,单用无效。

疾病早期首选复方左旋多巴 +COMT 抑制剂,如恩他卡朋双多巴片（为恩他卡朋 / 左旋多巴 / 卡比多巴复合制剂）治疗,不仅可以改善患者症状,而且有可能预防或延迟运动并发症的发生。FIRST-STEP 及 STRIDE-PD 研究提示,恩他卡朋双多巴早期应用并不能推迟运动并发症且增加异动症发生的概率,目前尚存争议,有待进一步验证。其药物副作用有腹泻、头痛、多汗、口干、转氨酶升高、腹痛、尿色变黄等。托卡朋可能会导致肝功能损害,需严密监测肝功能,尤其在用药之后的前 3 个月。

2. 非运动症状的药物治疗 PD 的非运动症状涉及许多类型,主要包括感觉障碍、精神障碍、自主神经功能障碍和睡眠障碍,需给予积极地治疗。

（1）精神障碍的治疗：最常见的精神障碍包括抑郁和 / 或焦虑、幻觉、认知障碍或痴呆等。根据易诱发患者精神障碍的概率而依次逐减或停用如下抗 PD 药物：抗胆碱药、金刚烷胺、MAO-B 抑制剂、DR 激动剂；若采取以上措施患者的症状仍然存在,在不明显加重帕金森病的运动症状的前提下,可将复方左旋多巴逐步减量。如果药物调整效果不理想,则提示患者的精神障碍可能为疾病本身导致,就要考虑对症用药。针对幻觉和妄想的治疗,推荐选用氯氮平。对于抑郁和 / 或焦虑的治疗,可应用选择性 SSRI,也可应用 DR 激动剂,尤其是普拉克索既可以改善运动症状,同时也可改善抑郁症状。劳拉西泮和地西泮缓解易激惹状态十分有效。针对认知障碍和痴呆的治疗,可应用胆碱酯酶抑制剂,如多奈哌齐、卡巴拉汀以及美金刚。

(2)自主神经功能障碍的治疗药物:最常见的自主神经功能障碍包括便秘、排尿障碍和直立性低血压等。温和的导泻药物能改善便秘症状,如乳果糖、大黄片、番泻叶等;也可加用胃蠕动药,如多潘立酮、莫沙必利等。需要停用抗胆碱药并增加运动。对排尿障碍中的尿频、尿急和急迫性尿失禁的治疗,可采用外周抗胆碱药,如奥昔布宁、溴丙胺太林。直立性低血压患者应增加盐和水的摄入量;睡眠时抬高头位;可穿弹力裤。

(3)睡眠障碍的治疗药物:睡眠障碍主要包括失眠、快速眼动期睡眠行为异常(RBD)、白天过度嗜睡(EDS)。RBD 患者可睡前给予氯硝西泮,一般 0.5mg 就能奏效。EDS 可能与 PD 的严重程度和认知功能减退有关,也可与抗 PD 药物 DR 激动剂或左旋多巴应用有关。如果患者在每次服药后出现嗜睡,则提示药物过量,将用药减量会有助于改善 EDS;也可予左旋多巴控释剂代替常释剂,可能会有助于避免或减轻服药后嗜睡。

(四)临床问题导向的药物治疗

1. PD 早期(Hoehn-Yahr 1~2.5 级)治疗策略、早期单药治疗路径、早期联合药物治疗路径 见图 15-2-4~ 图 15-2-6。

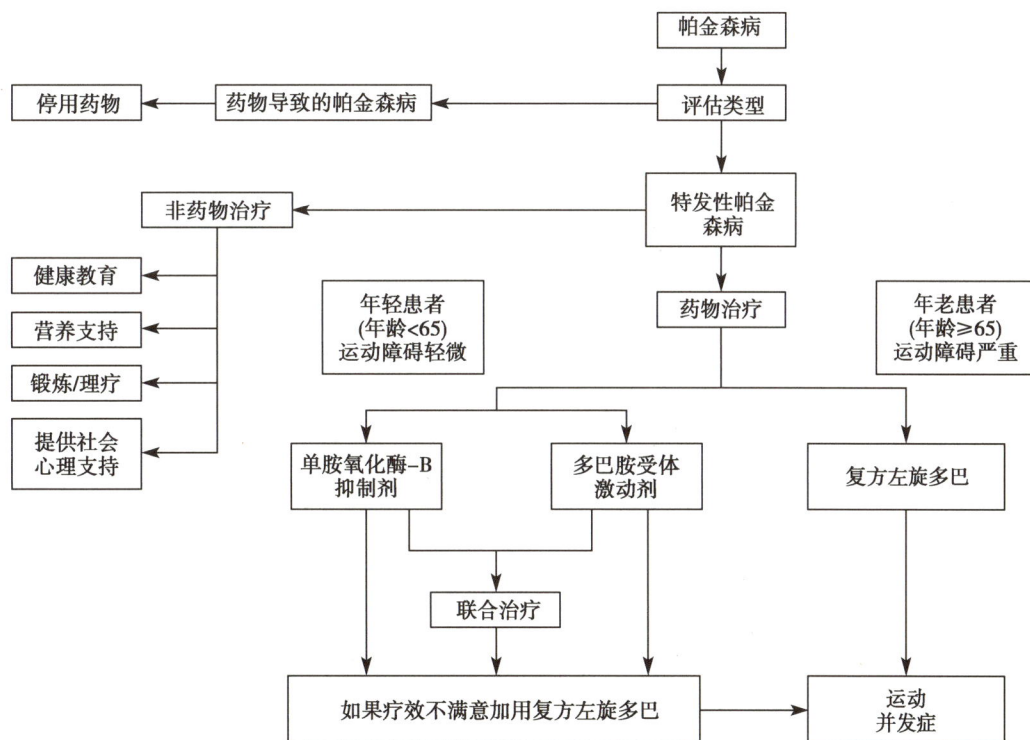

图 15-2-4 早期帕金森病的治疗策略

(1)疾病修饰药物:DR 激动剂、MAO-B 抑制剂和大剂量辅酶 Q10(1 200mg/d)。

(2)症状改善药物:复方左旋多巴(多巴丝肼、卡左双多巴缓释片)或联用 COMT 抑制剂恩他卡朋、金刚烷胺。

(3)震颤:震颤明显 DR 激动剂效果不佳者,可选用苯海索(安坦)。

(4)早发型治疗:早发型(<65 岁)不伴

有智能减退的患者,可以选择:① DR 激动剂;② MAO-B 抑制剂;③金刚烷胺;④复方左旋多巴;⑤复方左旋多巴 +COMT 抑制剂。首选药物并非按照以上顺序,需根据不同患者的具体情况而选择不同方案。若遵照美国、欧洲治疗指南首选①②或⑤。若患者由于经济原因不能承受高价格的药物,则可首选方案③;若因特殊工作之需,力求显著改善运动症状,或出现认知功能减退,则可

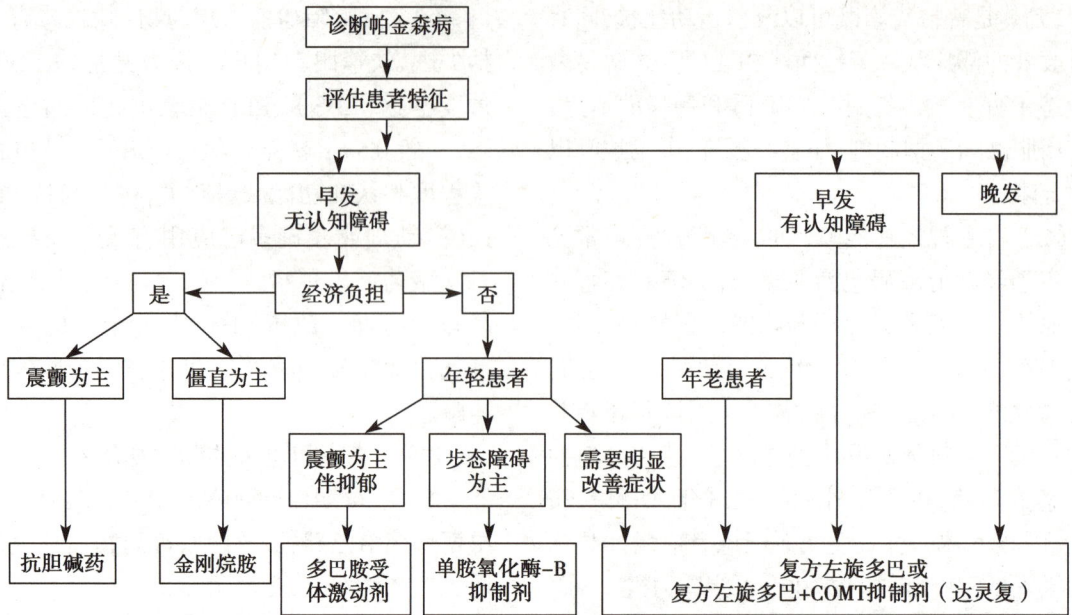

图 15-2-5　早期帕金森病单药治疗路径

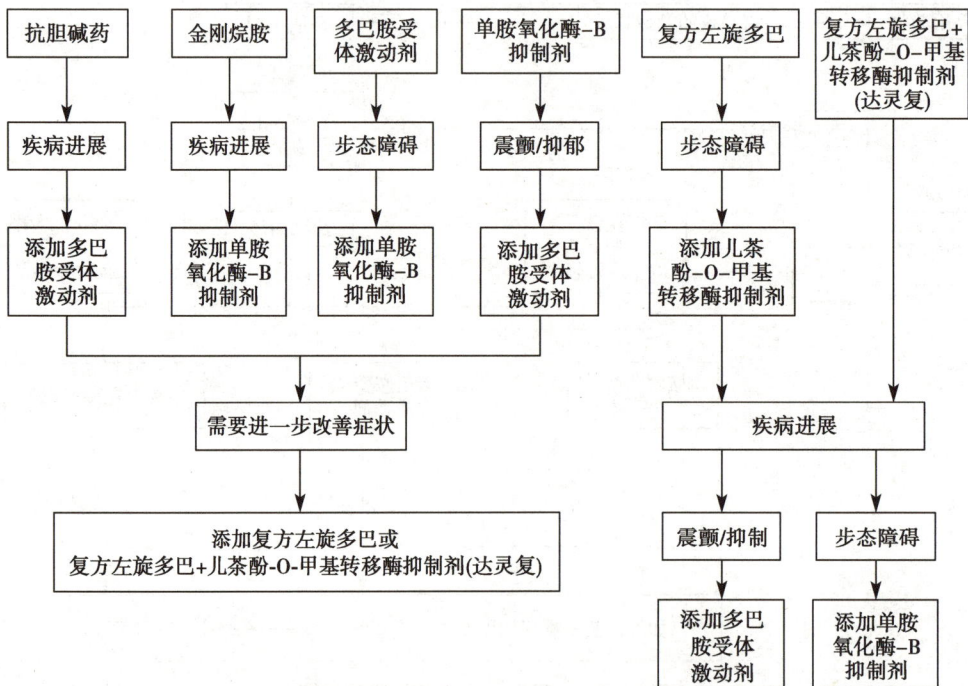

图 15-2-6　早期帕金森病联合药物治疗路径

首选方案④或⑤；也可在小剂量应用方案①②或③时，同时小剂量联合应用方案④。震颤明显而其他药物疗效欠佳可选择苯海索。

（5）晚发型治疗：晚发型（>65 岁）或伴智能减退的患者，临床表现极其复杂。一般首选复方左旋多巴治疗，如症状加重，疗效减退时可添加DR 激动剂、MAO-B 抑制剂或 COMT 抑制剂。尽量不应用抗胆碱药（苯海索），尤其针对老年男性患者，其副作用较多。

2. PD 中、晚 期（Hoehn-Yahr 3~5 级）治疗策略（图 15-2-7）　中、晚期 PD，尤其是晚期 PD，临床表现极其复杂，其中有疾病本身的进展，也有药物副作用或运动并发症的因素参与。对于中、晚期 PD 的治疗，力求改善症状和妥善处理一些并发症和非运动症状。

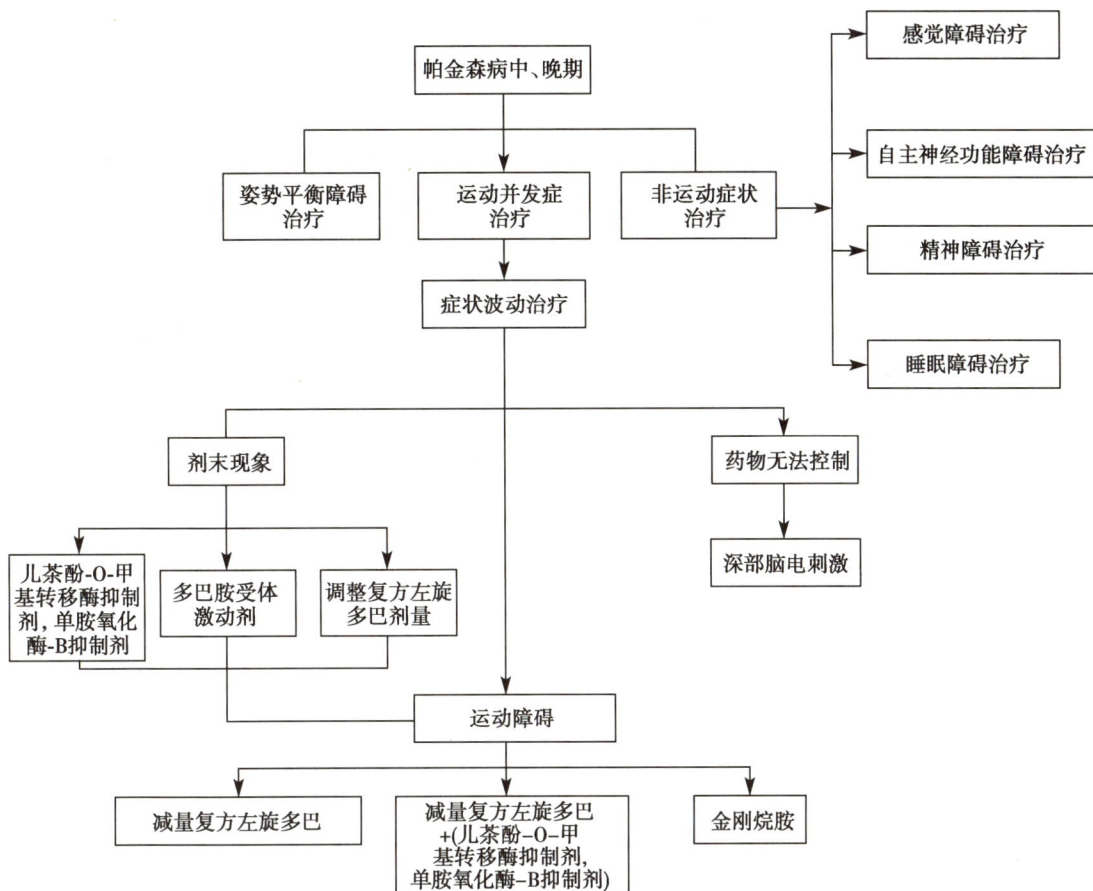

图 15-2-7　帕金森病中、晚期治疗策略

3. 症状波动和异动症的治疗　症状波动和异动症是晚期患者药物治疗中最棘手的副作用，处理措施包括调整药物剂量、用法和手术治疗（主要是 DBS）。DBS 疗法，手术可以明显改善运动症状，但不能根治疾病，术后仍需应用药物治疗，可相应减少剂量。通过脑内放置一或两根电极，通过电极发射电脉冲刺激控制运动的区域，例如苍白球内侧部和丘脑底核（STN），因其相对无创、安全和可调控性而作为主要选择，其中在 STN 行 DBS 对改善震颤、强直、运动迟缓和异动症的疗效最为显著。

（1）症状波动的治疗：症状波动主要有剂末恶化（end of dose deterioration），开 - 关现象（on-off phenomenon）。对剂末恶化的处理方法有：①不增加服用复方左旋多巴的每日总剂量，而适当增加每日服药次数，减少每次服药剂量（以仍能有效改善运动症状为前提），或适当增加每日总剂量（原先剂量不大的情况下），每次服药剂量不变，而增加服药次数；②由常释剂换用控释剂以延长左旋多巴的作用时间，更适宜在早期出现剂末恶化，尤其发生在夜间时为较佳选择，剂量需增加 20%~30%（美国指南不认为能缩短"关"期，而英国 NICE 指南推荐可在晚期患者中应用，但不作为首选）；③加用长半衰期的 DR 激动剂，其中普拉克索、罗匹尼罗为 B 级证据，卡麦角林、阿扑吗啡为 C 级证据，溴隐亭为不能缩短"关"期，若已用 DR 激动剂而疗效减退，可试换用另一 DR 激动剂；④加用对纹状体产生持续性 DA 能刺激（continuous dopaminergic stimulation, CDS）的 COMT 抑制剂，其中恩托卡朋为 A 级证据，托卡朋为 B 级证据；⑤加用 MAO-B 抑制剂，其中雷沙吉兰为 A 级证据，司来吉兰为 C 级证据；⑥避免饮食（含蛋白质）对左旋多巴吸收及通过血脑屏障的影响，宜在餐前 1h 或餐后 1.5h 服药，调整蛋白饮食可能有效；⑦手术治疗主要是 STN 和 DBS 可获益。对开关现象的处理较为难，可以选用口服 DR 激动剂，或可采用微泵持续输注左旋多巴甲酯或乙酯或 DH 激动剂（如麦角乙脲等）。

（2）异动症的治疗：异动症（abnormal involuntary movements，AIMs）又称为运动障碍（dyskinesia），包括剂峰异动症（peak-dose dyskinesia）、双相异动症（biphasic dyskinesia）和肌张力障碍（dystonia）。对剂峰异动症的处理方法为：①减少每次复方左旋多巴的剂量；②若患者是单用复左旋多巴，可适当减少剂量，同时加用 DR 激动剂，或加用 COMT 抑制剂；③加用金刚烷胺；④加用非典型抗精神病药如氯氮平；⑤若在使用复方左旋多巴控释剂，则应换用常释剂，避免控释剂的累积效应。对双相异动症（包括剂初异动症和剂末异动症）的处理方法为：①若在使用复方左旋多巴控释剂应换用常释剂，最好换用水溶剂，可以有效缓解剂初异动症；②加用长半衰期的 DR 激动剂或加用延长左旋多巴血浆清除半衰期，增加曲线下面积（AUC）的 COMT 抑制剂，可以缓解剂末异动症，也可能有助于改善剂初异动症。微泵持续输注 DR 激动剂或左旋多巴甲酯或乙酯可以同时改善异动症和症状波动，现正在试验口服制剂是否能达到同样效果。其他治疗异动症的药物如作用于基底节非 DA 能的腺苷 A2A 受体拮抗剂等正在进行临床试验。对晨起肌张力障碍的处理方法为：在睡前加用复方左旋多巴控释片或长效 DR 激动剂，或在起床前服用复方左旋多巴常释剂或水溶剂；对"开"期肌张力障碍的处理方法同剂峰异动症。手术治疗主要是 DBS 可获神益。

（五）药物治疗展望

1. 兴奋性氨基酸抑制剂 谷氨酸能神经系统过度兴奋是 PD 神经病变的机制之一，抑制谷氨酸释放或相应受体（特别是 NMDA 受体）的化合物越来越受到关注。这类药物有兴奋性氨基酸受体拮抗药：如立马醋胺（remacemide）；谷氨酸拮抗药，如拉莫三嗪（lamotrigine）；美金刚（memantine）和布地平（budipine）等。

2. 神经元保护性治疗 DA 能神经元变性的主要病理生理机制涉及自由基损伤、兴奋性氨基酸的毒性作用、钙超载、线粒体功能异常、生物膜损害及凋亡等。神经元保护性治疗的切入点在于早期切断损伤环路，阻止神经元的变性凋亡及病情的恶化，减少并发症，降低致残率。目前，这些神经保护剂的临床疗效需要得以进一步证实。这些药物有：①自由基清除剂，如谷胱甘肽、银杏叶制剂、维生素 A、维生素 C 和维生素 E；②MAO-B 抑制剂；③铁螯合剂；④神经节苷脂类药物；⑤神经营养因子，如脑源性神经营养因子（BDNF）和胶质细胞系源性神经营养因子（GDNF）等；⑥烟碱受体激动剂；⑦细胞膜稳定剂；⑧非甾体类等抗炎药。

3. 基因治疗及细胞移植性治疗 PD 可能是最适合进行基因治疗及细胞移植治疗的神经系统疾病之一，如 *Parkin* 等基因的保护性治疗研究。

总之，这些新的药物和方法一定会取得突破，使 PD 治疗达到更为理想的效果。

四、阿尔茨海默病

阿尔茨海默病（Alzheimer's disease，AD）是发生于老年和老年前期、以进行性认知功能障碍和行为损害为特征的，慢性进行性中枢神经系统退行性病变导致的皮质性痴呆。AD 是痴呆最常见的一种类型，占痴呆患者 50%~70%。我国 65 岁以上老年人 AD 患病率为 3%~7%，目前有 600 万 ~800 万 AD 患者。随着年龄的增长，AD 患病率逐渐上升。

AD 的发病机制尚不完全清楚，有多种学说，其中 β- 淀粉样蛋白瀑布学说和 tau 蛋白学说较为重要。神经元外的神经炎性斑（neuritic plaques，NP）、神经元内神经元纤维缠结（neurofibrillary tangle，NFT）和脑皮质神经元减少等是其主要的组织病理学改变。AD 最突出的神经生化改变是大脑皮质和海马区乙酰胆碱水平的降低，这是由于胆碱能神经元及胆碱能投射通路的选择性缺失造成的，也是目前用于轻中度 AD 治疗的胆碱酯酶抑制剂作用的解剖学基础。

（一）临床表现和诊断

1. 临床表现 AD 通常隐匿起病，病程呈持续进行性，病程演变分成两个阶段：痴呆前阶段和痴呆阶段。痴呆前阶段分为轻度认知功能障碍发生前期和轻度认知功能障碍期。痴呆阶段分为轻、中、重三期。临床症状分为两个方面，即认知功能减退和非认知性神经精神症状。主要临床症状为记忆障碍，并有理解、判断、推理、计算和抽象思维等多种认知功能衰退，失语、失用、失认等高级皮层功能紊乱的表现，伴有各种精神行为症状和人格改变,严重影响社交、职业与生活功能,意识一般无异常。

辅助检查:脑脊液检查发现 $A\beta_{42}$ 水平降低,总 tau 蛋白和磷酸化 tau 蛋白增高。头 MRI 检查显示双侧额叶、海马萎缩。SPECT 灌注成像和氟脱氧葡萄糖 PET 成像可见顶叶、颞叶和额叶,尤其是双侧颞叶的海马区血流和代谢降低。使用各种 Aβ 标记配体的 PET 成像技术可见脑内的 Aβ 沉积。

2. 临床诊断 AD 的诊断近三十年来有了很大的进展,在诊断方面,新的标准不断推出,极大地提高了诊断的准确性。病理诊断仍然是确诊 AD 的"金标准"和唯一方法。在临床中,AD 大多依赖临床诊断。临床试验需应用 FDA 推荐的由美国国立老化研究所和 AD 协会(National Institute on Aging-Alzheimer's Association, NIA-AA)提出的 ATN 诊断标准,这是对近 20 年来,AD 的生物标志物组合指导 AD 临床早期干预标准化的重要突破。ATN 标准中的生物标志物包括:Aβ(A);病理性 Tau,包括总 Tau 和磷酸化 Tau(T)和神经变性(N)。

根据《2018 中国痴呆与认知障碍诊治指南(二):阿尔茨海默病诊治指南》推荐:临床 AD 诊断可依据 1984 年美国国立神经病学、语言交流障碍和卒中 - 老年性痴呆和相关疾病学会工作小组的诊断标准(National Institute of Neurological and Communicative Disordersand Stroke-Alzheimer Disease and Related Disorders Association, NINCDS-ADRDA)或 2011 版 NIA-AA 提出的诊断标准进行诊断。有条件进行 AD 分子影像检查和脑脊液检测时,可依据 2011 版 NIA-AA 或 2014 版年国际工作组(International Working Group, IWG)IWG-2 诊断标准进行 AD 诊断。应提高对不典型 AD 的诊断意识。

(二)一般治疗原则

目前无特效治疗,采用综合治疗方案,药物治疗、护理照顾、康复和中医治疗相结合,早期诊断和早期治疗,以改善症状、提高生存质量、维持残存的脑功能、减少并发症为主要原则。

(三)治疗药物及方案

AD 于 1906 年由德国医生 Alois Alzheimer 首先描述,但是对疾病发病机制的认识和其药物研发一直进展缓慢。1907 年 Oskar Fishe 根据研究,首次提出痴呆以及记忆丧失的严重程度与大脑的老年斑数量有关。同年 Aloi Alzheimer 详细描述了 1 例女性患者的痴呆临床表现及其死后的神经病理发现。此患者生前主要表现为原因不明的进行性认知功能严重减退,死后尸解发现其海马等一些特殊皮质区域出现大量 NP 和 NFT 等,Aloi Alzheimer 推测正是这些病理改变导致了患者进展性认知功能衰退。至今仍缺乏对 AD 确切机制的全面了解,NP 和 NFT 仍然被认为是 AD 的特征性病理改变。截至目前仅有 6 种 AD 药物获美国 FDA 批准上市[分别为:他克林(1993 年批准,已停用);多奈哌齐(1996 年批准);卡巴拉汀(2000 年批准);加兰他敏(2001 年批准);盐酸美金刚(2003 年批准);美金刚/多奈哌齐复方制剂(2014 年批准)],且这些药物都只是对症治疗,没有一种能够阻止或者延缓 AD 病情的进展。目前我国已批准五种药物作为 AD 治疗的一线药物,除了前述的多奈哌齐、卡巴拉汀、加兰他敏和美金刚以外,我国还于 1994 年批准了石杉碱甲上市,是一个我国自行研制开发的药物,具有胆碱酯酶抑制效果,可缓解 AD 患者的记忆减退。AD 药物的研发成功率一直极低,且大多失败在Ⅲ期临床。目前仍有大量的治疗 AD 的新药处于临床开发阶段,而处于Ⅱ期和Ⅲ期临床开发的 AD 药物中,大约 75% 有潜力成为疾病修饰疗法,研究人员希望这些药物能以不同的方式阻止或预防痴呆症的发生。

目前常用的对症药物主要包括改善认知功能、记忆障碍以及控制精神症状等药物。

1. 改善记忆和认知障碍治疗

(1)胆碱酯酶抑制剂(cholinesterase inhibitors, ChEIs):增加突触间隙乙酰胆碱(acetylcholine, ACh)含量,是现今治疗轻中度 AD 的一线药物。胆碱能神经元死亡以及突触功能障碍可能是 AD 各种病理机制引起记忆障碍的最终通路,增加突触中 ACh 可以改善记忆和认知功能,ChEIs 是增加突触 ACh 的最常用策略。

临床上常用的 ChEIs 包括多奈哌齐(安理申)、卡巴拉汀(艾斯能)、加兰他敏和石杉碱甲。石杉碱甲是我国自行研制的用于治疗 AD 的天然药物。多奈哌齐、卡巴拉汀、加兰他敏和石杉碱甲等 ChEIs 的临床疗效确切。

1）多奈哌齐：于 1996 年获美国 FDA 批准用于治疗轻度或中度 AD，用于轻度或中度 AD 症状的治疗。

用法用量：初始剂量为 1 次 /d，5mg/ 次，晚上睡前口服，服药后若出现严重失眠的患者可改为晨服。大剂量可获得相对好的临床效果，所以如果需要，建议最初 4~6 周服用 5mg/d，然后加量至 10mg/d，最大推荐剂量为 10mg/d。

2）卡巴拉汀：是 FDA 批准的用于治疗 AD 的一种假性不可逆性 ChEIs，可用于治疗轻度、中度、重度各期的 AD 患者，能够有效提高患者的认知功能、日常活动能力及改善精神症状，且耐受性好。国内外均有相关报道，且有证据表明对 AD 患者使用越早，疗效越明显，可长期用药。另外，卡巴拉汀对治疗合并有血管危险因素的 AD 患者的疗效更明显，且可以增加脑血流量，防止缺血损伤。

用法用量：起始剂量是 2 次 /d，1.5mg/ 次，前 4 周为剂量调整期，根据患者耐受性确定患者能耐受的最高剂量，每个剂量水平治疗至少应持续 2 周，推荐的最大剂量是 2 次 /d，6mg/ 次；维持服药期间不需要调整剂量，每日随早餐和晚餐一起服用。治疗期间若因副作用停药，在重新服药时应将用药量减至前一个低剂量水平，甚至更低剂量水平。初始服用时应注意监测肝肾功能。

3）加兰他敏：是石蒜科中的一种生物碱，是 FDA 批准的用于治疗 AD 的另外一种选择性高的竞争性 ChEIs，没有肝毒性。因为加兰他敏与 ACh 竞争性结合乙酰胆碱酯酶，因此在胆碱能高度不足的脑区，加兰他敏就可以更多地结合到乙酰胆碱酯酶，增加突触间隙 ACh 的浓度，进而改善突触后神经元的功能，这种竞争性抑制的机制可以使胆碱能功能缺陷严重部位的功能得到改善，而不明显影响胆碱能正常的脑区。

用法用量：起始剂量 4mg/ 次，2 次 /d，与早餐及晚餐同服，服用 4 周；如果出现耐受，则增加剂量到 8mg/ 次，2 次 /d，服用 4 周或以上；如果进一步出现耐受，在对患者临床疗效及耐受性进行综合评价后，可以将剂量提高到临床最高推荐

剂量 12mg/ 次，2 次 /d。本品无撤药反应。加兰他敏不与蛋白质结合，也不受进食和同时服药的影响。

4）石杉碱甲：是从蛇足石杉（俗名千层塔）中提取的一种生物碱，于 1994 年批准上市。它是一种高选择性的胆碱酯酶竞争性和非竞争性的混合型抑制剂，其脂溶性高、分子小，易透过血脑屏障，进入中枢后较多分布于大脑的额叶、颞叶、海马等部位，增加神经突触间隙的 ACh 含量，有效地治疗中老年人记忆力减退和各种类型的痴呆。

用法用量：通常 2 次 /d，100~200μg/ 次，但每日服用量不超过 450μg。

（2）谷氨酸受体抑制剂：正常条件下兴奋性氨基酸结合 N- 甲基 -D 天冬氨酸（NMDA）受体，启动细胞内信号转导通路，引起长时相的 Ca^{2+} 内流，对学习记忆有着重要意义。在 AD 等异常的情况下，谷氨酸等兴奋性氨基酸释放增多，NMDA 受体长期低水平兴奋，从而导致细胞内 Ca^{2+} 超载，启动级联反应导致细胞死亡。美金刚是 NMDA 受体抑制剂，部分性非竞争性结合 NMDA 受体，阻断兴奋性氨基酸 NMDA 受体启动的细胞毒性进程。

美金刚：是 FDA 批准的第一个被推荐应用在中、重度 AD 患者，并建议长期应用。一项列队研究表明，使用美金刚可显著减缓 AD 患者从中度向重度的进程，能有效防止全面认知功能衰退。2014 年英国精神行为管理指南指出美金刚可作为激越和焦虑的一线治疗药物，表明美金刚对中、重度 AD 患者精神行为异常有作用。美金刚联合 ChEIs 可治疗中、重度 AD 能有效改善患者认知功能及日常生活能力。

用法用量：1 次 /d，应在每日相同的时间服用，可空腹服用，也可随食物同服。每日最大剂量 20mg。为了减少不良反应的发生，在治疗的前 3 周应按每周递增 5mg 剂量的方法逐渐达到维持剂量，具体如下：治疗第一周的剂量为 5mg/d，第二周 10mg/d，第三周 15mg/d，第四周开始以后服用维持剂量 20mg/d。对于中度肾功能不全（肌酐清除率 30~49ml/min）的患者，剂量应减至 10mg/d。

（3）改善脑血液循环和神经保护药物：此类

药主要通过增加脑细胞新陈代谢和营养神经细胞等促进神经递质传递，从而增强患者的反应性、兴奋性和记忆力。主要包括脑蛋白水解物、奥拉西坦等，对于延缓老年人脑功能衰退和提高信息处理能力有效。

（4）抗氧化治疗药物：AD 脑组织可见严重的脂质过氧化和自由基生成增加，这为抗氧化治疗提供了理论基础。抗氧化剂药物包括维生素 E、司来吉兰、银杏叶制剂等。这类药物具有减少自由基的生成，抗脂质过氧化，增加脑内儿茶酚胺含量的作用，但各指南指出尚无依据显示抗氧化剂单独使用能使 AD 患者获益。

（5）钙通道阻滞剂：AD 患者脑神经元存在着钙稳态失调。Ca^{2+} 拮抗剂可阻止细胞内钙超载、保护脑细胞，同时可缓解脑血管痉挛，增加脑血流量，改善学习和记忆功能，缓解认知功能的下降过程。包括尼莫地平、氟桂利嗪等，常用于有选择的患者或辅助治疗。

2. 其他症状治疗 由于 AD 患者常常伴有抑郁、焦虑、睡眠障碍以及兴奋或攻击行为等精神症状，对这些 AD 相关的"周边症状"通常给予对症药剂；主要治疗药物有抗精神病药物、抗抑郁药和抗焦虑药。及时给予抗精神病药物治疗，目的是减轻症状，增加患者、家属或照料者的舒适和安全。利培酮（Risperidone）、奥氮平（Olanzapine）是目前临床应用较为有效的抗精神病药物，但可能增加卒中的风险。改善抑郁症状首选 SSRIs 抗抑郁药如氟西汀（Fluoxetine）、帕罗西汀（Paroxetine）、西酞普兰（Citalopram）和舍曲林（Sertraline）等，抗抑郁药对痴呆患者的抑郁也有一定疗效。焦虑和睡眠障碍者若应用 SSRIs 效果不佳可适当应用苯二氮䓬类药物。这些药物的使用原则是低剂量起始，缓慢增量，尽量使用最小有效剂量，注意药物之间相互作用。

目前，除了针对患者的记忆和认知障碍症状治疗以外，对于 AD 至今尚无有效的治疗方法。同时，AD 的早期诊断困难以及新药的研发不足，使临床治疗面临很大的困境。

（四）临床问题导向的药物治疗

1. 用药时机 ChEIs 早期使用效果更佳，多中心研究表明 ChEIs 治疗轻度 AD 效果优于中度 AD。AChE 抑制剂治疗存在明确的量效关系，剂量增高疗效增加，中重度 AD 患者可选用高剂量的 AChE 抑制剂作为治疗药物，但应遵循低剂量开始逐渐滴定的给药原则，并注意药物可能出现的不良反应。

2. ChEIs 换药 根据《2018 年中国痴呆与认知障碍诊治指南（二）》，明确诊断为 AD 的患者可以选用 AChE 抑制剂治疗。现有四种 ChEIs，因作用机制和药物活性的差异，支持 ChEIs 药物间转换治疗，如使用一种药物治疗无效或因不良反应不能耐受时，可根据患者病情及出现不良反应程度，调换其他 ChEIs 或换作贴剂进行治疗，仍可能获得一定疗效，治疗过程中严密观察患者可能出现的不良反应。已有临床研究报道多奈哌齐治疗无效或不能耐受不良反应停药的患者，换用卡巴拉汀继续治疗仍有效。加兰他敏无效换用卡巴拉汀治疗，仍可获得疗效。

3. 联合用药 美金刚与 ChEIs 作用机制不同，两者在治疗中可以联合应用能有效改善患者认知功能及日常生活能力，特别是出现明显精神行为症状时，且联合应用不增加不良反应发生率，可以增加中重度 AD 患者获益，但应注意药物不良反应。

4. 减药和停药 AD 患者通常在疾病早期开始接受 ChEIs 治疗，通常建议对患者的获益和风险进行定期评估，例如每 3~6 个月评估 1 次，以了解药物对认知功能的改善效果和不良反应情况。如果在合理的时间内（例如 12 周），患者的认知和功能状态情况不达预期，则应停止这些药物。在某些情况下，停用 ChEIs 治疗可能会对认知和神经精神症状产生负面影响。患者的认知功能改善情况通常需要来自家庭和护理人员的观察与汇报，为了确定适合患者的治疗方案，这些信息的采集对于医生而言至关重要。一些中、重度痴呆的患者，虽然此前已经从治疗中得到了获益，但是当患者发展为晚期痴呆，并失去功能独立性时，考虑停止治疗是合理的，因为在这一阶段，药物已经不能达到最初保留认知和功能的目的。对中、重度痴呆患者进行随机停药的试验结果表明，大多数患者可以安全停药且耐受性良好。不过，对于正在使用高剂量 ChEIs 的患者，不建议突然停药，大多数临床研究建议在 2~4 周内逐渐减量。服用最大剂量 ChEIs 的患者,在完全停药之前,应当先持续 2 周的低剂量用药。

5. 多奈哌齐副作用的管理 多奈哌齐是可逆性 ChEIs,是一种新的六氢吡啶衍生物,它对中枢神经系统的乙酰胆碱酯酶具有高度的选择性,所以外周胆碱能作用不明显,副作用较小。表现为腹部不适、恶心、呕吐、腹泻、厌食等,主要在剂量快速增加时容易产生(如服药起始剂量为 10mg/d,或一周内剂量由 5mg/d 增加至 10mg/d)。其他不良反应还有失眠、疲乏、肌痉挛、头晕、头痛,除恶心、呕吐可达中度外,大部分副反应均短暂且轻微,通常是一过性的,多发生在治疗的前 3 周之内,持续 1~2d,无需停药或调整剂量,继续服药可缓解。

6. 一级预防的药物治疗 2005 年,Zlokovic 首次提出 AD 的神经血管假说。在 2014 年 *Lancet Neurol* 发表 meta 分析的结果提示 AD 的一级预防是有潜力的。研究认为,世界范围内约三分之一的 AD 患者可能归因于潜在的可改变的危险因素。AD 的发病率可能通过改善获得教育机会、降低心血管危险因素(例如身体缺乏运动,吸烟,中年高血压,中年肥胖和糖尿病)和抑郁症患病率而降低。研究表明,血管紧张素转换酶抑制剂及他汀类药可以同时降低磷酸化 tau 蛋白和 Aβ 的积累。因此如何有效地进行 AD 的一级预防也应受到重视。

(五)药物治疗展望

近年来对 AD 的研究已扩展到遗传学、免疫学等方面,人们对其认识已深入到分子水平和基因水平,但对该病的真正病因及发病机制还缺乏足够的认识,因此,现有的治疗对于临床诊断为中晚期的 AD 患者难以取得满意的临床疗效。目前 AD 的治疗策略也由原来的对症治疗逐渐发展为针对病因的治疗,由原来以中枢胆碱能神经为靶点的药物研究发展为针对 APP、PS1、PS2 等 AD 发病的相关基因,以及抗 Aβ 和抗 tau 蛋白的治疗的研究。应充分利用早期诊断的进展、遗传因素的作用和新的流行病学证据,设计新的临床试验设计模型。β 淀粉样蛋白裂解酶抑制剂 Elenbecestat 治疗早期 AD 的全球 Ⅲ 期临床研究正在进行中。抗 Aβ 单抗药物 BAN2401 可治疗早期 AD 患者,在全球性 Ⅲ 期临床研究中。我国一类原创新药——可明显改善 AD 患者认知功能障碍的甘露寡糖二酸(GV-971),目前已完成临床 Ⅲ 期试验,并已在国内上市,需要进一步临床应用疗效观察。促神经再生理论上能使 AD 患者已受损或坏死的神经细胞再生,则会缓解 AD 的发展。神经生长因子是迄今研究最深入的药物之一,研究表明可有效防止哺乳动物基底节脑损伤所致的胆碱能神经元变性和死亡,并能改善老年动物识别功能障碍。Neotrofin(LetePrinim 钾盐)已进入 Ⅲ 期临床试验,研究表明,Netrofin 在具有短期疗效的同时也具有长期效用,表现为可以显著提高脑的海马组织干细胞的生长,并分化为新的神经细胞,能够修复 AD 患者的神经退行性损伤。胆碱能受体激动剂,主要是 M 受体和 N 受体,尤其是选择性 M_1 受体激动剂,不仅能提高脑内胆碱能神经系统的功能,还可能通过调节正常淀粉样前体蛋白质的形成过程,缓慢下调 AD 患者大脑神经元的变性过程,此类药物尚处于临床试验阶段,其中 SR-46659A、Xanomeline、AF102B 等在临床试验中分别被证实有改善痴呆症状的作用。SR-46659A 对 M1 受体有选择性,具有较高的亲和力,且对心脏的 M_2 受体影响较小,本品已在法国上市,用于治疗 AD,可明显改善其认知能力。Xanomeline 是目前发现的最有效的 M_1 受体激动剂之一,可通过减少突触后末端的 ACh 受体,增加 ACh 的血浓度并加速 ACh 循环,经双盲法和安慰剂对照试验表明,服用高剂量的 Xanomeline 后,AD 患者的认知能力和动作行为有了明显改善;但本品有较大的胃肠道及心血管系统不良反应,目前正尝试用非口服方法来克服这一缺点。分泌酶抑制剂包括 β 分泌酶抑制剂(β-secretase inhibitor)和 γ 分泌酶抑制剂(γ-secretase inhibitor)也在临床研究中,可以抑制水解淀粉样前体蛋白的 β 分泌酶、γ 分泌酶的活性,从而减少淀粉样 β 蛋白产生。可以相信,随着医药科学的发展以及对 AD 发病机制研究的不断深入,AD 的预防和治愈终将成为现实。

(白鹰 王怡)

参 考 文 献

1. 李德爱, 吕良忠, 魏筱华. 神经内科治疗药物的安全应用[M]. 北京: 人民卫生出版社, 2015.
2. 王拥军. 临床路径释义神经内科分册[M]. 北京: 中国大学协和医科出版社, 2018.
3. 短暂性脑缺血发作中国专家共识组. 短暂性脑缺血发作的中国专家共识更新版 (2011 年) [J]. 中华内科杂志, 2011, 50 (6): 530-533.
4. 中华医学会神经病学分会, 中华医学会神经病学分会脑血管病学组. 脑血管病学组中国脑血管疾病分类 2015[J]. 中华神经科杂志, 2017, 50 (3): 168-170.
5. 中华医学会神经病学分会, 中华医学会神经病学分会脑血管病学组. 中国急性缺血性脑卒中诊治指南 2018 [J]. 中华神经科杂志, 2018, 51 (9): 666-682.
6. 中国卒中学会. 中国脑血管病临床管理指南[M]. 北京: 人民卫生出版社, 2019.
7. 中华医学会神经病学分会, 中华医学会神经病学分会脑血管病学组. 中国缺血性脑卒中和短暂性脑缺血发作二级预防指南 2014[J]. 中华神经科杂志, 2015, 48 (4): 258-272.
8. 中华医学会神经病学分会, 中华医学会神经病学分会脑血管病学组, 中国缺血性脑卒中风险评估量表使用专家共识[J]. 中华神经科杂志, 2016, 49 (7): 519-525.
9. 中国成人血脂异常防治指南修订联合委员会. 中国成人血脂异常防治指南 (2016 年修订版) [J]. 中国循环, 2016, 31 (10): 937-953.
10. 中华医学会神经病学分会, 中华医学会神经病学分会神经康复学组, 中华医学会神经病学分会脑血管病学组. 中国脑卒中早期康复治疗指南[J]. 中华神经科杂志, 2017, 50 (6): 405-412.
11. 中华医学会心血管病学分会, 中华医学会心电生理和起搏分会, 中国医师协会心律学专业委员会代表非瓣膜病心房颤动患者新型口服抗凝药的应用专家工作组. 非瓣膜病心房颤动患者新型口服抗凝药的应用中国专家共识[J]. 中国心律失常杂志, 2014, 18 (5): 321-329.
12. 中国抗癫痫协会. 临床诊疗指南癫痫病分册 (2015 修订版) [M]. 北京: 人民卫生出版社, 2015.
13. Lahti A M, Saloheimo P, Huhtakangas J, et al. Poststroke epilepsy in long-term survivors of primary intracerebral hemorrhage[J]. Neurology, 2017, 88 (23): 2169-2175.
14. Roivainen R, Haapaniemi E, Putaala J, et al. Young adult ischaemic stroke related acute symptomatic and late seizures: risk factors[J]. Eur J Neurol, 2013, 20 (9): 1247-1255.
15. Maxwell H, Hanby M, Parkes LM, et al. Prevalence and subtypes of radiological cerebrovascular disease in late-onset isolated seizures and epilepsy[J]. Clin Neurol Neurosurg, 2013, 115 (5): 591-596.
16. 中华医学会神经病学分会帕金森病及运动障碍学组. 中国帕金森病治疗指南 (第三版) [J]. 中华神经科杂志, 2014, 47 (6): 428-433.
17. Postuma R B, Berg D, Stem M, et a1. MDS clinical diagnostic criteria for Parkinsong disease[J]. Mov Disord, 2015, 30 (12): 1591-1601.
18. 中华医学会神经病学分会帕金森病及运动障碍学组, 中国医师协会神经内科医师分会帕金森病及运动障碍专业. 中国帕金森病的诊断标准 (2016 版) [J]. 中华神经科杂志, 2016, 49 (4): 268-271.
19. 中国痴呆与认知障碍指南写作组中国医师协会神经内科医师分会认知障碍疾病专业委员会. 2018 中国痴呆与认知障碍诊治指南[J]. 中华医学杂志, 2018, 98 (13): 965-1653.
20. Christina P. World Alzheimer Report 2018. The State of the Art of Dementia Research: New Frontiers[M]. London: Alzheimer's disease international (ADI), 2018, 12-15.
21. Cummings J, Aisen P S, DuBois B, et al. Drug development in Alzheimer's disease: the path to 2025 [J]. Alz Res Ther, 2016, 8 (1): 39.
22. Rikvan der Kant, Vanessa F L, Chery M H, et al. Cholesterol Metabolism Is a Druggable Axis that Independently Regulates Tau and Amyloid-β in iPSC-Derived Alzheimer's Disease Neurons[J]. Cell Stem Cell, 2019, 24 (3): 363-375.
23. Kim L D, Factora R M, Alzheimer dementia: Starting, stopping drug therapy[J]. Cleve Clin J Med, 2018, 85 (3): 209-214.
24. 中华医学会神经病学分会, 中华医学会神经病学分会脑血管病学组. 中国脑出血诊治指南 (2019) [J]. 中华神经科杂志, 2019, 52 (12): 994-1005.

第十六章 精 神 障 碍

第一节 总 论

一、精神障碍类疾病概述

精神障碍是指大脑功能发生紊乱,认知、情感、行为和意志等精神活动出现不同程度障碍的总称,包括情感性精神障碍、脑器质性精神障碍等。致病因素包括遗传因素、个性特征、体质因素、器质因素及社会环境因素等。精神障碍患者常有妄想、幻觉、错觉、情感障碍、哭笑无常、自言自语、行为怪异、意志减退等临床表现,绝大多数患者缺乏自知力,不承认自己有病,不主动寻求医生的帮助。常见精神障碍类疾病有:精神分裂症、躁狂抑郁性精神障碍、焦虑障碍、睡眠障碍及各种器质性病变伴发的精神障碍等。

二、精神障碍的治疗原则

(一)精神分裂症治疗原则

1. 首发患者

(1)早发现、早治疗。

(2)积极按照临床分期进行长期治疗。

(3)尽可能选用疗效确切、不良反应轻、便于长期治疗的抗精神病药物。

(4)积极进行家庭教育,以配合患者的长期治疗;定期对患者进行心理治疗和职业康复训练。

2. 稳定期(巩固期)治疗

(1)以药物治疗为主:以原有效药物、原有效剂量进行巩固治疗,促进阴性症状进一步改善,疗程至少6个月。

(2)开展家庭教育,并对患者进行心理治疗。

3. 维持期(康复期)治疗

(1)根据个体症状改善及所用药物疗效等情

况,确定是否需要降低用药剂量,把握预防复发所需剂量。

(2)疗效稳定,无特殊不良反应,尽可能不更换药物。

(3)疗程视患者个体情况而定,5年内有2次及以上发作者应长期维持治疗。

(4)加强家庭教育和对患者的心理治疗。

4. 慢性期治疗

(1)进一步控制症状,提高疗效。可采用换药、加量、合并治疗等方法。

(2)加强随访,掌握病情变化,调整治疗方案。

(3)治疗场所可以在门诊、社区或病房。

(4)注意进行家庭教育。

(二)抑郁障碍治疗原则

抑郁症为高复发性疾病,目前倡导全程治疗。抑郁症全程治疗分为急性期治疗、恢复(巩固期)治疗和维持期治疗:

(1)急性期治疗:推荐6~8周,尽快控制症状,尽量达到临床痊愈。

(2)恢复期(巩固期)治疗:至少4~6个月,在此期间患者病情不稳,复发风险较大,原则上应继续使用急性期治疗有效的药物,并维持剂量不变。

(3)维持期治疗:有关维持治疗的时间意见不一。WHO推荐单次发作、症状轻且间歇期长(≥5年)的患者,一般可不维持治疗。多数意见认为首次抑郁发作维持治疗为6~8个月;有2次以上的复发,特别是近5年有2次发作者应维持治疗;对于青少年发病、伴有精神病症状、病情严重、自杀风险大,并有遗传家族史的患者,应考虑维持治疗。维持的时间一般至少2~3年,多次复发者主张长期维持治疗。

(三)焦虑障碍治疗原则

药物和行为治疗均可以很好地控制焦虑症

状。心理治疗有助于解除患者心理冲突,缓解焦虑情绪和行为。惊恐发作大多不需要治疗可自然恢复。

(四)睡眠障碍治疗原则

睡眠障碍治疗策略:慢性睡眠障碍需要进行规范性治疗;短期睡眠障碍或呼吸相关、运动相关等睡眠障碍,首先要找到相关病因或诱发因素,然后进行积极治疗。

治疗的总体目标:增加有效睡眠时间和/或改善睡眠质量;改善失眠相关性日间损害,降低或防止短期失眠障碍向慢性睡眠障碍转化;减少与失眠相关的其他疾病或精神障碍共病的风险。

睡眠障碍的治疗包括心理治疗和药物治疗。其中,心理治疗是首选的睡眠障碍治疗方法;在心理治疗的基础上,酌情给予催眠药物,从而达到缓解症状、改善睡眠质量、延长有效睡眠时间、提高患者生活质量的目标。药物治疗应遵循个体化、按需、间断、足量的原则。

睡眠障碍用药首选短、中效的苯二氮䓬类受体激动剂或褪黑素受体激动剂(如雷美替胺)、具有镇静作用的抗抑郁药物(如曲唑酮、米氮平、氟伏沙明和多塞平),后者尤其适用于伴有抑郁和/或焦虑症的失眠障碍患者;治疗剂量无效、对药物产生耐受或出现严重不良反应等情况时,应考虑换药治疗,需逐渐减少原有药物剂量,同时开始给予另一种药物并逐渐加量,在 2 周左右完成换药过程;患者感觉能够自我控制睡眠时,考虑逐渐减量、停药;如睡眠障碍与其他疾病(如抑郁症)或生活事件相关,当病因去除后,也应考虑减量、停药,但需避免突然中止药物治疗,应逐步减量、停药以避免失眠反弹,有时减量过程需要数周至数月。

三、常用药物分类及作用机制

(一)抗精神病药物

1. 第一代抗精神病药物(典型抗精神病药物) 主要作用于中枢 D_2 样多巴胺受体,包括:

(1)吩噻嗪类:氯丙嗪(Chlorpromazine)、硫利达嗪(Thioridazine)、奋乃静(Perphenazine)、氟奋乃静(Fluphenazin)及其长效剂、三氟拉嗪(Trifluoperazine)等。

(2)硫杂蒽类:氯哌噻吨(Clopenthixol)及其长效剂、三氟噻吨(Flupentixol)及其长效剂、氯丙硫蒽(Chlorprothixene)等。

(3)丁酰苯类:氟哌啶醇(Haloperidol)及其长效剂、五氟利多(Penfluridol)等。

(4)苯甲酰胺类:舒必利(Sulpiride)、硫必利(Tiapride hydrochloride)等。

此类药物自 20 世纪 50 年代以来广泛用于临床治疗各种精神病,大量临床研究及临床应用经验均证明,第一代抗精神病药物治疗精神分裂症阳性症状有效且安全。

2. 第二代抗精神病药物(非典型抗精神病药物) 与吩噻嗪类等药物相比,具有较高的 5-羟色胺(5-hydroxytryptamine,5-HT)受体拮抗作用,称为多巴胺-5-羟色胺受体拮抗剂,对中脑边缘系统的作用比对纹状体系统的作用更具有选择性,包括氯氮平(Clozapine)、利培酮(Risperidone)、奥氮平(Olanzapine)、喹硫平(Quetiapine)、齐拉西酮(Ziprasidone)和阿立哌唑(Aripiprazol)等。这类药物由于临床作用谱广、引发锥体外系反应比率较低或不明显,在临床上有更广阔的应用前景。

(二)抗抑郁药

抗抑郁药发展迅速,品种日益增多。既往分类多按化学结构进行分类,如三环类抗抑郁药(tricyclic antidepressants,TCAs)米帕明(Imipramine)、阿米替林(Amitriptyline)、多塞平(Doxepin)、地昔帕明(Desipramine)、去甲替林(Nortriptyline)等。目前,按药物作用机制将抗抑郁药分为:

1. 选择性 5-羟色胺再摄取抑制剂(selective serotonin reuptake inhibitor,SSRI) 如氟西汀(Fluoxetine)、帕罗西汀(Paroxetine)、舍曲林(Sertraline)、氟伏沙明(Fluvoxamine)、西酞普兰(Citalopram)、艾司西酞普兰(Escitalopram)等,是近年临床上广泛应用的抗抑郁药,具有疗效好、不良反应少、耐受性好、服用方便等特点。

2. 选择性 5-羟色胺及去甲肾上腺素再摄取抑制剂(selective serotonin-norepinephrine reuptake inhibitor,SNRI) 如文拉法辛(Venlafaxine)、度洛西汀(Duloxetine)及米那普仑(Milnacipran)。

3. 选择性去甲肾上腺素再摄取抑制剂（norepinephrine reuptake inhibitor，NRI）

瑞波西汀（Reboxetine）为代表药物。通过对去甲肾上腺素（Norepinephrine，NE）再摄取的选择性阻断，提高脑内 NE 水平，从而产生抗抑郁作用。该药不影响多巴胺以及 5-HT 的再摄取，它与肾上腺素、胆碱能、组胺、多巴胺以及 5-HT 受体的亲和力较低。

4. 5-HT 受体拮抗/再摄取抑制剂（5-HT receptor antagonist/reuptake inhibitor，SARI）

又称 5-HT 平衡抗抑郁剂（5-HT balanced antidepressant，SMA），主要有曲唑酮和奈法唑酮两种。药物作用机制是阻断 5-HT 受体，抑制 5-HT 和 NE 再摄取。它们的疗效与米帕明及其他抗抑郁药相当。

5. 选择性 5-HT 再摄取激活剂（selective serotonin reuptake activators，SSRA）

如噻奈普汀（Tianeptine），结构上属于三环类抗抑郁药。可增加突触前膜 5-HT 再摄取，增加囊泡中 5-HT 的贮存，且改变其活性，使突触间隙 5-HT 浓度减少，而对 5-HT 的合成及突触前膜的释放无影响。

6. NE 及 DA 再摄取抑制剂（norepinephrine-dopamine reuptake inhibitor，NDRI）

中度抑制 NE、较弱抑制 DA 再摄取抑制剂，不影响 5-HT 再摄取，主要有安非他酮（Bupropion），其为单环胺酮结构，化学结构与精神兴奋药苯丙胺类似。

7. 可逆性单胺氧化酶抑制剂（reversible monoamine oxidase inhibitor，RMAOI）

如吗氯贝胺（Moclobemide）。

8. NE 及特异性 5-HT 能抗抑郁药（NE and specific 5-HT antidepressant，NaSSA）

如米氮平。

（三）抗焦虑药

用于抗焦虑的药物主要分四大类：

1. 苯二氮䓬类 此类药物如地西泮、氯氮䓬、奥沙西泮、硝西泮、氟西泮等。这类药物都具有抗焦虑作用和镇静作用，大剂量有催眠作用，亦是一类有效的肌肉松弛剂和抗癫痫药物。药物主要作用于大脑网状结构和边缘系统，产生镇静催眠作用。

2. 氨甲酸酯类 如甲丙氨酯、卡立普多等。本类药物具有镇静和抗焦虑作用，可用于睡眠障碍，本药主要用于改善神经官能症的紧张焦虑状态。

3. 二苯甲烷类 如定泰乐等，本类药物具有镇静、弱安定及肌肉松弛作用，并有抗组织胺作用，因而可用于治疗失眠。一般主要用于轻度的焦虑、紧张、情绪激动状态和绝经期焦虑不安等精神、神经症状。

4. 其他类 如氯美扎酮、谷维素等。主要用于调整自主神经功能，改善内分泌平衡障碍、焦虑状态、神经失调症等，对焦虑形成的失眠也有较好的作用。

除上述四大类外，有时临床也配合应用 β 受体拮抗药、吩噻嗪类抗精神病药、三环类抗抑郁药、巴比妥类药物和其他镇静药等。

（四）失眠障碍用药

目前临床治疗失眠的药物主要包括苯二氮䓬类受体激动剂（BZRAs）、褪黑素受体激动剂，以及具有催眠效果的抗抑郁药物。

四、药物不良反应管理

（一）抗精神病药物的不良反应与防治

第一代（经典型）和第二代（非经典型）抗精神病药物由于药物作用机制的差异，不良反应有所不同。第一代抗精神病药物如氯丙嗪、氟哌啶醇、奋乃静等最常见引起锥体外系不良反应，而第二代抗精神病药物如氯氮平、奥氮平、利培酮、喹硫平、齐拉西酮等则较少引起锥体外系不良反应，但常引起体重增加及糖脂代谢异常等代谢综合征的不良反应。药物的不良反应明显影响服药人群的安全性、耐受性与治疗依从性。因此，不良反应的及时处理与防治非常重要。抗精神病药物的常见不良反应及其处理如下：

1. 锥体外系不良反应 是典型抗精神病药物最常见的不良反应，包括急性肌张力障碍、震颤、类帕金森综合征、静坐不能及迟发性运动障碍，与阻断多巴胺 D_2 样受体密切相关。锥体外系不良反应可发生在治疗的任何时期，急性肌张力障碍常发生在开始用药的 1 周内或药物加量时，特别是氟哌啶醇肌内注射时常见。急性肌张力障碍和类帕金森综合征可通过减少药物用量及使用抗胆碱药治疗；锥体外系反应的患者一半以上是静坐不能,常出现在治疗的前3个月,药物减量可减轻症状,β受体拮抗药和苯二氮草类药物治疗有效;迟发性运动障碍多在使用抗精神病药物数月或数年后出现,一般在治疗的前5年发生率较高,目前缺乏有效的治疗迟发性运动障碍的药物,对其治疗原则是使用最低有效剂量,或换用迟发性运动障碍发生可能性小的第二代抗精神病药物,如氯氮平,有研究报道患者换用氯氮平后迟发性运动障碍的症状明显改善。必要时合用其他药物如丁苯那嗪片;如仍无效可尝试合用维生素E、维生素B_6、多奈哌齐、褪黑素等;抗胆碱药可能会使症状恶化,故不推荐使用;深部脑刺激可能有一定效果。

2. 代谢综合征 抗精神病药物引起的体重增加及糖脂代谢异常等代谢综合征症状目前已成为药物治疗中需要重视的问题,也是第二代抗精神病药物常见的不良反应,严重影响患者服药的依从性,同时在很大程度上增加了心血管疾病和糖尿病的风险。治疗原则如下:

(1)预防为主:所有患者在用药前要评估发生代谢综合征的风险,合理选用抗精神病药物,如患者偏胖或已有代谢异常等方面的表现应尽量不选用对代谢影响大的药物;定期监测体重、血糖和血脂;对于体重增加大于基础体重7%时,要建议患者调整饮食结构及生活方式,增加锻炼,而当体重增加大于10%时,应鼓励患者减肥,必要时换药。

(2)体重增加:二甲双胍是目前疗效比较明确的药物,几项随机对照研究均表明,二甲双胍减轻抗精神病药物引起的体重增加并改善胰岛素抵抗;在治疗过程中出现显著糖耐受不良或体重增加,应改用对体重影响较少的抗精神病药;生活方式干预,包括饮食控制和体育锻炼,制订个体化饮食管理和持续的体育锻炼方法;如果患者存在快速或严重的体重增加、血脂异常、血糖异常等,建议内分泌代谢专科处理。

(3)内分泌系统紊乱:抗精神病药物可引起催乳素升高、月经紊乱、性激素水平异常及性功能异常,而高催乳素血症可加重溢乳、性激素水平异常、月经紊乱(闭经)及性功能障碍等。内分泌系统紊乱的治疗原则是:减药或换用另一种对内分泌系统影响小的药物;闭经可采用中药、人工周期等方法治疗。研究发现,胰岛素抵抗的改善对月经恢复起着非常重要的作用,二甲双胍可用于治疗抗精神病药物引起的闭经。

(4)心血管系统副作用:几乎所有的抗精神病药物均可引起心血管系统的不良反应,表现为直立性低血压、心动过速、心动过缓、传导阻滞和心电图改变(可逆性非特异性ST-T段改变,T波平坦或倒置,Q-T间期延长);直立性低血压与抗精神病药物作用于α受体有关,常发生在药物快速加量或剂量偏大时。此时应让患者平卧,头低位,监测血压。必要时静脉注射葡萄糖,有助于血压恢复;抗精神病药物可减慢心脏复极,从而引起心动过缓、Q-T间期延长甚至房室传导阻滞,增加室性心律失常和猝死的风险。对有长Q-T间期、显著心动过缓、电解质紊乱如低钾血症和低镁血症的患者,建议使用心血管风险低的药物、以预防抗精神病药引起的Q-T间期延长;药物治疗过程中进行电解质和心电监护,降低危险。

(5)镇静作用:发生率超过10%,可能与药物作用于组胺受体和多巴胺受体有关。镇静作用常在抗精神病药物治疗早期出现,表现为多睡和白天嗜睡。将每日剂量的大部分在睡前服用,可以避免或减轻白天的过度镇静作用。严重者应该降低用药量,并告诫患者勿驾车、操纵机器或从事高空作业。

(6)流涎:流涎是氯氮平最常见的一种不良反应,在睡眠时最明显。氯氮平不增加唾液流量而是减少吞咽,建议患者侧卧位睡眠,便于口涎流出,防止吸入气管。

(7)抗胆碱能不良反应:表现为口干、视物模糊、便秘和尿潴留等。临床上常对症处理,如用肠道软化剂、泻药、补充含纤维较多的饮食或增加液体摄入等。中枢抗胆碱能作用表现为意识障碍、谵妄、言语散漫、出汗、震颤和认知功能受损等,与药物的中枢抗胆碱能作用有关,多见于老年人、伴有脑器质性病变和躯体病患者。出现中枢抗胆碱能不良反应时,应立即减药或停药,并对症治疗。注意避免联合使用抗胆碱能作用强的药物。

(8)恶性综合征(neuroleptic malignant syndrome,NMS):一种严重的抗精神病药物不良反应,几乎所有的抗精神病药物均可引起,但发生率不明确,第一代抗精神病药物的发生率低于 1%,第二代抗精神病药物的发生率更低。NMS 的发生机制尚不明了,可能与多巴胺功能下降有关。临床表现为肌张力障碍(肌肉强直、肌紧张)、高热(可达 41~42℃)、意识障碍、自主神经系统症状(大汗、心动过速、血压不稳等)等,实验室检查表现为白细胞升高、尿蛋白阳性、肌红蛋白尿、磷酸激酶活性升高、肝转氨酶升高、血铁镁钙降低。诱发 NMS 的危险因素包括抗精神病药物剂量骤增或骤减、多种抗精神病药物合用、紧张症患者、合并躯体疾病或脑病等。病程持续数小时至 7d。严重者死于肾、呼吸功能衰竭,死亡率为 20%~30%。需与脑炎、致死性紧张症鉴别。一旦确诊是抗精神病药物所致 NMS,应立即停药,并进行支持治疗如补液、降温、预防感染、抗痉挛、吸氧等,大剂量胞磷胆碱可增加多巴胺受体活性,也可用多巴胺受体激动剂溴隐亭治疗。有报道电抽搐治疗有效。

(9)诱发癫痫:氯氮平诱发癫痫较多见,有癫痫发作史或头部创伤者,更易发生。使用抗癫痫药治疗时需调整精神药物剂量,避免药物相互作用。同时要根据药物代谢的相互作用适当调整药物剂量。

(10)血液系统改变:抗精神病药物可以诱发血液系统改变如粒细胞缺乏症,氯氮平较多见,发生率约为其他抗精神病药物的 10 倍。此外,接受氯丙嗪和氯氮平治疗的患者中,偶尔可见到其他血液学改变包括白细胞增多、红细胞增多或减少、淋巴细胞减少等,血小板减少极少发生。因此,要谨慎使用氯氮平。刚接受治疗的患者在治疗初期每 1~2 周进行 1 次白细胞计数监测,6 个月后改为每 2~4 周监测 1 次,直到停药后 1 个月。如果氯氮平治疗期间出现任何发热或感染体征均需即刻查白细胞计数,尤其是在治疗的前 18 周内。

(二)抗抑郁药过量中毒及处理

抑郁症患者常有消极悲观厌世观念,有意或误服过量的抗抑郁药导致的中毒时有发生,抗抑郁药中以 TCAs 过量中毒危害最大,1 次吞服 2.5g 即可致死,尤其老人和儿童。其他抗抑郁药毒性相对较小。TCAs 过量中毒的临床表现主要为神经、心血管和外周抗胆碱能症状(阿托品中毒症状)、昏迷、痉挛发作、心律失常等,还可出现兴奋、谵妄、躁动、高热、肠麻痹、瞳孔扩大、肌阵挛和强直,反射亢进、低血压、呼吸抑制等,严重者可心搏骤停而死亡。因此,TCAs 一次门诊处方量不宜超过 2 周,并嘱家人妥为保管;抗抑郁症治疗中应提高警惕,及早发现中毒症状并积极治疗。中毒处理方法包括支持疗法和对症疗法。可用毒扁豆碱缓解抗胆碱能作用,及时采取洗胃、输液、利尿、保持呼吸道通畅、吸氧等支持疗法;积极处理心律失常,可用利多卡因、普萘洛尔和苯妥英钠等。由于三环类药物在胃内排空迟缓,故即使服药 6h 以后,洗胃措施仍有必要。

(三)抗焦虑药物不良反应

治疗剂量的抗焦虑药物不良反应轻微,主要有思睡、软弱、头昏和眩晕等,偶见药疹。剂量过高时可引起过度镇静,震颤和共济失调等;有时可影响精细运动和协调功能,但服药者对此不能自我觉察,可能会导致车祸或意外事故发生,因而需提高警惕;长期用药,可产生药物依赖性。突然停药可产生戒断反应,如失眠、头痛、烦躁、兴奋、恶心、呕吐、肌肉疼痛或抽动等,严重者可有癫痫发作或呈急性兴奋状态;过量服用可致中毒,表现为意识不清、嗜睡、昏睡、昏迷或谵妄,伴有肌肉松弛、心动过缓、血压降低等症状。

(四)睡眠障碍治疗药物的不良反应

苯二氮䓬类药物的不良反应包括耐受性、依赖性,部分药物可导致记忆功能减退,服药次日出现头晕、困倦、精神不振。长期用药者突然停药可能出现撤药反应:表现为激动或抑郁,精神症状恶化,甚至惊厥、反跳性失眠。

第二节 常见精神障碍类疾病的药物治疗

一、精神分裂症

精神分裂症(schizophrenia)是一类常见、病因未明的严重精神疾病,主要临床特征为知觉、思维、情感和行为之间不协调,精神活动和现实脱离,一般无意识及智能障碍。青春期晚期和成年早期多发,病程多迁延。患者就诊和治疗的比例较低,治疗不及时,约一半患者最终出现精神残疾,给社会、患者和家属带来严重的负担。2013年,《精神障碍诊断与统计手册》(DSM-5)中,首次将精神分裂症等疾病以谱系障碍进行分类,称为精神分裂症谱系及其他精神病性障碍,包括分裂型(人格)障碍、妄想障碍、短暂精神病性障碍、精神分裂症样障碍、精神分裂症、分裂情感性障碍(双相型/抑郁型)、物质/药物所致精神病性障碍、由于其他躯体疾病所致精神病性障碍等。研究表明,精神分裂症患者存在大脑(主要是前额叶和颞叶)结构和功能异常,大多数在早期起病时就已经存在,是一种脑功能失调的神经发育性障碍。研究认为,DA功能亢进等神经递质功能紊乱、神经发育障碍、遗传因素、生物及环境因素等相互作用,导致了精神分裂症的发生。

(一)临床表现与诊断

1. 临床表现 大多数精神分裂症患者初次发病的年龄在青春期至30岁之间。起病多较隐袭,急性起病者较少。精神分裂症临床表现错综复杂,可出现各种精神症状。

(1)前驱症状:表现为不寻常的行为方式和态度,变化较缓慢,可能持续几个月甚至数年,多在回溯病史时发现。主要表现为注意力减退、动力和动机下降、精力缺乏、抑郁、睡眠障碍、焦虑、社交退缩、猜疑、角色功能受损和易激惹。

(2)精神症状

1)思维障碍:思维障碍是精神分裂症最主要、最本质的症状,患者表现为认知、情感、意志和行为等精神活动的不协调与脱离现实,即所谓"精神分裂"。包括:①思维形式障碍又称联想障碍,是精神分裂症最具有特征性的症状,表现为思维联想过程缺乏连贯性和逻辑性。出现思维散漫、思维破裂、病理性象征性思维、词语新作、逻辑倒错性思维、矛盾思维、思维云集或强制性思维等。②思维内容障碍,主要指妄想。其中,被害妄想与关系妄想最多见。

2)感知觉障碍:幻觉是最突出的感知觉障碍,以言语性幻听最为常见。其他类型的幻觉还有幻视、幻触等。

3)情感障碍:主要表现为情感迟钝或平淡,情感淡漠是常见表现,少数患者出现情感倒错。抑郁与焦虑情绪在精神分裂症患者中也不少见,因而可能导致诊断困难。

4)意志与行为障碍:患者主要表现为意志减退或意向倒错。有的患者表现为紧张综合征,包括紧张性木僵和紧张性兴奋两种状态,两者可交替出现。

2. 临床分型和临床症状群

(1)传统临床分型:分为偏执型、紧张型、青春型、单纯型和未定型。

(2)根据发作的不同时期分型:分为初次发作急性发作期、部分缓解期和完全缓解期;多次发作急性发作期、部分缓解期和完全缓解期。

(3)根据阳性、阴性症状分型:20世纪80年代初,Crow根据前人与自己的研究,提出精神分裂症生物异质性观点,将精神分裂症按阳性(Ⅰ型精神分裂症)、阴性(Ⅱ型精神分裂症)症状群进行分型。阳性症状指精神功能异常或亢进,包括幻觉、妄想、思维形式障碍、反复发作的行为紊乱和失控。阴性症状指精神功能减退或缺失,包括情感平淡、言语贫乏、意志缺乏、无快感体验、注意障碍。混合型精神分裂症包括了不符合Ⅰ型和Ⅱ型精神分裂症的标准或同时符合二者的患者。

近年来,有些学者根据症状的聚类分析结果,将精神分裂症患者的临床表现分为5个症状群,分别是:阳性症状、阴性症状、认知症状、攻击敌意、焦虑抑郁。

(二)一般治疗原则

1. 早期、足量、足疗程、单一、个性化用药原则

2. 选药 对于两种不同作用机制的药物疗效不佳时,建议选用氯氮平;对于治疗时依从性不佳者,建议选择长效制剂。

3. 治疗程序与时间 分为急性治疗期(至少4~6周)、巩固治疗期(至少6个月)和维持治疗期。一般来说,维持期治疗时间要根据不同情况而定。首发、缓慢起病的患者,维持期至少5年。只有不到1/5的患者可停药。

4. 联合用药 ①患者出现持续焦虑、抑郁和敌意等症状时,即使抗精神病药物对阳性症状控制较好,仍应合用辅助药物;②患者已接受包括氯氮平在内的抗精神病药物治疗,但仍然表现持续的阳性精神病症状,可合用辅助药物。辅助药物包括：苯二氮草类、情感稳定剂、抗抑郁药。联合用药应选用化学结构、药理作用不尽相同的药物，作用机制相同的药物原则上不合用。

5. 安全原则 抗神病药物治疗前，均应检查血常规、血压、心率、心电图、血糖、血脂、肝肾功能、心功能，并在服药期间定期检测，发现问题及时处理。

（三）基本治疗药物及治疗方案

1. 氯氮平（Clozapme） 氯氮平治疗的适应证包括：难治性精神分裂症患者；出现严重迟发性运动障碍的精神分裂症患者；易发生锥体外系不良反应的精神分裂症患者；分裂情感性障碍、难治性躁狂和严重精神病性抑郁症；抗帕金森病药物治疗导致的精神症状；严重自杀的精神分裂症患者；其他难治性精神疾病如广泛性发育障碍、孤独症或强迫性障碍等难治性患者。目前氯氮平在国内仍广泛使用，但部分国内外专家主张慎用。氯氮平的治疗剂量为200~600mg/d，治疗抗帕金森病药物导致的精神症状使用小剂量氯氮平（25~75mg/d）有效。

2. 利培酮（Risperidone） 利培酮治疗的适应证：急、慢性精神分裂症，对精神分裂症、分裂情感性精神障碍首次发作、急性恶化或维持治疗均有效；器质性精神病；难治性精神分裂症；其他精神疾病包括双相障碍躁狂发作，以及与心境稳定剂合并治疗双相情感障碍。利培酮对阳性症状疗效与典型药物类似，对阴性症状疗效较好。利培酮常用治疗剂量为2~6mg/d。

3. 奥氮平（Olanzapine） 奥氮平治疗的适应证包括：精神分裂症、分裂情感性精神障碍首次发作、急性恶化或维持治疗；难治性精神分裂症；器质性精神病；单独治疗或与心境稳定剂联合治疗双相情感障碍。奥氮平常用治疗剂量为5~20mg/d，最高剂量可达30mg/d。

4. 喹硫平（Quetiapine） 喹硫平治疗的适应证包括：急慢性精神分裂症与精神病性障碍，精神分裂症和分裂情感障碍患者首次发作、急性恶化或维持治疗；帕金森病伴发精神病性障碍或抗帕金森病药物引发的精神病性障碍；器质性精神病；催乳素升高、EPS及迟发性运动障碍的精神分裂症患者；单独治疗或与心境稳定剂联合治疗双相情感障碍。喹硫平对精神分裂症阳性症状

和阴性症状都有效，对阳性症状的治疗作用较弱，对情感症状有一定疗效。喹硫平常用治疗剂量为300~750mg/d。

5. 齐拉西酮（Ziprazidone） 齐拉西酮的适应证包括：精神分裂症和分裂情感性精神病，对治疗精神分裂症阳性症状、阴性症状、情感症状和认知症状均有效。对急性或亚急性精神分裂症的疗效与其他抗精神病药物如利培酮相当。也用于精神分裂症和分裂情感障碍的维持治疗，齐拉西酮长期治疗可进一步改善阴性症状；发生催乳素水平升高、EPS及迟发性运动障碍的精神分裂症患者；与心境稳定剂联合治疗双相情感障碍。治疗剂量为80~160mg/d，控制伴急性症状的患者可以使用速效注射剂，剂量10~20mg/d，最高40mg/d。

6. 阿立哌唑（Aripiprazole） 阿立哌唑治疗的适应证包括精神分裂症和分裂情感性精神障碍。阿立哌唑对精神分裂症阳性、阴性症状疗效与其他抗精神病药相当，可改善情感症状及认知功能。美国FDA还批准阿立哌唑治疗青少年（13~17岁）精神分裂症、少儿（10~17岁）双相躁狂症与成人双相躁狂症（单一治疗或辅助锂盐、丙戊酸钠治疗）。阿立哌唑起始剂量为10~15mg，每日1次用药。治疗有效剂量为10~30mg/d。研究显示，药物剂量超过30mg/d，疗效并不随剂量增加而增强。

7. 氨磺必利（Amisulpride） 氨磺必利可治疗以阳性症状（谵妄、幻觉、认知障碍等）和/或阴性症状（反应迟缓、情感淡漠及社会能力退缩等）为主的急性或慢性精神分裂症。用法及用量：日剂量小于或等于400mg，应1次服完；如日剂量超过400mg，应分2次服用。对于急性精神病发作，推荐剂量为400~800mg/d 口服，最高1 200mg/d。

8. 帕利哌酮（Paliperidone） 帕利哌酮是利培酮的活性代谢产物，作为新型抗精神分裂症药，疗效较好。帕利哌酮缓释片用于精神分裂症的治疗剂量为3~12mg/d。推荐起始剂量为6mg/d，1次/d，清晨以整片吞服；首发或首次治疗患者、年老体弱、伴有躯体疾病或已知对药物敏感性高的患者，可从3mg/d起始，尽快加到目标剂量。

9. 舍吲哚（Sertindole） 舍吲哚治疗的适应证为精神分裂症和分裂情感性精神病的急性期

治疗。FDA 还批准该药用于治疗特定精神分裂症（即其他药物无效的患者）。舍吲哚半衰期为1~4d，1 次 /d，约 2 周达稳态血药浓度。我国尚无此药供应。

10. 洛沙平（Loxapine） 洛沙平用于精神分裂症治疗推荐的初始剂量为 34mg，2 次 /d，最高日剂量不能超过 340mg。国内仿制药已上市，但原研药尚未上市。

11. 阿塞那平（Asenapine） 阿塞那平用于成年精神分裂症急性期治疗，起始剂量为 5mg，2 次 /d，最大剂量为 10mg，2 次 /d。

12. 鲁拉西酮（Lurasidone） 鲁拉西酮治疗精神分裂症，起始剂量为 40mg/d，有效剂量范围为 40~120mg/d。国内尚未上市。

13. 布南色林（Blonanserin） 布南色林对阳性症状和阴性症状都有效，治疗精神分裂症的剂量范围为 8~24mg/d，分 2 次饭后服用。

14. 佐替平（Zotepine） 佐替平用于精神分裂症治疗的起始口服剂量为 25mg，3 次 /d，根据疗效每 4 日增加 1 次剂量，最高可达 100mg，3 次 /d。每日总量超过 300mg 易导致癫痫发作。老年人、肝肾功能不全者应减量，开始剂量为 25g，2 次 /d，加量最大不超过 75mg、2 次 /d。国内尚未上市。

15. 伊潘立酮（Iloperidone） 伊潘立酮适用于成年精神分裂症的急性期治疗，改善患者阳性症状、阴性症状和认知障碍。由于其具有 α 受体拮抗作用，伊潘立酮必须从低起始剂量缓慢加量以避免产生直立性低血压。推荐起始剂量为 1mg，2 次 /d。目标剂量范围为 6~12mg，2 次 /d。最大推荐剂量为 24mg/d。

16. 哌罗匹隆（Perospirone） 哌罗匹隆用于治疗成人精神分裂症，起始剂量为口服 4mg，3 次 /d，逐渐加量。维持量为每日 12~48mg，3 次 /d。可根据症状适当增减剂量，每日剂量不得超过 48mg。

（四）临床问题导向的药物治疗

1. 精神分裂症分期治疗原则

（1）急性期治疗：控制患者异常行为，预防伤害，降低精神病性症状和相关症状；了解导致急性发作发生的可能因素；尽快恢复功能；建立患者与家庭的联盟；制订短期和长期（预防复发）治疗计划；防止严重药物不良反应的发生，如恶性综合征、抗胆碱能意识障碍等。

（2）巩固期（稳定期）治疗：维持急性期所用的有效药物治疗至少 6 个月，防止已缓解的症状复发，并使阴性症状获得进一步改善；减少对患者应激、提供支持，降低复发的可能性；增加患者适应日常生活的能力；进一步缓解症状和巩固临床痊愈，促进恢复；监测药物不良反应（如迟发性运动障碍、闭经、溢乳、体重增加、糖脂代谢异常、心肝肾功能损害等），根据疗效与最少不良反应调整药物剂量，提高治疗依从性。

（3）维持期（康复期）治疗：维持症状的持续缓解，预防复发；促进患者的功能水平和生活质量持续改善；监测与处理药物持续治疗中的不良反应；确定院外患者病情和诱发因素的监护人；提供心理干预，提高药物治疗效果与依从性，改善预后。

2. 精神分裂症维持期治疗方案调整原则

精神分裂症经急性期治疗症状消失或显著减轻后，即转入维持期（包括巩固期）治疗。维持期治疗目标是预防复发、改善功能和帮助患者回归社会。应鼓励和提倡进行维持期治疗，并在循证医学指导下优化治疗方案。精神分裂症维持期治疗方案的调整应遵循以下原则：

（1）精神分裂症患者都应当接受抗精神病药维持治疗。

（2）绝大多数精神分裂症患者需终身用药。

（3）维持期治疗是急性期治疗的延续，应继续使用之前有效的治疗药物，维持期治疗不提倡联合使用抗精神病药物。

（4）维持期治疗药物剂量的调整：如果急性期治疗药物是第一代抗精神病药，可在 6 个月后逐步递减为日剂量相当于氯丙嗪 100~150mg；如果急性期治疗药物是第二代抗精神病药，维持期用药剂量与治疗期剂量相同。

（5）维持治疗期应定期评估患者精神症状、躯体健康状况、治疗依从性、不良反应和应激事件等，根据患者综合状态及时调整治疗方案。

（6）出现严重的药物不良反应时，调整药物治疗方案前需谨慎评估患者病理生理状态，减量、停药或换药后应密切观察。换药的原则主要考虑药物的不良反应谱。

（7）维持治疗过程中出现精神病复发，应考虑治疗是否依从、药物剂量是否足够、有无突发的心理或生理事件等，并调整治疗方案。如确诊是急性精神疾病复发，则按急性期治疗处理。

（8）维持期治疗失败的最常见原因是患者不依从，因此，建立良好的医患关系对维持期治疗效果相当重要。另外，长效抗精神病药也是可选策略之一。

（9）提倡综合干预：药物治疗的同时联合心理健康教育、康复训练、就业辅助、危机干预等，改善维持期治疗的依从性，促进功能康复和回归社会。

3. 抗精神分裂症药物合并用药的原则与注意事项

（1）氯氮平：氟伏沙明是强 CYP1A2 抑制剂，可增高氯氮平血浆浓度，氟西汀只在较高剂量时改变氯氮平血药浓度。西米替丁、SSRIs、三环类药物和丙戊酸盐通过抑制 CYP1A2 和 CYP2D6 而减少氯氮平清除。苯妥英和卡马西平是 CYP2C19 和 CYP3A4 诱导剂，可降低氯氮平血浆浓度（≤50%）。利培酮是弱 CYP2D6 抑制剂，与氯氮平合并使用可升高其血药浓度。

（2）利培酮：氟西汀和帕罗西汀对 CYP2D6 的抑制作用可阻断利培酮的羟化代谢过程，而该酶诱导剂卡马西平增强利培酮的代谢，合并使用需要增加利培酮剂量。利培酮血浆浓度增高可能会增加发生 EPS 的危险。老年人代谢功能减低，可能需要降低剂量。

（3）奥氮平：对肝脏代谢影响很小。乙醇可增加奥氮平吸收（>25%），导致嗜睡增加和发生直立性低血压。吸烟患者可能需要较高的剂量，卡马西平和苯妥英通过诱导 CYP3A4、中度降低奥氮平血药浓度（≤50%），西米替丁可能增高奥氮平血药浓度。

（4）喹硫平：CYP3A4 是喹硫平主要代谢酶，如果合并使用影响该同工酶活性的药物，需要调整喹硫平的剂量。CYP2D6 为喹硫平的次要代谢途径。苯妥英为 CYP3A4 诱导剂，增加喹硫平代谢达 5 倍。用硫利达嗪可使喹硫平清除率增加60%，合并使用时需要调整剂量。

（5）阿立哌唑：阿立哌唑经 CYP2D6 和 CYP3A4 酶代谢，若与此酶的抑制剂合用可提高阿立哌唑的血药浓度。

（6）氨磺必利：禁止与以下可能引起尖端扭转性室性心动过速的药物联合应用：Ia 类（如奎尼丁、氢化奎尼丁、丙吡胺）及Ⅲ类（如胺碘酮、索他洛尔、多非利特、伊布利特）抗心律失常药物，某些精神镇静药物（如硫利达嗪、氯丙嗪、左美丙嗪、三氟拉嗪、氰美马嗪、舒必利、硫必利、舒托必利、匹莫齐特、氟哌啶醇、氟哌利多）以及其他药物如苄普地尔、西沙必利、美沙酮、二苯马尼、静脉用红霉素、咪唑斯汀、静脉用长春胺、卤泛群、喷他咪丁、司氟沙星、莫西沙星。

（7）舍吲哚：氟西汀和帕罗西汀均可使舍吲哚肾清除率降低 50%，而卡马西平和苯妥因可使舍吲哚肾清除率增加 50%，如果与这些药物合并使用，需调整舍吲哚剂量。

（8）洛沙平：与戊巴比妥钠有协同作用。

（9）阿塞那平：氟伏沙明（强 CYP1A2 抑制剂）和帕罗西汀（CYP2D6 底物及抑制剂）可降低阿塞纳平代谢。

（10）鲁拉西酮：主要由 CYP3A4 代谢，CYP3A4 抑制剂如酮康唑可降低其代谢。

（11）布南色林：主要通过 CYP3A4 代谢，因此抑制 CYP3A4 的药物如酮康唑等与其同时服用时，能增加布南色林的血药浓度，两者合用时需注意减量。布南色林和 CYP3A4 酶的诱导剂如苯妥英钠、卡马西平、利福平等合用也需慎重。此外，因其可引起严重的低血压，布南色林禁止与肾上腺素合用。

（12）哌罗匹隆：严禁与肾上腺素合用；与 CYP 3A4 酶选择性抑制剂（大环内酯类抗生素）合用时，可增加其血药浓度。

4. 并发症、合并症及不良反应的多学科管理

（1）并发症和合并症：精神分裂症抑郁症状首选舍曲林联用抗精神病药物，米氮平对精神分裂症抑郁症状也有改善作用。如果抗精神病药物联用抗抑郁药对于精神分裂症后抑郁或精神分裂症伴发的抑郁症状疗效不满意，可以考虑使用碳酸锂。有证据显示第二代抗精神病药物治疗伴发的抑郁症状疗效优于第一代药物。

精神分裂症患者认知损害的治疗建议：奥氮平和氨磺必利对患者认知功能有中度改善作用。

（2）药物不良反应

1）氯氮平：可能导致糖脂代谢障碍和引发 2 型糖尿病；氯氮平的严重不良反应主要是血液系统改变，白细胞减少和粒细胞降低，其发生率大约是其他抗精神病药物 10 倍；可降低癫痫发作阈，引发剂量相关的癫痫发作。

2）齐拉西酮：美国食品药品管理局曾因为齐拉西酮延长 Q-T 间期而延缓批准该药上市。齐拉西酮治疗引起 Q-T 间期延长，可能因药物代谢途径被合用药物所抑制有关。患者同时使用西沙必利（Cisapride）和羟苯哌啶醇（Terfenadine）治疗时，药物相互作用可能导致严重的心脏复极延长、尖端扭转痉挛室速（torsadedepoint）和心源性猝死。故齐拉西酮应避免与其他可能导致 Q-T 间期延长的药物合用，并纠正可能增加心律失常风险的电解质紊乱等情况。用该药物治疗前应该进行心电图检查，并定期检查心电图。

3）氨磺必利：可导致血催乳素水平升高，嗜铬细胞瘤患者、催乳素依赖性肿瘤，如垂体催乳素腺瘤、乳腺癌、严重肾脏损害等患者禁用。

（五）药物治疗展望

目前，第二代抗精神病药物已经是临床抗精神分裂症的主要治疗药物。相比第一代药物，其优势非常明显，但是不良反应也不容忽视。另外，由于精神疾病的不同种类、不同症状，以及精神疾病的发病率逐年增加，临床对用药的需求不断增加。因此，寻找新的作用靶点、开发新的剂型等是未来抗精神病药物的发展方向。

1. 新的药物作用靶点 全基因组关联分析研究发现，精神类疾病与基因、神经、免疫等因素相关联，因此，应结合各型精神疾病的发病原因和疾病的病理发展特点，寻找新的可能作用的靶点，如基因、蛋白质、离子通道或受体等，进行相应的先导物的筛选和药物设计。

2. 开发新剂型 精神类疾病具有病程长、发病持续、反复的特点，且大多数精神病患者存在认知功能障碍，很难遵照医嘱每日多次服用常规抗精神病药物，精神病患者依从性低影响药物的疗效，不利于患者的治疗。因此，开发长效抗精神病药物，可减少患者服药次数、提高患者依从性、提高药物的生物利用度。目前，已有少数长效制剂上市，如长效利培酮注射制剂、棕榈酸帕利哌酮注射液等。长效制剂对制剂水平有较高的要求，目前多数还停留在实验室研究水平。

3. 开发生物利用度高的小规格药物 如何降低抗精神病药物的不良反应是今后研究的重点方向之一。降低不良反应的方法包括开发出给药剂量小的新结构化合物，或者通过制剂手段提高现有治疗药物的生物利用度，以降低药物给药剂量，从而减少药物的不良反应。因此，研发生物利用度高的小规格药物具有重要的临床价值。

二、抑郁症

抑郁症（depression）又称抑郁障碍，包括重度抑郁症、持续性抑郁症、季节性抑郁症等，是心境障碍的主要类型。情绪低落、思维迟缓、意志活动减退"三低症状"，以及认知功能损害和躯体症状为其主要临床表现，多数患者共患焦虑，个别可存在精神病性症状，自杀是抑郁障碍患者最为严重的后果之一。据世界卫生组织统计，全球约有 3.5 亿抑郁障碍患者。抑郁症的病因尚不十分清楚，可能是生物学、心理与社会环境等多因素共同参与了抑郁症的病理机制。

（一）临床表现与诊断

1. 临床表现 抑郁障碍是一类具有"发作性"特点的精神疾病，诊断时既要评估目前发作的特点，还要评估既往发作的情况。抑郁障碍的诊断主要根据病史、临床症状、病程特点及体格检查和实验室检查，并依照相关的精神疾病诊断分类标准而确定。抑郁障碍临床特征的识别难点：①伴发躯体症状：抑郁发作时躯体症状多见，身体不适症状的主诉可涉及各系统器官，其中早醒、食欲减退、体重下降、性欲减退以及抑郁心境晨重夜轻等生物学特征有助于抑郁障碍诊断，同时还需明确躯体症状并非躯体疾病所导致；②伴有精神病性症状：应与精神分裂症进行鉴别；③伴发焦虑症状：多数抑郁障碍患者伴有焦虑症状，而这些焦虑症状通常会掩盖抑郁症状，焦虑症状也往往是促使患者就医的主要原因，需要仔细甄别其中的主次关系才能准确诊断抑郁障碍。

2. 诊断标准

（1）抑郁发作：抑郁发作以心境低落为主，与其处境不匹配，可以从闷闷不乐到悲痛欲绝，甚至发生木僵。严重者可出现幻觉、妄想等精神病性症状。有些患者焦虑和运动性激越表现显著。

症状标准：以心境低落为主，并至少包括以下4项：兴趣丧失、无愉快感；精力减退或疲乏感；精神运动性迟滞或激越；自我评价过低、自责，或有内疚感；联想困难或自觉思考能力下降；反复出现想死的念头或有自杀、自伤行为；睡眠障碍，如失眠、早醒，或睡眠过多；食欲降低或体重明显减轻；性欲减退。

严重标准：社会功能受损，给本人造成痛苦或不良后果。

病程标准：符合症状标准和严重标准至少已持续2周；可存在某些精神分裂症症状，但不符合精神分裂症诊断。若同时符合精神分裂症诊断标准，精神分裂症症状缓解后，满足抑郁发作标准至少2周。

排除标准：排除器质性精神障碍，或精神活性物质和非成瘾物质所致抑郁。

（2）轻度抑郁症：社会功能无损害或仅轻度损害，发作符合抑郁发作的全部标准。

（3）无精神病性症状抑郁症：抑郁发作的症状标准中，增加"无幻觉、妄想或紧张综合征等精神病性症状"。

（4）伴精神病性症状的抑郁症：抑郁发作的症状标准中，增加"有幻觉、妄想或紧张综合征等精神病性症状"。

（5）复发性抑郁症：目前的发作符合某一型抑郁症标准，并在间隔至少2个月前有过另一次发作符合某一型抑郁症标准；以前从未有躁狂症或符合任何一型躁狂、双相情感障碍，或环性情感障碍标准；排除器质性精神障碍，或精神活性物质和非成瘾物质所致的抑郁发作。

（6）难治性抑郁症：符合抑郁症发作的诊断标准，且用现有的2种或2种以上不同化学结构的抗抑郁药治疗，经足够剂量（治疗量上限，必要时测血药浓度）、足够疗程治疗（6周以上），无效或疗效甚微者。

（二）一般治疗原则

临床实践中，比较理想的治疗程序推荐为：①一旦确诊抑郁障碍便应开始抗抑郁药物治疗；②同时，对抑郁障碍患者及亲属进行相关知识的教育并给予一般性心理社会支持；③尽可能将提高服药依从性作为一般性心理治疗的重点内容之

一；④在1~2周内依据个体化原则适时调整抗抑郁药物剂量；⑤经药物治疗急性症状和心理社会问题已获得初步缓解后，开始正规心理治疗；经药物治疗减轻症状后，对患者继续存在的心理社会问题或人际问题再作评价，此时大致可鉴别和预测哪些患者加用心理治疗后将会获益。总之，联合治疗方案应是有机整合而不是两种治疗简单叠加，才能使之达到最大治疗效应。

对轻度抑郁障碍患者，选择单一心理治疗时，建议采纳下述一般原则：①心理治疗的目标应注重当前问题，以消除当前症状为主要目的；②在制订治疗计划时，不以改变和重塑人格作为首选目标；③一般应该限时；④如果患者症状缓解不完全，对症状的进一步评估有助于制订下一步治疗措施；⑤如果治疗6周抑郁症状无改善或治疗12周症状缓解不彻底，则需考虑重新评价和换用或联用药物治疗。

（三）基本治疗药物及治疗方案

抑郁症治疗方法包括药物治疗、心理治疗、物理治疗等。中草药如乳香精油和圣约翰草治疗抑郁症的历史已有数百年。20世纪30年代，电休克被广泛用于治疗抑郁。1935年，苯丙胺上市，用于治疗发作性睡病及抑郁。1952年，人们发现用于治疗结核病的异烟酰异丙肼能使患者心境、食欲及幸福感显著提升。1957年，研究人员发现抗组胺药氯丙嗪的衍生物丙米嗪具有抗抑郁疗效。1958年，异烟酰异丙肼获FDA批准上市；1959年，丙米嗪获批上市。这两种药物为抗抑郁药的研发提供了基础。1961年，丙米嗪被发现可抑制NE再摄取。1965年，Joseph Schildkraut对单胺类神经递质假说的证据进行了总结，巩固了调节单胺类递质在抗抑郁药物研发中的核心地位。

丙米嗪获批上市后，TCAs随即成为首选抗抑郁药，大量TCAs获批上市。随后，四环类抗抑郁药问世，包括阿莫沙平、马普替林，以及米氮平。二十世纪五六十年代，米胺色林通过阻断突触前膜α_2肾上腺素受体、被作为非典型抗抑郁药应用，并在米胺色林的作用基础上研发出了曲唑酮和米氮平。2000年以后，相继研发出选择性更强的艾司西酞普兰、作用于双通道的度洛西汀、作用于NE通路的瑞波西汀和五羟色胺选择性抑制剂。近几年上市的其他新型抗抑郁药大多具有作

用于 5-HT 受体亚型的效应,如选择性 5-HT 再摄取抑制剂 /5-HT$_{1A}$ 受体部分激动剂维拉佐酮,选择性地作用于 5-HT$_3$、5-HT$_7$、5-HT$_{1D}$、5-HT$_{1B}$、5-HT$_{1A}$ 等多靶点的沃替西汀等。

1. 伴有明显激越的抑郁症治疗 激越是女性围绝经期抑郁症的特征。伴有明显激越和焦虑的抑郁症患者往往病情较严重,药物治疗起效较慢,且疗效较差,较容易发生自杀。治疗中可考虑选用具有镇静作用的抗抑郁剂,如氟伏沙明、帕罗西汀,米氮平、曲唑酮,以及 TCAs 阿米替林、氯米帕明等,也可选用文拉法辛。治疗早期,可考虑抗抑郁药联合苯二氮䓬类劳拉西泮(1~4mg/d)或氯硝西泮(2~4mg/d)治疗。当激越焦虑症状缓解后可逐渐停用苯二氮䓬类药物,单独应用抗抑郁药治疗。

2. 伴有强迫症状的抑郁症治疗 抑郁症患者可伴有强迫症状,强迫症患者也可伴有抑郁,两者相互影响。药物治疗常选择氯米帕明,以及 SSRIs。通常使用剂量较大,如氟伏沙明可用至 200~300mg/d、舍曲林 150~250mg/d、氯米帕明 150~300mg/d。

3. 伴有精神病性症状的抑郁症治疗 伴有幻觉、妄想、阳性思维形式障碍或木僵等精神病性症状,使用抗抑郁药物治疗的同时,可合并第二代抗精神病药或第一代抗精神病药物,如利培酮、奥氮平、喹硫平及舒必利等,剂量可根据精神病性症状的严重程度适当进行调整。当精神病性症状消失后,继续治疗 1~2 个月,若症状未再出现,可考虑减量,直至停药,减药速度不宜过快,避免出现撤药综合征。

4. 伴有躯体疾病的抑郁症治疗 抑郁症状可为脑部疾病的症状之一,如脑卒中,尤其是左额叶、额颞侧卒中;抑郁症状可能是躯体疾病的一种心因性反应,也可能是躯体疾病诱发的抑郁障碍。躯体疾病与抑郁症状同时存在,相互影响。抑郁障碍会加重躯体疾病,甚至使躯体疾病恶化,导致患者死亡,躯体疾病也会引起抑郁症状加重。故需有效地控制躯体疾病,并积极地治疗抑郁。抑郁障碍治疗可选用不良反应少,安全性高的 SSRI 或 SNRI 类药物。肝肾功能障碍者,抗抑郁药的剂量不宜过大。若是躯体疾病伴发抑郁障碍,经治疗抑郁症状缓解,可考虑逐渐停用抗抑郁药。

若是躯体疾病诱发的抑郁障碍,抑郁症状缓解后仍需继续治疗原发病。

5. 难治性抑郁症的治疗 增加原用的抗抑郁药剂量至治疗剂量的上限。在加药过程中应注意药物的不良反应,有条件者应监测血药浓度。但对 TCAs 加量,应持慎重态度,严密观察心血管的不良反应,避免过量中毒。

(四)临床问题导向的药物治疗

1. 有效沟通,建立良好的医患关系 目前,全球抑郁症患者已超过三亿,但该病的诊断及治疗率仍较低。而且,有相当一部分接受了规范治疗的患者,因治疗过程中出现症状改善不足、无法耐受不良反应或治疗期间病情复发等原因,导致治疗过程不顺利。因此,及时识别需要调整治疗方案的患者,并建立良好的医患关系,有助于抑郁症治愈。医生应基于循证医学证据、给出阶段性治疗目标,医患围绕治疗目标进行有效的沟通;医生应主动倾听患者的治疗偏好,并将其整合入治疗方案,以建立良好的医患治疗联盟;患者治疗前的心态影响抗抑郁药治疗的效果,因此,医患之间要协调好"患者对疗效的期待"与"现阶段临床能实现的治疗目标"之间的匹配度。

2. 抗抑郁药物选用要综合考虑下列因素 ①既往用药史:如有效仍可用原治疗药,除非有禁忌证;②药物遗传学:近亲中使用某种抗抑郁药有效,该患者也可能有效;③药物的药理学特征:如有的药镇静作用较强,对明显焦虑激越的患者可能较好;④药效学或药代学配伍禁忌;⑤患者躯体状况和耐受性;⑥抑郁亚型:如非典型抑郁可选用 SSRI 或 MAOIs,精神病性抑郁可选用阿莫沙平;⑦药物的可获得性及药物的价格、成本问题。

3. 抗抑郁药物的用药原则 ①诊断确切;全面考虑患者症状特点、年龄、躯体状况、药物耐受性、有无合并症,因人而异地个体化合理用药。②剂量逐步递增,尽可能采用最小有效剂量,使不良反应减至最少。③小剂量疗效不佳时,根据不良反应和耐受情况,增至足量(药物有效剂量的上限)和足够长的疗程(>4~6 周)。④如仍无效,可考虑换药,改用同类其他药物或作用机制不同的另一类药物。应注意氟西汀需停药 5 周才能换用 MAOIs;其他 SSRI 需停药 2 周;MAOIs 停用 2 周后才能换用 SSRI。⑤尽可能单一用药，应足量、足疗程治疗。当换药治疗无效时，可考虑 2 种作用机制不同的抗抑郁药联合使用。一般不主张联用两种以上抗抑郁药。⑥治疗前向患者及家属阐明药物性质、作用和可能发生的不良反应及对策，让患者能遵嘱按时按量服药，提高服药依从性。⑦治疗期间密切观察病情变化和不良反应，并及时处理。⑧根据心理 - 社会 - 生物医学模式，心理应激因素在本病发生发展中起到重要作用。因此，要在药物治疗基础上辅以心理治疗。⑨积极治疗与抑郁共病的焦虑障碍、躯体疾病、药物依赖性疾病等。

4. 调整治疗方案应注意药物间相互作用

（1）联合用药：在抗抑郁药的基础上联用增效药物或多种抗抑郁药联合治疗时，应注意药物之间的相互作用，要考虑细胞色素 P450 单氧化酶系对抗抑郁药与增效药物联用时的影响。如氟西汀或帕罗西汀均可抑制 CYP2D6，阿立哌唑与上述两种药物联用时剂量应减半；卡马西平可诱导 CYP3A4，阿立哌唑与该药联用时剂量应加倍；奥氮平对 CYP1A2 代谢较敏感，与氟伏沙明等 CYP1A2 抑制剂联用时应降低剂量，与卡马西平等 CYP1A2 诱导剂联用时应提高剂量。

（2）更换药物时注意停药综合征：SSRI 尤其是半衰期较短的抗抑郁药（如帕罗西汀、文拉法辛等）在停药时可能会有停药综合征，出现头晕、失眠、紧张不安、激越等症状。停药过程中出现的临床表现不一定都是停药反应，还有可能是药物本身的作用，以及症状的恶化，需加以鉴别。换药期间，需要注意发生 5-HT 综合征及高血压危象。

5. 合并用药的原则与注意事项

（1）抗抑郁药合并心境稳定剂：如锂盐（750~1 000mg/d），剂量不宜太大，一般在合用治疗后 7~14 日见效，抑郁症状可获缓解。

（2）抗抑郁药与甲状腺素联用：加服三碘甲状腺素 25μg/d，1 周后加至 37.5~50μg/d。可在 1~2 周显效，疗程 l~2 个月。不良反应小，但可能发生心动过速、血压升高、焦虑、面红等不良反应。有效率为 20%~50%。

（3）两种不同类型或不同药理机制的抗抑郁药联用：

1）SSRI 与 SARI 联用：白天服用 SSRI 如氟西汀，晚上服用 SARI 如曲唑酮。

2）SSRI 和 SNRI/NaSsA 联用：两药联用对部分难治性抑郁症患者有效，剂量都应比常用剂量小，加量的速度也应较慢，同时严密观察药物不良反应。

3）一般不推荐 2 种以上抗抑郁药联用，但对难治性抑郁症在足量、足疗程、同类型和不同类型抗抑郁药治疗无效，或部分有效时才考虑联合用药，以增强疗效、弥补单药治疗的不足、减少不良反应。

6. 并发症、合并症及不良反应的多学科管理

（1）老年患者：可能同时服用多种药物，选择抗抑郁药物时应充分考虑药物相互作用的风险，首选抗胆碱能及心血管系统不良反应轻微的 SSRI、SNRI、NaSSA、SARI 等。而且，用药剂量应遵循个体化原则，初始剂量为最小推荐剂量的 1/4~1/2，再缓慢增量。

（2）肝肾功能不全患者：应用抗抑郁药物需谨慎，治疗开始和加量过程中都必须监测肝肾功能，特别要注意阿戈美拉汀对肝功能损害的风险。

（3）SSRI 具有抗血小板活性，有出血倾向患者使用时、与抗凝或抑制血小板聚集药物联用时，都应监测出血的临床征象及相关指标。

（4）TCAs、SSRI 及文拉法辛出现性功能障碍的风险较高，米氮平、帕罗西汀、阿米替林对体重影响较大，临床选用应结合患者个体情况。

（5）青光眼和前列腺肥大患者：建议使用 SSRI 和 SNRI 等抗胆碱能作用轻微的药物。

（6）抗抑郁药物治疗一般 1~2 周开始起效，如治疗 6~8 周后不见起效，可换用另一类抗抑郁药或联合用药；伴有严重失眠的焦虑、抑郁、躯体化患者治疗初期，或足量、足疗程、单一抗抑郁药疗效不佳时，可考虑联用不同机制的药物或增效剂，SSRI、SNRI 常与 NaSSA 类药物如米氮平、5-HT$_{1A}$ 受体激动剂如丁螺环酮或坦度螺酮、非典型抗精神病药物（如维思通、奥氮平、喹硫平等）、情感稳定剂（如碳酸锂、丙戊酸钠、卡马西平等）联用。

（五）药物治疗展望

目前，进入临床后期的抗抑郁药物包括 N-甲 -D- 天冬氨酸（NMDA）受体拮抗剂如艾氯胺酮（Esketamine）或拉帕斯汀（Rapastinel）、阿片受

体部分激动/拮抗剂如 Alkermes 5461、GABA_A受体调节剂如别孕烯醇酮（Brexanolone）、致幻剂如裸盖菇素（Psilocybin）。另外，许多治疗难治性抑郁症的新药正在研究中，包括新型生物制剂的开发、新型靶点药物的探索以及老药新用/开拓抗抑郁适应证等。联合用药在难治性抑郁症治疗中也逐渐成为趋势。

NMDA 受体拮抗剂：用于抑郁症的第一个候选药物是氯胺酮的对映体艾氯胺酮，其对 NMDA 受体具有更高的亲和力，它可以通过鼻内而不是静脉给药。已完成艾氯胺酮对难治性抑郁症以及急性自杀疗效的临床研究。拉帕斯汀是另一个有希望的 NMDA 受体拮抗剂，正在进行临床试验。

阿片类受体激动剂：具有一定的抗抑郁活性，但存在药物耐受性。丁丙诺啡（μ- 和 κ - 阿片类药物部分激动剂）和 Samidorphan（μ- 阿片类拮抗剂）的联合用药目前正处于 FDA 审查阶段。临床研究结果显示，低剂量丁丙诺啡（2mg）和 Samidorphan（2mg）联合用药用于难治性抑郁症的辅助治疗有效。

γ- 氨基丁酸（GABA_A）受体正向变构调节剂：别孕烯醇酮（Brexanolone）是一种静脉注射药物，被用于治疗产后抑郁症，对现有抗抑郁药反应不足的抑郁症患者可能有效。口服制剂 SAGE-217 正处于早期临床试验阶段。

致幻剂：如裸盖菇素已被批准研发，用于治疗难治性抑郁症。裸盖菇素对抑郁和焦虑具有显著的缓解作用。

三、躁狂症

在《中国精神障碍分类与诊断标准》第三版中，躁狂症（mania）作为心境（情感）障碍中的独立单元，与双相障碍并列。典型临床表现是情感高涨、思维奔逸、活动增多的"三高"症状。躁狂发作时间需持续一周以上，一般呈发作性病程，每次发作后进入精神状态正常的间歇缓解期，大多数患者有反复发作倾向。躁狂症的病因并不清楚，可能是生物学、心理与社会环境等多因素共同参与的结果。遗传因素、体质因素、中枢神经递质的功能及代谢异常、精神因素都是躁狂症的诱发因素。

（一）临床表现与诊断

1. 临床表现 躁狂发作的典型症状除上述"三高"症状外，常伴有瞳孔扩大、心率加快、体重减轻等躯体症状，以及注意力随情境转移、记忆力增强紊乱等认知功能异常，严重者出现意识障碍，有错觉、幻觉和思维不连贯，称为"谵妄型躁狂"。躁狂发作临床表现较轻者称为轻躁狂，对患者社会功能有轻度的影响，部分患者有时达不到影响社会功能的程度，常不易觉察。

2. 诊断标准 临床诊断主要依据四个方面：症状、严重程度、病程和排除标准。首先必须符合躁狂发作的诊断标准，即以与其处境不相称的心境高涨为主，可以从高兴、愉快到欣喜若狂，但有些病例仅以易激惹为主。严重者可出现幻觉、妄想等精神病性症状。病程至少已持续一周，要排除器质性精神障碍或精神活性物质等所致。

（二）一般治疗原则

1. 早期识别，早期治疗，足量、足疗程、全程治疗。

2. 综合治疗 包括药物治疗、物理治疗、心理社会干预和危机干预，以改善治疗依从性。

3. 躁狂发作复发率很高，需要树立长期治疗的理念。同时，需要患者和家属共同参与。

（三）基本治疗药物及治疗方案

碳酸锂作为精神科的临床用药实属偶然。1949 年，澳洲医生约翰·凯德（John Cade）在研究躁狂症的成因时偶然发现，接受过碳酸锂处理的动物都变得十分温驯和安静，攻击行为得到控制。进一步研究发现，碳酸锂中的锂离子是关键，可治疗精神兴奋，从而将碳酸锂引入精神科。20 世纪 60 年代中期，由于碳酸锂治疗躁狂症和预防躁狂抑郁症成功经验的报道，同时血锂监测手段的发展，其临床应用进入高潮。

除碳酸锂外，其他常用以治疗躁狂症的药物还有：氯丙嗪、氟哌啶醇等抗精神病药，它们具有镇静作用、并可注射给药，常用以治疗较为严重的或有妄想、幻觉等症状的躁狂症患者，急性症状控制后，再改用锂盐治疗。氯丙嗪或氟哌啶醇，临床上作为二线的抗躁狂药，用于锂盐治疗失败、顽固、慢性或周期复发的躁狂症患者。卡马西平和丙戊酸钠等抗癫痫药也具有抗躁狂作用，但效果不及锂盐。近年来，第二代抗精神病药正逐渐取代传统情绪稳定剂成为抗躁狂最常使用的药物。

1. 基本治疗药物 主要有碳酸锂和抗癫痫药两类，抗癫痫药包括丙戊酸钠、丙戊酸镁、卡马西平和拉莫三嗪。

碳酸锂是躁狂症治疗的首选药，对抑郁症也有效，故有情绪稳定药（mood-stabilizing）之称。碳酸锂还可用于治疗躁狂抑郁症（manic-depressive psychosis）。长期重复使用碳酸锂不仅可以减少躁狂复发，对预防抑郁复发也有效，但治疗抑郁症的效果不如躁狂症显著。

碳酸锂以锂离子形式发挥作用，其抗躁狂发作的机制是抑制神经末梢 Ca^{2+} 依赖性的 NE 和 DA 释放，促进神经细胞对突触间隙中 NE 再摄取，增加其转化和灭活，从而使 NE 浓度降低；还可促进 5-HT 合成和释放，有助于情绪稳定。

碳酸锂口服吸收快，血药峰浓度达峰时间为 2~4h，$t_{1/2}$ 为 18~36h。但进入脑组织需要一定时间，因而显效较慢。碳酸锂主要自肾排泄，肾小球滤过的锂约 80% 在近曲小管与 Na^+ 竞争性重吸收，故增加钠摄入可促进其排泄，而低钠或肾小球滤出减少时，可导致体内锂潴留，引起中毒。碳酸锂治疗量和中毒量较接近，所以，应根据血锂浓度的检测、调节治疗量及维持量。治疗期应每 1~2 周检测血锂 1 次，维持治疗期可每月测定 1 次。血锂浓度上限为 1.4mmol/L，超过此浓度容易出现锂中毒。有脑器质性疾病、严重躯体疾病和低钠血症患者慎用。服药期间不应低盐饮食。当服药患者出现持续呕吐、腹泻、大量出汗等体液丢失情况时，易引起锂中毒。长期服药者应定期检查肾功能和甲状腺功能。

2. 治疗方案

（1）以心境稳定剂治疗为主。

（2）躁狂发作时首选一种心境稳定剂治疗，根据病情需要，及时联合使用另一种心境稳定剂或非典型抗精神病药（如喹硫平、奥氮平、利培酮、阿立哌唑、齐拉西酮等）。

（四）临床问题导向的药物治疗

1. 躁狂呈发作性病程，发作间歇期缓解正常，如能积极治疗，可以维持病情稳定。但是，如不进行有效的治疗和维持治疗，复发率高。长期反复发作可造成发作频率增高、间歇期缩短，最终导致难以治疗，出现人格改变和社会功能损害。因此，躁狂需长期、综合治疗，防止病情复发。

（1）急性治疗期：控制急性期兴奋。疗程：一般 6~8 周。

（2）巩固治疗期：巩固急性期治疗效果，防止症状波动。疗程：2~3 个月，药物剂量一般维持原剂量不变。

（3）维持治疗期：防止复发，恢复社会功能。维持治疗的药物剂量和用药持续时间根据患者具体情况而制订个体化治疗方案。多次发作者，可在病情稳定达到既往发作时 2~3 个循环的间歇期或维持治疗 2~3 年后，根据病情逐步减少药物剂量、直至停药。在停药期间如有复发迹象，应及时恢复原治疗方案，缓解后给予更长时间的维持治疗。发病年龄早，有家族史的患者应维持治疗。

2. 双相障碍巩固期维持治疗 双相障碍患者经过急性期治疗 2 年后、功能痊愈者不到 50%。维持期治疗的主要目的是治疗发作间歇期的亚临床症状，防止新的躁狂、轻躁狂或抑郁发作，维持心境稳定。

双相 I 型巩固期治疗：推荐单药首选锂盐、拉莫三嗪、丙戊酸盐、奥氮平、喹硫平、阿立哌唑、齐拉西酮或利培酮长效剂；联合用药推荐锂盐或丙戊酸盐与喹硫平、奥氮平、利培酮长效剂、阿立哌唑或齐拉西酮联用。

双相 II 型巩固期治疗：首选推荐单药锂盐、拉莫三嗪或喹硫平。次选推荐：①锂盐、丙戊酸盐或非典型抗精神病药与抗抑郁药联用；②锂盐或丙戊酸盐与喹硫平联用；③锂盐或丙戊酸盐与拉莫三嗪联用；④锂盐联用丙戊酸盐；⑤锂盐联用非典型抗精神病药；⑥丙戊酸盐联用非典型抗精神病药。

（五）药物治疗展望

美国食品和药物管理局在 20 世纪批准了几种第二代抗精神病药（second generation antipsychotics，SGAs）治疗双相情感障碍。目前，SGAs 正逐渐取代传统情绪稳定剂成为抗躁狂最常使用的初始药物，而阿立哌唑逐渐在抗躁狂用药中占据了一定的份额。目前，第二代抗精神病药物已广泛用于躁狂症患者。SGAs 的应用给临床医生提出了更高的要求，即在选择抗狂躁药物时不仅要关注患者的精神疾病，也应该重视患者的躯体疾病，从而提高医疗质量。

四、焦虑障碍

焦虑障碍（anxiety disorder）又称焦虑症或焦虑性疾病，是一组以焦虑为主要临床表现的精神障碍，包括精神症状和躯体症状。精神症状是指一种提心吊胆、恐惧和忧虑的内心体验，伴有紧张不安；躯体症状是精神症状伴发自主神经系统功能紊乱症状，如心悸、气短、胸闷、口干、出汗、肌紧张性震颤、颤抖或颜面潮红、苍白等。焦虑障碍属于最常见的精神障碍之一，其患病率高，常与其他精神障碍并存。

焦虑障碍的主要危险因素包括：焦虑障碍家族史；儿童期或青春期焦虑障碍病史，严重害羞、早年不良教育方式；应激性生活事件或创伤事件，包括受虐、离异、丧偶、失业等；共病其他精神障碍，尤其是抑郁症。

（一）临床表现与诊断

焦虑症是神经症的一个亚型，首先须符合神经症的特点，即具有一定的人格基础，起病常受心理社会因素的影响；患者症状与现实处境不相称、对症状感到痛苦和无能为力，自知力完整，病程多迁延。

1. 惊恐发作（急性焦虑）　除了具备神经症的特征以外，还必须以惊恐发作为主要临床表现。排除其他精神障碍，如恐惧症、抑郁症等继发的惊恐发作；排除躯体疾病如癫痫、心脏病发作、嗜铬细胞瘤、甲亢或自发性低血糖等继发的惊恐发作。轻型症状符合下述前4点，重型症状符合以下5点：

（1）发作无明显诱因、无相关的特定情景，发作不可预测。

（2）发作间歇期，除害怕再发作外，无明显症状。

（3）发作时表现为强烈的恐惧、焦虑，伴有明显的自主神经症状，并常有濒死恐惧、失控感等痛苦体验。

（4）发作突然开始，并迅速达到高峰。发作时意识清楚，事后能回忆。

（5）患者对症状难以忍受，因无法解脱而感到痛苦。病程标准为1个月之内至少发作3次，或首次发作后、继发的害怕再发作的焦虑持续1个月。

2. 广泛性焦虑（慢性焦虑）　除具备神经症的特征外，以持续的广泛性焦虑为主要临床表现。排除因甲亢、高血压、冠心病等躯体疾病继发的焦虑；排除兴奋性药物过量、催眠镇静药物或抗焦虑药的戒断反应；排除强迫症、恐惧症、抑郁症，或精神分裂症等伴发的焦虑。轻型表现符合以下前2点，重型表现加上第3点：

（1）经常或持续的无明确对象、无固定内容的恐惧或提心吊胆。

（2）伴自主神经症状或运动性不安。

（3）社会功能受损，患者因难以忍受又无法解脱，而感到痛苦。病程标准为符合上述症状至少6个月。

（二）一般治疗原则

焦虑障碍药物治疗的目标是提高临床治疗成功率，促进症状消失，恢复社会功能，降低复发率，改善预后。药物治疗原则是：①根据不同亚型的临床特点选择用药；②合并躯体症状时，需注意药物相互作用、耐受性和并发症等情况，个体化合理用药；③尽可能单一用药，足量、足疗程，根据病情需要可联用两种不同作用机制的抗焦虑药物，不主张常规两种以上药物联用；④治疗期间，观察药物不良反应及患者病情变化；⑤妊娠和哺乳期患者用药，须注意药物对胎儿和婴儿的影响，并评估、权衡药物治疗对孕妇和胎儿的风险。

药物治疗从低剂量开始，一般治疗1~2周后可根据患者情况增加剂量。症状缓解后，仍需要坚持服用抗焦虑药1~2年。不可自行调整药物治疗方案。

（三）基本治疗药物及治疗方案

生物学因素（遗传因素及生化因素等）和社会心理因素在焦虑障碍的发病中具有重要作用。因此，焦虑障碍的治疗方案是联合药物治疗和心理治疗。巴比妥类是20世纪50年代以前主要的抗焦虑药物；20世纪六七十年代出现的苯二氮䓬类药物是抗焦虑治疗的革命性进展，三环类抗抑郁药和单胺氧化酶抑制剂（MAOI）也被用于治疗焦虑障碍，但不是主要的治疗药物；20世纪90年代，选择性5-HT再摄取抑制剂和5-HT、NE重吸收抑制剂等新型抗抑郁药逐渐成为治疗焦虑障碍的主要药物。随后，非苯二氮䓬类药物如丁螺环酮、坦度螺酮等药物也被批准上市用于治疗广泛性焦虑障碍。

焦虑障碍（包括广泛性焦虑障碍、惊恐障碍、社交焦虑、创伤后应激障碍）的药物治疗首选SSRI和SSNRI类药物；苯二氮䓬类药物因安全性和耐受性问题而使其应用受到限制，尤其不适合长期使用。但苯二氮䓬类药物起效迅速，可用于急性焦虑症状，待症状缓解后再逐渐撤药，改用抗抑郁药或其他抗焦虑药维持治疗。

苯二氮䓬类药物（又称为安定类药物）抗焦虑效果肯定，见效快，多在30~60min内起效，但持续时间短，长期大量使用可能产生依赖性。常用药物如劳拉西泮（罗拉）、阿普唑仑，属于短中效安定类药物，抗焦虑效果好，镇静作用相对弱，对白天工作的影响较小。使用原则：①间断服药原则，焦虑症状严重时临时口服，不宜长期大量服用；②小剂量原则；③定期换药原则，如果病情需要长期服药，3~4周就更换另一种安定类药物，以避免药物依赖性。换药时，原来的药逐渐减量，新药逐渐加量。如果患者年龄偏大、服药剂量不大、疗效较好，也可以不换药。安定类药物如服用的剂量不增加或正常剂量范围内疗效不减弱，可以认为没有产生依赖性。

广泛性焦虑常用治疗药物是帕罗西汀、艾司西酞普兰、文拉法辛、氟哌噻吨美利曲辛等，推荐治疗时间至少持续6个月以上；惊恐发作常用的治疗药物是帕罗西汀、艾司西酞普兰、氯米帕明等。

（四）临床问题导向的药物治疗

1. 抗焦虑治疗方案的调整　鉴于广泛性焦虑症与其他精神、躯体疾病（如抑郁症、慢性疼痛、哮喘、慢性阻塞性肺病和炎症性肠病）共病概率高，治疗中要注意根据患者复杂的心理和躯体症状，调整临床治疗方案。

初始治疗应根据患者的偏好选择，大部分患者会选择心理治疗。选择性5-HT再摄取抑制剂（SSRI）和选择性5-HT及NE再摄取抑制剂（SNRI）是广泛性焦虑症的一线治疗药物，反应率为30%~50%。当患者对SSRI或SNRI无反应或无法耐受药物的不良反应时，可用替代或增效治疗，如丁螺环酮、普瑞巴林或喹硫平（后两种药物尚未被FDA批准用于广泛性焦虑症，但已在随机临床试验中显效）等。使用喹硫平或其他非典型

抗精神病药物时，应密切监测患者体重、脂肪水平和糖化血红蛋白水平等。

另外，广泛性焦虑症需联合应用心理治疗技术包括认知行为治疗、心理动力治疗、内观治疗和放松治疗，其中认知行为治疗是一线治疗方式。

2. 合并用药的原则与注意事项　抗焦虑药与多种药物有相互作用：①抗焦虑药能增强其他中枢神经抑制剂的作用，配伍时应注意调整剂量。治疗期间应注意避免饮酒或含酒的饮料；②组胺受体拮抗剂可抑制抗焦虑药的排泄，配伍时需减少剂量；③抗焦虑药可增加筒箭毒碱、三碘季胺酚的作用，配伍时需减少剂量；④抗焦虑药可减慢苯妥英钠的代谢且本身具有抗癫痫作用，配伍时应减少剂量；⑤利福平增加本类药物的代谢，配伍时需增加剂量；⑥大多数抗焦虑药可增强麻醉药的作用，且两者均有抑制呼吸的不良反应，配伍时需减少剂量；⑦单胺氧化酶抑制剂如利血平等可增强药物的作用，配伍时需减量；⑧茶碱类可减弱抗焦虑药的中枢神经抑制作用，配伍时需增加剂量。

3. 并发症、合并症及不良反应的多学科管理　焦虑障碍不仅对患者心理产生严重影响，同时也会对患者的生理产生一定影响。焦虑可以导致交感神经过度激活、改变炎症反应、破坏下丘脑-垂体-肾上腺轴稳态，因而增加焦虑患者的健康风险。焦虑障碍合并其他临床疾病的患者往往会出现负性循环，即其他临床疾病的负面影响可导致抑郁和焦虑；反之，抑郁和焦虑可能使疾病恶化。焦虑障碍合并其他疾病对临床诊疗提出了挑战，需要应用病理学、生理学、心理学、社会学等多学科方法对患者进行系统管理。

急性焦虑障碍可能是潜在疾病恶化和未确诊医学病症的首要迹象。因此，需要根据患者的病史、药物史、体检结果等信息进行综合判断，在排除了一切可能的其他临床病症后才能进行焦虑的诊断。而引起患者焦虑的因素可能包括对医学诊断或预后的不确定性，包括不熟悉的医院环境、工作人员和医疗程序等。从社会学的角度来看，担心失去正常的社会功能、对死亡的恐惧可能也是促成焦虑的因素。因此，对合并其他临床疾病的患者进行焦虑管理，以及来自家庭和社会的支持都有助于疾病的诊疗。

（五）药物治疗展望

焦虑障碍的终生患病率为 5%~25%，12 个月患病率为 3.3%~20.4%。恐怖症、社交焦虑及分离焦虑等焦虑障碍，发病年龄较小、中位发病年龄为 5~10 岁；广泛性焦虑障碍（GAD）、惊恐障碍（PD）及创伤后应激障碍（PTSD）等，发病相对较晚，中位发病年龄为 24~50 岁之间。除患病率较高外，焦虑障碍还常迁延为慢性或共患其他疾病。因此，焦虑障碍的规范化防治具有重要的公共卫生意义。

SSRI 等抗抑郁药及认知行为治疗（CBT）可显著改善焦虑障碍症状，但由于存在诸如对疾病的感知和治疗需求不足、经济收入低等影响治疗的因素，全球范围内针对焦虑障碍的治疗尚不足，很多患者不能接受足够的抗焦虑治疗。因此，亟待提高焦虑障碍的识别率及抗焦虑治疗的质量。

五、失眠障碍

睡眠障碍（sleep disorder）主要是指睡眠量不正常、睡眠中出现异常行为、睡眠和觉醒正常节律性交替紊乱等。国际睡眠障碍的分类包括：失眠障碍、与呼吸相关的睡眠障碍、与呼吸无关的过度睡眠、昼夜睡眠节律障碍、异态睡眠、与运动相关的睡眠障碍及其他睡眠障碍。失眠障碍（insomnia）是临床最为常见的睡眠障碍。失眠障碍指以频繁而持续的入睡困难和/或睡眠维持困难，并导致睡眠感不满意为特征的睡眠障碍。根据睡眠障碍国际分类第三版（ICSD-3），失眠障碍可分为慢性失眠障碍、短期失眠障碍及其他类型的失眠障碍。符合失眠障碍诊断标准的成年人高达 10%~15%，且失眠障碍常呈慢性化病程，近半数严重失眠可持续 10 年以上。失眠严重损害患者的身心健康，影响患者的生活质量，甚至诱发交通事故等意外而危及个人及公共安全，对个体和社会都构成严重的负担。

失眠障碍发生和维持的主要假说包括过度觉醒假说和 3P 假说，即 Predisposing（易感因素）、Precipitating（促发因素）和 Perpetuating（维持因素）。过度觉醒假说认为失眠是一种过度觉醒，故失眠患者在睡眠和清醒时表现出更快的脑电频率、自主神经功能活性增加、下丘脑 - 垂体 - 肾上腺轴过度活跃及炎症因子释放增加等。3P 假说认为失眠的发生和维持是 3P 因素累积超过了发病阈值所致，其中易感因素包括年龄、性别、遗传及性格特征等；促发因素包括生活事件及应激等；维持因素是指使失眠得以持续的行为和信念，包括应对短期失眠所采取的不良睡眠行为（如延长在床时间），以及短期失眠所导致的焦虑和抑郁症状等，尤其是对失眠本身的焦虑和恐惧。3P 假说是目前失眠障碍认知行为治疗的基础。

（一）临床表现与诊断

《中国成人失眠诊断与治疗指南》中，关于中国成年人失眠的诊断标准是：

1. 失眠表现 入睡困难，入睡时间超过 30min。

2. 睡眠质量 睡眠维持障碍，整夜觉醒次数 ≥2 次，早醒、睡眠质量下降。

3. 总睡眠时间 总睡眠时间减少，通常少于 6h。

在上述症状基础上，同时伴有日间功能障碍。睡眠相关的日间功能损害包括：

1. 疲劳或全身不适。
2. 注意力、注意维持能力或记忆力减退。
3. 学习、工作和/或社交能力下降。
4. 情绪波动或易激惹。
5. 日间思睡。
6. 兴趣、精力减退。
7. 工作或驾驶过程中错误倾向增加。
8. 紧张、头痛、头晕，或与睡眠缺失有关的其他躯体症状。

失眠根据病程分为：①急性失眠，病程 <1 个月；②亚急性失眠，1 个月 ≤病程 <6 个月；③慢性失眠，病程 ≥6 个月。

（二）一般治疗原则

治疗的总体目标是尽可能明确病因，达到以下目的：

1. 改善睡眠质量和/或增加有效睡眠时间。
2. 恢复社会功能，提高患者的生活质量。
3. 减少或消除与失眠相关的躯体疾病，降低共病躯体疾病的风险。
4. 避免药物干预带来的负面效应。

（三）基本治疗药物及治疗方案

巴比妥类药物是 60 年代以前的主要用药，

随后被苯二氮䓬类药物取而代之。近年来,有关非苯二氮䓬类药物、新型催眠药物如褪黑素受体激动剂等药物的研究不断加强,催眠药物治疗效果逐步趋向"理想化催眠",即提高睡眠时间和质量,促进生理性睡眠,改善身体状态和生活质量,对精神运动功能和记忆没有影响;不会引起共济失调、撤药反应、依赖性和反弹性失眠等不良反应。一些中药对失眠也有很好的治疗效果。催眠药物根据其作用时间可以分为短效、中效和长效药物。小剂量可产生镇静催眠作用,大剂量可以起到全身麻醉的作用。

目前,临床治疗失眠的药物主要包括苯二氮䓬类受体激动剂(benzodiazepine receptor agonists, BZRAs)、褪黑素受体激动剂和具有催眠效果的抗抑郁药物。

治疗失眠的药物种类繁多,包括艾司唑仑(Estazolam)、氟西泮(Flurazepam)、夸西泮(Quazepam)、替马西泮(Temazepam)、三唑仑(Triazolam)、阿普唑仑(Alprazolam)、氯氮䓬(Chlordiazepoxide)、地西泮(Diazepam)、劳拉西泮(Lorazepam)、咪哒唑仑(Midazolam)、唑吡坦、唑吡坦控释剂(Zolpidem-CR)、佐匹克隆(Zopiclone)、右佐匹克隆(Eszopiclone)和扎来普隆(Zaleplon)、雷美尔通(Ramelteon)、特斯美尔通(Ⅲ 期临床中,Tasimelteon)、阿戈美拉汀(Agomelatin)、三环类抗抑郁药物、选择性 5- 羟色胺再摄取抑制剂(SSRI)、选择性 5-HT 及 NE 再摄取抑制剂(SNRI)、小剂量米氮平、小剂量曲唑酮等。对于可产生依赖性的药物,不主张长期服用。一般的治疗推荐:艾司佐匹克隆、唑吡坦、唑吡坦控释剂、佐匹克隆。

失眠的综合干预:药物干预失眠的短期疗效已经被临床所证实,但是长期应用存在成瘾性等药物不良反应的潜在风险。认知行为治疗(cognitive behavioral therapy for insomnia, CBT-I)不仅具有短期疗效,且疗效可长期保持。因此,CBT-I 联合应用非苯二氮䓬类药物可以获得更多优势。组合治疗方式(Ⅱ 级推荐)首选 CBT-I 和非苯二氮䓬类药物(或褪黑素受体激动剂)组合。如果短期内症状控制则逐步减停非苯二氮䓬类药物,否则将非苯二氮䓬类药物改为间断用药,治疗全程保持 CBT-I 干预(Ⅱ 级推荐)。

(四)临床问题导向的药物治疗

1. 失眠障碍的治疗 倾向于综合治疗方案,包括睡眠健康教育、心理治疗、药物治疗以及其他辅助治疗。失眠障碍的临床治疗以药物治疗为主,并适当加强心理治疗,心理治疗应贯穿疾病治疗的始终。

共患焦虑障碍、抑郁症的失眠患者,应同时关注抗抑郁、抗焦虑的治疗。治疗的原则是在病因治疗和认知行为疗法的基础上适当用药物治疗。

2. 合并用药的原则与注意事项 失眠的治疗措施包括药物治疗和非药物治疗。对于急性失眠患者宜早期应用药物治疗。对于亚急性或慢性失眠患者,无论是原发还是继发,在应用药物治疗的同时应当辅助以心理行为治疗。失眠的有效心理行为治疗方法主要是 CBT-I。目前,国内心理行为治疗的专业资源相对匮乏、具有专业资质认证的人员不多,单纯采用 CBT-I 也会面临依从性问题。所以,药物干预仍然占据失眠治疗的主导地位。除心理行为治疗之外的其他非药物治疗,如饮食疗法、芳香疗法、按摩、顺势疗法、光照疗法等,均缺乏令人信服的大样本对照研究。传统中医学治疗失眠的历史悠久,但受限于个体化医学模式,难以用现代循证医学模式进行评估。应加强睡眠健康教育,在建立良好睡眠卫生习惯的基础上,开展心理行为治疗、药物治疗和传统医学治疗。

3. 并发症、合并症及不良反应的多学科管理

(1)老年患者:老年失眠患者首选非药物治疗手段。当针对原发疾病的治疗不能缓解失眠症状或者无法依从非药物治疗时,可以考虑药物治疗。老年失眠患者推荐使用非苯二氮䓬类或褪黑素受体激动剂。必须使用苯二氮䓬类药物时需谨慎,若发生共济失调、意识模糊、反常运动、幻觉、呼吸抑制时需立即停药并妥善处理,同时需注意苯二氮䓬类药物引起的肌张力降低可能会导致老人跌倒等意外伤害。老年患者的药物治疗剂量应从最小有效剂量开始,短期应用或采用间歇疗法,不主张大剂量给药,用药过程中需密切观察药物不良反应。

(2)妊娠期及哺乳期患者:妊娠期妇女使用镇静催眠药物的安全性缺乏研究资料。唑吡坦在动物实验中显示无致畸作用,必要时可以短期服用。哺乳期需谨慎使用镇静催眠药物以及抗抑郁药,避免药物通过乳汁影响婴儿,推荐采用非药物干预手段治疗失眠。现有实验表明,经颅磁刺激可治疗妊娠期及哺乳期失眠,但确切的效果需要进一步扩大样本观察。

（3）围绝经期和绝经期患者:对于围绝经期和绝经期的失眠妇女,应首先鉴别和治疗影响该年龄段女性睡眠的常见疾病,如抑郁障碍、焦虑障碍和睡眠呼吸暂停综合征等,依据症状和激素水平给予必要的激素替代治疗,该类患者的失眠症状处理与普通成人相同。

（4）伴有呼吸系统疾病的患者:苯二氮䓬类药物由于其呼吸抑制等不良反应,在慢性阻塞性肺疾病（COPD）、睡眠呼吸暂停低通气综合征患者中慎用。非苯二氮䓬类药物次晨残余作用发生率低,使用唑吡坦和佐匹克隆治疗稳定期的轻、中度COPD失眠者尚未发现有呼吸功能不良反应的报道,但扎来普隆对伴呼吸系统疾病失眠患者的疗效尚未确定。

老年睡眠呼吸暂停患者,常以失眠为主诉,单用唑吡坦等短效促眠药物可以减少中枢性睡眠呼吸暂停的发生,联合无创呼吸机治疗可提高顺应性,降低诱发阻塞型睡眠呼吸暂停的可能。高碳酸血症明显的COPD患者急性加重期、限制性通气功能障碍失代偿期,应禁用苯二氮䓬类药物,必要时应在机械通气支持（有创或无创）的基础上应用并注意密切监护。褪黑素受体激动剂雷美尔通可用于治疗睡眠呼吸障碍合并失眠的患者,但疗效尚需进一步研究。

（5）共病精神障碍患者:精神障碍患者中常存在失眠症状,应同时按专科原则治疗原发病和失眠症状。

抑郁障碍常与失眠共病,不可孤立治疗以免进入恶性循环,推荐组合治疗的方法包括:

1）CBT-I治疗:CBT-I治疗失眠的同时,应用具有催眠作用的抗抑郁药如多塞平、阿米替林、米氮平或帕罗西汀等。

2）抗抑郁药单药或组合镇静催眠药物:如非苯二氮䓬类药物或褪黑素受体激动剂（Ⅲ级推荐）。抗抑郁药物和催眠药物联合应用时,需要注意可能加重睡眠呼吸暂停综合征和周期性腿动。焦虑障碍患者存在失眠时,以抗焦虑药物为主,必要时在睡前加用镇静催眠药物。精神分裂症患者存在失眠时,应选择抗精神病药物治疗为主,必要时可辅以镇静催眠药物治疗失眠。

（五）药物治疗展望

大多数苯二氮䓬类和非苯二氮䓬类药物不良反应和禁忌证突出,因此,仍需进一步探索更加有效的创新药物。当前,处在临床研究阶段的候选药物包括Orexin受体拮抗剂等。

1. 5-HT$_{2A}$受体拮抗剂 5-羟色胺（5-hydroxy-trypatmine, serotonin, 5-HT）是一种抑制性神经递质,属于吲哚衍生物,在大脑皮层及神经突触内具有较高含量,参与人体活动和情绪调节,包括睡眠的调节。5-HT拥有7种受体亚型即5-HT 1~7,5-HT通过激活不同的受体亚型,产生不同的药理作用。研究显示,在对小鼠使用5-HT$_{2A}$反向激动剂后,既巩固了NREM睡眠,又能减少觉醒,增加生理睡眠深度。研究5-HT$_{2A}$拮抗剂主要用于维持睡眠状态而不是快速入睡,具有很好的维持睡眠的功效。该药副作用轻且不会产生药物依赖,5-HT$_{2A}$拮抗剂与短效催眠药联用将是治疗失眠的有效策略。代表药物Nelotanserin（APD125）目前处于临床研究阶段,尚无存在明显不良反应的报道。

2. 食欲素（Orexin）受体拮抗剂 orexin A和orexin B是在下丘脑被发现,与食欲有关且来源于同一前体的两种神经肽,它们可激活两种G蛋白耦联受体OX$_1$和OX$_2$,对睡眠-觉醒的维持、自主神经功能以及奖赏系统的调节都有着极其重要的作用。给大鼠注射orexin A后,觉醒时间延长、快动眼睡眠时间缩短,而且产生第一次快动眼睡眠的潜伏期也延长。近几年,研究者靶向orexin受体研发其受体拮抗剂用于治疗失眠,如Suvorexant在治疗失眠时需要长期服用,最大剂量为20mg。一项1 400多名失眠患者参与的Suvorexant临床研究结果显示,相比于安慰剂组,治疗组快动眼睡眠潜伏期明显缩短、快动眼睡眠时间延长,疗效显著。该药已被美国批准用于治疗失眠障碍。

3. 选择性多巴胺和去甲肾上腺素再摄取抑制剂 JZP-110是一种选择性多巴胺和去甲肾上

腺素再摄取抑制剂,正在被开发用于治疗成人嗜睡症、发作性睡病、成人阻塞性睡眠呼吸暂停(OSA)患者的过度嗜睡。JZP-110已取得3期临床试验的成功,可显著改善成人OSA患者的觉醒维持时间和嗜睡评分。

（孙秀兰　顾　军）

参 考 文 献

1. Bertram G.Katzung.Basic & Clinical Pharmacology[M].14th ed. New York：McGraw-Hill Education, 2018.
2. Laurence L B.Goodman & Gilman's the Pharmacological Basis of Therapeutics[M].13th Ed. New York：McGraw-Hill Education, 2018.
3. Douglas E R, Donald K B.Workbook and Casebook for Goodman & Gilman's the Pharmacological Basis of Therapeutics[M].New York：McGraw-Hill Companies, Inc. 2016.
4. 郝伟,陆林.精神病学[M].第8版.北京：人民卫生出版社, 2018.
5. 刘克辛.临床药理学[M].北京：清华大学出版社, 2012.

第十七章　风湿性疾病

第一节　总　论

一、风湿性疾病的概述

风湿性疾病（rheumatic diseases）是一组累及骨与关节及其周围软组织（如肌肉、肌腱、滑膜、滑囊、韧带和软骨等）及其他相关组织和器官的慢性疾病。病因多种多样，发病机制多与自身免疫反应密切相关。既可以是某一局部的病理损伤，也可是全身性疾病，如未得到及时诊治，大多数都有致残甚至致死的风险。

（一）范畴和分类

风湿性疾病的病因和发病机制复杂多样，至今尚无完善的分类。目前临床较为常用的分类方法仍是沿用 1983 年美国风湿病协会（American Rheumatology Association, ARA）所制定的分类方法，根据其发病机制、病理和临床特点，将风湿性疾病分为 10 大类。表 17-1-1 列举了上述分类方法和常见疾病。

表 17-1-1　风湿性疾病的范畴和分类

疾病分类	疾病名称
1. 弥漫性结缔组织病	类风湿关节炎、（系统性）红斑狼疮、干燥综合征、（系统性）硬皮病、多肌炎/皮肌炎、抗磷脂综合征、系统性血管炎（大动脉炎、结节性多动脉炎、肉芽肿性多血管炎等）等
2. 脊柱关节炎	强直性脊柱炎、反应性关节炎、肠病性关节炎、银屑病关节炎、未分化脊柱关节病等
3. 退行性变	（原发性、继发性）骨关节炎
4. 遗传、代谢和内分泌疾病相关的风湿病	马方综合征、先天或获得性免疫缺陷病；痛风、假性痛风；肢端肥大症、甲减、甲旁亢相关关节病等

续表

疾病分类	疾病名称
5. 感染相关风湿病	反应性关节炎、风湿热等
6. 肿瘤相关风湿病	A. 原发性（滑膜瘤、滑膜肉瘤等）；B. 继发性（多发性骨髓瘤、转移癌等）
7. 神经血管疾病	神经性关节病、压迫性神经病变（周围神经受压、神经根受压等）、反射性交感神经营养不良等
8. 骨与软骨病变	骨质疏松、骨软化、肥大性骨关节病、弥漫性原发性骨肥厚、骨炎等
9. 非关节性风湿病	关节周围病变（滑囊炎、肌腱病等）、椎间盘病变、特发性腰痛、其他疼痛综合征（如纤维肌痛综合征）等
10. 其他有关节症状的疾病	周期性风湿病、间歇性关节积液、药物相关风湿综合征、慢性肝炎等

据我国不同地区流行病学的调查显示，类风湿关节炎（rheumatoid arthritis, RA）的患病率为 0.32%~0.36%，系统性红斑狼疮（systemic lupus erythematosus, SLE）为 30.13/10 万 ~ 70.41/10 万，干燥综合征（Sjögren syndrome, SS）为 0.29%~0.77%，强直性脊柱炎（ankylosing spondylitis, AS）为 0.25% 左右。本章重点对这些疾病的药物治疗进行介绍。

（二）病理

包括炎症性及非炎症性病变。炎症性病变因免疫反应异常激活后引起，表现为局部组织出现大量淋巴细胞、巨噬细胞、浆细胞浸润和聚集。血管病变可以是血管壁的炎症，造成血管壁增厚、管腔狭窄，也可以是血管舒缩功能障碍，可以继发血栓形成，使局部组织器官缺血。部分弥漫性结缔组织病（connective tissues disease, CTD）多系统损害的临床表现与此相关。

397

（三）诊断

1. 病史和体格检查　应详细记录症状发作的部位与严重程度、加重和缓解的因素及伴随症状。除一般内科系统体格检查外，还应进行皮肤、肌肉、脊柱关节的检查。

2. 实验室检查

（1）除血、尿、便常规检查以及肝、肾功能检查外；血沉、C 反应蛋白、球蛋白定量、补体的检查对诊断及病情活动性的判断亦有帮助。

（2）自身抗体

1）抗核抗体谱（anti-nuclear antibodies，ANAs）：包括抗 DNA、抗组蛋白、抗非组蛋白、抗核仁抗体及抗其他细胞成分抗体五大类。其中抗非组蛋白抗体中包含一组可被盐水提取的可溶性抗原（extractable nuclear antigens，ENA）抗体，即抗 ENA 抗体，对于风湿性疾病的鉴别诊断尤为重要，但与疾病的严重程度及活动度无关。ANA 阳性应警惕 CTD 的可能，但正常老年人或其他疾病如肿瘤患者，血清中也可能存在低滴度的 ANA。

2）类风湿因子（rheumatoid factor，RF）：阳性不仅可见于 RA、SS、SLE、系统性硬化等多种 CTD，亦见于感染性疾病、肿瘤等其他疾病以及约 5% 的正常人群。

3）抗角蛋白抗体谱：对 RA 特异性较高，有助于 RA 早期诊断。临床常检测抗核周因子（anti-perinuclear factor，APF）、抗角蛋白抗体（anti-keratin antibody，AKA）、抗环瓜氨酸肽抗体（anti-cyclic citrullinated peptide，anti-ccp）。

4）抗磷脂抗体（antiphospholipid antibodies，APLs）：常检测抗心磷脂抗体、狼疮抗凝物、抗 β_2GP1 抗体。与抗磷脂综合征、SLE 等密切相关。

5）抗中性粒细胞胞质抗体（antineutrophil cytoplasmic antibody，ANCA）：用间接免疫荧光技术（IIF）检测 ANCA，阳性荧光染色模型分两种：胞质型（cANCA）和核周型（pANCA）。cANCA 靶抗原主要是丝氨酸蛋白酶 -3（PR3-proteinase），pANCA 靶抗原主要为髓过氧化物酶（myeloperoxidase，MPO）。PR3 和 MPO 与血管炎密切相关。

（3）人类白细胞抗原（human leukocyte antigen，HLA）：HLA-B27 与有中轴关节受累的脊柱关节病密切关联。HLA-B5 与白塞病，HLA-DR2、DR3 与 SLE，HLA-DR3、B8 与 pSS，HLA-DR4 与 RA 有一定关联。

3. 关节液检查　关节液的白细胞计数有助于鉴别炎症性、非炎症性和化脓性关节炎。关节液中找到尿酸盐结晶或细菌涂片 / 培养阳性分别有助于痛风性关节炎和感染性关节炎的诊断。

4. 病理检查　肾脏活检有助于狼疮肾炎（lupus nephritis，LN）的病理分型、滑膜活检对于关节炎病因的判断、唇腺活检对 SS 的诊断、肌肉活检对于多发性肌炎 / 皮肌炎的诊断均有重要意义。

5. 影像学检查　X 线、关节 CT、双能 CT、MRI 和关节超声等。

二、风湿性疾病的治疗原则

风湿性疾病明确诊断后应尽早开始治疗，治疗的目的是保持关节、脏器的功能，缓解相关症状，提高生活质量，改善预后。强调个体化治疗，长期随访。

治疗措施包括一般治疗、药物治疗、手术治疗。一般治疗包括健康教育、锻炼、生活方式、物理治疗、对症治疗、心理辅导等；抗风湿病药物治疗详见"常用药物分类及作用机制"；手术治疗包括矫形、滑膜切除、关节置换等。

三、常用药物分类及作用机制

治疗风湿病的常用药物分为四大类，主要包括非甾体抗炎药（non-steroidal anti-inflammatory drugs，NSAIDs）、改善病情抗风湿药（disease modifying antirheumatic drugs，DMARDs）、糖皮质激素（glucocorticoid，GC）及植物药。DMARDs 能改善病情并延缓疾病进展。常用的 DMARDs 类药物包括传统 DMARDs（csDMARDs），生物制剂 DMARDs（bDMARDs）以及靶向合成 DMARDs（tsDMARDs）。

（一）NSAIDs

这类药物主要通过抑制环氧化酶（COX）活性，减少前列腺素合成而具有抗炎、止痛、退热及减轻关节肿胀的作用。分为两大类，一类是非选择性 COX 抑制剂，包括水杨酸类（阿司匹林）、芳基丙酸类（洛索洛芬、布洛芬）、芳基乙酸类（双氯芬酸）、异丁芬酸类（舒林酸）、昔康类（氯诺昔康)、烷酮类(萘丁美酮)、吲哚类(吲哚美辛)等。另一类是选择性 COX-2 抑制剂,如昔布类(塞来昔布、依托考昔、艾瑞昔布)、昔康类(美洛昔康)等,与非选择性的传统 NSAIDs 相比,能明显减少严重胃肠道不良反应。

(二)DMARDs

1. csDMARDs 又称慢作用抗风湿药(slow-acting anti-rheumatic drugs,SAARDs)。该类药物较 NSAIDs 发挥作用慢,可延缓或控制病情进展,临床症状的明显改善需 1~6 个月。

(1)甲氨蝶呤(MTX):抑制二氢叶酸还原酶而使二氢叶酸不能还原成有生理活性的四氢叶酸,从而使嘌呤核苷酸和嘧啶核苷酸的生物合成过程中一碳基团的转移作用受阻,导致 DNA 的生物合成受到抑制。

(2)环磷酰胺(CTX):细胞周期非特异性药物,与 DNA 发生交叉联结,抑制 DNA 的合成,也可干扰 RNA 的功能。

(3)硫唑嘌呤(AZA):干扰腺嘌呤、鸟嘌呤核苷酸的合成,使活化淋巴细胞合成和生长受阻。

(4)来氟米特(LEF):活性代谢物通过抑制二氢乳清酸脱氢酶抑制嘧啶核苷酸的合成,使活化淋巴细胞合成、生长受阻。

(5)环孢素(CysA):抑制淋巴因子,包括白细胞介素 -2(T 细胞生长因子,TCGF)的合成和释放。阻断细胞生长周期,使静止淋巴细胞停留在 G_0 或 G_1 期,抑制抗原激活的 T 细胞释放淋巴因子。

(6)吗替麦考酚酯(MMF):其活性代谢物通过抑制次黄嘌呤单核苷酸脱氢酶抑制鸟嘌呤核苷酸,使活化淋巴细胞合成、生长受阻。

(7)抗疟药(氯喹、羟氯喹):通过改变细胞溶酶体的 pH,减弱巨噬细胞的抗原提呈功能和 IL-1 的分泌,也减少淋巴细胞活化。

(8)沙利度胺:稳定溶酶体膜,抑制中性粒细胞趋化性,产生抗炎作用;抗前列腺素、组胺及 5- 羟色胺作用等。

(9)艾拉莫德:机制尚不完全清楚。在体外可抑制核因子 -κB(NF-κB)的活性,进而抑制炎性细胞因子(IL-1、IL-6、IL-8、TNF-α)的生成。抑制免疫球蛋白的生成。抑制纯化 COX-2 的活性,对 COX-1 的活性无影响。

(10)柳氮磺吡啶(SSZ):在肠道分解为 5- 氨基水杨酸和磺胺吡啶。前者抑制前列腺素并清除吞噬细胞释放的致炎性氧离子。

(11)他克莫司:抑制 T 细胞活化及 T 辅助细胞依赖型 B 细胞增殖,抑制淋巴因子的生成。在分子水平,与 FKBP12 形成复合物,特异性抑制钙调素,阻止淋巴因子基因转录。

2. bDMARDs

(1)TNF-α 拮抗剂

依那西普:人肿瘤坏死因子受体 p75 Fc 融合蛋白;阿达木单抗:全人源化的 TNF-α 单克隆抗体;英夫利西单抗:人 - 鼠嵌合 TNF-α 单克隆抗体;戈利木单抗:人源化 TNF-α 单克隆抗体。

主要作用机制:抑制 TNF-α 与其受体结合,从而抑制 TNF-α 的生物学活性,阻断其介导的细胞反应。

(2)IL-6 拮抗剂

托珠单抗:免疫球蛋白 IgG1 亚型的重组人源化抗人 IL-6 受体单克隆抗体。

主要作用机制:特异性结合可溶性及膜结合的 IL-6 受体(sIL-6R 和 mIL-6R),并抑制 sIL-6R 和 mIL-6R 介导的信号转导。

(3)抗 CD20 单抗

利妥昔单抗:人鼠嵌合性单克隆抗体。

主要作用机制:特异性地与跨膜抗原 CD20 结合,启动介导 B 细胞溶解的免疫反应。

(4)其他:IL-1 受体拮抗剂阿那白滞素;IL-17 拮抗剂苏金单抗;IL-12、IL-23 拮抗剂优特克单抗;B 淋巴细胞激活因子(BAFF)抑制剂贝利木单抗;细胞毒性 T 淋巴细胞抗原 4(CTLA4-Ig)阿巴西普等。

3. tsDMARDs 托法替布:Janus 激酶(JAK)抑制剂。JAK 属于胞内酶,可传导细胞膜上的细胞因子或生长因子 - 受体相互作用所产生的信号,从而影响细胞造血过程和细胞免疫功能。在该信号转导通路内,JAK 磷酸化并激活信号转导因子和转录激活因子(STAT),从而调节包括基因表达在内的细胞内活动。托法替布对该信号转导通路进行调节,防止 STAT 磷酸化和激活。

(三)GC

具有强大的抗炎和免疫抑制作用,被广泛用于治疗风湿性疾病,是治疗多种 CTD 的一线药物。GC 制剂众多,根据半衰期可以分为短效、中效和长效 GC。表 17-1-2 列举了常用的 GC。其中氢化可的松、泼尼松龙和甲泼尼龙为 11 位羟基化合物,可不经过肝脏转化直接发挥生理效应,因此肝功能不全患者优先选择此类 GC。

表 17-1-2　常用的 GC

	药物名称	作用时间 /h	抗炎效价	等效剂量 /mg
短效	氢化可的松	8~12	1	20
	可的松	8~12	0.8	25
中效	泼尼松	12~36	4	5
	泼尼松龙	12~36	4	5
	甲泼尼龙	12~36	5	4
	曲安西龙	12~36	5	4
长效	地塞米松	36~72	25	0.75
	倍他米松	36~72	30	0.6

（四）植物药

1. 白芍总苷　抗炎免疫调节药,对多种炎症性病理模型如大鼠佐剂性关节炎、角叉菜胶诱导的大鼠足爪肿胀和 CTX 诱导的细胞和体液免疫增高或降低模型等具有明显的抗炎和免疫调节作用。

2. 雷公藤多苷　抑制淋巴细胞增殖,减少免疫球蛋白合成,有抗炎及抑制细胞免疫和体液免疫等作用。

四、药物不良反应管理

（一）NSAIDs

NSAIDs 有许多共同的不良反应,发生率随药物种类的不同而异。NSAIDs 的毒性与其药理学特点如生物利用度、半衰期及对 COX-1、COX-2 的抑制程度相关。包括胃肠道、肝脏、肾脏、中枢神经系统、心血管系统、血液系统损害以及过敏反应等。

胃肠道不适最常见。临床表现多为腹痛、上腹不适、消化不良、恶心呕吐、嗳气、胃及十二指肠溃疡等,严重者甚至可能造成胃肠穿孔或者出血。应注意与食物同时服用或饭后服用,同时增加饮水,不宜饮酒及含有酒精的饮料,定期复查便常规,注意是否出现潜血。

肝脏损害发生率较高。特点为潜伏期短,与使用剂量相关,具有可预测性。肾脏损害包括急性肾衰竭、肾乳头坏死、间质性肾炎、慢性肾病等,故在使用此类药物时应正确判断适用人群,并督促患者定期进行肝、肾功能检查。

心血管系统常见症状包括心悸、高血压、下肢水肿等,发生率与药物使用剂量及疗程相关。中枢神经系统损害包括听力及视力减退、耳鸣、头晕、头痛、嗜睡等。血液系统损害包括延长出血时间,抑制粒细胞、血小板再生,导致再生障碍性贫血等。若长期大剂量使用,应定期进行血常规复查。此外,NSAIDs 可导致皮疹、过敏性鼻炎、哮喘等过敏反应,故在用药时应详细询问患者是否存在药物过敏史。

（二）DMARDs

1. csDMARDs　此类药物使用期间,均应定期密切监测血常规。慎用于粒细胞减少、血小板减少者,应注意肝肾功能损害及胃肠道反应的发生。如有 DMARDs 联用,则需要更密集的随访。如出现严重不良反应,必要时应进行药物洗脱。使用期间应避免接种活疫苗。

此外,针对不同的药物,还应注意如下事项:

（1）MTX:恶心、口腔溃疡、皮疹等,服药期间应适当补充叶酸。

（2）CTX:食欲减退、恶心、呕吐。应注意出血性膀胱炎的发生,鼓励患者用药后适当大量饮水。生殖毒性包括停经或精子缺乏。长期使用可致继发性肿瘤。白细胞计数 $<3.0 \times 10^9/L$ 或血小板 $<50.0 \times 10^9/L$ 者停用。定期监测血清尿酸水平。

（3）AZA:脱发、皮疹、骨髓抑制,可能对生殖系统有一定损伤,偶有致畸。

（4）LEF:皮疹、腹泻等,高血压患者在服用过程中应监测血压。

（5）CysA:不良反应的严重程度、持续时间与剂量和血药浓度有关。主要有齿龈增生、多毛等。应定期监测血压。

（6）MMF:不能与 AZA 同时服用;慎用于有活动性严重消化系统疾病的患者。联合其他免疫抑制治疗,发生淋巴瘤及其他恶性肿瘤的危险性增加,特别是皮肤。危险性与免疫抑制的强度和疗程有关,而与特定的免疫抑制无关。由于所有患者发生皮肤癌的危险性增加,应通过穿防护衣或高防护因子的防晒霜来限制暴露于阳光和紫外线下。应注意感染的发生。

（7）羟氯喹（HCQ）：眼科筛查建议初次及每个月31次。先前存在眼睛黄斑病变者,已知对4-氨基喹啉类化合物过敏的患者禁用。

（8）沙利度胺：对胎儿有严重的致畸性。可致倦怠和嗜睡,从事危险工作者禁用,如驾驶员、机器操纵者等。对长期用药者应定期检查神经系统,及时发现可能出现的周围神经炎。

（9）艾拉莫德：上腹部不适、转氨酶升高、白细胞减少、视物模糊、皮肤瘙痒、脱发、失眠等。

（10）SSZ：恶心、呕吐、腹痛、腹泻、皮疹等,对磺胺过敏者慎用。缺乏葡萄糖-6-磷酸脱氢酶、血卟啉症、肠道或尿路阻塞患者应尽量避免使用SSZ。

（11）他克莫司：不推荐与CysA合用。对大环内脂类药物过敏者禁忌。

2. bDMARDs 有许多共同的不良反应。

（1）感染：使用前必须对患者的感染情况进行评价。若有反复发作的感染史,尤其是老年者,应慎用;使用过程中出现感染,应及时停药并密切观察。复发性或慢性感染,或有潜在感染风险者,应谨慎使用。

（2）乙肝病毒及丙肝病毒慢性携带者有出现肝功能异常的风险,活动性肝炎不宜使用。

（3）结核：使用前应接受结核筛查[结核菌素皮肤试验、T淋巴细胞斑点试验（T-SPOT）、胸部X线/CT],对需进行预防性抗结核治疗的人群建议和专科医师讨论后决定。

（4）诱发肿瘤：不能排除TNF-α拮抗剂治疗患者出现淋巴瘤或其他恶性肿瘤的风险。

（5）输液反应：荨麻疹、呼吸困难等。为减少发生,应放慢输液速度,或预防性使用GC。

（6）狼疮样综合征,若出现宜停药。

（7）疫苗接种：使用期间不可接种活疫苗。

（8）TNF-α拮抗剂：有罕见的中枢神经系统脱髓鞘病例、罕见视神经炎和癫痫发作的病例,出现上述症状不宜使用;出现血液系统异常,应立即停用;中重度心力衰竭者禁用。

（9）利妥昔单抗：应监测血常规、血压;可能诱发心绞痛;消化系统和神经系统症状需对症处理。

（10）托珠单抗：应监测血常规、肝酶;警惕中枢神经系统脱髓鞘征象。

（11）阿巴西普：主要不良反应有头痛、恶心。

3. tsDMARDs 托法替布,不建议与bDMARDs或强效免疫抑制剂（如AZA和CysA）联用;不建议与利福平合用。用药期间密切监测血常规、血脂及肝功能,注意感染的发生,可能导致淋巴瘤和其他恶性肿瘤。建议对皮肤癌风险增高的患者进行定期的皮肤检查。

（三）GC

常见的副作用包括：并发感染、向心性肥胖、满月脸、紫纹、皮肤变薄、肌无力、肌萎缩、低血钾、青光眼、白内障、水钠潴留、恶心、呕吐、高血压、糖尿病、痤疮、多毛、胰腺炎、伤口愈合不良、骨质疏松、诱发或加重消化道溃疡、儿童生长抑制、诱发精神症状等。对于必须长期应用激素治疗的患者,应注意保护下丘脑-垂体-肾上腺轴,尽量避免使用对其影响较多的地塞米松等长效激素,长期使用避免突然停药。对长期使用激素治疗的患者,其肾上腺皮质功能不足,对应激的反应性差,遇到各种应激情况如手术时应适当增加激素剂量。

（四）植物药

1. 白芍总苷 腹痛、腹泻、纳差等。可对症治疗,必要时停用。

2. 雷公藤多苷 性腺抑制,可导致男性不育和女性闭经,一般不用于生育期患者。其他不良反应包括皮疹、色素沉着、指甲变薄、脱发、头痛、纳差、恶心、呕吐、腹痛、腹泻、骨髓抑制、肝酶升高和血肌酐升高等。

第二节 常见风湿性疾病药物治疗

一、系统性红斑狼疮

系统性红斑狼疮（systemic lupus erythematosus,SLE）是一种以致病性自身抗体和免疫复合物形成并介导器官、组织损伤的自身免疫病,主要病理改变为炎症反应和血管异常,可以出现在身体的任何器官。临床上常存在多系统受累表现,血清中存在以抗核抗体为代表的多种自身抗体。SLE 的患病率因人群而异。我国患病率为（30.13~70.41)）/10 万，以女性多见，尤其是 20~40 岁的育龄期女性。

（一）临床表现和诊断

1. 临床症状多样，早期症状往往不典型。

（1）全身表现：大多数疾病活动期患者出现各种热型的发热，尤以低、中度热为常见。可有疲倦、乏力、食欲缺乏、肌痛、体重下降等。

（2）皮肤与黏膜表现：80% 的患者在病程中会出现皮疹，包括颧部蝶形红斑（最具特征性）、盘状红斑、指掌部和甲周红斑、指端缺血、面部及躯干皮疹。口腔及鼻黏膜无痛性溃疡和脱发（弥漫性或斑秃）较常见，常提示疾病活动。

（3）浆膜炎：半数以上患者在急性发作期出现多发性浆膜炎（胸腔积液、心包积液）。LN 合并肾病综合征引起的低蛋白血症，或 SLE 合并心肌病变或肺动脉高压，都可出现胸腔和心包积液，并非狼疮浆膜炎，在临床评估狼疮活动性时需仔细甄别。

（4）肌肉关节表现：常出现对称性多关节疼痛、肿（指、腕、膝）。10% 的患者出现 Jaccoud 关节病。可以出现肌痛和肌无力，5%~10% 出现肌炎。有小部分患者在病程中出现股骨头坏死。

（5）肾脏表现：27.9%~70% 的 SLE 患者在病程中出现临床肾脏受累即 LN。中国 SLE 患者中以肾脏受累为首发表现的仅为 25.8%。肾脏受累主要表现为蛋白尿、血尿、管型尿、水肿、高血压，乃至肾衰竭。可依据病理表现分为六型：Ⅰ型系膜轻微病变性狼疮肾炎，光镜下正常，免疫荧光可见系膜区免疫复合物沉积；Ⅱ型系膜增生性狼疮肾炎，系膜细胞增生伴系膜区免疫复合物沉积；Ⅲ型局灶性狼疮肾炎（累及 <50% 肾小球)，Ⅲ（A）：活动性病变、Ⅲ（A/C）：活动性慢性病变、Ⅲ（C）：慢性病变；Ⅳ型弥漫性狼疮肾炎（累及 ≥50% 肾小球）：S——节段性病变（累及 <50% 肾小球毛细血管袢）、G——球性病变（累及 ≥50% 肾小球毛细血管袢）；Ⅴ型膜性狼疮肾炎，可以合并发生 Ⅲ 或 Ⅳ 型，也可伴有终末期硬化性狼疮肾炎；Ⅵ型终末期硬化性狼疮肾炎，≥90% 肾小球呈球性硬化。

（6）心血管表现：可出现心包炎。疣状心内膜炎（Libman-Sack 心内膜炎）通常不引起临床症状，但可以脱落引起栓塞，或并发感染性心内膜炎。约 10% 的患者有心肌损害。可有冠状动脉受累，表现为心绞痛和心电图 ST-T 改变，甚至出现急性心肌梗死。

（7）呼吸系统：SLE 所引起的肺间质病变主要是急性、亚急性的磨玻璃样改变和慢性期的纤维化。约 2% 的患者合并弥漫性肺泡出血（DAH），病情凶险，病死率高达 50% 以上。肺泡灌洗液或肺活检标本的肺泡腔中发现大量充满含铁血黄素的巨噬细胞，或者肺泡灌洗液呈血性对于 DAH 的诊断具有重要意义。肺动脉高压并不少见，是 SLE 预后不良的因素之一。

（8）神经系统：神经精神狼疮又称"狼疮脑病"（neuropsychiatric lupus NP-SLE），中枢神经系统和周围神经系统均可累及。中枢神经系统病变包括癫痫、狼疮性头痛、脑血管病变、无菌性脑膜炎、脱髓鞘综合征、运动障碍、脊髓病、急性意识错乱、焦虑状态、认知功能减退、情绪障碍及精神病等。周围神经系统受累可表现为吉兰-巴雷综合征、自主神经病、单神经病、重症肌无力、脑神经病变、神经丛病及多发性神经病等。

（9）消化系统：食欲减退、腹痛、呕吐、腹泻等，其中部分患者以上述症状为首发。早期出现肝损伤与预后不良相关。少数患者可并发急腹症，如胰腺炎、肠坏死、肠梗阻，这些往往与 SLE 活动性相关。消化系统症状与肠壁和肠系膜血管炎有关。

（10）血液系统：活动性 SLE 中血红蛋白下降、白细胞和 / 或血小板减少常见。其中 10% 属于 Coombs 试验阳性的溶血性贫血；部分患者可有无痛性轻或中度淋巴结肿大。少数患者有脾大。

（11）抗磷脂综合征（antiphospholipid syndrome，APS）：表现为动脉和 / 或静脉血栓形成、反复的自发流产、血小板减少，血清出现抗磷脂抗体。

（12）SS：约 30% 的 SLE 患者有继发性 SS 并存。

（13）眼部表现：约 15% 患者有眼底病变，如视网膜出血、视网膜渗出、视盘水肿等，其原因是视网膜血管炎。另外，血管炎可累及视神经，两者均影响视力。

2. 实验室和其他辅助检查

（1）一般检查：不同系统受累可出现相应的血、尿常规、肝、肾功能与影像学检查等异常。有狼疮脑病者常有脑脊液压力及蛋白含量的升高，但细胞数、氯化物和葡萄糖水平多正常。

（2）自身抗体检查：患者血清中可以检测到多种自身抗体，可以是 SLE 诊断的标记抗体、疾病活动性的指标，还能提示可能出现的临床亚型。

1）ANAs：出现在 SLE 的有 ANA、抗双链 DNA（dsDNA）抗体、抗可提取核抗原（ENA）抗体。

① ANA：见于几乎所有的 SLE 患者，由于特异性低，因此单纯的 ANA 阳性不能作为 SLE 与其他 CTD 的鉴别指标。

② 抗 dsDNA 抗体：是诊断 SLE 的特异性抗体，为 SLE 的标记抗体；多出现在 SLE 的活动期，抗 dsDNA 抗体的滴度与疾病活动性密切相关，稳定期的患者如抗 dsDNA 滴度增高，提示复发风险较高，需要更加严密的监测。

③ 抗 ENA 抗体谱：是一组临床意义不相同的抗体。抗 Sm 抗体：诊断 SLE 的标记抗体，特异性 99%，但敏感性仅 25%，有助于早期和不典型患者的诊断或回顾性诊断。抗 RNP 抗体：阳性率 40%，对 SLE 诊断特异性不高，往往与 SLE 的雷诺现象和肺动脉高压相关。抗 SSA（Ro）抗体：与 SLE 中出现光过敏、血管炎、皮损、白细胞减低、平滑肌受累、新生儿狼疮等相关。抗 SSB（La）抗体：与抗 SSA 抗体相关联，与继发 SS 有关，但阳性率低于抗 SSA（Ro）抗体。抗 rRNP 抗体：往往提示有 NP-SLE 或其他重要内脏损害。

2）抗磷脂抗体：包括抗心磷脂抗体、狼疮抗凝物、抗 β₂GPI 抗体、梅毒血清试验假阳性等针对自身不同磷脂成分的自身抗体。

3）抗组织细胞抗体：抗红细胞膜抗体，现以 Coombs 试验测得。抗血小板相关抗体导致血小板减少，抗神经元抗体多见于 NP-SLE。

4）其他：部分患者血清可出现 RF，少数患者可出现抗中性粒细胞胞质抗体。

（3）补体：包括总补体（CH50）、C3 和 C4。补体低下，尤其是 C3 低下常提示有 SLE 活动。

（4）病情活动度指标：除上述抗 dsDNA 抗体、补体与 SLE 病情活动度相关外，仍有许多指标变化提示狼疮活动，包括脑脊液变化、蛋白尿增多和炎症指标（血沉、CRP）及血小板计数升高。

（5）肾活检病理：对 LN 的诊断、治疗和预后估计均有价值，尤其对指导 LN 治疗有重要意义。

（6）影像学检查：有助于早期发现器官损害。如神经系统 MRI、CT、胸部高分辨率 CT、超声心动图等。

3. 诊断 目前普遍采用美国风湿病学会（American College of Rheumatology, ACR）1997 年推荐的 SLE 分类标准见表 17-2-1。该分类标准的 11 项中，符合 4 项或 4 项以上者，在除外感染、肿瘤和其他 CTD 后，可诊断为 SLE，其敏感性和特异性分别为 95% 和 85%。2012 年系统性红斑狼疮国际合作组织（Systemic Lupus International Collaborating Clinics, SLICC）对 SLE 的分类标准进行了修订。自从 2014 年开始，ACR 和欧洲风湿病联盟（EULAR）进行 SLE 新分类标准制定，其目的是通过制定加权计分系统能更全面整体评价 SLE 病情，并更有利于 SLE 疾病早期的诊断。2019 年 ACR 发布了 SLE 新分类标准见表 17-2-2，但仍需要众多临床实践进行检验。

表 17-2-1 ACR 1997 年推荐的 SLE 分类标准

标准	定义
1. 颊部红斑	固定红斑，扁平或高起，在两颧突出部位
2. 盘状红斑	片状高起于皮肤的红斑，黏附有角质脱屑和毛囊栓；陈旧病变可发生萎缩性瘢痕
3. 光过敏	对日光有明显的反应，引起皮疹，从病史中得知或医生观察到
4. 口腔溃疡	经医生观察到的口腔或鼻咽部溃疡，一般为无痛性
5. 关节炎	非侵蚀性关节炎，累及 2 个或更多的外周关节，有压痛、肿胀或积液
6. 浆膜炎	胸膜炎或心包炎
7. 肾脏病变	尿蛋白>0.5g/24h 或 +++，或管型（红细胞、血红蛋白、颗粒或混合管型）
8. 神经病变	癫痫发作或精神病，除外药物或已知的代谢紊乱
9. 血液学疾病	溶血性贫血，或白细胞减少，或淋巴细胞减少，或血小板减少
10. 免疫学异常	抗 dsDNA 抗体阳性，或抗 Sm 抗体阳性，或抗磷脂抗体阳性（包括抗心磷脂抗体，或狼疮抗凝物，或至少持续 6 个月的梅毒血清试验假阳性三者中具备一项阳性）
11. 抗核抗体	在任何时候和未用药物诱发"药物性狼疮"的情况下，抗核抗体滴度异常

表 17-2-2　2019 EULAR/ACR SLE 分类标准

入围标准：Hep2 效价为 ≥1∶80 的 ANA 阳性或同等阳性试验

临床领域及标准		定义	权重
疾病症候	发热	发热 >38.3℃	2
皮肤黏膜	口腔溃疡	临床医生观察到的口腔溃疡	2
	非瘢痕性脱发	临床医生观察到的非瘢痕性脱发	2
	亚急性皮肤狼疮或盘状狼疮	临床医生观察到的环状或丘疹性鳞状（银屑病样）皮疹，通常在光照部位；继发于萎缩性瘢痕的红斑 - 紫红色皮肤病变	4
	急性皮肤狼疮	临床医生观察到的蝴蝶斑或全身性斑丘疹	6
骨骼与肌肉	关节受累	≥2 个关节滑膜炎，特征为肿胀或渗出，或 ≥2 个关节压痛 + ≥30min 的晨僵	6
神经精神病学	谵妄	①意识或唤醒水平改变，同时伴有注意力下降；②症状发展的时间从数小时到 <2d；③全天症状波动；④急性亚急性认知改变，或行为、情绪或情感上的变化	2
	精神症状	①无洞察力的妄想和 / 或幻觉；②无谵妄	3
	癫痫	原发性全身性发作或部分 / 局灶性发作	5
浆膜	胸腔或心包积液	胸腔积液或心包积液的影像学证据支持，如超声、X 线、CT、MRI，或两者兼有	5
	急性心包积液	≥以下 2 项：①心包性胸痛（剧痛，吸气相加重，前倾位减轻）；②心包摩擦音；③心电图伴有新的广泛 ST 段抬高或 PR 压低；④影像学新发或加重的心包积液	6
血液学	白细胞减少	白细胞数目 <4×10^9/L	3
	血小板减少	血小板数目 <100×10^9/L	4
	自身免疫性溶血	存在溶血证据，如网织红细胞升高，结合珠蛋白下降，间接胆红素升高，乳酸脱氢酶（LDH）升高以及 Coombs 试验阳性	4
肾脏	蛋白尿定量（24h）>0.5g	尿蛋白 24h>0.5g 或等效尿蛋白 - 肌酐比	4
	肾活检 Ⅱ 或 Ⅴ 型 LN	Ⅱ 型：系膜增生性 LN；Ⅴ 型：膜性 LN	8
	肾活检 Ⅲ 或 Ⅳ 型 LN	Ⅲ 型：局灶性 LN；Ⅳ 型：弥漫性 LN	10
免疫领域及标准			
抗磷脂抗体	抗心磷脂抗体或抗 β2GP1 抗体或狼疮抗凝物阳性	抗心磷脂抗体中或高滴度（>40APL，GPL，或 MPL，或 > 第 99 百分位数）或抗 β2GP1 抗体阳性或狼疮抗凝物阳性	2
补体蛋白	低 C3 或低 C4	C3 或 C4 低于正常值下限	3
	低 C3 和低 C4	C3 和 C4 均低于正常值下限	4
特异性抗体	抗 dsDNA 抗体或抗 Sm 抗体	免疫分析中的抗 dsDNA 抗体对 SLE 的特异性为 90%，或抗 Sm 抗体	6

对于每条标准，均需要排除感染、恶性肿瘤、药物等原因；

既往符合某标准可以计分；

标准不必同时发生；

至少符合一条临床标准；

在每个方面，只取最高权重标准得分计入总分。

如果符合入门标准，总分 ≥10 分可以分类诊断 SLE。

（二）一般治疗原则

强调早期诊断、早期治疗、个体化方案及联合用药。对明确 SLE 诊断的患者应当进行疾病活动性的评估,准确判断疾病轻重程度。

传统治疗包括诱导缓解和维持治疗。近年来逐步提出达标治疗理念:即治疗目标是疾病缓解,包括总体病情和受累脏器的缓解,若无法达到缓解,则尽可能将疾病控制在最低的活动度。

一般治疗包括:

1. 患者宣教 正确认识疾病,消除恐惧心理,明白规律用药的意义,学会自我认识疾病活动的征象,懂得长期随访的必要性,配合治疗,遵从医嘱,定期随诊;避免过度紫外光暴露及过度疲劳。

2. 对症治疗和去除各种影响疾病预后的因素 如注意控制高血压,防治各种感染。

3. 避免使用可能诱发 SLE 的各种药物 如避孕药等。

4. 缓解期才可做防疫注射 但尽可能不用活疫苗。

(三)基本治疗药物及治疗方案

最早美国食品药品监督管理局(FDA)于1948 年批准阿司匹林、1955 年批准 HCQ 和激素治疗 SLE。1992 年,*The Lancet* 杂志发表了首个随机双盲研究,证实 CTX 能有效控制重症 LN,奠定了 CTX 冲击方案作为一线治疗 LN 的地位。MMF 早期被用于实体器官移植抗排异反应,2000 年一项发表于 *The New England Journal of Medicine* 的研究,提示 MMF 可用于 LN 的诱导治疗,与 CTX 地位相当;全球最大的应用 MMF 治疗 LN 的诱导期的随机双盲对照研究结果发表于2009 年。2011 年 3 月,贝利木单抗(Belimumab)获 FDA 批准,成为首个用于 SLE 的生物靶向药物。

从治疗方案来看:20 世纪 80 年代前为无序阶段,1980~2010 年为传统治疗阶段,提倡诱导缓解和维持治疗。2014 年 6 月 EULAR 年会上首次提出 SLE 的目标治疗(T2T/SLE),标志着 SLE 的治疗正在从"以治疗方案为中心"向"以缓解疾病为中心"逐渐转化。

1. 基本治疗药物

(1)NSAIDs:用于控制轻型 SLE 的关节炎和轻中度发热。

(2)GC:兼有强大的抗炎和免疫抑制作用,

是治疗 SLE 的主要用药之一。临床用药要个体化,用药剂量及时间视病情而定。通常对有明显内脏功能损害的标准剂量为 0.5~1mg/(kg·d),并根据治疗效果调整激素用量。病情稳定后逐渐缓慢减少用量,病情允许时,激素维持剂量尽量 <10mg/d。同时根据病情加用免疫抑制剂以更快的诱导病情缓解及巩固疗效。对有重要脏器受累,病情进展迅速,乃至出现狼疮危象的患者,可使用大剂量冲击治疗。

(3)DMARDs:重要脏器受累的 SLE,诱导缓解期建议首选 CTX 或 MMF 治疗,如无明显副作用,建议至少应用 6 个月以上。维持治疗可根据病情选择 1~2 种免疫抑制剂长期维持。目前认为HCQ 应作为 SLE 的背景治疗,可在诱导缓解和维持治疗中长期应用。

1)csDMARDs

①CTX:是 SLE 诱导缓解治疗最常选择的药物,也是 LN 标准化治疗的药物之一,对血管炎、神经系统病变、急性出血性肺泡炎等多种狼疮重症表现均有效。因不良反应较多,很少用于 SLE维持期的治疗。目前普遍采用的标准 CTX 治疗方案是 0.5~1.0g/m²(体表面积),静脉滴注,每月 1次,连续 6 个月作为诱导治疗,然后每 3 个月 1 次作为维持治疗。欧洲推荐 0.5g,每 2 周 1 次,连续6 次(3 个月)后改用 AZA 维持治疗。我国的研究证明,每次 0.4g、每 2 周 1 次,有较好的疗效及安全性。由于各人对 CTX 的敏感性存在个体差异,治疗时应根据患者的具体情况,掌握好剂量、冲击间隔期和疗程,既要达到疗效,又要避免不良反应。口服剂量为 1~2mg/(kg·d)。

②MMF:常用剂量 1.5~2g/d。MMF 既可作为诱导缓解期治疗药物,也可作为维持期治疗药物。

③AZA:2~3mg/(kg·d),通常用于 SLE 经诱导缓解治疗后的维持期治疗。

④他克莫司:在 SLE 诱导缓解和维持期均有良好的疗效,通常作为 SLE 治疗的二线选择药物,常用起始剂量 0.05mg/(kg·d),血药浓度控制在 5~10ng/ml。

⑤MTX:主要用于关节炎、肌炎、浆膜炎和皮肤损害为主的 SLE 患者,常用剂量为 10~15mg,每周 1 次。

⑥CysA:常用剂量 3~5mg/(kg·d)。

⑦抗疟药：氯喹剂量为0.25g/d，HCQ为0.2~0.4g/d。

⑧LEF：10~20mg/d 口服。

⑨沙利度胺：50~100mg/d，分次服用。

2）bDMARDs：贝利木单抗、利妥昔单抗。

（4）植物药：雷公藤多苷：20mg，每日2次或3次，口服。

（5）其他治疗：病情危重或治疗困难病例，可根据临床情况选择静脉注射大剂量免疫球蛋白（IVIG）、血浆置换和/或免疫吸附、造血干细胞或间充质干细胞移植等。

2. 治疗方案

（1）轻型SLE的药物治疗：指主要内脏器官功能正常或稳定，仅表现为光过敏、皮疹、关节炎等症状。优先采取"升阶梯""无激素或少激素"

的方案，泼尼松一般在0.5mg/（kg·d）以下，病情稳定后缓慢减量至维持剂量泼尼松<5mg/d。抗疟药作为治疗SLE的基础用药，适用于无禁忌证的所有患者，可控制轻型SLE的皮疹和光敏感，且在病情稳定后减少复发。针对皮疹、关节炎/肌炎、浆膜炎，在上述治疗疗效欠佳或GC减量过程中复发时，可加用免疫抑制剂，此为"升阶梯"方案。选用何种免疫抑制剂及用药时间视病情而定。一般从MTX或LEF或雷公藤多苷开始，进一步加强可予他克莫司或CysA，再加强可升级为AZA或MMF，乃至短期应用CTX。沙利度胺可用于难治性SLE的皮疹，雷公藤多苷还可用于联合治疗方案。但应注意，部分轻度SLE如治疗不规范，随时间发展，有可能进展为中到重型SLE，故仍应定期随访，调整治疗方案见表17-2-3。

表 17-2-3 轻型 SLE 治疗方案

	首选	二线	三线	其他
皮疹	抗疟药	MTX LEF 雷公藤多苷	他克莫司 CysA AZA MMF	短期应用CTX，联合中等剂量到大剂量的GC
关节炎	NSAIDs 联合抗疟药	MTX LEF 雷公藤多苷	他克莫司 CysA	小剂量至中等剂量的GC
肌炎	MTX LEF 雷公藤多苷	他克莫司 CysA	AZA MMF	短期应用CTX，联合中等剂量到大剂量的GC
浆膜炎	中等剂量至大剂量的GC联合抗疟药	MTX LEF 雷公藤多苷	他克莫司 CysA AZA MMF	短期应用CTX
口腔溃疡	中小剂量的GC联合抗疟药	—	—	沙利度胺可用于难治性口腔溃疡
白细胞减少	抗疟药	—	—	粒细胞减少乃至粒细胞缺乏时，考虑中等剂量至大剂量的GC

（2）中重型SLE的治疗：指存在主要脏器受累并影响其功能，或广泛的非主要脏器（如皮肤）受累且常规治疗无效的患者。GC治疗疗效不佳或不能减到可以长期维持的合适剂量。这些患者通常需要较积极的治疗策略，GC联合应用免疫抑制剂以控制病情。传统治疗主要分为两个阶段，即诱导缓解和维持治疗。诱导缓解目的在于迅速控制病情，阻止或逆转内脏损害，力求疾

病完全缓解（包括血清学指标、症状和受损器官的功能恢复），但应注意过度免疫抑制诱发的并发症，尤其是感染。因病情以及患者对激素敏感性的不同，GC剂量差异很大，通常为1mg/（kg·d），有时需要达到2~3mg/（kg·d），部分SLE患者出现一些短期内即可威胁生命的狼疮表现，包括急进性肾炎、严重自身免疫性溶血性贫血、重度血小板减少、神经精神狼疮、狼疮并发肺泡出血、严重

的狼疮心肌累及、严重的狼疮性肺炎、严重狼疮性肝炎、严重血管炎等，又称狼疮危象，需要大剂量激素冲击治疗。维持治疗阶段目标是用最少的药物防止疾病复发，在维持患者完全缓解的基础上尽量减少治疗药物相关并发症。多数患者需终身用药，因此长期随访是治疗成功的关键。

（四）临床问题导向的药物治疗

1. 传统治疗理念与 T2T 基本理念　传统治疗理念即诱导缓解和维持治疗。国际上 2 个治疗中重度 SLE 的经典治疗模式是美国 NIH 方案和欧洲方案。前者为：每月 1 次静脉注射 CTX 0.5~1.0g/m²（体表面积），连续 6 个月作为诱导治疗，然后每 3 个月 1 次作为维持治疗。后者为：0.5g 每 2 周 1 次，连续 6 次（3 个月）后改用 AZA 维持治疗。事实上，此两种方案并不能适用于所有类型的 SLE。2014 年 6 月，T2T/SLE 工作组初步提出了 4 项总则（overarching principles）和 11 条推荐（recommendations）。总体原则：

（1）SLE 的管理应该建立在患者与医生共同决策的基础上。

（2）SLE 的治疗应该是通过控制病情活动程度、尽量减少并发症和药物毒性，以达到确保患者长期生存、防止器官损伤和改善健康相关的生命质量的目标。

（3）要认识到该病临床表现的复杂性和多样性，必须关注多学科共同参与 SLE 的管理。

（4）SLE 患者需要长期有规律的病情监控、评估和 / 或调整治疗方案。

推荐：

（1）SLE 的治疗目标是达到系统症状和器官损害的缓解，若达不到缓解，则需尽可能达到最低的疾病活动度（通过有效的狼疮活动指数和 / 或器官特异性指标来判断）。

（2）预防复发（尤其是严重复发）是一个现实可行的目标，也是治疗的目的。

（3）对于无临床症状的患者，不推荐仅仅根据狼疮血清学指标（稳定与否或持续活动）就给予升级治疗。

（4）因为疾病、治疗和合并症所致的损害可以导致后续的累积损害和死亡，就应该将预防损害的发生作为 SLE 一个重要的治疗目标。

（5）在控制病情活动和预防损害之外，也应该重视那些对健康相关的生命质量（HRQOL）有负面影响的因素，如疲劳、疼痛和抑郁。

（6）强烈建议早期识别和治疗 LN 的肾损害。

（7）对于 LN，建议在诱导治疗之后，至少维持 3 年的免疫抑制治疗，拟获得更佳结局。

（8）狼疮维持治疗的目标是将激素减到控制疾病活动所需的最小剂量，如果可能的话激素应该完全停用。

（9）预防和治疗抗磷脂综合征相关的病情应该是 SLE 的一个治疗目标，治疗建议与原发性抗磷脂综合征相同。

（10）不管是否使用其他治疗，应慎重考虑使用抗疟药物。

（11）免疫调节治疗之外，还应该考虑采用相关的辅助治疗来控制 SLE 患者的合并症。

2. GC 减停　减停或用最小剂量的激素治疗 SLE 是目前研究的重点。T2T/SLE 工作组明确提出尽可能完全停用激素。已有长期临床缓解的文献结果显示，10%~20% 的 SLE 患者在达到临床缓解或长期临床静止伴有血清学活动（persisting serological activity with clinically quiescent disease，SACQ）时，可以长期停用激素，一般用 HCQ 维持 SLE 的疾病缓解状态。

3. 妊娠期治疗　小剂量泼尼松可以防止妊娠时 SLE 复发，降低孕妇病死率，提高妊娠成功率，并预防发生流产。病情处于缓解期达半年以上者，没有中枢神经系统、肾脏或其他脏器严重损害，维持较小激素剂量（泼尼松 <15mg/d），未用免疫抑制剂或至少已停用 6 个月以上者可考虑备孕，妊娠期间应密切监测 SLE 活动性，根据病情调整泼尼松用量。在分娩时也应增加剂量，常规给予甲泼尼龙 60mg，静脉滴注，产后第 2 日，40mg，静脉滴注，第 3 日恢复产前剂量，至少泼尼松 10mg/d 维持，维持 6 周。不宜常规应用地塞米松。

大多数免疫抑制剂在妊娠前 3 个月至妊娠期应用均可能影响胎儿的生长发育，故必须停用半年以上方能妊娠。妊娠可诱发 SLE 活动，特别在妊娠早期和产后 6 个月内。但目前认为 HCQ 和 AZA、钙调蛋白酶抑制剂（如 CysA、他克莫司）对妊娠影响相对较小，尤其是 HCQ 可全程使用。有习惯性流产病史或抗磷脂抗体阳性者,妊娠时应服阿司匹林,或根据病情应用低分子量肝素治疗。应用免疫抑制剂及大剂量激素者产后避免哺乳。

2016 年《欧洲抗风湿病联盟关于系统性红斑狼疮和 / 或抗磷脂综合征患者女性健康管理的推荐意见》中提出:HCQ、口服 GC、AZA、CysA 和他克莫司可用于预防或治疗妊娠期间 SLE 的病情复发。中重度病情复发可采用其他治疗措施,包括 GC 冲击治疗、静脉注射丙种球蛋白和血浆置换。MMF、CTX、LEF 和 MTX 应禁用。推荐 SLE 患者孕前、孕中均使用 HCQ。对于有发生先兆子痫风险的 SLE 患者(尤其是有 LN 或抗磷脂抗体阳性患者)应使用小剂量阿司匹林。对于 SLE 相关性 APS 或原发性 APS 患者,应联合使用小剂量阿司匹林和低分子肝素以降低不良妊娠结局发生的风险,应同健康人群一样补充钙剂、维生素 D 和叶酸,确定怀孕后应检查血清维生素 D 的水平。

4. LN 的标准化治疗 肾脏是狼疮最常见、最严重的受累脏器,肾脏的受累可增加狼疮患者的死亡风险。

ACR 于 2012 年提出了新的 LN 治疗推荐指南意见如图 17-2-1 所示。作为 LN 的基础治疗,ACR 推荐联合应用 HCQ。对所有蛋白尿 >0.5g/d 的患者,应当使用拮抗肾素 - 血管紧张素系统的药物。严格控制血压有助于延缓肾损害的病程,控制目标推荐为 130/80mmHg。

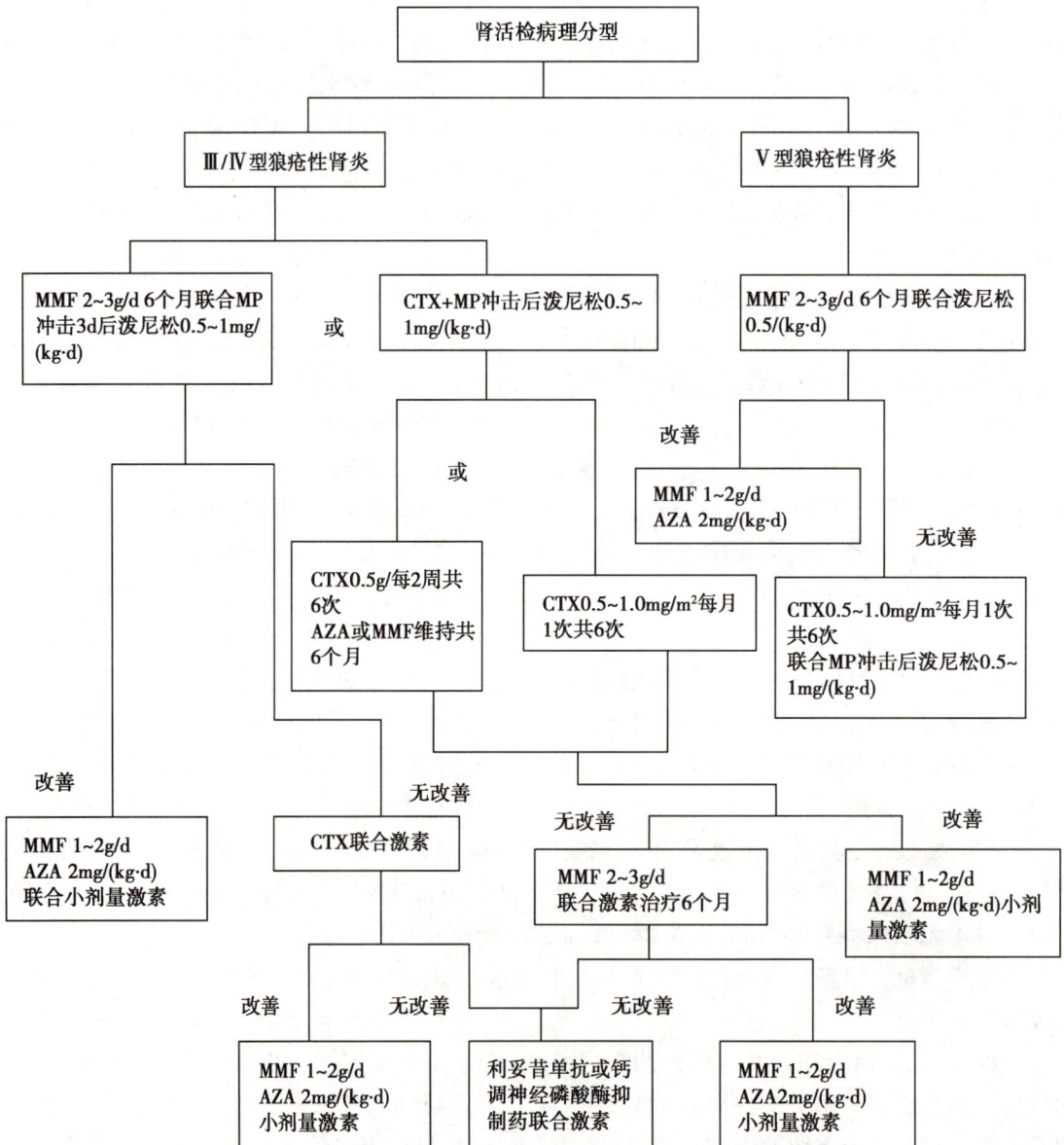

图 17-2-1 ACR 狼疮肾炎治疗推荐指南意见

Ⅰ型和Ⅱ型通常无需免疫抑制剂治疗。Ⅲ型和Ⅳ型诱导缓解期的治疗方案为激素联合免疫抑制剂，免疫抑制剂推荐首先选择 MMF 或 CTX 静脉应用。对有生育要求的患者，MMF 更为适用。对 V 型的患者推荐激素联合 MMF 治疗。对 V 型叠加Ⅲ型或 V 型叠加Ⅵ型的患者，治疗方案参照Ⅲ型和Ⅳ型治疗方案。除非在 3 个月有明显恶化的临床证据，如明显增加的蛋白尿和/或显著升高的肌酐，通常诱导期治疗疗程为 6 个月，6 个月如疗效不佳，可更换治疗方案。

对活动性明显的Ⅳ型以及大量蛋白尿的 V 型，国内学者推荐首先选择 CTX 治疗。此外，ACR 推荐在治疗开始阶段给予 0.5~1.0g/d 的激素冲击治疗，随后减到 0.5~1mg/（kg·d），但在国内，除非有急进性肾炎表现，考虑到激素冲击的风险，一般不建议应用，而建议给予 1mg/（kg·d）的激素剂量治疗。

5. 合并感染的治疗 感染是导致 SLE 死亡的最主要原因之一。需要注意的是，对于发热的患者，常常不易区别是因感染引起，还是因 SLE 原发病本身所致。此时，贸然增加激素剂量和给予免疫抑制治疗常常会加重感染，甚至危及生命。应尽早进行相关检测，找到病原体。考虑 SLE 疾病活动需强化免疫治疗，并发感染需予抗感染治疗。另外，对反复发热、常规激素剂量疗效不佳的患者也应警惕感染的存在，不宜贸然增加激素剂量。

6. 合并肺动脉高压的治疗 SLE 相关 PAH 的患病率在中国系统性红斑狼疮研究协作组（CSTAR）的注册研究中达 3.8%，且是继神经精神性狼疮、LN 之后，SLE 引起脏器损伤导致患者死亡的重要病因之一。SLE 相关 PAH 治疗的终极目标是最大程度地改善患者的预后，提高患者的生活质量。短期目标是延长临床恶化时间，推荐双重达标。

根据 SLE 病情是否活动及 PAH 是否达标来尽可能确定 SLE 的治疗方案：

（1）SLE 活动而 PAH 未达标：通常需要积极的诱导缓解治疗，即大剂量 GC（对病程短、进展迅速的 SLE 相关 PAH 患者，可考虑 GC 冲击治疗）。免疫抑制剂可考虑 CTX、MMF 等作用较强的药物。

（2）SLE 缓解且 PAH 已达标：通常仅需维持缓解治疗，即小剂量 GC。免疫抑制剂可选择长期应用的 MMF、AZA、MTX 或 HCQ 等。

（3）SLE 活动而 PAH 已达标：应兼顾 SLE 其他受累系统的病情，由风湿科医师决定，通常需要适度的巩固缓解治疗，即中至大剂量 GC。免疫抑制剂可考虑 CTX、MMF 或 AZA 等作用较强的药物。

（4）SLE 缓解而 PAH 未达标：通常在 SLE 维持缓解治疗的基础上加强 PAH 的靶向治疗（如靶向药物联合治疗），如 PAH 病情仍未改善或进展则需考虑积极的 SLE 诱导缓解治疗。

（5）PAH 的治疗：分为一般治疗、肺血管扩张治疗和其他治疗。一般治疗包括吸氧、利尿、抗凝、强心，是针对所有 SLE 相关 PAH 未达标的患者的基础治疗，如 PAH 已持续达标，则可考虑逐渐减停相关治疗。

7. 合并用药的原则与注意事项 不推荐 MMF 与 AZA 联合使用。他克莫司与布洛芬同用有可能导致急性肾衰竭，合用时应密切观察肾功能。因可增加 CysA 的半衰期，并出现协同/累加的肾毒性，不推荐他克莫司与 CysA 合用，且患者由原来的 CysA 治疗转换为他克莫司时应特别注意。甲泼尼龙可以降低或升高他克莫司的血浆浓度。

（五）药物治疗展望

针对 SLE 靶向治疗的研究热点包括抑制 B 淋巴细胞激活因子（B-cell activating factor, BAFF）（Belimumab），抑制干扰素途径（Anifrolumab），IL-12、23 抑制剂（Ustekinumab），GDC-0853（Bruton's 布鲁顿氏酪氨酸激酶（Bruton's tyrosine kinase BTK）可逆性抑制剂，钙调磷酸酶抑制剂（Voclosporin），抗 CD22 单抗，CTLA-4 拮抗剂，抗 CD40L 单抗，CC-220，合成肽免疫原，间充质干细胞和 T 细胞疫苗治疗，低剂量 IL-2 调节 SLE 患者体内免疫失衡等。

二、类风湿关节炎

类风湿关节炎（rheumatoid arthritis, RA）是一种以侵蚀性、对称性多关节炎为主要临床表现的慢性、全身性自身免疫性疾病。确切发病机制不明。基本病理改变为关节滑膜的慢性炎症、血管翳形成,并逐渐出现关节软骨和骨破坏,最终导致关节畸形和功能丧失。可发生于任何年龄,80%发病于35~50岁,男女患病比例约1:3。我国RA的患病率为0.32%~0.36%。

(一)临床表现与诊断

1. 临床表现 个体差异大,60%~70%的患者缓慢起病,病初可有发热、乏力、肌肉酸痛、全身不适、体重下降等症状,逐渐出现典型关节症状。除关节表现外,还可见内脏受累表现。

(1)关节表现

1)晨僵:95%以上的RA出现此症状。常被作为观察本病活动指标之一,持续时间超过1h者意义较大。

2)关节疼痛和压痛:双手近端指间关节、掌指关节及腕关节最常受累,其次为跖趾关节、肘、肩、踝、膝、颈、颞颌及髋关节。多呈对称性、持续性,时轻时重,疼痛的关节往往伴有压痛,受累关节的皮肤可出现褐色色素沉着。

3)关节肿胀:多因关节腔积液、滑膜增生或关节周围软组织炎症所致,炎症早期以滑膜关节周围组织的水肿及炎细胞渗出为主,病程长者则因滑膜慢性炎症后的肥厚而引起关节肿胀。

4)关节畸形:多见于较晚期患者,关节周围肌肉的萎缩、痉挛可使畸形更为加重。最为常见的关节畸形是腕和肘关节强直、掌指关节的半脱位、手指向尺侧偏斜和呈"天鹅颈"样及"纽扣花"样表现。重症患者关节呈纤维性或骨性强直失去关节功能,致使生活不能自理。

5)特殊关节:颈椎受累表现为颈痛、活动受限,最严重的表现为寰枢椎关节半脱位,可导致脊髓受压。肩、髋关节受累表现为局部疼痛和活动受限。颞颌关节受累有张口受限表现。

6)关节功能障碍:ACR将因本病而影响生活的程度分为四级:Ⅰ级——能照常进行日常生活和各项工作;Ⅱ级——可进行一般的日常生活和某种职业工作,但参与其他项目活动受限;Ⅲ级——可进行一般的日常生活,但参与某种职业工作或其他项目活动受限;Ⅳ级——日常生活的自理和参与工作的能力均受限。

(2)关节外表现

1)类风湿结节:是本病较常见的关节外表现,可见于30%~40%的患者,往往RF阳性且病情活动。多位于关节隆凸部及受压部位的皮下,如前臂伸面、肘鹰嘴突附近、枕、跟腱等处。此外,几乎所有脏器如心、肺、眼、胸膜等均可累及。其存在提示病情活动。

2)类风湿血管炎:通常见于长病程、血清RF阳性且病情活动的RA。皮肤表现各异,包括瘀点、紫癜、指(趾)坏疽、梗死、网状青斑,病情严重者可见下肢深大溃疡。

3)肺:肺受累很常见,男性多于女性,有时可为首发症状。包括肺间质病变、结节样改变、胸膜炎、肺动脉高压。

4)心脏受累:心包炎最常见。

5)肾:本病的血管炎很少累及肾,偶有轻微膜性肾病、肾小球肾炎、肾内小血管炎以及肾脏的淀粉样变等报道。

6)神经系统:正中神经在腕关节处受压可出现腕管综合征。胫后神经在踝关节处受压可出现跗管综合征。RA继发血管炎可导致手足麻木或多发性单神经炎。C_1~C_2颈椎受累可出现脊髓病变。

7)血液系统:贫血通常为正细胞正色素性贫血。病情活动的RA患者常见血小板增多,与疾病活动度相关。Felty综合征是指RA患者伴有脾大、中性粒细胞减少,有的甚至有贫血和血小板减少。

8)眼:最常见的表现是继发SS所致的干眼症,可能合并口干、淋巴结肿大,需结合自身抗体,经口腔科及眼科检查进一步明确诊断。

2. 实验室检查和其他辅助检查

(1)血液学改变:有轻至中度贫血。活动期间患者血小板可增高,白细胞及分类多正常,免疫球蛋白升高,血清补体大多正常或轻度升高,少数伴血管炎可出现补体降低。

(2)炎性标志物:血沉(ESR)和C反应蛋白(CRP)常升高,并且和疾病的活动度相关。

(3)自身抗体

1)类风湿因子(RF):是RA患者血清中针对IgG Fc片段上抗原表位的一类自身抗体,可分为IgM、IgG和IgA型。常规工作中主要检测IgM型RF,RA患者中阳性率为75%~80%。但RF并非RA的特异性抗体,其他慢性感染、自身免疫性疾病及1%~5%的健康人群也可出现RF阳性,

RF 阴性亦不能排除 RA 的诊断。

2）抗瓜氨酸化蛋白抗体（ACPA）：是一类针对含有瓜氨酸化表位自身抗原的抗体统称，包括抗核周因子（APF）抗体、抗角蛋白抗体（AKA）、抗聚丝蛋白抗体（AFA）、抗环状瓜氨酸（CCP）抗体和抗突变型瓜氨酸化波形蛋白（MCV）抗体。其中抗 CCP 抗体敏感性和特异性均很高，约 75% 的 RA 患者出现，且具有很高的特异性（93%~98%），亦可在疾病早期出现，与疾病预后相关。约 15% 的 RA 患者 RF 和 ACPA 均为阴性，称为血清学阴性 RA。

3）其他自身抗体：抗 Sa 抗体可出现在 RA 未确诊前，其靶抗体是瓜氨酸化的波形蛋白，特异性是 90%。抗 RA33/36 抗体，特异性 95.6%。对早期 RA 患者，尤其是当 RF 阴性时有重要的诊断价值。

（4）关节滑液：正常人关节腔内的滑液不超过 3.5ml。在关节有炎症时滑液增多，呈淡黄色透明、黏稠状，滑液中的白细胞明显增多，达 5 000~50 000/μl，约 2/3 为多核白细胞。临床上关节滑液检查可用于证实关节炎症，同时可鉴别感染和晶体性关节炎，如痛风、假性痛风等，但是尚不能通过关节滑液检查来确诊 RA。

（5）关节影像学检查

1）X 线检查：双手、腕关节以及其他受累关节的 X 线片对 RA 诊断、关节病变分期、病变演变的监测均很重要。早期可见关节周围软组织肿胀影、关节附近骨质疏松（Ⅰ期）；进而关节间隙变窄（Ⅱ期）；关节面出现虫蚀样改变（Ⅲ期）；晚期可见关节半脱位和关节破坏后的纤维性和骨性强直（Ⅳ期）。

2）关节 MRI：对早期诊断极有意义。可以显示关节软组织病变、滑膜水肿、增生和血管翳形成，以及骨髓水肿等，较 X 线更敏感。

3）关节超声：高频超声能够清晰显示关节腔、关节滑膜、滑囊、关节腔积液、关节软骨厚度及形态等，能够反映滑膜增生情况，亦可指导关节穿刺及治疗。

（6）关节镜及针刺活检：关节镜对诊断及治疗均有价值，针刺活检是一种操作简单、创伤小的检查方法，应用已经日趋成熟。

3. 诊断

（1）ACR1987 年修订的 RA 分类标准，要求 7 项中符合 4 项则可诊断 RA。其敏感性为 94%，特异性为 89%。但对于早期、不典型及非活动期 RA 易漏诊。诊断包括：

1）晨僵：关节或周围晨僵持续至少 1h。

2）≥3 个关节区的关节炎：医生观察到两侧的近端指间关节、掌指关节、腕、肘、膝、踝及跖趾关节 14 个关节区域中至少 3 个有软组织肿胀或积液（不是单纯骨隆起）。

3）手关节炎：腕、掌指或近端指间关节区中，至少有一个关节区肿胀。

4）对称性关节炎：左、右两侧关节同时受累（双侧近端指间关节、掌指关节及跖趾关节受累时，不一定绝对对称）。

5）类风湿结节：医生观察到在骨突部位、伸肌表面或关节周围有皮下结节。

6）血清 RF 阳性：任何检测方法证明血清中 RF 含量升高（所有方法在健康人群中阳性率 <5%）。

7）影像学改变：在手和腕的后前位像上有典型的 RA 影像学改变：必须包括骨质侵蚀或受累关节及其邻近部位有明确的骨质脱钙。

以上 7 项中满足 4 项或 4 项以上并除外其他关节炎者可诊断为 RA（要求第 1~4 项病程至少持续 6 周）

（2）2010 年 ACR 和欧洲抗风湿病联盟（EULAR）提出了新的 RA 分类标准，得分 6 分以上可诊断 RA 见表 17-2-4。

表 17-2-4 2010 年 ACR/EULAR 的 RA 分类标准

项目	评分
关节受累情况（0~5 分）	
1 个中大关节	0
2~10 个中大关节	1
1~3 个小关节	2
4~10 个小关节	3
至少一个为小关节，大于 10 个	5
血清学（0~3 分）	
RF 和抗 CCP 抗体均阴性	0
RF 或抗 CCP 抗体低滴度阳性	2
RF 或抗 CCP 抗体高滴度阳性（正常上限 3 倍）	3
急性期反应物（0~1 分）	
CRP 和 ESR 均正常	0
CRP 或 ESR 异常	1

续表

项目	评分
滑膜炎持续时间（0~1分）	
<6 周	0
≥6 周	1

注：受累关节指关节肿胀疼痛，小关节包括：掌指关节、近端指间关节、第 2~5 跖趾关节、腕关节，不包括第一腕掌关节、第一跖趾关节和远端指间关节；大关节指肩、肘、髋、膝、踝关节。

（二）一般治疗原则

治疗原则为早期、规范治疗，定期监测与随访。治疗目的包括：缓解疼痛、减轻炎症、保护关节结构、维持功能、控制系统受累、减少致残率、改善生活质量。医生与患者共同决策治疗措施，最终治疗目标是达标治疗，即治疗达到临床缓解：28 个关节疾病活动度（DAS28）≤2.6，或临床疾病活动指数（CDAI）≤2.8，或简化疾病活动指数（SDAI）≤3.3。在无法达到以上标准时，可以以低疾病活动度作为治疗目标，即 DAS28 ≤3.2 或 CDAI ≤10 或 SDAI ≤11。

治疗措施包括一般性治疗、药物治疗、外科手术治疗等，以药物治疗最为重要。一般治疗强调患者教育及整体和规范治疗的理念。适当的休息、理疗、体疗、外用药、正确的关节活动和肌肉锻炼等对于缓解症状、改善关节功能具有重要的作用。

（三）基本治疗药物及治疗方案

最早在 20 世纪 80 年代，治疗 RA 的主要药物是肌内注射金制剂和青霉胺，之后逐渐出现 HCQ、CTX、AZA、CysA、MTX 等药物治疗的方法，前提是在 NSAIDs 对症治疗仍然不能很好地控制 RA 症状时，使用上述药物。1993 年，出现了早期使用 DMARDs 的观点，建议从不良反应最小的 DMARDs 如 HCQ 和 SSZ 开始，在 HCQ、SSZ 金制剂、青霉胺治疗失败后，才建议使用 MTX。1997 年出版的第 5 版 *Textbook of Rheumatology*（简称 TOR）中，明确提出早期使用 DMARDs，其中首选 MTX，并首次提出与 csDMARDs 联合使用。2001 年，第 6 版 TOR 中，首次确立 DMARDs 联合治疗，LEF 可代替 MTX，提出生物制剂依那西普和英夫利西单抗能持久改善病情。2009 年，提出了目标治疗的概念。除抗肿瘤坏死因子（TNF）拮抗剂外，提到了另外两种不同作用机制的新型

生物制剂：阿巴西普和利妥昔单抗。2015 年第 9 版 TOR 中首次提出了随患者病情好转后可减药甚至停药的观点。2016 年 EULAR 首次强调了 tsDMARDs 药物的特点。在使用 csDMARDs 未能达到治疗目标时，应考虑加用 bDMARDs 或者 tsDMARDs 治疗。如果采用一种 bDMARDs 或 tsDMARDs 治疗失败，应考虑选用另外一种机制不同的 bDMARDs 或 tsDMARDs 治疗。无论是选用 bDMARDs 或是 tsDMARDs 治疗，都应该选择与一种 csDMARDs 联合使用，并建议推荐使用生物类似物（biosimilars）。

1. 基本治疗药物

（1）NSAIDs：RA 最常使用并且可能最为有效的辅助治疗。应用原则：①药物选择个体化。NSAIDs 之间镇痛疗效相当，如果患者没有胃肠道和心血管风险，则临床医生可以处方任何种类的 NSAIDs 药物；对有消化性溃疡病史者，宜用选择性 COX-2 抑制剂或其他 NSAIDs 加质子泵抑制剂；老年人可选用半衰期短或较小剂量的 NSAIDs；心血管高危人群应谨慎选用 NSAIDs；肾功能不全者应慎用 NSAIDs；用药期间注意血常规和肝肾功能的定期监测。②剂量应用个体化。可从小剂量开始使用，当患者在接受小剂量 NSAIDs 治疗效果明显时，应尽可能用最低有效量、短疗程进行治疗；若治疗效果不明显，可按说明书范围增加剂量；若疗效仍无改善，可换用其他药物。

NSAIDs 的外用制剂（如双氯酚酸二乙胺乳胶剂、酮洛芬凝胶、吡罗昔康贴剂等）以及植物药膏剂等对缓解关节肿痛有一定作用，不良反应较少，应提倡在临床上使用。

（2）DMARDs：一旦 RA 诊断明确均应使用 DMARDs。具体药物选择和应用方案需根据患者病程、病情活动性及是否合并预后不良因素而定。

1）csDMARDs

①MTX：口服、肌内注射、关节腔内或静脉注射均有效，每周给药 1 次。必要时可与其他 DMARDs 联用。常用剂量为 7.5~20mg/ 周。

②SSZ：一般服用 4~8 周后起效。从小剂量逐渐加量有助于减少不良反应。可从口服 250~500mg/ 次开始，2 次 /d，之后渐增至 750mg/ 次，2 次 /d 及 1g/ 次，2 次 /d。如疗效不明显可增至 3g/d。

③ LEF：10~20mg/d，口服。

④抗疟药：常用剂量为 HCQ 200mg，每日 2 次。氯喹 250mg，每日 1 次。

⑤青霉胺：已较少使用。

⑥金诺芬：已较少使用。

⑦ AZA：常用剂量为 1~2mg/（kg·d），一般 100~150mg/d。

⑧ CysA：可用于病情较重或病程长及有预后不良因素的 RA 患者。常用剂量 1~3mg/（kg·d）。

⑨ CTX：较少用于 RA。对于重症患者，在多种药物治疗难以缓解时可酌情试用。

⑩艾拉莫德：口服，25mg/ 次，饭后服用，早晚各 1 次。

2）bDMARDs

① TNF-α 拮抗剂：与 csDMARDs 相比，TNF-α 拮抗剂的主要特点是起效快、抑制骨破坏的作用明显、患者总体耐受性好。依那西普推荐剂量和用法是 25mg/ 次，皮下注射，每周 2 次；或 50mg/ 次，每周 1 次。英夫利西单抗治疗 RA 的推荐剂量为 3mg/kg，第 0、2、6 周各 1 次，之后每 4~8 周 1 次。阿达木单抗治疗 RA 的剂量是 40mg/ 次，皮下注射，每 2 周 1 次。

② IL-6 拮抗剂：托珠单抗，主要用于中重度 RA，对 TNF-α 拮抗剂反应欠佳的患者可能有效。推荐剂量是 4~10mg/kg，静脉滴注，每 4 周 1 次。

③ IL-1 拮抗剂：阿那白滞素，推荐剂量为 100mg/d，皮下注射。可以作为 RA 单一治疗药物或联合其他 DMARDs 药物。

④抗 CD20 单抗：利妥昔单抗，推荐剂量：第一疗程可先予静脉滴注 500~1 000mg，2 周后重复 1 次。根据病情可在 6~12 个月后接受第 2 个疗程。每次注射利妥昔单抗之前 30min 内先静脉给予适量甲泼尼龙。主要用于 TNF-α 拮抗剂疗效欠佳的活动性 RA。

⑤ CTLA4-Ig：阿巴西普用于治疗病情较重或 TNF-α 拮抗剂反应欠佳的患者。根据患者体重不同，推荐剂量分别是：500mg（<60kg）、750mg（60~100kg）、1000mg（>100kg），分别在第 0、2、4 周静脉给药，每 4 周注射 1 次。

3）tsDMARDs：托法替布适用于 MTX 疗效不足或对其无法耐受的中度至重度活动性 RA 成年患者。可与 MTX 或其他 DMARDs 联合使用，推荐剂量为 5mg，每日 2 次，口服，有无进食皆可。

（3）GC：能迅速改善关节肿痛和全身症状。可用于以下几种情况：①中、高疾病活动度的患者可短期使用；②伴有血管炎等关节外表现的重症 RA，可给予短效激素；③不能耐受 NSAIDs 的 RA 患者作为"桥梁"治疗；④其他治疗方法效果不佳的 RA 患者；⑤有局部激素治疗指征（如关节腔内注射）。

原则是小剂量、短疗程。不推荐长期使用。关节腔注射 GC 有利于减轻关节炎症状，但过于频繁的关节腔穿刺可能增加感染风险，并可发生类固醇晶体性关节炎。

（4）植物药

1）雷公藤多苷：30~60mg/d，分 3 次饭后服用。

2）白芍总苷：常用剂量为 600mg，每日 2~3 次。

（5）核素治疗：具体内容可参照第二十六章。

2. 治疗方案 治疗方案的选择和治疗依据可参考《2018 中国类风湿关节炎诊疗指南》建议。医生与患者共同决策治疗措施，根据疾病活动度和其他因素制订治疗方案。以风湿科医生为主导，同时考虑个体化、医疗和社会成本问题。应综合考虑关节疼痛、肿胀数量、ESR、CRP、RF 及抗 CCP 的数值等实验室指标，同时要考虑关节外受累情况；此外还应注意监测 RA 的常见合并症，如心血管疾病、骨质疏松、恶性肿瘤等。

（1）初始治疗方案的选择：RA 患者一经确诊，应尽早开始 csDMARDs 治疗。推荐首选 MTX 单用；存在 MTX 禁忌时，考虑单用 LEF 或 SSZ。

MTX 是 RA 治疗的锚定药。一般情况下，2/3 的 RA 患者单用 MTX，或与其他 csDMARDs 联用，即可达到治疗目标。安全性方面，小剂量 MTX（≤10mg/ 周）的不良反应轻、长期耐受性较好。此外系统评价显示，MTX 治疗期间补充叶酸（剂量可考虑每周 5mg）可减少胃肠道副作用、肝功能损害等不良反应。

我国的 LEF 使用率仅次于 MTX，为 45.9%。根据我国国情，SSZ 与除 MTX 外的其他 csDMARDs 相比，在单药治疗方面更具成本效益比。

（2）初始治疗未达标的方案调整：单一 csDMARDs 治疗未达标时，建议联合另一种或两种 csDMARDs 进行治疗；或一种 csDMARDs 联合一种 bDMARDs 进行治疗；或一种 csDMARDs 联合一种 tsDMARDs 进行治疗。

（3）GC 的应用指征：应尽量避免长期大剂量应用。中/高疾病活动度的 RA 患者，建议 csDMARDs 联合 GC 治疗以快速控制症状。在 csDMARDs 起始治疗或更换 csDMARDs 方案时，可短期使用不同剂量、不同给药途径的 GC，但应尽可能快地减量。治疗过程中应密切监测不良反应。

（四）临床问题导向的药物治疗

"RA 的达标治疗"于 2010 年被 EULAR 首次提出。达标治疗强调治疗方案的个体化，包括 csDMARDs 及 bDMARDs 的选择、使用、激素调整时机与剂量等均是临床医生和临床药师关注的重点。

对 RA 治疗未达标者，建议每 1~3 个月对其疾病活动度监测 1 次；对初始治疗和中/高疾病活动者，监测频率为每月 1 次；对治疗已达标者，建议其监测频率为 3~6 个月 1 次，根据患者整体情况适时调整治疗方案。

1. csDMARDs 仍是核心用药 csDMARDs 在临床上仍是 RA 治疗的核心用药。《2018 中国类风湿关节炎诊疗指南》针对不同疾病阶段的 RA 患者，给出了治疗建议。

（1）HCQ 的使用：系统评价显示，HCQ 对 RA 患者的代谢可能有益，并可能减少心血管事件的发生，故一般情况下，建议将其与其他 DMARDs 联合使用。在我国，HCQ 的使用率为 30.4%，以联合用药为主（占 95%）。

（2）不同 DMARDs 联合应用的临床观察：对 MTX 反应不足的 RA 患者，Meta 分析显示，联合 3 种 csDMARDs（MTX+SSZ+HCQ）能较好地控制疾病活动度，其效果并不低于 MTX 联合一种 bDMARDs 或联合 tsDMARDs；而我国学者进行的一项 PRINT 多中心临床观察，也系统研究了 RA 患者 DMARDs（MTX、LEF 和 HCQ 联用）持续强化治疗的效果，结果显示，随着强化治疗时间延长，在原方案不变的情况下延长治疗时间可进一步提高临床缓解率，且用药安全性良好。

2. 正确应用 bDMARDs/bsDMARDs 近年来关于生物类似药（bsDMARDs）有许多高质量的临床研究结果发表，使得 bsDMARDs 的疗效和安全性得到进一步证实。由于 bsDMARDs 在价格上比 bDMARDs 便宜，临床上 csDMARDs 疗效不佳且有预后不良因素的患者在经济条件允许时可考虑加用 bsDMARDs。

（1）使用 bDMARDs/bsDMARDs 的时间和选择：2016 年 EULAR、2018 年我国 RA 诊疗指南提出：单一 csDMARDs 治疗未达标时，且患者存在预后不良因素时，应考虑加用 bDMARDs 或 bsDMARDs 进行治疗。如果一种 bDMARDs 或 bsDMARDs 治疗无效可考虑换用其他 bDMARDs 或 bsDMARDs，如果一种肿瘤坏死因子（TNF）拮抗剂治疗无效可换用其他 TNF 拮抗剂或其他作用机制的生物制剂。对于不适合联用 csDMARDs 的患者，IL-6 抑制剂可能优于其他生物制剂。TNF 拮抗剂、托珠单抗和托法替布目前在使用的选择上，并无优先顺序；当 csDMARDs 联合其中一种治疗未达标后，可在三者间更换另外一种进行治疗。另外基于一些文献的报道，抗 CCP 抗体和 RF 阳性的患者使用利妥昔单抗疗效优于抗 CCP 抗体和 RF 阴性的患者，因此大部分临床医师在抗体阴性的患者中选择使用阿达木单抗或托珠单抗。

2018 年 APLAR（亚太风湿病学学会联盟）RA 治疗推荐中，给出了如下建议：基于现有证据，所有靶向治疗药物联合 MTX 或 csDMARDs 同等有效；对既往有结核或潜伏性结核的患者，靶向治疗优选非单抗类的 TNF 拮抗剂；对于合并 HBV 感染的 RA 患者，除利妥昔单抗外，其他靶向治疗均可使用；靶向治疗 6 个月仍未达标者才建议调整靶向治疗；对既往患有实体癌并接受治疗的 RA 患者，靶向治疗可以使用，但需谨慎；对接受外科手术治疗的 RA 患者，推荐暂停使用靶向治疗，待伤口愈合良好再恢复使用；对于确诊 RA 的妊娠患者，如果病情不能控制，可考虑继续 TNF 拮抗剂的治疗。

（2）何时减停及减停后的复发：达到持续缓解的 RA 患者，EULAR 推荐可逐渐增加两次给药时间间隔，或减少药物用量来实现 bDMARDs 的减量甚至停药。2018 年 APLAR-RA 治疗推荐中，提到对确诊的 RA 患者,特别是还同时联合使用 csDMARDs 治疗的患者,只有在疾病持续缓解至少 12 个月时才考虑靶向治疗的减停。我国 2018 年 RA 临床诊疗指南中也指出,对于 bDMARDs 或 tsDMARDs 治疗达标后,可考虑对其逐渐减量,减量过程中需严密监测,谨防患者疾病复发;在减量过程中,如 RA 患者处于持续临床缓解状态 1 年以上,临床医师和患者可根据实际情况讨论是否停用。

有学者研究了 bDMARDs 减停成败的相关因素。2016 年发表的一项研究结果显示达到持续缓解的 RA 患者中有 20%~60% 的 RA 患者在 bDMARDs 减停后可维持疗效。另一项为期超过 3 年的真实世界研究,分析了 bDMARDs 减停成败的相关因素。结果显示 DAS28 较高、RF 阳性、吸烟习惯,尤其是超声显示滑膜炎的存在是 bDMARDs 减停后疾病复发的预测因素。

HONOR 研究则分析了 RA 患者停用阿达木单抗(ADA)治疗一年未复发的情况。结果显示,79% 的深度缓解患者在停用 ADA 治疗后未复发,其比率与继续 ADA 治疗组相似;另外停用 ADA 的患者一旦复发,重新给予 ADA 治疗仍然有效。

3. 肺间质纤维化的治疗

（1）传统治疗

1）GC:对于非特异性间质性肺炎,建议早期使用。泼尼松 0.5mg/(kg·d),治疗 4~6 周后逐渐减量,0.25mg/(kg·d)治疗 4 周,再减至 0.125mg/(kg·d),或 0.25mg/(kg·d),隔天 1 次。

2）CTX:通常联合 GC 使用,口服 1~2mg/(kg·d)(最大剂量 150mg/d),开始剂量 25~50mg/d,之后每 7~14 日以 25mg 的增加速度上升至最大量,静脉冲击治疗:0.75~1.5g(每月 1 次)。

3）AZA:口服 2~3mg/(kg·d)(最大用量 150mg/d)。开始剂量 25~50mg/d,之后每 7~14 日增加 25mg 至最大量。

4）CysA:在 CTX 和 AZA 无效或不能耐受时可选用,口服 3~6mg/(kg·d)。不良反应包括神经系统、肾、胃肠道反应及高血压和多毛。

5）抗纤维化:秋水仙碱、D-青霉胺。

（2）新的治疗药物

1）吡非尼酮:在动物模型中可减轻肺纤维化,抑制 TGF-β 诱发的胶原合成,减少胶原 II 和 III 以及 TNF-α 的合成等作用。初始用量为 200mg/ 次,每日 3 次;逐渐增加至 600mg/ 次,每日 3 次。根据患者不良反应及耐受情况至少维持在 400mg/ 次,每日 3 次。

2）N-乙酰半胱氨酸:N-乙酰半胱氨酸可促进谷胱甘肽的合成,已作为一种表面抗氧化剂用于普通型间质性肺炎治疗,但疗效尚未明确。常用剂量 600mg/ 次,每日 2~3 次。

3）干扰素:干扰素 β1α 可减少成纤维细胞的侵袭和增殖,体外实验可抑制成纤维细胞合成胶原,但临床试验未发现干扰素 β1α 有任何治疗效果。干扰素 γ 在体外实验中可抑制胶原合成,还可减轻动物模型的纤维化。该药是否可用于临床还有待进一步研究。

（3）其他治疗:重症患者,病情迅速加重,GC 效果不佳时,可考虑 IVIG、生物制剂、血浆置换和免疫吸附等治疗手段。

4. 合并用药的原则与注意事项

联合使用两种以上的 NSAIDs,不仅不会增加疗效,而且会增加肾和胃肠道反应的风险。艾拉莫德与 NSAIDs 联用、GC 与 NSAIDs 联用均有可能导致消化道溃疡的发生。另外,应该避免单独使用 GC 治疗,需同时使用 DMARDs,补充钙剂和维生素 D。CysA 与甲泼尼龙可以互相抑制对方的代谢,仅仅联合使用这两种药物时,会导致惊厥的发生;大剂量甲泼尼龙可能增加 CysA 血浓度,应注意监测。托法替布与 AZA、他克莫司、CysA 等合用时,具有增加免疫抑制作用的风险,故不推荐联用。依那西普和 SSZ 联用有可能导致白细胞计数显著下降,需要定期进行监测。

（五）药物治疗展望

RA 的药物治疗近年来飞速发展。选择性 JAK1 抑制剂 Upadacitinib 已于 2019 年在美国获批上市。IL-6R 拮抗剂 Tocilizumab、Sarilumab 相继上市。现阶段处于临床试验中的有如下药物:ALX-0061、MEDI5117、Clazakizumab 和 Olokizumab 等 IL-6 抑制剂;IL-17 抑制剂 Secukinumab;IL-12/23 抑制剂 Ustekinumab;IL-7、15、18、21、32、33 抑制剂;破骨细胞分化因子:Denosumab(DMab);新型粒细胞-巨噬细胞集落刺激因子(GM-CSF)受

体 α 单克隆抗体：Mavrilimumab；小分子靶向药物包括以选择性 JAK 激酶及其他激酶为靶点的，我国自主研发的 SHR0302（JAK1 选择性抑制剂）、Filgotinib 等。

RA 未来的治疗不仅包括抗原干预、细胞治疗和治疗性疫苗等，还包括对现有方案进行优化，例如将针对不同靶点的药物联合应用的探索，均为未来研究方向。

三、干燥综合征

干燥综合征（sjögren syndrome，SS）是一种以侵犯泪腺、唾液腺等外分泌腺体、B 淋巴细胞异常增殖、组织淋巴细胞浸润为特征的弥漫性结缔组织病。临床上主要表现为干燥性角结膜炎和口腔干燥症，还可累及内脏器官。本病分为原发性和继发性两类，后者指继发于另一诊断明确的 CTD 或其他疾病者。本节主要讲述原发性干燥综合征（primary sjögren syndrome，pSS）。

我国 pSS 的患病率为 0.29%~0.77%，老年人的患病率为 2%~4.8%。女性多见，男女比为 1∶9~1∶10。任何年龄均可发病，好发年龄为 30~60 岁。

主要累及以唾液腺和泪腺为代表的外分泌腺体，也可累及皮肤、呼吸道、胃肠道和阴道黏膜等外分泌腺体及肾小管、胆小管、胰腺导管等具外分泌腺体功能的内脏器官。病理表现为腺体导管扩张、狭窄及腺体间质大量淋巴细胞浸润、小唾液腺上皮细胞破坏和萎缩。

（一）临床表现与诊断

1. 临床表现　起病多隐匿，临床表现多样，主要与被破坏腺体的外分泌功能减退有关。

（1）局部表现

1）口腔干燥症：唾液腺病变可引起下述症状。

①口干：近 80% 的患者主诉口干，严重者需频频饮水，进食固体食物需以水送下。

②猖獗性龋齿：牙齿逐渐变黑，继而小片脱落，最终只留残根，是本病的特征之一。

③唾液腺炎：以腮腺受累最常见，约 50% 的患者有间歇性腮腺肿痛，累及单侧或双侧，可自行消退，持续肿大者应警惕恶性淋巴瘤的可能。少数患者有颌下腺、舌下腺肿大。

④舌：表现为舌痛，舌面干、裂、潮红，舌乳头萎缩，呈"镜面舌"样改变。

2）干燥性角结膜炎：因泪液分泌减少而出现眼干涩、异物感、磨砂感、少泪等症状，部分患者可因泪腺肿大表现为眼睑肿胀，角膜干燥严重者可致角膜溃疡，但穿孔失明者少见。

（2）系统表现：可出现全身症状，如乏力、低热等，约 2/3 的患者出现其他外分泌腺体和系统损害。

1）皮肤黏膜：约 1/4 的患者出现皮疹，特征性的为高出皮面的紫癜样皮疹，多见于下肢，为米粒大小、边界清楚的丘疹，压之不褪色，分批出现，反复发作者可遗留色素沉着，与高球蛋白、冷球蛋白血症有关。还可有荨麻疹样皮疹、结节红斑等。

2）肌肉骨骼：约 80% 的患者有关节痛，其中 10% 者有关节肿，多不严重，多数可自行缓解，发生关节破坏者极少；有些患者的关节表现和 RA 非常相似。3%~14% 的患者有肌炎表现。

3）肾：30%~50% 的患者有肾损害，主要累及远端肾小管，表现为因肾小管酸中毒引起的周期性低钾性麻痹，严重者出现肾钙化、肾结石、肾性尿崩症及肾性骨病。近端肾小管损害较少见。部分患者肾小球损害较明显，可能与淀粉样变、免疫复合物沉积、药物不良反应等有关。

4）呼吸系统：上、下呼吸系统均可受累，表现为鼻干、干燥性咽喉炎、干燥性气管/支气管炎，引起干咳，小气道受累者可出现呼吸困难。部分患者胸部影像学上表现为肺大疱、间质性肺炎等，一些患者可发展为呼吸衰竭，少数患者会出现肺动脉高压。

5）消化系统：因黏膜层外分泌腺体破坏出现食管黏膜萎缩、萎缩性胃炎、慢性腹泻等非特异症状。肝脏损害见于约 20% 的患者，临床上可无相关症状，部分患者并发免疫性肝病，以原发性胆汁性胆管炎多见，部分患者出现亚临床胰腺炎，导致慢性胰腺炎者亦非罕见。

6）神经系统：周围和中枢神经系统均可累及，以周围神经损害多见。可出现感觉、运动神经异常，偏瘫，横断性脊髓炎等，亦有无菌性脑膜炎、视神经脊髓炎和多发性硬化的报道。

7）血液系统：可出现白细胞减少和 / 或血小板减少。pSS 患者发生淋巴瘤的危险较普通人群高近 40 倍，多为大 B 细胞来源的非霍奇金淋巴瘤。持续腮腺肿大、新近出现的白细胞减少、贫血、单克隆球蛋白、原有自身抗体消失提示可能发展为淋巴瘤。

8）甲状腺疾病：近 45% 的患者出现甲状腺功能异常，约 20% 的患者同时伴有自身免疫性甲状腺炎的表现。

2. 实验室检查和其他辅助检查

（1）血、尿常规及其他常规检查：20% 的患者出现贫血，多为正细胞正色素型，16% 的患者出现白细胞减低，13% 的患者出现血小板减少。通过氯化铵负荷试验可发现约 50% 的患者有亚临床肾小管酸中毒。60%~70% 患者血沉增快、C 反应蛋白增高。

（2）自身抗体阳性：80% 以上的患者 ANA 阳性，抗 SSA、抗 SSB 抗体阳性率分别为 70% 和 40%，前者对诊断的敏感性高，后者特异性较强。抗 U1RNP 抗体、抗着丝点抗体（ACA）的阳性率均为 5%~10%；43% 的患者类风湿因子（RF）阳性，约 20% 的患者抗心磷脂抗体（ACL）阳性。一些患者中能够检测到抗 α-fodrin 抗体，近来发现 pSS 患者中存在抗毒蕈碱受体 3（M3）抗体，可能与口眼干有关。

（3）血清免疫球蛋白升高：以 IgG 升高为主，为多克隆性，少数患者出现巨球蛋白血症。

（4）其他检查

1）干燥性角结膜炎检测

① Schirmer 试验：≤5mm/5min 为阳性。

②泪膜破裂时间（BUT 试验）：<10s 为阳性。

③眼部染色：即眼部染色评分（ocularstainingscore, OSS）染色评分，≥3 分为阳性。

2）口干燥症相关检查：①唾液流率≤0.1ml/min 为阳性；②腮腺造影：腮腺导管不规则、狭窄或扩张，碘液淤积于腺体末端呈葡萄状或雪花状；③涎腺放射性核素扫描：观察 ^{99m}Tc 化合物的摄取、浓缩和排泄；④唇腺活检：凡淋巴细胞聚集≥50 个即为 1 个灶，每 4mm³ 唾液腺组织中有≥1 个灶，则为组织病理学检查阳性，可作为诊断依据。

3. 诊断

诊断有赖于干燥性角结膜炎和口干燥症检测、血清抗 SSA 和 / 或抗 SSB 抗体阳性、唇腺组织病理学检查有灶性淋巴细胞浸润。后两项特异性较强。

目前临床上 SS 分类标准多采用 2002 年美欧共识小组（American-European Consensus Group, AECG）标准如表 17-2-5 所示。2012 年，ACR 推出了 SS 的分类标准，此标准主要依靠三个客观标准来评估 SS 的三个主要方面（血清学、眼、唾液腺检查），去除了主观症状，血清学方面加入了 RF 阳性并且 ANA 高效价，以增加诊断的敏感度。眼诊断方面，提出了眼染色评分（OSS）—角膜荧光素染色及结膜丽丝胺绿染色联合。其较之前的眼评分标准更省时间，但目前国内部分医院尚未开展此种检测方法。2016 年 ACR 和 EULAR 共同制定了 SS 的国际统一分类标准如表 17-2-6 所示，与 2002 年标准相比，该标准采用评分体系，口腔和眼部主观症状未纳入分类标准，血清学只纳入了抗 SSA 抗体，涎腺受损检查只保留了唾液流率，角膜染色实验将 OSS 评分作为 van Bijsterveld（VB）评分的备选方案。此分类标准受到了 ACR 和 EULAR 的共同认可，有望作为今后 SS 临床研究的国际统一分类标准。

表 17-2-5　2002 年 AECG 干燥综合征分类标准

Ⅰ口腔症状：3 项中有 1 项或 1 项以上
1. 每日感口干持续 3 个月以上
2. 成年后腮腺反复或持续肿大
3. 吞咽干性食物时需用水帮助
Ⅱ眼部症状：3 项中有 1 项或 1 项以上
1. 每日感到不能忍受的眼干持续 3 个月以上
2. 有反复的沙子进眼或沙磨感觉
3. 每日需用人工泪液 3 次或 3 次以上
Ⅲ眼部体征：下述检查任 1 项或 1 项以上阳性
1. SchirmerⅠ试验（+）（≤5mm/5min）
2. 角膜染色（+）（≥4 van Bijsterveld 计分法）
Ⅳ组织学检查：下唇腺病理示淋巴细胞灶≥1（指 4mm² 组织内至少有 50 个淋巴细胞聚集于唇腺间质者为 1 灶）
Ⅴ唾液腺受损：下述检查任 1 项或 1 项以上阳性
1. 唾液流率（+）（≤1.5ml/15min）
2. 腮腺造影（+）
3. 唾液腺同位素检查（+）
Ⅵ自身抗体：抗 SSA 或抗 SSB（+）（双扩散法）

原发性干燥综合征无任何潜在疾病的情况下,有下述2条则可诊断:符合表17-2-5中4条或4条以上,但必须含有条目Ⅳ(组织学检查)和/或条目Ⅵ(自身抗体);条目Ⅲ、Ⅳ、Ⅴ、Ⅵ4条中任3条阳性。继发性干燥综合征患者有潜在的疾病(如任一结缔组织病),而符合表17-2-5的Ⅰ和Ⅱ中任1条,同时符合条目Ⅲ、Ⅳ、Ⅴ中任2条。必须除外:颈头面部放疗史、丙肝病毒感染、获得性免疫缺陷综合征(AIDS)、淋巴瘤、结节病、移植物抗宿主病(GVHD)、抗乙酰胆碱药的应用(如阿托品、莨菪碱、溴丙胺太林、颠茄等)及IgG4相关疾病。

表 17-2-6 2016 年原发性干燥综合征国际统一分类标准

标准	权重
灶性淋巴细胞涎腺炎,淋巴细胞灶≥1个/4mm²	3分
抗 SSA 抗体/Ro 抗体阳性	1分
角膜染色评分 ≥5(或 van Bijsterveld 评分 ≥4),至少一侧眼睛	1分
Schirmer 试验≤5mm/5min,至少一侧眼睛	1分
自然唾液流率≤0.1ml/min	1分

注:具有干燥综合征相关症状和体征的患者,得分≥4分,诊断为原发性干燥综合征。

(二)一般治疗原则

不仅要缓解患者口、眼干燥症状,更为重要的是终止或抑制患者体内存在的异常免疫反应,保护患者脏器功能,并减少淋巴瘤的发生。

应嘱咐患者注意口、眼卫生,保持环境的湿润。口干可以多饮水,戒烟酒、避免进食可能加重口干的咖啡等食物,避免服用引起口干的药物如阿托品等,保持口腔卫生,勤漱口,减少龋齿和口腔继发感染的可能。可使用含氟的漱口液漱口,以减少龋齿的发生。眼干者应保持良好的眼睑周围卫生,避免长时间使用电脑、手机,使用加湿器等。皮肤干燥者,可使用皮肤润滑剂和保湿剂,阴道干燥可以使用阴道润滑剂。

(三)基本治疗药物及治疗方案

目前对pSS的治疗仍然主要是缓解症状,阻止疾病进展,延长生存期,尚无根治方法。

1. 基本治疗药物

(1)人工泪液:可根据自身情况使用,最大限度地缓解症状。夜间可使用含甲基纤维素的润滑眼膏。

(2)人工唾液:因作用时间短,口感差,应用并不广泛。

(3)M₃受体激动药,改善外分泌腺体功能:

1)皮罗卡品(毛果芸香碱,Pilocarpine):乙酰胆碱类似物,可刺激胆碱能受体,对M₃受体作用较强。口服5mg,3次/d(每日剂量10~20mg)。

2)西维美林(Cevimeline):更特异地作用于外分泌腺体中的M₃受体,而对心血管系统的M₂受体亲和力较低,半衰期长于皮罗卡品。每次20~30mg,3次/d。

3)茴三硫(环戊硫酮):国内常用。口服25mg,3次/d。

(4)NSAIDs:关节、肌肉疼痛可选用NSAIDs。

(5)DMARDs

①csDMARDs:HCQ、MTX、LEF、CysA、AZA、CTX、他克莫司、沙利度胺、MMF等。

②bDMARDs:利妥昔单抗,依帕珠单抗(Epratuzumab,CD22单克隆抗体)。

(6)GC。

(7)植物药:白芍总苷。

(8)静脉注射用人免疫球蛋白(IVIG)。

2. 治疗方案

(1)人工泪液治疗眼干,可用毛果芸香碱或西维美林等药物治疗口干,国内常用茴三硫。发热、乏力、关节肌肉疼痛可选用NSAIDs或HCQ。可短时间使用低剂量GC(如5~10mg/d泼尼松)治疗严重的关节疼痛及活动障碍。

(2)GC和免疫抑制剂治疗腺外器官系统受累。关节受累常选择MTX,肺间质病变选择CTX等。难治型环形红斑可选用AZA、沙利度胺、MMF。疗效不佳病情进展者,可酌情选择GC冲击治疗、生物制剂(如CD20单抗)等。神经系统受累可用IVIG和/或GC(甲泼尼龙500~1 000mg/d 冲击3~5d或泼尼松1mg/kg 4~8周)治疗。

(四)临床问题导向的药物治疗

目前治疗SS的方法仍然大多为经验性用药,缺乏循证医学的证据。针对其生物治疗、疲劳、炎性肌肉骨骼疼痛等问题,2016年7月,*Arthritis*

Care Res 杂志发表了由 SS 基金会（Sjögren syndrome foundation, SSF）专家组制订的相关 SS 临床实践指南。

1. 生物治疗

（1）TNF-α 拮抗剂：不推荐用于治疗 pSS 患者的干燥症状。若 TNF-α 拮抗剂治疗 SS 合并 RA 或其他重叠疾病，医生需要警惕并监视药物毒性作用。尽管理论上存在 SS 易合并淋巴瘤的问题，但尚无证据表明 SS 合并 RA 患者使用 TNF-α 拮抗剂会增加罹患淋巴瘤的风险。因此对于合并 RA 或有治疗炎症性关节炎的指征时，不建议禁止使用 TNF-α 拮抗剂。

（2）利妥昔单抗：可考虑作为干燥性角结膜炎（KCS）以及传统治疗无效的 pSS 患者的治疗选择；也可用于有残余唾液腺、经由临床医师确诊的严重口腔损害以及传统治疗（局部保湿剂、促分泌剂）无效的口干症患者；可用于成人 pSS 和以下任何系统表现情况：血管炎、有或无冷球蛋白血症、严重的腮腺肿胀、炎性关节炎、肺疾病或周围神经病（尤其是多发性单神经炎）。

2. 疲劳症状的治疗建议

①自我保健措施：应包括运动；②HCQ：可用于特定情况下的疲劳症状；③脱氢表雄酮不推荐使用；④TNF-α 拮抗剂：依那西普和英夫利西单抗均不推荐；⑤新型生物制剂：目前关于阿那白滞素、阿巴西普、贝利木单抗和依帕珠单抗治疗的数据或临床经验尚不足。

3. DMARDs

治疗炎性肌肉骨骼疼痛的推荐采用决策树的形式，HCQ 可作为一线治疗方案；若 HCQ 疗效不佳时，可考虑单用 MTX；若单用 HCQ 或 MTX 治疗无效时，可考虑联用 HCQ 和 MTX；若两者联合治疗无效，可短期内（少于 1 个月）使用激素 ≤15mg/d（一致性为 96%）；长期（超过 1 个月）使用激素 ≥15mg/d 可能对 SS 性肌肉骨骼痛的治疗有效，但应尽量加用其他合适药物帮助激素减量；若 HCQ 和／或 MTX 或短期激素（短于 1 个月）治疗无效，可考虑用 LEF；若以上药均无效，可先后考虑使用 SSZ 和 AZA；若合并重要脏器受累，则 AZA 优于 LEF 或 SSZ 来治疗包括炎性肌肉骨骼痛在内的所有腺体外表现；若上述治疗方案均无效时，可以考虑使用 CysA。

4. 常见并发症的治疗

（1）肾脏受累：以远端肾小管受累为主的小管间质病变最常见，易导致肾小管酸中毒（renal tubular acidosis, RTA）、低钾血症。除应用 GC 和免疫抑制剂外，同时须积极纠正由于酸中毒所带来的生化异常。若出现膜增生性肾小球肾炎（MPGN）、膜性肾病等小球病变，临床常参照 LN 的治疗推荐。

（2）肺脏受累：间质性肺疾病（ILD）常见，轻中度 ILD 常不需治疗，酌情每半年评估一次胸部 CT。重度 ILD 需使用 GC，联合 CTX、AZA、MMF、雷公藤多苷等免疫抑制剂。可酌情使用吡非尼酮等抗纤维化药物。

（3）消化系统受累：常合并原发性胆汁性肝硬化（PBC）。PBC 首选治疗药物是熊去氧胆酸，难治性 PBC，可联合使用 MTX 等其他药物。pSS 合并自身免疫性肝炎时应予激素联合 AZA 治疗。

（4）恶性肿瘤：淋巴瘤最常见，包括非霍奇金淋巴瘤、霍奇金病以及黏膜相关性淋巴组织淋巴瘤（MALT）。一旦确诊，应予积极、及时的联合化疗治疗。

5. 合并用药的原则与注意事项

可参见 SLE 和 RA 相关部分。另外，皮罗卡品禁用于心动过缓、低血压、冠心病、胃肠道痉挛、腹痛、腹泻、消化道溃疡、机械性肠梗阻、输尿管痉挛、尿路梗死、胆道疾病者及哮喘、甲亢、癫痫、震颤麻痹等患者；环戊硫酮禁用于黄疸、肝硬化、胆道及总胆管有闭塞者。

（五）药物治疗展望

处于临床试验阶段的新型生物制剂，除 CD20 外，还包括针对 IL-6、CTLA4、CD22、CD40、BAFF、ICOSL、CD11a、LTβR 及 PI3Kδ 等靶点的药物。

四、强直性脊柱炎

强直性脊柱炎（ankylosing spondylitis, AS）是脊柱关节炎（spondyloarthritis, SpA）中最常见的一种疾病。后者过去曾称为血清阴性脊柱关节病（seronegative spondyloarthropathy），是一类以累及脊柱、关节韧带和肌腱为主要表现的慢性炎症性风湿病的总称，我国患病率为 1% 左右，除代表性的 AS 外，还包括反应性关节炎、银屑病关节炎、炎症性肠病关节炎、幼年脊柱关节炎、未分化脊柱关节炎，这些疾病具有许多共同的临床特征。AS是 SpA 最常见的临床类型，以中轴关节受累为主，可伴发关节外表现，严重者可发生脊柱强直和畸形。我国患病率 0.25% 左右。

（一）临床表现与诊断

1. 临床表现 多数起病缓慢而隐匿。男女比率为 2~3：1，男性病情较重。发病年龄多在 20~30 岁。16 岁以前发病者称幼年型 AS，晚发型常指 40 岁以后发病者，且临床表现常不典型。

附着点炎和滑膜炎构成了 AS 患者的中轴和外周关节炎。炎性腰背痛是 AS 最具有标志性的特点之一。常隐匿起病，起始部位位于腰臀部区域，也可表现为腹股沟向下肢放射的酸痛等，常伴随晨僵，轻度活动后可改善。在脊柱，附着点炎可见于滑囊和韧带的附着处，也见于椎间盘、肋椎关节、肋横突关节、椎旁韧带、椎间盘韧带的骨附着处。脊柱关节的疼痛、僵硬和活动度受限多源自附着点炎。中轴外部位的附着点炎最常见部位是足底筋膜和跟腱在跟骨上的插入点，可引起跟骨明显疼痛和活动度下降。其他还包括胫骨结节、坐骨结节、骨盆内收肌插入股骨处以及肋骨软骨交界处。晚期可有脊柱强直、腰椎各方向活动受限和胸廓活动度减低。脊柱强直主要是由于椎体韧带、椎骨肋骨和胸肋关节的骨化所致，脊柱活动度受限，并增加骨折风险，是疾病进展的特征之一。

25%~45% 的 AS 患者先出现外周关节受累症状，经过数年后才出现脊柱受累症状。发病年龄越小，外周关节受累越明显，致残性越高。外周关节受累主要表现为：下肢关节多于上肢关节、单/寡关节受累多于多关节受累、不对称多于对称的临床特点。与 RA 不同，除髋关节以外，膝和其他关节的关节炎或关节痛症状多为间歇性的，临床症状较轻，X 线检查主要以关节周围软组织肿胀为主，很少能发现骨质破坏的影像学证据。在关节镜下常常可以看到不同程度的滑膜增生及炎性渗出，很少或罕见出现受累关节骨质侵蚀、破坏及关节残毁的严重后果。

关节外症状，最常见反复发作的葡萄膜炎或虹膜炎。部分患者可发生升主动脉根部扩张、主动脉瓣病变以及心传导系统异常；少见的有上肺间质性肺炎、肾功能异常、下肢麻木、感觉异常及肌肉萎缩和淀粉样变等。

2. 实验室检查和其他辅助检查 无特异性实验室检查指标。HLA-B27 阳性者 90%~95% 左右。RF 阴性，活动期可有血沉和 C 反应蛋白升高。常规 X 线片主要观察有无韧带钙化、脊柱有无 "竹节样" 变、椎体方形变以及椎小关节和脊柱生理曲度改变等。对 AS 具有诊断意义的证据是 X 线片证实的骶髂关节炎，依据骶髂关节的 X 线表现修订纽约标准分为 5 级。0 级：正常；I 级：有可疑异常；II 级：有轻度异常，可见局限性侵蚀、硬化，但关节间隙正常；III 级：明显异常，呈中度或进展性骶髂关节炎，伴有以下 1 项或 1 项以上改变：侵蚀、硬化、关节间隙增宽或狭窄或部分强直；IV 级：严重异常，完全性关节强直。对于常规 X 线难以确诊的病例，CT 能发现骶髂关节轻微的变化，有利于明确诊断。而骶髂关节和脊柱的 MRI 检查可比 CT 更早发现骶髂关节炎：多显示关节和骨髓水肿、脂肪变性等急慢性炎症改变，以及周围韧带硬化、骨赘形成、骨质破坏、关节强直等结构改变。

3. 诊断 目前临床上主要采用 1984 年修订的纽约标准。该标准具有高度特异性，但敏感性有限。一些早期的 SpA 患者不能被及时诊断，错失治疗机会。为了寻找更加敏感有效的分类标准，2009 年 6 月，国际脊柱关节病评价工作组（ASAS）发布了新的 "中轴型脊柱关节病分类标准"（表 17-2-7），相比传统的分类标准，具有更高的敏感性。

（1）1984 年修订的纽约标准：①腰痛、晨僵 3 个月以上，活动改善，休息无改善；②腰椎冠状面和矢状面活动受限；③胸廓活动度低于相应年龄、性别的正常人；④双侧骶髂关节炎≥II 级或单侧 III~IV 级。

诊断：

①肯定 AS：符合放射学标准和 1 项（及以上）临床标准者。

②可能 AS：符合 3 项临床标准，或符合放射学标准而不伴任何临床标准者。

（2）2009 年 ASAS 脊柱关节病中轴型分类标准，适用于发病年龄 <45 岁、时间超过 3 个月的慢性腰背痛患者。

表 17-2-7　2009 年 ASAS 脊柱关节病中轴型分类标准

SpA 的特征	诊断
①炎性腰背痛	影像学提示骶髂关节炎
②关节炎	加上 ≥1 个 SpA 特征或
③附着点炎（足跟）	*HLA-B27* 阳性 加上 ≥2
④葡萄膜炎	个其他 SpA 特征
⑤指（趾）炎	
⑥银屑病	
⑦克罗恩病 / 溃疡性结肠炎	
⑧对 NSAIDS 治疗反应好	
⑨有 SpA 家族史	
⑩*HLA-B27* 阳性	
⑪CRP 增高	

影像学骶髂关节炎：MRI 显示的活动性（急性）炎症、高度提示与 SpA 相关的骶髂关节炎、X 线显示符合修订的纽约标准的明确的骶髂关节炎。

（二）一般治疗原则

治疗目标为①缓解症状和体征：消除或尽可能最大程度地减轻症状，如背痛、晨僵和疲劳；②恢复功能：最大程度地恢复患者身体功能，如脊柱活动度、社会活动能力和工作能力；③防止关节损伤：要防止累及髋、肩、中轴和外周关节的患者的新骨形成、骨质破坏、骨性强直和脊柱变形；④提高患者生活质量：包括社会经济学因素、工作、病退、退休等；⑤防止脊柱疾病的并发症：防止脊柱骨折、屈曲性挛缩，特别是颈椎。

主要包括药物治疗、非药物治疗、手术治疗。

非药物治疗包括：患者教育、针对脊柱、胸廓、髋关节的规律锻炼、物理治疗。晚期患者还需注意正确的立、坐、卧姿势；低枕、睡硬板床，减少或避免引起持续性疼痛的体力活动。

关节镜可以有效缓解难治性关节滑膜炎症。对于髋关节病变导致难治性疼痛或关节残疾及有放射学证据的结构破坏，应考虑全髋关节置换术。对有严重残疾畸形的患者可以考虑脊柱矫形术。发生急性脊柱骨折的 AS 患者应该进行脊柱手术治疗。

（三）基本治疗药物及治疗方案

除 NSAIDs、改变病情抗风湿药、GC 外，抗 TNF-α 的应用被认为是 AS 治疗史上的里程碑。

1. 基本治疗药物

（1）NSAIDs：是治疗 AS 的一线用药。可迅速改善患者腰背部疼痛和晨僵，减轻关节肿胀和疼痛及增加活动范围，对早期或晚期 AS 患者的症状治疗都是首选的。其种类繁多。对 AS 的疗效大致相当。 医师应针对每例患者的具体情况选用一种 NSAIDs 药物。不管使用何种 NSAIDs，不仅为了达到改善症状的目的，同时希望延缓或控制病情进展，通常建议较长时间持续在相应的药物治疗剂量下使用。要评估某个特定 NSAIDs 是否有效，应持续规则使用同样剂量至少 2 周。如 1 种药物治疗 2~4 周疗效不明显，应改用其他不同类别的 NSAIDs。在用药过程中应监测药物不良反应并及时调整。

（2）DMARDs

1）csDMARDs

①SSZ：可改善 AS 的关节疼痛、肿胀和僵硬，并可降低血清 IgA 水平及其他实验室活动性指标，特别适用于改善 AS 患者的外周关节炎。通常推荐用量为每日 2.0g，分 2~3 次口服。剂量增至 3.0g/d，疗效虽可增加，但不良反应也明显增多。本品起效较慢，通常在用药后 4~6 周。为了增加患者的耐受性，一般以 0.25g，每日 3 次开始，以后每周递增 0.25g，直至 1.0g，每日 2 次，也可根据病情或患者对治疗的反应调整剂量和疗程，维持 1~3 年。为了弥补 SSZ 起效较慢及抗炎作用欠强的缺点，通常选用 1 种起效快的 NSAIDs 与其并用。

②沙利度胺：初始剂量为每晚 50mg，每 10~14 日递增 50mg，至每晚 150~200mg 后维持剂量。

③MTX：7.5~15mg/ 周，口服、肌内注射、静脉注射均可。

④LEF：10~20mg/d，口服。

2）bDMARDs：TNF-α 拮抗剂依那西普、英夫利西单抗、阿达木单抗。不仅对关节症状有效，也可减少葡萄膜炎的复发频率。用法用量参照 RA 的治疗，但英夫利西单抗的剂量通常比治疗 RA 用量大。

（3）GC：一般不主张口服或静脉全身应用皮质激素治疗 AS，因其不良反应大，且不能阻止 AS 的病程。附着点炎和持续性滑膜炎可能对局部皮质激素治疗反应好。眼色素膜炎可以通过扩瞳和激素点眼得到较好控制。对难治性虹膜炎可能需要全身用激素或免疫抑制剂治疗。对全身用药效果不好的顽固性外周关节（如膝关节）积液可行关节腔内注射 GC 治疗，重复注射应间隔 3~4 周，一般不超过 2~3 次 / 年。同样，对顽固性的骶髂关节痛患者，可选择 CT 引导下的骶髂关节内注射 GC。类似足跟痛样的附着点炎也可局部注射 GC 来进行治疗。

2. 治疗方案 治疗方案的选择和治疗依据可参考《2010 年强直性脊柱炎诊治指南》（中华医学会风湿病学分会），结合 2015 年 ACR/ASAS 关于 AS 的治疗推荐如图 17-2-2、图 17-2-3 所示。

治疗应个体化：根据患者临床表现选择治疗，包括药物和非药物治疗相结合。

（1）中轴关节受累者

1）NSAIDs 作为有疼痛和晨僵症状患者对症治疗和缓解病情的一线用药。

2）单用或联合应用 TNF-α 拮抗剂。

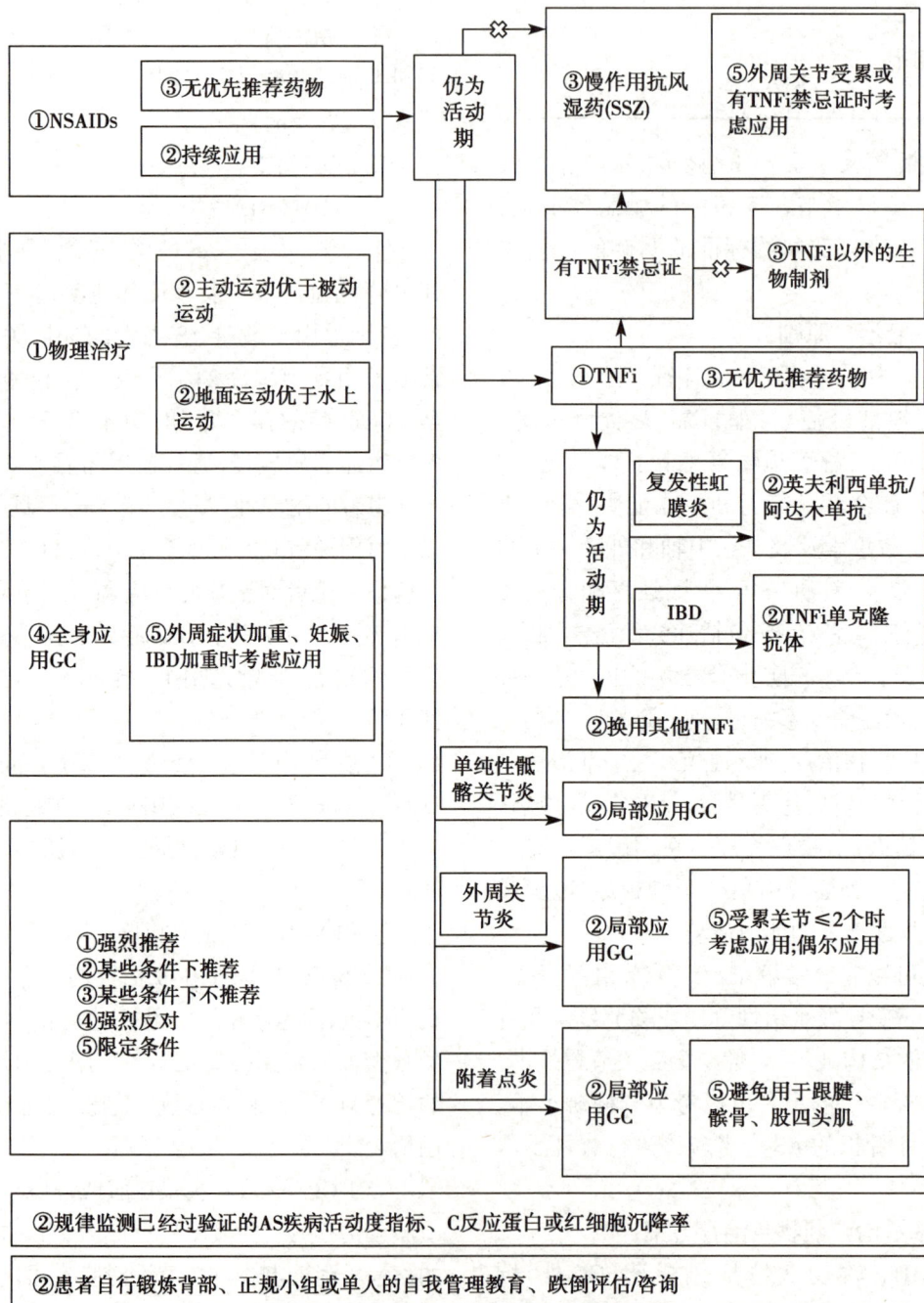

图 17-2-2 2015 年 ACR/ASAS 关于 AS（活动期）的治疗推荐

图上圈码数字代表推荐程度

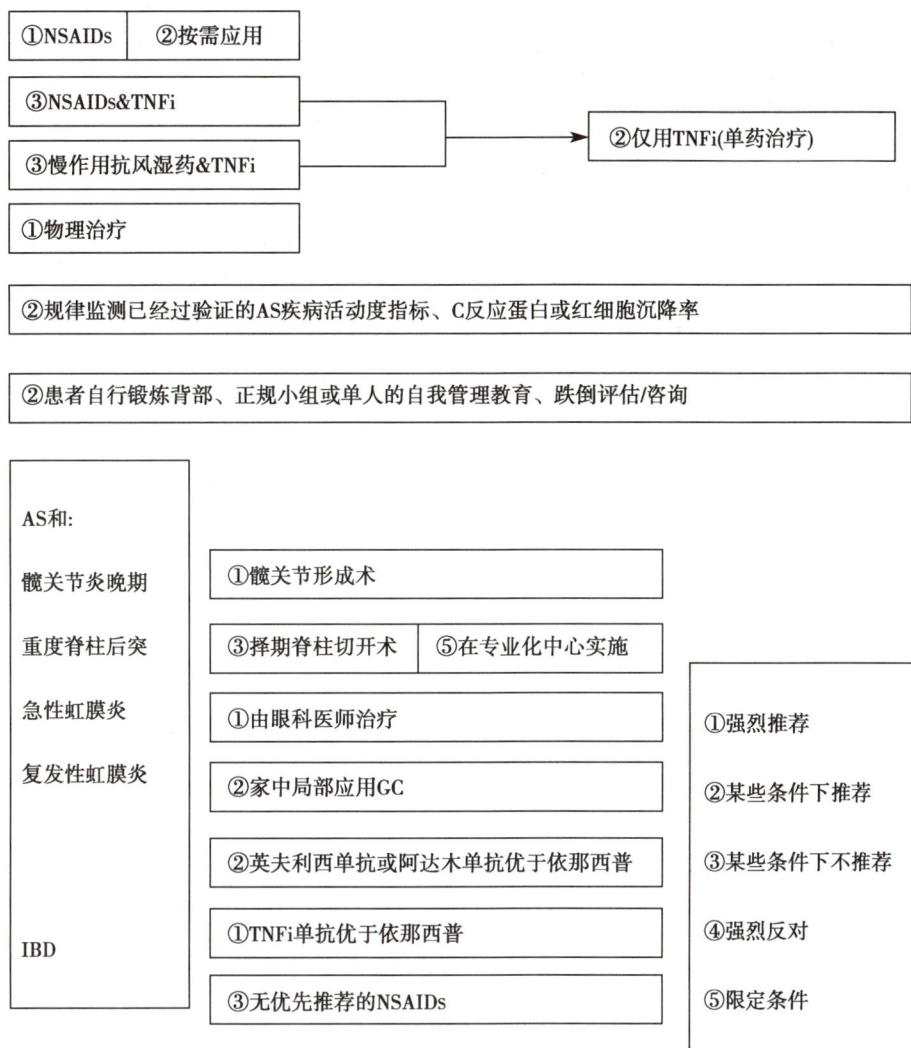

①NSAIDs	②按需应用

③NSAIDs&TNFi

③慢作用抗风湿药&TNFi

→ | ②仅用TNFi(单药治疗) |
|---|

①物理治疗

②规律监测已经过验证的AS疾病活动度指标、C反应蛋白或红细胞沉降率

②患者自行锻炼背部、正规小组或单人的自我管理教育、跌倒评估/咨询

AS和: 髋关节炎晚期 重度脊柱后突 急性虹膜炎 复发性虹膜炎 IBD	①髋关节形成术		①强烈推荐
	③择期脊柱切开术	⑤在专业化中心实施	②某些条件下推荐
	①由眼科医师治疗		③某些条件下不推荐
	②家中局部应用GC		④强烈反对
	②英夫利西单抗或阿达木单抗优于依那西普		⑤限定条件
	①TNFi单抗优于依那西普		
	③无优先推荐的NSAIDs		

图 17-2-3 2015 年 ACR/ASAS 关于 AS(缓解期)的治疗推荐

图上圈码数字代表推荐程度

3）对于持续而明显的病情活动者,可持续使用 NSAIDs 和 TNF-α 拮抗剂。

（2）有外周关节和其他关节外组织器官等受累者:选用 DMARDs。

（3）关节炎和肌腱端炎:必要时 GC 局部注射。

（四）临床问题导向的药物治疗

1. AS 达标治疗的原则与推荐 SpA 的治疗目标和推荐最初由国际工作组在 2012 年提出,包含针对中轴型脊柱关节炎(axial SpA, axSpA)、外周型尤其是 PsA 的推荐,但采纳的证据等级较低,有些甚至仅来源于专家意见。2016 年起,Smolen 等组成的国际工作组对 2012 年的版本进行了修订和更新,产生了 5 条首要原则(表 17-2-8)、11 条达标治疗的推荐见表 17-2-9。

表 17-2-8 SpA 达标治疗的首要原则(2017 年更新)

	首要原则	认同水平 （0~10）(± s)
A	治疗目标必须由患者和风湿科医生一致确定	9.7 ± 0.7
B	通过计算患者的疾病活动度并依此调整治疗的达标治疗理念,可以改善预后	9.3 ± 1.2
C	SpA 和 PsA 均是临床表现多样的系统性疾病;治疗时应兼顾肌肉骨骼和关节外表现,必要时与其他专科医师协作,如皮肤科、消化科和眼科医师	9.8 ± 0.5

续表

	首要原则	认同水平 （0~10）（±s）
D	治疗中轴型 SpA 或 PsA 的终极目标是通过对症状和体征的控制,预防结构性 损害,恢复或保留功能,避免毒副反应及最小化并发症,从而达到健康相关生 活质量和社会参与度的长期最优化	9.9 ± 0.3
E	消除炎症对达到这些目标至关重要	9.2 ± 1.8

表 17-2-9　SpA 达标治疗的推荐（2017 更新）

	推荐意见	证据等级	建议等级	认同水平 （0~10）（±s）
1	治疗目标是肌肉骨骼和关节外表现（关节炎、指 / 趾炎、肌腱端炎、中轴病变）的临床缓解或疾病静止	5	D	9.2 ± 1.8
2	应基于患者疾病的临床表现设定个体化的治疗目标;结合治疗方法考虑确定达到目标的时间	5	D	9.6 ± 0.8
3	临床缓解或疾病静止的定义是无显著疾病活动的临床或实验室证据	2c	B	9.6 ± 0.6
4	低疾病活动度或最小疾病活动度（minimal disease activity,MDA）可成为替代的治疗目标	2b/5a	B/Db	9.6 ± 0.9
5	疾病活动度应基于临床症状、体征和急性期反应物水平计算得出	2c	B	9.3 ± 0.9
6	在临床实践过程中应对肌肉骨骼系统的疾病活动度和皮肤及 / 或其他相关的关节外表现进行有效的评估;评估的频率取决于疾病活动的程度	5	D	9.4 ± 0.8
7	对于中轴型 SpA,推荐用 AS 疾病活动度评分评估;对于PsA,可用银屑病关节炎疾病活动度评分或最小疾病活动度来定义治疗目的	2c	B	7.9 ± 2.5
8	治疗目标的选择和疾病活动度指标的评价应将并发症、患者因素和药物相关风险纳入考量	5	D	9.5 ± 1.7
9	除临床和实验室指标外,制订临床决策时应考虑影像学表现	5	D	9.1 ± 1.3
10	一旦确立治疗目标,在整个治疗过程中都应坚持该目标	2c	B	9.8 ± 0.5
11	在与患者的讨论过程中,应充分告知患者治疗的目标、达标治疗策略的风险和获益	5	D	9.9 ± 0.4

注:a 针对银屑病关节炎（PsA）;b 针对中轴型 SpA。

2. TNF-α 拮抗剂的使用剂量及调整方案
多项随机双盲安慰剂对照试验评估,治疗 AS 的总有效率达 50%~75%。TNF-α 拮抗剂治疗 6~12周有效者建议可继续使用,1 种 TNF-α 拮抗剂疗效不满意或不能耐受的患者可能对另 1 种制剂有较好的疗效,但其长期疗效及对 AS 中轴关节X 线病变的影响,尚待继续研究。研究提示最初

的反应好的患者似乎可持续至少 2 年疗效。虽然建议 TNF-α 拮抗剂仅应用于按照分类标准明确诊断为 AS 的患者,有研究提示对于缺乏放射学典型改变,符合 AS 分类标准中"可能"或 SpA 标准的患者,下列情况下也可选用:已应用 NSAIDs治疗,但仍有中重度的活动性脊柱病变;已应用NSAIDs 和 1 种其他病情控制药仍有中重度的活

动性外周关节炎。

TNF-α 是导致 AS 的主要致病因子,持续足量使用 TNF-α 拮抗剂是治疗 AS 最为可靠的方法,但昂贵的价格也限制了患者的长期使用。

（1）完全停药还是剂量递减？

既往研究显示,TNF-α 拮抗剂完全停药后复发风险高。国内外部分研究已证实,接受 TNF-α 拮抗剂治疗的 AS 患者达低疾病活动度状态之后,药物剂量递减仍可长期维持缓解,提示剂量递减策略在维持 AS 低疾病活动状态方面优于停药策略。

（2）停药后再次启用治疗效果如何？

已公布的研究结果显示,对多数复发患者来说,重新恢复治疗仍然安全有效,并可以将疾病控制于低疾病活动状态。

3. 常见并发症的治疗

（1）葡萄膜炎:多为急性前葡萄膜炎（AAU）,应由风湿科与眼科医生根据病情共同制订合理的个体化治疗方案。

1）眼科治疗:治疗目的为促进炎症消退,避免引起虹膜后粘连、并发性白内障、继发性青光眼等并发症,严重损害视力。局部对症治疗可采用睫状肌麻痹剂、GC 滴眼剂等。

2）风湿科治疗:在眼部治疗的基础上,可以考虑激素、csDMARDs 或 bDMARDs 的全身应用。

（2）肠道表现:一项大规模 meta 分析结果显示,阿达木单抗治疗 AS 患者的炎症性肠病（IBD）复发率（0.63 例 /100 患者年）显著低于 ETN

（2.2 例 /100 患者年）,而安慰剂组的复发率为 1.3 例 /100 患者年。ACCENTI 研究（一项评价英夫利西长期治疗克罗恩病的临床试验）结果发现,无论是英夫利西维持剂量组亦或是联合剂量组肠黏膜痊愈的比例均显著高于单次剂量组。

（3）银屑病样皮肤损害:依那西普、英夫利西和阿达木单抗均有进行银屑病和银屑病关节炎治疗的注册研究,总体疗效相近;但遗憾的是,TNF-α 拮抗剂本身亦可导致银屑病样皮损。

4. 合并用药的原则与注意事项

应合理使用治疗 AS 的各类药物,使其不良反应降至最低。有消化道溃疡病史者宜用选择性 COX-2 抑制剂,但同时联合使用两种以上的 NSAIDs,不仅不会增加疗效,而且会增加肾和胃肠道反应的风险。依那西普和 SSZ 联用有可能导致白细胞计数显著下降,需要定期进行监测。

（五）药物治疗展望

针对 IL-23/IL-17 轴的靶向治疗药物是近年来 AS 治疗的研发热点,包括 Secukinumab、Ustekinumab 等,其中 Secukinumab 已于 2016 年获美国 FDA（食品药品监督管理局）批准上市。根据已有的临床试验结果,IL-23/IL-17 轴靶向治疗药物不仅能改善 AS 患者的临床症状,而且能降低中轴关节的炎症活动性,控制疾病进展,有效诱导疾病缓解。对于存在 TNF-α 拮抗剂使用禁忌、无效或者不能耐受的 AS 患者,这些药物的出现将提供新的选择。

（王晓霞）

参 考 文 献

1. 葛均波,徐永健,王辰 . 内科学［M］. 第 9 版 . 北京:人民卫生出版社,2018.

2.《临床路径治疗药物释义》专家组 . 临床路径治疗药物释义,风湿免疫性疾病分册［M］. 北京:中国协和医科大学出版社,2018.

3. 栗占国,张奉春,曾小峰 . 风湿免疫学高级教程［M］. 北京:中华医学电子音像出版社,2017.

4. 姜远英,文爱东 . 临床药物治疗学［M］. 北京:人民卫生出版社,2016.

5. 栗占国,译 . 凯利风湿病学［M］. 第 9 版 . 北京:北京大学医学出版社,2015.

6. Michael M W, Atul D, Elie A A, et al. American College of Rheumatology/Spondylitis Association of America/ Spondyloarthritis Research and Treatment Network 2015 Recommendations for the Treatment of Ankylosing Spondylitis and Nonradiographic Axial Spondyloarthritis ［J］. Arthritis & Rheumatology, 2016, 68（2）: 282-298.

7. 中华医学会风湿病学分会 . 2018 中国类风湿关节炎诊疗指南［J］,中华内科杂志,2018,57（4）: 242-251.

8. Bevra H H, Maureen A M, Alan W, et al. American College of Rheumatology Guidelines for Screening, Treatment, and Management of Lupus Nephritis［J］. Arthritis Care & Research, 2012, 64（6）: 797-808.

9. 邓雪蓉,张卓莉 . 中轴及外周型脊柱关节炎（尤其是银屑病关节炎）的达标治疗［J］．中华风湿病学杂志，2017，21（10）：717-718.

10. 中华医学会风湿病学分会．强直性脊柱炎诊断及治疗指南［J］．中华风湿病学杂志，2010，14（8）：557-559.

11. 国家风湿病数据中心，中国系统红斑狼疮研究协作组．中国成人系统性红斑狼疮相关肺动脉高压诊治共识［J］．中国实用内科杂志，2015，35（02）：129-135.

12. 刘佩玲，赵金霞，刘湘源．干燥综合征治疗指南：生物制剂的使用疲劳及炎性肌肉骨骼疼痛的治疗［J］．中华风湿病学杂志，2017，21（1）：67-70.

13. 李常虹，刘湘源．欧洲抗风湿病联盟关于系统性红斑狼疮和/或抗磷脂综合征患者女性健康管理的推荐意见［J］．中华风湿病学杂志，2017，21（2）：143-144.

14. 徐胜前，黄烽．强直性脊柱炎的关节外损害及治疗［J］．中华内科杂志，2018，57（3）：171-174.

15. Aringer M, Costenbader K, Daikh D, et al.2019 European League Against Rheumatism/American College of Rheumatology Classification Criteria for Systemic Lupus Erythematosus.［J］.Arthritis& Rheumatology, 2019, 71（9）: 1400-1412.

第十八章 恶性肿瘤

第一节 总 论

一、恶性肿瘤性疾病的概述

肿瘤（tumor）是机体在各种致瘤因素作用下，局部组织细胞基因水平上失去对自身生长的正常调控，导致细胞异常增生而形成的新生物。肿瘤可以分为恶性肿瘤和良性肿瘤两大类。恶性肿瘤生长迅速，对周围组织器官有侵蚀破坏倾向，具备向远处转移能力，如未经有效治疗，常导致死亡。恶性肿瘤发病机制是涉及多种因素、多个步骤的病理生理过程，与一般的感染性疾病不同，肿瘤的恶性表型是多种因素相互作用的结果。肿瘤发病相关的因素依其来源、性质和作用方式不同，可分为内源性与外源性两大类。外源性因素来自外界环境，与自然环境和生活条件密切相关，包括化学因素、物理因素、致瘤性病毒、真菌因素等；内源性因素则包括机体的免疫状态、遗传因素、内分泌水平以及 DNA 损伤修复能力等。

随着经济发展和社会进步，人类平均寿命延长，疾病谱也发生了巨大变化，多数传染性疾病得到了有效的控制，而慢性疾病如心血管疾病、恶性肿瘤已成为严重威胁人类健康的重要疾病。世界卫生组织国际癌症研究机构（IARC）发布了 2020 年全球最新癌症负担数据。2020 年全球新发癌症病例 1 929 万例，其中男性 1 006 万例，女性 923 万例；2020 年全球癌症死亡病例 996 万例，其中男性 553 万例，女性 443 万例。肺癌是最常见的恶性肿瘤（约占肿瘤病例总数的 11.6%），其次是女性乳腺癌（11.6%）、大肠癌（10.2%）和前列腺癌（7.1%）。肺癌也是最主要的癌症死亡原因（癌症死亡总数的 18.4%），其次是结直肠癌（9.2%）、胃癌（8.2%）和肝癌（8.2%）。就性别而言，男性恶性肿瘤发病率前三位依次是肺癌、前列腺癌和结直肠癌，而死亡率前三位分别是肺癌、肝癌和胃癌。女性中，乳腺癌是最常见的恶性肿瘤，其次是结直肠癌和肺癌，而导致肿瘤相关死亡的主要原因依次为乳腺癌、肺癌和结直肠癌，宫颈癌的发病率和死亡率均排在第四位。总而言之，排名前十名的恶性肿瘤占新诊断癌症病例和死亡人数的 65% 以上。

恶性肿瘤的诊断包括明确肿瘤性质和确定分期这两个基本要素，其中明确肿瘤良、恶性以及病理类型是诊断的关键。根据诊断的可靠性从低到高依次为，临床诊断、理化诊断、大体病理学诊断、细胞病理学诊断和组织病理学诊断。组织病理学诊断是目前肿瘤定性诊断的"金标准"，细胞学诊断也是明确肿瘤性质的重要方法。分期诊断就是明确肿瘤侵犯的范围。目前临床常用的分期诊断方法主要是 TNM 分期系统，其中 T 代表原发肿瘤，N 代表区域淋巴结侵犯，M 代表远处转移。TNM 分期以解剖学为基础，可以比较精确地反映病变的大小和扩散范围，可以对多数肿瘤的预后提供有价值的信息。

目前大多数恶性肿瘤尚无满意的防治措施，其治疗为手术切除、放射治疗、化学治疗、靶向治疗和免疫治疗等方法相结合的综合治疗。手术切除和放射治疗都属于局部治疗措施，目的在于清除或削减恶性肿瘤病灶，但恶性肿瘤还经常发生经血道或淋巴道的远处转移，因此还需进行全身治疗或称系统性治疗，药物治疗是主要的系统治疗方法。综合治疗的原则要求在临床实践中恰当评估"肿瘤"和"机体"两方面的情况，合理、有计划地安排各种治疗手段，以使患者最大限度获益。

二、恶性肿瘤性疾病的治疗原则

目前大多数恶性肿瘤仍采用手术切除、放射

治疗、化学治疗、靶向治疗和免疫治疗等方法相结合的综合治疗。治疗中应遵循以下原则：

（一）局部处理与全身治疗并重的原则

在治疗局部病变时应充分考虑对潜在的转移病灶进行全身治疗的必要性，对晚期肿瘤进行系统治疗时，也应考虑对病灶局部进行处理的可能性。

（二）分期治疗的原则

TNM 分期对肿瘤治疗方案的选择至关重要，同种恶性肿瘤不同的临床分期，其综合治疗方案不同；相同临床分期的不同恶性肿瘤其综合治疗方案也不同。此外，同一恶性肿瘤相同临床分期的不同患者，在制订治疗方案时还应考虑到患者的身体状况、病理类型等因素。

（三）个体化治疗的原则

肿瘤的异质性和患者的个体差异（如功能状态、心理状况、社会影响等）常导致同一肿瘤、相同病理类型、同一分期和同一治疗方案的患者预后差别巨大。因此，应综合考虑患者的肿瘤异质性、治疗耐受性、功能状态、心理状况、预期寿命和生活质量等因素制订个体化的治疗方案。

（四）生存率与生活质量并重原则

将恶性肿瘤视为慢性疾病已经得到越来越多的认可。因此，在制订治疗方案时要综合考虑，既要尽可能地延长患者生存时间，又要尽量维持或改善患者的生活质量。片面追求彻底消除肿瘤，忽略患者生活质量的治疗策略是不明智的。

三、常用抗肿瘤药物分类及作用机制

（一）细胞毒类抗肿瘤药物

1. 干扰核酸生物合成的药物 这类药物能模拟正常代谢物质，干扰核酸尤其是 DNA 的生物合成，阻止肿瘤细胞的分裂繁殖。根据药物主要干扰的生化步骤或所抑制的靶酶不同，常用的抗代谢药如表 18-1-1 所示。

表 18-1-1 常用的抗代谢药

药名	作用特点	适应证
胸苷酸合成酶抑制剂		
5-氟尿嘧啶（5-Fluorouracil, 5-Fu）	本品抑制胸腺嘧啶核苷酸合成酶影响 DNA 的合成；也可掺入 RNA 中抑制 RNA 的合成	抗瘤谱较广，主要用于消化道肿瘤、乳腺癌、头颈部肿瘤、恶性葡萄胎、绒毛膜上皮癌等
替加氟（Tegafur, FT）	本品为 5-Fu 的衍生物，在体内经肝脏活化逐渐转变为氟尿嘧啶而起作用	主要用于消化道肿瘤，如胃癌、直肠癌、胰腺癌、肝癌，亦可用于乳腺癌
卡培他滨（Capecitabine）	口服后先活化为无活性的中间体 5'-DFCR，再经肝脏和肿瘤组织的胞苷脱氨酶转化为 5'-DFUR，最后在肿瘤组织内经胸苷磷酸化酶催化为 5-Fu 而起作用，具有较高的选择性	主要用于晚期乳腺癌、胃癌和结直肠癌
替吉奥（S1）	本品是一种氟尿嘧啶衍生物，它包括替加氟（FT）和两种调节剂：吉美嘧啶（CDHP）及奥替拉西（OXO）。FT 能在活体内转化为 5-Fu；CDHP 能够抑制 5-Fu 的分解代谢。OXO 能够阻断 5-Fu 的磷酸化，具有降低 5-Fu 消化道毒性的作用	用于不能切除的局部晚期或转移性胃癌
二氢叶酸还原酶抑制剂		
甲氨蝶呤（Methotrexate, MTX）	本品抑制二氢叶酸还原酶使嘌呤核苷酸和嘧啶核苷酸的生物合成过程中一碳基团的转移作用受阻，导致 DNA 的生物合成受到抑制	主要用于急性白血病、骨肉瘤，对恶性淋巴瘤、乳腺癌、卵巢癌、头颈部肿瘤和各种软组织肿瘤等也有效
培美曲塞（Pemetrexed, PEM）	是一种多靶点的抗叶酸制剂，通过破坏细胞内叶酸依赖性的正常代谢过程，抑制肿瘤细胞复制	用于恶性胸膜间皮瘤及晚期非小细胞肺癌的治疗
DNA 聚合酶抑制剂		
阿糖胞苷（Cytarabine, Ara-C）	在细胞内转化为三磷酸阿糖胞苷和二磷酸阿糖胞苷。三磷酸阿糖胞苷可能会通过抑制 DNA 多聚酶来抑制 DNA 的合成	急性白血病的诱导缓解和维持治疗，慢性粒细胞白血病（CML）急变者，亦用于恶性淋巴瘤

续表

药名	作用特点	适应证
氟达拉滨（Fludarabine）	作用类似阿糖胞苷,但对核苷酸延长的阻断作用和掺入RNA 的能力更强	对 B 细胞慢性淋巴细胞白血病和非霍奇金淋巴瘤有效
吉西他滨（Gemcitabine, GEM）	作用机制与阿糖胞苷相似,但其还能抑制核苷酸还原酶,并且能减少该药在细胞内的代谢,具有自我增效作用	主要用于非小细胞肺癌和晚期胰腺癌,对卵巢癌、乳腺癌、膀胱癌、小细胞肺癌等均有效
嘌呤核苷酸合成酶抑制剂		
硫唑嘌呤（6-Mercaptopurine, 6-MP）	在体内几乎全部转变成 6- 巯基嘌呤,抑制细胞 DNA 的合成,对 RNA 的合成亦有轻度抑制作用	急慢性白血病,对慢性粒细胞性白血病近期疗效较好,大剂量可治疗绒癌
6- 硫鸟嘌呤（6-Thioguanine, 6-TG）	本品是鸟嘌呤类似物,在体内必需由磷酸核糖转移酶转变为 6-TG 核糖核苷酸方具活性。作用环节与巯嘌呤相似	急性白血病的诱导缓解期及继续治疗期;慢性粒细胞性白血病的慢性期及急变期
核苷酸还原酶抑制剂		
羟基脲（Hydroxycarbamide）	本品是核苷二磷酸还原酶抑制剂,可阻止核苷酸还原为脱氧核苷酸,干扰嘌呤及嘧啶生物合成,选择性地阻碍DNA 合成	对 CML 效,可用于马利兰耐药的CML。对黑色素瘤、肾癌、头颈部癌等亦有效

2. 直接破坏 DNA 结构和功能的药物

（1）烷化剂（alkylating agents）：是一类具有活泼烷化基团,能与细胞 DNA 或蛋白质的氨基、巯基、羟基和磷酸基等形成交叉联结或引起脱嘌呤作用,造成 DNA 结构和功能损害,甚至导致细胞死亡的药物。常用的烷化剂如表 18-1-2 所示。

表 18-1-2　常用的烷化剂

药名	作用特点	适应证
氮芥（Chlormethine）	为双功能烷化剂,能与 DNA 交叉连接,或在 DNA和蛋白质之间交叉联结,阻止 DNA 复制	主要用于霍奇金及非霍奇金淋巴瘤,也用于肺癌及癌性胸水
环磷酰胺（Cyclophosphamide, CTX）	体外无活性,进入体内经肝脏活化为磷酰胺氮芥,产生烷化作用	用于恶性淋巴瘤、淋巴细胞性白血病、多发性骨髓瘤及乳腺癌、卵巢癌等实体瘤
异环磷酰胺（Ifosfamide, IFO）	为环磷酰胺的同分异构体,体外无活性,在肝脏活化后,与 DNA 和 RNA 交叉联结,干扰二者功能	用于肺癌、卵巢癌、乳腺癌、睾丸癌及恶性淋巴瘤等
卡莫司汀（Carmustine, BCNU）	通过与 DNA 产生烷化和氨甲酰化反应,引起DNA 断裂或交联,抑制细胞增殖。脂溶性强,容易通过血脑屏障	主要用于脑部原发及继发肿瘤
替莫唑胺（Temozolomide, TMZ）	在生理 pH 状态下,迅速转化为活性产物 MTIC,后者通过 DNA 甲基化而发挥细胞毒作用,可透过血脑屏障	用于多形性胶质母细胞瘤或间变性星形细胞瘤
噻替哌（Thiotepa, TSPA）	本品及其主要代谢产物三亚乙基磷酰胺（TEPA）,可与 DNA 形成交叉联结,从而产生细胞毒作用	用于乳腺癌、卵巢癌等多种实体瘤的姑息治疗,也可用于膀胱内灌注治疗膀胱癌
硝卡芥（Nitrocaphane）	对细胞周期各期均有影响,抑制 DNA 和 RNA 合成,对 DNA 的抑制作用更为显著	用于肺癌、恶性淋巴瘤、头颈部肿瘤、子宫颈癌和癌性胸腔积液

（2）抗肿瘤抗生素：是由微生物产生的具有抗肿瘤活性的化学物质，主要通过抑制 DNA、RNA 和蛋白质的生物合成发挥作用，多为周期非特异性抗肿瘤药。常用抗肿瘤抗生素如表 18-1-3 所示。

表 18-1-3　常用的抗肿瘤抗生素

药名	作用特点	适应证
阿霉素（Adriamycin，Doxorubicin，ADM）	与 DNA 形成牢固的复合物，破坏 DNA 的模板功能，抑制 DNA 和 RNA 的合成	用于急性白血病、恶性淋巴瘤，亦用于乳腺癌、膀胱癌、卵巢癌等实体瘤
柔红霉素（Daunorubicin，DRN）	机制与阿霉素相似，抗瘤谱较阿霉素窄，对实体瘤疗效不如阿霉素和表阿霉素	用于急性白血病，包括 CML 急变者
表柔比星（表阿霉素，Epirubicin，EPI）	是 ADM 的异构体，抗瘤谱与阿霉素相近，但治疗指数更高，对血液系统及心肌的毒性低于阿霉素	用于白血病，恶性淋巴瘤，多发性骨髓瘤，乳腺癌、软组织肉瘤、胃癌、肝癌和卵巢癌等
吡柔比星（吡喃阿霉素，Perarubicin，THP）	在阿霉素的氨基糖部分第 4' 位增加四氯吡喃基，抗瘤作用等同或优于 ADM，心肌毒性、消化道反应、脱发发生率较低	对恶性淋巴瘤和急性白血病有较好疗效，对乳腺癌、胃癌、泌尿系统恶性肿瘤及卵巢癌等有效
米托蒽醌（Mitoxantone，MTZ）	结构上与蒽醌类化合物接近，可嵌入 DNA 并与其结合引起细胞损伤。心脏毒性小，剂量限制性毒性为骨髓抑制	对晚期乳腺癌疗效好，对急性白血病、恶性淋巴瘤也有作用
博来霉素（Bleomycin，BLM）	属周期非特异性药物，作用于 G_2 及 M 期，并延缓 S/G_2 边界期及 G_2 期时间。主要用于鳞状上皮癌的治疗	对鳞状上皮癌（口腔、头颈部、食管、阴茎、宫颈等）及淋巴瘤和睾丸癌等有效
丝裂霉素（Mitomycin，MMC）	属周期非特异性药物，抗瘤谱广，可用于胃、肺、乳癌、CML、恶性淋巴瘤等	用于胃癌、结直肠癌、肺癌、胰腺癌、肝癌、颈癌、乳腺癌、头颈部肿瘤及膀胱肿瘤等

（3）铂类化合物：可与 DNA 上的碱基形成交叉联结，破坏 DNA 结构和功能。对 RNA 和蛋白质合成的抑制作用相对较弱，属周期非特异性药物。常用铂类抗肿瘤药如表 18-1-4 所示。

表 18-1-4　常用的铂类抗肿瘤药物

药名	作用特点	适应证
顺铂（Cisplatin，DDP）	作用类似双功能烷化剂，可与 DNA 形成交叉联结而干扰其功能。对 RNA 和蛋白质合成的抑制作用较弱	抗瘤谱广，用于卵巢癌、肺癌、鼻咽癌、淋巴瘤、膀胱癌、胃癌、头颈部鳞癌等多种肿瘤
卡铂（Carboplatin，CBP）	为第二代铂类化合物，其作用机制与顺铂相似，但对肾、耳、神经系统和消化道毒性较低	用于卵巢癌、肺癌、膀胱癌、食管癌、睾丸癌、头颈部鳞癌等的治疗
奥沙利铂（Oxaliplatin，L-OHP）	为第三代铂类抗肿瘤药物，作用机制与其他铂类药物相似，与顺铂间无交叉耐药性	对胃癌、结直肠癌等消化道肿瘤有较好的疗效。对非霍奇金淋巴瘤、非小细胞肺癌、胰腺癌、卵巢癌等也有效
奈达铂（Nedaplatin）	为顺铂类似物，以与顺铂相同的方式与 DNA 结合，主要毒性反应也与顺铂类似	用于治疗头颈部肿瘤，非小细胞肺癌，食管癌等实体瘤

（4）拓扑异构酶抑制剂：本类药物为周期特异性药物，通过干扰 DNA 拓扑异构酶 Ⅰ 或拓扑异构酶 Ⅱ，破坏 DNA 结构，抑制 DNA 的合成，而发挥抗肿瘤作用，常用药物如表 18-1-5 所示。

表 18-1-5　常用拓扑异构酶抑制剂类抗肿瘤药物

药名	作用特点	适应证
喜树碱（Camptothecin）	干扰 DNA 拓扑异构酶 I，破坏 DNA 结构，抑制 DNA 合成	用于胃癌、肠癌、绒毛膜上皮癌和急、慢性粒细胞性白血病等
羟喜树碱（Hydroxy Camptothecin）	与喜树碱作用机制相同	用于原发性肝癌、头颈部癌和白血病等
伊立替康（Irinotecan，CPT-11）	为半合成水溶性喜树碱衍生物，是特异性 DNA 拓扑异构酶 I 抑制剂	对肠癌、肺癌、卵巢癌、宫颈癌有较好疗效。对乳腺癌、淋巴瘤、胃癌及胰腺癌等亦有效
拓扑替康（Topotecan，TPT）	半合成的 DNA 拓扑异构酶 I 抑制剂，属喜树碱的衍生物，有较高的抗肿瘤活性	用于小细胞肺癌、卵巢癌
依托泊苷（Etoposid，VP-16）	作用于 DNA 拓扑异构酶 II，形成药物-酶-DNA 三联复合体，使受损的 DNA 不能修复	用于小细胞肺癌、恶性淋巴瘤、恶性生殖细胞瘤、白血病，对神经母细胞瘤、卵巢癌、非小细胞肺癌、胃癌等也有效
替尼泊苷（Teniposide，VM-26）	作用 S2 后期和 G2 期，通过阻止有丝分裂而起作用。也可引起 DNA 键的单股和双股断裂，作用机制可能是抑制 II 型拓扑异构酶所致	恶性淋巴瘤、颅内恶性肿瘤如胶质母细胞癌、空管膜瘤、星型细胞瘤以及膀胱癌、神经母细胞瘤等

3. 嵌入 DNA 干扰 RNA 转录的药物　DNA 嵌入剂多为抗生素，可嵌入 DNA 的碱基对之间，干扰转录过程，阻止 mRNA 的形成，常用药物如多柔比星、表柔比星等如表 18-1-3 所示。

4. 干扰蛋白质合成的药物　按照功能不同又可分为影响微管蛋白装配的药物、干扰核蛋白体功能阻止蛋白质合成的药物和影响氨基酸供应阻止蛋白质合成的药物。常见的干扰蛋白质合成的药物如表 18-1-6 所示。

表 18-1-6　常用的干扰蛋白质合成的抗肿瘤药物

药名	作用特点	适应证
影响微管蛋白装配的药物		
长春碱（Vinblastine，VLB）	抑制微管蛋白的聚合，妨碍纺锤体微管的形成，使有丝分裂停止于中期。也可干扰细胞膜对氨基酸的转运，使蛋白质合成受抑制，亦可抑制 RNA 合成	对恶性淋巴瘤、睾丸肿瘤、绒毛膜癌疗效较好，对肺癌、乳腺癌、卵巢癌、肾母细胞瘤及单核细胞白血病也有一定疗效
长春新碱（Vincristine，VCR）	抑制微管蛋白的聚合而影响纺锤体微管的形成。还可干扰蛋白质代谢及抑制 RNA 多聚酶的活力，并抑制细胞膜类脂质的合成和氨基酸在细胞膜上的转运	急性淋巴细胞白血病、恶性淋巴瘤、神经母细胞瘤、乳腺癌、肺癌、软组织肉瘤等
长春地辛（Vindesine，VDS）	作用机制及药代动力学特点与其他长春生物碱相似，但血液学毒性较 VLB 轻，神经毒性较 VCR 轻	对肺癌、恶性淋巴瘤、乳腺癌、食管癌及恶性黑色素瘤等有效
长春瑞滨（Vinorelbine，NVB）	属于长春花生物碱类，通过阻滞微管蛋白聚合和诱导微管解聚，使有丝分裂停止于中期，抗肿瘤活性强于 VCR、VDS	抗瘤谱较广，主要用于非小细胞肺癌、乳腺癌、卵巢癌、食管癌、头颈部癌等，也可用于淋巴瘤
紫杉醇（Paclitaxel）	是一种具有复杂二萜类结构的抗肿瘤药，通过促进微管聚合，抑制其解聚发挥作用	对卵巢癌、乳腺癌、肺癌、泌尿系统肿瘤、头颈部肿瘤、胃癌等有效
多西他赛（Docetaxel）	作用机制与紫杉醇相同，稳定微管的作用比紫杉醇强 2 倍。与紫杉醇具有不完全交叉耐药	对卵巢癌、乳腺癌、非小细胞肺癌疗效较好；对头颈癌、小细胞肺癌、胃癌、黑色素瘤、胰腺癌等有效

续表

药名	作用特点	适应证
干扰核蛋白体功能阻止蛋白质合成的药物		
高三尖杉酯碱（Homoharringtonine）	可抑制真核细胞蛋白质的合成,使多聚核糖体解聚,干扰蛋白核糖体功能,对细胞内 DNA 的合成亦有抑制作用	用于各型急性非淋巴细胞性白血病,对骨髓增生异常综合征、CML 及真性红细胞增多症等亦有效
影响氨基酸供应阻止蛋白质合成的药物		
门冬酰胺酶（Asparaginase）	正常细胞可自身合成门冬酰胺,而急性白血病等肿瘤细胞无此功能。本品能将门冬酰胺水解为门冬氨酸和氨,使其蛋白质合成受阻,增殖受抑制,亦能干扰细胞 DNA、RNA 的合成	用于急性淋巴细胞性白血病、急性粒细胞性白血病、急性单核细胞性白血病、慢性淋巴细胞性白血病、霍奇金及非霍奇金病淋巴瘤等

（二）非细胞毒类抗肿瘤药物

1. **调节体内激素平衡类药物** 乳腺癌、前列腺癌、甲状腺癌、宫颈癌、卵巢肿瘤及睾丸肿瘤等与相应的激素失调有关,目前临床常用的激素类抗肿瘤药物主要有肾上腺皮质激素、雌激素及抗雌激素、雌激素受体拮抗剂及抑制雌激素合成的药物、雄激素及抗雄激素、黄体酮类及黄体生成素释放激素激动药和拮抗药等。常见的激素类抗肿瘤药物如表 18-1-7 所示。

表 18-1-7　常用的激素类抗肿瘤药物

药名	作用特点	适应证
肾上腺皮质激素		
泼尼松（Prednison）	对急性淋巴细胞白血病及恶性淋巴瘤的疗效较好,起效快但短暂	自身免疫性溶血性贫血
雌激素		
己烯雌酚（Diethylstilbestrol）	为人工合成的非甾体雌激素,具有小剂量刺激而大剂量抑制垂体前叶促性腺激素及催乳激素的分泌及抗雄激素等作用	前列腺癌、绝经后乳腺癌
雄激素		
丙酸睾酮（Testosterone Propionate）	大剂量时有对抗雌激素作用,抑制子宫内膜生长及卵巢、垂体功能。还有促进蛋白质合成及骨质形成等作用	绝经后女性晚期乳腺癌的姑息治疗,对骨转移者疗效较好
抗雄激素		
氟他胺（Flutamide）	为非类固醇抗雄激素药,能阻止雄激素在靶细胞的吸收和/或阻止雄激素与细胞核的结合,显示强力的抗雄激素作用	晚期前列腺癌
雌激素受体拮抗剂及抑制雌激素合成药		
他莫西芬（Tamoxifen）	是一种非甾体药物,主要通过拮抗雌激素发挥作用	乳腺癌
福美司坦（Formestane）	为芳香化酶抑制剂,可阻断雌激素生成	绝经后雌激素受体和/或孕激素受体阳性的乳腺癌
来曲唑（Letrozole）	是一种选择性的、非甾体芳香化酶抑制剂,具有较高的治疗指数	绝经后乳腺癌
依西美坦（Exemestane）	是一种不可逆的甾体类芳香化酶抑制剂,不存在孕激素和雌激素样作用,高剂量时有轻微的雄激素样作用	绝经后乳腺癌
阿那曲唑（Anastrozole）	为一种强效、选择性非甾体类芳香化酶抑制剂,可抑制肾上腺中生成的雄烯二酮转化为雌酮,降低雌激素水平	绝经后乳腺癌

续表

药名	作用特点	适应证
氨鲁米特（Aminoglutethimide）	在周围组织中具有强力的芳香化酶抑制作用，其抑制芳香化作用比抑制肾上腺皮质激素合成作用大 10 倍	绝经后晚期乳腺癌，雌激素受体阳性效果更好，对乳腺癌骨转移有效
黄体酮类 甲地孕酮（Megestrol）	确切的抗子宫内膜癌和乳腺癌机制尚不清楚，可能是通过脑垂体调节的抗黄体酮效应	用于晚期乳腺癌和子宫内膜癌的治疗，对肿瘤患者的恶病质、疼痛有一定效果
黄体生成素释放激素激动药和拮抗药 戈舍瑞林（Goserelin）	是促性腺激素释放激素的类似物，可抑制脑垂体促黄体生成素的合成，从而降低男性血清睾丸酮和女性血清雌二醇水平	前列腺癌和乳腺癌
亮丙瑞林（Leuprorelin）	是高活性的 LHRH 衍生物，其促黄体生成激素（LH）释放活性约为 LH-RH 的 100 倍，它的抑制垂体 - 性腺系统功能的作用也强于 LHRH	绝经前雌激素受体阳性乳腺癌及前列腺癌

2. 分子靶向药物 分子靶向治疗是利用肿瘤细胞与正常细胞分子间的生物学差异，通过单克隆抗体或特异性抑制剂阻断恶性肿瘤发生、发展过程中的关键靶点或信号通路，从而达到抑制肿瘤生长的目的。目前尚无统一的分子靶向药物分类方法，临床上常将其分为小分子靶向药物和单克隆抗体两大类，其中小分子靶向药物又可按照其作用的靶点分为单靶点抑制剂和多靶点抑制剂。

（1）小分子化合物靶向药物：主要是化学合成的药物，通常分子量小于 1 000 道尔顿（Da）。根据其作用靶点的可分为单靶点小分子靶向药物（表 18-1-8）和多靶点小分子靶向药物（表 18-1-9）。

表 18-1-8 常用的单靶点小分子靶向药物

药名	适应证
靶向 EGFR 的小分子药物	
吉非替尼（Gefitinib）	NSCLC
厄洛替尼（Erlotinib）	NSCLC
埃克替尼（Icotinib）	NSCLC
阿法替尼（Afatinib）	NSCLC
奥西替尼（Osimertinib）	NSCLC
靶向 ALK 重排的小分子药物	
色瑞替尼（Ceritinib）	NSCLC
阿来替尼（Alectinib）	NSCLC
布加替尼（Brigatinib）	NSCLC
劳拉替尼（Lorlatinib）	NSCLC

续表

药名	适应证
靶向 HER2 的小分子药物	
T-DM1（Ado-Trastuzu-mabemtansine）	乳腺癌
来那替尼（Neratinib）	乳腺癌
靶向 *BRAF* 突变的小分子药物	
维罗非尼（Vemurafennib）	黑色素瘤
达拉菲尼（Dabrafenib）	黑色素瘤
Encorafenib	黑色素瘤
靶向 MEK 的小分子药物	
曲美替尼（Trametinib）	黑色素瘤
卡比替尼（Cobimetinib）	黑色素瘤
靶向 *PARP* 突变的小分子药物	
奥拉帕利（Olaparib）	卵巢癌、输卵管癌、腹膜癌、乳腺癌
鲁卡帕利（Rucaparib）	卵巢癌、输卵管癌、腹膜癌
尼拉帕利（Niraparib）	卵巢癌、输卵管癌、腹膜癌
蛋白酶体抑制剂	
硼替佐米（Bortezomib）	多发性骨髓瘤
卡非佐米（Carfilzomib）	多发性骨髓瘤
Ixazomib	多发性骨髓瘤

续表

药名	适应证
mTOR 抑制剂	
依维莫司（Everolimus）	乳腺癌、胰腺癌
坦罗莫司（Tersirolimus）	肾癌
替西罗莫司（Temsirolimus）	肾癌
HDAC 抑制剂	
罗米地辛（Romidepsin）	淋巴瘤
伏立诺他（Vorinostat）	淋巴瘤
Belinostat	淋巴瘤
帕比司他（Panobinostat）	多发性骨髓瘤

表 18-1-9　常用的多靶点小分子靶向药物

药名	作用靶点	适应证
索拉非尼（Sorafenib）	KIT，PDGFR，RAF，VEGFR	肝癌、肾癌、甲状腺癌
伊马替尼（Imatinib）	Bcr-Abl，PDGFR，KIT	白血病、胃肠道间质瘤、皮肤纤维瘤
舒尼替尼（Sunitinib）	PDGFRα/β，VEGFR1/2/3，KIT，FLT3，RET	胃肠道间质瘤、肾癌、胰腺癌
帕唑帕尼（Pazopanib）	VEGFR，PDGFR，KIT	肾癌、软组织肉瘤
凡德他尼（Vandetanib）	EGFR，RET，VEGFR2	甲状腺癌
拉帕替尼（Lapatinib）	ErbB1，ErbB2	非小细胞肺癌
卡博替尼（Cabozantinib）	FLT3，KIT，MET，RET，VEGFR2，VEGFR2	肾癌、甲状腺癌
阿昔替尼（Axitinib）	KIT，PDGFRβ，VEGFR1/2/3	肾癌
瑞戈非尼（Regorafenib）	KIT，PDGFRβ，RAF，RET，VEGFR1/2/3	胃肠道间质瘤、肝癌
帕博西尼（Palbociclib）	CDK4，CDK6	乳腺癌
阿柏西普（Ziv-Aflibercept）	VEGFA/B，PIGF	结直肠癌
普纳替尼（Ponatinib）	Bcr-Abl，FGFR1-3，VEGFR2，FLT3	白血病

续表

药名	作用靶点	适应证
克唑替尼（Crizotinib）	ALK，ROS1，MET	NSCLC
仑伐替尼（Lenvatinib）	VEGFR1，VEGFR2，VEGFR3	甲状腺癌、肾癌、肝细胞癌
达沙替尼（Dasatinib）	Bcr-Abl，SRC 激酶家族，c-KIT，EPHA2 和 PDGFR-B 等	白血病
博舒替尼（Bosutinib）	Bcr-Abl，SRC 家族激酶	白血病
尼洛替尼（Nilotinib）	Bcr-Abl、PDGFR 和 c-KIT	白血病

（2）单克隆抗体类：单克隆抗体的抗原结合片段可以特异性识别并与肿瘤细胞的相应抗原竞争结合，阻断抗原介导的生理作用或信号转导过程，从而阻止肿瘤细胞的生长和扩散。根据作用的靶分子不同，目前用于抗肿瘤治疗的单克隆抗体大致分为以下三类，常见的单抗类抗肿瘤药物如表 18-1-10 所示。

表 18-1-10　常用的单靶点小分子靶向药物

药名	作用靶点	适应证
靶向 EGFR 的单克隆抗体		
耐昔妥珠单抗（Necitumumab）	EGFR	NSCLC
西妥昔单抗（Cetuximab）	EGFR	结直肠癌、头颈癌
帕尼单抗（Panitumumab）	EGFR	结直肠癌
尼妥珠单抗（Nimotuzumab）	EGFR	联合放疗治疗 III / IV 期鼻咽癌
靶向 VEGFR2 的单克隆抗体		
雷莫芦单抗（Ramucirumab）	VEGFR2	NSCLC、结直肠癌、胃癌或胃食管结合部癌
靶向 VEGF 的单克隆抗体		
贝伐珠单抗（Bevacizumab）	VEGF	NSCLC、结直肠癌、肾癌、宫颈癌、胶质母细胞瘤、腹膜癌

续表

药名	作用靶点	适应证
靶向 HER2 的单克隆抗体		
帕妥珠单抗（Pertuzumab）	HER2	乳腺癌
曲妥珠单抗（Trastuzumab）	HER2	乳腺癌、胃癌或胃食管结合部癌
靶向细胞膜分化相关抗原的单克隆抗体		
阿仑珠单抗（Alemtuzumab）	CD52	慢性淋巴细胞性白血病
利妥昔单抗（Rituximab）	CD20	白血病、淋巴瘤
奥滨尤妥珠单抗（Obinutuzumab）	CD20	白血病、淋巴瘤
奥法木单抗（Ofatumumab）	CD20	白血病
替伊莫单抗（Ibritumomab Tiuxetan）	CD20	滤泡性以及转移性 B 细胞 NHL
托西莫单抗（Tositumomab）	CD20	低分度滤泡状或已变形的 NHL
博纳吐单抗（Blinatumomab）	CD3，CD19	白血病
本妥昔单抗（Brentuximabvedotin）	CD30	淋巴瘤
达雷妥尤单抗（Daratumumab）	CD38	多发性骨髓瘤
埃罗妥珠单抗（Elotuzumab）	CD319	多发性骨髓瘤
其他单克隆抗体		
奥拉木单抗（Olaratumab）	PDGFRα	软组织肉瘤
狄诺塞麦（Denosumab）	RANKL	骨巨细胞瘤
达妥昔单抗（Dinutuximab）	GD-2	高危神经母细胞瘤

3. 肿瘤免疫治疗药物 免疫治疗（immunotherapy）是利用人体的免疫机制，通过主动或被动的方法增强患者的免疫功能，达到杀伤肿瘤细胞的目的，是生物治疗的方法之一。其治疗的原理是通过增强抗肿瘤免疫应答和/或打破肿瘤的免疫抑制产生抗肿瘤作用。与传统的手术、放疗和化疗相比，肿瘤免疫治疗具有以下几点优势：①通过增强机体自身的免疫力抗肿瘤，副作用相对较少；②目标明确，可选择性杀伤肿瘤细胞而对正常细胞无影响或影响较小；③对不宜进行手术的中晚期肿瘤患者，能够抑制肿瘤的发展，延长患者生命；④主动免疫能够激发全身性的抗肿瘤效应，作用范围更加广泛，尤其适用于多发病灶或有广泛转移的恶性肿瘤；⑤能够清除因手术不彻底而残留的病灶，降低复发；⑥增强机体免疫功能，减轻或恢复放化疗所致的组织或脏器的损伤。肿瘤免疫治疗根据作用机制分为，主动免疫治疗、被动免疫治疗和非特异性免疫调节剂治疗 3 大类。

（1）主动免疫治疗（active immunotherapy）：也称为肿瘤疫苗（tumor vaccine），主要是指利用来源于自体或异体带有肿瘤特异性抗原（tumor specific antigen，TSA）或肿瘤相关抗原（tumor associated antigen，TAA）的肿瘤细胞或其粗提取物，通过激发宿主机体免疫系统产生针对肿瘤抗原的特异性抗肿瘤免疫应答来攻击肿瘤细胞，克服肿瘤产物所引起的免疫抑制状态，从而阻止肿瘤生长、转移和复发。肿瘤疫苗主要包括肿瘤细胞疫苗、多肽疫苗、病毒疫苗、基因疫苗、树突状细胞疫苗和抗独特型抗体疫苗等。虽然经过多年的研究，但目前仅有 Sipuleucel-T 被 FDA 批准用于治疗激素抵抗的转移性前列腺癌，其他治疗性疫苗尚处于研究中。

（2）被动免疫治疗：被动免疫治疗是指给机体输注外源性免疫效应物质，由这些外源性效应物质在机体发挥治疗肿瘤的作用。其特点是效应快，不需经过潜伏期，一经输入，立即可获得免疫力，但维持时间短。因此，适用于没有时间或能力产生初始免疫应答的晚期肿瘤患者。目前主要包括单克隆抗体治疗和过继性细胞治疗两大类。单克隆抗体具有较高的安全性和有效性，是目前研究的热点，部分临床常用的单克隆抗体如表 18-1-10 所示。本部分重点介绍近来发展较快的免疫检查点抑制剂，具体如表 18-1-11 所示。

表 18-1-11　部分已上市免疫检查点抑制剂

药名	适应证
靶向 CTLA-4 的药物	
易普利姆玛 （Ipilimumab）	黑色素瘤
靶向 PD-L1 的药物	
阿特珠单抗 （Atezolizumab）	肺癌、默克尔细胞癌、尿路上皮癌
度伐利尤单抗 （Durvalumab）	NSCLC
阿维鲁单抗 （Avelumab）	默克尔细胞癌、尿路上皮癌
靶向 PD-1 的药物	
纳武利尤单抗 （Nivolumab）	肺癌、肾癌、头颈癌、尿路上皮癌、黑色素瘤、淋巴瘤
帕博利珠单抗 （Pembrolizumab）	肺癌、头颈癌、尿路上皮癌、黑色素瘤、淋巴瘤
特瑞普利单抗 （Triprizumab）	黑色素瘤
信迪利单抗 （Cendilizumab）	霍奇金淋巴瘤
卡瑞利珠单抗 （Carrizumab）	霍奇金淋巴瘤、肝细胞癌、非鳞状 NSCLC、食管鳞癌
替雷利珠单抗 （Tirelizumab）	霍奇金淋巴瘤、尿路上皮癌

过继性细胞免疫治疗是将自体或同种异体的效应细胞在体外活化、扩增后回输患者体内，通过直接杀伤肿瘤细胞或激发机体的抗肿瘤免疫功能来达到治疗肿瘤的目的。该方法所用细胞主要有淋巴因子激活杀伤细胞、肿瘤浸润淋巴细胞、细胞因子诱导的杀伤细胞、细胞毒性 T 淋巴细胞和自然杀伤细胞等。过继性细胞免疫治疗具有一定的疗效且不良反应少，已成为肿瘤综合治疗的重要部分。但由于效应细胞扩增倍数低、细胞来源困难、细胞毒力不高等诸多问题，限制了其在临床上的广泛应用。

（3）非特异性免疫调节剂治疗：非特异性免疫调节剂的抗肿瘤机制主要有两种，一是通过刺激效应细胞发挥作用，二是通过抑制免疫调控细胞或分子起作用。

虽然免疫治疗因其独特的优势在肿瘤综合治疗中得到广泛应用，但普遍认为免疫治疗需与手术、放化疗联合使用。开展免疫治疗最佳时机是在手术最大程度地减少肿瘤负荷后或通过常规手段控制肿瘤后，但对于如何更好地发挥其作用，尤其是如何选择适宜的人群以及如何更好地与手术、放化疗等联合使用都需要进一步探讨。

四、不良反应管理

目前临床使用的抗肿瘤药物均有不同程度的毒副作用，根据毒副作用发生的时间，可分为近期毒性反应和远期毒性反应。

（一）近期毒性反应

1. 消化系统毒性

（1）恶心和呕吐：是常见和最令患者恐惧的不良反应，其发生和严重程度受多种因素的影响，包括药物的种类、剂量、给药方法，以及患者的个体差异等。根据发生的时间，可将恶心、呕吐分为急性、迟发性和预期性三种。急性呕吐是指恶心、呕吐发生于给药后的 24h 内，高峰期在 5~6h；迟发性呕吐是指给药 24h 以后发生，可持续 6~7d，高峰时间为 2~3d；预期性呕吐是指未经历用药或发生于给药前的呕吐，与心理作用有关，常发生于既往化疗后剧烈呕吐的患者。

根据致吐作用的强弱，可将致吐药物分为：高度致吐性药物，主要有大剂量顺铂、大剂量环磷酰胺、大剂量卡莫司汀、达卡巴嗪、链佐星和丙卡巴肼（甲基苄肼）等；中度致吐性药物，主要包括三氧化二砷、小剂量顺铂，大剂量阿糖胞苷、大剂量白消安（马利兰）、柔红霉素、多柔比星、异环磷酰胺、伊立替康和奥沙利铂等；低度致吐性药物，包括吉西他滨、卡培他滨、紫杉醇、多西他赛、脂质体紫杉醇、依托泊苷、氟尿嘧啶、拓扑替康和培美曲塞等；少致吐性药物，主要包括左旋天冬酰胺酶、博来霉素、白消安、苯丁酸氮芥、多数小分子靶向药物和抗体类药物等。

常用的止吐药物有 5-HT$_3$ 受体拮抗剂如昂丹西酮（Ondansetron）、格拉司琼（Granisetron）、托烷司琼（Tropisetron）、多拉司琼（Dolasetron）以及地塞米松、多巴胺受体拮抗剂甲氧氯普胺等，其中 5-HT$_3$ 受体拮抗剂的疗效最好，不良反应最轻。大多数患者在化疗前及化疗后的几天内都需要止吐药物来控制恶心、呕吐症状。

（2）口腔黏膜炎：化疗药物会直接损伤增殖活跃的黏膜组织，引起口腔黏膜炎。常发生于化疗后1~2周，表现为口腔内烧灼样疼痛，口腔黏膜红肿、溃疡，严重者可形成大片的白色假膜。最常引起黏膜炎的药物包括甲氨蝶呤、多柔比星、放线菌素D和5-氟尿嘧啶等。黏膜炎的治疗以局部对症治疗为主，轻度黏膜炎可随着化疗药物的停止应用而逐渐修复，严重黏膜炎而出现营养不良或继发感染的患者，应加强支持治疗和抗感染处理。

（3）腹泻和便秘：化疗相关性腹泻的主要原因是药物对肠道黏膜的损伤所引起的肠道吸收和分泌功能失调。常引起腹泻的化疗药包括5-Fu、伊立替康、阿糖胞苷、放线菌素D、羟基脲、甲氨蝶呤等，其中5-Fu和伊立替康诱发的腹泻最为常见，发生率可高达50%~80%。持续腹泻需要预防和治疗相关的并发症，维持水、电解质、酸、碱和营养平衡，必要时使用止泻药。

长春碱类药可影响肠道的运动功能而产生便秘和麻痹性肠梗阻，老年人和长春碱类用量多的患者较易发生。应注意长春新碱的给药剂量，增加食物中的纤维含量和水分，必要时适当使用大便软化剂和缓泻剂。

2. 骨髓抑制 是化疗最重要和最常见的剂量限制性毒性反应。不同药物对白细胞、血小板和红细胞的影响程度有所不同。蒽环类、鬼臼毒素类等可引起严重的骨髓抑制，亚硝基脲类、丝裂霉素和丙卡巴肼等可发生延迟性骨髓抑制，卡铂和吉西他滨等对血小板的抑制作用更加明显。化疗药物引起的骨髓抑制，除与药物作用特点、剂量强度和用药方案等药物本身因素有关外，也与患者的年龄、肿瘤骨髓侵犯和营养状况等因素有关。

骨髓抑制严重影响患者的生命安全，应积极防治：①定期检查血常规，早发现、早处理；②根据骨髓抑制的不同类型，合理使用粒细胞单核细胞集落刺激因子、粒细胞集落刺激因子和促血小板生成素；③对有输血指征的患者，及时进行成分输血；④积极预防和控制感染；⑤加强支持治疗。

3. 肺毒性 主要表现为呼吸困难、胸闷、干咳，常为隐匿性发病，通常在停药数周至数月后出现，但药物过敏反应所引起者可在数小时内发生，此时常伴有发热。初期X线检查可无异常，逐渐出现典型的弥漫性肺间质浸润的表现。最常见的组织病理学改变为间质性肺病和肺纤维化。常见引起肺毒性的药物包括博来霉素、环磷酰胺、异环磷酰胺、丝裂霉素、甲氨蝶呤、亚硝基脲类、紫杉醇、长春碱类和伊立替康等。近年来，靶向药物引起的肺毒性正受到人们的关注。肺毒性发生率不高，但往往后果严重，且机制尚不清楚。目前，药物性肺损伤没有标准的治疗方法，多数的肺损伤可在及时停药后缓解，及时应用糖皮质激素可以改善临床症状。

4. 心脏毒性 发生率较低，但易出现不可逆性改变，导致心脏毒性的机制主要包括对心肌细胞、心脏血管、心电传导功能和心包的损伤等。可造成引起心脏毒性的药物主要为蒽环类、烷化剂、氟尿嘧啶、紫杉类、博来霉素、丝裂霉素、顺铂和长春碱类药物也有一定的心脏毒性；曲妥珠单抗、索拉非尼和舒尼替尼等靶向药物的心脏毒性正日益引起重视。心脏毒性的发生与药物的剂量和用法有关，阿霉素单药使用的累积剂量应不超过 $500mg/m^2$，联合化疗多不超过 $450mg/m^2$；过去接受过胸部放疗者，阿霉素的总剂量不应超过 $350mg/m^2$。其他的蒽环类药物也都有各自的累积剂量限制。右雷佐生对蒽环类药物引起的心脏毒性有一定的保护作用，应用维生素E、辅酶Q10等也有可能降低心脏毒性。

5. 神经毒性 化疗药物可引起中枢神经毒性及周围神经毒性，前者少见，而后者较常见。具有周围神经毒性的药物主要包括长春碱类、铂类和紫杉类。神经毒性的发生率和严重程度与药物的累积剂量和剂量强度明显相关，其他的影响因素还包括伴随疾病、年龄、烟酒嗜好以及放疗等。感觉神经损伤可表现为四肢末端的感觉异常、感觉迟钝、烧灼感、疼痛和麻木；自主神经病变可产生便秘、麻痹性肠梗阻、阳痿、尿潴留和直立性低血压；运动神经损伤可表现为肌无力和肌萎缩；脑神经病变如视神经病变、复视和面瘫等。预防和减轻周围神经毒性的方法是控制累积剂量和降低剂量强度，出现神经系统毒性反应后应及时停药并予以对症治疗。

6. 脱发 是常见的化疗不良反应，可发生于化疗后的数天至数周,其程度与化疗药物的种类、剂量、化疗间期长短和给药途径等相关。可引起明显脱发的药物包括蒽环类、烷化剂、鬼臼毒素类、长春碱类、紫杉醇、5-氟尿嘧啶和甲氨蝶呤等,较弱的致脱发药物包括博来霉素、顺铂和吉西他滨等。在化疗时给患者带上冰帽,可减少药物到达毛囊而减轻脱发。

7. 肾和膀胱毒性　化疗药物引起肾毒性的机制主要有两个方面,通过其原型或代谢产物直接损伤肾小球、肾小管、肾间质或肾的微循环系统的直接损害,也可因肿瘤细胞大量崩解后其细胞内物质经肾脏排泄过程中损害肾功能。与肾毒性相关的危险因素包括:年龄 >60 岁、高血压、糖尿病、心血管疾病、家族性肾病、肾动脉灌注低以及合用肾损伤药物等。常见的可致肾毒性的药物包括顺铂、大剂量甲氨蝶呤、丝裂霉素、亚硝基脲类和异环磷酰胺等。预防和治疗肾毒性的方法主要是根据肾功能变化调整药物剂量、水化利尿以及碱化尿液等。环磷酰胺、异环磷酰胺的代谢产物丙烯醛可损伤尿路上皮,尤其是膀胱黏膜上皮,引起出血性膀胱炎。

8. 肝毒性　抗肿瘤药物引起的肝损害,主要包括肝功能障碍、药物性肝炎、静脉闭塞性肝病、慢性肝纤维化、脂肪变性和肉芽肿形成等。药物性肝炎通常与个体特异性的超敏反应和代谢特点相关。常见引起肝损伤的药物有门冬酰胺酶、阿糖胞苷、依托泊苷、硫唑嘌呤、6-羟基嘌呤、大剂量甲氨蝶呤等,达卡巴嗪、放线菌素 D 和大剂量环磷酰胺等可引起静脉闭塞性肝病,甲氨蝶呤可引起肝纤维化。目前尚无理想的药物性肝损治疗方法,一旦发生,应及时停用化疗药物,并酌情使用保肝治疗。

9. 其他　门冬酰胺酶、紫杉醇和博来霉素等可以引起过敏反应,故应用时应做好预防措施,用药后应密切观察。蒽环类、氮芥、长春碱类和丝裂霉素等可引起不同程度的血栓性静脉炎,一旦外渗,还可导致局部组织坏死。博来霉素、卡培他滨、阿糖胞苷、多西他赛、脂质体多柔比星和氟尿嘧啶等可引起手足综合征。多柔比星和放线菌素 D 常引发放射性回忆反应。

（二）远期毒性反应

1. 致癌作用　烷化剂和亚硝基脲类药物具有明显的致癌作用,常发生于化疗结束后 3~4 年。化疗还可引起继发的淋巴系统恶性肿瘤,尤其是非霍奇金淋巴瘤。化疗药物引起的其他恶性肿瘤也偶见报道。

2. 不育和致畸　烷化剂和亚硝基脲类药物可影响生殖细胞的产生和内分泌功能,使睾丸生殖细胞的数量明显减少,导致男性不育,也可使女性患者产生闭经和永久性卵巢功能障碍,特别是联合化疗对精子的影响更显著。

（刘加涛　孙国平）

第二节　常见恶性肿瘤的药物治疗

一、原发性支气管肺癌

原发性支气管肺癌(primary bronchogenic carcinoma)居于恶性肿瘤发病率和死亡率的第一位,2018 年全球预计新发病例 210 万,死亡病例 180 万,约占全部肿瘤死亡人数的 18.4%。男性中,肺癌发病率(31.5%)和死亡率(27.1%)均为第一位;女性中,肺癌发病率为第三位(14.6%),死亡率占第二位(11.2%)。肺癌的确切病因和发病机制尚不明确,目前认为是环境因素与内在因素共同作用、多基因参与的复杂疾病,吸烟是公认的肺癌最重要危险因素。

（一）临床表现与诊断

1. 症状与体征　肺癌早期可无明显症状。当病情发展到一定程度,可出现刺激性干咳、痰中带血或血痰、胸痛、发热、气促。当肺癌侵及周围组织或转移时,可出现相应部位的症状和体征。患者出现原因不明,久治不愈的肺外征象,如杵状指(趾)、非游走性肺性关节疼痛、男性乳腺增生、皮肤黝黑或皮肌炎、共济失调、静脉炎等应考虑肺癌的诊断,体检发现声带麻痹、上腔静脉阻塞综合征、霍纳综合征(Horner syndrome)、肺上沟瘤(Pancoast tumor)等提示局部侵犯及转移的可能。

2. 诊断　肺癌的诊断,主要依据典型的临床表现、实验室检查、影像学检查和病理学检查。病理学检查是肺癌的确诊依据。2015 年世界卫生组织(WHO)发布的肺肿瘤分类相对 2004 年 WHO 分类进行了较大变动,基因学研究成为新的重点,特别是利用一体化分子检测帮助晚期肿瘤患者制订个体化治疗方案。根据组织学分型分为上皮源性肿瘤、神经内分泌肿瘤、异位起源肿瘤、间叶源性肿瘤、淋巴瘤和转移性肿瘤。临床常见的肺腺癌和肺鳞癌属于上皮源性肿瘤,而小细胞肺癌属于神经内分泌肿瘤。此外,少数肺癌可以在同一肿瘤的不同部位存在不同的组织学类型。较常见的是腺癌中有鳞癌组织,亦可在鳞癌中有腺癌组织或鳞癌与未分化小细胞癌并存,这一类肺癌称为混合型肺癌。

3. 鉴别诊断 肺癌需与肺结核、肺部感染、肺部良性肿瘤(如结构瘤、软骨瘤、纤维瘤等)和纵隔恶性淋巴瘤等疾病相鉴别。

4. 分期

(1)非小细胞肺癌(non-small cell lung cancer,NSCLC)的 TNM 分期见表 18-2-1。

表 18-2-1 AJCC/UICC 非小细胞肺癌 TNM 分期(2017 年,第八版)

原发肿瘤(T)	
Tx	原发肿瘤无法评估或痰脱落细胞、支气管冲洗液找到癌细胞但影像学和支气管镜没有可见肿瘤
T0	无原发肿瘤证据
Tis	原位癌
T1	肿瘤最大径≤3cm,周围被肺或脏层胸膜所包绕,支气管镜下肿瘤侵犯没有超出叶支气管(即没有累及主支气管)
T1a	肿瘤最大径≤2cm
T1b	肿瘤最大径>2cm 且≤3cm
T2	肿瘤大小或范围符合以下任何一项:肿瘤最大径>3cm;但不超过 7cm;累及主支气管,但距隆凸≥2cm;累及脏层胸膜;扩展到肺门的肺不张或阻塞性肺炎,但不累及全肺
T2a	肿瘤最大径≤5cm,且符合以下任何一点:肿瘤最大径>3cm;累及主支气管,但距隆凸≥2cm;累及脏层胸膜;扩展到肺门的肺不张或阻塞性肺炎,但不累及全肺
T2b	肿瘤最大径>5cm 且≤7cm
T3	任何大小的肿瘤已直接侵犯了下述结构之一者:胸壁(包括肺上沟瘤)、膈肌、纵隔胸膜、心包;或肿瘤位于距隆凸 2cm 以内的主支气管,但尚未累及隆突;或全肺的肺不张或阻塞性肺炎。肿瘤最大径>7cm;与原发灶同叶的单个或多个的卫星灶

续表

T4	任何大小的肿瘤已直接侵犯了下述结构之一者:纵隔、心脏、大血管、气管、食管、喉返神经、椎体、隆凸;或与原发灶不同叶的单发或多发病灶
区域淋巴结(N)	
Nx	区域淋巴结无法评估
N0	区域淋巴结无转移
N1	同侧支气管或肺门淋巴结有转移
N2	转移至同侧纵隔和/或隆凸下淋巴结
N3	转移至对侧纵隔、对侧肺门淋巴结、同侧或对侧斜角肌或锁骨上淋巴结
N3a	7~15 个区域淋巴结有转移
N3b	16 个或 16 个以上区域淋巴结有转移
远处转移(M)	
Mx	远处转移不能评估
M0	无远处转移
M1a	胸膜播散(包括恶性胸腔积液、恶性心包积液、胸膜转移结节)
M1b	单发转移灶;对侧肺叶的转移性结节;远处转移(肺或胸膜除外)
M1c	多发转移灶,其余同 M1b

注:大部分肺癌患者的胸腔积液(或心包积液)是由肿瘤所引起的。但如果胸腔积液(或心包积液)的多次细胞学检查未能找到癌细胞,胸腔积液(或心包积液)又是非血性或非渗出性的,临床判断该胸腔积液(或心包积液)与肿瘤无关,这种类型的胸腔积液(或心包积液)不影响分期。

表 18-2-2 非小细胞肺癌临床分期(2017 年,第八版)

分期	标准
隐性肺癌	TXN0M0
0 期	TisN0M0
ⅠA 期	T1a,bN0M0
ⅠB 期	T2aN0M0
ⅡA 期	T2bN0M0,T1a,bN1M0 T2a N1M0
ⅡB 期	T2bN1M0,T3N0M0
ⅢA 期	T1a,bN2M0,T2a,bN2M0,T3N1,2M0,T4N0,1M0
ⅢB 期	T4N2M0,任何 T,N3M0
Ⅳ 期	任何 T,任何 N,M1a,b

(2)小细胞肺癌分期:目前小细胞肺癌(small cell lung cancer,SCLC)最常用的分期系统为美国退伍军人医院肺癌研究组的 SCLC 分期系统,分为局限期与广泛期。这种分期方法简单、易行,与治疗及预后相关。对于接受外科手术的患者也采

用 TNM 分期标准。(表 8-2-2)

(二)一般治疗原则

肺癌的治疗是"根据患者的机体状况、免疫功能、肿瘤的位置、病理类型、侵犯范围(病理)和发展趋向、细胞分化程度、生物学行为和相关基改变,既从肿瘤局部,也从患者的整体出发,合理地、有计划地综合应用现有的治疗手段,以期较大幅度地提高肺癌治愈率,延长患者生命和提高患者生活质量"。

非小细胞肺癌采取以手术为主的综合治疗,小细胞肺癌则采取以化放疗为主的综合治疗。Ⅰ、Ⅱ期和部分Ⅲa期的非小细胞肺癌和部分局限期小细胞肺癌可行手术治疗,早期非小细胞肺癌如不能接受手术治疗可考虑根治性放疗,局部晚期非小细胞肺癌术后可接受辅助放疗和辅助化疗。局部晚期非小细胞肺癌和局限期小细胞肺癌也可通过放化疗结合取得较好效果。对Ⅳ期肺癌,应采取以化疗为主的综合治疗,在恰当的时机给予姑息性手术、放疗、介入治疗等局部治疗手段。

(三)治疗药物及方案

在非小细胞肺癌中,化疗是主要的治疗手段之一,而化疗的常用方式有新辅助化疗、术后辅助治疗、姑息化疗等。20世纪70年代中期发现阿霉素联合环磷酰胺、长春新碱可改善小细胞肺癌有效率。到了80年代,顺铂和卡铂先后被批准上市治疗晚期肺癌,奠定了它们在晚期肺癌中的地位。90年代中期紫杉醇、多西他赛、长春瑞滨和吉西他滨等新一代化疗药物被批准与顺铂联用治疗 NSCLC。2003年 FDA 批准靶向治疗药物吉非替尼用于治疗含铂两药和多西他赛化疗后疾病进展的 NSCLC。2006年 FDA 批准贝伐珠单抗联合标准化疗一线治疗不能手术的、有肺内肺外扩散的、复发的非鳞癌型 NSCLC 患者。2011年 FDA 批准克唑替尼用于治疗有 ALK 基因突变的晚期肺癌患者。2015年 FDA 批准以奥希替尼为代表的第三代 EGFR-TKIs 类药物上市治疗 T790M 基因突变的 NSCLC 患者。2015年3月 FDA 批准 Nivolumab 二线治疗鳞状非小细胞肺癌,同年10月批准 Pembrolizumab 二线治疗 PD-L1 阳性的转移性非小细胞肺癌。

完全切除的Ⅱ~Ⅲ期 NSCLC,推荐含铂两药方案术后辅助化疗4个周期。晚期 NSCLC 的一线首选方案是铂类联合其他化疗药的两药联合方案,有条件者,在化疗基础上可联合抗肿瘤血管生成药物,体力状态评分大于2分者和年老者可选择单药化疗。一线治疗后疾病进展者,PS 评分为0~2分者可进行二线化疗,可选择药物包括多西他赛、培美曲塞以及靶向药物 EGFR-TKIs。EGFR 突变患者,可一线选择靶向药物治疗;对一线治疗达到疾病控制(CR+PR+SD)的患者,也可选择化疗药物或靶向药物的维持治疗。

1. 常用化疗药物 主要包括顺铂(DDP)、紫杉醇(TAX)、多西他赛(DOC)、依托泊苷(VP-16)、阿霉素(ADM)、长春新碱(VCR)、环磷酰胺(CTX)、伊立替康(CPT-11)、吉西他滨(GEM)、长春瑞滨(NVB)和培美曲塞(PEM)等。

2. 常用化疗方案

(1)小细胞肺癌

1)EP 方案

依托泊苷 100mg/(m² · d)静脉滴注,第1~3日,21日为1周期

顺铂 75~80mg/(m² · d)静脉滴注,第1日,21日为1周期

EP 方案是治疗 SCLC 的公认标准方案。研究发现,与 CAV 方案相比,EP 方案具有相似的临床疗效且毒副作用较小。用于局限期患者,EP 方案的完全缓解率可达到20%~45%,中位生存期约为12个月。主要毒性反应为中性粒细胞减少、粒细胞减少性发热和腹泻。使用 DDP 治疗前需充分评估肾功能,并予以水化、利尿等处理,国内常将顺铂的总剂量分3~5日使用。

2)EP-R 方案

依托泊苷 100mg/(m² · d)静脉滴注,第1~3日,28日为1周期

顺铂 80mg/(m² · d)静脉滴注,第1日,28日为1周期

放疗:日本 JCOG9104 研究首先报告了此方案,用于局限性小细胞肺癌的同步放化疗,中位生存期27.2月,不良反应方面,3度白细胞下降57%,4度为42%,3度血小板下降33%,4度为8%,严重放射性食管炎发生率9%。

3)CAV 方案

环磷酰胺 800mg/(m² · d)静脉注射,第1日,21日为1周期

多柔比星 40~50mg/（m²·d）静脉注射，第 1 日，21 日为 1 周期

长春新碱 2mg 静脉注射，第 1 日，21 日为 1 周期

CAV 方案是治疗 SCLC 最早使用的标准方案之一，至今一直沿用。CAV 方案用于局限期患者的完全缓解率为 40%~60%，总有效率为 50%~70%，中位生存期为 12~15 个月。CAV 方案用于广泛期患者的完全缓解率为 10%~15%，中位生存期为 8~10 个月，局限期为 12~15 个月，本方案的主要毒性为骨髓抑制，3/4 度白细胞下降为 20%~30%。

4）IP 方案

伊立替康 60mg/（m²·d）静脉滴注，第 1 日、8 日和 15 日，28 日为 1 周期

顺铂 60mg/（m²·d）静脉滴注，第 1 日，28 日为 1 周期

日本的一项研究发现，在广泛期 SCLC 中 IP 方案的有效性高于 EP 方案，但上述结果在欧美人群中未得到证实。因此，目前多认为 IP 方案与 EP 方案具有相同的临床疗效，但 IP 方案的 3/4 级白细胞下降约为 27%，3/4 级血小板下降约为 5%，3/4 级腹泻约为 16%，在某些情况下可以选用。

5）口服依托泊苷方案

依托泊苷 200mg/d 口服，第 1~5 日，21 日为 1 周期

单药口服依托泊苷方案可以作为老年广泛期小细胞肺癌的姑息治疗方案，有研究老年患者使用该方案治疗 SCLC 总有效率 76%，中位生存时间 9.5 月，2 年生存率 10%，不良反应较低。

6）拓扑替康单药方案

拓扑替康 1.5mg/（m²·d）静脉滴注，第 1~5 日，21 日为 1 周期

SCLC 非常容易发生耐药，目前尚无标准的二线治疗方案。拓扑替康二线治疗有效率 24.3%，中位生存期约为 25 周，且可改善患者的临床症状。主要不良反应为骨髓抑制和消化道反应。

（2）非小细胞肺癌：铂类（顺铂或卡铂）联合第三代化疗药物（吉西他滨、紫杉醇、多西他赛、长春瑞滨、培美曲塞）的两药联合方案，是目前肺癌辅助治疗、新辅助化疗和晚期一线治疗的标准

方案。研究发现，这些药物联合铂类的方案间疗效无明显差异，仅有毒性、方便性和价格等方面的差别。GP 方案较其他方案在生存时间上有优势但未达到统计学差异，培美曲塞联合顺铂方案只能用于非鳞癌患者。顺铂和卡铂在治疗 NSCLC 的疗效上没有的显著差异，因此可以根据药物的毒性等进行选择。

1）NP 方案

长春瑞滨 25mg/（m²·d）静脉滴注，第 1 日和第 8 日，21 日为 1 周期

顺铂 75mg/（m²·d）静脉滴注，第 1 日，21 日为 1 周期

NP 方案可用于 NSCLC 术后辅助治疗和晚期一线化疗，疗效优于顺铂单药或长春瑞滨单药，但与其他含铂方案无明显差异。本方案的主要毒副作用是粒细胞减少和周围神经毒性，在治疗过程中应避免长春瑞滨血管外渗，一旦发生外渗及时处理。

2）GP 方案

吉西他滨 1 000~1 250mg/（m²·d）静脉滴注，第 1 和第 8 日，21 日为 1 周期

顺铂 75mg/（m²·d）静脉滴注，第 1 日，21 日为 1 周期

或

卡铂 药时曲线下面积（AUC）=5~6 静脉滴注，第 1 日，21 日为 1 周期

GP 方案是治疗晚期 NSCLC 的一线标准方案，也是 NSCLC 术后常用的辅助治疗方案之一，与其他含铂方案相比，GP 方案在生存时间上稍有优势但未达到统计学差异。GP 方案主要的毒副作用为血小板下降和消化道反应等，总体耐受性良好，对于使用顺铂有禁忌或不能耐受的患者，可考虑使用卡铂。

3）TP 方案

紫杉醇 135~175mg/（m²·d）静脉滴注，第 1 日，21 日为 1 周期

顺铂 75mg/（m²·d）静脉滴注，第 1 日，21 日为 1 周期

或

卡铂 AUC=5~6 静脉滴注，第 1 日，21 日为 1 周期

TP 方案是治疗晚期 NSCLC 的一线标准方

案,也是 NSCLC 术后常用的辅助治疗方案之一,其疗效和患者生存时间与其他含铂方案相比无统计学差异。TP 方案常见的毒副作用包括过敏反应、粒细胞下降、消化道反应、脱发和周围神经毒性等。由于紫杉醇的溶解性较差,助溶剂聚乙烯蓖麻油可能导致急性过敏反应,因此使用紫杉醇前需要使用地塞米松、苯海拉明和抗组胺药西米替丁进行预处理。

4)DP 方案

多西他赛　60~75mg/(m²·d)静脉滴注,第 1 日,21 日为 1 周期

顺铂　75mg/(m²·d)静脉滴注,第 1 日,21 日为 1 周期

或

卡铂　AUC=5~6 静脉滴注,第 1 日,21 日为 1 周期

DP 方案是治疗晚期 NSCLC 的一线标准方案,也是 NSCLC 术后常用的辅助治疗方案之一,其疗效和患者生存时间与其他含铂方案相比无统计学差异。FDA 也批准多西他赛作为晚期 NSCLC 的二线治疗药物。DP 方案的主要毒副作用包括粒细胞下降、过敏反应、消化道反应、水钠潴留和脱发等。使用多西他赛治疗前后应接受糖皮质激素的预处理。

5)AP 方案

培美曲塞　500mg/(m²·d)静脉滴注,第 1 日,21 日为 1 周期

顺铂　75mg/(m²·d)静脉滴注,第 1 日,21 日为 1 周期

或

卡铂　AUC=5~6 静脉滴注,第 1 日,21 日为 1 周期

培美曲塞对肺腺癌疗效较好,研究发现,对于非鳞非小细胞肺癌,培美曲塞联合顺铂的疗效较吉西他滨联合化疗明显延长生存期,而对于鳞癌患者吉西他滨组的 OS 优于培美曲塞组。因此,目前 AP 方案可用于非鳞非小细胞肺癌的术后辅助治疗和晚期一线化疗。AP 方案主要剂量限制性毒性为骨髓抑制,包括中性粒细胞减少、贫血和血小板下降等。为降低不良反应,治疗前需要进行规范的预处理,包括治疗前一日、治疗当日和治疗后一日连续口服地塞米松,治疗前 7 日开始口服叶酸 350~1 000μg,直至结束治疗后 3 周,治疗前 1 周肌内注射维生素 B_{12},每次 1 000μg,此后每 9 周 1 次贯穿全疗程。

6)NPY 方案

重组人血管内皮抑素　7.5mg/(m²·d)静脉滴注,第 1~14 日,21 日为 1 周期

长春瑞滨　25mg/(m²·d)静脉滴注,第 1 日和 8 日,21 日为 1 周期

顺铂　75mg/(m²·d)静脉滴注,第 1 日,21 日为 1 周期

重组人血管内皮抑素是我国自主研发的抗血管生成靶向治疗药物,一项Ⅲ期临床研究发现,重组人血管内皮抑素联合 NP 方案一线化疗,能显著延长晚期 NSCLC 患者的有效率和中位至疾病进展时间,且 NP 组和 NPY 组间毒副作用无显著差。NPY 方案不良反应轻微,心肾功能不全者、过敏体质或对蛋白类生物制品过敏者慎用。临床使用过程中应定期进行心电图检测,出现心脏不良反应应进行心电监护。

7)培美曲塞单药方案

培美曲塞　500mg/(m²·d)静脉滴注,第 1 日,21 日为 1 周期

维持治疗是指患者一线治疗达到 CR、PR 或 SD 后,使用原方案中的药物或换其他药物继续治疗以维持疗效,从而达到提高生活质量和延长生存期的目的。单药培美曲塞方案常用于晚期肺腺癌的二线治疗、继续维持治疗和换药维持治疗。研究证实,培美曲塞联合顺铂四周期后无进展的患者,继续应用培美曲塞单药维持治疗直至疾病进展或出现不可耐受的毒性反应,可延长功能状态评分(performance status,PS)为 0~1 患者的无进展生存(progression-free-survival,PFS)及总生存期(overall survival,OS),且治疗相关毒副作用轻微。此外,Ⅲ期研究发现,培美曲塞与多西他赛二线治疗晚期 NSCLC 在客观缓解率(objective response rate,ORR)、中位 PFS、OS 和 1 年生存率上均无差别,但多西他赛组血液学毒性更大。

8)多西他赛单药方案

多西他赛　60~75mg/(m²·d)静脉滴注,第 1 日,21 日为 1 周期

多西他赛是研究最广泛的晚期 NSCLC 的二

线治疗药物,也是国际公认的以铂为基础的一线联合治疗复发或失败后的标准二线治疗药物。此外,还可用于老年晚期非小细胞肺癌患者的治疗。其主要的毒副作用包括骨髓抑制、过敏反应、疲劳和脱发等。

9)吉西他滨单药方案

吉西他滨 1 000mg/(m²·d)静脉滴注,第1日、8日和15日,28日为1周期

吉西他滨单药可作为老年非小细胞肺癌患者的治疗选择,主要毒性为血小板下降,粒细胞下降和消化道反应。

(3)EGFR-TKIs 靶向治疗:EGFR-TKIs 已经成为 EGFR 突变非小细胞肺癌的重要治疗手段,对于已知 EGFR 突变阳性的患者建议一线治疗选择 EGFR-TKIs 靶向治疗,也可作为二线治疗和维持治疗的选择。与传统化疗相比,EGFR-TKIs 可显著改善敏感患者的 PFS,且 3 级及以上不良反应显著低于化疗。常用靶向治疗药物包括吉非替尼、厄罗替尼、埃克替尼和奥西替尼等。EGFR-TKIs 类药物不良反应类似,主要表现为皮疹、腹泻、甲沟炎、轻度的消化道反应和一过性肝脏损害,但是药物相关间质性肺炎应引起重视。

1)吉非替尼单药:250mg 口服,每日 1 次,用药直至疾病进展或患者无法耐受。

吉非替尼是第一个获批上市的 EGFR-TKIs 类药物,最初批准二线用于治疗化疗失败的晚期 NSCLC。后期研究发现,EGFR-TKIs 对于亚裔、女性、不吸烟的腺癌患者治疗效果更好。IPASS 研究发现,对于未经治疗的 IV 期 NSCLC 患者,吉非替尼和卡铂联合紫杉醇治疗组患者的 1 年无进展生存率分别为 24.9% 和 6.7%,而对于有 EGFR 基因敏感突变的患者,尤其是亚洲女性非吸烟的肺腺癌患者吉非替尼的治疗优势更加明显。目前吉非替尼已被批准用于 EGFR 突变患者的一线治疗和维持治疗。吉非替尼的常见毒性反应包括,腹泻和皮疹,间质性肺炎等严重不良反应少见。

2)厄罗替尼单药:150mg 口服,每日 1 次,用药直至疾病进展或患者无法耐受。

厄罗替尼是 FDA 批准的第二个治疗 EGFR 突变的 EGFR-TKIs 类药物。有研究发现,使用厄洛替尼或吉非替尼治疗 EGFR 外显子 19 缺失或 21 突变的复发或转移的 IIIB/IV 期 NSCLC 患者

的有效率(74.4% vs 76.9%)、疾病控制率(86.8% vs 90.1%)和中位 PFS(14.5 个月 vs 11.7 个月)均无统计学差异。目前,厄罗替尼已被批准用于 EGFR 突变阳性的患者可以一线治疗选择,也可作为二线治疗和维持治疗的选择。毒副作用与吉非替尼类似。

3)埃克替尼单药:125mg 口服,每日 3 次,用药直至疾病进展或患者无法耐受。

ICOGEN III 期研究发现,在既往接受过一个或两个化疗方案治疗的患者中分别给予埃克替尼或吉非替尼,结果显示埃克替尼的临床疗效不劣于吉非替尼,且毒副作用类似。

4)奥西替尼单药:80mg 口服,每日 1 次,用药直至疾病进展或患者无法耐受。

第三代 EGFR-TKIs 类药物奥希替尼已被批准用于一、二代 EGFR-TKIs 治疗后进展并且存在 EGFR T790M 阳性突变的晚期或转移性 NSCLC 患者。FLAURA III 期研究发现,与一代 EGFR-TKIs 相比,奥希替尼治疗晚期初治 EGFR 突变阳性 NSCLC 不仅显著延长 PFS,降低疾病进展风险,并且耐受性良好,III 级及以上不良事件发生率更低,因此 NCCN 指南也推荐一线使用奥希替尼。

5)克唑替尼单药:250mg 口服,每日 2 次,用药直至疾病进展或患者无法耐受。

PROFILE-1014 研究发现,对于 ALK 融合基因阳性的患者克唑替尼一线治疗的中位 PFS(10.9 个月 vs 7.0 个月)和 ORR(74% vs 45%)均明显优于标准含铂化疗。PROFILE-1001 和 OO1201 两项研究发现,克唑替尼对 ROS1 阳性的 NSCLC 具有较强抗肿瘤治疗活性,PFS 分别达到 19.3 个月和 13.4 个月,客观缓解率高达 72% 和 69.3%,能快速缓解症状并显著改善患者生存时间,且耐受性良好。目前,克唑替尼已被批准作为 ALK 融合基因阳性和 ROS1 融合基因阳性晚期 NSCLC 的一线标准治疗药物。克唑替尼治疗后疾病进展的患者其治疗可参考 EGFR-TKIs 临床失败模式进行临床进展分类再进行后续治疗。

(4)免疫治疗:截至目前,FDA 已批准 4 种免疫抑制剂用于非小细胞肺癌,分别为以 PD-1 为靶点的纳武利尤单抗(Nivolumab)和帕博利珠单抗(Pembrolizumab)和以 PD-L1 为靶点的阿特珠单抗(Atezolizumab)和度伐利尤单抗

（Durvalumab）。在中国，纳武利尤单抗和帕博利珠单抗也相继获得上市批准。

基于 Checkmate 与 Keynote 系列研究数据，2015 年 Pembrolizumab 和 Nivolumab 获批用于 NSCLC 二线治疗，2016 年 Pembrolizumab 获批用于 PD-L1 ≥ 50% NSCLC 一线治疗。2018 年中国国家药品监督管理局（CFDA）正式批准 Nivolumab、Pembrolizumab 在国内上市。

1）纳武利尤单抗（Nivolumab）：3mg/kg 静脉滴注 60min，第 1 日，14 日为 1 周期。

Nivolumab 是全人源化 IgG4 型单克隆抗体，主要通过抑制 PD-1 受体，恢复 T 细胞抗肿瘤免疫应答而发挥作用。FDA 于 2015 年批准 Nivolumab 用于治疗晚期鳞状 NSCLC 及非鳞状细胞 NSCLC 患者。CheckMate 057 研究显示在既往治疗过的晚期非鳞癌患者中，Nivolumab 相比多西他赛明显延长患者的中位生存期（12.2 个月 vs 9.4 个月），且 3~4 级不良事件发生率明显低于多西他赛组（10% vs 54%）。基于 Checkmate-017、Checkmate-057 和 Checkmate-078 等多项国际 Ⅲ 期临床研究，目前 Nivolumab 已被 NCCN 等多个指南推荐用于晚期 NSCLC 的二线治疗。常见的毒副作用包括疲劳、呼吸困难、肌肉骨骼疼痛和食欲减退等。

2）帕博利珠单抗（Pembrolizumab）：2mg/kg 静脉滴注 30min，第 1 日，21 日为 1 周期。

Pembrolizumab 是一种抗 PD-1 人源化 IgG4 抗体。2013 年美国 FDA 授予 Pembrolizumab 具有突破性治疗药物称号，2014 年 FDA 批准用于治疗黑色素瘤。2015 年，FDA 批准 Pembrolizumab 用于 PD-L1 阳性转移性 NSCLC 的二线治疗。基于 Keynote-024 研究结果，美国 FDA 于 2016 年批准 Pembrolizumab 单药用于 PD-L1 ≥ 50% 晚期 NSCLC 的一线治疗。近期，Keynote 189 研究发现，与单纯化疗相比，Pembrolizumab 联合培美曲塞 + 铂类方案治疗可显著延长无 EGFR/ALK 驱动基因突变的晚期初治非鳞 NSCLC 患者 PFS（8.8 个月 vs 4.9 个月），降低疾病进展风险达 48%，且各亚组患者均有 OS 获益。Keynote 407 研究显示，Pembrolizumab 联合紫杉醇 / 卡铂治疗肺鳞癌较单纯化疗，可明显改善晚期肺鳞癌患者的中位 PFS（6.4 个月 vs

4.8 个月）及 OS（15.9 个月 vs 11.3 个月），提示 Pembrolizumab 联合化疗无论在鳞癌还是非鳞癌患者中，相较于单纯化疗，均能带来生存获益，且与 PD-L1 表达水平无关。常见的毒副作用包括乏力、食欲减退和呼吸困难，与免疫相关不良反应包括肺炎、结肠炎、肾上腺功能不全、糖尿病和甲状腺功能紊乱等。

3）阿特珠单抗（Atezolizumab）：1 200mg 静脉滴注 60min，第 1 日，21 日为 1 周期。

Atezolizumab 是一种人源 IgG4 抗 PD-L1 单抗，可抑制 PD-L1 与 PD-1 结合，拮抗表达 PD-L1 的肿瘤细胞。OAK 研究显示，Atezolizumab 二线治疗晚期 NSCLC 较多西他赛可以显著延长患者的中位生存期（13.8 个月 vs 9.6 个月），且 3~4 级不良事件发生率更低（15% vs 43%）。亚组分析发现，不论 PD-L1 表达状态、病理类型、年龄、吸烟状况以及基线脑转移的患者均可以从 Atezolizumab 治疗中获益。Impower132 研究发现，Atezolizumab 联合培美曲塞 + 铂类一线治疗 EGFR/ALK 野生型晚期非 NSCLC 患者的中位 PFS 优于化疗（7.6 个月 vs 5.2 个月），中位 OS 有获益趋势（18.1 个月 vs 13.6 个月），但无统计学差异。Atezolizumab 联合化疗虽然有 PFS 获益，但其作用似乎更取决于 PD-L1 的表达状态。最常见的不良反应包括疲劳、呼吸困难、咳嗽、肌肉骨骼疼痛和便秘等。常见的 3~4 级副作用包括呼吸困难、肺炎、疲劳、贫血、肌肉骨骼疼痛、肝脏转氨酶增高和吞咽困难等。

4）度伐利尤单抗（Durvalumab）：10mg/kg 静脉滴注 60min，14 日为 1 周期。

Durvalumab 是一种人源化 IgG1 抗 PD-L1 单抗，FDA 于 2018 年 2 月批准 Durvalumab 用于不可手术切除的 Ⅲ 期 NSCLC。Durvalumab 的获批主要基于 PACIFIC 研究，该研究显示，与安慰剂相比，Durvalumab 可显著延长 PFS（16.8 个月 vs 5.6 个月），并且显著提高 ORR（28.4% vs 16%）。后期的数据更新也证实 Durvalumab 维持治疗可明显延长患者 OS（NR vs 28.7 个月）及至死亡或转移时间（28.3 个月 vs 16.2 个月）。目前，Durvalumab 已被作为 1 类证据推荐用于 Ⅲ 期不可切除 NSCLC 同步放化疗后的维持治疗。最常见的毒副作用包括咳嗽、肺炎、乏力、呼吸困难以及腹泻。

（四）临床问题导向的药物治疗

1. 非小细胞肺癌新辅助化疗的选择 新辅助化疗是指手术或放疗前进行的全身化疗，主要目的为缩小肿块、改善血液供应、杀灭可能存在的亚临床转移灶，以保证后续手术或放疗的顺利开展。局部晚期 NSCLC 患者由于肿瘤负荷较重，单纯手术治疗难度较大，经过新辅助化疗后可令瘤体缩小，使原本不能手术切除的肿瘤变为可切除。新辅助化疗的适用人群为ⅡB 期以及部分可手术的ⅢA 期患者，包括：① T1~4N1；② T3~4N1、或 T4N0 非肺上沟瘤（侵犯胸壁、主支气管或纵隔）；③ T3~4 临床 N2 单站纵隔淋巴结非巨块型转移、预期可完全切除；④ T3~4 临床 N2 多站纵隔淋巴结转移、预期可能完全切除；⑤ T3~4N1 肺上沟瘤。常用化疗方案为铂类（顺铂或卡铂）联合三代化疗药物（吉西他滨、紫杉醇、多西他赛、长春瑞滨、培美曲塞）的两药联合方案，其中培美曲塞只能用于非鳞癌患者。

2. 非小细胞肺癌术后辅助化疗的选择 对于接受根治性手术切除的 NSCLC 患者，IA 期原则上不需要辅助化疗；对存在术后复发高危因素（如病理类型恶性度高、脉管癌栓、楔形切除术、肿瘤 >4cm、脏层胸膜受累等）的 IB 期和Ⅱ～Ⅲ期患者需要接受铂类（顺铂或卡铂）和三代化疗药物（吉西他滨、紫杉醇、多西他赛、长春瑞滨、培美曲塞）的两药联合方案辅助化疗，其中培美曲塞只能用于非鳞癌患者。对于体力状况差、高龄、不能耐受两药方案者可考虑采用单药化疗或对症支持治疗。术后若无化疗禁忌应尽早开始辅助化疗（一般在术后三周前后），化疗周期以 4~6 周期为佳。

多项研究证实，与传统化疗相比，*EGFR* 突变 NSCLC 患者术后辅助靶向治疗无论在疗效还是安全性上均具有明显的优势，并且ⅢA N2 期的患者最有可能从术后辅助靶向治疗中获益，因此 EGFR-TKIs 可作为ⅢA N2 期 *EGFR* 突变 NSCLC 患者完全切除术后的辅助治疗。

3. 维持治疗 是指在先期切实有效的诱导治疗将大部分肿瘤细胞清除之后，选择性地给予有效、低毒、方便的药物长期治疗至肿瘤进展的模式，可分为继续维持治疗和换药维持治疗。继续维持治疗是指一线治疗 4~6 周期后，如果没有出现疾病进展，使用至少一种在一线治疗中使用过的药物进行治疗。换药维持治疗指一线治疗 4~6 周期后，如果没有出现疾病进展，开始使用另一种不包含在一线方案中的药物进行治疗。吉西他滨、培美曲塞维持治疗是可选策略之一。

4. 不可手术ⅢA、ⅢB 期原发性非小细胞肺癌的治疗 对于 PS=0~1 者，推荐根治性放化疗，放疗可选择三维适形调强 / 图像引导适形调强放疗或选择性淋巴结区域（累及野）放疗，化疗可选择顺铂联合依托泊苷 / 紫杉醇 / 多西他赛，非鳞癌也可选择顺铂或卡铂 + 培美曲塞；也可选择同步化疗 + 三维适形放疗，化疗方案可选择顺铂 + 紫杉醇 / 长春瑞滨，多学科团队讨论评价诱导治疗后降期患者手术的可能性，如能做到完全性切除，可考虑手术治疗。

对于 PS=2 者，推荐单纯三维适形放疗或单纯化疗，方案可选择顺铂 + 紫杉醇 / 长春瑞滨；也可选择序贯化疗 + 放疗，化疗方案包括顺铂 + 紫杉醇、顺铂或卡铂 + 培美曲塞（非鳞癌），放疗可选择三维适形调强 / 图像引导调强放疗或选择性淋巴结区域（累及野）放疗。

5. 无驱动基因改变的Ⅳ期非鳞非小细胞肺癌的治疗 无驱动基因改变的晚期非鳞非小细胞肺癌一线治疗（PS=0~1）可选择①铂类药物（顺铂或卡铂）联合第三代化疗药物（吉西他滨、多西他赛、紫杉醇、长春瑞滨、培美曲塞）的双药方案；②含培美曲塞方案，对于接受 4~6 周期两药化疗后未出现病情进展患者，推荐给予培美曲塞单药维持治疗；③卡铂 + 紫杉醇 + 贝伐珠单抗或其他含铂双药联合贝伐珠单抗，贝伐珠单抗应用至疾病进展。此外，重组人血管内皮抑制素联合长春瑞滨和顺铂方案治疗 2~4 周期，在可耐受的情况下，可适当延长重组人血管内皮抑制素使用时间（2B 类证据）。对于 PS=2 者，首选吉西他滨、紫杉醇、多西他赛、长春瑞滨或培美曲塞等药物单药化疗，也可选择培美曲塞 + 卡铂或每周方案紫杉醇 + 卡铂。

一线治疗进展后的二线治疗，对于 PS=0~2 者推荐多西他赛或培美曲塞（如一线未给同一药物）单药化疗，也可鼓励患者参加临床研究；对于 PS=3~4 者推荐最佳支持治疗。

二线治疗后进展的三线治疗推荐最佳支持治

疗,鼓励患者积极参加临床试验。

6. 无驱动基因改变的Ⅳ期肺鳞癌的治疗
无驱动基因突变、Ⅳ期鳞癌的一线治疗:对于PS=0~1者推荐铂类药物(顺铂或卡铂)联合第三代化疗药物(吉西他滨、多西他赛、紫杉醇、长春瑞滨、培美曲塞)的双药方案,对于不能耐受顺铂或卡铂者可选择奈达铂+多西他赛,不适合铂类的选择非铂双药方案:吉西他滨+多西他赛/长春瑞滨;可选的方案包括吉西他滨+顺铂/卡铂方案。对于接受4~6周期化疗后未出现病情进展且卡氏评分(Karnofsky, KPS)>80分的患者可给予吉西他滨单药维持治疗,不适合细胞毒药物化疗的可选择最佳支持治疗;鼓励患者参加临床试验。对于PS=2者,推荐首选吉西他滨、紫杉醇、多西他赛或长春瑞滨物单药化疗,不适合细胞毒药物化疗的可选择最佳支持治疗。

一线治疗进展后的二线治疗,推荐单药多西他赛,不适合细胞毒药物化疗的可选阿法替尼,或者单药吉西他滨、长春瑞滨。

7. EGFR敏感突变晚期非小细胞肺癌患者的治疗
Ⅳ期EGFR突变阳性NSCLC一线治疗(PS=0~3)的基本策略是吉非替尼、埃克替尼、厄洛替尼、阿法替尼,也可选择厄洛替尼、吉非替尼+化疗(交替或同步)(PS=0~1)含铂双药化疗或含铂双药化疗+贝伐珠单抗(非鳞癌)(PS=0~1),奥希替尼。对于EGFR突变伴有≥3个脑转移病灶的患者,推荐EGFR-TKIs治疗,也可选择脑部放疗+含铂双药化疗或脑部放疗+含铂双药化疗+贝伐珠单抗(非鳞癌)(PS=0~1)。

Ⅳ期EGFR突变阳性非小细胞肺癌耐药后治疗(PS=0~2),局部进展的患者(PS=0~2)推荐继续EGFR-TKIs+局部治疗;缓慢进展的患者推荐继续原EGFR-TKIs治疗;对于快速进展者建议检测T790M突变状态,T790M阳性者,推荐奥希替尼或含铂双药化疗,T790M阴性者推荐含铂双药化疗。此外,建议活检评估耐药基因并根据基因检测结果入组临床研究。

Ⅳ期EGFR突变阳性非小细胞肺癌三线治疗对于一般状况较好的患者(PS=0~2),推荐单药化疗±贝伐珠单抗(非鳞癌),并可活检评估耐药基因,根据不同进展模式参照二线治疗模式或个体化处理或考虑入组临床研究。

8. ALK融合基因阳性或ROS1融合基因阳性NSCLC的治疗
Ⅳ期ALK融合基因阳性或ROS1融合基因阳性非小细胞肺癌一线治疗的基本策略是克唑替尼或含铂双药化疗±贝伐珠单抗(非鳞癌),确诊ALK或ROS1融合基因阳性前由于各种原因接受了化疗的患者,在确诊ALK或ROS1融合基因阳性后可中断化疗或在化疗完成后接受克唑替尼治疗。

Ⅳ期ALK融合基因阳性或ROS1融合基因阳性非小细胞肺癌二线治疗及二线后治疗,对于局部进展和缓慢进展者可继续克唑替尼治疗+局部治疗;对于快速进展者可采用含铂双药化疗、含铂双药化疗+贝伐珠单抗(非鳞癌)或进入其他ALK或ROS1融合基因抑制剂临床研究;也可再次活检评估耐药机制,根据上述临床进展模式选择治疗或参加临床试验。

9. EGFR敏感突变晚期非小细胞肺癌一代EGFR-TKIs耐药后的治疗选择
多项研究表明,在EGFR敏感突变人群中,EGFR-TKIs一线治疗的疗效明显优于化疗。然而,耐药仍然是限制EGFR-TKIs疗效的主要因素。对于一代EGFR-TKIs获得性耐药的患者,目前主要有以下几种策略进行后续治疗:①继续EGFR-TKIs治疗联合局部治疗,出现局部进展,病灶有增大或出现1~2处新的非靶病灶,没有症状或症状未恶化,此时停药可能导致疾病暴发进展,可继续EGFR-TKIs联合局部治疗;②化疗;③EGFR-TKIs继续治疗,对无症状、缓慢进展的患者,建议继续EGFR-TKIs,直至转换至新的治疗策略;而对于有症状者建议单用化疗,对于T790M突变阴性者可保留原有TKIs治疗,对于T790M突变阳性者建议直接更换到第三代EGFR-TKIs治疗;④第二代的EGFR-TKIs,如Afatinib、Dacomitinib和Neratinib;⑤第三代的EGFR-TKIs,以奥西替尼和Rociletinib为代表,其不仅对T790M突变和敏感突变活性很高,对野生型EGFR也有相当高的选择性;⑥联合治疗,包括EGFR-TKIs和EGFR抗体的联合、EGFR-TKIs和cMET抑制剂的联合、EGFR-TKIs和其他旁路信号抑制剂的联合;⑦免疫治疗;⑧部分患者可根据情况予以局部治疗。

10. 非小细胞肺癌一线化疗后进展的二线及多线治疗方案选择
指南推荐的二线化疗方案

为多西他赛或吉西他滨单药化疗,具体选择要根据一线化疗方案、二线时的 PS 评分及患者意愿等。对于不适合多西他赛或吉西他滨化疗者也可选择长春瑞滨或异环磷酰胺等传统化疗药物单药治疗。肺鳞癌中 *EGFR* 突变、*ALK* 基因重排等常见驱动基因突变发生率很低,若有基因突变应首先应用相应的 TKIs 治疗。FDA 已批准阿法替尼用于治疗含铂方案失败的晚期肺鳞癌患者。针对 VEGFR-2 的抗血管生成药物雷莫芦单抗已被批准二线治疗晚期肺鳞癌。

11. 局限期小细胞肺癌的治疗 对于 T1~2N0 的局限期患者,推荐行肺叶切除术 + 肺门、纵隔淋巴结清扫术,术后行顺铂 / 卡铂联合依托泊苷的辅助化疗,若患者术后发现 N1 或 N2 则应给予辅助放疗,也可考虑行预防性全脑放疗。超过 T1~2N0 的局限期患者,对于 PS=0~2 者推荐顺铂 / 卡铂联合依托泊苷化疗 + 放疗,疗效达 CR 或 PR 的患者可考虑行预防性全脑放疗。对于 PS=3~4(由 SCLC 引起)者推荐顺铂 / 卡铂联合依托泊苷化疗 ± 放疗,疗效达 CR 或 PR 的患者也可考虑行预防性全脑放疗。对于 PS=3~4(非 SCLC 引起)者推荐最佳支持治疗。

12. 广泛期小细胞肺癌的治疗

(1)无局部症状且无脑转移:PS=0~2 或 PS=3~4(由 SCLC 引起)者推荐化疗 + 支持治疗,化疗方案为顺铂 / 卡铂 + 依托泊苷 / 伊立替康,也可使用依托泊苷 + 洛铂,达到 CR 或 PR 的患者可给予胸部放疗和预防性全脑放疗。对于 PS=3~4(非 SCLC 引起)者推荐最佳支持治疗。

(2)有局部症状:上腔静脉压迫综合征症状严重者可选择放疗 + 化疗,症状较轻者可考虑行化疗 + 放疗,并可预防性全脑放疗;对于合并脊髓压迫者可采用局部放疗控制症状 +EP/EC/IP/IC 方案化疗;骨转移者采用 EP/EC/IP/IC 方案化疗 + 局部姑息外照射放疗,有骨折风险者可予骨固定;阻塞性肺不张者采用 EP/EC/IP/IC 方案化疗 + 胸部放疗;无症状脑转移者采用 EP/EC/IP/IC 方案化疗 + 全脑放疗,疗效达 CR 或 PR 者推荐行胸部放疗;有症状脑转移者采用全脑放疗 +EP/EC/IP/IC 方案化疗,疗效达 CR 或 PR 者推荐行胸部放疗。

二线治疗:在一线治疗结束后 3 个月内复发者推荐拓扑替康单药化疗,也可给予单药伊立替康、紫杉醇、多西他赛、吉西他滨、替莫唑胺、异环磷酰胺或参加临床试验;3~6 个月复发者推荐拓扑替康单药化疗,也可给予单药伊立替康、多西他赛、吉西他滨、口服依托泊苷、长春瑞滨、替莫唑胺、异环磷酰胺或参加临床试验;6 个月以上复发者推荐原方案治疗。

13. 免疫治疗在肺癌中的应用 当前肺癌的免疫治疗药物主要包括 Nivolumab、Pembrolizumab、Durvalumab 和 Atezolizumab 等。Pembrolizumab 单药一线,Nivolumab、Durvalumab 和 Atezolizumab 等目前主要用于二线治疗。Pembrolizumab 联合培美曲塞和卡铂一线治疗既往未经治疗的无 *EGFR/ALK* 突变的晚期非鳞 NSCLC 患者已取得了一定的成功,有可能取代现有的标准化疗。但 Nivolumab 和 CTLA-4 抑制剂 Ipilimumab 联合化疗未能取得生存获益。

(五)药物治疗展望

在精准治疗时代,靶向治疗与免疫治疗成为除传统放化疗之外的有力武器,免疫治疗更是近年来肺癌研究的热点,不断改变肺癌治疗的策略和理念,同时也给临床上提出了更多的挑战,如适宜人群的选择、生物标志物的选择、最佳治疗方案的组合、不同免疫药物的选择、单药还是联合用药、联合用药的顺序、时机、剂量、副反应的处理、疗效评估、如何克服耐药等。所以对 NSCLC 精准治疗的探讨仍是任重而道远,只有深入持久地开展后续研究,不断细化,肺癌的诊治才可取得突破性的进展。

二、乳腺癌

乳腺癌(breast cancer)是女性最常见的恶性肿瘤,发病率位居女性恶性肿瘤的首位,严重危害妇女的身心健康。世界卫生组织国际癌症研究机构预测,2020 年全球乳腺癌新发病例高达 226 万例,超过了肺癌的 220 万例,乳腺癌取代肺癌,成为全球第一大癌。2015 年中国新发乳腺癌病例约 26.86 万,死亡约 7 万余例。目前,通过采用综合治疗手段,乳腺癌已成为疗效最佳的实体肿瘤之一。

(一)临床表现与诊断

1. 临床表现 早期乳腺癌不具备典型症状和体征,不易引起患者重视,常通过体检或乳腺癌筛查发现。乳腺癌的典型体征多在癌症中期和晚期出现,如乳腺肿块、乳头溢液、皮肤改变、乳头、乳晕异常和腋窝淋巴结肿大等。

大多数乳腺癌触诊时可以触到肿块。此外查体时应注意是否有乳腺局部腺体增厚变硬、乳头糜烂、乳头溢液,以及乳头轻度回缩、乳房皮肤轻度凹陷、乳晕轻度水肿、绝经后乳房疼痛等。

2. 诊断

(1)肿瘤标志物检查:CA15-3、CEA 是乳腺癌中应用价值较高的肿瘤标志物,主要用于转移性乳腺癌患者的病程监测。

(2)影像学检查:乳腺癌的主要影像学检查方法包括乳腺 X 线摄影、乳腺超声、乳腺磁共振成像(MRI)检查、正电子发射计算机断层成像(PET-CT)、骨显像等。

(3)细胞学和组织病理学检查:组织学分型主要依据 2003 年和 2012 年版世界卫生组织(WHO)乳腺肿瘤分类,某些组织学类型的准确区分需行免疫组化后确定。对乳腺浸润性癌进行准确的组织学分型对患者的个体化治疗具有非常重要的临床意义。

3. 鉴别诊断

乳腺癌需与乳腺增生、纤维腺瘤、囊肿、导管内乳头状瘤、乳腺导管扩张症(浆细胞性乳腺炎)、乳腺结核等良性疾病,与乳房恶性淋巴瘤以及其他部位原发肿瘤转移到乳腺的继发性乳腺恶性肿瘤进行鉴别诊断。

4. 分期

肿瘤分期包括了肿瘤的大小、累及范围(皮肤和胸壁受累情况)、淋巴结转移和远处转移情况。正确的肿瘤分期是指导患者个体化治疗决策的基础。乳腺癌患者要进行临床分期和病理分期。(表 18-2-3、表 18-2-4)

表 18-2-3　AJCC 乳腺癌 TNM 分期(第八版)

原发肿瘤(T)	
Tx	原发肿瘤无法评估
T0	无原发肿瘤证据
Tis	原位癌
Tis(DCIS)	乳腺导管内原位癌(DCIS)
Tis(LCIS)	乳腺小叶原位癌(LCIS)
Tis(Paget)	乳头 Paget 病,与下方乳腺实质的浸润癌和/或原位癌(DCIS 和/或 LCIS)无关。Paget 病相关的乳腺实质肿瘤根据肿瘤大小和实质疾病的性质进行分类,同时应注意有 Paget 病

续表

T1	肿瘤最大径≤20mm
T1mi	肿瘤最大径≤1mm
T1a	肿瘤最大径 >1mm 但≤5mm
T1b	肿瘤最大径 >5mm 但≤10mm
T1c	肿瘤最大径 >10mm 但≤20mm
T2	肿瘤最大径 >20mm 但≤50mm
T3	肿瘤最大径 >50mm
T4	任何大小的肿瘤直接侵犯胸壁和/或皮肤(产生溃疡或皮下结节)
T4a	侵犯胸壁,不包括只造成胸大肌黏附/侵犯
T4b	皮肤溃疡和/或同侧卫星结节和/或水肿(包括橘皮样变),不满足炎性癌的诊断标准
T4c	同时满足 T4a 和 T4b
T4d	炎性癌
区域淋巴结(N)	
Nx	区域淋巴结无法评估(例如已切除)
N0	无区域淋巴结转移
N1	同侧Ⅰ、Ⅱ站腋窝淋巴结转移,淋巴结活动性好
N2	同侧Ⅰ、Ⅱ站腋窝淋巴结转移,淋巴结固定或融合 或 临床检测到同侧内乳淋巴结转移,无临床明显的腋窝淋巴结转移
N2a	同侧Ⅰ、Ⅱ站腋窝淋巴结转移,彼此融合或与其他结构粘连
N2b	临床仅检测到同侧内乳淋巴结转移,而无临床明显的Ⅰ、Ⅱ站腋窝淋巴结转移
N3	同侧锁骨下淋巴结(Ⅲ站腋窝淋巴结)转移,伴或不伴Ⅰ、Ⅱ站腋窝淋巴结转移 或 临床检测到同侧锁骨上淋巴结转移,伴临床明显的Ⅰ、Ⅱ站腋窝淋巴结转移 或 同侧锁骨上淋巴结转移,伴或不伴腋窝或内乳淋巴结转移
N3a	同侧锁骨下淋巴结转移
N3b	同侧内乳淋巴结和腋窝淋巴结转移
N3c	同侧锁骨上淋巴结转移
远处转移(M)	
M0	无远处转移的临床或影像学证据

续表

cM0（i+）	无转移症状或体征,无远处转移的临床或影像学证据,但循环血液、骨髓或其他非区域淋巴结组织中存在分子学或镜下可见的≤0.2mm的肿瘤细胞团。
M1	通过经典临床和影像学检查和/或组织学检查证实>0.2mm的远处转移

表 18-2-4　AJCC 乳腺癌 pTNM 分期（第八版）

分期	T	N	M
0	Tis	N0	M0
ⅠA	T1	N0	M0
ⅠB	T0	N1mi	M0
	T1	N1mi	M0
ⅡA	T0	N1c	M0
	T1	N1c	M0
	T2	N0	M0
ⅡB	T2	N1	M0
	T3	N0	M0
ⅢA	T0	N2	M0
	T1	N2	M0
	T2	N2	M0
	T3	N1	M0
	T3	N2	M0
ⅢB	T4	N0	M0
	T4	N1	M0
	T4	N2	M0
ⅢC	任何 T	N3	M0
Ⅳ	任何 T	任何 N	M1

（二）一般治疗原则

乳腺癌应采用综合治疗的原则,根据肿瘤的生物学行为和患者的身体状况,联合运用多种治疗手段,兼顾局部治疗和全身治疗,以期提高疗效和改善患者的生活质量。

乳房切除手术的适应证:TNM 分期中 0、Ⅰ、Ⅱ期及部分Ⅲ期且无手术禁忌,患者不具备实施保乳手术条件或不同意接受保留乳房手术;局部进展期或伴有远处转移的患者,经全身治疗后降期,亦可选择全乳切除术。

原则上,所有接受保乳手术的患者均需接受放射治疗。对年龄 >70 岁、乳腺肿瘤≤2cm、无淋巴结转移、ER 受体阳性、能接受规范内分泌治疗的女性患者,可以考虑省略保乳术后放疗。

（三）基本治疗药物及治疗方案

乳腺癌是一个全身性疾病,需要全身药物治疗。20 世纪中叶,国际上逐步确立了蒽环类和紫杉类药物在乳腺癌治疗中的基石地位。目前,则更加强调根据乳腺癌的分子分型及特异性受体给予患者个体化的化疗方案。而乳腺癌的内分泌治疗也已经历了 100 多年的历史,将其选择性地应用于激素受体阳性的患者,可显著提高疗效。进入 21 世纪以来,抗 HER2 靶向药物的使用显著改善 HER2 阳性患者的预后,成为乳腺癌治疗里程碑式的进展。

1. 常用治疗药物　蒽环类药物,包括多柔比星（ADM）、表柔比星（EPI）、吡柔比星（THP）等;紫杉类药物,包括紫杉醇（PTX）、多西他赛（DOC）和白蛋白紫杉醇等;铂类药物,包括顺铂（DDP）、卡铂（CBP）等;环磷酰胺（CTX）、5- 氟尿嘧啶（5-Fu）、卡培他滨（CAP）、吉西他滨（GEM）、长春瑞滨;靶向药物,如曲妥珠单抗、拉帕替尼和帕妥珠单抗等;内分泌治疗药物,如他莫昔芬（TAM）、芳香化酶抑制剂、氟维司群等;其他药物,如依托泊苷（VP16）等。

2. 常用化疗方案

（1）AC（蒽环类联合环磷酰胺）-T（序贯紫杉类）

1）AC-D 方案

多柔比星　60mg/m² 静脉注射,第 1 日,21 日为 1 周期,共 4 个周期

环磷酰胺　600mg/m² 静脉注射,第 1 日,21 日为 1 周期,共 4 个周期

（序贯）多西他赛　80~100mg/m² 静脉滴注,第 1 日,21 日为 1 周期,共 4 个周期

2）EC-D 方案

表柔比星　90mg/m² 静脉注射,第 1 日,21 日为 1 周期,共 4 个周期

环磷酰胺　600mg/m² 静脉注射,第 1 日,21 日为 1 周期,共 4 个周期

（序贯）多西他赛　80~100mg/m² 静脉滴注,第 1 日,21 日为 1 周期,共 4 个周期

3）AC-wP 方案

多柔比星　60mg/m² 静脉注射,第 1 日,21 日为 1 周期,共 4 个周期

环磷酰胺　600mg/m² 静脉注射,第 1 日,21

日为 1 周期,共 4 个周期

（序贯）紫杉醇 80mg/m² 静脉滴注,第 1 日,7 日为 1 周期,共 12 个周期

4）EC-wP 方案

表柔比星 90mg/m² 静脉注射,第 1 日,21 日为 1 周期,共 4 个周期

环磷酰胺 600mg/m² 静脉注射,第 1 日,21 日为 1 周期,共 4 个周期

（序贯）紫杉醇 80mg/m² 静脉滴注,第 1 日,7 日为 1 周期,共 12 个周期

三阴性乳腺癌,除部分肿瘤负荷较小的患者外（如 T1,N0）适用该方案。该方案常用于术前新辅助治疗和高复发风险的患者的术后辅助治疗;也可用于复发风险较低的患者,符合以下危险因素之一者:①淋巴结 1~3 个;② Ki-67 高表达（≥30%）;③≥T2;④年龄小于 35 岁。

（2）AT（蒽环联合紫杉）

1）AT 方案

多柔比星 60mg/m² 静脉注射,第 1 日,21 日为 1 周期,共 4 个周期

多西他赛 75mg/m² 静脉滴注,第 1 日,21 日为 1 周期,共 4 个周期

2）ET 方案

表柔比星（E） 75mg/m² 静脉注射,第 1 日,21 日为 1 周期,共 4 个周期

多西他赛 75mg/m² 静脉滴注,第 1 日,21 日为 1 周期,共 4 个周期

推荐用于术前新辅助治疗。

（3）AT（蒽环联合紫杉）-NP（序贯铂类）

1）AT-NP 方案

多柔比星 60mg/m² 静脉注射,第 1 日,21 日为 1 周期,共 4 个周期

多西他赛 75mg/m² 静脉滴注,第 1 日,21 日为 1 周期,共 4 个周期

序贯

长春瑞滨 25mg/m² 静脉滴注,第 1、8 日,21 日为 1 周期,共 4 个周期

顺铂 75mg/m² 静脉滴注,第 1~3 日,21 日为 1 周期,共 4 个周期

2）ET-NP 方案

表柔比星 75mg/m² 静脉注射,第 1 日,21 日为 1 周期,共 4 个周期

多西他赛 75mg/m² 静脉滴注,第 1 日,21 日为 1 周期,共 4 个周期

序贯

长春瑞滨 25mg/m² 静脉滴注,第 1 和 8 日,21 日为 1 周期,共 4 个周期

顺铂 75mg/m² 静脉滴注,第 1~3 日,21 日为 1 周期,共 4 个周期

部分初始使用 AT 方案进行术前新辅助治疗效果欠佳的患者,可选择 NP 方案序贯治疗。

（4）TAC 方案

多西他赛 75mg/m² 静脉滴注,第 1 日,21 日为 1 周期,共 6 个周期

多柔比星 50mg/m² 静脉注射,第 1 日,21 日为 1 周期,共 6 个周期

环磷酰胺 500mg/m² 静脉注射,第 1 日,21 日为 1 周期,共 6 个周期

常用于术前新辅助治疗和高复发风险的患者的术后辅助治疗。

（5）密集型 AC（蒽环类联合环磷酰胺）-T（序贯紫杉类）

1）剂量密集型 EC-P

表柔比星 90mg/m² 静脉注射,第 1 日,14 日为 1 周期,共 4 个周期

环磷酰胺 600mg/m² 静脉注射,第 1 日,14 日为 1 周期,共 4 个周期

（序贯）紫杉醇 175mg/m² 静脉滴注,第 1 日,14 日为 1 周期,共 4 个周期

2）剂量密集型 AC-P 方案

多柔比星 60mg/m² 静脉注射,第 1 日,14 日为 1 周期,共 4 个周期

环磷酰胺 600mg/m² 静脉注射,第 1 日,14 日为 1 周期,共 4 个周期

（序贯）紫杉醇 175mg/m² 静脉滴注,第 1 日,14 日为 1 周期,共 4 个周期

该方案可优选用于部分可耐受的三阴性乳腺癌患者。常用于高复发风险患者的术后辅助治疗;也可用于复发风险较低的患者,符合以下危险因素之一者:①淋巴结 1~3 个;② Ki-67 高表达（≥30%）;③≥T2;④年龄小于 35 岁。

（6）无序贯 AC 方案

1）AC 方案

多柔比星 60mg/m² 静脉注射,第 1 日,21 日

为1周期,共4个周期

环磷酰胺 600mg/m² 静脉注射,第1日,21日为1周期,共4个周期

2）EC 方案

表柔比星 90mg/m² 静脉注射,第1日,21日为1周期,共4个周期

环磷酰胺 600mg/m² 静脉注射,第1日,21日为1周期,共4个周期

推荐用于复发风险较低的患者,符合以下危险因素之一:①淋巴结1~3个;② Ki-67 高表达(≥30%);③≥T2;④年龄小于35岁。

（7）TC 方案

多西他赛 75mg/m² 静脉滴注,第1日,21日为1周期,共4个周期

环磷酰胺 600mg/m² 静脉注射,第1日,21日为1周期,共4个周期

适用于老年、低复发风险、存在蒽环类禁忌或不能耐受的患者。推荐用于复发风险较低的患者,符合以下危险因素之一:①淋巴结1~3个;② Ki-67 高表达(≥30%);③≥T2;④年龄小于35岁。

（8）FEC-T

5-氟尿嘧啶 500mg/m² 静脉注射,第1日,21日为1周期,共3个周期

表柔比星 100mg/m² 静脉注射,第1日,21日为1周期,共3个周期

环磷酰胺 500mg/m² 静脉注射,第1日,21日为1周期,共3个周期

（序贯）多西他赛 80~100mg/m² 静脉滴注,第1日,21日为1周期,共3个周期

常用于高复发风险的患者的术后辅助治疗。

（9）FAC

5-氟尿嘧啶 500mg/m² 静脉注射,第1和第8日,21日为1周期,共3个周期

表柔比星 50mg/m² 静脉注射,第1日,21日为1周期,共3个周期

环磷酰胺 500mg/m² 静脉注射,第1日,21日为1周期,共3个周期

可用于高复发风险的患者的术后辅助治疗。

（10）单药紫杉类

1）紫杉醇单药方案

紫杉醇 175mg/m² 静脉滴注,第1日,21日

为1周期

或

紫杉醇 80mg/m² 静脉滴注,第1日,7日为1周期

2）多西他赛单药方案:75mg/m² 静脉滴注,第1日,21日为1周期。

3）白蛋白结合型紫杉醇单药方案

白蛋白结合型紫杉醇 260mg/m² 静脉滴注,第1日,21日为1周期

或

白蛋白结合型紫杉醇 100~150mg/m² 静脉滴注,第1、8和15日,28日为1周期

推荐用于既往蒽环类治疗失败的复发或转移性乳腺癌一线化疗。对肿瘤发展相对较慢,肿瘤负荷不大,无明显症状,特别是老年耐受性较差的患者优选单药化疗。

（11）卡培他滨单药方案:1 000mg/m² 口服,每日2次,第1~14日,21日为1周期。

（12）吉西他滨单药方案:1 000mg/m² 静脉滴注,第1日,7日为1周期。

（13）长春瑞滨单药方案:25mg/m² 静脉滴注,第1日,7日为1周期。

卡培他滨、吉西他滨或长春瑞滨单药方案推荐用于既往蒽环类和紫杉类治疗失败的复发或转移性乳腺癌一线化疗;也可用于既往蒽环类治疗失败的复发或转移性乳腺癌化疗。对肿瘤发展相对较慢,肿瘤负荷不大,无明显症状,特别是老年耐受性较差的患者优选单药化疗。

（14）TX 方案

多西他赛 75mg/m² 静脉滴注,第1日,21日为1周期

卡培他滨 1 000mg/m² 口服,每日2次,第1~14日,21日为1周期

推荐用于既往蒽环类治疗失败的复发或转移性乳腺癌一线化疗。紫杉类联合卡培他滨是一线治疗最常用的方案之一。

（15）NX 方案

长春瑞滨 25mg/m² 静脉滴注,第1和8日,21日为1周期

卡培他滨 1 000mg/m² 口服,每日2次,第1~14日,21日为1周期

推荐用于既往蒽环类和紫杉类治疗失败的复

发或转移性乳腺癌一线化疗。

（16）NP方案

长春瑞滨 25mg/m² 静脉滴注，第1日和第8日，21日为1周期

顺铂 75mg/m² 静脉滴注，第1~3日，21日为1周期

推荐用于既往蒽环类和紫杉类治疗失败的复发或转移性乳腺癌一线化疗。

（17）GP方案

吉西他滨 1 000mg/m² 静脉滴注，第1日和第8日，21日为1周期

顺铂 75mg/m² 静脉滴注，第1~3日，21日为1周期

或

吉西他滨 1 000mg/m² 静脉滴注，第1日和第8日，21日为1周期

卡铂 AUC=2 静脉滴注，第1日和第8日，21日为1周期

推荐用于既往蒽环类和紫杉类治疗失败的复发或转移性乳腺癌一线化疗。

（18）X+贝伐珠单抗方案

1）贝伐珠单抗：10mg/kg 静脉滴注，第1日，21日为1周期。

2）卡培他滨：1 000mg/m² 口服，每日2次，第1~14日，21日为1周期。

常用于既往蒽环类和紫杉类治疗失败的复发或转移性乳腺癌化疗。

（19）单药蒽环类

1）表柔比星单药方案：60~90mg/m² 静脉注射，第1日，21日为1周期。

2）多柔比星单药方案：50mg/m² 静脉注射，第1日，21日为1周期。

3）多柔比星脂质体单药方案：20~30mg/m² 静脉滴注，第1日，21日为1周期。

（20）辅助靶向治疗：针对HER2阳性的乳腺癌患者可进行靶向治疗，国内主要药物是曲妥珠单克隆抗体。辅助化疗联合曲妥珠单抗基础上加用帕妥珠单抗可以带来进一步的生存获益，因此有条件的患者可考虑联合帕妥珠单抗治疗。

1）曲妥珠单抗：与其他化疗方案联用，初始负荷剂量4mg/kg，随后2mg/kg，每周给药1次，完成一年；或初始负荷剂量8mg/kg，随后6mg/kg，每

3周给药1次，完成一年。

2）帕妥珠单抗：与其他化疗方案联用，初始负荷剂量840mg/kg，随后420mg/kg，每3周给药1次，完成一年。

（21）辅助内分泌治疗：绝经前患者辅助内分泌治疗应用最广泛的药物为他莫昔芬，他莫昔芬治疗期间，如果患者已经绝经，可以换用芳香化酶抑制剂。绝经后患者优先选择第三代芳香化酶抑制剂治疗5年，高危患者可考虑延长至10年，不能耐受芳香化酶抑制剂的绝经后患者，仍可选择他莫昔芬。

晚期乳腺癌患者，没有接受过内分泌治疗或无病生存期较长的绝经后复发或转移的患者，可以选择氟维司群、第三代芳香化酶抑制剂、他莫昔芬、细胞周期蛋白依赖性激酶4/6（cyclin-dependent kinases，CDK4/6）抑制剂联合第三代芳香化酶抑制剂。

既往接受过他莫昔芬和非甾体芳香化酶抑制剂辅助治疗失败的患者，可以选择氟维司群、依维莫司联合依西美坦、孕激素或托瑞米芬等，亦可考虑采用CDK4/6抑制剂联合内分泌治疗方案。

（四）临床问题导向的药物治疗

1. 化疗相关问题 化疗前应充分评估患者的脏器功能，每次化疗前都应该常规检测血常规和肝肾功能等。若无特殊情况，一般不建议减少化疗剂量，一般首次给药剂量不低于推荐剂量的85%。对于化疗药物带来的骨髓抑制，目前认为，如果化疗方案的发热性中性粒细胞减少的发生率>20%，即可预防性使用重组人粒细胞刺激因子（G-CSF）。

2. 内分泌治疗相关问题 在内分泌治疗期间，应每2~3个月评估一次疗效，对达到治疗有效或疾病稳定患者应继续给予原内分泌药物维持治疗，如肿瘤出现进展，应根据病情决定更换其他机制的内分泌治疗药物或改用化疗等其他治疗手段。

连续两线内分泌治疗后肿瘤进展，通常提示内分泌治疗耐药，应该换用细胞毒药物治疗或进入临床试验研究。

3. 靶向治疗相关问题 曲妥珠单抗治疗病情进展后，仍应持续使用抗HER2靶向治疗。当一线治疗后病情进展时可选择以下治疗策略：继续使用曲妥珠单抗，更换其他化疗药物：除紫杉类药物外，可更换的化疗药包括长春瑞滨、卡培他

滨、吉西他滨、白蛋白紫杉醇、多柔比星脂质体等。换用其他抗 HER2 靶向药物：加用帕妥珠单抗及拉帕替尼联合卡培他滨均可以作为曲妥珠单抗治疗病情进展后的可选方案。此外，拉帕替尼还可与紫杉醇或长春瑞滨周疗方案联合使用。T-DM1 单药治疗是目前国际上曲妥珠单抗治疗失败后的二线首选治疗方案，但在国内 T-DM1 尚未上市。吡咯替尼是一个国产、口服、全 ErbB 受体抑制剂，吡咯替尼联合卡培他滨可用于曲妥珠单抗耐药的晚期 HER2 阳性患者。

4. 相关治疗的禁忌证 术后辅助化疗的相对禁忌证：①妊娠早、中期患者，应慎重选择化疗；②年老体弱且伴有严重内脏器质性病变患者。

新辅助化疗的禁忌证：①未经组织病理学确诊的乳腺癌。推荐进行组织病理学诊断，并获得 ER、PR、HER2 及 Ki-67 等免疫组化指标，不推荐将细胞学作为病理诊断标准。②妊娠早期女性、妊娠中期女性患者应慎重选择化疗。③年老体弱且伴有严重心、肺等器质性病变，预期无法耐受化疗者。④原发肿瘤为广泛原位癌成分，未能明确浸润癌的存在。⑤肿瘤临床无法触及或无法评估。

辅助内分泌治疗的禁忌证：①使用内分泌药物有禁忌的患者，如有深部静脉血栓或肺栓塞史者；②严重肝肾功能损伤者慎用；③孕妇及既往应用内分泌治疗药物过敏者。

抗 HER2 治疗的相对禁忌证：①治疗前左室射血分数（left ventricular ejection fraction，LVEF）<50%；②同时进行蒽环类化疗；③治疗过程中，LVEF 较基线下降大于等于 15%。

辅助化疗一般不与内分泌治疗或放疗同时进行，化疗结束后再开始内分泌治疗，放疗与内分泌治疗可先后或同时进行。

5. 药物治疗中心脏不良反应的处理 蒽环类药物有心脏毒性，使用时须评估 LVEF，至少每 3 个月 1 次。如果患者使用蒽环类药物期间发生有临床症状的心脏毒性，或虽无症状但 LVEF<45% 或较基线下降大于 15%，需先停药，充分评估患者的心脏功能，后续治疗应该慎重。尽管早期有临床试验提示，同时使用右雷佐生和蒽环类药物可能会降低化疗的客观有效率，但是荟萃分析显示，右雷佐生会引起较重的粒细胞减少，但是并未降

低化疗的疗效，且可降低约 70% 的心力衰竭发生率。

曲妥珠单抗联合化疗药物可能增加心肌损害，严重者会发生心力衰竭。临床实践中建议在对既往史、体格检查、心电图、超声心动图 LVEF 基线评估后再开始应用曲妥珠单抗，使用期间应该每 3 个月监测心功能。若患者有无症状性心功能不全，监测频率应更高（如每 6~8 周 1 次）。如 LVEF 较治疗前绝对数值下降大于等于 15% 或者 LVEF 低于正常范围并且较治疗前绝对数值下降大于等于 10%，应停止曲妥珠单抗治疗至少 4 周，并每 4 周检测 1 次 LVEF。如 4~8 周内 LVEF 回升至正常范围或 LVEF 较治疗前绝对数值下降小于等于 10%，可恢复使用曲妥珠单抗。LVEF 持续下降（大于 8 周），或者 3 次以上因心肌病而停止曲妥珠单抗治疗，应永久停止使用曲妥珠单抗。

6. 药物治疗中骨质疏松不良反应的处理 芳香化酶抑制剂和黄体激素释放激素类似物（luteinizing hormone-releasing hormone analogue，LHRH-a）可导致骨密度（bone mineral density，BMD）下降或骨质疏松，因此在使用这些药物前常规推荐 BMD 检测，以后在药物使用过程中，每 6 个月监测 1 次 BMD，并进行 BMD 评分（T-score）。T-score 小于 –2.5，为骨质疏松，可开始使用双膦酸盐治疗；T-Score 为 –2.5~–1.0，为骨量减低，给予维生素 D 和钙片治疗，并考虑使用双膦酸盐；T-score 大于 –1.0，为骨量正常，不推荐使用双膦酸盐。

（五）药物治疗展望

新型靶向药物是 TNBC 乳腺癌治疗的突破口，包括以程序性死亡受体 1（programmed death 1，PD1）和程序性死亡受体配体 1（programmed death ligand 1，PD-L1）为靶点的免疫治疗和多聚二磷酸腺苷核糖聚合酶（poly ADP ribose polymerase，PARP）抑制剂。IMpassion130 研究首次发现，PD-L1 抑制剂阿特珠单抗（Atezolizumab）联合化疗（白蛋白结合型紫杉醇）治疗 PD-L1 阳性三阴性乳腺癌患者可带来生存获益。Olaparib，是一种新型的多聚 ADP 核糖聚合酶（PARP）抑制剂，可通过肿瘤 DNA 修复途径缺陷优先杀死癌细胞，为抑制肿瘤的口服一线用药。该药适

用于与 *BRCA* 基因突变相关的乳腺癌。2020年 NCCNV4 版乳腺癌指南,推荐 MSI-H/dMMR 的应用 PD1 抑制剂 Pembrolizumab(证据级别2A)。

晚期 HR 阳性 /HER2 阴性乳腺癌的研究进展在于 CDK4/6 抑制剂相关研究对临床实践的改变。2018 年三版 NCCN(National Comprehensive Cancer Network)乳腺癌指南均有关于 CDK4/6 抑制剂的更新,而且推荐级别和方案选择不断增加。目前已有的三个 CDK4/6 抑制剂(Palbociclib、Ribociclib、Abemaciclib)联合芳香化酶抑制剂或氟维司群(Fulvestrant,FUL)已成为 HR 阳性 /HER2 阴性局部晚期乳腺癌(locally advanced breast cancer,LABC)或 MBC 患者的一线 / 二线优选治疗方法。

三、胃癌

胃癌(gastric carcinoma,GC)是指原发于胃的上皮源性恶性肿瘤,其发病率在全球恶性肿瘤中位居第 5 位,死亡率居于第 3 位。我国胃癌发病率仅次于肺癌,居第二位,死亡率排第三位。地理分布上,以东亚、东欧、南美国家高发,且男性胃癌发病率和死亡率比女性高近 2 倍。胃癌具有发病率高、生存率低、远期治疗效果不理想等特点,五年生存率仅为 25%~30%,晚期胃癌的生存期约 5~10 个月。胃癌的病因迄今尚未阐明,环境因素、饮食因素(高盐、熏制、腌渍食物等)、幽门螺杆菌(helicobacter pylori,Hp)感染和遗传因素(胃癌有明显的家族聚集倾向,家族发病率高于普通人群 2~3 倍)等可能与胃癌的发病有关。

(一)临床表现与诊断

1. 症状与体征 早期胃癌多无特异的症状和体征。进展期胃癌可有上腹痛(餐后加重)、纳差、厌食、乏力及体重减轻。部分患者可出现吞咽困难、呕吐及消化道出血。上腹部可扪及肿块,有压痛。肿块多位于上腹偏右相当于胃窦处,腹膜转移时也可发生腹水。

2. 诊断 胃癌的诊断主要依据典型的临床表现、实验室检查、影像学检查、内镜检查和病理学检查,病理学检查是胃癌的确诊依据。WHO 2010 年将胃癌分为:①腺癌[包括乳头状腺癌、管状腺癌、黏液腺癌、差黏附性癌(包括印戒细胞癌及其变异型)和混合型腺癌];②腺鳞癌;③伴淋巴样间质癌;④肝样腺癌;⑤鳞状细胞癌;⑥未分化癌。胃癌绝大部分为腺癌。根据癌细胞分化程度可分为高分化、中分化和低分化三大类。Lauren 分型是根据胃癌的组织形态结构和生物学特征,将胃癌分为肠型、弥漫型和混合型。此分型的优点是可帮助判断预后,其中肠型胃癌预后较好,弥漫型胃癌预后较差,胃镜活检标本进行术前胃癌 Lauren 分型,有助于指导手术治疗。

3. 鉴别诊断 胃癌需与胃良性肿瘤、胃神经内分泌肿瘤、胃淋巴瘤、胃肠道间质瘤和胃良性溃疡等疾病相鉴别。

4. 分期 胃癌的分期主要依据 TNM 分期系统(UICC,2016),具体见表 18-2-5 和表 18-2-6。

表 18-2-5　AJCC/UICC 胃癌 TNM 分期(第八版)

原发肿瘤(T)	
Tx	原发肿瘤不能评估
T0	无原发肿瘤的证据
Tis	原位癌:上皮内肿瘤,未侵及固有层,高度不典型增生
T1	肿瘤侵犯固有层,黏膜肌层或黏膜下层
T1a	肿瘤侵犯固有层或黏膜肌层
T1b	肿瘤侵犯黏膜下层
T2	肿瘤侵犯固有肌层*
T3	肿瘤穿透浆膜下结缔组织,而尚未侵犯脏腹膜或邻近结构
T4	肿瘤侵犯浆膜(脏腹膜)或邻近结构
T4a	肿瘤侵犯浆膜(脏腹膜)
T4b	肿瘤侵犯邻近结构
区域淋巴结(N)	
Nx	区域淋巴结无能评估
N0	无区域淋巴结转移
N1	1~2 个区域淋巴结转移
N2	3~6 个区域淋巴结转移
N3	7 个或 7 个以上区域淋巴结转移
N3a	7~15 个区域淋巴结转移
N3b	16 个或 16 个以上区域淋巴结转移
远处转移(M)	
M0	无远处转移
M1	远处转移

续表

组织学分级（G）	
Gx	分级无法评估
G1	高分化
G2	中分化
G3	低分化，未分化

表 18-2-6 AJCC/UICC 胃癌 pTNM 分期（第八版）

0 期	Tis N0 M0
Ⅰ A 期	T1 N0 M0
Ⅰ B 期	T1 N1 M0；T2 N0 M0
Ⅱ A 期	T1 N2 M0；T2 N0 M0；T3 N0 M0
Ⅱ B 期	T1 N3a M0；T2 N2 M0；T3 N1 M0；T4a N0 M0
Ⅲ A 期	T2 N3a M0；T3 N2 M0；T4a N1~2 M0；T4b N0 M0
Ⅲ B 期	T1~2 N3b M0；T3~4a N3a M0；T4b N1~2 M0
Ⅲ C 期	T3~4b N3b M0；T4b N3a M0
Ⅳ 期	任何 T 任何 N M1

（二）一般治疗原则

应按照胃癌的分期及个体化原则制订治疗方案。手术是目前治疗胃癌最有效的方法，0 期患者可选择内镜下黏膜切除术或内镜黏膜下层剥离术，Ⅰ 期患者应尽早进行根治性手术，对于病理分期为 T1N0 的胃癌患者应定期随访，无需辅助化疗；T2N0 中无不良预后因素的也只需要随访。但 T2N0 中有不良预后因素者（肿瘤细胞分化差、病理分级高、血管神经侵犯、年龄 <50 岁）需接受辅助化疗。对 Ⅱ 期和 Ⅲ 期（T3、T4 或淋巴结阳性者）胃癌，因有较高的复发及转移率，应采取以手术为主的综合治疗，根据肿瘤侵犯深度及是否伴有淋巴结转移可直接进行根治性手术或术前先进行新辅助化疗，待肿瘤降期后再考虑根治性手术，术后根据病理分期决定辅助化疗的方案，必要时考虑辅助放疗。对 Ⅳ 期胃癌，应采取以系统治疗为主的综合治疗手段，在恰当的时机也可给予姑息性手术、放疗、介入治疗、射频治疗等局部治疗，同时也应积极给予镇痛、支架置入、营养支持、免疫治疗等最佳支持治疗。早期胃癌和局部进展期胃癌应以治愈为治疗目的，而转移性胃癌应以改善生活质量及尽可能延长生存期为治疗目的。

（三）治疗药物及方案

化学治疗是胃癌综合治疗的重要组成部分，主要作为可手术的围手术期治疗及晚期、复发转移患者的姑息治疗。20 世纪 80 年代前，先后发现氟尿嘧啶、丝裂霉素、阿霉素、顺铂、依托泊苷等化疗药物对胃癌有效。进入 20 世纪 90 年代以后，紫杉类药物、奥沙利铂、伊立替康等又相继进入胃癌的化疗方案。单一药物的有效率一般在 20% 左右，联合化疗多采用 2~3 种药物联合，以氟尿嘧啶类或铂类药物为基础，有效率一般可达 30%~50%，三药方案适用于身体状况良好的患者。2010 年 ToGA 研究发现靶向药物曲妥珠单抗可以显著改善 HER2 阳性晚期胃癌患者的生存时间，标志着胃癌正式进入了靶向治疗时代。2014 年 FDA 批准血管内皮生长因子受体（vascular endothelial growth factor，VEGFR）抑制剂雷莫芦单抗（Ramucirumab）用于治疗晚期胃癌或胃食管连接处癌。SFDA 批准抗血管生成药物阿帕替尼（Apatinib）治疗既往至少接受过 2 种系统化疗后进展或复发的晚期胃腺癌或胃 - 食管结合部腺癌患者，2017 年 FDA 批准 PD-1 抑制剂 Keytruda 用于二线治疗转移性胃癌 / 胃食管结合部腺癌。

1. 常用治疗药物 氟尿嘧啶类药物，如 5-Fu、卡培他滨（Cap）、替吉奥（S-1）；铂类药物，包括顺铂（DDP）、奥沙利铂（OXA）等；蒽环类药物，包括阿霉素（ADM）、表柔比星（EPI）等；紫杉类药物，包括紫杉醇（PTX）、多西他赛（Doc）和白蛋白紫杉醇；靶向药物，如曲妥珠单抗和阿帕替尼等；免疫治疗药物，如 Pembrolizumab 和 Nivolumab 等；其他药物，如伊立替康（CPT-11）、丝裂霉素（MMC）和依托泊苷（VP-16）等。

2. 常用治疗方案

（1）PF 方案

DDP 75~100mg/（m²·d）静脉滴注，第 1 日，21 日为 1 周期 5-Fu 750~1 000mg/（m²·d）持续静脉滴注 24h，第 1~4 日，21 日为 1 周期

或

DDP 50mg/（m²·d）静脉滴注，第 1 日，14 日为 1 周期

亚叶酸钙 200mg/（m²·d）静脉滴注，第 1 日，14 日为 1 周期

5-Fu 2 000mg/（m²·d）持续静脉滴注 24h，

第 1 日, 21 日为 1 周期

PF 方案的有效率为 20%~40%, 由于花费少, 目前仍然作为胃癌化疗的基础方案, 且多项临床研究中均将其作为对照方案。目前临床上适用于新辅助化疗、辅助化疗及晚期胃癌的一线化疗, 化疗周期多为 4~6 周期。该方案的不良反应主要包括中性粒细胞减少、恶心呕吐和口腔炎等, 还需监测患者的肾功能及神经毒性。因大剂量 DDP 一次性使用, 需进行水化预处理, 临床使用中可采用 DDP 改良用法, 即总剂量分割成 3~5 日使用, 疗效相似, 不良反应发生率可明显下降。

（2）XP 方案

DDP 80mg/($m^2 \cdot d$)静脉滴注, 第 1 日, 21 日为 1 周期

卡培他滨 1 000mg/m^2 口服, 每日 2 次, 第 1~14 日, 21 日为 1 周期

卡培他滨口服较 5-Fu 持续静脉滴注具有更高的安全性和方便性。与 PF 方案相比, XP 方案有效率较高, XP 方案除手足综合征发生率较高外, 其他不良反应发生率二者基本相当。该方案同样适用于新辅助化疗、辅助化疗以及晚期一线化疗。

（3）SP 方案

DDP 60~80mg/($m^2 \cdot d$)静脉滴注, 第 1 日, 21 日为 1 周期

替吉奥 40~60mg/m^2 口服, 每日 2 次, 第 1~14 日, 21 日为 1 周期

替吉奥（S-1）是氟尿嘧啶类药物, 其单药一线治疗晚期胃癌的有效率为 26%~46%。SPIRITS 研究发现, SP 方案的有效率为 37.8%~54%, 且耐受性良好, 在日本 S-1 联合顺铂已被推荐为晚期胃癌的标准一线治疗。但 FLAGS 研究却发现 SP 方案与 PF 方案的有效率无差异, 可能与 S-1 剂量较低（25mg/m^2 每日 2 次）以及欧美患者对该药耐受性差等因素有关。

（4）FLO 方案

奥沙利铂 85mg/($m^2 \cdot d$)静脉滴注, 第 1 日, 14 日为 1 周期

亚叶酸钙 400mg/($m^2 \cdot d$)静脉滴注, 第 1 日, 14 日为 1 周期

5-Fu 400mg/($m^2 \cdot d$)静脉注射, 第 1 日, 然后 2 400~3 600mg/($m^2 \cdot d$)持续静脉滴注 46h, 14 日为 1 周期

奥沙利铂是第三代铂类抗肿瘤药物, 其治疗胃癌的效果与顺铂相似, 但不良反应的发生率显著低于顺铂（周围神经毒性除外）。因此, 常用奥沙利铂代替顺铂, 尤其适用于年老、体弱的胃癌患者。常见不良反应包括中性粒细胞减少、恶心呕吐和周围神经毒性等。使用奥沙利铂时, 也需要注意其累积剂量。FLO 方案可用于胃癌的新辅助化疗、辅助化疗以及晚期患者的一线化疗, 一般使用 8~12 周期。

（5）XELOX 方案

奥沙利铂 130mg/($m^2 \cdot d$)静脉滴注, 第 1 日, 21 日为 1 周期

卡培他滨 1 000mg/m^2 口服, 每日 2 次, 第 1~14 日, 21 日为 1 周期

XELOX 方案治疗胃癌的有效率为 34%~53%, 而中性粒细胞减少、恶心呕吐、腹泻、周围神经毒性等不良反应均与 FLO 方案相似（手足综合征除外）。此外, 近年已证实 XELOX 方案和 SOX 方案治疗晚期胃癌的疗效相似, 且毒副作用均可耐受。XELOX 方案适用于新辅助化疗、辅助化疗以及晚期一线化疗, 对年老、体弱者尤为合适。

（6）SOX 方案

奥沙利铂 130mg/($m^2 \cdot d$)静脉滴注, 第 1 日, 21 日为 1 周期

替吉奥 40mg/m^2 口服, 每日 2 次, 第 1~14 日, 21 日为 1 周期

为评估 SOX 方案替代顺铂联合 S-1 方案（SP）一线治疗晚期胃癌的疗效和安全性, Yamada 等开展了一项 III 期研究, 结果发现 SOX 方案与 SP 方案在中位 PFS（5.5 个月 vs 5.4 个月）、中位 OS（14.1 个月 vs 13.1 个月）和 ORR（55.7% vs 52.2%）等方面均无差别, 且 SOX 方案毒性反应更小, 临床使用更方便。近年来, SOX 方案在晚期胃癌一线治疗中的疗效已得到肯定。

（7）EOX 方案

表柔比星 50mg/($m^2 \cdot d$)静脉注射, 第 1 日, 21 日为 1 周期

奥沙利铂 130mg/($m^2 \cdot d$)静脉滴注, 第 1 日, 21 日为 1 周期

卡培他滨 625mg/m² 口服,每日2次,第1~14日,21日为1周期

在传统ECF的基础上用口服卡培他滨替代静脉持续滴注5-Fu,用奥沙利铂替代顺铂的研究表明,EOX方案的有效率约为47.9%,3/4级中性粒细胞减少的发生率仅27.6%,3/4级腹泻的比例约为11.9%。因此,EOX方案被推荐为晚期胃癌的一线化疗以及围手术期化疗。本方案同样需要监测心脏功能,计算表柔比星的累积剂量。

（8）DCF方案

多西他赛 75mg/(m²·d) 静脉滴注,第1日,21日为1周期

奥沙利铂 75mg/(m²·d) 静脉滴注,第1日,21日为1周期

5-Fu 1 000mg/(m²·d) 持续静脉滴注24h,第1~5日,21日为1周期

或mDCF方案

多西他赛 60mg/(m²·d) 静脉滴注,第1日,21日为1周期

奥沙利铂 60mg/(m²·d) 静脉滴注,第1日,21日为1周期

5-Fu 600mg/(m²·d) 持续静脉滴注24h,第1~5日,21日为1周期

多项临床试验比较了DCF方案与PF方案、ECF方案的疗效和安全性,发现DCF方案虽然有效率较高(37%~55.7%),但Ⅲ或Ⅳ级治疗相关不良反应(包括中性粒细胞减少、中性粒细胞减少性发热、口腔炎、腹泻等)的发生率也明显增加,对患者生活质量的影响较大。因此,该方案一般仅用于体力状况较好的晚期胃癌患者的一线化疗。

标准的DCF方案不良反应发生率较高,为减少不良反应,研究者采用减量的DCF方案(mDCF)治疗晚期胃癌,发现mDCF方案不仅可达到标准DCF方案疗效,而且能降低不良反应发生率。

（9）FLOT方案

多西他赛 50mg/(m²·d) 静脉滴注,第1日,14日为1周期

奥沙利铂 85mg/(m²·d) 静脉滴注,第1日,14日为1周期

亚叶酸钙 200mg/(m²·d) 静脉滴注,第1日,14日为1周期

5-Fu 2 600mg/(m²·d) 持续静脉滴注46h,14日为1周期

2017年美国临床肿瘤学年会(ASCO)上公布的Ⅲ期多中心、随机对照研究结果显示,与以蒽环类为基础的ECF和ECX方案比较,以多西他赛为基础的FLOT方案能延长胃癌或胃食管交接处腺癌患者总生存时间(50个月 vs 35个月)、无进展生存时间(30个月 vs 18个月)和3年总生存率(57% vs 48%)。毒副作用方面,二组差异不大,其中ECF/ECX方案组的3/4级恶心和呕吐发生率更高,而FLOT方案组3/4级中性粒细胞减少更多。

（10）替吉奥单药方案

S-1 40~60mg/m² (<1.25m²,40mg;1.25~<1.5m²,50mg;≥1.5m²,60mg),口服每日2次,连续用药14日休息7日或连续用药21日休息14日

替吉奥(S-1)是氟尿嘧啶衍生物,它由替加氟(FT)和两种调节剂(吉美嘧啶和奥替拉西)构成,其中替加氟是5-Fu的前体,可在活体内转化为5-Fu。S-1单药与5-氟尿嘧啶持续静脉滴注相比具有非劣效性,但毒性反应较轻微。因口服方便,安全性好,S-1单药不仅适用于辅助化疗,对年老、体弱不能耐受以及不愿接受联合化疗的晚期患者也是较好的选择。

（11）多西他赛单药方案

多西他赛 75~100mg/(m²·d) 静脉滴注,第1日,14日为1周期

多西他赛单药治疗进展期胃癌的有效率为17%~24%,对进展期胃癌多西他赛治疗较安慰剂可延长生存时间,在难治性进展期胃癌或食管胃结合部癌的治疗上也表现出较好的临床疗效。

（12）紫杉醇单药方案

紫杉醇 80mg/(m²·d) 静脉滴注,第1日、第8日和第15日,28日为1周期

或

紫杉醇 135~175mg/(m²·d) 静脉滴注,第1日,21日为1周期

多个临床研究表明,与最佳支持治疗相比单药紫杉醇方案可提高患者生存质量,延长总生存时间。TCOG GC-0501研究也提示,单药紫杉醇

毒性反应低,主要为中性粒细胞的减少,多数患者可耐受,且生存期有显著获益,可作为进展期胃癌二、三线解救治疗的选择。

（13）伊立替康单药方案

伊立替康 150~180mg/（m²·d）静脉滴注,第1日,14日为1周期

或

伊立替康 125mg/（m²·d）静脉滴注,第1日和第8日,14日为1周期

伊立替康单药治疗胃癌的有效率可达18%~23%,且对多药耐药的肿瘤仍然有效。研究表明,伊立替康单药方案作为晚期胃癌二线治疗,可带来生存获益。另外,有学者对铂类和5-Fu耐药患者进行回顾性分析发现,伊立替康单药方案和紫杉醇单药方案,两者无论是在疾病控制率还是中位PFS方面,均无统计学差异,但伊立替康组的总生存时间稍优于紫杉醇方案。

3. **靶向治疗** 目前用于局部晚期、复发或转移性胃癌的靶向药物主要有曲妥珠单抗、雷莫芦单抗和阿帕替尼。

（1）曲妥珠单抗:初始负荷剂量8mg/（kg·次）,随后6mg/（kg·次）,每3周给药1次。

ToGA研究显示,对初治HER2过表达的晚期转移性胃腺癌患者,曲妥珠单抗（Trastuzmab）联合氟尿嘧啶/卡培他滨+顺铂化疗较单纯化疗显著提高了有效率,延长了生存时间。对于初诊的晚期胃腺癌患者,需行HER2检测,免疫组化3+、荧光原位杂交法阳性或免疫组化2+且荧光原位杂交法阳性者（约20%~25%）,可考虑使用曲妥珠单抗治疗,推荐在化疗的基础上应用曲妥珠单抗治疗,但曲妥珠单抗不推荐与蒽环类药物联用,定期监测患者的左心室射血分数。

（2）雷莫芦单抗:2mg/（kg·次）,静脉滴注,每3周1次,每次30min。

雷莫芦单抗（Ramucirumab）是一种人血管内皮生长因子受体2（VEGFR2）拮抗剂,它可以特异性结合VEGF受体2,并阻断VEGF配体与VEGFR-2的结合,从而抑制配体诱导的细胞增殖以及人类血管内皮细胞的迁移。REGARD研究显示,雷莫芦单抗单药二线治疗相比安慰剂延长中位OS;RAINBOW研究显示,雷莫芦单抗联合紫杉醇二线治疗相比紫杉醇延长中位OS,且不良反应可耐受。目前,雷莫芦单抗单药或联合紫杉醇已被FDA批准用于晚期胃癌的二线治疗。

（3）阿帕替尼:850mg口服每日1次,28日为1周期。

对于体力状态评分ECOG≥2、四线化疗后、胃部原发病灶未切除、骨髓功能差、年老体弱或瘦小的女性患者,可从250mg/d开始,服用1~2周后酌情增加剂量。

阿帕替尼是我国自主研制的,全球第一个被证实对晚期胃癌安全有效的小分子抗血管生成靶向药物。阿帕替尼通过高度选择性竞争细胞内VEGFR-2的ATP结合位点,抑制酪氨酸激酶的生成。Ⅲ期研究显示,与安慰剂相比阿帕替尼可延长二线及以上化疗失败晚期胃癌患者的中位PFS,提高疾病控制率。阿帕替尼已于2014年被批准用于晚期胃腺癌或胃-食管结合部腺癌患者三线及三线以上治疗。

4. **免疫治疗** 近年来,肿瘤免疫治疗取得了突破性进展,在晚期胃癌的三线或二线治疗中已有前瞻性研究结果支持免疫检查点抑制剂可改善生存期。目前国内外多个新型抗PD1抗体正在申请适应证,如纳武利尤单抗和帕博利珠单抗,分别已在日本或美国获批适应证,分别为三线治疗以上的晚期胃腺癌,或PD-L1阳性的二线治疗及以上的胃腺癌。另外,帕博利珠单抗已被批准用于所有MSI-H或dMMR的实体瘤患者的三线治疗。

（1）帕博利珠单抗（Pembrolizumab）:2mg/（kg·次）静脉滴注,每3周1次,每次30min。

KEYNOTE-059研究结果显示,Pembrolizumab三线治疗PD-L1表达≥1%的复发或转移性胃或胃食管结合部腺癌,中位PFS为2个月,OS为6个月,ORR为12%。KEYNOTE-061研究显示,与紫杉醇化疗相比,Pembrolizumab单药二线治疗未显著改善PD-L1 CPS评分≥1患者的总生存期。但KEYNOTE-059研究队列2显示Pembrolizumab联合顺铂+5-Fu/卡培他滨一线治疗晚期胃癌的ORR达60%,PD-L1阳性和阴性表达者的ORR分别为68.8%和38%。常见的毒副作用包括乏力、食欲减退和呼吸困难,与免疫相关不良反应包括肺炎、结肠炎、肾上腺功能不全和甲状腺功能紊乱等。

（2）纳武利尤单抗（Nivolumab）：3mg/（kg·次）静脉滴注，每2周1次，每次60min。

ATTRACTION-02研究显示，Nivolumab三线治疗复发或转移性胃或胃食管结合部腺癌，与安慰剂相比，患者死亡风险显著降低37%，两组1年总生存率分别为26.2%和10.9%。ATTRACTION-04研究显示，Nivolumab+SOX对比Nivolumab+Capeox方案一线治疗HER2阴性晚期胃癌的有效率分别为67%和71%，PFS为9.9个月和7.1个月，且与PD-L1表达无关。常见的毒副作用包括疲劳、呼吸困难、肌肉骨骼疼痛和食欲减退等。

（四）临床问题导向的药物治疗

1. 辅助化疗的原则 D2手术R0切除且未接受术前治疗的T2以上和/或淋巴结阳性的患者以及T2N0但存在低龄（<40岁）、组织学分级高级别或低分化、有神经或血管、淋巴管浸润等危险因素者也推荐进行辅助化疗，推荐的方案为卡培他滨联合奥沙利铂/顺铂，或S-1单药。对于未达到D2手术标准的进展期胃癌患者，以及具有淋巴结转移率较高、切除安全距离不足等局部复发高危因素的患者，推荐以氟尿嘧啶为基础或卡培他滨联合顺铂的术后同步辅助放化疗。

对于未能达到R0切除的患者（非远处转移因素），推荐进行术后放化疗或MDT讨论决定治疗方案。

辅助化疗一般在术后4周开始。特别注意患者术后进食需恢复，围手术期并发症需缓解。联合化疗在6个月内完成，单药化疗不宜超过1年。辅助化疗方案推荐氟尿嘧啶类药物联合铂类的两药联合方案。对体力状况差、高龄、不能耐受两药联合方案者，可考虑采用口服氟尿嘧啶类药物的单药化疗。

2. 新辅助化疗的原则 对于T3/4、淋巴结阳性且无远处转移的局部进展期胃癌患者，推荐新辅助化疗，可采用含铂类与氟尿嘧啶类联合的两药方案，或在此基础上联合紫杉类药物组成三药方案，一般不推荐单药化疗。新辅助化疗时间一般不超过3个月。

新辅助化疗期间应及时评价疗效，对于达到pCR的患者，考虑为治疗有效，结合术前分期，原则上继续术前化疗方案。对于新辅助治疗后出现

疾病进展的患者，预计可达到R0切除者可以考虑手术切除，判断无法达到R0切除者建议MDT讨论决定进一步的治疗方案。

3. 晚期转移性胃癌的一线治疗方案选择原则 氟尿嘧啶类、铂类和紫杉类药物是晚期胃癌的主要化疗药物，一线化疗方案通常以氟尿嘧啶类药物为基础，联合铂类和/或紫杉类组成二药或三药化疗方案，国内更多推荐氟尿嘧啶类药物和铂类的二药联合方案，一线化疗方案选择依据患者身体状况、年龄、基础疾病等综合考虑。晚期胃癌标准治疗持续时间4~6个月，取得疾病控制后定期复查（表18-2-7）。

表18-2-7 晚期转移性胃癌的一线治疗方案选择

HER2	Ⅰ级推荐	Ⅱ级推荐	Ⅲ级推荐
阴性	铂类联合氟尿嘧啶类 紫杉类联合氟尿嘧啶类	三药联合方案DCF或mDCF用于体力状态好者 单药方案（紫杉类或氟尿嘧啶类）用于体力状态差者	三药联合方案ECF或mECF用于体力状态好且肿瘤负荷大者 伊立替康为基础的化疗
阳性	曲妥珠单抗联合氟尿嘧啶+顺铂化疗	曲妥珠单抗联合其他一线化疗（如奥沙利铂+卡培他滨、替吉奥+顺铂）	曲妥珠单抗联合蒽环类之外的其他一线化疗方案

注：参考中国临床肿瘤学会胃癌诊疗指南（2019）。

4. 晚期转移性胃癌的二线治疗方案选择原则 晚期胃癌二线治疗需根据患者的体力状况充分权衡治疗的获益与风险，多推荐采用单药治疗，但对于ECOG 0~1分的患者也可考虑两药联合化疗（表18-2-8）。

表18-2-8 晚期转移性胃癌的二线治疗方案选择

HER2	ECOG评分	Ⅰ级推荐	Ⅱ级推荐	Ⅲ级推荐
阴性	0~1	单药化疗（多西他赛、紫杉醇或伊立替康）临床研究	两药联合紫杉醇或氟尿嘧啶类化疗	若无铂类治疗失败，顺铂或奥沙利铂为基础化疗
	≥2	单药紫杉醇临床研究		

续表

HER2	ECOG评分	Ⅰ级推荐	Ⅱ级推荐	Ⅲ级推荐
阳性	0~1	临床研究	既往铂类治疗失败且未用过曲妥珠单抗,曲妥珠单抗联合紫杉醇	既往未用过曲妥珠单抗,曲妥珠单抗联合蒽环类之外的二线化疗方案
	≥2	临床研究		

注:参考中国临床肿瘤学会胃癌诊疗指南(2019)。

5. 胃癌腹膜转移的综合治疗 腹膜转移是晚期胃癌最常见转移类型,也是主要致死原因之一。对于合并有症状的腹水,可考虑腹水引流和腹腔灌注化疗;对于腹水不需引流者,可按照一线或二、三线治疗方案进行选择(三线治疗见表18-2-9)。

腹腔热灌注化疗通过温热效应与化疗药物的协同作用,发挥积极治疗腹膜转移灶的作用。近年来,将减瘤手术与术中腹腔热灌注化疗相结合的疗法在临床上取得了较好的疗效,但由于腹膜转移灶切除术术后腹腔粘连使患者失去腹腔内化疗的机会,所以对于施行此手术仍有较大的争议。

表 18-2-9 晚期转移性胃癌的三线治疗方案选择

ECOG评分	Ⅰ级推荐	Ⅱ级推荐	Ⅲ级推荐
0~1 分	阿帕替尼临床研究	单药化疗单药 PD-1 单抗	
2 分	临床研究最佳支持治疗	最佳支持治疗	单药化疗

注:参考中国临床肿瘤学会胃癌诊疗指南(2019)。

(五)药物治疗展望

化疗药物治疗胃癌的疗效已达到了平台期,卡培他滨、替吉奥等新的化疗药物的加入并未明显提高疗效。抗 PD-1 和抗 PD-L1 药物等免疫检查点抑制剂在胃癌治疗中取得了一定的成绩,但总体效果并不能让人满意。联合使用抗 PD-1 和抗 PD-L1 药物与抗 CTLA-4 以及抑制其他潜在的免疫抑制通路,如 IDO(吲哚胺-吡咯 2,3-双加氧酶抑制剂)抑制剂以及化疗联合这些免疫治疗药物还需要进一步研究。将免疫检查点抑制剂应用于晚期疾病的治疗,以及这些药物应用于胃癌辅助和新辅助治疗的相关研究正在进行中。此外,放射治疗或其他局部消融疗法具有释放肿瘤抗原的潜力,可进一步增强免疫反应,使得免疫检查点抑制剂在以放化疗为基础的胃癌治疗中成为一个值得期待的研究领域。

四、食管癌

食管癌(esophageal carcinoma)是指原发于食管上皮的恶性肿瘤。我国是食管癌的高发国家,中部地区和东部地区是食管癌的高发地区。有肿瘤家族史或有食管癌的癌前病变者是食管癌的高危人群。根据 2018 年中国癌症报告,食管癌新发病例数为 25.8 万,发病率排在第六位,男性发病数远多于女性,分别为 18.5 万和 7.2 万。食管癌死亡患者为 19.3 万人,位居第四位,男性患者死亡数(14 万)多于女性(5.3 万)。食管癌在农村人口病例率(17.4/10 万人)是城市人口(8.3/10 万人)的两倍。

(一)临床表现与诊断

1. 临床表现 食管癌的早期症状常不典型,部分患者表现为轻度进食哽噎感、胸骨后和剑突下疼痛、食物滞留感和异物感等,少见有胸骨后闷胀,咽部干燥发紧等。食管癌的中晚期症状有:

(1)吞咽困难:进行性吞咽困难是绝大多数患者就诊时的主要症状,但却是本病的较晚期表现。因为食管壁富有弹性和扩张能力,只有当约 2/3 的食管周径被癌肿浸润时,才出现吞咽困难。因此,在上述早期症状出现后,在数个月内病情逐渐加重,由不能咽下固体食物发展至液体食物亦不能咽下。如癌肿伴有食管壁炎症、水肿、痉挛等,可加重吞咽困难。阻塞感的位置往往符合癌肿部位。

(2)食物反流:常在吞咽困难加重时出现,反流量不大,内含食物与黏液,也可含血液与脓液。

(3)其他症状:当癌肿压迫喉返神经可致声音嘶哑;侵犯膈神经可引起呃逆或膈神经麻痹;压迫气管或支气管可出现气急和干咳;侵蚀主动脉则可产生致命性出血。并发食管-气管或食管-支气管瘘或癌肿位于食管上段时,吞咽液体时常可产生颈交感神经麻痹征群。食管癌早期常缺少典型的阳性体征。晚期则可出现消瘦、贫血、营养不良、失水或恶病质等体征。当癌肿转移时，可触及肿大而坚硬的浅表淋巴结，或肿大而有结节的肝脏。

2. 诊断 食管癌诊断，依据临床表现、实验室检查、影像学检查、病理学检查等。纤维食管镜活检是食管癌诊断中最常用的一种方法，对于食管癌的定性定位诊断和手术方案的选择有重要作用，内镜可以直视下钳取肿瘤组织活检。食管拉网脱落细胞学检查是高发区高危人群筛查食管癌的首选方法，对于阳性病例，仍需行纤维食管镜检查，进一步定性和定位。组织类型根据食管癌的组织学特点可分为5种类型：鳞状细胞癌、腺癌、腺鳞癌、小细胞未分化癌及癌肉瘤，其中以鳞状细胞癌最多见，腺癌（包括腺鳞癌）次之，其他类型少见。西方国家的食管腺癌与鳞癌比率大约为4.7∶1，而我国以鳞癌为主，约占90%。食管腺癌治疗前应行肿瘤标本的 *HER2* 检测，以指导治疗决策。

3. 鉴别诊断 早期无吞咽困难时，应与食管炎、食管憩室和食管静脉曲张相鉴别。已有吞咽困难时，应与食管良性肿瘤、贲门失弛症和食管良性狭窄相鉴别。鉴别诊断方法主要依靠吞钡X线食管摄片和纤维食管镜检查。

4. 分期 美国癌症联合委员会（AJCC）第7版的食管癌分期标准是目前食管癌的标准临床分期法（表18-2-10~表18-2-12）。此项分期标准仅适用于外科病理分期，对于非手术病例的分期，目前国内外尚缺乏公认的、较一致的分期标准。

表 18-2-10　AJCC 第 7 版的食管癌分期标准

原发肿瘤（T）	
Tx	原发肿瘤不能确定
T0	无原发肿瘤证据
Tis	重度不典型增生
T1	肿瘤侵犯黏膜固有层、黏膜肌层或黏膜下层
T1a	肿瘤侵犯黏膜固有层或黏膜肌层
T1b	肿瘤侵犯黏膜下层
T2	肿瘤侵犯食管肌层
T3	肿瘤侵犯食管纤维膜
T4	肿瘤侵犯食管周围结构
T4a	肿瘤侵犯胸膜、心包或膈肌，可手术切除；
T4b	肿瘤侵犯其他邻近结构，如主动脉、椎体、气管等，不能手术切除。

续表

区域淋巴结（N）	
Nx	区域淋巴结转移不能确定
N0	无区域淋巴结转移
N1	1~2 枚区域淋巴结转移
N2	3~6 枚区域淋巴结转移
N3	≥7 枚区域淋巴结转移
	必须将转移淋巴结数目与清扫淋巴结总数一并记录

远处转移（M）	
M0	无远处转移
M1	有远处转移

肿瘤分化程度（G）	
Gx	分化程度不能确定
G1	高分化癌
G2	中分化癌
G3	低分化癌
G4	未分化癌

表 18-2-11　食管鳞癌临床分期（2017 年，第七版）

分期	TNM	病理分级	肿瘤部位
0 期	TisN0M0	1，X	任何部位
ⅠA 期	T1N0M0	1，X	任何部位
ⅠB 期	T1N0M0	1，X	任何部位
	T2~3N0M0	1，X	下段 /X
ⅡA 期	T2~3N0M0	1，X	上段 / 中段
	T2~3N0M0	2~3	下段 /X
ⅡB 期	T2~3N0M0	2~3	上段 / 中段
	T1~2N1M0	任何	任何部位
ⅢA	T1~2N2M0	任何	任何部位
	T3N1M0	任何	任何部位
	T4aN0M0	任何	任何部位
ⅢB	T3N2M0	任何	任何部位
ⅢC	T4aN1 ~ 2M0	任何	任何部位
	T4bN1 ~ 3M0	任何	任何部位
	T1 ~ 4N3M0	任何	任何部位
Ⅳ	T1 ~ 4N1 ~ 3M1	任何	任何部位

表 18-2-12　食管腺癌临床分期（2017 年，第七版）

分期	TNM	病理分级
0 期	TisN0M0	1，X
ⅠA 期	T1N0M0	1 ~ 2，X
ⅠB 期	T1N0M0	3
	T2N0M0	1 ~ 2，X
ⅡA 期	T2N0M0	3

续表

分期	TNM	病理分级
ⅡB 期	T3N0M0	任何
	T1～2N1M0	任何
ⅢA	T1～2N2M0	任何
	T3N1M0	任何
	T4aN0M0	任何
ⅢB	T3N2M0	任何
ⅢC	T4aN1～2M0	任何
	T4bN1～3M0	任何
	T1～4N3M0	任何
Ⅳ	T1～4N1～3M1	任何

（二）一般治疗原则

临床上应采取综合治疗的原则。Ⅰ、Ⅱ期食管癌可首选手术治疗,如患者的心肺功能差或不愿手术者,可行根治性放化疗或放疗。对于完全性切除的T1~2N1M0患者,术后行辅助放疗可以降低局部复发率并可能提高5年生存率。对于T1~2N2M0、T3N1~2M0和部分T4aN0~2M0(侵及心包、膈肌和隔膜)患者,目前仍可选择以手术为主的综合治疗。对于Ⅲb或Ⅲc期可考虑先行术前新辅助放化疗(含铂方案的化疗联合放射治疗)后再手术,与单一手术相比,术前同期放化疗可能提高患者的总生存。对于Ⅲ期患者,术后行辅助放疗或同步放化疗可提高局部控制率和5年生存率。对于不能手术的Ⅲ期患者,目前的标准治疗是放射治疗或同步放化疗。

Ⅳ期食管癌患者以化疗和姑息治疗为主。姑息治疗手段主要包括姑息性放疗、内镜治疗(如食管支架、食管扩张等)、营养支持和止痛等对症治疗,可以考虑靶向治疗。治疗目的为延长患者的生命,提高生活质量。

（三）基本治疗药物及治疗方案

食管癌药物治疗以细胞毒性化疗药物为主,由于顺铂、氟尿嘧啶和博来霉素等化疗药物具有放射增敏作用,化疗药物也可与放疗联合应用治疗食管癌。对广泛转移的患者,姑息性化疗是主要的治疗手段;对手术或放疗后的部分患者,进行辅助性化疗可减少手术或放疗后复发转移。需要强调的是,对于局部晚期而非广泛转移的患者,一定要行放化疗或结合手术的综合治疗,单用化疗疗效差。分子靶向药物治疗食管癌尚不成熟,

仍处于探索阶段。

在20世纪60~70年代,食管癌化疗以单药为主,常用的有博来霉素(BLM)、丝裂霉素(MMC)和5-氟尿嘧啶(5-Fu)等,有效率为15%左右,无完全缓解的报道。20世纪80年代,顺铂(DDP)开始应用于食管癌治疗,单药有效率提高到20%左右,与5-Fu联合应用将有效率进一步提高到30%左右。因此在很长时间里,DDP联合5-Fu被视作食管癌治疗的标准方案。20世纪90年代以来,多种新化疗药物包括紫杉醇(PIX)、多西他赛(DOC)、吉西他滨(GEM)伊立替康(CPT-11)和奥沙利铂(OXA)等陆续被使用,这些药物联合DDP、5-Fu治疗晚期食管癌的有效率高达50%左右,但毒性反应增加。

1. 常用治疗药物 我国食管癌以鳞癌为主,而欧美国家食管癌以腺癌为主,这导致治疗药物选择并不相同。可根据PS评分、伴随疾病及毒副反应谱选择适合药物及组合方案。食管鳞癌常用的系统化疗药物包括:5-氟尿嘧啶(5-Fu)、卡培他滨、奥沙利铂、顺铂、多西他赛、紫杉醇、伊立替康。

2. 常用治疗方案

（1）PF方案

DDP 75~100mg/m^2 静脉滴注,第1日,21~28日为1周期

5-Fu 750~1 000mg/m^2 静脉滴注,第1~4日,21~28日为1周期

（2）TP方案

PTX 135~175mg/m^2 静脉滴注,第1日,21日为1周期

DDP 75mg/m^2 静脉滴注,第1日,21日为1周期

或

PTX 90~150mg/m^2 静脉滴注,第1日,14日为1周期

DDP 50mg/m^2 静脉滴注,第1日,14日为1周期

（3）ECF方案

EPI 50mg/m^2 静脉滴注,第1日,21日为1周期

DDP 60mg/m^2 静脉滴注,第1日,21日为1周期

5-Fu 200mg/m^2 静脉滴注,第1~21日,21日

为 1 周期

（4）改良 DCF 方案

DOC 60mg/m² 静脉滴注，第 1 日，21 日为 1 周期

DDP 60mg/m² 静脉滴注，第 1 日，21 日为 1 周期

5-Fu 750mg/m² 静脉滴注，第 1~4 日，21 日为 1 周期

以顺铂单药治疗食管癌有效率为 23%，是治疗食管癌联合化疗方案的首选基础药物。联合氟尿嘧啶类为基础方案。PTX+DDP 的主要毒性为中性粒细胞减少和恶心，耐受性较好，是一个安全有效的化疗方案，NCCN 推荐为根治性化疗的 1 类方案。

（5）EOX 方案

EPI 50mg/m² 静脉滴注，第 1 日，21 日为 1 周期

OXA 130mg/m² 静脉滴注，第 1 日，21 日为 1 周期

CAP 625mg/m² 口服，1 日 2 次，第 1~21 日，21 日为 1 周期

（6）FLO 方案

OXA 85mg/m² 静脉滴注，第 1 日，14 日为 1 周期

CF 200mg/m² 静脉滴注，第 1 日，14 日为 1 周期，之后 5-Fu

5-Fu 2 600mg/m² 静脉滴注，第 1 日，14 日为 1 周期

奥沙利铂联合方案（EOX、FLO）与顺铂联合方案（ECF）疗效相当，但神经毒性、恶心、发热性中性粒细胞减少症、感染及嗜睡等不良反应高于顺铂联合方案，而脱发、中性粒细胞减少症及贫血的发生低于顺铂联合方案。

（7）FOLFIRI2 周方案

CPT-11 180mg/m² 静脉滴注，第 1 日，14 日为 1 周期

CF 125mg/m² 静脉滴注，第 1 日，14 日为 1 周期

5-Fu 400mg/m² 静脉滴注，第 1 日，14 日为 1 周期

5-Fu 1 200mg/m² 静脉滴注，第 1~2 日，14 日为 1 周期

CPT-11 单药治疗食管癌的有效率为 14%~22%。与 DDP 作用机制不同，不产生交叉耐药和交叉毒性，具有协同作用。NCCN 推荐 CPT-11 联合 DDP 为术前化放疗、根治性化放疗和转移癌或局部晚期癌的 1 类方案。

（8）曲妥珠单抗（Trastuzumab）

8mg/kg 静脉滴注，序贯 6mg/kg 静脉滴注，第 1 日，21 日为 1 周期

或 6mg/kg 静脉滴注，然后 4mg/kg 静脉滴注，第 1 日，14 日为 1 周期

靶向治疗主要在胃腺癌中进行，如果 *HER2* 阳性，建议加用曲妥珠单抗治疗。ToGA 研究显示，化疗联合曲妥珠单抗组相比于单纯化疗组可以明显延长晚期胃癌和胃食管结合部腺癌的生存期，因此它被批准用于晚期 *HER2* 阳性的胃癌和胃食管结合部腺癌的一线治疗。

（四）临床问题导向的药物治疗

1. 新辅助化疗 新辅助化疗有利于肿瘤降期、消除全身微小转移灶，并观察肿瘤对该方案化疗的反应程度，指导术后治疗。对于食管鳞癌，由于目前新辅助化疗证据不足，建议行术前放化疗效果更佳。食管腺癌围手术期化疗的证据充足。对于可手术切除的食管下段及胃食管结合部腺癌患者，推荐行新辅助化疗，能够提高 5 年生存率，同时并不增加术后并发症和治疗相关死亡率。新辅助化疗 2 周期后，进行疗效评估，对于适合手术的患者间歇 3~6 周，即可行手术治疗。新辅助放化疗结束 4 周内评估疗效，6 周后对适合的病例进行手术。新辅助治疗有可能错过切除局部病灶的最佳时机，尤其是治疗失败后造成转移范围扩大。因此建议：治疗前多学科讨论非常重要；治疗中及时评估，及时采取干预措施；治疗后再次评估及伴随多学科讨论，及时调整治疗方案，才能使患者得到最大获益。

2. 术后辅助化疗 食管鳞癌术后是否常规进行辅助化疗仍存在争议，尚未得到大型随机对照研究的支持。基于前瞻性 II 期及回顾性临床研究的结果，对术后病理证实存在区域淋巴结转移（N+）的患者，可选择行 2~3 个周期术后辅助化疗。食管腺癌术后辅助化疗的证据来自围手术期化疗的相关研究，对于术前行新辅助化疗并完成根治性手术的患者，术后可沿用原方案行辅助化疗。

辅助化疗一般在术后4周以后开始。术后恢复良好、考虑行术后辅助化疗的患者可在术后4周完善化疗前检查并开始辅助化疗；如果患者术后恢复欠佳，可适当延迟辅助化疗的起始时间，但不宜超过术后2个月。

3. 姑息性化疗 对转移性食管癌患者，如能耐受，推荐行化疗。转移性食管癌经全身治疗后出现疾病进展，可更换方案化疗。根治性治疗后出现局部复发或远处转移的患者，如能耐受，可行化疗。

在化疗中如出现以下情况应考虑停药或更换方案：①治疗2周期后病变进展，或在化疗周期的间歇期中再度恶化者，应停止原方案，酌情选用其他方案；②化疗不良反应达3~4级或出现严重并发症，对患者生命有明显威胁时，应停药，下次治疗时剂量调整或改用其他方案。

4. 术前新辅助放疗/同步放化疗 在手术耐受的前提下，不可手术的T3~4N+M0食管癌患者经放疗后如转化为可手术的，建议手术切除。如仍不可手术，则继续行根治性放疗。

5. 术后辅助放疗/同步放化疗 ①R1（包括环周切缘+）或R2切除；②R0切除，鳞癌，病理分期N+，或T4aN0，淋巴结被膜受侵；腺癌，病理分期N+，或T3~4aN0，或T2N0中具有高危因素（低分化，脉管瘤栓，神经侵犯，<50岁）的食管下段或胃食管结合处腺癌建议术后放疗或同步放化疗。目前并无循证医学证据明确术后放化疗的治疗顺序。一般建议R1或R2切除后，先进行术后放疗或同步放化疗，再进行化疗。R0切除术后，鳞癌建议先进行术后放疗或同步放化疗，再进行化疗；腺癌建议先化疗后再进行放疗或同步放化疗。

6. 根治性放疗/同步放化疗 ①T4bN0~3；②颈段食管癌或颈胸交界癌距环咽肌<5cm；③经术前放疗后评估仍然不可手术切除；④存在手术禁忌证；⑤手术风险大，如高龄、严重心肺疾病等；⑥患者拒绝手术。

（五）药物治疗展望

尼妥珠单抗是全球第一个以*EGFR*为靶点的人源化单抗药物。目前该药在国内的适应证是与放疗联合用于治疗表皮生长因子受体阳性表达的Ⅲ/Ⅳ期鼻咽癌。治疗食管癌的Ⅱ期临床研究中，尼妥珠单抗联合化疗相比单纯化疗可以使晚期食管鳞癌的治疗有效率提高20%，且安全性和

耐受性良好，Ⅲ期临床研究正在进行中。尼妥珠单抗联合放疗与奈达铂+紫杉醇联合放疗（NCT 02858206）作为食管鳞癌新辅助治疗方案的对比研究，和西妥昔单抗联合放化疗用于不可切除局部晚期食管鳞癌和腺癌（NCT 01787006）的临床研究，均表现出作为一线和二线治疗策略时潜在的价值。

利用分子标志物筛选出潜在获益人群是个体化应用靶向药物的前提。分子靶向EGFR-TKIs类药物在转移性食管癌的二线治疗中的作用已有Ⅲ期随机对照研究的结果，*EGFR*基因扩增患者可能是EGFR-TKIs类药物治疗的潜在获益人群。

免疫检查点抑制剂在转移性食管癌二线治疗中取得了令人鼓舞的疗效。一项帕博利珠单抗（Pembrolizumab）的研究纳入了23例PD-L1阳性的患者接受Pembrolizumab单药治疗，客观缓解率（ORR）达30%，其中PR 7例，无CR病例，SD 2例，PD 13例。一项单臂Ⅱ期研究报道了纳武利尤单抗（Nivolumab）用于经氟尿嘧啶类/铂类/紫杉类药物治疗失败或不可耐受的晚期食管鳞癌患者的疗效和安全性，64例可评估疗效的患者中，ORR为17%，其中1例获得CR，中位PFS和OS分别为1.5个月和2.3个月。Avelumab作为单药治疗和一线化疗后维持治疗晚期胃癌/胃食管结合部癌。前期临床研究显示很好的效果，这些数据在食管腺癌可能同样适用，而不只是胃食管交界处癌。更多的免疫检查点抑制剂治疗晚期食管癌的相关研究尚在国内外开展中，有望在未来成为转移性食管癌二线治疗的有效选择。

五、结直肠癌

结直肠癌（colorectal carcinoma，CRC）是指起源于结肠、直肠上皮组织的恶性肿瘤。结直肠癌新发病例在全世界男性、女性中分别排名第3位及第2位，死亡病例在全世界男性、女性中分别排名第4位及第3位。由于生活条件和生活习惯的改变，以及人口老龄化，我国结直肠癌的发病率和病死率均呈现上升趋势，其中，结肠癌的发病率上升尤为显著。发达国家中结直肠癌发病率明显高于发展中国家，与发达国家较高的肥胖率和不健康的饮食习惯等因素有关。我国东部地区结直肠癌发病率、死亡率最高，西部地区发病率死亡率与

东部地区相似,而中部地区的发病率、死亡率则均较低,其原因需要更多相关研究进行深入探讨。

(一)临床表现与诊断

1. 临床表现 结直肠癌起病隐匿,早期结直肠癌可无明显症状,病情发展到一定程度可出现下列症状:①排便习惯改变;②大便性状改变(变细、血便、黏液便等);③腹痛或腹部不适;④腹部肿块;⑤肠梗阻相关症状;⑥贫血及全身症状,如消瘦、乏力、低热等。

2. 诊断 实验室检查、内镜检查、影像学检查、组织病理学检查等可辅助诊断,活检明确病变性质是结直肠癌诊断的依据。乙状结肠镜和纤维结肠镜检,通过直观检查及取可疑组织活检,90%以上的大肠癌可确诊,是最可靠、应用最广泛的检查方法,绝大部分早期及进展期大肠癌都是由纤维结肠镜发现的。早期癌大体病理类型包括扁平型、息肉隆起型、扁平隆起型和扁平隆起伴溃疡型。进展期结直肠癌可分为①隆起型:肿瘤的主体向肠腔内突出者,均属本型;②溃疡型:肿瘤形成深达或贯穿肌层伴溃疡者,均属此型;③浸润型:肿瘤向肠壁各层弥漫浸润,使局部肠壁增厚,但表面常无明显溃疡或隆起。组织学类型:①腺癌,包括乳头状腺癌、管状腺癌、黏液腺癌、印戒细胞癌;②未分化癌;③腺鳞癌;④鳞状细胞癌;⑤小细胞癌;⑥类癌。

3. 鉴别诊断 直肠癌需与痔、肛瘘、阿米巴肠炎和结肠息肉等诊断鉴别,结肠癌需与炎症性肠病、阑尾炎、肠结核、结肠息肉、血吸虫性肉芽肿、阿米巴肉芽肿和淋巴瘤等诊断鉴别。

4. 分期 结直肠癌 TNM 分期,美国癌症联合委员会(AJCC)/国际抗癌联盟(UICC)(表18-2-13、表18-2-14)。

表 18-2-13 AJCC/UICC 结直肠癌 TNM 分期(第八版)

原发肿瘤(T)	
Tx	原发肿瘤无法评估
T0	无原发肿瘤的证据
Tis	原位癌:黏膜内癌(侵犯固有层,未侵透黏膜肌层)
T1	肿瘤侵犯黏膜下(侵透黏膜肌层但未侵入固有肌层)
T2	肿瘤侵犯固有肌层

续表

原发肿瘤(T)	
T3	肿瘤穿透固有肌层未穿透腹膜脏层到达结直肠旁组织
T4	肿瘤侵犯腹膜脏层或侵犯或粘连于附近器官或结构
T4a	肿瘤穿透腹膜脏层(包括大体肠管通过肿瘤穿孔和肿瘤通过炎性区域连续浸润腹膜脏层表面)
T4b	肿瘤直接侵犯或粘连于其他器官或结构区域淋巴结(N)

区域淋巴结(N)	
Nx	区域淋巴结无法评估
N0	区域淋巴结无转移
N1	有 1~3 枚区域淋巴结转移(淋巴结内肿瘤≥0.2mm),或存在任何数量的肿瘤结节并且所有可辨识的淋巴结无转移
N1a	有 1 枚区域淋巴结转移
N1b	有 2~3 枚区域淋巴结转移
N1c	无区域淋巴结转移,但有肿瘤结节存在:浆膜下、肠系膜或无腹膜覆盖的结肠旁,或直肠旁/直肠系膜组织
N2	有 4 枚或以上区域淋巴结转移
N2a	有 4~6 枚区域淋巴结转移
N2b	有 7 枚或以上区域淋巴结转移

远处转移(M)	
M0	无远处转移
M1	转移至 1 个或更多远处部位或器官,或腹膜转移被证实
M1a	转移至 1 个部位或器官,无腹膜转移
M1b	转移至 2 个或更多部位或器官,无腹膜转移
M1c	仅转移至腹膜表面或伴其他部位或器官的转移

表 18-2-14 解剖分期/预后组别

期别	T	N	M
0 期	Tis	N0	M0
Ⅰ 期	T1	N0	M0
	T2	N0	M0
ⅡA 期	T3	N0	M0
ⅡB 期	T4a	N0	M0
ⅡC 期	T4b	N0	M0
ⅢA	T1~2	N1/N1c	M0
	T1	N2a	M0
ⅢB	T3~4a	N1/N1c	M0
	T2~3	N2a	M0
	T1~2	N2b	M0

续表

期别	T	N	M
ⅢC	T4a	N2a	M0
	T3~4a	N2b	M0
	T4b	N1~2	M0
ⅣA	任何T	任何N	M1a
ⅣB	任何T	任何N	M1b
ⅣC	任何T	任何N	M1c

（二）一般治疗原则

结直肠癌应行以手术治疗为主的综合治疗，早期病例可单纯手术治疗；中、晚期病例均应辅以化疗、放疗及生物治疗，可提高生存率、减少复发及改善生活质量。

结直肠癌不同分期治疗决策不同，因此治疗前评估非常重要，应力争通过影像学及相关实验室检查进行准确分期和患者状况评估，为选择合理方法，包括手术方式和手术时机提供依据。对无远处转移，且可 R0 切除的结肠癌，术前新辅助化疗不作常规推荐，根据术后分期决定是否行辅助化疗。对局部晚期直肠癌，根据临床分期决定是否需行术前新辅助放化疗，根据术后分期决定是否行辅助化疗。对转移性结直肠癌，主要采用全身化疗联合分子靶向药物治疗，但在治疗过程中，可能需手术、放疗或射频等其他局部治疗手段的介入。因此，强烈建议在开始治疗前进行多学科诊疗模式（MDT），根据具体情况将患者分成不同治疗组，并设定治疗目标，制订治疗决策。治疗过程中及治疗后要及时充分评估疗效，以指导后续治疗方案选择。对合并肝转移，且原发灶和转移灶均可 R0 切除的结直肠癌，可以直接手术切除，也可行围手术期化疗，取决于肝转移灶的部位和大小，兼顾对术后化疗方案疗效的预测价值。对于有根治意向的潜在可切除患者，应采用最有效的诱导化疗作为初始治疗手段，以期将病灶转化为可以进行手术切除的状态。对于无法进行根治性治疗的患者，原发灶是否切除，需要通过 MDT 慎重讨论，关注原发灶可能的出血、穿孔、梗阻风险以及对后续治疗的影响，根据患者具体情况决定手术与否和具体干预时机。

（三）基本治疗药物及治疗方案

结直肠癌辅助化疗始于 20 世纪 50 年代后期，

但是直到 80 年代末 5- 氟尿嘧啶 / 亚叶酸钙（5-Fu/LV）方案（Mayo 方案：LV 静脉滴注联合 5-Fu 静脉注射，每 4~5 周重复）才逐步成为结直肠癌的辅助化疗标准方案。20 世纪 90 年代，多项临床研究报道了 5-Fu/LV 方案（Mayo 方案）较 5-Fu 单药疗效提高，生存期延长，因而 Mayo 方案成为北美地区晚期结直肠癌姑息性化疗的标准方案。同时 5-Fu 持续静脉滴注联合 LV 较 Mayo 方案的疗效可能更具优势。该方案缩短了每周期 5-Fu 的用药天数，避免了药物毒性的蓄积，同时 5-Fu 的剂量较 Mayo 方案（sLV5Fu2 方案）增加，从而使疗效增加。

之后结直肠癌的治疗领域发生了深刻的变革，新的高效化疗药物奥沙利铂、伊立替康、卡培他滨以及雷替曲塞相继研发上市，并已广泛应用于临床。作为转移性结直肠癌的主要治疗手段，化疗显著延长了患者的生存期，改善了患者的生活质量，也为更多无法手术的肝转移或肺转移患者提供了手术根治的机会。晚期结直肠癌患者的中位生存期从最佳支持治疗的 6 个月左右增加到了氟尿嘧啶时代的 14 个月，伊立替康或奥沙利铂与 5-Fu 联合化疗将生存期延长至 20 个月左右。

另外，靶向药物贝伐珠单抗、西妥昔单抗、帕尼单抗、雷莫芦单抗和瑞戈非尼的面世更进一步提高了患者的有效率和生存期。结直肠癌的具体方案的制订需要综合考虑肿瘤的分期以及相应的基因检测结果等。

1. 常用治疗药物 氟尿嘧啶类药物，如 5- 氟尿嘧啶（5-Fu）、卡培他滨（CAP）；铂类药物，包括奥沙利铂（OXA）等；靶向药物，如贝伐珠单抗和西妥昔单抗等；其他药物，如伊立替康（CPT-11）等。

2. 常用治疗方案

（1）mFOLFOX6 方案

OXA 85mg/m² 静脉滴注，第 1 日，14 日为 1 周期

LV 400mg/m² 静脉滴注，第 1 日，14 日为 1 周期

5-Fu 400mg/m² 静脉注射，第 1 日，14 日为 1 周期

5-Fu 2 400~3 000mg/m² 静脉持续滴注 46 小时，第 1 日，14 日为 1 周期

（2）mFOLFOX7 方案

OXA 85mg/m² 静脉滴注，第 1 日，14 日为 1

周期

LV 400mg/m^2 静脉滴注,第1日,14日为1周期

5-Fu 1 200mg/m^2 静脉持续滴注46小时,第1日,14日为1周期

FOLFOX系列方案是公认有效的针对晚期结直肠癌的化疗方案,其中mFOLFOX6方案目前在临床上应用相对广泛。据报道,接受FOLFOX方案的患者有效率(RR)为45%,中位疾病进展时间(mTP)为8.7个月,中位总生存时间(mOS)接近20个月,其毒副反应也相对可控。

(3)伊立替康单药方案

CTP-11 125mg/m^2 静脉滴注,第1日和第8日,21日为1周期

或CTP-11 180mg/m^2 静脉滴注,第1日,14日为1周期

或CTP-11 300~350mg/m^2 静脉滴注,第1日,21日为1周期

(4)FOLFIRI方案

CPT-11 180mg/m^2 静脉滴注,第1日,14日为1周期

CF 200mg/m^2 静脉滴注,第1日,14日为1周期

5-Fu 400mg/m^2 静脉注射,第1日,14日为1周期

5-Fu 1 200mg/m^2 静脉持续滴注46小时,第1日,14日为1周期

1999年,Andret等首次将CPT-11与Degramont方案联合,即形成FOLFIRI方案,研究结果表明该方案RR为49%,mTP为8.5个月,mOS为20.1个月。

(5)CapeOX方案

OXA 130mg/m^2 静脉滴注(先入),第1日,21日为1周期

CAP 1 000mg/m^2 口服,2次/d,第1~14日,21日为1周期

CAPEOX方案又称XELOX方案,多项研究提示疗效并不劣于FOLFOX方案,且该方案使用相对方便,减少了患者入院时间,因而逐渐得到推广。

(6)卡培他滨单药方案

CAP 850~1 250mg/m^2 口服,2次/d,第1~14日,21日为1周期,持续24周

该方案的主要优点是安全、方便,患者可以不入院接受治疗。多项研究结果提示卡培他滨单药方案疗效并不劣于5-Fu/LV方案,在老年及体质差患者中使用较多。

(7)mXELIRI方案

CPT-11 200mg/m^2 静脉滴注,第1日,21日为1周期

CAP 800mg/m^2 口服,1日2次,第1~14日,21日为1周期

2017年AXEPT试验结果显示,mXELIRI方案治疗转移性结直肠癌患者的总生存时间不亚于标准FOLFIRI方案。mXELIRI方案是可以替代FOLFIRI方案成为转移性结直肠癌的二线治疗方案。

(8)sLV5Fu2方案

LV 400mg/m^2 静脉滴注(先入),第1日,14日为1周期

5-Fu 400mg/m^2 静脉注射,第1日,14日为1周期

5-Fu 1 200mg/m^2 静脉持续滴注46小时,第1日,14日为1周期

5-Fu作为有效药物治疗晚期结直肠癌已有数十年历史,至今仍然是重要的基础性药物,每周推注或每4周连续5日推注单药的客观有效率一般是1%~17%,中位生存期6~8个月。

(9)贝伐珠单抗(Bevacizumab, Avastin)

贝伐珠单抗联合IFL、FOLFIRI、FOLFOX、FOLFOXIRI及CapeOX方案。

使用剂量:5mg/kg静脉滴注,第1日,14日为1周期及7.5mg/kg静脉滴注,第1日,21日为1周期。

贝伐珠单抗用于初次治疗的中晚期结直肠癌(一线治疗)已经比较成熟。IFL方案联合贝伐珠单抗治疗晚期结直肠癌,将OS由15.6个月提高至20.3个月(AVF2107研究)。贝伐珠单抗联合奥沙利铂为主的化疗(FOLFOX/CapeOX)较单纯化疗显著延长PFS(NO16966研究)。贝伐珠单抗联合FOLFIRI方案作为一线治疗,其有效率为58.7%,PFS为10.3个月(FIRE3研究)。贝伐珠单抗分别联合FOLFOX或FOLFIRI作为一线治疗,PFS达到11.3个月,OS达到31.2个月

（CALGB80405 研究）。

（10）西妥昔单抗（Cetuximab, C-225）

联合化疗方案：FOLFIRI、FOLFOX 及 CPT-11。

使用剂量：400mg/m² 静脉滴注，第 1 日，1 周后 250mg/m² 静脉滴注，第 1 日，7 日为 1 周期。

RAS 基因野生型结直肠癌，联合西妥昔单抗较单用 FOLFIRI 方案化疗可提高有效率（RR）近 20%（57.3% vs 39.7%），延长中位无进展生存时间（mPFS）1.5 个月（9.9 个月 vs 8.4 个月），中位总生存时间（mOS）3.5 个月（23.5 个月 vs 20 个月）；对于 *RAS* 基因突变型患者则无提高。由于西妥昔单抗联合化疗的客观有效率高，对于潜在可切除的患者的转化治疗应积极选用化疗 + EGFR 抗体治疗。目前不推荐西妥昔单抗联合以卡培他滨为基础的化疗方案。西妥昔单抗的维持治疗研究正在进行中，目前尚无数据。

（11）瑞戈非尼（Regorafenib）

使用剂量：160mg 口服，1 次 /d，第 1~21 日，28 日为 1 周期。

一项包含 760 名 mCRC 患者的大型国际随机双盲 CORRECT 临床试验结果表明，患者经化疗药物联用贝伐珠单抗治疗，以及抗 EGFR 药物治疗的 *KRAS* 野生型患者，给予瑞戈非尼治疗后，其中位 OS 延长 1.4 个月，PFS 也有所延长，但总体反应率无明显改变。

目前处于研究阶段的分子靶向药物还有很多，使用时应该严格遵照药物的适应证，按照推荐剂量选择合适的用药时机和联合用药方案，并要注意观察毒副作用，及时处理。对于实验性治疗，应该充分遵照药物临床研究的相关原则进行，避免对患者造成伤害。

（四）临床问题导向的药物治疗

1. 可切除结直肠癌肝转移的术后辅助治疗 理论上术后辅助治疗可以杀灭肝内和肝外的微小转移灶，但有关结直肠癌肝转移术后辅助治疗的随机对照临床研究并不多，已有的阳性结果主要来自 5-Fu 单药。国外研究结果提示，原发灶和转移灶均已 R0 切除、转移灶数目不超过 4 个的结直肠癌肝转移患者，与单纯手术比较，术后 5-Fu/LV 辅助化疗半年显著提高了 DFS 和 5 年无复发生存率和总生存（FFCD9002 研究）。结直肠癌肝转移切除术后采用伊立替康联合 5-Fu/LV 的辅助化疗并不较 5-Fu/LV 进一步提高疗效，反而增加了不良反应。除非在术前已证实有效，不常规推荐对结直肠癌肝转移术后采用含伊立替康的方案辅助化疗。

鉴于西妥昔单抗和贝伐珠单抗在Ⅲ期结肠癌的术后辅助治疗中均为阴性结果，一般不常规推荐对于可手术切除的结直肠癌肝转移术后给予靶向药物辅助治疗。

2. 可切除结直肠癌肝转移的术前新辅助化疗 回顾性研究结果表明，对于转移灶数目超过 5 个的结直肠癌肝转移给予新辅助化疗可显著降低复发风险，提高生存率。鉴于肝转移灶数目超过 5 个本身就是显著的预后不良因素，且实际分期有可能被低估，因此这类即使初诊时肝转移灶技术上可切除，也应先行新辅助化疗，有助于减少肝切除的体积，提高手术安全性，进而提高生存率。

新辅助化疗以奥沙利铂或伊立替康联合氟尿嘧啶类药物的两药方案为主，如 FOLFOX、XELOX 和 FOLFIRI。靶向药物在这一类人群的新辅助治疗中的作用目前尚存在争议，不作为常规推荐。

3. 不可切除结直肠癌肝转移的化疗 不可切除结直肠癌肝转移的治疗周期数取决于何时转化为可切除，治疗过程中及时评估，一旦转化为可切除，应尽快手术，以避免小病灶的临床影像学 CR 和过多的化疗带来肝损伤而增加术后并发症。

氟尿嘧啶、奥沙利铂和伊立替康三药联合方案对晚期结肠癌的疗效和切除率均好于两药方案，5 年总生存率和无复发生存率更高。但三药方案毒性大，肝脏窦状隙扩张、肝脏脂肪变性、脂肪性肝炎、周围神经毒性、中性粒细胞减少、腹泻及呕吐等不良反应发生率高。三药方案只适合于一般状况良好、治疗意愿强烈的年轻患者。不耐受者可考虑靶向治疗。

4. 治疗前评估原则 目前国际上通用的体能状态评估体系包括 ECOG 和 KPS 两种，在治疗开始前应充分评估患者体能状况，以制订能耐受的治疗方案。对体能状况良好、能耐受高强度化疗者，目前不主张在治疗初始阶段即减低药物剂量；如无明显毒副反应，则不应随意缩短治疗周期,应给予足剂量的全疗程治疗,否则影响疗效。如体能状况差,或治疗过程中出现不可耐受的毒副反应时,调整药物剂量,降低治疗强度,或改为单药治疗。

化疗均可取得更好的客观缓解率和切除率。尤其对于 RAS 野生型的不可切除结直肠癌肝转移患者,化疗联合西妥昔单抗是一个更有效的转化治疗方案。

5. 复发或转移性结直肠癌化疗

(1)联合化疗应当作为能耐受化疗的转移性结直肠癌患者的一、二线治疗。推荐以下化疗方案:FOLFOX/FOLFIRI ± 西妥昔单抗(推荐用于 RAS,BRAF 基因野生型患者),CapeOX/FOLFOX/FOLFIRI/ ± 贝伐珠单抗。

(2)原发灶位于右半结肠癌(回盲部到脾曲)的预后明显差于左半结肠癌(自脾曲至直肠)。对于 RAS、BRAF 基因野生型患者,一线治疗右半结肠癌中 VEGF 单抗(贝伐珠单抗)的疗效优于 EGFR 单抗(西妥昔单抗),而在左半结肠癌中 EGFR 单抗疗效优于 VEGF 单抗。

(3)三线及三线以上标准系统治疗失败患者推荐瑞戈非尼或参加临床试验。对在一、二线治疗中没有选用靶向药物的患者也可考虑伊立替康联合西妥昔单抗(推荐用于 RAS、BRAF 基因野生型)治疗。

(4)不能耐受联合化疗的患者,推荐方案5-Fu/LV 或卡培他滨单药 ± 靶向药物。不适合5-Fu/LV 的晚期结直肠癌患者可考虑雷替曲塞治疗。

(5)姑息治疗 4~6 个月后疾病稳定但仍然没有 R0 手术机会的患者,可考虑进入维持治疗(如采用毒性较低的 5-Fu/LV 或卡培他滨单药联合靶向治疗或暂停全身系统治疗),以降低联合化疗的毒性。

(6)对于 BRAFV600E 突变患者,如果一般状况较好,可考虑 FOLFOXIRI ± 贝伐珠单抗的一线治疗。

6. 剂量调整原则

应积极处理化疗过程中出现的不良反应,根据常见不良反应事件评价标准(CTCAE)4.0 版和相应症状 / 体征,调整给药时间和剂量。总体而言,Ⅰ ~ Ⅱ级不良反应,对症治疗好转后仍维持原药物剂量;Ⅲ级以上不良反应(脱发、色素沉着或恶心呕吐等不影响后续治疗的除外),首次出现可减低药物剂量 25%,再次出现可考虑再次减量或停药。需要指出的是,当奥沙利铂使用过程中出现大于Ⅱ度的神经毒性时,应考虑停用奥沙利铂。

7. 老年患者辅助治疗的推荐

ESMO 指南对老年患者辅助化疗的推荐如下:

Ⅱ期高危:<70 岁,推荐氟尿嘧啶类 + 奥沙利铂;≥70 岁,推荐氟尿嘧啶类 ± 奥沙利铂(生物学年龄较年轻者)。

Ⅲ期:<70 岁,推荐氟尿嘧啶类 + 奥沙利铂;≥70 岁,推荐氟尿嘧啶类(+ 奥沙利铂,生物学年龄较年轻者)。

对直肠癌,只要合并疾病的情况允许,治疗没有年龄限制。但高龄及虚弱患者,应斟酌降低化疗药物初始剂量。

(五)药物治疗展望

近期我国的 FOWARC 研究结果显示,mFOLFOX为基础的同步放化疗将 pCR 率提高至 27.5%,不良反应可控。类似的,日本 SHOGUN 研究结果显示SOX 为基础的同步放化疗将 pCR 率同样提高至27.3%,并且无严重不良反应发生。因此增加奥沙利铂的同步放化疗是否可以最终延长患者长期预后,我们拭目以待。

EGFR 抗体研究显示新辅助同步放化疗联合抗 EGFR 抗体可将 pCR 率提到至 20%~30%。贝伐珠单抗的临床结果显示靶向药物联合新辅助放化疗后的 pCR 率在 20%~30%,有增加 pCR 率的可能,但尚需大规模的Ⅲ 期临床研究加以验证靶向药物是否可真正提高 pCR 率。

对于晚期不可手术切除的直肠癌患者,根据 RAS 和 BRAF 基因状态和肿瘤负荷决定化疗和不同靶向药物的配伍。对于部分患者在姑息化疗病情控制稳定时,是否行原发灶放疗也将是未来关注点之一。

HER2 阳性的结直肠癌通过曲妥珠单抗 + 拉帕替尼双重阻断 HER2 通路带来 33% 的有效率和生存获益。因此对于 HER2 阳性的直肠癌在转化治疗和姑息化疗中联合抗 HER2 治疗也是重要研究方向。

免疫检查点抑制剂 PD-1 单抗推荐用于具有dMMR/MSI-H 分子表型的晚期结直肠癌治疗。尽管晚期直肠癌的 dMMR/MSI-H 比率低（4%），但针对这个特殊人群，免疫治疗以及免疫治疗与放化疗的搭配也必将引起更多的关注。

未来更多的转化研究和临床研究将帮助我们选药物治疗的优势人群，以便更好地指导临床个体化治疗。

六、原发性肝癌

原发性肝癌（primary hepatic cancer, PHC）全球发病率正逐年上升，在世界范围内，男性多于女性，发展中国家重于发达国家，尤其高发于东亚、东南亚、东非、中非和南非等。2015 年我国因肝癌死亡人数在所有瘤种中居第二位，其中男性为第二位，女性为第三位。区域发病情况从高到低依次为西、中、东部地区。乙型、丙型肝炎病毒感染、黄曲霉素、饮酒、非酒精性脂肪肝、肥胖等因素是肝癌的危险因素。西部地区应注重肝癌危险因素的防控工作，从而降低区域癌症负担。

（一）临床表现与诊断

1. 临床表现　肝癌早期多有上腹胀痛或肝区不适、疼痛、或有食欲减退、恶心、呕吐、腹泻等消化不良症状。中晚期肝癌，常见黄疸、肝大（质地硬、表面不平、伴或不伴结节、血管杂音）和腹腔积液等。如果原有肝炎、肝硬化的病史，可以发现肝掌、蜘蛛痣、红痣、腹壁静脉曲及脾大等。若肝癌破裂可引起急腹症、失血性休克。肝门静脉瘤栓、肝癌浸润可以引起顽固或癌性腹水。晚期肝癌常见并发症为上消化道出血、肝病性肾病和肝性脑病、继发感染等。

2. 诊断　肝癌的诊断，依据典型的临床表现、实验室检查、影像学检查和病理学检查。病理组织学和 / 或细胞学检查诊断是肝癌的确诊依据。超声检查、CT 成像、磁共振（MRI）、选择性肝动脉造影（DSA）均为肝脏检查最常用的重要方法。PET-CT 有较高的敏感性和特异性，但不推荐其作为肝癌诊断的常规检查方法，可以作为其他手段的补充。

原发性肝癌按病理组织学类型可分为肝细胞癌（HCC）、胆管细胞癌（ICC）和混合细胞癌。肝细胞癌占原发性肝癌的 90% 以上，是最常见的一种病理类型。大体分型可分为结节型、巨块型和弥漫型。组织学特点以梁索状排列为主，癌细胞呈多边形，癌细胞的分化程度分为高、中、低三级。肝内胆管癌较少见，起源于肝内胆管及其分支至小叶间细胆管树的任何部位的衬覆上皮，一般仅占原发性肝癌的 5% 以下。大体分型可分为结节型、管周浸润型、结节浸润型和管内生长型。组织学特点以腺癌结构为主，癌细胞排列成类似胆管的腺腔状，但腺腔内无胆汁却分泌黏液。混合型肝癌：在一个肝肿瘤结节内，同时存在 HCC 和 ICC 两种成分，较少见。

3. 鉴别诊断　原发性肝癌应与肝硬化、继发性肝癌、肝良性肿瘤、肝脓肿以及与肝毗邻器官，如右肾、胰腺等处的肿瘤相鉴别。

4. 分期　目前肝癌的分期主要依据 TNM 国际分期系统（UICC, 2016）（表 18-2-15）。

表 18-2-15　AJCC/UICC 肝癌 TNM 分期（第八版）

原发肿瘤（T）	
Tx	原发肿瘤无法评估
T0	无原发肿瘤的证据
T1	单个肿瘤结节，无血管浸润
T2	单个肿瘤结节，并伴血管浸润；或多个肿瘤结节，最大径均≤5cm
T3	多个肿瘤结节，最大径 >5cm；或肿瘤侵犯门静脉或肝静脉的主要分支
T4	肿瘤直接侵犯除胆囊以外的附近脏器；或穿破内脏腹膜
区域淋巴结（N）	
Nx	区域淋巴结无法评估
N0	区域淋巴结无转移
N1	有局部淋巴结转移
远处转移（M）	
Mx	无法评价有无远处转移
M0	无远处转移
M1	有远处转移

中国抗癌协会肝癌专业委员会 2001 年 9 月通过了"原发性肝癌的临床诊断与分期（表 18-2-16）。

表 18-2-16　原发性肝癌的临床诊断与分期

Ⅰa	单个肿瘤的最大直径≤3m，无癌栓、腹腔淋巴结及远处转移；肝功能分级 Child A
Ⅰb	单个或两个肿瘤的最大直径之和≤5cm，在半肝，无癌栓、腹腔淋巴结及远处转移；肝功能分级 Child A

续表

Ⅱa	单个或两个肿瘤的最大直径之和≤10cm，在半肝或两个肿瘤的最大直径之和≤5cm，在左、右两半肝，无癌栓、腹腔淋巴结及远处转移；肝功能分级 Child A
Ⅱb	单个或两个肿瘤的最大直径之和>10cm，在半肝或两个肿瘤的最大直径之和>5cm，在左、右两半肝，或多个肿瘤无癌栓、腹腔淋巴结及远处转移；肝功能分级 Child A，肿瘤情况不论，有门静脉分支、肝静脉或胆管癌栓和/或肝功能分级 Child B
Ⅲa	肿瘤情况不论，有门静脉主干或下腔静脉瘤栓、腹腔淋巴结或远处转移之一；肝功能分级 Child A 或 B
Ⅲb	肿瘤情况不论，癌栓、转移情况不论；肝功能分级 Child C

（二）一般治疗原则

原发性肝癌的治疗首选手术，对不能切除的肝癌，可通过非手术的综合疗法使肿瘤缩小后再行二期或二步切除，以达到减缓肿瘤发展、延长生存期的目的；某些小肝癌可以通过局部消融治疗而达到治愈的目的；晚期患者无法耐受各种有创性治疗时，应以保肝、改善全身状况及对症处理为主，可以减轻痛苦，提高生活质量。对手术、消融治疗、放疗、中医中药、免疫治疗和其他支持疗法、对症处理等综合措施，要从整体出发，针对病情合理采用，才能达到提高疗效、减轻痛苦、延长生存期的目的。

肝脏储备功能良好的 Ⅰa 期、Ⅰb 期和 Ⅱa 期肝癌是手术切除的首选适应证，尽管有以往研究显示对于直径≤3cm 肝癌，切除和射频消融疗效无差异，但最近的研究显示外科切除的远期疗效更好。在部分 Ⅱb 期和 Ⅲa 期肝癌患者中，手术切除有可能获得比其他治疗方式更好的效果，但需更为谨慎的术前评估。TACE 治疗可用于 Ⅱb 期、Ⅲa 期和 Ⅲb 期的部分患者，肝功能分级 Child-Pugh A 或 B 级，ECOG 评分 0~2；可以手术切除，但由于其他原因（如高龄、严重肝硬化等）不能或不愿接受手术的 Ⅰb 期和 Ⅱa 期患者。对于没有禁忌证的晚期肝癌患者，全身治疗可以减轻肿瘤负荷、改善肿瘤相关症状、提高生活质量、延长生存时间。

（三）基本治疗药物及治疗方案

全身化疗肝癌细胞大多有多药耐药基因表达，嘧啶脱氢酶水平较高，且肝细胞癌大多分化良好，因此化疗对肝癌不敏感。无论是单药还是联合化疗，有效率少有超过 20%。目前主要用于因有门静脉癌栓或有远处转移而不能进行动脉栓塞或局部治疗的患者，有时也用于手术后的辅助化疗，是临床常用的姑息性治疗手段。治疗药物包括传统的细胞毒性药物如蒽环类、铂类、氟尿嘧啶类及其他细胞毒性药物包括丝裂霉素、亚砷酸等。理论上讲，联合化疗应优于单药，但没有得到临床试验证据的支持。近年来，虽然一些新的药物和化疗方案应用于肝癌的治疗，有效率似较过去有所提高，但尚需更多的临床试验证实。

TACE 常用的化疗药物有氟尿嘧啶、丝裂霉素、表柔比星、羟喜树碱等。栓塞剂常用碘化油和明胶海绵。常规剂量是给予丝裂霉素、氟尿嘧啶、表柔比星、羟喜树碱中的 3 种联用，碘化油的用量根据肿瘤大小而定。也有只给予丝裂霉素 + 碘油乳化剂，其疗效与常规剂量相似，而肝功能损害更轻。一般治疗 1~2 个月后可重复进行。也可反复进行，共 3~10 次。但反复行 TACE 治疗可能导致肝功能损害和加重门静脉压力，使病情恶化。长期以来，有关 TACE 的疗效评价存在争议，大多数学者认为 50% 以上的病例可以明显缩小肿瘤，而对于 TACE 是否提高患者生存期则有不同看法。

在肝癌确诊时，患者常有不同程度的肝功能异常，因此肝癌的药物治疗应充分考虑肝功能状况，对于严重肝功能不全（Chid-Pugh C 级）的患者，仅采取支持对症治疗是最常用、甚至唯一的选择；肝功能基本正常或接近正常（Child-Pugh A 级或 B 级）而无手术、消融或 TACE 治疗指征者，可以进行系统治疗。

1. 常用治疗药物 肝癌化疗的药物主要有氟尿嘧啶及其衍生物、丝裂霉素、顺铂及其衍生物、阿霉素及其衍生物等细胞毒性药物，包括多柔比星、表柔比星、氟尿嘧啶、顺铂和丝裂霉素等；分子靶向药物，如索拉非尼、瑞戈非尼；免疫治疗主要包括免疫调节剂（干扰素 α、胸腺肽 α1（胸腺法新）等），免疫检查点抑制剂（Nivolumab、Pembrolizumab 等）、肿瘤疫苗（树突细胞疫苗等）、细胞免疫治疗（细胞因子诱导的杀伤细胞，即 CIK），这些治疗手段均有一定的抗肿瘤作用，但尚待大规模的临床研究以验证。

2. 常用治疗方案

（1）TACE 用药

1）HAF+ 超液化碘油栓塞方案

HCPT 20~30mg/m² 经皮插管动脉内药物灌注

ADM 50mg/m² 经皮插管动脉内药物灌注

5-Fu 600mg/m² 经皮插管动脉内药物灌注

超液化碘油 10~15ml 经皮插管动脉内药物灌注

2）FAM+ 超液化碘油栓塞方案

5-Fu 600mg/m² 经皮插管动脉内药物灌注

ADM 50mg/m² 经皮插管动脉内药物灌注

MMC 12mg/m² 经皮插管动脉内药物灌注

超液化碘油 10~15ml 经皮插管动脉内药物灌注

3）FAP+ 超液化碘油栓塞方案

5-Fu 600mg/m² 经皮插管动脉内药物灌注

ADM 50mg/m² 经皮插管动脉内药物灌注

DDP 每次 60mg 经皮插管动脉内药物灌注

超液化碘油 10~15ml 经皮插管动脉内药物灌注

化疗栓塞法于 1981 年被首次提出，随后开始快速发展，主要适用于以肝右叶为主或多发病灶以及术后复发而无法再手术切除的肝癌，其方法简便，疗效确切。在用 TACE 做肝切除的辅助治疗，与单纯手术比，可以提高ⅢA 期（多个肿瘤超过 5cm 或侵犯主要门静脉或肝静脉分支）肝癌的生存率。近年来认为"按需进行 TACE 的效果比按计划进行 TACE 的效果好"。经 TACE 治疗后，如肿瘤明显缩小，应积极争取及时手术切除，使患者获得根治的机会。副作用：①化疗药物的副反应；②发热、腹痛、黄疸、腹水、麻痹性肠梗阻、非靶器官栓塞、食管 - 胃底静脉破裂出血、胆囊炎、胃十二指肠病变；③多次 TACE（≥2 次）可能会引起肝癌细胞外周血转移。

（2）全身治疗

1）OXA 联合 TPT 方案

OXA 85~110mg/m² 静脉滴注，第 1 日，21 日为 1 周期

TPT 0.5~1.5mg/m² 静脉滴注，第 1~5 日，21 日为 1 周期

最早有关 OXA 治疗晚期 HCC 的临床研究。研究者认为该方案对晚期 HCC 表现出一定的疗效，对无肝硬化患者疗效更佳。

2）GEMOX 方案

GEM 1 500mg/m² 静脉滴注，第 1 日，14 日为 1 周期

OXA 85mg/m² 静脉滴注，第 1 日，14 日为 1 周期

GEMOX 方案毒性反应可控，可以作为晚期 HCC 的一种治疗选择。有相关临床研究结果提示无酒精性肝硬化患者治疗有效率上要显著高于酒精性肝硬化患者。GEMOX 方案较 GEM 单药提高了局部控制率，主要不良反应并无明显加剧。还有学者尝试将 GEMOX 联合全身热疗和氩氦刀等其他治疗方法，亦有所收获。国内学者进行的临床观察在样本量及研究细节方面尚有待完善，然而国内外研究结果在 DCR、ORR 等关键性数据方面基本一致，表明 GEMOX 治疗晚期 HCC 的有效性和安全性。

3）FOLFOX4 方案

OXA 85mg/m² 静脉滴注，第 1 日，14 日为 1 周期

LV 200mg/m² 静脉滴注，第 1~2 日，14 日为 1 周期

5-Fu 400mg/m² 静脉注射，第 1~2 日，14 日为 1 周期

5-Fu 600mg/m² 静脉持续滴注 22h，第 1~2 日，14 日为 1 周期

FOLFOX4 方案与单药 ADM 对比用于不适宜手术或局部治疗的晚期肝癌患者姑息性化疗的国际多中心Ⅲ期临床研究（EACH 研究）结果已经公布，证明含 OXA 的联合化疗可以为晚期 HCC 患者带来较好的客观疗效、控制病情和生存获益，且安全性好。含 OXA 的化疗方案用于一线治疗晚期 HCC。2013 年国家食品药品监督管理总局批准 OXA 的新适应证为"用于不适合手术切除或局部治疗的局部晚期和转移的肝细胞癌的治疗"，成为国际首个获批的用于肝癌系统化疗的药物。

4）FOLFOX6 方案

OXA 100mg/m² 静脉滴注，第 1 日，14 日为 1 周期

LV 200mg/m² 静脉滴注,第 1 日,14 日为 1 周期

5-Fu 400mg/m² 静脉注射,第 1 日,14 日为 1 周期

5-Fu 2 400mg/m² 静脉持续滴注 46h,第 1 日,14 日为 1 周期

FOLFOX6 方案治疗晚期 HCC 具有较好的临床疗效。对比 XELOX 方案及 FOLFOX6 方案,结果提示 2 组疗效的差异无统计学意义。结论认为,以 OXA 为基础的联合化疗方案对晚期肝癌具有较好的抗肿瘤效果,应根据患者实际情况选择最佳化疗方案。

5)XELOX 方案

OXA 130mg/m² 静脉滴注,第 1 日,21 日为 1 周期

Cap 2 000mg/m² 口服,1 日 1 次,第 1~14 日,21 日为 1 周期

由于 CAP 为口服细胞毒药物,更便于患者接受,故近年来对其研究逐渐增多。经索拉非尼一线治疗失败后,接受 XELOX 方案化疗,证实对于索拉非尼耐药的晚期肝癌患者,二线应用 FOLFOX4 或 XELOX 方案具有一定疗效。

6)GEM

GEM 1 000mg/m² 静脉滴注,第 1 日,7 日为 1 周期

连用 7 周,然后每 3 周间歇 1 周

GEM 是新一代的抗代谢类核苷类抗肿瘤药物,作用于细胞周期的 S 期和 G1 期,从而抑制细胞 DNA 的合成。近年来已开始应用于晚期肝癌的治疗。报道全身静脉用药,总体有效率达到 42.9%,GEM 治疗肝癌单药有效率在 20% 左右。GEM 联合顺铂治疗晚期肝癌的疗效,结果显示 GEM 联合顺铂方案疗效优于 5-Fu 联合顺铂方案。

7)GP 方案

GEM 1 000mg/m² 静脉滴注,第 1 日和第 8 日,21 日为 1 周期

DDP 75mg/m² 静脉滴注,第 1 日,21 日为 1 周期

本方案治疗耐受性良好,对晚期且体能状况较差的肝癌患者是安全的。但应注意血液学毒性,主要是血小板降低,中性粒细胞降低程度较轻。

8)三氧化二砷:亚硝酸注射液 10mg/ 次,缓慢静脉滴注,第 1~14 日

三氧化二砷是中药砒霜的主要成分。2005 年以前,国内临床研究的结果表明采用亚砷酸注射液治疗中晚期肝癌具有一定的姑息治疗作用,可以控制病情进展,改善患者生活质量,减轻癌痛和延长生存期,同时不良反应较轻,患者的耐受性较好。近年来,仍有学者进行研究报道,表明三氧化二砷治疗中晚期肝癌有较好疗效。

9)索拉非尼(Sorafenib)

胆红素 1.5~3.0 倍参考值上限时减至 200mg,口服,1 日 2 次;胆红素 >3.0 倍参考值上限时不建议使用。

10)仑伐替尼(Lenvatinib)

8mg(体重 <60kg)或 12mg(体重 ≥60kg),口服,1 日 1 次

11)瑞戈非尼(Regorafenib)

160mg 口服,1 日 1 次,第 1~21 日,休息 7 日,28 日 1 周期

12)纳武利尤单抗(Nivolumab)

3mg/kg 或 240mg/ 次,静脉滴注,第 1 日,14 日为 1 周期

或 480mg 静脉滴注,第 1 日,28 日为 1 周期

自 2007 年以来,索拉非尼已相继获得欧洲 EMEA、美国 FDA 和我国原 CFDA 等批准,用于治疗不能手术切除和远处转移的 HCC。要求患者肝功能为 Child-PughA 级或相对较好的 B 级。肝功能情况良好、分期较早、及早用药者的获益更大。仑伐替尼的 mPFS、mTTP 和 ORR 均优于索拉非尼,尤其对于 HBV 相关 HCC,仑伐替尼具有生存获益优势。已获日本 PDMA 批准一线治疗晚期 HCC 适应证,也获得我国药品监管部门优先批准上市。

13)卡博替尼(Cabozantinib)

60mg/ 次,口服,1 日 1 次

适用于使用索拉非尼耐药后的肝癌患者。

14)雷莫芦单抗(Ramucirumab)

8mg/kg 静脉滴注,第 1 日,14 日为 1 周期

治疗甲胎蛋白(AFP)≥400ng/ml 的 HCC 患者,得到 mOS 的获益,继续直至疾病进展或不可接受的毒性。

(四)临床问题导向的药物治疗

由于 HCC 的特殊性,多发生在有慢性肝病或

者肝硬化疾病的基础上,高度恶性和复杂难治,特别强调多学科规范化的综合治疗;并且在此基础上,提倡针对不同的患者或者同一患者的不同阶段实施个体化治疗。

1. ECOG 3~4 分治疗策略 对于 ECOG 3~4 分的患者,由于一般健康状况太差,往往无法承受强烈的抗肿瘤治疗,主要是给予支持对症治疗和中医药治疗。

2. ECOG 0~2 分治疗策略 对于 ECOG 0~2 分的患者,则可以依据 Child-Pugh 评分系统,分为 Child-Pugh A/B 和 Child-Pugh C 两组:

Child-Pugh C 级患者的治疗基本同上。对于其中由于终末期肝病致肝功能失代偿的患者,如果符合肝癌肝移植适应证标准,建议进行肝移植治疗。目前,Milan 标准是全球应用最广泛的肝癌肝移植适应证标准。

对于 Child-Pugh A 或 B 级的患者,依据 UICC-TNM 评分系统,分为无肝外转移(包括远处及淋巴结转移)的患者(N0M0)和有肝外转移的患者(N1 或 M1)。对于已有肝外转移的患者,建议采用系统治疗为主,包括分子靶向药物治疗(索拉非尼)、系统化疗(FOLFOX 4 方案或亚砷酸注射液)、生物治疗和中医药等;同时可以酌情采用姑息性放疗(控制骨转移疼痛)等。

对于伴有门静脉主要分支癌栓(门静脉主干和 1/2 级分支),如果预计无法完整切除肿瘤及肉眼癌栓,建议进行放疗和 / 或门静脉支架植入和 TACE;当肿瘤和癌栓可被整块切除的患者,建议"肝癌手术切除、门静脉取栓、化疗泵植入 + 术后门静脉肝素冲洗、持续灌注化疗 + TACE"等以外科为主的综合治疗,可以明显提高肝癌合并门静脉癌栓患者的生存率,降低术后转移复发率。如果癌栓是肿瘤侵犯下腔静脉引起,建议在 TACE 的同时放置下腔静脉支架或先放置支架,并可联合放射治疗。这些患者,若能耐受,均建议联合或序贯应用系统治疗(如索拉非尼、FOLFOX 4 方案化疗、应用亚砷酸注射液和中医药等)。

对于肿瘤数目 2~3 个,肿瘤最大直径 >3cm 或单个肿瘤 >5cm 的患者,手术切除的生存率高于 TACE,但应注意到部分患者因为肝功能储备问题或包膜不完整而不能手术切除,建议对于这部分患者可以采用 TACE。

3. 明确的 HBV 或者少数有 HCV 感染 术后复发也与病毒的持续感染有关,而 α- 干扰素对 HBV 和 HCV 以及肿瘤细胞均具有抑制作用。已有若干研究表明:HBV/HCV 相关性肝细胞癌切除术后,采用 α- 干扰素辅助治疗具有提高长期生存率的趋向,尤其是对于 pTNM Ⅲ/ⅣA 期患者,但尚需大规模的随机对照、多中心的临床试验证实,并且针对不同分期的患者进行分层研究。恩替卡韦、替诺福韦酯等抗病毒药被推荐用于 HBV 相关的 HCC 患者。

(五)药物治疗展望

晚期 HCC 的治疗效果仍然不尽如人意,应鼓励患者积极参加新药临床试验。

未来免疫疗法占据重要地位。Tislelizumab 和 Spartalizumab 的作用靶点都是 PD-1,都已顺利进入临床试验研究阶段。此外,PD-L1 抑制剂 Tecentriq(Atezolizumab),以及 Imfinzi(Durvalumab)与 Tremelimumab(CTLA-4 抑制剂)也正在临床研发之中,Tecentriq 曾获得美国 FDA 授予的突破性疗法认定。

另外值得关注的药物,包括靶向 TGFβR1 的 Galunisertib,以及靶向磷脂酰丝氨酸的 Bavituximab。期待更多新药能够不断问世,给全世界的肝癌患者带来新的治疗方案。

七、前列腺癌

前列腺癌是男性最常见的恶性肿瘤之一。虽然亚洲前列腺癌的发病率远远低于欧美国家,但近年来呈现上升趋势,超过欧美发达国家增长速度。根据国家癌症中心的数据,我国前列腺癌 2015 年的发病率达到 10.23/10 万,在男性恶性肿瘤排名第 6 位;死亡率达到 4.36/10 万,在男性恶性肿瘤中排第 10 位。

(一)临床表现与诊断

1. 临床表现 早期前列腺癌通常没有症状,当肿瘤侵犯或阻塞尿道、膀胱时,会出现下尿道梗阻或刺激症状,严重者可出现急性尿潴留、血尿和尿失禁。晚期患者全身症状表现为日渐衰弱、倦怠乏力、消瘦、低热、进行性贫血、恶病质或肾衰竭。

前列腺癌多发生于前列腺外周带,直肠指检对前列腺癌的早期诊断和分期具有重要参考价值。前列腺癌的典型表现是可触及前列腺坚硬结节,边界欠清,无压痛。

2. 诊断

（1）肿瘤标记物检查：前列腺特异性抗原（PSA）对患者状态评估及预后判断有一定意义。

（2）影像学检查：MRI 检查是诊断前列腺癌及明确临床分期的最主要方法之一。骨扫描是目前评价前列腺癌骨转移最常用的方法。^{11}C 胆碱 PET-CT 已被用于检测和区分前列腺癌和良性组织。

（3）组织病理学检查：组织病理学检查是确诊前列腺癌的"金标准"，其病理分级推荐使用 Gleas on 评分系统。

3. 鉴别诊断

（1）前列腺结核：有结核病史，胸片、结核菌素试验（OT 试验）、血生化检查、前列腺细胞学检查等可用于鉴别诊断。

（2）良性前列腺增生症：血生化检查、超声检查、前列腺穿刺活检等可用于鉴别诊断。

4. 分期

前列腺癌分期系统目前最广泛采用的是美国癌症分期联合委员会（American Joint Committee on Cancer Staging, AJCC）制订的 TNM 分期系统（表 18-2-17, 2017 年第 8 版）。

表 18-2-17　前列腺癌 TNM 分级系统

原发性肿瘤（T）	
Tx	原发肿瘤无法评估
T0	没有原发肿瘤证据
T1	不能被扪及和影像无法发现的临床隐匿性肿瘤
T1a	在 5% 或更少的切除组织中偶然的肿瘤病理发现
T1b	在 5% 以上的切除组织中偶然的肿瘤病理发现
T1c	穿刺活检证实的肿瘤（如由于 PSA 升高），累及单侧或者双侧叶，但不可扪及
T2	肿瘤可扪及，局限于前列腺之内
T2a	肿瘤限于单侧叶的二分之一或更少
T2b	肿瘤侵犯超过单侧叶的二分之一，但仅限于一叶
T2c	肿瘤侵犯两叶
T3	肿瘤侵犯包膜外，但未固定也未侵犯邻近结构
T3a	包膜外侵犯（单侧或双侧）
T3b	肿瘤侵犯精囊（单侧或双侧）
T4	肿瘤固定或侵犯除精囊外的其他邻近组织结构：如外括约肌、直肠、膀胱、肛提肌和 / 或盆壁
区域淋巴结（N）	
Nx	区域淋巴结无法评估
N0	无区域淋巴结转移
N1	区域淋巴结转移

续表

远处转移（M）	
M0	无远处转移
M1	远处转移
M1a	非区域淋巴结的转移
M1b	骨转移
M1c	其他部位转移，有或无骨转移

（二）一般治疗原则

临床上根据血清 PSA 浓度、肿瘤 Gleason 分级和临床 T 分期进行危险度分析，分为低危、中危和高危三组，分别制订治疗方案。对低危局限期患者，主要考虑根治性治疗，对中危局限期患者，需要进行综合治疗，对高危局限期或局部晚期患者，推荐放疗和内分泌综合治疗。转移性患者，主要进行内分泌治疗。

（三）基本治疗药物及治疗方案

1. 常用治疗药物　常用内分泌治疗药物主要包括：黄体生成素释放激素类似物（LHRH-a），如亮丙瑞林（7.5mg，肌内注射，每 4 周 1 次）、戈舍瑞林（3.6mg，皮下注射，每 4 周 1 次）、曲普瑞林（3.75mg，皮下注射，每 4 周 1 次）等；非类固醇类抗雄激素药，如比卡鲁胺（50mg，口服，每日 1 次）、氟他胺（250mg，口服，每日 3 次）、尼鲁米特、酮康唑等；类固醇类抗雄激素药，主要为孕激素，如乙酸环丙氯地孕酮（100mg，口服，每日 2 次）、乙酸氯羟甲烯孕酮（250mg，口服，每日 1 次）、乙酸甲羟孕酮（4mg，口服，每日 2 次）、甲羟孕酮、乙酸氯地孕酮、双甲羟孕酮等；雌激素类药物，如己烯雌酚（3~5mg，口服，每日 1 次，7~21 日，然后维持 1~3mg，口服，每日 1 次）、雌莫司汀磷酸钠（280~420mg，口服，每日 2 次）、聚磷酸雌二醇（80~160mg，肌内注射，每 4 周 1 次）、炔雌醇、三对甲氧苯基氯乙烯等；抗肾上腺药，如氨鲁米特等。

常用化学治疗药物包括：氟尿嘧啶类药物，如 5- 氟尿嘧啶（5-Fu）；蒽环类药物，如多柔比星（ADM）、米托蒽醌（NVT）；紫杉类药物，如多西他赛（DOC）；长春碱类药物，如长春碱（VLB）；其他药物，如丝裂霉素（MMC）等。

2. 常用化疗方案　化学治疗疗效不稳定，仅用于肿瘤转移及内分泌治疗失败的患者。

（1）FAM方案

多柔比星　50mg/m² 静脉注射，第1日，3~4周为1周期

丝裂霉素　5mg/m² 静脉注射，第1和2日，3~4周为1周期

5-氟尿嘧啶　50mg/m² 静脉滴注，第1和2日，3~4周为1周期

（2）VAM方案

多柔比星　50mg/m² 静脉注射，第1日，3~4周为1周期

丝裂霉素　10mg/m² 静脉注射，第1日，3~4周为1周期

长春碱　1.5mg/m² 静脉注射，第1日，3~4周为1周期

（3）DP方案

多西他赛　75mg/m² 静脉滴注，第1日，3~4周为1周期

泼尼松　5mg 口服，每日2次，第1~21日，3~4周为1周期

（4）NP方案

米托蒽醌　12mg/m² 静脉注射，第1日，3~4周为1周期

泼尼松　5mg 口服，每日2次，第1~21日，3~4周为1周期

（四）临床问题导向的药物治疗

1. 药物治疗方案调整与时机　对于多西他赛联合泼尼松方案化疗失败或进展的患者，可选用卡巴他赛、间断多西他赛化疗以及可能的分子靶向治疗。TROPIC研究评价了多西他赛治疗无效患者中卡巴他赛的安全性及有效性。共纳入755例曾使用多西他赛治疗无效的晚期前列腺癌患者，分为卡巴他赛+泼尼松组和米托恩醌+泼尼松组。研究结果显示，卡巴他赛联合泼尼松组可显著降低患者的死亡风险30%，两组患者平均存活时间分别为15.1个月和12.7个月，差异有显著性。相对于米托恩醌联合泼尼松方案，卡巴他赛联合泼尼松方案能延长患者总生存期、无进展生存期，并取得更好的PSA水平和影像学上的好转，因此卡巴他赛是目前唯一FDA批准的在多西他赛方案化疗失败后的首选二线方案。

2. 合并用药的原则与注意事项　药物去势或手术去势联合一种抗雄激素制剂被称为联合雄激素阻断。目前为止尚无前瞻性随机研究证实联合雄激素阻断比按顺序使用LHRH激动剂和抗雄药物有生存优势。荟萃分析数据提示比卡鲁胺可能会使总体生存率相对于使用LHRH激动剂单药治疗改善5%~20%，但是需要临床试验对这一假设进行检验。抗雄药物单药治疗的有效性不如药物去势或手术去势，因此不推荐作为主要雄激素剥夺治疗。

3. 雄激素剥夺治疗的不良反应及其处理　雄激素剥夺治疗可产生各种不良反应，包括热潮红、血管舒缩不稳定、骨质疏松、较高的临床骨折发生率、肥胖、胰岛素抵抗、血脂改变、糖尿病、肾脏损伤和心血管疾病等风险。最近的证据提示在药物去势治疗（ADT）和认知功能减退或未来阿尔茨海默病之间可能存在联系，总体而言，持续雄激素剥夺治疗的副作用随着治疗时间的延长而增加。

雄激素剥夺治疗与更高的临床骨折风险有关。在大规模人群研究中，雄激素剥夺治疗与骨折风险相对增加21%~54%。长时间的治疗时间使骨折的危险性更大。雄激素剥夺治疗加速骨代谢并降低骨矿物质密度，建议按照骨质疏松症的推荐：①所有50岁以上的男性 补充钙（每日1 200mg）和维生素D₃（每日800~1 000IU）；②当男性髋骨骨折的10年可能性≥3%或严重骨质疏松症相关性骨折的10年可能性≥20%时，便应给予额外治疗。

目前，如果药物治疗会引起绝对骨折风险，建议采用地诺单抗（每6个月60mg）、唑来膦酸（每年5mg静脉滴注）或阿屈磷酸盐（每周70mg口服）治疗。

此外，雄激素剥夺治疗与较高的糖尿病和心血管疾病发生率相关。建议对接受雄激素剥夺治疗的患者进行筛查和干预以预防/治疗糖尿病和心血管病。

（五）药物治疗展望

1. 内分泌治疗药物进展　阿比特龙（Abiraterone，商品名Zytiga）是一种强效选择性CYP17抑制剂，对去势抵抗性前列腺癌的主要作用机制是不可逆抑制雄性激素合成途径的细胞色素P450 17A1，也被称为17α-羟化酶/17、20-碳链裂解酶，不仅阻断雄性激素在睾丸内的合成，亦阻断肾上腺的雄性激素合成途径，较去势治疗更能完全抑制雄激素产生。

STAMPEDE 研究纳入 1 917 例患者,中位随访时间为 40 个月。ADT 与阿比特龙联合治疗组有 184 例死亡,与之相比,ADT 单独治疗组有 262 例(风险比,0.63;95% 置信区间 0.52~0.76;$p<0.001$);非转移性疾病患者中的风险比为 0.75,而转移性疾病患者中为 0.61。联合治疗组有 248 例次治疗失败事件,与之相比,ADT 单独治疗组有 535 例次(风险比,0.29;95% 置信区间,0.25~0.34;$p<0.001$);非转移性疾病患者中的风险比为 0.21,而转移性疾病患者中的风险比为 0.31。3~5 级不良事件发生于 47% 的联合治疗组患者(9 例 5 级事件),以及 33% 的 ADT 单独治疗组患者(3 例 5 级事件)。

FDA 已批准阿比特龙(1 000mg,每日 1 次)联合泼尼松(5mg,每日 2 次)用于治疗已接受多西他赛化疗的去势抵抗性前列腺癌和未接受化疗的转移性去势抵抗性前列腺癌。

2. 新型靶向药物　奥拉帕利(Olaparib)是一种 PARP 抑制剂,已有研究发现,它在 *BRCA1* 和 *BRCA2* 基因突变的去势抵抗性前列腺癌患者中具有很好的治疗效果,可能成为未来转移性去势抵抗性前列腺癌治疗的又一选择。

TOPARP-A 试验中,49 名患有治疗抵抗性晚期的前列腺癌的患者接受奥拉帕利治疗,其中有 16 人产生响应。奥拉帕利阻止了癌症生长,前列腺特异抗原(PSA)水平产生了持续的下降,血液中循环的肿瘤细胞计数及对 CT 扫描与 MRI 的放射性反应出现下降。临床试验发现,高达 30% 的晚期前列腺癌患者其肿瘤在修复 DNA 系统中存在缺陷(通过基因检测),而这些对奥拉帕利的响应特别好。在有可检测到的 DNA 修复突变的 16 名患者中,有 14 名患者对奥拉帕利有良好响应,这说明这些患者中大多数人会从这款药物中受益。这些患者的前列腺癌均处于晚期,且治疗选择有限,这一患者人群中多数人的疾病控制持续时间与预期相比要长久得多。

八、卵巢癌

卵巢癌是女性生殖系统最常见的恶性肿瘤之一。在我国卵巢癌发病率居女性生殖系统肿瘤第 3 位,并呈逐年上升的趋势。其死亡率位于女性生殖系统恶性肿瘤之首,是严重威胁女性健康的恶性肿瘤。卵巢恶性肿瘤包括多种病理类型,其中最常见的是上皮性癌,约占卵巢恶性肿瘤的 70%,其次是恶性生殖细胞肿瘤和性索间质肿瘤,各约占 20% 和 5%。

(一)临床表现与诊断

1. 临床表现　上皮性癌多见于绝经后女性。由于卵巢深居盆腔,卵巢上皮性癌早期症状不明显,往往是非特异性症状,难以早期诊断,约 2/3 的卵巢上皮性癌患者诊断时已是晚期。晚期时主要因肿块增大或盆腹腔积液而出现相应症状,表现为下腹不适、腹胀、食欲下降等,部分患者表现为短期内腹围迅速增大,伴有乏力、消瘦等症状。也可因肿块压迫出现大小便次数增多的症状。出现胸腔积液者可有气短、难以平卧等表现。

卵巢恶性生殖细胞肿瘤常见于年轻女性,临床表现与上皮性癌有所不同,早期即出现症状,除腹部包块、腹胀外,常可因肿瘤内出血或坏死感染而出现发热,或因肿瘤扭转、肿瘤破裂等而出现急腹症的症状。60%~70% 的患者就诊时属早期。

临床查体可发现盆腔包块或可扪及子宫直肠陷凹结节。上皮性癌多为双侧性、囊实性或实性,结节不平感,多与周围粘连。有淋巴结转移时可在腹股沟、锁骨上等部位扪及肿大的淋巴结。恶性生殖细胞肿瘤 95% 以上为单侧性。合并大量腹水者腹部检查时移动性浊音阳性。

2. 诊断

(1)实验室检查:血 CA125、人附睾蛋白 4(HE4)是卵巢上皮癌中应用价值最高的肿瘤标志物,可用于辅助诊断、疗效监测和复发监测。

(2)影像学检查:卵巢癌的主要影像学检查方法包括超声检查(经阴道/经腹超声)、CT 扫描、MRI 扫描等,可以明确肿瘤形态、侵犯范围等,有助于定性诊断;如怀疑有邻近器官受侵和远处转移,可相应行胃肠造影检查、静脉尿路造影检查和胸部 CT 检查等。综合应用上述影像学检查方法,可实现对卵巢癌的术前临床分期、术后随诊观察和治疗后疗效监测。

(3)细胞学和组织病理学检查:大多数卵巢恶性肿瘤合并腹水或胸腔积液,行腹水或胸腔积液细胞学检查可发现癌细胞。

组织病理学是诊断的"金标准"。对于临床高度可疑为晚期卵巢癌的患者,腹腔镜探查活检术不但可以获得组织标本,还可以观察腹盆腔内肿瘤转移分布的情况,评价是否可能实现满意减瘤手术。

3. 鉴别诊断 临床上发现盆腔包块时,需与子宫内膜异位症、盆腔炎性包块、卵巢良性肿瘤、盆腹腔结核及卵巢转移性癌相鉴别。

4. 分期 卵巢上皮癌、输卵管癌、腹膜癌及其他类型卵巢恶性肿瘤采用 FIGO 2014 年修订后的分期系统(表 18-2-18)。

表 18-2-18　卵巢上皮癌、输卵管癌、腹膜癌 FIGO 分期

FIGO	
I	肿瘤局限在一侧或双侧卵巢 / 输卵管
I A	肿瘤局限在一侧卵巢 / 输卵管 包膜完整、卵巢和输卵管表面无肿瘤 腹水或腹腔冲洗液无肿瘤细胞
I B	肿瘤局限在双侧卵巢 / 输卵管 包膜完整、卵巢和输卵管表面无肿瘤 腹水或腹腔冲洗液无肿瘤细胞
I C	肿瘤局限在一侧或双侧卵巢 / 输卵管并合并以下特征
I C1	肿瘤术中破裂
I C2	肿瘤术前破裂或肿瘤位于卵巢和输卵管表面
I C3	腹水或腹腔冲洗液有恶性肿瘤细胞
II	局限在真骨盆的一侧或双侧卵巢 / 输卵管癌原发腹膜癌
II A	肿瘤侵犯或种植于子宫 / 输卵管 / 卵巢
II B	肿瘤侵犯或种植于其他盆腔脏器
III	卵巢 / 输卵管 / 原发腹膜癌伴病理证实的盆腔外腹膜或盆腔、腹膜后淋巴结转移
III A	
III A1	病理证实的淋巴结转移
III A1i	转移淋巴结最大径不超过 10mm
III A1ii	转移淋巴结最大径超过 10mm
III A2	仅镜下可见的盆腔外腹膜转移
III B	肉眼可见最大径不超过 2cm 的盆腔外腹膜转移
III C	肉眼可见最大径超过 2cm 的盆腔外腹膜转移(包括未累及实质的肝脾被膜转移)
IV	
IV A	伴有细胞学阳性的胸腔积液
IV B	肝脾实质转移 腹腔外脏器转移(包括腹股沟淋巴结和超出盆腹腔的淋巴结) 肿瘤侵透肠壁全层

(二)一般治疗原则

手术和化疗是卵巢恶性肿瘤治疗的主要手段。极少数患者可经单纯手术而治愈,但绝大部分患者均需手术联合化疗等综合治疗。

手术在卵巢恶性肿瘤的初始治疗中有重要意义,手术目的包括切除肿瘤、明确诊断、准确分期、判断预后和指导治疗。卵巢癌的初次手术包括全面的分期手术及肿瘤细胞减灭术。临床判断为早期的患者应实施全面分期手术,明确最终的分期。临床判断为中晚期患者应行肿瘤细胞减灭术。如果术前怀疑有恶性肿瘤可能,推荐行开腹手术。

化疗是卵巢上皮癌治疗的主要手段,在卵巢癌的辅助治疗、复发治疗中占有重要的地位。靶向治疗如二磷酸腺苷核糖多聚酶(PARP)抑制剂、抗血管生成药物在卵巢癌的治疗中显露出一定的效果。目前,免疫治疗如免疫检查点抑制剂在卵巢癌尤其是铂耐药复发卵巢癌中的 I 期 / II 期临床研究,显示出了一定的反应率。

此外,放疗、激素治疗和中医中药治疗在卵巢癌的治疗中也显示一定的效果。

(三)常用治疗药物及方案

卵巢癌的药物治疗始于单药烷化剂,后来研制出了治疗卵巢癌最有效的药物顺铂,便很快被广泛应用于临床,20 世纪 80 年代顺铂联合化疗取代了非顺铂化疗,最终成为晚期卵巢癌术后的标准化疗方案,1989 年紫杉醇问世,它可以抑制肿瘤细胞微管蛋白的解聚使其停止在 G2/M 期,并与顺铂、卡铂、多柔比星等无交叉耐药。针对顺铂联合化疗耐药的肿瘤,紫杉醇独特的抗癌机制起到了关键性的作用,20 世纪 90 年代初紫杉醇被广泛用于治疗复发耐药的卵巢癌。之后,抗癌新药不断涌现,主要是治疗卵巢癌的二线有效药如拓扑替康、吉西他滨、口服依托泊苷胶囊、多西他赛、多柔比星脂质体、奥沙利铂等,近年来卵巢癌的生物学治疗和靶向治疗成为新的热点,贝伐珠单抗、曲贝替定和铂类升级产品奈达铂以及一些新制剂涌入市场,随着最新的 PARP 抑制剂奥拉帕利的崛起,也意味着卵巢癌的治疗进入了靶向和化疗联用的精准治疗时代。

经全面分期手术后确定为 I a 或 I b 期 / 低级别浆液性癌或 G1 子宫内膜样癌患者术后可观察,I a 或 I b 期 /G2 的子宫内膜样癌患者术后可观察也可化疗。其余患者都应接受辅助化疗，Ⅰ期患者 3~6 个周期化疗，Ⅱ～Ⅳ期患者推荐 6 个周期化疗，目前没有证据显示更多周期的一线化疗能够改善患者的预后。对于满意减瘤的Ⅱ～Ⅲ期患者可考虑选择腹腔化疗。

一线化疗包括术后辅助化疗和新辅助化疗。新辅助化疗以紫杉醇联合卡铂为首选，也有研究探讨抗血管药物例如贝伐珠单抗在新辅助治疗中的应用，疗效尚待确定，需要注意的是术前 4~6 周需停止贝伐珠单抗的应用。术后辅助化疗方案为紫杉类/铂类的联合化疗，2017 年 NCCN 指南新加入了多柔比星脂质体联合卡铂作为可选的一线方案之一。

1. Ⅰ期患者术后可选择的辅助化疗方案

（1）TC 方案

紫杉醇 175mg/m² 静脉滴注，第 1 日，21 日为 1 周期

卡铂 AUC 5~6 静脉滴注，第 1 日，21 日为 1 周期

（2）AC 方案

多柔比星脂质体 30mg/m² 静脉滴注，第 1 日，28 日为 1 周期

卡铂 AUC 5 静脉滴注，第 1 日，28 日为 1 周期

（3）DC 方案

多西他赛 60~75mg/m² 静脉滴注，第 1 日，21 日为 1 周期

卡铂 AUC 5~6 静脉滴注，第 1 日，21 日为 1 周期

2. Ⅱ～Ⅳ期患者术后可选择的辅助化疗方案

（1）TC 方案

紫杉醇 175mg/m² 静脉滴注，第 1 日，21 日为 1 周期

卡铂 AUC 5~6 静脉滴注，第 1 日，21 日为 1 周期

（2）剂量密集型 TC 方案

紫杉醇 80mg/m² 静脉滴注，第 1、8 和 15 日，21 日为 1 周期

卡铂 AUC 5~6 静脉滴注，第 1 日，21 日为 1 周期

（3）wTC 方案

紫杉醇 60mg/m² 静脉滴注，第 1 日，7 日为 1 周期

卡铂 AUC 2 静脉滴注，第 1 日，14 日为 1 周期

（4）DC 方案

多西他赛 60~75mg/m² 静脉滴注，第 1 日，21 日为 1 周期

卡铂 AUC 5~6 静脉滴注，第 1 日，21 日为 1 周期

（5）AC 方案

多柔比星脂质体 30mg/m² 静脉滴注，第 1 日，28 日为 1 周期

卡铂 AUC 5 静脉滴注，第 1 日，28 日为 1 周期

（6）TC+ 贝伐珠单抗方案

紫杉醇 175mg/m² 静脉滴注，第 1 日，21 日为 1 周期

卡铂 AUC 5~6 静脉滴注，第 1 日，21 日为 1 周期

贝伐珠单抗 7.5mg/kg 静脉滴注，第 1 日，21 日为 1 周期

3. 满意减瘤的Ⅱ～Ⅲ期患者可以选择的静脉/腹腔联合化疗方案

TP 方案

紫杉醇 175mg/m² 静脉滴注，第 1 日，21 日为 1 周期

顺铂 75~100mg/m² 静脉滴注，第 2 日，21 日为 1 周期

紫杉醇 60mg/m² 腹腔灌注，第 8 日，21 日为 1 周期

静脉/腹腔方案白细胞减少、感染、乏力、肾脏毒性、腹痛和神经毒性发生率较高，且程度更严重，还伴有导管相关并发症的风险，有相当部分患者无法完成 6 个周期静脉/腹腔联合化疗。因此应注意选择适合患者接受静脉/腹腔化疗。顺铂腹腔化疗前后注意给予水化可预防肾脏毒性。若接受静脉/腹腔化疗患者无法耐受，可转为静脉化疗。

4. 卵巢生殖细胞肿瘤的化疗方案

（1）BEP 方案

博来霉素 30mg 静脉注射，第 1 日，7 日为 1 周期

依托泊苷 100mg/m^2 静脉注射,第 1~5 日,21 日为 1 周期

顺铂 20mg/m^2 静脉滴注,第 1~5 日,21 日为 1 周期

(2)EP 方案

依托泊苷 120mg/m^2 静脉滴注,第 1~3 日,21 日为 1 周期

卡铂 400mg/m^2 静脉滴注,第 1 日,21 日为 1 周期

除 Ⅰ 期无性细胞瘤和 Ⅰ 期 /G1 未成熟畸胎瘤外,其余患者均需化疗。Ⅰ 期患者术后化疗 3~4 个周期,Ⅱ 期及以上晚期患者,应根据肿瘤残存情况治疗 4~6 个周期;或化疗前血清肿瘤标志物阳性,则可在标志物转阴后,再治疗 2~3 个周期。使用博来霉素时应定期行肺功能检测,因博来霉素可导致肺纤维化。恶性的卵巢性索间质肿瘤可选择 BEP 方案或紫杉醇联合卡铂化疗。

(四)临床问题导向的药物治疗

1. 治疗方案调整原则与时机 卵巢癌复发后或一线化疗中进展者采用二线化疗。末次化疗至复发的时间间隔是影响二线治疗效果的主要因素。据此将复发肿瘤分成两类:

(1)铂耐药复发:肿瘤在铂类为基础的一线治疗中无效(铂类难治型),或化疗有效但无化疗间隔 <6 个月复发者(铂耐药型)。

(2)铂敏感复发:肿瘤在铂类为基础的一线化疗中有效,无化疗间隔 ≥6 个月复发者。

对于铂敏感复发的病例,首先判断是否适合再次减瘤术,不适合手术或者再次减瘤术后仍需接受含铂的联合化疗,可选择的方案包括:卡铂 /紫杉醇 3 周方案、卡铂 / 紫杉醇 / 贝伐珠单抗、卡铂 / 多西他赛、卡铂 / 吉西他滨、卡铂 / 吉西他滨 /贝伐珠单抗、卡铂 / 多柔比星脂质体、顺铂 / 吉西他滨、卡铂 / 白蛋白结合型紫杉醇等,有效率为30%~80%。黏液性癌选择 5- 氟尿嘧啶 / 甲酰四氢叶酸 / 奥沙利铂或卡培他滨 / 奥沙利铂方案。

对于铂耐药的病例,再次化疗效果较差,治疗目的应更多考虑患者的生活质量,延长生存期。应鼓励耐药复发患者参与临床试验。对铂耐药复发者,首选非铂类单药(多柔比星脂质体、多西他赛、白蛋白结合型紫杉醇、口服依托泊苷、吉西他滨、紫杉醇周疗、拓扑替康)± 贝伐珠单抗,有效

率 10%~25%。其他可能有效的药物包括六甲密胺、卡培他滨、异环磷酰胺、伊立替康、奥沙利铂、培美曲塞和长春瑞滨。

2. 合并用药的原则与注意事项 化疗的选择应注意博来霉素不得用于大于 40 岁或先前存在肺部疾病的患者。

对紫杉醇严重过敏的患者,可使用其他有效药物进行替代(如多西他赛、白蛋白结合型紫杉醇或脂质体多柔比星)。对紫杉醇过敏或用药后早期即出现神经毒性者可改用多西他赛,多西他赛神经毒性反应较小,但骨髓毒性较重。SCOT-ROC 研究发现,多西他赛的疗效和紫杉醇相同。意大利多中心卵巢癌研究(MITO)-2 试验显示,卡铂 + 聚乙二醇脂质体多柔比星(PLD)和卡铂 +紫杉醇的中位无进展生存时间分别为 19.0 个月和 16.8 个月,中位总生存时间分别为 61.6 个月和53.2 个月。两个方案缓解率相似,但毒性反应不同,卡铂 + 聚乙二醇脂质体多柔比星(PLD)方案神经毒性和脱发较轻而血液学毒性更常见,可作为无法使用紫杉醇者的替代方案。

一线使用卡铂时,极少出现超敏反应,但10%~20% 既往已接受多线含铂方案化疗的复发性患者会发生这一事件。对卡铂出现超敏反应的患者,可根据反应的严重程度尝试进行脱敏,换用顺铂(70mg/m^2)也是一个选择,但仍有发生严重过敏反应的可能性。

对于行为状态极差或肾功能不全的患者,使用联合方案化疗时应谨慎。可根据治疗毒性反应调整剂量。

3. 化疗药物骨髓抑制的管理 骨髓抑制是化疗经常出现的副反应,表现为中性粒细胞减少、血小板减少、贫血,一般发生在用药后 8~10 日。因此化疗后定期复查血常规,如有骨髓抑制及时处理。

(五)药物治疗展望

1. 二磷酸腺苷核糖多聚酶(PARP)抑制剂 二磷酸腺苷核糖多聚酶(PARP)是修复单链DNA 损伤(SSBs)的关键路径,在 DNA 损伤修复和细胞凋亡中发挥重要作用。PARP 抑制剂通过抑制肿瘤细胞 DNA 损伤修复,促进肿瘤细胞发生凋亡,从而可增强放疗以及烷化剂和铂类药物化疗的疗效,还可通过减少放化疗用药或放射剂量,

以降低不良反应。

奥拉帕利（Olaparib）是第一个应用于临床的 PARP 抑制剂，适应证为用于末线含铂方案化疗有效［完全缓解（CR）或部分缓解（PR）］的铂敏感复发卵巢癌的维持治疗。另外，对于有 *BRCA1/2* 突变的铂耐药复发患者可以行奥拉帕利单药治疗。具有 *BRCA1/2* 突变、既往反复接受治疗的铂耐药复发患者，奥拉帕利的缓解率为 34%，中位无复发生存时间为 7.9 个月。其常见的不良反应包括贫血、恶心、呕吐和疲劳等，3~4 级贫血发生率约 30%，临床应用中应加以重视。

尼拉帕尼（Niraparib）是 PARP1/2 抑制剂，目前尼拉帕尼美国 FDA 获批适应证为既往接受两线或以上含铂方案化疗并且末线化疗有效（CR 或 PR）的铂敏感复发卵巢癌患者的维持治疗。尼拉帕尼使用过程中应重点关注其血液学毒性，常见 3~4 级不良反应包括血小板减少、贫血、中性粒细胞减少。

卢卡帕尼（Rucaparib）也是口服 PARP 抑制剂。目前卢卡帕尼在美国 FDA 获批的适应证为既往接受两线或更多线化疗的铂敏感或耐药复发、有 *BRCA* 突变（体细胞突变或胚系突变）卵巢癌患者的单药治疗，研究者评价的客观缓解率为 54%，缓解持续的中位时间为 9.2 个月。其常见的不良反应有恶心、呕吐、乏力、贫血等。

我国自主研发的 PARP 抑制剂氟唑帕利目前正在临床研究阶段，期待其在卵巢癌中研究结果的揭晓。

2. 抗血管生成药物 贝伐珠单抗作为首个获得 FDA 批准上市的作用于血管内皮生长因子（vascular endothelial growth factor, VEGF）的靶向药物，已有临床试验结果证实贝伐珠单抗作为晚期及复发性卵巢癌治疗的有效性。GOG-0218 试验证实贝伐珠单抗联合 TP 方案化疗长期维持治疗，可延长无进展生存期，提高中晚期卵巢癌疗效。ICON7 试验、OCEANS 试验则证实贝伐珠单抗可延长卵巢癌患者无进展生存期，且在晚期减瘤不满意的高危卵巢癌患者中效果更明显。而 AURELIA 试验则推断贝伐珠单抗联合化疗是治疗铂耐药复发性卵巢癌的有效方案。FDA 已批准贝伐珠单抗可用于联合治疗铂耐药的复发性卵巢癌患者，这也是第一个获 FDA 认证用于治疗卵巢癌的靶向药物。

贝伐珠单抗作为抗血管生成药物之一，在卵巢癌的一线治疗、铂敏感复发、铂耐药复发的治疗中均有价值。贝伐珠单抗在化疗期间和化疗同步应用，如有效，在化疗结束后单药维持治疗。无论在一线治疗还是复发治疗中，与单纯化疗相比，化疗联合贝伐珠单抗有助于延长患者的 PFS。贝伐珠单抗使用中不良反应有高血压、蛋白尿等，经对症处理临床可控，但是应关注其消化道穿孔等严重不良反应，用药前消化道穿孔风险较高（肠道受累、合并肿瘤导致的肠梗阻等）的患者不推荐使用贝伐珠单抗。

阿柏西普是一种重组融合蛋白，可与 VEGF 和 VEGF 家族其他成员如胎盘生长因子（PLGF）等配体结合，但不具备 VEGFR 的功能，从而间接阻断血管生成。Ⅱ 期临床试验显示阿柏西普作为单药治疗复发性卵巢癌的有效性并不高，因此其作为单药治疗复发性卵巢癌的临床试验并没有得到批准；但鉴于与多西他赛联合使用的有效性，其与传统化疗药物联合使用值得进一步临床探索。

国产的抗血管生成药物有甲磺酸阿帕替尼，是口服药物，在卵巢癌的 Ⅱ 期临床研究中显露出一定的效果。

3. 免疫治疗 免疫治疗在多种实体肿瘤中显示出了良好的效果，主要涉及免疫检查点抑制剂（PD1/PD-L1）、肿瘤疫苗、过继性细胞免疫治疗等方面。目前有多项关于免疫检查点抑制剂在卵巢癌尤其是铂耐药复发卵巢癌中的 Ⅰ 期 / Ⅱ 期临床研究，显示出了一定的反应率，尤其是与 PARP 抑制剂或其他药物联合应用的时候，疗效更好。研究较多的免疫治疗药物例如帕博利珠单抗、纳武利尤单抗等在副反应方面有别于化疗，更多的表现为免疫性的器官功能损伤。免疫治疗为卵巢癌的治疗开辟了新的方向，2020 年 CSCO 免疫监测点抑制剂临床应用指南推荐帕博利珠单抗用于 MSI-H/dMMR 的复发性卵巢癌患者（证据级别 2A）。

九、妊娠滋养细胞肿瘤

妊娠滋养细胞肿瘤（gestational trophoblastic neoplasia, GTN）是一组来源于胎盘滋养细胞的恶性肿瘤。根据组织学形态特征将其分为侵蚀性葡萄胎、绒毛膜癌（简称绒癌）、胎盘部位滋养细胞肿瘤和上皮滋养细胞肿瘤等。妊娠滋养细胞肿瘤常继发于妊娠,60% 继发于葡萄胎妊娠,30% 继发于流产,10% 继发于足月妊娠或异位妊娠,极少数非妊娠性绒癌来源于卵巢或睾丸生殖细胞,不属本节讨论范围。侵蚀性葡萄胎大多仅造成局部侵犯,恶性程度较低,仅 4% 的患者远处转移,治愈率很高。绒癌恶性程度极高,早期就可发生广泛转移,死亡率高达 90% 以上。随着诊断技术的进步及化疗的发展,绒癌患者的预后已得到极大的改善。

(一)临床表现与诊断

1. 症状与体征

(1)无转移滋养细胞肿瘤:大多继发于葡萄胎妊娠。可出现不规则阴道流血、子宫复旧不全或不均匀增大、卵巢黄素化囊肿和假孕等症状。当子宫病灶穿破浆膜层时可引起急性腹痛及腹腔内出血症状。若宫内病灶坏死继发感染也可引起腹痛及脓性白带。黄素化囊肿发生扭转或破裂时也可出现急性腹痛。

(2)转移性滋养细胞肿瘤:肿瘤早期就可经血流播散,发生远处转移。最常见的转移部位是肺(80%),其次是阴道(30%)、盆腔(20%)、肝脏(10%)和脑(10%)等。肿瘤转移至不同部位可产生相应的临床表现。由于滋养细胞的生长特点之一是破坏血管,所以各转移部位症状的共同特点是局部出血。转移性滋养细胞肿瘤可同时出现原发灶和继发灶症状,但也有不少患者仅表现出转移灶症状,若不注意常会误诊。

2. 诊断

与其他实体肿瘤不同,妊娠滋养细胞肿瘤的诊断并不依赖影像学证据支持,人绒毛膜促性腺激素(human chorionic gonadotropin,HCG)水平是妊娠滋养细胞肿瘤的主要诊断依据。对于葡萄胎后滋养细胞肿瘤,凡符合下列标准中的任何一项且排除妊娠物残留或再次妊娠,即可诊断为妊娠滋养细胞肿瘤:① HCG 测定 4 次高水平呈平台状态(±10%),并持续 3 周或更长时间;② HCG 测定 3 次上升(>10%),并至少持续 2 周或者更长时间。

非葡萄胎后滋养细胞肿瘤诊断标准:足月产、流产或异位妊娠后,血清 HCG 若超过 4 周仍持续高水平,或一度下降后又上升,在除外妊娠物残留或再次妊娠后,可诊断妊娠滋养细胞肿瘤。

组织学证据对妊娠滋养细胞肿瘤诊断价值不是必需的,但有组织学证据时应以组织学诊断为准。

3. 鉴别诊断

妊娠滋养细胞肿瘤需与稽留流产、绒癌和合体细胞子宫内膜炎等疾病相鉴别。

4. 分期

目前采用国际妇产科联盟(FIGO)妇科肿瘤委员会制订的临床分期,该分期包含了解剖学分期(表 18-2-19)和预后评分系统(表 18-2-20)两个部分,该评分系统更加客观地反映了 GTN 患者的实际情况,在疾病诊断的同时,简明地指出了患者除分期之外的病情轻重及预后危险因素。

表 18-2-19 妊娠滋养细胞肿瘤的 FIGO 分期

分期	描述
I 期	病变局限于子宫
II 期	病变直接扩散或转移到其他生殖器官(卵巢、输卵管附件、阴道、阔韧带)
III 期	病变转移至肺
IV 期	所有其他部位的远处转移

表 18-2-20 滋养细胞肿瘤 FIGO 预后评分标准

预后因素	计分/分			
	0	1	2	4
年龄	<40	≥40		
末次妊娠	葡萄胎	流产	足月产	
妊娠终止至化疗开始间隔/月	<4	4~6	7~12	>12
HCG/(U·L⁻¹)	<10^3	10^3~10^4	10^4~10^5	≥10^5
肿瘤最大直径/cm	<3	3~5	>5	
转移部位	肺	脾、肾	胃肠道	肝、脑
转移瘤数目/个	0	1~4	5~8	>8
化疗			单药化疗	多药化疗

注:肺内转移瘤直径超过 3cm 或根据胸片可计数的予以记数;总计分 0~6 分为低危,>6 分为高危。

(二)一般治疗原则

治疗方案的选择要根据 FIGO 分期和预后评分实施分层和个体化治疗,同时要考虑到患者对生育的要求、身体状况、治疗效果、毒副反应以及经济情况等。治疗原则为以化疗为主、手术和放疗为辅的综合治疗。化疗在 GTN 的治疗中发挥着重要作用,GTN 的总体治愈率可达 92.7%。低危 GTN 患者可采用单药化疗,高危患者多采用联合化疗,对于有脑、肝等远处脏器转移和 / 或大出血危险的高危患者,应该立即行联合化疗,并结合手术及其他方法进行综合治疗。

(三)基本治疗药物及治疗方案

1956 年 Hertz 首次报道甲氨蝶呤用于低危 GTN 有很好的疗效。1972 年放线菌素 -D 开始作为低危 GTN 的一线化疗药物。20 世纪 70 年代,MAC 联合化疗方案(甲氨蝶呤、放线菌素、环磷酰胺)被一线用于治疗高危 GTN 患者,其治愈率可达 63%~71%。到了 20 世纪 80 年代,研究发现依托泊苷治疗滋养细胞肿瘤十分有效,因此形成了包括依托泊苷的联合化疗方案 EMA/CO 方案(依托泊苷、甲氨蝶呤、放线菌素、环磷酰胺、长春新碱)。从 2000 年起,5-Fu 开始被 FUDR 替代。FUDR 为主的化疗方案主要包括 FAV 方案(氟脲苷、放线菌素 -D、长春新碱)和 FAEV 方案(氟脲苷、放线菌素 -D、依托泊苷、长春新碱),其治疗高危病例的生存率可达 80% 以上。2012 年 FIGO 报告中推荐 EMA/EP 方案作为 EMA/CO 或其他联合化疗耐药的首选补救化疗方案。

1. **常用化疗药物** 包括甲氨蝶呤(MTX)、放线菌素 D(Act-D)、氟尿嘧啶(5-Fu)、环磷酰胺(CTX)、长春新碱(VCR)、依托泊苷(VP-16)等。

2. **常用治疗方案**

(1)甲氨蝶呤单药

甲氨蝶呤 0.4mg/(kg·d),静脉滴注或肌内注射,第 1~5 日,14 日为 1 周期

或

甲氨蝶呤 1mg/(kg·d),肌内注射,第 1、3、5 和 7 日,14 日为 1 周期

亚叶酸钙 15mg/d 口服,第 2、4、6 和 8 日,14 日为 1 周期

单药甲氨蝶呤 5 日方案通常用于低风险 GTN 的一线治疗,其 5 日疗法的缓解率为 70% 左右。不推荐 MTX 单次方案,如 MTX 30~50mg/m² 每周 1 次肌内注射或者 MTX 输注(例如 300mg/m²,连续输注超过 12h 并联合使用叶酸),因为这 2 种方案的疗效较差。由于 MTX 的毒副作用较强,对 MTX 毒性反应不能耐受或有禁忌的患者,可选择放线菌素 D 作为二线治疗。此外,如果 WBC

<3.0×10⁹ 或 ANC <1.5×10⁹ 或有持续性 1 级黏膜炎,则不建议行甲氨蝶呤或放线菌素 D 的治疗。

(2)放线菌素 D 单药

放线菌素 D 1.25mg/(m²·d)(最大 2mg)静脉注射,第 1 日,14 日为 1 周期

或

放线菌素 D 10~12µg/(kg·d)(或 0.5mg)静脉注射,第 1~5 日,14 日为 1 周期

放线菌素 D 也是治疗低风险 GTN 的一线方案,其中单日冲击疗法的缓解率约为 70%~90%,5 日疗法的缓解率约为 90%。与放线菌素 D 5 日方案相比,单日冲击疗法具有治疗持续时间短,毒副作用发生率低和用药方便、经济等优点。但是冲击治疗不推荐作为 MTX 耐药的二线化疗,也不作为绒毛膜癌的一线治疗方案。此外,系统性评价发现,放线菌素 D 的疗效似乎优于甲氨蝶呤,并且甲氨蝶呤治疗失败的发生率明显高于放线菌素 D。常见不良反应为骨髓抑制、胃肠道反应、脱发和皮疹。

(3)EMA-CO 方案

EMA

依托泊苷 100mg/(m²·d)静脉滴注,第 1~2 日,14 日为 1 周期

放线菌素 D 0.5mg/d 静脉注射,第 1~2 日,14 日为 1 周期

甲氨蝶呤 300mg/(m²·d)静脉滴注(或 100.0mg/m² 推注后紧接 200mg/m² 静脉滴注)输注 12h,第 1 日,14 日为 1 周期

亚叶酸钙解救:甲氨蝶呤开始 24h 后每 12 小时口服或肌内注射 15mg,共 4 次

CO

长春新碱 1mg/(m²·d)静脉注射,第 8 日,14 日为 1 周期

环磷酰胺 600mg/(m²·d)静脉滴注,第 8 日,14 日为 1 周期

EMA 和 CO 每周交叉进行,共 6~8 周。

研究发现,滋养细胞肿瘤对依托泊苷十分敏感,因此形成了一系列包括依托泊苷的联合化疗方案,其中以 EMA-CO 方案为代表。EMA-CO 方案是高危型 GTN 患者的首选方案,初次治疗患者的临床治愈率可达 86.2%~90.4%,5 年总生存率为 75%~90%,但合并肝和 / 或脑转移的极高危患

者预后较差。对于脑转移患者,可将 EMA-CO 方案中的甲氨蝶呤剂量增加到 1 000mg/m²,输注开始 32h 后,每 12 小时给予亚叶酸钙 30mg,连续 3 日。EMA-CO 方案的总体耐受性较好,常见的不良反应包括骨髓抑制、肝肾毒性。为预防粒细胞缺乏性发热或治疗延迟,常在 EMA-CO 方案治疗的第 9~14 日给予粒细胞集落刺激因子 300μg 皮下注射。

（4）低剂量 EP 诱导化疗方案

依托泊苷 100mg/（m²·d）静脉滴注,第 1~2 日,7 日为 1 周期

顺铂 20mg/（m²·d）静脉滴注,第 1~2 日,7 日为 1 周期

英国的 Alifrangis 等提出,对于伴有肺、腹腔或脑转移或出血风险极高的 GTN 患者（预后评分 ≥12 分）,直接给予 EMA-CO 等标准一线化疗可能会导致大出血、休克甚至多器官衰竭等严重不良事件。为避免这些严重事件的发生,推荐先采用低剂量的 EP 方案诱导化疗 1~3 个疗程,然后再给予患者标准剂量的 EMA-CO 方案化疗。此策略使极高危 GTN 患者的早期死亡率从 7.2% 下降到 0.7%,并且不增加肿瘤对 EMA-CO 的耐药性。常见的不良反应为骨髓抑制、胃肠道反应和乏力。但 VP-16 可诱发结肠癌、骨髓细胞样白血病及黑色素瘤等应引起重视。

（5）EMA/EP 方案

EMA

依托泊苷 100mg/（m²·d）静脉滴注,第 1~2 日,14 日为 1 周期

放线菌素 D 0.5mg/d 静脉注射,第 1~2 日,14 日为 1 周期

甲氨蝶呤 100mg/（m²·d）静脉注射后紧接 200mg/m² 静脉滴注输注 12h,第 1 日,14 日为 1 周期

亚叶酸钙解救:甲氨蝶呤开始 24h 后每 12 小时口服或肌内注射 15mg,共 4 次

EP

依托泊苷 100mg/（m²·d）静脉滴注,第 8 日,14 日为 1 周期

顺铂 75mg/（m²·d）静脉滴注,第 8 日,14 日为 1 周期

对于一线治疗后耐药或极高危的 GTN 患者,

可考虑使用 EMA/EP 或 EP/EMA 方案,另外也可考虑 TE/TP、BEP 和 VIP 等方案。EMA/EP 方案被认为是对 EMA-CO 或其他联合化疗方案耐药后的首选补救治疗方案,有报道可使 80% 以上的患者获得缓解,其也是高危 GTN 患者的常用化疗方案。常见的不良反应为骨髓抑制和胃肠道反应。为预防或降低骨髓抑制可于每个周期的第 3~6 日和第 10~13 日皮下注射 300μg 粒细胞集落刺激因子。

（6）EP/EMA 方案

EP

依托泊苷 150mg/（m²·d）静脉滴注,第 1 日,14 日为 1 周期

顺铂 75mg/（m²·d）静脉滴注,第 1 日,14 日为 1 周期

EMA

依托泊苷 100mg/（m²·d）静脉滴注,第 8 日,14 日为 1 周期

放线菌素 D 0.5mg/d 静脉注射,第 8 日,14 日为 1 周期

甲氨蝶呤 300mg/（m²·d）静脉滴注 12h,第 8 日,14 日为 1 周期

亚叶酸钙解救:甲氨蝶呤开始 24h 后每 12 小时口服或肌内注射 15mg,共 4 次

国际妇产科联盟（International Federation of Gynecology and Obstetrics, FIGO）《FIGO 2015 妇癌报告》推荐对于存在肝、脑等广泛转移的 GTN 患者首选 EP/EMA 方案,可能会得到更好的治疗结局。对于存在脑转移的患者,也可将 EP/EMA 方案中甲氨蝶呤的剂量增加到 1 000mg/m²,持续 24h 输注,并在甲氨蝶呤输注后 32h 开始每 6 小时给予亚叶酸钙 15mg,共 12 次。停止治疗的指征是血清 β-HCG 降至正常水平后,继续化疗 4 个周期。有时,为避免因骨髓抑制导致的治疗间隔延长可能需要减少 EMA 方案第 2 日的依托泊苷和放线菌素 D 剂量。治疗期间应高度重视毒副作用的发现与处理,因其不仅威胁患者生命安全,而且可影响化疗药物剂量强度的实施导致肿瘤耐药。

（7）TP/TE 方案

TP

紫杉醇 135mg/（m²·d）静脉滴注,第 1 日,

28 日为 1 周期

顺铂 75mg/(m²·d) 静脉滴注,第 1 日,28 日为 1 周期

TE

紫杉醇 135mg/(m²·d) 静脉滴注,第 15 日,28 日为 1 周期

依托泊苷 150mg/(m²·d) 静脉滴注,第 15 日,28 日为 1 周期

Jones 等人在 1996 年首次报道紫杉醇为基础的联合化疗对多药耐药的 GTN 患者有效,随后多个研究小组也报道了紫杉醇联合铂类对耐药性 GTN 治疗有效,且部分复发或耐药的患者可获得治愈。目前,常将紫杉醇联合铂类方案用于复发或耐药 GTN 患者的三线化疗。本方案的主要毒副作用为骨髓抑制和消化道反应。为预防骨髓抑制可在治疗的第 2 日和第 16 日使用长效的粒细胞集落刺激因子皮下注射。

(8)BEP 方案

博来霉素 30U 静脉滴注,第 1、8 和 15 日,21 日为 1 周期

依托泊苷 100mg/(m²·d) 静脉滴注,第 1~4 日,21 日为 1 周期

顺铂 20mg/(m²·d) 静脉滴注,第 1~4 日,21 日为 1 周期

BEP 方案是卵巢恶性生殖细胞肿瘤的首选治疗方案,对复发性卵巢恶性生殖细胞肿瘤也有很好的疗效。BEP 方案治疗一线化疗耐药后的 GTN 临床疗效显著,且其治疗高危型妊娠滋养细胞肿瘤的疗效与 EMA-CO 等方案相近。常见的不良反应包括骨髓抑制、消化道反应和脱发等。肺毒性是博来霉素治疗常见且严重的不良反应,其发生与博来霉素的累积剂量、患者的年龄和肾功能有关,博来霉素的终身剂量不超过 270U。因此,在 BEP 治疗前应进行肺功能检查,且每 4 次博来霉素治疗后都应再次检查肺功能。

(9)VIP 方案

依托泊苷 75mg/(m²·d) 静脉滴注,第 1~4 日,21 日为 1 周期

异环磷酰胺 1.2g/(m²·d) 静脉滴注,第 1~4 日,21 日为 1 周期

顺铂 20mg/(m²·d) 静脉滴注,第 1~4 日,21 日为 1 周期

由异环磷酰胺、依托泊苷和顺铂联合组成的 VIP 方案可用于治疗难治性妊娠滋养细胞肿瘤,并取得了一定疗效。如果患者有肾功能不全或顺铂引起明显的肾脏或神经毒性,则可以考虑使用以卡铂替代顺铂的 ICE 方案。本方案的主要不良反应是胃肠道反应、骨髓抑制、静脉炎和出血性膀胱炎。异环磷酰胺用药前和结束后给予美司钠可明显减少出血性膀胱炎的发生。

(10)ICE 方案

异环磷酰胺 1.2g/(m²·d) 静脉滴注,第 1~3 日,21 日为 1 周期

卡铂 AUC=4 静脉滴注,第 1~3 日,21 日为 1 周期

依托泊苷 75mg/(m²·d) 静脉滴注,第 1~3 日,21 日为 1 周期

为防止异环磷酰胺引起的出血性膀胱,应在异环磷酰胺用药前和结束后给予美司钠。

(四)临床问题导向的药物治疗

1. 低危 GTN 的治疗 根据 2015 年国际妇产科联盟诊治指南,低危 GTN 患者可采用单药化疗,缓解率可达 50%~90%,常用的药物有甲氨蝶呤(MTX)、氟尿嘧啶(5-Fu)和放线菌素 -D(Act-D)等,国外低危 GTN 患者首选甲氨蝶呤。有人提出应该根据第一疗程后血清 HCG 下降程度判断是否继续采用单药化疗。如果单药化疗第一个疗程后 HCG 没有呈现对数下降,或者化疗后连续 3 周血清 HCG 水平处于上升期或平台期,均需要继续接受单药化疗。

在应用 MTX 化疗时,需注意:① MTX 连续化疗方案是低危 GTN 一线化疗标准方案,MTX 毒性反应大或者有 MTX 应用禁忌证的患者,最常选用的二线方案是 Act-D;②不推荐使用单次 MTX 方案,如 MTX 30~50mg/m² 肌内注射,每周 1 次;或者 MTX 输注(例如 300mg/m²,连续输注超过 12h 并联合使用叶酸),因为这 2 种方案的疗效较差。

2. 高危 GTN 的治疗 对于高危转移性滋养细胞肿瘤,单药治疗效果较差,有效率大约只有 20%,但联合化疗的治愈率可达 80%。EMA-CO 是高危转移性妊娠滋养细胞肿瘤的经典治疗方案。初治的高危患者可以选择 EMA-CO(依托泊苷 + 甲氨蝶呤 + Act-D/ 长春新碱 + 环磷

酰胺），或者长春新碱＋氟尿嘧啶＋Act-D，生存率约为86%；对于耐药或复发的患者，则可选择多药联合方案，如长春新碱＋氟尿嘧啶＋Act-D＋依托泊苷或 EMA/EP（依托泊苷＋甲氨蝶呤＋Act-D/依托泊苷＋顺铂），耐药患者的5年生存率为43%~60%。

3. 复发、耐药 GTN 的治疗 几乎全部无转移和低危转移患者均能治愈，但仍有20%左右的高危转移病例出现耐药和复发，并最终死亡。对这类患者如何治疗仍然是当今滋养细胞肿瘤的一大难题。对于耐药和复发 GTN 的患者，化疗仍然是重要的治疗方法。经过两个疗程初始化疗后，HCG 仍未下降一个对数的 GTN 患者，应诊断为初始化疗方案耐药，需要及时更改化疗方案进一步治疗。通常是单药耐药后选择多药联合化疗作为二线化疗，常用药物有异环磷酰胺、铂类、博来霉素、紫杉醇等组成的化疗方案，如 EMA（EMA-CO 中的 CO 被顺铂及依托泊苷代替）-EP、BEP、PVB 等；二线化疗耐药后改用以铂类为主的三线联合化疗方案，如 EMA-EP（VP-16+DDP）、TE（紫杉醇＋DDP）及 ICE（异环磷酰胺 IFO+ 卡铂 +Vp-16）等。多药、多途径联合化疗是复发耐药患者的首选治疗方案。补救治疗常采用以铂类为主的化疗方案。补救方案的选择可依据 HCG 水平，如 HCG<100 U/L，可选择 Act-D 单药化疗；HCG>100 U/L，则选择联合化疗。对于有肝或脑转移的患者或高风险的患者，EP-EMA 或另一种更密集的化疗方案可能会产生更好的反应和结果。对于复发耐药型 GTN 治疗应注意一些策略：①治疗前准确分期和评分，给予规范化方案，减少耐药和复发；②采用有效二线化疗药物组成的联合化疗方案；③采用综合治疗及探寻新的治疗方案。

4. 超高危 GTN 的治疗 2015年 FIGO 妇瘤报告中提出了超高危 GTN 的概念，指的是预后评分≥12分，合并肝、脑或广泛转移的患者。对于这些超高危患者可以直接选用较强的二线化疗方案，如 EP-EMA、FAEV、TP 和 TE 等。但直接采用上述标准方案化疗可能会导致严重的合并症，甚至多器官功能衰竭。因此，在治疗的初期可以选用低剂量较弱的化疗方案，例如依托泊苷＋顺铂等。

对于有脑、肝等远处脏器转移及有大出血危险的高危患者，应立即行联合化疗，并结合手术及其他方法进行综合治疗。联合化疗通常采用 EMA-CO、CHAMOCA 或 MAC 方案，也可以选用 EMA-CP 代替 EMA-CO 治疗有耐药倾向的患者。

5. 疗效评估 每个疗程结束后，应每周1次测定血清 HCG，并结合妇科检查和影像学检查。在每疗程结束至18日内，血 HCG 下降至少1个对数为有效。

6. 停药指征 HCG 连续3次阴性后，低危患者至少给予1个疗程的化疗，而对于化疗过程中 HCG 下降缓慢和病变广泛者可给予2~3个疗程的化疗；高危患者继续化疗3个疗程，其中第1个疗程必须为联合化疗。

7. 随访 治疗结束后应密切随访，第1次在出院后3个月，然后每6个月1次至3年，此后每年1次至5年，以后可每2年1次。也可 I~Ⅲ期低危患者随访1年，高危患者包括Ⅳ期随访2年。随访内容同葡萄胎。随访期间应严格避孕，一般于化疗停止≥12个月后可妊娠。

（五）药物治疗展望

传统化疗药物治疗 GTN 已有50多年历史，虽然在 GTN 患者中取得了较好的疗效，但耐药后的最优治疗方案仍在探索中。高危（尤其是极高危）患者以及复发或耐药性 GTN 仍是导致患者死亡的主要原因和治疗的难点。随着新作用靶点药物的不断涌现以及造血干细胞移植技术的进步，大剂量化疗联合造血干细胞移植治疗复发难治性的 GTN 已观察到一定的疗效。此外，由于发现绒癌等 GTN 肿瘤细胞中高表达 PD-L1，法国的 You 等正在开展一项以 PD-L1 抗体 Trophimmun 治疗化疗耐药的滋养细胞肿瘤的Ⅱ期临床研究，目前尚在招募患者中。未来，靶向治疗或免疫治疗或可成为复发耐药 GTN 患者的另一种选择。

（刘加涛　孙国平）

参 考 文 献

1. Bray F, Ferlay J, Soerjomataram I, et al.Global cancer statistics 2018: GLOBOCAN estimates of incidence and mortality worldwide for 36 cancers in 185 countries[J]. CA Cancer J Clin, 2018, 68(6): 394-424.

2. 中国临床肿瘤学会指南工作委员会. 原发性肺癌诊疗指南[M]. 北京: 人民卫生出版社.2019.

3. 中国抗癌协会乳腺癌专业委员会. 中国晚期乳腺癌临床诊疗专家共识(2018版)[J]. 中华肿瘤杂志, 2018, 40(9): 703-713.

4. 中国临床肿瘤学会指南工作委员会. 胃癌诊疗指南[M]. 北京: 人民卫生出版社.2019.

5. 中华人民共和国国家卫生健康委员会. 食管癌诊疗规范[J].肿瘤综合治疗电子杂志, 2019(005): 50-86.

6. 国家卫生计生委合理用药专家委员. 消化道恶性肿瘤合理用药指南[J]. 中国合理用药探索杂志, 2017, 14(9): 5-54.

7. 中华人民共和国国家卫生健康委员会医政医管局,中华医学会肿瘤学分会. 中国结直肠癌诊疗规范[J]. 中国医学前沿杂志, 2018, 10(3): 1-21.

8. 中国临床肿瘤学会指南工作委员会. 原发性肝癌诊疗指南[M].北京: 人民卫生出版社.2018.

第十九章　麻醉与疼痛

麻醉是使用药物或其他方法使患者产生中枢神经和/或周围神经系统的可逆性功能抑制。麻醉学的主要内容包括手术前患者评估与准备、术中监护、围手术期基本生命功能调控、急慢性疼痛处理、危急重医学和急救与复苏。临床麻醉中通常复合应用不同麻醉药物和/或方法，以减少麻醉药物的用量和副作用，不仅有利于维持满意的效果还有助于患者生命体征的平稳，同时对患者的重要生理功能进行监测和维持，保证患者术后无痛苦地快速恢复。

疼痛是组织损伤或潜在的组织损伤引起的不愉快感受或情绪体验，慢性疼痛不仅是一种症状，也是一种疾病，采用多学科综合治疗与个体化治疗原则，合理应用药物与非药物性治疗是目前处理慢性疼痛最有效的方法。本章将介绍麻醉与疼痛治疗中常用药物的临床应用。

第一节　麻醉用药

根据给药途径的不同和作用部位的差异，临床麻醉方法分为全身麻醉、椎管内麻醉、区域神经阻滞麻醉和局部麻醉。全身麻醉是麻醉药物作用于中枢神经系统的某些部位，可逆性地使患者意识丧失，包括吸入麻醉和静脉麻醉。临床麻醉中应用最多的全身麻醉方法是静吸复合麻醉，是将静脉麻醉药物和吸入麻醉药物先后或同时使用，通常是先给予静脉麻醉药物完成麻醉诱导，再给予吸入麻醉药物和肌肉松弛药维持麻醉。椎管内麻醉是将局部麻醉药注入蛛网膜下腔和/或硬膜外腔的麻醉方法，包括蛛网膜下腔阻滞、硬膜外腔阻滞和骶管阻滞。区域神经阻滞麻醉是麻醉药物作用于某些周围神经，使机体的某部位暂时失去疼痛的感觉，包括静脉局部麻醉、神经阻滞和神经丛阻滞。局部麻醉是将局部麻醉药喷洒于黏膜表面或注射到局部，包括表面麻醉、局部浸润麻醉。本节将介绍临床麻醉中常用的吸入麻醉药、静脉麻醉药、麻醉性镇痛药、骨骼肌松弛药和局部麻醉药。

一、吸入麻醉药

早在16世纪，科学家就发现乙醚有消除疼痛的作用，19世纪发现其麻醉作用，随后使用乙醚吸入麻醉成功实施手术，标志着近代麻醉史的开端。乙醚麻醉统治了110年，但人们发现吸入乙醚麻醉的缺点：易燃烧爆炸、毒性作用和对呼吸、循环的抑制作用。20世纪，安氟烷问世，不仅不引起心律失常，还可以使肌肉松弛，随后异氟烷、地氟烷、七氟烷相继问世，使麻醉诱导快、苏醒迅速，增加了吸入麻醉的可控性和安全性。

吸入麻醉是应用挥发性麻醉药（inhalational anesthetics）经肺吸入，通过血液循环至脑部而产生全身麻醉的方法。吸入麻醉药必须依靠其分压梯度从麻醉机进入肺，再经循环系统到达中枢神经系统而发挥麻醉作用。吸入麻醉药的作用主要反映在脑内吸入麻醉药分压，因此，分压的高低与麻醉深浅以及不良反应密切相关。脑组织内吸入麻醉药的分压受五个因素的影响：麻醉药的吸入浓度；麻醉药在肺内的分布；麻醉药跨肺泡膜扩散到肺毛细血管内的过程；循环系统的功能状态；经血脑屏障向脑细胞内的扩散状态。吸入麻醉药除小部分被代谢，极少量经手术创面、皮肤排出外，大部分以原型经肺排出。吸入麻醉的苏醒过程，即麻醉药的排出过程，恰好与麻醉诱导过程的方向相反，组织→血液→肺泡→体外。吸入麻醉药的排出也受多种因素的影响，其中影响较大的有血液溶解度、组织/血分配系数、血/气分配系数、心排出量以及肺泡通气量。

评估吸入麻醉药的作用强度最常用的指标是

最低肺泡有效浓度（minimum alveolar concentration, MAC），是指在一个大气压下，能使50%的患者或受试者对切皮刺激不发生体动反应时的吸入麻醉药的肺泡气体浓度。通过MAC可估计吸入麻醉时患者的麻醉深度，如MAC_{95}表示95%患者切皮无体动时的吸入麻醉药的肺泡浓度，通常认为该值为1.3MAC，此时可开始外科操作。$MACawake_{95}$是指95%患者对简单指令能睁眼时的肺泡气麻醉药物浓度，是患者苏醒时脑内麻醉药分压，约为0.3MAC。

（一）七氟烷

七氟烷（Sevoflurane）为无色透明、带香味无刺激性液体，血/气分配系数为0.63，临床使用浓度不燃不爆。

七氟烷吸入诱导患者意识消失后，脑电出现有节律的慢波，随麻醉加深慢波逐渐减少，出现类似巴比妥盐出现的棘状波群。七氟烷抑制中脑网状结构的多种神经元活动，且与剂量相关，同时增加颅内压、降低脑灌注压。七氟烷可导致收缩压下降和平均动脉压下降，这与心功能抑制、心排出量减少及阻力血管扩张有关，对心率的影响不明显。七氟烷对气道的刺激非常小，随麻醉加深呼吸抑制加重。七氟烷可松弛气管平滑肌，抑制乙酰胆碱、组胺引起的支气管收缩作用。对潘库溴铵的肌松作用具有强化作用，而对维库溴铵作用更强。各种吸入麻醉药加强维库溴铵作用的顺序是七氟烷>恩氟烷>异氟烷>氟烷。含氟麻醉药在体内的代谢程度很高，用药后血清氟浓度上升到一定程度并持续一定时间，便可能造成肾脏损伤。七氟烷的组织溶解性较低，化学性质较稳定，在体内的代谢相对较低。目前尚未见有七氟烷造成肾脏损伤的报道。

七氟烷适用于各种年龄、各部位的大小手术。由于诱导迅速、无刺激性、苏醒快，尤其适用于小儿和门诊手术，支气管哮喘、嗜铬细胞瘤患者也可使用。小儿全麻可用面罩吸入诱导法，与成人相似，将面罩贴紧面部快速加大吸入七氟烷浓度至4%~8%，一般2min内患儿可入睡，同时需注意呼吸抑制或辅助呼吸。

因七氟烷与钠石灰作用后产生有毒分解产物，尤其是在二氧化碳吸收剂的温度升高至45℃时，有害代谢产物更多，故不宜使用钠石灰的全紧闭麻醉，需要时可用钡石灰并降低二氧化碳吸收剂的温度。

（二）地氟烷

地氟烷（Desflurane）组织溶解度低、血气分配系数为0.42，因此麻醉诱导快、苏醒快、对循环功能影响小、在机体内几乎无代谢产物，目前应用日益广泛。

地氟烷的MAC为6%，麻醉作用弱。地氟烷对中枢神经系统的抑制程度与用量有关，脑电图表现为脑皮质电活动呈剂量相关性抑制，但不引起癫痫样改变，也不引起异常脑电活动。大剂量地氟烷可引起脑血管扩张，并减弱脑血管自身调节功能。地氟烷对神经元的抑制程度与其剂量呈正相关。地氟烷降低血管阻力及平均动脉压，升高静脉压，此作用与剂量相关。浅麻醉下心率无明显变化，但在深麻醉时出现与剂量相关的心率增加。对循环功能干扰小，更适用于心血管手术麻醉。地氟烷抑制呼吸，减少分钟通气量、增加$PaCO_2$，并降低机体对$PaCO_2$增高的通气反应，其抑制作用与剂量有关。地氟烷的神经肌肉阻滞作用较其他氟化烷类吸入麻醉药强，对肝脏、肾脏功能影响不大。

地氟烷是已知的在机体内生物转化最少的吸入麻醉药，血和尿中所测到的氟离子浓度远小于其他氟化烷类麻醉药，但沸点低，室温下蒸气压高，需用特殊的电子装置控制温度的蒸发器。

由于地氟烷对气道的刺激性，临床上很少单独用于麻醉诱导。一般是先用静脉麻醉诱导后，单纯吸入地氟烷或加用60%氧化亚氮进行麻醉。麻醉维持用2.3%~3.0%地氟烷加60%氧化亚氮和O_2，也可并用静脉麻醉药、阿片类镇痛药或相应部位的硬膜外阻滞。地氟烷可用于各种全麻情况，尤宜于门诊及其他小手术。

（三）异氟烷

异氟烷（Isoflurane）组织及血液溶解度低，血/气分配系数为1.48，因有刺激性气味，限制其用于吸入诱导，但苏醒较快。

异氟烷对中枢神经系统的抑制与用量相关。浅麻醉时，不增加脑血流量；1.6MAC时，脑血流量倍增，但仅轻度升高颅内压。对开颅患者异氟烷在低$PaCO_2$条件下可防止颅内压升高。异氟烷对心功能的抑制小，随吸入浓度的增加，心排出量明显减少，可使动脉压下降，而心排出量几乎不减，说明异氟烷降低血压主要是由于周围血管阻力下降所致。异氟烷能减低心肌氧耗量及冠状动脉阻力，但并不改变冠状血流量。异氟烷使心率稍增快，但心律稳定，对术前有室性心律失常的患者，应用异氟烷麻醉维持期间并不增加发生心律失常的风险。异氟烷抑制呼吸与剂量相关，可显著降低通气量，使 $PaCO_2$ 增高，且抑制对 $PaCO_2$ 升高的通气反应。异氟烷麻醉增加肺阻力，并使顺应性和功能残气量稍减。异氟烷可降低肾血流量，但麻醉后不残留肾功能抑制或损害。异氟烷对子宫肌肉收缩的抑制与剂量相关，深麻醉时有较大的抑制，因而分娩时若用异氟烷麻醉较深时易引起子宫出血。异氟烷能产生足够的肌肉松弛作用，可增加非去极化骨骼肌松弛药的作用。

异氟烷对循环影响轻、毒性小，除对呼吸道有刺激性外，是较好的吸入麻醉药。异氟烷主要用于麻醉维持，常用维持浓度 0.8%~2.0%，可用各种年龄、各个部位以及各种手术。

（四）氧化亚氮

氧化亚氮（nitrous oxide，N_2O）俗称笑气，麻醉作用极弱，MAC 为 105，吸入 30%~50% 氧化亚氮有镇痛作用，80% 以上时有麻醉作用。氧化亚氮有升高颅内压作用，对心肌无直接抑制作用，对心率、心排出量、血压、静脉压、周围血管阻力等均无影响。氧化亚氮对呼吸道无刺激性，亦不引起呼吸抑制。

由于氧化亚氮弥散率大于氮气，氧化亚氮麻醉可以使体内含气腔隙容积增大，故肠梗阻、气腹等体内有闭合空腔存在时，氧化亚氮麻醉应列为禁忌。

氧化亚氮易溶于血中，在氧化亚氮麻醉结束时血中溶解的氧化亚氮迅速弥散至肺泡内，冲淡肺泡内的氧浓度，这种缺氧称为弥散性缺氧。为防止低氧血症，在氧化亚氮麻醉后应继续吸纯氧5~10min。

一般临床上不单独使用氧化亚氮麻醉，均与其他吸入麻醉、静脉麻醉药或硬膜外阻滞等联合应用。临床上使用的氧化亚氮浓度一般为50%~66%。

二、静脉麻醉药

静脉全身麻醉药的应用为临床麻醉开辟了新的麻醉方法，静脉麻醉是指麻醉药物通过静脉注射的方式注入体内，产生中枢神经系统抑制，满足手术要求的无痛、无意识、反射抑制和肌肉松弛的麻醉方式。与吸入全麻相比，静脉麻醉具有诱导快、对呼吸道无刺激、无污染的特点。早在 19 世纪，曾将水合氯醛作为静脉注射产生麻醉作用，随后巴比妥、普鲁卡因、环乙巴比妥钠等不断用于静脉注射作为全身麻醉药物，直至硫喷妥钠合成并于临床应用，是现代静脉麻醉的开端。此药能快速起效，且无兴奋现象，成为标准的催眠性静脉诱导药物。以后羟丁酸钠、氯胺酮、依托咪酯和丙泊酚等静脉全麻药应用于临床，进一步增加了静脉全身麻醉的安全性。常见静脉麻醉药包括巴比妥类和非巴比妥类。巴比妥类代表药物是硫喷妥钠，目前临床常用的是非巴比妥类药物。

（一）丙泊酚

丙泊酚（Propofol）是目前最常用的静脉麻醉药。属于烷基酚类化合物，具有高度脂溶性，但不溶于水。所有市售配方的丙泊酚室温下都很稳定且见光不易分解，可使用 5% 葡萄糖水溶液进行稀释。丙泊酚起效迅速、苏醒迅速而完全，持续输注后无蓄积，目前普遍用于麻醉诱导、麻醉维持与 ICU 病房的镇静。

丙泊酚对中枢的作用主要是催眠、镇静与遗忘及剂量依赖性抗惊厥作用。丙泊酚主要通过与 γ 氨基丁酸（GABA）受体的 β 亚单位结合，增强其介导的氯电流，从而产生催眠作用。也可能通过 α_2 受体系统产生间接的镇静作用，还可能通过调控门控钠通道对谷氨酸的 N 甲基 D-天门冬氨酸（NMDA）亚型产生广泛地抑制，该作用也可能与药物对中枢神经系统的影响有关。对颅内压正常或升高的患者，丙泊酚均可降低颅内压，与脑灌注压稍下降有关；脑血管对 CO_2 的正常代偿性反应与自动调节功能尚可保持，且可降低脑氧代谢率。丙泊酚能降低眼内压。

诱导剂量的丙泊酚对心血管系统有明显的抑制，使动脉压显著下降，这种变化是由于外周血管扩张与直接心脏抑制的双重作用，且呈剂量与血药浓度依赖性。丙泊酚的血管扩张作用则可能是交感神经抑制与对细胞内平滑肌钙移动的直接作用的结果。对心率的影响不明显，可抑制压力感受器反射，从而减弱低血压的心动过速反应。由于此药对心肌的抑制与外周血管扩张作用均为血药浓度依赖性，故连续输注对血压的影响较诱导时单次注射轻微。丙泊酚对心血管系统的抑制作用与患者年龄和注药速度有关。

丙泊酚对呼吸的影响主要是呼吸变浅、变慢、潮气量、每分通气量和血氧饱和度均稍下降，持续时间很短便恢复正常的呼吸，一般不用处理。丙泊酚维持麻醉期间，呼吸对 CO_2 的反应减弱，并抑制机体对缺氧的反应。丙泊酚有支气管扩张作用。

丙泊酚对肝肾功能、肾上腺皮质功能无影响，不刺激组胺释放。亚催眠剂量的丙泊酚有明显的抗呕吐作用，一次静脉注射 10mg 可用于处理手术后呕吐，对癌症化学药物治疗引起的呕吐也有效。

丙泊酚具有很强的亲脂性，故注入体内后能迅速而广泛地从血液分布到各器官和身体各部位的组织中。静脉注射丙泊酚 2.5mg/kg，约经 1 次臂-脑循环时间便可发挥作用，90~100s 作用达峰值。催眠作用的持续时间与剂量相关，2~2.5mg/kg 持续 5~10min。其全血药物浓度由于再分布和消除迅速下降，即使长时间输注也会快速苏醒。

丙泊酚诱导时最明显的副作用是呼吸与循环抑制，呼吸暂停现象较常见，并用阿片类药时呼吸暂停时间延长，且可增强丙泊酚降低动脉压的作用。其他的副作用还有注射点疼痛、肌阵挛与较少见的血栓性静脉炎。自同一静脉先注射利多卡因或与利多卡因 20~40mg 混合后静脉注射能有效地预防疼痛，注射速度对此并无影响。

丙泊酚的作用时间短、在体内消除快、苏醒迅速而完全，故单次注射适合于麻醉诱导及短小手术操作的麻醉镇静，持续输注适合于麻醉维持。诱导剂量为 1~2.5mg/kg，成人未给术前药者为 2~2.5mg/kg，术前给阿片类或苯二氮䓬类药者应酌减。60 岁以上诱导量酌减，儿童诱导量需增加，为 2~3mg/kg。麻醉维持可在麻醉诱导后每隔数分钟追加 10~40mg，也可持续泵注 100~200μg/(kg·min)，然后根据患者对手术刺激的反应调整注药速度。由于丙泊酚缺乏镇痛作用，故麻醉维持常与氧化亚氮或阿片类药物如吗啡、芬太尼或阿芬太尼相复合，则药量宜减少至 50~150μg/(kg·min)。丙泊酚常用于 ICU 内施行机械通气

与手术中镇静，均采用持续输注的方法。一般输注达 30μg/(kg·min) 以上便能使记忆消失，长时间的镇静也能迅速苏醒。

（二）苯二氮䓬类药

临床麻醉中最常用的镇静安定药是苯二氮䓬类药（benzodiazepines），可作为麻醉前用药、局部麻醉或区域阻滞的辅助用药、全麻诱导和静脉复合麻醉的组成部分。

苯二氮䓬类药都是 1,4-苯二氮䓬的衍生物，主要作用于脑干网状结构和大脑边缘系统（包括杏仁核、海马等）。苯二氮䓬类药不仅可增加脑内抑制性神经递质 5-羟色胺的水平，还可增强另一种抑制性递质 γ-氨基丁酸（GABA）的作用。苯二氮䓬受体（BZ 受体）位于神经元突触的膜上，与 GABA 受体相邻，耦合于共同的氯离子通道，成为 GABA 受体-氯离子通道复合体的组成部分，苯二氮䓬类与 BZ 受体结合时就阻止 GABA 调控蛋白发生作用，从而增强 GABA 与其受体的二氮䓬类药的系列作用。边缘系统的受体与苯二氮䓬类的结合可能是产生抗焦虑作用的主要机制，大脑皮质的受体与其抗惊厥作用有关，而脊髓的受体则与肌松作用有关。

1. 地西泮（Diazepam） 具有抗焦虑、肌松、遗忘和抗惊厥作用。小剂量口服产生抗焦虑作用，大剂量静脉注射则产生嗜睡，甚至意识消失。地西泮本身无全麻作用，但可增强其他全麻药的效力。

临床剂量的地西泮对呼吸影响小，但剂量较大，或静脉注射时，可抑制呼吸，使 $PaCO_2$ 轻度增加，甚至产生一过性无呼吸。静脉注射临床剂量的地西泮对心血管系统的影响轻微，血压可稍下降，心排血量无明显变化，可扩张冠状动脉，增加冠状动脉血流。

地西泮口服后吸收完全而迅速，30~60min 血药浓度达峰值。肌内注射后吸收缓慢，且不完全，因此给药途径尽可能采用口服或静脉注射。由于脂溶性高，吸收后迅速透过血-脑脊液屏障而进入中枢神经系统，但很快再分布到其他组织，故作用出现快，消失也快。

地西泮的毒性小，连续用药时常见的副作用为嗜睡、眩晕、疲劳感、共济失调等，长期用药，可产生耐药性，但很少产生依赖性。

口服地西泮 5~10mg 常作为麻醉前用药,产生镇静和消除焦虑并有助于预防局部麻醉药中毒。心律转复和局麻下施行内镜检查之前静脉注射地西泮 10~20mg,可使患者消除紧张,肌肉松弛,并产生遗忘作用。

2. 咪达唑仑(Midazolam) 是目前临床应用的唯一的水溶性苯二氮䓬类药。咪达唑仑为亲脂性物质,微溶于水,可迅速透过血 - 脑脊液屏障。

咪达唑仑具有抗焦虑、催眠、抗惊厥、肌松和顺行性遗忘等作用。咪达唑仑本身无镇痛作用,但可增强其他麻醉药的镇痛作用,可使脑血流量和颅内压轻度下降,而对脑代谢无影响。咪达唑仑具有剂量相关性呼吸抑制作用,对正常人的心血管系统影响轻微,表现为心率轻度增快,体循环阻力和平均动脉压轻度下降,左室充盈压和每搏量轻度下降,但对心肌收缩力无影响。咪达唑仑无组胺释放作用,不抑制肾上腺皮质功能。

咪达唑仑由于脂溶性高,口服后吸收迅速,1/2~1h 血药浓度达峰值,但由于肝脏的首过消除大,生物利用度低,口服剂量需增大到静脉注射剂量的 2 倍才能获得相同的效果。咪达唑仑肌内注射后吸收迅速且基本完全,注药后 30min 血药浓度达峰值。

咪达唑仑可用于麻醉前用药,口服、肌内注射或静脉注射均可。肌内注射剂量为 5~10mg,注射后 10~15min 产生镇静效应,经 30~45min 产生最大效应,口服剂量须加倍。用于全麻诱导,静脉注射咪达唑仑剂量 0.1~0.4mg/kg。用于静脉复合或静吸复合全麻的维持,可分次静脉注射或持续静脉滴注,并与其他镇痛药物(芬太尼、氯胺酮、吸入全麻药等)合用,适用于各类手术,尤其适用于心血管手术、颅脑手术以及需全麻的门诊小手术。还可作为局麻和区域阻滞时的辅助用药,也适用于消化道内镜检查、心导管检查、心血管造影、脑血管造影、心律转复等诊断性和治疗性操作,剂量一般为 0.1~0.15mg/kg。对于需用机械通气支持的 ICU 患者,可应用咪达唑仑镇静,控制躁动,即使对于心脏手术后患者,对血流动力的影响也很小。

3. 氟马西尼(Flumazenil) 是当前应用于临床的第一个特异性苯二氮䓬类拮抗药。其化学结构与咪达唑仑相似,氟马西尼对 BZ 受体有很强的亲和力,通过对 BZ 受体的竞争,拮抗苯二氮䓬类药的中枢作用。氟马西尼拮抗苯二氮䓬类药的最小有效剂量为 0.007mg/kg,拮抗的程度不仅与氟马西尼剂量有关,而且还与苯二氮䓬类药所用的剂量有关。苯二氮䓬类药严重中毒时,静脉注射氟马西尼 1mg 即足以使人苏醒,但如果尚有 20% 左右 BZ 受体被占领,则仍维持抗焦虑作用。

氟马西尼对呼吸和循环均无影响,对苯二氮䓬类药引起的呼吸抑制,有一定的拮抗作用,但拮抗不完全。静脉注射后局部无疼痛,不引起静脉炎,偶见短暂的轻度眩晕、头痛,但与剂量无关,可能与溶媒有关。

氟马西尼口服后容易吸收,口服后 20~90min 达峰值。氟马西尼静脉注射起效迅速,1min 内即生效,拮抗效应维持时间为 90~120min,显著短于常用的苯二氮䓬类药,故单次注射后拮抗作用一旦消失,又可重现苯二氮䓬类的作用。

氟马西尼可用于可疑药物中毒的昏迷患者的鉴别,如果用药后有效,基本可判断为苯二氮䓬类药中毒。对于苯二氮䓬类药中毒的患者,可小量分次静脉注射氟马西尼 0.1mg(或 0.003mg/kg),每分钟 1 次,直至苏醒或总量达 2mg,为维持疗效,可静脉滴注 0.1~0.4mg/h。

术中或 ICU 中长时间应用苯二氮䓬类药的手术患者,可用氟马西尼拮抗其残余作用,首次静脉注射 0.1~0.2mg,以 0.1mg/min 维持至患者清醒或总量达 1mg。

(三)依托咪酯

依托咪酯(Etomidate)为咪唑类衍生物,对呼吸循环影响轻微,诱导与苏醒迅速,相对安全,故目前临床广泛应用。

静脉注射依托咪酯后,很快进入脑和其他血流灌注丰富的器官,注药后 1min 脑内浓度达峰值,患者进入睡眠状态,催眠作用与脑内药物浓度呈线性相关,脑内药物浓度下降后,患者迅速苏醒。依托咪酯的作用机制还未完全阐明,由于 GABA 拮抗药可对抗依托咪酯的作用,可能与对 GABA- 肾上腺素能系统的作用有关。

依托咪酯在不影响平均动脉压的情况下,脑血流减少,脑氧代谢率降低,脑灌注压稳定或稍增加,有利于脑的氧供/需比值和降低颅内压。依托咪酯对心血管功能影响小,仅轻度降低动脉压,降低外周血管阻力,心排血量和心脏指数稍增加,心率略减慢,因此保持心血管系统稳定是依托咪酯的突出优点。依托咪酯对心率无明显影响,对冠状血管有轻度扩张作用,使冠脉血流增加、心肌耗氧量降低、心肌收缩力一般无明显改变,有利于心肌氧供或血供受损患者。静脉注射依托咪酯诱导对呼吸系统无明显抑制作用,呼吸对 CO_2 的反应和通气的驱动减弱。依托咪酯可抑制肾上腺皮质功能,但单次注射或短时间应用对肾上腺皮质功能无明显影响。长期用药如 ICU 患者镇静时,由于依托咪酯对肾上腺皮质功能的抑制,死亡率可能增加。依托咪酯轻度增强非去极化骨骼肌松弛药的神经肌肉阻滞作用,快速降低眼内压,对内眼手术有利。

静脉注射后 1min 患者便进入睡眠状态,7~14min 自然苏醒,肝脏清除率高,因此影响肝血流的药物会改变依托咪酯的消除半衰期。由于消除半衰期短,而清除相对快,因此依托咪酯适合单次或连续静脉注射。

应用依托咪酯麻醉诱导时,部分患者在上肢等部位出现肌阵挛,术前给氟哌利多和芬太尼可减少其发生;对于有恶心呕吐倾向的患者,最好避用依托咪酯。在手背部或腕部的小静脉穿刺,以及慢速注射时可出现注射部位疼痛,经肘部较大的静脉注射,术前给芬太尼或在注药前自同一静脉先注射利多卡因可减轻疼痛。

依托咪酯主要用于麻醉诱导,循环稳定、呼吸抑制轻微,安全界限较大,适于心血管疾病、呼吸系统疾病、颅内高压等患者。依托咪酯诱导剂量为 0.2~0.6mg/kg,一般剂量为 0.3mg/kg,起效快,持续时间与剂量相关。儿童直肠给药诱导 6.5mg/kg,4min 可进入睡眠。作为麻醉维持,依托咪酯连续静脉滴注 10μg/(kg·min),需与吸入麻醉药或阿片类药物复合。依托咪酯用于镇静的剂量为 5~8μg/(kg·min),仅限于短时间操作,例如心律转复术。

(四)氯胺酮

氯胺酮(Ketamine)是目前使用的唯一的苯环己哌啶类药,是唯一具有镇静、镇痛和麻醉作用的静脉麻醉药。氯胺酮分子量小,解离常数 pKa 接近生理 pH,其脂溶性高,故很快透过血脑屏障,在 30s 内发挥作用,约 1min 作用达峰值,单次静脉注射 2mg/kg 的麻醉持续时间为 10~15min,停药后 15~30 分定向力恢复,完全苏醒需 0.5~1h。静脉注射亚麻醉剂量的氯胺酮 0.2~0.4mg/kg,血浆药物浓度达 0.1μg/ml 时痛阈升高,达 0.2μg/ml 产生镇痛作用;当血浆浓度达 1.1μg/ml 时对疼痛刺激失去反应。

氯胺酮的麻醉体征与传统的全麻药不同,单独注射氯胺酮时不像其他全麻呈类自然睡眠状,而呈木僵状,患者神志消失,但肌张力增强、眼球呈凝视状或震颤,但镇痛效果,尤其体表镇痛效果明显,但对内脏的镇痛效果差,腹腔手术时牵拉内脏仍有反应。氯胺酮为中枢神经系统非特异性 NMDA 受体拮抗剂,阻断兴奋性神经传导的 NMDA 受体是氯胺酮产生全身麻醉作用的主要机制。有些证据显示氯胺酮与脑、脊髓内的阿片受体结合,使阿片受体兴奋,特别是氯胺酮的异构体 S-(+)对映体具有一定的阿片 μ 受体激动作用,可部分解释其镇痛作用。

氯胺酮能增加脑血流,可导致颅内压与脑脊液压升高,脑代谢与脑氧代谢率随之增多。氯胺酮对心血管的影响主要是直接兴奋中枢交感神经系统,导致动脉压升高,心率加快,心肌耗氧量和肺动脉压也增加。氯胺酮对呼吸的影响轻微,临床麻醉剂量时偶有短暂的呼吸抑制,若呼吸道能保持通畅,一般不需作辅助呼吸,多能自行恢复,氯胺酮具有支气管平滑肌松弛作用,可用于治疗对常规处理无效的哮喘持续状态。

氯胺酮麻醉后唾液分泌增多,小儿尤为明显,不利于保持呼吸道通畅。喉头分泌物的刺激会导致喉痉挛,推荐麻醉前给予抗胆碱药如东莨菪碱。氯胺酮麻醉后的精神症状,成人多于儿童,女性多于男性,短时间手术多于长时间手术,单一氯胺酮麻醉多于氯胺酮复合麻醉,氟哌利多、苯二氮䓬类或吩噻嗪类药可减轻症状。

氯胺酮可经静脉、肌肉、口服、鼻腔、直肠及硬膜外等多种途径给药。目前主要用于各种表浅、短小手术的全身复合麻醉或小儿基础麻醉镇痛。全身麻醉诱导推荐剂量为 0.5~2mg/kg,维持剂量 10~30μg/(kg·h)。小儿基础麻醉推荐剂量为肌内注射 4~6mg/kg,必要时追加初始剂量的

1/3~1/2。另外，氯胺酮是病情危重或支气管痉挛性疾病患者的较好的麻醉诱导药物，但应纠正低血容量，氯胺酮对心包填塞与缩窄性心包炎患者是可用的静脉诱导药。

静脉滴注亚麻醉剂量的氯胺酮可用于术后镇痛或用于阿片药依赖或耐受患者的镇痛，还可用于镰状红细胞症的急性或慢性疼痛。对于睡眠呼吸暂停综合征的患者也可以使用氯胺酮镇痛以减少阿片药量。氯胺酮用于急性疼痛的镇痛，或辅助阿片药物用于术后镇痛，静脉注射不超过0.35mg/kg，静脉滴注不超过1mg/（kg·h）。

（五）右美托咪定

右美托咪定（Dexmedetomidine）是高选择性α_2受体激动药，通过作用于蓝斑核α_2受体及激动内源性促睡眠通路而产生镇静催眠作用，使患者维持自然非动眼睡眠状态，这种镇静催眠状态的特点是患者可以被刺激或语言唤醒，并且在镇静催眠过程中不会产生呼吸抑制。此外，右美托咪定与其他镇静镇痛药物联合使用时具有良好的协同效应，能显著减少其他镇静镇痛药物的使用量。

右美托咪定有显著的肝脏首过消除作用，因此口服生物利用度低。右美托咪定有较高蛋白结合率，易于透过血脑屏障和胎盘屏障，右美托咪定的起效时间为10~15min，右美托咪定的清除率随着肝脏损伤严重程度上升而下降，对于肝功能损伤患者应考虑酌情减量，而肾功能障碍患者一般无需调整剂量。

麻醉诱导前10~15min内静脉持续泵注右美托咪定0.5~1.0μg/kg，有利于全麻诱导前的镇静和诱导平稳。全麻维持期可持续泵注右美托咪定0.2~0.7μg/（kg·h），同时适当调节吸入麻醉药和麻醉性镇痛药的剂量，可维持术中血流动力学稳定，使麻醉维持期更易于管理，同时不影响患者苏醒。区域阻滞或有创检查前10~15min可持续泵注右美托咪定0.2~0.7μg/（kg·h），可避免紧张和焦虑，增强患者的舒适度，减轻患者有创检查过程中的痛苦，且对呼吸无明显抑制作用，但应避免心动过缓、低血压以及上呼吸道梗阻等不良反应。

与阿片类镇痛药复合用于术后镇痛时，右美托咪定的背景输注剂量为0.03~0.05μg/（kg·h），PCA为0.06~0.1μg/kg，可降低患者术后疼痛评分及术后恶心呕吐发生率，提高患者镇痛满意度，有助于改善术后睡眠。ICU患者完全清醒后、气管拔管前用右美托咪定镇静，静脉持续输注0.05~0.7μg/（kg·h），可减轻呼吸机治疗期间的血流动力学波动和减少谵妄及躁动的发生率。

三、麻醉性镇痛药

麻醉性镇痛药（narcotic analgesics），指作用于中枢神经系统能解除或减轻疼痛并改变对疼痛的情绪反应的药物，也称为阿片类药物（opiates），其经典代表是吗啡。吗啡是阿片的天然生物碱，哌替啶是第一个合成的麻醉性镇痛药。麻醉性镇痛药可用于术前、麻醉辅助、复合全麻的一部分，以及术后镇痛和疼痛治疗。

脑内和脊髓内存在阿片受体，这些受体分布在痛觉传导区以及与情绪行为相关的区域，集中分布在导水管周围灰质、内侧丘脑、杏仁核和脊髓罗氏胶质区等。体内内源性阿片样肽（β-内啡肽、脑啡肽、强啡肽）是这些受体的内源性配基。目前公认的阿片受体分为三型，包括μ、κ和δ受体。μ受体激动后导致镇痛、呼吸抑制和心率减慢等效应；κ受体激动后导致镇痛，镇静，缩瞳等效应；δ受体激动后可调控μ受体活性。根据作用机制不同，可将麻醉性镇痛药及其拮抗药分为三类：阿片受体激动药，主要激动μ受体，如吗啡、哌替啶等；阿片受体激动-拮抗药，又称部分激动药，主要激动κ和σ受体，对μ受体有不同程度的拮抗作用，如喷他佐辛等；阿片受体拮抗药，主要拮抗μ受体，对κ和δ受体也有一定的拮抗作用，如纳洛酮等。

（一）阿片受体激动药

1. 吗啡（Morphine）　吗啡的主要作用是镇痛，作用于脊髓、延髓、中脑和丘脑等痛觉传导区阿片受体而提高痛阈，对伤害性刺激不再感到疼痛。吗啡对躯体和内脏疼痛都有效，对持续性钝痛的效果优于间断性锐痛，疼痛出现前应用的效果较疼痛出现后应用更佳。吗啡产生镇痛作用的同时，还作用于边缘系统影响情绪的区域的受体，消除由疼痛所引起的焦虑、紧张等情绪反应，甚至产生欣快感。

吗啡有缩瞳作用，瞳孔呈针尖样是吗啡急性中毒的特征性体征。吗啡作用于延髓孤束核的阿片受体，抑制咳嗽；作用于极后区化学感受器，可引起恶心、呕吐。吗啡有显著的呼吸抑制作用，表现为呼吸频率减慢，呼吸抑制程度与剂量相关，大剂量可导致呼吸停止，这是吗啡急性中毒的主要致死原因。吗啡由于释放组胺和对平滑肌的直接作用而引起支气管痉挛，对支气管哮喘患者可激发哮喘发作。治疗剂量的吗啡对血容量正常者的心血管系统一般无明显影响，对心肌收缩力没有抑制作用。由于对血管平滑肌的直接作用和释放组胺的间接作用，可引起外周血管扩张而致血压下降。吗啡由于对迷走神经的兴奋作用和对平滑肌的直接作用，增加胃肠道平滑肌和括约肌的张力，减弱消化道的推进性蠕动，从而可引起便秘。吗啡可增加输尿管平滑肌张力，并使膀胱括约肌处于收缩状态，从而引起尿潴留。

吗啡肌内注射后吸收良好，经 15~30min 起效，45~90min 产生最大效应，持续约 4h，静脉注射后约 20min 产生最大效应。吗啡的亲脂性很低，只有极小部分（静脉注射后不到 0.1%）透过血 - 脑脊液屏障而到达中枢神经系统，但由于与阿片受体的亲和力强，可产生强效镇痛作用。

吗啡主要用于急性疼痛患者，成人常用剂量为皮下或肌内注射 8~10mg，还可作为治疗急性左心衰竭所致急性肺水肿的综合措施之一，以减轻呼吸困难，促进肺水肿消失。

吗啡禁用于支气管哮喘、上呼吸道梗阻、严重肝功能障碍、伴颅内高压的颅内占位性病变、诊断未明确的急腹症、待产妇和哺乳妇以及 1 岁以内婴儿。

2. 哌替啶（Pethidine）　哌替啶的镇痛强度约为吗啡的 1/10，作用持续时间为吗啡的 1/2~3/4。镇静作用较吗啡稍弱，可产生轻度欣快感，反复使用容易产生依赖性。

哌替啶对呼吸都有明显的抑制作用，其程度与剂量相关。哌替啶有奎尼丁样作用，降低心肌的应激性，对心肌有直接的抑制作用，对血压一般无明显影响，但有时可因外周血管扩张和组胺释放而致血压下降。心率可增加，可能与其阿托品样作用有关。

在临床麻醉中哌替啶比吗啡更常作为辅助用药。最初实施神经安定镇痛时是采用哌替啶与氟哌啶醇合用，组成 I 型神经安定镇痛（NLA）。

特大剂量哌替啶常先引起中枢神经系统兴奋现象，表现为谵妄、瞳孔散大、抽搐等，可能是由于其代谢物去甲哌替啶大量蓄积所致。接受单胺氧化酶抑制剂（如异丙烟肼等）的患者应用哌替啶，可产生严重反应，表现为严重的高血压、抽搐、呼吸抑制、大汗和长时间昏迷，甚或致死。

3. 芬太尼（Fentanyl）　是当前临床麻醉中常用的麻醉性镇痛药。芬太尼的镇痛强度为吗啡的 75~125 倍，作用时间约 30min。芬太尼对呼吸有抑制作用，主要表现为频率减慢，静脉注射 5~10min 后呼吸频率减慢至最大程度，抑制程度与等效剂量的哌替啶相似，持续约 10min 后逐渐恢复。剂量较大时潮气量也减少，甚至停止呼吸。芬太尼对心血管系统的影响很轻，不抑制心肌收缩力，一般不影响血压，可引起心动过缓，可应用阿托品对抗。芬太尼也可引起恶心、呕吐，但没有释放组胺的作用。

芬太尼的脂溶性很强，易于透过血 - 脑脊液屏障进入脑，单次注射的作用时间短暂，与其再分布有关。如反复多次注射，则可产生蓄积作用，作用持续时间延长。芬太尼主要用于临床麻醉，作为复合全麻的组成部分，由于对心血管系统的影响很小，常用于心血管手术麻醉。

快速静脉注射芬太尼可引起胸壁和腹壁肌肉僵硬而致影响通气，可用骨骼肌松弛药处理。芬太尼反复或大剂量注射后，在用药后 3~4h 可能出现延迟性呼吸抑制，应引起警惕。

4. 舒芬太尼（Sufentanil）　舒芬太尼与芬太尼基本相同，只是舒芬太尼的镇痛作用更强，为芬太尼的 5~10 倍，作用持续时间约为其 2 倍。舒芬太尼对呼吸也有抑制作用，程度与等效剂量的芬太尼相似，但舒芬太尼持续时间更长。舒芬太尼对心血管系统的影响较轻，也没有释放组胺的作用。

舒芬太尼的亲脂性约为芬太尼的两倍，更易透过血 - 脑脊液屏障，虽然其消除半衰期较芬太尼短，但由于与阿片受体的亲和力较芬太尼强，故不仅镇痛强度更大，而且作用持续时间也更长。其代谢物去甲舒芬太尼有药理活性，效价约为舒芬太尼的 1/10，亦即与芬太尼相当，这也是舒芬太尼作用持续时间长的原因之一。

舒芬太尼在临床麻醉中也主要用作复合全麻的组成部分。舒芬太尼的镇痛作用最强,心血管状态更稳定,更适用于心血管手术麻醉。

5. 阿芬太尼(Alfentanil) 阿芬太尼是芬太尼的衍生物,作用与芬太尼基本相同,阿芬太尼的镇痛强度为芬太尼的 1/4,作用持续时间为其 1/3。阿芬太尼对呼吸也有抑制作用,其程度与等效剂量的芬太尼相似,只是阿芬太尼持续时间较短。阿芬太尼对心血管系统的影响很轻,也没有释放组胺的作用。

阿芬太尼的亲脂性较芬太尼低,与血浆蛋白结合率却较高,分布容积不及芬太尼的 1/4,消除半衰期为芬太尼的 1/3~1/2。尽管阿芬太尼的亲脂性低,但由于其 pKa 为 6.8,故在体内 85% 阿芬太尼呈非解离状态,因而透过血 - 脑脊液屏障的比例也大,起效更迅速。

阿芬太尼单次注射 10~20μg/kg 只持续 10~20min,但长时间输注后其作用持续时间迅速延长。阿芬太尼在临床麻醉中也主要用作复合全麻的组成部分。

6. 瑞芬太尼(Remifentanil) 瑞芬太尼是有酯键的芬太尼衍生物,是纯粹的 μ 受体激动药,效价指标与芬太尼大致相当,活性高于阿芬太尼,而低于舒芬太尼。临床上其效价与芬太尼相似,为阿芬太尼的 15~30 倍,注射后起效迅速,药效消失快,是真正的短效阿片类药。瑞芬太尼可增强异氟烷的麻醉效能,对呼吸有抑制作用,停止输注后 3~5min 恢复自主呼吸;可使动脉压和心率下降,幅度与剂量不相关。瑞芬太尼不引起组胺释放,可引起恶心、呕吐和肌肉僵硬,但发生率较低。

瑞芬太尼在体内的代谢途径是被组织和血浆中非特异性酯酶迅速水解,其代谢物经肾排出,清除率不受体重、性别或年龄的影响,也不依赖于肝肾功能。即使在严重肝硬化患者,其药代动力学与健康人相比无显著差别。瑞芬太尼作用消失快主要是由于代谢清除快,而与再分布无关,即使输注 4h,也无蓄积作用。

由于其独特的药代动力学特点,瑞芬太尼更适用于静脉泵注。控制泵注速度,可达到预定的血药浓度。其缺点是手术结束停止输注后没有镇痛效应,可在手术后改用镇痛剂量输注。

(二)阿片受体激动 - 拮抗药

1. 喷他佐辛(Pentazocine) 喷他佐辛的镇痛强度为吗啡的 1/4~1/3,肌内注射后 20min 起效,持续约 3h。不产生欣快感,且由于兼有弱的拮抗效应,很少产生依赖性。

喷他佐辛的呼吸抑制作用与等效吗啡相似,使呼吸频率减慢。可使血压升高,心率增快,血管阻力增高和心肌收缩力减弱,故禁用于急性心肌梗死时镇痛。对胃肠道的影响与吗啡相似,但较少引起恶心、呕吐,升高胆道内压力的作用较吗啡弱。没有缩瞳作用。

喷他佐辛主要用于手术后镇痛,临床麻醉中与地西泮合用,可实施改良法神经安定镇痛。

2. 布托啡诺(Butorphanol) 布托啡诺的作用与喷他佐辛相似。其激动强度约为喷他佐辛的 20 倍,而拮抗强度为其 10~30 倍;其镇痛效价为吗啡的 4~8 倍,哌替啶的 30~40 倍;其作用持续时间与吗啡相似,肌内注射 2mg 可维持镇痛 3~4h。此药也有呼吸抑制作用,但较吗啡为轻,且在 30~60μg/kg 剂量范围内并不随剂量加大而加重。布托啡诺对心血管的影响轻微,很少使血压下降。

3. 丁丙诺啡(Buprenorphine) 丁丙诺啡是真正的 μ 受体部分激动药,可产生封顶效应,为长效和强效镇痛药,其镇痛强度约为吗啡的 30 倍,作用持续时间长,至少维持 7~8h,不引起烦躁不安等不适感,主要用于手术后镇痛,肌内注射 0.3mg 可维持镇痛效果 6~8h。

(三)阿片受体拮抗药

纳洛酮(Naloxone)是临床上常用的阿片受体拮抗药,不仅可拮抗吗啡等阿片受体激动药,还可拮抗喷他佐辛等阿片受体激动 - 拮抗药。其静脉注射后 2~3min 即可产生最大效应,作用持续时间约 45min,肌内注射后 10min 产生最大效应,作用持续时间约 2.5~3h。

纳洛酮亲脂性很强,易于透过血 - 脑脊液屏障,因此纳洛酮起效迅速,拮抗作用强,主要用于拮抗麻醉性镇痛药急性中毒的呼吸抑制、在应用麻醉性镇痛药实施复合全麻的手术结束后,用以拮抗麻醉性镇痛药的残余作用和对疑为麻醉性镇痛药成瘾者,可激发戒断症状,有诊断价值。

纳洛酮的作用持续时间短暂,用于解救麻醉

性镇痛药急性中毒时,为了维持药效,可先静脉注射 0.3~0.4mg,15min 后再肌内注射 0.6mg,或继之以静脉滴注 5μg/(kg·h)。应用纳洛酮拮抗大剂量麻醉性镇痛药后,由于痛觉突然恢复,可产生交感神经系统兴奋现象,表现为血压升高、心率增快,须慎加注意。

(四)非阿片类中枢性镇痛药

曲马多(Tramadol)虽然也可与阿片受体结合,但其亲和力很弱,对 μ 受体的亲和力相当于吗啡的 1/6 000,对 κ 和 δ 受体的亲和力则仅为对 μ 受体的 1/25,因此对曲马多的镇痛作用不能完全用阿片受体机制来解释。曲马多具有双重作用机制,除作用于 μ 受体外,还抑制神经元突触对去甲肾上腺素和 5-羟色胺的再摄取,并增加神经元外 5-羟色胺浓度,从而影响痛觉传递而产生镇痛作用。

曲马多的镇痛强度约为吗啡的 1/10,口服后 20~30min 起效,维持时间约 3~6h,肌内注射后 1~2h 产生峰效应,镇痛持续时间约 5~6h。其镇痛作用可被纳洛酮部分地拮抗。此药不产生欣快感,镇静作用较哌替啶稍弱,治疗剂量不抑制呼吸,大剂量则可引起呼吸频率减慢,但程度较吗啡轻。曲马多对心血管系统基本无影响,静脉注射后 5~10min 产生一过性心率增快和血压轻度增高。无组胺释放作用。

曲马多用于急慢性疼痛治疗,其用于手术后中度至重度疼痛,可达到与吗啡相似的镇痛效果,由于不产生呼吸抑制作用,尤其适用于老年人、心肺功能差的患者以及日间手术患者。成人常用剂量为口服 50mg;必要时可增加到 100mg。由于维持时间长,每日 2~3 次即可。

四、骨骼肌松弛药

骨骼肌松弛药(skeletal muscular relaxants)简称肌松药,选择性作用于骨骼肌神经肌肉接头,暂时阻断神经肌肉间的兴奋传递,从而产生肌肉松弛作用。肌松药最早应用于临床始于 1942 年,其后有许多应用于临床的均是半合成或完全合成的肌松药。肌松药的应用使外科手术不再依赖深麻醉以满足肌松要求,从而减少了深麻醉带来的不良反应,是全身麻醉的重要辅助用药。但肌松药没有镇静和镇痛作用,因此必须与镇静药、镇痛药复合应用。

肌松药作用于神经肌肉接头阻断神经肌肉兴奋正常传递产生肌松,由于神经肌肉兴奋传递有一个较大的安全阈,当所有肌纤维的接头后膜受体被阻滞达 75% 以上时,肌颤搐的肌张力才出现减弱,接头后膜受体被阻滞 95% 左右时,肌颤搐才完全抑制。根据化学结构肌松药可分为甾类和苄异喹啉类。氯筒箭毒碱、氯二甲箭毒、阿库氯铵、阿曲库铵、顺式阿曲库铵、米库氯铵和杜什氯铵均属苄异喹啉类,维库溴铵、罗库溴铵、瑞库溴铵、潘库溴铵和哌库溴铵均属甾类。根据肌松药的药效,肌松药可分成超短时效、短时效、中时效和长时效等 4 类。肌颤搐 25% 恢复时间短于 8min 的为超短时效肌松药如琥珀酰胆碱;在 8~20min 之间为短时效如米库氯铵和瑞库溴铵;在 20~50min 之间为中时效,如阿曲库铵、顺式阿曲库铵、维库溴铵和罗库溴铵;超过 50min 的为长时效如潘库溴铵、哌库溴铵和杜什氯铵。根据其作用机制不同分为去极化肌松药和非去极化肌松药。琥珀酰胆碱是目前临床应用的唯一的去极化肌松药,非去极化肌松药常用的有短效的米库氯铵,中效的维库溴铵、罗库溴铵、阿曲库铵和顺式阿曲库铵等,长效的泮库溴铵、哌库溴铵等。

(一)去极化肌松药

琥珀酰胆碱(Succinylcholine)起效快、作用迅速完善、时效短。琥珀酰胆碱具有与乙酰胆碱相似的对接头后膜作用,但琥珀酰胆碱对受体的亲和力较乙酰胆碱强,与受体结合时间较乙酰胆碱长,故引起肌膜持续去极化。琥珀酰胆碱除作用于接头后膜受体外,同样可作用于接头前膜和接头外肌膜受体。肌松出现前有肌纤维成束收缩,肌纤维成束收缩是神经元重复激发引起的肌纤维之间不协调和不同步的肌纤维收缩。琥珀酰胆碱迅速为血浆胆碱酯酶水解,静脉注射 0.5mg/kg,起效时间 60~90s,面部肌和眼肌的起效时间更快,在 60s 以内。静脉注射琥珀酰胆碱 1mg/kg 后可维持呼吸暂停 4~5min,肌张力完全恢复需要 6~12min。

琥珀酰胆碱引起去极化作用使 K^+ 由肌纤维膜内向膜外转移致血钾升高,对已有高钾血症的患者或肾功能衰竭致血钾升高时不应应用琥珀酰胆碱。琥珀酰胆碱应用于大面积烧伤、软组织损伤、严重腹腔感染、破伤风、闭合性颅脑损伤、脑血管意外、脊髓或神经损伤都可能引起严重高钾血症。快速静脉注射琥珀酰胆碱常发生肌纤维成束收缩，肌纤维成束收缩与升高颅内压、眼内压、胃内压和术后肌痛有关。静脉注射足量的琥珀酰胆碱后仍可能发生咬肌痉挛而妨碍气管插管。恶性高热是一种遗传性疾病，许多因素可激发其发生，其中包括琥珀酰胆碱，且多见于琥珀酰胆碱与氟烷合用的患者。

琥珀酰胆碱的禁忌证包括恶性高热易感性和家族史、对琥珀酰胆碱过敏、烧伤、最近严重创伤、长期卧床、脊髓损伤及上或下运动神经元损伤、高钾血症、贯穿性眼外伤，血浆胆碱酯酶异常等患者。

（二）非去极化肌松药

1. 维库溴铵（Vecuronium） 是单季铵甾类肌松药，因不释放组胺，所以适用于心肌缺血和心脏手术患者。维库溴铵主要在肝脏代谢和排泄，经肾排泄，肾功能衰竭时可通过肝消除来代偿，因此可应用于肾功能衰竭患者。其ED95为0.05mg/kg，起效时间4~6min，增加药量或用预给药量法可缩短起效时间。静脉注射ED95剂量90%肌颤搐恢复时间为30min，气管插管所需的药物剂量为0.07~0.15mg/kg，追加药量在神经安定镇痛麻醉为0.02mg/kg，吸入麻醉为0.05mg/kg。维库溴铵持续静脉滴注1~2μg/（kg·min），保持肌颤搐抑制90%，持续恒速静脉滴注于60岁以上成人及应用于1岁以下婴儿其恢复时间增加。维库溴铵的剂量即使超过0.1mg/kg，也无拟交感神经作用和解迷走神经作用。

2. 罗库溴铵（Rocuronium） 是起效最快的中时效甾类非去极化肌松药。作用强度为维库溴铵的1/7，时效为维库溴铵的2/3。罗库溴铵有弱解迷走神经作用，但在临床应用剂量并无明显的心率和血压变化。罗库溴铵不释放组胺，消除主要依靠肝脏，其次是肾脏。肾功能衰竭虽然血浆清除减少但并不明显影响其时效与药代动力学，而肝功能障碍可延长时效达2~3倍，老年人用药量应略减。ED95为0.3mg/kg，起效时间3~4min，时效10~15min，90%肌颤搐恢复时间30min。气管插管所需的药物剂量为0.60mg/kg，注药90s后可做气管插管，临床肌松维持45min。如作快速气管插管用量增至1.0mg/kg，待60~90s即可插

管，临床肌松时效延长达75min。此药尤其适用于琥珀酰胆碱禁用时做气管插管。

3. 阿曲库铵（Atracurium） 是合成的双季铵酯型的苄异喹啉化合物，其优点是通过非特异性酯酶水解和霍夫曼（Hoffman）消除自行降价，不依赖肝肾功能。阿曲库铵对神经肌肉接头的乙酰胆碱受体有高度选择性，并有弱交感阻滞作用，剂量超过临床应用量可能有迷走神经阻滞作用，大剂量快速静脉注射时（1mg/kg）因组胺释放而引起低血压和心动过速，还可能引起支气管痉挛。减慢静脉注射速度，控制用量以及在注药前先给抗组胺受体药可避免组胺释放所致的不良反应。阿曲库铵的ED95为0.2mg/kg，起效时间为4~5min，90%肌颤搐恢复时间为30min，增加剂量可缩短起效时间和延长时效，复合给药或持续静脉滴注无蓄积作用。气管插管所需的药物剂量为0.4~0.5mg/kg，时效维持25~40min，追加量在神经安定镇痛麻醉时为0.1mk/kg，而吸入麻醉时为0.07mg/kg。此药消除虽不受肝肾功能影响，适用于肝肾功能不全患者，但肾功能不全患者长时间及反复用药其恢复时间可能延长。急性肝衰患者的阿曲库铵的分布容积增加，但消除半衰期不变。持续静脉滴注速度为5~10μg/（kg·min）。

4. 顺式阿曲库铵（Cisatracurium） 是阿曲库铵10个异构体中的一个，既具有阿曲库铵非器官依赖性的代谢特点，又具有维库溴铵对心血管影响小的优点。其Hofmann消除的降解产物，在等效剂量时仅为阿曲库铵的1/3。年龄对顺式阿曲库铵影响小，故不同年龄患者使用安全。肝肾衰竭患者的顺式阿曲库铵药动学变化轻微，终末期肝病0.1mg/kg，除清除率和稳态分布容积略大外，其他药代动力学指标及肌松恢复情况与正常人相同。顺式阿曲库铵的突出优点是无组胺释放作用，心血管影响小。

顺式阿曲库铵ED95为0.05mg/kg，起效时间为剂量依赖型，0.1mg/kg（2倍ED95）为5min，而0.4mg/kg（8倍ED95）时为2min。与等效价阿曲库铵相比，起效时间延长（如2倍ED95时，延长0.5~2min）。顺式阿曲库铵作用时间与剂量相关，每增加2倍初始剂量，作用时间延长约25min，肌松恢复时间（25%~75%肌松恢复）与初始剂量无关，约为13min而无蓄积作用。

麻醉诱导剂量为 0.1~0.2mg/kg，老年和肝肾衰竭患者无需改变剂量，2~12 岁儿童首次剂量为 0.1mg/kg，起效快于成人，作用时间短、自然恢复快。术中追加剂量为 0.03~0.045mg/kg，可维持肌松 20min 左右。持续输注剂量为 1~2μg/（kg·min）。

（三）抗胆碱酯酶药

抗胆碱酯酶药暂时抑制分解乙酰胆碱的乙酰胆碱酯酶，增加在神经肌肉接头部乙酰胆碱浓度，促使神经肌肉兴奋传递恢复正常。抗胆碱酯酶药包括新斯的明、依酚氯铵和溴吡斯的明，其达到峰效应时间分别为 7~11min、1~2min 和 15~20min。

抗胆碱酯酶药逆转非去极化肌松药的效果与拮抗药的用量、拮抗药时肌松药作用强度及其自然恢复是否已经开始等因素有关。在肌松药开始自然恢复前应用拮抗药，不仅难以起到逆转效果，相反可能延长肌张力恢复时间。用抗胆碱酯酶药拮抗的效果与其药量有关，但药量有封顶效应，新斯的明剂量超过 0.7mg/kg、溴吡斯的明超过 0.28mg/kg 及依酚氯铵超过 1mg/kg，再加大剂量不能改善拮抗效果。用抗胆碱酯酶药拮抗中时效肌松药的效果好、恢复迅速。用于拮抗长时效肌松药所需拮抗药药量较拮抗短时效和中时效肌松药的拮抗药量大，且肌张力恢复慢。

抗胆碱酯酶药暂时可逆性地抑制乙酰胆碱酯酶，增加乙酰胆碱的作用不仅在神经肌肉接头的烟碱样胆碱受体，同样可以作用于毒蕈碱胆碱受体，致唾液分泌增多，肠蠕动增加以及心率减慢发生心动过缓，为防止这些不良反应抗胆碱酯酶药须与抗胆碱药合用，常用阿托品和格隆溴铵。阿托品 1min 起效，适合与依酚氯铵合用，阿托品 7μg/kg 与依酚氯铵 0.5~1.0mg/kg 合用。格隆溴铵 2~3min 起效，适合与新斯的明和溴吡斯的明合用，格隆溴铵 7μg/kg 与新斯的明 0.07mg/kg 合用。

舒更葡糖钠（Sugammadex）是新型肌松药拮抗剂，是一种经修饰的 γ- 环糊精寡糖，可拮抗不同深度的甾体类肌松药引起的神经肌肉阻滞。与目前常用的肌松拮抗药新斯的明相比，舒更葡糖对肌松药的拮抗更加直接、安全和快速。给予舒更葡糖钠 2mg/kg 能够快速逆转罗库溴铵的中度阻滞作用；舒更葡糖钠 4mg/kg 能够快速逆转罗库溴铵的深度阻滞作用；如在单剂量 1.2mg/kg 罗库溴铵给药后需立即（约 3min）逆转肌松作用，建议给予 16mg/kg 舒更葡糖钠。

五、局部麻醉药

局部麻醉药（local anesthetics）简称局麻药，是可逆性阻断神经冲动的发生和传导，使神经支配的部位出现暂时、可逆性感觉（甚至运动）丧失的药物。局麻药吸收或直接注射入血时可产生全身作用，血药浓度达一定水平时，可影响中枢神经系统、心血管系统及其他器官功能。局麻药通常可分为两大类：酯类局麻药包括普鲁卡因、氯普鲁卡因和丁卡因；酰胺类局麻药有利多卡因、布比卡因、丙胺卡因、罗哌卡因和依替卡因等。而短效局麻药有普鲁卡因、氯普鲁卡因；中效有利多卡因、甲哌卡因和丙胺卡因；长效有丁卡因、布比卡因、左旋布比卡因、罗哌卡因和依替卡因。

局麻药阻断神经细胞膜上的电压门控性 Na^+ 通道，使传导阻滞从而产生麻醉作用。局麻药的作用具有频率和电压依赖性。局麻药的作用与神经细胞或神经纤维的直径大小及神经组织的解剖特点有关，一般神经纤维末梢神经节及中枢神经系统的突触部位对局麻药最为敏感，细神经纤维比粗神经纤维更易被阻断，顺序通常为交感神经→冷觉→温觉→温度识别觉→钝痛→锐痛觉→触觉消失→运动神经（肌松）→本体感觉消失。

临床上选择局麻药首先考虑其三个特性：起效时间、作用强度和持续时间，而局麻药的分子结构决定其理化性质和药理性质。局麻药的起效主要决定于 pKa（pKa 是解离和非解离状态药物相等时的 pH），pKa 越小，麻醉起效越快。脂溶性的大小与局麻药的作用强度相关，脂溶性高者其麻醉强度也大。而蛋白结合率则与局麻药的作用时效相关，通常蛋白结合率越高，药物作用时间越长。总的来说，酰胺类局麻药起效快、弥散广、阻滞时间明显较长，临床应用更广泛。

广义的局部麻醉是指由于神经末梢兴奋性受抑制或周围神经传导被阻滞而引起的身体局限性区域感觉缺失。局部麻醉是指局麻药应用于身体局部，使得机体部分的感觉传导功能暂时性阻断,运动神经传导保持完好或同时有程度不等的阻滞状态,这种阻滞应是完全可逆的,不产生任何损害。将局麻药注入椎管的蛛网膜下腔或硬膜外腔,脊神经根受到阻滞使该神经根支配的相应区域产生麻醉作用,统称为椎管内麻醉。根据注入位置不同,可分为蛛网膜下腔阻滞、硬膜外阻滞、腰硬联合麻醉、骶管阻滞。蛛网膜下腔与腰段硬膜外联合阻滞麻醉,简称腰硬联合麻醉,不仅具有蛛网膜下腔阻滞起效迅速、镇痛和运动神经阻滞完善的优点,同时也可以经硬膜外导管间断给药以满足长时间手术需要,是目前最常用的椎管内麻醉技术。应用局麻药进行周围神经阻滞具有对机体影响小,恢复快等优点,应用超声可实现神经阻滞的可视化。

局麻药中毒是指血液中局麻药的浓度超过一定水平而引起中枢神经系统和心血管系统的异常反应。大多数局麻药中毒最开始常表现为中枢神经系统的兴奋,会出现耳鸣、口周麻木、视力模糊或金属味觉等。随着血药浓度的升高,进展为运动性抽搐,甚至由于选择性阻滞了抑制性神经元而导致癫痫大发作。当药物浓度极高时,兴奋性神经元也被抑制,导致意识不清。最常见的中枢神经系统症状为惊厥或意识消失。高浓度的局麻药可出现剂量依赖性的心肌抑制,心动过缓和低血压常为首发表现,并可发展为各种恶性心律失常及心脏停搏。一般局麻药的中枢神经系统毒性出现先于心脏毒性,但布比卡因相反。

对局麻药中毒治疗措施选择取决于其严重程度,程度较轻的可自行缓解。局麻药引起的癫痫发作应保持气道通畅,务必保证充分供氧,静脉给予咪达唑仑或丙泊酚大多可终止发作,必要时应用肌松剂,但要给予气管插管以控制气道。一旦出现心脏毒性的表现,立即开展基础或高级生命支持,尽早使用脂肪乳剂。20% 脂肪乳剂使用剂量为:首次剂量 1ml/kg,静脉推注 1min 以上,可重复给药,间隔 3~5min,但应每次≤3ml/kg。如果心跳恢复且稳定,以 0.25/(kg·min)持续静脉注射,直至血流动力学稳定。

应用局麻药注意事项包括局麻药的安全剂量、在局麻药溶液中加用肾上腺素等缩血管药物以减慢吸收和延长麻醉时效、防止局麻药误注入血管内,必须细心抽吸注意有无血液回流;在注入全剂量前,可先注入试验量以观察反应、操作时仔细观察患者,与之充分交流,警惕毒性反应的先驱症状。地西泮和其他苯二氮䓬类药抗惊厥作用确切,且对循环干扰较小,是有效的预防药物。

(一)普鲁卡因(Procaine)

普鲁卡因的局麻时效短,一般仅能维持 45~60min;pKa 高,在生理 pH 范围呈高离解状态,故其扩散和穿透力都较差。普鲁卡因具有扩张血管作用,从注射部位迅速吸收,表面麻醉效能差。

0.25%~1.0% 普鲁卡因溶液,适用于局部浸润麻醉,其他神经阻滞则可用 1.5%~2.0% 溶液,一次注入量以 lg 为限。3%~5% 溶液可用于蛛网膜下腔阻滞,一般剂量为 150mg。行局部浸润或神经阻滞时可加入 1∶300 000~1∶200 000 肾上腺素。静脉复合麻醉则可用 1.0%~2.0% 溶液。

(二)丁卡因(Tetracaine)

丁卡因是一种长效局麻药,起效时间需 10~15min,时效可达 3h 以上。丁卡因的麻醉效能为普鲁卡因的 10 倍,毒性也为普鲁卡因的 10 倍,而其水解速度较普鲁卡因慢 2/3。

眼科常以 1% 等渗液作角膜表面麻醉,鼻腔黏膜和气管表面麻醉常用 2% 溶液。硬膜外腔阻滞可用 0.2%~0.3% 溶液,一次用量不超过 40~60mg,但目前已很少单独应用。常用的是与利多卡因的混合液,可分别含有 0.1%~0.2% 丁卡因与 1.0%~1.5% 利多卡因,具有起效快、时效长的优点。蛛网膜下腔阻滞只能应用特制的丁卡因粉剂,一般为 10mg;可用 1% 葡萄糖液、麻黄碱、脑脊液各 1ml,配制成 1∶1∶1 重比重溶液,成人剂量 8~10mg(即 2.5~3.0ml),一般时效可达 120~180min。

(三)利多卡因(Lidocaine)

利多卡因具有起效快、弥散广、穿透性强、无明显扩张血管作用的特点。其毒性随药物浓度而增加,除可用于麻醉目的外,可以静脉注射或静脉滴注,治疗室性心律失常。

口咽及气管表面麻醉可用 4% 溶液(幼儿则用 2% 溶液),用量不超过 200mg,起效时间为 5min,可维持 15~30min。0.5%~1.0% 溶液用于局部浸润麻醉,时效可达 60~120min,依其是否加用肾上腺素而定。神经阻滞则用 1%~1.5% 溶液，起效需 10~20min，可维持 120~240min。硬膜外和骶管阻滞则用 1%~2% 溶液，出现镇痛作用需（5.0±1.0）min，达到完善的节段扩散约需（16.2±2.6）min，时效为 90~120min。用于蛛网膜下腔阻滞时，由于阻滞的范围不易调节，在临床上并不常用。神经阻滞和硬膜外阻滞，成人一次用量为 400mg，加用肾上腺素时极量可达 500mg。

（四）布比卡因（Bupivacaine）

布比卡因的镇痛作用时间比利多卡因长 2~3 倍。临床常用 0.25%~0.75% 溶液，成人安全剂量为 150mg，极量为 225mg。布比卡因适用于神经阻滞、硬膜外阻滞和蛛网膜下腔阻滞。

0.25%~0.5% 溶液适用于神经阻滞，0.5% 等渗溶液可用于硬膜外阻滞，但对腹部手术的肌松效果不够满意，起效时间为 18min，时效可达 400min。0.75% 溶液用于硬膜外阻滞，其起效时间可缩短，且运动神经阻滞更趋于完善，适用于外科大手术。0.125% 溶液适用于分娩时镇痛或术后镇痛，对运动的阻滞较轻。

（五）左旋布比卡因（Levobupivacaine）

左旋布比卡因的效能与布比卡因相似，感觉与运动神经阻滞的起效时间与布比卡因没有显著差异，但感觉神经阻滞平均时间要比布比卡因长。建议临床应用左旋布比卡因一次最大剂量为 150mg，24h 最大用量为 400mg。

（六）罗哌卡因（Ropivacaine）

罗哌卡因是一种新型酰胺类局麻药，其药理特性介于利多卡因与布比卡因之间，神经阻滞效能大于利多卡因而小于布比卡因。但罗哌卡因对 Aβ 和 C 神经纤维的阻滞较布比卡因更为广泛，对感觉纤维的阻滞优于运动纤维，有感觉与运动阻滞分离的特点。对心脏兴奋和传导抑制均弱于布比卡因，罗哌卡因的心脏和神经毒性均显著低于布比卡因。罗哌卡因与左旋布比卡因是当前使用最广泛的两种新型长效局麻药。

适用于神经阻滞和硬膜外阻滞，常用 0.5%~1.0% 溶液，0.5% 溶液适用于产科阻滞或镇痛，可避免运动神经的阻滞。起效时间 5~15min，感觉时间阻滞可达 4~6h，加用肾上腺素不能延长运动神经阻滞时效。

第二节　疼痛用药

一、疼痛的定义和发生机制

（一）定义

疼痛不仅可能是机体的保护性反射，也可能是各种急、慢性疾病的体征。国际疼痛研究协会（International Association for the Study of Pain, IASP）将疼痛定义为"一种与实际或潜在组织损伤相关的、不愉快的感觉和情绪体验，或患者关于此类损伤的描述"。该定义强调疼痛是一种主观体验，有时患者的疼痛严重程度似乎不等于组织损伤的程度。

患者对疼痛的感知受环境、情感、文化、精神和认知等诸多因素的影响，而慢性疼痛不仅影响患者的身体健康，也可能影响其心理健康、社交以及与亲人的关系。所有生物因素（组织损伤）、心理因素（期望、焦虑、抑郁）和社会因素（强化、条件反射）共同影响疼痛的持续状态和行为。由此有学者提出疼痛的"生物 - 心理 - 社会学"这一概念，并提示社会性和躯体性疼痛体验和调节可能有一个共同的神经解剖学基础。而多模式疼痛治疗应包括生理、心理和社会技能等多个方面，并强调患者的主动参与，从而通过改善患者的功能和健康状况使其恢复健康。

（二）发生机制

伤害性刺激或疼痛的产生包括伤害感受器的痛觉传感（transduction）、脊髓背角、脊髓丘脑束等上行束的痛觉传递（transmission）、皮层和边缘系统的疼痛整合（interpretation）、下行控制和神经介质的疼痛调控（modulation）四个阶段。

痛觉传感是外周受体（游离神经末梢）将伤害性刺激转变为电信号的过程。这些受体分别感知机械（挤压或压力）、化学（内源性或外源性）或温度（冷或热）刺激，当刺激强度超过伤害性刺激的阈值，这些受体就转变为伤害性感受器。伤害性感受器的激活可导致损伤部位释放炎症前介质（组胺、P 物质、前列腺素、缓激肽和血清素）和免疫介质（肿瘤坏死因子、神经生长因子、白介素和干扰素）。这些介质使得伤害性感受器更加敏感，损伤部位及周围的疼痛阈值降低，导致外周敏化。而致敏的伤害性感受器可能对较弱刺激即可产生疼痛信号，即为痛觉过敏。

伤害性感受器产生的疼痛信号，由初级传入神经（有髓鞘的 Aδ 纤维和无髓鞘的 C 纤维）通过脊髓背角传递至中枢神经系统。Aδ 纤维负责快速传导热和机械刺激，产生尖锐或刺伤的感觉，机体因此产生反射信号，如肌肉骨骼收缩，以防止进一步的伤害。C 纤维传导速度慢，导致隐痛和灼烧感等，C 纤维的长时间持续兴奋可能导致机体对伤害性刺激的感知强度产生额外影响，称为上扬效应（wind-up）。

在脊髓背角水平，初级传入神经元兴奋导致钙离子内流，进入突触前末梢，同时释放兴奋性氨基酸（EAAs），如谷氨酸，进入突触内。而 C 纤维也释放 P 物质、神经激肽和降钙素基因相关肽（CGRP）等肽类。EAAs 进一步激活后受体和中枢神经系统中的二级神经元。NMDA 受体通道由钠离子和钙通道介导，而镁离子使得通道保持关闭状态。当初级传入神经元持续兴奋时，镁离子移位，激活 NMDA 受体，使得二级神经元的敏感性增加并持续火化，最终导致激发阈值降低，即使轻微的伤害性刺激（痛觉过敏）和非伤害性刺激（痛觉异常）也可能导致二级神经元持续活化。NMDA 受体在脊髓背角水平或脊髓上区域的激活可能与上扬效应以及中枢敏化（对伤害性刺激的阈值降低或反应增强）有关，最终导致慢性疼痛状态。初级传入神经元长期激活可能引起中枢神经系统对疼痛感觉阈值的可塑性（适应性）改变，出现中枢敏化。

神经胶质细胞是突触和中枢神经系统内疼痛传播的主要因素之一，不仅是突触稳态的支持细胞，而且在神经递质的合成、释放和摄取中也有重要作用，是神经系统和免疫系统之间的连接。创伤、感染、药物或毒素引起的神经损伤使得周围神经蛋白激活，引发免疫反应，从而激活胶质细胞，引起细胞因子和炎症介质释放，进一步导致外周敏化。慢性疼痛可导致神经胶质细胞增生和炎症介质释放，加重中枢致敏。胶质细胞和 NMDA 受体也可能被某些药物激活，如阿片类药物，这可能与阿片类药物的耐受性、依赖性、成瘾性以及阿片类药物导致的痛觉过敏有关。

伤害性信号到达中枢神经系统（通常在脊髓水平），通过脊髓丘脑束上行至丘脑，并进一步从第三神经元投射到大脑脑干、间脑（包括丘脑）、初级和次级躯体感觉皮层和额叶等区域。机体在躯体感觉皮层对疼痛的位置、持续时间和强度等信息进行整合。第三神经元也投射到边缘系统，参与疼痛的情感成分。当大脑处理并整合伤害性刺激后，患者即可感觉到疼痛。

二、疼痛的分类及治疗原则

（一）分类

疼痛可以从很多方面进行分类。按疼痛的程度可分为轻度疼痛、中度疼痛和剧烈疼痛。

按照疼痛的病程可分为急性疼痛和慢性疼痛。急性疼痛是由受伤或疾病引起，通常具有明确原因和位置，随着损伤愈合，疼痛预计会在数小时、数天或数周内减轻。慢性疼痛是无明显生理改变而持续时间已超过正常组织愈合时间（通常为三个月）的疼痛，其特征是持续性疼痛，持续时间超过疾病或损伤的愈合，对患者的健康、功能水平和生活质量产生不利影响。慢性疼痛可分为慢性癌痛（与癌症及其治疗有关）和慢性非癌痛。

按疼痛的组织器官、系统可分为：躯体痛（疼痛部位在浅部或较浅部，局部性、疼痛剧烈、定位清楚）、内脏痛（深部痛，性质隐痛、胀痛、牵拉痛或绞痛，定位不准确）和中枢痛（脊髓、脑干、丘脑和大脑皮质等神经中枢疾病出现的疼痛）。

按疼痛在躯体的解剖部位可分为头痛、颌面痛、颈项痛、肢体痛、胸痛、腹痛、腰背痛、肛门会阴痛等。

按病理学特征疼痛可以分为炎性疼痛（由直接伤害性刺激造成，是机体防御机制的关键组成部分，与组织损伤或炎症有关）和神经病理性疼痛（外周或中枢神经系统损伤所致，与损伤区域外触觉和温觉反应异常有关，如复杂区域疼痛综合征、幻肢痛、糖尿病神经病理性疼痛、三叉神经痛和带状疱疹后神经痛等）。

（二）治疗原则

疼痛治疗方法包括药物治疗、神经阻滞治疗、物理疗法、心理疗法、手术治疗和辅助治疗等。其中药物治疗是疼痛治疗最基本、最常用的方法，目前临床主要的疼痛治疗药物以非甾体抗炎药和以可待因为代表的阿片类药物为主，其他有抗抑郁药、神经安定药、激素等。神经阻滞是指在末梢的脑、脊神经（或神经节）、交感神经节等神经内或神经附近注射药物或以物理方法阻断神经传导功能。神经阻滞一定程度上克服了全身药物治疗带来的副作用，是疼痛治疗中的一个重要手段。物理疗法是应用自然界和人工的各种物理因素作用于机体，达到治疗和预防疾病的目的。主要包括电疗法（直流电离子疗法，低频电流疗法，静电疗法）、光线疗法（红外线疗法、可见光疗法、紫外光疗法、激光疗法、超声波疗法）和水疗法（各种温热疗法、冷冻疗法）等。心理疗法包括行为疗法、心理动力学疗法、支持疗法、催眠暗示疗法、放松疗法等，适用于疼痛随心理失调而发生或因疼痛而使患者背负沉重心理和情绪上的患者。常用的治疗疼痛的手术方法为：脊神经后根切断术、脊髓前外侧束切断术、前联合切除术、交感神经切除术、垂体破坏术、皮层毁损术、三叉神经感觉根及其末梢切断术等。另外还有中医中药、针灸推拿疗法、按摩疗法、电刺激疗法等辅助疼痛治疗方法。

对于所有类型的疼痛，应结合多种疗法进行治疗。治疗计划必须针对包括年龄、合并症（如肾病和肝病）、给药途径、复合用药（重复或药物相互作用）、实验室异常和费用等因素进行综合评估。

慢性疼痛的共同治疗目标是有效且持久地减轻/控制疼痛，同时提高整体功能和与健康有关的生活质量。其目的不仅是优化疼痛治疗、更强调增强患者功能、促进患者生理和心理健康、提高患者生活质量以及减小药物不良反应。由于慢性疼痛对机体的影响呈现多维性质，包括对身体、认知、心理和行为等多方面影响，任何一种治疗本身很少足以实现这些目标，因此，慢性疼痛适合采用多模式治疗，即多模式镇痛、多学科联合、长期管理的慢性疼痛治疗方法。多模式即治疗慢性疼痛的方法至少 >1 种，多学科联合即多个学科的治疗计划中体现多模式镇痛，长期管理即患者的疼痛和健康状况可能随时间推移而改变，因此需要定期随访评价的长期管理方法，定期重新评估患者状况和治疗方案。

三、镇痛药分类及作用机制

镇痛药通过干扰神经系统伤害性刺激的产生和/或传递，达到减轻疼痛感觉的治疗目标。目前用于治疗慢性疼痛的药物包括阿片类药物、抗抑郁药、抗惊厥药、非甾体抗炎药、苯二氮䓬类药物、NMDA 受体拮抗剂、肌松药等。

（一）阿片类药物

目前认为，阿片类药物（opioids）是治疗急性重症疼痛和癌痛的最有效药物，控释或缓释的阿片类药物（如吗啡，可待因和羟考酮）可有效地缓解腰痛或者神经病理性疼痛，即释型的、透皮吸收型的和舌下含服型的阿片类药物（应用 2 周 ~3 个月）可以缓解背部、颈部和下肢的疼痛，以及神经病理性疼痛。

阿片类药物通过与阿片受体结合发挥镇痛作用，临床上大多数药物主要是通过和 μ 受体结合，κ 受体激动剂主要在脊髓水平发挥镇痛作用。阿片类药物作用在脑干和脊髓中特异性阿片受体，正常情况下该类受体由内源性配体即内啡肽激活。阿片类药与受体结合，可抑制腺苷酸环化酶的活性，导致神经元超极化，并抑制自发放电和诱发电位。阿片类药物可干扰钙离子的跨膜转运，并干扰神经递质如乙酰胆碱、多巴胺、去甲肾上腺素和物质 P 的释放。抑制神经末梢乙酰胆碱的释放是阿片类药物镇痛活性的基础。

阿片类药物最常见的副作用是便秘、恶心和镇静，还可能影响老年患者的认知与行为功能。慢性疼痛治疗中，必须考虑长期给予完全激动剂可能出现的耐受性和生理依赖性，突然停药或者使用拮抗剂可导致戒断综合征。耐受性指药物的效应在反复给予相同剂量药物后降低，或需要增加剂量来产生相同药效的现象。阿片类药物的全部效应（如镇痛、恶心、呼吸抑制镇静及便秘）均可形成不同程度的耐受。阿片类药物停药后可能诱发痛觉过敏，可能与阿片类药物代谢产物的神经兴奋作用相关。同时还应考虑到的风险包括免疫能力变化、性功能减退等，因此不推荐作为常规一线药物。同时因阿片类药物有效剂量的个体化差异很大，故应针对不同患者进行个体化治疗。

曲马多是 μ 受体的弱非阿片类激动剂，同时具备一些三环类抗抑郁药物（TCAs）的特性，可抑制 5- 羟色胺和去甲肾上腺素的再摄取，其镇痛作用要弱于强 μ 受体阿片激动剂（如吗啡和羟考酮）。曲马多的副作用与阿片类药物相似，例如呼吸抑制和便秘,长期使用可导致躯体和心理依赖,也可降低癫痫发作的阈值。曲马多的初始剂量可以是每日50mg,一次或者分两次服用,如果肝肾功能正常,可逐渐增加药量至每日400mg,老年人可增加至每日300mg,应用4~6周可以有效地缓解疼痛。

美沙酮是一种人工合成的阿片类镇痛药物,其止痛机制除了与阿片受体作用外,还具有NMDA受体拮抗剂的作用。美沙酮的优点包括口服和直肠吸收生物利用率高达95%、药效强、脂溶性强、费用低、不产生活性代谢产物。美沙酮半衰期长,镇痛效应可以持续6~8h,但不稳定,因此需注意初始给药时低剂量和缓慢逐渐增加剂量,重复给药时其作用时间可以持续8h以上。推荐起始剂量为2.5mg,每8小时1次,剂量的增加频率应小于每周1次,老年人和肝肾功能不全的患者应更谨慎。

(二)抗抑郁药物

抗抑郁药物(antidepressants)可分为两类:三环类抗抑郁药物(tricyclic antidepressants TCAs)和非三环类抗抑郁药物,包括选择性5-羟色胺再摄取抑制剂(selective serotonin reuptake inhibitor, SSRI)、5-羟色胺和去甲肾上腺素再摄取抑制剂(serotonin norepinephrine reuptake inhibitor, SNRI)、去甲肾上腺素和特异性5-羟色胺抗抑郁药(norepinephrine selective serotonin antidepressant, NSSA)、去甲肾上腺素再吸收抑制剂(norepinephrine reuptake inhibitor, NRI)、单胺氧化酶抑制剂(monoamin oxidase inhibitor, MAOI)。常用药物有阿米替林,地昔帕明、去甲替林和丙米嗪。中枢神经系统的下行抑制通路通过5-羟色胺和去甲肾上腺素调节对疼痛的感知,5羟色胺是与疼痛处理相关的单胺类神经递质。这些药物通过阻断5-羟色胺和去甲肾上腺素的再摄取,激活脊髓及大脑中内源性单胺能疼痛抑制机制。此外,三环类抗抑郁药还具有拮抗NMDA受体、提高内源性阿片水平、阻断Na^+通道以及开放K^+通道的作用。这些作用可抑制外周及中枢神经系统敏化,从而缓解疼痛,其镇痛作用与抗抑郁作用无关。这类药物对头痛疗效好,尤其是伴有抑郁的头痛,其中阿米替林最常用。阿米替林预防成人偏头痛的剂量是每晚10mg,逐渐

增加至维持量每晚50~70mg,其副作用在于抗胆碱能带来如口干,便秘,尿潴留,以及直立性低血压等。SNRI药物中的米那普伦可用于纤维肌痛患者,度洛西汀和文拉法辛可用于治疗周围神经病理性疼痛。恶心是最常见的副作用,肝毒性的风险与其他抗抑郁药物相似。SSRI对于慢性疼痛的治疗作用还未明确,西酞普兰和帕罗西丁可能有效治疗糖尿病神经病理性疼痛,SSRI在镇痛方面并不如TCAs和SNRI那么有效。

总之,应用三环类抗抑郁药物可有效缓解各种类型的慢性疼痛,副作用包括口干,嗜睡或者镇静状态。应用SNRI可以有效地缓解各种类型的慢性疼痛,而SSRI可以有效缓解糖尿病性神经病理性疼痛。

(三)抗惊厥药物

抗惊厥药物(anticonvulsants)用于治疗由周围神经系统损害(如糖尿病和疱疹)或中枢神经系统损害(如脑卒中)所导致的神经病理性疼痛,也用于偏头痛的预防。抗癫痫药物的作用机制包括通过阻断病理性活化的电压敏感性Na^+通道(卡马西平,苯妥英钠,拉莫三和托吡酯),以及阻断电压依赖性Ca^{2+}通道(加巴喷丁和普瑞巴林),从而增强神经细胞膜的稳定性,抑制突触前兴奋性神经递质的释放(加巴喷丁和拉莫三嗪)以及提高GABA受体的活性(托吡酯)。

卡马西平是治疗原发性三叉神经痛的首选药物,还可用于糖尿病性神经病理性疼痛。服用卡马西平时应注意从小剂量开始,逐渐加量,每日300~1 200mg,分2~4次服用,疗程最短1周,最长2~3个月。常见的副作用有头晕、嗜睡、乏力、恶心、呕吐,偶见粒细胞减少、可逆性血小板减少。奥卡西平与卡马西平作用机制相似而副作用较少,将来可能替代卡马西平。拉莫三嗪是新型抗惊厥药物,作用机制是通过电压门控的阳离子通道抑制谷氨酸的释放,可用于三叉神经痛和糖尿病性神经病理性疼痛。

加巴喷丁和普瑞巴林是抑制性神经递质γ-氨基丁酸(GABA)的结构类似物,都可与电压门控性钙离子通道的$\alpha_2\delta$亚单位结合,从而抑制钙离子内流,减少谷氨酸、去甲肾上腺素、5-羟色胺、多巴胺和P物质等兴奋性神经递质释放,降

低神经突触兴奋性，达到抑制痛觉过敏和中枢敏化的目的，可作为带状疱疹后神经痛和糖尿病性神经病理性疼痛的一线用药，对于脊髓损伤和脑卒中后中枢神经病理性疼痛也有效。加巴喷丁的药代动力学非常复杂，而且是非线性的，因此应从低剂量开始，逐步增加剂量，直到疼痛的缓解。普瑞巴林的药代动力学和用药剂量更简单，每日150mg作为起始剂量，每日分为2~3次服用，1~2周逐渐增加剂量到每日300mg。两种药物可产生剂量相关性的头晕、嗜睡及镇静状态。

（四）苯二氮䓬类药物

地西泮是最常用于治疗肌肉痉挛性疼痛的苯二氮䓬类药物（benzodiazepines）。地西泮除了抗焦虑、抗癫痫的催眠药，同时还有解痉作用。一般认为地西泮的肌肉松弛作用是因为增强了GABA的作用，后者介导脊髓和神经索上的突触前抑制。但由于具有镇静和依赖性的副作用，限制了长期应用。

（五）NMDA受体拮抗剂

兴奋性神经递质谷氨酸在组织损伤时激活NMDA受体，因此NMDA受体在脊髓疼痛处理中起着重要作用，依靠受体激活导致神经系统出现过度兴奋状态并增加疼痛的感觉。NMDA受体拮抗剂（NMDA receptor antagonists）通过抑制中枢敏化而缓解疼痛。NMDA受体由多个亚单位组成，一些亚单位与中枢神经系统功能相关，因此NMDA受体拮抗剂可能会产生非期望的拟精神病症状、记忆障碍、共济失调和运动功能不协调等副作用。

氯胺酮是NMDA受体非竞争性拮抗剂，结合在NMDA受体的苯环己哌啶结合位点，对已产生阿片类药物依赖的慢性疼痛患者可能有用。小剂量（亚麻醉）的氯胺酮被认为是安全的且能减少阿片类药物用量，但对于是否能降低阿片类药物的副作用存在争议。

美金刚是一种长效的口服NMDA受体拮抗剂，FDA批准其在阿尔兹海默氏症患者中使用。美金刚可用于慢性疼痛治疗如幻肢痛和阿片类药物耐受的癌痛。

（六）非甾体抗炎药物

非甾体抗炎药物（nonsteroidal anti-inflammatory drugs，NSAIDs）是一类具有解热、镇痛，多数还有抗炎、抗风湿作用的药物。炎症和组织损伤时在外周产生的前列腺素可激活外周伤害性感受，外周损伤同样可使脊髓神经元产生前列腺素。COX抑制剂通过抑制环氧化酶（cyclooxygenase，COX）的活性，从而抑制花生四烯酸最终生成前列环素（PGI2）、前列腺素（PGE_1、PGE_2）和血栓素（TXA_2）发挥作用，在中枢抑制COX能预防NMDA和AMPA（a-氨基3羟基5甲基异噁唑丙酸）受体活化以及中枢敏化的形成。COX分为COX-1和COX-2两类，两种酶都可以产生前列腺素，引起炎症。COX-1被认为是一类管家酶类，产生基础水平的前列腺素保护胃黏膜。因此，非选择性的NSAID抑制前列腺素生成的同时会引起一些严重的副作用，包括胃溃疡、肾功能障碍和出血倾向，增加对COX-2活性抑制的选择性，是降低NSAIDs的副作用，提高抗炎作用的有效方法之一。

NSAIDs可用于治疗肌肉和骨骼的慢性疼痛综合征，尤其是骨性关节炎和类风湿性关节炎。针对骨性关节炎指南推荐，应先给予对乙酰氨基酚或者外用的NSAIDs，当两者无效时考虑应用口服NSAIDs或COX-2抑制剂。所有口服的NSAIDs或者COX-2抑制剂具有相似的镇痛作用，但其潜在的胃肠道、肝和心脏毒性不同。另外，NSAIDs也可治疗慢性腰痛。NSAIDs和其他镇痛药联合使用常会出现胃肠道出血和溃疡、血栓形成（如心肌梗死或者脑梗死）、肾功能不全、水肿和哮喘发作等。长期应用外用NSAIDs制剂也可能会诱发胃肠道和血栓形成事件。

（七）骨骼肌松弛药

很多疼痛都与肌痉挛有关，例如常见的骨骼肌肌肉疾病和一些中枢神经系统疾病，因此治疗的目的首先在于减少或者解除肌痉挛，其次才是缓解疼痛。骨骼肌松弛药（skeletal muscle relaxants，SMRs）作为镇痛的辅助药物，可治疗骨骼肌肉疾病的急性疼痛和肌痉挛，但对于慢性疼痛的治疗效果不一致。单独应用SMRs药物，效果不如单独应用镇痛药物（如NSAIDs），然而两者联合应用效果优于两药单独使用的效果。

（八）外用药物

很多慢性疼痛的患者都伴有痛觉过敏或痛觉

超敏,外用药物(topical agents)可以作用于这些部位的局部皮肤,从而缓解疼痛。常用的外用药物包括利多卡因和辣椒素。外用型利多卡因(贴剂或凝胶)是通过阻断Na^+通道而发挥作用的,最佳的适应证是局部的周围神经病理性疼痛(如带状疱疹后神经痛),优点在于患者有很好的耐受性,最常见的副作用是局部轻微的反应。辣椒素是辣椒素受体激动剂,后者存在于初级伤害感受性传入纤维末端,初次应用时,具有兴奋性的作用,产生烧灼样疼痛和痛觉过敏,反复或者长期应用后,可使伤害感受器接受末端失活,可以减轻带状疱疹后神经痛和糖尿病性神经病理性疼痛。

四、疼痛的诊断和强度评估

(一)诊断

疼痛是一种症状,是机体对实际或潜在伤害做出的反应,是一种主观感受而不能进行客观衡量。疼痛的诊断主要依靠患者的主观描述,而疼痛诊疗人员应尽可能采取各种无创或有创检查明确疼痛病因。

(二)强度评估

疼痛是患者的主观感受,难以定量评估。疼痛诊疗人员首先应对患者进行全面的病史和体格检查。在疼痛病史方面,不仅需要关注患者的疼痛模式、持续时间、位置和疼痛性质,还应明确各种影响疼痛的药物和非药物因素,以及患者既往治疗及其效果。

疼痛诊疗人员可根据患者的沟通能力使用适当的疼痛量表对疼痛进行评估。对于急性疼痛的患者,一维疼痛量表通常更准确,最常用的包括以下三种。

1. 数字等级评定定量表(Numerical Rating Scale,NRS) 如图19-2-1所示,用0~10数字的刻度标示出不同程度的疼痛强度等级,"0"为无痛,"10"为最剧烈疼痛,4以下为轻度疼痛(疼痛不影响睡眠),4~7为中度疼痛,7以上为重度疼痛(疼痛导致不能睡眠或从睡眠中痛醒)。应该询问患者疼痛的严重程度并做标记,或者让患者自己圈出一个最能代表自身疼痛程度的数字。此方法目前在临床上较为通用。

2. 面部表情疼痛量表法(Face Pain Scale,FPS) 由六张从微笑或幸福直至流泪的不同表情的面部图形组成,分别表达从无痛、有点痛、轻微疼痛、疼痛明显、疼痛严重到剧烈痛的六种状态(图19-2-2)。

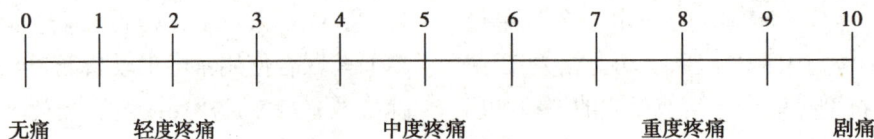

图19-2-1 数字评定量表示意图

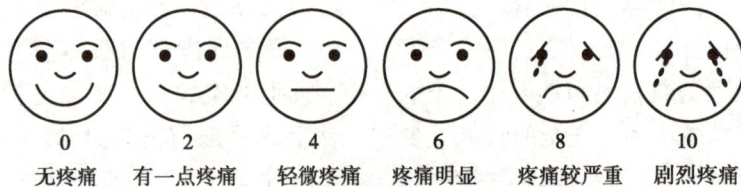

图19-2-2 面部表情疼痛量表示意图

3. 语言等级评定量表(Verbal Rating Scale,VRS) 将描绘疼痛强度的词汇通过口述表达为无痛、轻度疼痛、中度疼痛、重度疼痛。该方法的词语易于理解,可随时口头表达,沟通方便,满足患者的心理需求,但不适于语言表达障碍患者,可分为四级。

0级:无疼痛。

Ⅰ级(轻度):有疼痛但可忍受,生活正常,睡眠无干扰。

Ⅱ级(中度):疼痛明显,不能忍受,要求服用镇静药物,睡眠受干扰。

Ⅲ级(重度):疼痛剧烈,不能忍受,需用镇痛药物,睡眠受严重干扰,可伴自主神经紊乱或被动体位。

对于慢性疼痛患者,其疼痛症状随时间可能发生改变,因此推荐多维疼痛量表,以评估疼痛对睡眠、食欲、日常生活、工作和社交活动等影响。多维工具包括 McGill 疼痛问卷和简明疼痛评估量表(Brief Pain Inventory, BPI)。对于交流困难,如儿童、老年人、意识不清或不能用言语准确表达的患者,可应用面部表情疼痛量表(FPS)。

除了对患者进行身体和功能评估外,还应关注患者的心理评估,以排除其他精神疾病或进行必要的慢性疼痛的心理治疗。

五、疼痛治疗相关药物的合理应用

(一)术后疼痛

术后疼痛(postoperative pain)是机体受到手术伤害性刺激(组织损伤)后,包括生理、心理和行为方面出现的一系列反应,是临床最常见和最需紧急处理的急性疼痛,镇痛药物通常需覆盖最初的 24h。

术后疼痛的处理基础是正确的疼痛评估,可应用数字等级评定量表(NRS)、语言等级评定量表(VRS)和面部表情疼痛量表(FPS)等方式进行疼痛强度评估,并通过评价治疗药物或方法的疗效和不良反应由患者评估术后疼痛治疗效果。由于术后疼痛是一个多环节、复杂的过程,单一镇痛机制不足以提供最佳镇痛效果,目前多采用多模式镇痛,即联合使用作用机制不同的两种或多种药物,使镇痛作用相加或协同,以减少不良反应发生,加快或延长药物作用时间,与非药物性干预(如神经阻滞等)相结合的手段治疗术后疼痛。临床常用的多模式镇痛给药方案见表 19-2-1。

表 19-2-1　不同类型手术的多模式镇痛方案

手术类型	多模式镇痛方案
重度疼痛(开胸手术、上腹部手术、大血管手术、全膝关节置换术)	(1)对乙酰氨基酸和局部麻醉药切口浸润 (2)NSAIDs(除外禁忌证)与(1)或阿片类药物(或曲马多)的联合 (3)硬膜外局部麻醉药复合阿片类药物 PCEA (4)周围神经阻滞或神经丛阻滞,配合曲马多或阿片类药物 PCIA
中度疼痛(子宫切除术、颌面外科、髋关节置换术)	(1)对乙酰氨基酸和局部麻醉药切口浸润 (2)周围神经阻滞(单次或持续注射)或配合曲马多或阿片类药物 PCIA 或配合 NSAIDs(或帕瑞昔布)行静脉镇痛或 PCEA (3)NSAIDs(除外禁忌证)与(1)(2)联合 (4)硬膜外局部麻醉药复合阿片类药物 PCEA
轻度疼痛(腹股沟修补术、腹腔镜手术)	(1)对乙酰氨基酸和局部麻醉药切口浸润 (2)区域组织加弱阿片类药物或曲马多或必要时使用小剂量强阿片类药物静脉注射 (3)NSAIDs(除外禁忌证)与(1)(2)联合

(续表)

1. 常用药物　包括麻醉性镇痛药、非阿片类镇痛药和局部麻醉药等。

(1)麻醉性镇痛药:是治疗中、重度术后疼痛的最常用药物。弱阿片药物如可待因等,主要用于轻、中度术后镇痛。强阿片药物包括吗啡、芬太尼、舒芬太尼等,主要用于术后中、重度疼痛。激动 - 拮抗药布托啡诺、地佐辛等及部分激动药丁丙诺酮,主要用于术后中度疼痛的治疗,也可作为多模式镇痛的组成部分用于重度疼痛治疗。

(2)非阿片类镇痛药:对乙酰氨基酚是常用的解热镇痛药,除有抑制中枢的环氧合酶(COX)外,还有抑制下行的 5- 羟色胺(5-HT)能通路和抑制中枢一氧化氮(NO)合成的作用。对乙酰氨基酚常用剂量为每 6 小时口服 $6\sim10$mg/kg,日剂量不超过 3 000mg;作为多模式镇痛的组合成分时日剂量不超过 1 500mg。

NSAIDs 和选择性 COX-2 抑制剂具有解热、镇痛、抗炎、抗风湿作用,主要作用机制是抑制 COX 和前列腺素合成。口服 NSAIDs 药物可治疗术后轻、中度疼痛,是多模式镇痛的重要组成部分。氟比洛芬酯为 COX 抑制剂,手术结束前 15min 静脉推注(>1min),单次剂量 50mg,$3\sim4$ 次 /d,日剂量不超过 200mg。酮咯酸为 COX 抑制剂,手术结束后肌内注射或静脉推注(>15s),单次剂量30mg,以后15~30mg/6h,日剂量不超过120mg,连续用药不超过5d。帕瑞昔布钠为选择性COX-2抑制剂,推荐剂量为40mg静脉注射,间隔12h可重复给药,日剂量不超过80mg,也可于手术开始前15min静脉注射40mg。塞来昔布为选择性COX-2抑制剂,第1日首剂400mg口服,必要时可再口服200mg,随后根据需要,200mg/次,2次/d,也可术前30min~1h口服200~400mg。

静脉注射小剂量氯胺酮(0.2~0.5mg/kg)或术前口服普瑞巴林150mg或加巴喷丁(900~1 200mg)作为术后多模式镇痛的一部分,不仅可降低术后阿片类药物的用量,而且能降低患者术后的疼痛评分。

(3)局部麻醉药:常用于术后镇痛的局部麻醉药包括布比卡因、左旋布比卡因、罗哌卡因。布比卡因作用时间长,广泛用于术后镇痛,但药物过量易导致中枢神经系统和心脏毒性。左旋布比卡因的药理特性与布比卡因类似,但心脏毒性低于布比卡因。罗哌卡因的显著特点是"运动-感觉分离",即产生有效镇痛的药物浓度对运动神经阻滞作用相对较弱,同时毒性低于布比卡因和左旋布卡因,目前临床最为常用。

2. 给药方式 首选口服给药,尽量避免肌内注射,推荐采用患者自控镇痛(patient controlled analgesia, PCA)。

作为多模式镇痛的一部分,术前30~60min患者口服塞来昔布200~400mg,对于大手术或术后疼痛强度较剧烈及阿片耐受的患者,术前1~2h口服加巴喷丁600~1 200mg或普瑞巴林150~300mg,可减少术后阿片类药物的用量并降低患者术后疼痛评分。但不推荐在术前给予阿片类药物和非选择性NSAIDs药物。

术后给药方面,首选口服给药,尽量避免肌内注射。对于术后可口服给药的患者,若给予阿片类药物应优先选择口服制剂,短效制剂开始,剂量调整到理想镇痛及安全水平时,更换为长效阿片类药物。对于不能口服给药的患者,推荐采用患者自控镇痛,安全性和有效性均高于间歇性给药,且有利于术后迅速镇痛。

局部给药主要是应用局部麻醉药实施切口局部浸润、周围神经阻滞和椎管内术后镇痛。单独局部给药或局部给药联合NSAIDs(或阿片类药物)可降低或避免阿片类药物的不良反应,是四肢或躯体部位手术后的主要镇痛方法。周围神经阻滞适用于相应神经丛、神经干支配区域的术后镇痛,如肋间神经阻滞、上肢神经阻滞(臂丛)、椎旁神经阻滞、下肢神经阻滞(腰丛、股神经、坐骨神经和腘神经)等,使用导管留置持续给药,可以获得长时间的镇痛效果。硬膜外镇痛效果完善,对运动和其他感觉功能影响较小,尤适于胸及上腹部手术后镇痛。局部麻醉药中加入高脂溶性阿片类药物(如舒芬太尼)不仅可达到镇痛的协同作用,还可降低这两类药物的副作用,是目前最常用和配伍。

3. 患者自控镇痛(PCA) PCA具有起效快、血药浓度相对稳定、可通过单次注射及时控制暴发痛、患者满意度高等优点,是目前术后镇痛最常用和最理想的方法,适用于手术后中到重度疼痛。

(1)PCA常用参数:负荷剂量(loading dose)是手术后立刻给予,迅速起效。持续剂量(continous dose)或背景剂量(background dose)以保证术后达到稳定的、持续的镇痛效果。单次注射剂量(bolus dose)可迅速制止暴发痛。锁定时间(lockout time)可保证在给予单次注射剂量达到最大使用后,才能给予第二次剂量,避免药物过量。

(2)分类:根据不同给药途径PCA分为静脉PCA(PCIA)、硬膜外PCA(PCEA)、皮下PCA(PCSA)和周围神经阻滞PCA(PCNA)等。PCIA采用的主要镇痛药有阿片类药(吗啡、羟考酮、舒芬太尼、氢可酮、芬太尼、布托啡诺、地佐辛)和曲马多。常用PCIA药物的推荐方案见表19-2-2。PCEA常采用低浓度罗哌卡因或布比卡因等局部麻醉药复合芬太尼、吗啡、布托啡诺等药物(表19-2-3),适用于术后中、重度疼痛。舒芬太尼0.3~0.6μg/ml与0.062 5%~0.125%罗哌卡因或0.05%~0.1%布比卡因复合能达到镇痛而不影响运动功能,最适合于分娩镇痛和需功能锻炼的下肢手术。

表 19-2-2　常用 PCIA 方案

药物	负荷剂量	单次给药剂量	锁定时间	持续输注剂量
吗啡	1~3mg	1~2mg	10~15min	0~1mg/h
芬太尼	10~30μg	10~30μg	5~10min	0~10μg/h
舒芬太尼	1~3μg	2~4μg	5~10min	1~2μg/h
羟考酮	1~3mg	1~2mg	5~10min	0~1mg/h
布托啡诺	0.25~1mg	0.2~0.5mg	10~15min	0.1~0.2mg/h
曲马多	1.5~3mg/kg	20~30mg	6~10min	10~15mg/h

表 19-2-3　硬膜外术后镇痛方案

药物	PCEA 方案
局部麻醉药：罗哌卡因 0.15%~0.2%、布比卡因 0.1%~0.15%、左旋布比卡因 0.1%~0.2%、或氯普鲁卡因 0.8%~1.4% 阿片类药物：舒芬太尼 0.4%~0.8%μg/ml、芬太尼 2~4μg/ml 或吗啡 20~40μg/ml）	首次剂量 6~10ml，维持剂量 4~6ml/h，冲击剂量 2~4ml，锁定时间 20~30min，最大剂量 12ml/h

（二）癌性疼痛

癌性疼痛指癌症、癌症相关性病变及抗肿瘤治疗引起的疼痛。新诊断的癌症患者约 30% 出现疼痛，65%~80% 的晚期癌症患者会出现疼痛，36% 的癌症患者由于疼痛而影响生活。

癌痛主要是由于：①肿瘤本身的存在和进展，例如骨转移、空腔脏器梗阻和神经受压；②肿瘤的间接影响，例如代谢失平衡、感染以及静脉或淋巴回流受阻；③抗肿瘤治疗的后果，例如化疗、放疗或外科手术后的各种疼痛综合征；④与癌症无关的机制，例如偏头痛和胰周结构的局部侵犯容易引起背痛，因肿瘤侵犯腹腔神经丛、胆总管阻塞、腹膜后腔或胰腺筋膜引起。

癌痛由感觉成分、情感成分和心理成分组成。感觉成分是由机械性、化学性、放射性刺激或热能通过激活感觉神经末梢引起的伤害感受性疼痛。神经病理性疼痛是由肿瘤浸润、压迫或不同治疗措施造成的损害，导致神经元放电性质出现病理变化，通常表现为烧灼样、刺痛、麻木或瘙痒。心理成分通常包括恐惧、抑郁、生存问题、愤怒、社会和财务问题、社会支持，以及疼痛对家庭和看护者的影响。癌症本身的持续性疼痛会产生复杂、持久、不愉快的心理痛苦。疼痛的最终感受源自伤害感受性刺激和心理上的恐惧、愤怒、焦虑或抑郁。25% 的癌症患者在疾病过程中的某阶段符合严重抑郁综合征的诊断标准，心理上的痛苦最典型的表现是抑郁，而这些因素又影响整体的疼痛行为。

癌痛的评估应采取循序渐进的方法，包括询问病史、体格检查、收集实验室数据并最终得出临床诊断。具体包括：确定疼痛的特征，如疼痛部位、强度、性质、时间特点、加重/缓解因素、之前对镇痛药的反应以及病症缓解性治疗；疼痛对日常生活和心理状态的影响；相关症状；全面的体格检查；实验室数据和影像学资料。

1. 癌痛的治疗方法　癌痛的治疗方法分为四大类：病因治疗、镇痛药物治疗、非药物治疗、神经阻滞疗法及神经外科治疗。

（1）病因治疗：主要包括手术、放疗或化疗，并需有效治疗引起癌症患者疼痛的合并症或伴发症，如感染等。

1）手术治疗：根治性手术治疗是癌症治疗的主要方法。晚期及终末期癌症疼痛患者，大多为姑息性抗癌治疗。

2）放疗：放疗是抗癌治疗的有效手段，约 70% 的癌症患者在肿瘤病变的过程中需要进行放疗，可有效迅速缓解疼痛，控制肿瘤生长，降低病理性骨折发生率。姑息性放疗对患者的损伤相对较小，适于一般情况较差的晚期癌症患者。

3）化疗：化疗是癌症治疗的重要方法，也是癌症姑息治疗的有效方法。但对化疗敏感性差，尤其是终末期癌症患者，试图通过化疗缓解疼痛是不恰当的。

（2）镇痛药物治疗：是癌症疼痛治疗的主要方法（下文详述）。

（3）非药物治疗：包括心理治疗、物理治疗和仪器治疗等。

1）心理治疗：伴随癌症疼痛的常见心理行为包括焦虑、抑郁、害怕、失眠、恐惧、绝望和孤独感等，因而心理干预是癌症患者多模式癌痛管理的重要组成部分，常用的技术包括放松疗法、生物反馈、催眠、意象和认知行为治疗，可以帮助患者获得控制疼痛的感觉。

2）物理治疗：有助于辅助缓解疼痛，如：体力活动和运动、放松和按摩、捏脊手法、精神治疗、生物反馈和催眠、磁场和低功率激光治疗、经皮电刺激神经疗法、针刺等。

3）仪器治疗：有助于缓解组织僵硬、增加局部血流、帮助患者放松并减少镇痛药用量。这些治疗手段包括：皮肤刺激、体表热疗和冷疗、按摩、振动和按压。冷冻疗法可引起血管收缩、控制炎症并减少肌肉痉挛。体表热疗（温热疗法）通过传导或对流可以增加皮肤和体表脏器血流量。热疗亦会缓解关节僵硬，增加肌肉灵活性。

对于止痛药难以奏效或无法耐受止痛药不良反应、癌痛部位相对局限的顽固性重度癌痛患者，可以选择脊神经或周围神经阻滞、神经破坏疗法、神经阻断术等。

2. 癌痛的药物治疗

（1）癌痛的药物治疗原则：癌痛的规范治疗需要遵循世界卫生组织确立的三阶梯镇痛原则，即按阶梯给药、尽量口服给药、按时给药、给药个体化和注意具体细节等五项基本原则，根据疼痛程度及疼痛机制应用口服药物控制疼痛。

第一阶梯：应用非阿片类药物，加用或不加用辅助药物。

第二阶梯：如果疼痛持续或加剧，在非阿片类镇痛药基础上加用弱阿片类药物和辅助药。

第三阶梯：强阿片类药物与非阿片类镇痛药及辅助药物合用，直到患者获得完全镇痛。

第四阶梯：新增的第四阶梯方案用于缓解疼痛危象或持续性慢性疼痛，包括经椎间孔硬膜外注射激素、腰部经皮粘连松解术和神经破坏术，以及其他有创性操作。但应尽量维持无创性给药途径，因为无创性途径简单、方便、费用低（图19-2-3）。

除此之外还应注意：全面评估是合理选择镇痛方案的前提；阿片类药物是癌性疼痛治疗的核心药物，可用于疼痛的各个阶梯，而非甾体抗炎药和对乙酰氨基酚可作为各阶梯的辅助用药；根据疼痛的病因、机制，实施多模式、多学科联合治疗，必要时采用介入治疗；积极预防并治疗镇痛药物引起的不良反应；重视癌性疼痛患者的随访和疼痛的动态评估及影响疼痛的社会、心理因素。

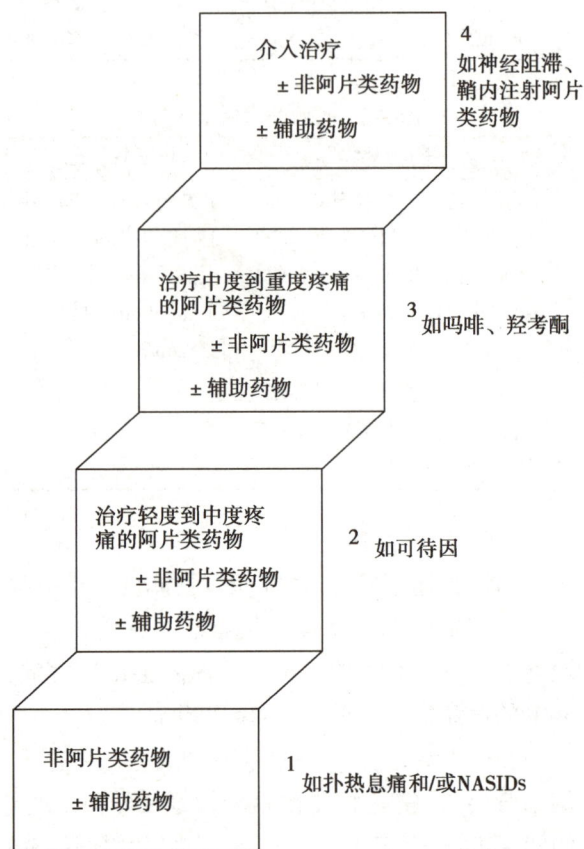

图 19-2-3 癌痛的阶梯治疗

（2）药物选择：主要包括非甾体抗炎药、阿片类药物和辅助药物。

1）非甾体抗炎药物和对乙酰氨基酚：是癌痛治疗的常用药物。不同非甾体抗炎药常用于缓解轻度疼痛，或与阿片类药物联合用于缓解中、重度疼痛。非甾体抗炎药具有封顶效应，如果需要长期使用或日用剂量已达到限制性用量时，应考虑更换为单用阿片类止痛药或只增加阿片类止痛药用药剂量。NSAIDs 的不良反应包括消化道溃疡及出血、血小板功能障碍、肝、肾功能障碍、过敏反应等。

2）阿片类药物：是中、重度癌性疼痛的首选治疗药物，疼痛诊疗人员应详细了解患者的阿片药物治疗史,将患者分为未使用阿片药物者及阿片药物耐受者,给予不同的镇痛方案治疗。给予止痛治疗后,应尽快进行全面的疼痛再评估,以满足患者对舒适度和功能需求的期望目标根据再评估结果制订后续的镇痛治疗。阿片类药物剂量达到稳态后,可改用长效制剂维持用药,同时准备短效阿片类药物以针对暴发性疼痛进行解救治疗。

阿片类药物的有效性和安全性存在较大个体差异,因此应逐渐调整剂量,即剂量滴定。初次使用阿片类药物的患者,建议使用吗啡即释片,根据疼痛程度,拟定初始口服剂量 5~15mg,每 4 小时 1 次或按需给药。如果疼痛不缓解,可于 1h 后给予滴定剂量:轻度疼痛剂量增加幅度≤25%;中度疼痛剂量增加幅度为 25%~50%;重度疼痛剂量增加幅度 50%~100%。密切观察疼痛程度、疗效及药物不良反应。第 1 日治疗结束后,计算次日药物剂量:次日总固定量 = 前 24h 总固定量 + 前日总滴定量。治疗时将计算所得的次日总固定量分 6 次口服,次日滴定量为前 24h 总固定量的 10%~20%。依法逐日调整剂量,直到疼痛评分稳定在 0~3 分。如果出现不可控的药物不良反应,疼痛强度低于 4 分,应考虑将滴定剂量下调 10%~25%,并重新评价病情。

对疼痛程度相对稳定的患者,可考虑使用阿片类药物控释剂作为背景给药,在此基础上备用短效阿片类药物,用于治疗暴发性疼痛。目前常用的长效阿片类药物包括吗啡缓释片、羟考酮缓释片和芬太尼透皮贴剂等,而羟考酮缓释片优于吗啡缓释片。滴定原则:低剂量开始,逐步调整。以羟考酮缓释片为例,对于 NRS ≥4 分患者,每 12 小时给予 1 次羟考酮缓释片 10mg,1h 后观察。如 NRS ≥7 分,采用即释吗啡片剂 10~15mg,口服;如 NRS 为 4~6 分,则给予 7.5~10mg 即释吗啡片口服;如 NRS ≤3 分,不需给药,每 2~3 小时观察。给予吗啡处理的患者 1h 后再次观察,根据疼痛控制情况给予上述处理,然后计算 24h 所使用的羟考酮及吗啡剂量,吗啡总量除以 1.5 或 2,再加上羟考酮用量即为 24h 羟考酮总剂量,除以 2 即为第 2 日的羟考酮缓释片起始剂量。采用控缓释制剂滴定具有方便、减轻工作量的优点。

在应用长效阿片类药物期间,应备用短效阿片类止痛药。当患者因病情变化,长效止痛药物剂量不足时,或发生暴发性疼痛时,立即给予短效阿片类药物,用于解救治疗及剂量滴定。解救剂量为前 24h 用药总量的 10%~20%。每日短效阿片解救用药次数 ≥3 次时,应当考虑将前 24h 解救用药换算成长效阿片类药按时给药。阿片类药物之间的剂量换算,可参照换算系数表 19-2-4。换用另一种阿片类药时,仍然需要仔细观察病情变化,并且个体化滴定用药剂量。如需减少或停用阿片类药物,应该采用逐渐减量法,一般情况下阿片剂量可按照每日减少 10%~25% 剂量,直到每日剂量相当于 30mg 口服吗啡的药量,再继续服用两天后即可停药。

表 19-2-4 阿片类药物换算方案

药物	非胃肠道给药	口服用药	等效剂量
吗啡	10mg	30mg	非胃肠道:口服=1:3
可待因	130mg	200mg	非胃肠道:口服=1:1.2 吗啡(口服):可待因(口服)=1:6.5
羟考酮	10mg	—	吗啡(口服):羟考酮(口服)=1.5~2:1
芬太尼透皮贴剂	25μg/h(透皮吸收)	—	芬太尼透皮贴剂 μg/h,q72h 剂量=1/2 口服吗啡 mg/d 剂量

阿片类药物的常见不良反应,包括便秘、恶心、呕吐、嗜睡、瘙痒、头晕、尿潴留、谵妄、认知障碍以及呼吸抑制等。应把预防和处理阿片类止痛药不良反应作为止痛治疗计划和患者宣教的重要组成部分。过度镇静和呼吸抑制可采用特异性 μ 受体拮抗药即纳洛酮以及氧气治疗。快速推注纳洛酮 1~4μg/kg 可以迅速逆转镇静、呼吸抑制和镇痛,以 2~4μg/kg 的速率持续静脉滴注,在逆转副作用的同时不会影响镇痛作用。恶心和呕吐应该使用甲氧氯普胺等止吐药进行治疗。便秘要采用包含缓泻剂和粪便软化剂的肠道配方治疗。甲基纳曲酮是一种外周 μ 受体拮抗剂,抑制肠道 μ 受体,不抑制中枢神经系统内的 μ 受体,研究中显示改善阿片类药物导致的便秘,但不会影响镇痛。

抗组胺药对治疗全身瘙痒反应良好,尽管瘙痒可能并不是由组胺释放所引起。

3)辅助药物:癌痛治疗中,辅助药物是指用于癌痛治疗的各种辅助药物,可用于癌痛阶梯治疗的任一阶段,可增强阿片类止痛药的镇痛作用,减少阿片类药物的毒性反应,改善临床症状。主要的辅助药物有抗抑郁药、抗癫痫药、皮质类固醇、α₂受体激动剂、NMDA受体激动剂、γ-氨基丁酸激动剂、局部麻醉药、苯二氮䓬类药物、镇静安眠药、骨骼肌松弛药等。

三环类抗抑郁药可用于中枢性、传入神经阻滞或神经病理性疼痛的治疗,增强阿片类药物的镇痛效果,或直接产生镇痛作用。最佳种类和剂量尚不清楚。阿米替林25mg,睡前服用,如无过度镇静及抗胆碱能不良反应,每隔3日增加剂量,最大剂量为150mg/d。不良反应包括口干、直立性低血压和中枢性病变(嗜睡、精神错乱)。治疗剂量尚能引起心血管不良反应,全身情况衰竭者慎用。当中断使用抗抑郁药时,应注意缓慢减药,防止发生戒断综合征。

目前应用的抗癫痫药包括经典的抗癫痫药(卡马西平、奥卡西平、苯妥英钠和丙戊酸钠)和非经典的抗癫痫药(加巴喷丁、普瑞巴林、拉莫三嗪和氯硝安定)。加巴喷丁和普瑞巴林可有效治疗神经病理性疼痛,联合应用加巴喷丁和阿片类药物治疗癌性疼痛比单独应用任何一种药物均有明显益处。加巴喷丁的缺点是口服生物利用度低,但衰竭患者对该药有较好的耐受性,剂量为900~1 800mg/d,每日3次。不良反应包括嗜睡、眩晕、乏力、共济失调;潜在严重不良反应包括骨髓抑制、肝功能异常等。普瑞巴林克服了加巴喷丁的低效力和非线性代谢的缺点。

糖皮质激素能够缓解许多癌性疼痛综合征的症状,包括骨转移引起的疼痛、来自脊髓压迫或肿瘤浸润神经引起的神经性疼痛、淋巴水肿或肠梗阻引起的疼痛、颅内压升高引起的头痛。糖皮质激素的镇痛作用是通过减轻疼痛敏感部位水肿或通过假性神经递质释放而发挥作用。临床常用地塞米松、泼尼松或甲强龙,但应警惕胃肠道出血、严重消化不良和念珠菌感染,与NSAIDs合用要注意不良反应的叠加问题。糖皮质激素治疗的最佳药物和剂量方案尚未确定,泼尼松或地塞米松的口服剂量分别是30~60mg/d及8~16mg/d。一旦症状改善,应减至最低有效剂量。不良反应包括免疫抑制作用、近躯体端肌肉疼痛以及精神症状等。

双膦酸盐类药物如狄诺塞麦双膦酸盐最初用于治疗癌症引起的高钙血症,在治疗骨源性疼痛,尤其是伴随骨转移和多发性骨髓瘤时也同样有效。可有效治疗恶性骨痛的双膦酸盐包括唑来膦酸和帕米膦酸。

(3)其他给药途径:当无创性(口服、皮下或静脉)途径不能有效控制疼痛、难以忍受的副作用限制药物剂量增加时,可以考虑应用以下途径注射不含防腐剂的药物。

1)鞘内途径:硬膜外、鞘内(蛛网膜下隙)或脑室内输注阿片类药物具有良好的镇痛效应,而不会出现运动、感觉或自主神经阻滞。由口服转换为鞘内途径时药物剂量减少,极大地减少了药物副作用,并改善镇痛和生活质量。口服吗啡和硬膜外吗啡效能比是1∶30,口服吗啡和鞘内吗啡效能比是1∶300。PCA技术也可用于硬膜外途径。吗啡是最常用的药物,也可联合使用其他阿片类药物、局部麻醉药、齐考诺肽、α受体激动剂等。鞘内注射阿片类药物可产生与口服或胃肠道外给药相同的副作用,如恶心、意识模糊和镇静。感染(脑脊膜炎和硬膜外脓肿)和血肿是可能的严重并发症,瘙痒和尿潴留比口服或胃肠道外用药更常见。

近年来患者自控镇痛装置的应用日益增多,植入式输注系统(Implantable Drug Delivery Systems, IDDS)主要用于需长期阿片类药治疗、药物剂量增加但效果欠佳、伴明显的药物不良反应导致无法继续药物治疗的患者。鞘内IDDS能够更好控制疼痛并减少药物不良反应,最终减少或者停止口服阿片类药。当然,IDDS的使用需要谨慎选择患者人群、小心控制剂量、持续监测患者并管理好输注泵。

2)周围神经阻滞:可在床旁或门诊超声引导下进行,用于治疗口服药物治疗无效或者无法耐受药物不良反应的慢性难治性癌痛患者。应用局部麻醉药进行周围神经阻滞能够最有效缓解疼痛,阻滞神经内分泌和应激反应,抑制炎症反应,减少阿片类药物的使用,同时所使用的局部麻醉药亦能够对肿瘤细胞产生直接作用,从而对肿瘤的预后产生有益的结果。目前最常用于癌痛及姑息治疗的周围神经阻滞包括：肋间神经阻滞、椎旁阻滞、胸壁神经阻滞、腹横平面阻滞、臂丛阻滞、股神经阻滞和坐骨神经阻滞。

3）神经毁损术：包括射频神经切断术、神经根切断术等，是指用化学药物（醇、酚）、热或低温的方法破坏神经传导通路。主要包括内脏神经阻滞、上腹下丛阻滞、三叉神经节破坏术、腰部交感神经阻滞等，可用于治疗内脏性癌痛、减少阿片类药物用量及相关不良反应。

总之，癌性疼痛治疗应遵循多学科综合治疗及个体化治疗原则。止痛治疗的各个阶段都应重视患者及亲属的宣教，为患者提供社会及心理支持。对于疼痛控制不满意的难治性疼痛患者要重新评估，必要时还要考虑换用其他阿片类药物并在此基础上加用辅助镇痛药物或采用非药物治疗方法，如鞘内给药、神经刺激、神经阻滞，以最大程度缓解疼痛，提高患者生活质量。

（刘慧丽　郭向阳）

参 考 文 献

1. 邓小明，姚尚龙，于布为，等.现代麻醉学［M］.第4版.北京：人民卫生出版社，2014.

2. 邓小明，曾因明，黄宇光，等.米勒麻醉学［M］.第8版.北京：北京大学医学出版社，2016.

3. 中华医学会麻醉学分会.成人日间手术后镇痛专家共识（2017）［J］.临床麻醉学杂志，2017，33（8）：812-815.

4. AMERICAN SOCIETY OF ANEDTHESIOLOGISTS. Practice guidelines for acute pain management in the perioperative setting：an updated report by the American society of anesthesiologists task force on acute pain managemen［J］.Anesthesiology，2012，116：248.

5. CANDIDO K D，KUSPER T M，KNEZERVIC N N.New Cancer Pain Treatment Options［J］.Curr Pain Headache Rep，2017，21：12.

6. 国家卫生健康委办公厅，国家中医药局办公室.癌症疼痛诊疗规范（2018年版）［J］.全科医学临床与教育，2019，17（1）：4-8.

第二十章　妇产科疾病

第一节　总　论

一、妇产科疾病概述

妇产科学是专门研究女性生殖系统生理、病理变化以及生育调控的一门临床科学，由妇科学、产科学和计划生育三大部分组成。主要涉及女性生殖器官疾病的病因、病理、诊断、防治，以及妊娠、分娩、产褥期的生理和病理变化、女性生殖内分泌、计划生育以及妇女保健等方面。

妇科学（gynecology）是一门研究女性在非孕期生殖系统的生理和病理改变，并对其进行诊断、治疗的医学学科。常见的妇科相关疾病包括：妇科学生理基础（女性生理变化、月经期生理和女性生殖内分泌等）、女性生殖器炎症（外阴、阴道、盆腔、子宫、宫颈、附件炎性疾病等）、生殖内分泌疾病（功能性子宫出血、闭经、多囊卵巢综合征、痛经等）、女性生殖器官损伤性疾病（子宫脱垂、生殖道瘘、压力性尿失禁等）、女性生殖器官发育异常及先天畸形、女性其他生殖器疾病（如子宫内膜异位症、子宫腺肌症和不孕症等）、女性生殖器肿瘤（外阴、阴道、宫颈、子宫、输卵管和卵巢等良性及恶性肿瘤等）。

产科学（obstetrics）是一门研究女性妊娠期、分娩期及产褥期过程中所发生的孕产妇及胎儿、新生儿的生理、病理改变，进行诊断、治疗的医学学科。产科学通常包括产科学基础（女性生殖系统解剖、女性生殖系统生理等）、生理产科学（妊娠生理、妊娠诊断、产前保健、正常分娩、正常产褥等）、病理产科学（妊娠病理、妊娠合并症、异常分娩、分娩期并发症、异常产褥等）、胎儿和早期新生儿学四大部分。随着临床医学和多学科协作的不断发展，现代产科学依托于医用电子学、细胞遗传

学、畸胎学、生物生理学、生物化学、药理药效学等，发展成为研究受精与受精卵着床、胚胎发育、胎儿生理与病理学、早期新生儿以及孕产妇保健、疾病诊断和防治的一门新兴学科。

计划生育（family planning）主要研究女性生育的调控，包括避孕、节育以及优生等。近几年我国的生育政策从计划生育变成了放开二胎政策。计划生育密切与妇幼保健、妇女健康相关。

二、妇产科疾病的治疗原则

妇产科学虽然包括妇科学、产科学和计划生育三部分，但三者却有着共同的基础，那就是均面对女性生殖系统的生理与病理，而且产科疾病和妇科疾病多有互为因果的关系。有些妇科疾病常常是产科发生问题后的延续。妇产科学不仅是临床医学，同时也是预防医学。做好产前检查能预防一些妊娠并发症的发生，做好分娩时处理能够预防难产和减少产伤。开展遗传咨询和遗传筛查及产前诊断能及早发现胎儿遗传性疾病和先天畸形。

2000年中华医学会妇产科学会正式加入国际妇产科联盟（Federation International of Gynecology And Obstetrics，FIGO），成为国际妇产科联盟的集体会员。在妇产科疾病的诊断、治疗主要参照 FIGO 发布的指南，以及结合最新的循证医学证据。

妇产科疾病的治疗应根据疾病涉及的相关系统和疾病类型不同遵循相应的治疗原则。首先是在不明病因的情况下，不建议应用可能影响病情判断的药物；其次是应根据药物的特点，与其他药物合并使用是否有相互作用，以及是否处于妊娠状态等因素综合考虑用药的安全性。妇科疾病中，肿瘤一般以手术治疗为主，近些年随着新的治疗药物不断成功研发并被投入临床使用，子宫腺

肌症、子宫内膜异位症等疾病更多使用药物进行治疗。妇科内分泌疾病中的治疗药物以性激素为主,在药物治疗时需要注意选择用药途径和平衡血栓发生的风险。

一些产科病理状态及合并症等需要药物进行治疗,例如抗早产药物、促进子宫收缩的药物。如用药不当,对孕妇、胎儿、新生儿可能产生不良影响,因此孕期和哺乳期应尽量减少药物应用。临床上应遵循"妊娠期无特殊治疗需要则不应用药"的原则,尤其在妊娠早期(前 12 周)。

如果孕妇已使用了某种可疑致畸的药物,应根据药品种类、用药时的胎龄、用药时间长度和暴露剂量等因素,综合评估对胎儿危害程度,提出合理的咨询建议。FDA 于 2008 年提出详细的妊娠期用药知情告知,包括以下内容:

(1)"胎儿风险总结":详细描述药物对胎儿的影响,如果存在风险,需说明这些关于风险的信息是来自人类还是动物。

(2)"临床考虑":包括药物的作用,特别是在不知晓已妊娠的妇女当中使用此种药物的信息,还包括用药剂量、并发症等信息。

(3)"数据":详细描述相关的动物实验或者临床研究,也就是第一部分的证据。

三、常用药物分类及作用机制

1. 促进子宫收缩药 本类药物主要能选择性地兴奋子宫平滑肌,由于药物类别、用药剂量以及子宫的生理状态不同,用药后可表现为子宫节律性或强直性地收缩。引起子宫节律性收缩的药物可用于产前的催产、引产;引起子宫强直性收缩的药物多用于产后止血或产后子宫复原。此外,有些药物也用于人工流产。常用的子宫收缩药物有垂体后叶制剂、麦角生物碱类和前列腺素类等。

(1)垂体后叶制剂:垂体后叶素,从动物脑神经垂体中提取,其成分除含有缩宫素(催产素)外,还含加压素(抗利尿激素)可致血压升高。可用于产后出血,偶用于宫缩无力时的催产。但由于其对子宫平滑肌的选择性不高,其作为子宫兴奋药的作用已逐渐被缩宫素所替代。缩宫素提取的制品中仅含少量加压素,而化学合成品中无加压素,目前常用于引产或催产,亦用于产后出血和子宫复原不全。该类药有缩宫素、卡贝缩宫素。

卡贝缩宫素为人工合成的缩宫素类似物,其作用和适应证与缩宫素基本相同。单剂量静脉注射对子宫的活性作用可维持约 1h,因此在子宫收缩的频度与幅度方面都比缩宫素更长,预防产后出血优于缩宫素。

(2)麦角生物碱类:如麦角新碱、甲麦角新碱,主要用于预防或治疗产后子宫出血或子宫复原不佳。麦角新碱对子宫平滑肌有高度选择性,作用强而持久,作用强弱与子宫的生理状态和用药剂量有关。与缩宫素不同,麦角新碱不仅对子宫底并且对子宫颈也有很强的收缩作用,剂量稍大即产生强直性收缩,故不适用于催产和引产。甲麦角新碱是麦角新碱的半合成衍生物,二者作用基本相同,对子宫平滑肌有选择性兴奋作用,可增强宫缩。与麦角新碱相比,甲麦角新碱对周围血管的效应很弱,血压极少升高。

(3)前列腺素类(PG):是一类具有广泛生理活性的不饱和脂肪酸,分布于身体各组织及体液,与生殖系统药理作用密切相关的是前列腺素 E_1(PGE_1)、前列腺素 E_2(PGE_2)和前列腺素 $F_{2\alpha}$($PGF_{2\alpha}$)3 种。前列腺素类药能选择性地兴奋子宫平滑肌,使其产生节律性收缩,并软化和扩张子宫颈,促使宫口开全和胎儿娩出,临床用于中期引产、足月妊娠引产及治疗性流产。

目前用于产科临床的 PG 除了有地诺前列酮(PGE_2)、硫前列酮(PGE_2 类似物)、地诺前列素($PGF_{2\alpha}$)、卡前列素氨丁三醇、吉美前列素(PGE_1 衍生物)外,尚有抗早孕药物卡前列甲酯(15-甲基 $PGF_{2\alpha}$ 甲酯)、米索前列醇(PGE_1 类似物),也均有收缩子宫的作用。它们除了用于抗早孕外,还可用于扩张宫颈及中期引产。多采用阴道用药。

(4)抗孕激素药:抗孕激素药米非司酮能与黄体酮受体及糖皮质激素受体结合,也可使宫颈舒张和引起子宫收缩,并且已经适用于促进宫颈成熟和引产。对各期妊娠均有引产效应,可作为非手术性抗早孕药。该药不能引发足够的子宫活性,但能增加子宫对前列腺素的敏感性,故加用小剂量前列腺素后既能减少前列素的不良反应,又可使完全流产率提高到 95% 以上。

2. 抗早产类药物(抑制子宫收缩药物) 可抑制子宫收缩,松弛子宫平滑肌,有利于胎儿在宫内生长,用于早产以延迟过早分娩。用于抑制子宫收缩、抗早产的药物有:β₂受体激动剂(利托君、沙丁胺醇、特布他林)、硫酸镁、钙离子通道阻滞剂(硝苯地平)以及某些孕激素类似物(烯丙雌醇)和缩宫素受体拮抗药(阿托西班)。β₂受体激动药首选皮下或静脉滴注,不良反应可见肺水肿,输注过程中应监测患者的心率和血压。阿托西班是缩宫素的肽类同系物,可在受体水平上对人催产素产生竞争性抑制,从而抑制宫缩、抗早产。其疗效较β₂受体激动剂差,但耐受性较好。

3. 退乳药物(降低泌乳素分泌药物) 泌乳素是产后开始和维持泌乳所必需的,但对于早产、死胎后或分娩后不需要或不宜哺乳者,在哺乳期外,泌乳素增加引起的病理性泌乳(溢乳)和/或造成闭经和不孕症等就需要抑制泌乳素释放的药物,用于预防和抑制生理性泌乳及病理性泌乳,以及伴随的闭经或不能排卵等症状。临床用于退乳的药物有两类:①多巴胺受体激动药,如溴隐亭、甲麦角林,可刺激丘脑下部泌乳素抑制因子(多巴胺)的释放,直接抑制腺垂体合成和释放泌乳素,使血清泌乳素浓度下降,乳汁分泌减少至停止,既可用于产后退乳,也可防治溢乳症。②雌激素:如雌二醇、己烯雌酚。此二药在较大剂量时均能抑制腺垂体泌乳素的释放,从而减少乳汁分泌用于退乳。但是,产后抑制乳汁分泌所需的剂量,在子宫进行复旧时可刺激子宫内膜,可引起血栓栓塞,故现临床少用。

4. 性激素和促性腺激素性激素 性激素由两性性腺分泌,包括雄激素(兼有蛋白同化作用)、雌激素、孕激素,在化学上多属于甾族化合物(又称类固醇)。促性腺激素是由腺垂体分泌的一组蛋白质激素。由下丘脑分泌的促性腺激素释放激素(GnRH)或促黄体形成素释放素(LHRH)及其类似物则是一类重要的多肽促性激素,用于治疗两性性腺功能不全所致的各种病症。

(1)雄激素及同化激素:天然的雄性激素为睾丸素(睾酮),具有雄激素活性,并有一定的蛋白同化作用。目前临床应用的雄激素主要是睾酮的衍生物,包括甲睾酮、丙酸睾酮、十一酸睾酮等。睾酮经结构改造使雄激素活性减弱,而蛋白同化作用得以保留或加强,从而提高分化指数,这些药物又称同化激素,包括苯丙酸诺龙、达那唑等。

(2)雌激素类:主要由卵巢和胎盘产生,两性的肾上腺皮质以及男性睾丸也能产生少量雌激素。天然的雌激素包括雌二醇、雌酮及雌三醇。临床使用的药物有天然雌激素、人工合成品及其衍生物,如17β雌二醇、戊酸雌二醇和结合雌激素,推荐应用天然雌激素。长效雌激素有注射用的苯甲酸雌二醇、戊酸雌二醇以及口服有效的雌炔醇、炔雌醚等。雌激素还与孕激素组成各种不同复方制剂用作避孕。

孕激素主要是由黄体分泌,妊娠后逐渐改为由胎盘分泌。天然孕激素有黄体酮(孕酮),合成孕激素包括醋酸甲羟孕酮、炔诺孕酮等孕酮衍生物。环丙孕酮是具有强抗雄激素作用的孕激素,还有炔诺酮、甲地孕酮、己酸羟孕酮等,其中最接近天然孕激素的是地屈孕酮和屈螺酮,较接近天然孕激素的是甲羟孕酮。除用于补充孕激素外,都是目前常用的避孕药物。天然孕激素如微粒化黄体酮或地屈孕酮、屈螺酮与口服或经皮雌二醇联合应用于绝经期替代治疗。雌激素受体调节剂如雷洛昔芬,具有选择性调节雌激素受体的作用。

性腺调节激素包括内源性或重组的黄体生成素和卵泡雌激素,以及他们的释放激素戈那瑞林及其类似物。

5. 口服避孕药 临床常用的女用避孕药大多由孕激素和雌激素配伍而成,通过影响生殖过程中的不同环节,从而达到抗生育的目的。

根据作用受精卵形成的环节不同,女用避孕药制剂中所含的药物可归纳为以下几类:①主要抑制排卵的药物:多为雌激素和孕激素组成的复方制剂;②主要阻碍受精的药物:如低剂量孕激素、外用杀精子剂及绝育药等;③主要干扰孕卵着床的药物:如较大剂量孕激素及其他事后避孕药。

根据使用途径和药物特点进行分类,女用避孕药可分为口服避孕药、注射用避孕药、外用避孕药和缓释系统(皮下埋植避孕药、宫内节育系统、阴道避孕环等)。如按其起效和持续时间则可分为速效避孕药和短效避孕药。4种孕激素和雌激素的单药和由它们及环丙孕酮和炔诺酮组成的15种复方制剂,如表20-1-1所示。

表 20-1-1　避孕药的药物品种及制剂

种类		药物品种	制剂
口服避孕药	短效口服避孕药	环丙孕酮	复方醋酸环丙孕酮片
		复方制剂	复方炔诺酮片（避孕片一号）
			复方左炔诺孕酮片
			左炔诺孕酮炔雌醇（三相片）
	速效口服避孕药	甲地孕酮	醋酸甲地孕酮片
			复方醋酸甲地孕酮片（避孕片二号）
			复方甲地孕酮注射液
		左炔诺孕酮	左炔诺孕酮片剂
	辅助口服避孕药	炔雌醇	炔雌醇片
注射用避孕药	长效避孕药	炔诺酮	复方庚酸炔诺酮注射液
外用避孕药	外用避孕药	壬苯醇醚	壬苯醇醚栓剂
			壬苯醇醚凝胶
			壬苯醇醚膜
皮下埋植避孕药	皮下埋植药	左炔诺孕酮	左炔诺孕酮硅胶棒（六根型）
		左炔诺孕酮	左炔诺孕酮硅胶棒（二根型）

四、药物不良反应管理

1. 缩宫素过量可引起子宫高频率甚至持续性强直收缩，可致胎儿窒息或子宫破裂。因此用作催产或者引产必须注意以下几点：①严格掌握剂量，避免发生子宫强直性收缩，最好静脉泵入。②严格掌握禁忌证，凡产道异常、胎位不正、头盆不称、前置胎盘以及 3 次妊娠以上的经产妇或有剖宫产史者禁用，以防引起子宫破裂或胎儿窒息。③注意监测宫缩、孕妇脉搏、血压和胎心率。

2. 对于有子宫的女性，单用雌激素会增加子宫内膜癌发生的风险，雌激素的致癌危险性随剂量加大和治疗时间延长而增加，因此加用孕激素保护子宫内膜。在雌激素持续用药的情况下，孕激素应持续或周期性添加（每月不短于 10~14 日）。

3. 健康女性进行雌激素替代治疗发生乳腺癌的风险仍未明确，但即使有风险，年发生率也低于生活方式对乳腺癌风险的影响，且风险因素包括不同的绝经激素治疗方案、孕激素种类、治疗时间的长短，启动时机和患者基因阳性等。雌激素是否增加卵巢上皮癌和子宫颈腺癌发生的风险目前尚有争议。静脉血栓栓塞的风险相对提高，特别是存在一般危险因素者在开始治疗的第一年发生机会高于随后的治疗时间，激素替代治疗会进一步增加这种风险。

使用雌激素或雌孕激素联合治疗的患者应使用最小治疗量，尽可能减少剂量和缩短使用时间，并根据症状和不良反应进行调节，个体化制订适宜的维持剂量。定期检测血浆雌激素水平，严格掌握其适应证、禁忌证，密切监测其耐受性和不良反应。

4. 复方口服避孕药可能有胃肠道不良反应，如恶心或呕吐、黄褐斑和其他的皮肤或毛发改变、头痛、水潴留、体重增加、乳房触痛以及性欲改变。在治疗中可发生月经不规律如斑点样、穿透性出血或闭经。这些反应可通过更换不同雌激素和孕激素比例的药物减少其发生。如早期或中期斑点样或出现撤退性出血可能需要雌激素与孕激素比例更高的制剂，或者更少的孕激素。复方口服避孕药的使用与静脉血栓栓塞、脑卒中和心肌梗死等心血管疾病风险增加相关，可能增加宫颈癌的发生风险（但非主要风险）。产后 6 个月内的女性、吸烟量超过 15 支 /d 的女性禁用口服避孕药。

（李慧博　赵荣生）

第二节 常见妇产科疾病的药物治疗

一、早产与胎膜早破

世界卫生组织对早产（preterm birth，PTB）的定义是在完成 37 周妊娠之前出生的活婴儿，此时娩出的婴儿称为早产儿。早产比例为 5%~18%，早产并发症是五岁以下儿童的主要死亡原因。早产的上限全球统一，即妊娠不满 37 周，而下限设置由新生儿治疗水平决定。目前我国对早产的定义为妊娠在满 28 周以后至满 37 周以前的分娩，即从末次月经第一天开始算，在孕龄第 196~258 日内结束的分娩。根据原因不同，早产分为自发性早产（spontaneous preterm labor）和治疗性早产（preterm delivery for maternal or fetal indications），自发性早产又分为胎膜完整早产和未足月胎膜早破（preterm premature repture of membranes，PPROM）。根据胎龄，早产又可分为：①极早早产（extremely preterm birth）为妊娠不足 28 周，占 5%；②早期早产（early preterm birth）为妊娠 28~32 周，占 10%；③中度至轻度早产（mild preterm birth）为妊娠 32~36 周，占 85%。

发生早产的最常见原因是感染和胎膜早破。与早产有关的感染包括系统性感染和宫内感染，特别是绒毛膜羊膜感染。不仅胎盘因素、妊娠合并症与并发症、子宫畸形、宫颈功能不全等因素会引起早产，吸烟、饮酒与吸毒、环境污染、情绪波动等均可促进子宫收缩引发早产。

（一）临床表现与诊断

早产的临床症状包括类似行经的腹痛、腰痛、腹坠感、盆腔坠感、阴道分泌物增多或变化、子宫收缩等。按宫缩、宫颈扩张及宫颈管消失程度可将早产的临床阶段分为①早产临产：妊娠满 28 周至 <37 周，出现规律宫缩（20min 内 ≥4 次或 60min 内 ≥8 次）同时宫颈容受 ≥80% 伴有宫颈扩张 ≥1cm。②先兆早产：妊娠满 28 周至 <37 周，虽有上述规则宫缩，但宫颈尚未扩张，经阴道超声测量宫颈管长度 ≤20mm。

（二）一般治疗原则

早产的治疗包括药物治疗及产科处理两方面，应根据孕妇所处的临床阶段来选择是用药物保胎治疗还是尽快终止妊娠。治疗原则：排除引起早产的原因，抑制宫缩、延长孕周以改善新生儿出生结局。治疗包括卧床休息、母胎监护、补液、糖皮质激素、宫缩抑制剂、广谱抗菌药物应用等。

（三）基本治疗药物及治疗方案

孕激素类药物是最常使用的保胎药物，天然制剂的黄体酮（Progesterone）于 1934 年就应用于临床。20 世纪 50 年代开始应用合成孕激素口服制剂，烯丙雌醇作为合成孕激素因其对垂体功能无抑制且在合成孕激素中对肝脏的影响最小，曾作为一种安全有效的保胎药物。2011 年 2 月 4 日，美国食品与药物管理局（FDA）发布公告，批准 Makena（活性成分：己酸羟孕酮）注射剂用于至少有一次自发性早产史的孕妇。随着对孕激素给药途径的研究，发现微粒化可以提高黄体酮的生物利用度，且阴道给药途径的微粒化黄体酮避免了肝脏的首过效应。

抑制宫缩是治疗早产临产最常见的方式。硫酸镁在临床上一直用于妊娠期高血压疾病和保胎治疗，近年来研究发现硫酸镁除了在急性期可延长孕周，还可以保护胎儿脑神经以减少产后新生儿脑瘫的发生，尤其在孕 32 周前使用效果更为显著。β 受体激动剂如利托君（Ritodrine）、沙丁胺醇（Salbutamol）、特布他林（Terbutaline）等曾在 2007 年的指南中被推荐为一线宫缩抑制剂，但是近几年大量数据显示钙通道阻滞剂治疗早产比 β 受体激动剂更有效、也更安全。随着对早产机制的进一步研究发现，早产患者比同孕龄妇女具有更高的催产素敏感性和催产素受体密度，2006 年在中国上市的催产素受体拮抗剂阿托西班因能阻断催产素与受体结合成为治疗早产的另一种重要途径。目前治疗早产的药物和治疗方案如下：

1. 宫缩抑制剂 能有效抑制宫缩 24~48h，延长孕周 2~7 日，为使用皮质类激素全疗程治疗和发挥最大效力争取时间。抑制宫缩的禁忌证有：胎儿状况不佳、绒毛膜羊膜炎、子痫或重度子痫前期、死胎、胎肺已成熟胎儿以及母体血流动力学不稳定。具体药物分类如下：

（1）钙通道阻断剂（calcium-channel blockers）：通过减少钙离子内流入子宫平滑肌来降低子宫收缩而抑制早产。代表药物为硝苯地平

（Nifedipine），妊娠用药分级为 C 类，指南推荐起始剂量为 20mg 口服，然后每次 10~20mg，每日 3~4 次，可持续使用 48h。

（2）前列腺素合成酶抑制剂（prostaglandin inhibitors）：非选择性抑制环氧合酶 -2（COX-2），阻断花生四烯酸转化为 PGE$_2$ 和 PGF$_{2\alpha}$，从而抑制宫缩和宫颈扩张。代表药物是吲哚美辛（Indomethacin），用于妊娠 32 周前的早产，妊娠用药分级妊娠早期及中期 C 类，晚期则为 D 类。起始剂量 50~100mg 经阴道或直肠给药，也可口服，然后每 6 小时给 25mg，可维持 48h。

（3）β 受体激动剂（β receptor agonists）：与肌细胞膜外表面的 β 受体相互作用后，激活平滑肌细胞内的腺苷环化酶，使子宫肌细胞中三磷酸腺苷转变成环腺苷酸（cAMP）使其浓度增加，导致特异的膜蛋白磷酸化作用影响子宫收缩力。同时通过激酶增加细胞内钙排出和细胞内钙结合，使肌细胞内钙含量降低，达到松弛子宫肌目的。代表药物为利托君（Ritodrine），预防妊娠 20 周以后的早产，妊娠用药分级 B 级。起始剂量 50~100μg/min，静脉滴注，每 10 分钟可增加剂量 50μg/min，待宫缩停止，继续滴注至少 12~18h，滴速保持在 150~350μg/min。静脉滴注结束前 30min 开始口服治疗，最初 24h 口服剂量每 2 小时服 1 片（10mg），此后每 4~6 小时 1~2 片，每日总量不超过 12 片。每日常用维持剂量 80~120mg，一般维持 7~10 日，不推荐长期服用片剂。滴注时注意应从低剂量开始，当孕妇心率 >140 次 /min，收缩压 <90mmHg 时立即停药。

（4）缩宫素受体拮抗剂：竞争性结合子宫肌层、蜕膜、羊膜上的催产素受体，抑制催产素受体的增加起到受体降调作用，但不改变子宫肌层对催产素的敏感性，不增加产时和产后出血。代表药物阿托西班（Atosiban），适用于孕 24~33 周的早产者，多采用 3 阶段连续疗法。首剂 6.75mg 静脉注射，时间大于 1min，然后 18mg/h（300μg/min）静脉滴注，持续 3h（负荷量），然后 6mg/h（100μg/min）静脉滴注，维持 18h 以上（维持量）。1 个疗程时间不超过 45h，总量不超过 330mg。

2. 硫酸镁 目前被推荐妊娠 32 周前常规作为胎儿中枢神经系统保护剂，短期使用妊娠用药分级 B 级，5~7 日长期使用妊娠用药分级 D 级。硫酸镁使用时机和使用剂量尚无统一意见，国内较为公认的用法是首次剂量 4.0g，30min 滴完，此后保持 1.0~1.5g/h 滴速至宫缩 <6 次 /h，宫缩抑制后继续维持 12h。若宫缩不能抑制，则以 1g/h 的速度增加硫酸镁的用量，最高剂量不能超过每 24 小时 30g，应用时间不超过 48h。硫酸镁应用前及使用过程中应监测呼吸、膝反射、尿量。

3. 糖皮质激素 通过增加胎儿肺表面活性剂的生成以促肺成熟，减少新生儿呼吸窘迫综合征，用于妊娠 24~34 周无类固醇治疗禁忌证（如活动期结核）的孕妇，妊娠期糖尿病（GDM）、双胎、多胎妊娠用药可放宽至 36 周。代表药物是倍他米松和地塞米松，妊娠用药分级均为 C 类。常用方法：倍他米松 12mg 肌内注射，每 24 小时 1 次，共 2 次；地塞米松 6mg 肌内注射，每 12 小时 1 次，共 4 次。

4. 抗生素 用于预防 B 族溶血性链球菌（group B streptococcus，GBS）上行性感染。代表药物：①青霉素 G（妊娠用药分级 A 级）首次剂量 480 万 U 静脉滴注，然后每 4 小时 240 万 U；或氨苄西林（妊娠用药分级 B 级），负荷量 2g 静脉滴注，然后每 4 小时 1g 直至分娩。②亦可选用头孢唑林（妊娠用药分级 B 级），起始剂量 2g 静脉滴注，然后每 8 小时 1g 直至分娩。③对青霉素或头孢菌素类过敏者选用红霉素 500mg，每 6 小时 1 次静脉滴注或克林霉素 900mg，每 8 小时 1 次静脉滴注。

（四）临床问题导向的药物治疗

1. 非药物治疗 对早产的作用卧床休息和补液是干预早产最常用的方法，但并无充分证据证明能降低早产发生率。特定的早产患者（如胎膜早破、脐带先露、宫口过度扩张）应坚持严格的卧床休息。对于所有活动受限的早产患者都应适当进行预防血栓治疗。

2. 黄体酮制剂在预防早产中的应用 对于有以下早产危险因素的孕妇可采用特殊黄体酮制剂预防早产：①有晚期流产或早产史的无早产症状者，不论宫颈长短，推荐从孕 16~20 周开始至孕 36 周使用 17α 羟己酸孕酮酯，250mg 肌内注射，每周 1 次；②有前次早产史，此次孕 24 周前阴道

超声子宫颈长度 <25mm 或者无早产史，但孕 24 周前阴道超声子宫颈长度 <20mm 的孕妇，推荐微粒化黄体酮胶囊口服 200mg/d 或黄体酮凝胶阴道给药 90mg/d，前次有早产史者可用至妊娠 34 周，无早产史者可用至 36 周。口服黄体酮制剂不用于预防 20 周以后的早产。

3. 宫缩抑制剂的使用　尽管宫缩抑制剂可以暂时延长孕周，但几乎不可能预防早产。抑制宫缩成功与否主要取决于治疗开始的早晚，对于宫颈扩张 30mm 以上的孕妇药物治疗作用很少，对宫颈扩张 50mm 以上的早产几乎没有作用。单独使用宫缩抑制剂不能减少新生儿发病率或致死率，但为孕妇接受糖皮质激素和硫酸镁保护神经治疗争取时间，同时也为使用抗菌药物预防感染争取时间。宫缩抑制剂之间由于引起的不良反应类似，合用时可能出现严重情况：如钙通道阻滞剂与静脉 β 受体激动剂合用容易增加肺水肿发生的危险；硝苯地平与硫酸镁联合使用时可能由于硝苯地平增强了硫酸镁对神经肌肉的阻滞作用，可发生血压急剧下降；利托君与硫酸镁合用可导致孕妇胸痛和局部缺血的心电图改变。但也有一些合用能产生较好的作用，如妊娠 32 周前吲哚美辛联合硫酸镁预防早产。常用的宫缩抑制剂在应用中应注意：

（1）硝苯地平：孕妇可出现头痛、潮红、血压下降、反应性心动过速等，且低血压的发生与剂量有关（主要见于 >100mg/d），有左心功能不全、充血性心力衰竭、主动脉瓣狭窄、血流动力学不稳定者禁用。

（2）吲哚美辛：避免妊娠 32 周后使用（与胎儿动脉导管早闭相关），使用时限不应超过 72h（与羊水过少相关）。有消化道溃疡、肾脏疾病、肝功能障碍、凝血功能异常、羊水过少及有对阿司匹林过敏的哮喘病史的孕妇禁用。

（3）利托君：心动过速是最常见的不良反应，肺水肿是最严重的不良反应。孕妇的绝对禁忌证：心脏病、肝功能异常、先兆子痫、产前出血、未控制的糖尿病、心动过速、低血钾、肺动脉高压、甲亢、绒毛膜羊膜炎；胎儿也可出现心动过速，长期使用会导致胎儿反应性低血糖，因此孕妇和胎儿心率可作为反映用药量的指标。新生儿需要警惕低血糖、低血压、低钙及心动过速的发生。由于其

不良反应的高发生率，目前已不推荐作为一线宫缩抑制剂。

（4）硫酸镁：孕妇可出现发热、潮红、头痛、恶心、呕吐、肌无力、低血压、反射减弱、呼吸抑制、肺水肿；胎儿可出现胎心监护无反应增加、胎心率变异减少、呼吸运动减少；新生儿可能出现呼吸抑制、低 Apgar 评分等。血镁浓度 1.5~2.5mmol/L 时可抑制宫缩，6.0mmol/L 时可抑制呼吸，12mmol/L 时可使心跳停止。重症肌无力、肾功能不全、近期心肌梗死史和心肌病史患者禁用。使用前及使用过程中应监测镁离子浓度，密切注意呼吸、膝反射、尿量，如呼吸 <16 次 /min、尿量 <17ml/h、膝反射消失，应立即停药，并给予钙剂解救。

4. 糖皮质激素改善新生儿预后　糖皮质激素可高度有效地预防新生儿呼吸窘迫综合征（respiratory distress syndrome, RDS）和脑室内出血（intraventricular hemorrhage, IVH），降低新生儿死亡率。对于妊娠 28~34[+6] 周在 7 日内有早产风险的患者推荐使用 1 个疗程的糖皮质激素，来不及完成完整疗程者也应给药，但目前尚不推荐产前反复、多疗程应用。多数主张若用药 14 日后未发生早产，但早产的因素仍存在，应重复应用 1 个疗程，但总疗程不超过 2 次。极早先兆早产早期应用糖皮质激素治疗后，在 28~34 周能否应用急救剂量的糖皮质激素仍在研究中。

5. 抗菌药物预防早产的应用　临产前胎膜自然破裂称为胎膜早破（PROM），未达到 37 周发生者称为未足月胎膜早破（PPROM）。PPROM 中 15%~25% 者合并有临床症状的绒毛膜羊膜炎，孕周越早感染绒毛膜羊膜炎的风险越大。PPROM 最主要的并发症是早产，由于早产儿不成熟及宫内感染导致的各种并发症，包括 RDS、IVH 和坏死性小肠结肠炎（necrotising enterocolitis, NEC）、败血症等。PPROM 处理治疗与先兆早产相似，依据孕周、母胎状况、当地新生儿医疗水平及孕妇和家属意愿进行综合决策（图 20-2-1）。孕周小于 34 周无期待保胎治疗禁忌的患者，应用糖皮质激素规定疗程促胎肺成熟，并预防性应用抗生素以延长 PPROM 的潜伏期，减少绒毛膜羊膜炎的发生率。绒毛膜羊膜炎的抗生素治疗一般根据分泌物培养及药敏试验结果选择，应充分给足

抗生素,同时应考虑对胎儿的影响。绒毛膜羊膜炎产妇的新生儿在分娩后可预防性地选用抗生素以防止新生儿肺炎、脑膜炎及新生儿败血症的发生。

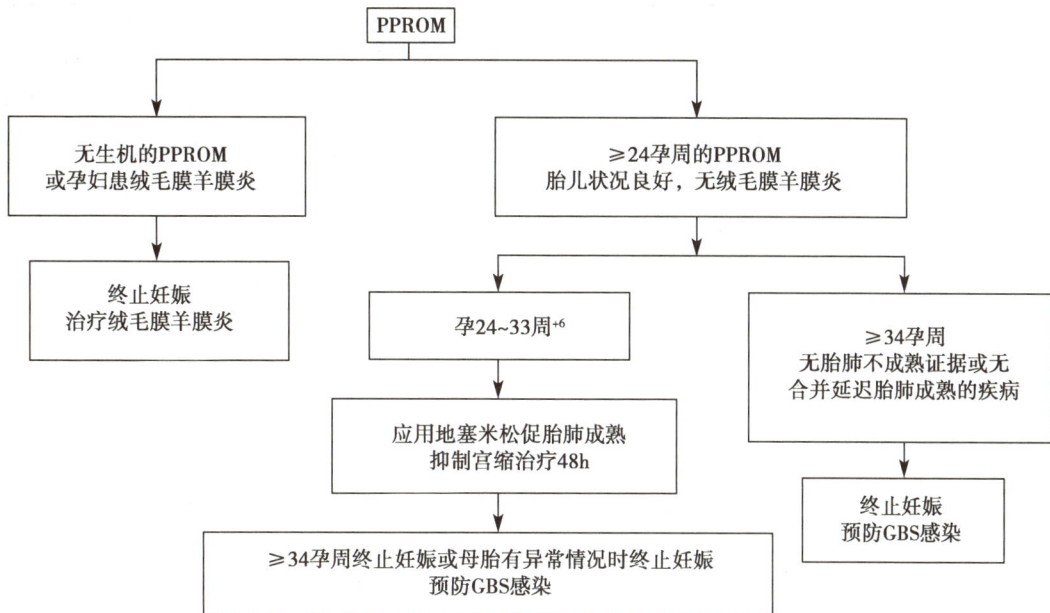

图 20-2-1　PPROM 处理流程
PPROM:未足月胎膜早破;GBS:B 族溶血性链球菌

（1）GBS 感染:发生在 24~28 周的早产 90% 以上与感染有关,而 34~36 周的早产因感染因素的只占 15%,绝大多数与早产相关的是宫内感染。宫内感染的病原菌主要为 GBS、大肠埃希菌、阴道加德纳菌、解脲支原体和衣原体。对于胎膜完整的早产,使用广谱抗生素不能预防早产和改善新生儿预后,分娩在即而下生殖道 GBS 检测阳性者或者未行 GBS 培养,足月 PROM 破膜时间 ≥18h 或孕妇体温 ≥38℃ 应考虑使用抗生素。对于 PPROM 常规应用抗生素可有效延长妊娠时间,减少孕妇和新生儿感染率,改善母儿预后。PPROM 有效的抗菌药物方案为氨苄西林 2g 联合红霉素 250mg 静脉滴注,每 6 小时 1 次,共使用 48h;之后改为阿莫西林 250mg 联合红霉素 333mg 口服,每 8 小时 1 次,连用 5 日。青霉素过敏的孕妇可单独口服红霉素 10 日。对 PPROM 孕妇同时建议行阴道下 1/3 及肛周分泌物的 GBS 培养,培养阳性者即使之前已经应用了广谱抗生素,一旦临产,应重新给予抗生素治疗。

（2）阴道炎:无症状的阴道炎和细菌性阴道病孕妇不必常规治疗。如为早产风险孕妇则应常规筛查细菌性阴道病（BV）并治疗。治疗方案如下:①滴虫性阴道炎首选甲硝唑,单次口服 2g 或每次 400mg,每日 2 次,连服 7 日。不能耐受口服给药者可局部用药,甲硝唑制剂 200mg,每晚 1 次,7~10 日一个疗程。②外阴阴道假丝酵母菌病以局部用药为主,不建议使用口服抗真菌药。克霉唑栓每日 1 枚（500mg）,或制霉菌素栓每日 1 次,7 日一疗程。③细菌性阴道病首选甲硝唑口服 400mg,每日 2 次,连服 7 日;或克林霉素口服 300mg,每日 2 次,连服 7 日。不能耐受口服给药者可局部用药,甲硝唑制剂 200mg,每晚 1 次,连用 7 日。

（3）下生殖道支原体（UU）及衣原体（CT）感染:妊娠期阴道解脲支原体携带并不增加早产发生率,妊娠合并沙眼衣原体性宫颈炎与早产的关系不明确,不需要对检出病原体而无症状的孕妇进行干预和治疗,对有症状者首选大环内酯类抗生素,如阿奇霉素 1g 顿服;或者红霉素 500mg 口服,每日 2 次,连用 14 日。

6. 硫酸镁角色的转变　一直以来硫酸镁被广泛应用于抑制子宫收缩。近年的循证研究指出,在妊娠 32 周前分娩的孕妇如使用硫酸镁,其幸存的婴儿患有脑麻痹的严重程度和风险会降低。几个大型临床研究也表明产前使用硫酸镁能降低脑性麻痹的发生,因此 2014 年国内指南将其作为胎儿中枢神经系统保护剂。ACOG 发表的共识仍推荐硫酸镁用于妊娠高血压,治疗先兆子痫和子痫,也用于治疗早产。但 FDA 因硫酸镁长期应用可引起新生儿骨折,将其从妊娠期用药安全性分类中的 B 类降为 D 类。

7. 产后出血(postpartum hemorrhage, PPH)

无论足月分娩还是早产分娩,都可能出现产后出血的并发症,国内外报道产后出血的发生率为 5%~10%。其定义为阴道分娩估计出血量 ≥500ml 或剖宫产出血量 ≥1 000ml,也有推荐定义为产后和入院时的红细胞比容相差 10%。产后出血的原因依次为子宫收缩乏力、胎盘因素、生殖道创伤和凝血功能障碍,因此评估产妇产后出血的危险,并给予积极的处理包括早期嵌夹脐带、牵拉脐带、按摩子宫娩出胎盘和使用子宫收缩剂有助于减少产后出血。子宫收缩剂是目前预防 PPH 的常用药物,见表 20-2-1。当失血 1~2L 后应考虑输血,大量出血时需要补充凝血因子和血小板。如果使用子宫收缩剂后宫缩乏力没有好转,可选择保守性的钝性搔刮宫腔以及子宫动脉栓塞;如果保守措施都无效,则需要使用手术治疗。

表 20-2-1 常见子宫收缩剂

药物	用法用量	药代动力学	禁忌证及不良反应	备注
缩宫素类(一线药物)				
缩宫素	① 10U 肌内注射或子宫肌层注射或宫颈注射;② 10~20U 加入晶体液 500ml 中静脉滴注	血浆半衰期短,平均 3min	恶心、呕吐(水中毒),过敏者禁用	24h 总量控制在 60U 内
卡贝缩宫素	100μg 静脉注射或肌内注射	血浆半衰期 1h,但 2min 即起效	禁用于妊娠期和婴儿娩出前,冠状动脉疾病患者慎用	
马来酸甲麦角新碱	0.2mg 肌内注射或静脉注射,必要时每 2~4 小时使用 1 次,最多重复 5 次	平均血清半衰期 30min,2~5min 后引起子宫收缩,可持续 3h	外周血管痉挛、高血压、恶心、呕吐。过敏者禁用,高血压、冠心病患者慎用	不得与血管收缩药同用;对光、热敏感
前列腺素类药物(二线药物)				
卡前列甲酯栓	1mg 置于阴道前壁下 1/3 处	血浆半衰期 30min	糖尿病、高血压、青光眼患者禁用	
卡前列素氨丁三醇	0.25mg 深部肌内注射或子宫壁注射,需要时每 15 分钟使用 1 次,最多重复 8 次	肌内注射 15min 后血液浓度达高峰,注射在子宫肌上 5min 起效	可能会导致恶心、呕吐、心动过速、腹泻和发热,哮喘、严重心、肝、肾疾病患者禁用	对光、热敏感

(五)药物治疗展望

早产一直是围生医学界的难题,早产的防治也是围生医学界研究的热点之一。近年来研究认为炎症因素是导致分娩提前启动的重要原因。各种生物学因素,如细胞因子(IL-1、IL-6、IL-27、TNF-α)、Toll 样受体、基质金属蛋白酶均能刺激导致炎症反应加强或者失衡,从而导致早产或者胎膜早破的发生。一些用以抑制炎性介质的药物意欲开发其抑制宫缩的适应证,如加巴喷丁、孟鲁司特以及新型 ORA retosiban 均已进入不同临床试验阶段,期待能为抗早产带来更多的选择。

基因遗传也被认为在早产的发生中起到了重要作用。大量研究发现孕妇家族有早产史或本人是早产儿,其有 80% 可能分娩出早产儿。国内外研究发现基因单核苷酸多态性(SNP)与自发性早产有潜在关联。流行病学调查发现孕前及孕期补充叶酸的孕妇发生早产的概率大大降低,国内外学者因此热衷于对叶酸代谢的关键酶 5,10-二甲基四氢叶酸还原酶(MTHFR)基因单核苷酸多态位点与早产发生的关系的研究。另外,也有研究发现维生素 D 核受体基因 Fok-1 位点多态性与胰岛素抵抗、2 型糖尿病、肝癌、肥胖等多种疾病的发生、发展有关,且合并糖尿病、肥胖、妊娠期高血压疾病的孕妇 PTB 发生率明显增加,因此孕期适量补充维生素 D 被视为是 PTB 的保护因素之一。

随着免疫学研究的不断发展，新型的免疫治疗方法或许在不久的将来也可运用于临床。但由于早产本身的复杂性，除了关注其发病的孕周，还应从个体的角度出发，将对胎儿的期望值、孕妇年龄和基础疾病等诸多因素进行综合考量，制订个性化的治疗方案。

二、异常子宫出血

异常子宫出血（abnormal uterine bleeding, AUB）是妇科常见的症状和体征，是指与正常月经的周期频率、规律性、经期长度、经期出血量任何一项不符的、源自子宫腔的异常出血。目前世界范围内已基本统一使用国际妇产科联盟（FIGO）的 AUB 病因新分类系统——PALM-COEIN 系统。"PALM"指存在结构性改变，分别为子宫内膜息肉（polyp）所致 AUB（AUB-P）、子宫腺肌病（adenomyosis）所致 AUB（AUB-A）、子宫平滑肌瘤（leiomyoma）所致 AUB（AUB-L）、子宫内膜恶变和不典型增生（malignancy and hyperplasia）所致 AUB（AUB-M）；"COEIN"指无子宫结构性改变，为全身凝血相关疾病（coagulopathy）所致 AUB（AUB-C）、排卵障碍（ovulatory dysfunction）所致 AUB（AUB-O）、子宫内膜局部异常（endometrial）所致 AUB（AUB-E）、医源性（iatrogenic）所致 AUB（AUB-I）、未 分 类（not yet classified）所 致 AUB（AUB-N）。

（一）临床表现与诊断

本节主要讨论 AUB-O，是由于下丘脑 - 垂体 - 卵巢生殖内分泌轴功能异常引起，分为无排卵性异常子宫出血和排卵性异常子宫出血。无排卵性异常子宫出血好发于青春期和绝经过渡期，表现为无周期性排卵，出血失去周期性，间隔时长时短，一般出血时间长，不易自止，出血频繁引起不同程度贫血甚至休克；排卵性异常子宫出血有周期性排卵，常有月经过多和月经间期出血。由黄体功能不足引起的常表现为月经周期缩短，有时月经周期虽在正常范围内，但卵泡期延长、黄体期缩短；由黄体萎缩不全引起的常表现为经期延长，淋漓不尽。诊断 AUB-O 首先需确定异常子宫出血的模式并排除生殖道或器质性疾病，同时

注意了解近期有无服用干扰排卵的药物。诊断最常用的手段是基础体温测定（BBT）、估计下次月经前 5~9 日（相当于黄体中期）血黄体酮水平测定以及生殖内分泌各指标测定［包括早卵泡期测定血 LH、FSH、催乳素（PRL）、雌二醇（E_2）、睾酮（T）、促甲状腺素（TSH）水平］。另可行刮宫（dilation and curettage, D&G）、宫腔镜检查以取子宫内膜活组织检查明确诊断。

（二）一般治疗原则

无排卵性子宫异常出血的治疗原则是出血期止血并纠正贫血，血止后调整周期预防子宫内膜增生和 AUB 复发，有生育要求者促排卵治疗，必要时手术治疗。排卵性子宫异常出血则需针对不同病因进行治疗。

（三）基本治疗药物及治疗方案

药物治疗可有效控制大多数非结构异常原因导致的 AUB，其中止血治疗主要为孕激素子宫内膜脱落法、大剂量雌激素内膜修复法、短效口服避孕药或高效合成孕激素内膜萎缩法。传统常用的孕激素有黄体酮注射液、醋酸甲羟孕酮片（MPA）及炔诺酮片；雌激素有苯甲酸雌二醇注射液、结合雌激素片以及戊酸雌二醇片；雄激素有丙酸睾酮注射液、甲睾酮注射液，但通常不单独使用。高效合成孕激素由于可使患者出现库欣样表现，并可有卵巢抑制，已不作为首选方法。促性腺激素释放激素激动剂（GnRH）、达那唑等由于长期疗效有限，副作用影响较大、价格较贵等因素限制了应用。复方口服避孕药是可应用人群较为广泛的药物，目前应用的是第三代口服避孕药，如去氧孕烯 - 炔雌醇（妈富隆）、环丙孕酮 - 炔雌醇（达英 -35）、孕二烯酮 - 炔雌醇（复方孕二烯酮片）、屈螺酮炔雌醇（优思明）和屈螺酮炔雌醇 II（优思悦）。非激素治疗如非甾体抗炎药和抗纤维蛋白溶解药也可有效止血，可以和激素联合使用或代替激素治疗。目前常用的药物治疗方案如下：

1. 无排卵性 AUB 的药物治疗 服用雌激素、孕激素止血时，对大量出血者，要求在激素治疗 8h 内见效，24~48h 内出血基本停止，如 96h 以上出血仍不止，应考虑有器质性病变存在。血止后每 3 日减量 1 次，每次减量不超过 1/3，直至维持量，持续用到血止后 20 日左右停药，停药后 3~7 日出现撤药性出血。若减量过大，容易出现

突破性出血。

（1）孕激素止血/调整周期：若用于止血，孕激素法适用于体内有一定雌激素水平、血红蛋白大于90g/L、生命体征稳定的患者。因停药后短期内必然会引起撤药性出血，故不适用于严重贫血者。地屈孕酮片：10mg，口服，每日2次，共10日；微粒化黄体酮胶囊200~300mg，口服，每日1次，共10日；黄体酮20~40mg，肌内注射，每日1次，共3~5日；MPA：6~10mg，口服，每日1次，共10日；炔诺酮5mg，口服，每日1次，5~10天。若用于止血后调整周期则采用孕激素后半周期疗法：于撤退性出血第15日起口服地屈孕酮每日10~20mg或微粒化黄体酮胶囊每日口服200~300mg，共10日；也可使用MPA 4~12mg，每日分2~3次口服，连用10~14日，用3~6个周期。针对多种药物治疗失败且无生育要求者可选择左炔诺孕酮宫内缓释系统（levonorgestrel-releasing intrauterine system，LNG-IUS）。年龄较大、有血栓形成倾向和心血管基础疾病患者可选择大剂量孕激素冲击治疗。但孕激素长期治疗可引起骨质丢失、体质量增加、闭经、经前期综合征、乳房胀痛、体液潴留和不规则少量阴道出血，此时可添加使用小剂量雌激素治疗阴道出血和预防骨质疏松。

（2）雌激素止血：适用于血红蛋白低于80g/L的青春期患者，可使用戊酸雌二醇2mg/次或结合雌激素1.25~2.5mg/次，口服，每6~8小时1次。不耐受口服药物者可用苯甲酸雌二醇2~4mg/d，每6~8小时1次肌内注射。血止后2~3日起雌激素逐步减量，每次约减前次剂量的1/3，每次减量维持2~3日。一般减量至相当于雌二醇1~2mg剂量时维持20日以上。待患者血红蛋白增加至80~90g/L以上后均须加用孕激素，使子宫内膜转化脱落。长期大量应用雌激素可使子宫内膜过度增生，引起不规则阴道出血，并有增加血栓形成的风险。

（3）雌孕激素联合止血/调整周期：①目前应用的是第3代短效口服避孕药，1~2片/次，每6~8小时1次，血止后每3日减1/3量至1片/d，维持至血止后的21日停药。血止后用于调整周期，应周期性使用3个周期，病情反复者可延至6个周期。②也可按不同雌孕激素的药理特性组合成雌孕联合方案行止血或调整周期。例如高血压者可选用人工合成孕激素和近似天然的雌激素。

（4）雌孕激素序贯止血/调整周期：适用于出血不多内膜不厚，既往病史中多次不规则出血者。口服戊酸雌二醇2mg/d或结合雌激素1.25mg/d，第11日起加用MPA 10mg/d，连用10日。也可使用复合制剂，如戊酸雌二醇-雌二醇-环丙孕酮片（克龄蒙）、雌二醇-雌二醇地屈孕酮片（芬吗通）。

（5）促性腺激素释放激素（GnRH）激动剂：用于AUB-O止血效果明显，主要用于暂时不适合手术治疗且出血量大的围绝经期患者，为手术治疗赢得时间。副作用主要有潮热、骨质疏松和阴道干涩等，需要反相添加治疗药物包括黄体酮或黄体酮合用小剂量雌激素以缓解症状。如果估计用药超过6个月，建议治疗开始时同时使用黄体酮和二磷酸盐。

（6）其他：①非甾体抗炎药包括甲芬那酸（MFA）、萘普生、布洛芬、甲氯芬那酸、双氯芬酸、吲哚美辛和阿司匹林，可抑制前列腺素以减少失血，血小板异常为该药物的禁忌证；②抗纤维蛋白溶解药如氨甲环酸可用于治疗妇女月经过多，但18岁以下患者以及有凝血风险的患者禁止使用；③输血、补充血红蛋白及凝血因子、铁剂和叶酸治疗贫血；④无排卵性AUB且有生育要求的患者应积极诱导排卵。每日口服氯米芬50~100mg，于月经第5日起连服5日；卵泡发育近成熟时，予绒促性素5 000~10 000U/d，连续肌内注射2~3日；或月经第5日予尿促性素75U，每日肌内注射1~2次，直至卵泡发育成熟后停用。

2. 排卵性AUB的药物治疗　经前出血和经后出血主要由于黄体功能不足、黄体萎缩不全或雌激素分泌不足引起，可补充雌孕激素治疗，月经量过多的可选用前述止血药物治疗，有生育要求的可用促排卵药物，有避孕要求且无禁忌证的可选用避孕药。

（四）临床问题导向的药物治疗

1. 青春期AUB-O　大部分是无排卵性出血，止血后需防止长期无排卵的潜在子宫内膜病变，及时发现多囊卵巢综合征（polycystic ovary syndrome，PCOS）等慢性激素失衡性疾病。长期反复发作患者有必要根据病史长期、短期或间断使用口服避孕药、孕激素以及生活方式调节。多数情况下孕激素可有效控制出血,但出血量大、一般状况差的少女,最好选择雌激素,血止后用雌孕激素序贯疗法。青春期 AUB-O 一般不提倡使用促排卵药物。

2. **育龄期 AUB-O** 若为无排卵性,血止后尽可能明确病因,选择合适方案控制月经周期或诱导排卵,PCOS 患者则慎用雄激素。若有排卵者,月经过多但无避孕要求或不愿激素治疗者可对症治疗,要求避孕者可使用左炔诺孕酮宫内释放系统;经间期出血者可先观察 1~2 个周期,测定基础体温,明确出血类型再进行干预。

3. **围绝经期异常子宫出血** 以无排卵性为主,治疗以调整周期、防止内膜癌变、改善生活质量为原则,明确诊断后宜采用雌孕激素联合治疗方案,使其平稳过渡至绝经期。对有血栓性疾病、心脑血管疾病高危因素患者不应使用口服避孕药。

4. **贫血与感染** 贫血是无排卵性 AUB-O 者常见的合并症状,因此治疗原则和近期目标是出血阶段迅速有效止血及纠正贫血。出血严重时需输血、补充血红蛋白及凝血因子,药物治疗无法控制者可行手术治疗。对于中、重度贫血患者在上述治疗的同时,选择口服或静脉铁剂、促红细胞生成素、叶酸抗贫血治疗。对于出血时间长、贫血严重、抵抗力差并有感染征象者,应及时应用抗生素。其他辅助手段包括合理膳食增加蛋白质、铁与维生素,改善机体代谢,增强体质,增强血红蛋白含量,减轻贫血程度。

5. **子宫内膜增生性疾病** 无排卵性 AUB-O 患者根据体内雌激素水平的高低、持续时间长短以及子宫内膜对雌激素反应的敏感性,子宫内膜表现出不同程度的增生性变化。不同类型的子宫内膜增生使用性激素的剂量和期限也不同。①不伴有不典型的增生(hyperplasia without atypia)包括既往所称的单纯型增生(simple hyperplasia)和复杂型增生(complex hyperplasia)是长期雌激素作用而无孕激素拮抗所致,口服孕激素是目前常用的治疗方法,也可选择放置 LNG-IUS,可使子宫内膜局部孕激素浓度几倍于口服孕激素,且作用持续,复发率减少。②不典型增生(atypical hyperplasia, AH)/子宫内膜上皮内瘤变(endometrioid intraepithelial neoplasia, EIN)指子宫内膜增生伴有细胞不典型,发生子宫内膜癌的风险较高。除非为了保留子宫的生殖功能或机体健康状况不适合手术者应以切除子宫为原则。

(五)药物治疗展望

对绝大多数异常子宫出血患者来说,药物治疗优于手术治疗,除非已知是由结构异常(如息肉、子宫肌瘤、癌症)引起的出血。越来越多新型制剂如四相口服避孕药、氨甲环酸缓释剂、达那唑阴道制剂等成为治疗 AUB 的新选择。目前口服避孕药在治疗青春期 AUB-O 的研究和报道逐年增加,并被 ACOG 管理指南列入推荐治疗方案。另外有研究报道孕激素受体拮抗剂米非司酮治疗围绝经期异常子宫出血的疗效优于黄体酮类药物,与雌激素类药物相当,并且高剂量米非司酮的疗效优于低剂量。

近年来的研究证明生化环境的改变,包括子宫内膜脆性增高、血管增生以及子宫内膜局部内皮细胞、上皮细胞及间质支持结构之间的不一致性在 AUB 的发生机制中起着极其重要的作用。子宫内膜血管活性物质包括 NO、ET、AT、前列腺素(PG)等,尤其是 PG 与 AUB-O 有着密切关系,$PGF_{2\alpha}$ 为血管收缩剂,PGE_2 为血管舒张剂,$PGF_{2\alpha}/PGE_2$ 比例增高使血管连续性扩张,无法产生血栓,出血时间延长,导致子宫异常出血。另外血管内皮生长因子(vascular endothelial growth factor, VEGF)及其受体在子宫内膜的周期性血管生成中的作用更成为近年来人们关注的热点,为 AUB 的靶向治疗开辟了一个全新的前景。

三、子宫内膜异位症

子宫内膜异位症(endometriosis)是指子宫内膜组织在子宫腔被覆内膜及子宫肌层以外的部位出现、生长、浸润、反复出血,可形成结节及包块,引起疼痛、不育等的一种妇科常见病。内异症是激素依赖性疾病,主要见于生育年龄妇女,在普通人群中发病率达 10%~15%,在不孕患者中高达80%。虽然有各种理论解释其发病机制,但病因及发病机制目前仍然不清楚。

(一)临床表现与诊断

1. **临床表现** 内异症的临床表现有很大的

个体差异性,约 25% 的患者无明显症状,大部分患者可以有以下一种或几种症状:

(1)疼痛:70%~80% 有不同程度的盆腔疼痛,包括继发性渐进性加重的痛经、非经期慢性盆腔痛(chronic pelvic pain,CPP)、性交痛、肛门坠痛等。

(2)不孕:内异症患者不孕率可高达 40%,不孕症患者中约 80% 有内异症。中重度患者病变累及卵巢,造成粘连,阻断输卵管卵巢运动导致生育能力减退,但轻度患者与生育能力的相关性存在争议。

(3)月经失调和内分泌异常:15%~30% 的患者可出现经量增多、经期延长或经前点滴出血。内异症与不排卵、卵巢发育异常、黄体功能不足、溢乳和高泌乳素有关。

(4)盆腔包块:以卵巢肿块最多见,肿块呈逐渐增大趋势。

(5)其他特殊部位内异症:各种症状有周期性变化,可合并盆腔的临床表现,如消化道(大便次数增多或便秘、便血、排便痛等)、泌尿道(尿频、尿痛、血尿及腰痛等)、呼吸道(经期咯血及气胸)、瘢痕部位(会阴切口、剖宫产等手术后切口瘢痕处结节,经期增大,疼痛加重等)。

2. **诊断** 腹腔镜检查是目前诊断内异症的首选方法,临床症状和体征、妇科检查、影像学检查(B 超、CT 及 MRI)、血清 CA125 水平检测也是辅助诊断手段。目前内异症常用的分期方法是美国生殖医学学会修订的分期(ASRM),主要根据腹膜、卵巢病变的大小及深浅、卵巢、输卵管粘连的范围及程度以及直肠子宫陷凹封闭的程度分为Ⅰ期(微小病变)、Ⅱ期(轻度)、Ⅲ期(中度)和Ⅳ期(重度)。

(二)一般治疗原则

治疗目的是减灭和消除病灶,缓解和解除疼痛,改善和促进生育,减少和避免复发。治疗方案需考虑年龄、生育要求、症状的严重性、病变范围、既往治疗史及患者的意愿。如有生育要求者,轻症采用期待疗法,中重度患者可选择手术治疗后药物治疗,有条件选择体外受精;如无生育要求者,轻中度患者可采用药物对症治疗,重症及药物治疗无效者选择根治性手术或保留卵巢手术并辅以药物治疗。建议内异症按图 20-2-2 流程处理。

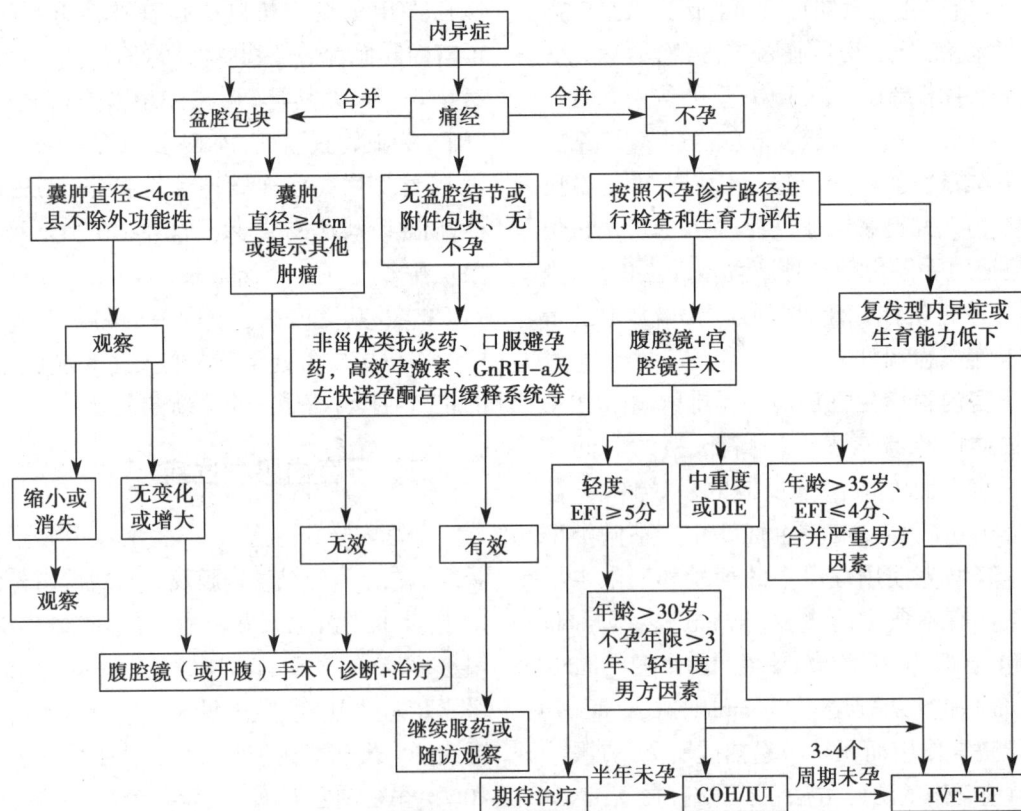

图 20-2-2 子宫内膜异位症处理流程

GnRH-a:促性腺激素释放激素激动剂;EFI:内异症生育指数;DIE:深部浸润型内异症;
COH:超促排卵;IUI:宫腔内人工授精;IVF-ET:体外受精 - 胚胎移植

（三）基本治疗药物及治疗方案

内异症的发病机制不清，病变广泛，形态多样，目前临床上尚无根治的有效措施，手术后的复发率也极高。美国生殖医学协会提出，内异症应被视为一种需长期管理的慢性疾病，需要制订长期管理计划，以最大化药物治疗为目标，避免重复的外科手术。目前，国内临床上常用的药物治疗基于两种机制即抗炎和激素调节，包括非甾体抗炎药（NSAIDs）、口服避孕药、高效孕激素、雄激素衍生物以及促性腺激素释放激素激动剂（GnRH-a）等。NSAIDs 是临床上治疗痛经的常用药物，但目前尚无研究表明它针对内异症相关性疼痛的治疗是有效的。激素类药物治疗开始于 1958 年 Kistner 采用雌孕激素联合的假孕疗法。达那唑则是最早被 FDA 批准用于内异症治疗的药物。1971 年，Greenblatt 首次采用达那唑治疗即所谓"假绝经疗法"。但因其造成体重增加、多毛、秃发、血脂增高、痤疮等不良反应，现已很少使用。短效口服避孕药是目前经过大量临床试验证实可以长期安全、有效地用于术后预防内异症病灶以及症状复发的药物，但停药后会复发。GnRH-a 作为二线治疗药物近年来得到广泛的应用，3~6 个周期的短期应用对内异症相关疼痛的缓解以及预防复发方面都有显著的疗效，但其所致的低雌激素状态可能导致骨质疏松等不可逆转的不良反应，通常建议连续使用不超过 6 个月。总之，药物治疗的目的是抑制卵巢功能，阻止异位病灶的生长，减少其活性以及粘连的形成。原则是应用于基本确诊的病例，不主张长期"试验性治疗"，选择药物时要考虑药物的副作用、患者的意愿及经济能力。目前常用的药物治疗方案如下：

1. 非甾体抗炎药 是很好的一线用药，特别是当内异症的诊断还没完全确定时。主要作用是减轻疼痛，根据需要应用，间隔不少于 6h。长期应用可导致消化道溃疡和肾脏损害。

2. 口服避孕药 可连续或周期用药，特别适用于年轻的、不想立即怀孕的轻度内异症患者，可连续使用 6~9 个月。40 岁以上或有高危因素的患者需警惕血栓风险。口服避孕药只在服药期间发挥作用，治疗后复发率较高且有体质量增加、头痛、不规则阴道出血和高血压等副作用。其中的

雌激素可能会刺激异位内膜增生，在用药的最初几周会使盆腔痛加重，故不提倡单独应用避孕药治疗。

3. 孕激素 对 90% 的内异症患者有效，但一般停药后短期内疼痛复发。推荐用于非甾体抗炎药或口服避孕药治疗失败的患者，一般连续用药 6 个月。常用的有 MPA 口服，每日 20~30mg 或每月肌内注射长效缓释型甲羟孕酮 150mg。中断甲羟孕酮治疗后对下丘脑 - 垂体 - 卵巢轴的抑制仍将维持 6~12 个月，所以如果希望在治疗后立即怀孕的患者应采用短效口服用药。此外还可用炔诺酮口服每日 30~40mg 或醋酸炔诺酮口服每日 5~15mg。孕激素治疗易引起内源性雌激素水平波动和突破性出血，常需加用少量的雌激素。使用宫内释放左炔诺孕酮系统或局部释放炔诺孕酮环治疗可明显减轻与内异症相关的痛经、盆腔痛和性交痛，是轻症患者长期用药的一种新选择。

4. 雄激素衍生物 常见有 ① 达那唑（Danazol）：抑制 FSH、LH 峰，抑制卵巢合成甾体激素，导致子宫内膜萎缩出现闭经，称假绝经疗法。适用于轻度及中度且痛经明显的患者。月经第一日开始，口服 200mg，每日 2~3 次，持续用药 6~9 个月。若痛经不缓解或未闭经，可增加至每日 4 次。疗程结束后约 90% 患者症状消失，停药后 4~6 周恢复月经及排卵。达那唑的副作用主要是男性化表现、影响脂蛋白代谢及肝功能损害。新型的达那唑环（含达那唑 1 500mg）对于缓解深部浸润的内异症引起的疼痛有效且无传统副作用，不影响排卵和受孕。②孕三烯酮：口服 2.5mg，每周 2 次，共 6 个月。

5. GnRH-a 该类药物是合成的 10 肽衍生物，能阻断内源性 GnRH 从下丘脑周期性释放，阻止 FSH 和 LH 的释放，持续应用造成药物暂时性去势及体内低雌激素状态。一般每月使用 1 次，共用 3~6 个月。①长效 GnRH-a：戈舍瑞林（Goserelin），每 28 日腹部皮下注射 3.6mg；亮丙瑞林（Leuprolide），每月皮下注射 3.75mg；曲普瑞林（Triptorelin），每 4 周肌内注射 1 次，每次 3.75mg；②短效 GnRH-a：布舍瑞林（Buserelin）皮下注射 200~400μg/d。GnRH-a 副作用主要是低雌激素血症引起的更年期症状，雌激素反向添加可缓解此

副作用,特别适用于不能用甾体类激素治疗的患者以及合并肌瘤的患者。

(四)临床问题导向的药物治疗

1. GnRH-a 治疗方案的改进

(1)反向添加:GnRH-a 的使用可在 3~6 周内使外周血中雌二醇降至绝经期水平,反加雌、孕激素可使患者体内雌激素水平维持在不刺激异位内膜生长又不引起围绝经期症状及骨质丢失的范围(雌二醇水平在 146~183pmol/L,即 40~50pg/ml)。可采用雌孕激素联合,如戊酸雌二醇 0.5~1.5mg/d 或结合雌激素 0.3~0.45mg/d 或 25~50μg 的雌二醇贴片或雌二醇凝胶 1.25g/d 联合地屈孕酮 5mg/d 或 MPA 2~4mg/d;可单用孕激素或雌孕激素或雌-孕-雄激素复合制剂如替勃龙和雌二醇屈螺酮片,也可采用非激素类药物如降钙素、双膦酸盐或骨形成支持疗法。

(2)GnRH-a 减量:在应用全量的 GnRH-a 使垂体完全脱敏后改用半量治疗,既可使异位内膜病变退化又可同时改善血管舒缩症状,减轻骨质丢失。

(3)延长给药间隔:有学者将传统的每 4 周 1 剂共 6 剂方案调整为每 6 周 1 剂共 4 剂方案,疗效相当但降低了治疗费用。

(4)预防骨丢失:有学者提出了 GnRHa 加甲状旁腺激素(40μg/d)的联合用药方案,结果表明两者长期联合应用可阻止骨丢失。Sagsveen 等报道 GnRHa 联用小剂量达那唑(100mg/d)可用于术后维持治疗并可增加骨量。Soysal 等比较研究认为联用 GnRHa 和芳香化酶抑制剂(1mg/d)同时加钙 1.5g/d(9 个月)能延长疼痛间隔时间并减少重度患者的术后症状复发率。

2. 治疗后的复发和激素补充

内异症总体的复发率约为 50%,复发率与病变分期有关,复发率最低的是手术治疗和药物治疗的结合。复发治疗的基本原则是遵循初治的原则,但应个体化。绝经后或根治性手术后的患者进行激素替代时应使雌激素水平符合"两高一低"的原则,即高到不出现症状,高到不引起骨质丢失,低到内异症不复发。

3. 内异症相关的疼痛

是临床上最常见的症状之一,疼痛治疗是子宫内膜异位症治疗的关键。疼痛且合并不孕或附件包块者,首选腹腔镜手术治疗;无不孕及附件包物时,首选药物治疗,药物治疗无效可考虑手术。无包块疼痛患者的药物治疗可按三步进行:一线用药方案为非甾体抗炎药、口服避孕药及高效孕激素,有效者继续应用,无效者改用二线用药;二线用药方案可选用雄激素衍生物、GnRH-a 及左炔诺孕酮宫内缓释系统,其中以 GnRH-a+ 反向添加为首选;如二线药无效应考虑腹腔镜手术。

4. 不孕

对于内异症合并不孕患者首先需排除其他不孕因素,腹腔镜检查评估病变及分期,根据内异症生育指数(endometriosis fertility index,EFI)来预测腹腔镜手术分期后的自然妊娠情况。对于有生育要求的患者暂不推荐单纯药物治疗。年轻、轻中度患者术后可期待自然妊娠 6 个月,并给予生育指导;有高危因素者(年龄在 35 岁以上、不孕年限超过 3 年,尤其是原发性不孕者;重度患者、盆腔粘连、病灶切除不彻底者、输卵管不通者)应积极行辅助生殖技术助孕,助孕前应使用 GnRH-a 预处理 3~6 个月。轻度或中度内异症、子宫颈因素及不明原因不孕但输卵管通畅、轻度的男性因素不孕的患者可选择超促排卵(COH)-宫腔内人工授精(IUI);重度、高龄不孕患者及输卵管不通者首选体外受精-胚胎移植(IVF-ET)。

5. 卵巢恶性肿瘤

卵巢癌在内异症患者中的发生率为 0.3%~0.8%,其中透明细胞癌和子宫内膜样腺癌是最常见的组织学类型。非典型内异症和卵巢癌相关内异症都存在 P53 过表达;Ki-67 指数在非典型内异症中升高三倍。内异症和特异组织类型的卵巢癌之间存在明确的因果关系,但并不推荐采用切除所有可见的异位组织的根治性手术作为降低卵巢恶性转化的预防措施。长期口服避孕药是更好的降低癌症风险的方法,研究表明服药超过 10 年的内异症患者,其卵巢癌发生风险降低 80%。

(五)药物治疗展望

近年来,随着对内异症发病机制的深入研究和分子生物学等相关学科的快速发展,一些有良好治疗前景的药物已经投入研究或者应用于临床。

1. 经典治疗药物中的新进展

地诺孕素

（DNG）是第四代人工合成孕激素，没有雄激素、糖皮质激素及盐皮质激素作用，对代谢的影响较小。其具有较短的半衰期和极高的生物利用度，停药后卵巢功能立即恢复。在内异症疼痛缓解以及缩小病灶、预防复发方面都有明显的疗效，长期应用的安全性也得到一定的验证。已在欧洲、南美洲、北美洲（加拿大）、大洋洲（澳大利亚）、拉丁美洲、非洲、亚洲（日本）的一些国家和地区得到广泛应用，并于2017年在我国完成了Ⅲ期药物临床试验，现已应用于临床。

2. 以激素为作用靶点的药物

（1）促性腺激素释放激素拮抗剂（GnRH-antagonists，GnRH-A）：通过竞争性阻断GnRH受体而产生迅速持久的效应，没有GnRH-a类药物用药初期的垂体刺激作用，给药后FSH、LH水平在数小时内降低，治疗结束后其拮抗作用可完全逆转。目前皮下注射用的如西曲瑞克、加尼瑞克等已经在辅助生殖技术中得以应用。

（2）芳香化酶抑制剂（AIs）：通过抑制局部异位病灶和卵巢及全身其他组织雌激素的合成来发挥治疗作用，尤其是适用于绝经后内异症患者的治疗。第三代AIs如来曲唑和阿那曲唑目前已开始应用于内异症。

（3）选择性雌激素受体拮抗剂（SERMs）：是兼有雌激素激动剂和拮抗剂作用的非甾体调节因子，包括他莫昔芬和雷诺昔芬。雷洛昔芬最初用于预防和治疗绝经后骨质疏松症。其虽然有动物实验表明能明显缩小内异症病灶的体积，但用于育龄期妇女是否安全、有效尚待研究。

（4）选择性孕激素受体拮抗剂（SPRMs）：通过选择性地抑制子宫内膜增生而诱发闭经，但不引起全身性的低雌激素症状，并且能通过抑制子宫内膜前列腺素的产生减轻内异症相关疼痛。但由于SPRMs不影响雌激素水平，致使子宫内膜长期受到雌激素刺激，可能会发生内膜形态的改变，称为孕激素调节剂相关子宫内膜变化（PAEC）。米非司酮是常见的SPRMs，10~50mg/d，连用3~6个月被认为是治疗内异症安全有效的方法，但用药最适剂量、长期使用的有效性、安全性、耐受性的证据尚不足，是否能够推广应用于临床需要更多的研究去证实。醋酸乌利司他（UPA）是另一SPRMs成员，有研究表明UPA可抑制大鼠子宫内膜异位灶的生长，但其会抑制排卵，目前UPA治疗内异症的Ⅲ期临床试验正在国内开展。

3. 非激素类新药

（1）抗血管生成类药：内异症病灶的种植生长与肿瘤的生长及转移相似，依赖于血管生成。研究显示，患者的异位病灶及腹腔液中有大量的血管生成因子，如碱性成纤维细胞生长因子（bFGF）、表皮生长因子（EGF）、血小板衍生生长因子（PDGF）、肿瘤坏死因子-α（TNF-α）以及VEGF，并且患者的内膜较正常妇女子宫内膜有更高的血管生成活性。目前临床抗血管生成的途径有以下几方面：针对促进血管生成的生长因子和它们在子宫内膜腺上皮或间质细胞上的受体而进行的治疗；使用有抗血管生成作用的化学药物如TNP-470或体内天然的血管生成抑制因子如血管抑素和内皮生长抑素；采用反义核酸技术或基因转染等方法来阻断血管生成等。

（2）免疫调节剂：炎症通路的激活在内异症病理生理过程中起着至关重要的作用，针对炎症因子靶向药物的研究越来越多。目前，前瞻性、随机、双盲对照Ⅱ~Ⅲ期临床试验正在研究DLBS1442治疗疑似内异症患者疼痛的疗效（NCT01942122）。

（3）表观遗传抑制剂：越来越多的证据表明内异症的发生发展涉及多种表观遗传改变。表观遗传修饰包括DNA甲基化、组蛋白修饰和微小RNA表达，表观遗传抑制剂作为内异症潜在的靶向治疗，近年来引起了越来越多学者的关注。

四、多囊卵巢综合征

多囊卵巢综合征（polycystic ovary syndrome，PCOS）是青春期和育龄女性最常见的生殖内分泌代谢性疾病，占生育年龄女性的5%~15%，占临床妇科内分泌疾病患者的20%~60%。PCOS严重影响患者的生育能力和生命质量，Ⅱ型糖尿病、心血管疾病、子宫内膜癌等远期合并症的发生率也大大增加。PCOS病因至今尚未明确，可能由遗传基因与环境因素相互作用引起。

（一）临床表现与诊断

1. 常见临床表现 ①月经失调：是最主要症状，多表现为月经稀发或闭经，也可表现为无排卵性异常子宫出血；②不孕：生育期妇女因排卵障碍导致不孕；③多毛、痤疮：出现以性毛为主的不同程度多毛，是高雄激素血症最常见的表现，油脂性皮肤及痤疮常见；④肥胖：50% 以上患者肥胖，且常呈腹部肥胖型；⑤黑棘皮病：部分合并肥胖的患者可出现，发生率约 5%。

2. 诊断

（1）盆腔超声示多囊卵巢（polycystic ovarian morphology, PCOM）：1 侧或双侧卵巢内直径为 2~9mm 的卵泡数 ≥ 12 个，和/或卵巢体积 ≥ 10ml。

（2）实验室检查

1）高雄激素血症：血清总睾酮水平正常或轻度升高，通常不超过正常范围上限的 2 倍；可伴有雄烯二酮水平升高，脱氢表雄酮（DHEA）、硫酸脱氢表雄酮水平正常或轻度升高。

2）血清抗苗勒管激素（anti-Mullerian hormone, AMH）水平明显增高。

3）非肥胖 PCOS 患者多伴有 LH/FSH 比值 ≥ 2。20%~35% 的 PCOS 患者可伴有血清催乳素（PRL）水平轻度增高。

4）代谢指标的评估：口服葡萄糖耐量试验（OGTT），测定空腹血糖、服糖后 2h 血糖水平；空腹血脂指标测定；肝功能检查。

5）其他内分泌激素：酌情选择甲状腺功能、胰岛素释放试验、皮质醇、肾上腺皮质激素释放激素（ACTH）、17- 羟孕酮测定。排除其他类似的疾病是确诊 PCOS 的条件。

（二）一般治疗原则

PCOS 作为慢性内分泌代谢性疾病，自青春期发病可影响女性一生，虽难以根治但可有效控制，需要根据女性各个生理阶段进行对症处理。近期目标为调节月经周期、治疗多毛和痤疮、控制体重；远期目标为预防糖尿病、子宫内膜增生过长、心血管疾病和不孕等，倡导个体化综合治疗。一般包括生活方式干预、药物治疗、手术治疗和远期并发症及心理管理。

（三）基本治疗药物及治疗方案

自 1935 年首次报道以来 PCOS 迄今仍病因不明，病理生理变化复杂，临床表现变化不一，生殖激素的改变也不一致。因患者常伴有多毛、痤疮等以雄激素升高为主的临床特征，一直以针对雄激素治疗为主，复方口服避孕药是主要的治疗药物。肾上腺皮质激素类制剂如泼尼松和地塞米松、氟硝丁酰胺、酮康唑等也都曾用于治疗雄激素分泌过多导致的多毛。对 PCOS 诱发的不孕，氯米芬是最经典的药物，GnRH-a 制剂协同尿促性素（HMG）近 20 年来才开始应用。近年来发现 PCOS 的另一个主要特征是伴有血糖升高和胰岛素抵抗，因此认为 PCOS 也是生殖内分泌紊乱和代谢异常。目前常用的药物治疗方案如下：

1. 调整月经周期

常采用以下药物治疗方案：①短效复方口服避孕药（COC）是育龄期无生育要求患者的首选方案，但需考虑 COC 的禁忌证，宜选用雄激素活性较低的制剂周期性服用。青春期 PCOS 患者一般疗程 3~6 个月。②周期性孕激素治疗可调整月经周期并保护子宫内膜，对 LH 的过高分泌有抑制作用，达到恢复排卵效果，适用于青春期、围绝经期及育龄期有妊娠计划的 PCOS 患者。口服 MPA 10mg/d，或地屈孕酮 10~20mg/d，或微粒化黄体酮 100~200mg/d，每月连用 10~14 日。或肌内注射黄体酮 20mg/d，每月 3~5 日。③雌孕激素周期序贯治疗适用于伴有低雌激素症状的青春期患者和围绝经期 PCOS 患者。口服雌二醇 1~2mg/d（每月 21~28 日），周期的后 10~14 日加用前述孕激素。

2. 高雄激素治疗

短效 COC 是青春期和育龄期 PCOS 患者高雄激素血症及多毛、痤疮的首选。螺内酯适用于不能使用 COC 的患者，口服每日 50~200mg，至少使用 6 个月，育龄期患者服药期间建议避孕。

3. 改善胰岛素抵抗

对肥胖或有胰岛素抵抗的患者使用胰岛素增敏剂，如二甲双胍口服 0.5~1.0g/ 次，每日 2 次。噻唑烷二酮类药物如吡格列酮主要用于二甲双胍禁忌或不敏感的无生育要求患者。阿卡波糖因其不良反应较小并具有增加胰岛素敏感性、纠正脂质代谢紊乱的特点也可选择使用。

（四）临床问题导向的药物治疗

1. 肥胖

肥胖是 PCOS 的常见表现之一，可开始于围青春期。PCOS 的肥胖常呈男性型，腰围/臀围 >0.80，伴有胰岛素抵抗、雄激素过多、游离睾酮比例增加，易导致脂代谢异常。对确诊 PCOS 的患者应纠正肥胖，提倡低卡饮食及一定的运动量减肥，配合科学地应用药物。降低体重即可降低 INS 水平以及 P450c17α 的活性,使月经功能恢复,雄激素水平下降,LH/FSH 比率正常。近来的观点认为,伴发胰岛素抵抗和高胰岛素血症及肥胖的 PCOS 患者首选的治疗应该是减轻体重 5%~10%,有些患者仅仅减肥就可以获得自然的妊娠。对减肥治疗无效的患者可以使用氯米芬加胰岛素增敏剂可能增加受孕机会。

2. 多毛、痤疮 该症状是雄激素作用于毛囊的结果,主要针对雄激素治疗。复方口服避孕药可全面减少雄激素依赖的新毛发生长和雄激素引起的痤疮,新一代的复方口服避孕药(单相)如去氧孕烯炔雌醇、复方孕二烯酮片中的孕激素生物活性强而雄激素活性很低,更为见效的是醋酸环丙孕酮,其中环丙孕酮具有明显降低雄激素作用,为快速降低睾酮的首选。如果口服避孕药疗效不理想,推荐使用螺内酯和非那雄胺。另外,肾上腺皮质激素通过抑制下丘脑-垂体-肾上腺轴来改善多毛和排卵功能,但长期应用会导致骨质疏松和糖耐力下降。

3. 促生育治疗 PCOS 患者往往因为不孕就诊,主要由于排卵障碍导致不孕,因此 PCOS 的生育是治疗这些患者的一个重要的必经阶段。PCOS 患者进行 IVF 助孕的主要问题包括多胎妊娠及其风险、卵巢过度刺激综合征(OHSS)发生风险高以及妊娠期合并症多等。PCOS 患者的最佳控制性促排卵方案仍在讨论中,在生活方式干预失败后可予药物促排卵,需进行个体化精准治疗。当药物治疗 6 个月后仍无排卵而要求生育者,可选用手术治疗,迫切要求生育者可直接选择 IVF-ET 助孕。

(1)克罗米芬(CC):CC 是传统的一线用药,从自然月经或撤退性出血的第 2~5 日开始口服,50mg/d,共 5 日;如无排卵则每周期增加 50mg,直至 150mg/d;如卵巢刺激过大可减量至 25mg/d。单独 CC 用药建议不超过 6 个周期。来曲唑也已成为 PCOS 诱导排卵的一线用药,可用于 CC 抵抗或治疗失败患者。从自然月经或撤退性出血的第 2~5 日开始口服,2.5mg/d,共 5 日;如无排卵则每周期增加 2.5mg,直至 5.0~7.5mg/d。特别需要提出的是 PCOS 患者用 CC 促排卵的指征:①无排卵或稀发排卵导致不孕,要求怀孕,血泌乳素(PRL)水平正常,男方精液常规及

女方输卵管正常者;②无排卵或稀发排卵导致月经紊乱要求调经者不宜疗程过长;③与 FSH 促排卵治疗合用时适当减少 FSH 剂量。CC 常规首次剂量 50mg/d,在月经的第 5 日或孕激素撤药出血的第 5 日起共用 5 日,必须测基础体温观察有无排卵,也有助于发现早期妊娠。如该剂量无效,可用黄体酮或甲羟孕酮撤药出血第 5 日起再增加至 100~150mg/d,共 5 日。口服克罗米芬 5 日后注射 HMG75IU,每日 1 次,B 超观察卵泡,直到卵泡直径达 1.7~2.0cm 可加用 HCG5 000~10 000IU 一次以促排卵。也可于月经撤药出血或自然月经第 3~5 日起用 FSH(HMG)1 支/d 肌内注射,B 超监测卵泡增长,若未见卵泡增长,则 7 日后考虑以 1 支/d 的速度增加剂量,直至卵泡增大至满意。

(2)促性腺激素:包括人绝经期促性腺激素(HMG)、高纯度 FSH(HP-FSH)和基因重组 FSH(rFSH)可作为 CC 或来曲唑的配合用药,也可作为二线治疗,适用于 CC 抵抗和/或失败的无排卵不孕患者。

(3)体外受精-胚胎移植(IVF-ET):辅助生殖技术是 PCOS 不孕患者的三线治疗方案。控制性卵巢刺激(controlled ovarian hyperstimulation,COH)方案有:①促性腺激素释放激素(GnRH)拮抗剂(GnRH-antagonist)方案:在卵泡期先添加外源性促性腺激素,促进卵泡的生长发育,当优势卵泡直径 >12~14mm 或者血清雌二醇 >1 830pmol/L(灵活方案),或促性腺激素使用后的第 5 或 6 日(固定方案)开始添加 GnRH 拮抗剂直至"触发(trigger)"日。②温和刺激方案:CC+小剂量促性腺激素或来曲唑+小剂量促性腺激素,也可添加 GnRH 拮抗剂。③GnRH-a 长方案:在前一周期的黄体中期开始采用 GnRH-a 进行垂体降调节同时在卵泡期添加外源性促性腺激素。

4. 卵巢过度刺激综合征(ovarian hyperstimulation syndrome,OHSS) OHSS 是卵巢对促性腺激素超生理反应而导致的一种严重医源性并发症,严重者可危及生命,促排卵时要注意防止。如促排卵药物起始剂量不能太大、刺激排卵数目不宜太多;在超促排卵过程中加强 B 超和血 E_2 监测等。特别是对克罗米芬敏感者容易发

生 OHSS，PCOS 患者促排卵时要特别注意控制用药量。

5. 代谢综合征（metabolic syndrome，MS） 由于 PCOS 患者体内存在异常的激素环境，使其不仅存在生殖障碍，还存在代谢异常。MS 是多种代谢成分异常聚集的病理状态，是一组复杂的代谢紊乱症候群，是导致 2 型糖尿病和心血管疾病的危险因素。中心性肥胖和胰岛素抵抗（insulin resistance，IR）是 PCOS 和 MS 的连接纽带。PCOS 患者的 MS 发病率相对较高，而 MS 女性患者通常又表现为 PCOS 患者的生殖／内分泌特征。PCOS 与 MS 常共存，但既不互为因果也不独立存在。PCOS 患者雄激素过多是由于卵巢卵泡膜细胞类固醇激素生成缺陷所致，高雄激素血症可加重中心性肥胖和外周的 IR，导致内分泌调节紊乱而形成 MS。PCOS 和 MS 典型的血脂异常特点为高 TG 血症（TG ≥ 1.7mmol/L）、低 HDL-C 及高 LDL-C。他汀类药物是目前最有效的降低 LDL-C、TC 及 TG 水平的药物，还具有降低睾酮水平的作用，目前已被用于 PCOS 的治疗。

6. 子宫内膜癌（EC） 病理学家发现 PCOS 患者子宫内膜常表现为内膜增生过长、分泌反应不良甚至不典型增生等。EC 中雌激素依赖型占 75%~85%，其发生、发展、转移与雌激素高水平密切相关。有研究发现 PCOS 患者 EC 的患病率是非 PCOS 患者的 3 倍多，EC 患者中年纪较小者 19%~25% 患有 PCOS。PCOS 患者的子宫内膜由于无周期性排卵、孕激素缺乏、雌激素长期暴露、类固醇生成酶的改变及雌激素多体与孕激素多体的平衡性打破，引起子宫内膜病变；雄激素在外周转化为雌激素、雄激素多体表达上调及 5a 还原酶的强化作用导致 EC；IR 诱导的高胰岛素血症对 EC 的发生有直接或间接的影响。如胰岛素可直接刺激子宫内膜细胞增殖，激活子宫内膜有丝分裂和抗凋亡信号系统。胰岛素也可间接引起性激素水平的变化，包括提高雌激素、雄激素水平以及抑制性激素结合球蛋白的合成，从而增加 EC 的风险。

（五）药物治疗展望

当前 PCOS 的治疗手段不一且效果未能令人满意，近来的临床研究聚焦于肌醇、他汀类药物、维生素 D 及其他非药物类手段。其中肌醇不同

种异构体的组合可改善 PCOS 患者胰岛素抵抗和血清雄激素水平并减少心血管风险，具有重塑自发性排卵和改善 PCOS 患者不孕的潜能，尤其在治疗肥胖 PCOS 患者时还具有降低 BMI 的功效。有研究发现，肌醇联合其他药物如胰岛素增敏剂等能互相增强疗效。如洛伐他汀 K 联合肌醇、硫辛酸可以显著改善 PCOS 患者的脂质代谢和雄激素增多症；肌醇联合二甲双胍和 α- 硫辛酸能显著改善 PCOS 患者的雄激素增多症及其他内分泌和生殖系统的紊乱，较单纯二甲双胍改善 BMI 和胰岛素抵抗的作用更强。

他汀类药物在 PCOS 患者中的治疗作用目前仍存在争议。有些研究发现在应用辛伐他汀 6 个月后，PCOS 患者的内皮细胞功能、胰岛素抵抗、BMI 和脂质代谢指标均有一定程度改善。另一些研究发现他汀类药物在改善 PCOS 患者的高雄激素血症、脂质和炎症指标的同时会干扰血糖代谢并增加 2 型糖尿病的风险，特别是 6 个月使用后会降低胰岛素敏感性。他汀类药物减肥药物奥利司他，西布曲明和利莫那班在 PCOS 中的作用受到广泛关注，但后两者因其严重的不良反应最终退出。奥利司他能改善肥胖 PCOS 患者的胰岛素抵抗，高雄激素血症和减少心血管疾病风险，联合生活方式调整可在一定程度上缓解代谢和内分泌紊乱。但 PCOS 指南中并未将他汀类列入治疗药物，仍需进一步大规模的随机双盲临床对照试验加以验证。

维生素 D 与钙在改善 PCOS 患者激素和代谢水平中的作用也存在争议。给予 PCOS 患者维生素 D 和钙制剂后，其血清 25- 羟基维生素 D 水平增加，伴有总睾酮和雄激素水平下降。但进一步的 meta 分析指出，维生素 D 治疗并不能改善 PCOS 患者的代谢和激素紊乱。另外，既往报道黄连素对 2 型糖尿病、胰岛素抵抗、脂质代谢及代谢综合征具有一定治疗作用，目前其在 PCOS 中的治疗也正在广泛开展。近几年来，抗炎治疗成为国内外对 PCOS 研究的一个热点，一些炎症因子（如肿瘤坏死因子 α、C 反应蛋白等）被认为与其发病机制有关。虽未见抗炎药物应用于 PCOS 的临床治疗报道，但随着研究的不断深入，针对炎症通路环节给予药物干预，并进一步解析各关键基因间如何相互作用以及环境因素在其中所扮演

的角色,将会为开发新治疗靶点提供新途径,为治疗 PCOS 提供新希望。

五、绝经综合征

绝经综合征(menopause syndrome)指妇女绝经前后出现性激素波动或减少所致的一系列躯体及精神心理症状。绝经(menopause)表示卵巢功能衰退,生殖功能终止。随着人类寿命的延长,绝经过渡期和绝经后期已成为女性生命周期中最长的一个阶段。对该阶段女性进行全面生活方式指导和健康管理,并指导适宜人群开展绝经激素治疗(menopause hormone therapy, MHT),有利于提高和改善女性生命质量。

(一)临床表现与诊断

绝经指月经永久性停止,40 岁以上女性、末次月经后 12 个月仍未出现月经,排除妊娠、相关症状的器质性病变及精神疾病后则可临床诊断为绝经。

1. 绝经综合征的临床表现

(1)月经紊乱:表现为月经周期不规则、经期持续时间长及经量增多或减少、长期无排卵性出血及月经突然停止。

(2)血管舒缩症状:主要表现为潮热、汗出。

(3)自主神经失调症状:常出现如心悸、眩晕、头痛、失眠、耳鸣等。

(4)精神神经症状:情绪不稳定、注意力不集中、神经质、激动易怒、抑郁、焦虑不安或情绪低落、记忆力减退、工作能力下降甚至企图自杀。

(5)泌尿生殖器绝经后综合征(genitourinary syndrome of menopause, CSM):主要表现为泌尿生殖道萎缩症状,出现阴道干燥、性交困难及反复阴道感染,排尿困难,尿痛、尿急等反复发生的尿路感染。

(6)骨质疏松:雌激素缺乏使骨质吸收增加,骨量快速丢失而出现骨质疏松,一般发生在绝经后 5~10 年内。

(7)阿尔茨海默病(Alzheimer's disease):可能与绝经后内源性雌激素水平降低有关。

(8)心血管病变:绝经后妇女糖脂代谢异常增加,易发生高血压,动脉粥样硬化及冠心病。

(9)皮肤变化:表皮变薄、干燥、色素增加,易发生绝经期皮炎、皮肤瘙痒等疾病。

2. 诊断

卵巢功能评价等实验室检查有助于诊断:①血清 FSH 值及 E_2 值测定,绝经过渡期血清 FSH>10U/L,闭经 FSH>40U/L 且 E_2<10~20pg/ml;②抗米勒管激素(AMH)低至 1.1ng/ml 提示卵巢储备下降,若低于 0.2ng/ml 提示即将绝经,绝经后 AMH 一般测不出。目前公认的生殖衰老分期"金标准"(图 20-2-3)是 2011 年发表的"生殖衰老研讨会分期 +10"(Stages of Reproductive Aging Workshop+10, STRAW+10):①绝经过渡期早期(−2):月经周期长短不一,10 次月经周期中有 2 次或以上发生邻近月经周期改变 ≥7d;②绝经过渡期晚期(−1):月经周期≥60d,且卵泡刺激素(follicle-stimulating hormone, FSH)≥25U/L;③绝经后期早期(+1a):最终月经(final menstrual period, FMP)后的 1 年,+1a 结束方能明确绝经;+1b 是 +1a 后 1 年;而后进入 +1c,FSH 稳定升高,雌二醇持续维持在低水平;④绝经后期晚期(+2):出现各种组织器官退行性改变导致的各种疾病,包括骨质疏松症、心脑血管疾病、认知功能障碍等。因 PCOS、早发性卵巢功能不全、子宫内膜切除和子宫切除、慢性疾病及化疗影响了卵巢功能的女性不适用于 STRAW+10 分期。

(二)一般治疗原则

首先应缓解近期症状,早期发现、有效预防绝经后期晚期出现的各种组织器官退行性改变,主要分为健康管理和激素治疗。健康管理包括每年健康体检、合理饮食、增加社交脑力活动、健康锻炼等。MHT 则应在有适应证、无禁忌证、绝经女性本人有通过 MHT 改善生活质量的主观意愿时尽早开始。

(三)基本治疗药物及治疗方案

MHT 在临床应用已有六七十年,但其获益和风险至今仍存在争议。1932 年有人提出用雌激素补充疗法(estrogen replacement therapy, ERT)用于治疗绝经综合征,1942 年结合雌激素正式被用于临床。1975 年出现了"雌孕激素联合疗法",对于有子宫妇女加用孕激素,可保护子宫内膜,使子宫内膜癌发病率显著下降,ERT 变为性激素补充治疗(hormone replacement therapy, HRT)。进入 80 年代,研究认为 HRT 可预防绝经后骨量丢失加快引起的骨质疏松,对心脏具有保护作用,提出 HRT 能预防绝经后骨质疏松和心脏病,美

初潮　　　　最终月经（0）

分期	-5	-4	-3b	-3a	-2	-1	+1a	+1b	+1c	+2
术语	生育期				绝经过渡期		绝经后期			
	早期	峰期	晚期		早期	晚期	早期			晚期
					围绝经期					
持续时间	可变				可变	1~3年	2年(1年+1年)		3~6年	余生
主要标准										
月经周期	可变到规律	规律	规律	经量、周期、长度、轻微变化	邻近周期长度变异≥7d，10个月经周期内重复出复出现	月经周期长度≥60d				
支持标准										
内分泌 FSH AMH 抑制素B			正常 低 低	可变[a] 低 低	↑可变 低 低	↑≥25IU/L[b] 低 低	↑可变 低 低		稳定 极低 极低	
窦卵泡数			少	少	少	少	极少		极少	
描述性特征										
症状						血管舒缩症状	血管舒缩症状			泌尿生殖道萎缩症状

图 20-2-3　STRAW+10 分期系统

[a] 在周期第 2~5 日取血检测；[b] 依据目前采用的国际垂体激素标准大致预期水平；AMH：抗苗勒管激素

国指南也曾将 HRT 列入冠心病的二级预防。但随后一些大规模前瞻性临床研究如美国 1998 年和 2002 年进行的雌、孕激素 HRT 研究Ⅰ期和Ⅱ期（the heart and estrogen /progestin replacement study，HERS Ⅰ、HERS Ⅱ）及美国国立研究院 2002 年所做的女性健康倡导研究中的雌孕激素（women' s health initiative，WHI EPT）和单雌激素治疗（WHI ET）否定了 HRT 对冠心病的预防，发现 HRT 使绝经期妇女乳腺癌、心血管疾病等风险有所增加，总体健康风险大于益处。2013 年后大量流行病学和妇科内分泌学专家对临床研究结果进行分层再次分析，提出了 HRT 虽不能用于心血管的一级预防，但能有效缓解绝经症状，预防绝经后骨质疏松，4 年内的应用相对安全。同时也强调 HRT 的个体化原则以及性激素应用的最小有效剂量。2013 年国际绝经协会（IMS）因此提出 MHT 的概念，治疗绝经相关症状及预防相关疾病。雌激素是 MHT 的核心，其使用剂量可随妇女年龄的增加而适当减量。由于雌二醇单方 / 复方制剂长期频繁注射产生如皮下脂肪萎缩等多种不良反应，一般采用雌激素药物非注射途径给药，包括口服给药、经阴道给药、鼻黏膜给药、经皮给药。口服给药主要有雌二醇缓释片、雌二醇微囊；阴道给药包括雌二醇阴道环、阴道霜、阴道栓、阴道药片；鼻黏膜给药吸收个体之间差异很大，鼻腔又是重要的感觉器官，因此存在一定的风险性；经皮给药是雌二醇最理想的给药方式，透皮释药系统将雌二醇持续稳定地释放到血液中，避开了肝脏的首过效应，直接发挥了雌二醇的生物学效应，主要制剂有雌二醇贴片、乳剂、软膏剂、霜剂、凝胶剂。

绝经过渡期与绝经期女性使用 MHT 的风险和获益不同，窗口期一般为绝经 10 年之内或 60 岁以前。对窗口期内无禁忌证的女性，MHT 用于缓解血管舒缩症状、减少骨量丢失和预防骨折的获益风险比最高。2018 年的指南中指出接受 MHT 的女性每年至少接受一次全面获益 / 风险评估，根据评估结果个体化调整 MHT 方案，只要获益 / 风险评估结果提示获益大于风险则可继续使用 MHT。MHT 剂量大小的定义是基于雌激素的剂量，国内外指南都建议采用最低有效剂量，一般认为口服结合雌激素 0.625mg/d 或与之相当为标准剂量 MHT。目前常用的药物治疗方案如下：

1. **雌激素**　常用的雌激素有①口服天然

雌激素：17β- 雌二醇、戊酸雌二醇、结合雌激素；②非口服雌激素：经皮雌激素，如雌二醇凝胶，每 2.5g 含雌二醇 1.5mg，每日经皮涂抹；半水合雌二醇皮贴，每贴每日释放 17β- 雌二醇 50μg，每周更换 1 次；经阴道雌激素：雌三醇乳膏，每克乳膏含雌三醇 1mg；普罗雌烯阴道胶丸，每粒含普罗雌烯 10mg；氯喹那多 - 普罗雌烯阴道片，每片含普罗雌烯 10mg 和氯喹那多 200mg；结合雌激素软膏，每克含结合雌激素 0.625mg。单雌激素补充方案适用于子宫已切除的患者，通常连续使用。如口服戊酸雌二醇 0.5~2mg/d 或 17β- 雌二醇 1~2mg/d 或结合雌激素 0.3~0.625mg/d；半水合雌二醇贴 1/2~1 贴 / 周或雌二醇凝胶 0.5~1 计量尺 /d，涂于手臂、大腿、臀部等皮肤。阴道局部使用雌激素一般 1 次 /d，连续使用 2 周，症状缓解后改为 2 次 / 周。短期（3~6 个月）局部应用雌激素阴道制剂无需加用孕激素，但长期使用应监测子宫内膜。

2. **孕激素**　常用孕激素有①口服天然孕激素：微粒化黄体酮；②口服合成孕激素：地屈孕酮、17α- 羟孕酮衍生物（如醋酸甲羟孕酮）、19- 去甲睾酮衍生物（如炔诺酮、左炔诺孕酮、地诺孕素）、19- 去甲孕酮衍生物（如诺美孕酮）、螺内酯衍生物（如屈螺酮）等；③非口服孕激素：左炔诺孕酮宫内系统（levonorgestrel intrauterine system，LNG-IUS）：含 LNG 52mg，每日向宫腔释放 LNG 20μg，维持 5 年，尤其适合于有子宫内膜增生的患者。单孕激素补充方案适用于绝经过渡期早期调整月经，如于月经或撤退性出血的第 14 日起口服地屈孕酮 10~20mg/d 或微粒化黄体酮 200~300mg/d 或醋酸甲羟孕酮 4~6mg/d。

3. **雌、孕激素序贯制剂**　有连续序贯复方制剂雌二醇 / 雌二醇地屈孕酮片及周期序贯复方制剂戊酸雌二醇 / 戊酸雌二醇醋酸环丙孕酮片，适用于有完整子宫、围绝经期或绝经后仍希望有月经样出血的患者。连续序贯在治疗过程中每日均用药，可采用雌二醇 / 雌二醇地屈孕酮片 1 片 /d，共 28 日，也可连续用口服或经皮雌激素 28 日，后 10~14 日加用孕激素；周期序贯在治疗过程中每周期有 3~7 日不用任何药物，可采用戊酸雌二醇 / 戊酸雌二醇环丙孕酮片 1 片 /d，共 21 日，也可连续用口服或经皮雌激素 21~25 日，后 10~14 日加

用孕激素，然后停药 3~7 日，再开始下一周期。

4. **雌、孕激素连续联合制剂**　如雌二醇 / 屈螺酮片。适用于有完整子宫、绝经后不希望有月经样出血的患者。可采用雌二醇 / 屈螺酮片 1 片 /d 连续给药，也可采用每日雌激素（口服或经皮）加孕激素连续给药。

5. **组织选择性雌激素活性调节剂**　替勃龙口服后在体内代谢产生较弱的雌激素、孕激素和雄激素活性，口服 1.25~2.5mg/d，连续应用。尤其对情绪低落和性欲低下有较好的效果。

MHT 禁忌证包括已知或怀疑妊娠、原因不明的阴道出血、已知或可疑患乳腺癌、已知或可疑患性激素依赖性恶性肿瘤、最近 6 个月内患活动性静脉或动脉血栓栓塞性疾病、严重肝肾功能不全、血卟啉症、耳硬化症、现患脑膜瘤（禁用孕激素）以及雌激素依赖性肿瘤患者。慎用的情况主要有：子宫肌瘤、子宫内膜异位症、子宫内膜增生症和系统性红斑狼疮。实施 MHT 前必须全面了解患者的病史和家族史，常规行血压测定、肝肾功能测定、血糖及血脂测定、乳腺检查及妇科检查（包括宫颈涂片检查），长期应用者应每半年至 1 年重复上述检查，有子宫者应特别注意子宫内膜情况，必要时行内膜活检。

（四）临床问题导向的药物治疗

绝经妇女的管理涉及内分泌科、妇科、内科、心血管科、精神科、神经科、骨科、老年科、康复科等临床多学科内容。HMT 涉及的不良反应主要有：子宫出血；雌激素剂量过大引起的乳房胀痛、白带多、头痛、水肿、色素沉着等；孕激素引起的抑郁、易怒、乳腺痛和水肿等。

1. **血管舒缩症状**　75% 绝经妇女都会有血管舒缩症状，如潮热、潮红及夜间盗汗。80% 会持续 1 年以上，50% 持续长达 5 年以上。对于无禁忌证的患者，激素治疗是一线方案，同时可改善睡眠障碍和情绪问题。雌激素是治疗潮热最有效的药物，保留子宫的患者，无论给予任何雌激素方案，均须加用孕激素以减少子宫内膜癌的发生风险。目前推荐缓解潮热症状时，雌激素应使用最低剂量、最短周期。对于有 MHT 禁忌证的患者，如有静脉血栓栓塞疾病史或卒中史、或有发生上述疾病高危因素、有乳腺癌或冠心病（coronary heart disease，CHD）史的妇女，可采用选择性

5-羟色胺和去甲肾上腺素再摄取抑制剂（SSRI, SNRI），如文拉法辛（Venlafaxine）150mg/d 或帕罗西汀（Paroxetine）按 12.5mg/d 或 25mg/d 给药。其他药物还包括可乐定（Clonidine）0.05~0.15mg/d 和加巴喷丁（Gabapentin）900mg/d。

2. 泌尿生殖道系统症状 生殖道症状包括生殖道干燥、烧灼、刺激，性交困难或性交痛；泌尿道症状包括尿急、尿痛和反复泌尿系感染。若无 MHT 禁忌证，局部雌激素治疗是泌尿生殖道萎缩治疗首选。不仅可以改善阴道萎缩及其相关症状，还可缓解尿急、紧迫性尿失禁、尿痛，防止反复性下尿道感染。低剂量的雌激素霜剂可经阴道给药，给药频率从每日 1 次到每周 2 次不等，每次给药剂量为 0.3mg 结合雌激素或 0.5mg 雌二醇。雌二醇阴道片经阴道给药，每日 1 次，共 14 日，之后每周 2 次。若有 MHT 禁忌证，则可使用湿润剂或润滑剂，包括雷波仑（Replens）、Astroglide 和 K-Y 凝胶等，可用于缓解阴道干涩症状和性交痛

3. 骨质疏松 骨质疏松预防重于治疗，女性应保持充足的蛋白质、钙和维生素 D 的摄入，鼓励制订和参加规律长期锻炼计划。雌激素对骨骼的发育和骨重建有极重要的作用，绝经后雌激素快速下降，导致骨骼的强度和抗压能力下降，容易发生骨折，并出现全身或局部骨骼疼痛。MHT 通过抑制破骨细胞活动和降低骨转化以减缓绝经后女性骨量丢失，但如果单独用于预防绝经后骨质疏松需注意高风险女性以及药物疗程。其他绝经期预防骨质疏松的非激素药物包括雷洛昔芬、双膦酸盐制剂、降钙素、氟化物。

4. 心脑血管疾病 绝经后女性由于雌激素下降导致血脂成分改变，表现为总胆固醇（TC）、LDL-C 上升，HDL-C 下降，成为冠心病的危险因素。中国指南不建议单纯为预防冠心病启动 MHT。绝经早期启用 MHT 不会增加冠心病和卒中的风险，还可降低冠心病死亡率及全因死亡率。年龄大于 60 岁及绝经大于 10 年，MHT 增加冠心病和卒中风险，但经皮低剂量雌激素（<50μg/d）不增加卒中风险。MHT 相关静脉血栓栓塞症（VTE）的风险随年龄增长而增加，且与肥胖程度正相关。对于有发生血栓风险的女性需要应用 MHT 时使用经皮雌激素比口服雌激素更有益。

5. 中枢神经系统疾病 使用 MHT 与降低痴呆及阿尔茨海默病的危险尚存争议，有些试验数据表明 MHT 可改善与绝经相关的轻中度抑郁症状，及早开始 MHT 对降低阿尔茨海默病和痴呆风险有益。但 HERS 和 WHI 的记忆研究（WHIMS）都提示 HRT 不能降低绝经后妇女认知能力减退的风险。

6. 恶性肿瘤

（1）乳腺癌：MHT 引起的乳腺癌风险很小，主要与雌激素治疗中添加的合成孕激素及孕激素使用持续时间有关，治疗结束后风险逐渐降低。天然孕激素和选择性雌激素受体调节剂优化了对代谢和乳腺的影响。现有数据显示，口服和经皮雌激素给药引起的乳腺癌风险并无差异。

（2）子宫内膜癌：接受雌激素替代治疗未加服孕激素的有完整子宫的绝经期女性近 12% 发生子宫内膜过度增生，其中 16%~25% 发展为子宫内膜癌，并呈剂量和时间相关性。每月加服孕激素 12~14 日可降低内膜增生和继发癌症的风险。

（3）宫颈癌和卵巢癌：MHT 不增加宫颈鳞癌的风险，但与卵巢癌的风险仍不清楚，绝经后应用雌激素 10 年以上似乎增加卵巢癌的发病风险，但也有研究显示卵巢癌的致死率与激素无关。

（五）药物治疗展望

关于 MHT 的利弊讨论永远是绝经领域研究的热点，目前认为 MHT 是缓解绝经症状的首选和最重要、有效的治疗方法。国外相继研制成功不同于传统雌激素的新一类药物——组织选择性雌激素活性调节剂（selective tissue estrongenic activity regulation, STEAR）和选择性激素受体调节剂（selective estrogen modulator, SERM）。利维爱是 STEAR 家族的第一个成员，在不同靶器官上体现雌、孕、雄三种激素样作用。雷洛西芬是 SERM 的重要成员，选择性作用于不同组织的雌激素受体，分别产生类雌激素或抗雌激素作用。SERM 的出现为预防绝经后妇女骨质疏松和心血管疾病提供了一种新的手段，因其可选择性作用于全身各组织的雌激素受体，发挥保护心血管系统、减少骨量丢失等问题，又可抑制子宫内膜的增殖，拮抗雌激素对乳腺的危险作用。但 SERM 不能解除绝经期潮热、汗出等症状，甚至可能诱发或

加重这些症状。新型 SERM 药物包括拉索昔芬和巴多昔芬等在临床试验中显示了用于绝经后骨质疏松症的有效性，在骨骼系统可产生雌激素受体激动剂作用，而在乳腺和子宫则具有雌激素受体拮抗剂作用。此外，巴多昔芬与雌激素联用治疗绝经后血管舒缩综合征以及预防骨质疏松症的临床研究也正在进行中。非激素疗法近年来得到重视，主要有 5- 羟色胺再摄取抑制剂（氟西汀、帕罗西汀等）、去甲肾上腺素再摄取抑制剂（文拉法辛等）、α_2 受体激动剂（可乐定）、植物药治疗和中药治疗等。

新的研究发现干细胞在改善卵巢功能方面有治疗潜力。如干细胞注入鼠体内后，可增加鼠卵巢内卵泡数目、减少颗粒细胞凋亡，提高卵巢储备功能，为其应用于妇科衰老性疾病的治疗奠定了理论基础。但其能否有效的分布、安全的扩张、最佳的细胞来源、应用的方法都是未来研究中亟待解决的问题。另外也有相关临床试验表明星状神经节阻滞可以明显改善生理性绝经症状和乳腺癌治疗相关的绝经症状，但是女性的绝经综合征是一个多因素相关的疾病，星状神经节阻滞对于其他因素所致的绝经综合征是否有效尚有待进一步研究。

对于绝经所带来的问题，WHO 倡导多层次干预，除了应用 MHT 及其他药物，还推荐合理饮食、运动定量指导、生活习惯指导、心理精神辅导、保健品摄入的控制、环境激素或有害物质控制等，逐步建立绝经妇女健康管理体系。绝经综合征的治疗亦远未达到至臻完善的程度，只有更多、更充分的临床证据才能给予临床工作者正确的指导，给广大的妇女带来最大的收益。

（赵　轶）

参 考 文 献

1. 中华医学会妇产科学会产科学组.胎膜早破的诊断与处理指南（2015）[J].中华妇产科杂志，2015，50（1）：3-8.

2. 中华医学会妇产科学会产科学组.早产临床诊断与治疗指南（2014）[J].中华围产医学杂志，2015，18（4）：241-245.

3. 谢幸，孔北华，段涛.妇产科学[M].9 版.北京：人民卫生出版社，2018.

4. 张岩，高雪莲，杨慧霞.约翰·霍普金斯妇产科手册[M].4 版.北京：人民卫生出版社，2014.

5. Zeind Caroline S, Carvalho Michael G.Applied Therapeutics The Clinica Use of Drugs[M].Philadelphia：Lippincott Willians & Wilkins, 2018.

6. Kayiga H, Lester F, Amuge P M, et al.Impact of mode of delivery on pregnancy outcomes in women with premature rupture of membranes after 28 weeks of gestation in a low-resource setting: A prospective cohort study[J].PLoS One, 2018, 13（1）: 1-13.

7. American College of Obstetricians and Gynecologists, Committee on Practice Bulletins-Obstetrics.ACOG practice bulletin no.159: Management of Preterm Labor[J].Obstet Gynecol, 2016, 127（1）: e29-38.

8. 中华医学会妇产科学分会内分泌学组.异常子宫出血诊断与治疗指南[J].中华妇产科杂志，2014，49（11）：801-806.

9. 中华医学会妇产科学分会内分泌学组.排卵障碍性异常子宫出血诊治指南[J].中华妇产科杂志，2018，53（12）：801-807.

10. Yoon D J, Jones M, Taani J A, et al.A Systematic Review of Acquired Uterine Arteriovenous Malformations: Pathophysiology, Diagnosis, and Transcatheter Treatment[J].AJP Rep, 2016, 6（1）: e6-e14.

11. 中华医学会妇产科学分会子宫内膜异位症协作组.子宫内膜异位症的诊治指南[J].中华妇产科杂志，2015，50（3）: 161-169.

12. 李霞，袁航，黄文倩，等.2018 年法国妇产科医师协会 / 法国国家卫生管理局《子宫内膜异位症管理指南》解读[J].中国实用妇科与产科杂志，2018，34（11）：1243-1246.

13. 张丽，刘效群.子宫内膜异位症相关不孕症的治疗策略[J].生殖医学杂志，2018，27（8）: 804-808.

14. Dunselman GA, Vermeulen N, Becker C, et al. ESHRE guideline: management of women with endometriosis[J].Hum Reprod, 2014, 29: 400-412.

15. WU B, YANG Z, TOBE R G, et al.Medical therapy for preventing recurrent endometriosis after conservative surgery: a cost-effectiveness analysis[J].BJOG, 2018, 125（4）: 469-477.

16. DONNEZ J, TAYLOR R N, TAYLOR H S.Partial suppression of estradiol: a new strategy in endometriosis management[J].Fertil Steril, 2017, 107（3）: 568-570.

17. 中华医学会妇产科学分会内分泌学组及指南专家

组.多囊卵巢综合征中国诊疗指南[J].中华妇产科杂志,2018,53(1):2-6.

18. 宋颖,李蓉.多囊卵巢综合征中国诊疗指南解读[J].实用妇产科杂志,2018,34(10):737-741.

19. Fang-fang WANG, Jie-xue PAN, Yan WU, et al.American, European, and Chinese practice guidelines or consensuses of polycystic ovary syndrome: a comparative analysis[J].Journal of Zhejiang University Science B, 2018, 9(5): 354-363.

20. Bakhshalizadeh S, Amidi F, Shirazi R, et al.Vitamin D3 regulates steroidogenesis in granulosa cells through AMP activated protein kinase(AMPK)activation in a mouse model of polycystic ovary syndrome[J].Cell Biochem Funct, 2018, 36(4): 183-193.

21. Bellver J, Rodriguez-Tabernero L, Robles A, et al.Polycystic ovary syndrome throughout a woman's life [J].Journal of assisted reproduction and genetics.2018, 35(1): 25-39.

22. 中华医学会妇产科学分会绝经学组.中国绝经管理与绝经激素治疗指南(2018)[J].中华妇产科杂志,2018,53(11):729-739.

23. 中华医学会妇产科学分会绝经学组.绝经期管理与激素补充治疗临床应用指南(2012版)[J].中华妇产科杂志,2013,48(10):795-799.

24. 中华医学会妇产科学分会绝经学组.围绝经期异常子宫出血诊断和治疗专家共识[J].协和医学杂志,2018,9(4):313-319.

25. The NAMS 2017 Hormone Therapy Position Statement Advisory Panel.The 2017 hormone therapy position statement of The North American Menopause Society[J].Menopause, 2017, 24(7): 728-753.

26. Harlow S D, Gass M, Hall J E, et al. Executive summary of the Stages of Reproductive Aging Workshop +10: addressing the unfinished agenda of staging reproductive aging[J].Climacteric, 2012, 15: 105-114.

第二十一章　性传播疾病

第一节　总　论

一、性传播疾病的概述

性传播疾病（sexually transmitted diseases, STD）是指主要通过性传播、类似性行为以及间接接触传播的一组引起多种病况和严重并发症且可预防的传染病。1975年世界卫生组织WHO正式用STD作为由性行为为主要传播方式而感染的疾病的总称。STD传播途径主要有：性行为传播、间接接触传播、血源性传播、母婴传播和医源性传播。STD致病的微生物包括细菌、病毒、螺旋体、衣原体、支原体、真菌、原虫及寄生虫8类。目前我国规定重点防治的STD有梅毒、淋病、生殖道衣原体感染、生殖器疱疹、尖锐湿疣、软下疳、性病淋巴肉芽肿及艾滋病，其中梅毒、淋病、艾滋病列为乙类传染病。STD不仅可以在泌尿生殖器官发生病变，也可侵犯局部区域淋巴结，甚至可通过血行播散侵犯全身主要器官和组织。未治疗的衣原体和淋球菌感染可能导致盆腔炎性疾病（pelvic inflammatory disease, PID），进而在10%~20%的患者中造成生殖器畸形、不孕、异位妊娠和慢性盆腔疼痛，严重者危及生命。若孕妇发生感染，病原体可通过胎盘或者产道感染胚胎、胎儿或者新生儿，导致流产、胎儿宫内发育迟缓、早产、死胎、出生缺陷或新生儿感染等严重并发症和后遗症。STD的存在还会促进人类免疫缺陷病毒（human immunodeficiency virus, HIV）的传播。因此，对STD高危人群进行性健康教育、筛查、预防和治疗是STD防治的全球性公共健康问题。

STD有四个主要特征：

（1）主要传播途径是性接触（不是唯一途径）。

（2）除了艾滋病外，其他的STD几乎都有生殖器或周围区域的病损。

（3）STD患者可以同时感染几种病原体，例如淋球菌和沙眼衣原体。

（4）患者的性伴侣需要同时检查和治疗，否则将成为重新感染和流行的传染源。

二、性传播疾病的预防及治疗原则

预防STD的关键策略是准确的风险评估，对有风险的人群提供教育和咨询。可通过筛查有风险人群以识别并治疗感染者及其性伴侣，从而阻断病原体传播。STD的防护包括三方面，一是预防保护自己不被感染；二是一旦感染，如何及早发现、及时就诊和开启正确的治疗，以免疾病进展到出现不可逆的病变和并发症，以及防止复发和再次感染；三是如何避免传染给家人。

除了切断传播途径来达到预防STD的目的外，疫苗接种可用于预防数种性传播或与性行为有关的感染，包括甲型肝炎、乙型肝炎、人乳头瘤病毒（human papillomavirus, HPV）和脑膜炎奈瑟菌感染。

可治愈或易治愈的性传播疾病通常是由细菌、衣原体、支原体、螺旋体等病原体引起的，如淋病、非淋菌性尿道炎、梅毒（早期梅毒）、软下疳等。这些性传播疾病使用合适的抗菌药物治疗，均可达到临床和病原学治愈。

不可治愈或难以治愈的性传播疾病主要是由病毒感染引起，如生殖器疱疹、尖锐湿疣、艾滋病。但这里所说的"不可治愈"是指在相当一段时期内不能达到病原学治愈，这些疾病通过治疗可以达到临床治愈。目前的抗病毒药对引起这些性病的病毒一般只能起抑制作用，短期内尚无法彻底清除，因此感染了这些性传播疾病后，虽然可以达到临床治愈,但是病毒仍可能潜伏在人体中,这也是生殖器疱疹或尖锐湿疣容易复发的原因。

三、常用药物分类、作用机制及药物不良反应管理

本节疾病治疗药物的分类、作用机制以及常见药物不良反应管理详见第六章感染性疾病。

第二节 常见性传播疾病的药物治疗

一、梅毒

梅毒(syphilis)是由梅毒螺旋体(treponemapallidum)引起的慢性、系统性性传播疾病。梅毒是人类独有的疾病,显性和隐性梅毒患者是传染源,感染梅毒螺旋体人的皮损分泌物、血液中含大量梅毒螺旋体(图21-2-1)。梅毒在全世界流行,据WHO估计,全球每年约有1 200万新发病例,主要集中在南亚、东南亚和次撒哈拉非洲。感染早期传染性最强,如果是显性梅毒,基本病理生理改变可见于发生性行为接触的任何部位,如生殖器、肛周、直肠、乳头、舌、咽、手指等部位的硬下疳。如果没有得到及时治疗,约有1/3发展为晚期梅毒,可能引起神经梅毒及心血管梅毒等。早期主要表现为皮肤黏膜损害,晚期侵犯心血管、神经系统等重要器官,产生各种严重症状及体征,造成劳动力丧失或死亡。患梅毒的孕妇能通过胎盘将螺旋体传给胎儿,引起晚期流产、早产、死产或分娩先天梅毒儿。梅毒螺旋体在体外不易存活,一般消毒剂能将其杀死,血液中梅毒螺旋体4℃存放3日即可死亡。

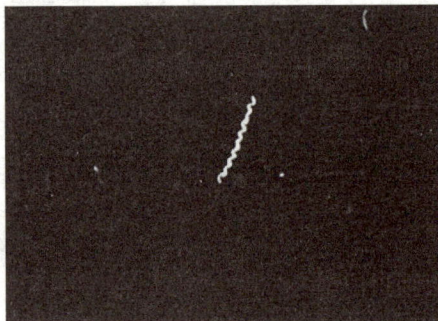

图21-2-1 暗视野显微镜下的梅毒螺旋体
(由医学博士 Charles B Hicks 提供)

(一)临床表现与诊断

梅毒根据传播途径可分为获得性梅毒(后天梅毒)和胎传梅毒(先天梅毒)。根据病程可分为早期梅毒和晚期梅毒。早期梅毒指病程2年之内,包括一期梅毒、二期梅毒及早期潜伏梅毒。晚期梅毒指病程2年以上,包括三期梅毒及晚期潜伏梅毒。

1. 临床表现及分类

(1)硬性下疳(一期梅毒):在大小阴唇内侧或子宫颈部可见圆形或椭圆形硬结,表面糜烂,边缘稍隆起似软骨样硬度,直径1~3cm,有浆液性分泌物,分泌物中含有大量梅毒螺旋体,传染性很强,常伴腹股沟淋巴结肿大(图21-2-2,见文末彩图)。

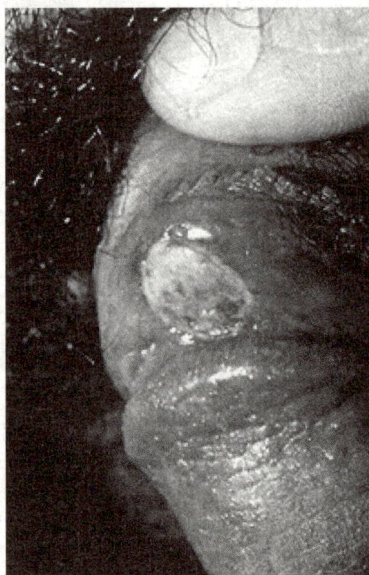

图21-2-2 阴茎下原发性梅毒
(资料来源:医学博士 Charles B Hicks 供图)

(2)多种多样的皮疹(二期梅毒):硬下疳发病3周后,全身发疹(图21-2-3,见文末彩图)。外阴的丘疹常有一层鳞屑覆盖,丘疹顶部易被擦破,形成小圆形糜烂面。二期梅毒晚期,外阴及肛门周围出现扁平湿疣,呈扁平分叶状,表面湿润,有黏液分泌物,内含大量梅毒螺旋体。

(3)晚期梅毒(三期梅毒):病变累及各系统的组织和器官,形成心血管系统、神经系统梅毒,及某些脏器梅毒瘤(亦称树胶肿)等。

(4)潜伏期梅毒:无临床症状,血清反应阳性,没有其他可以引起血清反应假阳性的疾病存

在,脑脊液正常,这类患者称为潜伏梅毒。潜伏梅毒如不治疗,一部分患者可发生晚期梅毒。

（5）对胎儿和新生儿的影响:未经治疗的一、二期梅毒几乎可以100%传给胎儿,引起流产、死胎、早产、死产,存活的胎儿早期表现有皮肤大疱、皮疹、鼻炎或鼻塞、肝腺肿大、淋巴结肿大等;晚期先天梅毒多出现在2岁以后,表现为楔齿状、鞍鼻、间质性角膜炎、骨膜炎、神经性耳聋等;其病死率、致残率均明显增高。

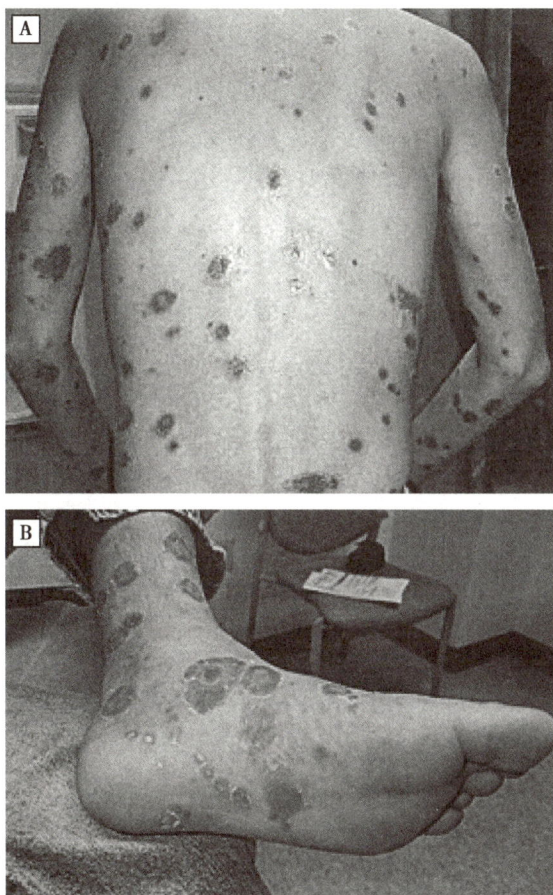

图21-2-3 二期梅毒全身皮疹及恶性狼疮图片
（资料来源:Charles Hicks 博士供图）

2. 诊断

（1）病史:本病主要是通过性器官接触而传染,患者有婚外性行为史,配偶有感染史,与梅毒患者共用物品史。

（2）临床表现:梅毒通过性行为传播,主要分为两期,一期梅毒患者螺旋体会由淋巴系统进入血液循环,并大量繁殖、播散,侵犯皮肤、黏膜、骨、内脏、心血管及神经系统,进而出现多种症状。二期梅毒的主要表现可以概括为三个特点:类感冒症状、梅毒疹和全身淋巴结肿大。

（3）辅助检查:病损(硬下疳或扁平湿疣)分泌物做涂片,用银染色法染色后镜检或用暗视野法检查活螺旋体,阳性者即可确诊。

3. 梅毒血清试验 非梅毒螺旋体试验,如快速血浆反应素试验和性病研究实验室试验,用于筛查和疗效判断,但缺乏特异性,确诊需作血清螺旋体抗原试验,目前常用的试验包括荧光螺旋体抗体吸附试验及梅毒螺旋体血凝反应试验。

（二）一般治疗原则

治疗目的为杀灭梅毒螺旋体增殖和控制局部感染,阻断母婴传播。

1. 早诊断,早治疗,规范治疗,用药足量。

2. 及时治疗,苄星青霉素用药足量,疗程规范,青霉素过敏者选用红霉素类药物口服。

3. 治疗期间应避免性生活,同时性伴侣也应接受检查及治疗。

4. 应注意休息,患梅毒后的饮食调养与其他感染性疾病一样,均要摄入新鲜富含维生素的蔬菜、水果,少摄入油腻的饮食,忌食辛辣食物,忌饮含酒精饮料,适当多饮水有利于体内毒素的排出。

（三）基本治疗药物及治疗方案

青霉素(Penicillin)是目前治疗梅毒的首选药物,主要机制是阻止梅毒螺旋体细胞壁的再生和修复,即阻断其繁殖,梅毒螺旋体的繁殖周期为30~33个小时,青霉素的有效浓度(0.03U/ml)必须维持7~10日,才能彻底杀灭体内的梅毒螺旋体。因此宜选择长效青霉素制剂以维持有效的药物浓度。长效的青霉素主要有苄星青霉素(Benzathine Benzylpenicillin)和普鲁卡因青霉素(Procaine Benzylpenicillin),如选择短效的青霉素G则需缩短给药间隔,还需根据梅毒分期采用相应的青霉素治疗方案,必要时增加疗程。

用药前,需仔细询问患者既往青霉素类药物用药史和过敏史并进行青霉素皮肤试验。应用青霉素类药物严重药物不良反应主要为过敏性休克,一旦发生必须就地抢救,予以保持气道畅通、吸氧及使用肾上腺素、糖皮质激素等治疗措施。对于青霉素过敏者,首选脱敏和脱敏后青霉素治疗。脱敏治疗失败时可选择头孢菌素类治疗,如头孢曲松,每日1次。四环素和多西环素禁用于孕妇,红霉素和阿奇霉素对孕妇和胎儿感染疗效差,因此也不推荐应用。

1. 早期梅毒包括一、二期及病期一年以内的潜伏梅毒 苄星青霉素 240 万 U,分两侧臀部肌内注射,每周 1 次,共 2~3 次;普鲁卡因青霉素,80 万 U,每日 1 次,肌内注射,连用 15 日。替代可用头孢曲松 1g,1 次 /d,肌肉或静脉注射,连续 10~15 日。

2. 晚期梅毒包括三期及晚期潜伏梅毒 苄星青霉素 240 万 U,单次肌内注射,每周 1 次,连用 3 次;普鲁卡因青霉素,80 万 U,每日 1 次,肌内注射,连用 20 日为 1 个疗程,也可考虑给第 2 个疗程。

3. 神经梅毒 青霉素 300 万 ~400 万 U,静脉滴注每 4 小时 1 次,连用 10~14 日,必要时,继以苄星青霉素 240 万 U,每周 1 次,肌内注射,共 3 次;或普鲁卡因青霉素 240 万 U,肌内注射,每日 1 次,加用丙磺舒 500mg,口服,每日 4 次,连用 10~14 日,必要时,继以苄星青霉素 240 万 U,每周 1 次,肌内注射,共 3 次。

肌内注射苄星青霉素或普鲁卡因青霉素后,青霉素缓慢释放并被吸收。其中苄星青霉素血药浓度可维持 2~4 周。

(四) 临床问题导向的药物治疗

1. 疗效评估 如不进行治疗,约 10% 梅毒患者死于本病,用合适的抗菌药物治疗治愈率可达 100%。早期梅毒患者的疗效评估为全身皮肤黏膜损害症状的好转。晚期梅毒除需关注皮肤黏膜损害外,还需关注全身多器官功能的损害情况。

2. 若梅毒患者的血清非梅毒螺旋体滴度未下降至 1/4 或以下,或者确证在起初下降后又升高至 4 倍,则考虑治疗失败。若患者治疗反应不充分,需确定是再感染、治疗反应缓慢还是治疗失败。目前尚未报道青霉素耐药,因此,治疗失败的原因很可能是治疗依从性差、使用替代药物、患者免疫受损或存在未诊断的 CNS 病变。

3. 对于证明治疗失败的神经梅毒患者,再治疗通常需静脉给予 14 日的青霉素 G,无证据换用其他抗生素会改变结局。

4. 部分患者在青霉素首剂治疗过程中由于大量梅毒螺旋体被杀灭而释放大量异性蛋白质,引起急性变态反应,称为吉海反应,表现为头痛、发热肌肉痛等。

5. 妊娠期治疗原则 梅毒患者经过正规治疗和随访,临床治愈者无需再治疗。妊娠时发现梅毒血清学阳性者,尽管曾经接受过治疗,但不排除梅毒复发,应再次治疗。治疗方案同非妊娠期,尽量使用青霉素。青霉素过敏者,建议进行青霉素脱敏后再用青霉素。脱敏无效者用红霉素治疗,早期梅毒连服 15 日,二期复发及晚期梅毒连服 30 日。接受红霉素治疗的孕妇分娩后,应给予婴儿补充使用青霉素。孕妇禁用四环素和多西环素。

(五) 药物治疗展望

目前尚无梅毒疫苗。采取较安全的性行为防范措施是预防感染所必需的。对传染性梅毒患者的性接触者进行治疗,能非常有效地限制该病在社区中的进一步传播。

二、淋病

淋病(gonorrhea)是由淋病奈瑟菌(neisseria gonorrhea)引起的泌尿、生殖系统的化脓性炎症,也可造成眼、咽喉、直肠甚至全身各脏器的损害。淋病奈瑟菌为革兰氏阴性双球菌,常成双排列,离开人体不易生存,一般消毒剂易将其杀灭。淋病多发生于性活跃的青年男女,近年来世界淋病有明显增加的趋势,是目前世界上最常见的性传播疾病。我国自 1975 年以后,患者逐年呈直线增多,其发病率居我国性传播疾病第二位,也是《中华人民共和国传染病防治法》中规定的需重点防治的乙类传染病。

(一) 临床表现与诊断

1. 临床表现及分类 淋病传播途径主要有两条。性接触感染:是主要的感染途径,占成人淋病的 99%~100%;间接接触感染:通过淋病分泌物污染的衣物、便盆、毛巾等感染,是幼女感染的主要方式。淋病潜伏期 3~7 日,常受侵犯部位为尿道旁腺、宫颈管等,以后潜伏在宫颈,即淋菌性宫颈管内膜炎。妊娠合并淋病多无临床症状。患淋病的孕妇分娩时,可经过产道而感染胎儿,特别是胎位呈臀先露时尤易被感染,可发生胎膜早破、羊膜腔感染、早产、产后败血症和子宫内膜炎等。

（1）急性淋病:不洁性交后 3~7 日即有症状。先出现泌尿系统症状,常首先表现为尿急、尿痛、尿频等急性尿道炎的症状,并伴有黄绿色脓性白带增多、外阴瘙痒或烧灼感。检查见外阴、阴道口及尿道口充血、红肿,若有尿道旁腺炎,用手指从阴道前壁向上压迫尿道,可见有脓性分泌物自尿道旁腺开口处流出;若有急性前庭大腺炎,以双侧多见,前庭大腺开口处红肿、压痛明显并有脓性分泌物,可形成前庭大腺脓肿;若有急性宫颈炎时,可见宫颈充血、水肿,有脓性分泌物从宫颈口流出。

（2）慢性淋病:急性淋病未经治疗或治疗不彻底,可转为慢性。淋菌潜伏在宫颈腺体内,而致慢性淋菌性宫颈炎,亦可潜伏于尿道旁腺、前庭大腺深处。常表现为下腹坠痛、腰酸、背痛或白带增多,40%~60% 的妇女无明显症状。宫颈涂片常常找不到病原,但培养呈阳性,具有传染性。

2. 诊断

（1）病史:患者有婚外性行为史,配偶有感染史,与淋病患者(尤其家中淋病患者)共用物品史,孕前有淋病史、阴道分泌物呈脓性者须高度怀疑此病。

（2）临床表现:淋病的主要症状有尿频、尿急、尿痛、尿道口流脓或宫颈口阴道口有脓性分泌物等。或有淋菌性结膜炎、直肠炎、咽炎等表现,或有播散性淋病症状。

（3）分泌物涂片检查及淋菌培养:确诊主要依靠宫颈管、尿道口或阴道脓性分泌物的涂片及细菌培养。急性期见中性粒细胞内有革兰氏阴性双球菌,方可确诊,其敏感性在女性只有50%~60%。此方法对非急性期患者检出率低,仅作为筛查手段。涂片可疑有淋菌或临床可疑淋病,而涂片阴性者,或经治疗,分泌物涂片已查不到淋菌,但仍疑有症状者,应取阴道或颈管分泌物作细菌培养,该方法为诊断的标准方法,阳性率可达 80%~90%。对可以淋菌盆腔炎并有盆腔积液者可行后穹窿穿刺,取穿刺液做涂片检查及培养。对疑有播散性淋病者,应在高热时取血做淋菌培养。

（4）核酸检测:PCR 技术检测淋菌 DNA 片段,具有高敏感性及高特异性,操作过程中应注意防止污染造成的假阳性,此法仅能在有条件的医疗单位开展。因 PCR 假阳性率较高,其临床应用受限。

（二）一般治疗原则

治疗目的为治愈淋病,预防并发症的发生,防止变成慢性淋病,降低母胎围生期病死率,改善母婴预后。可在家或住院治疗,如出现发热、宫内感染、胎膜早破、先兆早产应住院治疗。应注意休息,未治愈前禁止性行为。有合并症者须维持水、电解质、碳水化合物的平衡,保证充足的蛋白质和热量。注意阴部局部卫生。

1. **尽早确诊,及时治疗** 首先,患病后应尽早确立诊断,在确诊前不应随意治疗。其次,确诊后应立即治疗。

2. **明确临床类型** 判断是否有合并症。明确临床分型对正确地指导治疗极其重要。

3. **明确有无耐药** 明确是否对青霉素、四环素耐药等,有助于正确地指导治疗。

4. **明确是否合并衣原体或支原体感染** 若合并衣原体或支原体感染时,应拟订联合药物治疗方案。

5. **正确、足量、规则、全面治疗** 应选择对淋球菌最敏感的药物如头孢曲松或头孢克肟进行治疗。药量要充足,疗程要规范,用药方法要正确。

6. **严格考核疗效并追踪观察** 应当严格掌握治愈标准,坚持疗效考核。只有达到治愈标准后,才能判断为痊愈,以防复发。治愈者应坚持定期复查。

7. **同时检查、治疗其性伴侣** 患者夫妻或性伴侣双方应同时接受检查和治疗。

（三）基本治疗药物及治疗方案

因为治疗失败具有重大的公共卫生影响(与感染持续传播有关),理想的治疗方案的有效率应超过95%,单次剂量疗法可减少对患者依从性的依赖,因为这种依赖性可对根治率产生负面影响并增加耐药的风险。由于各种类型抗生素耐药性的不断增加,目前仅有头孢曲松满足这些严格的治疗效力目标,即可进行单次剂量疗法、不良反应少且耐药率相对低。鉴于抗生素耐药趋势和先进药品研发中尚无新型有效抗生素治疗淋病,美国疾病控制中心推荐对疑似或确诊的淋病采用头孢曲松联合阿奇霉素的二联疗法,无论是否合并衣原体感染。英国政府机构也推荐头孢曲松联用阿奇霉素。

1. **治疗药物** 抗菌药物通过抑制细胞壁的合成而产生杀菌活性。由于耐青霉素菌株增多,目前首选药物以第三代头孢菌素为主,如头

孢 曲 松（Ceftriaxone）和 头 孢 克 肟（Cefixime），如合并衣原体感染的孕妇应同时使用阿奇霉素（Azithromycin）或阿莫西林（Amoxicillin）进行治疗。对轻症可用大剂量单次给药，使血中有足够高浓度；重症应连续每日给药，保证足够治疗时期彻底治愈。20%~40% 淋病同时合并沙眼衣原体感染，可同时应用抗衣原体药物（如阿奇霉素或多西环素）。应用头孢菌素类药物前，需仔细询问患者既往青霉素类和头孢菌素类药物用药史和过敏史，并根据既往用药情况选择适宜的药物，必要时参照说明书要求进行皮肤试验。注意头孢曲松不可与含钙溶液配伍，如果新生儿（≤28 日）需要（或预期需要）使用含钙的静脉输液包括静脉滴注营养液治疗时，有产生头孢曲松 - 钙沉淀物的风险，禁止使用头孢曲松。

头孢菌素类药物应用时存在发生过敏反应的风险，因此首次应用时应密切监测，一旦发生严重过敏反应及时对症治疗。同时头孢菌素类药物亦有发生严重皮肤黏膜损害的药物不良反应［如史 - 约综合征（Stevens-Johnson syndrome）和 Lyell 综合征］的风险。

2. 药物用法用量与药动学参数 无并发症淋病单次用药即可，推荐头孢曲松 250mg 肌内注射，或头孢噻肟 1g 肌内注射，替代方案可用头孢克肟 400mg 单次口服。对不能耐受头孢菌素类药物者，可选用大观霉素 4g，单次肌内注射。妊娠期禁用喹诺酮类和四环素类抗生素。

女性并发症淋病推荐用头孢曲松钠 500mg 肌内注射，1 次 /d，连续 10 日；或大观霉素 2g，肌内注射，1 次 /d，连续 10 日。同时加用甲硝唑 400mg，2 次 /d，口服连续 14 日；以及多西环素 100mg，2 次 /d，口服连续 14 日。

播散性淋病，头孢曲松 1g 肌内注射或静脉注射，1 次 /d，症状改善 24~48h 后改为头孢克肟 400mg 口服，每日 2 次，连用 7 日。

淋菌产妇分娩的新生儿，应尽快使用 0.5% 红霉素眼膏预防淋球菌性眼炎，并预防用头孢曲松 25~50mg/kg（最大剂量不超过 125mg）单次肌内注射或静脉注射。应注意新生儿播散性淋病的发生，治疗不及时可致新生儿死亡。

（四）临床问题导向的药物治疗

1. 疗效评估 患者阴道脓性分泌物减少，瘙痒或灼热等症状减轻。

2. 治疗结束后 2 周内，在无性接触史情况下临床症状和体征全部消失，治疗结束后 4~7 日取宫颈管分泌物做涂片及细菌培养，连续 3 次均为阴性为治愈。

（五）药物治疗展望

一些在研新药在体外能够良好抵抗淋病奈瑟菌及耐药株，但临床数据有限。一项早期临床试验使用单剂的新型细菌拓扑异构酶抑制剂 gepotidacin，结果发现 69 例无并发症性泌尿生殖系淋病患者的微生物学治愈率≥95%；不过，3 例治疗失败的原因是 Gepotidacin 耐药性相关的共有基因突变。另一项试验使用单次剂量的 Zoliflodacin，该药是抑制 DNA 合成的新型口服螺旋嘧啶三酮抗生素，141 例培养证实无并发症性泌尿生殖系淋球菌感染的患者经过治疗，同样发现微生物学治愈率较高且安全性良好（该药治愈率 96% vs 单剂注射 500mg 头孢曲松治愈率 100%）。Zoliflodacin 对咽部感染的根除率较低，而其他药物对该解剖部位的治愈率也较低。有待开展该药的更大型Ⅲ期临床试验。

鉴于新药研发成功与其获得批准和许可之间尚有时日，开发针对淋病奈瑟菌的疫苗也是重要举措。先前开发疫苗面临的困境包括该菌存在抗原变异性，以及宿主缺乏可诱导的免疫力和持续易发再次感染。更近期观察结果（例如保守性表面抗原和小鼠疫苗模型）已重新激起人们开发疫苗。接种 B 群脑膜炎球菌外膜囊泡（outer membrane vesicle，OMV）疫苗能够在一定程度上防御淋病；该疫苗有望提供 30% 的对抗淋病效力，从而显著改善公共卫生状况。

三、非淋菌性尿道炎

非淋菌性尿道炎（non-gonococcal urethritis，NGU）是一种由非淋球菌引起的尿道炎，生殖器支原体是男性 NGU 的一种常见致病菌，该病原体可导致女性宫颈炎和盆腔炎性疾病（pelvic inflammatory disease，PID）的发现越来越多。其他主要病原体还包括沙眼衣原体、疱疹病毒和阴道滴虫。

（一）临床表现与诊断

1. 临床表现及分类

（1）男性尿道炎：生殖器支原体感染引起的

尿道炎典型症状与报道的其他原因导致的尿道炎症状相似,包括排尿困难、尿道瘙痒以及有脓性或黏液脓性尿道分泌物。

（2）宫颈炎宫:宫颈炎症的许多体格检查发现及显微镜下表现都与生殖器支原体感染有关,包括宫颈脓性或黏液脓性分泌物、宫颈质脆以及阴道流液涂片或宫颈液革兰氏染色发现多形核白细胞数量增多。

（3）盆腔炎性疾病:临床表现包括轻度到重度盆腔疼痛、腹痛、阴道分泌物异常和 / 或出血,与沙眼衣原体感染诱发的 PID 相似。与淋病奈瑟菌感染女性相比,生殖器支原体相关 PID 女性出现全身性炎症标志物升高或白细胞计数升高的可能性更低,并且表现为 MPC 或报告疼痛评分较高的可能性也更小。生殖器支原体和沙眼衣原体导致的 PID 女性报道的症状相似。

2. 诊断

（1）诊断尿道炎,排除淋病。在显微镜 1 000 倍视野下,经革兰氏染色至少在 3 个视野内有 ≥5 个的多形核白细胞（PMNL）。

（2）NGU 的病因诊断。

（3）实验室协助诊断,镜检或培养无淋球菌（革兰氏染色阴性或可疑者必须做培养）。

（4）应常规检查沙眼衣原体。对所有的 NGU 患者都应当作溶脲支原体培养检查。患有原发性 HSV 感染的男性患者,用直接荧光免疫试验或培养法可以检出尿道拭或晨尿中的病毒。

（二）一般治疗原则

在未明确或不了解具体的致病病原体时,一般采取经验性治疗。治疗方法取决于就诊时间、生殖器支原体检查的可用情况以及治疗史。

（三）基本治疗药物及治疗方案

生殖器支原体没有细胞壁,因此针对细胞壁合成的抗生素对其无效,如青霉素和其他 β- 内酰胺类。生殖器支原体在体外通常对大环内酯类（药敏性:阿奇霉素 > 红霉素和克拉霉素）、氟喹诺酮类、四环素类和克林霉素敏感。四环素和红霉素是治疗 NGU 最有效的药物,尤其对 NGU 最常见的病因沙眼支原体更为有效。但是由于四环素和红霉素不良反应的局限性,目前临床常用阿奇霉素和多西环素。妊娠期忌用四环素类及氟喹诺酮类药物。阿奇霉素可作为妊娠期 NGU 感染的治疗药物。

推荐方案:阿奇霉素 1g,单剂口服或者多西环素 100mg,每日 2 次,共 7~10 日。

替代方案:米诺环素 100mg,每日 2 次;或四环素 500mg,每日 4 次;或左氧氟沙星 500mg,每日 1 次,克拉霉素 250mg,每日 2 次。疗程 7~10 日。

（四）临床问题导向的药物治疗

对于在初始就诊或随访中证实有生殖器支原体感染,且在接受阿奇霉素治疗后仍有尿道炎、宫颈炎或 PID 的持续症状或体征的患者,建议使用莫西沙星治疗,而不是增加阿奇霉素剂量或治疗周期。

顽固或复发性 NGU 多见于首次疗程后 2 周内,应当考虑到阴道滴虫感染和疱疹性尿道炎。

NGU 是一种自限性疾病,临床症状较轻,但有 1%~2% 患者会发生附睾炎和结膜炎,2% 患者出现性获得性关节炎。合并 HIV 感染的 NGU 感染者的治疗与 HIV 阴性者相同。

（五）药物治疗展望

磺胺类药物和利福平对溶脲支原体治疗效果不好,所以一般不用于治疗 NGU。

对生殖器支原体的治疗方法取决于就诊时间、生殖器支原体检查的可用性以及治疗史。初始表现为尿道炎、宫颈炎或盆腔炎性疾病的症状或体征患者应基于主诉症状的相关推荐进行经验性治疗。建议不要基于生殖器支原体感染的可能性来选择经验性治疗方案（级别 2C）。

对于证实有生殖器支原体感染且尚未接受经验性治疗的男性尿道炎患者,建议使用包含阿奇霉素的治疗方案（级别 2B）。

对于证实有生殖器支原体感染且尚未接受经验性治疗的女性宫颈炎或盆腔炎性疾病患者,建议使用包含阿奇霉素的方案治疗（级别 2C）。

对于持续存在尿道炎、宫颈炎或盆腔炎性疾病的症状或体征,且初始治疗方案不包括阿奇霉素的患者,建议使用阿奇霉素治疗（级别 2B）。

对于在初始就诊或随访中证实有生殖器支原体感染,且在接受阿奇霉素治疗后仍有尿道炎、宫颈炎或盆腔炎性疾病的持续症状或体征的患者,建议使用莫西沙星治疗,而不是增加阿奇霉素剂量或治疗周期（级别 2C）。在无法进行生殖器支原体核酸扩增试验（NAAT）检查时，对于阿奇霉素治疗后仍有持续症状且在针对其他性传播感染进行反复检查后没有发现其他病因的患者，采用莫西沙星治疗也是一种合理的选择。

四、尖锐湿疣

尖锐湿疣（verruca acuminata）是由于人类乳头瘤病毒（human papilloma virus，HPV）引起的肛门生殖器皮肤黏膜鳞状上皮增生成疣状的性传播疾病，也可累及阴道和子宫颈。主要是通过皮肤、黏膜直接接触病毒后发生传染，其中 2/3 的人是通过性接触传染，小部分患者可通过接触患者用具用品而感染。

HPV 是仅感染人类的双链 DNA 病毒，有 200多个不同的亚型。HPV1 和 2 型的皮肤感染与跖疣或手部寻常疣相关。HPV6、11、16 和 18 型的黏膜皮肤感染与生殖器疣和宫颈、外阴、阴道、阴茎、肛门和口咽部的癌前病变和癌性病变有关。证实 HPV 与宫颈癌关联的证据很多，HPV16 感染约占浸润性宫颈癌的 50%，HPV18 占 20%。HPV 普遍存在于自然界，发生 HPV 感染的高危因素是性生活过早、多个性伴侣、免疫力低下、吸烟等。多数人感染 HPV 后，机体免疫系统可自行清除 HPV，少数患者会呈亚临床感染（subclinical HPV infections，SPI），即无肉眼可见病灶，但醋酸试验、阴道镜、细胞或组织病理学可见 HPV 感染改变。少数患者会发生临床可见的尖锐湿疣。

妊娠期的女性，因为内分泌及免疫功能发生改变，所以更容易感染尖锐湿疣，而且症状也比没有怀孕的女性更严重。尖锐湿疣可传染给胎儿：感染后的产妇在分娩时，胎儿经过带有病毒的产道会发生感染，使婴幼儿患上尖锐湿疣或口部乳头瘤病。

（一）临床表现与诊断

1. 临床表现

（1）症状：大多发生于 18~29 岁性活跃的中青年人，生殖器部位出现逐渐增大的乳头样、菜花样或鸡冠样赘生物，不痛。部分患者可有外阴瘙痒、灼痛和性交疼痛不适。

（2）病变部位：因 HPV 易在温暖潮湿的环境中增殖，故女性好发部位为外生殖器和肛周，多

发生在外阴，性交时易受损部位为阴唇后联合、小阴唇内侧、阴道前庭尿道口处。偶可见于阴部及肛周以外的部位，如腋窝、脐窝、乳房和趾间。

（3）病灶特征：初为散在簇状增生粉色或白色小乳头状疣，柔软有细层指样突起。病灶增大后互相融合呈鸡冠状、菜花状或桑葚状。宫颈皮损触之易出血，肛周皮损呈散在性分布的赘生物。会阴部皮肤轻度糜烂，表面附有淡黄色污秽分泌物，伴有恶臭。皮损表面涂 5% 醋酸溶液观察，醋酸白试验阳性。

（4）与妊娠的关系：妊娠期疣体迅速增大，分娩后病灶明显萎缩。

2. 诊断　典型患者可通过流行病学史、典型临床表现，组织学或免疫组化学提示 HPV 感染即可诊断。

（1）病史：本病主要是通过性器官接触而传染的，患者和无症状的带病毒者是主要传染源。患者有婚外性行为史，配偶有感染史，与尖锐湿疣患者共用物品史。

（2）临床表现：典型皮损为生殖器或肛周等潮湿部位出现丘疹，乳头状、菜花状或鸡冠状肉质赘生物，表面粗糙角化。

（3）辅助检查：醋酸白试验；细胞学检查；组织病理检查；免疫学试验；核酸杂交试验；聚合酶链反应（PCR）。

（二）一般治疗原则

治疗目的是去除疣体，主要治疗方法是局部药物治疗或物理治疗，病灶大者考虑手术切除。目前尚无方法可根治 HPV，也无法完全预防复发。一线患者自行用药包括咪喹莫特、鬼臼毒素。临床医生给予的一线治疗包括冷冻治疗、三氯醋酸（Trichloroacetic acid，TCA）、手术切除、电外科手术和激光治疗。治疗的选择应个体化，根据病变范围、患者偏好、费用、不良反应、是否有条件实施及对先前治疗的反应综合选择。

（1）保持局部清洁，防止继发感染，祛除诱因。

（2）处理局部病灶：对于尖锐湿疣病灶，局部药物治疗可选用 80%~90% 三氯醋酸涂擦病灶局部，可选择药物或者物理治疗，对于疣较大者，为避免影响分娩，也可酌情行病灶清除术，切除之病灶应送病理检查，以明确诊断同时排除恶变。

（3）妊娠女性受胎儿用药以及母体免疫力下降的限制，治疗效果多不理想，且容易复发。如对妊娠影响不大，也可等待妊娠结束后治疗。不需要停止妊娠，一般不影响分娩方式的选择，但病灶广泛的巨大病灶应选择剖宫产终止妊娠。

（4）休息和饮食：应注意休息，禁饮酒、吸烟，忌食海鲜、辛辣食品，平时多运动，增强体质，提高自身免疫力。

（三）基本治疗药物及治疗方案

（1）0.5% 鬼臼毒素：鬼臼毒素是一种抗有丝分裂药物，可化学合成或从松柏科和小檗科植物中纯化，适用于治疗直径≤10mm 的生殖器疣，治愈率可达 90% 左右。患者可自行用药，每日 2 次，连续使用 3 日停药 4 日作为一个疗程，最多可重复 4 次，直至肉眼看不见疣体。每日用药总量不超过 0.5ml。不良反应以局部刺激如疼痛或红肿为主。此药有致畸作用，孕妇禁用。

（2）80%~90% 三氯醋酸或二氯醋酸：三氯醋酸是一种相对较为便宜的腐蚀性制剂，通过化学凝固蛋白质来破坏疣体。由于三氯醋酸渗入皮肤的能力可能有限，该疗法最适合小的尖形的疣体或丘疹型疣体。用棉签将少量 80% 或 90% 三氯醋酸直接涂抹至疣体上，并待其干燥，注意保护周围的正常皮肤和黏膜。一周 1 次，持续使用 3~4 周，或每 2 周 1 次，持续使用 8~10 周。一般用药 1~3 次后疣体可消退，如用药 6 次后未治愈，应考虑改用其他方法。治疗部位会出现白霜。适用于妊娠期妇女。

三氯醋酸的缺点包括需要多次治疗，以及使用部位会出现持续数分钟的烧灼感。使用三氯醋酸时应谨慎，其具有腐蚀性，烧灼过度可引起瘢痕，使用时应备好中和剂如碳酸氢钠。不良反应为局部刺激、红肿、糜烂等。

（3）5% 咪喹莫特：为外用免疫调节剂，通过刺激机体局部产生干扰素 -α 和细胞因子 IL-1、IL-6 和 IL-8 的合成增加机体对疣体的免疫应答，平均疣体清除率为 56%。在正常就寝时间之前使用 5% 咪喹莫特乳膏，用药 6~10h 可冲洗，每周 3 次，直至疣体完全清除或最多使用 16 周。复发率约为 13%。不良反应以局部刺激作用为主，可有瘙痒、灼痛、红斑和糜烂，治疗部位还可能出现色素减退。咪喹莫特会削弱避孕套和阴道隔膜的

功效。妊娠期安全性尚未确立，故孕妇禁用。

（四）临床问题导向的药物治疗

本病治愈标准是疣体消失，治愈率高。但各种治疗方法均能复发，复发多在治疗后 3 个月内，复发率为 20%~30%。治疗后 3 个月常规随访评价治疗效果。反复发作的顽固性尖锐湿疣应给予活检以排除恶性病变。

若初始治疗或多种初始治疗联用仍不能根除肛门生殖器疣，则可能需要使用其他治疗方法。初始治疗无效的患者可尝试另一种初始治疗或联合治疗。冷冻疗法加局部用药是常见的初始联合治疗选择。妊娠期禁用足叶草碱，咪喹莫特乳膏和干扰素。局部用或皮损内注射西多福韦可有效治疗肛门生殖器疣；西多福韦是一种单磷酸核苷酸类似物，可竞争性地抑制病毒 DNA 聚合酶。皮损内注射干扰素偶尔会被用于治疗肛门生殖器疣。干扰素注射费用昂贵，且与其他疗法联合使用时才最有效。极少数情况下会对难治性患者进行全身性治疗。已有报道显示小剂量口服环磷酰胺治疗有效。环磷酰胺的作用机制可能涉及选择性靶向调节性 T 细胞，从而增强 HPV 特异性 T 细胞和自然杀伤细胞的功能，以清除 HPV 感染。关于口服异维 A 酸的疗效，现有研究结果不一致。对于免疫抑制的青少年患者，全身性氟尿嘧啶治疗结合放疗可改善肛门生殖器疣与相关的鳞状细胞癌。目前无法推荐是否可使用任何 HPV 疫苗来治疗肛门生殖器疣。

妊娠期可促进尖锐湿疣的生长。妊娠期性激素水平升高，生殖道血管丰富，对低危 HPV 更易感而发生尖锐湿疣，疣体生长迅速、数量多、体积大、累及范围大，有时可堵塞阴道。分娩后因体内性激素下降，免疫功能恢复，短期内疣体可迅速缩小，甚至自然消退。

HPV 感染的孕妇所生新生儿有发生喉乳头瘤及眼结膜瘤的风险，一般认为是经阴道分娩时产道感染所致，但发生率不高，危害不大，故尖锐湿疣孕妇不需要终止妊娠。妊娠晚期若阴道内疣体过大，分娩时疣体脆弱易裂伤大出血，为减少喉乳头瘤的发生，可在胎膜破裂之前考虑剖宫产结束妊娠。

妊娠期尖锐湿疣的治疗，病灶小时可采用局部药物治疗，可选药物有 50% 三氯醋酸，外涂不

易吸收,对胎儿无明显不良影响。妊娠期禁用鬼臼毒素、咪喹莫德和茶多酚软膏。病灶较大者,可采用物理治疗。因妊娠期易复发,可考虑随访。妊娠足月后,若有尖锐湿疣阻塞产道,阴道分娩可能导致严重出血,可考虑在羊膜未破前剖宫产终止妊娠。因剖宫产是否能降低新生儿喉乳头瘤的风险尚无定论,且临床新生儿喉乳头瘤发生率不高,不建议对尖锐湿疣孕妇常规进行剖宫产。

（五）药物治疗展望

局部用硝酸钠加枸橼酸、分枝杆菌 w（*Mycobacterium w*）疫苗、局部用氮-锌复合物、巨大戟醇甲基丁烯酸酯凝胶、病毒样颗粒免疫疗法、甘草酸加免疫刺激剂食物补充剂和光动力治疗的有效性已在临床研究中得到证实。在推荐使用这些疗法前,还需要进一步的研究。

五、生殖器疱疹

生殖器疱疹（genital herpes）是由单纯疱疹病毒（herpes simplex virus, HSV）感染生殖、肛周皮肤黏膜形成水疱,破溃后形成溃疡的性传播性疾病。本病主要是通过性器官接触而传染的,传染性极强,性接触传播占 70%~90%。单纯疱疹病毒 HSV-1 型、HSV-2 型均可致人类感染,HSV-1 型占 10%,又称口型,主要引起上半身皮肤、黏膜或器官疱疹,如唇疱疹、疱疹性脑炎等,但极少感染胎儿。HSV-2 型称生殖器型,占 90%,主要引起生殖器（阴唇、阴蒂、宫颈等）、肛门及腰以下的皮肤疱疹。孕妇患单纯疱疹病毒 HSV-2 型感染,可以垂直传播给胎儿,引起流产或早产,新生儿死亡。

（一）临床表现与诊断

1. 临床表现及分类

（1）初感的急性型:主要通过性行为传播。经 2~7 日潜伏期,突然发病,自觉外阴剧痛,甚至影响排尿和走路。检查见外阴多发性、左右对称的表浅溃疡,表皮形成疱疹,经 10 日进入恢复期,病灶干燥、结痂,痊愈后不留瘢痕或硬结,此时机体产生特异 IgM,此型病程约 4 周或更长,可能与免疫抑制状态、细胞免疫功能降低有关。

（2）再活化的诱发型:体内有潜伏的单纯疱疹病毒因妊娠再活化而诱发,孕妇于妊娠前经常出现外阴复发性疱疹,也有于妊娠初期出现疱疹

的病例,均属于已感染单纯疱疹病毒并潜伏于体内,因妊娠再活化而诱发。常见外阴有 2~3 个溃疡或水疱,病程短,一周左右自然痊愈。

（3）对胎儿及新生儿的影响:妊娠 20 周前感染者,流产率达 34%。妊娠 20 周后感染者,胎儿发生低体重儿多,也可发生早产。经产道感染的新生儿,病变常为全身扩散,新生儿病死率达 70% 以上。多于出生后 4~7 日发病,表现为发热、出血倾向、吮乳能力差、黄疸、水疱疹、痉挛、肝大等,多于 10~14 日内死亡,幸存者多遗留有中枢神经系统后遗症。

2. 诊断

（1）病史:本病主要是通过性器官接触而传染的,患者和无症状的带病毒者是主要传染源。患者有婚外性行为史,配偶有感染史,与疱疹患者共用物品史。

（2）临床表现:患病部位先有烧灼感,后出现红斑;很快在红斑基础上发生成群的红色丘疹,伴有瘙痒;丘疹迅速变成小水疱,3~5 日后变为脓疱,破溃后形成大片的糜烂和溃疡,自觉疼痛,典型临床表现等。

（3）辅助检查:水疱液中分离出单纯疱疹病毒。将水疱液、唾液接种在人胚胎成纤维细胞或兔肾细胞,培养 48h 即可做出判断,并可用免疫荧光技术证实。在水疱底部刮片行吉姆萨（Giemsa）染色后,光镜下见棘突松解,有数个核的气球形细胞和嗜酸性核内包涵体。借助 PCR 技术扩增单纯疱疹病毒 DNA,诊断可靠。酶免法检测孕妇血清及新生儿脐血清中特异 IgG、IgM,若脐血中特异 IgM 阳性,提示宫内感染。

（二）一般治疗原则

本病主要采用全身抗病毒治疗。治疗目的主要是缓解症状、减轻疼痛、缩短病程及控制传染性等。目前治疗方法尚无法彻底清除病毒、完全预防复发。

1. 保持局部清洁、干燥及水疱壁的完整,防止继发感染。

2. 抗病毒治疗,如选用阿昔洛韦干扰其 DNA 聚合酶,抑制单纯疱疹病毒 DNA。该药也可制成软膏或霜剂局部涂布。

3. 合并细菌感染者,可外用抗菌药物药膏。

4. 局部疼痛明显者,可外用 5% 利多卡因软

膏或口服镇痛药。

5. 妊娠女性不需要停止妊娠,如活动感染多选择剖宫产终止妊娠。

（三）基本治疗药物及治疗方案

抗病毒治疗对大多数有临床症状的患者有益,是处理生殖器疱疹的主要方法。在感染发作期有控制症状和体征作用,对复发性感染,通过抑制病毒有预防复发的作用。

1. **原发性生殖器 HSV 感染** 推荐使用口服抗病毒药治疗,可显著缩短疾病持续时间并降低了其严重程度,药物不良反应也极小。阿昔洛韦、泛昔洛韦和伐昔洛韦治疗原发性生殖器疱疹和抑制复发性感染的有效性相似,这 3 种药物的安全性和耐受性都极佳。伐昔洛韦的给药频率低于其他药物,泛昔洛韦和伐昔洛韦的口服生物利用度优于阿昔洛韦。阿昔洛韦也可制成软膏或霜剂局部涂布,但局部用药较口服用药疗效差,且可诱导耐药,因此不推荐使用。对原发性生殖器 HSV 感染推荐以下口服疗法:

阿昔洛韦:400mg/ 次,一日 3 次,或 200mg/次、一日 5 次。

泛昔洛韦:250mg/ 次,一日 3 次。

伐昔洛韦:1 000mg/ 次,一日 2 次治疗持续时间通常为 7~10 日。

2. **复发性生殖器疱疹** 感染发作一般不太严重且持续时间较短。病损每年复发 6 次以下,采用抗病毒治疗可能有效,可缩短 HSV 感染所致症状和体征的持续时间以及病毒排出的持续时间。对发作期治疗推荐了以下口服疗法:

阿昔洛韦:800mg/ 次,一日 3 次,共 2 日;或 800mg/ 次,一日 2 次,共 5 日;或 400mg/ 次,一日 3 次,共 5 日。

泛昔洛韦:1 000mg/ 次,一日 2 次,共 1 日;或 125mg/ 次,一日 2 次,共 5 日;或首次剂量 500mg,随后 250mg/ 次,一日 2 次,治疗 2 日。

伐昔洛韦:500mg/ 次,一日 2 次,共 3 日;或 1 000mg/ 次,一日 1 次,共 5 日。

3. **合并免疫功能受损的 HIV 感染者** 可能出现迁延或严重的生殖器疱疹发作。开始抗逆转录病毒治疗(antiretroviral therapy, ART)可降低继发于 HSV 感染的生殖器病损的严重程度和频率。然而,开始 ART 后早期免疫重建期间,患者的临床表现可能加重。使用口服抗病毒药(阿昔洛韦、泛昔洛韦或伐昔洛韦)进行抑制性或发作期治疗可减轻 HIV 感染者的 HSV 感染临床表现。与未感染 HIV 的患者相比,HIV 感染者应使用更高的药物剂量和 / 或更长的疗程。抑制性治疗的剂量推荐如下:

阿昔洛韦 400~800mg/ 次,一日 2~3 次。

泛昔洛韦 500mg/ 次,一日 2 次。

伐昔洛韦 500mg/ 次,一日 2 次。

发作期治疗的剂量推荐如下:

阿昔洛韦 400mg/ 次,一日 3 次,治疗 5~10 日。

泛昔洛韦 500mg/ 次,一日 2 次,治疗 5~10 日。

伐昔洛韦 1 000mg/ 次,一日 2 次,治疗 5~10 日。

1. 抑制性治疗不应该用于预防 HIV 或 HSV-2 对性伴侣的传播。

2. 孕妇使用阿昔洛韦是安全的,妊娠早期应用阿昔洛韦,除短暂的中性粒细胞数量减少外,尚未发现对胎儿和新生儿的严重副作用。

3. **药物不良反应监测** 口服阿昔洛韦耐受性良好,除轻微的消化系统和皮肤系统不良反应外,可定期检测血常规以评估阿昔洛韦对白细胞的影响。

4. **阿昔洛韦** 肾功能不全时需根据肌酐清除率调整剂量。阿昔洛韦所致的肾功能损害等严重药物不良反应事件多源于静脉用药,且多与非适应证用药、药物剂量过大、浓度过高、给药速度过快、药物配伍不当等不合理用药因素有关。

5. 对于需要血液透析的患者,血透期间血浆中阿昔洛韦的半衰期约为 5h,6h 的血液透析使血药浓度下降 60%,因此患者的用药剂量应在每次透析后予以追加调整。对于需要腹腔透析的患者无须在给药期间调整剂量。

6. 阿昔洛韦与齐多夫定合用可引起肾毒性,表现为深度昏睡和疲劳。与丙磺舒竞争性抑制有机酸分泌,合用丙磺舒可使其排泄减慢,半衰期延长,造成体内药物蓄积。

（四）临床问题导向的药物治疗

1. **疗效评估** 皮肤水疱、糜烂或溃疡症状好转,全身伴发的发热、头痛和乏力症状好转。

2. 免疫功能正常的患者在长期抑制性治疗期间出现耐阿昔洛韦 HSV-2 临床感染的情况相对罕见,发生率为 0.18%~0.32%。即使从免疫功能正常的患者中分离出耐药性 HSV,这种病毒也会被正常清除且没有不良临床结局,只有极少数例外。然而,已发现接受长期治疗的 HIV 感染者会产生耐药性。确定存在阿昔洛韦耐药性后,应预计到还存在针对泛昔洛韦和伐昔洛韦的交叉耐药性。使用膦甲酸可能具有临床疗效。

3. **妊娠期生殖器疱疹的处理** 尽量预防胎儿宫内感染和新生儿产时感染。对于性伴侣有生殖器 HSV 感染的妇女,应在妊娠前或妊娠早期行血清学检查以评价风险,并在妊娠 33 周左右重复检测。妊娠晚期原发性生殖器疱疹发生新生儿疱疹的概率高,预后差,应尽量预防,重点是妊娠期间避免与 HSV 感染的患者进行无保护性的性生活。

(五)药物治疗展望

目前正在研究 Pritelivir 用于治疗 HSV-2。Pritelivir 是 HSV-2 解螺旋酶-引物酶复合物的抑制剂,其作用机制不同于核苷类似物阿昔洛韦、伐昔洛韦和泛昔洛韦。美国 FDA 已暂停了 Pritelivir 的临床研发,因为在猴子中发现了不明原因的皮肤毒性(毛发脱落、皮肤干燥起痂)和血液系统毒性(贫血)。还不明确将来 Pritelivir 是否可用于临床,但目前还在研究其他解螺旋酶-引物酶抑制剂。

六、艾滋病

获得性免疫缺陷综合征(acquired immunodeficiency syndrome, AIDS)又称艾滋病,是由人免疫缺陷病毒(human immunodeficiency virus, HIV)感染引起的性传播疾病。HIV 感染引起 T 淋巴细胞损害,导致持续性免疫缺陷,多个器官机会性感染及恶性肿瘤,最终导致死亡。HIV 属逆转录 RNA 病毒,有 HIV-1、HIV-2 两型。HIV-1 引起世界流行,HIV-2 主要在非洲西部局部流行。感染和传播途径包括:经性接触(包括不安全的同性、异性和双性性接触);经血液及血制品(包括共用针具静脉注射毒品、不安全规范的介入性医疗操作、文身等)。HIV 可通过胎盘血液循环造成宫内感染,分娩过程中接触的产道分泌物、血液及产后的母乳喂养亦可感染新生儿。

联合国艾滋病规划署估计,截至 2017 年底,全球现存活 HIV/AIDS 患者 3 690 万例,当年新发 HIV 感染者 180 万例,有 2 170 万例正在接受高效联合抗逆转录病毒治疗(highly active antiretroviral therapy, HAART,俗称"鸡尾酒疗法")。截至 2017 年底,我国报告的现存活 HIV/AIDS 患者 758 610 例,当年新发现 HIV/AIDS 患者 134 512 例(其中 95% 以上均是通过性途径感染),当年报告死亡 30 718 例。

(一)临床表现与诊断

1. **临床表现** 从初始感染 HIV 到终末期是一个较为漫长复杂的过程,在这一过程的不同阶段,与 HIV 相关的临床表现也是多种多样的。因为影响 HIV 感染临床转归的主要因素有病毒、宿主免疫和遗传背景等,所以在临床上可表现为典型进展、快速进展和长期缓慢进展 3 种转归,出现的临床表现也不同。

(1)急性期:通常发生在初次感染 HIV 后 2~4 周。部分感染者出现 HIV 病毒血症和免疫系统急性损伤所产生的临床表现。大多数患者临床症状轻微,持续 1~3 周后缓解。临床表现以发热最为常见,可伴有咽痛、盗汗、恶心、呕吐、腹泻、皮疹、关节疼痛、淋巴结肿大及神经系统症状。此期在血液中可检出 HIV-RNA 和 p24 抗原,而 HIV 抗体则在感染后 2 周左右出现。CD4$^+$T 淋巴细胞计数一过性减少,CD4$^+$/CD8$^+$T 淋巴细胞比值亦可倒置。部分患者可有轻度白细胞和血小板减少或肝功能异常。快速进展者在此期可能出现严重感染或者中枢神经系统症状体征及疾病。

(2)无症状期:可从急性期进入此期,或无明显的急性期症状而直接进入此期。此期持续时间一般为 6~8 年。其时间长短与感染病毒的数量和型别、感染途径、机体免疫状况的个体差异、营养条件及生活习惯等因素有关。在无症状期,由于 HIV 在感染者体内不断复制,免疫系统受损,CD4$^+$T 淋巴细胞计数逐渐下降。可出现淋巴结肿大等症状或体征,但一般不易引起重视。

(3)艾滋病期:为感染 HIV 后的最终阶段。患者 CD4$^+$T 淋巴细胞计数多 <200 个 /μl,HIV 血浆病毒载量明显升高。此期主要临床表现为 HIV

相关症状、体征及各种机会性感染和肿瘤。HIV感染后相关症状及体征：主要表现为持续1个月以上的发热、盗汗、腹泻；体重减轻10%以上。部分患者表现为神经精神症状，如记忆力减退、精神淡漠、性格改变、头痛、癫痫及痴呆等。另外，还可出现持续性全身性淋巴结肿大，其特点为：

1）除腹股沟以外有两个或两个以上部位的淋巴结肿大。

2）淋巴结直径≥1cm，无压痛，无粘连。

3）持续3个月以上。

2. 诊断

（1）对高危人群应进行HIV抗体检测。高危人群包括：静脉毒瘾者；性伴侣已经证实感染HIV；有多个性伴侣；来自HIV高发区；患者多种STD，尤其有溃疡型病灶；使用过不规范的血制品；HIV抗体阳性者所生的子女。

（2）无症状期的诊断标准：有流行病学史，结合HIV抗体阳性即可诊断，或仅实验室检查HIV抗体阳性即可诊断。CD4淋巴细胞总数正常，$CD4^+/CD8^+$比值>1，血清p24抗原阴性应诊断为无症状HIV感染。

（3）急性期的诊断标准：患者半年内有流行病学史或急性HIV感染综合征，HIV抗体筛查试验阳性和HIV补充试验阳性。

（4）实验室检查：抗HIV抗体阳性，$CD4^+$淋巴细胞总数<200/μl，或200~500/μl；$CD4^+/CD8^+$比值<1；血清p24抗原阳性；外周血白细胞计数及血红蛋白含量下降；β2微球蛋白水平增高，合并机会感染病原学或肿瘤病理依据均可协助诊断。

（5）艾滋病期的诊断标准：成人及15岁（含15岁）以上青少年，HIV感染加下述各项中的任何一项，即可诊为艾滋病或者HIV感染，而$CD4^+T$淋巴细胞数<200个/μl，也可诊断为艾滋病，包括①不明原因的持续不规则发热38℃以上，>1个月；②腹泻（大便次数多于3次/d），>1个月；③6个月之内体重下降10%以上；④反复发作的口腔真菌感染；⑤反复发作的单纯疱疹病毒感染或带状疱疹病毒感染；⑥肺孢子菌肺炎（pneumocystis pneumonia，PCP）；⑦反复发生的细菌性肺炎；⑧活动性结核或非结核分枝杆菌病；⑨深部真菌感染；⑩中枢神经系统占位性病变；⑪中青年人出现痴呆；⑫活动性巨细胞病毒感染；⑬弓形虫脑病；⑭马尔尼菲篮状菌病；⑮反复发生的败血症；⑯皮肤黏膜或内脏的卡波西肉瘤、淋巴瘤。

15岁以下儿童，符合下列一项者即可诊断：HIV感染和$CD4^+T$淋巴细胞百分比<25%（<12月龄），或<20%（12~36月龄），或<15%（37~60月龄），或$CD4^+T$淋巴细胞计数<200个/μl（5~14岁）；HIV感染和伴有至少一种儿童艾滋病指征性疾病。

（二）一般治疗原则

目前尚无治愈方法，治疗目的是降低HIV感染的发病率和病死率、减少非艾滋病相关疾病的发病率和病死率，使患者获得正常的期望寿命，提高生活质量；最大限度地抑制病毒复制使病毒载量降低至检测下限并减少病毒变异；重建或者改善免疫功能；减少异常的免疫激活；减少HIV的传播、预防母婴传播。目前在全世界范围内仍缺乏根治HIV感染的有效药物。本病的治疗强调综合治疗，包括一般治疗、抗病毒治疗、恢复或改善免疫功能的治疗、机会性感染以及恶性肿瘤的治疗等一般支持对症处理。

1. 抗病毒治疗是艾滋病治疗的关键。随着采用高效抗逆转录病毒联合疗法的应用，显著提高了抗HIV的疗效，改善了患者的生活质量和预后。妊娠期应用核苷类逆转录酶抑制剂齐多夫定可降低HIV的母婴传播率。

2. 对已感染HIV的患者进行"不供血，固定性伴侣，避孕套避孕"的宣教。

3. 艾滋病患者和HIV抗体阳性女性均不宜妊娠，一旦妊娠应早期终止；如继续妊娠，应告知胎儿的危险性。

4. 产科处理 尽可能缩短破膜距分娩的时间；尽量避免使胎儿暴露于血液和体液危险增加的操作，如胎儿头皮电极、胎儿头皮pH测定。注意分娩时新生儿眼和脸的保护。

5. 支持对症治疗 加强营养，治疗机会感染及恶性肿瘤。

（三）基本治疗药物及治疗方案

目前国际上共有6大类30多种药物（包括复合制剂），分别为核苷类逆转录酶抑制剂（nucleoside reversetranscriptase inhibitors，NRTIs）、非核苷类逆转录酶抑制剂（non-NRTIs，NNRTIs）、蛋白酶抑制剂（protease inhibitors，PIs）、整合酶链转移抑制剂（integrase strand transfer inhibitors，INSTIs）、膜融合抑制剂（fusion inhibitors，FIs）及CCR5抑制剂。国内的HAART药物有NRTIs、NNRTIs、PIs、INSTIs以及FIs 5大类（包含复合制剂），见表21-2-1。

1. 成人及青少年初始HAART方案 一旦确诊HIV感染，无论CD4$^+$T淋巴细胞水平高低，均建议立即开始治疗。如患者存在严重的机会性感染和既往慢性疾病急性发作期，应参考前述机会性感染控制病情稳定后开始治疗。启动HAART后，需终身治疗。初治患者推荐方案为2种NRTIs类骨干药物联合第三类药物治疗。第三类药物可以为NNRTIs或者增强型PIs（含利托那韦或考比司他）或者INSTIs；有条件的患者可以选用复方单片制剂。

2. HIV感染儿童的抗病毒治疗 HIV感染儿童应尽早开始HAART，如果没有及时HAART，艾滋病相关病死率在出生后第1年达到20%~30%，第2年可以超过50%。

3. 孕妇 所有感染HIV的孕妇不论其CD4$^+$T淋巴细胞计数多少或临床分期如何，均应终生接受HAART。首选方案：TDF/FTC（或TDF+3TC或ABC/3TC或ABC+3TC）+LPV/r（或RAL）。替代方案：TDF/FTC（或TDF+3TC或ABC/3TC或ABC+3TC或AZT/3TC或AZT+3TC）+EFV或DTG或利匹韦林（RPV）或奈韦拉平（NVP）。HIV感染母亲所生儿童应在出生后尽早（6~12h内）服用抗病毒药。

4. 哺乳期妇女 母乳喂养具有传播HIV的风险，感染HIV的母亲应尽可能避免母乳喂养。如果坚持要母乳喂养，则整个哺乳期都应继续HAART。治疗方案与怀孕期间抗病毒方案一致，且新生儿在6个月龄之后立即停止母乳喂养。

表21-2-1 国内现有主要抗逆转录病毒药物介绍

药物名称	类别	用法用量	主要不良反应	ARV药物间相互作用和注意事项
齐多夫定（Zidovudine，AZT）	NRTIs	成人：300mg/次，2次/d 新生儿/婴幼儿：2mg/kg，4次/d 儿童：160mg/m² 体表面积，3次/d	1. 骨髓抑制、严重的贫血或中性粒细胞减少症 2. 胃肠道不适：恶心、呕吐、腹泻等 3. 磷酸肌酸激酶（CPK）和谷丙转氨酶升高；乳酸酸中毒和/或肝脂肪变性	不能与司他夫定（d4T）合用
拉米夫定（Lamivudine，3TC）	NRTIs	成人：150mg/次，2次/d或300mg/次，1次/d 新生儿：2mg/kg，2次/d 儿童：4mg/kg，2次/d	不良反应少，且较轻微，偶有头痛、恶心、腹泻等不适	—
阿巴卡韦（Abacavir，ABC）	NRTIs	成人：300mg/次，2次/d 新生儿/婴幼儿：不建议用本药 儿童：8mg/kg，2次/d，最大剂量300mg，2次/d	1. 高敏反应，一旦出现高敏反应应终身停用本药 2. 恶心、呕吐、腹泻等	有条件时应在使用前查HLA-B*5701，如阳性不推荐使用
替诺福韦（Tenofovirdisoproxil，TDF）	NRTIs	成人：300mg/次，1次/d，与食物同服	1. 肾脏毒性 2. 轻至中度消化道不适，如恶心、呕吐、腹痛等 3. 代谢如低磷酸盐血症，脂肪分布异常 4. 可能引起酸中毒和/或肝脂肪变性	—

右上角：续表

药物名称	类别	用法用量	主要不良反应	ARV 药物间相互作用和注意事项
齐多夫定/拉米夫定[a]（AZT/3TC）	NRTIs	成人：1 片/次，2 次/d	见 AZT 与 3TC	见 AZT
恩曲他滨替诺福韦片[b]（FTC/TDF）	NRTIs	1 次/，1 片欣，口服，随食物或单独服用均可	见 FTC 与 TDF	—
恩曲他滨/丙酚替诺福韦片[b]（FTC/TAF）	NRTIs	成人和 12 岁及以上且体重至少 35kg 的青少年患者，1 次/d，1 片/次，（1）200mg/10mg（和含有激动剂的 PIs 联用）（2）200mg/25mg（和 NNRTIs 或 INSTIs 联用）	1. 腹泻 2. 恶心 3. 头痛	利福平、利福布汀会降低丙酚替诺福韦的吸收，导致丙酚替诺福韦的血浆浓度下降。不建议合用
拉米夫定/替诺福韦片（3TC/TDF）	NRTIs	1 次/d，1 片/次，口服	见 3TC 与 TDF	1. 皮疹，出现严重的或可致命性的皮疹后应终生停用本药 2. 肝损害，出现重症肝炎或肝功能不全时，应终生停用本药
奈韦拉平（Nevirapine, NVP）	NNRTIs	成人：200mg/次，2 次/d 新生儿/婴幼儿：5mg/kg，2 次/d 儿童：<8 岁，4mg/kg，2 次/d；>8 岁，7mg/kg，2 次/d 注意：奈韦拉平有导入期，即在开始治疗的最初 14d，雷先从治疗量的一半开始（1 次/d），如果无严重的不良反应才可以增加到足量（2 次/d）		引起 PIs 药物血浓度下降；与茚地那韦（IDV）合用时，IDV 剂量调整至 1 000mg，3 次/d
奈韦拉平/齐多夫定/拉米夫定（NVP/AZT/3TC）	NNRTIs+NNRTIs	1 片/次，2 次/d（推荐用于 NVP200mg/次两周导入期后耐受良好患者）	见 NVP、ATZ、3TC	—
依非韦伦（Efavirenz, EFV）	NNRTIs	成人：体重 >60kg，600mg/次，1 次/d；体重 <60kg，400m/次，1 次/d 儿童：体重 15~25kg：200~300mg，1 次/d；25~40kg：300~400mg，1 次/d；>40kg：600mg，1 次/d 睡前服用	1. 中枢神经系统毒性，如头晕、头痛、失眠、抑郁、非正常思维等；可产生长期神经精神作用；可能与自杀意向相关； 2. 皮疹； 3. 肝损害； 4. 高脂血症和高甘油三酯血症	—
利匹韦林[b]（Rilpivirine, RPV）	NNRTIs	25mg/次，1 次/d，随进餐服用	主要为抑郁、失眠、头痛和皮疹	妊娠安全分类中被列为 B 类，与其余 ARV 药物无明显相互作用；不应与其他 NNRT 类合用

续表

药物名称	类别	用法用量	主要不良反应	ARV 药物间相互作用和注意事项
洛匹那韦 / 利托那韦[b]（Lopinavir/Ritonavir，LPV/r）	PIs	成人：2 片 / 次，2 次 /d（每粒含量：LPV200mg，RTV 50mg）儿童：7~15kg，LPV12mg/kg 和 RTV 3mg/kg，2 次 /d；15~40kg，LPV 10mg/kg 和 RTV25mg/kg，2 次 /d	主要为腹泻、恶心、血脂异常，也可出现头痛和转氨升高	—
达芦那韦 / 考比司他[b]（Darunavir/Cobicistat，DRV/c）	PIs	成人：每次 800mg 达芦那韦 / 150mg 考比司他（1 片），1 次 /d，口服。随餐服用，整片吞服，不可碎或压碎	腹泻、恶心和皮疹	尚未在妊娠期女性中开展充分、良好对照的研究
拉替拉韦[b]（Raltegravir, RAL）	INSTIs	成人：400mg/ 欲，2 次 /d	常见的有腹泻、恶心、头痛、发热等；少见的有腹痛、乏力、肝肾损害等	—
多替拉韦[b]（Dolutegravir, DTG）	INSTIs	成人和 12 岁以上儿童：50mg/ 次，1 次 /d，服药与进食无关	常见的有失眠、头痛、头晕、异常做梦、抑郁等精神和神经系统症状，和恶心、腹泻、呕吐、皮修、痛痒、疲乏等，少见的有超敏反应，包括皮疹、全身症状及器官功能损伤（包括肝损伤），降低肾小管分泌肌酐	当与 EFV、NVP 联用时，按 2 次 /d 给药
阿巴卡韦 / 拉米夫定 / 多替拉韦[b]（ABC/3TC/DTG）	INSTIs+NRTIs		见 ABC、DTG 和 3TC	如果条件允许，建议对即将使用包含 ABC 治疗方案的 HV 感染者在治疗前进行 *HLA-B*5701* 的筛查。*HLA-B*5701* 阳性的 HIV 感染者不应使用含有 ABC 的方案
丙酚替诺福韦 / 恩曲他滨 / 艾维雷韦 / 考比司他[b]（TAF/FTC/EVG/e）	INSTIs+NRTIs	成人及年龄为 12 岁及以上且体重至少为 35kg 的青少年，1 片 / 次，1 次 /d，随食物服用（每片含 150mg 艾维雷韦，150mg 考比司他，200mg 恩曲他滨和 10mg 丙酚替诺福韦）	1. 腹泻 2. 恶心 3. 头痛	不建议和利福平、利福布汀合用
艾伯维泰[c]（albuvirtide）	长效 FIs	160mg 针，1 周静脉滴 1 次，1 次 2 针（320mg）	—	由于不经细胞色素 P450 酶代谢，与其他药物相互作用小

注：[a]. 进口和国产药；[b]. 进口药；[c]. 国产药；"−"：无相关数据；NRTIs：核苷类逆转录酶抑制剂；NNRTIs：非核苷类逆转录酶抑制剂；PIs：蛋白酶抑制剂；INSTIs：整合酶抑制剂；FIs：融合抑制剂；服用方法中 2 次 /d＝每 12 小时服用 1 次，3 次 /d＝每 8 小时服用 1 次。

按时、按量、按要求服药才可以保证治疗的有效性,漏服和擅自减药、换药、停药都会导致治疗失败。强调患者主动配合治疗的意义,调动患者积极性。用药前和过程中对药物不良反应进行充分的教育,避免患者因不适而对治疗失去信心。

5. 药物不良反应监测 尽管抗病毒药有较好的耐受性及安全性,但仍存在一些可能导致患者服药依从性差甚至治疗失败的不良反应,主要包括骨髓抑制、心血管系统的不良反应(如心肌梗死等)、中枢神经系统不良反应(如嗜睡、多梦、幻觉等)、肝肾毒性、高脂血症等。

(四)临床问题导向的药物治疗

1. 疗效评估 由于 HIV 感染目前尚无法治愈,应用抗病毒治疗对于预防性抗病毒治疗的患者来说,主要注意是否出现进展,是否出现艾滋病期的临床表现。

2. 病毒学失败的定义 在持续进行 HAART 的患者中,开始治疗(启动或调整)48 周后血浆 HIV-RNA 持续≥200 拷贝/ml;或病毒学反弹:在达到病毒学完全抑制后又出现 HIV-RNA ≥200 拷贝/ml 的情况。出现病毒学失败时应首先评估患者的治疗依从性、药物-药物或药物-食物相互作用,其中依从性是治疗成败的决定因素。

治疗失败患者方案的选择原则是更换至少 2 种,最好 3 种具有抗病毒活性的药物(可以是之前使用的药物种类中具有抗病毒活性的药物);任何治疗方案都应包括至少一个具有完全抗病毒活性的增强 PIs 加用一种未曾使用过的药物(如 INSTs、FIs)。

3. 个体化抗病毒治疗的启动和随访 服药依从性是决定抗病毒治疗成功的最关键因素,所以,任何情况下,均要先做好依从性教育再启动 HAART。HIV 感染者无论 CD4+T 淋巴细胞计数水平高低均推荐接受 HAART,目前国内外指南尽管对 HAART 的应用进行了规范,但在临床实践中,部分 HIV 感染者抗病毒治疗后并未能取得预期效果。随着科学技术的发展,人们逐渐提出了个体化抗病毒治疗的概念。同一抗病毒药在不同个体内血药浓度差异很大,有研究表明 EFV 每日 600mg 的剂量情况下,有 22% 患者的血药浓度仍不在治疗窗之内,这些患者出现抗病毒治疗失败或不良反应的风险升高;而中国艾滋患者群尤

其是体重低于 60kg 的患者服用 EFV400mg 就可达到治疗效果。近年来,越来越多的降低抗病毒药常用剂量的研究显示,降低剂量的抗病毒治疗方案在保留抗病毒疗效的同时降低了不良反应的发生率。WHO《使用抗逆转录病毒药物治疗和预防艾滋病毒感染合并指南》将 300mg TDF+300mg 3TC+400mg EFV 作为 HAART 选择方案之一。尽管目前国外抗病毒治疗指南并没有强力推荐临床实践中需要进行个体化 HAART,但是越来越多的研究显示其临床应用的价值和必要性。

在治疗随访过程中,要注意观察药物的长期不良反应并根据情况来调整 HAART 方案或采取相应处理措施。全新作用靶点的 INSTIs 因其高效低毒,在临床广泛应用后表现出了良好的疗效和安全性,已成为国际艾滋病治疗指南中的首选推荐,有助于减少长期并发症如骨骼并发症、肝肾损害、代谢综合征等的发生。对于部分患者,可根据病情采用简化治疗,一般而言,如果患者在当前的抗病毒方案上达到病毒学抑制,不建议随意进行治疗方案的调整。在某些特定情况下可考虑进行方案调整,如:①通过减少药片数量和给药频率,简化治疗方案;②改善耐受性,减少短期或长期的毒性;③预防或减轻药物相互作用;④在妊娠期或者在可能发生妊娠的患者中,对 HAART 进行优化;⑤降低治疗费用。转换治疗应当以维持病毒抑制为基础,并且不对未来的药物选择构成威胁。多个研究支持将以 NNRTIs 或 PIs 为基础的治疗方案转换至以 INSTIs 如 DTG、RAL 或 EVG/c 为基础的方案时可以继续维持抗病毒疗效。两药简化治疗目前数据尚不充分,不推荐常规采用,国际指南目前仍推荐三药治疗为标准治疗方案,仅用于一些少见的临床情况,如对于病毒学成功抑制,无法耐受药物毒副作用的情况下,如存在 TDF 肝肾毒性、ABC 超敏反应或者心血管风险等的患者,可以考虑选择含有 INSTIs 的两药方案,但应密切加强监测。目前有一定研究数据或临床经验支持的含 INSTIs 和 PIs 的简化方案有:① DTG+RPV;② DTG+3TC;③ DRV/r+RAL;④ PIs(ATV/r、LPV/r、DRV/r)+3TC。

(五)药物治疗展望

临床实践中应根据患者的病情、有无合并感染和肿瘤、基础疾病状况、药物之间相互作用、

患者依从性、病毒耐药特点（尤其是当地人群中HIV 耐药状况）、药物可及性、药物耐药屏障及不良反应尤其是长期的不良反应等情况综合考虑后来制订 HAART 方案。目前临床常用的实施方法就是进行 TDM，根据血药浓度来调整药物剂量，尽管目前并不推荐临床实践常规进行 TDM，对于存在以下情况的患者建议进行 TDM：存在明显药物之间相互作用的治疗方案；存在明显的肝肾功能损害的患者；存在剂量相关性不良反应；药物剂量进行了调整的患者；依从性良好而抗病毒疗效差的患者；HAART 风险高的孕妇。

两药简化治疗目前数据尚不充分，不推荐常规采用，国际指南目前仍推荐三药治疗为标准治疗方案，仅用于一些少见的临床情况，如对于病毒学成功抑制，无法耐受药物毒副作用的情况下，如存在 TDF 肝肾毒性、ABC 超敏反应或者心血管风险等的患者，可以考虑选择含有 INSTIs 的两药方案，但应密切加强监测。目前有一定研究数据或临床经验支持的含 INSTIs 和 PIs 的简化方案有：① DTG+RPV；② DTG+3TC；③ DRV/r+RAL；④ PIs（ATV/r、LPV/r、DRV/r）+3TC。

（李慧博 赵荣生）

参 考 文 献

1. 中华医学会感染病学分会艾滋病丙型肝炎学组,中国疾病预防与控制中心 . 中国艾滋病诊疗指南（2018 版）[J]. 中华传染病杂志, 2018, 36（12）: 705-724.
2. 乐嘉豫.《性传播疾病临床诊疗指南（2007）》简介 [J]. 上海医药, 2009, 30（3）: 108-109.
3. 陈新谦 . 新编药物学 [M].18 版 . 北京: 人民卫生出版社, 2018.
4. 李大魁,译 . 马丁代尔药物大典 [M]. 北京: 化学工业出版社, 2014.

第二十二章　眼科疾病

第一节　总　论

一、眼科疾病的概述

眼是人体最重要的视觉器官,用于接受外部的光刺激,并将光冲动传送到大脑中枢而引起视觉。人从外界环境获得的信息中,80%~90%的信息是从视觉通道输入。人视觉的敏锐程度对生活、学习和工作都极其重要。眼的结构精细,即使轻微损伤,都可能引起视觉功能减退,甚至丧失;并且视觉器官病变与全身其他系统疾病常密切相关,许多全身疾病在眼部有特殊表现和并发症。

根据眼部症状,眼科疾病主要分为:视觉障碍性疾病(视力下降、视野缩小、视物变形、复视、眼前黑影、视觉异常等),感觉异常性疾病(眼干、痒、涩、痛、异物感等),外观异常性疾病(眼红、眼肿、局部肿块等)。根据眼部解剖结构,眼科疾病可分为:眼睑病、泪器病、结膜病、角膜病、巩膜病、晶状体病、青光眼、葡萄膜疾病、玻璃体病、视网膜病、视神经及视路疾病、眼外肌病及眼眶疾病等。

近二十年以来,眼科学保持着快速发展的势头,新技术、新设备及新药物广泛应用于临床;眼科药物呈现"细分化、多样化及精准化"的趋势。随着我国人群年龄结构改变、生活方式转变、视频终端使用频率增多及环境污染导致过敏源增多等问题的出现,眼科疾病的疾病谱及发病率都发生了巨大的变化。眼科用药也细分为十余个领域:眼用抗感染药物、眼用皮质类固醇药物、青光眼药物、眼部抗过敏药物、抗干眼药物、眼部抗新生血管药物等;不仅如此,眼科诊断技术的提高使同一疾病不同的发病阶段区分更加清晰,药物的使用也针对不同阶段进行细分。眼科药物剂型呈现多样化发展,由单一滴眼剂逐步增加为凝胶制剂、眼内植入制剂、长效制剂及去防腐剂化制剂等,使药物达到减少用药次数、提高用药效能、绕过血眼屏障、增加药物与眼组织的接触时间及减少副作用从而发挥最大药效的目的。未来眼科药物的探索方向除上述领域外,精准靶点治疗、免疫治疗、干细胞移植等,都将为眼科药物治疗带来更多希望。

二、眼科疾病的治疗原则

眼科和其他临床学科一样,药物在疾病的诊治和预防中起到了重要作用。由于眼部解剖有其生理的特殊性,除全身给药外,眼科主要采用局部给药方式,以便充分发挥药物的作用,减少不良反应。局部给药具有与全身给药不同的药物代谢动力学特点。眼局部给药包括结膜囊给药、眼周注射、眼内注射。全身用药包括口服、肌内注射和静脉注射。

(一)眼局部给药

1. 结膜囊给药　滴眼剂是眼科最常用剂型。眼膏(灭菌软膏剂),它在结膜囊内滞留时间长,具有长效作用,并能减轻眼睑对眼球的摩擦。但由于常在眼表形成油膜而模糊视力,因此通常在夜间使用。

(1)角膜途径:结膜囊最大容积 30μl,而泪液量为 7~10μl,因此最多容纳 20μl。滴眼剂药滴为 25~56μl,平均 39μl。因此,滴入结膜囊的药物一半从结膜囊溢出,存留在结膜囊的大部分药物由于瞬目动作产生的泵浦作用进入泪道丢失,而剩余部分主要通过角膜向眼内转运,经房水到达前节发生作用。角膜上皮和内皮层含有丰富的脂质,易转运非极性脂溶性物质;而角膜实质含有丰富水性成分,易转运水溶性物质。因此,理想的滴眼剂药物应具双相溶解度;角膜结构的损伤或病理状态都可加大药物入眼的转运速率。

(2)非角膜途径:药物还可以通过结膜、巩膜、角巩膜缘吸收等，主要是通过巩膜扩散进入眼内、或扩散入血管，在虹膜睫状体达到较高的药物浓度。

2. 眼周注射　将药物注射于眼球旁组织，可使药物不通过结膜和角膜上皮的屏障而大量进入眼内，是不易透过角膜脂溶性差的药物有效的给药方式。给药后，药物经巩膜浸润扩散进入角膜基质层，由此通过角膜内皮层而进入前房内；或者在巩膜扩散的药物通过前房角小梁组织、睫状体基质或前玻璃体进入眼内。

（1）球结膜下注射：其起效的途径有多种，少量药物通过结膜注射口反流到泪液再经角膜途径，主要是通过巩膜下浸润扩散，再经过角巩膜缘渗入眼内。

（2）球周注射：此种方式药物主要分布在视神经和眼后节。眼内手术需要麻痹睫状神经节时通常采取球后注射。球后注射部位选距眶下缘中1/3 与外 1/3 交界处，注射深度成人约 3.5cm，儿童可适当减至 3cm。

（3）球后注射：此种方式使药物在眼中虹膜睫状体部分有较高浓度。球周注射位置同球后，另一个部位应选择距眶上切迹下之、上睑皮肤中向眶内刺入 1cm 达赤道部时，最后朝眶上裂方向深入 3.5cm。

3. 眼内注射　由于眼部存在血眼屏障，包括血 - 房水屏障和血 - 视网膜屏障。前者主要由虹膜毛细血管内皮细胞、睫状体毛细血管细胞及无色素上皮细胞构成。后者由前屏障（毛细血管内皮细胞、视网膜胶质细胞）与后屏障（Bruch 膜、视网膜色素上皮细胞）构成。眼内注射让药物积蓄于前房或玻璃体腔，即刻以有效浓度进入作用部位。眼内注射部位为睫状体平坦部，距角膜缘后 4mm，儿童或无晶体眼可为 3~3.5mm。眼内注射对药物制剂要求更高，如对内皮毒性、视网膜毒性、pH 值、不含防腐剂和抗氧化剂等均有要求。

（二）全身给药

口服、肌内注射和静脉注射给药与其他临床学科使用的方法相同。药物首先进入血液系统。随着血液循环将药物输送到眼部各组织。结膜血管可使药物输送到眼球的外侧；虹膜和睫状体毛细血管可将药物输送到房水；角巩膜缘毛细血管和存在于房水中的药物可进入角膜；脉络膜和视网膜的毛细血管可使药物进入视网膜和玻璃体。但药物对眼内的通透性受到药物生物利用度、血清蛋白结合率和血眼屏障的影响。特别指出的是，血眼屏障的细胞间连合为紧密连接。药物穿透这血眼屏障的能力取决于药物的脂溶性。脂溶性高的药物容易通过这一屏障。当血 - 眼屏障被破坏时，如眼内炎或眼内手术后，可明显提高药物的眼内通透性。

（三）眼科用药的不足与展望

由于眼科治疗的特殊性，大部分眼科药物治疗以局部用药为主，临床工作中使用频率最高的眼科药物为抗生素、激素及降眼压药物。眼科使用的抗生素滴剂和药膏种类较少，不当使用或长期使用易导致眼部菌群失调，甚至真菌感染。但鉴于我国到目前还没有眼科局部使用抗菌药物的规范，临床工作中，抗菌药物的不合理使用并不少见。局部及全身使用激素所带来的不良反应在眼科临床工作中也常常出现且无法避免。

如果能通过提高用药效能则可以减少用药次数和剂量，为此，一些新剂型、新结构的药物正或将应用于临床。如长效滴眼液，通过加入黏性赋形剂（如高分子聚合物等），以增加药物与眼组织的接触时间，增加生物利用度；以脂质体为载体的药物可以增强角膜的通透性；聚合凝胶型药物可延长药物的释放时间，保持药物在结膜囊内的有效浓度，降低某些药物的刺激性，避免普通油脂性眼膏剂产生的"模视现象"；还有长效眼内植入剂可以绕过血 - 眼屏障，在眼内长期发挥药效。

三、常用药物分类及作用机制

（一）局部麻醉药

凡能阻断周围视神经末梢和纤维的传导，使相应的局部组织暂时丧失感觉的药物称为局部麻醉药。眼科常见局部麻醉药物分为两类：第一类为酯类，包括普鲁卡因、丁卡因等；第二类为酰胺类，包括利多卡因、布比卡因、罗哌卡因等。其给药方式包括表面麻醉和局部麻醉。药液滴入结膜囊内行表面麻醉；局部麻醉包括浸润麻醉和传导阻滞麻醉。

1. 表面麻醉剂　眼科的一些检查和治疗，如前房角镜和三面镜检查、结膜或角膜的小手术和白内障手术等，需要滴用表面麻醉剂。常用的表面麻醉剂有丁卡因、羟丁普鲁卡因、利多卡因、盐酸丙美卡因及盐酸奥布卡因等。

（1）丁卡因：即地卡因，最早用于白内障表面麻醉手术的药物。滴入结膜囊后1~3min发挥麻醉效果，穿透力强、作用快，常用0.25%~1%浓度的滴眼液。由于作用时间短且部分患者因酯酶缺乏可导致毒性反应，现临床上很少使用。

（2）利多卡因：穿透力较强，临床常用1%~4%的制剂。

（3）奥布卡因：临床上常用0.4%的制剂，对角膜上皮有毒性损害，滴药后数秒起效，持续约10min。

2. 浸润麻醉和传导阻滞麻醉剂　向皮下或较深部组织中注射药物，麻醉感觉神经末梢及纤维，称为浸润麻醉，如球结膜下麻醉、眼肌麻醉及皮下麻醉等。将麻药注射于神经干周围或神经干内，麻醉该神经支配的区域，称为传导阻滞麻醉，如球后麻醉。眼科常用于浸润麻醉和传导阻滞麻醉的麻醉剂有利多卡因和普鲁卡因等。作用较长的麻醉剂有布比卡因、罗哌卡因等。这些药物需谨慎地使用，如果药液在注射部位快速大量地吸收，特别是意外地进入血管可能引起严重后果，对此应有足够警惕。临床上常用0.75%布比卡因和2%利多卡因混合液或1%盐酸罗哌卡因和2%利多卡因混合液进行眼轮匝肌和球后麻醉，既起效快，又能维持长时间的麻醉作用。

（1）利多卡因：组织穿透力强，注射后1~3min起作用，持续1~2h，最大安全剂量在不加用肾上腺素时可达4mg/kg体重，加用肾上腺素时则可达6mg/kg体重。

（2）布比卡因：又称丁哌卡因或麻卡因，为长效局部麻醉剂，起始作用慢，持续作用长达6~10h。但与等效利多卡因相比，可产生严重的心脏毒性，并难以治疗，特别在酸中毒及低氧血症时更易发生。

（3）罗哌卡因：长效局部麻醉剂，注射后6~10min起效，持续时间长达10~24h；与利多卡因及布比卡因比较，术后疼痛程度更低及术后结膜下出血的发生率更低。

（二）散瞳剂和睫状肌麻痹剂

散瞳剂和睫状肌麻痹剂均可散大瞳孔，后者还可使调节麻痹，它们在眼科主要用于①散大瞳孔，利于眼底镜检查；②麻痹睫状肌，进行屈光检查；③葡萄膜炎时散大瞳孔和麻痹睫状肌，防止瞳孔缘后粘连。但对浅前房和窄前房角者应慎用，以免瞳孔散大后引起闭角型青光眼急性发作。

1. 散瞳剂　去氧肾上腺素（新福林）是肾上腺素α受体兴奋剂，它有散瞳作用，但无睫状肌麻痹作用。常用浓度为2.5%、5%或10%，单次滴药后30min起效，持续2~3h。可根据需要单独应用或与睫状肌麻痹剂联合应用。10%的滴眼液不能用于新生儿及心脏病患者。正在应用利血平或三环抗抑郁剂的患者禁用去氧肾上腺素滴眼，否则会增强去氧肾上腺素的全身不良反应。

2. 睫状肌麻痹剂

（1）阿托品：是抗胆碱药，主要与M胆碱受体结合，为强效的睫状肌麻痹剂，有调节麻痹和散大瞳孔作用。常用的阿托品滴眼液浓度为0.5%~3%，眼膏为0.5%或1%。最新临床研究显示0.01%阿托品对于延缓近视有作用。对于儿童屈光检查，可每日滴用0.5%~1%滴眼液2~3次，或每日涂用0.5%或1%眼膏，连续3日后再进行检查。对于葡萄膜炎和恶性青光眼，应根据病情每日滴用2~3次。单次滴眼后30~40min起作用，2h左右可达最大作用，在正常眼中持续3周左右。如眼部有急性炎症，则每日滴用2~3次才能维持作用。滴用阿托品后应立即压迫鼻泪管，防止鼻黏膜吸收后产生全身副作用，如皮肤和黏膜干燥、发热、潮红和心跳过速。如发生上述反应立即停用阿托品。

（2）托吡卡胺：有散瞳作用，睫状肌麻痹作用弱。主要用于散瞳检查。常用浓度为0.5%和1%。滴药后30~40min可达最大作用，完全恢复需5~6h。本品较安全，可适用于高血压、心绞痛或其他心血管疾病患者。

（3）东莨菪碱：作用与阿托品相似，但持续时间短，可用于儿童屈光检查、葡萄膜炎或内眼手术前后。常用滴眼液浓度为0.25%，每日2~3次，滴药后大约40min起作用，在正常眼中持续3~5日，如在炎症眼中持续时间明显缩短。其不良反应与阿托品相似，但中神经系统毒性更为多见，不作为首选用药。

（4）后马托品：作用与阿托品相似，但效力维持时间短，仅用散瞳和睫状肌麻痹。常用浓度

2% 和 5%。以 2% 后马托品每 10 分钟滴眼 1 次，连续 1h，可获得较满意而历时短的调节麻痹。滴药后睫状肌麻痹最大作用时间持续 3h，完全恢复需 36~48h。滴药后不良反应与阿托品相似。

（5）硫酸环戊通：具有较强的睫状肌麻痹和散瞳作用。常用浓度 0.5%、1% 和 2%。屈光检查时，每 5~10 分钟 1 次，共 3 次，可获得充分的睫状肌麻痹作用。作用迅速，30min 起效，持续时间短于 24h。儿童慎用，可引起中枢神经系统的紊乱，表现为运动失调、幻视和语无伦次。

（三）眼科局部抗感染药

眼科局部抗感染药包括抗细菌药、抗真菌药和抗病毒药。

1. **抗细菌药** 细菌是眼部感染的常见原因。了解引起眼部感染的常见病原菌和抗细菌药的抗菌谱，对正确选择抗细菌药物十分重要。抗菌药物滴眼液或眼膏常用于治疗外眼感染，滴用抗细菌滴眼液或眼膏的次数与病变严重程度有关。也可应用抗生素进行眼内注射治疗严重的眼内感染。使用抗生素时应避免细菌耐药性的发生。尽量避免全身常用的抗生素在眼局部滴用，以免患者以后全身应用这种抗生素时敏感性下降。

（1）β- 内酰胺类抗生素：该类常用抗生素包括青霉素类及头孢类抗生素，但眼部滴眼剂要求溶液稳定，而青霉素及头孢类药物溶解后溶液不稳定。所以通常没有这类抗生素滴眼剂，眼局部使用多数为眼内注药。

头孢他啶：第三代广谱头孢菌素，头孢他啶对 β- 内酰胺酶的稳定性较好，对革兰氏阳性菌和阴性菌以及厌氧菌株均有较强的杀菌作用，对绿脓杆菌有高效，是唯一能代替氨基糖苷类的头孢类抗生素，不良反应较少；眼科常用于眼内注射浓度为 2.2~2.5mg/0.1ml。

（2）大环内酯类抗生素：常用为 0.5% 红霉素眼膏，主要对革兰氏阳性菌有较强抗菌作用，对沙眼衣原体也有抑制作用。

（3）多肽类抗生素：万古霉素为糖肽类抗生素，化学性质稳定，对革兰氏阳性菌有强大杀菌作用，尤其是 MRSA 和 MRSE。眼科常用眼内注射浓度为 1mg/0.1ml。

（4）氨基苷类抗生素

1）新霉素：对多种革兰氏阳性和阴性菌有抑制作用。它常与其他抗菌药物如杆菌肽、多黏菌素 B 制成联合制剂，浓度为 0.5%~1%。

2）庆大霉素：抗菌谱广，广泛用于严重眼部感染，特别是由革兰氏阴性菌引起角膜溃疡。它对许多革兰氏阳性葡萄球菌也有效，但对链球菌无效。细菌对其易产生耐药性，但停药一段时间后又可恢复敏感。常用其 0.3% 溶液滴眼治疗外眼感染，每小时 1 次，或每日 3~6 次。结膜下注射 20mg，治疗前房积脓性角溃疡和眼内感染。庆大霉素具有黄斑毒性，禁止眼内注射。

3）妥布霉素：对绿脓杆菌的作用较强，为庆大霉素的 2~4 倍。常用的滴眼液浓度为 0.3%，对眼表无刺激性，为儿童常用眼表滴剂。

4）阿米卡星：为卡那霉素的半合成衍生物，为广谱抗菌药。适用于革兰氏阴性杆菌和对青霉素耐药的金黄色葡萄球菌引起的感染。常用眼内注射浓度为 0.4mg/0.1ml。

（5）四环素类：常用的有 0.5% 四环素和金霉素眼膏，这类抗生素的抗菌谱广，对很多革兰氏阳性和阴性菌、衣原体均有效。由于临床广泛使用，细菌对其逐渐产生耐药性疗效降低，使用受到限制。

（6）氯霉素：抗菌谱广，对革兰氏阳性和阴性菌都有效。因其对造血系统毒性大，因此眼科不应全身应用。常用其 0.25% 滴眼液治疗细菌性外眼感染及沙眼，长期应用氯霉素滴眼有发生恶性贫血的可能性。

（7）喹诺酮类抗生素：为临床使用最广泛的抗生素滴眼剂，现主要使用的是第三代喹诺酮药物，在前二代的基础上提高了对革兰氏阴性菌的作用，同时对革兰氏阳性菌和非典型致病菌亦有作用。

1）诺氟沙星：具有广谱抗菌作用，常用滴眼剂浓度为 0.3%。

2）氧氟沙星或左氧氟沙星：与诺氟沙星一样具有广谱抗菌作用，而且作用更强，为眼科最常用的滴眼剂，常用浓度为 0.3%。

3）环丙沙星：比氧氟沙星具有更广更强的抗菌作用，常用滴眼剂浓度为 0.3%。

（8）其他抗生素

1）利福平：为广谱抗生素，对许多革兰氏阳性和阴性细菌、沙眼衣原体有较强抑制作用,眼科常用 0.1% 溶液滴眼。

（2）多黏菌素 B：对革兰氏阴性杆菌有效,滴眼液的浓度为 0.1%~0.2%。

2. 抗真菌药

（1）那他霉素：为广谱抗真菌药,与真菌的麦角甾醇以及其他甾醇基团结合,阻遏麦角甾醇生物合成,改变细胞膜的渗透性,使真菌细胞内的基本细胞成分衰竭。局部应用那他霉素可以在角膜基质层内达到有效浓度,但在眼内液中却不能达到。眼科常用 5% 溶液滴眼。

（2）制霉菌素：低浓度时抑菌,高浓度时杀菌。眼内感染时可结膜下注射 1 000U/0.5ml,前房或玻璃体内注射 100U/0.1ml。

（3）两性霉素 B：为广谱抗真菌药。0.1%~0.5% 两性霉素 B 溶液对各种真菌性角膜溃疡有效。由于其眼内通透性差,如需治疗真菌性眼内感染时可行玻璃体腔内注射,每次 5μg/0.1ml。

3. 抗病毒药

（1）阿昔洛韦：又名无环鸟苷,具有广谱抗疱疹病毒活性,对 Ⅰ、Ⅱ 型单纯疱疹病毒（HSV）有效,其次对水痘-带状疱疹病毒（AZV）也有效,而对 EB（EpsteinBarr）病毒及巨细胞病毒（CMV）作用较弱。

（2）更昔洛韦：对多种疱疹病毒有很强的抑制作用。尤其对巨细胞病毒疗效更好。在病毒性角膜炎的治疗中,更昔洛韦的效果及安全性优于阿昔洛韦。

（四）眼部滴用的糖皮质激素和非甾体抗炎药

1. 糖皮质激素 适用于眼病炎症及免疫性疾病,各种糖皮质激素具有不同的抗炎活性。泼尼松龙的抗炎活性是氢化可的松的 4 倍,地塞米松和倍他米松的抗炎活性为氢化可的松的 25 倍。抗炎活性强的糖皮质激素即使在用量减少的情况下,副作用并不减少。

常用眼部滴用的糖皮质激素有：0.5% 氢化可的松滴眼液、1% 醋酸泼尼松龙混悬液、0.1% 地塞米松滴眼液、0.1% 氟美松滴眼液等。

2. 眼科应用的非甾体抗炎药 非甾体抗炎药没有糖皮质激素的副作用,因而受到重视。眼部滴用的非甾体抗炎药制剂有较好的眼部生物利用度,这些药物主要通过抑制环氧化酶阻止花生四烯酸转化为前列腺素,从而减少炎症反应。0.03% 氟比洛芬钠可用于白内障手术时的抗炎作用；0.5% 酮咯酸氨丁三醇用于季节性过敏性结膜炎；普拉洛芬滴眼液适用于眼前节炎症及术后炎症反应的对症治疗；0.1% 双氯芬酸已用于治疗白内障术后的炎症反应及解除角膜屈光手术后的疼痛和畏光。

（五）青光眼用药

目前治疗青光眼的主要目标是降低眼压。治疗青光眼的药物可以单独或联合使用。所用药物的浓度和次数应根据每个青光眼患者的眼压、视杯盘比和视野的情况采取个体化治疗,原则上应当使用最小量药物来达到控制眼压和防止视神经、视野进一步损伤。

1. β 受体拮抗药 这类药物的作用是减少房水生成,分为非选择性 β 受体拮抗药和选择性 β 受体拮抗药,为临床上最常用的降眼压药物。

（1）噻吗洛尔：非选择性 β 受体拮抗药,滴眼液浓度为 0.25% 和 0.5%,每日 1~2 次（早上七点及晚上七点）；凝胶剂浓度为 0.25% 和 0.5%,每日 1 次,可产生明显持续的降眼压作用。适用于原发性开角型青光眼、高眼压症、无晶状体眼青光眼、虹膜切除术后眼压持续升高的闭角型青光眼、继发性青光眼等。单次滴用后维持降眼压作用 12~24h,不影响瞳孔大小,不干扰视力。眼部滴用后安全。少数患者出现过敏性睑结膜炎、浅层点状角膜病变等。对于具有全身使用 β 受体拮抗药禁忌的患者,如哮喘、心力衰竭等应慎用。

（2）倍他洛尔：选择性 $β_1$ 受体拮抗药,可减少肺部的副作用。临床上滴眼液的浓度为 0.25% 和 0.5%,每日 1~2 次。作用和其他副作用与噻吗洛尔相似。

（3）左布诺洛尔：非选择性 β 受体拮抗药,滴眼液浓度为 0.25% 和 0.5%,每日 2 次。其降眼压作用和副作用与噻吗洛尔相似。

（4）卡替洛尔：非选择性 β 受体拮抗药,滴眼液浓度为 1% 和 0.5%,每日 2 次。其副作用与噻吗洛尔相似。

2. 肾上腺素能受体激动剂

（1）肾上腺素：可直接兴奋肾上腺素 α 和 β 受体。其降眼压作用机制是增加房水排出,也能部分减少房水生成。临床所用的滴眼液浓度为

1%，每日 1~2 次。适用于原发性开角型青光眼。它的优点是作用时间长（12~72h），不缩小瞳孔，但眼部滴用后有部分患者出现眼部过敏。其他的副作用有头痛、心悸等。

（2）地匹福林：又称双特戊酰肾上腺素，是肾上腺素的前体药。它在肾上腺素的结构上增加 2 个三甲基乙酸基团，使其脂溶性增加，角膜通透性比肾上腺素强 17 倍。临床用浓度为 0.1%，每日 1~2 次。适应证与肾上腺素相同，但副作用少。

（3）阿拉可乐定（阿普可乐定）：是选择性 α_2 受体激动剂。滴眼后可减少房水生成而降低眼压。长期应用 0.5%~1% 阿普可乐定，每日 2~3 次，对已经应用"最大药物量治疗"的患者，仍有一定降眼压作用。

（4）溴莫尼定：选择性 α_2 受体激动剂。它既可减少房水生成，又可显著增加房水经非常规通道外流。滴眼液浓度为 0.2%，每日 2~3 次。它对心率和血压的影响很小，滴眼后主要副作用是口干、眼红、眼刺痛。

3. 胆碱受体激动剂

（1）毛果芸香碱：又称匹罗卡品，为直接作用的拟副交感神经药物。其降眼压的机制为：在原发性开角型青光眼中，收缩睫状体前后纵行肌，牵拉巩膜突和小梁网使小梁网张开，促进房水外流；在原发性闭角型青光眼中，收缩瞳孔括约肌，产生缩瞳作用，拉紧虹膜，使堆积在前房角周边部的虹膜离开前房角前壁，开放前房角。常用的滴眼液浓度为 1% 或 2%。单剂量滴眼后 15min 出现降眼压作用，1h 开始出现最大效应，持续 4~8h。滴眼后常见的副作用为调节痉挛、瞳孔阻滞、结膜充血等局部反应，以及胃肠道紊乱、哮喘发作、头痛眉弓痛等全身反应。禁用于虹膜睫状体炎、急性虹膜炎及有哮喘病史、有视网膜脱离病史患者。

（2）碳酰胆碱：它直接作用于睫状肌胆碱能神经末梢，又能抑制胆碱酯酶，间接地增强胆碱能神经的作用。单独使用时难于透过角膜被吸收。如有防腐剂苯扎氯铵时，可明显增加吸收量。常在毛果芸香碱无明显效果时才应用。作用持续时间为 4~6h。常用浓度为 0.75%~1.5%，每日 3~4 次。主要副作用为调节痉挛和头痛，可发生眼部过敏反应。

4. 碳酸酐酶抑制剂

抑制睫状体中的碳酸酐酶可减少房水生成。口服可明显降低开角型和闭角型青光眼的眼压。临床应用的碳酸酐酶抑制剂是磺胺的衍生物。口服给药后 2h 和静脉注射后 20min 达最大作用。口服后最大作用维持 4~6h。口服后 CA 全身用药副作用较多，如胃部不适、腹泻、剥脱性皮炎、肾结石、酸中毒、四肢麻木等。目前已有局部滴用的剂型，可减少副作用的发生。

（1）乙酰唑胺：又名醋氮酰胺，片剂为 250mg，口服每次 125~250mg，每日 2~4 次，日总剂量不能超过 1g。持续释药的胶囊为 500mg，每次 1 个胶囊，每日 1~2 次。注射剂每支 500mg，可肌内或静脉注射。

（2）醋甲唑胺：片剂 25mg 或 50mg，口服每次用 25mg，每日 2 次。如用药后降眼压效果不理想，每次剂量可加大为 50mg，每日 2 次。

（3）多佐胺滴眼液（Dorzolamide）：又名 Trusopt，是一种眼部滴用的碳酸酐酶抑制剂。滴用后药物透过角膜作用于睫状体上皮，通过减少房水分泌而降低眼压。Dorzolamide 的浓度为 2%，每日 2~4 次，可单独使用，或与其他降眼压药物联合使用。主要副作用是滴眼后眼部刺痛和烧灼感、浅层点状角膜病变、过敏性结膜炎等。

（4）布林佐胺：是继 Dorzolamide 后开发的眼部滴用的碳酸酐酶抑制剂，为 1% 混悬滴眼液，每日 3 次。其疗效与 Dorzolamide 相似，但眼部用药舒适性高于 Dorzolamide，且局部及全身副作用低于 Dorzolamide。

5. 前列腺素类药物

（1）拉坦前列腺素：一种选择性前列腺素 F2α 受体兴奋剂，通过增加房水经巩膜通道外流而降低眼压。适用于原发性开角型青光眼和高眼压症，可以单独应用或与其他降眼压药物联合应用。其浓度为 0.005%，每晚滴用 1 次。滴药后 3~4h 即有降眼压效果，8~12h 可达最大作用。眼部副作用主要有局部充血、角膜点状浸润和虹膜颜色加深。

（2）比马前列腺素：常用浓度为 0.03%，每晚滴用 1 次。

（3）曲伏前列腺素：常用浓度为 0.004%，每晚滴用 1 次。

6. **高渗剂**　用于急性青光眼或一些内眼手术前后需要降低眼压时。它通过增加血浆渗透压，使玻璃体容积减小而降低眼压。常见副作用有多尿、头痛、背痛、头晕、腹泻、迷糊、心血管负担过重和肺水肿等，应用口服制剂常有恶心、呕吐。临床常用的高渗剂有：

（1）甘油：浓度50%，单次口服剂量为1~1.5g/kg体重。用药后10min起效，30min达高峰，持续5h，糖尿病患者慎用。

（2）异山梨醇酯：浓度45%，单次口服剂量为1.5g/kg体重，作用时间和甘油相似。

（3）甘露醇：浓度为20%，单次剂量1.5~2g/kg体重，静脉注射给药，一般30min内注完。给药后1h可达最大降眼压作用，持续5~6h。对于老年人应注意心血管、肺部和肾脏的副作用。如需重复使用，应在首次给药后6~8h给予首次的一半剂量。

7. **抗代谢药物**　抗代谢药物可抑制结膜下成纤维组织增生，减少瘢痕形成，促进形成房水外流的巩膜瘘道，提高难治性青光眼滤过术的成功率，适用于难治性青光眼滤过术后滤过泡有瘢痕化倾向时。常用的抗代谢药物有氟尿嘧啶（5-Fu）和丝裂霉素C（Mitomycin C，MMC）。

（1）氟尿嘧啶：是胸腺嘧啶合成酶的竞争性抑制剂，在细胞周期的合成期起作用，干扰DNA合成，并在一定程度抑制RNA形成。而这两种核苷酸是细胞分化所必需的。使用时注意保护角膜，其对角膜有毒性作用，可引起角膜上皮损伤。

（2）丝裂霉素C：可抑制与DNA有关的RNA合成，作用比5-Fu强100倍。它也具有抗新生血管的作用。其对角膜有毒性作用，并对睫状体上皮和它的供养神经有毒性作用。术后可能发生结膜伤口渗漏和滤过泡过分囊性变。

药物是临床治疗青光眼的重要手段之一。随着病情进展，大多数青光眼患者降眼压治疗需要联合应用单一成分药物。为了安全有效使用多种药物治疗青光眼，药物复方制剂逐渐成为治疗的发展趋势。但目前联合制剂仍不作为一线用药推荐。

（六）抗血管内皮生长因子药物

血管内皮生长因子（VEGF）在新生血管的发生和发展中起重要作用，并可以促进血管内皮细胞和周细胞的凋亡，导致渗出及水肿。抗VEGF药物的出现，标志眼科药物治疗进入一个新纪元。最早进入眼科的抗VEGF药物是贝伐珠单抗，这是一种93%人源化的单克隆抗体，主要用于抗肿瘤治疗；而在眼科领域的超说明书使用给湿性年龄相关性黄斑变性患者带来了显著的视力提高，从而引起了眼科研究者对抗VEGF治疗的广泛关注。目前主要分为两大类：抗体类（雷珠单抗）和融合蛋白类（康柏西普、阿柏西普）。用于治疗眼部新生血管性病变和部分血管源性疾病，包括湿性年龄相关性黄斑变性、脉络膜新生血管、特发性息肉状脉络膜病变、糖尿病性视网膜病变及新生血管性青光眼等，可以减少/消除新生血管的产生及其并发症导致的渗漏；还用于糖尿病性黄斑水肿（DME）、视网膜中央/分支静脉并发黄斑水肿等的治疗，明显的减轻黄斑水肿引起的视力损害。

1. **雷珠单抗（Ranibizumab）**　为95%人源化单克隆抗-（人血管内皮生长因子）Fab片段，5%为鼠源；可阻断VEGF-A的所有亚型。

2. **康柏西普（Conbercept）**　为完全人源性重组融合蛋白，可阻断VEGF-A和VEGF-B的所有亚型以及胎盘生长因子（placental growth factor，PIGF）。

3. **阿柏西普（Alfibercept）**　又称VEGF trap，是一种完全人源性的重组融合蛋白，它能与VEGF-A和VEGF-B的所有亚型以及PIGF相结合。

（七）人工泪液

随着对干眼症及眼表健康的重视，人工泪液已取得了较大的进展。国内市场上人工泪液类型众多，以下列举几类常用人工泪液，临床医师应根据患者个性化选择。

1. **纤维素醚类人工泪液**　常用羧甲基纤维素和羟丙基甲基纤维素，此类物质黏度高，富含羧基羟基等亲水基团，具有润湿作用，对泪液生成不足型干眼效果明显。

2. **聚乙二醇人工泪液**　聚乙二醇人工泪液属高分子聚合物，具有亲水性和成膜性，可增加泪膜黏液层的厚度，维持眼表功能，起类似泪液的作用。

3. 黏多糖类人工泪液 常用的有玻璃酸钠和硫酸软骨素。玻璃酸钠是目前人工泪液中使用最广泛的黏多糖类人工泪液，带有大量负电荷而具有较强的保水功能，能在角膜表面滞留较长的时间而润滑眼表。其分子结构与泪液中的黏性糖蛋白有相似之处，易与泪液发生作用，增加泪膜的稳定性且可促进角膜上皮愈合。

4. 卡波姆凝胶 一种水溶性的凝胶，该品与以往的人工泪液相比能显著延长黏滞时间，并可促进角膜上皮的愈合，降低通透性。

5. 海藻糖 海藻糖是一种自然界中广泛存在的非还原性双糖，无不良反应，化学性质稳定，可抑制结膜杯状细胞数目的减少，有效治疗中、重度干眼。

6. 小牛血去蛋白提取液 主要成分为20%的小牛血去蛋白提取物，含有多种游离氨基酸、低分子肽和寡糖，能促进眼上皮细胞对葡萄糖和氧的摄取利用，促进细胞能量代谢，改善眼表组织营养，刺激细胞再生和加速组织修复。

四、药物不良反应管理

一些药物的不良反应可以引起患者视觉功能受损，更有甚者可致盲。这些药物不仅包括治疗其他疾病的全身用药而且部分眼科用药，也可能诱发药源性眼病。因此，在临床用药过程中，应该严密监管且对患者尽到告知的义务，尽量避免药物的不良反应。

1. 糖皮质激素 糖皮质激素的不良反应众多，在眼科主要包括诱发或加重感染如病毒、真菌及结核感染、诱发糖皮质激素性白内障和糖皮质激素性青光眼等。因此，应当对眼部滴用和长期全身应用糖皮质激素的患者密切随诊。

（1）糖皮质激素性白内障：诱发机制及原因尚不清楚。临床上长期大量用药（一般在一年以上，泼尼松每日剂量大于10mg），易诱发糖皮质激素性白内障。

（2）糖皮质激素性青光眼：这种青光眼是由长期应用皮质类固醇引起的一种开角型青光眼，特别是地塞米松和倍他米松滴眼剂长期局部应用最易引起本症。使用激素过程中，在正常人群中引起眼压升高的概率较少，而开角型青光眼、疑似青光眼患者及其家族成员对激素反应比较敏感。

糖尿病患者用皮质类固醇也易发生高眼压反应。眼压升高出现的时间不定，其差异取决于用药方法、剂量、浓度及患者本身等因素。本症好发于青年人，特别是疑似青光眼及有青光眼家族史的患者。在临床用药中，应避免长期滴用激素，特别是地塞米松滴眼液，如必须使用，应密切观察眼压变化，如出现眼压升高，应及时停药，停药后眼压多可恢复，若停药后眼压不能下降至正常，则需药物或手术治疗。

2. 吩噻嗪类药物 氯丙嗪、氟奋乃静、三氟拉嗪等是本类药物中常用者，大剂量长期用药均能不同程度地引起眼部病变。如：眼睑皮肤呈蓝灰色；球结膜暴露部分呈铜棕色；角膜早期在内皮和后弹力层出现棕色或白色沉着物，逐渐发展至实质层，最终形成肉眼可见的细微混浊；晶状体发展成星芒状或前极性白内障；视网膜色素紊乱。停服上述药物或控制用药剂量可减轻眼部的不良反应。

3. 心血管系统药物

（1）洋地黄制剂：接受洋地黄治疗的患者可在用药几周以后甚至数月或数年后才发生眼部改变，出现视觉中毒症状。包括视力减退和黄绿视症。

（2）胺碘酮：短期内大量用药的部分患者可视物光晕，药物减量后可消失。长期服用的患者（剂量>20mg/d），角膜后易产生角膜内点状沉着。角膜上皮点状沉着是可逆的，停药后数月可消失。

4. 抗结核药物

（1）乙胺丁醇：对于剂量较大和长期服药者[>25mg/（kg·d）]，易引起球后视神经炎。但偶有小剂量和短时间服药患者，出现视功能障碍，应予以警惕。视力变化可出现在自觉症状前或同时发生，视野改变可出现在眼底改变之前，色觉障碍常发生在视力损害之前。发现中毒性视神经病变应立即停药，可恢复正常。但也有可能停药后视力继续恶化，甚至发生视神经萎缩。

（2）利福平：全身应用利福平治疗结核病的患者中，5%~14%的患者可出现橘红色、粉红色或红色泪液，部分患者可产生渗出性结膜炎或睑缘性结膜炎。

5. 抗疟药物相关的眼病

（1）氯喹：是临床上常用的合成抗疟药，长期或大量使用（总量超过 100g 或服用超过 1 年）可导致角膜浸润和视网膜的损害。角膜的改变多为可逆性的，而视网膜的病变则常为不可逆性改变。患者在停药后，发病或病情继续进展，导致失明。氯喹可贮存于视网膜的色素上皮层和脉络膜的黑色素细胞；且排出缓慢，少数患者在停用 5 年之后，血液和尿中仍可检测出氯喹及其代谢产物。

（2）奎宁：大剂量（24h 内剂量大于 4g）使用可损害视网膜神经节细胞，视野出现向心性缩小，严重时仅留管状视野，少数敏感患者即使很少量的奎宁也可出现反应。

第二节　常见眼科疾病的药物治疗

一、眼部感染性疾病

眼部感染性疾病种类繁多，可造成患者外观异常、感觉异常、视功能损害，严重时可导致视力丢失，而眼科疾病的特殊性，眼部感染性疾病以局部用药为主。以眼部结构划分，分类如下：

1. **眼睑炎症**　如睑腺炎、睑缘炎、病毒性睑皮炎等。

2. **泪器炎症**　如急性泪腺炎、急性泪囊炎及慢性泪囊炎等。

3. **结膜炎症**　如细菌性结膜炎和病毒性结膜炎等。

4. **角膜炎症**　如细菌性、病毒性、真菌性、棘阿米巴角膜炎、衣原体、结核分枝杆菌和梅毒螺旋体等。

5. **眼内炎**

6. **眼眶炎症**

下面介绍几种眼部感染性疾病的临床表现、诊断及药物治疗原则。

（一）睑腺炎

睑腺炎是眼睑腺体的一种急性化脓性炎症，通常将睑腺炎称为麦粒肿。分为外睑腺炎和内睑腺炎。大多为葡萄球菌，特别是金黄色葡萄球菌感染引起。

1. **临床表现和诊断**　患处呈红、肿、热、痛等急性炎症的典型表现。①外睑腺炎主要位于睫毛根部的睑缘处，触诊时可发现明显压痛的硬结，可伴有同侧耳前淋巴结肿大和压痛。②内睑腺炎局限于睑板腺内，肿胀局限，疼痛明显，病变处有硬结，触之压痛，睑结膜面局限性充血。

睑腺炎发生 2~3 日后，可形成黄色脓点，后可自行破溃。外睑腺炎向皮肤破溃；内睑腺炎常向结膜囊内破溃。破溃后炎症明显减轻，1~2 日逐渐消退，多数在 1 周左右痊愈。在儿童、老年人或患有慢性消耗性疾病的患者中，由于体质弱，当感染的致病菌毒性强烈时，睑腺炎可发展为眼睑蜂窝织炎。此时整个眼睑红肿，波及同侧面部，多伴有发热、寒战、头痛等全身症状。如不及时处理，可能引起败血症或海绵窦血栓形成等严重的并发症而危及生命（图 22-2-1，见文末彩图）。

根据患者的症状和眼睑的改变而做出诊断。

2. **一般治疗原则**　合理使用抗生素，同时辅以局部热敷；脓肿形成后需切开排脓，勿挤压。

3. **基本治疗药物和治疗方案**　以往常用四环素和金霉素眼膏治疗，因耐药疗效降低，使用受到限制。现多采用氟喹诺酮类（如氧氟沙星、左氧氟沙星）或妥布霉素抗生素滴眼剂，每日 4~6 次，持续 7~10 日。

4. **临床问题导向的药物治疗**　如反复发作及伴有全身反应者，可口服抗生素。脓肿尚未形

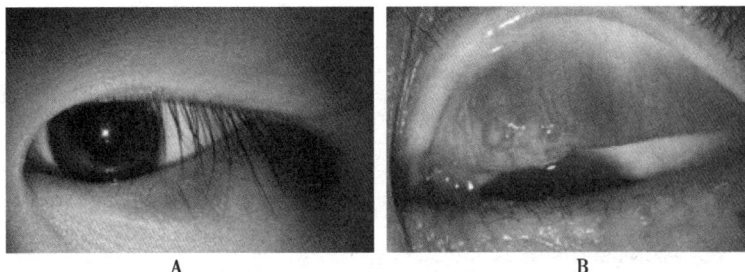

图 22-2-1　睑腺炎
A. 睑腺炎发生于下睑外眦部，皮肤面红肿；B. 上睑内睑腺炎，结膜面充血

成时不宜切开；当脓肿形成后，应切开排脓，同时局部滴用抗生素滴眼剂。睑腺炎感染扩散可导致眼睑蜂窝织炎，甚至海绵窦脓毒血栓或败血症而危及生命。一旦发生这种情况，应尽早全身使用足量的抑制金黄色葡萄球菌为主的广谱抗生素，并对脓液或血液进行细菌培养和药敏试验，以选择更敏感的抗生素。

5. 药物治疗展望 睑腺炎多发儿童，儿童眼部滴药困难，采用凝胶型抗生素药物可延长药物在结膜囊内的有效浓度，降低刺激性，增加儿童用药依从性和疗效。

（二）结膜炎

结膜炎是眼科常见的疾病之一，其致病原因可分为微生物性和非微生物性两大类，最常见的是微生物感染。致病微生物可为细菌（如肺炎球菌、流感嗜血杆菌、金黄色葡萄球菌、脑膜炎双球菌、淋球菌等）、病毒（如人腺病毒株、单纯疱疹病毒Ⅰ型和Ⅱ型、微小核糖核酸病毒）或衣原体。偶见真菌、立克次体和寄生虫感染。

1. 细菌性结膜炎 正常情况下结膜囊内可存有细菌，这些正常菌群主要是表皮葡萄球菌、类白喉杆菌和厌氧痤疮杆菌等，这些细菌可通过释放抗生素样物质和代谢产物，减少其他致病菌的侵袭。当致病菌的侵害强于宿主的防御功能或宿主的防御功能受到破坏的情况下，如干眼、长期使用糖皮质激素等，即可发生感染。

（1）临床表现和诊断：超急性细菌性结膜炎由奈瑟菌属细菌（淋球菌或脑膜炎球菌）引起。潜伏期短（10h至2~3日不等），病情进展迅速，结膜充血水肿伴有大量脓性分泌物。可累及角膜，如果治疗不及时，可发生角膜穿孔，严重威胁视力。成人淋球菌性结膜炎更为常见，而脑膜炎球菌性结膜炎多见于儿童，通常为双眼性。

淋球菌性结膜炎成人主要是通过生殖器-眼接触传播，新生儿主要是分娩时经患有淋球菌性阴道炎的母体产道感染，潜伏2~5日，出生后7日发病者为产后感染。双眼常同时受累，有畏光、流泪，结膜高度水肿，因大量脓性分泌物不断流出，又称"脓漏眼"。脑膜炎球菌性结膜炎最常见患病途径是血源性播散感染，也可通过呼吸道分泌物传播。

急性或亚急性细菌性结膜炎又称"急性卡他性结膜炎"，俗称"红眼病"。传染性强，多见于春秋季节，可散发感染，也可流行于学校、工厂等集体生活场所。发病急，潜伏期1~3日，两眼同时或相隔1~2日发病。发病3~4日炎症最重，以后逐渐减轻，病程一般约3周。近十年来致病菌种发生演变，构成比最高的细菌由原来的金黄色葡萄球菌演变为表皮葡萄球菌（图22-2-2，见文末彩图）。

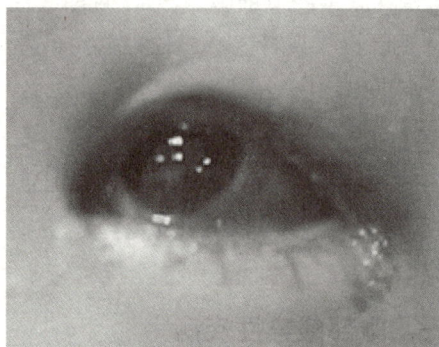

图 22-2-2 急性细菌性结膜炎

慢性细菌性结膜炎可由急性结膜炎演变而来，或毒力较弱的病原菌感染所致。多见于鼻泪管阻塞或慢性泪囊炎者，或慢性睑缘炎或睑板腺功能异常者。表皮葡萄球菌、金黄色葡萄球菌和莫-阿（Morax-Axenfeld）双杆菌是慢性细菌性结膜炎最常见的病原体。慢性结膜炎进展缓慢，持续时间长，可单侧或双侧发病。患者症状多种多样，主要表现为眼痒烧灼感、干涩感、眼刺痛及视疲劳。结膜轻度充血，可有结膜增厚、乳头增生，分泌物为黏液性或白色泡沫样。莫-阿双杆菌还可引起眦部结膜炎，伴外眦皮肤结痂、溃疡形成及睑结膜乳头和滤泡增生。

结膜炎常见的致病细菌表22-2-1：

表 22-2-1 结膜炎常见致病细菌

潜伏期	病情	常见病原体
超急性	重度	奈瑟菌属细菌（淋球菌或脑膜炎球菌）
急性或亚急性	中至重度	表皮葡萄球菌、金黄色葡萄球菌、肺炎链球菌、流感嗜血菌
慢性	轻至中度	表皮葡萄球菌、金黄色葡萄球菌、莫-阿双杆菌、变形杆菌、大肠埃希菌、假单胞菌属

根据临床表现、分泌物涂片或结膜刮片等检查，可以诊断。结膜刮片和分泌物涂片通过革兰氏染色和 Giemsa 染色可在显微镜下发现大量多形核白细胞和细菌。为明确病因和指导治疗，对于伴有大量脓性分泌物者、结膜炎严重的儿童和婴儿及治疗无效者，应进行细菌培养和药物敏感试验，有全身症状的还应该进行血培养。

（2）一般治疗原则：超急性细菌性结膜炎治疗应在诊断性标本收集后立即进行治疗，以减少潜在的角膜及全身感染的发生，局部治疗和全身用药并重。急性结膜炎通常有自限性，病程在 2 周左右，局部有效治疗可以减轻炎症程度和缩短疾病持续时间。慢性结膜炎无自限性，去除病因抗感染治疗，在等待实验室结果的同时，局部根据经验使用广谱抗生素，确定致病菌属后给予敏感抗生素。切勿包扎患眼，因为局部封闭湿润环境，促进细菌进一步繁殖，但可配戴太阳镜以减少光线的刺激。

（3）基本治疗药物和治疗方案：目前眼部用药常使用广谱氨基苷类或喹诺酮类药物，如 0.3% 妥布霉素、1% 阿奇霉素、0.3% 氧氯沙星、0.3% 加替沙星以及 0.3%~0.5% 左氧氟沙星滴眼剂或眼药膏。耐药性葡萄球菌性结膜炎可使用 5mg/ml 万古霉素配制滴眼液，慢性葡萄球菌性结膜炎对杆菌肽和红霉素反应良好。

根据病情的轻重可选择结膜局部用药、全身用药或联合用药。

（4）临床问题导向的药物治疗

1）眼部局部治疗：当患眼分泌物多时，用 3% 硼酸水或生理盐水小心冲洗结膜囊。局部充分使用有效的抗生素滴眼剂和眼药膏，急性期每 1~2 小时滴药 1 次；炎症好转后减少滴药频率，传染性强的细菌感染可适当延长滴药时间。

2）全身治疗：奈瑟菌属细菌性结膜炎应全身及时使用足量的抗生素，肌内注射或静脉给药。成人大剂量肌内注射青霉素或头孢曲松钠（菌必治）1g 即可，如果角膜也被感染，加大剂量，1~2g/d，连续 5 日。青霉素过敏者可用大观霉素（淋必治）2g/d，肌内注射。此外，还可联合口服 1g 阿奇霉素或 100mg 多西环素，每日 2 次，持续 7 日；或喹诺酮类药物（环丙沙星 0.5g 或氧氟沙星 0.4g，每日 2 次，连续 5 日）。

新生儿用青霉素 G 100 000U/（kg·d），静脉滴注或分 4 次肌内注射，共 7 日。或用头孢曲松钠（50mg/kg，肌内注射）、头孢噻肟钠（25mg/kg，静脉滴注或肌内注射），每 8 小时或 12 小时 1 次，连续 7 日。

脑膜炎球菌性结膜炎可引起脑膜炎球菌血症，单纯局部治疗比全身治疗发生菌血症的概率高出数十倍，必须联合全身治疗。脑膜炎球菌性结膜炎可静脉滴注射或肌内注射青霉素，青霉素过敏者可用氯霉素代替。有患者接触史者应进行预防性治疗，可口服利福平，推荐剂量为成人 600mg，儿童 10mg/kg，每日 2 次，持续 2 日。

（5）药物治疗展望：结膜炎为眼科临床高发病，抗生素使用也较为泛滥，临床医生应根据临床症状及相应的实验室检查，合理用药，杜绝耐药的发生。

2. 病毒性结膜炎　病毒性结膜炎具有起病快、传染性强、发病率高的特点。临床上按病程分为急性和慢性两组，以前者多见，包括流行性角结膜炎、流行性出血性结膜炎、咽结膜热、单纯疱疹病毒性结膜炎和新城鸡瘟结膜炎等。慢性病毒性结膜炎包括传染性软疣性睑结膜炎、水痘-带状疱疹病毒性睑结膜炎和麻疹病毒性角结膜炎等。

（1）临床表现和诊断：流行性角结膜炎由腺病毒 8、19、29 和 37 型腺病毒（人腺病毒 D 亚组）引起。起病急、症状重、双眼发病。主要症状有眼红、疼痛、畏光、伴有水样分泌物。疾病早期常单眼发病，数天后对侧眼也受累。急性期眼睑水肿，结膜充血水肿，48h 内出现滤泡和结膜下出血，假膜（有时为纤维素渗出膜）形成后能导致睑球粘连。发病数天后，角膜可出现弥散的斑点，上皮损害，并于发病 7~10 日后融合成较大的、粗糙的上皮浸润。2 周后发展为局部的上皮下浸润，这种上皮下浸润可持续数月甚至数年之久，逐渐吸收。结膜炎症最长持续 3~4 周。原发症状消退后，角膜混浊数月后可消失。儿童可有全身症状，如发热咽痛、中耳炎、腹泻等。（图 22-2-3，见文末彩图）

咽结膜热是由腺病毒 3、4 和 7 型引起的一种表现为急性滤泡性结膜炎伴有上呼吸道感染和发热的病毒性结膜炎，传播途径主要是呼吸道传播。多见于 4~9 岁儿童和青少年。以急性滤泡性结膜炎、咽炎和发热为特点。前驱症状为全身乏力体温上升至38℃以上，自觉流泪眼红痛。患者体征为眼部滤泡性结膜炎、一过性浅层点状角膜炎及上皮下混浊，耳前淋巴结肿大。咽结膜热有时可只表现出1~3个主要体征。病程10日左右有自限性。

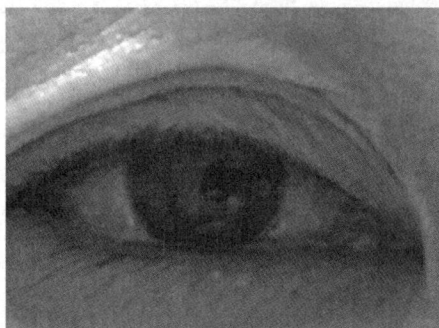

图 22-2-3　腺病毒性结膜炎

流行性出血性结膜炎是由70型肠道病毒（偶由A24型柯萨奇病毒）引起的一种暴发流行的自限性眼部传染病，又称"阿波罗11号结膜炎"。起病急剧，刺激症状重。潜伏期短，为18~48h；病程短，约5~7日。常见症状有眼痛、畏光、异物感、流泪、结膜下出血、眼睑水肿等。结膜下出血呈点状或片状，从上方球结膜开始向下方球结膜蔓延。多数患者有滤泡形成，伴有上皮角膜炎和耳前淋巴结肿大。（图22-2-4，见文末彩图）

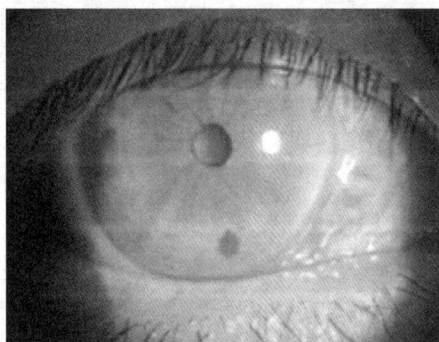

图 22-2-4　流行性出血性结膜炎
结膜下可见点片状出血

一般根据临床症状诊断。病毒分离或PCR检测、血清学检查可协助病原学诊断。

（2）一般治疗原则：传染性较强，出现感染时尽可能与他人接触隔离。无特殊治疗，有自限性，主要是对症治疗。

（3）基本治疗药物和治疗方案：局部冷敷和使用血管收缩剂可减轻症状，急性期可使用抗病毒药抑制病毒复制如0.1%阿昔洛韦、0.15%更昔洛韦等，1次/h。

（4）临床问题导向的药物治疗：合并细菌感染时加用抗生素治疗。出现严重假膜、上皮或上皮下角膜炎引起视力下降时可考虑使用糖皮质激素滴眼剂，病情控制后应减少糖皮质激素滴眼剂的滴眼频度至每日1次或隔日1次，注意要逐渐减药，以免复发。

（三）角膜炎

外界或内源性致病因素侵袭角膜组织引起的炎症，称为角膜炎。其中，感染性角膜炎是世界性的常见致盲眼病，约20%盲人因角膜感染所致。主要病原生物为细菌、病毒、真菌和寄生虫，细菌仍然是感染性角膜炎的主要原因，但近年来真菌性角膜炎有逐年增多的趋势，其他还有衣原体、结核分枝杆菌和梅毒螺旋体等。

1. 细菌性角膜炎　细菌所致的感染性角膜炎，很少发生于正常角膜。

（1）临床表现和诊断：严重的角膜炎起病急骤，出现畏光、流泪疼痛、视觉障碍及眼睑痉挛等症状。患眼眼睑及球结膜水肿，睫状或混合性充血，病变早期表现为角膜上皮溃疡，溃疡下边界模糊、浸润灶致密，周围组织水肿。浸润灶迅速扩大，继而形成溃疡。革兰氏阳性（G^+）球菌所致溃疡为圆形或椭圆形局灶性脓肿，周围有灰白色浸润区，边界清晰。革兰氏阴性（G^-）细菌中，铜绿假单胞菌性角膜炎常发生于角膜异物剔除后或角膜接触镜引起的感染。起病急骤，发展迅猛，眼痛等症状明显，伴有严重混合性充血和球结膜水肿，角膜浸润扩展迅速，基质广泛液化性坏死，溃疡表面有大量黏稠的脓性或黏液脓性分泌物，略带黄色溃疡周围基质可见灰白色或黄白色浸润环，伴有大量的前房积脓。感染如未控制，可导致角膜坏死穿孔和眼内容物脱出或全眼球炎。其他的革兰氏阴性杆菌引起的角膜感染缺乏特殊体征，一般前房炎症反应轻微。（图22-2-5，见文末彩图）

根据临床症状，可做出角膜炎的诊断。在开始药物治疗前，从浸润灶刮取病变组织，涂片染色查找细菌，有助于早期病因诊断。

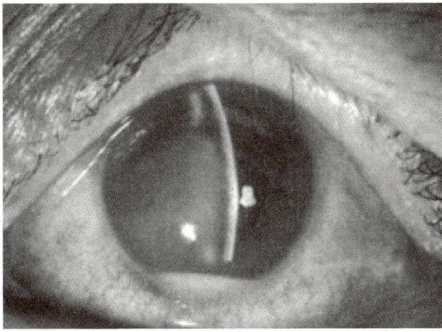

图 22-2-5　细菌性角膜炎
角膜中央偏下近圆形白色浸润灶伴前房积脓

（2）一般治疗原则：细菌性角膜炎可造成角膜组织的迅速破坏，因此对疑似细菌性角膜炎患者应立即给予积极治疗。在明确病原体前可以进行经验性治疗，同时积极进行病原学诊断。根据细菌培养结果，进行药物敏感实验，为筛选敏感抗生素提供依据。

（3）基本治疗药物和治疗方案：对于革兰氏阳性球菌感染，头孢菌素是首选药物，50mg/ml 头孢唑啉是这类药物的代表。革兰氏阴性杆菌角膜炎的首选抗生素是氨基苷类，可选择 1.3%~1.5% 妥布霉素或 1.5% 庆大霉素。对于多种细菌引起的角膜炎，或革兰氏染色结果不明确者，推荐联合使用头孢菌素和氨基糖苷类作为初始治疗。

（4）临床问题导向的药物治疗：初诊患者如果为角膜周边病变，病变范围小，可给予广谱抗生素治疗；如果发展迅速、角膜中央病灶、基质溶解或非典型病灶，需行刮片染色及培养，然后根据细菌培养和药敏试验的结果使用敏感的抗生素；对于多次细菌培养阴性结果或治疗反应差的患者，可行组织活检。抗生素治疗的目的在于尽快清除病原菌，由于每一种抗生素都只有特定的抗菌谱，因此在初诊患者尽量选择广谱抗生素。万古霉素对革兰氏阳性球菌和杆菌均有良好的抗菌活性，尤其对耐药的表皮葡萄球菌和金黄色葡萄球菌的敏感性较高，可作为细菌性角膜炎的二线用药。

局部使用抗生素是治疗细菌性角膜炎最有效的途径。使用剂型包括滴眼液、眼膏、凝胶剂、缓释剂。急性期使用强化的局部抗生素给药模式即高浓度的抗生素眼液频繁滴眼（第一个小时每 5~15min 滴药 1 次，此后每小时滴药 1 次），使其在角膜基质层很快达到抗生素治疗浓度。眼膏剂

型和凝胶剂型可增加药物在眼表停留时间，同时保证用药的延续性，但难以穿透角膜，推荐为夜间的补充剂型。

结膜下注射能提高角膜和前房的药物浓度，但存在局部刺激性，多次注射可造成结膜下出血和瘢痕化。一些研究表明强化的抗生素滴眼液具有与结膜下注射同样的效果。在患者依从性差或角膜溃疡发展迅速时可以使用。

本病一般不需要全身用药，但如出现角膜溃疡穿孔，角膜炎可能向眼内或全身播散、巩膜化脓或巩膜穿孔伤后继发的角膜感染，应在局部用药的同时全身应用抗生素。治疗过程中应根据细菌学检查结果和药物敏感试验，及时调整使用有效抗生素，病情控制后，局部应维持用药一段时间。伴发虹膜睫状体炎时，予以阿托品滴眼液散瞳。

（5）药物治疗展望：角膜炎急性期需要将抗生素有效浓度迅速提高，但滴眼液易从结膜囊中排空，需频繁点眼；而浸泡抗生素溶液的胶原盾，可提高抗生素生物利用度，但其效果及副作用尚需进一步评估。

2. 真菌性角膜炎　引起角膜感染的真菌种类较多，但大多数患者由曲霉菌属（烟曲霉菌）、镰孢菌属、弯孢菌属（月状弯孢霉）和念珠菌属（白色念珠菌）4 大类引起，前三类属丝状真菌，丝状真菌引起的角膜感染多见于农业或户外工作人群，外伤（尤其是植物性外伤）是最主要的诱因，其他诱因包括长期使用激素/抗生素造成眼表免疫环境改变或角膜群失调、佩戴角膜接触镜、角膜移植或角膜屈光手术等。念珠菌属酵母菌，此型多继发于已有眼表疾病（如干眼、眼睑闭合不全）或全身免疫力低下（如糖尿病、免疫抑制）的患者。在 20 世纪 80 年代前，曲霉是真菌性角膜炎的首位致病菌，近 20 年镰孢菌的发病率逐渐上升，目前已成为我国和很多国家真菌性角膜炎的首位致病菌，但其原因可能并不是致病菌谱发生了改变，而主要是镰孢菌的培养和鉴定技术有了明显的提高。

（1）临床表现和诊断：多有植物性（如树枝）角膜外伤史或长期使用激素和抗生素病史。起病缓慢，亚急性经过，刺激症状较轻，伴视觉障碍；角膜浸润灶呈白色或乳白色，致密，表面欠光泽呈牙膏样或苔垢样外观，溃疡周围有基质溶解形成

的浅沟或免疫环。有时角膜感染灶旁可见"伪足"或卫星样浸润灶，角膜后可有斑块状沉着物，前房积脓呈灰白色，黏稠或呈糊状。丝状真菌穿透力强，菌丝能穿过深层基质侵犯角膜后弹力层，甚至进入前房侵犯虹膜和眼内组织。（图22-2-6，见文末彩图）

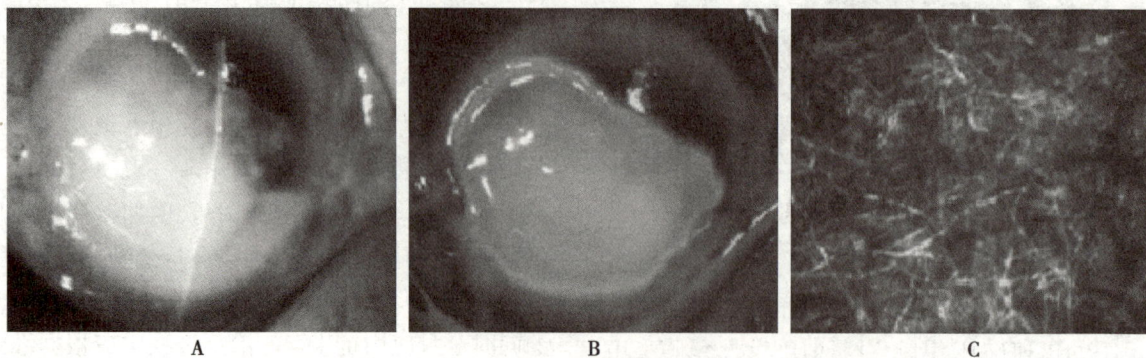

图 22-2-6　真菌性角膜炎
A. 角膜中央偏下近圆形白色浸润灶，致密，表面欠光泽；B. 荧光素钠染色示角膜上皮缺损；
C. 角膜共焦显微镜查找到菌丝

根据植物性外伤的病史结合角膜病灶的特征，可以做出初步诊断。角膜共焦显微镜和/或实验室检查找到真菌菌丝可以确诊。实验室常用的快速诊断方法有角膜刮片革兰氏和Giemsa染色、10%~20%氢氧化钾湿片法、乳酚棉兰（LPCB）染色、乌络托品银染色、糖原染色（periodic acid-schiff stain，PAS）等。真菌培养可使用血琼脂培养基、巧克力培养基、马铃薯葡萄糖琼脂培养基和沙氏葡萄糖琼脂培养基（sabouraud dextrose agar），30~37℃培养3~4日即可见真菌生长，培养4~6周，培养阳性时可镜检及联合药敏试验。角膜共焦显微镜作为非侵入性检查手段可在病变早期阶段直接发现病灶内的真菌病原体。

（2）一般治疗原则：去除诱发因素，如有外伤史清除角膜异物；局部使用抗真菌药治疗，即使及时进行药物治疗，仍有超过15%的患者病情不能控制，此时需考虑手术治疗，包括清创术、结膜要遮盖术和角膜移植术。

（3）基本治疗药物和治疗方案：包括多烯类（如0.15%两性霉素B、5%那他霉素滴眼液）、咪唑类（如0.5%咪康唑）或嘧啶类（如1%氟胞嘧啶）。0.15%两性霉素B和5%那他霉素滴眼液是抗真菌性角膜炎的一线药物。丝状真菌应首选5%那他霉素，酵母菌则可选用0.15%两性霉素B或5%那他霉素。联合使用抗真菌药有协同作用，可减少单一用药的药物用量，降低毒副作用。目前常用的联合用药方案有那他霉素＋两性霉素

B或氟康唑，利福平＋两性霉素B。并发虹膜睫状体炎者，应使用1%阿托品滴眼液或眼膏散瞳。糖皮质激素为相对禁忌。

（4）临床问题导向的药物治疗：抗真菌药局部使用，开始时0.5~1h滴用1次，增加病灶区药物浓度，晚上给予抗真菌眼膏。感染明显控制后逐渐减少使用次数。结膜下注射抗真菌药有明显的毒性且疼痛剧烈，一般不建议采用。病情需要时，可结膜下注射咪康唑5~10mg或两性霉素B 0.1mg；病情严重者可联合全身使用抗真菌药，如口服或静脉滴注氟康唑、伏立康唑等。全身使用时应特别注意抗真菌药的毒副作用，尤其对肝功能的损害。抗真菌药起效慢，治疗过程中需仔细观察临床体征的变化以评估疗效。治疗有效的体征包括疼痛减轻、浸润范围缩小、卫星灶消失、溃疡边缘圆钝等。即使治疗有效，使用抗真菌药也应至少持续6周。

（5）药物治疗展望：近年研究表明免疫抑制剂环孢素A和他克莫司（FK506）可抑制茄病镰刀菌、尖孢镰刀菌及烟曲霉的生长，对白色念珠菌虽无效，但和氟康唑联合使用可增强其抗念珠菌效果。利福平是大环内酯类药物，研究发现对酵母菌和新型隐球菌感染有治疗作用。

3. 单纯疱疹病毒性角膜炎　HSV是一种DNA病毒，分为两个血清型，眼部和口唇感染多数为HSV-1型，少数为HSV-2型。人群中HSV-1

的血清抗体阳性率为 50%~90%，但大部分不出现临床症状。

（1）临床表现和诊断：原发性单纯疱疹病毒感染常见于幼儿。眼部受累表现为急性滤泡性结膜炎、假膜性结膜炎、眼睑皮肤疱疹、点状或树枝状角膜炎。树枝状角膜炎特点为树枝短、出现时间晚、持续时间短。原发感染主要表现为角膜上皮病变，且临床表现不典型，只有不到 10% 的患儿发生角膜基质炎和葡萄膜炎。（图 22-2-7，见文末彩图）

复发性单纯疱疹病毒感染与原发性感染不同，复发性角膜炎通常有典型的临床表现。由于病毒对靶细胞的毒力和机体对感染的反应不同，使复发性具有不同的临床表现，据此将复发性单纯疱疹病毒感染分为不同的类型，见表 22-2-2。

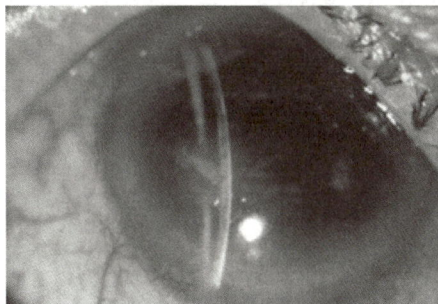

图 22-2-7　病毒性角膜炎

表 22-2-2　复发性单纯疱疹病毒性角膜炎临床特点

	上皮型角膜炎	神经营养型角膜病变	基质型角膜炎	内皮型角膜炎
发病机制	病毒在上皮细胞内活化复制	角膜神经功能异常、基质浸润、药物毒性反应	病毒侵袭伴免疫炎症	病毒引起的免疫反应
基质损害特点	继发于上皮损害的基质瘢痕	溃疡引起的瘢痕	组织浸润坏死伴新生血管	内皮功能受损，慢性水肿引起基质混浊
其他病变	树枝状、地图状边缘性角膜溃疡	持续性上皮缺损	角膜变薄，继发上皮角膜炎	盘状、线状、弥漫性 KP

根据病史，角膜树枝状、地图状溃疡灶或盘状角膜基质炎等体征可以诊断。实验室检查有助于诊断，如角膜上皮刮片发现多核巨细胞，角膜病灶分离到单纯疱疹病毒，免疫荧光电镜、单克隆抗体组织化学染色发现病毒抗原，血清学测试病毒抗体（如膜抗原荧光抗体测定）等。

（2）一般治疗原则：治疗目的是抑制病毒在角膜内的复制，减轻炎症反应引起的角膜损害。有虹膜睫状体炎时，要及时使用阿托品滴眼液或眼膏扩瞳，对已/即将穿孔的患者可行穿透性角膜移植术。

（3）基本治疗药物和治疗方案：常用抗病毒药有更昔洛韦，其滴眼液和眼膏剂型均为 0.15%；阿昔洛韦滴眼液为 0.1%，眼膏为 3%；三氟胸腺嘧啶核苷滴眼液为 1%。急性期每 1~2 小时滴眼 1次，晚上涂眼膏。

（4）临床问题导向的药物治疗：不同类型治疗重点有差异，上皮型角膜炎是由于病毒在上皮细胞内复制增殖、破坏细胞引起，必须给予有效的抗病毒药抑制病毒活性，才能控制病情。基质型角膜炎以机体的免疫性炎症反应为主，因此除抗病毒外，抗炎治疗尤为重要。内皮型角膜炎在给予抗病毒、抗炎治疗的同时，还应该保护角膜内皮细胞的功能。

阿昔洛韦滴眼液局部滴用角膜穿透性不好，对基质型和内皮型角膜炎治疗效果欠佳。因此，局部治疗时推荐使用 3% 的眼膏。更昔洛韦对常见病毒的 MIC90 值比阿昔洛韦高 10~100 倍，且生物利用度高，半衰期长达 8h，为治疗的一线药物。此外，泛昔洛韦和伐昔洛韦对单纯疱疹性角膜炎也有较好的疗效，也可用于其治疗。病情严重、多次复发或角膜移植术后的患者，需口服抗病毒药，用药时间一般不少于 2 周。

由免疫反应引起的盘状角膜炎，可以使用激素治疗。但也有观点认为免疫功能正常者，病变通常有自限性，不需要使用激素，以免引起角膜溶解和青光眼等并发症。只有出现明显的免疫性炎症反应时，才使用激素治疗，而且必须联合使用抗病毒药。

4. 棘阿米巴角膜炎　由棘阿米巴原虫感染引起，已知的棘阿米巴原虫有 50 余个种属广泛存在于土壤、淡水、海水、泳池、谷物和家畜中，其中

8 个种属和人类感染有关,可引起棘阿米巴角膜炎的有 5 个种属,以卡氏棘阿米巴最为常见。约 90% 患者与角膜接触镜的使用有关;角膜外伤、角膜移植和接触棘阿米巴污染水源也是常见的原因。

(1)临床表现和诊断:多为单眼发病,患眼畏光、流泪伴视力减退眼痛剧烈,病程可长达数月。本病临床表现多样,容易和单纯疱疹病毒性角膜炎、真菌性角膜溃疡相混淆。不同阶段的临床表现也不同。感染初期表现为上皮混浊、微囊样水肿或假树枝状,上皮可完整,少数患者(2.0%~6.6%)可出现特征性放射状角膜神经炎。随着病变进展,角膜出现中央或旁中央环状浸润,可伴有上皮缺损;也可表现为中央盘状病变,基质水肿增厚并有斑点或片状混浊。晚期由于组织中蛋白酶和胶原酶的释放,导致基质溶解、形成脓肿角膜溃疡甚至穿孔,但前房反应少见。(图 22-2-8,见文末彩图)

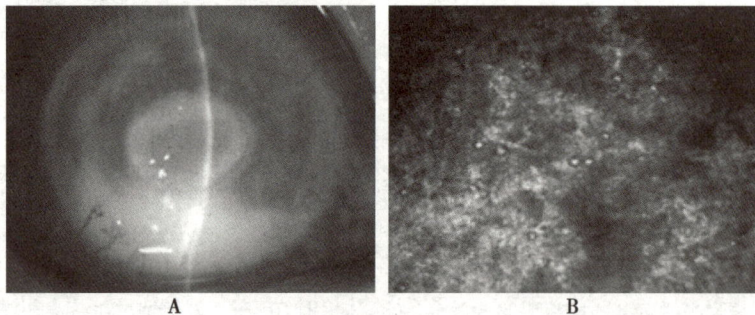

图 22-2-8　棘阿米巴角膜炎
A. 角膜中央盘状病变;B. 角膜共焦显微镜下发现活体及包囊

棘阿米巴角膜炎的诊断建立在从角膜病灶中取材涂片染色找到棘阿米巴原虫或从角膜刮片培养出棘阿米巴的基础上。常用的染色方法有 Giemsa 染色、PAS 染色和 Gram 染色。使用大肠埃希菌覆盖的非营养性琼脂培养基有利于棘阿米巴培养。必要时可做角膜活检。角膜共焦显微镜有助于棘阿米巴角膜炎的活体诊断。

(2)一般治疗原则:首选药物治疗;药物治疗无效、溃疡不愈合或病情发展,可能出现角膜溃疡穿孔者应酌情考虑羊膜移植、结膜瓣遮盖、角膜胶原交联,甚至角膜移植术。治愈后形成角膜混浊严重影响视力者可行穿透性角膜移植。

(3)基本治疗药物和治疗方案:药物治疗可选用氨基苷类、聚双胍类、双咪或联咪类和咪唑类,通常采用联合用药。0.02%~01% 氯己定(洗必泰)、0.01%~0.02% 聚六亚甲基双胍(PHMB)、0.15% 羟乙醛酸双溴丙咪、1% 咪康唑等均有成功治疗阿米巴角膜炎的报道。

(4)临床问题导向的药物治疗:早期可试行病灶区角膜上皮剔除。棘阿米巴药物治疗一般疗程较长,治疗初期局部用药可 1 次 /h,待症状明显改善后逐渐减少为每日 4~6 次,疗程 4 个月以上,直至感染完全控制,虫体全部被杀死。口服伊曲康唑或酮康唑也可用于棘阿米巴角膜炎的治疗。若治疗期间中断用药,可能导致病变反复。糖皮质激素有导致病情恶化的危险,一般不主张使用。

(四)感染性眼内炎

感染性眼内炎的感染途径包括内源性及外源性感染途径。内源性途径一般病原微生物由血流或淋巴进入眼内,或由于免疫功能抑制、免疫功能缺陷而感染。如细菌性心内膜炎、肝脓肿、肾盂肾炎等可引发细菌性感染。器官移植或肿瘤患者化疗后、大量使用广谱抗生素后常发生真菌性感染,常见的致病菌为白色念珠菌。而外源性因素包括①手术后眼内炎:可发生于任何内眼手术后,如白内障、青光眼、角膜移植、玻璃体切割和眼穿通伤修复术后等。最常见的致病菌为葡萄球菌。眼睑、睫毛、泪道内、手术缝线及人工晶状体等也可以成为感染源。②眼球破裂伤和眼内异物等。

1. 临床表现和诊断

(1)症状:视力下降、眼痛、畏光、飞蚊症;手术后细菌性眼内炎常发生于术后 1~7 日,突然眼痛和视力下降;真菌性感染常易发生于手术后 3 周;术后 30 日发生的急性眼内炎常由于伤口缝线感染,伤口滤过泡破损引起。慢性眼内炎发生于术后几个月甚至一年,常见于人工晶体植入术后,临床症状较急性者轻。

(2)体征:①内源性感染常由眼后节开始,可同时存在视网膜炎性表现。脉络膜白色结节或斑块,边界清楚,可蔓延至视网膜前产生玻璃体混浊,也可发生前房积脓。②手术后细菌感染常有眼睑红肿,球结膜混合充血,伤口有脓液渗出,虹膜充血,前房积脓或玻璃体积脓。手术后真菌感染常侵及前部玻璃体,前部玻璃体表面积脓或膜形成,治疗不及时,感染可向后部玻璃体腔蔓延。③外伤性眼内炎可合并前房积脓,玻璃体雪球样混浊或脓肿形成。(图22-2-9)

根据病史及临床表现做出诊断。

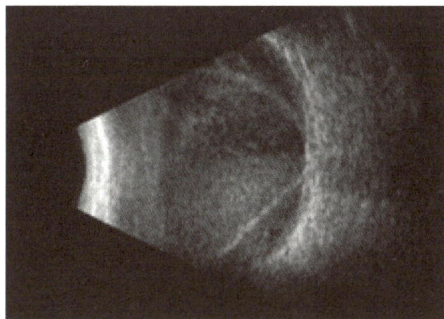

图 22-2-9 眼内炎 B 超图像

2. **一般治疗原则** 因为眼内炎进展迅速,一旦疑诊,可以在获得阳性实验室结果之前开展经验性治疗,进行眼内注药;同时需在注药前收集房水或玻璃体,做相关培养和检测,查找病原体,患者就诊后需要进行密切随访,初期尽可能规律性地进行玻璃体腔给药。如果药物治疗无法控制炎症发展,需及时手术治疗,玻璃体切割能清除玻璃体腔脓肿和致病菌,快速恢复透明度。

3. **基本治疗药物和治疗方案** 首先给予广谱抗生素控制感染,再根据培养和药物敏感试验的结果选择敏感抗生素治疗。给药方式首选眼内注药,细菌感染眼内注药浓度为:万古霉素 1mg/0.1ml,阿米卡星 0.4mg/0.1ml,头孢他啶 2.2~2.5mg/0.1ml;真菌感染眼内注药浓度为:两性霉素 5~10μg/0.1ml、0.1% 伏立康唑 0.1ml、制霉菌素 100U/0.1ml;病毒感染眼内注药浓度为:更昔洛韦 400μg/0.1ml。

二、巩膜炎

巩膜位于眼球壁最外层,质地坚韧,呈乳白色。巩膜外侧由眼球筋膜鞘[又称特农囊(Tenon's capsule)]和球结膜覆盖,内侧为脉络膜上腔。巩膜从组织学上可以分为三层,表面覆盖一层结缔组织,富含小血管,与眼外肌的肌鞘和角膜缘的球结膜囊融合,称为表层巩膜;中间是巩膜基质层,主要由胶原纤维和少量弹性纤维组成,包含少量成纤维细胞和色素细胞,缺乏血管,其营养主要由表层巩膜和脉络膜供应;内侧为巩膜棕黑层。巩膜的组织学特征决定了其病理改变比较单一,通常表现为巩膜胶原纤维的变性坏死、炎性细胞浸润和肉芽肿性增殖反应,形成炎性结节或弥漫性炎性病变,而肿瘤性病变少见。此外,由于巩膜血管和神经少,代谢缓慢,通常不易发病,但是一旦发生炎症,因组织修复能力差,对药物治疗反应不明显,病程易迁延反复。巩膜伤口也较难愈合。

巩膜病以炎症最常见,巩膜炎根据累及部位多分为两类:发生于血管相对丰富的巩膜表层,即表层巩膜炎;发生于巩膜基质层,称为巩膜炎。

(一)表层巩膜炎

表层巩膜炎是一种复发性、暂时性、自限性巩膜表层组织的非特异性炎症。女性发病率是男性的 3 倍,好发于 20~50 岁的青壮年。约 1/3 的患者双眼同时或先后发病。目前表层巩膜炎的病因尚未完全清楚,多认为与免疫反应相关。患者可伴发系统性红斑狼疮、类风湿关节炎、痛风或胶原血管病。

1. **临床表现和诊断** 表层巩膜炎可分为结节性表层巩膜炎和单纯性表层巩膜炎。

结节性表层巩膜炎较常见,常急性发病,有疼痛和压痛,以及轻度刺激症状,但一般不影响视力。病变以局限性充血性结节样隆起为特征,多为单发,也可多发。结节呈暗红色,圆形或椭圆形,直径 2~3m,可被推动,提示病变位于浅层。结节及周围结膜充血和水肿。每次发病持续 2~4 周,炎症逐渐消退,2/3 的患者可多次复发。

单纯性表层巩膜炎发病突然,症状一般较轻,表现为灼热感和轻微疼痛,有时可伴有眼睑神经血管性水肿,视力多不受影响。发病时病变部位巩膜表层和球结膜呈扇形局限性或弥漫性充血水肿,呈暗红色外观。偶有患者出现瞳孔括约肌和睫状肌痉挛,引起瞳孔缩小和暂时性近视。每次持续 1 日至数天,然后自然消退。本病可多次反复发病,妇女多于月经期发作,但复发部位不固定。少数长期不愈者,多伴有免疫相关的系统性疾病。

根据临床表现即可诊断表层巩膜炎。表层巩膜炎应与结膜炎、巩膜炎相鉴别。结膜炎充血弥散,且多伴有分泌物,而巩膜炎多局限在角膜缘至直肌附着点的区域内,不累及睑结膜,球结膜血管呈放射状垂直从角膜缘向后延伸。表层巩膜炎充血和水肿仅局限在巩膜表层,不累及其下的巩膜,通过裂隙灯光束可清楚辨认,滴肾上腺素后血管迅速收缩变白;巩膜炎充血为紫红色滴肾上腺素后不褪色。

2. 一般治疗原则　本病多为自限性,通常可在 1~2 周内自愈,几乎不产生永久性损害,一般无须特殊处理。

3. 基本治疗药物和治疗方案　局部滴用血管收缩剂可减轻充血。若患者感觉疼痛,可用 0.5% 可的松滴眼液或 0.1% 地塞米松滴眼液滴眼,必要时可全身应用非甾体抗炎药或糖皮质激素药物。

(二) 巩膜炎

巩膜炎为巩膜基质炎症,主要为内源性抗原抗体免疫复合物所引起,常见于结缔组织病,如风湿性关节炎、韦氏肉芽肿病 (Wegener granulomatosis)、复发性多软骨炎、系统性红斑狼疮、赖特综合征 (Reiter syndrome)、炎症性肠病、复发性多软骨炎、结节病等,也可见于带状疱疹病毒感染、梅毒、痛风或眼部手术后。女性多见,双眼可先后或同时发生。

1. 临床表现和诊断　巩膜炎是以眼红和视力下降为始发症状、以重度眼痛为主要特点。依据发病部位可以分为前部巩膜炎及后部巩膜炎。

前部巩膜炎又包括弥漫性、结节性及坏死性三种类型。弥漫性最为常见,表现病变区域巩膜血管扩张迂曲呈串珠样,可局限于部分节段或者整个前部巩膜。前部结节性巩膜炎可见巩膜局部非移动性肿胀,有触痛。坏死性可见局部巩膜变薄,巩膜板层溶解,透见下方灰蓝色脉络膜组织。

后部巩膜炎通常发生于成人,临床表现复杂多变,前节可能无改变,常导致诊断困难。单眼发病比双眼发病多,后巩膜炎的症状都以疼痛伴视力下降为主,也可以表现为头疼。眼睑及球结膜水肿,充血不明显或无充血,眼球可轻度突出,因眼外肌受累可致眼球运动受限及复视。眼底检查可见脉络膜视网膜皱褶和条纹,视盘和黄斑水肿,局限性隆起等。通常行 B 超显示后部巩膜增厚,呈 "T" 征。当其进一步加重可以导致中央静脉阻塞等。

2. 一般治疗原则　主要取决于巩膜炎的类型,是否伴系统性自身免疫性疾病、巩膜病变严重程度。治疗包括①对因治疗:存在感染,采用抗生素治疗;与全身病相关的巩膜炎,同时治疗原发病。②抗炎治疗:眼部使用抗炎药物。③手术治疗:对坏死、穿孔的巩膜部位可以施行巩膜加固或修补。

3. 基本治疗药物和治疗方案　眼部抗炎药物的治疗对巩膜炎非常重要,首选局部滴用糖皮质激素,非甾体抗炎药为补充,必要时加用细胞毒性药物。

4. 临床问题导向的药物治疗　弥漫性或结节性前巩膜炎,不伴系统性疾病,首先局部滴用糖皮质激素如 0.5% 可的松滴眼液或 0.1% 地塞米松滴眼液滴眼;如果不能控制炎症可全身应用非甾体抗炎药,如口服吲哚美辛,25~50mg/ 次,2~3 次 /d;吲哚美辛被认为最有效的非甾体抗炎药,近年用塞来昔布治疗弥漫性前巩膜炎,结果显示疗效稳定且副反应轻微。严重病例则全身应用糖皮质激素治疗,但慎用球周注射,特别是坏死性巩膜炎患者;糖皮质激素治疗无效或减量后复发,可加用免疫抑制剂如甲氨蝶呤、环孢素等。

前巩膜炎伴自身免疫性疾病特别是坏死性巩膜炎,常需要免疫抑制剂或生物制剂抗 TNF-a 治疗如英夫利昔单抗、利妥昔单抗等。巩膜炎患者无论是否伴有系统疾病,当 cANCA 阳性时提示需要免疫调节治疗。烷化剂通常对 Wegener 肉芽肿有效。

三、青光眼

青光眼是指一组以特征性视神经和视野损伤为共同特征的疾病,病理性眼压增高是其主要危险因素。作为全球第二位致盲眼病,全球共有近7 000 万青光眼患者。青光眼治疗目的是保存视功能,眼压是目前唯一能有效控制的危险因素,其病因机制尚未充分阐明,临床上分为原发性和继发性青光眼,原发性青光眼包括闭角型和开角型,下面着重介绍原发性青光眼:

(一)原发性闭角型青光眼

原发性闭角型青光眼是由于周边虹膜堵塞小梁网或与小梁网产生永久性粘连,房水外流受阻,引起眼压升高的一类青光眼。患眼具有房角狭窄周边虹膜易与小梁网接触的解剖特征。根据眼压升高是骤然发生还是逐渐发展,又可分为急性闭角型青光眼和慢性闭角型青光眼。

1. 急性闭角型青光眼　急性闭角型青光眼是以房角突然关闭,导致眼压急剧升高并伴有相应症状和眼前段组织病理改变为特征的眼病,多见于 50 岁以上老年人,女性更常见。病因尚未充分阐明。眼球的解剖结构异常,被公认是本病的主要发病危险因素,这种具有遗传倾向的解剖变异包括眼轴较短、前房浅、房角狭窄,且晶状体较厚。随年龄增长,晶状体厚度增加,前房更浅,瞳孔阻滞加重,闭角型青光眼的发病率增高。一旦周边虹膜与小梁网发生接触,房角关闭,眼压急剧升高,引起急性发作。

患者常有远视,双眼先后或同时发病。情绪激动,暗室停留时间过长,局部或全身应用抗胆碱药均可使瞳孔散大,周边虹膜松弛,从而诱发本病。长时间阅读疲劳和疼痛也是本病的常见诱因。

(1)临床表现和诊断:典型的急性闭角型青光眼有几个不同的临床阶段,包括临床前期、先兆期、急性发作期、间歇期、慢性期及绝对期。

其中急性期发作为眼科急诊,其临床表现为剧烈头痛、眼痛、畏光、流泪,视力严重减退,常降到指数或手动,可伴有恶心、呕吐等全身症状。体征有结膜混合性充血,角膜上皮水肿,裂隙灯下上皮呈小水珠状,患者可有"虹视"的主诉。角膜后色素沉着,前房极浅,周边部前房几乎完全消失。如虹膜有严重缺血坏死,房水可有混浊,甚至出现絮状渗出物。瞳孔中等散大,常呈竖椭圆形,光反射消失,有时可见局限性后粘连。房角完全关闭,常有较多色素沉着。眼压常在 50mmHg 以

上。眼底可见视网膜动脉搏动、视盘水肿或视网膜血管阻塞,但在急性发作期因角膜水肿,眼底多看不清。高眼压缓解后,症状减轻或消失,视力好转,眼前段常留下永久性组织损伤,如扇形虹膜萎缩、色素脱失、局限性后粘连、瞳孔散大固定、房角广泛性粘连。晶状体前囊下有时可见小片状白色混浊,称为青光眼斑。临床上凡见到上述改变,即可证明患者曾有过急性闭角型青光眼大发作。(图 22-2-10)

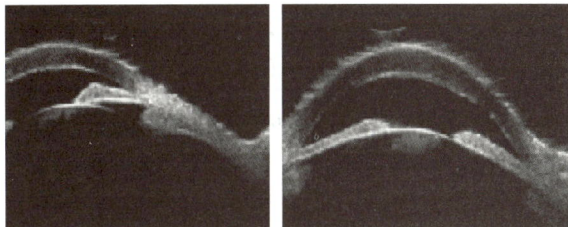

图 22-2-10　超声活体显微镜(ultrasound biomicroscopy, UBM)显示房角关闭及瞳孔阻滞

先兆期小发作持续时间很短,不易遇到,大多依靠一过性发作的典型病史、特征性浅前房、窄房角等表现做出诊断。先兆期小发作有时会误诊为偏头痛,现多对可疑患者进行房角镜或 UBM 检查,并可利用暗室试验进行检查,嘱患者在暗室内,清醒状态下静坐 60~120min,然后在暗光下测眼压如眼压较试验前明显升高,超过 8mmHg 为阳性。

急性大发作的症状和眼部体征都很典型,诊断多无困难,房角镜或 UBM 检查证实房角关闭则是重要诊断依据。

(2)一般治疗原则:急性闭角型青光眼治疗的原则有①解除瞳孔阻滞;②重新开放房角;③预防视神经进一步的损害。治疗的方法包括:药物治疗,虹膜激光治疗及手术治疗。但是 2019 年中山大学在《柳叶刀》上发表文章认为虹膜激光并无明确效果,关于这一点有待进一步研究。

(3)基本治疗药物和治疗方案:急性闭角型青光眼属眼科急诊范围,应争分夺秒地给予恰当处理。药物治疗是青光眼治疗非常重要的一环,目的是迅速控制眼压,保留更多的视功能,为激光或手术治疗创造条件。急性大发作时,常规使用缩瞳剂如毛果芸香碱,行一小时疗法:首先为每分钟滴药 1 次共滴药 5 次;然后每 5 分钟滴

药 1 次共滴药 5 次；最后每 15 分钟滴药 1 次共滴药 2 次。15 分钟开始出现降眼压作用，注意压迫泪囊区，减少毛果芸香碱经泪囊吸收而引起的全身毒副作用。但是在高眼压状态下［眼压高达 6.63kPa（50mmHg）以上］，瞳孔括约肌对缩瞳剂反应差，频繁使用不但达不到治疗目的，反而可带来严重的副作用。所以建议先用高渗剂如 20% 甘露醇，合并糖尿病者可选用同等量异山梨醇，另外可供选用的高渗剂还有 50% 甘油盐水及尿素等。同时可口服碳酸酐酶抑制剂，眼局部可使用肾上腺素能受体拮抗药或碳酸酐酶抑制剂控制眼压。在应用上述药物两小时后，眼压降至中等水平，瞳孔括约肌的功能有所恢复后，使用毛果芸香碱一小时疗法。眼压控制后可以将匹罗卡品的用法改成每日 3~4 次。如果眼压再次升高到 40~50mmHg，可以重复使用毛果芸香碱一小时疗法。

除肾上腺素能受体拮抗药（如噻吗洛尔）以外，其他肾上腺降眼压药物，因为具有不同程度的散瞳作用，故对本症慎用。眼局部炎症的控制也是十分重要的，特别是对于准备行滤过手术的患者更为重要，控制眼压的情况下，眼局部或全身并用皮质类固醇及消炎痛类药物控制眼局部炎症反应，为手术治疗创造有利条件。

（4）临床问题导向的药物治疗：①眼压控制后，切忌突然停药，应逐渐减药。②未经有效药物治疗前，高眼压状态下切勿匆忙施行手术。否则术中、术后易产生严重并发症。③停药后 48h 以上，1/2 以上房角开放，眼压恢复正常范围者，可选择周边虹膜切除术；用药使高眼压下降，但不能恢复至正常范围、小梁开放不到 1/2 者，不必停药，应及时施行滤过手术。

（5）药物治疗展望：目前青光眼治疗理念不仅要求控制眼压，而且包括视神经保护。不少研究提出视神经的保护策略，如阻断钙离子通道、减低自身免疫性、增加神经营养因子及清除自由基等，但是相关疗效还在评估中。

2. 慢性闭角型青光眼 慢性闭角型青光眼发病年龄较急性闭角型青光眼者为早。慢性闭角型青光眼的眼球与正常人比较，亦有前房较浅、房角较窄等解剖危险因素。部分患者的房角粘连最早出现在虹膜周边部的表面突起处，可能与该处

的虹膜较靠近小梁，更易和小梁网接触有关。除瞳孔阻滞机制外，慢性闭角型青光眼还存在其他非瞳孔阻滞机制，如周边虹膜堆积，也可以引起房角粘连。UBM 检查可鉴别以虹膜膨隆为特点的瞳孔阻滞机制和以周边虹膜堆积为特征的非瞳孔阻滞机制。导致周边虹膜逐步与小梁网发生粘连的因素可能是多方面的，而房角狭窄是一个基本条件。

（1）临床表现和诊断：由于房角粘连和眼压升高都是逐渐进展的，所以没有眼压急剧升高的相应症状，最开始前节组织也没有明显异常，不易引起患者的警觉而视盘则在高眼压的持续作用下，逐渐萎缩，形成凹陷，视野也随之发生进行性损害。本病往往只是在做常规眼科检查时，或于病程晚期患者感觉到有视野缺损时才被发现。本病慢性进展过程与原发性开角型青光眼病程相类似，但其视神经损害的发展较原发性开角型青光眼更快。

慢性闭角型青光眼的诊断应根据以下要点：①周边前房浅，中央前房深度略浅或接近正常，虹膜膨隆现象不明显；②房角为中等狭窄，有不同程度的虹膜周边前粘连；③如双眼不是同时发病，则对侧的眼尽管眼压眼底、视野均正常，但有房角狭窄，或可见到局限性周边虹膜前粘连；④眼压中度升高；⑤眼底有典型的青光眼性视盘凹陷；⑥伴有不同程度的青光眼性视野缺损。慢性闭角型青光眼和开角型青光眼的鉴别主要依靠前房角镜检查，后者虽同样具有眼压升高、视盘凹陷萎缩和视野缺损，但前房不浅，在眼压升高时房角也是开放的。

（2）一般治疗原则：国际青光眼治疗指南推荐方案中，慢性闭角型青光眼应首先解除瞳孔阻滞，建议先行激光周边虹膜切开术；其后根据眼压情况，决定是否补充降眼压药物治疗；如果激光治疗和药物治疗都不能控制眼压，考虑进行滤过性小梁手术。

（3）基本治疗药物和治疗方案：慢性闭角型青光眼以激光和手术为主要治疗方式，药物治疗辅以控制眼压。近年来，新型局部抗青光眼药物的不断问世，为慢性闭角型青光眼的治疗提供多样性。降眼压药物选择以 β 受体拮抗药如噻吗洛尔、倍他洛尔为一线用药，肾上腺素受体激动剂如溴莫尼定

和碳酸酐酶抑制剂可作为联合用药,加大降眼压效果;前列腺素类药物在闭角型青光眼中降眼压作用甚微,甚至可加重炎症反应,建议慎用或禁用。

（4）临床问题导向的药物治疗

早期：随着超声生物显微镜技术的应用,根据慢性闭角型青光眼对治疗前后的反应以及治疗前后的前房形态、房角变化做出分型诊断及对症治疗。早期瞳孔阻滞性慢性闭角型青光眼施行周边虹膜切除术后,周边加深、房角增宽,疗效反应良好,则不需要做进一步处理。非瞳孔阻滞性或混合机制性所致慢性闭角型青光眼在施行周边虹膜切除术后如果变化不明显,甚至无变化,对这类病例,应再做氩激光周边虹膜成形术。另外有些病例对缩瞳剂治疗反应良好,加用缩瞳剂后房角增宽,所以也有学者主张使用低浓度毛果芸香碱以预防房角进行性关闭。但毛果芸香碱可增加眼前段充血,可能导致房角进行性损害。如患者有晶状体阻滞,那这类患者使用缩瞳剂后可能诱发恶性青光眼,应禁用缩瞳剂。

进展期：分两种情况：房角关闭在1/2~3/4,眼压在20~30mmHg,局部用抗青光眼药物后,眼压可控制在正常范围,可选择手术,阻止房角进行性关闭,但可能遗留一定的永久性眼压水平偏高的残余青光眼。对于残余青光眼可长期眼部使用β受体拮抗药或联合碳酸酐酶抑制剂等药物控制眼压,并长期随访,如果用药后眼压仍不能完全控制,视功能进行性损害,可考虑手术;房角关闭1/2以上,眼压在30mmHg以上,眼局部加用各类抗青光眼药物后眼压不能控制在正常范围,则可选择滤过性手术治疗。

晚期：晚期慢性闭角型青光眼房角完全关闭,用药后眼压不能控制,需施行手术治疗。

（二）原发性开角型青光眼

原发性开角型青光眼其特点是眼压虽然升高,但房角始终是开放的,病理机制尚不完全明了,可能与遗传有关。组织学检查提示小梁网胶原纤维和弹性纤维变性,内皮细胞脱落或增生,小梁网增厚,小梁网内及施莱姆管（Schlemm canal）内壁下有细胞外基质沉着,Schlemm管壁内皮细胞的空泡减少等病理改变。

1. 临床表现和诊断

（1）症状：发病隐匿,除少数患者在眼压升高时出现雾视/虹视、眼胀外,多数患者可无任何自觉症状,常到晚期视功能遭受严重损害时患者才发现。

（2）眼压：早期表现为不稳定,有时可在正常范围。测量24h眼压较易发现眼压高峰和较大的波动值。总的眼压水平多较正常值略为偏高。随病情进展,眼压逐渐升高。

（3）眼前节：前房深浅正常,虹膜平坦,房角开放,眼前节多无明显异常。

（4）眼底：视盘进行性扩大和加深;视盘上下方局限性盘沿变窄,垂直径C/D值（杯盘比,即视杯直径与视盘直径比值）增大,或形成切迹;双眼凹陷不对称（图22-2-11,见文末彩图）;视盘浅表线状出血;视网膜视神经纤维层缺损。

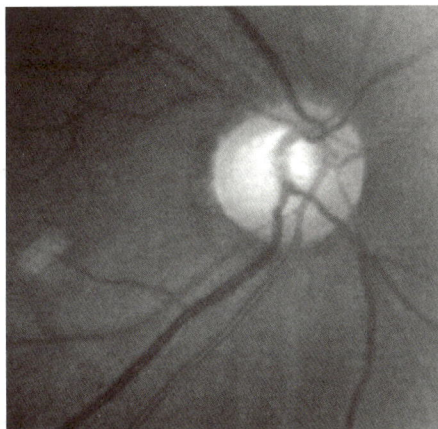

图22-2-11　视盘凹陷

（5）视功能：视野缺损,为青光眼诊断和病情评估的重要指标之一。典型的早期视野缺损,表现为孤立的旁中心暗点和鼻侧阶梯。旁中心暗点多见于5°~25°范围内,生理盲点的上下方,随病情进展,旁中心暗点逐渐扩大和加深,多个暗点相互融合并向鼻侧扩展,绕过注视中心形成弓形暗点,同时周边视野向心性缩小,并与旁中心区缺损汇合形成象限型或偏盲型缺损。发展到晚期,仅残存管状视野。

患者多无自觉症状,早期极易漏诊,很大程度上依靠健康普查来发现,其主要诊断指标有：

（1）眼压升高：应注意在疾病早期,眼压并不是持续性升高,约有50%的青光眼患者单次眼压低于21mmHg,故不能依靠一两次眼压检查,测定24h眼压有助于发现眼压高峰值及其波动范围。

（2）视盘损害：视盘凹陷进行性加深扩大,

盘沿宽窄不一,特别是上、下方盘沿变窄或局部变薄,视盘出血和视网膜神经纤维层缺损均属青光眼特征性视神经损害。此外,双眼视盘形态变化的不对称,C/D 差值大于 0.2,也有诊断意义。

（3）视野缺损:可出现旁中心暗点或鼻侧阶梯,常系青光眼早期视野损害的征象。

以上三项,其中两项为阳性,房角检查为开角,即可诊断。

2. 一般治疗原则 主要的治疗方法包括药物治疗、激光治疗和手术治疗,其中药物治疗为首选,对于眼压无法用药物控制的原发性开角型青光眼,选择激光或手术治疗。

3. 基本治疗药物和治疗方案 药物治疗是原发性开角型青光眼的首选治疗方法;目前应用在原发性开角型青光眼治疗的药物主要有以下几种:①缩瞳剂,常用的药物为毛果芸香碱,用药次数为每日滴用 4~6 次。②β 受体拮抗药:常用的药物有 0.5% 噻吗心安、0.5% 盐酸布诺洛尔、1%~2% 盐酸卡替洛尔等,每日滴用 1~2 次。③ α_2 受体激动剂:常用 0.2% 溴莫尼定,每日滴用 2 次。④碳酸酐酶抑制剂:常用口服药包括乙酰唑胺及醋甲唑胺;滴眼液包括 1% 布林佐胺,每日滴用 3 次。⑤前列腺素类药物:常用 0.005% 拉坦前列素和 0.004% 曲伏前列素,每晚滴用 1 次。关于拉坦前列素和曲伏前列素在开角型青光眼和高眼压症治疗的 meta 分析显示,适利达在 2 周时效果较优,但是在 1~6 个月无统计学差异。

4. 临床问题导向的药物治疗 前列腺素类药物的疗效较强,所需用药次数少,患者依从性较高故常选为初始一线用药;在用药过程中,可采用单眼用药试验,即一眼用药,一眼作为对照,以确定单一药物的疗效。当单一药物不能有效控制眼压时,需要联合用药,开始联合用药常用前列腺素类药物联合 β 受体拮抗药;如未达到目标眼压,则可加用其他降眼压药物或使用复合制剂。

5. 药物治疗展望 为了减少用药次数,提高患者耐受性和依从性,并且减少药物防腐剂引起的角膜上皮细胞毒性,如苯扎氯铵作为药物防腐剂对眼表上皮细胞有明显的毒性作用,现在把两种不同作用机制的药物做成复合制剂。如曲伏噻吗滴眼液、噻吗洛尔与毛果芸香碱复合制剂、噻吗洛尔与碳酸酐酶抑制剂复合制剂,但是复合制剂可能存在不足,如两个药物的最佳用药次数和最佳用药时间不同,可能对其最大药效的发挥有影响,这点尚需临床试验加以证实。

现在除了复合试剂还有剂型上进行改良:①膜控释放系统;②浸泡软性亲水接触镜;③毛果芸香碱凝胶;④毛果芸香碱多聚体。

四、年龄相关性黄斑病变

年龄相关性黄斑病变（age-related macular degeneration, AMD）为 60 岁以上老年人群视力不可逆性损害的首要原因。患者多双眼先后或同时发病,视力呈进行性损害,发病率随年龄增加而增高。该疾病确切病因尚未明了,可能与遗传因素、黄斑长期慢性光损伤、代谢及营养因素等有关。

（一）临床表现和诊断

目前临床上有 3 种表现类型:

1. 干性 AMD 又称萎缩性或非新生血管性 AMD。起病缓慢,双眼视力逐渐减退,可有视物变形。该型患者后极部视网膜外层、视网膜色素上皮细胞层（retinal pigment epithelium, RPE）、玻璃膜及脉络膜毛细血管呈缓慢进行性变性萎缩,其特征性表现为黄斑区玻璃膜疣（drusen）、色素紊乱及地图样萎缩。

2. 湿性 AMD 又称渗出性或新生血管性 AMD。玻璃膜的变性损害可诱发脉络膜新生血管成。临床上患眼视力突然下降、视物变形或中央暗点。眼底可见后极部黄斑区视网膜下暗红出血,病变区内或边缘有黄白色硬性渗出及玻璃膜疣。大量出血时,可突破视网膜进入玻璃体,形成玻璃体积血。病程晚期黄斑下出血机化,形成盘状瘢痕,中心视力完全丧失。荧光素眼底血管造影（FFA）:可显示脉络膜新生血管（CNV）,并区分类型（典型性和隐匿性）。脉络膜吲哚菁绿血管造影（ICGA）能更清楚地显示隐匿性 CNV。

3. 息肉样脉络膜血管病变（polypoidal choroidal vasculopathy, PCV） 发病机制尚未明确,属于 AMD 的亚型还是单独病种尚无定论,需进一步的机制研究。临床上典型病例,眼底后极部可见橘红色结节样病灶,周围可伴有出血、渗出及色素上皮脱离。伴有较大色素上皮脱离灶的 PCV 易发生视网膜下出血,预后较差。目前,ICGA 检查是该病诊断的“金标准”。OCT 检查可见“指样凸起""双层征"等表现,对 PCV 也有较高的诊断价值。

进行 FFA 及 ICGA 可以确诊,OCT 检查也具有重要意义。

(二)一般治疗原则

对萎缩性病变和视力下降可行低视力矫正。对于湿性 AMD,目前临床上一线的治疗方法是玻璃体内注射抗 VEGF 药物。黄斑手术治疗包括清除视网膜下出血,去除 CNV 及黄斑转位术,治疗效果有待进一步评价。

(三)基本治疗药物和治疗方案

通过抑制 VEGF 发挥作用治疗湿性 AMD 疗效确切,目前已用于临床治疗的药物有雷珠单抗、康柏西普、阿柏西普。公认的治疗方式为初始 3 个月,每月给药 1 次,之后每 3 个月玻璃体腔内给药 1 次。或者,在初始 3 个月连续每月玻璃体腔内给药 1 次后,后按需给药。对于活动性或疑似眼部或眼周感染,严重的活动性眼内炎症的患者应该禁止使用。对于曾有玻璃体内注射抗 VEGF 药物后出现全身不良事件的报告,包括非眼部出血和动脉血栓栓塞事件;在半年内有过中风或短暂脑缺血发作或心肌梗死的患者中使用的安全性数据有限。因此对这些患者的治疗应谨慎。

(四)临床问题导向的药物治疗

根据患者每月随访,眼科医师由患者的视力和影像学结果,评估是否因活动性病变而需要再次给药治疗。

雷珠单抗:推荐剂量为每次 0.5mg(相当于 0.05ml 的注射量)。

康柏西普:推荐剂量为每次 0.5mg(相当于 0.05ml 的注射量)。

阿柏西普:推荐剂量为每次 2mg(相当于 0.05ml 的注射量)。

另外,抑制新生血管的药物还有糖皮质激素,包括曲安奈德(triamcinolone acetonide,TA)和乙酸阿奈可他(anecortave acetate),它们主要通过抑制血管内皮细胞移行发挥作用。但这些药物仍未能解决复发问题,需要多次注射。对于中心凹 200μm 外的典型性 CNV 可行激光光凝治疗。光动力疗法(photodynamic therapy,PDT)、810nm 红外激光经瞳孔温热疗法(transpupillary therapy,TTT)可使新生血管内皮细胞产生细胞毒损伤,破坏新生血管组织,对病灶周边的视网膜影响较小,有利于保留视功能,但上述疗法均不能解决复发问题。对于 PCV,PDT 联合玻璃体内注射抗 VEGF 药物是目前最有效的疗法。

(五)药物治疗展望

抗 VEGF 药物半衰期较短,治疗湿性 AMD 需反复进行玻璃体腔注射,易出现眼压升高、玻璃体积血、白内障甚至眼内炎等严重并发症,眼内药物缓释系统可能解决这一难题;通过将抗 VEGF 药物和缓释有机载体结合,如雷珠单抗 - 聚乳酸 - 羟基乙酸共聚物,制成适用于玻璃体腔注射的缓释长效制剂,最终达到眼内较长期的稳定治疗浓度。

五、视神经炎

视神经炎泛指视神经的炎症脱髓鞘、感染、非特异性炎症等疾病。因病变部位不同而分为球内段的视盘炎及球后段的球后视神经炎。神经炎大多为单侧性,视盘炎多见于儿童,球后视神经炎多见于青壮年。

病因较为复杂,以特发性脱髓鞘性视神经炎最常见,结核和梅毒感染是较常见的感染病因。①炎性脱髓鞘:又称特发性脱髓鞘性视神经炎,很可能是由于某种前驱因素如上呼吸道或消化道病毒感染、精神打击、预防接种等引起机体的自身免疫,产生自身抗体攻击视神经的髓鞘,导致髓鞘脱失而致病。由于完整的髓鞘是保证视神经电信号跳跃式传导的基础,髓鞘脱失使得视神经的视觉电信号转导明显减慢,从而导致明显的视觉障碍。随着病程的推移,髓鞘逐渐修复,视功能也逐渐恢复正常,该过程与神经系统脱髓鞘疾病多发性硬化的病理生理过程相似;视神经炎常为多发性硬化的首发症状,经常伴有脑白质的临床或亚临床病灶,并部分患者最终转化为多发性硬化。国内特发性脱髓鞘性视神经炎患者具有遗传易感性,且部分患者与系统性自身免疫病相关。重症特发性脱髓鞘性视神经炎患者视功能损害较常见,与视神经脊髓炎密切相关。②感染:局部和全身的感染均可累及视神经而导致感染性视神经炎。局部感染如眼、口腔、鼻窦、中耳和乳突以及颅内感染等,均可通过局部蔓延直接导致视神经炎;全身感染如病毒、寄生虫、细菌及结核等全身感染性疾病的病原体均可进入血流,在血液中生长繁殖,释放毒素,引起视神经炎症。③自身免疫性疾病如系统性红斑狼疮、Wegener 肉芽肿、贝赫切特综合征、干燥综合征、结节病等均可引起视神经的非特异性炎症。除以上原因外,临床上约 1/3 至半数的病例查不出病因,有研究发现其中少部分患者可能为 Leber 遗传性视神经病变。对于非典型临床表现视神经疾病患者,可以进行基因检测。

(一)临床表现和诊断

1. 症状 脱髓鞘性视神经炎患者视力急性下降,可在一两天内视力严重障碍,甚至无光感;通常在发病 1~2 周时视力损害最严重,其后视力可逐渐恢复,多数患者 1~3 个月视力恢复接近正常。除视力下降外,还有表现为色觉异常或仅有视野损害,可伴有闪光感、眼眶痛,95% 患者有眼球转动时疼痛。部分患者病史中可有一过性麻木、无力、膀胱和直肠括约肌功能障碍以及平衡障碍等,提示存在多发性硬化的可能。有的患者感觉在运动或热水浴体温升高时视力下降加重,此称为乌托夫征(Uhthoff sign),可能与体温升高影响视神经纤维轴浆流运输有关。常为单侧眼发病,亦可为双侧。

儿童与成人的视神经炎有所不同,儿童视神经炎约半数为双眼患病,而成人双眼累及率明显低于儿童。儿童视神经炎发病急,但预后较好。感染性视神经炎和自身免疫性视神经炎临床表现与脱髓鞘性视神经炎类似,但无明显的自然缓解和复发的病程,通常可随着原发病的治疗而好转。有时还需配合大剂量糖皮质激素治疗。

2. 体征 患眼相对性传入性瞳孔障碍(RAPD),是指当手电交替双眼照射时,光线照到正常眼时瞳孔缩小,照到患眼时瞳孔散大,这与直接对光反应或间接对光反应不同。RAPD 是单眼视神经病变最可靠的客观检查。轻中度的视神经病变瞳孔直接或间接对光反应可能是正常的。眼底检查,视盘炎者视盘充血、水肿,视盘表面或其周围有小的出血点,但渗出很少(图 22-2-12,见文末彩图)。视网膜静脉增粗,动脉一般无改变。有些患者水肿不仅限于视盘及其附近的视网膜,后极部视网膜均可见水肿和渗出,呈灰白色,反光增强,称为视神经视网膜炎,球后视神经炎者眼底多无异常改变。

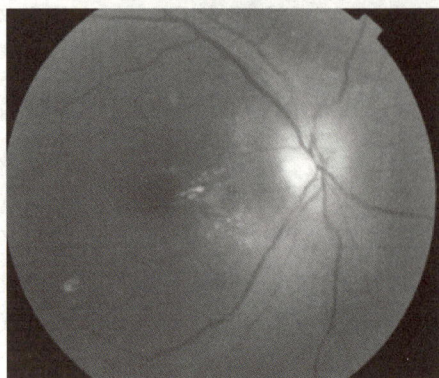

图 22-2-12 视盘水肿

3. 临床诊断 ①病史及眼部表现:根据上述视力下降眼球转动时疼痛的症状,瞳孔及眼底的体征进行诊断,应询问有无既往类似发作史、有无多发性硬化病史,瞳孔 RAPD 是检查视神经炎必须有且是最客观的检查。②视野检查:可出现各种类型的视野损害但较典型者为中心暗点或视野向心性缩小。③视觉诱发电位(VEP):可表现为 P_{100} 波潜伏期延长振幅降低;怀疑球后视神经炎时,眼底无改变,为了鉴别伪盲,采用客观 VEP 检查辅助诊断。研究报道,视神经炎发病时 90% 患者的 VEP 有改变,而视力恢复后仅 10% 转为正常。④头部 MRI:了解脑白质有无脱髓鞘斑,对早期诊断多发性硬化、选择治疗方案以及患者的预后判断有参考意义,还可帮助鉴别鞍区肿瘤等疾病导致的压迫性视神经病,了解蝶窦和筛窦情况,帮助进行病因的鉴别诊断。⑤脑脊液检查:为视神经脱髓鞘提供依据,以及排查其他炎性或感染性病因。脑脊液蛋白-细胞分离、IgG 合成率增高、寡克隆区带阳性以及髓鞘碱性蛋白增高,均可提示神经或中枢神经系统或神经根脱髓鞘。⑥光学相关断层扫描(OCT):OCT 能定量检测视盘周围视网膜视神经纤维层厚度,以及黄斑的神经节细胞层厚度等,OCT 检查可以对视神经炎患者进行观察随访,评估预后。⑦其他检查:对于病史和临床表现不典型的急性视神经炎患者,可进行针对感染病因的血液和脑脊液的细菌学(如梅毒)、病毒学(如 AIDS)、免疫学甚至遗传学等检查。

(二)一般治疗原则

明确病因,对因治疗。

（三）基本治疗药物和治疗方案

视神经炎可由多种病因引起,如炎症脱髓鞘、感染、非特异性炎症等;查找病因后,根据病因可选择糖皮质激素,抗生素或免疫抑制剂进行治疗。

（四）临床问题导向的药物治疗

1. 脱髓鞘性视神经炎 部分轻型患者不治疗可自行恢复接近正常。使用糖皮质激素的目的是缩短病程,减少复发。据 ONTT 研究,单纯口服泼尼松龙的复发率是联合静脉注射组的 2 倍,所以禁止使用单纯口服糖皮质激素。糖皮质激素使用原则如下:

（1）若患者就诊时为急性发病,既往无多发性硬化或视神经炎病史:

1）若 MRI 发现至少一处脱髓鞘灶,可使用糖皮质激素静脉冲击疗法并逐渐减量。方法:静脉注射甲强龙 1g/d,共 3 日。以后口服泼尼松 1mg/（kg·d）,共 11 天。然后快速减量,2~3 日内停药。全身给予糖皮质激素,可同时给予抗溃疡药物如法莫替丁 25mg 口服,每日 2 次。

2）若 MRI 提示多处脱髓鞘灶,除采用上述糖皮质激素治疗方案外,可请神经内科医师会诊,必要时给予 β 干扰素（持续 6 个月）,可减缓多发性硬化的发展。

3）MRI 正常者,发生多发性硬化的可能很低,但仍可用静脉糖皮质激素冲击治疗,加速视力恢复。

（2）对既往已诊断为多发性硬化或视神经炎的患者,复发期可应用糖皮质激素冲击疗法,或酌情选择免疫抑制剂、丙种球蛋白等治疗,恢复期可使用维生素 B 族药物、肌酐及血管扩张剂等（支持疗法）。

2. 感染性视神经炎 应请相关科室会诊,针对病因进行治疗,同时可给予糖皮质激素治疗。

3. 自身免疫性视神经病变 针对全身免疫疾病进行正规治疗,全程使用糖皮质激素治疗及相应免疫抑制剂治疗。

（李卓 刘骁）

参 考 文 献

1. 李凤鸣,谢立信.中华眼科学［M］.3 版.北京:人民卫生出版社,2014.
2. 杨培增,范先群.眼科学［M］.9 版.北京:人民卫生出版社,2018.
3. 刘祖国.干眼［M］.北京:人民卫生出版社,2017.
4. 周文炳.临床青光眼［M］.2 版.北京:人民卫生出版社,2000.
5. 杨宝峰,陈建国.药理学［M］.9 版.北京:人民卫生出版社,2018.
6. He M, Jiang Y, Huang S, et al.Laser peripheral iridotomy for the prevention of angle closure: a single-centre, randomised controlled trial［J］.Lancet, 2019, 393（10181）: 1609-1618.

第二十三章　耳鼻咽喉头颈外科疾病

第一节　总　论

耳鼻咽喉头颈外科学是有关听觉、平衡、嗅觉等感觉器官与呼吸、吞咽、发声、语言等运动器官的解剖生理及相关疾病现象的临床学科。突出的特点表现为耳鼻咽喉及其相关头颈区域的局部同全身整体的相对独立，同时又与神经、消化、呼吸系统等全身其他系统的有机联系。

一、耳鼻咽喉头颈外科疾病概述及治疗原则

耳鼻咽喉头颈外科疾病可以归纳为先天性畸形、感染、变态反应、肿瘤、异物、外伤和全身疾病在耳鼻咽喉头颈区的表现七类。各类疾病有其相同或相似的临床特点与处理原则，概述如下：

（一）先天性畸形

主要由遗传、环境因素引起，亦可由两者共同引起。耳鼻咽喉头颈区器官与组织胚胎发育期的分化、演变是极为细致复杂的过程，任何一个环节或步骤受到干扰都会导致各种畸形的发生。其中绝大多数表现为耳聋、颌面部、腭部等发育畸形。

1. 遗传因素引起的畸形　系继发于染色体结构变化、数目异常以及基因分子结构改变等遗传缺陷，多伴有其他部位或系统的畸形。常见的先天性畸形有 3 种基本遗传方式：常染色体显性遗传、常染色体隐性遗传和性连锁隐性遗传。

2. 环境因素引起的畸形　其病情严重程度与致畸因子的干扰程度以及胚胎发育阶段显著相关。致畸因素包括：生物因素、化学因素和物理因素。

3. 处理原则　认识致畸因素，避免致畸原，以预防为主。部分畸形可通过手术矫治。

（二）感染

耳鼻咽喉及其相关头颈区是呼吸或消化的必经通道，为急性或慢性感染发生率最高的区域。因其解剖和生理的特殊性，临床特点和处理原则如下：

1. 临床特点　耳鼻咽喉、气管、食管各有其相同或相似的黏膜结构，彼此经直接或间接的方式相互沟通、互相移行，发生感染时具有以下共同特点：

（1）感染局部有不同程度的炎症表现，多无全身症状或全身症状不明显、不成比例。

（2）感染区发生不同程度的功能障碍，如听觉障碍、面肌瘫痪、鼻阻塞、吞咽困难、声音嘶哑、呼吸困难及颈部运动受限等。

（3）感染区炎症可互相扩散，使炎症范围不断扩大。如急性鼻炎可扩散至鼻窦引起急性鼻窦炎，至中耳引起急性中耳炎，至咽部引起急性咽炎，至喉部引起急性喉炎，至气管引起急性气管支气管炎。

2. 处理原则

（1）急性炎症期以抗感染与迅速消除局部水肿为主，注意保护和恢复器官功能。

（2）脓肿期以通畅引流为主，兼顾对症和对因治疗。

（3）慢性期以对症治疗和对因治疗为主，注意手术与药物治疗相结合。

（三）变态反应

鼻、咽、喉、气管、食管均与外界相开放，中耳也借鼻咽部和外界相通。这些腔道表面均有黏膜覆盖，是机体固有免疫系统的一部分。变态反应或与变态反应有关的疾病就成为本科常见的疾病。

1. 临床特点

（1）耳部变态反应：外耳以局部皮肤瘙痒、湿疹样变为主；中耳以耳鸣、耳闷、听力减退及中耳积液为主；内耳疾病则以进行性、波动性单侧

或双侧感音神经性聋、发作性眩晕等为主要临床特征。

（2）鼻及鼻窦变态反应：典型症状是鼻阻塞、大量清水样涕、连续喷嚏、鼻痒等，阳性体征表现为鼻黏膜的苍白水肿或息肉样改变。

（3）咽喉、气管与食管变态反应：典型临床表现为局部黏膜的血管神经性水肿、刺激性干咳，严重者可导致呼吸困难或吞咽困难。

2. 处理原则 一经确诊，应根据病变部位和有无并发症，给予特异性或非特异性治疗。

（1）特异性治疗：积极治疗可能与变态反应有关的病灶性疾病，如慢性扁桃体炎等，避免与已知的变应原接触，特异性免疫治疗等疗法。

（2）非特异性治疗：应用糖皮质激素、抗组胺药、减充血剂、抗胆碱药以及肥大细胞膜稳定剂、中成药等。

（四）肿瘤

耳鼻咽喉及其相关头颈区为良性和恶性肿瘤多发部位，常见的良性肿瘤有息肉、囊肿、颈部神经纤维瘤、听神经瘤、耳鼻咽喉乳头状瘤、血管瘤等。常见的恶性肿瘤有鼻咽癌、喉癌、下咽癌、上颌窦癌、外耳道癌、中耳癌等。临床特点与处理原则有许多相同或相似之处，具体如下：

1. 临床特点

（1）肿瘤隐蔽，难以早期发现：除声门型肿瘤以外，肿瘤早期的发生与发展难以察觉，患者就诊时多属中晚期。如鼻咽癌，原发癌灶位于黏膜下时可能向颅内侵犯。

（2）临床表现复杂多变：肿瘤发生发展引起的耳鸣、耳闷、听力减退、鼻阻塞、吞咽困难、声音嘶哑等症状可缓慢起病，时轻时重，酷似常见的炎症性疾病。有些恶性肿瘤，如鼻咽癌、声门上型喉癌、下咽癌等，远处淋巴结转移可能为其首发症状，极易误诊、漏诊或延误治疗。

（3）一处肿瘤，多处受累：耳鼻咽喉区域狭小隐蔽，毗邻关系复杂，一处发生肿瘤常可导致多处受累。如鼻咽原发癌灶可造成咽鼓管阻塞而引起耳鸣、耳闷、听力减退；可使鼻腔通气截面积减小，引起鼻阻塞；可侵犯前、后组脑神经，引起眼球运动障碍、伸舌偏斜、吞咽困难、声音嘶哑等。

2. 处理原则

（1）尽早治疗：如鼻咽癌首选放疗，耳鼻咽

喉头颈部的其他良性或恶性肿瘤均首选手术治疗。在完全切除原发肿瘤的基础上，尽可能保留或重建受累器官功能。

（2）其他治疗方式：对于恶性肿瘤，应考虑适时应用放疗、化疗、中医药疗法等综合治疗，目的主要是着眼于提高患者5年生存率，防止复发与转移。

（五）异物

耳鼻咽喉、气管、食管异物多突然发生，因异物存留部位和状态不同，患者的主诉和体征各异，但在临床特点与处理原则上有许多共同之处。

1. 临床特点

（1）病因与高发人群种类相关，多发生在儿童或老年人。常见于玩耍、生活或工作意外。

（2）异物存留受累：器官突发不同程度的功能障碍，如听觉障碍、鼻阻塞、吞咽疼痛或吞咽困难、声音嘶哑、呼吸困难等。

（3）异物存留部位或附近区域多有感觉异常：如耳闷或阻塞感、鼻部感觉异常、咽喉部异物感、胸部阻塞感或胸骨后疼痛等。

（4）检查发现异物存留或异物存留的阳性体征。

2. 处理原则

（1）向患者或其家长、亲友详细采集异物类别、形状与进入的病史，迅速进行必要的查体。

（2）病情危急者首先立即设法解除异物存留引起的功能障碍。

（3）尽快取出异物。

（六）外伤

无论和平时期或战争时期，耳鼻咽喉头颈区均为外伤发生率最高的区域之一。和平时期的致伤原因多为碰撞、跌倒、交通事故等引起的骨折、切伤、挫伤和裂伤等，在战争时期多为火器、爆震、火焰及化学毒剂等引起的混合伤。

1. 临床特点 耳鼻咽喉头颈区软组织较少、血液供应丰富、血管神经密集，与颅脑、眼眶、口腔等相邻，创伤涉及面广泛而复杂，创伤的不同时期可发生不同的问题，其共同特点为：

（1）早期症状多为创伤直接影响：常见局部出血、呼吸困难、听觉障碍和平衡失调。

（2）中期症状多为创伤并发症：常见继发性出血、颅内感染和肺部感染。

（3）晚期症状多为创伤瘢痕狭窄：常见呼吸困难、吞咽障碍和神经功能异常。

（4）开放伤多见，常伴有异物存留；骨折多见；局部常有碎骨片；混合伤多见。

2. 处理原则　针对创伤特点，根据具体情况迅速果断处理，注意一般原则。

（1）尽快解除呼吸困难：及早施行气管插管、环甲膜切开或气管切开术。

（2）迅速止血防治休克：及时填压或加压包扎以迅速止血，适时输血或补液以防止休克。

（3）正确处理吞咽困难：对症与对因处理的同时，给予鼻饲或静脉高营养。

（4）酌情清除存留异物：易取则取，难取则权衡利弊后决定取留。

（5）清创处理：尽可能多地保留组织，严格对位缝合，避免造成组织缺损或功能障碍。

（6）尽早应用足量的抗生素和适当的破伤风抗毒素预防并发症。

（七）全身性疾病在耳鼻咽喉头颈部的表现

耳鼻咽喉头颈外科疾病既有相对独立的一面，又有同全身密切有机联系的另一面。全身系统性疾病不可避免地在不同程度上反映在耳鼻咽喉及头颈的局部区域。反之，从耳鼻咽喉头颈区的异常又可发现和诊断全身系统性疾病。

1. 主要特点

（1）遗传和先天性疾病：主要伴发耳鼻咽喉、气管、食管及其相关头颈区器官或组织的发育异常，如先天性外耳道闭锁、外中耳畸形、后鼻孔闭锁等。

（2）感染性疾病：流行性感冒病毒、麻疹病毒、风疹病毒等病毒感染，脑膜炎双球菌、乙型溶血性链球菌等细菌感染，或者病毒、细菌的混合感染均可侵及中耳、内耳、面神经，导致耳聋、面瘫等侵及咽喉部和气管引起局部黏膜的炎症。曲霉属等真菌感染可导致外耳道、鼻窦等区域的慢性炎症。

（3）免疫系统疾病：艾滋病、复发性多软骨炎、系统性红斑狼疮、韦格纳肉芽肿等，可累及外耳、中耳和内耳，引起局部炎症及耳鸣、耳聋、眩晕等，亦可累及鼻和鼻窦、咽喉与气管、食管，导致鼻阻塞、吞咽或呼吸困难。

（4）内分泌系统疾病：糖尿病、甲状腺功能低下、克汀病等内分泌疾病可引起耳、喉的结构和功能损害，导致听觉障碍、眩晕、声音嘶哑、发声困难等。

（5）血液系统疾病：恶性淋巴瘤原发部位可局限在颈部淋巴结、扁桃体、鼻咽部、鼻腔及鼻窦，临床表现为颈部肿块、咽部感觉异常、咽痛、吞咽困难、鼻阻塞、鼻出血等。白血病、缺铁性贫血、镰状细胞贫血等血液病可导致内耳、咽部和食管的结构与功能异常，引起耳鸣、耳聋、咽痛、吞咽困难等。粒细胞缺乏、传染性单核细胞增多症等疾病可能仅以咽峡炎为主要表现。

（6）泌尿系统疾病：慢性肾衰竭可累及内耳、咽部黏膜引起耳聋耳鸣、溃疡性或非溃疡性咽炎等。

（7）心血管系统疾病：急性心包炎、心力衰竭等可累及气管、食管引起咳嗽、声嘶、吞咽困难等症状。

（8）神经性与精神性疾病：脑肿瘤、多发性硬化、延髓空洞症、重症肌无力、癔症等神经性与精神性疾病，可累及支配咽部、喉部的神经，导致咽喉感觉异常、咽喉痛、吞咽困难、发声异常及胃食管反流等。

（9）其他疾病：结核、白喉、梅毒等特殊性炎症均可累及耳鼻咽喉头颈区域，引起相应器官或组织的功能异常。血友病、白血病、再生障碍性贫血、尿毒症、弥散性血管内凝血等患者可发生难治性鼻出血。

2. 处理原则　积极治疗原发病，根据局部损伤情况适时针对性局部治疗，缓解局部症状。

二、耳鼻咽喉头颈外科疾病的临床用药原则

本学科虽属外科范畴，以手术治疗为主、药物治疗为辅，但是药物疗法仍然是耳鼻咽喉头颈外科疾病治疗必不可少的重要方式。耳鼻咽喉头颈外科疾病的药物治疗方式有全身用药和局部用药。

（一）全身用药原则

使用最多的全身用药是抗菌药、肾上腺皮质激素类药物、抗组胺药、减充血剂、黏液促排剂、周围血管扩张药和中成药七大类，其用药原则分别

如下：

1. 抗菌药 主要包括青霉素类、头孢菌素类、大环内酯类、喹诺酮类和氨基糖苷类等。使用时应注意：①尽可能明确致病菌的类别，最好根据细菌学检查和药敏试验结果选择抗菌药；②警惕药物可能引起的过敏反应；③警惕药物的耳毒性，尽量避免使用或慎用氨基糖苷类等可能损伤听功能的抗菌药；④尽量控制抗生素的滥用，降低细菌的耐药性，严格控制预防用药；⑤掌握联合用药的适应证和配伍禁忌。

耳鼻咽喉头颈外科，预防用药仅适于：①风湿性或先天性心脏病患者行扁桃体摘除术；②严重感染性病灶的清除；③创伤较大的肿瘤手术；④听觉功能性手术或其他成形、修复和重建手术；⑤耳鼻咽喉头颈部创伤。

抗菌药的治疗性应用应该只限于细菌感染性炎症。耳鼻咽喉头颈外科所涉及的细菌性感染性疾病大多为常见的多发病，其主要应用方法如下：

（1）急性化脓性感染的序贯治疗：序贯治疗的目标是在保证有效治疗的前提下节省医疗资源，减轻患者负担。它是指在感染早期采用静脉给药，待临床症状基本稳定或改善后改为口服方式给药。适用于急性化脓性鼻窦炎、急性化脓性扁桃体炎、急性会厌炎、急性化脓性中耳炎等。（序贯治疗的基本原则和方法可参阅本书相关章节）。

（2）重度感染：这包括严重的颈部间隙感染和感染性颅内并发症。必须快速、足量给药，根据药动学特点、血 - 脑屏障通透性和半衰期选择抗菌药，确定给药间隔和每日给药次数。通常将每日量分 2~4 次给予，如抗感染效果欠佳，可在用药后 48~72h 考虑调整。

（3）病毒性感染和发热原因不明者：除病情危重或并发细菌感染外，一般不应使用抗菌药物。

（4）β- 内酰胺类抗菌药：至今仍是治疗上呼吸道革兰氏阳性菌感染性疾病的首选药物。大环内酯类适用于皮肤、软组织和呼吸道的轻中度感染，小剂量使用可用于慢性鼻窦炎的治疗。氨基糖苷类因其耳毒性和肾毒性，不宜作为门诊的一线用药，尤其不宜用于小儿和孕妇。

耳鼻咽喉头颈外科手术既有清洁手术（如头颈部手术、耳神经外科手术等），也有潜在污染的手术（如口咽部手术、鼻腔手术、喉部手术），还有污染手术（如化脓性中耳炎的乳突根治术、脓肿局部切开引流术等）。因此，围手术期预防性使用抗菌药应根据具体情况合理使用，不仅可减轻患者的经济负担，更是延缓耐药菌株产生的有力措施之一（围手术期抗菌药的预防性应用原则和方法可参阅本书相关章节）。

2. 糖皮质激素类药物 临床可选用的糖皮质激素种类较多，按其生物效应期分为短效、中效和长效激素。短效激素如可的松、氢化可的松和天然激素，其抗炎效力弱，作用时间短，主要作为肾上腺皮质功能不全的替代治疗。中、长效激素为人工合成激素。中效激素包括泼尼松、泼尼松龙、甲泼尼龙等。长效激素包括地塞米松、倍他米松等，如地塞米松抗炎效力强，作用时间长，但对下丘脑 - 垂体 - 肾上腺轴抑制明显，不适宜长疗程用药。耳鼻咽喉头颈外科常用药物为地塞米松、泼尼松、氢化可的松和甲强龙等。使用时应注意：①大剂量冲击疗法原则上仅限于抢救使用和短期使用，用药时间一般不超过 3 日；②中剂量短程疗法应在产生临床疗效后及时减量或停药；③小剂量替代疗法应注意掌握用药适应证；④警惕药物可能诱发的全身不良反应。

糖皮质激素在耳鼻咽喉头颈外科的临床应用有两种给药途径，全身用药和局部用药。全身用药主要用于急重症感染的中毒性休克、急性会厌炎和呼吸道变态反应（如哮喘的急性发作、过敏性喉水肿），也用于突发性耳聋、眩晕和耳鸣等。常用制剂为泼尼松和甲强龙；面对重症变应性鼻炎、鼻息肉或阿司匹林耐受不良三联征患者常用泼尼松口服，成人每日 30~60mg，服用 1 周后减量。原发性高血压、消化道溃疡、结核病、糖尿病者慎用。

3. 抗组胺药 第一代药物常用的有苯海拉明、氯苯那敏、异丙嗪、氟桂利嗪等，因其较易通过血脑屏障，故有较明显的镇静、嗜睡作用，可以阻止或改善晕动病，但其前庭抑制作用机制尚不清楚，似乎有中枢作用的参与。常用于生理性眩晕时的镇静作用。一般为口服，作用持续时间从 4h 到 12h 不等。由于镇静作用过强，不宜长期给药。也具有抗胆碱能作用，表现为口干、视物模糊、尿潴留等。第二代药物常用的有西替利嗪、氯雷他定、非索非那定、阿伐斯汀、氮䓬斯丁和左卡巴斯汀,其中后两种现多为鼻内制剂。这类抗组胺药的药效时间较长,且中枢镇静作用很少出现,但肝功能不良或心血管疾病患者应慎用。由于不同抗组胺药的组胺受体拮抗活性、抗变态反应效果不同以及亲脂性的差异和组织沉着部位不同,它们对鼻腔、眼结膜、皮肤和呼吸道等部位的抗组胺效果并不都相同,同样也不是所有的抗组胺药对各类患者都有相同的作用,对某种药物反应较弱,但对另一种可能反应明显,因此临床应用时应当加以注意。

抗组胺药在应用中应注意如下情况:①避免与中枢神经系统抑制剂合用;②婴幼儿和老年人慎用,孕期或哺乳期妇女禁用;③进行特异性皮肤试验、激发试验或前庭功能检查前3~7日应暂时停用抗组胺药以免影响试验效果;④驾驶员、高空作业者、精密仪器操纵者工作前应禁用第一代抗组胺药,即使应用第二代抗组胺药,也要严格按照推荐剂量服用;⑤肝功能不良者、原有心脏病病史者不用或减量应用第二代抗组胺药,肾功能不良者慎用西替利嗪;⑥严格按推荐剂量或低于推荐剂量用药;⑦用药时避免饮酒,以免药物吸收过快;⑧避免同时应用P450酶代谢依赖性药物,特别是咪唑类抗真菌药、大环内酯类抗生素等。

4. 减充血剂 口服减充血剂用于感染性和变应性疾病引起的鼻炎,优点是血管扩张的"反跳作用"轻且药效时间长,但心血管病患者禁用。这类药物有伪麻黄碱、羟甲唑啉等,现临床多用鼻内制剂。减充血剂的使用时间以不超过1周为宜,长时间使用可发生药物诱导性鼻炎致鼻塞症状加重。

5. 黏液促排剂 用于呼吸道炎症可降低分泌物黏稠度,促进呼吸道黏膜纤毛活动,利于黏性分泌物排出,也可用于鼻部术后促进纤毛功能恢复。主要有以下药物:①欧龙马滴剂,口服,每日3次,100滴/次,6日后改为50滴/次;②桃金娘科树叶标准提取物,成人每次0.3g,每日2~3次;③盐酸溴环己胺醇,成人每次0.03g,每日2~3次。使用黏液稀释剂时应注意:①根据不同的治疗对象和病情,选用最佳剂型;②慢性疾病需较长时间坚持用药,否则难以达到预期疗效;③严

格掌握孕妇的用药适应证。

6. 周围血管扩张药 用于内耳疾病的治疗,缓解耳聋、耳鸣和眩晕症状。本类药物能直接作用于小血管平滑肌或通过受体舒张周围血管,临床上多用于脑血管或周围血管循环障碍的各种疾病,如脑血管痉挛、脑血管硬化、脑血栓形成、内耳疾病等。倍他司汀是此类药物中治疗内耳疾病最有效的药物,属于选择性组胺类药物。倍他司汀是 H_1 受体的弱激动剂及 H_3 受体的强拮抗剂,对 H_2 受体几乎没有作用。其作用机制主要在于对脑及内耳血管的扩张作用。此外,倍他司汀能剂量依赖性的抑制冲动向前庭外侧核多突触神经原的传导,调节前庭神经的传导,增强前庭器官的代偿功能,并对大脑皮质、耳蜗神经的电生理具有非特异性作用。

7. 中成药 耳鼻咽喉中成药近些年有了长足的发展,为耳鼻咽喉头颈外科常见病的治疗提供了方便,受到广大医患的欢迎。中成药给西药的治疗也提供了有益的补充,尤其在咽喉炎、鼻-鼻窦炎和眩晕、耳鸣等疾病的诊治中有着不可替代的作用。在临床使用中应注意:①严格综合分析、辨证施治;②中西药配伍,必须注重合理、安全、可靠、有效,避免盲目配伍;③严格掌握孕妇及老年和儿童的用药适应证。

(二)局部用药原则

局部用药包括全身用药改用制剂和专用的局部外用药,各部位的局部用药原则分别如下。

1. 耳部疾病的用药原则 耳部常用药物主要包括滴耳液、洗耳液、粉剂和中成药等。正常外耳道的pH偏弱酸性,炎症状态可转为碱性,因此耳部用药应遵循下述原则:①局部用药前彻底清洁外耳道;②耳局部用药的pH必须为弱酸性,并具有吸水和收敛作用;③滴耳药液滴耳前应用手适当加温,以免因药液过凉滴入外中耳,诱发患者眩晕;④鼓膜穿孔患者禁用耳毒性药物或对黏膜有刺激性、腐蚀性的药物;⑤耳道内慎用粉剂药物喷入,防止阻塞引流;⑥对久治不愈的慢性感染,应根据细菌培养及药敏试验结果选择并及时调整抗生素药物;⑦引起内耳损伤的耳毒性药物,如链霉素、庆大霉素配制的滴耳剂不宜长期使用;⑧滴药时患耳朝上,滴药后保持该头位3~5min,并以手指反复轻压耳屏。

2. 鼻部疾病的用药原则　在鼻部疾病治疗中鼻内局部用药已成为主要手段之一主要包括滴鼻液、鼻喷雾剂、鼻腔用高渗盐水和鼻科专用中成药等。由于鼻黏膜的结构特点和生理功能，鼻腔局部用药应以不损伤鼻黏膜的生理功能，对鼻黏膜无刺激和吸收后不致引起全身不良反应，并能达到治疗目的为原则。因此，局部用药应注意以下几点：①以正确的体位和方法使用滴鼻液，滴鼻剂使用时尽量让鼻孔垂直于身体平面。喷鼻药使用时一般反手喷药，喷药面正对鼻腔外侧壁，避免鼻中隔面用药。②鼻黏膜表面黏液的 pH 为 5.5~6.5，药液应与此相适应且应等渗。③鼻黏膜的表面积约为 150cm^2，黏膜下有丰富的血管，对药物的吸收能力较强，故局部用药应考虑到对全身的不良反应，尤其对心血管系统和中枢的影响。④通常情况下，鼻内不宜局部滴用抗菌药溶液，鼻甲黏膜的炎症改变主要为反应性炎症，鼻内滴用抗菌药作用甚微，如长期使用，有发生鼻内真菌感染的可能。⑤不宜长期滥用鼻腔减充血剂，连续应用不应超过 7 日，以免引起药物性鼻炎，使鼻塞症状加重。⑥必须长期用药时，应多品种、多剂型交替应用。

3. 咽喉部疾病的用药原则　咽喉部的常用药物主要包括含漱液、含片、液体喷雾剂、涂剂和中成药等。使用时应注意：①根据治疗对象和病情选择适宜的剂型；②慢性疾病须坚持较长时间用药；③咽喉部神经敏感，刺激性强的药物易引起咽反射；④咽喉部空气流量大不宜长期用粉末剂，以防加重咽部干燥感，每次用量不宜大，以免呛咳；⑤抗菌药不宜长期局部应用以防出现耐药菌株和真菌感染。

4. 黏膜表面麻醉药的用药原则　在耳鼻咽喉头颈外科的临床工作中，不少检查和处置需要使用局部麻醉药，最常用的局部麻醉方法为黏膜表面麻醉。较常用的局部黏膜麻醉药有盐酸丁卡因、盐酸利多卡因和鼓膜表面麻醉剂等。此类药物的共同特点是吸收迅速、毒性大，应用不当可引起严重反应甚至死亡，因此必须预防过敏和中毒。使用时必须特别注意以下几点：①注射用麻醉药与表面麻醉药必须严格区分；②表面麻醉药以新鲜配制者最好、不宜久置；③使用时宜先试用小剂量，观察是否有过敏反应，然后再用至适量；

④用药前可皮下注射阿托品 0.5mg 或口服巴比妥类药物并嘱患者不必紧张；⑤鼻腔用药中应加入少量肾上腺素以收缩局部毛细血管，减慢药物的吸收速度，可延长麻醉时效，减少中毒机会；⑥年老体弱者婴幼儿或过敏体质者应慎用，警惕药物过敏和中毒；⑦用药期间应密切观察患者的面色、表情、脉搏及呼吸等。

黏膜表面麻醉剂药物过敏、中毒症状及抢救措施和参阅本书相关章节。

第二节　常见耳鼻咽喉头颈外科疾病的药物治疗

一、慢性鼻-鼻窦炎

慢性鼻-鼻窦炎（chronic rhinosinusitis，CRS）是发生在鼻、鼻窦黏膜的慢性炎症，病程一般超过 12 周，是耳鼻咽喉头颈外科的常见慢性炎性疾病，以慢性鼻塞、流涕、嗅觉减退、头面部不适为临床特点。CRS 对生活质量影响的评估显示，其影响程度包括对社会活动、工作效率、学习能力和心理状态等均超过慢性充血性心力衰竭、高血压病和糖尿病等。随着影像手段的进步和内镜外科技术的提高，多数患者经过外科治疗短期之内感觉疗效很好，但这些病例均是在很好的药物治疗配合下取得的，所以药物治疗对慢性鼻-鼻窦炎有着重要的价值与意义。

（一）临床表现与诊断

1. 症状　鼻塞、黏性或黏脓性鼻涕、头面部胀痛、嗅觉减退或丧失。

2. 检查

（1）鼻内镜检查：来源于中鼻道、嗅裂的黏性或黏脓性分泌物，鼻黏膜充血水肿或有息肉。

（2）影像学检查：鼻窦 CT 扫描可显示鼻道窦口复合体和 / 或鼻窦黏膜炎性病变。MRI 对不同类型 CRS 的鉴别诊断具有一定意义。

（3）实验室检查：主要包括外周血、鼻腔分泌物和病理组织中的嗜酸性粒细胞计数。目前具有临床可操作性和对预后判断有较明确意义的是外周血和病理组织中嗜酸性粒细胞百分比，尤其是后者。有学者认为如果组织嗜酸性粒细胞占总炎性细胞的百分比大于 10%，则该组织表现为嗜酸性粒细胞性炎症。

3. 诊断 依据临床症状、鼻内镜检查、鼻窦CT扫描结果进行。在有条件的单位可以进行实验室检查,从而细化免疫病理学诊断分型。鼻窦CT检查不作为CRS诊断的唯一依据。儿童CRS诊断应以症状、鼻内镜检查为主,并严格掌握CT扫描的指征。

(二)一般治疗原则

健康的鼻-鼻窦黏膜系统,应该有通畅的引流、良好的纤毛摆动和合理的鼻黏液组分,针对以上三点的根除病因、恢复鼻腔鼻窦通气和正常黏膜功能成为慢性鼻-鼻窦炎的一般治疗原则。

(三)基本药物治疗及治疗方案

CRS的治疗一般情况下首选药物治疗。药物治疗的目的是减轻鼻腔鼻窦黏膜的炎症,进而改善鼻腔通气和鼻窦引流状态、恢复鼻腔、鼻窦黏膜纤毛的功能,提高患者生活质量。对需要手术干预者,围手术期充分的药物治疗也可使术中出血明显减少,促进术后黏膜的正常恢复和减少复发。

1. 糖皮质激素 糖皮质激素具有显著的抗炎、抗水肿和免疫抑制作用,是治疗慢性鼻-鼻窦炎(合并鼻息肉或无鼻息肉)的第一选择。糖皮质激素治疗CRS有两种给药方式:局部(鼻内)给药和全身(口服)给药。

(1)鼻用糖皮质激素:鼻内给药是临床推荐治疗CRS的首选方法。鼻内给药的方式包括:喷剂、滴剂、鼻腔冲洗和雾化吸入等。鼻内糖皮质激素可显著改善鼻部症状,主要是减轻鼻黏膜肿胀和鼻塞、减少鼻分泌物。围手术期用药,可以减少术中的出血,术后用药可以减少复发。鼻用糖皮质激素一般每日用1~2次,每侧鼻腔至少100μg,需要长期持续用药(>12周)以维持疗效。术后患者通常在第一次清理术腔后开始用药,根据术腔恢复情况,持续用药3~6个月。

(2)口服糖皮质激素:仅推荐对伴鼻息肉的鼻-鼻窦炎患者,尤其是复发性鼻息肉患者,可给予短期口服糖皮质激素治疗。短期口服糖皮质激素可迅速缩小鼻息肉体积,缓解临床症状亦称药物性息肉切除。但口服糖皮质激素治疗伴鼻息肉的鼻-鼻窦炎的临床疗效难以维持,可导致息肉复发。不推荐静脉或鼻内注射糖皮质激素治疗CRS。

口服糖皮质激素分为短疗程和序贯疗法两种方式:①短疗程剂量相当于泼尼松0.5~1.0mg/(kg·d)或15~30mg/d晨起空腹顿服,疗程10~14d无需逐渐减量,可直接停药;②序贯疗法剂量相当于泼尼松5~10mg/d,晨起空腹顿服,连续口服1~6个月。适用于伴有哮喘、严重变态反应、阿司匹林耐受不良及变应性真菌性鼻窦炎等患者。建议优先选择甲泼尼龙口服,安全性和耐受性较好。全身使用糖皮质激素需注意禁忌证,密切观察用药过程中可能发生的不良反应。

2. 大环内酯类药物 大环内酯类药物具有抗炎作用,主要应用于常规药物治疗效果不佳、无嗜酸性粒细胞增多、血清总IgE水平不高且变应原检测阴性的不伴鼻息肉的慢性鼻窦炎患者。临床推荐小剂量14元环大环内酯类药物长期口服,疗程不少于12周。推荐选择顺序为克拉霉素、罗红霉素、红霉素。

成人剂量为250mg/d(常规剂量的1/2),儿童慎用,剂量为4mg/(kg·d)。该疗法不适合在婴幼儿和孕妇中应用。对于鼻黏膜炎症比较明显的患者,例如黏膜充血肿胀明显、分泌物较多者,可以先使用常规剂量(500mg/d)治疗1周,待病情缓解后再改为小剂量(250mg/d)长期用药,疗程3~6个月。

大环内酯类药物的不良反应以胃肠道症状为主,多为恶心厌食、腹泻、消化不良发生率为1%~3%,可能与药物的刺激作用和肠道菌群的暂时紊乱有关。偶有转氨酶升高,建议在用药前及用药1个月后进行肝功能检查。值得注意的是,通过肝脏代谢的抗组胺药与大环内酯类药物联合使用可能会导致心脏毒性作用(Q-T间期延长、心律失常等)的风险增加。因此,对于正在接受大环内酯类药物抗炎治疗的患者,如确需使用口服抗组胺药,应注意选择无心脏毒性的药物,以保证治疗的安全性。

3. 抗菌药物 轻症患者酌情使用抗菌药物。重症患者首选口服阿莫西林或头孢呋辛酯疗程7~10d;备选治疗包括口服阿莫西林/克拉维酸、头孢克洛、头孢丙烯或左氧氟沙星等。近期未用过抗菌药物的儿童患者则首选口服阿莫西林或阿莫西林/克拉维酸,也可选择头孢克洛或头孢丙烯。对β-内酰胺酶类抗菌药物过敏者可选用口服克拉霉素（疗程 10d）或阿奇霉素（疗程 5d）。对于近期曾用过抗菌药物的患儿首选口服阿莫西林/克拉维酸、头孢地尼或头孢泊肟酯，疗程通常为 10d。备选治疗包括：①甲氧西林敏感金黄色葡萄球菌感染者，采用苯唑西林静脉注射；②甲氧西林耐药金黄色葡萄球菌感染者，选择万古霉素、去甲万古霉素或替考拉宁静脉注射，用药 7~10d。系统评价和 meta 分析显示，可将抗菌药物与鼻用糖皮质激素联合应用治疗急性鼻窦炎。

抗菌药物的不良反应主要包括过敏反应、胃肠道反应、神经系统反应、肝肾功能异常、血液系统异常、二重感染等，在治疗过程中应引起注意。

4. 抗过敏药物　抗过敏药物主要包括 H$_1$ 抗组胺药和白三烯受体拮抗剂，是目前临床上治疗呼吸道变态反应疾病的常用药物。对于慢性鼻窦炎伴有变应性鼻炎，可给口服或鼻内 H$_1$ 抗组胺药，疗程不少于 2 周。口服 H$_1$ 抗组胺推荐使用第二代无镇静作用、无心脏毒性的药物，以避免发生严重不良反应。对于慢性鼻窦炎伴有支气管哮喘，推荐口服白三烯受体拮抗剂，疗程不少于 4 周。慢性鼻窦炎患者如无变态反应因素，则不推荐使用抗过敏药物。

（1）抗组胺药：当 CRS 患者伴有明确的变应性因素，例如具有变应性鼻炎症状体征并查到过敏原、变应性真菌性鼻窦炎、与过敏相关的鼻息肉和手术后在短期（2 周）口服糖皮质激素后，应考虑在使用鼻用激素的同时，使用常规剂量的抗组胺药，第二代口服抗组胺药一般每日用药 1 次，晚上睡前口服；鼻用抗组胺药每日用药 2 次，早晨和晚上行鼻腔喷雾，疗程均为 2 周以上。新型第二代口服抗组胺药除了抗变态反应作用外，还具有一定的拮抗白三烯、血小板活化因子等抗炎特性，安全性也进一步提高。

（2）白三烯受体拮抗剂：推荐在 CRS 伴哮喘的患者中使用。白三烯受体拮抗剂一般每日用药 1 次，晚上睡前口服，疗程 4 周以上。meta 分析初步显示，与安慰剂相比，白三烯受体拮抗剂可明显改善患者的症状，包括头痛、面部胀痛、喷嚏、鼻痒、鼻后滴漏和嗅觉障碍，且能使息肉缩小、血液或鼻腔局部嗜酸性粒细胞数量减少；白三烯受体拮抗剂作为全身抗炎治疗的一个组成部分，有助

于减轻鼻腔、鼻窦黏膜的炎性反应，手术前后使用可能对控制疾病症状、减少外科干预和预防复发有一定价值。

5. 黏液溶解促排剂　影响呼吸道黏液性质和促进分泌物清除的药物统称为黏液活性药物，根据其潜在的作用机制可以分为祛痰剂、黏液调节剂、黏液溶解剂和黏液促动剂。应用于 CRS 治疗的主要是黏液溶解剂和黏液促动剂，其主要生物学效应和药理作用包括：①碱化黏液、降低和稀释黏液的黏稠度；②调节分泌、维持黏液毡的适度比例；③拟交感效应，刺激纤毛摆动，改善纤毛活性。临床应用目的是借此促进鼻-鼻窦黏液排出和有助于鼻窦生理功能的恢复。

黏液溶解剂（桃金娘油）有促纤毛活性的作用，促进鼻-鼻窦黏液排出和有助于鼻窦生理功能的恢复。这类药物总体安全性和耐受性良好，不良反应轻微，偶有胃肠道不适及过敏反应。

6. 减充血剂　减充血剂为 α 受体激动剂，可缓解鼻黏膜炎性反应导致的黏膜充血和肿胀，减轻鼻窦引流通道的阻塞，改善鼻腔通气和引流。鼻用减充血剂在缓解鼻塞症状的同时使鼻道开放，有助于鼻用糖皮质激素发挥治疗作用，二者可短期联合用药。持续性严重鼻塞和 CRS 急性发作时，患者可短期使用鼻腔局部减充血剂，疗程 <7d。儿童应使用低浓度的鼻用减充血剂，并尽量做到短期、间断、按需用药。

减充血剂对鼻腔黏膜的损伤与药物浓度、用药频率、时间长短有关。长期用药可导致药物性鼻炎以及对药物的快速耐受，反而加重慢性鼻塞。鼻用减充血剂的不良反应多发生于有心血管疾病危险因素的患者，因此有严重心血管疾病的患者慎用；甲状腺功能亢进、糖尿病、闭角型青光眼患者也应慎用。2 周岁以内儿童、孕妇、接受单胺氧化酶抑制剂或三环类抗抑郁剂治疗的患者禁用。不推荐全身应用减充血剂。

7. 鼻腔冲洗　鼻腔盐水冲洗作为单一疗法或辅助治疗对成人和儿童 CRS 均有效，还可用作难治性鼻窦炎的长期治疗，以及妊娠期 CRS 的维持治疗。CRS 患者术后早期进行鼻腔盐水盥洗对于清除鼻腔结痂和防止粘连具有良好的效果。临床推荐使用，疗程不少于 4 周。

（四）临床问题导向的药物治疗

1. 鼻用糖皮质激素的安全性问题 一般情况下鼻内糖皮质激素是非常安全的,大量研究尚未发现持续性使用鼻内糖皮质激素会对下丘脑-垂体-肾上腺轴的显著影响。鼻内糖皮质激素的全身生物利用度,莫米松、氟替卡松等新制剂均小于1%。在使用生物利用度低的鼻内糖皮质激素的前瞻性研究和鼻黏膜活体组织研究中也没发现结构上的损伤。只在较少患者中有极轻的鼻出血,可能与糖皮质激素分子收缩活性有关,局部血供减少以致黏膜脆弱易损。对于妊娠期慢性鼻-鼻窦炎患者,尚无应用鼻内糖皮质激素的研究。不过对妊娠哮喘患者吸入糖皮质激素(倍氯米松、曲安奈德)的研究显示,吸入糖皮质激素与产前子痫、早产儿体重等无关。妊娠期鼻炎在妊娠期前3个月后应用丙酸氟替卡松8周也未发现母体皮质水平的变化,胎儿生长也无任何异常。目前尚无有关丙酸氟替卡松、糠酸莫米松在妊娠期慢性鼻-鼻窦炎患者应用的流行病学研究。尚未发现吸入性糖皮质激素与胎儿的先天性异常有关,据此推测,妊娠期慢性鼻-鼻窦炎患者应用鼻内糖皮质激素可与上述妊娠期哮喘研究结果类似。

2. 抗菌药的使用时机问题 针对CRS急性发作,轻症患者酌情使用抗菌药物,CRS稳定期不推荐抗菌药物治疗。CRS的细菌学特征不像急性鼻窦炎(ARS)那么明确,既往文献中报道CRS主要的常见病原菌包括:金黄色葡萄球菌、肠杆菌属、假单胞菌;不常见病原菌有:肺炎链球菌、流感嗜血杆菌、乙型溶血性链球菌、凝固酶阴性葡萄球菌。理论上不否认某些CRS是由于细菌感染造成的ARS转化和迁延而致,但是就CRS本身而言,则是一种非急性细菌感染的鼻-鼻窦黏膜持续性炎症状态。由于风险高于获益,尚无足够证据表明CRS患者口服或静脉使用抗菌药物有效。因此,以往在临床上治疗CRS时使用抗生素只是经验性用药,而不是源于临床试验研究证据的支持。

3. 鼻腔盐水冲洗的临床价值 鼻腔盐水冲洗可以改善患者的症状和生活质量,其作用在于清除鼻腔鼻窦黏液,增强纤毛活动,破坏和清除各种抗原生物膜及炎性介质,保护鼻窦黏膜。盥洗液可分为生理盐水、高渗盐水、天然深海水。新近研究表明,使用2%高渗盐水行鼻腔盥洗(150ml,每日1次,3~6个月)对成人CRS患者生活质量的改善明显优于安慰剂。另有研究显示,术后应用2.3%缓冲高渗海水行鼻腔喷雾(每日6次,共3周),微碱性的环境对纤毛活动有积极影响,对黏液纤毛清除功能和减轻术后黏膜充血改善最为明显。总体而言,采用等渗或高渗盐水进行鼻腔冲洗均可有效改善症状,两者之间并无显著差异,需要注意的是当冲洗液浓度超过2.79%时,可能会引起鼻腔局部疼痛和不适感。

（五）药物治疗展望

随着临床可选择药物的极大丰富,对于"不可逆病变黏膜"的理解和认识也有了很大的进展,既往需要通过手术治疗的CRS,如今通过规范的药物治疗,可能会减少对创伤性手段的依靠。近年来收集的有关药物和手术治疗方式的对照研究也证明,大多数患者经过合理的药物治疗,其疗效与外科手术相似;外科手术在慢性鼻-鼻窦炎的治疗策略中虽占重要地位,但不是主导地位。何时给予外科干预取决于药物治疗措施的效果、鼻内黏膜状态、鼻内及中鼻道结构对引流的影响、有无并发症发生等。

二、变应性鼻炎

变应性鼻炎又称变态反应性鼻炎,为特异性机体接触变应原后主要由IgE介导的鼻黏膜非感染性炎性疾病,属于嗜酸性粒细胞性炎症范畴,其发病机制涉及免疫反应的多个环节,最终主要由一些生物活性物质(组胺、白三烯等)引起鼻部高反应和鼻黏膜充血、鼻阻塞等病理生理改变,根据其发病时间特点分为间歇性和持续性变应性鼻炎。其临床特点为频繁的发作性鼻痒、喷嚏、清水样鼻涕和鼻塞。此外,还可出现一些并发症如哮喘、咽鼓管功能障碍、鼻窦炎和结膜炎等。该病全球发病率为10%~40%,且患者人数仍在增加,虽然为一种良性的慢性上呼吸道疾病,但影响日常生活、工作及学习,造成经济和健康上的沉重负担。

（一）临床表现与诊断

变应性鼻炎的临床表现是以组胺为主的多

种介质释放,引起鼻腔黏膜的炎性反应,表现为阻力血管收缩(鼻腔黏膜苍白)、容量血管扩张(鼻腔黏膜呈浅蓝色)、毛细血管通透性增加(黏膜水肿)、多种免疫细胞浸润,尤以嗜酸性粒细胞浸润明显。副交感神经活性增高,腺体增生、分泌旺盛(鼻涕增多),感觉神经敏感性增强(连续性喷嚏)。因和其他鼻部疾病有一些共同特征,因此建立正确的诊断需要进行仔细的病史采集、查体和结合适当的诊断性试验。

1. **病史**　接触过敏原后几秒钟内出现鼻痒,随后是打喷嚏,接着是流清涕,在大约 15min 内鼻塞达到高峰。除鼻部症状外,患者经常还有眼痒、溢泪、咽痒、刺激性干咳及耳胀满感。但是黏膜痒感和反复喷嚏是变应性鼻炎最典型的症状。每个症状的严重性因人而异,但鼻塞是最令患者困扰的。

2. **检查**

(1)前鼻镜或鼻内镜检查:需要注意分泌物的特点和黏性,它们可以从稀薄透明到黏稠发白。鼻黏膜可表现为水肿或苍白淡蓝,但这些征象并不像以前认为的那样具有特异性。变应性鼻炎患者查体结果经常也可能是正常的。此时查体的意义在于除外引起这些症状的其他原因。

(2)变应原检查:可供选择的方法有变应原皮肤点刺试验、体外变应原特异性 IgE 检测和鼻黏膜激发试验、鼻细胞学检查等。

3. **诊断**　本病的诊断主要依靠病史和特异性检查,确诊病史需与特异性 IgE 检查结果相符。

(二)一般治疗原则

采取综合性治疗,尽可能避免诱因和消除过敏因素,达到脱敏、减轻鼻腔黏膜水肿、通畅引流、恢复正常黏膜功能为目的。

(三)基本治疗药物及治疗方案

根据变应性鼻炎的分类和程度,采用梯级治疗方案,即按病情由轻到重,循序渐进进行治疗。可采用的方法有:避免接触变应原、药物治疗、免疫治疗、手术治疗等。临床目前仍以药物治疗为主。

变应性鼻炎的治疗应包括患者教育,以增加患者对治疗计划的依从性。药物治疗应考虑有效性、安全性、疾病严重程度、患者的选择以及费用效益等。

1. **局部鼻用糖皮质激素**　局部鼻用糖皮质激素是治疗变应性鼻类的首选药物。这些药物能够有效地、从各方面减轻对变应原的炎症反应。激素进入细胞内部,在细胞质与皮质类固醇受体相结合,皮质类固醇受体通过基因或非基因机制抑制炎症。

对未经激发的黏膜应用鼻用糖皮质激素 4 周后导致明显的肥大细胞、T 细胞和嗜酸性粒细胞减少。局部糖皮质激素预治疗可以有效地抑制抗原激发反应。与全身应用激素治疗相比,应用局部激素预治疗可以抑制变应原激发后的急性鼻部反应,表现为症状减轻和鼻分泌物中炎症介质水平下降。因此临床常推荐有时间规律的间歇性变应性鼻炎患者提前 1~2 周鼻腔局部预防用药。局部糖皮质激素治疗也减轻抗原激发后的晚期反应期间的鼻部症状、介质水平、细胞浸润和对抗原的预激应答。

目前应用的局部鼻喷糖皮质激素包括丙酸倍氯米松、布地奈德、丙酸氟替卡松、糠酸莫米松、糠酸氟替卡松、曲安奈德、环索奈德、氟尼缩松等。这些药物在用药后 7~8h 发挥效力,大多数在 3 日至 2 周时作用达到高峰。既往研究认为与间断的、按需使用这些药物相比,持续应用效果最好。但是间断使用这些药物依然有效。此外,有研究数据表明按需鼻用糖皮质激素治疗常年变应性鼻炎比二代抗组胺药更有效。

2. **全身用糖皮质激素**　常用于变态反应症状严重加剧或伴有鼻息肉的患者,因鼻腔黏膜水肿、阻塞明显,阻碍局部使用鼻用糖皮质激素。而且,这些药物与抗生素联合被成功应用于治疗鼻窦感染合并变应性鼻炎。糖皮质激素的长效注射剂同短期口服泼尼松治疗效果相同,且作用时间更长,但因考虑全身副作用,仍建议首选局部鼻喷糖皮质激素。

3. **抗组胺药**　所有抗组胺药治疗变应性鼻炎都有效。其区别主要在于副作用、作用周期和花费。在等效剂量下,它们抑制组胺刺激导致的皮肤风团的效果相同。H_1 受体拮抗剂治疗变应性鼻炎引起的打喷嚏、鼻痒和眼痒以及流涕最有效,但对鼻塞没有或仅有轻微效果。因此它们经常与口服或鼻用的减充血剂联合应用。一些临床医师应用第一代抗组胺药时,通过睡前给药的方法避免其嗜睡的副作用。在第二天,组织中的药物持续发挥疗效而没有困倦感。然而一些研究表明,尽管没有困倦感,但其操作能力仍受到影响。因此需要提醒患者服用该药物会对日常活动如驾驶或操作重型机器造成影响。

4. 减充血剂　通过刺激 α_1 或 α_2 受体发挥作用。两种主要的减充血剂是伪麻黄碱和去氧肾上腺素,它们可以分别应用或与抗组胺药联合应用。因口服减充血剂也可刺激除鼻腔血管系统之外的肾上腺素受体,故过量应用可引起高血压危象。但在处方剂量应用时,它们既不会在血压正常的患者中引起高血压,也不会影响控制平稳的高血压患者的血压水平。目前不推荐减充血剂用于患有控制不良的高血压、严重冠心病及服用单胺氧化酶抑制剂的患者。减充血剂在糖尿病、甲亢、闭角型青光眼、冠心病、心衰、前列腺肥大、尿潴留患者应用时需谨慎。减充血剂主要的副作用是失眠,影响约 25% 的患者。

局部应用减充血剂可以有效减轻任何原因导致的鼻腔充血,它包括去氧肾上腺素和唑啉衍生物(如羟甲唑啉和赛洛唑啉)。其长时间应用会导致药物性鼻炎,表现为药物有效期缩短和停药后鼻腔充血的反弹。即使在短期应用后可出现这种情况,因此使用减充血剂应限制在 7~10 日。这些药物用于那些鼻腔充血非常严重以至于妨碍其他药物应用(如鼻内糖皮质激素)的患者或疾病急性期睡眠困难时。儿童鼻内应用这些药物可诱发癫痫。

5. 白三烯受体拮抗剂　在哮喘发病机制中对白三烯重要性的认识促进了白三烯受体拮抗剂的发展。孟鲁司特是一种半胱氨酸白三烯受体拮抗剂,安全、耐受良好。口服后被迅速吸收,3h 内达到平均血浆浓度。其应用剂量为 10mg,每日 1 次。对变应性鼻炎患者能明显改善夜间症状(入睡困难、夜间觉醒、清醒时鼻塞)和白日症状(鼻塞、流涕、鼻痒和打喷嚏)。其作用同抗组胺药相似,但弱于鼻用糖皮质激素。

6. 免疫治疗　对于经过谨慎变应原筛查选择的变应性鼻炎患者而言,变应原特异性免疫治疗是一个非常有效的方法。它是唯一能够引起变应原终生耐受的针对病因的治疗方法。免疫治疗的基本适应证是经过检查确认变应原尤其是单一

变应原的患者。服用 β 受体拮抗药或血管紧张素转换酶抑制剂的患者不应接受免疫治疗,因为一旦发生全身过敏反应,患者不易被复苏。有症状的哮喘患者在免疫治疗时需要特别注意,因为这些患者的死亡率最高。因为过敏反应及其导致的低血压存在影响胎儿的风险,所以,免疫治疗不应该用于孕妇。同时在做出选择前,患者必须被告知免疫治疗控制症状不像药物治疗那样快,它只能针对应用于治疗的过敏原有效,且免疫治疗期间需要与药物治疗联合使用,以有利于提高疗效和安全性。目前,多年的成功治疗在免疫治疗停止后能否持续治愈(>8 年)仍是一个重要且悬而未决的问题。

(四)临床问题导向的药物治疗

1. 联合用药问题　鼻用糖皮质激素和口服抗组胺药是临床最常使用的联合用药方式,但多数研究显示,鼻用糖皮质激素与口服抗组胺药联用和鼻用糖皮质激素与安慰剂联用相比其疗效并无显著性差异。实际上在口服抗组胺药的基础上加鼻用糖皮质激素能提高疗效,但在鼻用糖皮质激素的基础上加用口服抗组胺药对疗效无提升作用。多数研究证明,鼻喷抗组胺药联合鼻用糖皮质激素对多种鼻部症状的改善均优于单用鼻用糖皮质激素或单用鼻喷抗组胺药,对于中重度变应性鼻炎患者,如果单用鼻喷抗组胺药或单用鼻用糖皮质激素不能有效控制症状,可以考虑此类联合用药。而鼻用糖皮质激素和鼻喷减充血剂的联用能显著提高对鼻塞及整体生活质量的改善,且与单独使用鼻用糖皮质激素相比起效更快。故对鼻塞严重的变应性鼻炎患者可考虑鼻用糖皮质激素和鼻喷减充血剂的联用。有研究显示,联合使用口服抗组胺药和白三烯受体拮抗剂对鼻塞和眼痒及夜间症状的改善优于单用。对于使用鼻用糖皮质激素后鼻部症状尤其是鼻塞改善不理想的患者可考虑联用口服白三烯受体拮抗剂。

免疫治疗可用于药物治疗失败的患者。免疫治疗有赖于患者的选择和药物治疗的反应。它具有改变变应性鼻炎自然病程的潜在益处。

2. 药物的个体化治疗问题　在治疗的过程中随着对患者的密切随访,在对病情变化评估监测基础上可以进行升级或降级治疗。在进行初始治疗时,根据患者症状特征选取药物单用或联用,

首选一线药物,即鼻喷或口服抗组胺药、鼻用糖皮质激素、口服抗白三烯药。如患者以喷嚏、鼻痒症状为主,首选口服或鼻喷抗组胺药;如患者同时有鼻塞症状,可首选鼻用糖皮质激素。一般在初始治疗时最好使用单药治疗,以便了解该类药物对患者的疗效和不良反应。2周左右对症状改善情况进行评估,并根据疗效进行升级治疗或降级治疗。如症状改善欠佳则考虑升级,如在使用过程中出现不良反应,则考虑更换药物。如症状改善,则考虑降级。如何进行升级治疗,在临床指南中给出了一个阶梯治疗方案,如轻度间歇性鼻炎患者,首选口服或鼻喷抗组胺药按需使用,如控制不佳,则逐渐升级,依次为:①鼻喷或口服抗组胺药或口服白三烯受体拮抗剂每日使用;②鼻用糖皮质激素每日使用;③鼻用糖皮质激素与鼻喷抗组胺药联合每日使用;④根据患者尚未改善的症状加用减充血剂或加用口服白三烯受体拮抗剂,口服激素短期使用。实际工作中,在进行药物升级治疗时,还应把患者控制不满意的症状作为首要考量因素,并根据药物特点升级或联用。在选择联合用药方式时,应遵循循证医学证据。如患者流涕症状改善不满意,可与抗胆碱药联用。如在使用口服抗组胺药后鼻塞症状改善不满意,可联用白三烯受体拮抗剂、鼻喷激素或鼻喷减充血剂等,减充血剂的使用应控制在7d以内以避免药物性鼻炎的发生,而鼻用糖皮质激素与鼻减充血剂的联用可降低鼻黏膜反弹性充血的风险。对于合并眼结膜症状的患者,可以口服抗组胺药或鼻用糖皮质激素作为一线用药,控制不佳时可与鼻喷抗组胺药或眼部滴剂联用。在进行药物升级或降级时,患者依从性、环境规避状况、药物使用的不良反应以及合并症亦是需要考虑的因素。

降级如何进行,时间节点怎么把握需根据患者病情变化灵活掌握。一般升级后治疗2~4周,如患者症状控制良好即可考虑降级治疗,并持续治疗1个月。降级过程中逐渐减少药物种类,先停用哪种药物应根据患者对药物耐受情况、药物潜在不良反应大小以及患者症状综合考虑。如患者仅使用一种药物进行治疗,在达到最大疗效后可以使用减少药物使用频率的方式来降级治疗,最终以最少药物、最低剂量达到对症状的有效控制。

(五)药物治疗展望

变应性鼻炎是耳鼻咽喉头颈外科的常见病及多发病,引发疾病的变应原种类繁多,机制复杂。随着近年来对该疾病的研究深入,许多高效、低毒副作用的新型药物及诊治方法逐渐进入临床应用。然而,一些问题仍然存在:如何最大限度减少糖皮质激素的副作用以消除患者的顾虑;如何让药物治疗不仅仅停留在控制炎症的表面上而达到根治;保证免疫治疗安全有效且范围逐渐扩大;推动中医药在治疗变应性鼻炎上进一步发展。

三、咽喉炎

在耳鼻咽喉头颈外科疾病中,咽喉部炎症的疾病谱甚为广泛,"炎症"是组织损伤的局部反应,病理特征为毛细血管扩张和白细胞渗出,典型症状包括咽喉部不适、吞咽的异物感、咽喉部疼痛、声音嘶哑等。典型体征有咽喉部黏膜肿胀和充血。疾病谱主要包括感染、咽喉反流、阻塞性睡眠呼吸暂停低通气综合征、自身免疫性和系统性疾病等,以上各因素所致疾病均可表现为非特异性的咽喉部炎症,根据临床流行病学特点,婴幼儿最常见的原因是急性感染,而成人中咽喉部炎症最常见的原因是慢性咽喉部反流。

(一)临床表现与诊断

1. 临床症状　急性咽喉炎一般起病较急,先有咽喉部干燥、灼热粗糙感,继而有明显的咽痛,吞咽时加重,咽侧索受累牵涉舌咽神经,疼痛可放射至耳部。全身症状一般较轻,但因年龄免疫力以及病毒、细菌毒力不同而程度不一可有发热、头痛、食欲减退和四肢酸痛等。若无并发症者,一般1周内可愈。

慢性咽喉炎一般无明显的全身症状。病原微生物感染、菌群失调和反流胃酸液的直接作用均可导致局部的炎症反应,尤其胃蛋白酶在酸性环境中被激活又导致咽喉黏膜的自体消化。黏膜的纤毛清除黏液功能随之降低甚至丧失,局部黏痰停滞,可出现涕倒流或者清咽动作。而反流所致的咽喉黏膜炎症及敏感性增强,反流物刺激可直接引起患者晨起时出现刺激性咳嗽、恶心以及喉痉挛。从而出现声音嘶哑、咽喉部异物感,咽喉疼痛等症状。

2. 检查　急性咽喉炎可见咽部黏膜呈急性

弥漫性充血、肿胀。咽后壁淋巴滤泡隆起，表面可见黄白色的点状渗出物，悬雍垂及软腭水肿，声带急性充血，严重者可有会厌水肿。下颌下淋巴结肿大，压痛。

慢性咽喉炎可见黏膜充血增生，血管扩张，咽后壁淋巴滤泡多个散在突起或融合成块，常有少量黏稠分泌物附着在黏膜表面；咽侧索亦有充血、肿胀。长期咽喉反流刺激在纤维喉镜下可见黏膜水肿、红斑、肥大、肉芽肿和咽喉黏稠分泌物。显著表现为假性声带沟（是自前联合到喉后部声门下水肿形成的一道沟槽）和喉室阻塞。

3. 诊断 急性咽喉炎根据病史、症状及体征做出诊断，但应注意与某些急性传染病（如麻疹猩红热流感等）相鉴别，在儿童期尤为重要。可行咽拭子培养和抗体测定，以明确病因。此外，如见咽部出现假膜坏死应行血液学及全身检查，以排除血液病等严重的全身性疾病。

慢性咽喉炎根据病史症状及体检结果也不难做出诊断。但应注意，许多疾病的早期症状，尤其是声门上型喉癌早期症状酷似慢性咽喉炎。因此，必须详细询问病史，全面仔细检查鼻、咽喉、气管、食管、颈部乃至全身的隐匿病变。在排除这些病变之前，不应轻易诊断为慢性咽喉炎。针对咽喉部反流所致的慢性咽喉炎，病史采集中对反流的关注和根据纤维喉镜下临床表现的反流临床体征都可用于衡量咽喉部反流临床表现的严重程度。不仅有助于判断反流的临床表现，也有助于评估咽喉组织损伤的严重程度，并来衡量疗效。因此针对症状和体征形成的量表成为咽喉部反流所致慢性咽喉炎诊断简单而有效的首选方法。

目前认为证实反流最好的方法是用可移动式多通道腔内气阻和 pH 监测。可移动式多通道腔内气阻优于单纯双极 pH 探针监测，因为它不仅能探测到酸反流，而且可以检测到一些非酸性反流，当近端感受器 pH 陡降至 4 以下，加上同时发生或随后发生的食管下括约肌部位的 pH 也低于 4，则证实存在反流。但喉咽部 pH<5 就能说明有近端反流，因为唾液能中和部分酸，使得 pH 升高。当两端感受器 24h 内所测得的 pH 小于 4 时的总时间百分比 >1%，即可诊断为咽喉反流。

唾液胃蛋白酶检测通过与 24h pH 检测咽喉反流比较，发现唾液胃蛋白酶阳性诊断咽喉反流

的敏感性和特异性分别为 100% 和 89%，因此该方法也可以作为一种敏感无创的辅助检查方法。

（二）一般治疗原则

本病采取祛除病因，应用药物对症治疗，对症治疗和支持治疗相结合为原则。

（三）基本治疗药物及治疗方案

1. 急性咽炎 无全身症状或症状较轻者可局部应用复方硼砂溶液或温生理盐水含漱，也可经常含化清热消炎的含片如薄荷喉片、草珊瑚、银黄含化片等，并可用 1% 碘甘油涂搽咽壁，以利于消炎。若炎症侵及喉部及气管，可选用适当的抗菌药及激素如庆大霉素、地塞米松、注射用糜蛋白酶等进行雾化吸入治疗。全身症状较重者除上述治疗外，应注意卧床休息，多饮水及进流质饮食，注意通便。头痛发热，四肢酸痛及咽痛剧烈者可给予解热镇痛药。病情严重者可静脉给予抗病毒药或抗菌药。全身用药分为中药治疗和西药治疗，中药宜选用疏风解表、清热解毒的制剂；西药的全身治疗以抗炎、抗感染为主，可选用口服或注射用抗菌药如青霉素、头孢菌素及磺胺药等。如怀疑病毒感染，应适当加用抗病毒药，如利巴韦林等。

2. 慢性咽炎 应注意病因治疗。积极治疗鼻炎、鼻窦炎、气管支气管炎等呼吸道慢性炎症以及阻塞性睡眠呼吸暂停低通气综合征，去除致病因素。随着对咽喉反流疾病发病机制认识的进一步深入，使治疗有了很大突破。早期的单纯抗酸治疗、饮食治疗和改变生活方式对喉咽反流疾病的治疗效果不佳，H_2 受体拮抗剂的效果也仅有 50%，20 世纪 80 年代初，质子泵抑制剂（PPI）的问世，使广大咽喉反流患者受益。PPI 直接作用于胃壁细胞上的 H^+-K^+ATP 酶，明显抑制胃酸分泌。通过抑制胃酸分泌，抗反流治疗有两个重要目的：①抑制胃酸分泌，降低了胃蛋白酶活性（胃蛋白酶在 pH<4.5 时有活性），减少胃酸和胃蛋白酶对咽喉的直接损伤，阻滞炎症反应过程；②恢复机体的抗反流防御机制。

（四）临床问题导向的药物治疗

咽喉反流所致的慢性咽喉炎，随着近年来认识的深入，因涉及耳鼻咽喉科、呼吸科以及消化科的表现多样化的疾病，现阶段推荐的治疗方案大致包含以下几个方面：

1. 轻度反流首先采用保守治疗的方式，包括饮食习惯的改变：就寝前 3h 禁饮食；避免过饱或饭后立即休息；不吃油炸食品，少脂饮食；避免食用咖啡因、巧克力、薄荷和碳酸饮料；避免食用其他含咖啡因的食物和饮料；避免饮酒，尤其在晚间；避免其他可能诱发疾病的食物。以及生活方式的调整：适当抬高床头；避免穿戴紧身衣和围巾；戒烟等。这对轻度反流的患者能起到良好作用。

2. 对于保守治疗无效的患者，加用抗酸药及 H_2 受体拮抗剂。如西米替丁、雷尼替丁、法莫替丁等。用法用量可口服每日 4 次（三餐后及睡前）。

3. 对于较严重的反流患者，推荐保守治疗加 PPI 的综合治疗。与胃食管反流相比，咽喉反流药物治疗需要的剂量更大、疗程更长，建议一开始就用大剂量 PPI，至少持续 6 周，大多数患者都应再继续治疗 4 周以确保能有效抑制反流，停药时应逐渐减量，以防止反弹效应。常用的 PPI 包括奥美拉唑、雷贝拉唑、兰索拉唑、泮托拉唑等，每日 2 次，餐前 30~60min 口服，维持 3 个月，总有效率可达 70%，且喉咽部黏膜水肿、接触性肉芽肿及声带白斑都得以改善或恢复正常。有一些患者将面临终生抗反流治疗，药物治疗失败后，可进行胃底折叠术。

（五）药物治疗展望

由于咽喉炎的病因复杂而多元化，而任何疾病的治疗都注重对因治疗，随着近年来对咽喉炎的神经生理学机制、细菌 L 型机制以及反流性损伤进行更详尽的研究可能会深化人们对该类疾病的认识。中医中药在咽喉疾病治疗中的地位也有待进一步的提升，这都将有助于为患者制订个体化的药物治疗方案，提高治疗效果。

四、中耳炎

中耳炎应该是一类疾病连续病程的统称，其共同的特征是鼓室积液和听力下降。根据其病程发展可区别为 ①中耳积液：中耳腔中含有积液但除耳聋外无耳痛或发热的症状；②急性中耳炎：中耳腔中含有积液并有耳痛、发热或鼓膜穿孔流脓的症状；③慢性化脓性中耳炎：可见感染后的中耳分泌物从陈旧性的鼓膜穿孔排出。中耳积液和急性中耳炎是连续相关的疾病，大部分急性中耳炎发病前都曾有中耳积液。积液的类型可以是浆液性分泌物或渗出液，也可能是黏稠状的积液或是化脓性的积液。

（一）临床表现与诊断

1. **症状**　中耳炎常见的症状包括耳痛、发热、听力下降和耳漏等。若是单纯的中耳积液，除听力减退之外，通常是缺乏特殊症状的，对于婴幼儿更需给予更多行为上的关注。

2. **检查**　使用耳镜来检查鼓膜是诊断中耳炎最重要的方法。正常的鼓膜外观是呈珍珠灰色半透明，前下区有因反射外来光线而形成的光锥，中央凹陷且会随着压力变化而摆动，正常情况下可观察到锤骨柄甚至能看到锤骨短突或砧骨。所以可根据鼓膜的颜色、透明度、外观、完整性以及活动度来诊断中耳炎。病程中的鼓膜颜色可呈现红色、白色或是黄色的变化。而外观也会呈现光锥缩短、变形或消失，锤骨柄向后、上移位，锤骨短突明显外突。中耳积液的鼓膜，可见鼓膜后方呈现弧形气液平面或是琥珀色积液中有气泡状的现象。严重者鼓膜会穿孔流出化脓性耳漏，且随血管搏动有"灯塔征"出现。慢性炎症迁延所致的鼓膜于紧张部或松弛部有大穿孔及化脓性耳漏。

对于鼓膜完整的中耳炎，正确使用鼓气耳镜来观察鼓膜的动度能增加诊断的准确性。若中耳腔有积液的产生，则鼓膜的运动就不明显。

声导抗是评估鼓膜顺应性、类似鼓气耳镜功能的一种电反应客观检查，可用来辅助诊断中耳炎，但其无法用来区别是急性中耳炎或是中耳积液阶段。也可以用来评估咽鼓管的功能状态。它利用各种已知的声压作用于外耳道与中耳间密闭的空间，来反映中耳反射各种声压能量的讯号。导抗曲线形状，声顺在压力轴对应的位置，峰的高度以及曲线坡度、光滑度能较客观地反映鼓室内病变的情况。常见可分为 A、B、C 三大类型：A 型，中耳功能正常；B 型，鼓室积液和中耳明显粘连；C 型，咽鼓管功能障碍，常出现于中耳积液前的时期。

3. **诊断**　根据病史、鼓膜形态的完整性以及声导抗曲线即可将中耳积液、急性中耳炎或慢性化脓性中耳炎初步进行鉴别诊断。

（二）一般治疗原则

以去除病因、控制感染、清除病灶、畅通引流为治疗原则。

（三）基本治疗药物及治疗方案

治疗中耳炎传统的抗感染的观念正在发生改变。从过去一味的使用抗生素来治疗急性中耳炎以及长期控制中耳积液，到目前根据患者状况进行治疗，并认识到从预防中耳炎的危险因子着手更为重要，尽量对所有中耳炎不再滥用抗生素，预防耐药性细菌快速产生。

1. 全身用抗生素治疗　研究显示，使用抗生素来治疗急性中耳炎，能提早缓解症状及减少重复感染与化脓性并发症的发生。常见的急性中耳炎致病菌已知，即肺炎链球菌、流行性感冒嗜血杆菌以及黏膜菌，因此，阿莫西林仍是治疗中耳炎的首选药物。当细菌培养显示对阿莫西林耐药、疗效不佳或是对青霉素过敏时，可使用二线抗生素，包括：阿莫西林克拉维甲酸、二代或三代头孢菌素。克拉霉素、罗红霉素和阿奇霉素都因为耐药率较高而不推荐使用。目前仍不建议使用抗生素来疗中耳积液，尽管证实似乎有些好处。全身抗生素的应用可以根据细菌培养及药敏结果进行。

2. 局部抗生素治疗　大多数感染性穿孔可以采取保守治疗，耳漏一般都能有效的被抗生素滴耳液所控制。清洁的外耳道是确保适量药物渗透至中耳黏膜的前提，通常用3%过氧化氢溶液洗耳，棉签拭干或用吸引器吸净，再滴入抗菌药滴耳液。所用抗生素常能有效根除铜绿假单胞菌和金黄色葡萄球菌这两种慢性中耳炎常见的病原体。氨基糖苷类抗生素用于中耳局部可引起内耳毒性，需慎用。一般也不主张用粉剂，因粉剂可堵塞鼓膜穿孔、妨碍引流，甚者引起严重的并发症。同时须注意尽量避免滴用有色药物，以免妨碍局部观察。研究表明喹诺酮类滴耳药较非喹诺酮类更为有效，疗效至少与局部应用氨基糖苷类抗生素相同。针对顽固性病例，则必须做脓液细菌培养，并需要关注是否有相关真菌感染的可能性，进行必要的特异性抗真菌治疗。如果可能，培养物标本尽量从中耳取样以避免其他菌群污染，尤其是外耳道的铜绿假单胞菌。治疗顽固性耳漏另一个较好的选择是在患耳局部应用抗生素之前，使用1/2浓度的醋酸溶液冲洗。

局部应用抗生素的优势是最大限度降低了细菌耐药的可能，因为感染局部抗生素的使用浓度超过病原体的最小抑制浓度，从而能达到迅速彻底清除细菌的要求。此外，局部应用抗生素绕过体循环，明显减少了全身副作用。抗生素与糖皮质激素的混悬液局部联合应用也很常见。一般认为糖皮质激素能减轻水肿，可提高抗生素的渗透力。

滴耳法：患者取坐位或卧位，病耳朝上。将耳郭向后上方轻轻牵拉，向外耳道内滴入药液3~5滴。然后以手指轻轻按压耳屏数次促使药液经鼓膜穿孔处流入中耳，3~5min后变换体位。滴耳药液的温度尽可能与体温接近，以免引起眩晕。

3. 糖皮质激素　具有抗炎、抗水肿、减少渗出的疗效已得到实验证实，通过全身或局部使用，可以减轻鼻腔、鼻咽及咽鼓管的阻塞性因素及炎症反应，从而减轻中耳积液和继发急、慢性中耳炎可能，但仍不作为常规推荐治疗用药。

4. 其他治疗药物　包括黏膜减充血剂、抗组胺药、前列腺素抑制剂、黏液促排剂等，虽然在临床经验性的使用，然而，这些治疗的疗效仍无循证医学的佐证。

（四）临床问题导向的药物治疗

1. 慢性化脓性中耳炎合并真菌感染的药物治疗　由于慢性化脓性中耳炎患者耳部长期持续、反复的流脓，因此耳内环境变得十分潮湿，为真菌生长繁殖提供了有利的环境，继而极易出现并发真菌感染的现象；同时由于慢性化脓性中耳炎患者常滴用抗菌药物，也极易造成菌群失调而导致真菌感染，真菌主要以曲霉属及酵母菌属为主。因此，治疗慢性化脓性中耳炎时应经常清洁患耳，保持耳道干燥，降低湿度，若持续、反复性出现分泌物，则需加强患耳清洁次数，同时加以使用聚维酮碘进行耳浴治疗，必要时做分泌物细菌培养，根据结果进行更有针对性的药物治疗。

2. 持续分泌性中耳炎患儿的药物治疗　尽管目前对持续分泌性中耳炎患儿药物治疗的研究结果尚不完全，但目前资料仍足以证实对拟行鼓膜切开置管手术的患儿术前抗生素治疗是有效的。针对3岁以内的患儿，中耳积液不超过3个月且应用抗生素有效者，建议随访观察；推荐阿莫西林作为一线抗感染用药，治疗疗程为治疗剂量药物连续使用2周；全身使用减充血剂和抗组胺药无效；不建议行激素治疗和抗过敏药物治疗。

由于该病复发率甚高,因此即使中耳积液消失,仍应对其进行每月评估随访。

（五）药物治疗展望

药物治疗在中耳炎病程发病的早中期有着积极的价值和意义,对于慢性化脓性中耳炎,药物治疗也成为围手术期的重要治疗手段。未来针对中耳炎的疫苗应该有广泛的前景。注射肺炎链球菌疫苗能大量减少由疫苗血清型肺炎链球菌所引起中耳炎发生率,整体中耳炎发生率也有相对的改善。自从肺炎链球菌疫苗注射后,反倒使得流行性感冒嗜血杆菌上升为急性中耳炎最常见的病原菌,从而使非疫苗血清型肺炎链球菌的培养率也提升。故目前疫苗主要发展挑战目标是未分型的流行性感冒嗜血杆菌以及黏膜菌。另外,病毒疫苗也被证实对中耳炎的预防有所助益,尤其是针对呼吸道融合病毒流感病毒以及副流感病毒的病毒疫苗。

五、突发性耳聋

感音神经性聋是指病变位于耳蜗的毛细胞或螺旋神经节神经元及各级听中枢对声音的感受与神经冲动的传导发生障碍所引起的听力下降。毛细胞是内耳中将声音的机械能转化为生物电信号再传递到听神经的重要感受器细胞。当这些细胞受到损伤时就会发生听力或平衡障碍。与其他物种不同,鱼和鸟类等低级脊椎动物的毛细胞受损伤后有再生能力,人类和其他哺乳动物内耳毛细胞损伤后可逆性较差。内耳毛细胞或螺旋神经节神经元损伤丢失是人类感音神经性聋的直接原因。在各种类型的感音神经性聋中通过药物治疗能取得一定疗效的是特发性突发性感音神经性耳聋。

突发性聋通常是指突然发生的原因不明的感音神经性听力损失,大多数是单耳发病,少数是双耳同时或先后发病,其发展过程为几小时至几天,多在3日内听力急剧下降。男女性别无差异,中年人发病率较高。国人每年的发病率为5~20/10万。由于病变多发生于一侧且相当数量的患者有自行恢复的现象,往往不来就诊,故实际发病率远较此为高。导致突发性聋的疾病有:听神经瘤、梅尼埃病、自身免疫性疾病、血液系统疾病、耳毒性药物和颞骨转移性肿瘤等。只有当上述病因和其他已知病因排除后的才认为是特发性突发性聋。多数特发性突发性聋有自然康复的趋势。听力恢复的情况受患者年龄、听力损失的程度、听力图形状及是否伴有眩晕等因素的影响。

（一）临床表现与诊断

1. 病史　突然发生的,可在数分钟、数小时或3日以内,原因不明的感音神经性听力损失,可伴耳鸣、眩晕、恶心、呕吐,但不反复发作。单耳发病居多,亦可双耳同时或先后受累,双侧耳聋则往往一侧为重。

2. 查体　鼓膜及鼓室内结构完整。

3. 常规听力学检查　①纯音测听气骨导阈值上升,一般至少在相邻2个频率听力阈值上升20dB以上。听力曲线分型以平坦型为主,也有高频渐降型、高频陡降型或轻度低频下降型。②阈上测听:双耳交替响度平衡试验和短增量敏感指数试验有不同程度的重振现象存在。③言语识别率可有降低。④声导抗测试,鼓室压曲线呈正常A型,声反射有重振现象。⑤诱发性耳声发射蜗性聋听力损失大于40dB可消失,如能检出耳声发射说明是蜗后聋。⑥耳蜗电图检查可表现AP反应阈升高,潜伏期延长或不能引出波型,部分患者可有负SP优势。⑦听性脑干反应测听可出现V波反应阈增高,各波绝对潜伏期延长或不能引出被形,无波间期延长现象。

4. 诊断　结合病史及体征,听力学检查至少在相邻2个频率听力下降20dB以上。应注意与梅尼埃病、听神经瘤、听神经病、大前庭水管综合征及功能性聋等鉴别。

（二）一般治疗原则

尽早使用改善内耳微循环药物,增加内耳血流量。

（三）基本治疗药物及治疗方案

突发性耳聋的治疗有2种意见,一是主张积极治疗,二是主张治疗并无效果。各有其临床和病理的依据,至今未能统一。但多数耳科医生还是采取积极治疗的方案,作为耳科的急症,随着对病因认知的不断深入,治疗必将更有针对性。

突发性耳聋患者一旦确诊尽可能注意休息,保持情绪的稳定,限制水盐摄入。

1. 全身糖皮质激素　临床发现,在突发性聋治疗中,激素的应用是影响疗效的关键性因素。

糖皮质激素主要通过抗炎和免疫抑制来发挥作用,对内耳组织有抗炎、消除水肿、改善微循环、增加内耳血流量、改善电解质紊乱、免疫抑制等作用。临床可选用的激素种类较多,按其生物效应期分为短效、中效和长效激素。短效激素如可的松、氢化可的松和天然激素,其抗感染效力弱,作用时间短,不适宜突发性耳聋的治疗。中、长效激素为人工合成激素。在突发性聋治疗中常用的药物一般为中效、长效的糖皮质激素,包括泼尼松、甲强龙、地塞米松、倍他米松等。然而,全身使用激素在取得良好的治疗效果的同时,却有广泛的副作用和禁忌证。

2. 鼓室内注射糖皮质激素　由于糖皮质激素全身用药有广泛的副作用和禁忌证,近年来经鼓室给药引起了人们的重视。鼓室内治疗是指输送药物到蜗窗膜进而被内耳吸收的一种治疗方法。鼓室激素治疗突聋的优点在于可以避免全身激素治疗的副作用,并可在内耳中获得更高的药物浓度,鼓室给药相比全身给药,内耳药物浓度可高出100倍。

虽然局部用药减少了全身激素用药的副反应,但局部用药不能完全替代全身激素用药。因为全身用药和局部用药的作用途径不同。全身用药经胃肠吸收或静脉输液进入血液循环。而局部用药只能进入外淋巴液,不能进入血液循环。而突发性聋的发病机制目前还是主要认为内耳微循环障碍。只有进入血液循环的激素可直接减轻血管内皮水肿,从而直接改善内耳微循环。

鼓室内给药的方式有:经鼓膜直接注射给药,或通过鼓膜植入激素缓释器。目前在临床以鼓膜穿刺直接注射的方法较为常见。使用1ml的25号或27号针头的注射器将药物(剂量为0.3~1.5ml)经鼓膜的后下方注射到蜗窗区域附近,使药物充满中耳腔,透过鼓膜,中耳腔可见白色液体时为注射成功。为了延长药物与蜗窗膜的接触时间,嘱患者注射后将患耳朝上保持15~45min,并尽可能减少吞咽以防止药物从咽鼓管流失。此法优点是操作简单、方便,在门诊即可进行。缺点为随时间推移,激素量衰减快;另外大部分药物有可能经咽鼓管流失,从而使吸收入内耳的药量少,且难以估计患者的药物总量。

3. 抗凝剂　基于纤维蛋白原水平提高导致耳蜗血液流变学改变,从而破坏内耳的微循环这一理论,很多抗凝药物已用于治疗突聋。抗血栓类药物能降低血中纤维蛋白原的含量,从而降低血黏度,使血管阻力下降,抑制血栓形成,增加内耳血液流量,改善内耳微循环,有效挽回内耳结构因缺血、缺氧而引起的听力损失,从而提高听力,纤维溶栓剂既可抑制血栓形成又可溶解血栓,疏通内耳血液循环,使血管再通,局部循环得以恢复,达到治疗的目的。常用的药物有:尿激酶、东菱克栓酶、蝮蛇抗栓酶。但上述抗凝药物治疗应严格掌握适应证,对于有出血史、凝血功能异常、正在使用具有抗凝作用及抑制血小板功能药物、对上述抗凝药物过敏及重度肝肾功能障碍者,均应避免使用,使用过程中应注意检测血纤维蛋白原和血小板凝集状态的变化,严密观测有无出血或可能出血,特别是此类患者常同时使用低分子右旋糖酐和激素,更易加重出血倾向,发现异常应立即停药。

4. 血管扩张剂

(1)钙通道阻滞剂:通过抑制钙离子进入细胞内,从而扩张内耳静脉及淋巴管,增加其灌流量,改善耳蜗血流及淋巴液循环,常用药物有尼莫地平或尼莫通30~60mg,2~3次/d,氟桂利嗪5mg,1次/d。

(2)组胺衍生物:具有扩张毛细血管,改善微循环作用,可解除耳蜗毛细血管前动脉痉挛,使微循环障碍所造成的膜迷路积水迅速消退。其作用较组胺持久,又能抑制组胺释放,产生抗过敏作用。它在扩张血管时不增加微血管的通透性,能增加脑血流量及内耳血流量,改善前庭功能,消除内耳性眩晕、耳鸣和耳闭塞感并使发作的频率降低。因为可增加颈动脉血流量,扩张毛细血管前小动脉,促进脑微循环,对脑动脉硬化、缺血性脑血管病(包括短暂性脑缺血发作、脑血栓形成、脑栓塞等),头部外伤或高血压所致的直立眩晕、耳鸣等也有效。常用药物有盐酸倍他司汀,是组胺H_1受体部分激动药,口服6~12mg,3次/d。

(3)活血化瘀中成药:常用的药物有①复方丹参片,口服3片,3次/d或8~16mg加入10%葡萄糖溶液中静脉滴注,1次/d;②川芎嗪40~80mg,生理盐水稀释后静脉滴注,1次/d葛根素200~400mg,静脉滴注,1次/d。扩血管药选用一种，至多不超过两种同时使用。

5. 改善内耳代谢药物 阿米三嗪-萝巴新，口服1片，2次/d；吡拉西坦，对大脑皮质具有特殊选择作用，它不仅可使衰退的脑神经细胞活化、使其功能恢复，并且对神经细胞具有高度保护作用，常用剂量为0.8~1.6g，3次/d；三磷酸腺苷（ATP）20mg，3次/d；辅酶A（CoA）50~100U加入液体中静脉滴注。但最近也有研究发现在突发性耳聋早期阶段使用ATP效果往往不佳。三磷酸胞苷（CTP）是一种透膜作用极强的核苷酸类衍生物，可用于替代ATP治疗突发性耳聋。有报道在其他治疗相同的情况下CTP组优于ATP组，在治愈率、治疗后平均听阈及听力平均提高分贝均有显著性差异。

6. 改善内耳循环降低血黏度药物 低分子右旋糖酐可降低血液黏稠度，减少红细胞凝集，改善微循环。可用10%低分子右旋糖酐500ml静脉滴注，共静脉滴注5~7d。合并心功能衰竭及出血性疾病者禁用。

（四）临床问题导向的药物治疗

临床实践中，针对突发性聋的多中心临床研究数据显示：根据听力曲线分型对突发性聋的治疗和预后具有重要意义，改善内耳微循环药物和糖皮质激素对各型突发性聋均有效，合理的联合用药比单一用药效果要好，低频下降型疗效最好，平坦下降型次之，而高频下降型和全聋型的治疗效果不佳。在联合用药中推荐以下治疗措施：

1. 基本治疗建议 突发性聋急性发作期（3周以内）多为内耳血管改变，建议采用糖皮质激素+血液流变学治疗（包括血液稀释、改善血液流动度以及降低血液黏度，具体药物有巴曲酶、尿激酶、银杏提取物等）。糖皮质激素的使用，口服给药：泼尼松，每日1mg/kg（最大剂量建议60mg），晨起顿服，连用3日，如有效，可再用3日后停药，不必逐渐减量。激素也可静脉注射用药，按泼尼松剂量推算，甲强龙40mg或地塞米松10mg，时间同口服。

2. 低频下降型突发性聋 由于可能存在膜迷路积水，故需要限盐，治疗中尽量口服用药，避免使用生理盐水。少数使用糖皮质激素和改善微循环药物治疗效果不理想的可给予抗凝剂及其他改善静脉回流的药物治疗。

3. 全频听力下降患者 建议尽早联合用药，首先考虑抗凝治疗，去除纤维蛋白原及病理蛋白质，使血流加速。然后再使用激素减轻血管内皮水肿，最后再给予改善内耳微循环药物。用药的时机和顺序对于治疗效果有一定的价值和意义。

（五）药物治疗展望

药物治疗突发性聋，由于有血脑屏障和血迷路屏障的存在，需要进一步研究各种药物如何进入内耳。已经有研究表明，在内耳急性损伤，如噪声性声损伤时，有一段时间血迷路是开放的，从而有利于药物进入。但是对开放的窗口期具体的时间段还有待进一步研究，从而为药物更有效的治疗突发性耳聋打开新的空间。

六、梅尼埃病

眩晕是常见的临床症状之一。基于流行病学资料，眩晕在成年人中报道高达20%~30%。眩晕疾病的疾病谱涵盖多个学科、涉及疾病百余种，其中，耳源性眩晕疾病在眩晕疾病中占50%~70%。其中又以良性阵发性位置性眩晕、梅尼埃病为常见的耳源性眩晕疾病。良性阵发性位置性眩晕以手法复位为主要治疗手段，梅尼埃病的药物治疗就成为眩晕及耳内科关注的重要内容。

梅尼埃病（Ménière's disease）是一种特发性膜迷路积水的内耳病，临床表现为反复发作的眩晕、波动性感音神经性听力下降伴有耳鸣、耳闷胀感，发作间期无眩晕。1861年，法国医师Prosper Ménière首次报道临床表现为发作性眩晕、耳聋、耳鸣，死后的颞骨病理切片为膜迷路内有血性渗出物，而脑脊液无改变的病例，并首次提出内耳疾病可能导致眩晕、耳鸣、耳聋等症状。鉴于其突出的贡献，以其名字命名此疾病。1938年，英国以及日本学者分别独立研究报道梅尼埃病患者死后颞骨病理改变为膜迷路积水。

（一）临床表现与诊断

由于梅尼埃病的病因和发病机制尚未完全阐明，正确治疗必须要以正确的诊断为基础，因此，制定一个公认的诊断标准非常重要。我国2006年修订了的梅尼埃病诊断标准，诊断要点如下：

1. 定义 梅尼埃病是一种特发性膜迷路积水的内耳病，表现为反复发作的旋转性眩晕、波动性感音神经性听力损失、耳鸣和／或耳胀满感。

2. 诊断依据

（1）发作性旋转性眩晕2次或2次以上，每次持续20min至数小时。常伴自主神经功能紊乱和平衡障碍。无意识丧失。

（2）波动性听力损失，早期多为低频听力损失，随病情进展听力损失逐渐加重。至少1次纯音测听为感音神经性听力损失，可出现听觉重振现象。

（3）伴有耳鸣和／或耳胀满感。

（4）排除其他疾病引起的眩晕，如良性阵发性位置性眩晕、迷路炎、前庭神经元炎、药物中毒性眩晕、突发性聋、椎基底动脉供血不足和颅内占位性病变等。

3. 临床表现

早期：间歇性听力正常或轻度低频听力损失。

中期：间歇性低高频率均有听力损失。

晚期：全频听力损失达中重度以上，无听力波动。

4. 可疑诊断（梅尼埃病待诊）　符合以下任何一条为可疑诊断。对于可疑诊断应该根据条件进一步行甘油试验、耳蜗电图、耳声发射及前庭功能检查。

（1）仅有1次眩晕发作，纯音测听为感音神经性听力损失，伴有耳鸣和耳胀满感。

（2）发作性眩晕2次或2次以上，每次持续20min至数小时。听力正常，不伴有耳鸣和耳胀满感

（3）波动性低频感音神经性听力损失。可出现重振现象。无明显眩晕发作。

（二）一般治疗原则

以调节自主神经功能、改善内耳微循环及解除膜迷路积水为主的药物治疗结合心理和康复治疗的原则。

（三）基本药物治疗和方案

梅尼埃病病因及病理机制复杂。临床上用以治疗的方法较多，但常以经验性为主，目前认为内科治疗能够控制80%患者的眩晕发作，但不能消除其病因和长期保护听力。内科治疗目的是：①减少眩晕发作的次数和减轻发作的严重性；②终止或减轻发作时伴有的耳聋和耳鸣；③防止疾病进一步发展，特别是耳聋和平衡障碍。由于

本病的特征是发作性眩晕，患者的症状分为急性期和间歇期，故治疗策略上分为急性期治疗和间歇期治疗。

1. 急性期治疗

（1）一般治疗：患者在此期要卧床休息，避免刺激。饮食方面，控制水分及盐的摄入，水分控制在1 000~1 500ml/d以下，食盐的摄入量低于1.5g/d。选用高蛋白、高维生素、低脂肪饮食。

（2）药物治疗：治疗梅尼埃病的药物种类较多，急性期使用前庭镇静剂、止吐药、扩血管药、利尿脱水药、糖皮质激素等。

1）苯二氮䓬类：作用于小脑的γ氨基丁酸系统，抑制前庭核反应。由于它的前庭抑制和抗焦虑作用，可能会影响前庭代偿，因此，临床推荐只用于眩晕急性发作。劳拉西泮和氯硝西泮成为常用的临床选择，通过限制剂量在0.5mg，2次／d或更低的剂量来避免药物成瘾。尽量避免使用阿普唑仑作为前庭抑制剂，因为它具有潜在的撤药综合征。长效苯二氮䓬类通常无助于缓解眩晕症状。成瘾、记忆力损害和跌倒风险增加是这类药的主要问题。

2）抗胆碱药：是中枢性前庭抑制剂，能有效制止眩晕和呕吐症状，减慢前庭性眼球震颤的速度。通过阻滞胆碱能受体，使乙酰胆碱不能与受体结合，能解除平滑肌痉挛，使血管扩张，改善内耳微循环，同时抗胆碱药还能抑制腺体分泌，可用于缓解急性期自主神经反应严重的胃肠道症状。

氢溴东莨菪碱：0.3~0.5mg口服，或稀释于5%葡萄糖溶液10ml静脉滴注。

山莨菪碱（654-2）氢溴酸注射液：10mg肌内注射或静脉滴注。

硫酸阿托品：0.5mg皮下注射或稀释后静脉滴注。

东莨菪碱透皮治疗系统：由于东莨菪碱口服或注射半衰期短，需频繁给药，血液药物浓度曲线有"峰谷"现象，很难掌握用量。20世纪70年代后期制成透皮治疗贴，贴剂疗效快且可持续给药，据观察疗效优于茶苯海明，对控制梅尼埃病眩晕效果良好。不良反应为口干，但较口服及注射剂轻，透皮治疗贴对恶心呕吐严重者尤为适用。

3）血管扩张剂：内耳微循环障碍导致血管纹缺血，也是本病的病因之一。血管扩张剂则被

用于改善缺血、改善耳蜗微循环、减轻内淋巴压力和前庭核的功能抑制，故改善微循环药物对控制眩晕、耳聋和耳鸣有一定疗效。但长期使用（大于 3 个月）药物控制眩晕作用减弱。因目前血管扩张剂在梅尼埃病中的应用仍属于经验性，部分学者认为，血管扩张剂最可能的作用是非特异性的抑制中枢神经系统，而不是对耳蜗的血流的直接作用。

氟桂利嗪：选择性钙离子通道阻滞剂，在缺氧条件下可阻滞钙离子跨膜进入胞内，造成细胞死亡；此外还可抑制血管收缩降低血管阻力，降低血管通透性减轻膜迷路积水，增加耳蜗辐射小动脉血流量，改善微循环，10mg/d。副作用有嗜睡作用。

倍他司汀：为组胺类药物，具有强烈的血管扩张作用，可改善脑及内耳循环，抑制组胺释放产生抗过敏作用。口服 6~12mg，每日 3 次，静脉用倍他司汀 20~40mg，加入生理盐水 250ml，静脉滴注，10~15d 为 1 个疗程。

碳酸氢钠：中和病变区的酸性代谢产物，释放 CO_2，局部 CO_2 分压增加，扩张毛细血管，改善微循环；同时提高机体碱储备，促进营养过程正常化。通常用 5% 碳酸氢钠 250ml，静脉滴注，每日 1 次可连续静脉滴注 5d。

4）降低血液黏稠度药物：此类药物通过降低血液黏稠度，减少红细胞凝集，改善微循环。

川芎嗪：有抗血小板聚集作用，对已聚集血小板有解聚作用，抑制平滑肌痉挛扩张小血管，改善微循环，能透过血脑屏障，有抗血栓和溶血栓作用。口服 100mg，每日 1 次；肌内注射 40~80mg，每日 1~2 次，可静脉滴注 40~80mg 加入 5%~10% 葡萄糖 250~500ml 中，每日 1 次，7~10 次为 1 个疗程。

复方丹参：能活血化瘀，具有扩张小血管、抑制凝血，促进组织修复作用，实验证明复方丹参针剂能增强缺氧耐受力，使脑及冠状动脉血流量增加，聚集的红细胞有不同程度解聚，降低血液黏稠度，减少纤维蛋白原含量。口服每次 3 片，每日 3 次；肌内注射 2ml，每日 2 次；以本品 8~16ml 加入低分子右旋糖酐或 5% 葡萄糖液 100~500ml，静脉滴注，每日 1 次，2 周为 1 个疗程。

5）利尿药：病理证实梅尼埃病的病理改变为膜迷路积水，故可采用利尿药脱水治疗，常用的利尿药有以下几种：

氢氯噻嗪：直接作用肾髓祥升支和远曲小管，抑制 Na^+ 的再吸收，促进氯化钠和水分排泄，也增加血钾的排泄，口服 1h 出现利尿作用，2h 达高峰，持续 12h；每日量为 25~75mg，每日 2~3 次。口服 1 周后停药或减量，长服此药可引起低血钾故应补钾。

氨苯蝶啶：保钾利尿药，主要作用于远曲小管，增加 Na^+ 排出，保留 K^+，常与失钾利尿药合用，50mg 每日 3 次餐后服。

50% 甘油溶液：口服 50~60ml，每日 2 次，能增加外淋巴渗透压，以减轻膜迷路积水，为减轻甘油对胃肠刺激可加入少许橘汁或柠檬汁调味。

6）糖皮质激素：基于梅尼埃病的炎症或免疫理论，近年来糖皮质激素较为广泛地应用于梅尼埃病的治疗。给药方式可通过全身用药和局部的鼓室注射，使用鼓室注射激素治疗有许多优点：内耳药浓度明显高于全身用药，使用简便，可避免手术。可作为有全身用药禁忌证（合并高血压、糖尿病），不能耐受全身治疗（失眠障碍、胃肠道疾病等）、全身治疗失败者的补救治疗。有关并发症的报道不一致，主要有疼痛、短时眩晕、中耳炎、鼓膜穿孔、眩晕（暂时的或持续的）和耳聋等。

在临床药物治疗中，单独或联合使用以上类别药物或其他药物治疗急性发作的同时，必须卧床休息和补充水分、电解质，特别是对有呕吐症状患者。

2. 间歇期治疗 梅尼埃病患者若无症状可无需任何治疗，若有平衡功能障碍、耳聋、耳鸣者，可根据症状进行相应治疗。间歇期的治疗目的为预防眩晕发作和听力下降。

（1）生活方式的调整：梅尼埃病发病诱发因素有高盐饮食、咖啡因、酒精、烟碱、心理压力、疲劳和过敏等。注意避免诱发因素可以减少发作。激素水平也影响发病，已注意到月经期和梅尼埃病的关系，但仍有争论。情绪压抑与发病的频率和严重性有关。压力、眩晕与梅尼埃病之间的关系仍有争论。尽管如此，在处理中，应该注意心理治疗，目的是减轻患者担心疾病发作的忧虑，舒缓心理压力。

（2）限制食盐的摄入：有患者进食高盐饮食

后出现急性发作的病例,因此,限制盐的摄入已经成为处理梅尼埃病的一部分。研究发现,钠对内淋巴积水的影响比想象的更为复杂,对动物及人的研究发现,低盐饮食几乎不能改变血钠浓度。内淋巴积水可能是一些仍然未被认识的、迷路内环境障碍疾病的表现。血浆等渗的维持并不单纯由钠离子决定,因此,一些研究者改变了研究焦点,从关注钠(盐)到水本身的转运和调节。研究发现精氨酸抗利尿激素,水通道蛋白和抗利尿激素在 MD 发生中的可能作用。有研究发现与常规治疗比较,增加饮水能够减低 ADH 水平,有效改善和预防耳聋。尽管钠在积水中的作用还未完全了解,钠的限制仍然受到文献和临床广泛支持。有作者要求患者低盐饮食摄入氯化钠每日不超过 1g,但多数推荐每日不多于 2g。患者在减少盐的摄入同时,可用其他调味剂增加口味。

(3)常用药物治疗:通过避免诱发因素,如调节情绪和限制食盐摄入等可以控制一些患者的病情,但多数仍然需要药物治疗。必须指出目前广泛使用的治疗,并没有得到前瞻、随机和对照的临床研究所证实。

1)利尿药:利尿药可单独使用,或作为限制食盐摄入的替代方法,以减少机体的总盐量和液体量,达到减少内淋巴量,减轻内耳压力和积水的目的。其他机制还包括减少内淋巴在血管纹的生成。利尿药在影响内耳的液体平衡时,长期使用也有某些副作用,包括代谢性酸中毒、低钾血症和低氯血症(噻嗪类)、高血糖和糖尿病危象、高尿酸血症、肾和肝功能障碍、胃肠功能障碍(碳脱水抑制剂)等,临床使用中需要具体关注。

2)血管扩张药:通过改善内耳微循环,辅以利尿药,达到减少内淋巴量,减轻内耳压力和积水的目的。用法、用量已在"急性发作期治疗"中阐述,但用药强度比急性发作期缓和。

(4)鼓室注射氨基糖苷类药物治疗:氨基糖苷类抗生素有耳毒性,链霉素和庆大霉素有选择性前庭毒性,可以破坏产生内淋巴的壶腹嵴暗细胞。1948 年 Forler 全身使用链霉素治疗 MD。1956 年 Schuknecht 使用中耳灌注氨基糖苷类抗生素治疗梅尼埃病。近年鼓室内注射庆大霉素(ITG),也称为"化学性迷路切除",已成为一种治疗 MD 的方法。

1)治疗机制:Kimura(1988)认为庆大霉素能同时损害前庭和耳蜗毛细胞,对前庭的损害重于耳蜗,从生物性质看,庆大霉素含氨基和胍基带正电荷,与带负电荷的前庭毛细胞相吸,与带正电荷的耳蜗毛细胞相斥,因此对前庭毛细胞有亲和力易受损害。Hayashida(1985)认为 I 型前庭毛细胞是庆大霉素靶细胞,该细胞受损后不向中枢传递病理性兴奋,达到消除眩晕目的;Pender 认为庆大霉素除破坏毛细胞外,还损害前庭系暗细胞的分泌功能,而且暗细胞破坏发生在毛细胞受损之前,鼓室注射庆大霉素可降低内淋巴压而保存听力,药物进入鼓室后,经过圆窗膜、前庭窗环韧带、微小血管淋巴管、中内耳间骨缝进入外淋巴液,再渗透到内淋巴及毛细胞,历时 48~72h,而内淋巴液及毛细胞向外排泄药物很缓慢,很少剂量就足以破坏前庭功能,

庆大霉素较链霉素的安全系数高,能较好地保护听力,而且治疗量与中毒量相距较大,是 ITG 的常用药物。氨基糖苷类抗生素进入毛细胞的途径主要有两个:①庆大霉素进入外淋巴液后经基底部胞膜的离子通道进入毛细胞;②庆大霉素进入内淋巴液后经毛细胞的顶端的机械门通道或细胞的吞饮作用进入毛细胞。

2)治疗方法:氨基糖苷药物中,庆大霉素较链霉素安全系数大,即有较大治疗窗,治疗量与中毒量相距较大,该药 1964 年问世,以其良好的危险/疗效比而成为主要的氨基糖苷类药,耳聋的出现率低于链霉素,又因其本身就是水剂,注射入中耳腔有疼痛轻等优点,现多数采用庆大霉素鼓室注射。它是一种酸性药物,pH 为 5,使用前用碳酸氢钠中和,配制方法为 4 万 U 庆大霉素加入 5% 碳酸氢钠的 0.5ml 缓冲至 1.5ml。患者取仰卧位,头向健侧转,在手术显微镜或耳内镜下,表面麻醉鼓膜后用细腰穿针将配制好的庆大霉素溶液经鼓膜前下注入鼓室内 0.3~0.5ml,尽可能保证液平面超过圆窗和前庭窗,保持头位 30~60min。治疗过程中嘱患者避免吞咽动作。一般分为急性与慢性两种给药模式,急性给药为每日鼓室注射 1 次,连续 3~5 次为 1 个疗程,多数学者采用此法。因连续给药使听力易受损害,为保存听力,有学者

提出慢性给药法,每周注射 1 次可减少听力损害。除经鼓膜注射法外,尚有经鼓膜置管连续滴药,圆窗龛处置微导管连微型泵或含庆大霉素之明胶海绵等方法,用药 2~4 周后若出现振动性幻觉、运动失调、眼震、耳聋、耳鸣时停药。

鼓室内给药的优点为:①直接治疗患耳,对全身无影响;②可以获得较高的组织药物浓度;③避免出现药物的全身毒副作用。其主要理论依据是:药物与圆窗膜接触后直接经圆窗膜渗透进入内耳,药物进入内耳后主要是缓慢的被动扩散过程。药物作用的靶组织包括耳蜗、前庭的感觉毛细胞、传入神经纤维及支持细胞等。

虽然化学迷路切除有较好的疗效,但因为也会同时损伤球囊和椭圆囊的功能,对平衡功能仍然影响较大。因此也有学者建议尽量使用鼓室激素注射治疗缓解患者症状,如果仍然效果不佳,手术治疗(半规管填塞、前庭神经切断术)仍是梅尼埃病不可或缺的治疗手段。

(四)临床问题导向的药物治疗

目前,因为梅尼埃病发病机制的复杂,经验性的治疗方法较多。但在临床制订诊疗方案时,也必须面对个体化综合治疗方案的制订与思考。疾病的急慢性分期治疗的方法即有明显不同,急性期治疗原则主要是控制眩晕发作,减轻患者自主神经症状。相应的治疗主要以药物为主,包括前庭神经抑制剂、血管扩张剂,必要时可用利尿药等。慢性期的治疗主要针对遗留症状,包括听力下降、耳鸣、平衡障碍等主要采用物理康复治疗和鼓室注射。

同时针对梅尼埃病的发病不同阶段,治疗策略也有所不同。早期的治疗主要是药物控制眩晕并尽可能保存听力;随着疾病的进一步发展,听力有所损伤,可考虑氨基糖苷类药物的鼓室给药治疗;对于听力严重受损的难治性眩晕患者则可以考虑不保存听力的手术治疗。因此梅尼埃病的阶梯治疗和眩晕的个体化综合治疗是临床治疗方案制订中的必然趋势。

(五)药物治疗展望

梅尼埃病现在的药物治疗方法只是缓解症状,仍未找到理想的根治方法。中医学采用补虚泻实、调整阴阳、急则治其标、缓则治其本的治疗原则辨证施治。中西医在梅尼埃病不同阶段有各自的治疗优势,而单独应用时又存在相应的不足。未来根据患者疾病的不同阶段及结合中西医的各自优势特点,给予有效的中西医结合个体化治疗,在发挥西医治疗的优势和中医治疗的特点上,两者取长补短,提高临床疗效。

(陈阳静 赵 谦)

参 考 文 献

1. Greiner A N, Hellings P W, Rotiroti G, et al.Allergic rhinitis[J]. Lancet, 2011, 378: 2112-2122.

2. Zhou B, He G, Liang J, et al. Mometasone furoate nasal spray in the treatment of nasal polyposis in chinese patients: a double-blind, randomized, placebo-controlled trial[J]. Int Forum Allergy Rhinol, 2016, 6(1): 88-94.

3. Nayak A, Langdon R B. Montelukast in thereatment of allergic rhinitis: an evidence-based review[J]. Drugs, 2007, 67: 887-901.

4. Thomas J H, Hasan M T.Management of idiopathic-sudden sensorineural hearing loss[J].The American Journal of Otology, 1999, 20(5): 587.

5. Sircoglou J, Gehrke M, Tardivel M, et al.Trans-Oval-Window Implants A New Approach for Drug Delivery to the Inner Ear: Extended Dexamethasone Release From Silicone-based Implants[J].Otol Neurotol, 2015, 36(9):

1572-1579.

6. Lopez-escamez J A, Carey J, Chung W H, et al.Diagnostic criteria for Meni è re`s disease[J].J Vestib Res, 2015, 25: 1-7.

7. 李大庆, 译. 耳鼻咽喉头颈外科学[M]. 第 17 版. 北京: 人民卫生出版社, 2012.

8. 孔维佳, 韩德民. 耳鼻咽喉头颈外科学[M]. 第 2 版. 北京: 人民卫生出版社, 2014.

9. 田勇泉. 耳鼻咽喉头颈外科学[M]. 第 9 版. 北京: 人民卫生出版社, 2018.

10. 申坤, 王成硕. 大环内脂类药物治疗慢性鼻 - 鼻窦炎的进展[J]. 临床耳鼻咽喉头颈外科杂志, 2018, 32(9): 717-722.

11. 文卫平. 变应性鼻炎的药物治疗[J]. 中国医学文摘耳鼻咽喉科学, 2013, 28(2): 59-61.

12. 许昱, 陶泽璋. 重视变应性鼻炎药物治疗的规范化和个体化［J］.山东大学耳鼻喉眼学报,2017,31（3）:4-8.

13. 中华医学会耳鼻咽喉头颈外科学分会鼻科学组.中国慢性鼻窦炎诊断和治疗指南（2018）［J］.中华耳鼻咽喉头颈外科学杂志,2019,54（2）:81-100.

14. 汪忠镐.食管反流与呼吸道疾病［M］.北京:人民卫生出版社,2010.

15. 袁永一,黄德亮.突发性耳聋的药物治疗进展［J］.中国药物应用与监测,2005,6:49-52.

16. 袁芳,亓卫东.内耳药物递送的研究进展［J］.中华耳科学杂志,2018,16（4）:575-580.

17. 孔维佳,刘波,冷样名.眩晕疾病的个体化综合治疗［J］.临床耳鼻咽喉头颈外科杂志,2008,22（4）:145-149.

18. 中华耳鼻咽喉头颈外科杂志编辑委员会,中华医学会耳鼻咽喉头颈外科学分会.梅尼埃病诊断和治疗指南（2017）［J］.中华耳鼻咽喉头颈外科杂志,2017,52（3）:167-172.

第二十四章　皮肤科疾病

第一节　总　论

一、皮肤科疾病的概述

皮肤是人体最大的器官，覆盖于人体表面，由表皮、真皮和皮下组织构成。皮肤中除各种皮肤附属器（毛发、皮脂腺、汗腺和甲等）外，还含有丰富的血管、淋巴管、神经和肌肉，具有屏障、吸收、感觉、分泌、排泄、体温调节、物质代谢和免疫等多种功能。

（一）皮肤科疾病的常见症状

皮肤疾病的症状包括局部症状和全身症状。局部症状表现为瘙痒、疼痛、烧灼以及麻木感等，全身症状有畏寒、发热、乏力、食欲缺乏及关节肌肉疼痛等。症状的轻重与原发病的性质、病变程度及个体差异有关。皮肤病的体征常表现为原发皮肤损害，如斑片、丘疹、斑块、风团、水疱、脓疱、结节或囊肿，继发损害包括糜烂、溃疡、鳞屑、裂隙、瘢痕、痂、萎缩和苔藓样变等。

（二）其他系统疾病的皮肤表现

皮肤是内脏的一面镜子，许多疾病的皮肤症状，往往是诊断内部疾病的重要线索。

1. 消化系统疾病　如溃疡性结肠炎可表现为小腿的结节性红斑、坏疽性脓皮病等；肝脏病常出现蜘蛛痣、掌红斑、皮肤色素沉着、黄疸、紫癜以及白甲、毛发脱落等。

2. 泌尿系统疾病　肾功能衰竭可表现为皮肤干燥、瘙痒、弥漫性色素沉着、对半甲、紫癜等。

3. 造血系统疾病　贫血可表现为皮肤苍白、色素沉着、脱发等，缺铁性贫血可出现唇炎、舌炎、反甲等。毛细血管出血可引起皮肤瘀斑，甚至出血性大疱、暴发性紫癜等。

4. 循环系统疾病　先天性心脏畸形、充血性心力衰竭的患者常表现为杵状指、发绀、水肿等。

5. 内分泌系统疾病　如艾迪生病引起的皮肤色素沉着，糖尿病的皮肤瘙痒，性激素分泌异常引起黄褐斑，甲亢患者皮肤红润、温热，甲分离、脱发，以及黏液性水肿、杵状指等。

6. 感染性疾病　细菌性心内膜炎可出现手指端痛性紫红色结节、甲下出血、皮肤瘀点等；梅毒患者可出现掌跖部位丘疹鳞屑性皮疹；感染性休克患者可出现皮肤湿冷、苍白、发绀或花斑，合并弥散性血管内凝血时出现皮肤出血性坏死及大疱形成。

7. 肿瘤　肿瘤的皮肤表现包括肿瘤皮肤转移和副肿瘤性皮肤病。肺癌和乳腺癌是发生皮肤转移最常见的肿瘤类型。常见的副肿瘤皮肤病包括匐行性回状红斑、副肿瘤天疱疮、恶性黑棘皮病、坏疽性脓皮病、游走性浅表性血栓静脉炎等。如皮肤出现经久不愈的溃疡、顽固硬化性红斑或原因不明的皮肤结节时，有必要进行病理活检以明确诊断，以助于早期发现体内潜在的恶性肿瘤。

二、皮肤科疾病的治疗原则

皮肤疾病的治疗要有整体观念，首先应该明确是单纯皮肤病变还是合并全身病变，根据患者实际情况进行合理化、个体化给药。主要治疗方法包括外用药物治疗、全身药物治疗、物理治疗以及皮肤外科治疗等，其中外用药物治疗是皮肤科特有的治疗方法。

（一）外用药物治疗原则

1. 正确选择外用药物的种类　根据皮肤病的病因、发病机制及临床表现进行选择，如细菌性皮肤病选择抗细菌药物，真菌性皮肤病选择抗真菌药，病毒性皮肤病选择抗病毒药，过敏反应性疾病选择糖皮质激素或钙调磷酸酶抑制剂，瘙痒者选择止痒剂，角化不全者选择角质促成剂，角化过度者选择角质剥脱剂等。

2. 正确选择外用药物的剂型 应根据皮肤病的皮损特点进行选择，原则为：①急性皮炎仅有红斑、丘疹而无渗液时可选用粉剂或者洗剂；炎症较重、糜烂、渗出液较多时宜用溶液湿敷；有糜烂但渗出不多时则用糊剂；②亚急性皮炎渗出不多时可用糊剂或者油剂；如无糜烂宜用乳剂或者糊剂；③慢性皮炎可选用乳剂、软膏、硬膏、酊剂、涂膜剂等；④单纯瘙痒无皮损者可选用乳剂、酊剂等。

3. 详细向患者解释使用方法和注意事项 应针对患者的个体情况如年龄、性别、既往用药反应等向患者解释详细使用方法、使用时间、部位、次数和可能出现的不良反应及处理方法，以提高患者依从性，保证药物疗效。

（二）全身药物治疗原则

如疾病累及范围较大，或出现全身症状，或病情较重、局部用药可能无法控制的情况下，可考虑使用全身给药治疗。皮肤科常用的全身治疗药物包括抗组胺药、糖皮质激素、维A酸类、抗微生物药物、免疫抑制剂、生物制剂等。全身药物治疗应根据患者病情严重程度确定适宜的药物、剂量及疗程，并且密切关注全身不良反应。

（三）其他治疗

包括物理治疗（如电疗、光疗、微波疗法、冷冻疗法、激光、光动力等）和皮肤外科治疗（如切除术、移植术等），对某些疣、皮肤肿瘤以及严重痤疮等具有较好的效果。

三、常用药物分类及作用机制

（一）外用药物

1. 外用药物的特点及影响药物吸收的因素 外用药物治疗时皮损局部药物浓度高，全身吸收少，因而具有疗效高和不良反应少等特点。药物经皮吸收是外用药物治疗的理论基础，角质层是经皮吸收的主要途径，其次是毛囊、皮脂腺、汗腺。影响药物经皮吸收的因素包括皮肤角质层厚度、药物分子量大小、药物浓度、用药时间长短以及外用药物基质类型等。

（1）皮肤的结构和部位：皮肤的吸收能力与角质层的厚度、完整性及通透性有关，一般而言，阴囊＞前额＞大腿屈侧＞上臂屈侧＞前臂＞掌

跖。角质层破坏时，皮肤吸收能力增强。

（2）角质层的水合程度：角质层的水合程度越高，皮肤的吸收能力就越强。局部用药后密闭封包，阻止了汗液和水分的蒸发，角质层水合程度提高，药物吸收可增强100倍。

（3）被吸收物质的理化性质：完整皮肤可吸收少量水分和微量气体，水溶性物质不易被吸收，而脂溶性物质相对容易吸收。此外，皮肤还能吸收多种重金属及盐类。一般情况下同一物质浓度与皮肤吸收成正比。药物剂型和基质对物质吸收亦有明显影响。如粉剂和水溶液中的药物很难吸收，霜剂可被少量吸收，软膏和硬膏可促进吸收。

（4）外界环境因素：环境温度升高可使皮肤血管扩张，血流速度增加，加快已透入组织内的药物弥散，从而使皮肤吸收增加。当环境湿度大时，角质层水合程度增加，皮肤吸收能力也增强。

（5）病理情况：皮肤充血、理化损伤以及皮肤疾病均会影响经皮吸收。

2. 常用外用药物剂型 皮肤外用剂型种类繁多，不同剂型可适用于不同皮肤疾病类型以及同一疾病的不同病程。常用剂型如下：

（1）溶液：为药物的水溶液。具有清洁、收敛作用，可湿敷以减轻充血和水肿、清除分泌物及痂等，主要用于急性皮炎湿疹类疾病。常用的有3%硼酸溶液、1：8000高锰酸钾溶液、0.2%~0.5%醋酸铝溶液、0.1%硫酸铜溶液等。

（2）酊剂和醑剂：酊剂是非挥发性药物的乙醇溶液，醑剂是挥发性药物的乙醇溶液。酊剂和醑剂外用于皮肤后，乙醇迅速将其挥发，将其中所溶解的药物均匀地分布于皮肤表面，发挥其作用。常用2.5%碘酊和复方樟脑醑等。

（3）粉剂：有干燥、保护和散热作用。主要用于无糜烂和渗出的急性皮炎皮损，特别适用于间擦部位。常用滑石粉、氧化锌粉、炉甘石粉等。

（4）洗剂：是粉剂（30%~50%）与水的混合物，两者互不相溶。有止痒、散热、干燥及保护作用。常用炉甘石洗剂和复方硫磺洗剂等。

（5）油剂：用植物油溶解药物或与药物混合。有清洁、保护和润滑作用，主要用于亚急性皮炎和湿疹。常用的有25%~40%氧化锌油、10%樟脑油等。

（6）乳剂：是油和水经乳化而成的剂型。分两种：一种为油包水（W/O），油为连续相，有轻度油腻感，主要用于干燥皮肤或在寒冷季节使用；另一种为水包油（O/W），水是连续相，容易洗去，适用于油性皮肤。水溶性和脂溶性药物均可配成乳剂，具有保护、滋润作用，渗透性较好，主要用于亚急性、慢性皮炎。

（7）软膏：是用凡士林、单软膏（植物油加蜂蜡）或动物脂肪等作为基质的剂型。具有保护创面、防止干裂的作用，渗透性较乳剂好。主要用于慢性湿疹、慢性单纯性苔藓等疾病。由于软膏可阻止水分蒸发，不利于散热，因此不用于急性皮炎、湿疹的渗出期。

（8）糊剂：是含有 25%~50% 固体粉末成分的软膏。作用与软膏类似，含有较多粉剂，有一定吸水和收敛作用，多用于有轻度渗出的亚急性皮炎、湿疹等，不宜用于毛发部位。

（9）硬膏：由脂肪酸盐、橡胶、树脂等组成的半固体基质，贴附于裱褙材料上（如布料、纸料或者有孔塑料膜等）。硬膏可牢固地黏着于皮肤表面，作用持久，具有阻止水分散失、软化皮肤和增强药物渗透性的作用。常用的有氧化锌硬膏、剥甲硬膏等。

（10）涂膜剂：将药物与成膜材料（如羧甲基纤维素钠、羧丙基纤维素钠等）溶于挥发性溶剂（如丙酮、乙醚、乙醇等）中制成。外用后溶剂迅速蒸发，在皮肤上形成一均匀薄膜，常用于慢性皮炎，也可用于职业病防护。

（11）凝胶：以有机高分子化合物和有机溶剂如丙二醇、聚乙二醇为基质配成的外用药物。凝胶外用后可形成一薄层，凉爽润滑，急、慢性皮炎均可使用。常用的有过氧化苯甲酰凝胶、阿达帕林凝胶等。

（12）气雾剂：又称喷雾剂，由药物与高分子成膜材料（如聚乙烯醇、缩丁醛）和液化气体（氟利昂）混合制成。喷涂后药物均匀分布于皮肤表面，可用于治疗急、慢性皮炎或感染性皮肤病。

3. 常用外用药物分类　皮肤科外用药物根据其作用特点可分为清洁剂、保护剂、止痒剂等，每类药物作用及代表药物见表24-1-1。

表 24-1-1　常用外用药物的种类、作用及代表药物

种类	作用	代表药物
清洁剂	清除渗出物、鳞屑、痂和残留药物	生理盐水、3%硼酸溶液、植物油和液状石蜡等
保护剂	保护皮肤、减少摩擦和缓解刺激	滑石粉、氧化锌粉、炉甘石和淀粉等
止痒剂	减轻局部痒感	5%苯佐卡因、1%麝香草酚、1%苯酚、各种焦油制剂以及糖皮质激素等
角质促成剂	促进角质层正常化，收缩血管、减轻渗出和浸润	2%~5%煤焦油或糠馏油、5%~10%黑豆馏油、3%水杨酸、3%~5%硫磺、0.1%~0.5%蒽林、卡泊三醇软膏等
角质剥脱剂	使过度角化的角质层细胞松解脱落	5%~10%水杨酸、10%间苯二酚、10%硫磺、20%~40%尿素、5%~10%乳酸、0.01%~0.1%维A酸等
收敛剂	凝固蛋白质、减少渗出、抑制分泌、促进炎症消退	0.2%~0.5%硝酸银、2%明矾液和5%甲醛等
腐蚀剂	破坏和去除增生的肉芽组织或赘生物	30%~50%三氯醋酸、纯苯酚、5%~20%乳酸等
抗细菌剂	杀灭或抑制细菌	3%硼酸溶液、0.1%依沙吖啶、5%~10%过氧化苯甲酰、0.5%~3%红霉素、1%克林霉素、1%四环素、2%莫匹罗星、2%夫西地酸等
抗真菌剂	杀灭或抑制真菌	2%~3%克霉唑、1%益康唑、2%咪康唑、2%酮康唑、1%特比萘芬等
抗病毒剂	抗病毒	3%~5%阿昔洛韦、1%喷昔洛韦等
杀虫剂	杀灭疥螨、虱、蠕形螨等	5%~10%硫磺、1%γ-666、2%甲硝唑、25%苯甲酸苄酯、5%过氧化苯甲酰等
遮光剂	吸收或阻止紫外线穿透皮肤	5%二氧化钛、10%氧化锌、5%~10%对氨基苯甲酸、5%奎宁等

续表

种类	作用	代表药物
脱色剂	减轻色素沉着	2%~5% 氢醌、20% 壬二酸等
促毛发生长剂	扩张血管、抑制局部炎症	2%~5% 米诺地尔
维A酸类	调节表皮角化、抑制表皮增生和调节黑色素代谢等	0.025%~0.05% 全反式维A酸、0.1% 他扎罗汀
糖皮质激素	抗炎、止痒、抗增生	具体见表24-1-2

外用糖皮质激素：糖皮质激素是皮肤科最常用的外用药物之一，因疗效确切，不良反应相对较小，常用于过敏性皮肤病的治疗。外用糖皮质激素作用强度与激素本身药效学特点及浓度有关，可分为弱效、中效、强效和超强效四类，具体见表24-1-2。外用糖皮质激素用量建议使用指尖单位（finger tip unit，FTU）来确定，FTU是一种简单、有效的指导患者估计外用糖皮质激素用量的方法，指从5mm直径的管口挤出的软膏或乳膏从患者示指远端指节到指尖的长度。一个指尖单位（大约500mg），可用于成人两个手掌面积的皮损。一般而言，面颈部约需2.5 FTU，前胸后背各需7.0 FTU，单侧上肢需3.0 FTU，单手（含掌背面）需1.0 FTU，单侧下肢需6.0 FTU，单足需2.0 FTU。

表 24-1-2　常用糖皮质激素外用制剂

分级	药物	常用浓度 /%
弱效	醋酸氢化可的松	0.5
	醋酸甲泼尼龙	0.25
	丁酸氢化可的松	0.1
中效	醋酸地塞米松	0.05
	醋酸泼尼松龙	0.5
	丁酸氯倍他松	0.05
	曲安奈德	0.025~0.1
	氟轻松	0.01
	醋酸氟氢可的松	0.25
	糠酸莫米松	0.1
强效	二丙酸倍氯米松	0.025
	二丙酸倍他米松	0.05
	二丙酸地塞米松	0.1
	戊酸倍他米松	0.05

续表

分级	药物	常用浓度 /%
	氟轻松	0.025
	哈西奈德	0.025
超强效	丙酸氯倍他索	0.02~0.05
	哈西奈德	0.1
	戊酸倍他米松	0.1
	卤米松	0.05

维A酸类：具有调节表皮角质形成细胞分化、改善毛囊皮脂腺导管角化、溶解粉刺和抗炎的作用，还可改善炎症后色素沉着和瘢痕，与抗菌药物联用可增加皮肤渗透性。包括维A酸霜、异维A酸凝胶、维胺酯维E乳膏、阿达帕林凝胶和他扎罗汀凝胶。

钙调磷酸酶抑制剂：抑制钙调神经磷酸酶，选择性抑制前T细胞及巨噬细胞产生和释放前炎性细胞因子。如吡美莫司软膏和他克莫司软膏。

4. 封包治疗　有些反应较差的疾病，如牛皮癣、单纯苔藓样变、手部湿疹使用封包治疗可以显著提高有效率（达100倍之多）。封包使角质层水化，增加药物与皮肤接触面，使用后在角质层形成小的储存库，可停留数天之久。封包的具体操作方法为：封包前浸湿皮肤，在皮肤干燥之前，揉搓使药物渗入皮损，然后用塑料布覆盖、包裹治疗区域，用胶带封好边缘。一般至少保持6h。

（二）全身治疗药物

1. 糖皮质激素　糖皮质激素全身给药主要用于严重过敏性皮肤病（如药疹、严重急性荨麻疹、接触性皮炎等）、自身免疫性疾病（如系统性红斑狼疮、皮肌炎、大疱性皮肤病等），某些严重感染性皮肤病在有效抗感染的前提下，也可短期使用。选择全身用糖皮质激素时要充分兼顾药物的种类、剂量、给药途径和疗程，结合其受体占有率及效应，疾病性质及严重程度以及个体差异等。

2. 抗组胺药　组胺受体有4种亚型，其中H_1受体拮抗剂（H_1-receptor antagonists）选择性阻断H_1受体，拮抗组胺引起的血管扩张、毛细血管通透性增加和局限性水肿，是最常用的抗过敏药。H_1受体拮抗剂根据其受体选择性和不良反应分为3代。第一代H_1受体拮抗剂可透过血脑屏障阻断中枢H_1受体，产生镇静、催眠作用，还具有一定抗胆碱作用,在中枢表现为镇静、止吐,外周引起阿托品样作用。此外,还有微弱的 α 受体拮抗和局麻作用。主要药物有苯海拉明、氯苯那敏、异丙嗪等。第二代和第三代抗组胺药具有抗胆碱作用与抗组胺作用分离的特点,同时对 H_1 受体选择性高、无镇静作用或作用轻微。常用药物有氯雷他定、西替利嗪、依巴斯汀、咪唑斯汀、非索非那定、地氯雷他定、左西替利嗪等。

3. 抗微生物药物 包括抗细菌、抗真菌及抗病毒药。

(1)抗细菌药物:对皮肤表面常见细菌具有杀灭或抑制作用。皮肤科常用的抗细菌药物包括青霉素类、头孢类、大环内酯类、四环素类、碳青霉烯类、万古霉素等。青霉素类如苯唑西林、头孢一代如头孢唑林以及糖肽类抗生素如万古霉素等主要用于金黄色葡萄球菌等革兰氏阳性菌所致感染。四环素、克拉霉素等用于痤疮杆菌所致感染。必要时根据细菌培养及药敏结果选择敏感药物。

(2)抗真菌药:包括唑类、丙烯胺类和多烯类等,用于真菌性皮肤病的治疗。唑类通过干扰真菌细胞的麦角固醇合成,抑制真菌生长,外用唑类包括克霉唑、咪康唑和益康唑,全身用唑类抗真菌药包括氟康唑、伊曲康唑、伏立康唑。丙烯胺类主要有特比萘芬,通过抑制真菌细胞膜上麦角固醇合成通路上的角鲨烯环化酶,达到杀灭和抑制真菌作用,可外用和口服。多烯类包括两性霉素 B 和制霉菌素,可与真菌细胞膜上的麦角固醇结合导致细胞膜通透性增加、胞内物质外渗从而导致真菌死亡。

(3)抗病毒药:可抑制病毒的复制,终止病毒 DNA 的延伸。主要用于单纯疱疹病毒、水痘-带状疱疹病毒感染,包括核苷类药物阿昔洛韦、更昔洛韦、伐昔洛韦和泛昔洛韦等,以及其他抗病毒药溴夫定和膦甲酸等。

4. 维 A 酸类药物 维生素 A 及其类似物,具有显著抑制皮脂腺脂质分泌、调节毛囊皮脂腺导管角化、改善毛囊厌氧环境并减少痤疮丙酸杆菌的繁殖、抗炎和预防瘢痕形成作用。包括全反式维 A 酸、异维 A 酸和维胺酯等,用于痤疮的治疗;阿维 A 酯和阿维 A 酸主要用于重症银屑病及各型鱼鳞病等;阿达帕林和他扎罗汀为外用制剂,用于治疗痤疮和银屑病。

5. 免疫抑制剂 非特异性抑制机体免疫功能,常与糖皮质激素联合治疗系统性红斑狼疮、皮肌炎、天疱疮等,以增强疗效,有助于减少糖皮质激素用量进而减轻不良反应,也可单独应用。包括环磷酰胺、硫唑嘌呤、甲氨蝶呤、环孢素和吗替麦考酚酯等。

6. 维生素类及微量元素 常用维生素 A、维生素 C、维生素 E 及钙剂等。维生素 A 可调节人体表皮角化过程,用于毛周角化病及鱼鳞病等。维生素 C 可降低毛细血管通透性,用于过敏性皮肤病、慢性炎症性皮肤病等。维生素 E 有抗氧化、维持毛细血管完整性等作用,用于血管性皮肤病、色素性皮肤病等。钙剂可增加毛细血管致密度、降低通透性,用于急性湿疹、过敏性紫癜等。

7. 免疫调节剂 可调节机体的非特异性免疫和特异性免疫反应,使不平衡的免疫反应趋于正常。主要用于病毒性皮肤病、自身免疫性疾病以及皮肤肿瘤的辅助治疗,包括干扰素、转移因子、胸腺肽、人免疫球蛋白等。

8. 生物制剂 主要指单克隆抗体或融合蛋白,可干预机体免疫系统的特定分子,用于治疗免疫介导的炎症性皮肤病及皮肤肿瘤。常用依那西普(TNF-α 受体拮抗剂)、利妥昔单抗(抗 CD20 单克隆抗体)、奥马珠单抗(抗 IgE 单克隆抗体)、尤特克单抗(IL-12/IL-23 拮抗剂)及苏金单抗(IL-17A 拮抗剂)等。

9. 中药制剂 某些中药成分具有抗炎和免疫调节作用。如复方甘草酸苷和雷公藤多苷,可用于顽固性湿疹、红斑狼疮、皮肌炎等治疗。

四、皮肤科常用药物不良反应管理

(一)外用药物

1. 接触性皮炎 包括刺激性皮炎、变应性接触性皮炎、速发性接触性皮炎和光变应性接触性皮炎等,患者接触药物局部可有瘙痒、烧灼、疼痛及局部皮损等表现,抗组胺药、维 A 酸类药物、糖皮质激素等均有报道。

对于刺激性皮炎,应对其严重程度进行分级,包括两个方面:①主观症状,包括瘙痒、疼痛或烧灼感,按以下 4 级进行评价:0= 无;1= 轻度,不影响日常生活及睡眠；2= 中度,影响日常生活,但不影响睡眠；3= 重度,影响睡眠。②皮损表现：包括红斑、丘疹、水肿、水疱、大疱、糜烂、渗出及溃疡、肥厚、脱屑等,按 4 级评分：0= 无；1= 轻度,只有模糊红斑,没有水肿；2= 中度,清晰的红斑,伴水肿；3= 重度,出现水疱、大疱、渗出或脓疱、糜烂、溃疡或风团、肥厚。根据主观症状及皮损表现,≤2 分时无需处理,可继续使用并密切观察；≥3 分时建议停药,必要时待反应消退后减少使用时间或降低药物浓度后再次尝试使用。变应性接触性皮炎和速发性接触性皮炎建议停药,出现光敏性接触性皮的药物者应在严格避光条件下使用。

2. 外用糖皮质激素的不良反应 除接触性皮炎外,外用糖皮质激素的局部不良反应还包括局部皮肤萎缩、毛细血管扩张、紫癜、多毛、毛囊炎、色素异常、局部感染机会增加等。面部、乳房、腋下、外生殖器等部位皮肤结构特殊,对激素吸收能力较强,应选择适宜强度的激素,并严格把握用药强度和时程。大面积、长时间外用强效糖皮质激素者,也可发生全身不良反应。

（二）全身治疗药物

1. 糖皮质激素 长期大量全身应用糖皮质激素可导致多种不良反应,包括满月脸、向心性肥胖、萎缩纹、皮下出血、痤疮及多毛,严重者可诱发或加重糖尿病、高血压、白内障、病原微生物感染、消化道黏膜损害、肾上腺皮质功能减退、水电解质紊乱、骨质疏松、缺血性骨坏死以及神经系统症状等。

糖皮质激素尽量短疗程使用；如需使用较长时间者,应注意逐步减量,停药不当或减量过快,可导致原发病反复或者病情加重。使用过程中应特别注意监测不良反应,常年使用者可使用隔日早晨顿服的方式减轻对下丘脑 - 垂体 - 肾上腺轴的抑制。

2. 抗组胺药 第一代抗组胺药氯苯那敏、异丙嗪等由于受体特异性差,中枢作用强,不良反应较多,常见头晕、头痛、嗜睡、低血压、心悸、口干、恶心等,苯海拉明还可导致共济失调。第二代抗组胺药中枢神经系统不良反应较少,偶有困倦、头痛、胃肠道不适等,但特非那定和阿司咪唑长期使用可引发心脏毒性,出现心律失常,严重者可出现

Q-T 间期延长,应禁用于心血管疾病患者、肝功能不全者以及有未纠正的电解质紊乱者。同时应严格避免同时使用具有酶抑制作用的药物,如氟康唑、酮康唑、红霉素或已知可延长 Q-T 间期延长的药物如 IA 型和 III 型抗心律失常药物等。第三代抗组胺药不良反应相对少见,偶见头痛、眩晕等,未见明显心脏毒性。

3. 维 A 酸类药物 主要不良反应包括致畸、高甘油三酯血症、高血钙、骨骺早期闭合、皮肤黏膜干燥、精神异常和转氨酶升高等。因此应禁用于已经怀孕或计划怀孕的女性患者、12 岁以下儿童及抑郁症患者。

4. 抗微生物药物 主要不良反应为过敏（尤其是青霉素和头孢菌素类）,规范皮试、密切监测过敏症状并及时处置是防止出现严重不良事件的主要措施。其他不良反应包括胃肠道反应、骨髓抑制和肝毒性（大环内酯类、四环素类和抗真菌药等）。核苷类抗病毒药需关注其神经毒性,表现为急性发作的幻觉,或随着血药浓度的升高出现定向障碍、头晕、语无伦次、畏光、精神错乱、意识模糊、焦虑和死亡妄想。阿昔洛韦可造成肾功能损害,导致神经毒性进一步增加,使用时应密切监测肾功能。

5. 免疫抑制剂 免疫抑制剂不良反应较大,包括胃肠道反应、骨髓抑制、肝毒性、诱发感染等,应谨慎使用,并密切监测相关指标。

6. 免疫调节剂 常见发热、流感样症状,注射用人免疫球蛋白还有一过性头痛、背痛、恶心等反应。

7. 生物制剂 常见头痛、寒战、发热、上呼吸道感染、血细胞减少等。应禁用于严重感染和活动性结核患者,对于感染高危患者使用过程中应密切监测感染相关症状。慎用于肿瘤、血液系统疾病、肝功能异常患者。使用过程中不推荐接种活疫苗。

8. 中药和中药制剂 复方甘草酸苷可出现假性醛固酮症,包括低血钾、血压升高、水钠潴留以及乏力、肌痛等症状,使用过程中宜监测电解质、血压等指标,一旦发现异常情况应及时停药处理。雷公藤多苷不良反应包括胃肠道反应、肝功能异常、粒细胞减少、精子活力降低、月经减少或停经。

第二节 常见皮肤科疾病的 药物治疗

一、湿疹

湿疹（eczema）是一种由多种内、外因素引起的真皮浅层及表皮炎症，具有明显渗出倾向，伴有明显瘙痒，易复发，严重影响患者的生活质量。其病因复杂，目前多认为是在机体内部因素，如免疫功能异常、皮肤屏障功能障碍等基础上，由多种外部因素综合作用的结果。

（一）临床表现与诊断

1. 临床表现 根据病程和临床特点，分为急性湿疹、亚急性湿疹及慢性湿疹三种类型，且不同类型湿疹可以相互转变。

（1）急性湿疹：可发生在身体的任何部位，多对称性分布。好发于头面、耳后、四肢、手足、外阴及肛周等处，严重者可弥漫全身。自觉有明显的瘙痒，皮疹呈多形性损害，常表现为红斑基础上的针头至粟粒大小丘疹、丘疱疹，严重时可出现小水泡，常融合成片，边界不清楚，皮损周边丘疱疹逐渐稀疏，常因搔抓形成点状糜烂面，有明显浆液性渗出，自觉瘙痒剧烈，其严重程度与皮损的形态、部位和患者的耐受性有关。继发感染时，可出现脓包、脓液、脓痂，甚至引起发热等全身症状（图24-2-1A，见文末彩图）。如合并单纯疱疹病毒感染，可形成严重的疱疹性湿疹。

（2）亚急性湿疹：多由急性湿疹症状减轻后处理不当所致。表现为红肿及渗出减轻，但仍可有丘疹及少量丘疱疹，皮损呈暗红色，可有少许鳞屑及轻度湿润，自觉仍有剧烈瘙痒（图24-2-1B，见文末彩图）。再次暴露于致敏原、新刺激或处理不当可导致急性湿疹发作，如经久不愈，则可发展为慢性湿疹。

（3）慢性湿疹：由急性、亚急性湿疹久治不愈、反复发作迁延而致，少数患者开始即呈慢性湿疹。多见于手、足、肘窝、腘窝、小腿、外阴、肛门等处，表现为患部皮肤浸润性暗红斑上有丘疹、抓痕及鳞屑，局部皮肤肥厚，表面粗糙，有不同程度的苔藓样变，有色素沉着或减退，自觉有明显瘙痒，

常呈阵发性（图24-2-1C，见文末彩图）。病情时轻时重，延续数月或更久。

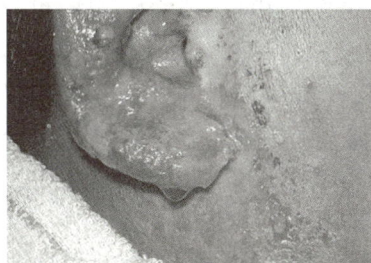

A

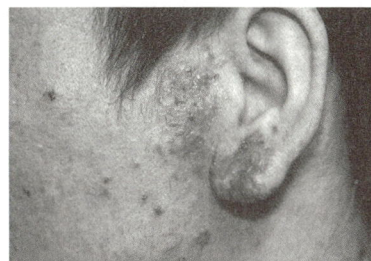

B

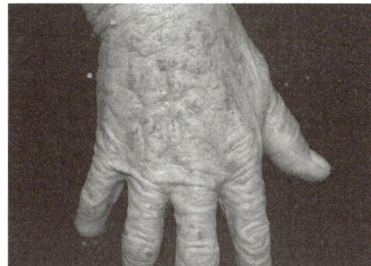

C

图24-2-1 湿疹
A.急性；B.亚急性；C.慢性

2. 诊断 湿疹根据瘙痒剧烈、多形性、对称性皮损，急性期有渗出倾向，慢性期苔藓样变皮损等特征即可诊断。

（二）一般治疗原则

1. 一般治疗 尽量寻找并去除可能的病因，避免或阻断其再接触；保持皮肤清洁，维护皮肤屏障，避免外界各种刺激如过度搔抓、肥皂洗、热水烫，忌辛辣刺激性食物等。

2. 药物治疗 外用药物应根据临床表现，选用清洁、止痒、抗菌、抗炎、收敛及角质促成剂等。全身治疗药物以止痒、抗炎为主，对严重急性泛发性患者经一般治疗效果不佳时，可短期服用糖皮质激素，合并感染时应及时选用有效抗菌药物治疗。

3. 其他治疗 慢性顽固性湿疹可考虑紫外线疗法包括 UVA1（340~400 nm）照射、UVA/UVB照射及窄谱 UVB（310~315nm）照射。

（三）基本治疗药物及治疗方案

治疗湿疹的药物包括局部用药和全身用药。抗组胺药是最常用的全身治疗药物，可分为三代。第一代抗组胺药又称为镇静性抗组胺药于20世纪30年代开始用于临床，代表性药物有苯海拉明、氯苯那敏、异丙嗪、赛庚啶等。20世纪80年代研发了第二代抗组胺药，又称非镇静抗组胺药，中枢神经系统不良反应较少，代表性药物有西替利嗪、依巴斯汀、咪唑斯汀等。第三代抗组胺药多为第二代的活性代谢产物，安全性较高，代表性药物有非索非那定、地氯雷他定、左旋西替利嗪等。

1. 局部治疗药物 包括消毒防腐剂、糖皮质激素、钙调磷酸酶抑制剂及抗菌药物等。

（1）消毒防腐剂：3% 硼酸溶液、0.1% 依沙吖啶、1：20 醋酸铝液或生理盐水冷湿敷，每次30min，每日 3~5 次；炉甘石洗剂，每日 3~5 次；氧化锌糊剂，一日 2~3 次。

（2）糖皮质激素：0.1% 丁酸氢化可的松乳膏，一日 2 次；0.1% 糠酸莫米松乳膏，一日 1 次；0.025% 氟轻松乳膏，一日 2 次；0.05% 卤米松乳膏，一日 1~2 次；0.05% 丙酸氯倍他索乳膏，一日 2 次。

（3）保湿剂及角质松解剂：10%~20% 尿素软膏，一日 2~3 次；5%~10% 水杨酸软膏，一日 2 次。

（4）钙调磷酸酶抑制剂：1% 吡美莫司软膏，一日 2 次；0.03% 或 0.1% 他克莫司软膏，一日 2 次。

（5）抗菌药物：2% 莫匹罗星软膏，一日 3 次；0.5% 呋喃西林软膏，一日 2~3 次。

2. 全身治疗药物 主要是抗组胺药、糖皮质激素、抗菌药物等。

（1）抗组胺药：首选二代抗组胺药。西替利嗪，10mg/ 次，一日 1 次；依巴斯汀 10mg/ 次，一日 1 次；氯雷他定 10mg/ 次，一日 1 次。左西替利嗪，5mg/ 次，一日 1 次；地氯雷他定 5mg/ 次，一日 1 次；非索非那定，60mg/ 次，一日 2 次。

（2）糖皮质激素：泼尼松片 15~20mg，早晨顿服；复方倍他米松注射液 4mg，肌内注射，注射一次疗效可维持 3~4 周，病情控制后改为口服制剂，并逐渐减量至停药。

（3）抗菌药物：罗红霉素，口服，150mg/ 次，一日 2 次；克拉霉素，口服，250mg/ 次，一日 2 次。或者根据皮损部位药敏试验结果选择用药。对于伴有广泛感染者建议全身应用抗生素 7~10d。

（4）钙剂：10% 葡萄糖酸钙，静脉注射，10ml/ 次，一日 1 次。

（5）中药制剂：复方甘草酸苷，2~3 片 / 次，一日 1 次。

3. 基本治疗方案

（1）局部治疗：局限性皮损（小于体表面积30%）可以仅外用药物治疗。

1）急性湿疹：有渗液者用硼酸溶液、依沙吖啶溶液、醋酸铝液或生理盐水冷湿敷，湿敷间歇期可用氧化锌油外涂。无渗液者可用炉甘石洗剂，也可用硼酸溶液或生理盐水湿敷，待炎症控制后改用油剂或霜剂，如糖皮质激素霜。糖皮质激素可加速缓解病情，一般选择弱效或中效制剂。急性湿疹在 3~4 周内未完全消退，应寻找使其长期不愈的因素。

2）亚急性湿疹：可选用氧化锌糊剂、氧化锌油或糖皮质激素乳膏，不应再湿敷或过度清洗，以免造成皮肤干裂。对经常搔抓部位的湿疹，如小腿湿疹，可使用糊剂封包，帮助阻断瘙痒 - 搔抓恶性循环。

3）慢性湿疹：可选用糖皮质激素、钙调神经磷酸酶抑制剂等，可以合用保湿剂及角质松解剂。外用糖皮质激素制剂初始治疗应根据皮损的性质选择合适强度的糖皮质激素。轻度湿疹建议选弱效糖皮质激素，如氢化可的松乳膏；中度湿疹建议选择中效激素，如曲安奈德、糠酸莫米松等；重度肥厚性皮损建议选择强效或超强效糖皮质激素，如哈西奈德、卤米松乳膏；皮损较肥厚者，可采取局部封包。儿童患者、面部及皮肤皱褶部位皮损使用弱效或中效糖皮质激素。强效糖皮质激素连续应用一般 ≤2 周，以减少急性耐受及不良反应。钙调神经磷酸酶抑制剂对湿疹有治疗作用，且无糖皮质激素的不良反应，尤其适合头面部及间擦部位湿疹的治疗。有脓疱或黄痂提示继发细菌感染，应使用抗菌药物。

（2）全身用药：根据患者皮损特点和严重程度来确定。如瘙痒严重者，在外用药物的同时选择抗组胺药、钙剂、维生素 C、镇静催眠药可减轻患者瘙痒、过敏、炎症、焦虑等症状。对用各种疗法效果不明显的患者,可短期使用糖皮质激素。合并较大面积感染者,可口服抗菌药物。主要合并感染者,可外用或口服抗菌药物。

(四)临床问题导向的药物治疗

特殊人群抗组胺药的选择:

1. 怀孕和哺乳期妇女　应尽量避免使用抗组胺药,如症状反复发作必须采用抗组胺药治疗时,在权衡利弊情况下可选择相对安全的第二代抗组胺药,如氯雷他定、地氯雷他定和西替利嗪等。

2. 儿童　无镇静作用的第二代抗组胺药是治疗儿童湿疹的一线选择。

3. 老人　应优先选用二代抗组胺药,以避免一代抗组胺药可能导致的中枢抑制作用和抗胆碱作用。

4. 合并肝肾功能异常者　根据肝肾受损的严重程度调整抗组胺药的种类和剂量。如依巴斯汀、氯雷他定等主要通过肝脏代谢,西替利嗪、非索非那定等则经由肾脏代谢,在出现肝肾功能不全时,这些药物应酌情减量或换用其他种类抗组胺药。

(五)药物治疗展望

人源性免疫球蛋白4(IgG4)单克隆抗体Dupilumab已由FDA批准用于局部外用疗法控制不佳或不适用于标准疗法的中重度特应性湿疹成年患者。Dupilumab通过与白细胞介素(IL)-4和IL-13受体复合物共享的IL-4Rα亚基特异性结合,抑制IL-4和IL-13诱导的反应,包括促进释放炎性细胞因子和趋化因子和免疫球蛋白E(IgE)。

二、带状疱疹

带状疱疹(herpes zoster)由潜伏在体内的水痘-带状疱疹病毒(varicella-zoster virus,VZV)再激活所致,以沿单侧周围神经分布的簇集性小水疱为特征,常伴显著的神经痛。

(一)临床表现与诊断

1. 临床表现

(1)典型表现:发疹前可有轻度乏力、低热、纳差等全身症状,患处皮肤自觉灼热或灼痛,触之有明显的痛觉敏感。好发部位依次为肋间神经、

脑神经和腰骶神经支配区域。患处常先出现红斑,很快出现粟粒至黄豆大小丘疹,簇状分布而不融合,继之迅速变为水疱,疱壁紧张发亮,疱液澄清,外周绕以红晕,各簇水疱群间皮肤正常。皮损沿某一周围神经呈带状排列,多发生在身体的一侧,一般不超过正中线,但也有一些皮损超过皮节的上、下界线(图24-2-2,见文末彩图)。神经痛为本病特征之一,可在发病前或伴随皮损出现,老年患者常较为剧烈。病程一般2~3周,老年人为3~4周,水疱干涸、结痂脱落后留有暂时性淡红斑或色素沉着。皮损的表现多种多样、与患者机体抵抗力差异相关。可表现为顿挫型(不出现皮损仅有神经痛)、不全型(仅出现红斑、丘疹而不发生水疱即消退)、大疱型、出血型、坏疽型和泛发型(同时累及2个以上神经节产生对侧或同侧多个区域皮损)。

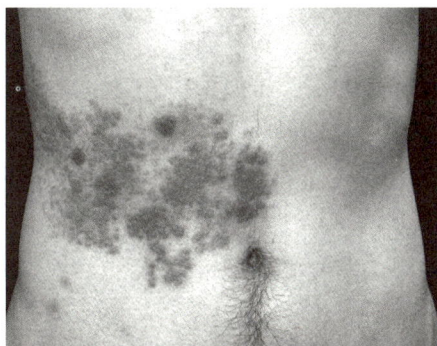

图 24-2-2　带状疱疹

(2)特殊表现

1)眼带状疱疹:系病毒侵犯三叉神经眼支,多见于老年人,疼痛剧烈,可累及角膜形成溃疡性角膜炎。

2)耳带状疱疹:系病毒侵犯面神经及听神经所致,表现为耳道或鼓膜疱疹。膝状神经节受累同时侵犯面神经的运动和感觉神经纤维时,可出现面瘫、耳痛及外耳道疱疹三联征,称为拉姆齐-亨特综合征(Ramsay-Hunt syndrome)。

3)播散性带状疱疹:指在受累的皮节外出现20个以上的皮损,主要见于机体抵抗力严重低下的患者。

2. 诊断　本病根据典型临床表现即可诊断,疱底刮取物涂片找到多核巨细胞和核内包涵体有助于诊断,必要时可用PCR检测带状疱疹病毒DNA和病毒培养予以确诊。

（二）一般治疗原则

带状疱疹具有自限性,治疗原则为抗病毒、止痛、消炎、防治并发症。

1. 全身药物治疗 应尽早、规范抗病毒治疗,根据疼痛程度选择适宜的止痛药物,以尽量缩短皮损持续时间,防止皮损扩散,缓解急性期疼痛,预防或减轻并发症。

2. 外用药物治疗 包括使用外用药以干燥、消炎为主,如合并眼部损害需请眼科医生协同处理。

3. 物理治疗 包括紫外线、频谱治疗仪、红外线灯局部照射。

（三）基本治疗药物及治疗方案

核苷类抗病毒药是治疗带状疱疹的主要药物。阿昔洛韦是第二代广谱抗病毒药,1981 年在英国上市,伐昔洛韦、泛昔洛韦于 20 世纪 90 年代上市。

1. 抗病毒药 抗病毒药是治疗带状疱疹的基础,主要是核苷类抗病毒药,在发病后 72h 内效果最好,可明显缩短病程并减轻疼痛。

（1）阿昔洛韦:口服阿昔洛韦 400~800mg/次,5 次 /d,连用 7 日。或静脉滴注,一次 5~10mg/kg,每 8 小时 1 次,连用 7 日,用于免疫受损或伴有严重神经疾病患者。

（2）泛昔洛韦:喷昔洛韦前体药物,口服,250~500mg/ 次,3 次 /d,连用 7 日。

（3）伐昔洛韦:阿昔洛韦前体药物,口服,300~1 000mg/ 次,3 次 /d,连用 7 日。

（4）溴夫定:口服,125mg/ 次,1 次 /d,连用 7 日。

（5）膦甲酸钠:静脉滴注,一次 40mg/kg,2~3 次 /d。

2. 镇静止痛药 应采用阶梯治疗方案。对于急性期轻中度疼痛,考虑使用对乙酰氨基酚或非甾体类镇痛药;中重度疼痛,考虑使用曲马多或阿片类药物。根据患者情况可单用或联合使用抗惊厥类药物,如加巴喷丁或普瑞巴林。

（1）对乙酰氨基酚:抑制前列腺素的合成,具有解热镇痛作用。口服,500mg/ 次,每日 4 次,日剂量不超过 2g。

（2）曲马多:同时作用于阿片受体和去甲肾上腺素、5- 羟色胺受体发挥镇痛作用。剂量依据疼痛

程度而定,50~100mg/ 次,日剂量不超过 400mg。

（3）吗啡:阿片类镇痛药,口服,应从小剂量起始,逐渐滴定,常用剂量为 15~60mg/d。

（4）加巴喷丁:钙离子通道调节剂,减少兴奋性神经递质的过度释放,抑制痛觉过敏和中枢敏化。口服,起始剂量为 300mg/d,逐渐增加至最适剂量,最大剂量 1 800mg/d。

（5）普瑞巴林:第二代钙离子通道调节剂。口服,起始剂量 150mg/d,可在 1 周内增加至 150mg/ 次,每日 2 次。2~4 周后如疼痛未缓解可增加到 600mg/d。肾功能减退的患者应调整剂量。

3. 糖皮质激素 使用有一定争议。可抑制炎症过程,缩短急性期疱疹相关疼痛的病程。不应常规应用,主要用于病程 7 日以内、无禁忌证的老年患者。如泼尼松,口服,30~40mg/d,疗程 7~10 日。

4. 营养神经药 维生素 B_{12}（0.5~1mg/d 肌内注射或 1.5mg/d 口服）对带状疱疹神经痛及后遗神经痛有一定缓解作用。

5. 局部用药 以抗病毒、干燥、消炎为主。疱液未破时外用炉甘石洗剂、阿昔洛韦乳膏或喷昔洛韦乳膏。眼部可外用 3% 阿昔洛韦眼膏及碘苷滴眼液。疱液破溃后可局部用 3% 硼酸溶液或 1∶5 000 呋喃西林溶液湿敷。或外用 0.5% 新霉素软膏或 2% 莫匹罗星软膏等。5% 利多卡因贴剂,疼痛区域 1~3 贴,可缓解局部疼痛。

（四）临床问题导向的药物治疗

1. 特殊人群的治疗方案选择

（1）儿童及青少年:儿童带状疱疹可选择阿昔洛韦,20mg/kg,4 次 /d;或与家长沟通后,慎重口服伐昔洛韦,12.5mg/kg,每 8 小时 1 次（体重 <40kg）或 250~500mg,每 8 小时 1 次（体重 ≥40kg）。重症患者可静脉滴注阿昔洛韦,≤500mg/m² 或 ≤15mg/kg,每 8 小时 1 次。

（2）妊娠期及哺乳期妇女:通常认为妊娠期带状疱疹对胎儿没有危险,一般不会发生危害胎儿发育的病毒血症。阿昔洛韦能通过胎盘,虽然动物实验证实对胚胎无影响,但孕妇用药仍需权衡利弊,一般情况下建议给予局部对症治疗。特殊情况下可在妊娠晚期患者使用阿昔洛韦或伐昔洛韦。哺乳期口服阿昔洛韦未见乳儿异常,口服泛昔洛韦建议停止哺乳。

（3）免疫缺陷患者：建议静脉使用阿昔洛韦。严重的免疫缺陷伴广泛性皮损，特别是存在神经系统症状时，应静脉应用大剂量阿昔洛韦治疗（10mg/kg，每8小时1次），并持续监测肾功能。

（4）对常用抗病毒药耐药者：如果病情改善很慢或没有改善，可认为阿昔洛韦耐药。此时应考虑使用膦甲酸或西多福韦。

2. 并发症的处理

（1）带状疱疹后神经痛（postherpetic neuralgia，PHN）：是最常见的并发症，指皮疹愈合后持续1个月以上的疼痛，常见于高龄、免疫低下患者。疼痛部位常见于单侧胸部、三叉神经或颈部，疼痛性质多样，可表现为烧灼样、电击样、刀割样、针刺样或撕裂样。治疗上首选钙离子通道调节剂（普瑞巴林或加巴喷丁）/三环类抗抑郁药（阿米替林）或5%利多卡因贴，二线药物包括阿片类和曲马多。如疗效不佳，可采取神经介入或物理治疗手段缓解患者症状。

（2）带状疱疹眼病：可出现角膜炎或角膜穿孔、视力下降甚至失明、继发青光眼、白内障等，危害非常大。因此，眼带状疱疹的静脉或口服抗病毒治疗必须尽早开始，并且优先考虑静脉内给药。病毒性角膜炎必须局部应用抗病毒药，如阿昔洛韦眼膏。一般情况下，应避免使用皮质激素疗法；但当角膜内皮和小梁发生炎症时，推荐全身使用阿昔洛韦和泼尼松龙联合治疗。必要时请眼科专科治疗。

（3）Ramsay-Hunt综合征：表现为外周面神经瘫痪伴有耳、硬腭或舌部带状疱疹小水疱，其他症状和体征包括：耳痛、眩晕、听力丧失、耳鸣、味觉丧失，许多患者无法完全恢复正常。出现带状疱疹脑（脊）膜炎、带状疱疹脑炎及带状疱疹脊髓炎应神经内科专科处理。可给予阿昔洛韦静脉内治疗，剂量为10mg/kg，3次/d。糖皮质激素可减轻炎症、水肿，疗效肯定。可选择泼尼松60mg/d，连续2周，第3周逐渐减量。

（4）皮肤并发症：在急性期，皮肤受累的主要表现为继发细菌感染，可出现深脓疱样溃疡，应及时使用抗菌药物。其他主要皮肤并发症有出血（出血性带状疱疹）、化脓性坏疽（坏疽性带状疱疹）、皮损持续及播散至全身，产生广泛性水痘样皮疹（播散性带状疱疹），后者主要发生于免疫缺陷患者。应尽早、足量、静脉抗病毒治疗。

（五）药物治疗展望

50岁以上人群接种带状疱疹疫苗可预防带状疱疹、疱疹后神经痛，显著降低带状疱疹疾病负担，但有效率可能随年龄增长而降低。需注意禁止给免疫损害者接种活疫苗。

三、真菌性皮肤病

真菌性皮肤病（dermatomycosis）是浅部真菌侵入人体皮肤、毛发、甲板引起的感染，又称皮肤癣菌病，简称癣（tinea）。主要包括手癣（tinea mauns）、足癣（tinea pedis，脚气）、甲癣（tinea unguium，灰指甲）、股癣（tinea cruris）、体癣（tinea corporis）以及头癣（tinea capitis）、花斑癣（tinea versicolor，汗斑）、马拉色菌毛囊炎（malassezia folliculitis）、皮肤黏膜念珠菌病（candidiasis）等，共同特点是发病率高、具有传染性、易复发或再感染。致病真菌主要为红色毛癣菌、须癣毛癣菌、石膏样小孢子菌、絮状表皮癣菌、马拉色菌和念珠菌等。

（一）临床表现与诊断

1. 临床表现

（1）头癣：指累及头发和头皮的皮肤癣菌感染，根据致病菌和临床表现的不同，可将头癣分为黄癣（许兰毛癣菌引起）、白癣（犬小孢子菌、石膏样小孢子菌和铁锈色小孢子菌引起）、黑点癣（紫色毛癣菌、断发毛癣菌引起）、脓癣（亲动物性皮肤癣菌引起）四种类型。临床表现为脱发和鳞屑，可伴有炎症反应。

（2）体股癣：体癣是指除头皮、毛发、掌跖和甲之外的皮肤癣菌感染，股癣是专指发生于腹股沟、会阴、肛周和臀部的体癣，主要由红色毛癣菌、须癣毛癣菌、疣状毛癣菌和犬小孢子菌引起。皮损初起为红色丘疹、丘疱疹或小水疱，继而形成有鳞屑的红色斑片，境界清楚，边缘不断向外扩展，中央趋于消退，形成边界清楚的环状或多环状，瘙痒显著（图24-2-3 A，见文末彩图）。

（3）手足癣：手足皮肤且除其背面以外部位的皮肤癣菌感染，以足癣常见，主要由红色毛癣菌、须癣毛癣菌、石膏样小孢子菌和絮状表皮癣菌等引起。手足癣分为三种类型：水疱型、鳞屑角化型和浸渍糜烂型。水疱型好发于指（趾）间、掌心、足跖及足侧,皮损初为针尖大小的深在水疱,疱液清,壁厚而发亮,不易破溃,干燥吸收后出现脱屑,病情稳定时以脱屑为主,瘙痒明显。鳞屑角化型好发于掌跖部和足跟,表现为皮损处干燥,角质明显增厚,纹理加深,冬季易发生皲裂甚至出血,可伴有疼痛。一般无明显瘙痒。浸渍糜烂型好发于指(趾)缝,表现为皮肤浸渍发白,表面松软易剥脱露出潮红糜烂面及渗液,常伴有裂隙。有明显瘙痒,继发细菌感染时有臭味(图 24-2-3 B,见文末彩图)。

(4)甲癣和甲真菌病:甲板和甲下组织的真菌感染,主要由皮肤癣菌(红色毛癣菌、须癣毛癣菌和絮状表皮癣菌)、念珠菌、马拉色菌、霉菌(柱顶孢霉菌、短帚菌)等引起。表现为甲板表面凹凸不平或增厚、混浊,严重者破损脱落,甲床表面残留粗糙角化堆积物(图 24-2-3 C,见文末彩图)。趾甲增厚、破坏可引起疼痛,还可继发甲沟炎,出现红肿热痛等。

(5)花斑癣(汗斑)和马拉色菌毛囊炎:花斑癣为马拉色菌侵犯皮肤角质层引起的表浅感染,以面颊、前胸、肩背、上臂、腋窝等皮脂腺丰富部位多发,皮损起初为以毛孔为中心、界线清楚的点状斑疹,可为褐色、淡褐色、淡红色、淡黄色或白色,逐渐增大至指甲盖大小,圆形或类圆形,邻近皮损可相互融合成不规则大片状,表面覆以糠秕状鳞屑。一般无自觉症状,偶有轻度瘙痒。马拉色菌毛囊炎好发于颈、前胸、肩背、腹等部位,多对称发生。典型皮损为炎性毛囊性丘疹、丘疱疹或小脓疱,半球形,直径 2~4mm,周围有红晕,可挤出粉脂状物质,常数十至数百个密集或散在分布。有不同程度的瘙痒,出汗后加重。

(6)皮肤黏膜念珠菌病:念珠菌属侵犯皮肤、黏膜引起的感染。常见下列几种:

1)念珠菌性间擦疹:好发于腹股沟、会阴、腋窝、乳房下等皱褶部位,皮损为局部潮红、浸渍、糜烂、界线清楚,边缘附着鳞屑,外周常有散在炎性丘疹、丘疱疹及脓疱。自觉瘙痒或疼痛。

2)念珠菌性甲沟炎及甲真菌病:好发于指甲及甲周,表现为甲板增厚混浊,出现白斑、横沟或凹凸不平,但甲表面仍光滑,甲下角质增厚堆积或致甲剥离。出现甲沟炎时甲沟红肿,有少量溢出液但不化脓,自觉痛痒。

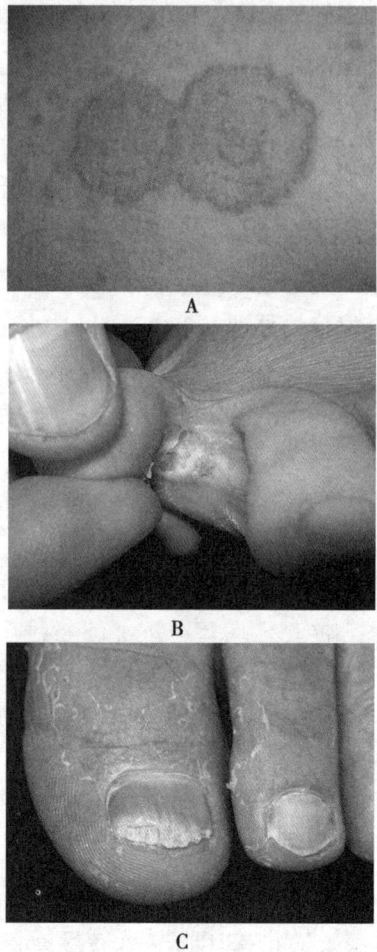

图 24-2-3 真菌性皮肤病
A. 体癣;B. 足癣;C. 甲真菌病

3)口腔念珠菌病:以急性假膜性念珠菌病(又称鹅口疮)最常见。一般起病急、进展快,在颊黏膜、上颚、咽、齿龈、舌等黏膜部位出现凝乳状白色斑片,紧密附着于黏膜表面,不易剔除(假膜),用力剥离假膜后露出潮红糜烂面。念珠菌性口角炎常与鹅口疮或其他类型念珠菌病伴发,表现为口角潮红、皲裂。

4)外阴阴道念珠菌病:表现为外阴及阴道黏膜红肿,白带增多,呈豆渣样、凝乳块状或水样,带有腥臭味。自觉瘙痒剧烈或灼痛。

5)念珠菌性包皮龟头炎:表现为包皮内侧及龟头弥散性潮红,附着乳白色斑片,可有多发性针帽大小的红色小丘疹,伴有脱屑,可波及阴囊产生红斑和脱屑。自觉瘙痒或无明显自觉症状。

(7)着色芽生菌病:由一组暗色真菌引起的皮肤及皮下组织慢性感染。皮损好发于暴露部位,尤以足、小腿和手臂多见,初起为真菌侵入处的单个炎性丘疹,逐渐扩大并形成暗红色结节或斑块,表面呈疣状、菜花状或覆盖污褐色痂,痂上有散在的针帽大小黑褐色小点,痂下常有脓液溢出,揭开痂后可见颗粒状或乳头状肉芽,肉芽之间常有脓栓,在斑块或结节周围呈暗红色炎性浸润带。自觉轻度或无瘙痒,继发细菌感染或溃疡时有疼痛。

（8）孢子丝菌病:由申克孢子丝菌复合体引起的皮肤、皮下组织、黏膜和局部淋巴系统的慢性感染。分为三型:

1）局限性皮肤型:好发于面、颈、躯干和手背,皮损表现为丘疹、脓疱、疣状结节、浸润性斑块、脓肿、溃疡、肉芽肿、脓皮病样或呈坏疽样改变。

2）皮肤淋巴管型:原发皮损常在四肢远端,孢子由外伤处植入,经数日或数月后局部出现一皮下结节,进而表面皮肤呈紫红色,中心坏死形成溃疡,有稀薄脓液或覆有厚痂,数天乃至数周后,沿淋巴管出现新的结节,排列成串。

3）皮肤播散型:继发于皮肤淋巴管型或由自身接种所致,于远隔部位出现多发性实质性皮下结节,继而软化形成脓肿,日久可溃破。皮损可表现为多形性。

2. 诊断　根据临床表现、真菌显微镜检查、真菌培养及滤过紫外线灯可诊断。

（二）一般治疗原则

1. 尽量消除传染源,加强患者卫生宣教和管理。

2. 早发现、早治疗,注意足量足疗程。以外用药物为主,皮损泛发或外用疗效不佳者可考虑全身药物治疗。

3. 着色芽生菌病、孢子丝菌病等可使用物理治疗。

（三）基本治疗药物及治疗方案

碘化钾是最早使用的抗真菌药之一,迄今仍为治疗皮肤型孢子丝菌病的首选药。灰黄霉素是一种口服抗真菌药,于20世纪30年代由灰黄青霉分离所得。两性霉素B为多烯类抗真菌药,由于其肾毒性大,20世纪90年代起研制了两性霉素B脂质体和两性霉素B脂质复合物以降低肾毒性。唑类抗真菌药是真菌性皮肤病的重要治疗药物,外用常用咪康唑、益康唑,分别于1989年、

1997年引入中国市场。酮康唑是20世纪80年代美国研制的第一个口服氮唑类抗真菌药,紧接着安全性更高的氟康唑、伊曲康唑获FDA批准上市。丙烯胺类抗真菌药特比萘芬于1991年在瑞士首次上市,1993年在我国应用。

1. 头癣

（1）外用药物:①硫磺皂或2%酮康唑洗剂洗头,每日1次,连用8周;②2%碘酊、1%联苯苄唑溶液或霜剂、5%~10%硫磺软膏、1%特比萘芬霜等外用于患处,每日2次,连用8周。

（2）全身用药:伊曲康唑,200mg/次,每日1次,疗程4~8周;特比萘芬,250mg/次,每日1次,疗程4~8周。

2. 体癣和股癣

（1）外用药物:各种唑类、丙烯胺类、复方苯甲酸搽剂、复方间苯二酚搽剂等。应强调坚持用药2周以上或皮损消退后继续用药1~2周以免复发。

（2）全身用药:可口服伊曲康唑（100mg/次,每日1次,疗程2周,或200mg/次,每日1次,疗程1周）或特比萘芬（250mg/次,每日1次,疗程2周）,与外用药物联合治疗可增加疗效。

3. 手癣和足癣

（1）外用药物:根据不同临床类型选择药物,如水疱鳞屑型应选择刺激性小的霜剂或水剂（如联苯苄唑溶液）;浸渍糜烂型给予3%硼酸溶液、0.1%依沙吖啶溶液等湿敷,待渗出减少时再给予粉剂（如咪康唑粉）,皮损干燥后再外用霜剂、软膏等,不宜选用刺激性大、剥脱性强的药物;角化过度型无皲裂时可用剥脱作用较强的制剂（如复方苯甲酸软膏剂）,必要时可采用封包疗法。

（2）全身用药:口服伊曲康唑（100mg/次,每日1次,疗程2~4周）或特比萘芬（250mg/次,每日1次,疗程2~4周）。

4. 甲真菌病

（1）外用药物:尽量去除病甲,再外用30%冰醋酸溶液或3%~5%碘酊,每日2次,疗程3~6个月,直至新甲生成为止;亦可采用40%尿素软膏封包使病甲软化剥离,再外用抗真菌制剂;8%环吡酮、5%阿莫罗芬甲涂剂可在甲表面形成药膜,利于药物穿透甲板,疗程为2~3个月。

（2）全身用药：伊曲康唑间歇冲击疗法（200mg/次，每日2次，每月服药1周为1个疗程），指甲受累需2~3个疗程，趾甲受累需3~4个疗程；特比萘芬250mg/次，每日1次，连续服用，指甲受累疗程6~8周，趾甲受累疗程12~16周。与外用药物联合治疗可提高疗效。

5. 花斑糠疹和马拉色菌毛囊炎 可选用联苯苄唑溶液或霜、咪康唑霜、克霉唑霜、复方间苯二酚搽剂等，疗程2~4周。20%~40%硫代硫酸钠溶液、2.5%二硫化硒、2%酮康唑洗剂外用也有效。马拉色菌毛囊炎应选用渗透性好的外用药物（如50%丙二醇、酮康唑霜），亦可辅以2%酮康唑洗剂或2.5%二硫化硒香波洗澡。皮损面积大、单纯外用疗效不佳者可口服抗真菌药。

6. 念珠菌病

（1）外用药物：主要用于皮肤黏膜浅部感染。口腔念珠菌病可外用1%~2%甲紫溶液或制菌霉素溶液（10万 U/ml），也可用1%~3%克霉唑液含漱；皮肤间擦疹和念珠菌性龟头炎可外用抗真菌溶液或霜剂；阴道念珠菌病根据病情选用制霉菌素、克霉唑或咪康唑栓剂。

（2）全身用药：用于大面积和深部皮肤念珠菌病、复发性生殖器念珠菌病、甲沟炎及甲念珠菌病。外阴阴道念珠菌病、龟头炎可用氟康唑150mg/次，每日1次，疗程3日；或伊曲康唑200mg/次，每日2次，疗程1日；甲念珠菌病、慢性皮肤黏膜念珠菌病需根据病情用药2~3个月或更长。

7. 着色芽生菌病

（1）外用药物：外用含渗透剂的抗真菌药有效，也可病灶内注射两性霉素 B 1~3mg/ml，每周1~2次。

（2）全身用药：伊曲康唑100~200mg/次，每日1次，疗程至少6个月。两性霉素 B、5-氟胞嘧啶也有一定的疗效。

8. 孢子丝菌病 碘化钾是治疗孢子丝菌病的首选药，常用10%碘化钾溶液30ml/d，分3次口服，若无不良反应可渐增至60~90ml/d，儿童用量酌减，疗程一般为2~3个月，皮损消退后需继续服药3~4周以免复发。也可选用伊曲康唑200mg/次，每日1次，疗程一般3~6个月。或特比萘芬250~500mg/次，每日1次，疗程3~6个月。

病情严重者可用两性霉素 B。

（四）临床问题导向的药物治疗

1. 抗真菌药及给药途径的选择 真菌性皮肤病一般为浅部真菌感染，病情较轻，可仅外用抗真菌药或联合口服感染组织内浓度较高的药物治疗。某些念珠菌出现深部真菌感染时需静脉注射抗真菌药，最好行真菌培养并根据药敏结果选择敏感药物。着色芽生菌病晚期亦可经血行播散引起全身损害，需静脉给药治疗。

2. 药物相互作用及禁忌证 伊曲康唑为CYP450酶的底物或抑制剂，特比萘芬为CYP450酶的底物，因此与其他经CYP450酶代谢的药物同时使用时需密切关注药物相互作用。如伊曲康唑与阿司咪唑同用时可使后者血药浓度升高，出现Q-T间期延长及尖端扭转型室速的罕见发生。伊曲康唑禁止与下列经CYP3A4代谢的药物合用：阿司咪唑、西沙比利、左美沙酮、咪唑斯汀、匹莫齐特、奎尼丁、特非那定、辛伐他汀、三唑仑以及麦角生物碱。氟康唑和西咪替丁可使特比萘芬的血浆浓度升高，而利福平可降低特比萘芬的疗效。

3. 不良反应的防治 伊曲康唑主要为胃肠道反应，其次为肝酶升高，其他少见的不良反应包括高血压、低血钾、水肿、头痛等。使用过程中应监测相关指标，与CYP3A4抑制剂或代谢底物同用时尤其应注意不良反应的监测。特比萘芬具有一定的肝毒性，慢性或活动性肝病患者应禁用。其他常见的反应有皮疹、瘙痒、腹泻、恶心、呕吐，多较轻微且呈一过性。两性霉素 B 不良反应较多且相对严重，可发生寒战、高热、严重头疼、肾功能损害、低钾血症、电解质紊乱导致的心律失常、血栓性静脉炎等。应从小剂量开始使用，根据患者的耐受情况逐渐增加剂量。使用前给予解热镇痛药和异丙嗪等可减轻输液相关的不良反应。

（五）药物治疗展望

新的唑类抗真菌药仍在研发中，FDA于2014年批准 Efinaconazole（艾氟康唑）外用溶液用于局部治疗红毛癣菌和须癣毛癣菌导致的脚趾甲癣。另外，新剂型也是局部抗真菌药的研究方向，如酮康唑泡沫剂和硝酸益康唑泡沫剂。泡沫型气雾剂能增大药物的渗透速率，提高生物利用度，患者依从性高。

四、荨麻疹

荨麻疹（urticaria），俗称"风团块"，是由于皮肤、黏膜小血管扩张及渗透性增加出现的一种局限性水肿反应。荨麻疹是常见的皮肤疾病之一，15%~25% 的人一生中患过荨麻疹。病因较为复杂，分为外源性和内源性两种。外源性病因包括物理因素（摩擦、压力、冷、热、日光照射）、食物（动物蛋白、酒、饮料等）、药物（青霉素、磺胺、阿司匹林、疫苗、血清制剂等）、植入物（人工关节、吻合器、心脏瓣膜等），内源性病因包括慢性隐匿性感染（细菌、真菌、病毒、寄生虫等）、劳累、维生素 D 缺乏或精神紧张、针对 IgE 或高亲和力 IgE 受体的自身免疫反应以及慢性疾病如风湿热、系统性红斑狼疮、甲状腺疾病、淋巴瘤、白血病等。目前认为发病机制主要是各种原因导致的肥大细胞等多种炎性细胞活化和脱颗粒，释放具有炎症活性的化学介质，包括组胺、5- 羟色胺、细胞因子、趋化因子、花生四烯酸代谢产物释放，引起血管扩张和通透性增加，平滑肌收缩和腺体分泌增加。

（一）临床表现与诊断

1. 临床表现　荨麻疹的主要临床特点为风团及不同程度的瘙痒，可伴或不伴血管性水肿（图 24-2-4，见文末彩图）。病情严重的急性荨麻疹还可伴有发热、恶心、呕吐、腹痛、腹泻、胸闷及呼吸困难等症状。根据病程、病因等特征，可分为自发性荨麻疹和诱导性荨麻疹两类。各型的定义及特点见表 24-2-1。

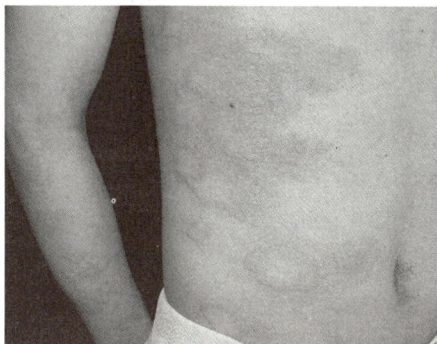

图 24-2-4　荨麻疹

2. 诊断　荨麻疹根据皮疹为瘙痒性风团，发生及消退迅速，消退后不留痕迹等特点即可诊断。应注意详细询问患者的病史、生活史及环境变化，再结合各型的特征进行分类诊断。慢性病如病情严重、病程较长或对常规剂量抗组胺药治疗反应差时，可考虑查血常规、粪虫卵、肝肾功能、免疫球蛋白、血沉、C 反应蛋白、补体、自身抗体和 D- 二聚体等，必要时可进行变应原筛查、自体血清皮肤试验、幽门螺杆菌感染检测、甲状腺自身抗体测定等，尽可能找出可能的发病因素。诱导性荨麻疹还可根据病因不同，做划痕试验、光敏试验、冷热临界阈值等检测，以对病情严重程度进行评估，见表 24-2-1。

表 24-2-1　荨麻疹的分类及定义

	类型		定义
自发性		急性自发性荨麻疹	自发性风团和 / 或血管性水肿发作 ≤6 周
		慢性自发性荨麻疹	自发性风团和 / 或血管性水肿发作 >6 周
诱导性	物理性	人工荨麻疹（皮肤划痕症）	机械性切力后 1~5min 局部形成条状风团
		冷接触性荨麻疹	遇到冷的物体（风、液体、空气等），在接触部位形成风团
		延迟压力性荨麻疹	垂直受压后 30min 至 24h 局部形成红斑样深在性水肿，可持续数天
		热接触性荨麻疹	皮肤局部受热后形成风团
		日光性荨麻疹	暴露于紫外线或可见光后发生风团
		振动性荨麻疹	皮肤被振动刺激后数分钟内出现局部红斑和水肿
		胆碱能性荨麻疹	皮肤受产热刺激如运动、摄入辛辣食物或情绪激动时发生直径 2~3mm 风团，周边有红晕
	非物理性	水源性荨麻疹	接触水后发生风团
		接触性荨麻疹	皮肤接触一定物质后发生瘙痒、红斑或风团

（二）一般治疗原则

荨麻疹的治疗原则包括去除病因、抗过敏和对症治疗。

1. 病因治疗 需详细询问病史，了解病因。开展患者教育，告知其尽量避免诱发因素，消除诱因或可疑病因有利于荨麻疹消退。

2. 药物治疗 主要是抗组胺、止痒、降低血管通透性等，根据患者的病情和对治疗的反应制订并调整治疗方案。不同类型荨麻疹可根据病因联用不同药物。

3. 其他治疗 包括激光疗法、脱敏治疗、生物制剂以及中医疗法等。

（三）基本治疗药物及治疗方案

抗组胺药是最早用于治疗荨麻疹的药物，也是不同类型荨麻疹的一线治疗药物，首选二代非镇静性抗组胺药。对于部分特殊类型患者，抗组胺药可能疗效不佳，免疫抑制剂、糖皮质激素、三环类抗抑郁药多塞平等逐步应用到临床。随着荨麻疹发病机制的认识，2014年起FDA批准将奥马珠单抗用于荨麻疹的治疗。

1. 主要治疗药物

（1）抗组胺药：见"湿疹"章节。

（2）白三烯受体拮抗剂：孟鲁司特，10mg/次，每日1次。

（3）糖皮质激素：泼尼松，急性：30~40mg，口服，每日1次，4~5日后停药。慢性：0.3~0.5mg/（kg·d），口服，好转后逐渐减量，疗程不超过2周。或其他激素等效换算。

（4）肾上腺素：0.1%肾上腺素注射液，0.2~0.4ml/次，皮下注射，必要时重复使用。

（5）免疫抑制剂：环孢素，每日3~5mg/kg，分3次口服。

（6）其他：羟氯喹，0.2g/次，每日2次。氨苯砜，50mg/次，每日1次。柳氮磺吡啶，每日2~3g，口服。多塞平，为三环类抗抑郁药，同时具有强抗组胺和镇静作用，25mg/次，每日2次。奥马珠单抗，抑制IgE与肥大细胞和嗜碱性粒细胞表面高亲和力的IgE受体结合，减少过敏介质的释放，150~300mg/次，皮下注射，每4周1次。

2. 基本治疗方案

（1）急性荨麻疹：首选第二代非镇静抗组胺药，如西替利嗪、氯雷他定、非索非那定、依巴斯汀

等。明确并去除病因且口服抗组胺药不能有效控制症状，以及重症或伴有喉头水肿的荨麻疹患者，可选择糖皮质激素口服或静脉注射。急性荨麻疹伴休克或严重的荨麻疹伴血管性水肿患者，应立即皮下注射肾上腺素，静脉滴注糖皮质激素，或立即肌内注射复方倍他米松，症状缓解后糖皮质激素逐渐减量，同时抗组胺药维持治疗，必要时请多学科处理。

（2）慢性荨麻疹：推荐联合治疗。

1）一线治疗：首选第二代非镇静抗组胺药，治疗有效后逐渐减少剂量，以达到有效控制风团发作的标准，以最小的剂量维持治疗。慢性荨麻疹疗程一般不少于1个月，必要时可延长至3~6个月或更长时间。

2）二线治疗：第二代抗组胺药常规剂量使用1~2周后不能有效控制症状时，考虑到不同个体或荨麻疹类型对治疗反应的差异，可考虑在说明书允许情况下增加剂量或更换抗组胺药品种。

3）三线治疗：对于严重的、对任何剂量抗组胺药均无效的患者，可考虑选择免疫抑制剂雷公藤多苷片和环孢素。难治性慢性荨麻疹患者，可考虑生物制剂，如奥马珠单抗。糖皮质激素适用于上述治疗效果不佳的患者，但不主张常规使用。

（3）诱导性荨麻疹：治疗原则同上，首选第二代非镇静抗组胺药，效果不佳时酌情加倍剂量。

（四）临床问题导向的药物治疗

1. 消除诱因或可疑诱因是荨麻疹治疗的重要手段。详细询问病史，发现可能的诱因，避免刺激因素可改善临床症状，甚至自愈。当怀疑药物，特别是非甾体抗炎药和血管紧张素转换酶抑制剂诱导的荨麻疹时，应尽量避免再次使用（包括化学结构类似的药物）。如怀疑与各种感染或慢性炎症相关时应积极治疗感染、控制炎症。对自体血清皮肤试验阳性或证实体内存在针对$Fc\varepsilon RIa$链或IgE自身抗体的患者，常规治疗无效且病情严重时可酌情考虑加用免疫抑制剂、自体血清注射治疗或血浆置换等。

2. 部分诱导性荨麻疹对常规抗组胺药反应较差、治疗无效的情况下，可根据其类型联用或选择一些其他治疗药物，具体见表24-2-2。

表 24-2-2　部分诱导性荨麻疹的治疗选择

类型	特殊治疗药物
人工荨麻疹	联合酮替芬
冷接触性荨麻疹	联合赛庚啶或多塞平
胆碱能性荨麻疹	联合达那唑或酮替芬
延迟压力性荨麻疹	通常抗组胺药无效，可选择联合孟鲁司特或糖皮质激素；难治性患者可选择氨苯砜或柳氮磺吡啶
日光性荨麻疹	羟氯喹或阿法诺肽

（五）药物治疗展望

随着 IgE 在荨麻疹发病机制中的认识，奥马珠单抗的应用逐步得到推广。在一项全球性、多中心、时长 40 周、随机、双盲、安慰剂对照试验中，奥马珠单抗治疗接受过标准治疗失败的中重度难治性慢性自发性荨麻疹患者显示出良好疗效。另外，奥马珠单抗也已成功用于治疗寒冷性荨麻疹、热接触性荨麻疹、延迟压力性荨麻疹和人工荨麻疹等诱导性荨麻疹。

五、痤疮

痤疮（acne）是一种毛囊皮脂腺单位的慢性炎症性皮肤病。痤疮的发生与遗传、雄激素诱导的皮脂大量分泌、毛囊皮脂腺导管角化、痤疮丙酸杆菌繁殖、免疫炎症反应等因素均有关，部分患者的发病还受情绪及饮食等因素影响。

（一）临床表现与诊断

1. 临床表现　痤疮多发于 15~30 岁青年男女，皮损好发于面颊、额部，其次是胸部、背部及肩部，多呈对称性分布，伴有毛孔粗大和皮脂溢出。痤疮皮损起初多为与毛囊一致的圆锥形丘疹（图 24-2-5 A，见文末彩图），如白头粉刺（闭合性粉刺，为黄色皮脂角栓）及黑头粉刺（开放性粉刺，脂栓被氧化）；皮损加重后可形成炎性丘疹，顶端可见小脓疱（图 24-2-5 B，见文末彩图）；继续发展可形成大小不等的红色结节或囊肿，挤压时有波动感，甚至可形成脓肿，破溃后常形成窦道和瘢痕（图 24-2-5 C，见文末彩图）。一般自觉症状轻微，炎症明显时可有疼痛。痤疮病程慢性，时轻时重，多数患者病情至中年期逐渐缓解，部分可遗留红色印记和色素沉着、肥厚性或萎缩性瘢痕。特殊类型痤疮包括聚合性痤疮和暴发性痤疮，前者表现为严重结节、囊肿、窦道及瘢痕，后者表现为病情突然加重，并出现发热、关节痛、贫血等全身症状。

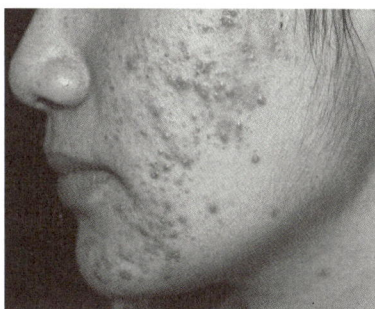

A

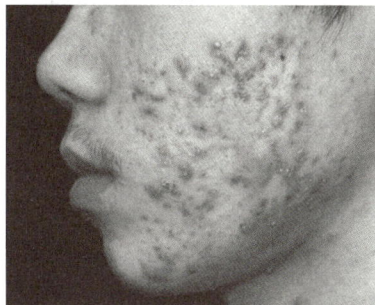

B

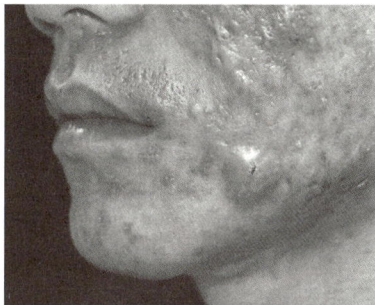

C

图 24-2-5　痤疮

A. 粉刺、丘疹；B. 脓疱、结节；C. 囊肿、瘢痕

2. 诊断　根据发病年龄（青年男女）、发病部位（颜面部、前胸和背部）及临床表现（粉刺、丘疹、脓疱、结节及囊肿，对称分布）等特点即可诊断。

（二）一般治疗原则

痤疮的治疗原则主要是去脂、溶解角质、杀菌、抗炎及调节激素水平。

1. 一般治疗　包括使用合适的洁面产品，去除皮肤表面多余油脂、皮屑和细菌混合物。忌用手挤压、搔抓皮损。清淡饮食，适当限制可能诱发或加重痤疮的辛辣甜腻等食物；作息规律，避免熬夜，保持大便通畅。

2. 药物治疗　包括抗感染、抑制皮脂分泌、抑制毛囊上皮角化等，以局部用药为主，必要时全身用药，用药需足剂量、足疗程。

3. 其他治疗　包括物理治疗（光动力疗法、激光疗法）、化学治疗（果酸）以及粉刺清除术等。

（三）基本治疗药物及治疗方案

自1950年起，过氧化苯甲酰一直是治疗痤疮的主要药物。20世纪60年代起，维A酸作为轻、中度痤疮单一或联合治疗的首选药物。目前维A酸类药物目前仍是治疗痤疮的主要药物。第一代维A酸类药物包括维A酸、异维A酸、维胺酯，可外用或口服。第二代为阿维A及阿维A酯，目前主要用于银屑病的治疗。第三代他扎罗汀和阿达帕林等，仅有外用剂型。第一代维A酸皮肤刺激不良反应较大，而阿达帕林和他扎罗汀对维A酸受体选择性更高，皮肤刺激较小，耐受性好。

1. 外用药物 用于以粉刺、丘疹、脓疱为主的轻症痤疮患者。

（1）维A酸类：包括0.025%~0.1%维A酸霜或异维A酸凝胶、0.3%维胺酯维E乳膏、0.1%阿达帕林凝胶、0.05%~0.1%他扎罗汀乳剂或凝胶。涂于皮损处及痤疮好发部位，每日1次，睡前使用。

（2）过氧苯甲酰：外用后可缓慢释放出新生态氧和苯甲酸，有杀菌及抑制皮脂分泌的作用，可明显减少痤疮丙酸杆菌数量，抑制粉刺形成。常用2.5%~10%过氧苯甲酰洗剂、凝胶或霜剂，每日1~2次。

（3）抗菌药物：包括红霉素软膏、克林霉素软膏或凝胶、夫西地酸乳膏等，常用浓度为1%~2%。外用抗菌药物易诱导痤疮丙酸杆菌耐药，不推荐单独使用，建议和过氧化苯甲酰或外用维A酸类药物联合应用。

（4）壬二酸：能减少皮肤表面、毛囊及皮脂腺内的菌群，对痤疮丙酸杆菌有抑制作用，还有粉刺溶解作用，可减轻炎症后色素沉着。常用15%~20%壬二酸霜，每日1~2次。

（5）二硫化硒：具有抑制真菌、寄生虫及细菌的作用，可降低皮肤游离脂肪酸含量。2.5%二硫化硒洗剂，略加稀释后均匀涂布于脂溢显著的部位，3~5min后清水清洗。

（6）其他药物：有调节角质形成细胞的分化、降低皮肤游离脂肪酸等作用，对痤疮丙酸杆菌亦有一定的抑制作用。如5%~10%硫磺洗剂、5%~10%水杨酸乳膏或凝胶等，每日1~2次。

2. 口服药物 用于以结节、囊肿性损害为主，或皮损数量多、炎症显著的重症痤疮患者。

（1）维A酸类：适用于结节囊肿型痤疮；其他治疗效果不佳的中重度痤疮；有瘢痕形成倾向的痤疮；频繁复发的痤疮；痤疮伴严重皮脂溢出过多；轻中度痤疮但患者有快速疗效需求的；痤疮患者伴有严重心理压力；暴发性痤疮和变异性痤疮。可在抗菌药物和糖皮质激素控制炎症反应后使用。

异维A酸：一般口服起始剂量为每日0.25~0.5mg/kg，根据疗效和不良反应逐步调整剂量。推荐累计剂量以60mg/kg为目标，痤疮基本消退并无新发疹出现后可逐渐减量至停药。疗程视皮损消退情况而定，通常应≥16周。

（2）抗菌药物：适用于中重度痤疮患者、暴发性痤疮和聚合性痤疮患者。应首选对痤疮丙酸杆菌敏感且皮脂溢出部位浓度高的抗菌药物。

1）四环素类：多西环素，50~100mg/次，每日1~2次。米诺环素，口服，50mg/次，每日1~2次。

2）大环内酯类：克拉霉素，250mg/次，每日2次；罗红霉素，150mg/次，每日2次。

（3）抗雄激素药物：适用于伴高雄激素表现（下颌、颈部痤疮、多毛症）的痤疮；女性青春期后痤疮；经前期加重的痤疮；常规治疗如全身用抗菌药物或异维A酸治疗反应差的痤疮患者。常用避孕药和螺内酯。

常用的避孕药包括炔雌醇环丙孕酮和雌二醇屈螺酮等。炔雌醇环丙孕酮每片含醋酸环丙孕酮2mg和炔雌醇35μg，在月经周期的第1日开始每日服用1片，连用21d。停药7d，再次月经后重复用药21d。通常起效时间需要2~3个月，疗程>6个月，一般要求皮损完全控制后再巩固1~2个月后停药，停药过早会增加复发的概率。螺内酯推荐剂量每日1~2mg/kg，疗程为3~6个月。

（4）糖皮质激素：对严重的结节或囊肿性痤疮可以醋酸曲安奈德混悬液，加1%利多卡因溶液，往结节性、囊肿性损害内注射，每1~2周1次，可使病情迅速缓解。

3. 基本治疗方案 根据痤疮患者的临床表现及严重程度确定治疗方案。联合治疗目前是痤疮的标准疗法，能针对不同的病理生理因素，对中重度痤疮效果更好。

（1）轻度（粉刺）：外用维A酸类药物（或过氧化苯甲酰或水杨酸）。

（2）中度（炎性丘疹）：外用维A酸类药物＋

过氧化苯甲酰或外用抗菌药物,或过氧化苯甲酰＋外用抗菌药物。

（3）中到重度(丘疹、脓疱):口服抗菌药物＋外用维 A 酸类药物＋过氧化苯甲酰。

（4）重度(结节、囊肿):单独口服异维 A 酸或联合外用过氧化苯甲酰或抗菌药物(炎症反应强烈者可先口服抗菌药物＋外用过氧化苯甲酰后,再口服异维 A 酸)。

（四）临床问题导向的药物治疗

1. 外用药物剂型　应根据患者皮肤类型选择,如干性皮肤选择乳剂或油剂,油性皮肤选择霜剂、溶液或凝胶剂。

2. 疗效评估及维持治疗　痤疮的显效治疗较慢,一般治疗药物的观察期为 4~6 周,观察期之后再根据患者的反应情况考虑换药或联合应用其他药物。无论哪一级痤疮,症状改善后均应维持治疗,首选外用维 A 酸类药物。有轻度炎性皮损需要抗菌治疗的,可考虑联合外用过氧化苯甲酰。维持治疗疗程一般为 3~4 个月甚至更长。

3. 关注维 A 酸类药物的不良反应　维 A 酸类药物外用常见轻度皮肤刺激反应,如局部红斑、脱屑、出现紧绷感和烧灼感,随着时间延长可逐渐消失。建议低浓度或小范围使用。有光敏反应,应避光使用。口服给药最常见的不良反应为皮肤黏膜干燥,特别是口唇干燥。该反应为剂量相关,可以通过降低剂量、使用保湿剂和唇膏等改善。少见不良反应包括肌肉骨骼疼痛、血脂升高、肝酶升高、精神异常等,

肥胖、血脂异常、肝病患者慎用,不建议用于儿童和抑郁症患者。罕见超敏反应(血管神经性水肿、荨麻疹)、剥脱性皮炎／红皮病以及毛细血管渗漏综合征等。一旦出现立即停用并对症处理。

特别需要注意的是,维 A 酸类药物(口服、外用)具有致畸性,禁用于已经怀孕或计划怀孕的女性患者,使用该药者在治疗期及治疗结束 3 个月内均需严格避孕,治疗期间应每月进行怀孕的血清学检查。英国药品和健康产品管理局(MHRA)已建立统一教育材料和表格,提供给开具和使用阿维 A、维 A 酸和异维 A 酸的医务人员和患者,包括处方者检查单、患者提示卡和药师检查单,以最大限度避免维 A 酸类药物致畸事件。

4. 关注药物相互作用　使用维 A 酸类药物者不宜同时使用维生素 A,可产生维生素 A 过量症状;红霉素和克拉霉素是细胞色素 P450 酶(CYP3A4)抑制剂,可导致经上述途径代谢的药物浓度增加,发生不良反应风险升高,可导致抗癫痫药物(卡马西平、丙戊酸和苯妥英钠)、免疫抑制剂(环孢素和他克莫司)、地高辛和茶碱等药物血药浓度升高,应监测血药浓度及相关不良反应。

（五）药物治疗展望

近年来一种新的四环素类药物 Sarecycline 已批准用于 9 岁以上中重度痤疮的治疗。Sarecycline 为口服、窄谱四环素衍生物,具有抗炎特性,可明显降低中重度痤疮患者皮肤局部炎症。

（蔡　艳　耿松梅）

参 考 文 献

1. 张学军,郑捷.皮肤性病学[M].9 版.北京:人民卫生出版社,2018.
2. 陈立,赵志刚.临床药物治疗学[M].2 版.北京:清华大学出版社,2018.
3. 赵辨,徐文严,毕志刚,等.中国临床皮肤病学[M].南京:江苏科学技术出版社,2010.
4. 徐世正,译.安德鲁斯临床皮肤病学[M].11 版.北京:科学出版社,2013.
5. 晋红中,译.Hall 皮肤病学—系统疾病的皮肤表现[M].北京:人民卫生出版社,2011.
6. 中国中西医结合学会皮肤性病专业委员会环境与职业性皮肤病学组.皮肤外用药局部不良反应评价专家共识[J].中国全科医学,2015,18(4):483-484.
7. Wong I T Y, Tsuyuki R T, Cresswell-Melville A, et al.Guidelines for the management of atopic dermatitis(eczema)for pharmacists[J].Can Pharm J(Ott),2017,150(5):285-297.
8. 中国医师协会皮肤科医师分会带状疱疹专家共识工作组.带状疱疹中国专家共识[J].中华皮肤科杂志,2018,51(6):403-408.
9. 中华医学会皮肤性病学分会荨麻疹研究中心.中国荨麻疹诊疗指南(2018 版)[J].中华皮肤科杂志,2019,52(1):1-5.
10. 中国痤疮治疗指南专家组.中国痤疮治疗指南(2014 修订版)[J].临床皮肤科杂志,2015,44(1):52-57.

第二十五章　中　毒

第一节　总　论

一、中毒性疾病的概述

（一）中毒性疾病的概念及分类

中毒是指某种物质暴露或进入人体后，通过生物化学或生物物理学作用，引起细胞代谢障碍和组织器官损害，进而导致机体特异性的病理生理变化和临床表现。引起中毒的物质称为毒物。

按照起病进程可分为急性中毒和慢性中毒。按毒物来源分类，中毒可分为生活中毒和职业中毒，其中生活中毒包括药物中毒和有毒动植物中毒等，职业中毒包括工业性毒物中毒和农药中毒。

（二）毒物作用机制

不同毒物的中毒机制不同，有些毒物可通过多种机制产生毒性作用。

1. 干扰酶的活性　如汞、砷等可通过与巯基结合抑制含巯基酶的活性；有机磷、氨基甲酸酯类毒物其结构与胆碱酯酶（cholinesterase, ChE）的底物结构相似，可竞争性与 ChE 相结合抑制酶活性；氟乙酰胺进入人体内产生氟乙酸，与草酰乙酸结合成氟柠檬酸，通过抑制乌头酸酶活性干扰三羧酸循环，影响氧化磷酸化过程，造成神经系统和心肌损害。

2. 破坏细胞膜的功能　如四氯化碳中毒通过产生自由基使膜上多烯脂肪过氧化，导致脂质膜的完整性受损，溶酶体破裂，线粒体、内质网变性，细胞死亡；河豚毒素可通过选择性阻断膜对钠离子的通透性阻断神经传导，导致神经肌肉麻痹。

3. 阻碍氧的交换、输送和利用　如刺激性气体可引起肺水肿，使肺泡气体交换受阻，导致氧的交换障碍；一氧化碳（carbon monoxide, CO）通过与血红蛋白结合形成不易解离的碳氧血红蛋白，使血红蛋白丧失携氧功能，从而导致氧的运输障碍。

4. 影响细胞增殖和代谢功能　如烷化剂、氮芥等通过使脱氧核糖核酸（deoxyribonucleic acid, DNA）发生烷化，形成交叉联结，影响 DNA 功能，从而导致细胞分裂增殖障碍；二硝基苯酚类是呼吸链与氧化磷酸化的解耦联剂，可导致呼吸链中产生的能量不能形成三磷酸腺苷（adenosine triphosphate, ATP），影响能量代谢。

5. 改变递质释放或激素的分泌　如肉毒杆菌毒素通过抑制运动神经末梢释放乙酰胆碱而致肌肉麻痹。

6. 损害免疫功能　如氟中毒可致脾和胸腺等免疫器官受损。

7. 光敏作用　如灰黄霉素进入机体后在日光照射下发生光化学变化，引发变态反应；沥青等在日光照射下通过光化合反应形成有毒物质对机体产生有害作用。

8. 直接组织毒性作用　如强酸、强碱可通过引起蛋白质变性造成组织坏死，引起局部充血、水肿、坏死和溃疡。

9. 其他机制　包括非特异性机制和原因不明等。

（三）毒物进入人体的途径及代谢

毒物可以通过多种途径进入人体，了解毒物的侵入途径有助于明确终止毒物接触和促进毒物排出的方式。

1. 消化道　许多毒物可通过口服经消化道吸收，偶有经肛门、直肠吸收（如使用含砷的药物治疗痔疮可致砷中毒）。口服是生活性中毒时毒物进入人体的主要途径。

2. 呼吸道　被毒物污染的空气可经呼吸道吸收，速度可较消化道吸收快 20 倍。工农业生产中毒物主要以粉尘、烟雾、蒸汽的形态由呼吸道吸入。生活性中毒中主要为 CO,此外,在房屋装修和家具制作用料中所含甲醛、苯等物质超标污染空气时,也可经呼吸道进入人体引起中毒。

3. 皮肤黏膜 脂溶性毒物如苯胺、硝基苯、四乙铅、有机磷农药,或腐蚀性毒物如百草枯等可通过皮肤吸收。强酸、强碱等刺激性或腐蚀性毒物可通过直接接触而损伤皮肤黏膜。

4. 血液 如通过直接静脉注射毒物进入血液。

毒物吸收后,一部分以原形经呼吸道排出,大多数毒物由肾排出,很多重金属如铅、汞、锰等,以及生物碱由消化道排出。少数毒物经皮肤排出时可引起皮炎。此外,铅、汞、砷等可由乳汁排出。有些毒物排出缓慢,蓄积在体内某些器官或组织内,当再次释放时可产生再次中毒。

(四)中毒性疾病的临床表现

根据毒物本身的理化性质、损伤机制以及进入体内的途径不同,中毒可有各种不同临床表现。部分毒物中毒可表现为相对特异的一组症候群,即中毒综合征(toxidrome),如:

1. 胆碱样综合征 包括毒蕈碱样(M 样)综合征和烟碱样(N 样)综合征。M 样综合征见于有机磷酸盐、毛果芸香碱和某些毒蘑菇等中毒,表现为心动过缓、瞳孔缩小,以及流涎、流泪、多汗、支气管分泌液过多等腺体分泌增加,严重时可导致肺水肿。N 样综合征主要见于烟碱样杀虫剂、烟碱、黑寡妇蜘蛛等中毒,表现为心动过速、血压升高、肌束颤动、肌无力等。

2. 抗胆碱综合征 主要见于颠茄、阿托品、曼陀罗、某些毒蘑菇、抗组胺药、三环类抗抑郁药等中毒,表现为心动过速、体温升高、瞳孔散大、皮肤干热、吞咽困难、口渴、尿潴留、肠鸣音减弱或肠梗阻,严重者可出现谵妄、幻觉、呼吸衰竭等。

3. 交感神经样中毒综合征 主要见于氨茶碱、咖啡因、苯环己哌啶、安非他命、可卡因、苯丙醇胺、麦角酰二乙胺等中毒,表现为中枢神经系统(central nervous system, CNS)兴奋、抽搐、血压升高、心动过速、体温升高、多汗、瞳孔散大等,可能与交感神经过度兴奋导致体内儿茶酚胺升高有关。

4. 麻醉样综合征 主要见于可待因、海洛因、复方苯乙哌啶、丙氧酚等中毒,表现为 CNS 抑制、呼吸抑制、血压下降,体温降低、瞳孔缩小、心动过缓、肠蠕动减弱,严重时可出现昏迷。

5. 阿片综合征 主要见于阿片类,严重乙醇及镇静催眠药等中毒,表现同麻醉样综合征。

6. 戒断综合征 主要见于停用乙醇、镇静催眠药、阿片类、降低肌张力药(如氯苯胺丁酸)、5-羟色胺再摄取抑制剂等,表现为心动过速、血压升高、瞳孔扩大、多汗、CNS 兴奋、定向障碍、抽搐、反射亢进、竖毛、哈欠、幻觉。

(五)中毒的诊断

中毒的诊断主要依据毒物接触史、临床表现、实验室及辅助检查结果,分为以下几种情况:

1. 毒物暴露 有明确毒物接触史或有毒物进入机体的明确证据,但尚无临床中毒的相关表现。

2. 临床诊断 有明确毒物接触史及相应毒物中毒的临床表现,并排除有相似临床表现的其他疾病;或有相应毒物中毒的临床表现,且使用特异性拮抗药物后中毒症状明显缓解,并能解释其疾病演变规律者。

3. 临床确诊 符合临床诊断标准,并且通过可靠的毒检方法在人体胃肠道、体液或相关组织中检测到相关毒物或其特异性代谢产物,即使缺乏毒物接触史,仍然可以确诊。

4. 疑似诊断 具有某种毒物中毒的相关特征性临床表现,而其他疾病难以解释,但缺乏毒物接触史与毒检证据,可作为疑似诊断。

5. 急性毒物接触反应 有明确毒物接触的环境或毒物接触史,伴有相应临床表现,常以心理精神症状为主,脱离环境后症状很快消失,实验室检测无器官功能损害证据。

二、中毒性疾病的治疗原则

(一)脱离中毒环境并清除未被吸收的毒物

体表未吸收毒物是指因各种接触所致毒物沾染在皮肤、黏膜或者眼内,而未吸收进入体内的毒物。体内未吸收毒物主要指已进入人体消化道或呼吸道,但尚未被吸收进入血液或细胞内的毒物。应根据毒物沾染的部位、毒物的性质不同,采取相应措施。

1. 体表毒物的清除 体表沾染毒物时应立即脱去已污染的衣服,用流动的生理盐水或清水彻底冲洗皮肤及毛发,对可能经皮肤吸收中毒或引起化学性烧伤的毒物更要充分冲洗,可考虑选择适当中和剂进行中和处理。若毒物遇水能发生化学反应,应注意先用干布抹去沾染的毒物后再用清水冲洗。冲洗过程尽量避免使用热水以免增加毒物的吸收。对于眼部沾染的毒物,要优先彻底冲洗,首次应用流动的生理盐水或清水冲洗至少15min以上,必要时反复冲洗;在冲洗过程中嘱患者做眨眼动作,有助于充分去除有毒物质。

2. 消化道内毒物的清除

（1）催吐:包括机械刺激性催吐与药物性催吐,对于清醒的口服毒物中毒患者,催吐可作为清除毒物方法之一。存在下列情况的患者应禁止催吐:①存在严重意识障碍、抽搐、惊厥;②口服强酸、强碱等腐蚀性毒物,或汽油、煤油等石油蒸馏物中毒;③有休克、严重心脏病、肺水肿、主动脉瘤、食管胃底静脉曲张、消化性溃疡等基础疾病。需注意:口服阿片类、抗惊厥类药物、三环类抗抑郁药物等中毒者可能催吐效果不佳,因这些药物可抑制呕吐中枢。对于樟脑、士的宁等易致惊厥药物中毒者,采用催吐可诱发惊厥。故上述两种情况和合并妊娠的患者需慎用催吐。

（2）洗胃:洗胃为清除经口摄入毒物中毒的常用方法之一,一般摄入毒物6h内应洗胃,尤其是服毒后1h内洗胃效果最好。但当摄入毒物量较多,毒物为缓释制剂或结块,服毒后曾服用大量牛奶或蛋清者,抗胆碱药、三环类抗抑郁药、水杨酸盐类等使胃排空时间延长的药物中毒者,不应受6h的时间限制。但洗胃可导致吸入性肺炎、心律失常、胃肠道穿孔、消化道出血甚至心脏骤停等并发症,对于服毒量少、存在意识障碍或严重基础疾病的患者需权衡利弊后再决定是否进行洗胃。

（3）导泻或灌肠:口服中毒患者在洗胃和/或灌入吸附剂后可使用导泻药物清除肠道中的毒物,不推荐单独使用导泻药物。导泻禁用于循环不稳定或腐蚀性物质中毒、合并小肠梗阻或穿孔,以及近期曾行肠道手术的患者,慎用于老年及体弱者、婴幼儿。油剂药不能用于脂溶性毒物导泻,以免增加吸收。当毒物已引起严重腹泻时不必再行导泻。对于口服重金属中毒、缓释药物或肠溶药物中毒以及消化道藏毒品者,可行全肠灌洗（whole bowel irrigation, WBI）,通过经口或胃管快速注入大量聚乙二醇溶液,产生液性粪便促进毒物排出。经导泻或WBI仍无排便者,可以考虑灌肠。

（二）维持患者的生命体征并及时处理威胁生命的情况

脱离毒物暴露环境后,迅速判断患者的意识及生命体征,并及时处理威胁生命的情况。对于心跳停止的患者,立即进行心肺复苏术;对于意识状态明显抑制的患者,除非病因容易快速被逆转（如阿片类药物中毒或低血糖）,否则应在早期实施气管插管以保护气道,因为其发生误吸及其并发症的风险高,尤其是当需要进行洗胃等操作时;对于循环不稳定的患者,立即建立静脉通道进行补液治疗,必要时加用血管活性药物（如去甲肾上腺素）维持血压;对于存在缺氧或呼吸困难的患者,尽快给予氧疗,必要时给予球囊面罩或呼吸机辅助通气。

（三）促进已被吸收的毒物排出

1. 强化利尿 通过补液扩充血容量及增加尿量达到促进毒物排泄目的,多用于以原型从肾脏排出的毒物中毒,合并心、肺、肾功能不全者慎用。方法包括积极补液,并适当给予利尿药。同时,可通过改变尿液酸碱度促进毒物从尿排出,如水杨酸、苯巴比妥等弱酸性化合物中毒时,给予碳酸氢钠静脉滴注使尿 $pH>8.0$;弱碱性毒物如苯丙胺、士的宁、苯环己哌啶等中毒时,可用维生素C静脉滴注使尿液 $pH<5.0$。强化利尿法需注意监测电解质,警惕低钾、低钙血症发生,并应避免用于急性肾衰竭患者。

2. 血液净化 常用方法包括血液透析、血液滤过、血液灌流、血浆置换,可用于中毒剂量大,毒物毒性强,摄入毒物成分不明,病情迅速进展,合并内环境紊乱或脏器功能障碍,以及毒物进入体内有延迟效应的患者。可结合毒物分子量大小、溶解度、半衰期、分布容积、蛋白结合率、内源性清除率、药（毒）代动力学及临床经验等因素,综合决定是否进行血液净化治疗及其模式选择。

3. 氧疗及高压氧治疗 通过提高血氧含量及张力,提高组织内氧含量和储氧量,增加血氧弥散及组织内氧的有效弥散距离,有效改善机体缺氧状态。如采用高压氧治疗CO中毒等。

（四）使用特殊解毒剂

如毒物有特殊解毒药物，应尽快使用。如阿托品可通过阻断节后胆碱能神经支配的乙酰胆碱受体，对抗各种拟胆碱类毒物导致的毒蕈碱样作用，用于拟胆碱药、有机磷农药、神经性毒气及含毒蕈碱的毒蕈中毒等，纳洛酮可竞争性结合阿片受体，用于阿片类药物中毒等。

（五）支持及对症治疗

毒物损害往往造成机体多系统器官损伤和功能障碍，应及时评估，并防治可能发生的各种并发症。同时，应采取相应措施消除或减轻患者的各种症状，保护重要器官，使其恢复功能，如采用高压氧治疗中毒性脑病等。

（六）防治迟发毒效应

部分毒物可引起迟发性中毒效应，如有机磷农药中毒可致迟发性神经病，CO 中毒可致迟发性脑病等，应注意防治。

三、常用药物分类及作用机制

（一）促进毒物清除类药物

1. 催吐剂

（1）吐根糖浆（syrupus ipecacuanhae）：直接作用于胃黏膜和髓质催吐敏感区诱发呕吐，可用于经口摄入毒物的催吐。

成人用法：将本品 30ml 加入 200ml 水（不可用热水）中口服，必要时 30min 后可重复 1 次。儿童：6 个月以内婴儿禁用；6~12 个月婴儿每次 10ml，不重复；1~12 岁儿童每次 15ml，必要时 30min 后可重复 1 次；12 岁以上儿童的用法同成人。

注意：本品过量使用可致血样腹泻、心律失常、心脏毒性、休克、惊厥等不良反应。本品禁用于意识丧失、休克及侵蚀或腐蚀性毒物中毒者。不能用吐根酊或吐根浸剂做催吐之用，因吐根酊及吐根浸剂所含的依米丁分别比吐根糖浆多 20 倍及 14 倍，可致依米丁过量。此外，活性炭可吸附吐根糖浆，使其呕吐作用失效。

（2）阿扑吗啡（Apomorphine）：可通过兴奋催吐化学感受区而引起呕吐。口服作用弱而迟缓，一般通过皮下注射给药，给药后 3~10min 发挥催吐作用。可用于有机磷、氨基甲酯类、有机氯等农药中毒患者催吐。

用法：成人 2~5mg 皮下注射；儿童（5 岁以上）（0.07~0.1）mg/kg 皮下注射；极量每次 5mg，不得重复使用。

注意：本品可引起持续性呕吐，患者出现昏睡、晕厥、直立性低血压等，因其具有中枢抑制作用，可致呼吸短促、呼吸困难及心动过缓等不良反应。因不良反应明显，不建议常规使用，仅用于不能口服催吐剂或不能施行洗胃术的中毒者。本品禁用于昏迷、心衰、休克前期患者，以及幼儿、体弱患者、孕妇，及患有高血压、冠心病、肝病的患者，亦不可用于吗啡及中枢抑制性药物中毒者。如发生过量或明显中枢神经及呼吸抑制，可用纳洛酮拮抗。

（3）硫酸铜（copper sulphate）：口服后通过刺激消化道，反射性兴奋呕吐中枢而发挥催吐作用。临床上可用于有机磷、氨基甲酸酯类、有机氮等农药中毒患者的催吐，硫酸铜可与磷结合形成溶解的磷化铜，故可用于磷化锌中毒时的催吐解毒。

用法：将硫酸铜 0.3~0.5g 溶于 150~200ml 温水中口服，如未呕吐，15~30min 后可重复一次，但其使用总量不宜超过 1g。0.1%~0.5% 硫酸铜溶液可用于磷化锌口服中毒患者的洗胃。

注意：本品对胃肠道有较强刺激作用，可致恶心、呕吐、胃烧灼感及腹泻，部分患者还会出现腹绞痛、呕血、黑便，甚至黄疸、贫血、肝大、血红蛋白尿、急性肾功能衰竭等。本品口服后可致口内有铜味，对眼和皮肤也有刺激作用。使用剂量要准确，避免发生过量。禁用于神志不清、抽搐及溃疡病患者的催吐。

（4）硫酸锌（zinc sulphate）：具有防腐收敛作用，因口服易致恶心、呕吐、腹泻等不良反应，故临床可用于有机磷、有机氯、氨基甲酸酯类农药口服患者的催吐。口服后锌主要在小肠吸收，胃与结肠吸收甚微，主要经粪便排出体外。

用法：1% 硫酸锌溶液 50~100ml 口服，如未发生呕吐，15~30min 后可再服用一次。

注意：不良反应包括恶心、呕吐、便秘等，一般都较轻，但锌过量可起锌中毒。禁用于神志不清、昏迷及溃疡病患者。

2. 洗胃液

如口服中毒者毒物不明时，可选用温开水、生理盐水等通用洗胃液。如已知毒物种类，应选用相应的解毒剂作为洗胃液。如

2%~3% 硫酸钠溶液可用于钡盐中毒的洗胃；1% 葡萄糖酸钙或氯化钙溶液可用于氟化物、草酸盐中毒的洗胃；硫代硫酸钠溶液可用于碘、砷、汞、氰化物中毒洗胃等；高锰酸钾溶液可用于敌百虫等有机磷农药中毒的洗胃，但禁用于对硫磷、内吸磷、甲拌磷、乐果、马拉硫磷等中毒。

洗胃液的温度一般为 25~37℃，成人每次 300~500ml，儿童按每次（10~20）ml/kg 体重计算。洗胃必须反复多次进行，直到彻底清除胃内容物为止。

3. 导泻剂

（1）硫酸镁（magnesium sulphate）：本品易溶于水，水溶液中的 Mg^{2+} 和 SO_4^{2-} 均不易被肠壁吸收，故可增加肠内渗透压，使体液的水分向肠腔移动，导致肠腔容积增加和肠壁扩张，通过刺激肠壁传入神经末梢反射性引起肠蠕动增加而导泻。硫酸镁可作用于全肠段，作用快而强，故常被用作导泻剂和十二指肠引流剂。

用法：每次口服 5~20g，同时饮 100~400ml 水，也可用水溶解后服用。

注意：本品慎用于合并胃肠麻痹、消化道溃疡或破损、肾功能减退和抑制肠蠕动药物中毒患者，因可增加镁的吸收，形成高血镁，对神经系统、心血管系统产生抑制；也不宜用于苯巴比妥等中枢抑制性药物中毒患者，以免加重对中枢的抑制作用；禁用于孕妇、急腹症、消化道出血患者及经期妇女。如使用浓度过高，可引起脱水，故使用时最好同时饮水。

（2）硫酸钠（sodium sulphate）：本品为容积性泻药，口服后 SO_4^{2-} 不易吸收，在肠内形成高渗盐溶液，故能吸收大量水分并阻止肠道吸收水分，使肠内容积增大，对肠黏膜产生刺激，引起肠管蠕动而加速排便。其导泻作用较硫酸镁弱，适用于中枢神经抑制剂物中毒时的导泻。此外，本药还可拮抗体内钡离子。

用法：每次口服 5~20g，溶于 250ml 水。如 12h 未排便，可追加服用 1~2 次。

注意：本品慎用于年老体弱，充血性心力衰竭者，水肿，合并严重心、脑、肺、肾疾病患者，以及妊娠或月经期妇女。因能与钡离子形成不溶性硫酸钡，在阻断钡离子毒性作用的同时形成大量硫酸钡沉淀而导致肾小管阻塞、坏死，甚至肾功能衰竭。治疗钡中毒时应同时给予氯化钾和大量补液。

（3）甘露醇（mannitol）及山梨醇（sorbitol）：两种均为渗透性导泻剂，口服后因肠道吸收很少，可升高小肠液渗透压，使液体渗出于肠腔而产生渗透性腹泻。

用法：成人用量一般为 20% 甘露醇或 25% 山梨醇 250ml，儿童为 2mg/kg 体重，常于服用后 1h 起效。

注意：本品不良反应较少见，但也有导致剧烈腹痛、肠梗阻、肠穿孔、低钠性脑病甚至猝死等严重不良反应的报告。过量服用可导致胃肠胀气。

（4）中药：中药芒硝具有软坚治燥，大黄具有泻治实之用，两者合用药力迅猛，导泻效果确切，可酌情用于导泻。

4. 利尿药

（1）呋塞米（Furosemide）：本品通过抑制髓袢升支髓质和皮质部对 Cl^- 和 Na^+ 的重吸收，并通过与氯化物竞争细胞膜上氯化物受体结合部位，而降低该体系的运转能力，从而影响髓质高渗状态的形成和维持，减弱尿的浓缩功能，促进 Cl^-、Na^+、K^+ 和大量水分的排出。静脉给药可治疗各类农药中毒引起的肺水肿和脑水肿，同时可加速毒物从肾脏排出。如大剂量或长期使用时，可导致直立性低血压、休克、电解质紊乱、乏力、肌肉酸痛、心律失常等。

（2）渗透利尿药：甘露醇等高渗溶液可通过使血浆渗透压及尿渗透压升高，产生组织脱水及利尿作用，静脉输入后 10min 出现利尿，2~3h 达高峰，作用可维持 6~8h，如使用及时，可减轻农药对肾脏的损害，避免出现急性肾功能衰竭；同时静脉给药后 20min，颅内压下降，作用维持 6h 以上，为一种有效降低颅内压，治疗有机磷、氨基甲酸酯、拟除虫菊酯等引起的中毒性脑水肿的药物。

（二）非特异性拮抗剂

1. 吸附剂　利用具有吸附毒物作用的药物，据其物理结构特点，吸附进入胃肠道的毒物，以阻止毒物被机体吸收，达到减少其毒性作用的目的。

（1）活性炭（charcoal）：本品口服后能吸附胃肠内尚未吸收的毒物，可用于经口摄入生物碱、巴比妥类、吗啡类、水杨酸类、三环类抗抑郁药、苯酚、氯化汞等中毒。但对酚类、乙二醇、碳氢化合物、重金属、铁盐、锂盐、有机磷类、氨基甲酸酯类、氰化物、酸类、苛性碱、非水溶性物质等吸附作用不理想。

用法：对重度中毒应先洗胃再口服活性炭，可给予首剂 1g/kg，然后每 2~4 小时服 1 次，每次 0.5g/kg。12 岁以下儿童单次给药剂量不超过 50g，1 岁以内不超过 25g。

本药不良反应轻微，可引起恶心，而长期服用者会出现便秘等。大剂量可能引起小肠阻塞，但罕见。如吸入肺部可发生严重并发症。肠梗阻者禁用。注意本品易吸潮，故应密封保存，现配现用。使用时不宜与抗生素、维生素、洋地黄、生物碱类、乳酶生及其他消化酶类等药物合用，以免被吸附而影响其疗效。

（2）白陶土（kaolium）：本品可用于吸附肠内气体和细菌毒素，阻止胃肠道对毒物的吸收，并对发炎黏膜有保护作用，用于治疗痢疾和食物中毒。此外，本品可吸附除草剂百草枯（paraquat，PQ）并使之失活，每 100g 白陶土可吸附 PQ 约 6g。

用法：口服，每次 15~30g，每日 3 次。

注意：本品吸湿后效力即减弱，应密闭、干燥保存。

（3）褐藻酸钠（sodium alginate）：本品对锶（strontium，Sr）等金属有特殊亲和力，能与放射性锶-90（^{90}Sr）络合，阻止其吸收。口服 20% 褐藻酸钠糖浆的吸附效果较好。

2. 沉淀剂　一些药物可通过与相应毒物结合导致沉淀，减少毒物吸收。如碘中毒可用 75g 淀粉与 1L 水配成混悬液洗胃致其沉淀；汞化物中毒用甲醇化次硫酸钠将汞盐还原为金属汞，降低其溶解度而减少吸收；磷中毒可用硫酸铜溶液洗胃，使其变为不溶性的磷化铜；可溶性钡化物中毒用硫酸钠或硫酸镁口服，使之成为不溶性的硫酸钡；铊中毒可用普鲁士蓝所含的钾置换铊形成不溶性的铊盐，或使用碘盐使铊变为不溶的碘化铊；氟化物中毒用氯化钙溶液洗胃，与氟结合形成氟化物，并可纠正中毒所致低钙血症；铁化物中毒用碳酸氢钠溶液洗胃，把亚铁离子变为碳酸亚铁，形成难以吸收的沉淀物；砷化物中毒用氢氧化铁溶液与砷形成不溶性的砷酸铁；鞣酸可使重金属发生沉淀；碘酊可与奎宁、士的宁形成沉淀；石灰水可与草酸生成不溶性的草酸钙等。

3. 氧化还原剂

（1）高锰酸钾（potassium permanganate，$KMnO_4$）：本品为强氧化剂，可氧化有机毒物，分解多种生物碱，亦可使氰化物和磷氧化物失去毒性。可用于吗啡、阿片、士的宁（马钱子碱）、敌百虫等有机磷农药中毒患者洗胃，但本品对阿托品、巴比妥等无氧化作用，禁用于有机磷农药对硫磷、内吸磷及甲拌磷等中毒，因可氧化为毒性更强的氧磷类。

用法：0.05% 高锰酸钾溶液可用于吗啡中毒洗胃；服用巴比妥类药物过量或有机磷等剧毒药物中毒时，可用本品 0.02%~0.05% 溶液洗胃，以破坏毒物；但不能反复应用，以免腐蚀胃黏膜。

注意：高浓度本品对黏膜有刺激作用。大量误服本品可产生中毒症状，呕吐、流涎，甚至引起蛋白尿，严重者可致死亡。本品溶液暴露于空气中易分解，应随用随配。本品忌与碘、还原剂和还原性有机物合用，因与还原剂（如甘油、糖、碘）研合可引起爆炸。

（2）维生素 C（vitamin C）：本品可直接作用于高铁血红蛋白，使之还原，恢复携氧能力，但不及亚甲蓝迅速彻底，二者合用有协同作用，可作为重度高铁血红蛋白症的辅助治疗；本品能使难吸收的 Fe^{3+} 还原为易吸收的 Fe^{2+}；能保持巯基酶的活性和谷胱甘肽的还原状态，起解毒作用；可通过提高肝脏对各种毒物转化反应中酶的活性，促进其转化，发挥解毒作用；还能使氧化型谷胱甘肽转化为还原型谷胱甘肽，后者可与金属离子结合而排出体外，避免重金属离子铅、砷、汞等与巯基结合使酶失活而造成中毒；本品还可使高毒性六价铬盐还原为低毒性三价铬盐，故可用为解毒剂。

用法：用于高铁血红蛋白血症可每日 300~600mg，分次服用；本品 0.1%~0.25% 溶液即可用于高锰酸钾中毒时的洗胃，并可防止高锰酸钾引起的组织损伤；维生素 C 软膏外用，可以防治铬性皮肤溃疡。

注意：本品如大量应用（>1g/d）可致腹泻、皮肤发红、头痛、尿频、恶心、呕吐、胃痉挛等不适。本品禁用于注射维生素 C 过敏者，慎用于患有半胱氨酸尿症、痛风、高草酸盐尿症、草酸盐沉积症、尿酸盐性肾结石、糖尿病、葡萄糖 -6- 磷酸脱氢酶缺乏症、血色病、铁粒幼细胞性贫血或海洋性贫血、镰形红细胞贫血等疾病患者。本药可通过胎盘及分泌入乳汁，孕妇大量服用时，可产生婴儿坏血病。本药不宜与碱性药物（如氨茶碱、碳酸氢钠、谷氨酸钠等）、维生素 B_2、三氯叔丁醇，以及含铜、铁离子（微量）的溶液配伍，以免影响疗效。

（3）还原型谷胱甘肽（glutathione）：本品作为细胞内重要的水溶性抗氧化剂，能清除 HO^-、O^{2-} 等自由基，且可与毒物或其代谢产物相结合排出体外而解毒，并能激活和保护功能重要的巯基酶等，使机体免受碘乙酸、芥子气、自由基、重金属、环氧化物等有害物质的毒害。可用于治疗酒精中毒性肝病、药物中毒性肝病（包括抗癌药、抗结核药、神经精神药物、抗抑郁药、对乙酰氨基酚和中药等）、重金属、有机溶剂等中毒。

注意：本品使用后可能出现皮疹、胃痛、恶心、呕吐等不良反应，注射局部可有轻度疼痛。少数患者使用本品滴眼后可能出现瘙痒感、刺激感、眼部充血、一过性视物模糊等症状，停药后即消失。本品注射时避免与维生素 B_{12}、维生素 K_3、泛酸钙、乳清酸、抗组胺制剂、磺胺制剂及四环素制剂等混合使用。

4. 中和毒物的药物　如 2% 醋酸溶液、0.5%~1% 枸橼酸液等弱酸可中和强碱；氢氧化铝凝胶、镁乳、2%~5% 碳酸氢钠溶液、肥皂水等弱碱可中和强酸。

（三）特异性拮抗剂

毒物进入人体后，除应促进毒物排出外，还应尽可能使用特效拮抗剂解毒，常用特效解毒药见表 25-1-1。

表 25-1-1　常见毒物的特异性拮抗剂

药物名称	作用特点	适应证
纳洛酮（Naloxone）	阿片受体拮抗剂，对 μ 受体有很强的亲和力，本身几乎无药理活性	用于阿片类药物中毒的诊断和治疗，也可用于急性乙醇中毒
纳美芬（Nalmefene）	阿片受体拮抗剂，作用持续时间长于纳洛酮	用于已知或疑似阿片类物质中毒的治疗
氟马西尼（Flumazenil）	苯二氮䓬类（benzodiazepines, BZD）类似物，具有最小内在活性，可竞争性结合 BZD 受体，降低 γ- 氨基丁酸（γ-aminobutyric acid, GABA）与其受体结合，从而逆转 BZD 诱导性镇静状态	逆转 BZD 药物所致中枢镇静作用；鉴别 BZD 与其他药物中毒或不明原因昏迷
阿托品（Atropine）	非选择性 M 胆碱受体拮抗剂，阻断 AChE 或胆碱受体激动药物与 M 受体结合，造成抗胆碱效应：可致腺体分泌减少、瞳孔扩大、心率增快、调节麻痹、胃肠道及膀胱平滑肌抑制，大剂量出现躁动、谵妄、幻觉等中枢表现，严重者昏迷	有机磷类农药中毒；抑制 ChE 的神经毒剂（如沙林）中毒；氨基甲酸酯类农药中毒
盐酸戊乙奎醚（Penehyclidine hydrochloride）	选择性抗胆碱药，能与外周及中枢的 M、N 胆碱受体结合，对抗 AChE 及其他拟胆碱药物的 M 样及 N 样作用，并能较好拮抗其导致的 CNS 症状。该药对 M 胆碱受体具有选择性：主要作用于 M_1、M_3 受体，而对位于心脏的 M_2 受体作用极弱，故对心率影响小，其对抗腺体分泌和平滑肌痉挛的作用比阿托品更强，支气管痉挛改善更明显	有机磷类农药中毒；抑制 ChE 的神经毒剂（如沙林）中毒
氯解磷定（Pralidoxime chloride）	肟类化合物，其季铵基团可直接与胆碱酯酶的磷酸化基团结合而后共同脱离胆碱酯酶，使胆碱酯酶恢复原态及活性。但对被有机磷杀虫剂抑制超过 36h 已"老化"的胆碱酯酶的复活作用效果差。对 N 样症状作用明显，而对 M 样症状作用较弱，对中 CNS 症状作用不明显	同盐酸戊乙奎醚

续表

药物名称	作用特点	适应证
N-乙酰半胱氨酸（N-acetylcysteine，NAC）	能够提供巯基以替代谷胱甘肽与对乙酰氨基酚的代谢产物结合，减轻其肝脏毒性	急性对乙酰氨基酚中毒
乙酰胺（Acetamide，解氟灵）	化学结构与氟乙酰相似，与其竞争某些酶（如酰胺酶）而减少氟乙酸生成，降低氟乙酸对三羧酸循环的影响	氟乙酰胺等有机氟农药中毒
维生素 K_1（vitamin K_1）	补充肝脏合成凝血因子Ⅱ、Ⅶ、Ⅸ、Ⅹ的必需物质维生素 K，对抗香豆素类等维生素 K 拮抗剂的抗凝作用	华法林中毒，溴敌隆、敌鼠等杀鼠剂中毒
硫酸鱼精蛋白（protamine sulfate）	具有强碱性基团，在体内可与强酸性的肝素结合形成稳定的复合物，使肝素失去抗凝活性	肝素中毒
二巯基丙醇（dimercapto propanol，BAL）	带有两个巯基，一个分子的 BAL 结合一个金属原子形成不溶性复合物，二个分子 BAL 与一个金属原子结合形成较稳定的水溶性复合物。复合物在体内可重新离解为金属和 BAL。要在血浆中保持 BAL 与金属2∶1的优势和避免 BAL 过高浓度的毒性反应，需要反复给药，一直用到金属排尽和毒性作用消失为止	主要用于治疗急性砷、汞和金中毒，也可用于锑、铋、铬、镍、镉、铜、铀等中毒。可与依地酸钙钠合用治疗儿童急性铅脑病
二巯基丁二酸钠（sodium dimercaptosuccinate，DMSA）	同 BAL，但对锑的排泄率较高	治疗锑、铅、汞、砷的中毒（治疗汞中毒的效果不如二巯丙磺钠）及预防镉、钴、镍中毒，对肝豆状核变性病有驱铜及减轻症状的效果
二巯基丙磺酸钠（sodium dimercaptosulphonate，DMPS-Na）	同 BAL，对汞中毒效力较 BAL 好，毒性则较低	治疗砷、汞、锑、铋、铬等和路易气中毒；治疗毒蘑菇毒素毒肽、毒伞肽中毒；治疗沙蚕毒素类农药中毒
依地酸钙钠（Calcium disodium edetate，EDTA-CaNa₂）	能与多种二价和三价重金属离子络合形成可溶性复合物，由组织释放到细胞外液，通过肾小球滤过，由尿排出。本药和各种金属离子的络合能力不同，其中以铅为最有效，其他金属效果较差，而对汞和砷则无效	治疗铅中毒（四乙基铅中毒无效），也可用于对锰、镉、铬、镍、钴、铜等金属中毒，以及促进钍、镭、钇、钇等放射性元素或同位素的排出
喷替酸钙钠（Calcium trisodium pentate，DTPA-CaNa₃）	为二乙三胺五乙酸钠盐与钙的络合物，作用原理基本同 EDTA-CaNa₂，但与大多数金属络合的稳定常数较大，络合力也较强	治疗铅、铁、锌、铬、钴、锰等重金属中毒，也可用于促进钍、镭、铈、锶、钪、钇、钇、镅等放射性元素排出
D-青霉胺（D-penicillamine，DPA）	能络合铜、铁、汞、铅、砷等重金属，形成稳定和可溶性复合物由尿排出。其驱铅作用不及 EDTA-Ca/Na₂，驱汞作用不及 BAL	铜、铁、汞、铅、砷等重金属中毒
硫酸钠（Sodium sulphate）	与钡离子结合形成不溶性硫酸钡	急性钡中毒
巯乙胺（Mercaptamine，半胱胺）	受到照射时，可产生大量的游离羟基，从而出现抗氧化作用。还能解除金属离子对细胞中酶系统活动的抑制	用于急性四乙铅中毒缓解症状，但排铅效果不明显。也可用于放射性核素、氟乙酰胺、溴甲烷、扑热息痛等中毒
二乙基二硫代氨基甲酸钠（sodium diethyldithiocarbamatre）	能与羰基镍络合	急性羰基镍中毒
去铁敏（Desferrioxamine，DFM）	与三价铁和三价铝络合成无毒物排出	铁、铝中毒

续表

药物名称	作用特点	适应证
亚甲蓝（methylene blue，美蓝）	根据其在体内的不同浓度，对血红蛋白有两种不同的作用。低浓度时具有还原性，能将高铁血红蛋白中的三价铁还原为二价铁；高浓度时起氧化作用，将正常血红蛋白氧化为高铁血红蛋白。由于高铁血红蛋白易与CN^-结合形成氰化高铁血红蛋白，但数分钟后二者又离解，故仅能暂时抑制CN^-对组织中毒的毒性	用于治疗亚硝酸盐、硝酸盐、苯胺、硝基苯、三硝基甲苯、苯醌、苯肼及含有或产生芳香胺的药物（乙酰苯胺、对乙酰氨基酚、非那西丁、苯佐卡因等）所致高铁血红蛋白血症。对急性氰化物中毒，能暂时延迟其毒性
亚硝酸钠（sodium nitrite）	能将正常血红蛋白氧化为高铁血红蛋白，后者易与CN^-结合形成不稳定的氰化高铁血红蛋白，此时再予以硫代硫酸钠易于CN^-结合	治疗氰化物中毒
硫代硫酸钠（sodium thiosulfate）	能与CN^-结合，生成硫氰酸盐经肾脏排出	治疗氰化物中毒，也可用于砷、汞、铅、铋、碘等中毒
维生素$B_{12}a$（vitamin $B_{12}a$，hydroxocobalamin，羟钴胺素）	与CN^-结合形成氰钴维生素（维生素B_{12}）	治疗氰化物中毒
抗蝮蛇毒血清（Agkistrodon halys antivenin）	蝮蛇毒免疫的马血浆经胃酶消化后纯化制成抗蝮蛇毒免疫球蛋白制剂	用于蝮蛇咬伤，也可用于竹叶青、蝰蛇和烙铁头咬伤
抗五步蛇毒血清（agkistrodon acutus antivenin）	五步蛇毒免疫的马血浆经胃酶消化后纯化制成抗五步蛇毒免疫球蛋白制剂	用于五步蛇咬伤，也可用于竹叶青、蝰蛇和烙铁头咬伤
抗眼镜蛇毒血清（naja antivenin）	眼镜蛇毒免疫的马血浆经胃酶消化后纯化制成抗眼镜蛇毒免疫球蛋白制剂	用于眼镜蛇咬伤，也可用于眼镜王蛇、海蛇咬伤
抗银环蛇毒血清（bungarus multicnctus antivenin）	银环蛇毒免疫的马血浆经胃酶消化后纯化制成抗银环蛇毒免疫球蛋白制剂	用于银环蛇咬伤，也可用于眼镜王蛇、海蛇咬伤
肉毒抗毒素（Botulinum antitoxins）	A、B、E型肉毒素免疫马血浆经胃酶消化后纯化制成抗肉毒素毒免疫球蛋白制剂	用于肉毒中毒

四、药物不良反应管理

中毒患者本身已存在毒物所致器官功能损伤，可能导致药物代谢和排泄功能异常，治疗过程中容易发生药物不良反应。用药前应该了解每一种药物的药代动力学特点、可能发生的不良反应以及药物之间相互作用，用药过程中注意严密观察。发生可疑药物不良反应时，应首先分析不良反应与所用药物之间的相关性，根据不良反应的轻重决定是否停药并采取相关治疗。

部分治疗药物联合使用可能加重不良反应的风险，应尽可能避免。如活性炭不良反应较轻微，但当与山梨醇合用时其胃肠道副作用发生率可能增加，并可能导致电解质紊乱，故不推荐二者联合用于儿童。另有研究提示：重复使用活性炭可能降低苯妥英、去甲替林、氨茶碱、苯巴比妥、卡马西平、保泰松、地高辛和氨苯砜等药物的清除半衰期。特定药物的不良反应及联合治疗注意事项可参见具体药物使用介绍。

第二节 中毒性疾病的药物治疗

一、镇静、催眠药中毒

镇静、催眠药是临床常用药物，由于现代社会生活压力剧增，睡眠障碍患者数量增加，且发病呈年轻化趋势，因此镇静、催眠药物过量使用日益常见。美国中毒控制中心国家中毒数据系统（National Poison Data System，NPDS）的报告显示：2014年毒物暴露中毒类物质中，镇静、催眠药为第五位；据我国中毒控制中心资料，镇静催眠中毒占药物中毒发病首位。

根据其作用机制不同，镇静、催眠药中毒可分为苯二氮䓬类（benzodiazepines，BZD）、巴比妥类、非巴比妥非苯二氮䓬类和吩噻嗪类四大类。根据半衰期（$t_{1/2}$）长短不同，BZD 可分为短效（$t_{1/2}<12h$，如三唑仑、奥沙西泮）、中效（$t_{1/2}$ 12~24h，如劳拉西泮、替马西泮）和长效（$t_{1/2}>24h$，如氯氮西泮、地西泮）；巴比妥类可分为短效（$t_{1/2}$ 2~3h，如司可巴比妥、硫喷妥钠）、中效（$t_{1/2}$ 3~6h，如戊巴比妥、异戊巴比妥、布他比妥）和长效（$t_{1/2}$ 6~8h，如巴比妥、苯巴比妥）。非巴比妥非苯二氮䓬类包括水合氯醛、格鲁米特、甲喹酮、甲丙氨酯等。吩噻嗪类则包括氯丙嗪、硫利达嗪、奋乃静等。

（一）临床表现与诊断

1. 临床表现　大多数镇静、催眠药具有高度亲脂性和蛋白结合力，口服后被胃肠道迅速吸收，可穿越血脑屏障快速作用于 CNS 而使其产生抑制作用，症状严重程度通常受药物剂量、患者年龄、基础疾病以及是否合并使用其他中枢神经抑制剂等因素影响。主要表现为精神状态受抑制，而生命体征往往正常，严重者也可致呼吸和心血管抑制、低血压和休克，深度呼吸抑制往往是急性中毒的直接死亡原因。甲苯氨酯中毒患者除 CNS 受抑制表现以外，低血压往往为其较突出的临床表现，也是其致死的主要原因，机制主要与毒素对心肌抑制有关。

2. 诊断　镇静、催眠药物中毒诊断主要根据毒物接触史、CNS 抑制的症状或体征以及相应的毒物检测，并注意排除其他可导致意识障碍的病因。BZD 的血药浓度与其药理及毒理效应的关系尚不明确，且一般无法及时获得，因此临床价值有限。定性尿测试对 BZD 中毒有一定提示作用，但尿筛查阳性仅提示近期使用过，无法确诊急性中毒，典型的 BZD 尿筛查是检测 1,4- 苯丙二氮代谢产物，无法检出氯硝西泮、劳拉西泮、咪达唑仑或阿普唑仑。苯巴比妥血药浓度容易检测，且患者中毒症状与浓度有关，浓度 >60~80mg/L 时可出现昏迷，>150~200mg/L 时可出现严重低血压；对于中短效巴比妥类，当血药浓度 >20~30mg/L 可出现昏迷。巴比妥类也容易在常规尿毒物筛选中检测到。甲苯氨酯等药物也可通过血液或尿液定性或定量检测明确诊断。

（二）一般治疗原则

治疗基本原则参照本章总论部分相关内容。

镇静、催眠药物过量的治疗应建立在维持气道通畅、血氧饱和度和血流动力学稳定的基础上，首先需要快速评估患者的气道、呼吸和循环状况，予以患者气道保护和呼吸支持，对血流动力学不稳定的患者可予补液等对症支持治疗。

（三）基本治疗药物及治疗方案

1. 氟马西尼（Flumazenil）　为 BZD 特效解毒剂。用法：成人推荐初始剂量为 0.3mg，静脉注射，时间不少于 30s，如 60s 内未达到所需要的清醒程度，可重复使用直至获得预期效果或总量达 2mg。如再次发生镇静，可以 0.1~0.4mg/h 速度静脉滴注维持，根据病情调节滴速，直至获得预期。儿童推荐初始剂量为 0.01mg/kg 体重静脉注射，时间不少于 15s，最大剂量为 0.2mg，必要时可在 1min 或数分钟后以 0.005~0.01mg/kg 体重（单次最大剂量不超过 0.2mg）重复给药，最多 4 次，总量不应超过 1mg 或 0.05mg/kg 体重。单剂氟马西尼在静脉给药后 6~10min 达峰值效应，作用时间 0.7~1.3h，故对于使用长效 BZD 或长期使用 BZD 且肝功能不全的患者，可能需要持续输注氟马西尼 0.25~1mg/h。

2. 贝美格（Bemegride）　为中枢兴奋药，对脑干及呼吸中枢有兴奋作用，作用强而迅速，静脉给药后作用维持 10~20min，临床可用于巴比妥类、格鲁米特、水合氯醛等药物中毒，也可用于加速硫喷妥钠麻醉后的苏醒。用法：成人 50mg 静脉注射，每 3~5 分钟可重复一次，至病情改善为止。也可将本品 50mg 稀释于 5% 葡萄糖注射液 250~500ml 中静脉滴注。

（四）临床问题导向的药物治疗

1. 促进毒物清除　镇静、安眠类药物洗胃后可经口给予硫酸钠或甘露醇导泻，不宜使用硫酸镁，因镁离子在体内可增加对中枢神经抑制作用。

活性炭对 BZD 中毒患者疗效并不确切，不推荐常规使用。对于巴比妥类药物中毒也应权衡利弊后使用。一项系统回顾提示：使用复合剂量活性炭会加强巴比妥类药物清除，但临床结局改善有限。同时巴比妥类药物中毒时可能减缓胃排空，因此使用活性炭也可能会增加误吸、肠穿孔、梗阻的风险。若需使用，应在患者气道被保护、血流动力学稳定的条件下给予复合剂量活性炭（如成人初始剂量 50~100g，随后 12.5~25g，每 4 小时 1 次）。

碱化尿液可促使长效巴比妥类离子化,减少肾小管重吸收,促使排泄,但对短、中效巴比妥类中毒无效。方法为5%NaHCO₃溶液100ml静脉滴注,输注速率2~3ml/(kg·h),即成人150~200mg/h。需动态检验尿液酸碱度,调整剂量以维持尿pH在7.5~8.5之间。注意:碱化尿液需适当补钾以保证患者血钾正常,若患者血钾低,肾脏会优先吸收K⁺而不是H⁺,从而影响尿液碱化。同时,应动态监测血pH和血清电解质,防止出现碱血症和高钠血症。碱化尿液相关的风险还包括容量过载(心衰和肺水肿),应持续评估液体摄入量、排出量和保留体积以防止体液过多。不能耐受液体或钠负荷、低血钾或有肾功能不全患者禁忌使用。

2. 甲丙氨酯中毒 甲丙氨酯中毒患者可导致心肌抑制和严重低血压,故此类患者如需快速诱导插管,诱导药物建议优选依托咪酯和氯胺酮。因为甲丙氨酯中毒引起的低血压主要由心肌抑制所致,所以液体复苏需谨慎,避免容量过负荷,必要时加用血管加压药维持血压,可使用多巴酚丁胺,起始输注速率为2.5μg/(kg·min),并逐渐调整至起效,以平均动脉压、尿量、皮肤检查结果(如皮肤温度、毛细血管再充盈)和血清乳酸浓度作为灌注恢复的标志,最高至10μg/(kg·min)。如需维持足够的平均动脉压,则可加用去甲肾上腺素,起始剂量为2~5μg/min,并根据需要逐渐上调。现有的研究建议尽量避免使用多巴胺和肾上腺素,因为有增加心律失常的风险。其他治疗可包括使用机械辅助设备(如主动脉内球囊反搏或室内泵)等。若患者出现抽搐,可选用地西泮或苯巴比妥。由于甲苯氨酯可经过血透等血液净化方式清除,危重患者可尽快行血液净化治疗。

3. 吩噻嗪类中毒 吩噻嗪类中毒可导致急性锥体外系反应,可采用苯海拉明静脉给药,也可肌内注射20mg,或口服25~50mg;或苯扎托品,成人静脉注射1~2mg,有严重反应的3岁以上儿童0.05mg/kg。治疗通常在静脉给药后数分钟内起效,若初始治疗成功,则应继续口服2~3d以防复发。

4. 合并用药的原则与注意事项 氟马西尼并不能可靠地逆转BZD所致呼吸抑制,应保持患者气道通畅,必要时进行辅助通气。氟马西尼总量达5mg后仍无效时应考虑混合药物中毒和/或器质性脑病。氟马西尼在混合药物中的疗效尚不确定,因此不应该作为镇静催眠中毒患者常规使用的药物。对于长期使用或滥用BZD而出现药物耐受的患者,使用氟马西尼可诱发戒断性癫痫发作,如患者同时使用了促抽搐物质,则风险更高。三环抗抑郁药过量、应用BZD控制癫痫、颅内压增高及BZD过敏者禁用氟马西尼。

贝美格使用时应注意静脉给药速度不可过快,否则可致恶心、呕吐、腱反射增强、肌肉震颤甚至惊厥。本品的不良反应包括低血压、意识混乱,还可致卟啉病急性发作,故慎用于急性卟啉病患者,禁用于吗啡中毒患者。

5. 并发症、合并症及不良反应的多学科管理
镇静、催眠药物中毒常见并发症包括:肺炎、心律失常、呼吸衰竭、急性肾衰竭、食管穿孔、胃穿孔、水、电解质和酸碱平衡失常等。治疗期间需严密监测患者意识和呼吸状况,严重的呼吸道和神经系统抑制可造成吸入性肺炎,需要加用抗生素。

(1)气道管理与呼吸支持:意识障碍患者需注意进行气道保护,必要时建立人工气道。加强护理,应定时给予翻身拍背,吸痰。如出现感染征象,应合理使用抗生素,并进行病原学检查。出现呼吸衰竭者,应保持气道通畅,经鼻导管或面罩给氧5~10L/min,必要时行气管内插管和呼吸机辅助呼吸。毒物排出前不宜应用呼吸兴奋剂(如尼可刹米或多沙普仑),因可能引起晕厥或心律失常。

(2)循环监测:出现低血压者给予液体复苏,必要时使用血管活性药物维持血压。出现室性心律不齐的患者可应用β受体拮抗药,如普萘洛尔,也可用利多卡因。

(3)急性肾衰竭:纠正水、电解质和酸碱平衡失常,必要时行血液透析。

(五)药物治疗展望
一项动物研究中的电生理数据表明,纳洛酮可以拮抗GABA对大鼠脑内神经元放电的抑制作用,纳洛酮还可拮抗BZD药物诱发高糖血症、高噬菌体、抗凝血作用和抗焦虑样作用,提示纳洛酮与GABA/BZD受体存在功能上直接的相互作用。

醒脑静为麝香、冰片、郁金及栀子等中药成比例混合药剂,具有兴奋神经系统、调节呼吸、促进血液循环、维护脏器等作用,有研究提示其联合还原型谷胱甘肽治疗急性 BZD 药物中毒可明显改善临床症状。

二、有机磷农药中毒

据 WHO 估计全球每年有数百万人发生急性有机磷农药中毒（acute organophosphorus pesticide poisoning, AOPP），其中约 20 万人死亡，我国每年发生的中毒病例中 AOPP 占 20%~30%，其起病急、病情复杂，严重者可出现呼吸衰竭、MODS 等严重并发症，病死率可达 3%~40%，而早期及时、规范的救治可以明显降低死亡风险。

有机磷农药对人体的毒性作用主要是通过抑制体内胆碱酯酶（cholinesterase, ChE）活性，使其失去分解乙酰胆碱能力，引起体内生理效应部位乙酰胆碱大量蓄积，导致先兴奋后衰竭的一系列毒蕈碱（M）样、烟碱（N）样和 CNS 功能障碍等中毒症状和体征。目前对于有机磷农药中毒的治疗主要包括基础生命支持，及时彻底洗胃，合理的药物治疗，并发症的防治等，而药物治疗是有机磷农药中毒的主要措施和重要方法。

（一）临床表现与诊断

1. 临床表现　有机磷农药经皮肤吸收者一般在 2~6h 发病，口服者 10min~2h 发病。典型中毒症状包括：呼出气大蒜味、瞳孔缩小（针尖样瞳孔）、大汗、流涎、气道分泌物增多、肌纤维颤动及意识障碍等。

2. 诊断　主要通过明确的有机磷农药接触史，典型临床表现，结合全血 ChE 力测定，一般无需毒物检测即可临床诊断本病。

（二）一般治疗原则

治疗基本原则参照本章总论部分相关内容。AOPP 的治疗强调早期使用解毒剂（抗胆碱药和复能剂），即使患者仍处于潜伏期，中毒症状尚未表现出来或很轻，也应根据肯定的中毒事实、中毒农药的毒性、毒物的大概剂量等首先给予一定剂量的解毒剂，然后彻底洗胃。AOPP 患者常伴有多种并发症，如酸中毒、低血钾、严重心律失常等，故需及时对症处理。

（三）基本治疗药物及治疗方案

AOPP 的药物治疗应遵循尽早给药、联合用药、足量和反复给药的基本原则。

1. 抗胆碱药　通过阻断乙酰胆碱的 M 样作用，减轻或消除 M 样症状以对抗呼吸中枢抑制、肺水肿、呼吸循环衰竭等作用，但是对 N 样作用和对 ChE 活力恢复无效。使用原则为早期、适量、反复、个体化，直至 M 样症状明显好转或达到"阿托品化"后维持。具体用药包括：

（1）外周抗胆碱药：阿托品和山莨菪碱等主要作用于外周 M 受体，能缓解有机磷农药中毒导致的 M 样症状。阿托品是目前最常用的外周抗胆碱药，静脉注射 1~4min 后即发挥作用，8min 效果达峰值，全身作用可维持 2~3h。首剂用量：轻度中毒者 2~4mg，中度中毒者 4~10mg，重度中毒者 10~20mg。首次给药 10min 未见症状缓解即可重复给药，达阿托品化后给予维持剂量。维持量：轻度中毒者每 4~6 小时予以 0.5mg，中度中毒者每 2~4 小时予以 0.5~1mg，重度中毒者每 1~2 小时予以 0.5~1mg，但是重症 AOPP 患者使用阿托品用量和用药时间至今尚无明确定论。

（2）中枢性抗胆碱药：东莨菪碱和苯那辛对中枢 M 和 N 受体作用强，对外周 M 受体作用弱。东莨菪碱首次用量为：轻度中毒 0.3~0.5mg，中度中毒 0.5~1.0mg，重度中毒 2.0~4.0mg。

（3）选择性抗胆碱药：盐酸戊乙奎醚为新型选择性抗胆碱药，对外周 M 受体和中枢 M、N 受体均有作用，但选择性作用于 M_1、M_3 受体，而对位于心脏的 M_2 受体作用极弱，故对心率影响小，其对抗腺体分泌和平滑肌痉挛的作用比阿托品更强，支气管痉挛改善更明显。盐酸戊乙奎醚用量需求小，作用时间长，生物半衰期长，重复用药次数少。成人首剂用量：轻度中毒 1~2mg，中度中毒 2~4mg，重度中毒 4~6mg。维持剂量：轻度中毒 1mg/12h；中度 ~ 重度中毒 1~2mg/（8~12）h，其停药指征同阿托品化。

2. ChE 复能剂　可复活被有机磷农药抑制的 ChE，直接与有机磷化合物结合使其失去毒性，并具有较弱的类似阿托品抗胆碱作用，对横纹肌神经肌肉接头阻断有直接对抗作用。使用原则为早期、足量、足疗程，建议在中毒 48h 之内使用。

目前常用的复能剂有氯解磷定、碘解磷定、双复磷等，均属于肟类化合物，故又称肟类复能剂。我国目前主要应用氯解磷定和碘解磷定。氯解磷定使用简单、安全、高效，因此临床上大多推荐使用氯解磷定，其首次给药需足量，直至外周 N 样症状（如肌颤）消失，全血 ChE 活性恢复 50%~60% 以上。氯解磷定可肌内注射，也可静脉缓慢注射。世界卫生组织推荐的解磷定单次静脉滴注剂量为：成人至少 30mg/kg，儿童 25~50mg/kg，具体剂量视症状的严重程度而定，负荷剂量之后再给予持续静脉滴注，成人剂量不低于 8mg/（kg·h），儿童为 10~20mg/（kg·h），根据患者的临床反应调整给药，可能需要治疗数日。我国专家共识也推荐按照中毒严重程度不同给药，首次剂量：轻度中毒 0.5~1g，中度中毒 1~2g，重度中毒 1.5~3g，随后以 0.5~1g/2h 肌内注射，根据病情酌情延长给药间隔时间，疗程 3~5d。研究表明，氯解磷定 24h 总量在 12g 以内是安全的。如有条件，可通过连续测定红细胞乙酰 ChE 浓度判断肟类化合物对 ChE 的复能效果。肟类复能剂对敌敌畏、敌百虫中毒疗效差；对乐果、马拉硫磷、八甲磷等效果可疑或无效。

3. 复方制剂　复方制剂多由两种具有不同作用特点的抗胆碱药和一种复能剂组成，如复方氯解磷定注射液（每支含阿托品 3mg、苯那辛 3mg 和氯解磷定 400mg），由于加入了可透过血脑屏障进入中枢对抗中枢 M 样症状的苯那辛，从而能较好地消除有机磷中毒引起的惊厥和呼吸中枢抑制。用法：肌内注射，必要时静脉注射。轻度中毒 1/2~1 支；中度中毒 1~2 支，同时用氯解磷定 600mg；重度中毒 2~3 支，同时用氯解磷定 600~1 200mg。半小时后可酌情减量重复给药。不良反应有口干、面红、皮肤干燥、心率加快等，如用量过大可出现烦躁不安、谵妄、体温升高、尿潴留和昏迷等症状。其他复方制剂包括：苯克磷（含苯扎托品、丙环定和双复磷），HI-6 复方注射液（含 HI-6、阿托品、贝那替嗪和地西泮）等，均仅供肌内注射。

（四）临床问题导向的药物治疗

1. 消化道内毒物清除　口服中毒者应尽早洗胃，迅速、彻底的洗胃是抢救成功的关键，可用清水或 2% 碳酸氢钠溶液（敌百虫中毒者忌用）或 1：5 000 高锰酸钾溶液（对硫磷中毒者忌用）反复洗胃。如果在不具备洗胃的条件下，可以采用催吐的方法清除毒物。近年来，国内外相关研究显示：毒性弱、中毒程度轻的急性中毒患者未从洗胃中获益，相反增加并发症的风险，因此对于这类患者不主张洗胃。尽管对口服有机磷农药中毒洗胃的效果存在争议，但基于我国中毒患者的现状及专家共识的经验，凡口服有机磷农药中毒者，在中毒后 4~6h 内均应洗胃，但建议在充分进行气道保护下进行，并不可延迟抗胆碱药和复能剂使用。洗胃后可予以活性炭增强肠道毒物清除效果，并使用导泻进一步清除毒物。

2. 阿托品化和阿托品中毒　阿托品可使胆碱能神经的兴奋时间缩短，从而减轻肺水肿及对心脏的抑制作用，目前主张快速阿托品化的治疗策略，建议 6h 内达阿托品化，但盲目大量使用阿托品可出现阿托品中毒，表现为瞳孔明显扩大、颜面绯红、皮肤干燥，意识清楚的患者出现神志模糊、谵妄、幻觉、狂躁不安、抽搐或昏迷。阿托品中毒的预防可通过监测患者肺动脉楔压（pulmonary arterial wedge pressure，PAWP）水平进行调整，对于肺水肿缓解而心率仍 >140 次 /min 的患者，可考虑加用美卡拉明等烟碱样受体拮抗剂，以减少阿托品用量。若无条件检测 PAWP，可根据患者瞳孔、体温、全身出汗情况、肺部啰音、心率变化综合评估。阿托品化定量评分法根据主要指标（口干、皮肤干燥）和次要指标（心率、瞳孔、肺部啰音、意识）对阿托品用量进行评估。

3. 合并用药的原则和注意事项　抗胆碱和 ChE 复能剂主张联合使用。大剂量氯解磷定对重度 AOPP 具有较好治疗效果，可减少阿托品使用量，缩短患者住院时间，促进患者康复，减少患者死亡，治疗安全性较高。需要注意：不能在未同时使用阿托品的情况下单独使用解磷定，以免肟类化合物诱发的短暂 ChE 抑制使症状加重。

近年有研究提示，采用阿托品与盐酸戊乙奎醚联合用药治疗 AOPP 可明显改善 ChE 活力和降低不良反应发生率。因此，中枢和外周性抗胆碱药的联合应用可能产生更好的抗胆碱能作用。

4. 并发症、合并症及不良反应的多学科管理

（1）呼吸衰竭：呼吸衰竭是 AOPP 常见并发症之一，也是导致患者死亡的首要原因。AOPP 合并呼吸衰竭患者应及时予以机械通气，使患者度过呼吸衰竭危险期，提高抢救成功率，降低中毒并发症和死亡率。

（2）中间综合征（intermediate syndrome, IMS）：IMS 指患者在急性中毒后，由于毒物的排除延迟、拮抗剂使用不足、体内再分布不均等相关因素使机体 AChE 被长时间抑制，而积累在突触间隙内的乙酰胆碱刺激突触后膜烟碱受体致其出现失敏现象，从而使神经肌肉接头处的传递受阻而出现一系列症状，主要表现为呼吸肌麻痹，严重者可能引发呼吸衰竭。目前对于 IMS 的治疗尚无特效药物，主要以呼吸支持及对症治疗为主。气管切开术主要用于危重症患者的抢救，但对于气管切开术的应用时机尚无确切的定论。相关研究认为，IMS 患者尽早行气管切开有助于降低病死率和感染、中毒反跳等并发症发生，并且可以促进患者预后康复。

（3）迟发性神经病（organophosphate induced delayed polyneuropathy, OPIDPN）：AOPP 症状消失后 1 个月左右出现感觉及运动型多发神经病，主要累及肢体末端，表现为进行性肢体麻木、无力，呈迟缓性麻痹，应考虑 OPIDPN。治疗上以支持对症为主，早期可使用糖皮质激素、维生素 B、神经生长因子等药物，配合理疗、按摩等，其恢复较慢，病程需 0.5~2 年，遗留永久性后遗症者少见。

（4）药物不良反应及管理：具有中枢效应的抗胆碱药可导致大脑皮层兴奋、谵妄等不良反应，需严密观察病情变化，建议采用 ICDSC 评分（重症监护谵妄筛查量表评分系统）观察谵妄的发生。

复能剂应缓慢给予，给药时间为 30min，因快速给药偶可引起心脏骤停。复能剂的其他不良反应包括短暂眩晕、视物模糊、复视、四肢及全身麻木和灼热感、恶心、呕吐和颜面潮红等，剂量过大可引起室性期前收缩和传导阻滞，还可致中毒性肝病或呼吸抑制，故解救时避免使用麻醉性镇痛药。大剂量可抑制 ChE，引起暂时性神经肌肉传递阻断。此外，因吩噻嗪类有抗 ChE 活性，禁与本品合用。肾功能不良者慎用本类药物。

（五）药物治疗展望

近年研究提示：双吡啶单肟类化合物 HI-6 等不仅能使磷酰化 ChE 重活化，还对神经肌肉接头处的 ChE 有直接生理拮抗作用，能较好对抗敌敌畏所致外周呼吸肌麻痹，有望成为一种新型 ChE 复能剂。宾赛克嗪是一种兼具拮抗 M 和 N 受体作用的二苯羟乙酸衍生物，能特异性对抗神经性毒剂诱发的循环衰竭，使血压短时间内迅速回升，有助于改善有机磷农药中毒引起的循环衰竭。此外，现有研究提示：静脉注射用脂肪乳可以作为脂溶性药物急性中毒的新型解毒剂。多项临床病例报道及临床研究表明，脂肪乳能显著提高 AOPP 患者血清 ChE 活性，对中毒性肝、肾损伤具有明显保护作用，缩短 ICU 入住时间，减少心肌损伤及降低死亡率。然而，脂肪乳剂在有机磷农药中毒中的治疗价值尚缺乏循证医学依据，仍需进一步研究。

三、除草剂中毒

除草剂是一类以除草作用为主的农药，种类繁多，根据国家农药标准名录，共约 300 多种。按照化学结构分类可大致分为酚类、苯氧羧酸类、苯甲酸类、二苯醚类、联吡啶类、氨基甲酸酯类、硫代氨基甲酸酯类、酰胺类、取代脲类、均三氮苯类、二硝基苯胺类、有机磷类、苯氧基及杂环氧基苯氧基丙酸酯类、磺酰脲类、咪唑啉酮类以及其他杂环类等。除草剂因化学成分不同，其致病机制、临床表现不相同。

（一）临床表现与诊断

1. 临床表现

（1）百草枯（paraquat, PQ）中毒：PQ 化学名为 1,1'-二甲基-4,4'-联吡啶阳离子盐，属有机杂环类除草剂，对人畜有极强毒性。PQ 对全身各个器官均有极强毒性，在肺组织蓄积浓度最高，可对肺造成不可逆损伤。PQ 中毒多通过口服进入体内，一般而言，完整的皮肤能有效阻止 PQ 吸收，但如长时间接触、阴囊或会阴部被污染、破损的皮肤大量接触，仍有可能造成全身毒性。早期表现为口腔黏膜损伤导致疼痛、溃疡、吞咽困难，消化道损伤出现恶心、呕吐、腹痛、腹泻，甚至消化道出血、穿孔、胰腺炎、肝功异常等。部分患者可有头晕、头痛、幻觉、抽搐等 CNS 症状；肾损伤最常见，表现为血尿、蛋白尿及肾功异常；肺损伤为 PQ 中毒最突出也最严重的并发症，表现为进行性呼吸困难，查体两肺可闻及干湿啰音，严重者死于顽固性呼吸衰竭，存活者可出现不同程度肺纤维化，少数患者可发生气胸、纵隔气肿等并发症。

（2）草铵膦（glufosinate-ammonium，GLA）中毒：GLA 化学名为 2- 氨基 -4-［羟基（甲基）膦酰基］丁酸铵，为膦酸类除草剂，是谷氨酰胺合成抑制剂。人类急性 GLA 中毒的临床特征主要包括神经毒性和血流动力学毒性。中毒后以 CNS 损害症状为主要表现，6~40h 后可出现意识障碍，抽搐，继而引起呼吸、循环衰竭，甚至死亡。其他症状包括共济失调，震颤，构音障碍，眼球震颤，部分遗忘，发热，全身水肿，口腔和上消化道糜烂等。

（3）敌草快（diquat，DQ）中毒：DQ 是一种常用除草剂，与 PQ 同属联吡啶类化合物，对皮肤损伤小于 PQ，但在接触大量 DQ 时，可经擦伤、溃疡或破溃的皮肤进入体内。DQ 对肺的损伤较 PQ 相对不明显，但对 CNS 损伤更为严重，可表现为癫痫样发作、意识障碍、颅内出血及帕金森病症状。DQ 主要经肾脏代谢，对肾损伤与 PQ 相同。DQ 中毒仍可导致重度 MODS 和快速死亡，但 DQ 暴露后幸存的患者更易康复，主要是因为 DQ 中毒患者不会发生迟发性或进行性呼吸衰竭。

2. 诊断　一般可通过明确毒物接触史、相应临床表现进行诊断，呕吐物、血液或尿液中检测出毒物或其代谢产物则可确诊。如 PQ 中毒诊断主要依靠毒物服用或接触史及典型临床表现，即早期化学性口腔炎、上消化道腐蚀表现、肾损害及肺损伤，血液或尿液 PQ 浓度测定可确诊。

（二）一般治疗原则

治疗基本原则参照本章总论部分相关内容。活性炭和漂白土在体外都能吸附 PQ，早期使用可能有益，可于洗胃完毕立即经胃管内注入 15% 漂白土溶液（成人总量 1 000ml，儿童 15ml/kg）或活性炭（成人 50~100g，儿童 2g/kg）。由于 PQ 毒性高，缺乏特异性拮抗剂，早期进行血液净化治疗可改善患者预后。常采用血液灌流（hemoperfusion，HP）吸附清除血浆中游离 PQ 及炎性介质等。建议在中毒后 4h 内开始，并反复进行，根据血液 PQ 浓度监测指导血液净化时间，合并肾功能损伤的患者可考虑血液透析（hemodialysis，HD）。急性 PQ 中毒患者应避免常规给氧，现有共识建议将 $PaO_2 < 40mmHg$ 或 ARDS 作为氧疗指征。

（三）基本治疗药物及治疗方案

1. PQ 中毒药物治疗　目前尚无药物被证实对重度 PQ 中毒有效，目前药物治疗仍集中在减轻炎症反应及抗氧化治疗上。

（1）糖皮质激素：糖皮质激素具有减轻炎症反应和炎性细胞浸润、减少儿茶酚胺与炎症介质如白细胞介素 -6（interleukin-6，IL-6）等释放的作用，从而减少肺泡间质细胞损伤，降低细胞外基质（extracellular matrix，ECM）异常增生。我国专家共识建议对非暴发型中重度 PQ 中毒患者早期给予甲泼尼龙 15mg/（kg·d）或等效剂量的氢化可的松，重症患者可给予甲泼尼龙 500~1 000mg/d 冲击治疗，连用 3~5d 后，根据病情逐渐减量。临床上何种糖皮质激素更适用于 PQ 中毒尚存在争议，部分小样本临床研究发现甲泼尼龙抑制肺损伤的效果优于地塞米松，分析原因可能是由于甲泼尼龙不需要经过肝脏代谢可直接作用，较地塞米松起效快，故更有助于抑制早期肺损伤，对预后产生帮助；但一项大型回顾性研究发现，包含地塞米松的免疫抑制方案可改善 PQ 患者预后，尤其是与 HP 联用时。注意警惕糖皮质激素相关不良反应，包括消化道不良反应、继发感染、骨坏死等。

（2）抗氧化剂：由于 PQ 毒性作用主要是通过氧化应激导致，早期使用抗氧自由基药物对提高 PQ 中毒的救治成功率有一定的帮助。有研究认为，高剂量 N- 乙酰 5- 甲氧基色胺可通过清除自由基和减轻谷胱甘肽消耗减轻 PQ 所致氧化损伤。动物实验提示维生素 C、维生素 E、还原性谷胱甘肽、过氧化物歧化酶（superoxide dismutase，SOD）、褪黑素等还原剂可对抗 H_2O_2、O^{2-} 等氧化剂、清除自由基、减轻中毒反应，有助于改善 PQ 所致脏器损伤，但在临床应用中似乎未获得预期效果。乙酰半胱氨酸作为一种抗氧化剂已被广泛用于临床，有研究提示可以减轻 PQ 所致肺损伤及肺纤维化。依达拉奉作为一种新型小分子氧自由基清除剂已经开始应用于 PQ 的治疗，可清除羟基基团，保护线粒体的功能，抑制细胞膜脂质过氧化连锁，抑制黄嘌呤氧化酶和次黄嘌呤氧化酶活性，调控炎症反应，对 PQ 中毒起到保护作用，研究发现依达拉奉联合血液灌流可下调丙二醛和上调 SOD 进而降低 TNF-α 和 IL-6 表达水平，保护肝、肾和肺脏功能，改善临床预后。

（3）环磷酰胺：环磷酰胺作为临床常用的免疫抑制剂，作用于细胞增殖周期以抑制 DNA 合成，也可干扰 RNA 功能，可抑制几乎所有的细胞和体液免疫反应，并能缓解炎症系统的进展。目前对于 PQ 中毒，特别是重度中毒是否使用环磷酰胺及何时使用尚存在不同意见。加勒比方案包括环磷酰胺、地塞米松、呋塞米、维生素 B 和维生素 C，但是鉴于 PQ 中毒可以引起严重的肝肾损害，而环磷酰胺作为一种烷化剂具有明显的肝肾毒性。有研究认为肝肾功能恢复（一般 2 周）后，如果仍有肺损伤，可以考虑使用。我国专家共识建议：对非暴发型中重度 PQ 中毒患者可以在甲泼尼龙 15mg/（kg·d）或等效剂量氢化可的松治疗基础上，联合环磷酰胺 10~15mg/（kg·d）。但近期发表的一个迄今为止最大样本量（298 例患者）的随机对照试验发现这类治疗无效。

（4）中药

1）血必净：是一种中药注射液，主要成分为红花、赤芍、川芎、丹参、当归等组成，具有活血化瘀、疏通经络等作用。血必净通过改善微循环，降低毛细血管通透性，促进炎症吸收，抑制肉芽肿形成和纤维胶原的沉积，还可抑制炎症介质 IL-10、IL-1、血小板衍生因子和促生长因子的过度表达，减少肺部炎症反应，可以清除氧自由基。有小样本临床研究提示其可提高 PQ 中毒患者氧合指数，改善肺等重要脏器损伤。

2）姜黄素：有报道称姜黄素可以抑制上皮细胞向间充质细胞的转化，并具有抗血管生成、促凋亡和免疫调节作用，这可用于治疗 PQ 所致肺损伤。

（5）乌司他丁：乌司他丁是来源于人体的一种糖蛋白，在血液中参与炎性反应调节，具有抑制白细胞过度激活、保护血管内皮和基膜、抑制血管通透性增加的作用，临床上常作为急性炎性反应的治疗药物，用于减少组织细胞损伤，改善循环与组织灌注，减少自由基产生。同时，该药还可稳定溶酶体膜，抑制溶酶体酶释放，减少多器官功能障碍综合征（multiple organ dysfunction syndrome, MODS）的发生。有研究表明乌司他丁可有效减轻 PQ 所致急性肺损伤及近端肾小管上皮细胞损伤，可能与组织转化生长因子减少有关，并可剂量依赖性地减弱与 PQ 中毒有关的蛋白酶相关的心肌细胞损伤，与单纯使用糖皮质激素相比，可以有效增加 IL-6 的下降范围、减少 MODS 的发生、降

低病死率。

2. GLA 中毒药物治疗　本品中毒无特效解毒药物，治疗主要是针对呼吸抑制及意识障碍的对症治疗，包括机械通气及血液净化治疗。研究发现 GLA 中毒患者血氨增高，与患者神经系统症状相关，因此治疗上可采用降血氨治疗，包括使用精氨酸、门冬氨酸鸟氨酸、乳果糖等。

（四）临床问题导向的药物治疗

1. 除草剂中毒诱发的消化道出血　PQ 等除草剂对胃肠道黏膜有腐蚀损伤作用，可直接造成消化道黏膜糜烂出血，经口急性除草剂中毒后洗胃也可进一步增加消化道损伤可能性。因此对于口服中毒患者，可给予常规胃黏膜保护剂，必要时给予抑酸剂治疗。

2. 继发感染　除草剂经口中毒者，口服或洗胃过程中可能出现误吸导致吸入性肺炎、广泛肺损伤、大剂量使用激素或免疫抑制剂以及机械通气治疗等均可增加继发感染的风险。但不推荐预防性使用抗生素，建议严密监测，如临床出现肺部感染表现（如发热、咳嗽、咳痰或肺部影像学有新发渗出病灶等），再考虑加用抗生素，并积极完善病原学检查，根据药敏结果调整抗生素。同时，加用化痰药物促进痰液排出。

3. 肝功能损害　除草剂造成 MODS，其中肝功能损害常见。早期出现恶心、呕吐、腹痛、腹泻及血便，数天（3~7d）后可出现黄疸、肝功能异常等肝损害表现，甚至出现肝坏死。适当使用保肝药物治疗对改善肝功有帮助。

4. 合并用药的原则及注意事项　一些临床研究及荟萃分析显示，早期联合应用糖皮质激素及环磷酰胺冲击治疗对中重度急性 PQ 中毒患者可能有益，建议对非暴发型中重度 PQ 中毒患者进行早期治疗。基于糖皮质激素联合免疫抑制剂治疗目前尚无成熟方案，尚有待临床大样本随机对照研究进一步明确。

5. 并发症、合并症及不良反应的多学科管理　PQ 中毒以肺损伤为主，大量服用者可在 24h 内出现呼吸衰竭、低氧血症，大部分患者后期出现肺纤维化。GLA 中毒患者可出现呼吸抑制，因此除草剂中毒后需对患者呼吸功能进行密切监测，必要时行呼吸机辅助通气。有研究表明体外膜肺氧合（extracorporeal membrane oxygenation,

ECMO）可以应用于重症除草剂中毒患者，作为呼吸循环支持，有效起到部分心肺替代作用，抢救常规治疗无效的心肺衰竭患者。近年有关于肺移植成功救治 PQ 中毒所致顽固性呼衰及肺纤维化的报道。

因为大部分除草剂中毒尚无特效解毒药，多学科协作有助于加强对症支持治疗的手段和效率。如早期与肾脏内科协作，制订个体化的血液净化治疗方案，有利于毒物清除及肾脏保护；与呼吸治疗师协作，制订有效的呼吸支持策略；与 ECMO 和肺移植团队协作，对重症患者进行体外肺支持，为肺移植创造条件；经口服用者可能出现空腔脏器穿孔或洗胃后合并消化道穿孔情况及时请外科协助手术治疗；合并严重肝损伤患者联合消化内科及传染科行护肝及人工肝治疗肝衰竭等。

（五）药物治疗展望

目前尚无特效药物治疗除草剂中毒，激素、免疫抑制剂等治疗在部分研究中表明具有临床意义，但缺乏循证支持，因此对药物进行更深入的研究及在临床中使用仍需进行。

四、杀鼠剂中毒

杀鼠剂（rodenticide）是指一类可以杀死啮齿类动物的化合物。常见的杀鼠剂按照化学结构及毒理作用分类，大致分为抗凝血类杀鼠剂、CNS 兴奋类杀鼠剂、有机氟类杀鼠剂等，其中以抗凝血类杀鼠剂最为常见，按化学结构又可分为香豆素类（如杀鼠灵、溴敌隆、大隆素等）和茚满二酮类（如敌鼠、敌鼠钠盐、氯敌鼠等）。

（一）临床表现和诊断

1. 临床表现 因杀鼠剂种类、作用、机制不同，临床症状也各异。常见杀鼠剂的临床表现归纳如下：

（1）抗凝血类杀鼠剂：服用后可出现恶心、呕吐、腹痛、食欲减退、精神萎靡、低热等。少量误食者无出血现象，可自愈。大量服用患者除上述症状外，2~5d 后发生出血倾向，如肉眼血尿、眼结膜下出血、鼻出血、牙龈出血、皮下出血，严重的患者可出现呕血、咯血、便血及重要器官出血（脑出血、心肌出血），甚至继发低血压、休克。

（2）CNS 兴奋类杀鼠剂：如毒鼠强等，患者常在中毒 0.5~1h 内出现头痛、头晕、乏力、不安、恶心呕吐、腹泻，继而出现阵挛性抽搐及强直性惊厥。惊厥时脑电图可表现为癫痫样大发作。部分中毒患者可出现心律失常、心电图 ST-T 改变等。

（3）有机氟类杀鼠剂：常在中毒 2~15h 出现症状，包括头晕、头痛、恶心呕吐、上腹疼痛等，严重中毒患者出现烦躁不安、尖叫、抽搐、昏迷，可伴有心肌、肾脏、呼吸系统等损伤。

2. 诊断 诊断主要依据杀鼠剂接触或服用史、上述特定临床表现及部分实验室检查，抗凝血类杀鼠剂中毒患者有明显凝血时间延长、凝血酶原时间延长、凝血酶原活动度下降及活化部分凝血活酶时间延长；有机氟类杀鼠剂中毒患者血、尿中柠檬酸含量增高，并可出现血酮含量上升、血钙下降、心肌酶谱增高。确诊依靠患者呕吐物、洗胃液、血、尿检测到相应药物。

（二）一般治疗原则

治疗基本原则参照本章总论部分相关内容。口服中毒 4~6h 以内者可考虑洗胃及活性炭吸附，同时可口服甘露醇或硫酸镁（磷化锌中毒禁用）导泻。针对不同中毒给予特殊解毒药物治疗及对症支持治疗。

（三）基本治疗药物及治疗方案

1. 维生素 K 维生素 K 为抗凝血类杀鼠剂特效解毒药。本品肌内注射 1~2h 起效，3~6h 止血效果明显，12~14h 后凝血酶原时间恢复正常，主要通过肝内代谢，经肾和胆汁排出。当中毒患者有轻度血尿、凝血酶原时间及活动度异常时，给予维生素 K_1 10~20mg 肌内注射，每日可 3~4 次，一般连续用药 10~14d，至出血现象消失，凝血酶原时间及活动度正常。但停止使用维生素 K_1 的标准不是临床症状消失、凝血酶原时间及活动度正常，而是以患者服毒剂量的大小和类型来决定。许多抗凝血类杀鼠剂的 $t_{1/2}$ 长达数十天，最长可达 13 个月，因此溴敌隆中毒经维生素 K_1 治疗后凝血指标仍有异常或停药后反弹，应适当增加药物剂量或延长疗程。同时需告知患者维生素 K_1 用药疗程个体差异较大，若疗程不足易引起病情反复。建议出院后仍需坚持用药，定期门诊复查，根据复查结果决定随访间期、用药疗程及是否停药。

2. 乙酰胺 乙酰胺主要为有机氟杀鼠剂解

毒剂,主要用于氟乙酸胺、氟醋酸钠及甘氟中毒。用法:2.5~5g 肌内注射,每日 2~4 次;或每日总量 0.1~0.3g/kg,分 2~4 次肌内注射,连用 5~7d。危重者首次注射剂量可为全日剂量的 1/2,即 10g。

(四)临床问题导向的药物治疗

1. 抗凝血类杀鼠剂中毒

(1)糖皮质激素:地塞米松 10~30mg 静脉注射。主要可减少毛细血管通透性,保护血小板及凝血因子,促进止血、抗过敏,提高机体应激能力。但目前尚无指南推荐用量。

(2)成分输血:凝血功能显著异常且伴有出血的患者,可给予输注凝血因子,出血量较大患者可酌情给予输血。

(3)对症支持治疗:对于临床上出现休克症状,应该充分补液,维持外周循环;有出血倾向患者予以止血药物治疗。

2. CNS 兴奋类杀鼠剂中毒

(1)血液灌流:对体内已吸收的毒鼠强具有一定清除作用,但需要反复间歇多次后才能明显降低血中毒鼠强浓度。

(2)控制惊厥:肌内注射苯巴比妥钠 0.1~0.2g,或静脉注射地西泮 5~10mg。效果不明显时可静脉注射咪达唑仑。具体用量应根据病情重复多次注射至惊厥控制为止。抗惊厥药物一般持续 3~7d。

(3)对症支持:可静脉滴注 1,6- 二磷酸果糖、极化液、能量合剂、肌苷、葡萄糖内酯等保护心、肝、肾等重要脏器功能。

3. 有机氟杀鼠剂中毒　主要为控制惊厥,治疗同 CNS 兴奋类杀鼠剂。

4. 合并用药的原则与注意事项　如维生素 K_1 对于严重肝脏疾病或肝功不良者禁用。在使用本药品时应注意:①有肝功能损伤的患者,本品的疗效不明显,盲目加量可加重肝损伤;②对肝素引起的出血倾向无效;③本品用于静脉注射宜缓慢,给药速度不应超过 1mg/min;④本品应避免冷冻,如有油滴析出或分层则不宜使用,但可在遮光条件下加热至 70~80℃,振摇使其自然冷却,如可见异物正常则仍可继续使用。本品应禁用脂肪乳当溶媒,与苯妥英钠混合 2h 后可出现颗粒沉淀,与维生素 C、维生素 B_{12}、右旋糖酐混合易出现混浊。与双香豆素类口服抗凝剂合用,作用相互抵消。水杨酸类、磺胺、奎宁、奎尼丁等也影响维生素 K_1 的效果。

5. 并发症、合并症及不良反应的多学科管理　杀鼠剂中毒临床表现多样,并发症及合并症也涉及多个系统。不能单纯对主要症状治疗而忽略并发症、合并症及不良反应的多学科管理。对杀鼠剂中毒患者应多学科管理以下内容:注意心肌和心功能保护,减少致死性心律失常的发生;减少惊厥的发生,减轻脑水肿及外伤的可能性;血液灌流或血液透析对机体内环境的纠正。

(五)药物治疗展望

1. 胆汁螯合剂考来烯胺(CSA)　文献显示可增加抗凝血类杀鼠剂中毒兔模型的存活率,从中毒当天开始每日给予 CSA 0.67g/kg 口服,死亡率从 67% 降至 11%,阻止凝血时间的进一步延长。鉴于其出色的安全记录,它被批准用于 6 岁以上的儿童。这些研究结果表明 CSA 可被视为维生素 K_1 治疗抗凝血类杀鼠剂中毒的辅助手段。脂肪乳被证明与 CSA 联用时能加强抗凝血类杀鼠剂肠道清除率,从而提高解毒功效,其作用机制包括从靶器官中清除毒素并将其重新分配到肝脏中以进行降解和消除,该方法的功效与毒素的脂溶性相关。

2. 二巯基丙磺酸钠(DMPS-Na)　可能对 CNS 兴奋类杀鼠剂中毒有一定治疗前景。DMPS-Na 中的巯基作为机体重要活性基团,参与机体多种功能调节,使体内蛋白质和酶保持正常结构和功能。推测巯基化合物可能通过多种机制影响 GABA 受体,包括参与稳定胞质膜外转运蛋白的活性巯基基团,作为还原剂减少细胞膜 GABA 受体上过氧化反应的发生,以及参与配体和 GABA 受体结合位点的调节作用等。

3. 维生素 B_6　可能在治疗 CNS 兴奋类杀鼠剂中毒中有一定作用。维生素 B_6 作为 L- 谷氨酸脱羧酶(L-glutamate decarboxylase,GAD)的辅酶,能增强 GAD 的作用,催化谷氨酸生成 GABA,故用维生素 B_6 能提高脑内 GABA 的含量。有学者认为 DMPS-Na 和维生素 B_6 联用能控制抽搐,患者神志清醒早、恢复快,但上述两种药物治疗毒鼠强的效果尚有争议。

五、蛇毒中毒

现今生存在世界上的蛇类有 3 340 余种,其中毒蛇 600 余种,目前已知中国的蛇类近 200 种,毒蛇 50 余种,而剧毒的蛇类 10 余种,隶属于 4 科 25 属。据估计全球每年有 540 万人发生蛇咬伤,超过 250 万人出现中毒,约 12 500 人死亡。

(一)临床表现与诊断

1. 临床表现

(1)神经毒类毒蛇咬伤:一般在咬伤 1h 后出现神经类毒性反应,局部表现为咬伤处麻木、无明显渗出、疼痛不明显,但逐渐可出现头晕、视力模糊、恶心、呕吐、语言不清、肢体软瘫、眼睑下垂、张口与吞咽困难,进而发生呼吸困难,最后可导致呼吸、循环衰竭而死亡。

(2)循环毒类毒蛇咬伤:此类蛇毒成分复杂,具有多方面的毒性作用,主要累及心血管和血液系统,可表现为畏寒发热、胸闷气紧、视物模糊、全身可见出血点、口腔及鼻腔黏膜出血、呕血、黑便,严重者可出现精神紧张或烦躁不安、面色苍白、手足湿冷、口唇甲床轻度发绀、呼吸脉搏增快、血压下降。此外,循环类毒素可破坏患者的凝血机制,导致牙龈、口腔黏膜渗血,胃肠道、内脏出血,进一步发展可导致 DIC,从而引起心、肾、脑等重要器官功能衰竭,多死于循环衰竭。

(3)混合毒类毒蛇咬伤:含神经类和循环类两种毒素特性,患者局部伤口可出现明显疼痛、红肿及发热等,部分可出现伤口组织坏死、出血不止、周围可见水泡,严重者可出现昏迷、呼吸困难,甚至可导致全身多脏器功能衰竭而死亡。

2. 诊断

根据蛇咬伤后出现毒蛇咬伤的相关局部及全身临床表现即可诊断。临床可通过牙印和伤口情况初步判断是否为毒蛇咬伤。毒蛇咬伤的牙印为 1~4 个(一般 2 个),牙痕较深而粗大,有一定的间距,大牙后可有锯齿状细牙,呈"八"字形或倒"八"字形排列,所致伤口多有麻木或剧痛感,并逐渐加重,伤肢迅速肿胀、渗血,甚至出现水/血疱和瘀斑、溃疡或坏死;而无毒蛇咬伤的牙痕比较浅而细小,个数较多,间距较密,呈锯齿状或弧形两排排列,所致伤口无麻木感、肿胀、出血和坏死等,仅表现为外伤样的轻微疼痛,数分钟后疼痛逐渐消失。但需注

意,金环蛇和银环蛇咬伤后无明显的伤口局部症状。

(二)一般治疗原则

蛇咬伤应遵循现场自救互救和急诊专业性救治相结合的治疗原则,首先要确认是否为毒蛇咬伤,根据不同的蛇伤分类处理,对于毒蛇咬伤应尽快阻止、减慢毒素的吸收,拮抗、中和已吸收的毒素,并选用相应的抗蛇毒血清,防治各种并发症。

(三)基本治疗药物及治疗方案

1. 抗蛇毒血清

抗蛇毒血清是目前治疗蛇咬伤中毒唯一证实有效的药物,应尽早使用。其抗毒机制为采用同种毒蛇特异性抗毒血清直接中和患者血液中的游离蛇毒抗原,使蛇毒失去毒性。每种毒蛇所含有的毒素在种类及含量上均有差异,仅使用某种同类抗蛇毒血清,可能只对部分毒素有效,而联合使用两种或以上同类抗蛇毒血清,尽可能增加对毒素的覆盖面和覆盖强度。故使用抗蛇毒血清需要遵循:早期用药、同种专一、异种联合的原则。首选静脉用药,初始使用量可用 2~4 支,加入 100~250ml 生理盐水中静脉滴注,先慢后快,前 10min 内应 25~50ml/h,余量以 250ml/h 输入。凝血障碍者使用充分中和剂量的抗蛇毒血清后,建议每 6~8 小时监测临床和实验室指标一次,根据结果考虑是否追加。如初始给药出血停止后 1~2h 再发,或神经或心血管中毒表现加重,应立即追加抗蛇毒血清。儿童抗蛇毒血清的用量应与成人一致。

抗蛇毒血清对中毒患者无绝对禁忌证,虽然抗蛇毒血清皮试不能预测过敏反应,但在使用抗蛇毒血清前仍需要行皮试,若皮试阳性可行缓慢滴注或脱敏治疗,同时需严密观察伤者有无过敏反应,特别是在用药开始 1h 内。

2. 破伤风抗毒素或破伤风免疫球蛋白

目前仍缺乏蛇咬伤患者破伤风发病率的研究报道。现有专家共识建议蛇咬伤均应常规使用破伤风抗毒素或者破伤风免疫球蛋白。

3. 抗胆碱酯酶药物

在充分抗蛇毒血清的基础上,神经毒性蛇伤患者出现肌无力时,可考虑给予新斯的明 1.5~2.0mg 肌内注射(儿童 0.025~0.08mg/kg),如注射后 5~30min 神经症状明显改善(眼睑下垂消失或呼吸能力提高等),30min 后可重复新斯的明 0.5mg 静脉滴注或皮下

注射,并给予阿托品 0.6mg 肌内注射,1 次 /8h,直至病情完全好转,期间密切监测气道反应,必要时气管插管。注意新斯的明可增加分泌物,如患者气管分泌物增多时应少用或停用,使用莨菪类药可减轻其不良反应。

4. 抗生素　现有的证据不支持预防性使用抗生素。但对于咬伤局部发生坏死、脓肿形成者应给予抗感染治疗。

5. 传统中药制剂　我国中医药对蛇咬伤具有一定的治疗效果,但是缺乏基于临床的随机对照试验,以进一步证实其有效性和安全性。

(四)临床问题导向的药物治疗

1. 基于多系统评价的综合救治　由于蛇咬伤患者临床表现多样,并发症及合并症也涉及多个系统。不能单纯对某一系统、某一并发症或合并症进行治疗管理,应该对蛇咬伤患者进行多系统综合治疗。常见蛇咬伤的严重并发症包括:

(1)蛇毒诱导性室筋膜综合征(snake venom-induced compartment syndrome,SVCS):舒张压与筋膜室压差 <30~40mmHg 时应警惕,同时应结合临床是否伴有神经功能障碍和 / 或血管受压及血流受影响综合诊断。使用抗蛇毒血清可降低组织压和肌坏死,有可能减少或避免筋膜切开术的需求。预防性筋膜切开未显示可改变预后,故不提倡。

(2)蛇毒诱发消耗性凝血病(venom-induced consumption coagulopathy,VICC):蛇毒促凝因子可促使血液凝血和微循环血栓形成,继而引起 DIC;类凝血酶具有类似凝血酶的活性,既可促进纤维蛋白单体生成,又可激活纤溶系统,在蛇毒纤维蛋白溶解酶的共同作用下引起去纤维蛋白血症,亦称类 DIC 反应。表现为出血,轻者皮下出血、鼻出血、牙龈出血,重者可引起血液失凝状态、伤口流血不止、血尿、消化道出血,甚至脑出血。

(3)其他:循环类毒蛇咬伤的患者可因凝血功能障碍出现皮下出血、瘀斑,血小板下降,若患者凝血功能明显异常且合并出血,可输新鲜血浆以补充凝血因子。患者出现无尿、少尿、血尿、肌肉酸痛、血钾增高等症状,需警惕横纹肌溶解导致急性肾损伤及肾衰竭,治疗上予以水化及碱化尿液,必要时使用血液净化治疗。神经毒类毒蛇咬伤的患者出现肌无力时可给予新斯的明 1.5~2mg

肌内注射(儿童 0.025~0.08mg/kg),如注射后 5~30min 神经症状明显改善,30min 后可考虑重复新斯的明 0.5mg 静脉注射或皮下注射,或阿托品 0.6mg/8h,直至病情完全好转。

2. 抗蛇毒血清使用的注意事项

(1)尽早使用:抗蛇毒血清是目前全世界公认的具有强推荐依据的临床措施。我国的抗蛇毒血清目前以单价为主,如已知毒素类型,首选高特异性同种抗蛇毒血清,如抗银环蛇毒血清、抗眼镜蛇毒血清、抗蝮蛇毒血清、抗五步蛇毒血清。对无特异性抗蛇毒血清的毒蛇咬伤,应联合使用同类或相似毒性的抗蛇毒血清:如竹叶青蛇咬伤可用抗五步蛇毒血清,或加用抗蝮蛇毒血清;蝰蛇咬伤可用抗五步蛇毒血清及抗蝮蛇毒血清;眼镜王蛇咬伤可用抗银环蛇毒血清,或加用抗眼镜蛇毒血清;海蛇咬伤可用抗眼镜蛇毒血清,必要时加用抗银环蛇毒血清。

破伤风皮试和用药应避开抗蛇毒血清使用过程,至少在抗蛇毒血清使用 1h 后再开始,以免过敏或不良反应重叠。使用新斯的明之前应先使用阿托品,以预防胆碱能危象。

(2)抗蛇毒血清过敏反应:使用抗血清须特别注意防止过敏反应,尤其是有过敏史,或本人过去曾注射马血清制剂的患者,均须特别提防过敏反应的发生。发生过敏反应后应立即停止使用抗蛇毒血清,保持气道通畅,给予氧疗,必要时气管插管。同时给予抗组胺药,如苯海拉明 25~50mg 静脉注射,或西米替丁 300mg 静脉注射,必要时加用糖皮质激素,如地塞米松 5mg 加入 25%~50% 葡萄糖注射液 20ml 中静脉注射,也可采用氢化可的松琥珀酸钠 135mg 或氢化可的松 100mg 加入 25%~50% 葡萄糖注射液 40ml 中静脉注射或静脉滴注。如合并支气管痉挛,可给予吸入 β₂ 受体激动剂,如雾化吸入沙丁胺醇。严重过敏反应者应给予肾上腺素 0.3~0.5mg 皮下注射,极危重患者可给予静脉注射。

部分患者可出现血清病,通常发生在给药后的第 4~10d,患者可出现全身皮疹、瘙痒、关节疼痛、发热、淋巴结肿大和肾功能衰竭等临床表现,血清病属于Ⅲ型超敏反应,可能与过度的免疫复合物形成有关,虽然多数患者症状轻微,但严重者可导致 MODS,多见于大剂量抗蛇毒血清治疗的严重蛇咬伤患者。血清病的治疗首选糖皮质激素,泼尼松 60mg/d 口服,2 周内逐渐减量以避免反弹,病情危重者可进行血浆置换治疗。

(五)药物治疗展望

有限的证据表明,在静脉给予抗毒血清之前预防性使用肾上腺素可有助于减少抗蛇毒血清过敏反应,例如一项安慰剂对照试验纳入了 105 例接受静脉用多价抗毒血清的斯里兰卡患者,结果发现与接受安慰剂的患者相比,预先皮下给予肾上腺素 0.25mg 的患者较少发生不良反应(11% vs 43%)。相比之下,现有证据并不支持常规预先给予抗组胺药或皮质类固醇类药物。现有的证据不推荐使用肝素和类似的抗凝剂来治疗蛇咬伤凝血病。在动物模型中,氨基己酸对具窍蝮蛇引起的纤维蛋白溶解无效。

六、金属中毒

金属在生活、工业中使用广泛,给人类生活带来很大便利。但是如不注意防护,可导致金属中毒。

金属中毒的临床表现多样,以神经系统症状常见,如肢体麻木、疼痛、运动障碍、不同程度意识障碍,也可合并其他系统症状,包括局部皮肤刺激感、心率减慢、腹痛、纳差、恶心呕吐等。由于其临床表现缺乏特异性,早期易被误诊、漏诊,应详细询问病史及查体,尤其是针对那些用普通常见病难以解释的患者。诊断依靠毒物接触史,多器官系统受累的临床表现,并结合相应毒理学检测。

治疗基本原则参照本章总论部分相关内容。部分金属中毒有金属离子螯合剂作为解毒药物。螯合剂的总体治疗机制为从各组织器官的生物分子(如酶)中置换有毒金属离子,随后通过尿液、粪便等将有毒金属螯合物排出体外。理想螯合剂的特性应包括如下几点:①适当的药物动力学,能到达人体内重金属储存部位;②在体液同等 pH 下对有毒金属具有高亲和力;③形成螯合物,降低对象浓度或可促进排出体内;④其他:低毒性、抗生物转化及易溶于水等。

(一)铅中毒

1. 临床表现与诊断

(1)临床表现:经口摄入是生活和药源性铅中毒的主要途径,呼吸道吸入铅粉尘和蒸汽是职业铅中毒的主要途径。铅中毒临床表现包括神经系统症状(中枢神经系统症状及周围神经病变)、认知功能及记忆力下降、肾功能损伤、贫血、腹痛和疲劳、失眠及头痛等。儿童铅中毒患者还可能出现生长发育迟缓,由于胎儿和婴儿血脑屏障发育不完全,其神经毒性比成人更为突出,可表现为急性脑病、周围神经病变、听力丧失、神经行为缺陷(多动症、发育迟缓、智商下降)等多种神经系统症状。

(2)诊断:由于铅中毒症状缺乏特异性,且大多数铅中毒儿童无症状,故诊断时应详细询问病史,追问职业史及含铅物质接触史、大量或长期草药服用史、居房是否老旧等,注意核实患儿同居者有无职业性铅暴露史,结合患者存在的典型临床表现,进一步行针对性的临床检验,包括血铅及尿铅水平测定(静脉血铅浓度升高是最重要的检验指标)、全血细胞计数(小细胞低色素性贫血以及出现点彩红细胞)、血清铁及铁结合能力、血尿素氮、肌酐、尿液分析、长骨 X 片、X 射线荧光分析以及腹部平片等协助诊断。

2. 一般治疗原则
为脱离重金属污染源、去除残余重金属,如洗胃、催吐、导泻,金属离子螯合剂治疗以及支持对症治疗。

3. 基本治疗药物及治疗方案
常用金属离子螯合剂包括:二巯基丁二酸钠(sodium dimerca-ptosuccinate, DMSA)、EDTA-CaNa$_2$、D-青霉胺(D-penicillamine, DPA)以及二巯基丙醇(dimercaptopropanol, BAL)。其具体剂量及疗程如下:

(1)DMSA:是成人及儿童铅中毒患者首选的螯合剂,主要适用于血铅浓度为 450~700μg/L 的患者,推荐剂量及疗程为 10mg/kg(350mg/m^2)口服,每日 3 次,持续 5d;再 10mg/kg(350mg/m^2)口服,每日 2 次,持续 14d,共 19d 为一个疗程,隔 2 周可再重复一个疗程治疗。年龄小于 12 个月的婴儿不推荐使用。

(2)EDTA-CaNa$_2$:能有效动员肾、肝及骨中的铅,但不能通过血脑屏障,仅清除细胞外液中的铅金属。是铅中毒的二线治疗方案,尤其针对血铅浓度 <700μg/L 时,但对于铅中毒妊娠患者,EDTA-CaNa$_2$ 可作为首选治疗药物。若合并铅中毒性脑病,需同时联合 BAL(因 BAL 能渗透血脑

屏障,降低脑组织中的铅含量)。用法:1g/d[儿童25mg/(kg·d)]加入5%葡萄糖液250~500ml静脉滴注4~8h;或0.5g加1%盐酸普鲁卡因注射液2ml,稀释后深部肌内注射0.5g/d。连用3d,停药4d,为1个疗程。一般可连续3~5个疗程,必要时可间隔3~6个月后再重复。

(3)DPA:主要用于治疗Wilson病,在治疗铅中毒患者时作为三线用药,当患者不耐受DMSA及EDTA-CaNa$_2$的严重副作用时可考虑使用。具体剂量及疗程为成人250mg或儿童10~15mg/(kg·d)口服,1次/6h,持续4~12周。

4. 临床问题导向的药物治疗

(1)药物治疗的调整:目前认为铅中毒患者治疗首选螯合剂为DMSA,其为BAL的水溶性类似物,能减轻BAL的毒性,减少其副作用。

BAL在铅中毒中的使用存在争议,目前认为其仅适用于血铅浓度≥700μg/L及中毒性脑病,且需联合EDTA-CaNa$_2$治疗。具体剂量及疗程为3~6mg/kg(最大剂量300mg)肌内注射,每4~12小时1次,持续7~10d。

(2)合并用药的原则与注意事项:根据螯合剂不同的药理学特性联用两种螯合剂,能增加铅结合效率,同时清除细胞内及细胞外的铅,防止铅在体内的再分布,减少螯合剂的治疗剂量以及减轻药物副作用。联用辅助药物的主要作用是加速铅从体内的排泄、减轻铅中毒引起的氧化应激反应。辅助药物具体作用及用法如下:

1)硫胺素:即维生素B$_1$,是一种水溶性维生素,有研究表明,体内低水平血清硫胺素可增强铅的吸收,并增强铅的神经毒性。EDTA-CaNa$_2$ 50mg/(kg·d)联用硫胺素25~50mg/(kg·d),使用3日,不仅能增加肝脏和肾脏对铅的消除能力,还能减轻由铅中毒导致的氧化应激作用。

2)维生素C:有研究提示,血清维生素C水平与血铅水平呈负相关,动物实验的数据支持维生素C对铅有螯合作用,但人类研究尚未得出明确结果。一些以100~1000mg/d剂量使用维生素C的病例系列研究和小型临床试验发现,患者血铅水平下降。鉴于中等剂量(100~1000mg/d)的维生素C补充剂是无害的,这可能成为一种有吸引力的辅助疗法用于治疗轻度铅中毒患者及单纯铅暴露者。

3)N-乙酰半胱氨酸(NAC):也属于铅螯合剂范畴,但由于其含有硫醇、羟基和胺等反应基团,同时也具有抗氧化作用。具体用量是800mg/(kg·d),连续使用5周。有研究显示,N-乙酰半胱氨酰胺(N-acetylcysteamine,NACA)相较于NAC有更高的细胞间渗透性和更好的铅结合能力。

4)牛磺酸:用法为50~100mg/(kg·d),联合标准硫醇螯合剂(如DMSA 50mg/kg,每日1次)连用5d,可治疗亚慢性铅中毒,能有效降低铅负荷(牛磺酸单用无效)。其他磺酸化合物,如α-脂酸、甲硫氨酸及同型半胱氨酸等亦具有相同作用。

(3)并发症、合并症及不良反应的多学科管理:铅中毒引起的铅绞痛可肌内注射阿托品,肝损害可给予护肝药物。对于儿童铅中毒性脑病,可加用地塞米松10~40mg,并配合脱水降颅内压治疗。

DMSA螯合治疗常见的不良反应包括腹部不适、恶心、皮疹、变态反应、肝转氨酶水平升高和中性粒细胞减少等,在给予DSMA前应进行肝功能检查,如果基线肝功能异常则应考虑其他螯合剂或不进行螯合治疗。EDTA-CaNa$_2$的主要潜在毒性是肾功能障碍,应在医院由具备螯合治疗经验的临床医生对肾功能正常的患者进行,方法为持续数小时输注其稀释溶液,期间仔细监测肾脏功能和其他参数。

5. 药物治疗展望

现有螯合剂治疗尚存在一些弊端,如螯合剂驱铅治疗一般需要5~7个周期,耗时较长;而且铅中毒时铅并非均匀分布于体内,如胆汁中的铅浓度是血铅浓度的400~600倍,在驱铅治疗过程中,当血铅浓度下降一段时间后会出现血铅浓度"反弹",其机制就是其他组织中的铅重新入血致血铅水平升高。反弹后会导致螯合剂治疗疗程增加。在体外实验中,硫醇改性微孔二氧化硅材料(SH-SBA-15)发现能结合胆汁中的铅,增加粪便中的铅排出量,从而减少在螯合剂治疗过程中的反弹,这将为螯合剂治疗提供一个新型方案。

(二)汞中毒

1. 临床表现与诊断

(1)临床表现:汞以元素、无机化合物和有机化合物形式存在,3 种形式均可能具有毒性,中毒表现取决于暴露形式。

元素汞为银白色液体(水银),室温下可挥发为蒸气,主要通过肺部吸收,胃肠道或皮肤吸收甚微。以蒸气状态被吸入的汞主要沉积于 CNS,故元素汞中毒主要导致肺和神经系统症状,严重或长时间暴露也可导致肾毒性。吸入肺内的汞蒸气小部分会通过呼气排出,但大部分通过粪便排泄。急性暴露于空气中 100~1 000μg/m³ 的汞蒸气,可出现局部刺激症状(如结膜炎、皮炎、口腔炎、牙龈炎、唾液分泌过多)、呼吸系统症状(如咳嗽、呼吸困难、胸痛)、消化系统症状(如恶心、呕吐、腹泻),严重者可导致休克;吸入浓度超过1 000μg/m³ 的汞蒸气时,可能会出现严重且有致命潜力的间质性肺炎;长期暴露于低浓度低至25~100μg/m³ 的汞蒸气可能会导致轻微神经精神症状(如震颤和失眠)。无机汞以各种氧化状态存在于汞盐中,暴露途径包括经消化道食入,或皮肤、黏膜吸收,进入体内后主要沉积于肾脏,可造成消化道症状、休克和肾衰竭。有机汞主要包括甲基汞等,毒性较无机汞小,但具有亲脂性,易分布于 CNS 并可通过胎盘,主要沉积部位包括肾脏、肝脏、毛发和 CNS,可引起急性胃肠道和呼吸系统症状,随后出现神经系统症状,包括感觉异常(尤其是口周)、不适、视野缩小、耳聋和共济失调等,胎儿尤其易受伤害。肢痛症(又称红皮肢痛病)是一种汞中毒所致的特殊综合征,见于接触过元素汞、无机汞盐和有机苯汞化合物(过去用于室内外涂料)的年幼儿童,表现为身体皮疹、四肢水肿及手掌和脚掌刺激感,随后出现皮肤脱屑、易激惹、畏光、发热、失眠和大量发汗。

(2)诊断:汞中毒的诊断应结合汞接触史、临床表现及体内汞负荷,体内汞负荷可通过患者的静脉血、尿液、头发及指甲检测。正常情况下,尿汞 <100μg/L,血汞 <10μg/L,头发中汞含量 <10mg/kg。怀疑急性汞中毒且病情不稳定的患者应检测全血汞含量,但对于怀疑有稳定长期元素汞暴露的患者,首选 24h 尿汞检测来评估中毒。其他辅助检查如全血细胞计数、肝肾功能、胸片、心电图、肺功能检测、神经肌电图及神经心理测试等协助诊断。

2. 一般治疗原则　汞中毒的治疗原则同重金属中毒的主要治疗原则,包括立即脱离汞暴露环境、去除残余汞、螯合剂治疗以及其他支持对症治疗。一旦出现汞中毒症状或辅助检查确定汞中毒应立即脱离中毒环境,若为吸入汞蒸气或皮肤接触者,应当脱掉全身衣帽等,并立即用肥皂水清洗皮肤;若为消化道食入者,应立即安排洗胃或灌肠,同时也可予以活性炭进行吸附汞化合物。根据患者病情给予支持对症治疗,包括吸氧、气管插管、吸入支气管扩张剂、补液等。

3. 基本治疗药物及治疗方案

(1)DMSA:其 $t_{1/2}$ 约 3h,在汞中毒患者体内 $t_{1/2}$ 会延长。WHO 建议当儿童尿汞含量 ≥50μg/ml 时,即使无症状,也应开始 DMSA 治疗。具体剂量及疗程为成人 10mg/kg 或儿童 350mg/m² 口服,每日 3 次,连用 5d;再相同剂量口服,每日 2 次,连用 14d。一般 19d 为一个疗程,必要时可隔 2 周重复疗程。

(2)DMPS:可通过口服、肌内注射或静脉注射给药,推荐用法为:肌内或静脉给药,第 1 日给予 250mg,每 4 小时 1 次;第 2 日给予 250mg,每 6 小时 1 次;第 3~5 日 250mg,每 6~8 小时 1 次。后续治疗时间取决于血汞及尿汞浓度。

(3)BAL:深部肌内注射,第 1 个 48h 内每 4 小时 1 次,每剂 5mg/kg;第 2 个 48h 内每 6 小时 1 次,每剂 2.5mg/kg;随后 7d 每 12 小时 1 次,每剂 2.5mg/kg。如患者随后可耐受口服治疗,可酌情过渡为 DMPS 治疗。

(4)DPA:其通过增加尿液中汞的排出,降低体内汞负荷。当金属汞以及无机汞中毒时可选用 DPA,但对有机汞中毒无效。成人用法为 250~500mg 口服,每日 4 次,持续 1~2 周;儿童用法为 20~30mg/(kg·d)(最大给药量 250mg/d),每日分 4 次口服。通常与维生素 B₆ 联合使用,后者剂量为 10~25mg/d。由于其副作用(如超敏反应、肾毒性等)较多,被作为二线药物。

4. 临床问题导向的药物治疗

(1)药物治疗的调整:有症状的汞中毒患者均应开始螯合剂治疗,并随访体内汞水平以确定疗程。汞中毒曾经以 BAL 和 DPA 治疗为主,但因其可增加大脑中无机汞和有机汞(尤其后者)

的沉积,现禁用于有机汞中毒的治疗。DMPS对无机汞(包括汞蒸气)中毒时疗效好,而DMSA对有机汞中毒的解毒效果更好。可清除脑组织外所有组织中的汞金属,且效果优于DMSA,但对脑组织中汞金属清除能力次于DMSA。DMPS作为无机汞中毒治疗的首选螯合剂,也可用于有机汞中毒的治疗。

目前,美国FDA尚未批准有机汞(甲基汞或乙基汞)中毒的螯合剂用于临床治疗,大多数学者认为DMSA可作为有机汞中毒的首选螯合剂。由于BAL可诱导汞从周围组织向脑再分布,导致汞在脑中的沉积,加重脑损伤,故BAL在汞中毒治疗中存在争议。

应通过反复临床评估和检测24h尿汞浓度来监测螯合治疗的疗效,以确保尿汞浓度逐渐接近20μg/L或以下水平。严重汞中毒患者可能需更长的治疗时间。

(2)合并用药的原则与注意事项:当单用某种螯合剂效果欠佳时,可根据不同的药理学特性联用两种螯合剂,增加汞结合和清除效率,减少螯合剂的治疗剂量以及减轻药物副作用。

(3)并发症、合并症及不良反应的多学科管理:应密切监测患者心、肝、肾、神经系统等功能,给予对症治疗。若出现中毒性脑病,可给予糖皮质激素、促进脑细胞代谢药物如胞磷胆碱、吸氧等治疗。

5. 药物治疗展望 单异戊酯二羟丁二酸(monoisoamylester of DMSA, MiADMSA)是一种新型螯合剂,能清除细胞内及细胞外的重金属,同时减轻氧化应激反应。现多推荐重金属中毒的联合治疗。有研究表明,联合DMSA与MiADMSA治疗,比单一MiADMSA治疗效果更好,且能减少螯合剂使用剂量,改善临床结局及减少副作用。血浆置换、血液透析、血浆去除等方法在汞中毒中也有应用,尤其是重度中毒患者或肾功能衰竭等情况,同时DMSA联用血液透析能有效降低汞在人体内的半衰期,加速汞的清除。硒是人体必需的微量元素,今年来认为其在汞的代谢过程中起着重要作用,且在一定的动物实验中发现硒可以降低汞化合物的毒性。虽然其具体机制目前尚不清楚,但硒是汞中毒治疗的未来可能治疗药物之一。

(三)砷中毒

1. 临床表现与诊断

(1)临床表现:砷是一种类金属元素,接触途径主要包括经消化道食入、呼吸道吸入以及经皮肤吸收,可分为急性砷中毒和慢性砷中毒。急性砷中毒主要表现胃肠道症状(如恶心、呕吐、腹痛、腹泻等)、低血容量性休克、血液学异常(如骨髓抑制、全血细胞减少及贫血等)、神经系统症状(如手脚烧灼麻木感等),当急性暴露于2mg/(kg·d)及以上砷环境中可导致砷中毒脑病,表现为头痛、神志不清、癫痫、昏迷,严重中毒可致死。慢性中毒表现为多器官系统损害,包含皮肤改变和皮肤癌、糖尿病、心血管作用、外周血管疾病、肝毒性及其他病变等,当长期慢性接触0.03~0.1mg/(kg·d)水平的砷会影响周围神经系统,表现为手脚对称麻木、感觉变化、肌肉压痛,后发展为肌肉无力及针刺感。

(2)诊断:砷中毒的诊断应结合含砷物质接触史、临床表现以及体内砷负荷等做出诊断。体内砷负荷可通过检测尿液、血液、指甲及头发中的砷含量进行评估,24h尿砷定量是最重要可靠的诊断标准,正常值应<50μg/L;血液、指甲及头发中的砷含量也有部分诊断价值。全血细胞计数、心电图、腹部平片以及神经传导测试等用于评估砷的沉积及多器官系统功能损伤。

2. 一般治疗原则
砷中毒的治疗原则同重金属中毒的一般治疗原则相同。清除污染源包括立即脱离砷污染环境、去除污染衣物、清洗皮肤、洗胃、灌肠、活性炭等。砷通常会导致腹泻,所以可不给予泻剂。支持治疗一般根据患者情况而定,包括补液、中心静脉导管的安置、高尿量1~2ml/(kg·d)以及碱化尿液(pH为7)等。螯合剂是最重要的治疗措施,当尿砷浓度≥200μg/L时或有症状患者,应开始使用螯合剂,螯合治疗的终点为24h尿砷浓度<50μg/L。

3. 基本治疗药物及治疗方案

(1)DMSA:具体给药方案为10mg/kg口服,每日3次,连续5d;再10mg/kg,每日2次,持续2周或根据尿砷浓度调整疗程。由于该药只能口服,在严重胃肠炎患者中的使用受到限制。

(2)DMPS:可通过口服、静脉注射及肌内注射等多种方式给药,当DMSA使用因胃肠功能障碍受限时,可选用 DMPS 静脉注射或肌内注射。具体剂量是 5mg/kg(5% 水溶液),第 1 日每 6~8 小时使用 1 剂,第 2 日每 8~12 小时使用 1 剂,以后为每 12~24 小时使用 1 剂,根据尿砷浓度调整疗程。

(3) BAL:3~6mg/kg(不超过 300mg)深部肌内注射,每 4~12 小时 1 次,疗程 7~10d。需注意:由于 BAL 是在花生油中配制的,因而须询问患者是否存在已知的花生过敏,BAL 在葡萄糖 -6-磷酸脱氢酶(glucose-6-phosphate dehydrogenase, G-6-PD)缺乏的患者中也应谨慎使用。

(4) DPA:成人剂量为 15~40mg/(kg·d)口服,每日 4 次;儿童剂量为:先 10mg/(kg·d)口服,每日 4 次,连用 7 日后减为 10mg/kg,每日 2 次;具体疗程均需根据尿砷浓度而定。但由于其药物副作用发生频率高,临床应用受限,仅作为砷中毒的二线用药。

4. 临床问题导向的药物治疗

(1)急性砷中毒的螯合治疗:在美国,急性重度砷中毒的初始螯合剂仍为 BAL。BAL 用于治疗严重的无机砷暴露中毒的精确剂量尚未专门确定,现常用的方案(每 4~6 小时深部肌内注射 3~5mg/kg)均依赖于 20 多年前的研究,螯合治疗的终点为 24h 尿砷浓度 <50μg/L。虽然 BAL 有助于加速砷排泄并可能有助于抑制某些毒性效应,但目前尚不清楚它是否能防止周围神经病的出现。由于其副作用显著,并且有研究提示可增加脑组织中砷含量,加重神经毒性,现已不作为首选方案。但因为 BAL 通过肌内注射给药,所以可以用于意识水平下降或胃肠动力下降的患者。DMSA 与 DMPS 在治疗砷中毒时比 BAL 更有效,且 DMSA 的疗效优于 DMPS,故其可作为砷中毒时的首选螯合剂治疗。

(2)慢性或亚急性砷中毒的螯合治疗:支持对亚急性或慢性砷中毒患者进行螯合治疗的资料极少,这尤其是因为机体对砷的排泄很快,故首要的治疗是识别砷暴露的来源和去除砷暴露。在持续或近期砷暴露的情况下,完成所有停止砷暴露的措施后,可以考虑进行药物治疗更迅速地加强机体对砷的排泄。对于亚急性或慢性严重中毒的治疗而言,DMSA 是首选的螯合剂。

(3)合并用药的原则与注意事项:有研究认为,联合治疗比传统的单一螯合剂治疗效果更好。在螯合剂治疗同时进行营养管理有助于减轻砷毒性,包括增加维生素(B$_{12}$、C、E)、类胡萝卜素、α 硫辛酸、类黄酮、蛋白质或氨基酸、微量元素(硒、锌)等。其具体机制可能是增加砷甲基化、清除自由基。

(4)并发症、合并症及不良反应的多学科管理:砷中毒可导致全身多器官功能障碍。对于慢性中毒患者,应该及时治疗相关并发症;对于急性中毒患者,则应该给予补液、心电监护,严密监测患者肝、肾功能和神经系统功能,积极采取必要治疗措施。

5. 药物治疗展望

近年来,有学者提出植物、中药成分如银杏叶等对砷中毒有一定治疗作用,但是其确切疗效尚需进一步研究证实。

(四)铝中毒

1. 临床表现与诊断

(1)临床表现:生活中过量的铝负荷会造成人体慢性中毒,表现为骨和肌肉疼痛、近端肌无力、骨折、骨软化、铁难治性小细胞性贫血、高钙血症和缓慢进展性痴呆等。医源性中毒多见于透析液中铝浓度过高(>200μg/L)或过量摄入含铝的磷结合剂和抗酸剂,可引起急性脑病,主要表现为意识改变、癫痫发作和昏迷,严重可导致死亡。但是,鉴于现在的透析用水已做去铝处理,以及广泛使用不含铝的磷结合剂,医源性急性铝中毒已较少见。工业性铝中毒包括吸入有机、无机铝蒸气导致的咳嗽、哮喘等,以及误服硫酸铝铵溶液引起的消化道出血等。

(2)诊断:在患者表现非特异症状时,应结合患者病史及铝接触史,考虑中毒可能性是避免漏诊的关键。所有血清铝水平上升(即 >20μg/L)的患者都应该评估是否有铝暴露来源。去铁胺刺激试验是静脉滴注去铁胺(5mg/kg 体重)后,如血清铝浓度增加 ≥50μg/L,则认为试验结果为阳性。对于血清铝浓度轻度升高,即浓度为 20~60μg/L 的患者,去铁胺刺激试验相较于未刺激血清铝浓度能够更准确检测组织铝浓度。慢性铝中毒患者如行骨活检,可以显示骨表面铝染色增加(>15%~25%),并通常显示为动力缺失性骨病或骨软化症。

2. 一般治疗原则

应尽可能停用有铝来源

的药物（如含铝的磷结合剂）。误服含铝溶液患者，可立即服用豆浆、蛋清、牛奶等保护消化道黏膜，使用高通量透析进行强化透析（每周6日），使用金属离子络合剂去铁胺。

3. 基本治疗药物及治疗方案　去铁胺是羟肟酸络合剂，可与游离或蛋白结合的三价铁（Fe^{3+}）和铝（Al^{3+}）形成稳定、无毒的水溶性铁胺和铝胺复合物由尿排出，在酸性环境下结合作用加强。本品通过皮下、肌内或静脉注射给药，药物迅速分布到全身各组织，在血浆组织中很快被酶代谢，5mg/kg，每周1次，共给予8次。去铁胺的常见不良反应包括：神经毒性及毛霉菌病风险增加。神经毒性的原因可能是脑脊液中铝浓度一过性升高所致，而毛霉菌病风险增加可能与去铁胺对铁的螯合作用促进根霉菌的生长和致病性有关。其他不良反应还包括恶心、瘙痒、肌痛、低血压和全身性过敏反应。在血清铝浓度很高或接受高剂量去铁胺的患者中不良反应的风险增加。

4. 临床问题导向的药物治疗

（1）有症状患者的处理：按照不同血清铝浓度确定去铁胺的治疗方法。

1）如血清铝浓度为20~200μg/L：应进行去铁胺刺激试验，以确定最佳治疗方案。

①去铁胺刺激后血清铝浓度增加50~299μg/L：给予去铁胺5mg/kg，每周1次，共给予8次，一般在血透最后1h通过静脉给药。如果给予去铁胺副作用明显，则改为在进行血透前5h给予去铁胺。完成为期8周的疗程后1个月时，再次进行去铁胺刺激试验。如果去铁胺刺激的铝浓度增加仍为50~299μg/L，需要再给予1次8周疗程的去铁胺（剂量为5mg/kg，每周1次，共8次），并在完成治疗后1个月之后，再次进行去铁胺刺激试验。如果8周治疗后，去铁胺刺激的血清铝浓度增加<50μg/L，则不需再给予去铁胺。刺激试验应当在1个月和4个月时分别重复一次。

②去铁胺刺激的血清铝浓度增加部分≥300μg/L：去铁胺5mg/kg，每周1次，共16次，注意给药应持续1h，并在进行血透前5h给予。在16周疗程后1个月，再次进行去铁胺刺激试验，如铝浓度增加仍≥300μg/L，则再次给予1次16周疗程的去铁胺治疗（剂量为5mg/kg，每周1次，共16次）；

如铝浓度增加为50~299μg/L，则再次给予1次8周疗程的去铁胺治疗（剂量为5mg/kg，每周1次，共8次）。当8周疗程结束后1个月，再次进行去铁胺刺激试验。

2）如血清铝浓度>200μg/L：不应进行去铁胺刺激试验和去铁胺治疗。因为在血清铝浓度很高的患者中使用去铁胺，会引起严重神经毒性，这被认为与去铁胺会诱导已沉积在组织中的铝动员有关。这类患者应先接受每周6次强化血液透析，为达到最大铝清除率，应该使用高通量透析膜，治疗措施持续至少4~6周，直至血清铝水平<200μg/L。若经强化血液透析后血清铝浓度<200μg/L，则可行低剂量的去铁胺试验，并根据该刺激试验的结果来进行后续治疗。

（2）无症状患者的处理：对于血清铝浓度为20~60μg/L的无症状患者，不建议使用去铁胺治疗；对于血清铝浓度>60μg/L的无症状患者的治疗应当与铝浓度相似但有中毒症状的患者相同。

（3）合并用药的原则与注意事项：枸橼酸盐能显著提高肠道对铝的吸收，其机制可能是通过形成枸橼酸铝保持铝的可溶性，以及通过在肠腔内螯合钙增加肠壁的通透性，故联合使用含铝的磷结合剂＋枸橼酸钠的慢性肾功不全患者可能发生铝中毒。去铁胺与维生素C合用可促进排铝作用。当上述药物同时使用时，应定期补充维生素C，并监测血清铁蛋白、心脏功能。

（4）并发症、合并症及不良反应的多学科管理：去铁胺的主要副作用包括神经毒性以及增加毛霉菌病风险，也可引起恶心、瘙痒、肌痛、低血压和全身性过敏反应。使用去铁胺时，应定期复查血象，监测肝功能、肾功能、视力、听力等，发现异常应及时治疗，必要时停药。

5. 药物治疗展望　螯合剂是治疗金属中毒性疾病的治疗方式之一。近年来，我国学者研究证明，新型铝螯合剂1, 2-二甲基-3-羟基-4-吡啶酮（1, 2-dimethyl-3-hydroxy-4-pyridinone，DFP）可以从脑、肝脏、肾脏、脾脏和生殖系统等组织器官夺取铝，从而对机体起到保护作用，但是DHPO的合理使用剂量仍未确定，其作用机制仍有待进一步研究。

（姚　蓉　曹　钰）

参 考 文 献

1. 中国医师协会急诊医师分会,中国毒理学会中毒与救治专业委员会.急性中毒诊断与治疗中国专家共识.中华急诊医学杂志.2016,25(11):1361-1375.

2. 胡德宏,蒋东方,张振明.急性中毒临床救治.南宁:广西科学技术出版社,2014.

3. 陈新谦,金有豫,汤光.新编药物学.第17版.北京:人民卫生出版社,2011.

4. 李焕德.解毒药物治疗学.北京:人民卫生出版社,2001.

5. 中国医师协会急诊医师分会.急性有机磷农药中毒诊治临床专家共识(2016).中国急救医学,2016,36(12):1057-1065.

6. Mactier R, Laliberte M, Mardini J, et al.Extracorporeal Treatment for Barbiturate Poisoning: Recommendations from the EXTRIP Workgroup.Am.J.Kidney Dis, 2014, 64(3), 347-358.

7. Brandt J, Leong C.Benzodiazepines and Z-Drugs: An Updated Review of Major Adverse Outcomes Reported on in Epidemiologic Research.Drugs RD, 2017, 17(4), 493-507.

8. 张文武.急诊内科手册.第2版.北京:人民卫生出版社,2014.

9. 葛均波,徐永健.内科学.第8版.北京:人民卫生出版社,2013.

10. 中国医师协会急诊医师分会.急性百草枯中毒诊治专家共识(2013).中国急救医学,2013,33(6):484-489.

11. Gawarammana I, Buckley N A, Mohamed F, et al.High-dose immunosuppression to prevent death after paraquat self-poisoning - a randomised controlled trial.Clin Toxicol(Phila), 2018, 56:633.

12. Mao Y C, Hung D Z, Wu M L, et al.Acute human glufosinate-containing herbicide poisoning.Clin Toxicol, 2012, 50(5):396-402.

13. Jones G M, Vale J A.Mechanisms of toxicity, clinical features, and management of diquat poisoning: a review.J Toxicol Clin Toxicol, 2000, 38:123.

14. 黄邵清,周玉淑,刘仁树.现代急性中毒诊断治疗学.北京:人民军医出版社,2002.

15. 中国蛇伤救治专家共识专家组.2018年中国蛇伤救治专家共识.中华急诊医学杂志.2018,27(12):1315-1322.

16. 黄子通,于学忠.急诊医学.第2版.北京:人民卫生出版社出版,2014.

17. Hifumi T, Sakai A, Kondo Y, et al.Venomous snake bites: clinical diagnosis and treatment.J Intensive Care, 2015, 3(1):16.

18. 邱泽武.重视重金属中毒诊断与治疗.中国实用内科杂志,2014,34(11):1069-1071.

19. 董建光,冯书芳,李盟,等.铅中毒的诊断及治疗.灾害医学与救援(电子版).2018,7(1):61-64.

20. 中华人民共和国卫生部.儿童高铅血症和铅中毒分级和处理原则.中国生育健康杂志,2006,17(4):197-198.

21. Rafati-Rahimzadeh M, Kazemi S, et al.Current approaches of the management of mercury poisoning: need of the hour[J].Daru: journal of Faculty of Pharmacy, Tehran University of Medical Sciences, 2014, 22:46.

22. Mundy SW.Arsenic//Goldfrank's Toxicologic Emergencies. 10th ed, Hoffman RS, Lewin NA, Howland MA, et al. New York: Mcgraw-Hill Education.2015.

第二十六章　放射性核素治疗

第一节　总　论

核医学（nuclear medicine）是一门利用放射性药物（放射性核素或其标记的化合物）发射的核射线进行疾病诊断、治疗和医学研究的学科，在临床已成为独立设置的专科。

核医学在内容上可分为实验核医学和临床核医学。放射性核素治疗（radionuclide therapy）是在临床上通过局限于病灶的外照射核射线或高选择性浓聚或置入在病变组织的内照射核射线对疾病进行治疗的方式，是临床核医学的重要组成部分之一。

放射性核素治疗主要包括放射性核素靶向治疗、放射性核素介入治疗和放射性核素敷贴治疗。利用病变组织与细胞对放射性药物的主动摄取，或借助载体、介入措施将用于治疗的放射性药物或放射性制品靶向引入和放置到病变组织或细胞，使放射性核素在病变部位大量浓聚，照射剂量主要集中于病灶内，产生有效辐射生物效应以达到治疗作用，并且对周围正常组织无损伤或损伤很小。

一、放射性核素治疗的基本原理

（一）放射性核素治疗相关的核物理知识

1. 原子结构

（1）核素（nuclide）：指质子、中子数相同，并且原子核能级相同的元素。每种元素可以包括若干种核素。

（2）同位素（isotope）：具有相同质子数，不同中子数的同一元素的不同核素互为同位素。例如，氢有 ^1H、^2H、^3H 这 3 种原子，就是 3 种核素，它们的原子核中分别有 0、1、2 个中子。这 3 种核素互称为同位素。

（3）放射性同位素（radioactive isotope）：具有放射性的同位素称为放射性同位素。放射性同位素的原子核很不稳定，会不间断地、自发地放射出射线，直至变成另一种稳定同位素，这就是所谓"核衰变"。放射性同位素在进行核衰变的时候，可放射出 α 射线、β 射线、γ 射线或俄歇电子等。核衰变的速度不受温度、压力、电磁场等外界条件的影响，也不受元素所处状态的影响，只与核素本身有关。放射性同位素衰变的快慢，通常用"半衰期"来表示。

（4）同质异能素（isomer）：即同核异能素，指质子数和中子数都相同，但能级不同的核素。通常在核素符号的质量数后面加写"m"来标记。如 ^{99}Tc 和 ^{99m}Tc 互为同质异能素。

2. 核衰变

（1）α 衰变（α-decay）：放射性核素放射出 α 粒子后变成另一种核素。子核的电荷数比母核减少 2，质量数比母核减少 4。α 粒子的特点是电离能力强，射程短，穿透能力较弱。

（2）β 衰变（β-decay）：原子核自发耗散其过剩能量，核电荷改变一个单位，质量数不改变。分为 $β^-$ 衰变、$β^+$ 衰变和轨道电子俘获 3 种类型。

1）$β^-$ 衰变（$β^-$-decay）：放射出 $β^-$ 粒子（高速电子）的衰变，可看作是母核中的一个中子转变成一个质子的过程，伴随着反中微子的释放。

2）$β^+$ 衰变（$β^+$-decay）：放射出 $β^+$ 粒子（正电子）的衰变，可看作是母核中的一个质子转变成一个中子的过程，伴随中微子的释放。

3）电子俘获（electron capture）：原子核俘获一个 K 层或 L 层电子而衰变，核电荷数减少 1，质量数不变。由于 K 层最靠近核，所以 K 俘获最易发生。K 俘获发生时，外层电子填补内层上的空位，并放射出具有子体特征的标识 X 射线。这一能量也可能传递给更外层电子，使它成为自由电子发射出去,这个电子称作"俄歇电子"。

（3）γ衰变（γ-decay）：处于激发态的核,通过放射出γ射线而跃迁到基态或较低能态。γ射线的穿透力强,电离能力弱,射程长。

（4）半衰期（half-life, $t_{1/2}$）：指放射性元素的原子核有半数发生衰变时所需要的时间。原子核的衰变规律是：$N=N_0e^{-\lambda t}$,其中：N_0是指初始时刻（t=0）时的原子核数,N是经过一定时间t之后的原子核数,e为自然对数的底,λ为衰变常数,是单位时间内某种放射性核素自发衰变掉的母核数和当时存在的母核总数之比,是反映放射性核素衰变速率的特征性参数。

（5）生物半衰期（biological half life, T_b）：指某个生物系统中的某种特定的放射性核素的排出速率近似地服从指数规律时,生物过程使该核素在系统中的总量减少到一半时所需的时间。

（6）有效半衰期（effective half life）：指放射性核素因生物代谢与物理衰变共同作用而在生物体内放射性活性降低到一半的时间,决定放射性核素在体内滞留时间的长短。

（二）基本原理

放射性核素衰变过程中发射出的射线或粒子在组织中运动时可发生能量传递和电离作用。一方面,射线或粒子直接作用于生物大分子,使其化学键断裂引起分子结构和功能改变,抑制或杀伤病变细胞。另一方面,射线或粒子的作用引起水分子的电离和激发,形成自由基,产生细胞毒性作用;此外,由于辐射作用引起病灶局部的神经体液失调,生物膜和血管壁通透性改变,某些物质被氧化形成过氧化物产生细胞毒性。

与其他药物治疗相比,放射性核素治疗有以下特点：①某些放射性核素不进入细胞内就可对病变细胞起到杀伤作用,不受细胞膜上受体、转运体等的限制;②对位置、大小、累及范围不同的肿瘤,可选择射线能量、射程长短不同的核素,以达到所需的照射范围和吸收剂量;③利用病变组织的特有生物学特征,放射性药物形成高选择性靶向,在体内可以达到较高的靶组织/非靶组织比,对邻近和其他组织器官影响较小。

（三）放射性核素治疗靶向定位的机制

1. 利用靶器官组织的生理功能 以放射性核素碘-131（iodine-131, ^{131}I）为例。当将放射性核素^{131}I引入体内后,其生物学特性与普通碘完全相同。碘是合成甲状腺激素的主要原料之一,由甲状腺滤泡上皮细胞通过细胞膜上表达的钠碘同向转运体（Na/I symporter, NIS）逆电化学梯度将循环在血液中的大部分碘主动摄取和浓聚至甲状腺组织。格雷夫斯病（Graves' disease, GD）患者的甲状腺滤泡上皮细胞的NIS过度表达,功能活跃,以满足甲状腺激素多量合成的需求。因此,对^{131}I的摄取显著增高,^{131}I衰变发射的β¯射线在组织内平均射程为0.8mm,其能量几乎全部释放在甲状腺组织内,利用放射性核射线"切除"部分甲状腺组织达到治疗甲亢的目的。

2. 利用病变组织的病理性摄取 病变组织可出现某些代谢过程的增强或某些受体的过表达。在恶性肿瘤骨转移的治疗中,骨转移肿瘤病灶部位因骨组织受到破坏,骨修复及骨盐代谢异常活跃。放射性核素锶-89（strontium-89, ^{89}Sr）体内代谢特点与钙相似,放射性核素钐-153（samarium-153, ^{153}Sm）标记的钐-153-乙二胺四甲基膦酸（samarium-153 ethylene diamine tetramethylene phosphonic acid, ^{153}Sm-EDTMP）以膦酸盐类似物为载体直接参与骨代谢,利用转移灶对放射性药物的高度摄取,达到治疗的目的。

某些肿瘤中过度表达的受体也可成为放射性核素靶向治疗基础,利用放射性核素标记的特异配体,通过配体与受体之间的特异结合,使大量放射性药物浓聚于病灶。

3. 借助介入手段 通过人为干预,利用穿刺、插管、植入等手段,经血管、体腔、囊腔、组织间质或淋巴收集区,以适当的载体将高活度的放射性药物引入病变部位。

（四）放射性核素治疗的分类

1. 放射性核素靶向治疗 放射性核素靶向治疗利用病变对放射性药物的生理性、病理性摄取或抗原-抗体反应等,实现放射性核素在病灶区域的靶向浓聚、精准照射,达到治疗目的,如甲亢和分化型甲状腺癌的^{131}I治疗、恶性肿瘤骨转移的^{89}Sr治疗等,还包括肿瘤放射免疫治疗、受体介导的放射性核素肿瘤治疗等。

（1）肿瘤的放射免疫治疗：肿瘤的放射免疫治疗（radioimmunotherapy, RIT）是利用放射性核素标记肿瘤相关抗原的特异性抗体,以抗体作为放射性核素载体,与肿瘤相应抗原结合,使放射性核素聚集在肿瘤组织内。通过放射性核素衰变过程中发射射线的照射作用抑制和破坏肿瘤细胞,起到杀灭肿瘤细胞的治疗作用。

用于 RIT 的放射性核素须满足以下条件:易于标记抗体,标记后对抗体的生物学特性影响较小;有较合适的半衰期,保证抗体有足够的时间浓聚于病灶内和保证有相当数量的放射性核素在病灶部位衰变;发射的射线有较高的传能线密度,在生物组织内射程较短,这样可获得更高疗效和减小副作用。

(2)受体介导的放射性核素肿瘤治疗:肿瘤细胞在突变的过程中过度表达的受体可能成为放射性核素靶向治疗的基础。利用放射性核素标记的特异配体,通过配体与受体之间的特异结合,达到疾病治疗目的。

(3)基因转染介导的核素治疗:基因转染可使肿瘤细胞过度表达某种抗原、受体或酶,利用放射性核素标记的相应单克隆抗体、配体或底物,可进行放射性核素的靶向治疗。

2. 放射性核素介入治疗 放射性核素介入治疗是利用穿刺、插管、植入等手段,将放射性药物导入病变部位,通过直接照射作用达到疾病治疗的目的。详见本章第四节。

3. 放射性核素敷贴治疗 选用发射 β^- 射线的核素制成敷贴器,因其操作安全,不易对深部组织和邻近脏器造成辐射损伤,尤其适宜于体表的直接照射治疗即敷贴治疗。适用于较局限的病变如草莓状毛细血管瘤、瘢痕疙瘩、慢性湿疹、扁平苔藓、神经性皮炎、寻常疣、尖锐湿疣等。

二、治疗用放射性药物的特点

(一)放射性核素的选择

临床上,主要根据放射性核素及其发射射线的生物学和物理学特性选择治疗用放射性核素。传能线密度(linear energy transfer,LET)指电离粒子在单位距离内释放的平均能量。LET 高,射线的电离能力强,能有效杀伤病变细胞,α 粒子和俄歇电子都是高 LET 射线;LET 低,则射线的电离能力弱,β 粒子是低 LET 射线。如使用 α 射线,仅需 1~2 个 α 粒子穿过细胞核,就可导致细胞死亡。如用 β 射线,则需 2 000~3 000 个 β 粒子穿过

细胞核才能导致细胞死亡。放射性药物在病变内的有效 $t_{1/2}$ 足够长是保证有效治疗的重要条件之一。物理半衰期过短、病变组织对放射性药物排泄过快都会明显影响治疗效果。射线粒子所携带的能量在以射线粒子最大射程为半径的球形空间(作用容积)内释放。作用容积较小时,射线杀伤病变细胞的效率较高。由于粒子的能量和射程不同,要获最佳疗效,应根据肿瘤的大小选择不同的核素。例如,直径小于 1mm 的病灶可选 ^{198}Au 或 ^{32}P 等,直径数厘米的病灶可选 ^{90}Y 或 ^{188}Re 等。

(二)分类

根据衰变发生射线的不同,可将治疗常用的放射性核素分为三类:

1. 第一类是发射 α 射线的核素 α 射线在生物组织内的射程为 50~90μm,距离约为 10 个细胞的直径。α 射线在短距离内可释放出较高能量。

2. 第二类是发射 β 射线的核素 根据射线在生物组织内的射程可分为:短射程(<200μm),中射程(200μm~1mm),长射程(>1mm),^{131}I、^{32}P、^{89}Sr、^{90}Y 等已广泛应用于临床。发射 β 射线且伴有 γ 射线的核素,可以通过体外显像探测放射性核素在体内的靶向分布的情况,达到治疗、监测同步进行的目的。

3. 第三类核素通过电子俘获或内转换发射俄歇电子或内转换电子 射程多为 10nm,只有当衰变位置靠近 DNA 时,才产生治疗作用。如 ^{125}I 衰变位置在 DNA 附近比在细胞膜上杀死细胞的效率要高 300 倍。

(三)治疗用放射性核素的特点

1. 良好的靶向性和高吸收剂量 放射性药物可高度分布在病变组织中并停留足够长的时间是开展内照射治疗的前提条件。

2. 实现持续低剂量率照射 浓聚于病灶的放射性核素在衰变过程中发出射线对病变细胞进行持续的低剂量率照射,使病变组织无时间进行修复,疗效好。由于剂量率低,病灶周围的剂量限制器官会对放射性核素照射有更好的耐受性。

(四)辐射生物效应与放射防护

1. 辐射剂量单位 衡量电离辐射的物理量被称为辐射剂量。

(1)照射量(exposure,X):表示射线空间分布的辐射剂量,即在与放射源一定距离的物体受

照射线的多少。单位为库伦／千克,简写为 C/kg。

（2）吸收剂量（absorbed dose, D）:定义为单位质量物质受辐射后吸收辐射的能量。单位为戈瑞（gray, Gy）,1Gy=1J/kg。传统单位为拉德（rad）,1Gy =100rad。

（3）当量剂量（equivalent dose, H）:表示按照辐射权重因子 W_R 加权的吸收剂量,单位为 $J \cdot (kg)^{-1}$,它是衡量射线生物效应及危险度（hazard）的辐射剂量,国际制单位是希沃特（sievert, Sv）,旧制单位是雷姆（roentgen equivalent of man, rem）,1Sv=100rem。生物体在受到相同吸收剂量照射时,由于射线种类和能量不同,所产生的生物效应可有明显的差别。当量剂量等于吸收剂量乘以品质因素（quality factor, Q）。在核医学日常使用的 γ 射线、X 射线、β 射线、正电子的 Q=1,即 1Sv=1Gy;而中子、质子 Q=10,α 射线的 Q 值是 20。

2. 辐射生物效应 人体在受到辐射照射后可能产生各种不同的生物学效应。按效应出现的对象,可分为躯体效应和遗传效应;按效应发生规律可分为非随机效应和随机效应;按效应出现的时间可分为急性效应和晚期效应。

（1）确定性效应:又称非随机效应。这类效应的严重程度与剂量成正比,并存在明显的剂量阈值,剂量没超过阈值不会发生有害效应。如急性放射性皮肤损伤和辐射致不孕症等。

（2）随机效应:发生概率与受照射剂量相关,但不存在明显的剂量阈值。在一定的照射条件下,效应可能出现,也可能不出现,而发生的概率则与剂量大小有关。如辐射致遗传效应和辐射致癌效应。

（3）急性效应:发生在大剂量（一般 2Gy 以上）的 X 线、γ 射线全身照射后,数天或数小时内发生的效应。

（4）晚期效应:发生在急性效应恢复后或受照射后数年以上的生物效应,如辐射遗传效应等。

3. 放射防护

（1）外照射防护的一般措施:核医学工作中主要的外放射源,一是放射性药物,二是体内存有放射性药物的患者。外照射防护包括时间防护、距离防护、屏蔽防护三方面。

1）时间防护:人体受到照射的累积剂量是随时间延长而增加。在不影响工作质量的前提下,尽量减少人员受照射的时间。当工作人员必须在强辐射场内进行抢修工作时,应采用轮流、替换办法,限制每个人的操作时间,将每个人所受辐射剂量控制在限值以下。

2）距离防护:距离防护是指在放射性场所工作时,应尽可能远离放射源。人体受到的照射量率是随着相对辐射源位置的距离增大而减小的,其近似与距离的平方成反比,即距离增大 1 倍,照射量率则减少到原来的四分之一。

3）屏蔽防护:在人与放射性物质之间设置屏蔽以吸收射线的能量,称为屏蔽防护。屏蔽射线的材料大致分为两类:一类是高原子序数的金属材料,如铅、铁、钨、铀等;另一类是低分子序数的通用的建筑材料,如混凝土、砖、土等。操作放射性药物时,应尽量在适宜的屏蔽条件下进行。

（2）内照射防护的一般措施:采取有效措施,阻断放射性物质进入人体的途径。主要包括:对开放型放射性场所采取严格的围封隔离,受到污染的表面及时去污,进入放射性工作场所应穿着个人防护用具,对放射性废气、废水和废物进行严格的管理。对误服及可能有放射性核素进入体内者,立即漱口、灌胃、催吐或服用相应的促排药物,促进其尽快排出体外。

第二节 甲状腺疾病的放射性核素治疗

在临床,甲状腺疾病的放射性核素治疗技术成熟,应用广泛,主要涉及格雷夫斯甲亢（以下简称甲亢）、分化型甲状腺癌（differentiated thyroid carcinoma, DTC）、非毒性甲状腺肿（nontoxic goiter, NTG）等的治疗,常用的放射性核素是 ^{131}I。

^{131}I、手术和抗甲状腺药物（antithyroid drug, ATD）治疗是临床治疗甲亢行之有效的方法。^{131}I 治疗甲亢已有数十年的临床应用历史,是甲亢的一线治疗方式之一。国内外大量临床应用证明,^{131}I 治疗甲亢具有简便安全、疗效确切、复发率低、并发症少和费用较低等优点。

甲状腺癌多起源于甲状腺滤泡细胞或滤泡旁细胞,起源于甲状腺滤泡细胞的包括甲状腺乳头状腺癌、甲状腺滤泡癌和未分化癌。甲状腺乳头状癌和滤泡癌统称为 DTC。DTC 细胞的分化程度较高，部分病灶和转移灶保留了摄取 ^{131}I 的功能，可利用 ^{131}I 清除术后残余甲状腺和残留病灶、治疗复发灶和转移灶。

NTG 是指无甲状腺功能亢进症的甲状腺肿大，临床上应用 ^{131}I 治疗 NTG 已日渐普及，治疗原理与 ^{131}I 治疗甲亢相似。

本节主要阐述甲亢及 DTC 的 ^{131}I 治疗。

一、甲亢的 ^{131}I 治疗

（一）临床表现与诊断

1. 临床表现 甲亢是一种自身免疫性疾病，目前认为其病因是患者体内的促甲状腺激素受体抗体（thyrotropin receptor antibody，TRAb）刺激甲状腺滤泡上皮细胞的促甲状腺激素受体，引起甲状腺激素生成和释放增多，造成神经、循环、消化等系统兴奋性增高和代谢亢进。

2. 诊断 ①甲状腺毒症所致高代谢的症状和体征；②甲状腺弥漫性肿大（体格检查和影像学检查证实），少数病例可以无甲状腺肿大；③血清促甲状腺激素（thyrotropin，TSH）浓度降低，血清甲状腺激素浓度升高；④眼球突出和其他浸润性眼征；⑤胫前黏液性水肿；⑥ TRAb 或促甲状腺激素受体刺激性抗体（thyroid stimulating hormone receptor-stimulating antibody，TSAb）阳性；⑦甲状腺摄 ^{131}I 率（radioactive ^{131}I uptake，RAIU）增高或放射性核素显像提示甲状腺功能增强。以上标准中，前 3 条为诊断必备条件，后 4 条可进一步为病因确定提供依据。

（二）一般治疗原则

目前，针对甲亢的治疗方法主要包括 ATD、手术和 ^{131}I 治疗，旨在降低甲状腺激素水平。三种方法均有效并相对安全，但各有利弊。

ATD 治疗为非甲状腺破坏性治疗，药源性甲减是可逆的，避免了患者的手术风险和辐射暴露，但是治疗持续时间长，部分患者因血象降低、肝功能损伤等药物不良反应需要停药，治疗后甲亢复发的比例相对较高。手术治疗和 ^{131}I 是甲状腺减容性治疗，短时间就能控制临床表现，治疗后可能出现的甲减需要终身甲状腺激素替代治疗。相比之下，^{131}I 治疗无创，避免了手术的风险，没有手术瘢痕，简便安全，费用较低。

（三）治疗原理

碘是合成甲状腺激素的物质之一，甲状腺滤泡上皮细胞可通过在细胞膜上表达的 NIS 逆电化学梯度从循环血液中摄取和浓聚 ^{131}I。甲亢患者甲状腺滤泡上皮细胞的 NIS 过度表达，对 ^{131}I 的摄取明显高于正常甲状腺组织，^{131}I 衰变发射的 β 射线在组织内平均射程为 0.8mm，其能量几乎全部释放在甲状腺组织内，对甲状腺周围的组织和器官影响较小，给予适当剂量的 ^{131}I，则可利用放射性"切除"部分甲状腺组织而又保留一定量的甲状腺组织，达到"靶向"治疗的目的。

（四）治疗方案

1. 临床评估 采集病史时需注意：年龄，基础疾病史（尤其是心血管系统疾病、糖尿病、肝疾病、血液系统疾病和骨骼肌肉系统疾病等），神经、循环、消化等系统兴奋性增高和代谢亢进的症状，甲状腺肿大所致局部压迫症状，眼部症状，精神心理症状等。体格检查包括脉搏、血压、呼吸及体质量。此外，还应检查甲状腺的大小、质地、对称性，是否存在结节、细震颤和血管杂音；进行心肺、神经肌肉功能的检查。同时还应评估是否存在甲状腺相关性眼病和黏液性水肿等。甲亢临床评估的辅助检查包括：血清 TSH 和甲状腺激素、甲状腺自身抗体、RAIU、甲状腺核素显像、颈部超声检查、心脏评估的相关检查、血细胞分析、肝功能检测、骨密度测定等。

2. 患者准备 人体内的稳定碘离子与 ^{131}I 竞争进入甲状腺组织，接受 ^{131}I 治疗前患者需低碘饮食 1~2 周。治疗等待期内须避免应用含碘造影剂和药物，比如胺碘酮。如治疗前曾使用含碘的造影剂或摄入大量富碘的食物或药物，治疗时间宜适当推迟。心率过快和精神紧张者，可给予 β 受体拮抗药或镇静剂。如病情较重的患者，可先用抗甲状腺药物治疗，病情减轻后再进行 ^{131}I 治疗。女性服 ^{131}I 前行妊娠试验，结果确定为阴性者可接受治疗。

3. ^{131}I 治疗剂量的确定 确定 ^{131}I 治疗剂量的方法有 3 种：个体化剂量方案、半固定剂量法和固定剂量法。

（1）个体化剂量方案：根据甲状腺质量和 RAIU 进行计算。每克甲状腺组织的常用 ^{131}I 活度为 2.59~4.44MBq（70~120μCi）。常用公式：

$$^{131}\text{I活度(MBq)}=\frac{\text{计划量(MBq/g)}\times\text{甲状腺重量(g)}}{\text{甲状腺最高(或24h)摄}^{131}\text{I率(%)}}\times100$$

（2）半固定剂量法：在估算甲状腺质量基础上确定给药剂量。较小甲状腺（<30g）剂量为185MBq，中等大小甲状腺（30~50g）剂量为370MBq，较大甲状腺（>50g）剂量为555MBq。

（3）固定剂量法：给予固定的剂量，即370~740MBq。此方法特点为简单，一次给药治愈率高，但甲减的发生率也高。

4. 给药方法　建议空腹2h以上口服^{131}I以保证药物吸收充分，服^{131}I后2h才可以进食。病情较重患者服^{131}I后2~3日可给予抗甲状腺药物减轻症状。服^{131}I后1个月内避免与婴幼儿密切接触，育龄患者^{131}I治疗后半年内应采取避孕措施。建议治疗后前3个月每月至少随访1次。哺乳和妊娠者禁止做这项治疗。

5. 疗效评价　一般情况下，^{131}I治疗后4~6周甲亢症状开始缓解，甲状腺体积逐渐缩小。一个疗程的治愈率52.6%~77.0%，有效率95%以上，无效率2%~4%，复发率1%~4%。达到非甲亢状态，即恢复正常甲状腺功能，或发生甲减补充甲状腺激素达到并维持正常甲状腺功能是^{131}I治疗甲亢的目标。

疗效评价标准：

（1）痊愈：随访半年以上，甲亢症状和体征完全消失，血清总三碘甲腺原氨酸（total triiodothyronine，TT$_3$）、总四碘甲腺原氨酸（total thyroxine，TT$_4$）、游离三碘甲腺原氨酸（free triiodothyronine，FT$_3$）和游离四碘甲腺原氨酸（free thyroxine，FT$_4$）恢复正常。

（2）好转：症状减轻，体征部分消失，血清TT$_3$、TT$_4$、FT$_3$和FT$_4$明显下降，但未降至正常水平。

（3）无效：症状和体征均无改善或反而加重，血清TT$_3$、TT$_4$、FT$_3$和FT$_4$水平无明显下降。

（4）复发：^{131}I治疗的患者，已达痊愈标准之后，再次出现甲亢的症状和体征，血清甲状腺激素水平再次升高。

（5）甲减：^{131}I治疗后患者出现甲低的症状和体征，血清甲状腺激素水平低于正常，TSH高于正常。

痊愈、好转和甲减均被认为^{131}I治疗"有效"。

（五）临床问题导向的药物治疗

1. 剂量调整　增加^{131}I剂量的因素有：①甲状腺较大和质地较硬者；②年龄大、病程较长、长期ATD治疗效果不佳者；③有效半衰期较短者；④首次^{131}I治疗疗效差或无效者；⑤伴有甲亢性心脏病、甲亢性肌病等严重合并症者等。降低剂量的因素：①年龄小、病程短、甲状腺较小者；②未进行任何治疗或术后复发者；③经1次^{131}I治疗后疗效明显，但未完全缓解者；④有效半衰期较长者。

2. 再次治疗及其他方案选择　^{131}I治疗3~6个月后确定为无明显疗效或加重的患者，有好转而未痊愈的患者，都可进行再次^{131}I治疗。再次治疗时，对无效或加重的患者应适当增加^{131}I剂量，对有好转而未痊愈的患者应在计算剂量基础上适当减少。少数患者需经多次^{131}I治疗后才获痊愈。而对于多次应用^{131}I治疗无效或复发的少数难治性甲亢患者可建议手术治疗。

3. 治疗后的甲状腺功能转归　甲亢患者会逐渐由于自身免疫因素（如淋巴细胞浸润和甲状腺自身免疫破坏等）而出现自发性甲减，年发生率2%~3%；不论施用的^{131}I剂量如何，治疗后部分患者会出现甲减。出现甲减后可用左甲状腺素钠或甲状腺片进行替代治疗。在医师指导下调整用量，使甲状腺激素水平达到正常或特殊生理需求，患者的生活质量如常。对于^{131}I治疗的患者，应进行长期的定期随访，检测甲状腺功能。

4. 甲状腺相关性眼病　^{131}I治疗前不伴有突眼的甲亢患者，治疗后发生突眼的概率较小，^{131}I治疗前突眼严重的患者，治疗后症状加重的可能性较大。合并甲状腺相关性眼病的患者建议对其病情进行评估，判断眼病的严重程度，是否处于活动期。

轻度突眼病程一般呈自限性，不需要辅助治疗，对处于活动期的轻度突眼患者实施^{131}I治疗时可联合应用糖皮质激素，尽快使体内甲状腺激素水平恢复正常并保持稳定。^{131}I治疗后定期监测，合并有突眼的亚临床甲减患者，应及时给予外源性甲状腺激素抑制TSH水平，防止临床甲减的出现。对轻、中度的突眼患者，^{131}I治疗后短期使用糖皮质激素防止突眼加重。严重突眼的患者，应采用综合治疗进行充分的准备，如用大剂量糖皮质激素有效控制由于软组织炎症水肿而产生的症

状后才行 ^{131}I 治疗,治疗后应用皮质激素维持一段时间,必要时可结合外放疗等其他手段进行治疗。

5. 儿童及青少年的治疗　甲巯咪唑、手术或 ^{131}I 治疗都可被考虑作为初始治疗方案;服用甲巯咪唑 1~2 年是首选的治疗方法,但 1~2 年后,仅 20%~30% 的患者缓解,大部分患者最终依然需要 ^{131}I 治疗或手术治疗来控制病情。如果就诊时有甲状腺明显肿大、TRAb 明显增高的临床特点,提示缓解概率较低。对经过甲巯咪唑治疗 1 个疗程后仍未缓解的患者,应考虑手术或 ^{131}I 治疗。^{131}I 治疗对于儿童及青少年甲亢患者是一种有效、安全的治疗方法。

6. 患者有严重基础疾病　应先对严重的基础疾病给予充分规范的治疗,使其病情相对稳定。严重基础疾病包括心房颤动、心力衰竭等心血管并发症,肾功能衰竭,感染,外伤,控制较差的糖尿病以及脑血管或肺病等,肝功能衰竭,粒细胞缺乏症等。

7. 血液系统异常　甲亢可出现血液系统异常。患者偶见发生严重贫血、再生障碍性贫血或脾肿大和脾功能亢进等。主要临床表现是发热、咽痛、全身不适等。由于绝大部分 ^{131}I 被亢进的甲状腺摄取,对造血系统影响甚小,不会导致粒细胞或血小板进一步减少,因此该类患者可行 ^{131}I 治疗,同时积极采取对症治疗。

8. 心血管系统异常　甲亢患者会出现心动过速、心脏排出量增加、心房颤动、心力衰竭等一系列心血管系统症状和体征,其发生率为 10%~25%,且随病程延长或患病年龄增长而增加。对于甲亢伴有心血管系统异常者,宜尽早采取 ^{131}I 治疗,尽快缓解甲亢,为心血管系统异常症状的缓解争取时间。治疗过程中应及时对症处理或请心内科会诊,纠正心力衰竭、心房颤动等严重并发症。随着甲状腺功能恢复正常,甲亢心血管系统可恢复正常或部分正常,阵发性心房颤动在甲状腺毒症缓解后一般不再发生。而持续性心房颤动者,其中三分之一患者可自动恢复窦性心律。

9. 肌肉系统症状　甲亢患者可并发甲亢性肌病,包括肌无力、周期性麻痹和重症肌无力。甲亢性肌无力及重症肌无力主要由于甲状腺激素引起肌酸代谢障碍所致。甲亢并发周期性麻痹与多种因素有关,多伴有低钾血症,^{131}I 治疗前应采取补钾等措施纠正肌肉系统异常,治疗后加强监测病情变化,及时对症处理。甲亢性肌病多数在控制甲状腺毒症后改善,在甲亢缓解后,绝大多数周期性麻痹也随之缓解,如缓解不明显,要注意进一步确定是否存在甲亢以外因素所致的周期性麻痹。

10. 合并肝功能异常　甲亢肝损伤的原因有:甲状腺激素对肝脏的直接毒性作用;过量的甲状腺激素可引起代谢紊乱,促使肝糖原和蛋白质分解加速,形成肝脏营养不良,肝细胞变性;高代谢状态下,肝脏负担增加,致肝细胞缺氧;自身免疫机制参与的肝损伤;甲亢性心脏病合并心衰时,可发生肝淤血及肝细胞坏死。

甲亢合并肝功能损害的 ^{131}I 治疗原则是在可以有效改善肝功能的前提下展开治疗,及时有效地控制甲亢。肝功能损害严重者,在加强护肝保肝、拮抗应激、抑制免疫反应、透析和人工肝的同时,可考虑用 ^{131}I 治疗。绝大多数甲亢肝功能损害在甲状腺激素水平恢复正常后可逐渐恢复。

11. 不良反应　少数患者在服 ^{131}I 后几天内出现乏力、头晕、食欲下降、恶心、呕吐、皮肤瘙痒、甲状腺局部肿痛等反应,一般比较轻微,不需特殊处理。个别症状稍重患者可给予对症处理。^{131}I 治疗甲亢对血象的影响极小,个别患者发生白细胞降低是暂时性的,必要时给予升白细胞的药物。

^{131}I 治疗后很少诱发甲状腺危象,如有发生则多见于 ^{131}I 治疗后 1~2 周。对甲亢危象应以预防为主,出现甲亢危象时应使用大剂量的硫脲类药物和无机碘,抑制甲状腺激素的合成和分泌;使用受体拮抗剂和抗交感神经药物(如利血平等),减少体内儿茶酚胺的数量并阻断其作用;使用糖皮质激素;控制感染,去除诱因,辅以对症和支持治疗(如降温、保证热量摄入、维持血容量和改善心功能等)。常规治疗效果不满意时,可选用腹膜透析、血液透析或血浆置换等措施迅速降低血浆甲状腺激素浓度。

二、分化型甲状腺癌的 ^{131}I 治疗

甲状腺癌是常见的内分泌系统恶性肿瘤之一,占全身恶性肿瘤的 1.1%。在我国,甲状腺癌发病率已列恶性肿瘤前 10 位。甲状腺癌绝大部(约 96%)为分化型甲状腺癌,大部分分化型甲状腺癌进展缓慢,10 年生存率高,但某些组织学亚型,如甲状腺乳头状癌(papillary thyroid carcinoma,PTC)的高细胞型、柱状细胞型、弥漫硬化型、实体亚型和甲状腺滤

泡癌（follicular thyroid cancer, FTC）的广泛浸润型等易发生甲状腺腺外侵犯、血管侵袭和远处转移，复发率高，预后相对较差。^{131}I是治疗分化型甲状腺癌的重要手段，随着DTC发病率的逐渐增高，近年来对^{131}I治疗该疾病的理念不断更新。

（一）临床表现与诊断

甲状腺结节很常见。一般人群中通过触诊的检出率为3%~7%，借助高分辨率超声的检出率可高达20%~76%。5%~15%的甲状腺结节为恶性，即甲状腺癌。

1. 临床表现 绝大多数甲状腺结节患者没有临床症状。合并甲状腺功能异常时，可出现相应的临床表现。

2. 诊断

（1）实验室检查：甲状腺结节恶性的风险随血清促甲状腺激素的升高而增高。血清降钙素大于100pg/ml提示甲状腺髓样癌。

（2）影像学诊断

1）超声：高分辨率超声检查是评估甲状腺结节的首选方法。对触诊怀疑有结节，或是在其他影像检查中提示"甲状腺结节"的，应行颈部超声检查。

2）甲状腺放射性核素显像：适用于评估直径>1cm的甲状腺结节。在单个（或多个）结节且伴有血清TSH降低时，甲状腺^{131}I或^{123}I显像可判断某个（或某些）结节是否有自主摄取功能，即"热结节"，热结节绝大部分为良性。

（3）穿刺活检：术前通过细针穿刺抽吸活检诊断甲状腺癌的敏感度为83%，特异度为92%，阳性预测率为75%。如怀疑甲状腺滤泡癌，宜行粗针穿刺活检。术前穿刺活检有助于减少不必要的甲状腺结节手术。

（二）分化型甲状腺癌^{131}I治疗的目的

^{131}I治疗DTC的目的有两个，一是采用^{131}I清除术后残留的甲状腺组织，简称清甲治疗；二是采用^{131}I清除手术不能切除的病灶、DTC复发和转移灶，简称清灶治疗。

^{131}I清甲治疗在去除DTC术后残留甲状腺组织的同时能消除隐匿在残留甲状腺组织中的微小DTC病灶，降低DTC的复发和转移发生的可能性；血清甲状腺球蛋白（thyroglobulin, Tg）水平的变化是监测DTC复发或转移敏感而特异的指标，

清除残留甲状腺组织后，体内无Tg的正常来源，非常有利于术后随访监测；清甲治疗是清灶治疗的基础，完全清除残留的甲状腺可保证进入体内的^{131}I能更充分地被病变组织吸收；去除残留甲状腺后有利于用核素显像诊断复发或转移灶；治疗后进行的全身显像，常可发现诊断剂量^{131}I全身显像未能显示的DTC病灶。

（三）一般治疗原则

术后^{131}I治疗已成为DTC治疗的主要手段之一。DTC肿瘤细胞的分化程度较高，部分保留了摄取和浓聚^{131}I的功能，利用^{131}I发射的核射线可清除术后残余甲状腺、复发灶和转移灶。DTC术后^{131}I治疗可以有效改善预后，降低复发率和减少远处转移等。与手术联合TSH抑制治疗模式相比，手术联合^{131}I清甲和TSH抑制治疗模式使DTC的复发率和病死率，尤其是远期复发率和病死率明显降低。

（四）治疗方案

1. 临床评估 以术中病理特征如病灶残留程度、肿瘤大小、病理亚型、包膜侵犯、血管侵犯程度、淋巴结转移特征、分子病理特征及术后刺激性Tg（sTg）水平和^{131}I治疗后全身显像（Rx-WBS）等权重因素将患者的复发风险分为低、中、高危3层。

符合以下全部为低风险分层：①无远处转移；②所有肉眼所见肿瘤均被彻底切除；③肿瘤未侵犯周围组织；④肿瘤不是侵袭性的组织学亚型及未侵犯血管；⑤行Rx-WBS，未见甲状腺床外摄碘转移灶显影；⑥合并少量淋巴结转移（如cN0，但是病理检查发现≤5枚微小转移淋巴结，即转移灶最大直径均≤0.2cm）；⑦甲状腺内的滤泡亚型甲状腺乳头状癌；甲状腺内的分化型甲状腺滤泡癌合并被膜侵犯及伴或不伴轻微血管侵犯（<4处）；甲状腺内微小乳头状癌不论是否多灶、是否伴有$BRAF^{V600E}$突变阳性，都属于低风险分层。

符合以下任1项为中风险分层：①镜下见肿瘤侵犯甲状腺外软组织；②侵袭性组织学表现（如高细胞、靴钉样、柱状细胞癌等）；③伴血管侵犯的甲状腺乳头状癌；④若行Rx-WBS，可见颈部摄碘转移灶显影；⑤淋巴结转移（cN1，病理检查发现>5枚转移淋巴结，转移灶最大直径均<3cm）；⑥$BRAF^{V600E}$突变阳性的甲状腺腺内乳头状癌（直径1~4cm）；⑦$BRAF^{V600E}$突变阳性的多灶的甲状腺微小癌合并腺外浸润。

符合以下任 1 项为高风险分层：①明显的腺外浸润；②癌肿未完整切除；③证实存在远处转移；④术后高 Tg 水平提示远处转移者；⑤合并较大淋巴结转移（任何淋巴结转移灶直径≥3cm）；⑥甲状腺滤泡癌广泛侵犯血管（>4 处血管侵犯）。

对高危复发危险分层患者强烈推荐 ^{131}I 治疗。对中危分层患者可考虑 ^{131}I 治疗，但其中有镜下甲状腺外侵犯但癌灶较小或淋巴结转移个数少、受累直径小且不伴高侵袭性组织亚型或血管侵犯等危险因素的中危患者经 ^{131}I 治疗后未能改善总体预后，可不行 ^{131}I 治疗。对低危分层患者，不推荐行 ^{131}I 治疗。对低危人群中淋巴结受累≤5 个（无节外侵犯、累及 <0.2cm）者，若从便于通过监测血清 Tg 水平及 ^{131}I 全身显像后续随访的角度来看，可行 ^{131}I 清甲治疗。

妊娠期、哺乳期妇女、计划 6 个月内妊娠者不可给予 ^{131}I 治疗。

2. 患者准备 采用 ^{131}I 治疗前低碘饮食 1~2 周，并于治疗前等待期内避免使用含碘造影剂及含碘药物，以保证 ^{131}I 可至残余甲状腺组织或肿瘤病灶。^{131}I 治疗前应停服甲状腺激素 2~3 周，升高 TSH 水平至 30mU/L 以上，以促进甲状腺滤泡上皮细胞或 DTC 肿瘤细胞的细胞膜上表达的 NIS 对 ^{131}I 的摄取。女性服 ^{131}I 前行妊娠试验，结果确定为阴性者可接受治疗。

3. 治疗剂量

（1）清甲：对中、低危患者推荐采用 1 100MBq 进行的清甲治疗。对于伴有可疑或已证实的镜下残存病灶或高侵袭性组织学亚型（高细胞型、柱状细胞型等）但无远处转移的中、高危患者，推荐治疗剂量为 5 550MBq。

对于甲状腺未近全切术后，需要清灶治疗的患者，考虑使用较高剂量的 ^{131}I。颈部残留手术未切除的 DTC 组织、伴发颈部淋巴结或远处转移，但无法手术或患者拒绝手术的、全甲状腺切除术后不明原因血清 Tg 尤其是刺激性 Tg 水平升高者，清甲治疗同时应兼顾清灶治疗，^{131}I 剂量为 3 700~7 400MBq。对于青少年、育龄妇女、高龄患者和肾脏功能轻中度受损的患者，可酌情减少 ^{131}I 剂量。

（2）清灶：对于无法手术切除的摄碘病灶推荐 ^{131}I 治疗。最大耐受剂量上限为 5 550MBq。对于肺转移的治疗，病灶仍摄取碘并出现临床有效，

每隔 6~12 个月再次施行治疗，经验性治疗剂量推荐为 3 700~7 400MBq，对于 70 岁以上患者的剂量为 3 700~5 550MBq。对于骨转移灶，剂量为 3 700~7 400MBq。中枢神经系统转移都应当首先考虑外科手术或立体定向外照射。

4. TSH 抑制治疗 TSH 水平是甲状腺癌复发及病死率的独立预测因素，两者间呈正相关的关系。TSH 抑制治疗是指手术后或清甲治疗后应用甲状腺激素将 TSH 抑制在正常低限或低限以下、甚至检测不到的程度，一方面补充 DTC 患者所缺乏的甲状腺激素，另一方面抑制 DTC 细胞生长。

对于高危患者，初始 TSH 应控制在 <0.1mU/L。对于中危患者，初始 TSH 应控制在 0.1~0.5mU/L。对于未检出血清 Tg 的低危患者，不论是否已行 ^{131}I 清甲治疗，TSH 应控制在 0.5~2mU/L。对于已行 ^{131}I 清甲治疗并且低水平 Tg 的低危患者，或未行 ^{131}I 清甲治疗、Tg 水平稍高的低危患者，TSH 应控制在 0.1~0.5mU/L。对于腺叶切除患者，TSH 应控制在 0.5~2mU/L。对于影像学疗效不满意的患者，在没有特殊禁忌证的情况下，TSH 应无限期控制在 <0.1mU/L。对于血清学疗效不满意的患者，根据初始危险分层、Tg 水平、Tg 变化趋势以及 TSH 抑制治疗的不良反应，应控制 TSH 在 0.1~0.5mU/L。对于初始评为高危，但治疗反应为满意（临床或血清学无病状态）或疗效不明确的患者，TSH 控制在 0.1~0.5mU/L 最多 5 年，并随后降低 TSH 抑制程度。对于治疗反应为满意（临床或血清学无病状态）或疗效不明确的患者，特别是复发危险为低危者，TSH 控制在 0.5~2mU/L。对于未行 ^{131}I 清甲治疗或辅助治疗并且为疗效满意或疗效不明确的患者，满足颈部超声阴性，抑制性 Tg 较低或未检出，并且 Tg 或 TgAb 未呈增高趋势，TSH 控制在 0.5~2mU/L。

每次调整口服外源性甲状腺素的剂量后，4~6 周随访复查甲状腺功能，待达到理想的平衡点后可酌情延长随访间隔，3~6 个月复查 1 次，如有不适可随时检测甲状腺功能。

5. 疗效评价

（1）清甲成功的判断标准：TgAb 阴性的患者刺激性 Tg 小于 1μg/L；TgAb 阳性的患者诊断剂量 ^{131}I 显像甲状腺床无放射性浓聚。

（2）DTC 完全缓解的标准：甲状腺手术后行放射性碘清除残余甲状腺组织的患者满足如下标

准,被认为肿瘤完全缓解。①没有肿瘤存在的临床证据;②没有肿瘤存在的影像学证据;③在无TgAb干扰时,甲状腺激素抑制治疗情况下测不到血清Tg,TSH刺激情况下Tg<1μg/L。

6. 放射防护 清甲和清灶治疗患者均应在核医学科专用防护病房住院治疗;当体内放射性活度低于400MBq时可出院,出院后回家继续按有关要求进行相应的放射卫生隔离。

7. 随访 对已清除全部甲状腺(手术和^{131}I清甲后)的DTC患者,应定期检测血清Tg水平。对血清Tg的长期随访从^{131}I清甲治疗后6个月起开始,此时检测基础Tg(TSH抑制状态下)或TSH刺激后(TSH>30mU/L)的Tg。^{131}I治疗后12个月,复查测定TSH刺激后的Tg。随后,每6~12个月复查基础Tg。复发危险度中、高危者可在清甲治疗后3年内复查TSH刺激后的Tg。

DTC患者在手术和^{131}I清甲治疗后,可根据复发危险度,在随访中选择性应用Dx-WBS。中低危复发风险度的DTC患者如Dx-WBS未提示甲状腺床以外的^{131}I摄取,并且随访中颈部超声无异常、基础血清Tg水平(TSH抑制状态下)不高,在随访中进行Dx-WBS。中高危患者,长期随访中应用Dx-WBS对发现肿瘤病灶可能有价值,建议检查间隔6~12个月。如果患者在随访中发现Tg水平逐渐升高,或者疑有DTC复发,可行Dx-WBS检查。

(五)临床问题导向的药物治疗

1. 重复^{131}I清甲 部分患者单次清甲治疗不能完全清除残留甲状腺,多见于清甲治疗前残留甲状腺组织较多,或残留甲状腺组织和DTC病灶摄^{131}I不充分(因体内存在较大量的稳定碘),或清甲所用^{131}I剂量不足、对^{131}I辐射敏感性低等。首次清甲后仍有残留甲状腺组织者,为达到完全清甲的治疗目标,可进行再次清甲治疗。再次清甲的^{131}I剂量确定原则与首次治疗相同。

2. 延长病灶内^{131}I的滞留时间 在不影响摄取^{131}I的情况下,锂制剂可抑制甲状腺细胞分泌甲状腺激素和延缓已合成的甲状腺激素释放入血,从而使^{131}I在甲状腺组织或DTC病灶内的滞留时间延长。

3. 不良反应

(1)常见不良反应:包括颈部肿胀和咽部不适、唾液腺肿痛、味觉改变、鼻泪管阻塞、上腹部不适甚至恶心等。上述症状多出现于清甲治疗1~5日内,常自行缓解或对症处置即可。有研究显示,在^{131}I治疗期间含服维生素C片、嚼口香糖或补液等,可减轻唾液腺的辐射影响。

(2)骨髓抑制:少数患者在^{131}I治疗后可发生一过性骨髓抑制,最常见于^{131}I治疗后4~6周,之后逐渐恢复。残留甲状腺组织过多或转移灶(尤其肺转移)摄取^{131}I较多且持续时间长是导致患者外周血象下降的主要因素。^{131}I多次治疗后,少数患者可出现不同程度的骨髓抑制。

(3)骨质疏松:部分DTC患者需进行TSH抑制治疗,较低的TSH会影响患者体内钙代谢,加大绝经后妇女骨质疏松(osteoporosis,OP)的发生率,并可能导致骨折风险增加。对这类DTC患者(特别是绝经后妇女),应评估治疗前基础骨矿化状态并定期监测血清钙并进行骨密度测定。对临床上有低钙血症的患者,应根据血钙浓度、甲状旁腺激素(parathyroid hormone,PTH)水平等适当补充钙剂及活性维生素D。由于长期低TSH是绝经后女性OP的危险因素,因此绝经后DTC患者在TSH抑制治疗期间,建议接受OP初级预防:确保钙摄入达1 000mg/d,补充维生素D 400~800U(10~20μg)/d。对未使用雌激素或双膦酸盐治疗的绝经后妇女,TSH抑制治疗前或治疗期间达到OP诊断标准者,维生素D可增至800~1 200U(20~30μg)/d,并酌情联合其他治疗药物(如双膦酸盐类、雌激素类、PTH、选择性雌激素受体调节剂类等)。

(六)药物治疗展望

部分DTC患者在^{131}I治疗前或治疗后一段时间出现失分化。DTC失分化是指在病程进展中DTC细胞的形态和功能均发生退行性改变,表现为TSH受体表达障碍和浓聚碘的能力丧失,使^{131}I治疗无法进行。失分化的过程也是DTC恶性程度增高的表现。DTC细胞失分化可能与以下因素有关:①经^{131}I或其他放射治疗后,未被杀死的DTC细胞的代谢过程因辐射作用的影响发生改变,从而失去摄碘能力。②肿瘤组织内在^{131}I治疗前就可能存在具有不同摄碘能力的肿瘤细胞克隆,^{131}I治疗选择性地杀死摄碘能力较强的肿瘤细胞,而摄碘能力差的DTC细胞形成的病灶摄取^{131}I的功能明显减低。

远处转移性失分化 DTC 患者的 10 年生存率在 10% 以下。失分化 DTC 对传统的放化疗反应差,目前尚无有效治疗方法。酪氨酸激酶抑制剂是在甲状腺癌中研究最多的靶向治疗药物。索拉非尼是第一个用于治疗碘难治性 DTC 的靶向药物。对常规治疗无效且处于进展状态的晚期碘难治性 DTC 患者可考虑使用这类药物。

第三节　恶性肿瘤骨转移的放射性药物治疗

骨转移的主要表现为逐渐加剧的顽固性疼痛、活动和体位受限,并可导致高血钙症、病理性骨折、脊髓和神经压迫、截瘫等骨转移所致骨相关事件(skeletal related events,SRE)。疼痛如果得不到缓解,会导致或加重患者的焦虑、抑郁。骨转移常预示患者生活质量的下降和生存期的缩短。

恶性肿瘤骨转移按病变特征可分为以下三种类型:成骨型、溶骨型和混合型。成骨型骨转移常见于前列腺癌、膀胱癌,约占骨转移的 10%;溶骨型骨转移占 70%,常见于肺癌和乳腺癌;混合型较少见,常见于乳腺癌和前列腺癌。溶骨型病变为主的骨转移患者发生 SRE 危险性高。在原发病的系统治疗基础之上,针对骨转移采取多学科综合治疗模式,有计划、合理地制订个体化综合治疗方案,减少或延缓骨转移并发症及骨相关事件的发生,将有助于提高患者的生活质量。

肿瘤患者出现骨转移时可针对转移病灶和骨痛进行治疗,但总体策略是姑息治疗,侧重于缓解疼痛和改善患者的生活质量。治疗应遵循全身治疗和局部相结合的模式,全身治疗包括镇痛治疗、双膦酸盐、放射性核素治疗等,局部治疗包括姑息性放疗、微创介入治疗、手术等。

常用的放射性核素如锶 -89(^{89}Sr)在恶性肿瘤骨转移方面的研究和应用已有 70 多年历史。1989 年和 1993 年 ^{89}Sr 分别在英国和美国应用于临床,我国生产的 ^{89}Sr 于 2004 年获国家药监局批准应用于临床。放射性核素治疗有高度靶向性,浓聚于病灶的放射性核素在衰变过程中发出射线对病灶进行持续的低剂量率照射,在恶性肿瘤骨转移的治疗中已显示出良好的临床效果。其临床应用的适应证为:①经临床及骨显像确诊的骨转移肿瘤,核医学骨显像显示病灶呈显像剂分布异常浓聚;②转移性骨肿瘤伴骨痛;③原发性恶性骨肿瘤未能手术切除或术后残留癌灶或伴骨内多发转移;④白细胞计数 ≥ 3.5×10^9/L,血小板 ≥ 80×10^9/L。

放射性核素治疗的主要目标为:①缓解疼痛,恢复功能,改善生活质量;②预防和降低骨相关不良事件;③控制肿瘤进展,延长生存期。

肿瘤细胞可分泌前列腺素、乳酸等致痛因子,使患者出现顽固性骨痛。发生溶骨型骨转移时,肿瘤细胞可释放大量破骨细胞激活因子,破骨细胞活性和骨质吸收量增加,溶骨性破坏和肿瘤组织浸润进一步进展时可侵及支配骨髓的感觉神经。

骨转移肿瘤病灶部位骨组织遭受肿瘤的破坏,骨骼在修复过程中成骨代谢异常活跃,用于治疗肿瘤骨转移的放射性药物与骨组织具有较高的亲和性,在异常活跃的骨修复过程中可大量浓聚在转移病变中。通过放射性药物发射 β 射线,对局部病灶发挥内照射作用,引起病灶内毛细血管扩张、肿瘤细胞水肿、核空泡形成或消失、肿瘤病灶坏死或纤维化形成等,起到不同程度地抑制、缩小或清除转移病灶的作用,不同程度的缓解疼痛。除 β 射线对肿瘤的直接辐射杀伤作用外,放射性核素治疗触发的免疫反应也在肿瘤骨转移的治疗中起到了一定辅助作用。

放射性药物治疗缓解骨痛的可能机制为:①肿瘤组织受 β 射线照射后,病灶缩小,降低了骨膜张力、骨髓腔压力及对周围神经的机械性压迫;②病灶缩小后,受肿瘤侵蚀的骨骼重新钙化;③辐射生物效应干扰了神经末梢去极化的过程,影响了疼痛信号的传导;④电离辐射作用抑制了缓激肽、前列腺素等疼痛介质的分泌。

一、常用放射性药物

经过多年的发展,目前临床上常用于治疗恶性肿瘤骨转移的放射性药物包括:氯化锶 -89(strontium-89 chloride,^{89}SrCl$_2$)、^{153}Sm-EDTMP、铼 -188- 羟基亚乙基二膦酸(rhenium-188-hydroxyethylene diphosphonate,^{188}Re-HEDP)等。^{89}Sr 在元素周期表中与钙同族,其体内代谢特点与钙相似,其他几种核素都以膦酸盐类似物为载体,而膦酸盐类物质可以直接参与骨代谢。治疗恶性肿瘤骨转移常用的放射性核素的特性见表 26-3-1。

表 26-3-1 治疗肿瘤骨转移常用放射性药物特性

核素	半衰期 /d	β射线最大能量 /MeV	组织中最大射程 /mm	γ射线能量 / keV	γ发射丰度 /%
^{89}Sr	50.5	1.49	6.7	0	0
^{153}Sm	1.93	0.81	3.4	103	28.3
^{188}Re	0.7	2.12	3.0	155	15
^{186}Re	3.8	1.07	4.7	137	9.12

（一）氯化锶 -89（^{89}SrCl$_2$）

^{89}SrCl$_2$ 是一种能有效治疗恶性肿瘤骨转移的放射性药物。放射性核素 ^{89}Sr 的物理半衰期为 50.5 日，发射纯 β 射线，最大能量为 1.46MeV，其化学性质和在体内的生物学行为类似于钙。因转移灶骨代谢活跃，血流丰富，静脉注射后的 ^{89}SrCl$_2$ 很快通过血液循环到达骨转移病变区，其聚集量是正常骨的 2~25 倍，静脉注射后 48h 尿中排泄量小于 10%。^{89}SrCl$_2$ 在骨肿瘤病灶的 T$_b$ 大于 50 日，远远大于正常骨骼的 T$_b$（14 日），^{89}Sr 能较长时间滞留在病灶内，发射的 β 射线可持续产生电离辐射作用，使肿瘤细胞坏死、凋亡，病灶缩小。

（二）钐 -153- 乙二胺四甲基膦酸（^{153}Sm-EDTMP）

^{153}Sm（钐 -153）的半衰期为 46.3h，能发射能量为 0.81MeV（20%）、0.71MeV（50%）和 0.64MeV（30%）的 β 射线，组织中射程 3.4mm，同时发射能量为 103 keV 的 γ 射线，可以在治疗的同时进行骨显像，以观察病灶的数目及药物摄取情况。^{153}Sm-EDTMP 静脉注射后主要聚集在骨及骨转移肿瘤病灶，骨转移肿瘤病灶与正常骨组织摄取量比值可达 16：1，未被摄取的部分很快通过肾脏排泄。在注射后 3h，骨组织吸收剂量达到高峰，注射后 6~8h 在非骨中放射性几乎被完全清除，而骨中注射后 5 日仍有较高的滞留。与 ^{89}SrCl$_2$ 相比，^{153}Sm-EDTMP 缓解疼痛快，但维持作用时间较短。

（三）铼 -188- 羟基亚乙基二膦酸（^{188}Re-HEDP）

^{188}Re（铼 -188）可由 ^{188}W（^{188}钨）-^{188}Re 发生器获得或反应堆生产，其半衰期为 16.9h，β 射线最大能量为 2.12MeV，γ 射线发射能量为 155keV，能在治疗的同时进行核医学骨显像。该药的体内生物学行为亦与锝 -99m- 亚甲基二膦酸（technetium-99m methylene diphosphonate，^{99m}Tc-MDP）相似，静脉注射后迅速被骨组织摄取，且大多数滞留在骨及转移灶内，未被摄取的部分由肾脏排泄。^{188}Re-HEDP 在体内的有效半衰期为（11.4±2.8）h，在骨转移灶的有效半衰期为（15.3±3.0）h。

目前临床上常用 ^{188}W-^{188}Re 发生器制备 ^{188}Re-HEDP，^{188}W-^{188}Re 发生器可连续使用半年。所以，与其他放射性药物相比，^{188}Re-HEDP 较为经济。^{188}Re-HEDP 使用方便，半衰期短，外辐射影响小，有利于与其他治疗方法联合应用，是近年临床上较理想的治疗恶性肿瘤骨转移的放射性药物。

（四）其他

锡 -117m- 二乙三胺五醋酸（tin-117m diethylenetriamine pentaacetic acid，^{117m}Sn-DTPA）是近几年研发的新药，实验表明锡离子具有较高的亲骨性，利用其内转换电子发射的 β 射线和 γ 射线，治疗骨转移瘤和骨痛，同时可进行核医学显像。

二、恶性肿瘤骨转移的 ^{89}SrCl$_2$ 治疗

（一）治疗原理

1. **物理特性** ^{89}Sr 的物理半衰期 50.5d，β 射线最高能量 1.46MeV，平均能量 0.58MeV。骨组织中的射程约 3mm。通过高通量反应堆辐照高纯度的锶 [^{88}Sr]，发生 ^{88}Sr（n，γ）^{89}Sr 反应获得 ^{89}Sr。氯化锶 [^{89}Sr] 的分子式为 ^{89}SrCl$_2$，分子量为 159。

2. **生物学特性及浓聚于转移灶的机制** 锶在元素周期表中与钙同族，其体内代谢特点与钙相似。肿瘤细胞破坏骨组织，导致成骨修复活跃，骨组织代谢增高，浓聚大量的 ^{89}Sr。病变骨组织与正常骨组织的摄取比为 2：1~25：1。^{89}Sr 在正常骨的有效半衰期 14d，在肿瘤骨转移灶内的有效半衰期长于 50d。因此可使病灶获得较高的辐射吸收剂量，所以能获得较好疗效。^{89}Sr 与 ^{99m}Tc-MDP 在体内的分布相似，^{99m}Tc-MDP 骨显像可显示病变部位并同时预测 ^{89}Sr 在病灶中的摄取程度；^{89}Sr 注射后几个小时内，未被骨转移灶和骨组织摄取的 ^{89}Sr 70%~90% 通过泌尿系统排泄。

（二）一般治疗原则

治疗前需要对患者病灶进行影像学评估，同时对患者的全身状态进行评估。诊断明确的多发性骨转移肿瘤，^{99m}Tc-MDP 骨显像证实骨转移病灶处有浓聚，即使 X 线检查为溶骨性病灶，^{89}Sr 治

疗就可能获得疗效。原发性骨肿瘤未能手术切除或术后残留病灶或伴骨内多发转移者，^{99m}Tc-MDP骨显像证实病灶处有浓聚，也可采取^{89}Sr治疗。对于患者的全身情况，要求治疗前1周内患者的血红蛋白>90g/L，白细胞≥3.5×10^9/L，血小板≥80×10^9/L。在没有合并慢性弥散性血管内凝血时，血细胞计数的下限可放宽至：白细胞总数>2.4×10^9/L，血小板≥60×10^9/L。

妊娠或哺乳期患者禁用^{89}Sr治疗。血肌酐>180μmol/L和/或肾小球滤过率<30ml/（min·1.73m^2）、脊髓压迫和病理性骨折急性期是治疗的相对禁忌证。

（三）治疗方案

1. 患者准备　一般无需特殊准备。注射^{89}Sr前后适量饮水，正常饮食；患者于治疗前8周内行全身骨显像；1周内完成血常规和生化检查；双膦酸盐对^{89}Sr疗效无影响，可同时应用。与患者充分告知后签署知情同意书。

2. 给药方法　^{89}Sr常用剂量为1.48~2.22MBq/kg，成人一般为148MBq/次。临床治疗结果显示，剂量低于1.11MBq/kg缓解疼痛的疗效不好，过大剂量不但加重经济负担和不良反应，而且疗效并不随剂量的增加而提高。

经静脉缓慢注射给药（1~2min）。应先建立静脉通道便于注射后用生理盐水冲洗，避免^{89}Sr注射液渗漏，发生渗漏后局部热敷可加快药物吸收，降低局部辐射剂量。

（四）临床问题导向的药物治疗

1. 重复治疗的指征及方案　第一次治疗疗效好，骨痛未完全消失或复发，可重复治疗；^{89}Sr重复治疗间隔3个月或更长时间，对于第一次注射后无反应的患者，第二次治疗50%的患者可获得疗效。

2. 治疗注意事项　须在具有放射防护措施的场所，由具有相关资质的医务人员来完成^{89}Sr的治疗；^{89}Sr治疗前后行局部放疗是安全的，但治疗前后3个月内应避免行大野放疗（半身放疗）；在^{89}Sr治疗前4~8周内、治疗后6~12周内应停用具有长效骨髓抑制作用的化疗药物；DIC是^{89}Sr治疗后引起严重血小板减少症的危险因素，在^{89}Sr治疗前应行凝血功能检测以排除亚临床DIC，尤其应注意近期有血小板急剧降低的患者；如受肿瘤侵犯的骨骼有50%以上的骨质破坏（尤其是四肢骨），或者

伴有病理性骨折，应避免单独使用^{89}Sr治疗。

3. 反跳痛　5%~10%的患者在^{89}Sr注射后出现短暂的疼痛加重，称为反跳痛，一般发生在注射后3~6d，持续2~7d，通常预示可获得较好的疗效。

4. 治疗有利因素及不利因素　^{89}Sr疗效的有利因素：早期转移灶较少的患者可能获得更好的疗效；预期存活时间更长，身体一般状况好的患者可能获得更好的疗效；骨显像放射性浓聚强的病灶可能获得更好疗效。^{89}Sr疗效的不利因素：使用^{89}Sr的活度不当，广泛的骨转移，骨转移灶中有软组织病变组织，血液毒性，放射抵抗。

5. 联合用药

（1）与双膦酸盐联合治疗：唑来膦酸与^{89}Sr联合应用可以提高骨转移灶对^{89}Sr的摄取从而提高疗效，其可能的机制是唑来膦酸抑制破骨细胞活性，促进成骨修复。临床应用研究结果显示，唑来膦酸与^{89}Sr联合治疗，患者的总存活期为17个月，高于单纯^{89}Sr治疗的12个月。第1次骨不良事件的时间，唑来膦酸与^{89}Sr联合治疗为15个月，高于单纯^{89}Sr治疗的8个月；唑来膦酸与^{89}Sr联合治疗肿瘤骨转移在提高疗效的同时未发现不良反应增加。

（2）联合放疗：^{89}Sr治疗肿瘤多发骨转移优势明显，^{89}Sr联合外放疗或非长效骨髓抑制的化疗药物，如阿霉素、顺铂等，没有明显增加不良反应，但疗效显著提高。

6. 不良反应的处置　未见^{89}Sr导致过敏、消化道反应及肝肾功能损害的报道。注射^{89}Sr后部分患者会出现骨髓抑制，但骨髓严重抑制的发生率较低。白细胞和血小板可比治疗前降低20%~30%，一般治疗后10~16周恢复正常。一项^{89}Sr治疗骨肿瘤多中心临床试验的研究结果显示，根据常见不良反应事件评价标准（common terminology criteria for adverse events，CTCAE），^{89}Sr治疗后主要为CTCAE 1~2级的骨髓抑制，出现CTCAE 3~4级骨髓抑制不到5%。

CTCAE 1~2级的骨髓抑制的患者，可采用口服药物治疗，如给予升白细胞药物及补充铁剂等，一般10~16周内即可恢复到治疗前水平。CTCAE 3~4级骨髓抑制的患者，应根据病情分别输红细胞或血小板。选择性使用促红细胞生成素、集落刺激因子、重组人白细胞介素11或重组人血小板生成素治疗。CTCAE 4级粒细胞减少的患者，无

论有无发热,必须预防性使用抗生素。对 CTCAE 3~4 级血小板减少的患者,还应注意避免剧烈运动,防止受伤,避免增加腹压的动作。保持大便通畅和镇咳,减少黏膜损伤的机会。骨髓抑制与骨肿瘤病灶对骨髓的破坏、已行的放疗或化疗、患者的一般状况及 ^{89}Sr 治疗相关,所以治疗前应评价导致骨髓抑制的危险因素。

7. 疗效评价

（1）骨痛反应的评价标准

Ⅰ级:所有部位的骨痛完全消失。

Ⅱ级:至少有 25% 以上部位的骨痛消失;或者骨痛明显减轻,必要时服用少量的止痛剂。

Ⅲ级:骨痛减轻不明显,或无任何改善及加重。

（2）疗效评价标准

Ⅰ级（显效）:影像学或骨显像检查证实所有部位的转移灶出现钙化或消失。

Ⅱ级（有效）:影像学检查证实转移灶的体积缩小或其钙化 >50%,或骨显像显示转移灶数目减少 50% 以上。

Ⅲ级（好转）:影像学检查证实转移灶的体积缩小或其钙化 >25%,或骨显像显示转移灶数目减少 >25%。

Ⅳ级（无效）:影像学检查证实转移灶体积缩小或其钙化小于 25%,或无变化,或者骨显像显示转移灶数目减少小于 25% 或无变化。

（五）药物治疗展望

临床应用结果也显示,^{89}Sr 也可对骨转移肿瘤病灶产生治疗作用。^{89}Sr 治疗后部分病灶在 ^{99}Tc-MDP 骨显像上表现为显像剂分布降低;X 线检查显示病灶缩小;溶骨性病灶有再钙化征象;部分患者骨转移灶数目减少,有的患者甚至骨转移灶完全消失。部分前列腺癌骨转移患者 ^{89}Sr 治疗后骨痛缓解伴随前列腺特异抗原和碱性磷酸酶水平降低。但 ^{89}Sr 对于骨肿瘤转移灶的治疗作用以及对于肿瘤标志物的影响有待多中心的前瞻性随机对照大样本研究证据支持。

第四节　放射性核素介入治疗

放射性核素介入治疗是一种通过组织植入、腔内注射、血管介入等方式,以适当的载体将高活度放射性核素引入所需要治疗区域进行内照射的靶向治疗方式。放射性核素介入治疗具有操作简单、创伤较小、全身及局部正常组织辐射剂量小等优点,显著提高了放射性核素的治疗效果,有效地降低了治疗并发症、不良反应的发生概率,丰富了治疗核医学的内容。近年来,介入治疗方式不断开拓,在许多疾病尤其是恶性肿瘤的治疗中发挥了重要作用。

一、常用方法

（一）放射性粒子植入治疗

放射性粒子植入治疗是将含有放射性核素的微型封闭粒籽源,按术前制订的治疗计划,通过介入方式直接植入到肿瘤或靶区组织中,持续释放低剂量的 γ 射线,对肿瘤进行照射的一种治疗方式。

按照在人体施放时间的长短,放射性粒子主要分为暂时驻留和永久植入两大类,随着以放射性核素碘 -125（iodine-125, ^{125}I）为代表的永久植入粒子陆续进入临床,放射性粒子植入治疗的适用范围不断扩大。本书将于本节第二部分对放射性粒子植入治疗进行详细阐述。

（二）放射性胶体腔内介入治疗

放射性胶体腔内介入治疗目前主要用于治疗癌性胸腹水。临床上常见的治疗癌性胸腹水的方法大致分为三种:一是腔内注入抗癌药物,因其会加重化疗反应,一般不能与全身化疗同时进行;二是腔内注射生物制剂或硬化剂,常用于胸水,通过封闭胸膜腔来减少胸水,对肿瘤没有直接杀伤作用;三是放射性胶体腔内介入治疗,将放射性胶体直接注入到有癌性积液的胸腹腔内,发出的 β 射线对胸腹水及浆膜中的癌细胞起到持续的杀伤作用,抑制胸腹水的继续产生。放射性胶体极少被浆膜吸收,能在注射局部长时间吸附存留,在非包裹性的癌性积液中有较好的治疗效果。

放射性胶体注入前,应先抽去胸水、腹水,注射后在患者病情允许的情况下,胸腔注射的患者 2h 内每 10 分钟变换一次体位,腹腔注射的患者 24h 内每 15 分钟变换一次体位,使放射性胶体在腔内均匀分布。常用的放射性胶体包括:^{32}P- 胶体铬、^{90}Y 胶体等。^{32}P- 胶体铬（Cr^{32}PO$_4$）,其颗粒大小为 0.05~1.0μm。^{32}P 系纯 β 发射体,物理半衰期为 14.3 日,β 射线最大能量为 1.71MeV,最大射程 8mm,平均射程 4mm,无需外照射防护,胸腔积液常用剂量为 185~555MBq（5~15mCi）,腹腔积液常用剂量为 370~740MBq（10~20mCi），是目前最常用的放射性胶体，控制恶性积液的有效率可达 50%~70%，具体治疗效果取决于肿瘤的病理类型、原发部位、积液聚集位置等因素。

（三）放射性核素动脉栓塞治疗

放射性核素动脉栓塞治疗可用于肝癌、肺癌、肾癌等实体瘤的治疗，通过导管把载体携带的放射性核素制剂直接注射到肿瘤的供血动脉，实现栓塞、射线照射双重治疗。常用核素包括 ^{90}Y、^{32}P、^{131}I，常用载体为微球、碘化油等。放射性核素动脉栓塞治疗在肝癌中应用最为广泛。

肝癌血供 95%~99% 来自肝动脉，为肝动脉核素栓塞治疗提供了良好的生物基础。放射性微球的直径多为 30~50μm，通过肝动脉注入放射性微球到达肿瘤局部，积聚在肝小动脉末端，可在病灶部位获得足够的治疗剂量，同时不会使邻近肝组织受到不可逆的损伤。^{32}P- 玻璃微球发射纯 β 射线，组织内平均射程 2.5mm，最大为 10mm，平均能量 0.93MeV，半衰期 14.3 日；^{90}Y- 玻璃微球同样发射纯 β 射线，组织内平均射程 2~4mm，最大为 10mm，平均能量 1.69MeV，物理半衰期 64.1h，放射性比活度为 30~35MBq/mg，几乎没有核素释出，不会引起骨髓抑制。

放射性核素动脉栓塞治疗主要的不良反应包括低热、恶心、食欲缺乏、右上腹部疼痛，部分患者可出现一过性转氨酶升高和黄疸等。由于肝肺分流、肝胃分流的存在，若放射性微球进入胃肠道可以引起消化道出血和溃疡，若放射性微球进入肺脏，可以引起不可逆转的肺水肿和肺纤维化。高剂量内照射可以引起严重的骨髓抑制、放射性肝炎和放射性肺炎。

（四）放射性支架血管内照射治疗

经皮冠脉介入治疗（percutaneous coronary intervention，PCI）是治疗冠状动脉粥样硬化的有效方法之一，冠脉支架内再狭窄（in-sent restenosis，ISR）的发生是限制治疗远期疗效的主要因素，配合严格的术后抗凝、抗血小板等治疗后，ISR 的发生率仍在 20% 左右。20 世纪 90 年代，Condado 等将血管内放射治疗应用于 ISR 的预防，取得了明显的疗效。

PCI 术后再狭窄的原因是球囊扩张时损伤了血管，内置支架作为异物长期刺激血管壁，在多种损伤

因子的介导下，血管平滑肌细胞迅速分裂增殖、合成大量细胞外基质，经冠脉早期回缩、新生血管内膜增生和血管重塑等过程，造成冠状动脉再狭窄。

将放射性核素置于血管腔内，所发射的核射线对病灶部位进行照射，在局部产生足够的电离辐射生物效应，诱导 DNA 突变、染色体畸变、核酸及蛋白质合成受损，细胞增殖分裂能力下降或消失，使血管平滑肌细胞细胞周期阻滞、发生凋亡，诱导血管正性重构，抑制单核 - 巨噬细胞和多种生长因子的富集。放置支架处的血管平滑肌细胞处于代谢活跃水平，相比正常细胞更容易受到放射线电离辐射损伤，利用射线射程较短的放射性核素可以在邻近血管和组织不受影响或影响甚微的情况下，有效预防 PCI 术后 ISR。

放射性支架血管内照射治疗用放射性核素有纯 β 射线类、低能 X 线类、γ 射线类和 β、γ 射线混合型类等。β 射线在组织中能量衰减快，对内照射部位邻近组织和手术操作者所产生的辐射危害较小，无需特别防护。此外，β 射线在组织中电离密度较高，近距离照射组织生物学效应好，对血管再狭窄的防治较为理想。

放射性支架血管内照射治疗的不良反应主要有①血栓形成：术中急性血栓、术后 1 个月内亚急性血栓、术后 1 个月后晚期血栓的发生；②"糖果纸"现象：血管受照区边缘管腔内径缩小，出现再狭窄；③内皮化延迟和动脉瘤形成：内照射可引起的动脉壁内细胞亚致死性或致死性损伤，使血管内皮化延迟，动脉壁变薄，动脉夹层延迟愈合，形成动脉瘤。

二、放射性粒子植入治疗

由放射性核素制成的密封籽源称为放射性粒子，放射性粒子植入治疗是将若干个具有一定放射性活度的密封籽源，通过微创的方式，经施源器或施源导管直接放置到肿瘤组织、受肿瘤侵犯的组织中，对肿瘤组织进行近距离、较高剂量的持续核射线内照射治疗。

放射性粒子植入治疗具有放射活度较小，治疗距离短，易于防护，大部分能量可被组织吸收等特点。放射性粒子直接植入肿瘤，具有靶区剂量高度适形，治疗靶点内部剂量分布均匀，无需考虑靶器官的运动、仪器设施的变化以及摆位时的误差，肿瘤的吸收剂量远远高于正常组织，所形成的

持续性照射使放射治疗的生物效应明显提高,并降低了正常组织损伤的发生率。对于那些手术难以切除的、术后和放疗后复发的肿瘤,放射性粒子植入治疗无疑是更合理、更有效的治疗方法。

(一)治疗原理

将具有一定放射性活度的放射性核素密封在钛合金外壳中,制成体积很小的(微型)针状或颗粒状的放射源即放射性粒子,借助介入技术、影像学引导技术将搭载放射性核素的载体种植到肿瘤实体、靶区组织,利用持续发射的β射线或γ射线,直接或间接损伤 DNA,导致细胞死亡,达到抑制或治疗肿瘤的目的,同时正常组织不受损伤或仅有微小损伤。

(二)基本治疗药物及治疗方案

1. 临床评估 放射性粒子植入治疗一般用于不能手术切除的实体恶性肿瘤、预防残留肿瘤病灶的扩散。治疗前需要预先评估患者的基础情况,对于一般情况差,恶病质或不能耐受治疗者禁行粒子植入治疗。放射性粒子需要经过穿刺等手段植入肿瘤,肿瘤质脆,易致大出血者不宜行粒子植入治疗。考虑到血液分流、体液流动会造成放射性粒子发生移行,为避免造成栓塞,对靠近大血管并有感染和溃疡肿瘤,不宜行粒子植入治疗。不同于实质性器官,在受肿瘤侵袭的空腔脏器中植入的粒子可能随着肿瘤组织的坏死脱落,出现粒子移行的可能性较大,此类患者也不宜行粒子植入治疗。

2. 放射性粒子的选择 主要根据半衰期、射线类型、射线能量、核素丰度及原子序数等条件选择放射性核素制成粒子。按照放射性核素在人体施放的时间长短,主要分为暂时驻留和永久植入两大类,放射性活度小于 37MBq 的粒子适用于永久性植入;而放射性活度大于 37MBq 的粒子则多用于暂时性植入,常用的非永久性植入的放射性核素有 ^{226}Ra、^{192}Ir、^{60}Co、^{137}Cs,常用的永久性植入的放射性核素有 ^{125}I、^{198}Au、^{103}Pd 等。目前临床上使用较多的是永久性植入的放射性核素。

(1)^{125}I 粒子:物理半衰期为 59.4 日,γ射线能量为 35.5keV,EC 衰变。^{125}I 粒子为长 4.5~5mm,直径 0.8mm 的小圆柱体,活度多为 18.5~29.6MBq/ 粒。^{125}I 半衰期较长,常被用于治疗增殖较慢的肿瘤和中 - 高分化的肿瘤,如前列腺癌。治疗一段时间后,肿瘤体积缩小使 ^{125}I- 粒子排布更加密集,保证了治疗作用的持续性。

(2)^{198}Au 粒子:物理半衰期为 2.7 日,所发射的γ射线能量为 0.412MeV,β射线能量为 0.961MeV。粒子长 2.5mm,直径 0.8mm,放射性活度 222~370MBq(6~10mCi),质量 5mg。

(3)^{103}Pd 粒子:物理半衰期为 16.9 日,EC 衰变伴能量为 21~23keV 的特征 X 线和内转换电子。粒子长 4.5mm,直径 0.8mm。^{103}Pd 的初始剂量率较高,适用于治疗增殖快的肿瘤和分化差的肿瘤。

(4)^{192}Ir 粒子:物理半衰期 74 日,能谱较复杂,γ射线的平均能量为 350keV。粒子长 3mm,直径 0.5mm。

3. 治疗剂量 放射性粒子植入的剂量计算主要通过绝对吸收剂量值来反映。放射性粒子治疗是一种不均匀的剂量照射模式,放射源周围的剂量分布遵循平方反比定律,源表面的剂量最高,随着距离的增加,离开放射源越远剂量将迅速减小,梯度落差将逐步变缓,对于不同体积的肿瘤,只能按照特定的剂量学特点选择布源方式。放射性粒子植入的总活度可由下列公式计算:

肿瘤所需放射总活度(MBq)=期望组织吸收量(cGy)× 肿瘤器官重量(g)/4.92

4. 治疗程序 放射性粒子植入的一般治疗程序如下:①选择有明确的病理学结果,适合放射性粒子植入治疗的患者;②完成 CT 或 B 超的影像采集,应用三维治疗计划系统制订治疗计划;③患者的心理准备及一般术前准备;④术前麻醉;⑤固定体位及重要器官;⑥应用 CT、B 超等影像设备观察肿瘤位置;⑦通过模板固定肿瘤在体表位置;⑧插入植入针,检查植入针的位置;⑨进行放射性粒子植入,并用透视或超声检查粒子数;⑩治疗后 CT 检查,验证了解放射性粒子分布和剂量分布情况,若发现放射性粒子种植稀疏或遗漏时可进行补种。

(三)临床问题导向的药物治疗

放射性粒子植入治疗的放射源活度小,治疗距离短,易于防护,放射源直接进入肿瘤,具有靶区剂量高度适形,治疗靶点内部剂量分布均匀,肿瘤的吸收剂量远远高于正常组织,对肿瘤邻近组织的损伤较小。对于医务人员和家属,据文献报道,在放射性粒子植入到患者体内前,距离活度为 37MBq 的 ^{125}I⁻ 粒子 0.5m 处所受到的年辐射剂量为 0.000 002 5mSv/ 年,而接受一次 X 线透视被检者接受的辐射剂量约为 2.8mSv,自然界天然辐射作用于人体的剂量约为 2mSv/ 年。国家规定放射性工作人员每年允许剂量为 20mSv/ 年,按一次植入 $^{125}I^-$ 粒子总活度为 1 850MBq 计算,即使考虑到手术操作的时间,医务人员受到的辐射剂量也是远远低于国家防护标准的。

第五节 自身免疫性疾病的放射性药物治疗

自身免疫性疾病是指机体对自身抗原发生免疫反应而导致自身组织损害所引起的疾病。自身免疫性疾病的病因尚不明确,可能与以下因素有关:①自身抗原的出现:隐蔽抗原的释放;自身抗原发生改变;②免疫调节异常:多克隆刺激剂的旁路活化;Th1 和 Th2 细胞功能失衡;③交叉抗原;④遗传因素。

不同的自身免疫性疾病之间异质性较大,可根据典型临床表现和相关检查所见做出诊断,治疗一般以对症治疗及控制病情进展为主。治疗方案和药物剂量应注意个体化的原则,并注意观察药物的不良反应。

在核医学领域,^{99}Tc-MDP 等放射性药物在类风湿性关节炎、甲状腺相关性眼病等自身免疫性疾病的治疗中取得了一定的疗效。

一、类风湿关节炎的 ^{99}Tc-MDP 治疗

类风湿关节炎是一种以侵蚀性关节炎为主要临床表现的自身免疫病,可发生于任何年龄。RA 的发病机制目前尚不明确,基本病理表现为滑膜炎、血管翳形成,并逐渐出现关节软骨和骨破坏,最终导致关节畸形和功能丧失,可并发肺部疾病、心血管疾病、恶性肿瘤及抑郁症等,发病率和致残率高,目前尚无特效的治疗方法。

锝 -99- 亚甲基二膦酸(^{99}Tc-MDP)是我国研制的抗类风湿关节炎新药,由锝和亚甲基二膦酸螯合而成,^{99}Tc 发射纯 β 射线,但能量较低,对人体的损伤几乎可以忽略,物理半衰期为 21 万年,无需特殊的放射防护。临床应用研究表明,"云克"治疗类风湿关节炎,不仅具有非甾体类药的消炎镇痛作用,而且具有慢效抗风湿药的免疫抑制作用。

(一)临床表现与诊断

1. 临床表现 RA 的临床特征性表现主要有滑膜炎和关节软骨破坏所致的关节肿胀、疼痛。滑膜炎反复发作,经治疗部分患者临床症状缓解,而多数患者在患病后约 2 年开始出现关节破坏变形,并持续进展,关节活动范围减小,造成永久性残疾。

2. 诊断 RA 的诊断主要依靠特征性的临床表现、实验室检查及影像学检查。详见各论第十七章风湿性疾病。

(二)一般治疗原则

RA 的治疗目的是控制症状、防止结构破坏、恢复生理功能及提高日常生活能力,强调早期治疗、联合用药和个体化治疗的原则。非手术治疗主要包括:非甾体抗炎药、抗风湿药、糖皮质激素、生物制剂(包括肿瘤坏死因子抑制剂、白细胞介素 -1 拮抗剂、白细胞介素 -6 拮抗剂等)、^{99}Tc-MDP 核素治疗等。手术治疗包括滑膜切除术、关节置换术、关节融合术、关节囊和韧带折叠术等。

(三)^{99}Tc-MDP 治疗类风湿关节炎的原理

^{99}Tc-MDP 用于治疗类风湿关节炎的确切机制尚不清楚,可能与调节人体免疫功能有关。^{99}Tc 在低价态时容易得失电子而清除人体内的自由基,防止免疫复合物的形成,保护超氧化物歧化酶的活力,抑制免疫调节因子如白细胞介素 -1 的产生,从而调节人体免疫功能,增强人体抗类风湿疾病的能力,避免自由基促进炎症发展和损伤组织;同时能抑制前列腺素的产生和组胺释放,并可螯合金属离子降低基质金属蛋白酶(包括胶原酶)的活性,具有较强的消炎镇痛作用并防止胶原酶对软骨组织的分解破坏作用。此外,^{99}Tc-MDP 对骨生成区和有炎症的骨关节部位具有明显的靶向性,能抑制破骨细胞的活性,抑制骨吸收,修复破骨。

(四)治疗方案

1. 治疗前准备 检测血压、肝肾功能、类风湿因子、C 反应蛋白的水平,行关节 X 线或 SPECT 等检查以明确诊断。血压过低、心功能不全者、严重肝肾功能不全者慎用,过敏者禁用,孕妇、哺乳期妇女、儿童禁用。

2. 给药方法 一般患者使用静脉注射液即可。^{99}Tc-MDP 静脉注射液由 A 剂(高锝酸钠注射液)和 B 剂(注射用亚锡亚甲基二膦酸盐冻干品)组成,临使用前将 A 剂瓶中的 5ml 液体注入 B 剂瓶中,摇匀,静置 5min。^{99}Tc-MDP 静脉滴注液为冻干粉剂,使用时加 250~300ml 生理盐水溶解稀释。

3. 疗程　具体疗程视个体情况而定。可先静脉注射 1~2 个疗程，即 20~40 次，每日 1 次，每次 1 套（A-B 剂混合液，含 ^{99}Tc 为 0.05μg），然后根据疗效情况决定是否继续治疗。对病情严重或病程较长的患者，宜联合应用静脉滴注和静脉注射，即先静脉滴注 2~5 日，每日 200mg，每次滴注 3h 以上，因速度太快可能影响肾功能；然后静脉注射，每日 1 支或 2 支合并隔天注射。如果疗效比较好，可酌情延长注射间隔时间，每周注射 2 次，每次 1 支，逐步停药，可达到理想疗效，且停药后不复发。

4. 疗效评价　^{99}Tc-MDP 是低毒抗类风湿关节炎新药，治疗有效率高、副作用少，具有消炎镇痛和免疫抑制双重作用，一个疗程有效率在 80% 以上，两个疗程可达 90% 左右，总体有效率为 80%~90%。但起效稍慢，如果合理加用激素类药物对活动性 RA 有更好的治疗效果，起效快，不良反应少。部分患者使用后疗效不佳，可能与其对 ^{99}Tc-MDP 吸收差、敏感性差、患有多种疾病有关。

（五）不良反应管理

1. 轻微的一过性皮疹　个别患者在刚开始使用时会出现一过性皮疹。出现这一症状后，一般不需要做特别处理，皮疹就可以自然消退，恢复后不影响患者继续使用 ^{99}Tc-MDP 治疗。

2. 静脉炎　部分患者在使用 ^{99}Tc-MDP 进行静脉滴注治疗时会出现静脉炎。这种静脉炎与输注时间有关，弱酸性的药液持续冲击血管壁，时间越长，越容易发生血管炎，但比较轻微。对于发生静脉炎的患者采用 75% 的酒精湿敷，湿敷 30min 后疼痛减轻，肿胀改善。对于酒精过敏者可用 50% 硫酸镁湿敷。

3. 个别患者使用 ^{99}Tc-MDP 后骨关节疼痛有暂时加重现象，这是由于血钙浓度降低过多引起，配合静脉滴注葡萄糖酸钙即可减轻疼痛。

4. 其他　偶见轻微巩膜炎，主要反映为巩膜炎和视觉障碍，停药后，眼部症状逐渐消失。

二、甲状腺相关性眼病的 ^{99}Tc-MDP 治疗

Graves 病是自身免疫性甲状腺疾病，约 50% 的 Graves 病患者有甲状腺相关性眼病（thyroid associated ophthalmopathy, TAO），旧称 Graves 眼病。其发病机制目前尚未完全清楚，比较可能的

机制是眼肌周围的成纤维细胞、眼球后脂肪组织的脂肪细胞和成纤维细胞的细胞膜上有促甲状腺激素受体（thyrotropin receptor, TSH-R）。这些受体刺激眶周 T 淋巴细胞，活化的 T 淋巴细胞分泌细胞因子，促使糖胺聚糖分泌增多和主要组织相容性复合物抗原的表达，造成眶内胶原聚集、结缔组织增加及眼肌肥厚，进而产生一系列症状和体征。放射性碘治疗是临床治疗 Graves 病的重要手段，放射性碘治疗时，因 TSH-R 作为抗原突然大量释出，亦可能诱发自身免疫反应，使 TAO 眼部病情恶化。所以对 TAO 活动度、严重程度等的判断及早期的治疗对核素治疗尤为重要。目前治疗 TAO 的方法主要有药物治疗和手术治疗，疗效和副作用之间尚无法取得较好的平衡。^{99}Tc-MDP 在 TAO 的治疗中也取得了一定的疗效。

（一）临床表现与诊断

1. TAO 临床活动度评分（clinical activity score, CAS）　包括自发的眼球后疼痛、凝视或眼球活动后疼痛、眼睑红斑、结膜充血、球结膜水肿、眼部炎症反应和眼睑水肿，以上 7 项有 3 项异常为活动性 TAO。

2. TAO 严重程度评估　①威胁视力 TAO（极重度 TAO）：指甲状腺功能异常伴视神经病变和/或伴角膜脱落的 TAO 患者。这类患者应当立即进行干预治疗。②中、重度 TAO：该类患者需具备以下至少一项表现：眼睑回缩≥2mm、中度或重度软组织损害、眼球突出超出正常上限至少 3mm 以及非持续性或持续性复视。该类患者尽管没有视力改变，但眼部病变已对日常生活造成较大影响，需要进行免疫抑制治疗。③轻度 TAO：指轻度眼睑回缩（<2mm）、轻度软组织损害、眼球突出程度不超过正常上限的 3mm、一过性或不存在复视以及使用润滑型眼药水有效的角膜暴露症状。尽管存在 TAO 但对其日常生活影响不大，不需要采用免疫抑制治疗或手术。

（二）一般治疗原则

甲亢和甲减对 TAO 病情均有不良影响，抗甲状腺药物和手术治疗不影响 TAO 病程，放射性碘治疗对 TAO 发病或恶化有一定影响，所有 TAO 患者需维持稳定的甲状腺功能正常状态。具体治疗方式选择依赖于 TAO 的活动度和严重程度的评

估：对于极重度 TAO，糖皮质激素治疗与外科眶内减压手术是唯一被证实治疗甲状腺功能异常伴视神经病变有效的方法；中重度活动性 TAO 使用甲泼尼龙序贯治疗方式。激素的不良反应个体化差异较大，在推荐剂量范围内可出现严重不良反应。当激素治疗出现疗效不佳，或拒绝接受激素治疗的情况时，可以采用环孢菌素、免疫球蛋白静脉滴注、生长抑素类似物、抗氧化剂、细胞抑制因子、利妥昔单抗、^{99}Tc-MDP 等二三线治疗；轻度 TAO 予以局部治疗和一般措施来控制危险因素。

^{99}Tc-MDP 在 TAO 的治疗中也取得了一定的疗效。其治疗优势在于疗效较为确切。能由核医学科对 Graves 病伴 TAO 的患者进行综合管理、治疗时机的评估，通过 ATD、激素、^{131}I 治疗、^{99}Tc-MDP 治疗等手段进行甲状腺疾病 -TAO 联合治疗。

（三）^{99}Tc-MDP 治疗 TAO 的原理

同类风湿关节炎的治疗。

（四）治疗方案

1. 治疗前准备 准确评估患者甲状腺功能、TAO 活动度和严重程度。

2. 给药方法 静脉注射。临使用前将 A 剂（高锝酸钠注射液）瓶中的 5ml 液体注入 B 剂注射用亚锡亚甲基二膦酸盐冻干品瓶中，摇匀，静置 5min。^{99}Tc-MDP 静脉滴注液为冻干粉剂，使用时加 250~300ml 生理盐水溶解稀释。

3. 疗程 每日 1 针，20 针为一疗程，40 针后，可每周静脉注射 2 针，酌情维持 2~3 个月可逐渐改善症状。如果发生甲状腺功能低下，应及时服用甲状腺素以维持甲状腺功能正常，抑制 TSH 过多的分泌。

4. 疗效评价 临床症状有不同程度的改善，主要表现在突眼明显好转、眼部肿胀感觉减轻、消失。眼睑肌挛缩减轻等。

（五）不良反应的管理

^{99}Tc-MDP 不良反应较少，少数患者注射后发生一过性皮疹，常较轻微，无需停药。患者同时使用抗甲状腺药物时，注意监测肝肾功能。

（李亚明）

参 考 文 献

1. 李亚明. 核医学教程 [M]. 第 3 版. 北京：科学出版社，2018.
2. 中华医学会核医学分会. ^{131}I 治疗格雷夫斯甲亢指南（2013 版）[J]. 中华核医学与分子影像杂志，2013，33（2）：83-94.
3. 中华医学会内分泌学分会《中国甲状腺疾病诊治指南》编写组. 中国甲状腺疾病诊治指南——甲状腺功能亢进症 [J]. 中华内科杂志，2007，46（10）：876-882.
4. 中华医学会核医学分会. ^{131}I 治疗分化型甲状腺癌指南（2014 版）[J]. 中华核医学与分子影像杂志，2014，34（4）：264-278.
5. 林岩松，李娇. 2015 年美国甲状腺学会《成人甲状腺结节与分化型甲状腺癌诊治指南》解读：分化型甲状腺癌 ^{131}I 治疗新进展 [J]. 中国癌症杂志，2016，26（1）：1-12.
6. 中华人民共和国国家卫生健康委员会. 甲状腺癌诊疗规范（2018 年版）[J]. 中华普通外科学文献（电子版），2019，13（1）：1-15.
7. 中华医学会核医学分会转移性骨肿瘤治疗工作委员会. 氯化锶 [^{89}Sr] 治疗转移性骨肿瘤专家共识（2017 年版）[J]. 中华核医学与分子影像杂志，2018，38（6）：412-415.
8. 中华医学会心血管病学分会介入心脏病学组，中国医师协会心血管内科医师分会血栓防治专业委员会，中华心血管病杂志编辑委员会. 中国经皮冠状动脉介入治疗指南（2016）[J]. 中华心血管病杂志，2016，44（5）：382-400.
9. 中国医师协会放射性粒子植入技术专家委员会，中国抗癌协会肿瘤微创治疗专业委员会粒子治疗分会. 放射性 ^{125}I 粒子植入治疗胰腺癌中国专家共识（2017 年版）[J]. 临床肝胆病杂志，2018，34（04）：716-723.
10. 中华医学会风湿病学分会. 2018 中国类风湿关节炎诊疗指南 [J]. 中华内科杂志，2018，57（4）：242-251.

中英文名词对照索引

B

C

D

E

F

G

H

J

L

M

Y

Z

08

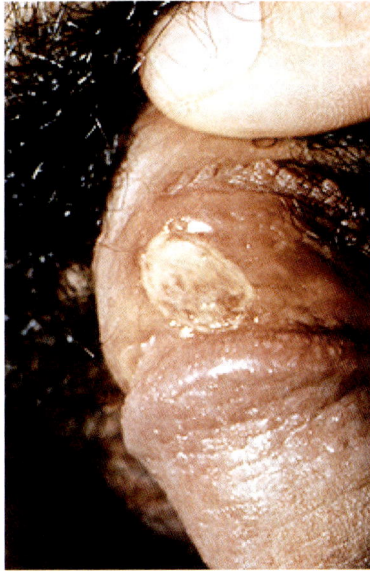

彩图 21-2-2　阴茎下原发性梅毒
（资料来源：医学博士 Charles B Hicks 供图）

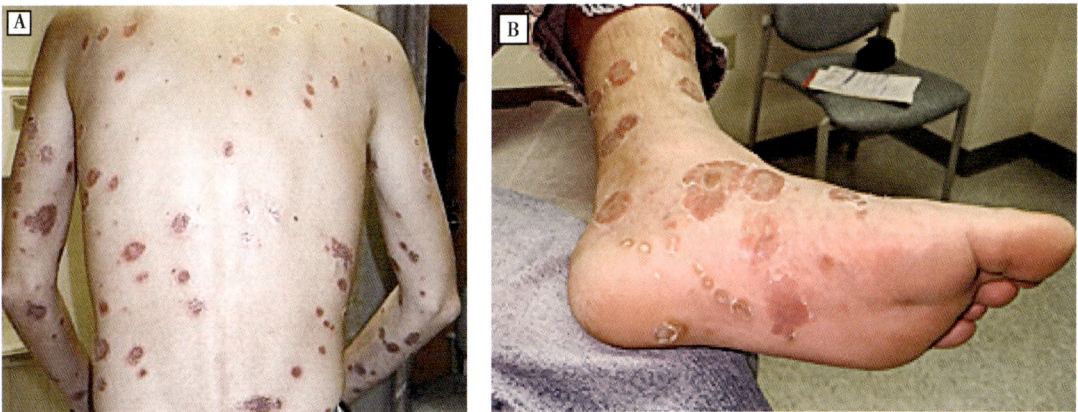

彩图 21-2-3　二期梅毒全身皮疹及恶性狼疮图片
（资料来源：Charles Hicks 博士供图）

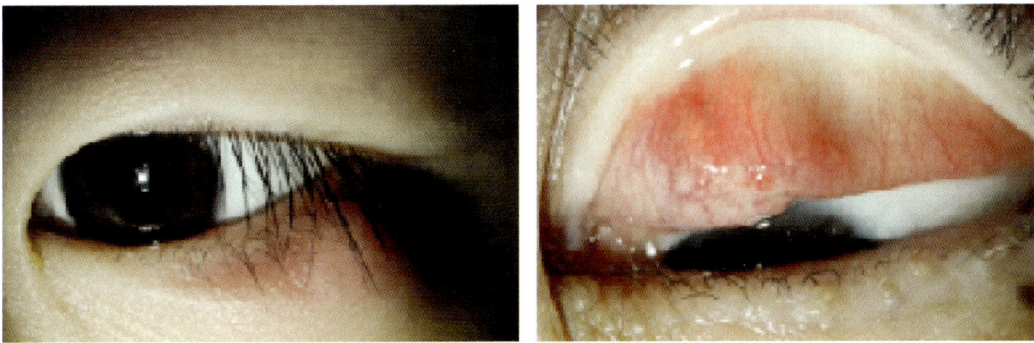

彩图 22-2-1　睑腺炎
A.睑腺炎发生于下睑外眦部，皮肤面红肿；B.上睑内睑腺炎，结膜面充血

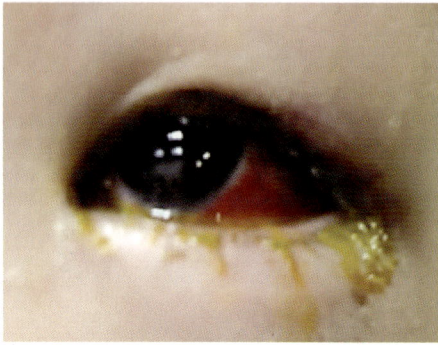

彩图 22-2-2　急性细菌性结膜炎

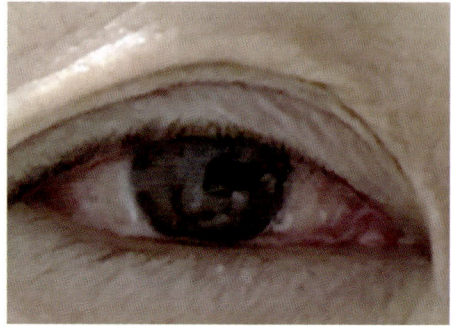

彩图 22-2-3　腺病毒性结膜炎

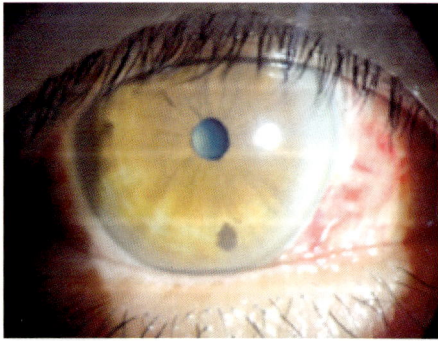

彩图 22-2-4　流行性出血性结膜炎

结膜下可见点片状出血

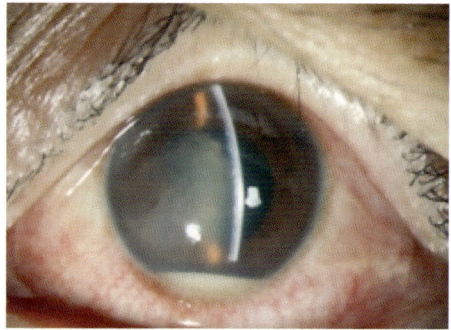

彩图 22-2-5　细菌性角膜炎

角膜中央偏下近圆形白色浸润灶伴前房积脓

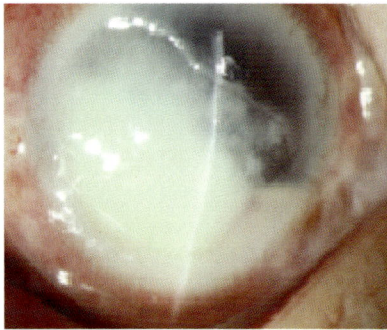

A

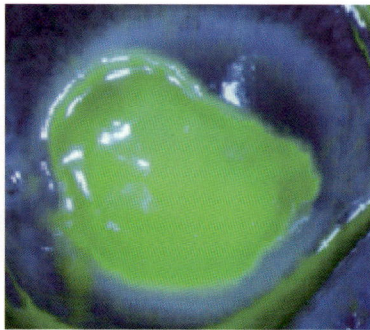

B

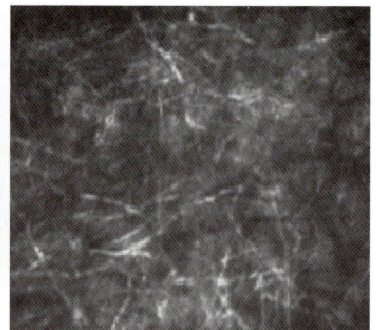

C

彩图 22-2-6　真菌性角膜炎

A. 角膜中央偏下近圆形白色浸润灶,致密,表面欠光泽;B. 荧光素钠染色示角膜上皮缺损;

C. 角膜共焦显微镜查找到菌丝

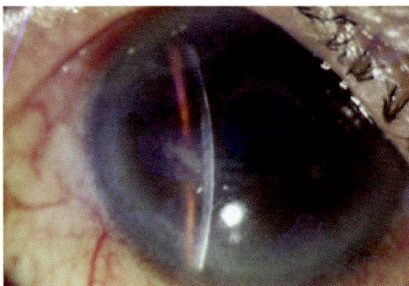

彩图 22-2-7　病毒性角膜炎

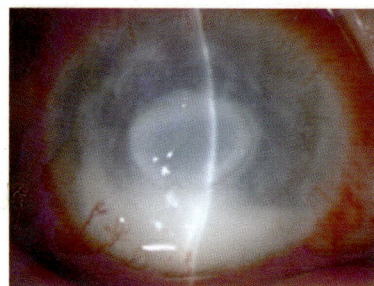

A

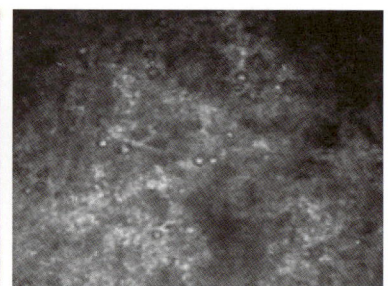

B

彩图 22-2-8　棘阿米巴角膜炎

A. 角膜中央盘状病变;B. 角膜共焦显微镜下发现活体及包囊

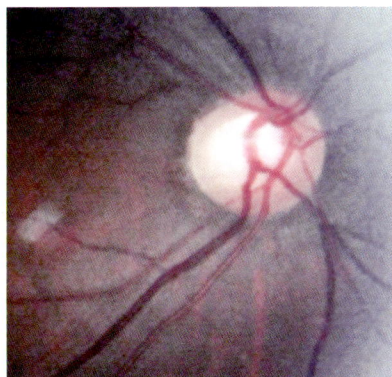

彩图 22-2-11　视盘凹陷

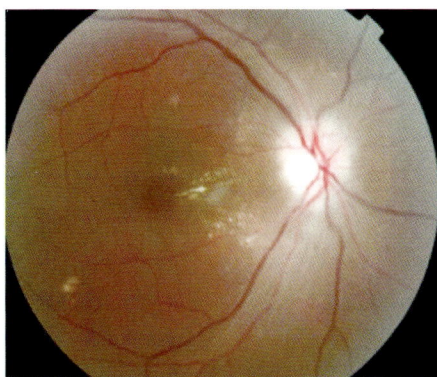

彩图 22-2-12　视盘水肿

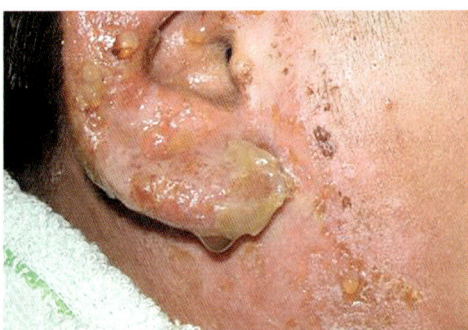

A

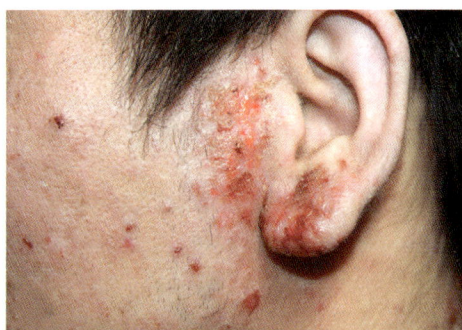

B

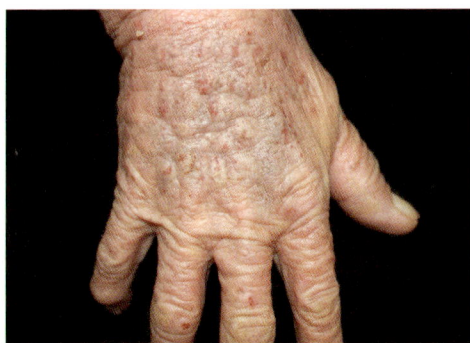

C

彩图 24-2-1　湿疹

A. 急性；B. 亚急性；C. 慢性

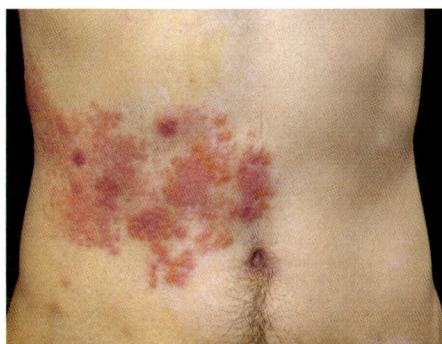

彩图 24-2-2　带状疱疹

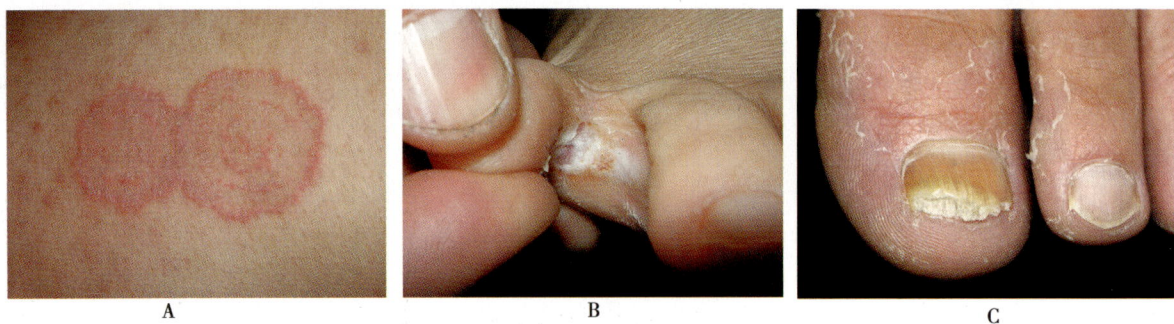

彩图 24-2-3　真菌性皮肤病
A.体癣；B.足癣；C.甲真菌病

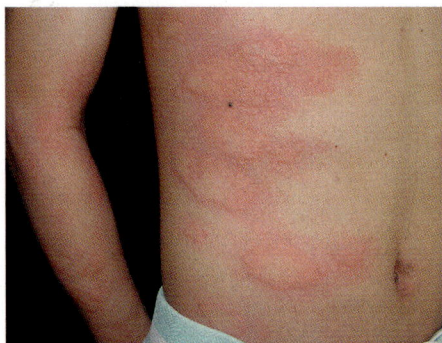

彩图 24-2-4　荨麻疹

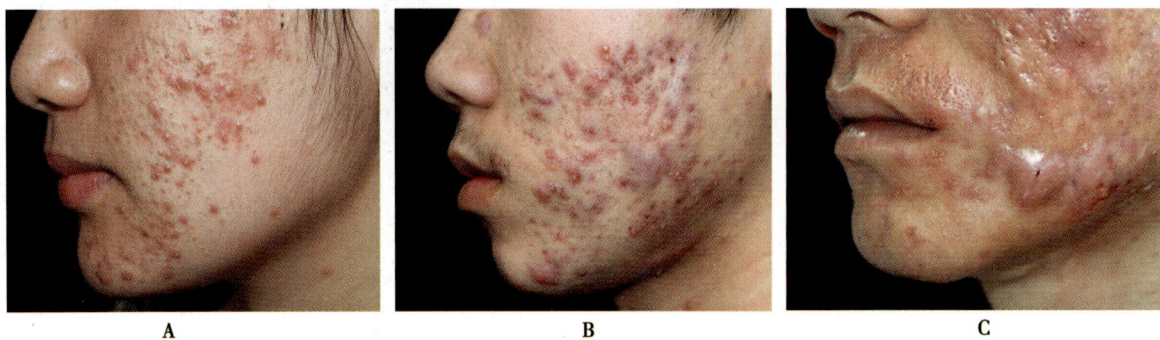

彩图 24-2-5　痤疮
A.粉刺、丘疹；B.脓疱、结节；C.囊肿、瘢